新疆维吾尔自治区地方志丛书

博乐市志

1979—2006

（上 册）

《博乐市志》编纂委员会　编

方志出版社
Publishing House of Local Records

图书在版编目（CIP）数据

博乐市志．1979—2006／《博乐市志》编纂委员会编．—北京：方志出版社，2022.12
ISBN 978-7-5144-3140-7

Ⅰ．①博… Ⅱ．①博… Ⅲ．①博乐－地方志－1979-2006 Ⅳ．①K294.53

中国版本图书馆CIP数据核字（2018）第167073号

责任编辑：丛　珺　　宁　芳　　程　倩
责任校对：刘玉霞
责任印制：梅中英
出 版 者：方志出版社
地　　址：北京市朝阳区潘家园东里9号（国家方志馆4层）
邮　　编：100021
网　　址：http://www.zgfzcb.cn
发　　行：方志出版社图书营销中心（010-67110500）
设计制作：青岛鸿博开元文化传媒有限公司
印　　刷：潍坊印之源文化发展有限公司
开　　本：889毫米×1194毫米　1/16
印　　张：63
字　　数：1863千字
版　　次：2022年12月第1版
印　　次：2022年12月第1次印刷
定　　价：628.00元　（上下册）

图

新疆维吾尔自治区测绘地理信息局 新S(2017)039号

地 势 图

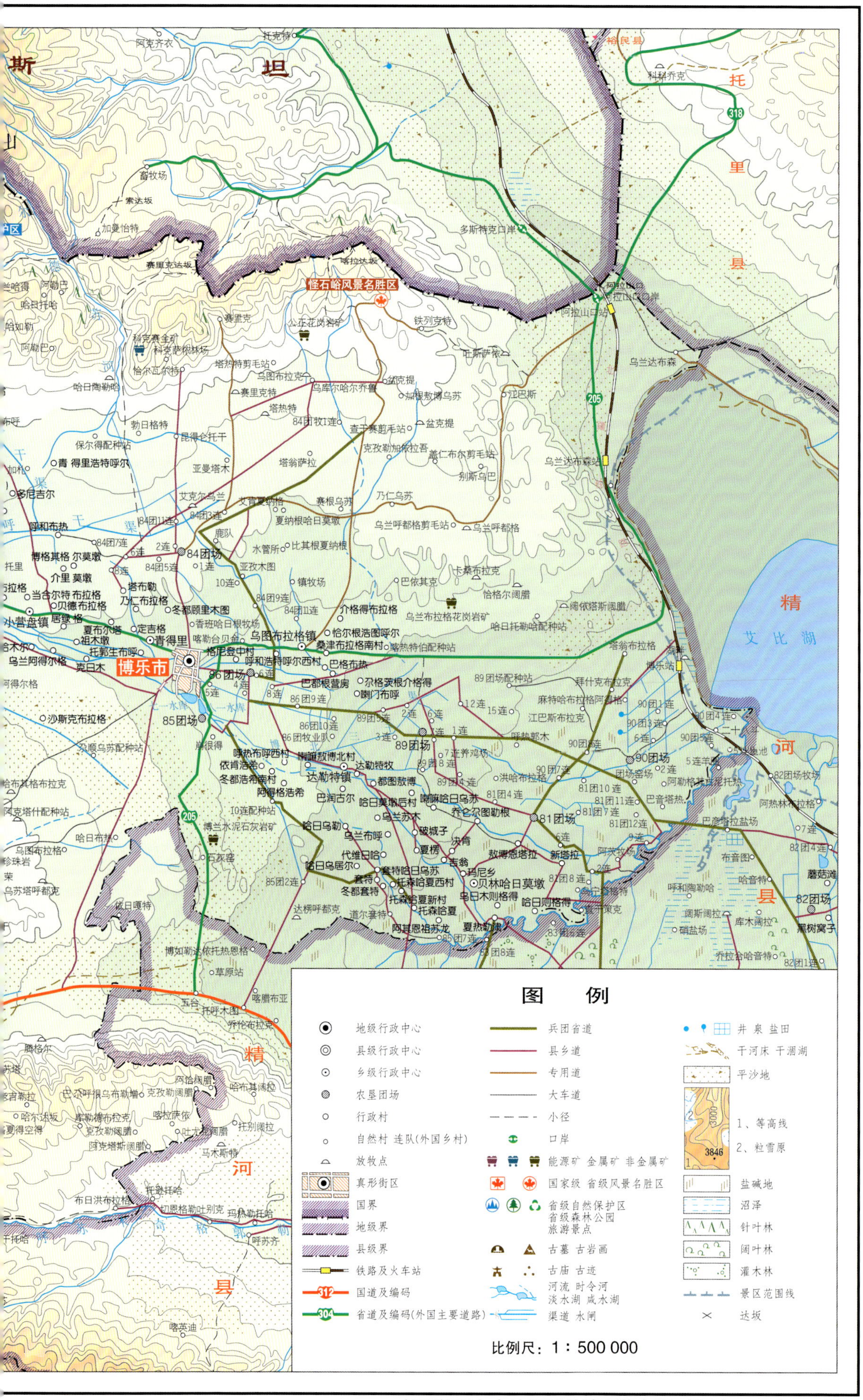

新疆维吾尔自治区测绘地理信息局 新S(2017)039号

2006 年博乐市城区图

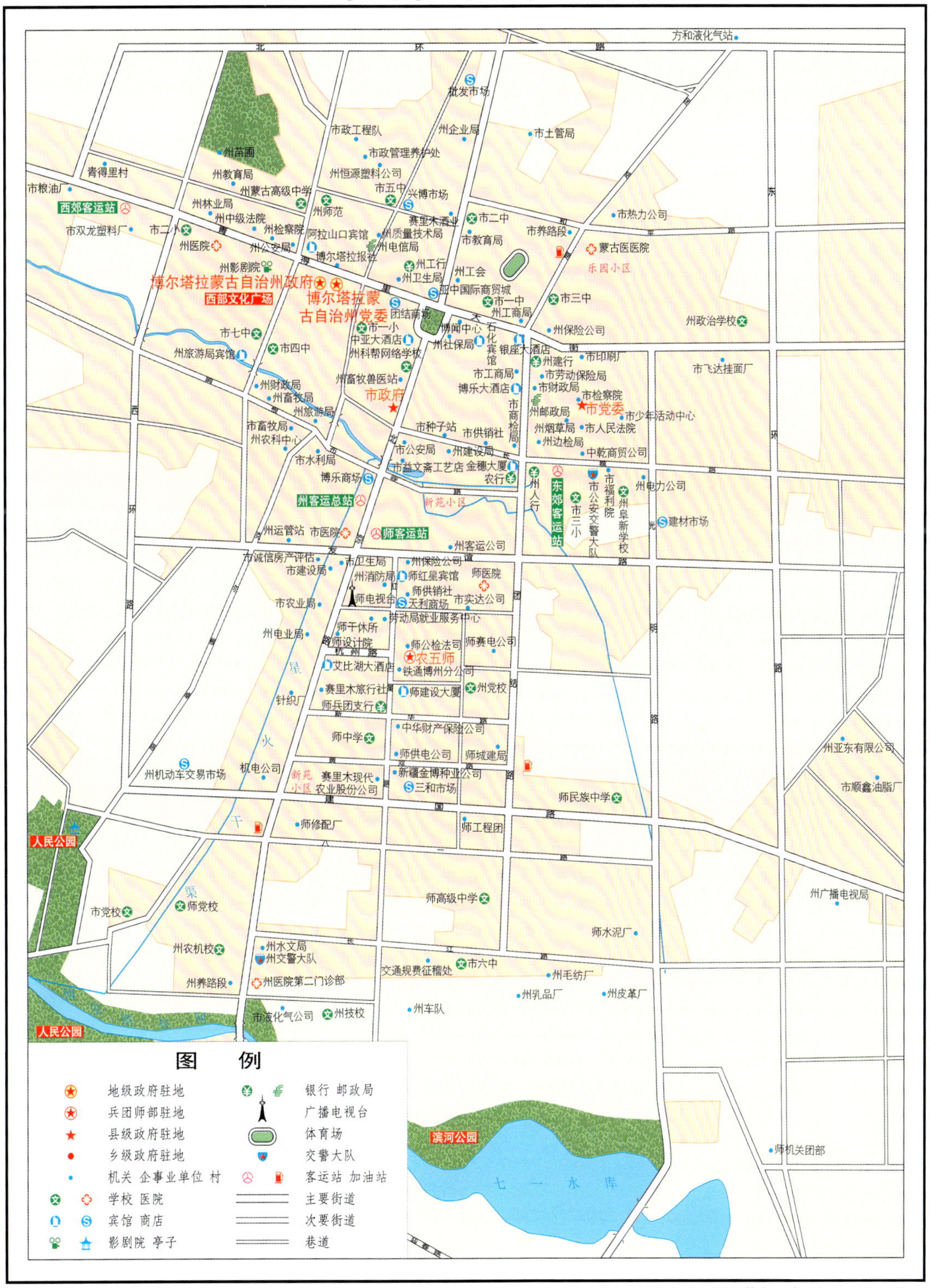

新疆维吾尔自治区测绘地理信息局 新S（2017）039号

博乐市南城（2020 年）

赛里木湖

哈日图热格

怪

夏尔希里

青色草原

红脚鹬

天　鹅

黑　鹳

石　鸡

牛背鹭

野　鸡

猎　隼

松　鸡

北山羊

盘 羊

雄天山马鹿

狐 狸

野 猪

狍 子

1985 年 9 月，中共博乐市委、博乐市政府在东方红影剧院召开博乐市成立大会

1985 年 9 月 21 日，群众在街心公园前庆祝博乐撤县设市

1980 年 6 月 27 日，人民政治协商会议博乐县第六届第一次会议委员合影

1985 年 9 月，博乐县召开第一个教师节庆祝大会

1988年，博乐市创建全国双拥模范城工作汇报

1992年12月28日，中国共产党博乐市第二次代表大会召开

1994年6月6日，博乐市第三次民族团结进步表彰大会召开

博乐市1998年精神文明双先1010工程百优十佳文明市民表彰大会

2006年9月，博乐市举行湖北省黄石市援疆工作座谈会暨捐赠仪式。市党政领导与湖北省黄石市党政领导合影

2006年9月，博乐市总工会第四次会员代表大会召开

20 世纪 90 年代的青得里大街

20 世纪 90 年代的邮电大楼

20 世纪 80 年代的青得里大街与顾里木图路十字路口处博乐市第一个红绿灯

红绿灯下的警花（2000 年）

博乐市小营盘镇（2000 年）

东方红影剧院（2001 年）

红旗饭店（2001 年）

文化路博尔塔拉宾馆（2006 年）

沿河路博尔塔拉宾馆（2018 年）

20 世纪 90 年代青得里大街与文化路交汇处白马雕塑

20 世纪 90 年代青得里大街与团结路交叉路口

街心公园（1982 年）

街心公园（1997 年）

原街心公园旧址上，青得里大街和北京路交会处（2005 年）

博尔塔拉河大桥（2001 年）

金水桥（原名博尔塔拉河大桥）（2013 年）

青得里河水系（2012 年）

博尔塔拉河水系部分景观（2013 年）

北京桥（1987 年）

北京桥（1997 年）

北京桥（2005 年）

北京桥（2013 年）

博乐飞机场（2010 年）

博乐火车站（1990 年）

博尔塔拉火车站（2019 年）

1990 年 9 月，中、苏铁路在阿拉山口接轨

1991 年 7 月 20 日，第一列临时国际区域性货运列车进入阿拉山口口岸，举行剪彩仪式

阿拉山口汽车站（1992 年）

阿拉山口火车站（1992 年）

1992 年 8 月 21 日，博乐发往哈萨克斯坦塔尔迪库尔州乌恰拉尔市的第一辆国际客运班车

1995 年 7 月 3 日，小营盘镇至塔秀乡南线通车典礼暨州市县至乡镇场全部通油路庆祝会在阿热勒托哈牧场举行

机械化收割小麦（1992 年）

机械化宽膜播种（1996 年）

半机械化播种（20 世纪 80 年代）

机械化收割玉米（20 世纪 90 年代）

残膜回收（2005 年）

博乐市召开残膜回收与秸秆还田现场会（2005 年）

夏收动员大会（20 世纪 80 年代）

农田喷灌（20 世纪 90 年代）

机械化农田作业（2003 年）

机械化玉米青贮（2005 年）

农田滴灌（2006 年）

棉农交棉（20 世纪 90 年代）

机械化棉花采摘（2006 年）

机械化棉花采摘打包（2008 年）

规模化家禽养殖（1996 年）

规模化养牛（2013 年）

博乐市污水处理和污水再生利用（2006 年）

博乐边境经济合作区并入金三角工业园区（2016 年）

博乐水泥厂（1998 年）

博乐市棉纺织厂大门（20 世纪 90 年代）

博乐市棉纺织车间（20 世纪 90 年代）

博尔塔拉糖厂（2005 年）

博乐市赛里木酒厂（2016 年）

博乐市非公有制经济园区（20 世纪 90 年代）

赛里木酒系列产品

东风市场（20 世纪 80 年代）

博乐商业步行街（2003 年）

库房式团结商场（1979 年）

三层专柜式团结商场（1991 年）

六层百货综合体团结商场（2009 年）

博乐市第一幼儿园教学楼（20 世纪 90 年代）

博乐市第一幼儿园教学楼（2010 年）

博乐市第一小学操场（2006 年）

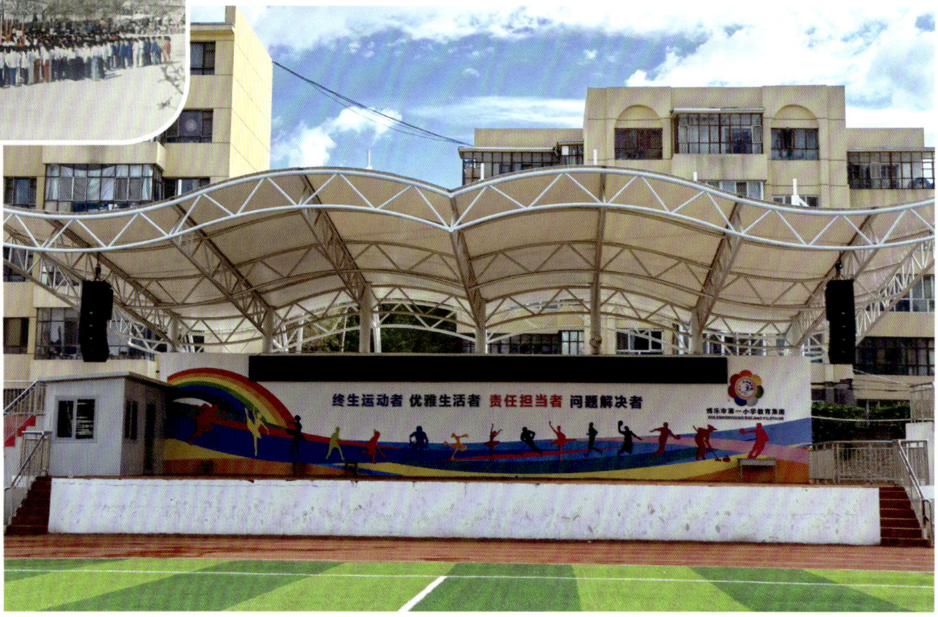

博乐市第一小学操场（2019 年）

博乐市逸夫小学的学生在校园玩游戏（2017 年）

博乐市第六中学学生进行实验操作（2014 年）

博乐市锦绣中学科学社团（2014 年）

2008 年 9 月，博乐市高级中学（华中师大一附中博乐分校）奠基

1986 年 8 月，博乐市首次蒙古族民间文艺会演在哈日图热格举办

博尔塔拉纪念园广场（2005 年）

西部文化广场（2002 年）

博乐市举办文化进村文艺巡回演出（1997 年）

1999 年，博乐市举行奔向新世纪“赛里木杯”职工冬季长跑比赛

2005 年，博乐市举行庆祝博尔塔拉蒙古自治州成立 50 周年活动

博乐市那达慕大会主席台（1989 年）

那达慕大会赛马（1989 年）

那达慕大会的摔跤比赛（2002 年）

刁　羊

姑娘追

2006 年 9 月 8—13 日，自治区第六届少数民族传统体育运动会在博乐赛马场举行

赛骆驼

射箭

2006 年 9 月 10 日，博乐市举办自治区第六届少数民族传统体育运动会运动员入场

博乐特色美食

铜锅奶茶

奶 酒

酸奶疙瘩

达勒特古城出土文物

马鞍型石磨盘 魏晋时期

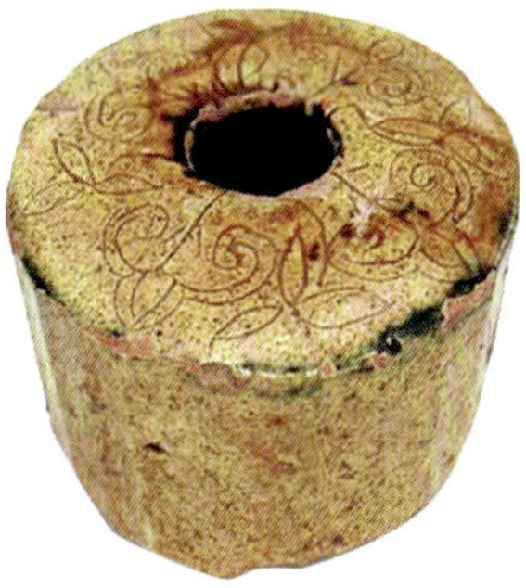

黄釉陶盂　宋代

陶罐　宋——元

钧瓷盘　宋代

绿釉陶灯　元代

玻璃瓶　元代

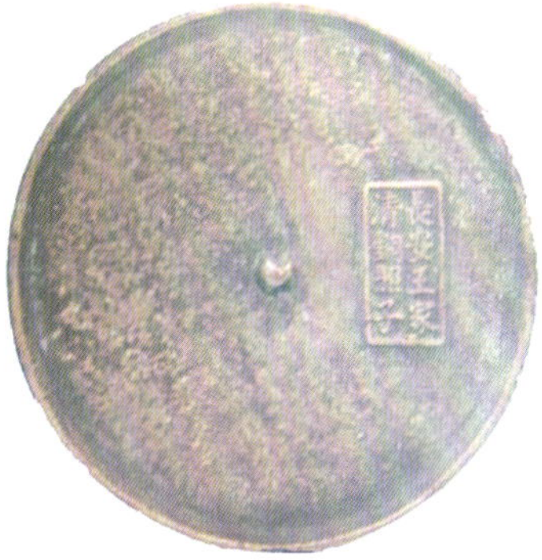

铜镜　宋代

1　2　3

1、唐代铜币 2、宋代铜币
3、金代铜币

4　5　6

4、元代金币 5、元代银币
6、元代铜币

金饰带　元代

博乐市维吾尔医医院（2016 年）

开展“非典”防治工作（2003 年）

博乐市妇幼保健站牧区巡回医疗（2004 年）

博乐市人民医院（博乐市中西医结合医院）（2018 年）

乌图布拉格镇卫生院公共卫生楼（2003 年）

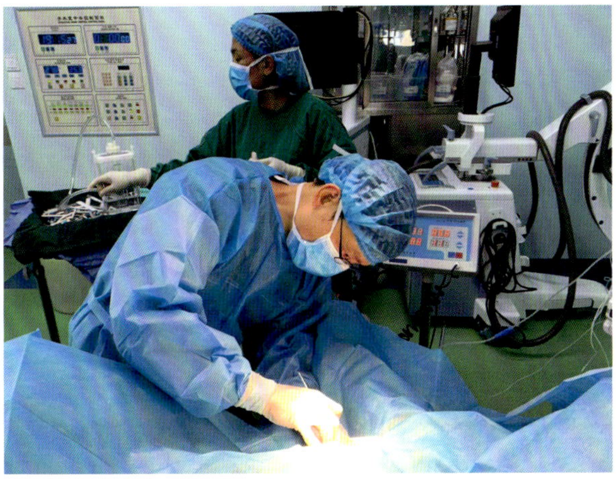

武汉市第一医院外科副主任罗东在博乐市人民医院救治血气胸患者（2019 年）

儿童接种脊髓灰质炎疫苗(2005 年)

博乐市妇幼保健院计划服务中心大楼（2012 年）

20 世纪 90 年代博乐市妇幼保健站在综合办公楼内

1992 年 8 月 31 日，博乐市最后一个牧民村小营盘镇三牧场新布哈村通电

博乐市农商银行开展反假币宣传（2019 年）

博乐—五台公路 7 千米东侧博乐敖包（2014 年）

群众文化生活（2006 年）

百姓休闲生活（2006 年）

牧民定居处（2008 年）

牧民转场（2008 年）

乡村振兴—乌图布拉格镇格尼登新村（2016 年）

全国文明城市
中央精神文明建设指导委员会
2020年11月

新疆维吾尔自治区博乐市
国家卫生城市
(2018-2020)
全国爱国卫生运动委员会

授予：新疆博乐市
国家园林城市
中华人民共和国住房和城乡建设部

中国优秀旅游城市
TOP TOURIST CITY OF CHINA
博乐市
证书
中国优秀旅游城市
评定委员会颁发
ISSUED BY CHINA TOP TOURIST CITIES
EVALUATION COMMITTEE
二OO六年

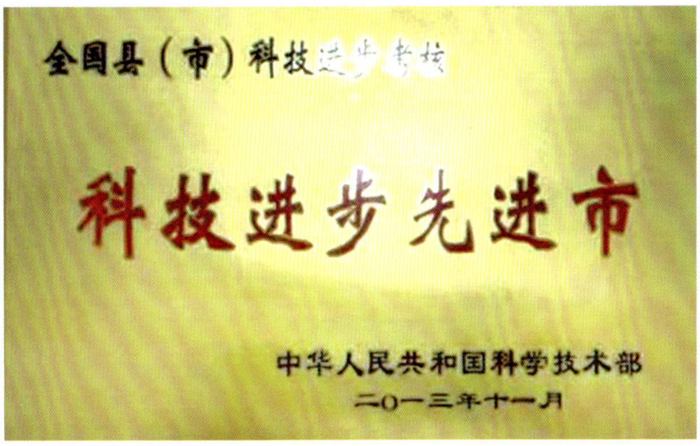
全国县（市）科技进步考核
科技进步先进市
中华人民共和国科学技术部
二〇一三年十一月

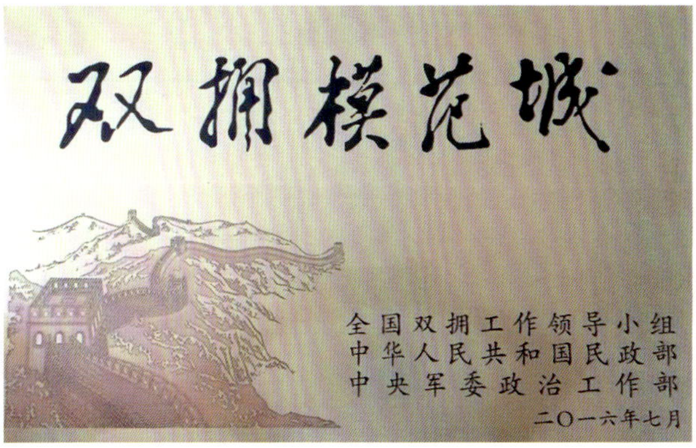
双拥模范城
全国双拥工作领导小组
中华人民共和国民政部
中央军委政治工作部
二〇一六年七月

2015 年 8 月 19—21 日，《博乐市志（1979—2006）》评审会在博尔塔拉宾馆召开

2022 年 8 月 1 日，《博乐市志（1979—2006）》主编、副主编在博乐市史志办会议室召开志稿研讨会

新疆维吾尔自治区地方志编纂委员会

《博乐市志（1979—2006）》编纂委员会

2007年8月

主　　任： 巴　图

副 主 任： 白庆文　苟旭军　廖国强　李　拉　李　莉　谭精俊

成　　员： 陈新博　左　宁　毛思成　李建农　陈建新　李建军　王永霞

2010年4月

主　　任： 巴　图

副 主 任： 白庆文　苟旭军　廖国强　吾　恰　阿孜古丽·阿布拉　谭精俊

成　　员： 陈新博　张　斌　毛思成　李建农　陈建新　王永霞　唐启银

2013年9月

主　　任： 莎　茹

副 主 任： 保力德　李鸣豹　宫讲来　毛显琴　哈力玛·木坤　谭精俊

成　　员： 关　伟　刘　南　杨继芳　徐新建　孙慧萍　王永霞

《博乐市志（1979—2006）》编辑部

主　　编：毛思成　王永霞　党云亭
副 主 编：杨继芳　徐新建　张志刚　钱龙凤　曹万标
编　　辑：白新华　陈进福　宋春玲　赵天阳　张顺雅　高　璇　李　霞

《博乐市志（1979—2006）》审定验收单位

中共博乐市委员会　博乐市人民政府
博尔塔拉蒙古自治州党史研究室（地方志办公室）
新疆维吾尔自治区地方志编纂委员会

《博乐市志（1979—2006）》审定人员

主　　审：廖运建
副 编 审：张　权
审　　定：邓兆勤

《博乐市志（1979—2006）》撰稿人员

陈宝强	李建均	周卫东	其木德	张贵军	何白英
陶　辉	贾文霞	刘兴义	王新正	魏春华	闫　平
万树楼	周加林	张桂华	汤世秋	牟爱华	赖鹏赫
连欲晓	谢学文	魏丽陪	王玉萍	张　敏	陈绵喜
宋明慧	高武汉	杨德忠	伐学忠	夏方安	贾璐璐
冉旺林	宋玉兰	何白英	刘秀玲	唐　勇	鲁桂兰
娜　卡	龚露娟	南海政	梁俊山	林咏梅	覃　森
罗　斌	赵　薇	陈春燕	付智强	赵淑娜	胡敬誉
胡敬举	段朝阳	冀　彬	郭炳文	宋春玲	刘新英
李兰英	孔晓凤	周友其	刘洪亮	刘　南	党立峰
李　霞	李金钢	黄晓东	石荣辉	姚丽芬	徐德民
黄桂秀	郭永明	欧西强	蔡　忠	姜宏伟	李丹青
郑寿生	李　芹	韩德文	雍为名	郭　宁	臧彩云
李世刚	张兆鑫	杨仁现	段玉文	张金虎	曹永和
庄保强	库尔班·达吾提		司金如	范江涛	苟永平
王小龙	窦全军	孙晓燕	刘训发	柳　静	

提供《博乐市志（1979—2006）》图片资料单位及人员名单

市委办公室
市政府办公室
市纪委（监委）
市委宣传部
市委统战部（民宗委）
市档案局
市团委
市工商联
市教育局
市科技局
市检察院
市司法局
市财政局
市住房和城乡建设局
市农业局
市林业局
市文化体育广播影视局
市人口和计划生育委员会
市城乡规划管理局
市国土资源局
市质监局
杨良其
秦　军
周加林
市人大办公室
市政协办公室
市委组织部
市政法委员会
市老干局
市总工会
市妇联
市发展和改革委员会
市商务和信息化委员会
市公安局
市法院
市民政局
市人力资源和社会保障局
市交通运输局
市水利局
市畜牧兽医局
市卫生局
市审计局
市旅游局
市工商局
市博州邮政局
黄宏才
孙明亮
刘　昶

序

修志问道，以启未来。

地方志是传承中华文明、发掘历史智慧的重要载体，是全面系统记述本辖区自然、政治、经济、文化、社会历史和现状的标准性、基础性文献，具有以志资治、服务当代、垂鉴后世的重要功能。既“可补史之缺，参史之错，详史之略，续史之无”，为后人留下真实、全面、客观、系统的资料；又可作为“资治宝鉴”“致用之书”，为科学决策提供历史借鉴；更兼育人功能，为文化传统教育提供可靠可信的权威性教科书。

博乐，系博尔塔拉音译演变而来，蒙古语意为“银色（银灰色、青色）的草原”，历史源远，多民族聚居，是古丝绸之路北道之重镇。汉宣帝神爵二年（公元前 60），西汉政府置西域都护府，博乐归其管辖，正式成为中国版图的一部分。唐显庆三年（658），唐朝在博乐设“双河”都督府。后经朝代更替，历两千年历史沧桑，博乐始终是中国大家庭不可分割的一部分。各族群众在这片土地上繁衍生息，交流交融，生活奋斗，与中华民族文明史一脉相承，为中华民族历史和文化的形成、发展作出重要贡献。

盛世修志，志载盛世。前有所稽，后有所传。

1979—2006 年，是博乐各族人民解放思想、团结奋斗的 28 年，是博乐各行各业坚持改革开放、砥砺前行的 28 年，是博乐发生翻天覆地变化、各项事业取得突飞猛进的 28 年。博乐市牢牢把握历史机遇，坚定不移贯彻党中央治疆方略和自治区党委安排部署，感党恩、听党话、跟党走，综合实力显著增强，产业结构不断优化，基础设施加快改善，城乡面貌焕然一新，社会事业全面进步，改革成果普惠共享，人民生活蒸蒸日上。

博乐市第一轮地方志纂修始于 1984 年，1992 年出版。作为续志，博乐市第二轮修志成果——《博乐市志（1979—2006）》即将付梓。全书共 39 编、217 章、714 节，近 190 万字，详细记述了博乐改革开放以来这 28 年政治、经济、文化、生态、社会进步的历程，以及这个时期博乐的气候、地貌、山川、城镇、矿产、动植物分布情况，内容丰富、资料翔实、观点正确，具有鲜明的时代特色和地方特色，实为博乐自然、政治、经济、社会、文化的历史和现实记载的文化知识宝库。

《博乐市志（1979—2006）》编修，社会工程浩繁，文化成果喜人。自2007年启动，历时十五载终成此书，是党政、学术、社会力量持久支持与通力协作的成果，是博乐市人民集体智慧的结晶。十五年来，市志编修人员，甘于淡泊、默默奉献、广征博采、数易其稿，倾注了大量心血。博乐市各级党委、政府，社会各界给与大力支持。对此，《博乐市志（1979—2006）》编纂委员会致以诚挚的敬意与感谢。

治天下者以史为鉴，治郡国者以志为鉴。

改革开放是当代中国新的伟大革命。在这一历史进程中，博乐市抢抓机遇，奋力拼搏，创造了经济社会跨越发展的人间奇迹，其所依所托、所寄所望，《博乐市志（1979—2006）》提供了灼灼昭示。站在新的历史起点上，博乐市委、市政府将以史为鉴，深入学习贯彻习近平新时代中国特色社会主义思想，在党中央和自治区、自治州党委的坚强领导下，审时度势，高瞻远瞩，保持战略定力，科学统筹谋划，在聚焦、落实社会稳定和长治久安总目标的基础上，实现高质量发展，激励后人以永不懈怠的斗志，创造博乐更加辉煌灿烂的明天！

《博乐市志（1979—2006）》编纂委员会

2022年8月

凡　例

一、《博乐市志（1979—2006）》编纂坚持以马克思列宁主义、毛泽东思想、邓小平理论、“三个代表”重要思想、科学发展观、习近平新时代中国特色社会主义思想为指导，坚持辩证唯物主义和历史唯物主义的立场、观点和方法，突出时代特点和地方特色，力求做到思想性、科学性、著述性和资料性的统一。

二、本志上限为1979年，下限为2006年，是对第一轮《博乐市志》的续修。为保障志书系统性、连贯性，建置沿革、行政区划适当上溯。2006年后的重要资料，载入附录中，彩页中收录的图片适当延伸。

三、本志主要记述断限内1979—2006年博乐市境自然、政治、经济、文化、社会的历史与现状。驻博乐境内的新疆生产建设兵团农业建设农五师师直机关和所辖团场单独立编。

四、全志遵循“事以类从、横排竖写”的原则，按照自然、政治、经济、文化、社会顺序排列行文，直陈其事，述而不论；以编、章、节、目为基本框架，节为最基础记述单元。所用体裁为述、记、志、表、图、传、录，以志体为主。

五、本志人名，直呼姓名。少数民族姓名，用全称。地名均以1983年博乐市地名普查定音定字为准。为节约篇幅，行文简便，中国共产党博乐市委员会简称为中共博乐市委或市委，博尔塔拉蒙古自治州简称为博州，新疆生产建设兵团农业建设农五师简称为农五师。

六、本志所用标点符号以中华人民共和国国家标准GB/T 15834—2011《标点符号用法》为准。所用数字以中华人民共和国国家标准GB/T 15835—2011《出版物上数字用法的规定》为准。计量单位以国家技术监督局1993年12月发布的《量和单位》为准。

七、本志人物坚持生不立传的原则，收录博乐市有社会影响的人物为主。在开发建设博乐做出突出贡献的在世的先进模范人物则记人物简介和人物表。

八、本志资料主要采自档案、正史、报纸、刊物、专著和相关部门提供的资料及口碑资料，均不注明出处。数据以博乐市统计局、博州统计局公布的法定数据为主，辅以主管部门单位提供的数据。新疆维吾尔自治区测绘地理信息局提供2006年博乐市地图资料并审定。

总目录

上　册

下　册

目　录

上　册

第三编　赛里木湖

第四编　人口　民族　宗教

第五编　城乡建设

第六编　环境保护

第七编　阿拉山口口岸

第八编　交通　运输

第九编　通　信

第十编　中国共产党博乐市委员会

第十一编　博乐市人民代表大会

第十二编　博乐市人民政府

第十三编 中国人民政治协商会议博乐市委员会

第十四编 社会团体

第十五编　法　治

第十六编 军 事

第十七编 经济综述

第十八编　农　业

第十九编　林　业

第二十编　畜牧业

第二十一编　水　利

第二十二编　农牧业机械

概　述

BOLE SHIZHI

一

博乐市位于新疆维吾尔自治区西北部，天山西段北麓，准噶尔盆地西南部。北纬44° 20′ ~ 45° 23′ 、东经 80° 39′ ~ 82° 44′ 。分别与温泉县、精河县、塔城地区的托里县、伊犁州的伊宁县、霍城县接壤，北以阿拉套山与哈萨克斯坦为界。为博尔塔拉蒙古自治州首府，全州政治、经济和文化中心；为中国西部沿边开放城市，距离自治区首府乌鲁木齐市 524 千米。境内有国家级边境经济合作区和进出口贸易加工区，国家一类口岸阿拉山口口岸，为第二座亚欧大陆桥的西门户。2006 年，博乐市境东西最长 164.7 千米，南北最宽 117.5 千米，国境线长约 116.2 千米，地域总面积约 7 956 平方千米。

博乐历史悠久，是古丝绸之路北道重镇。许多少数民族都曾在这里留下历史足迹。西汉神爵二年（公元前 60 年），博乐正式纳入中国版图，成为中国不可分割的一部分。1920 年设县。县名博乐系博尔塔拉音译演变来的，为蒙古语“银色（银灰色、青色）的草原”。博乐自古以来就是多民族活动区域。2006 年，全市有 31 个民族，常住总人口 254 256 人（含州直、兵团农五师师部及〈部分〉团场）。设 3 个镇、2 个乡、2 个牧场、4 个街道办事处、151 个村民委员会（简称村委会）、14 个社区居民委员会（简称社区居委会）。境内有兵团农五师 6 个团场。

二

境内地势西高东低。南部有北天山西段支脉科古尔琴山、呼苏木奇根山，北部是阿拉套山脉，中部为岗吉格山，分别构成呼苏木奇根谷地、呼苏图谷地、博尔塔拉河谷地和呼苏木奇根河、博尔塔拉河，呈现“四山三谷两条川”的地貌。最高山峰为霍洛力乌苏西南处，海拔 4 189 米，最低处为东部博尔塔拉河入艾比湖口，海拔 194.6 米，高差为 3 994.4 米。

境域属大陆性北温带荒漠干旱气候。年平均气温 6.7℃，最冷为 1 月，平均气温 -15.8℃，极端最低气温 -35.0℃；最热为 7 月，平均气温 23.7℃，极端最高气温 39.0℃。年降水量 199.4 毫米，主要集中在春、夏季。年蒸发量 1 552.9 毫米。平均无霜期 183 天，最长为 203 天。除阿拉山口地区（全国有名的风口之一）大风日数高达 148 天外，其余地区大风日数相对较少，且主要集中在夏季。博尔塔拉河河谷中游地区的西部和南部山区的赛里木湖及北部山区的哈日图热格是夏季冰雹的活动区。冬季境内大部分地区最大积雪厚度约 180 毫米。

博乐市境有河流 3 条、水系 2 条。市境平原内泉水沟较多，有 8 大泉群、31 个泉沟年平均径流量 2.95 亿立方米，灌溉面积约 9 000 公顷。

博乐市土地资源丰富。可耕地面积 6.29 万公顷。土地有 6 个土类 14 个亚类、23 个土属、31 个土种。

全市草场面积27.2万公顷。天然草地常见植物有408种，分属258属52科。通过多年不断加强草场建设，牧草品质和产量有很大提高，2006年累计划分牧民人工草料地5 198.57公顷，累计开发利用3 390.33公顷。全市林地总面积13.20万公顷，森林覆盖率7.9%。森林植被分布在高山草甸、河滩次生林和荒漠林，有云杉、天山桦、密叶杨、沙棘、榆树、柳树及猪毛菜、假木贼、骆驼刺、梭梭等。

博乐市植物、动植资源十分丰富。植被类型有7种，主要的乔灌木种34科。市境内有野生中药材100多种，主要有贝母、甘草、党参、川芎、当归等药材共79科387种。粮食作物主要有小麦、玉米、水稻；油料作物有油菜、胡麻、向日葵；经济作物有棉花、甜菜。2006年，各种蔬菜30多种812.8公顷；瓜果20多种。境内主要有两栖爬行类动物30余种，兽类20余种，鸟类30余种，鱼类10余种，昆虫239种。饲养牲畜有马、牛、羊、猪、驴、骆驼等，饲养禽类有鸡、鸭、鹅、鸽子、鹌鹑等。境内夏尔希里自然保护区是中华人民共和国一座独特的生物基因宝库。野生植物有1 676种，分属81科513属，有红门兰、斑叶兰等珍稀兰科植物以及蒙古黄芪、雪莲、紫草等国家重点保护植物60余种；有陆栖动物和鸟类179种，其中国家重点保护动物有35种，主要为雪豹、北山羊、棕熊、猞猁、马鹿、盘羊、苍鹰、草原雕、雪鸡、雕鸮、短耳鸮等。

博乐市已勘探金属矿16处，非金属矿产地20处，主要开发利用的有珍珠岩、白云岩、花岗岩、大理岩和石灰石等。

境域旅游资源丰富，国家级名胜风景区赛里木湖以神奇秀丽的自然风光享誉中外。国家级名胜风景区怪石峪是中国西部最大的怪石群。国家级森林公园哈日图热格，云杉翠绿，白桦葱郁，苍鹰起舞，鸟语花香，风景如诗如画。夏尔希里自然保护区景观类型具多样性和典型性，极富感染力。境内分布各民族文物261处，其中自治区级文物保护单位5处。2006年，博乐市被命名为“中国优秀旅游城市”。

三

民主政治建设取得巨大进步。中共十一届三中全会后，博乐市人大、政协组织恢复活动。市委在推进社会主义民主政治建设中，坚持用中国特色社会主义理论武装党员干部群众。开展整党、邓小平理论、“三个代表”重要思想、共产党员先进性教育实践活动。加强党的基层组织建设，党的基层组织由1979年的159个发展到2006年的432个，民主选举、民主决策、民主管理、民主监督制度不断健全，执政能力、拒腐防变和抵御风险能力明显提高；党员队伍不断发展壮大，由1979年的1 818人发展到2006年的7 011人。

坚持人民代表大会制度，依法履行职能。坚持“长期共存、互相监督、肝胆相照、荣辱与共”的方针，发挥人民政协政治协商、民主监督和参政的作用。坚持民族区域自治制度，巩固和发展平等团结互助的社会主义民族关系，促进各民族共同繁荣进步。

依法治市方略有效实施。顺利完成“一五”至“四五”普法任务；强化各级人民政府依法决策、依法行政和司法机关公正司法、依法办案。建立结构合理、制约有效的权力运行机制。实行多种形式的领导干部述职述廉制度，健全重大事项报告制度、质询制度和民主评议制度。推行政务公开制度，加强组织监督和民主监督及舆论监督。坚持村民自治制度，并不断完善。到2006年，初步形成以基层依法治理为基础，以行业依法治理为支柱的依法治市体系。

四

中共十一届三中全会后，博乐县实现把党的工作重心转移到社会主义现代化建设上来的历史性任务。首先在农村推行多种生产责任制。1982年中共十二大召开后，全县全面推进农业现代建设。1983年，全县农业生产队推行以家庭联产承包为主要形式的生产责任制。1985年8月，全县牧场除阿热勒托哈牧场外均推行“牲畜作价归户，草场承包”生产责任制。家庭联产承包和草场承包生产责任制，把生产资料集体所有制的所有权和经营权分离，使农牧民成为经营主体，获得自主经营权及产品的所有权和支配权，成为基本的核算单位和积累主体，是生产关系的重大变革，极大地解放了农村生产力，彻底打破了“大锅饭”的平均主义经济体制。

博乐市在实施农业现代化进程中，调整产业结构，改变“以粮为纲”的传统思想，开展多种经营；加强农业职业技术教育和科技培训体系建设，农作物良种繁育经营服务体系建设，农业科学技术推广体系建设；加强农业基础设施建设和农业机械化建设。1992年中共十四大召开后，全市加快农业产业化、市场化建设。培育农业龙头企业，扩大订单农业。实施粮食、棉花、甜菜、蔬菜基地建设和产肉千吨乡、产奶千吨乡、产蛋百吨村建设。到2000年，全市初步建立农业现代化体系。2006年实现农业总产值7.92亿元。

农村农产品自主经营和丰富，推动了博乐市农产品购销体制改革和集贸市场的繁荣。1984年，全县推进供销经营体制改革，取消棉花统购和棉花、棉布统销政策。同时，取消生猪、水产品、蔬菜等派购，自由上市、自由交易、随行就市、按质论价。1985年推进粮油经营体制改革，取消粮食统购，实行合同订购政策，订购以外的粮食可以上市。农产品购销经营体制改革，在流通领域形成国家、集体、个体多种经济成分并存的局面，为市场经济的形成培育了主体。1992年中共十四大后，全市在全面推进农业产业化、市场化进程中，加快集贸市场建设，先后建立兴博、嘉利、三合、金道等20个农副产品交易市场。2000年后，建立东郊、西郊蔬菜瓜果批发市场；完善6个乡镇和4个村级农副产品交易市场。到2006年，实现社会消费品零售总额7.52亿元。

农村经济结构的调整，推动了具有市场机制的乡镇企业的兴起和快速发展。1982年，全县以建材建筑为主的社队企业发展到66个，从业人员3 055人，企业总收入825.3万元。1985年，全市乡镇企业发展到176个，从业人员3 374人；总收入945万元（不含村级企业总产值），利税35万元。从“六五”计划开始，乡镇企业已成为全市国民经济发展的支柱产业。1999年，全市乡镇企业发展到2 543个，从业人员9 284人；总收入4.18亿元，总产值3.15亿元，利税1 109万元。2002年，全市乡镇企业总收入6.17亿元，总产值6.2亿元，其中工业产值3.1亿元，利税1 900万元。乡镇企业的迅速发展，在优化农村产业结构，促进农村经济产业化、市场化，培育农民商品意识和加快推进市工业化进程等方面发挥了重要作用。

五

1979年，博乐县在国有、集体所有制企业中恢复厂长（经理）负责制，改企业基金制为利润留成制。同年，全县工业企业发展到18家，工业总产值（现价）达338.6万元。1985年博乐市在国有、集体工业企业中全面推行“一包三改”（经营承包、改干部终身制为任期制、改固定工为合同工、改固定工资为浮动工资）为主的生产经营责任制。实行独立核算，自负盈亏的经营方式。从1987年下半年开始，全市国有、集体工业企业实施第一轮承包。至1990年，国有、集体27个工业企业（国有14家、集体13家）工业总产值4 834.1万元（含乡镇企业），占工农业总产值的42.1%。国有、集体独立核算工业利润总额467.9万元。但是，企业整体素质差，专业技术人员紧缺，管理水平、技术水平和工艺水平低的矛盾仍很突出。

1992年，博乐市以邓小平南方谈话和中共十四大精神为指导，在国有、集体工业企业开展以建立“产权清晰，权责明确，政企分开，管理科学”的现代企业制度为目标的改革。1993年，全市工业企业推行股份制试点。“九五”计划末，全市列入统计的国有、集体工业企业45家，通过股份制等形式，实现改制44家。2005年，全市工业企业发展到813家，总产值5.63亿元，已形成机械制造、矿采掘、建筑建材、电力、酿酒、棉纺织、服装加工、制鞋、塑料编织、粮油加工、制糖、棉花加工、番茄加工、乳品加工、食品加工、饲料加工等地方工业体系。

博乐县在推进国有、集体所有制企业改革的同时，积极发展城镇个体经济。1983年末，全县个体工商户有654户，从业人员969人。1992年，博乐市以“博乐边境经济合作区”为平台，制定多项发展个体私营经济的优惠政策。到1997年底，全市个体私营经济实现生产总值3 435万元，占全市国内地方生产总值的12.67%。全市城乡个体户已发展到5 190户7 277人，注册资金7 601.68万元。私营企业发展到97户951人，注册资金3 200万元。2000年9月末，全市个体私营企业已发展到6 196户，从业人员12 720人，注册资金1.55亿元，上缴税金1 007万元。2006年，个体工商户、私营企业达到8 483户，从业人员20 589人，注册资金6.24亿元，税金4 087万元。非公有制经济已成为博乐市国民经济发展中的亮点。

六

改革开放后，博乐市坚持教育优先发展战略。1992年，博乐市被新疆维吾尔自治区确定为实施农村教育综合改革实验市。从1995年，全市深化农村综合教育配套改革，抓“双基”教育和中、小学基础设施“八配套”建设，顺利通过自治区“两基”验收，并获“全国‘两基’工作先进市”。1997年起，博乐市实施中、小学素质教育工程。加强对中小学校长培训，提高教师队伍的整体素质；加大教师思想政治教育力度，树立和营造敬业精神；不断深化学校内部管理体制改革，引入竞争激励机制，推行教师“全员考核、竞争上岗”；推行校长任期目标责任制和校长聘任制度。培养骨干教师、学科带头人和师德标兵；加强和改进学校德育工作，既要培养学生高尚的思想道德素质，又要培养学生的健康心理素质；调整中、小学布局，优化配置教育资源。

“八五”“九五”期间，博乐市教育事业取得丰硕成果。2000年末，全市有幼儿园8所，在园幼儿2 762人。有小学52所685个班级，在校生19 273人，小学适龄儿童入学率在95%以上。有中学15所238个班级，在校生9 605人。中学教师797人。全市中、小学占地面积达标的55所。

“十五”期间，博乐市巩固和提高“两基”教育和中、小学素质教育成果。全面启动“民汉合校”教育工程，加快推进教育结构调整，优化教育资源配置。加快教育产业化进程，鼓励和支持社会办学。进一步深化学校内部管理体制改革，全面提高教师队伍素质。进一步改革人事、劳动管理制度，建立激励机制，形成尊重人才、鼓励创业的社会氛围。2005 年，全市有中等学校 18 所，在校学生 12 147 人，有小学 38 所，在校学生 15 345 人，有幼儿园 13 所，在园幼儿 3 908 人。教育事业的快速发展，为市全面建设小康社会提供人才支撑和智力保证。

博乐市各族人民有优秀的文化艺术、体育传统。蒙古族的民间歌舞热情豪放、旋律优美，摔跤、赛马、射箭是蒙古族人民的传统体育项目。蒙古族传统的“那达慕”大会，已演变为各族人民共同欢庆的歌舞、体育活动。哈萨克族人民的阿肯弹唱，幽默风趣；姑娘追、刁羊具有马背文化特色。维吾尔族人民的麦西来甫，舞姿稳健洒脱、柔美细腻、轻松愉快、节奏感强；传统的歌舞有顶碗舞、大鼓舞、铁环舞、普塔舞等。中共十一届三中全会后，市委、市政府坚持“二为”和“双百”方针，大力推进和完善“三级”文化网络建设，实施广播电视“村村通”工程、“西新”工程和“丝绸之路边境文化长廊”工程。广泛开展具有时代精神、地方特色和民族风格的群众性文化活动。举办“那达慕”草原节、《江格尔》演唱会、阿肯弹唱会、麦西来甫歌舞会和“西部文化广场”文化艺术节，传统文化艺术得到继承和发扬。同时，京剧、歌剧、秦腔、武术、社火、音乐、美术、书法、广播电视等文化门类得到快速发展，呈现中国特色社会主义的多元一体文化景观。1993—2006 年，博乐市先后被命名为自治区“文化建设先进市”、全国“文化先进市”。

七

改革开放后，博乐市城乡面貌日新月异，各族人民生活水平显著提高。“七五”期间，积极推进城镇建设，到“十五”期末，城镇建设取得显著成就。

城市基础设施进一步完善。城区道路完成“三纵、六横、一环”布局，沥青混凝土道路 47 条，总长度 74 千米，道路面积 114.20 万平方米。城区供水、供电、供暖、路灯、垃圾处理等改扩建工程顺利完成。滨河公园、人民公园、西部文化广场和赛马场先后建成并投入使用。亚中商城、商业步行街、东风商厦等一批房地产开发项目相继竣工。先后建成乐园小区、丽园小区、楚天花园、金丽园小区、金汇园小区、帝龙花园、鸿盛园等住宅小区，建筑面积 217.66 万平方米。城市规划面积 18 平方千米，建成区面积 13.14 平方千米。

小城镇建设积极推进。建成乡道 9 条，合计里程 219.07 千米；乡道 34 条，合计里程 169.89 千米；村道 38 条，合计里程 91.57 千米，村通路率 100%；团场专用公路 10 条，合计里程 529.92 千米。公路总里程 1 366.35 千米，公路密度每千平方千米 169.37 千米，平均每万人占有公路 51.83 千米。各乡镇场、街道，供排水、供暖、集贸市场等基础设施不断完善，小营盘镇、达勒特镇分别被国家和自治区确定为小城镇建设重点镇。

生态建设和环境保护取得显著成效。先后实施博尔塔拉河谷、青达拉、二阶台、博五公路、博河南岸生态林工程。完成防护林造林 1 466.67 公顷、宜林荒滩造林 6 600 公顷、退耕还林还草 4 800 公顷，实施国家重点公益林保护面积 2 万公顷，博五公路 30 千米绿色长廊建设全面完成，全市森林覆盖率 7.8%；天然草场保护、次生林封育、博河小流域治理等生态工程稳步实施，加大了环境污染治理力度，提高了人口、资源和环境的可持续发展能力。

人民生活水平不断提高。社会保障体系不断完善，城镇登记失业率控制在 4% 以内。“两个确保”得到巩固，“三条保障线”衔接良好，养老金、失业救济金社会发放率均为 100%。防病改水项目全面完成，饮水安全项目顺利实施，解决了4.63万人和16.98万头（只）牲畜的饮水问题。农村电网改造基本完成，平均电价由每千瓦小时1.2元降至0.54元。新型农牧区合作医疗顺利实施，参加新型合作医疗的农牧民6.59万人，占总数的79%。农村人均住房面积由25平方米提高到30.13平方米，城镇人均住房面积19.43平方米；城市供水普及率99.15%，污水处理率80%，集中供热普及率41%，绿地率33.37%；农村自来水入户率88%，有线电视普及率90%，有线电话入户率65%。2006年，全市在岗职工年平均工资12 312元，为1978年职工年平均工资的22.2倍；农牧民人均纯收入4 907元，为1978年农牧民人均纯收入的30.75倍。

1991—2006年，博乐市先后获自治区城市“天山杯”竞赛“综合杯”“市政管理杯”，以及“优秀城市”等称号。

2006年，全市地区生产总值44.56亿元，其中地方生产总值34.58亿元，第一产业增加值5.65亿元，第二产业增加值4.63亿元，第三产业增加值24.3亿元。实现农林牧渔总产值5.65亿元。农作物总播种面积8 733.33公顷，粮食总产量10.4万吨，棉花3.04万吨，油料1 036吨。

八

精神文明建设取得丰硕成果。弘扬以爱国主义为核心的民族精神和以改革创新为核心的时代精神，为博乐市经济发展、社会进步和社会稳定提供精神动力和智力支持。至2006年，博乐市有文明村镇131个，其中国家级1个、区级6个；文明单位236个，其中国家级3个、区级76个；文明社区3个，其中区级1个；文明小区13个，其中区级6个；文明示范窗口6个，其中区级2个。

回顾往昔，改革开放使博乐市经济社会取得巨大成就，但还存在生产力总体水平不高，经济总量不大，农业产业化程度较低，工业产业结构欠优等问题。展望未来，博乐市各族人民在市委、市政府的正确领导下，坚定中国特色社会主义道路，百尺竿头，更进一步，为实现全面建设小康社会的目标任务，建设文明、和谐、富裕的博乐市而奋斗！

大事记

BOLE SHIZHI

1979 年

1 月 10—20 日　博乐县部分汉族职工家属和公社社员因战备疏散回内地。2 月 11—20 日，博乐县第二批部分职工家属和公社社员，因战备疏散返回内地。全县二批共计疏散 11 000 余人，其中城镇 4 000 余人，农村 7 000 余人。

1 月 22—25 日　博乐县召开公安工作会议，对“四清”“文化大革命”等运动中的冤、假、错案应复查的案件 275 人，复查 262 人，其中全平反 83 人，部分平反 45 人，未平反 134 人；全县地、富、反坏分子 201 人，摘帽子 184 人。

是月　博乐县开放集贸市场。

3 月 5—9 日　博乐县委召开四级（县、公社、大队、小队）干部会议。会议传达贯彻十一届三中全会精神、中央工作会议精神和自治区党委三级干部会议精神，拨乱反正，实现把党的工作重心转移到社会主义现代化建设上来；研究讨论博乐县国民经济发展规划，提出加快农牧业发展的具体办法。

3 月　博乐县人民检察院恢复。

5 月 14 日　博乐县阿热勒托哈牧场实行“五定一奖罚”（定牧工、定畜群、定草场、定任务、定消耗，超产得奖、减产受罚）生产责任制。

5 月 15 日　博乐县被新疆维吾尔自治区革命委员会确定为边境管理县。

6 月 20—26 日　博乐县赛里木湖夏草场出现蝗虫灾害，自治区派农用飞机 28 架次，撒药灭蝗累计 8 964 公顷。

7 月 7 日　博乐县降雹，雹径 2.5 厘米。全县受灾面积 3 335 公顷。

7 月 19—24 日　博乐县委、县革委会召开落实政策会议。总结自 1978 年 5 月至 1979 年 7 月落实政策情况，给“四清”“文化大革命”“一打三反”等运动中的冤、假、错案和遭受打击迫害的 1 245 名干部、群众落实政策。

8 月 21 日　博乐县举办第二期胡都木蒙古文训练班，参加培训人员 40 人，学期 20 天。

12 月　中国农业银行博乐县支行成立。

是年　博乐县运动员哈山参加全国第四届全运会获自由式摔跤 100 千克以上级第二名。

▲　博乐县粮食总产 40 713 吨，牲畜年末存栏 244 481 只（头）。

▲　博乐县人民防治院改设为县人民医院。设外科、妇科、内科、儿科、中医科、蒙医科、五官科、住院部和 2 个门诊部。

1980 年

3 月 13 日　博乐县委书记王如章、革委会主任闫吉甫调离，周荣任县委书记。加帕尔·斯得克任县委副书记、革委会主任。

5月16日 博乐县369名民办教师转为公办教师。

5月 博乐县小营盘公社、青得里公社遭受小麦黑森瘿蚊虫害，受灾面积6 000公顷，成灾面积1 190公顷，虫株率50% ~ 80%，无收成面积106.67公顷，减产278.7万千克。

6月20—26日 政协博乐县第三届委员会第一次会议在博乐红旗饭店召开。会议选举产生由11人组成的政协博乐县第六届委员会常务委员会，岳峰当选主席。

6月21—27日 博乐县第七届人民代表大会第一次会议在博乐红旗饭店召开。会议选举产生由11人组成的博乐县第七届人民代表大会常务委员会，选举库加（蒙古族）为主任，加帕尔·斯得克（维吾尔族）为县长，选举县人民法院院长和人民检察院检察长各1人。大会决定撤销博乐县革命委员会，恢复县人民政府。

6月 博乐县知识青年上山下乡办公室撤销。

7月1—5日 中共博乐县第六次党员代表大会在博乐红旗饭店召开。

7月5日 中共博乐县第六届委员会召开第一次全体会议，会议选举产生8名委员为中共博乐县六届委员会常委，周荣当选书记；选举产生8名委员组成中共博乐县六届纪律检查委员会，书记1人。

7月16日 博乐县食品公司冷库发生雷暴，击死1人、伤2人。

7月24日 夜，大风，风力达12级，博乐城镇数百棵大树被刮倒。

9月 自治区水利厅水产处和州水电局联合在高山湖泊赛里木湖投施冷水鱼类100万尾。1985所年8月，自治区水产局鉴定赛里木湖鱼类移植试验成功。

10月4日 博乐县普查华侨华人计341户1 450人。

是年 全县粮食总产36 741吨，与1975年相比平均年递增2.4%；棉花总产39.5吨，年递增108.6%；油料总产2 956吨、年递增24.09%；年末牲畜存栏245 080头（只）、年递增1.11%；财政收232.1万元、年递增6.93%；工业总产值565.1万元，年递增17.71%；农业总产值2 358.08万元，比1978年增长13.08%；农牧民年人均收入201.80元，职工年人均收入750.94元，社会商品零售额3 132.4万元。

▲ 博乐县平反冤、假、错案，全面落实党的干部政策。需要落实政策的国家干部190人，已落实181人；恢复党籍的44人。

▲ 贝林哈日莫墩乡千亩玉米遭受玉米螟严重危害，虫株率50% ~ 60%。

▲ 自治区人民政府蒙古族民间史诗《江格尔传》搜集小组在博乐县收集工作结束。

1981年

1月26日 博乐县财经计划委员会劳动工资业务分出，成立县人民政府劳动科，兼管知青工作。

2月 博乐县召开县、社（场）、县直机关单位负责人联席会议，贯彻落实党在农村的经济政策。在农区推行“小段包工、定额管理”等生产责任制，在部分牧场推行“包产到群、全奖全赔”等生产责任制。

3月1日 博乐县青少年开展“五讲”（讲文明、讲礼貌、讲秩序、讲道德、讲卫生）“四美”（心灵美、语言美、行为美、环境美）文明礼貌活动。

3月30日 博乐美术爱好者成立草原画会，会员47人。

3月 博乐县开展共产主义道德教育活动。

7月　江格尔齐普尔布加甫参加自治区博尔塔拉片区首次《江格尔传》演唱会。

8月4日　博州革委会批转博乐县《关于加强博乐城镇建设的若干暂行规定》，对城镇建设、管理、规划、道路、林带、公共设施、环境卫生、城镇绿化、交通安全等作出具体规定。

10月　博乐县青得里公社胜利电站建成，装机容量800千瓦。

11月　博乐知青地毯厂开机生产。

▲ 博乐县运动员艾尼瓦尔在上海举行的全国少年摔跤运动会上获古典式摔跤48千克级第一名。

是年　1976年以前上山下乡的知识青年全部回城就业。

1982年

1月2日　博乐县成立技术职称领导小组。此项工作于1983年结束，共有328人获得专业技术职称，其中获得中级职称22人、助理级73人、技术员级233人。

1月14日　博乐县第一个农民科普协会在小营盘人民公社成立。

2月　博乐城镇居民开始使用自来水。

3月1日　博乐县开展全民“五讲、四美、三热爱”（讲文明、讲礼貌、讲道德、讲秩序、讲卫生，语言美、行为美、心灵美、环境美，热爱共产党、热爱祖国、热爱社会主义）文明礼貌月活动。

4月　寒流入侵，博乐县冬小麦冻死2 000余公顷，占全县冬小麦的50%。

7月6—8日　博乐县成立科学技术协会，召开第一次代表大会，选举产生第一届委员会、常务委员会。

7月13—16日　博州首届“那达慕”大会在赛里木湖畔查干郭勒举行，38名阿肯弹唱选手参加弹唱会。

7月15—31日　博乐县印发《民族团结公约》，从1983年始每年5月为“民族团结教育月”。

8月15日　博乐县第一座综合利用风能、太阳能电围栏在达勒特公社三牧场建成，围栏周长10千米，面积200公顷。

8月　博乐县运动员乌恰参加在美国科罗拉多州举办的世界青年摔跤锦标赛获自由式摔跤70千克级铜牌。

9月　博乐县维吾尔语、哈萨克语学校恢复使用维吾尔、哈萨克老文字教学，蒙古语学校推广使用胡都木蒙古文字。

11月12日　博乐县委抽调各族干部105人组成7个“贯彻十二大文件宣讲团”，分赴全县各社、场、队巡回宣讲党的十二大文件精神。

12月1日　博乐县委在博乐镇东方红影剧院召开2 000余名各族干部、工人、学生和城郊农民代表参加的民族团结报告会。

12月9日　自治区人民政府办公厅批复公私合营阿热勒托哈牧场转为国营阿热勒托哈牧场。

12月23日　博乐县工商业联合会第二次会员代表大会在博乐镇召开，选举产生执行委员会。

是年　博乐县贯彻《全国农村工作会议纪要》精神，全县167个生产队推行“小段包工、定额管理”的157个，推行联产承包责任制的10个。

▲ 博乐县被列为全国节柴改灶重点县之一。

1983 年

1 月　博乐县开始免收布票。

2 月 23 日—3 月 2 日　博乐县四级干部会议在博乐镇召开。

3 月 9 日　博乐县地名普查领导小组成立，副县长党曾（蒙古族）兼任组长。县地名普查领导小组下设办公室。

5 月 17 日　博乐县从同年 8 月份起，县牧民口粮由粮食部门直接供应，不再由公社内部调剂解决。

是月　博乐县落实政策办公室撤销。自 1979 年始，县落实政策办公室共复查案件 1 529 人，通过案件复查、落实政策，全错全平 982 人，部分错部分平 254 人，维持原结论 267 人，过去未作结论现在作出结论的 26 人，恢复党籍 64 人，恢复公职和工作的 135 人。

6 月 11 日　博乐县对公有房地产进行全面普查，到 1985 年 1 月 19 日结束。普查面积 335 327.73 平方米，总建筑面积 697 741.55 平方米（不含农五师普查范围）。

6 月　博州党委、博州人民政府抽调 53 名干部组成工作队，在博乐县小营盘公社开展政社分开、建立乡政权试点工作。8 月结束，小营盘公社改为小营盘区，博乐县下设 6 个乡。

9 月 15—24 日　自治区推广胡都木蒙文经验交流会和中国蒙古语文学会新疆分会首届年会在博乐召开。

是月　博乐县小营盘区新布呼干渠竣工，长 32 千米，改善灌面积 8 000 公顷。

10 月 18 日　博乐县青得里公社、乌图布拉格公社发现肝炎患者，县政府组织 32 人成立肝炎防治小组，分片进行防治，并接连发出 3 个《紧急通知》，规定 11 月 5 日至 12 月 15 日全县禁止举行婚丧宴请活动。期间，对疫区积极采取"三早"（早发现、早隔离、早治疗）措施，对肝炎接触者进行全面普查。在县医院、小营盘区卫生院增设肝炎病房，采取中西医结合治疗，有效地控制肝炎的蔓延。

11 月 30 日　博乐县成立党史资料征集及县志编纂领导小组，岳峰兼任组长，下设办公室，曾元成（女）兼任主任。

是年　博乐县 167 个农业生产队中 164 个生产队实行家庭联产承包责任制。

▲　博乐县玛尼乡公社夏热勒津村的水稻，青得里公社良种场的玉米等 5 个农业生产项目获自治区"农业技术推广二等奖"。小营盘公社多兰特布拉格大队粮豆间作等 5 个农业生产项目获自治区"农业技术推广三等奖"。

▲　博乐水泥厂建成投产。基建面积 3 678 平方米，固定资产 554.8 万元，职工 274 人，年产水泥 2.2 万吨。

1984 年

1 月 1 日　中国工商银行博乐县支行成立。

2 月　博乐县土壤普查成果资料经自治区验收合格，并被评为一等奖。

3 月 1 日　博乐县地名普查工作共普查 727 条地名。

▲　博乐县玛尼乡公社更名为贝林哈日莫墩公社。

4 月 14 日　苟际尧任县委书记。

4月19日　博乐县青得里公社将原开垦的366.67公顷河滩地全部退耕还林还草。

4月24日　阿拉山口大风，最大风速每秒49米，33头牛被刮进艾比湖。

5月23日　博乐县五一水库管理站和五一电站移交博州水电局。

5月31日　博乐县成立房地产发证办公室，并于9月19日完成各单位房地产换证发照工作。

6月　博乐县粮食局转为经济实体，名称不变，行使部分行政职能，设业务股、财务股、农管股、人秘股；辖粮油加工厂、食品厂、中心粮店、饲料公司、综合公司。

7月25日—8月10日　博乐县缴售小麦超万斤的农户达128户。

7月　博乐县开展核查"三种人"（造反起家者，帮派思想严重者，打、砸、抢者）的工作，于1985年底结束。对"文化大革命"期间发生的15个事件所涉及的19人的问题进行调查。经县委批准定性犯有严重错误的5人、一般错误的14人，分别给予党纪政纪处分和解脱。

8月1日　博乐县人民政府印发《劳动服务公司暂行管理办法》。

8月9—12日　全国人大常委会副委员长班禅额尔德尼·确吉坚赞在博乐县视察。

8月21—25日　政协博乐县第四届委员会第一次会议在博乐县党委四楼会议室召开。会议选举产生由14人组成的政协博乐县第四届委员会常务委员会，阿洪巴依·祖农（维吾尔族）当选主席。

▲ 博乐县第八届人民代表大会第一次会议在博尔塔拉蒙古自治州招待所召开。大会选举产生由15人组成的博乐县第八届人民代表大会常务委员会，加帕尔·斯得克（维吾尔族）当选主任。大会选举赛来为县长，县法院院长、检察院检察长各1人。

8月26日　博乐县首次换发居民身份证。

11月26日　博乐县成立地方志编纂委员会，县长赛来兼任主任。县地方志编纂委员会下设编辑室，与党史资料征集办公室一套机构、两块牌子（简称史志办公室）。

11月　博乐县政社分开、建立乡政权工作结束。小营盘区暂维持大区小乡试点现状，青得里人民公社、乌图布拉格人民公社、达勒特人民公社、贝林哈日莫墩人民公社改设为4个乡。良种繁育场改设行政村，划归达勒特乡管辖。在原40个大队的基础上，建立40个建制村。以原生产队为单位建立111个村民小组。

1985年

1月12—16日　博乐县第二次工会会员代表大会在博乐镇召开。

2月12—15日　中共博乐县第七次代表大会在博乐红旗饭店召开。

2月15日上午，中共博乐县第七届委员会召开第一次全体委员会议选举产生中共博乐县第七届委员会常务委员会委员8人，苟际尧当选书记。

▲　中共博乐县第七届纪律检查委员会第一次全体委员会议选举5人为中共博乐县纪律检查委员会常务委员会委员，选举书记1人。

3月16日　博乐县在牧区推行牲畜折价归户和草场承包自主经营制。

4月12日　博乐县人民政府县长赛来率领经济技术考察团一行7人历时38天，赴江苏镇江、句容、无锡等地考察学习，与句荣县结成友好县，签订协议书。

4月　博乐县取消粮油统购，改为合同订购。

5月25日　凌晨3时，山洪暴发，新布呼干渠被冲垮，小营盘区有300多户农家进水，14户房屋倒塌，

120 公顷农田被冲毁。

6 月 4 日　国务院批准博乐县撤县设市，在原博乐县行政区域设立博乐市。

6 月 15—16 日　博乐县运动员乌恰参加南斯拉夫举行的第九届“马其顿宝石”国际自由式摔跤邀请赛获 68 千克级第二名。

6 月　博乐县获全疆 16 市县爱国卫生检查评比北疆片第二名，奖金 3 500 元。

▲ 在全国出口棉体系建设会议上博乐市被确定为棉花出口基地。

7 月 1 日　博乐县牲畜折价归户草场承包领导小组成立，县长赛来任组长，下设办公室。自 8 月 1 日起，全面推行牲畜折价归户、草场承包经营管理制度。

8 月 1—3 日　政协博乐县第四届委员会第二次会议改设为政协博乐市第一届委员会第一次会议。

▲ 博乐县第八届人民代表大会第二次会议改设为博乐市第一届人民代表大会第一次会议。

9 月 2 日　中共博乐县委员会改为中共博乐市委员会。

9 月 10 日　中共博乐县委、县政府召开第一个教师节庆祝大会。

9 月 21 日　博乐市成立大会在博乐东方红影剧院召开，全市各族各界 1 008 名代表参加大会。博州党委、人大、政府、政协以及军分区、农五师领导出席大会。

9 月 23 日　《博乐市农业区划》通过博州审核验收。

12 月 28 日　博州人民政府批复撤销博乐镇，设立东风、顾力木图、红星 3 个办事处。

是年　博乐市国有、集体企业推行“一包三改”，即经济承包，改干部终身制为任期制、改固定工资为浮动工资、改固定工为合同工。

▲ 博乐市工农业总产值突破 6 000 万元，达 6 147.69 万元，比 1980 年的 2 923.18 万元翻了 1.07 番，提前一年实现州党委提出到 1986 年工农业总产值翻一番的奋斗目标。

1986 年

1 月 23 日　博乐市在街心公园举办首次元宵灯火晚会，展示各种彩灯 76 盏，放焰火 90 分钟；观看者万余人次。

1 月 28 日　博州人民政府公布博乐市达勒特乡古城遗址、乌孙墓葬群，青得里乡古城遗址均为县级文物保护单位。

4 月 4 日　博乐市向农民发放土地证。土地使用权有效时间自 1984 年 1 月起，15 年不变。

5 月 2 日晨　国家航空工业部航空服务队新疆支队在阿热勒托哈牧场、小营盘区牧场、达勒特乡牧场、贝林哈日莫墩乡牧场飞播优质草种 213.33 公顷。

5 月 15—18 日　博乐市发生洪水灾害，冲毁土坝 455 米、配种站 1 座、4 年生树木 6 000 余株，直接经济损失约 3.5 万元，间接经济损失达 7.5 万元。

5 月 29 日　原博州商业局牧场划归博乐市后定名为博乐市香班哈日根牧场。行政区划暂归小营盘区公所管辖。

6 月 11—12 日　共青团博乐市第一次代表大会在博乐红旗饭店召开。大会选举产生由 17 名委员组成的共青团博乐市第一届委员会。

8 月 10—16 日　新疆师范大学和内蒙古师范大学联合举办的中国首次卫拉特史学术讨论会在博乐市举行。

10 月 19 日—12 月 25 日　市委书记苟际尧率经济考察团一行 13 人赴内地考察，历时 68 天，行程 15 480 千米；考察企业 48 家，大专院校及科技咨询研究中心 5 所，工业项目 312 个，农业项目 1 个；先后签订书面协议和意向 12 份。

10 月　博乐市实行合同制工人养老保险和国营企业职工及行政事业单位合同制工人待业保险统筹制度。

▲ 博乐市第一个万亩网围栏在阿热勒托哈牧场北山春秋草场建成。

11 月　李世乐任市委书记。

12 月 6—7 日　博乐地区降大雪，积雪 28 厘米。死亡牲畜 2 247 头（只）。

12 月 11 日　位于博乐市长江路博州乳品厂建成投产，设计能力日处理鲜奶 20 吨。

12 月 19 日　新疆军区第八侦察大队授予参加对越自卫反击战的博乐市 3 人三等功一次。

12 月 25 日　博乐市职称改革工作领导小组成立，市长赛来任组长。

1987 年

1 月 1 日　经博州人民政府批复实施《博乐市城镇义务兵优待奖惩试行办法》。

3 月 14 日　博乐市 115 名五保户口粮由国家按牧区口粮标准供应。

3 月 24 日　自治区党委副书记一行来博乐市调研抗灾保畜情况，拨抗灾保畜款 10 万元。

3 月 26 日　博乐市支援北疆铁路建设领导小组成立，市长赛来任组长。

5 月 5—6 日　自治区考古研究所张玉忠、董文康一行 2 人实地考察市达勒特乡破城子和青得里乡土城子。

5 月 11 日　人民银行博乐市支行恢复机构正式营业。

5 月　博乐市达勒特古城遗址挖出古金币、金耳坠、铜镜、铜灯等 33 件文物。

6 月 20—24 日　政协博乐市第二届委员会第一次会议在赛里木湖饭店召开。会议选举产生由 17 人组成的政协博乐市第二届委员会常务委员会，阿洪巴依·祖农（维吾尔族）当选主席。

6 月 21—25 日　博乐市第二届人民代表大会第一次会议在红旗饭店召开。大会选举产生由 15 人组成的博乐市第二届人民代表大会常务委员会，加帕尔·斯德克（维吾尔族）当选为主任。大会选举赛来为市长，选举市人民法院院长和人民检察院检察长各 1 人。

6 月 23 日　自治区计划生育委员会避孕药器检查团一行 26 人来博乐市检查避孕药器工作。

7 月 17—18 日　在为庆祝建军 60 周年“八一”军事竞赛中，由 13 人组成的博乐市民兵军事竞赛代表队获射击团体总分第一名，五项团体总分第一名。

7 月 17—19 日　博乐市在赛里木湖畔举行哈萨克族民间“阿肯”弹唱会，有 21 对阿肯弹唱，观众 3 000 余人。

7 月　博乐市小营盘区改设为小营盘镇。

8 月 9 日　自治区林业厅、博州林业局、博乐市林业局三方签订《恢复发展博乐河谷荒漠次生林协议》。

8 月 19—20 日　博乐市在民族团结表彰大会上宣读《关于创建民族团结模范市活动的决定》。

8 月 28 日　博乐市人民法院院长和市人民检察院检察长由正科级升格为副县级。

9 月 30 日　位于市区北京路中段的北京桥建成通车，桥长 36 米，宽 26.4 米，分主车道、慢车道和人行道，总投资 52.3 万元。桥采用钢筋混凝土结构，桥面承受压力为 100 吨。

10 月 1 日　博乐市种子站棉种轧花厂建成投产。每年提纯种子 1 000 吨以上，可满足 1 万公顷棉田生产用种。

10 月 12—13 日　政协博乐市第二届常委会第三次会议决定成立农牧科技组、政法组、文教卫生组、工交财贸组、民族宗教组、妇女工作组、文史资料组，讨论制定《政协博乐市委员会工作组织简则（试行草案）》《政协博乐市各工作组的任务》《政协博乐市工作组专题调查的规定》。

11 月 13 日　乌伊公路三台至果子沟段遭受暴风雪袭击，人员和车辆受阻。市政府组织公安、民政、工商、街道办事处等单位抢险救灾，将受阻人员 600 余人接到市区内安置，支出救灾款 2 万元。

12 月 14 日　博乐市人大常委会成立法制委员会、财政经济委员会、教育科学文化卫生委员会和民族事务委员会。

▲　在自治区 16 城市 1987 年“三优一学”（优质服务、优良秩序、优美环境，学英模、树新风）创建文明城市竞赛活动中博乐市获先进集体奖。

1988 年

1 月 8 日　中共博乐市委印发《关于进一步完善和落实农牧业经济承包合同管理的决定》。

1 月 18—20 日　博乐市在红旗饭店召开农村工作会议。市、乡党政领导，村支部书记、主任共计 174 人参会。市委书记李世乐作《深化改革，确保粮畜生产，推动博乐市农村经济稳步发展》的报告，副书记肉孜・努尔作《关于加强和改善农村牧区思想政治工作的意见》的报告。

2 月 29 日　博乐市乡镇场均配备科技助理员。

3 月 19 日　博乐市二轻局群众服装厂和新疆轻工厅服装厂联营，安装市第一条衬衫生产专线，即日正式投产。

3 月 28 日　博乐市乡村公墓实施统一规划。

3 月 30 日　市委印发《关于加强和改善农村牧区思想工作的安排意见》。

3 月 31 日　博乐市节柴灶试点通过中华人民共和国农业部验收合格。

4 月 25 日　在自治区首届中、小学生运动会上，博乐市代表队以总分 355 分的优异成绩获团体总分第一名。

▲　博乐市青得里乡被中华人民共和国民族委员会评为“全国民族团结进步先进集体”。

6 月 14 日　博乐市阿热勒托哈牧场连遭暴风雨和冰雹的袭击，8 个队近万亩农作物受灾，冲毁公路约 10 米、七一干渠 13 处 150 米，冲毁公路约 10 米冲坏桥涵 20 座，直接经济损失 150 万元以上。

6 月 20 日　博乐市草场进行飞机治蝗，由 8 名飞行员轮流作业。蝗虫死亡率 95%。草场蝗虫发生面积 13.33 万公顷，其中 6.67 万公顷较为严重，最严重的 3.12 万公顷，平均蝗虫密度每平方米 38 头。

7 月 12—15 日　自治区文化厅在博乐市小营盘镇召开北疆片集镇文化中心工作经验交流现场会。

8 月 1 日　中华人民共和国商业部为博乐市达勒特轧花厂颁发优质产品证书。

8 月 11—13 日　自治区首届青少年运动会自由式摔跤赛在博乐市举行。

9 月 5 日　《博乐市总体规划》编制完成。

10 月 11 日　博乐市举行图布新特苏木（依克苏木）喇嘛庙落成仪式。

12 月 1 日　博乐市编印《博乐市乡村地名手册》，推行标准化地名。

12 月 8 日　博乐市成立住房制度改革领导小组。

是年　博乐市青得里乡阿里翁、白新村两个村分别成立自治州第一批红白理事会，制定理事会章程。

1989 年

1 月 9 日　自治区人大常委会副主任一行率视察组到博乐市视察市棉纺厂、造纸厂、青得里乡牧场，访问养羊专业户。

1 月 12 日　博乐市被自治区卫生厅确定为全疆“初级卫生保健示范县（市）”。

1 月 18 日　国务院批准博乐市为对外开放城市。

2 月 2—3 日　博乐市召开首次企业思想政治工作研讨会，市直国营、集体企业的厂长、支部书记和工会主席共 35 人参加研讨会。

2 月 18 日　作为自治州住房改革试点市，博乐市政府在州政府俱乐部召开博乐市住房制度改革动员大会，州、市、农五师及博尔塔拉军分区等共 167 个单位的领导和 425 名房改员参会。

2 月 20 日　博乐市创建民族团结进步模范办公室印发《博乐市民族团结公约》《博乐市民族团结模范单位条件》《博乐市民族团结先进个人条件》。

2 月 22 日　博乐市印发《社会合作寿终保险规章》，对“五保”老人实行社会合作寿终保险。

3 月 21—23 日　中共博乐市第一次党员代表大会在博州宾馆召开。

3 月 23 日　中共博乐市第一届委员会第一次全体委员会议选举产生中共博乐市第一届委员会常务委员会委员 8 人，李世乐当选书记。

▲　中共博乐市第一届纪律检查委员会第一次全体委员会议选举产生 5 人组成的中共博乐市第一届纪律检查委员会常务委员会委员，选举书记 1 人。

4 月 5 日　博乐市委在东方红影剧院召开 1988 年“三优一学”活动表彰大会，授予文明单位 23 个、文明村（队）15 个，最佳营业员 19 人，最佳医务人员 10 人，最佳服务员 7 人、最佳售货员 2 人。

4 月 13 日　自治区民政厅同意撤销达勒特乡，改为达勒特镇。6 月 2 日，召开达勒特镇成立大会。

4 月 17 日　博乐市召开向乡、镇放权交接大会，将市直有关部门设在乡、镇的农机管理站、农业技术推广站、兽医站、林业站、水管站、卫生院、文化站、广播站、文教办、农经站、土地管理办、计生办、规划办等 13 个分支机构移交乡、镇管理，各机构工作人员总计 1897 人。

4 月 25—26 日　博乐市总工会召开第一次工会会员代表大会。大会选举产生由 10 人组成的博乐市总工会第一届委员会。

5 月 1 日　兰新铁路西段乌苏—阿拉山口段 219 千米工程破土动工，博乐市区域各站站名自西向东依次定名为阿拉山口站、乌兰达布森站、博乐站、艾比湖站。

5 月 10 日　博州党委办公室批转博乐市《关于争创民族团结进步模范市的规划》。

5 月 17—19 日　博乐市第二届人民代表大会第三次会议补选邴柏（蒙古族）为博乐市第二届人民政府市长，补选市法院院长 1 人。

5 月 20 日　博乐市举行首批居民身份证颁发仪式。

▲　博乐市草原养鸡治蝗取得成功。

6 月 15 日　博乐市贝林哈日莫墩乡哈日则格得村打出一口自流井，井深 127.8 米，管径 25.4 厘米，喷水 1 米多高，每秒约 220 立方分米。

6月27日 博乐市第二届人大常委会次第十二次会议作出《关于加强宣传贯彻执行〈水法〉的决议》，建议对市阿拉山口铁路、火车站的土地使用进行依法规划。

7月7日 博乐市1 250平方米的标准游泳池和500平方米儿童游泳池工程竣工投入使用。

8月6日 博乐市完成3乡2镇2场及农五师驻博6个团场勘界工作。

8月31日 博乐市公共汽车公司成立，博乐市区公交汽车开始运行。

9月11日 自治区勘界工作现场会在博乐市召开，全疆16个地、州、市及部分县勘界工作领导及技术干部参会。

10月11日 博乐市农村初级电气化建设工作通过自治区计委和自治区水利厅验收委员会验收。

10月13日 博乐市贝林哈日莫墩乡中心校少先大队被全国少年儿童工作委员会授予“全国红旗大队”称号。

10月18日 《博乐市国营企业职工退休基金统筹试行方法》实施。

12月3日 国务院特区办批复博乐市设立边境经济合作区，面积为7.83平方千米，批准的规划范围西以团结路西侧50米处为界，东以东环路为界，北以北环路为界，南以建国路及合作路为界，开发区由商贸区和工业区组成。

12月3日 博乐市被命名为自治区“民族团结进步和军民团结模范市”。

1990年

2月2日 博乐市阿热勒托哈牧场投资10万余元从澳大利亚引进美利奴种公羊7只。

2月20日 博乐市被中华人民共和国农业部批准为全国优质棉基地县（市）。

▲ 市、乡两级人大换届选举工作开始，至6月下旬结束，历时3个多月。全市有选民86 742人，推荐候选人955人，确定正式代表候选人322人，选出市三届人民代表大会代表160人、乡镇人民代表大会代表290人。

3月 博乐市赛里木湖被自治区人民政府确定为第一批风景名胜区之一。

4月6日 博乐市委在宗教界开展“双五好”（五好宗教人士、五好宗教场所）活动。

5月15日 《博乐市城乡建设用地管理暂行规定》颁布执行。

6月1日 博乐市棉纺厂一期工程竣工，开工试车一次成功，工程投资1 600万元。

6月18—22日 政协博乐市第三届委员会第一次会议在博闻中心召开。按照法定程序审议通过政治决议，选举产生17人组成的政协博乐市第三届委员会常务委员会，加肯巴依·哈吉巴拉（哈萨克族）当选主席。

6月19—23日 博乐市第三届人民代表大会第一次会议在红旗饭店召开。选举产生15人组成的博乐市第三届人民代表大会常务委员会，选举毛依丁·依沙木丁（维吾尔族）为主任。大会选举郦柏为市长，选举市人民法院院长1人。

6月27日 国务院批准阿拉山口口岸设立，为国家一类口岸。

6月 博乐市被中华人民共和国水利部批准为“初级农村电气化市”。

7月12—17日 新疆农业工程学会第三次年会在博乐市举办，自治区各有关部门及全疆各地的专家、学者、教授近80人出席会议。

7月17—20日 博乐市召开《博乐市志》（第一轮志）评审会。自治区、伊犁、塔城、阿勒泰、石河子及州直、精河、温泉、博乐的59名专家学者参加评审。

7月24—26日 陇海—兰新对外经济贸易联合会在博乐市召开第五次理事会，沿线8个省区19个城市70多名代表洽谈地区间的经贸合作达成初步协议。

7月28日 博乐市自来水公司第二座自来水厂竣工。工程总投资310万元。

8月22日 十一届亚运会“亚运之光”火炬举行传递仪式，在赛里木湖点燃，经阿拉山口传递到博乐，数千名各族群众夹道欢迎。

8月30—31日 博乐市三届人大常委会一次会议审议通过《关于初级卫生保健等四项示范和合作项目工作情况报告》《第四次人口普查工作情况报告》《关于实施〈行政诉讼法〉前准备工作情况报告》。

8月 国家重点建设项目兰新铁路西段乌鲁木齐至阿拉山口铁路全线建成，在乌鲁木齐西站举行通车典礼。铁路全长460千米，总投资7.2亿元。设博乐站。

9月12日 新疆博乐市阿拉山口站与哈萨克斯坦共和国德鲁日巴站在友谊门原址接轨。

9月23日 市委书记李世乐率博乐市党政经济学习考察团一行7人赴江苏、山东、北京等地参观考察，并与江苏昆山市、江宁县，山东聊城市结为友好县（市）；与山东潍坊市经协办签订经济技术协作意向书。10月29日返回。

10月18日 博乐市巴格布热纺织厂与香港信业贸易公司签订合资办厂协议，确定合作期为20年。

11月12日 博乐市小营盘镇获中华人民共和国建设部“村镇建设先进镇”称号。

12月4日 博尔塔拉糖厂举行试产典礼仪式。

12月5日 博乐市水泥厂、水泥制品厂、农机修造厂、塑料厂第二轮承包签约。

▲ 博乐市第七个五年计划末，全年生产粮食51 976吨，首次突破亿斤大关。

▲ 博乐市小营盘镇文化中心被中华人民共和国文化部评为“全国先进文化馆”。

1991年

1月8日 博乐市召开社教动员大会。

3月1日 博乐市残疾人联合会召开第一届第一次代表大会。

3月11日 博乐市工商业联合会召开第一次会员代表大会。

3月25日 《博乐市地名图志》出版发行，全书7章75节30余万字。

5月10日 博乐市大旱。种植作物受旱面积9 600公顷，占种植总面积的42%以上，牧区35.93公顷草场受旱，2.33万公顷草场发生虫灾。

5月12日 市委印发《紧急动员起来，掀起抗旱热潮的通知》。

5月23日 哈萨克斯坦国立马戏团一行48人应邀来博乐市“三八”公园露天灯光球场演出2场，观众8 000人左右，28日离开博乐。

6月12日 博乐市棉纺厂一期工程通过自治区验收，确定2万锭续建工程。

6月14日 博乐市阿热勒托哈牧场奶源基地第一批57头黑白花奶牛安全运抵。

6月16日 自治区计委批准博乐市巴格布热纺织厂同香港信业贸易公司合资联营生产牛仔布项目，

6月26日 博乐市长途直拨电话开通。

7月8日 博州人民政府审查同意博乐市阿热勒托哈牧场奶源基地采取分户饲养、统一服务形式经营，总投资469.74万元。

7 月 20 日　博乐市阿拉山口火车站开办第二座亚欧大陆桥临时国际区域性货运。

8 月 1 日　博乐市 1 500 户双画面闭路电视工程试播成功。两套接收天线，可传输 7 个频道的节目信号。

9 月 4 日　原苏联铁路系统 100 余人组成“东方快车”旅游团，经阿拉木图火车站沿亚欧大陆桥抵达市阿拉山口观光旅游。同日，中华人民共和国和铁道部组织旅游团，由北京经乌鲁木齐，从阿拉山口出境至德鲁日巴站观光旅游。

9 月 9 日　由中央统战部、解放军总政治部、国家民委、文化部、全国青联组织的中央“心连心”艺术团在博乐市东方红露天影院慰问演出。

9 月 15 日　博乐市粮油加工厂生产的特一粉被评为自治区优质产品。

▲ 博乐市首次引进水稻旱育稀植技术试验成功。

10 月 11—2 日　博乐市第一次妇女代表大会在红旗饭店召开。大会选举产生由 11 人组成的博乐市第一届妇女委员会。

10 月 15—17 日　博乐市举办首届个体劳动者运动会。

10 月 22 日　经自治区、博州评审团评审，博乐市粮油加工厂升入自治区二级企业。

10 月 25 日　浙江省兰溪市经济考察团一行 10 人来博乐市考察，双方签订《博乐市与兰溪市结为友好城市意向书》《引资合同书》；兰溪市物资协作公司为市棉纺厂续建工程投资 500 万元。

10 月 26 日　博乐市食品卫生示范市建设工作通过国家卫生部食品卫生示范县（市）验收团验收。

11 月 12 日　博乐市塔斯海农贸市场建成开业。市场占地面积 7 500 平方米，建设面积 4 120 平方米，总投资 40 余万元。

12 月 2 日　《博乐市城镇集体所有制企业职工退休养老试行办法》颁布。

12 月 7 日　自治州国营团结商场在原址上翻盖二层楼房竣工开业，总投资 365 万元，建筑面积 3 478 平方米，6 个营业部，经销 1.1 万种商品。

是年　博乐市被自治区列为民族贸易市。

1992 年

1 月 1 日　博乐市民族皮鞋厂和市民族木器厂被自治区民族贸易、民族用品生产工作领导小组确定为自治区民族用品定点生产企业。

1 月 25 日　博乐至阿拉山口口岸电话开通。

2 月 15 日　博乐市开展打击制售假冒伪劣商品活动。至 4 月 30 日结束。抽查 300 余家商店和批发单位，查获假冒伪劣商品近 400 个品种，计 12 万余件。

2 月 22 日　乌鲁木齐至阿拉山口站旅客列车正式开通，铁路全长 77 千米，途经 37 个车站。

3 月 20 日　博乐市粮食局向乌兹别克斯坦共和国出口玉米，至 4 月 11 日，共出口 6 609.6 吨。

3 月 30 日　博乐市食品卫生示范工作通过中华人民共和国卫生部审评小组验收。

4 月 29 日　博乐市首次组织劳务输出人员 150 人赴哈萨克斯坦共和国从事种植业，合同期 6 个月，10 月中旬返回。

4 月　《博乐市志》（第一轮志）出版发行。

5 月 17 日　在乌鲁木齐市举办的全国星火计划洽谈会上，博乐市洽谈项目 37 个，批准立项 32 项，大会予以登记30项（其中5项是重点项目）。

5月28日　博乐市小营盘镇、贝林哈日莫墩乡决肯村被自治区列为村镇建设试点单位。

5月30日　在全国星火计划成果暨专利技术乌鲁木齐展销洽谈会上，博乐市粮油加工厂的精炼棉籽油、市珍珠岩厂的珍珠岩矿砂和膨胀珍珠岩均获银奖。

5月31日　博乐市物资公司在哈萨克斯坦共和国塔尔迪库尔干州阿拉库里区开设的友谊商店及彩扩经营部是自治州在境外开设的第一家商店。

6月14日　为纪念毛泽东“民兵工作要做到组织落实，政治落实，军事落实”发表30周年，博乐市组织1 000余名人武干部和民兵编成32个方队、60余辆车举行阅兵活动。

6月22日　途经阿拉山口的乌鲁木齐—阿拉木图国际列车开通。

6月29日　吴焰任市委书记。

6月　博乐边境城市行使部分国务院给予新疆八条优惠政策和措施。

7月1日　第四次人口普查全市辖区总人口160 753人，人口密度每平方千米21人；31个民族；每万人中有大学文化程度219人，高中1 540人，初中2 670人，小学3 070人，文盲半文盲占总人口的12.62%；就业人口8.07万人，占总人口的50.2%，就业人口中男性占56.8%。

7月7日　博乐市在城市总体规划区域内创办博乐边境经济合作区，规划总面积10.3平方千米。

7月16日　自治区在阿拉山口设边民互市贸易点。

▲　博乐市初级卫生保健13项指标通过中华人民共和国卫生部逐项评审。

7月20日　新疆大学生科技服务团一行7人到博乐市贝林哈日莫墩乡举办为期9天的果树栽培学习班，乡农民技术员、果树专业户共60人参加培训。

▲　博乐市与哈萨克斯坦共和国塔尔迪库尔干市开展2—3日游活动。

7月30日　北京北方基础公司赠送地面卫星接收天线在阿拉山口边防站前哨班安装调试完毕。

8月13日　哈萨克斯坦塔尔迪库尔干州乌恰拉尔市国际客运班车首次抵达博乐市并举行通车仪式；21日，由博乐市发往哈萨克斯坦塔尔迪库尔干州乌恰拉尔市临时国际客运班车开通。

8月28日　博乐市政府决定在全市开展“一人一月一元钱”捐资助学活动。

▲　《博乐边境经济合作区总体规划》通过自治区人民政府专家评审。

8月31日　小营盘镇三牧场新布哈牧业村通电，博乐市牧业村全部通电。

9月1日　自治区人民政府委托博乐市外事办自行审批本市因公赴毗邻国家从事贸易、劳务活动人员出国的有关材料。

▲　博阿公路（博乐—阿拉山口）公路竣工通车，全长76千米，沥青路面。

9月6日　博乐市“洽谈团”在新疆人民会堂举行洽谈项目签字仪式。博乐市分别签订总投资5 000万元的银座大厦、金穗大厦建设合同和合资兴办贸易企业合同。

▲　博乐市向43名经济顾问首批颁发聘书。

9月10—20日　博乐市在博华商品展销中心举行展销会，国内13个省区和哈萨克斯坦、吉尔吉斯斯坦、乌兹别克斯坦等国家共计63家企业、50余户个体户参会。展销会期间博乐市与哈萨克斯坦、吉尔吉斯斯坦、乌兹别克斯坦等国家签订合同5项，协议书15份。

10月2日　博乐市首批赴哈萨克斯坦共和国旅游团31人离博乐。

10月8日　博乐市联实公司与哈萨克斯坦塔尔迪库尔干州农机公司在阿拉山口口岸完成第一批易货贸易。

10 月 9 日　青德力任代理市长。

▲　博乐市被自治区列为农村教育综合改革示范市；阿热勒托哈牧场、青得里乡被自治区列为农村教育综合改革示范乡（镇场）。

10 月 18 日　博乐市红旗饭店批发市场开业，首批来自江苏、浙江、上海、福建等 11 个省区及本地工商户 76 家落户。

10 月 21 日　首批阿塞拜疆共和国巴库市一行 24 人旅游团经哈萨克斯坦共和国德鲁日巴口岸入境博乐。

▲　博乐市在阿拉山口设立保税区。

▲　博乐市小营盘镇 35.84 千米防渗渠经自治区检查验收合格。

10 月 30 日　博乐市人民政府代市长青德力率 24 人应邀前往哈萨克斯坦共和国乌恰尔市参加民间贸易交流会。

11 月 5 日　博乐市水泥厂与浙江平阳县三合包装厂联营的博乐市纸塑强力包装厂投产，年产量 300 吨，年产值 363 万元（1990 年不变价）。

11 月 28 日　博州第一家乡镇闭路电视在市小营盘镇开通。

12 月 11 日　博乐市教育基金会成立。

12 月 28—30 日　中共博乐市第二次党员代表大会在博州宾馆召开。

12 月 29 日　中共博乐市第二届委员会第一次全体委员会议选举产生中共博乐市第二届委员会常务委员会委员 8 人，吴焰当选书记。

▲　中共博乐市第二届纪律检查委员会第一次全体委员会议选举产生 5 人组成的中共博乐市第一届纪律检查委员会常务委员会委员，选举书记 1 人。

12 月 30 日　博乐市自 5 月中旬开展平原人工林二类资源调查工作，共调查 150 个林班、2 100 个小班，建立 150 个台账，全市人工林总面积 3 786.67 公顷。

是年　博乐市财政收入 2 619 万元，是新疆维吾尔自治区实行财政自给的 7 个县市之一。

▲　新疆维吾尔自治区人民政府、新疆军区授予博乐市“双拥模范城”称号。

1993 年

1 月 15 日　博乐市推行婚前检查，由市妇幼保健站负责。

3 月 1 日　自治区人民政府批准《博乐市住房制度改革实施方案》于 1993 年 10 月 1 日实施。

3 月 11—14 日　政协博乐市第四届委员会第一次会议在军分区宾馆召开。会议选举产生由 17 人组成的政协第四届委员会常务委员会，加肯巴依·哈吉巴拉（哈萨克族）当选主席。

3 月 12—15 日　博乐市第四届人民代表大会第一次会议召开。大会选举产生由 15 人组成的第四届人民代表大会常务委员会，选举阿不力孜·艾买提（维吾尔族）为主任。青德力为市第四届人民政府市长，选举市人民法院院长、人民检察院检察长各 1 人。

3 月 31 日　博乐市举行博乐火车站货运开通新闻发布会。

4 月 30 日　博乐市在市法庭举行首届人民警察授衔仪式。授衔干警 134 人，其中一级警督 6 人，二级警督 11 人，三级警督 16 人；一级警司 27 人，二级警司 40 人，三级警司 14 人；一级警员 10 人，二级警员 5 人。

5 月 8 日　在自治区举办的人才交流会上，博乐市共接待 733 人，洽谈 490 人，登记 226 人，填表 210 人，初步录聘 29 人。

5 月 24 日　国务院、中央军委批准建设博乐民用机场。在市区东约 18 千米处，飞行区按 4D 标准规划，工程按 4D 标准建设，航站区按满足 2005 年旅客吞吐量设计，工程总投资 7 000 万元。

5 月 25 日　博乐市阿拉山口至哈萨克斯坦德鲁日巴客运班车开通。

5 月 30 日　博乐市选拔首批（1993—1995 年）专业技术拔尖人才 7 人。

6 月 1 日　博乐市治理“三乱”、减轻农民负担专项工作。抽查 28 个单位，查出违纪金额 407 788.60 元。

6 月 3 日　博乐市政府批准市水泥厂进行股份制试点。

6 月 22 日—8 月 20 日　博乐市与自治区旅游局在赛里木湖畔联合举办首届“赛里木之夏”旅游节。

7 月 3 日　原博州第一中学、第四中学、第五中学、第六中学、第一小学、幼儿园、职业高中移交博乐市。

7 月 5 日　博乐市第一家方便面生产线在市粮油加工厂正式投产，年设计生产能力为 560 吨。

7 月 20 日　博乐市启动为期 7 年世界银行贷款的结核病控制项目，为博乐市有传染性肺结核患者免费检查并进行抗结核药物治疗。

7 月 29 日　博乐市政府首批取消劳动人事、工商、教育、物价等单位 96 项收费项目，暂停 3 项，降低收费标准项目 14 项。

9 月 5 日　《博乐市志》获全国新编地方志优秀成果二等奖。

9 月 8 日　博乐市在“乌洽会”上共签订各项合同、协议 17 项，总金额 3 454.2 万元。

9 月 9 日　博乐市乌兰布拉格花岗岩矿与中国科技大学合作投产。总投资 200 万元，年产花岗岩板材 10 000 平方米，年产值 250 万元，创利税 150 万元。

9 月 28 日　博乐市委选出 12 名干部到乡镇场、企业单位挂职锻炼，为期 2 年，平均年龄 31.8 岁。

11 月 7 日　中央电视台《正大综艺》栏目“世界真奇妙”板块中播出《塞外明珠赛里木湖》专题。

12 月 20 日　博乐市农田水利普查小组实地调查，全市共有干、支、斗渠 1 093.5 千米，其中防渗配套 599.31 千米；机电井 284 眼，其中配套机井 198 眼，待修机井 39 眼，报废井 47 眼。

是年　博乐市签订各种协议意向书 250 多个，易货贸易合同 170 多个，金额 3 977.81 万瑞士法郎，履约金额 2 181.04 万瑞士法郎，其中进口 1 223.99 万瑞士法郎，出口 957.05 万瑞士法郎。

▲　博乐市列入全国农村社会养老保险试点。

1994 年

1 月 5 日　全国第二轮“强化免疫日”活动，全市服糖丸 8 590 人，接种率 95.23%。

1 月 8 日　中华人民共和国广播电影电视部批准博乐市筹建电视台。

3 月 20 日　博乐市 6000 门程控电话开通，电话号码由五位升到六位。

4 月 23 日　博乐市召开胡都木蒙文推行工作总结表彰会。

5 月 1 日　清晨 7 时 30 分，博乐市五台—温泉公路 22 千米 +500 米处，个体运输户驾驶小面包车与博州某公司解放牌卡车相撞，当场 7 人死亡，9 人重伤。

5 月 4—5 日　全疆农村社会养老保险试点工作现场会在博乐市召开，全疆 13 个地、州、市及 18 个县的有关领导共 118 人参会。

5月15日　博乐市水产养殖试验场建成标准化鱼池8公顷，工程总投资45万元。投放鱼苗45万尾。

6月10日　博乐市乡镇场道路建沥青混凝土路面2.1万平方米，总投资54万元。

6月20日　博乐市在博乐—五台公路7千米东侧山包上，建古典式蒙古特色的“迎宾亭”1座（蒙语称敖包）。钢筋混凝土结构，亭帽呈圆形，面积13.07平方米，八根对称柱，外径5.6米，总面积24.62平方米。

7月8日　博乐市农副产品市场兴博市场1期工程投入使用。总投资180万元，占地面积6 120平方米，建筑面积2 000平方米，设225个售货柜台。

▲　博乐市棉纺厂第三期1万锭棉纱投产，形成3万锭棉纱生产能力。年产量6 000吨，年产值5 700万元，利税1 380万元。

7月12日　博乐市矿业开发公司与中国科技大学合资兴办的花岗岩板材厂建成投产。产品柑红（1号、2号）被国家建材局命名为“博乐红”，年产值246万元。

7月12—13日　博乐阿热勒托哈牧场、小营盘镇、达勒特镇、乌图布拉格乡遭受洪水、大风灾害。受灾面积4 333.33公顷，成灾面积118.47公顷；受灾户210户1 050人，成灾户90户450人，直接经济损失99万元。19日，市委、市政府为灾民发放救济款1.55万元。

7月13日　博乐市制药厂“618”黄金饮料生产线投产，年产量345万瓶，产值1 036.8万元。

7月15日　博乐开通800兆移动通信系统，由16个信道。

8月5日　在乌鲁木齐召开的“1994全国发明与专利博览会”上，“那达慕”特曲（仿皮壶）和“618”黄金饮料获优秀新产品的金杯奖。

8月25日　博乐市召开“捐款助学、发展教育、振兴经济、造福子孙”动员大会，共收到捐款81 780元。

9月10日　博乐市组织10家边贸公司、12家生产企业及有关部门50多人参加“乌洽会”，签订合同、协议18个，总金额4亿多元。

9月27日　博乐市制药厂研制生产的“618”黄金饮料获全国第一届国际保健节金奖。

10月30日　8时，博乐市公安局看守所6号监室9名犯人挖洞脱逃，于11月1日15时40分全部抓获。

11月29日　博乐—阿拉山口通信光缆开通，全长71千米。

12月5日　博乐市地方税务局在博州党委开展第一次集体纳税日活动。

是年　博乐市有纯牧业户867户，完成定居半定居314户。

1995年

1月5日　博乐市维吾尔医门诊开业。

1月25日　8时45分许，博乐市棉纺厂发生火灾，造成直接经济损失2.73万元，间接经济损失100万元。

3月24日　博乐市2.33万公顷农作物全部参加农业保险。

4月22日　博乐市实施“8 000公顷粮食作物高产综合技术开发项目”，计划3年完成。

5月1日　全市党政机关、企事业单位实行每周5天工作制，每周工作40小时。

5月4日　博州“严格农村财务管理，加强廉政建设”现场会在贝林哈日莫墩乡召开。

5月15日　博乐市基本农田保护区规划成果获国家土地管理局优秀成果二等奖。

5月31日　因博乐市达勒特镇520公顷棉田烂种，博州保险公司向达勒特镇棉农赔付保险金31.4

万元。

6月19日 博乐市“硅酸钙基热保温涂料”试产成功。

6月20日 博乐市小营盘镇至温泉县塔秀乡南线路通车现场会在阿勒热托哈牧场召开。

7月16日 新疆维吾尔自治区小学思想品德课目标教学研讨会在博乐市召开，为期8天，全疆各地的87人参加研讨会。

7月21日 西北五省区“医学理论与实践”学术研讨会在博乐市召开。

8月3日 18时左右，博乐市突降暴雨，阿勒热托哈牧场场部1 500米街道路面被洪水淹没，主干道受损，人行道沥青路面隆起；农四队公路拱桥被冲毁；7户13间房屋进水；七一干渠多处冲毁，农作物受灾面积达400公顷，直接经济损失63万元。

8月8日 凌晨1时许，博乐市乌图布拉格乡发生特大洪水。受灾面积1 600公顷，其中重灾面积544.39公顷；冲毁防渗渠1 390米，闸门桥涵22座，防洪坝870米，倒塌房屋45户332间，损坏房屋180户252间；受灾户520户、近5 000人。全市160多个单位5 200余人捐款捐物累计32万元。

8月18日 自治区16城市卫生检查团来博乐市检查爱国卫生、创建卫生城市工作。

9月30日 博乐市销售福利彩票230万元，募捐福利资金43.7万元。

10月18日 自治区农田林网化验收组经过实际路面测点，确认博乐市农田林网化程度为83%，农田防护林面积占耕地面积比例为63%，基本实现农田林网化。

10月22日 博乐市青得里大街友好商城开业。一期工程投资750万元，商城面积4 200平方米，内设柜台660节，货架215节。

11月31日 博乐市边贸总公司被国家外经贸部更名为“新疆博乐市对外贸易公司”，并赋予一般贸易权。

▲ 博乐市棉纺厂棉纺产品获“1995北京农业博览会银奖”。

12月3日 加拿大农业水土开发考察团一行2人来博乐市考察贝林哈日莫墩乡水土开发情况。

12月14日 乌图布拉格乡中心小学发生火灾，烧毁教室3间，课桌椅10套。

12月20日 中国阿拉山口口岸—哈萨克斯坦共和国德鲁日巴口岸公路开通。

12月31日 博乐市审计局全年完成审计项目12个，审计总金额10 729万元，查出违纪违规金额103.9万元，上缴财政36.5万元，经济处罚5人0.2万元，追还被侵占挪用资金56万元，促进增收节支7.8万元。

是年 博乐市进出口贸易总额1 372.88美元。

▲ 博乐市被自治区精神文明建设指导委员会授予“精神文明建设先进县（市）”称号。

1996年

1月1日 博乐市实行住房公积金制度，职工个人和所在单位各按5%缴纳住房公积金。

1月3日 博乐市棉纺织厂兼并市二轻局群众服装厂。

3月12—13日 博乐市举办首届庆三八老年女子门球邀请赛。

4月19日 博乐市私营企业协会第一次代表大会通过《私营企业协会章程》（草案）《私营企业协会会员会费缴纳管理暂行办法》等，投票选举协会理事会理事36人、常务理事21人、名誉会长2人、副会长4人。

6月12日　博州党委、博州人民政府在博尔塔拉影剧院召开朱军烈士命名大会，博州人民政府命名朱军为“舍己救人好少年”。

6月21日　博乐市第三次工业普查登记国有企业56家，集体工矿企业和39家个体私营、村办企业。

6月28日—7月7日　博乐市森林消防、次生林管护工作通过中华人民共和国林业部“三北”局工程技术人员检查验收。

7月22日　凌晨2时左右，博乐市阿热勒托哈牧场农一队、农二队、农三队遭洪灾，洪水持续4小时。农作物过水面积425.6公顷、成灾面积131.44公顷、绝收面积19.8公顷，房屋、桥涵及畜禽等均遭受损失；受灾损失折合人民币323万元。

7月　博乐市出租车起步价由10元降为5元。

▲　博乐市棉纺厂被中华人民共和国农业部确认为国家中型二档乡镇企业。

8月6日　博乐市评出1995年度“计划生育合格村”45个。

8月8—10日　应中华人民共和国农业部邀请，以日本农学专家朝日田康司为团长的日本农业专家代表团一行4人到博乐市进行“中国贫困地区经济发展对策比较研究”，分别考察小营盘镇、青得里乡、香班哈日根牧场，走访阿热勒托哈场6户牧民。

8月28日　博乐市首批中小学教师资格认定高级中学教师197人，初级中学教师624人。

10月8—11日　自治区精神文明建设联合检查团北疆分团到博乐市检查和暗访24个单位、8条主街道区、16条小巷区、5个群众活动场所、1个乡1个村，评比总分为800分，最后得分743分，名列北疆片第3名。

10月14—17日　博乐市人民医院通过自治区等级医院评审标准，达到“县（市）级二级甲等医院”标准。

10月16—17日　博乐市卫生防疫计量认证工作通过自治区计量认证评审组评审。

10月24—28日　博乐市基本扫除青壮年文盲和农村教育综合改革工作通过自治区农村教育综合改革检查评估团为期5天的评估验收。

11月7日　博乐花岗石、大理石开发加工项目通过自治区科委验收。

11月28日　博乐市光明路排污工程竣工，长度1 600米，管径600毫米，投资100万元。

12月9日　博乐市贝林哈日莫墩乡决肯村、达勒特镇阿德格浩希村、乌图布拉格乡团结南村、青得里乡青得里中村、小营盘镇贝德布拉格村等13个村队被市委命名为“小康村”。

12月18日　博乐市房地产交易市场开业。

12月24—26日　中共博乐市第三次党员代表大会在中亚大酒店召开。

12月26日　中共博乐市第三届委员会第一次全体委员会议选举产生中共博乐市第三届委员会常务委员会委员11人，王俊当选书记。

▲　中共博乐市第三届纪律检查委员会第一次全体委员会议选举产生7人组成的中共博乐市第一届纪律检查委员会常务委员会委员，选举书记1人。

是年　博乐市辖区共发生等级以上交通事故83起，死28名，伤34名，直接经济损失40.73万元。

▲　博乐市进出口贸易额171.49万美元，占全市计划的13.19%，履约率4.76%。

▲　博乐市被中华人民共和国文化部命名为“文化先进县（市）”。

▲　博乐市被国家项目领导小组命名为全国“基层妇幼卫生先进县（市）”。

1997 年

2 月 19 日　博州直属商业企业博州蔬菜公司等 8 家公司和 4 个工业企业从人、财、物到债权、债务整体移交博乐市。

3 月 10 日　博乐市广播电视局有线电视台移交博州广播电视局。

3 月 24 日　博乐市爱国卫生运动委员会第一次全体会议在市政府会议室召开；市长青德力（蒙古族）与乡镇场、街道等部门签订《1997 年爱国卫生工作目标管理责任书》。

4 月 1 日　博乐市实行计划用水许可证制度。

4 月 29 日　博乐市怪石峪被自治区人民政府确定为第二批自治区级风景名胜区。

5 月 3 日　博乐市小营盘镇 9 个村遭洪灾。农作物受灾面积 333.33 公顷，受灾户 608 户；冲毁防洪渠 4 处 78.9 米，冲毁防洪坝 79 处 678 米，直接经济损失 201.64 万元。

5 月 6 日　博乐市各乡（镇、场）全面实施农村户口城市化管理。

5 月 11 日　博乐市被自治区精神文明建设指导委员会命名为自治区“精神文明先进县（市）”；贝林哈日莫墩乡决肯村被为命名为首批“全疆文明示范村镇”。

7 月 1 日　博乐市各族各界群众万余人在博乐市第四中学体育场会合，庆祝香港回归。

7 月 3 日　博乐市逸夫小学教学楼落成典礼。总面积 1.95 万平方米，投资 140 万元，其中香港邵逸夫先生捐资 50 万港币。

7 月 15 日　博乐市建设局市政养护处在疏通排水管道过程中，3 人中毒窒息死亡、4 人中毒昏迷。

7 月 25 日　自治区司法所建设经验交流现场会在博乐市召开。

8 月 15 日　自治区人大常委会副主任一行 7 人到博乐市视察减轻农牧民负担工作，并听取市政府专题汇报。

8 月 28 日　北京时间 15 时至 21 时 30 分，博乐市遭受大风袭击，小营盘镇、青得里乡风力达 8 级以上，大风持续 6 个半小时；受灾面积 3 378.47 公顷，成灾面积 2 955.4 公顷；受灾户数 5 485 户，成灾户数 5 058 户；受灾 21 940 人，成灾 20 232 人；直接经济损失 382.3 万元。

9 月 14—19 日　博乐市 5 个乡镇 31 所中小学校基本普及九年义务教育工作和基本扫除青壮年文盲工作通过自治区人民政府“双基”评估团验收。

10 月 1 日　位于青得里大街和北京路交会处的博乐市街心花园改建工程竣工。

10 月　博乐市贝林哈日莫墩乡实施农村合作医疗保健制度。

12 月 31 日　博乐市区 2 路公交开通营运，线路总长 7.9 千米，设置站点 22 个。

是年　博乐市改水防病工作通过自治区改水领导小组的检查验收。全年修建防渗渠 68.98 千米，U 型防渗渠 58 千米。新打机井 46 眼，维修机井 88 眼，维修渠道 660 千米。

1998 年

1 月 4 日　博乐市第二轮农村土地承包期 30 年。

1 月 7 日　博乐市贝林哈日莫墩乡通过自治区“1821 依靠科技奔小康”示范工程验收。

1 月 9 日　博乐市第四届人民代表大会常务委员会第三十九次会议，审议通过《博乐市 1996—2000 年依法治市规划》。

1月12日　博乐市依法治市领导小组成立，开展依法治市。

2月5日　博乐市市长热线电话首次开通。

2月8—12日　政协博乐市第五届委员会第一次会议在中亚大酒店召开。会议选举产生由25人组成的政协博乐市第五届委员会常务委员会，选举诺尕依·居玛汗（哈萨克族）为主席。

2月8—13日　博乐市第五届人民代表大会第一次会议召开。大会选举产生由17人组成的博乐市第五届人民代表大会常务委员会，选举阿不力孜·艾买提（维吾尔族）主任，巴德玛拉（蒙古族）为市长。选举市人民法院院长、人民检察院检察长各1人。

2月27日　博乐市荒漠河谷林资源二类普查工作完成。

3月7日　博乐市文明委组织市区84个单位1万余名参与“学雷锋、树新风”活动。

3月25日　博乐—五台公路绿化一期工程启动，博尔塔拉河大桥（金水桥）—敖包处，全长7千米，沿公路两侧各宽20米。

4月6日　博乐市博河南岸绿化工程指挥部成立。

4月13日　博乐从市直机关抽调13名干部到企业挂职为期1～2年，4月30日前全部到位。

4月16日　博乐市沟播平铺现场会在达勒特镇召开。

4月18日　博乐市突遭大风袭击，风力达9～10级。小营盘镇受风灾户287户1 345人；农作物受风灾面积535.87公顷，其中经济作物520.13公顷，造成经济损失91.94万元。

▲　博乐市粮油加工厂改制组建博乐市三金粮油有限责任公司。

4月24日　博乐市棉纺厂改制组建博棉有限责任公司。

5月18—20日　小营盘镇、青得里乡遭受霜冻灾害，受灾面积792公顷，成灾面积654.4公顷，其中经济作物面积587.73公顷，直接经济损失114万元。

6月1日　博乐市在博乐至阿拉山口公路北侧距市区1.5千米，博乐河谷二级阶地扇缘地带，新建一座填埋容量84万吨的垃圾场，占地82公顷，使用年限16～21年。

6月2日　博乐市被自治区列入第二批实施城市最低生活保障制度县市之一。

6月7日　博乐市森林病虫害发生面积1 586.6公顷，防治面积1 273.33公顷，防治率80.5%。

6月10日　博乐市鑫桥市场破土动工，建筑面积1 100平方米，总投资120万元。

6月13日　博州共青团基层组织建设现场会在贝林哈日莫墩乡召开。

▲　博州邮电局在博乐市街道两侧安装IC卡功用电话机，9月完成安装，方便市民使用。

7月13日　博乐市小营盘镇、乌图布拉格乡、阿热勒托哈牧场等地遭受特大洪灾。受灾户971户，受灾人口5 981人、成灾人口4 265人；农作物受灾面积1 410.65公顷，成灾面积967.33公顷，绝收面积412公顷；倒塌房屋306户918间，危房65户195间；死亡牲畜和家禽45 503头（只）；冲毁防渗渠11.8千米，冲毁道路4.5千米，渡槽4座，闸门37座，桥涵7座，电站、加油站基础设施被损坏；直接经济损失3 728.8万元。

7月19日　博乐市计划生育药具工作通过自治区计生委验收。

8月1—7日　在乌市举行的第十一届全国发明展览会上，“金可乐”饮料获金奖。

8月13—18日　自治区、博州妇联举办妇女干部培训班在博乐市党校开课，各族妇女干部101人参加培训。

8月20日　博乐市乡镇标准化林业站建设通过自治区检查验收。

8 月 31 日　朱军烈士塑像落成仪式在市第四中学举行。塑像高 2.85 米，用白色玻璃钢塑成半身像坐落在深红色花岗岩基座上。

9 月 9 日　博乐市清查移动电话 69 部。

9 月 17 日　博乐市达勒特镇新型牧区农区化模式示范区建设通过自治区星火计划项目验收。

10 月 16 日　博乐市举办首期科级干部国家通用语言学习班，时间 6 个月，培训 38 人。

11 月 8 日　博乐市水利确权工作通过自治州验收。

12 月 25 日　博乐市在中亚大酒店后二楼会议室召开城市居民最低生活保障金首发仪式。首批享受城市居民最低生活保障金的 484 人，发放月保障金 20 024.4 元。人均月标准 90 元。

12 月 29 日　博乐市商贸公司所属针纺公司、五金公司、仪器公司、食品厂、纺织品公司与职工解除劳动合同。

12 月 30 日　浙江兰溪市个体工商户赵某租赁市水泥厂 3 年，共向市财政上缴承包费 110 万元。

是年　博乐市签订土地承包延长 30 年合同 90% 以上。

▲　博乐市外贸进出口总额 20.4 万美元，其中出口 2.38 万美元。

1999 年

1 月 20 日　博乐市被自治区人民政府命名为计划生育“三为主”工作合格县（市）。

3 月 16 日　博乐市司法局在全州开通第一部“148”专用电话。

3 月 19 日　《博乐市土地利用总体规划》通过自治区、博州两级评审验收。

4 月 22 日　博乐市普遍降雪，气温下降 0 ~ 8℃，农作物遭受冻害面积 1 616 公顷，成灾面积 1 269.33 公顷（30% ~ 50% 苗冻死），翻种 346.67 公顷。

4 月 29 日　博乐市第五届人民代表大会常务委员会第八次会议审议通过市政府《关于 1999 年农牧业生产计划及春耕生产工作情况的报告》《关于贯彻〈宗教事务管理条例〉工作情况》《博乐市九五计划和 2010 年国民经济和社会发展规划主要指标调整》。

5 月 25 日　博乐市农牧区土地初始登记成果通过自治区、博州验收。

5 月　博乐市乌图布拉格乡改镇，同年 8 月 6 日举行博乐市乌图布拉格乡撤乡建镇仪式。

6 月 4 日　自治区专家在博乐市推广牛胚胎移植技术，对 48 头受体母牛分批进行安格斯牛胚胎移植。

6 月 7 日　博乐市发生蝗灾面积 1 万公顷，重灾面积 4 000 公顷。

6 月 18 日　博乐市被自治区人民政府命名为“1998 年棉花亩产双百斤皮棉市”。

6 月 26 日　博乐市遭冰雹灾害面积 1 566.67 公顷，其中达勒特镇 2 000 公顷棉花绝收。

6 月 28 日　博乐市第五次民族团结进步“双先”（先进集体、先进个人）表彰大会。

7 月 21—22 日　博州党委组织部、博州民政局检查组督察博乐市村务公开、基层政权建设、后进村整顿和电教工作。

7 月 25 日　博乐市阿热勒托哈牧场受洪水、冰雹袭击。11 个村 712 户 2 874 人受灾；房屋倒塌 10 户 25 间、危房 5 099 间，围墙倒塌 734 米；死亡畜禽 530 头（只）；冲毁防洪坝 1 900 米，排洪桥 3 座，闸门 2 处，干渠 450 米；受灾面积 1 120.73 公顷，绝收面积 219.83 公顷，经济损失 478.8 万元。

8 月 13 日　博乐市图书馆被自治区文化厅评估验收为“自治区一级图书馆”。

8月16日　博乐市召开教育工作会议通报1999年暑假教师教材考试基本情况，印发《关于对教师教材考试有关问题的决定》。

8月19日　首批湖北援博挂职干部胡敏任市委副书记。

8月30日　博乐市被中国人民共和国农业部确定为秸秆养羊示范市。

9月1—8日　在“乌洽会”上，博乐市签订内联合同2个、协议1个，总金额28万元人民币；内贸合同6个，总金额7 050万元人民币；外贸合同2个，总金额为100万美元。

9月2日　博乐市“少数民族贫困妇女奶牛喂养扶贫项目”通过加拿大项目官员 ·行验收。

9月4日　博乐市干部职工参观由自治区司法厅、自治区公安厅在博州举办的普法治理成果展。

9月29日　博乐市70人获农民技术员农学专业资格证书。

9月30日　博乐市举办庆祝建国50周年大型焰火晚会。

9月　博乐市贝林哈日莫墩乡决肯村被中央精神文明建设指导委员会评为全国创建精神文明先进村；博乐市被评为“自治区精神文明建设先进县（市）”。

10月12—13日　博乐市5年来“双拥”工作通过自治区“双拥”工作检查团验收。

▲　博乐市供销社农工商总公司、市三金粮油有限责任公司获边境小额贸易经营权。

11月12日　博乐市召开发展非公有制经济现场经验交流会。

11月15日　博乐市人民医院检验科开展“速效药敏实验”获得成功，填补自治州此项领域空白。

11月23日　博乐市党政领导科技工作目标责任制落实情况通过自治区党委组织部、自治区科委检查组检查验收。

▲　博乐市被中华人民共和国科技部评为全国“科技先进县（市）”。

11月　国家计委批准博乐市小营盘镇、达勒特镇被列为全疆100个小城镇建设示范点。

12月23—24日　博乐市农牧区基层组织建设和党员电化教育工作通过自治州农牧区基层组织建设工作和党员电化教育工作检查验收团验收。

12月26日　博乐市博棉纺织有限公司通过IS9002国际质量体系认证。

是年　博乐市完成外贸进出口总额166.46万美元，其中出口20.36万美元。

▲　博乐市图书馆被评为“国家二级图书馆”。

2000年

1月1日　博乐市启动城镇职工医疗保险制度改革工作。

1月14日　博州文体局到博乐市小营盘开发文化下乡活动，赠送体育用品和图书。

2月2日　博州乡、镇人民武装部民兵应急分队全面整顿试点观摩会在乌图布拉格镇召开。

3月5—6日　自治区畜牧厅检查组一行3人在博乐市小营盘镇检查评估牧民定居及世界银行细毛羊品种改良工作。

3月6日　博乐市政府批准达勒特镇7个村分设为15个村。

3月24日　博乐市政府调整边境经济合作区综合用地价格：一等地每亩8万元、二等地每亩7万元、三等地每亩6万元。土地使用期限为50年。

4月10日　博乐市交警大队在全市首次实行违章驾驶员记分办法。

4 月 12 日　贝林哈日莫墩乡和达勒特镇 2 333.33 公顷节水灌溉项目科研报告通过自治区水利厅、自治区计委专家评审。

4 月 16 日　博河南岸绿化工程即博—五公路绿化工程完成，绿化总面积为 56 公顷。

4 月 20 日　国家林业局、自治区林业厅将博乐市确定为新一代抗旱保水剂“干水”首次试验点。

4 月 26 日　自治区人民政府批准颁布实施《博乐市城市总体规划》。

4 月 27 日　自治区确定博乐市为全疆 2000 年 7 个退耕还林试点示范县（市）之一，下达 1 200 公顷的退耕还林任务。

4 月　博乐市贝林哈日莫墩乡万亩节水高效农业示范项目被中华人民共和国科技部列为“国家星火项目计划”。

5 月 1 日　博乐市草原站启动千亩饲料基地示范项目，投入资金 3 万余元，引进紫花苜蓿、鲁梅克斯、苏丹草等 10 多种优质牧草。

5 月 10 日　博乐市国有资产管理局将市水泥厂部分资产（厂房、办公室）以 1 200 万元出售给博兰水泥有限责任公司。

5 月 12 日　博州人民医院急救中心落成典礼，开通“120”急救电话。

5 月 17 日　新疆啤酒集团向青得里乡捐资 6 000 元及学习用品，资助贫困学生 60 人。

5 月 18 日　博州人民政府、博乐市与伊犁州人民政府及霍城县委就博乐市赛里木湖地区草场和旅游资源的管理与使用等问题双方达成一致意见。主要内容包括赛里木湖及其周围地区的行政区划隶属博乐市人民政府；以前伊犁地区霍城县暂借的博乐市草场须在市有关部门颁发草场使用证后方可继续使用；博乐市负责对赛里木湖风景区实行统一规划。在此基础上为霍城县划出 1.33 公顷土地用于旅游开发，但不得搞永久性建筑。

5 月 23 日　博乐市全民动手，加快争创园林城市步伐万人签字仪式在街心公园举行。

5 月 26 日　博乐市草场蝗虫发生面积约 3 万公顷，虫口密度平均每平方米 30 ~ 40 只，局部草场每平方米高达 1 000 余只。

5 月 27 日　博州小学社会课教学研讨会在市第一小学召开。

5 月 30 日　博乐市第一所村级老年学校在贝林哈日莫墩乡决肯村成立。

6 月 21 日　博乐市“三五”普法工作通过自治区验收。

6 月 23 日　博乐市总工会组织先进人物代表一行 10 人赴内地参观疗养。

7 月 1 日　博乐市首次推行政府采购制度。

▲　全市行政机关，全额拨款事业单位正式干部职工离退休人员的退休金由财政统一发放。

7 月 16 日　英国、法国、丹麦、比利时、瑞典、德国、意大利、荷兰、西班牙等侨领团一行 25 人来博乐市观光，参加 2000 年神州世纪博尔塔拉“那达慕”草原节活动。

7 月 17 日　18 时博乐市阿热勒托哈牧场、小营盘镇、青得里乡遭遇特大洪灾，成灾户 880 户 4 332 人；农作物受灾面积 2 083.73 公顷，成灾面积 1 829.87 公顷，其中绝收面积 146.53 公顷；倒塌房屋 4 户 20 间，危房 63 户口 40 间，倒塌围墙 390 米；冲毁干渠 1 353 米，斗渠 1 110 米，洪桥 8 座，防洪坝 2 860 米，防渗渠 500 米，闸门 16 座，干渠淤沙 2 260 米；防护林 2.73 公顷，造成经济损失 1 100 万元。

7 月 18 日　中国人民对外友好协会批准博乐市与哈萨克斯坦乌恰拉尔市正式缔结为友好城市。

7 月 23 日　博乐市小营盘镇农区畜牧业集约化模式示范建设通过自治区人民政府验收。

8 月 14—17 日　自治区政府专家顾问团到博乐市调研农业科技示范园区建设情况。

8 月 15 日　博乐市首次选派 7 名干部赴湖北省挂职锻炼，期限 4 个月。

▲　博乐市肉联厂改制成立博源肉类联合加工有限责任公司。

8 月 18 日　《博乐市国家公务员制度实施方案》实施。

▲　自治区人民政府批准实施《博乐市土地利用总体规划》。

8 月 22 日　博乐市计生系统信息化管理工作通过自治区计生委验收。

8 月 28 日　博棉纺织（集团）有限责任公司举行揭牌仪式。公司集团总资产近 3 个亿，注册资金 3 765 万元，生产规模为 10 万锭。

8 月　博乐市首次选拔 6 名少数民族高一学生送往无锡市高级中学学习。

9 月 2 日　博乐市确定白蜡树为市树、矮牵牛花为市花。

9 月 20 日　博乐市棉花双层双株试验单产皮棉 202.9 千克，比全市平均单产增加 93.7 千克，增产 85.8%，通过区、州专家验收。

9 月 23 日　《博乐市志》（维文版）获自治区第三届优秀志书（年鉴）三等奖。

10 月 18 日　博乐市平安大道创建工作达到自治区级优秀标准。

10 月 28 日　湖北省县市重点中学优秀教师一行 7 人首次到博乐市第四中学支教。

10 月 30 日　博乐市北京路博尔塔拉河大桥（金水桥）至赛马场道路改造改扩建工程完成。铺设道路 8 万平方米，上水改造 3.5 千米，路灯 183 座，总投资 1 700 万元。

10 月 31 日　博乐至温泉 S304 线修建工程竣工通车，全长 87 米。

11 月 1 日　博乐市城区 3 路公交车线开通，往返于南城体育馆至顾里木图三村。

11 月 5—9 日　博乐市组织科技副乡（镇）长及市农业技术骨干一行 11 人赴陕西省杨凌参加第七届中国杨凌农业高新科技成果博览会。

11 月 6 日　博乐市牧区开发示范工程建设项目通过中华人民共和国农业部评审。

11 月 16 日　中国联通博州分公司揭牌。

11 月 18 日　博乐市编制《北疆铁路博乐市段 13.5 千米铁路绿化长廊工程规划》。

11 月 19—22 日　自治区“配水到户”暨灌区工程改革现场会在贝林哈日莫墩乡召开。

11 月 28 日　博乐市城建档案馆晋升为自治区一级城建档案馆。

是年　博乐市共为 7 623 人发放城镇居民最低生活保障金 552 676 元，其中全额保障 1 501 人、差额保障 6 122 人。

2001 年

2 月 7—12 日　博乐市落实联合国儿童基金会《居民户碘盐监测试点追究研究》项目，共监测 200 户，其中市区 60 户、农区 140 户；市区合格率为 98.4%，农区合格率 75% 。

2 月 15 日　博乐市副科级以上干部近 300 人聆听自治区“三个代表”重要思想宣讲团宣讲报告。

3 月 1 日　博乐市城市空气质量 24 小时连续监测系统启用，每周公布博乐市城市空气质量。

3 月 23 日　《博乐市国家行政机关国家公务员职位分类方案》发布。

3 月 28 日　博乐市第五次全国人口普查工作。登记常住人口为 224 591 人，其中城镇人口 76 089 人，占总人口的 33.88%；乡村人口 148 502 人，占总人口的 66.12%。

3 月　博乐市阿热勒托哈牧场和农五师八十四团场被确定为国家实施新疆细型细羊毛生产技术体系实验示范——新疆帕萨尔优质羊毛基地。

4 月 25 日　博乐市政府与湖北大冶市签订两市友好城市协议书，大冶市每年派出 3 名教师援助博乐市教育工作，博乐市选派教师去大冶市学习培训、挂职锻炼。

4 月 30 日　博乐市人民公园内 600 米道路、游乐园区和动物园工程竣工，总投资 170.16 万元。

5 月 8 日　博乐市共有 895 名机关工作人员过渡为国家公务员，暂缓过渡 26 人，不予过渡 33 人。10 月 25 日过渡审批工作结束。

5 月 20 日　博乐市达勒特镇遭受冰雹袭击，棉花受灾面积 401.73 公顷，翻种面积 293.33 公顷，补种面积 108.33 公顷，经济损失 250 万元。

▲　自治区第二届科技工作先进县（市）联络网会议在博乐市召开，为期 3 天。

5 月 23—24 日　自治区科普工作检查团代表国家科协对博乐市创建全国科普先进县（市）工作进行验收。

5 月 29 日　博乐市被中国科协命名为“全国首批科普示范县（市）”。

5 月 30 日　中国儿童基金会立项，由武警福建总队官兵捐款资助博州“春蕾计划女童班”在博乐市青得里乡第一小学开设。

6 月 7 日　博乐市阿热勒托哈牧场、小营盘镇、青得里乡遭受冰雹和洪水袭击。农作物受灾总面积 1 955.45 公顷；房屋进水 42 户，其中倒塌 5 户，危房 19 户；冲毁渠道 3 049 米，闸门 22 座，防洪坝 1 916 米，防洪桥 2 座，直接经济损失近 290 万元。

6 月 9—11 日　湖北省大冶市党政代表团一行 10 人来博乐市考察教育、城建工作，签订协议向市第三中学捐款 20 万元用于学校基础设施建设。

6 月 11 日　博乐市滨河公园一期工程启动，内设 6 座景亭，2 个广场，共投资 650 万元。

6 月 25 日　国家广电总局、自治区广电局为博乐市广播局配备 2 台 1 000 瓦发射机、波导管、阻抗变阻器、天线等设备及配件。

6 月　博乐市编制《博乐市水电农村电气化规划》《博乐市水土保持规划大纲》《博乐市节水规划》。

7 月 1 日　博乐市贝林哈日莫墩乡决肯村党支部被中共中央授予“全国先进基层党组织”称号。

7 月 6 日　自治区科协为博乐市 629 户科技示范户挂牌，其中种植户 416 户、养殖户 188 户、其他户 22 户，占农业户数的 3.68%。

7 月 20 日　自治区农业厅在博乐市召开北疆片高密度亩产皮棉 150 千克攻关项目现场会。

7 月 25 日　在第二届全国教育工作者发明创造、科教制作展评会上，博乐市第四中学教师刘难白的作品《固体灌溉，天然雪糕》获一等奖。

7 月 31 日　博乐市为民办事服务中心成立，为市政府派出的常设机构。

8 月初　博乐市约 3 333.33 公顷棉田发生红叶病，发生面积占全市棉花面积的 23.63%，其中较严重的约 666.67 公顷。

8 月 3 日　博乐市滨河公园一期工程竣工，共投资 650 万元。

8 月 10 日　中国科协一行 6 人来博乐市考察科普工作。

8 月 13 日　“西新工程”博乐市广播局 3.2M 卫星地面站 1 套，由贵州运至博乐市。

8月24日　中共博州党委命名博乐市贝林哈日莫墩乡为“六好”（好班子、好队伍、好路子、好制度、好作风、好格局）党委。

8月30日　博乐市第一个“春蕾计划女童班”在青得里乡第一小学落成举行开学典礼。

9月1日　博乐市滨河公园开园典礼。

9月1—4日　中共博乐市第四次党员代表大会在中亚大酒店召开。

9月4日　中共博乐市第四届委员会第一次全体委员会议选举产生中共博乐市第四届委员会常务委员会委员12人，祁忠远当选书记。

▲　中共博乐市第四届纪律检查委员会第一次全体委员会议选举产生8人组成的中共博乐市第一届纪律检查委员会常务委员会委员，选举书记1人。

9月1—8日　在2001年乌鲁木齐经贸洽谈会上，市酒业、矿产、饮料、粮油、棉纺、服装等27个品种参展；招商项目14个，签订经贸合同13个，累积金额19 795万元。

9月3日　自治区DK系列玉米良种推广现场会在小营盘镇多兰特布拉格村召开。

9月30日　博乐市通过自治区平原绿化达标市验收。

10月8日　博乐市检察院举行检察服装换装仪式。

10月24日　国家拨专款1 000万元用于博乐市污水处理厂建设。

11月1日　博乐市赛里木湖区天然草地生态保护建设项目通过博州畜牧局评估报自治区立项。

11月16日　博州第一家拍卖公司德冠拍卖公司成立。

11月10—20日　博乐市第五届村委会换届选举工作，133个村队依法选举产生新一届村委会。

11月26日　加拿大基金协调员、技术专家一行来博乐市考察加拿大基金项目执行情况并给予肯定。

11月　博州电信分公司建设博东市“小灵通”天线市话工程，架设基站146个。

12月10日　博乐市二期改水防病工作通过自治区水利厅改水防病验收组验收。

12月16日　博乐市达勒特镇三牧场发现84头牲畜染口蹄疫，镇政府立即封锁隔离，在全镇开展拉网式防疫普查登记。

12月23日　博乐市土地管理局历时7个月完成《博乐市基本农田调整划定》工作，保护面积30 483.71公顷，保护率85%。

2002年

1月7—9日　自治区党委常委秘书长一行到博乐市检查党风廉政建设责任制执行情况。

1月29日　博乐市人民医院并入博州人民医院。

2月4日　博州鑫乐担保集团有限责任公司和博棉纺织集团有限公司被中华人民共和国农业部确认为“基本建立现代企业制度”企业。

2月19日　博乐市农村信用合作社在辖区推行农户小额信用贷款，创建信用村（镇）信用活动。

3月8日　阿拉山口、博乐、赛里木湖被自治区列入“五区三线”旅游发展战略。

3月15日　博乐市首届“移动通信杯”中小学、幼儿园音乐教师基本功大赛在博州影剧院举行。

3月18日　博乐市第一幼儿园英才BASE挂牌上课。

3月29日　博乐市在原东风市场位置上改建商业步行一条街。

3月　博乐市第二幼儿园被中华人民共和国教育部确立为“科学教育子课题—相似性原理在幼儿潜能开发中的应用”实验基地。

4月28日　中国卫生部疾病控制司免疫规划处到博乐市检查糖丸强化免疫工作及AFP检测工作情况。

▲　博乐边境经济合作区委托德冠拍卖公司对辖区第19号小区2.8公顷土地进行拍卖，成交价36.5万元，博州首次对国有土地进行公开拍卖。

5月10日　在原“三八”公园位置上建设的西部文化广场工程破土动工。

5月30日　博乐市《“新陆早11号”棉花新品种筛选培育及其推广》通过自治区科技厅成果鉴定。

6月1日　全疆第一所“希望小学”在博乐市阿热勒托哈牧场破土动工并举行奠基仪式。

6月16日　在已拆除的红旗饭店原址上举行中亚国际商贸城及红旗饭店购物广场开工仪式。

6月18日　博州党委批复《博乐市党政机构改革方案》，市党委设置工作机构7个，管理部门3个，议事协调机构1个；市人民政府设置组成部门24个，管理部门1个。

6月28日　博兰水泥有限责任公司日产50万千克的旋窑技术生产线投产运行，项目总投资2 300万元，生产优质高标号水泥和特种专用水泥。

8月16日　博乐市被自治区依法治区办公室确定为青少年法制教育试点单位。

8月27日　博乐市第四高级中学雷祥同学是博州历年来唯一考入清华大学的学生，博州党委政府表彰奖励1万元现金。

8月30日　博乐市投资45.43万元，在市区建公交候车站台21个，立站牌84个，更新站牌64个。

9月3—5日　中央电视台第七频道《绿色时空》摄制组一行2人来博乐市拍摄《绿了博乐》。

9月10日　共青团中央向博乐市第二中学捐赠微机30台，价值10余万元。

▲　省道S304线博乐—小营盘线公路主干道23千米全线通车。

9月12日　博乐市友谊东路红星路到团结路综合改造工程竣工，路段长760米，宽23米，沥青砼铺装面积近1.75万平方米，过街管沟3条，排水管道2条，铺设电缆1 520米，工程280万元。

9月30日　博乐市实施自治区级高密度亩产皮棉150千克项目，面积5 613.33公顷，项目园区单产皮棉150.4千克。

▲　博乐市西部文化广场落成。广场包括西迁、东归、国旗、和平4个小广场，投资1 800万元，总面积4.3公顷。

10月2—4日　2002年中国民间艺术游博尔塔拉“那达慕”草原节在博乐赛马场举行，浓郁民族风情和地方特色的《江格尔传》演唱会、“麦西来甫”“阿肯弹唱”及全州文艺会演约5万人参加开幕式。

10月19日　湖北省援博干部捐资6 000元资助市15名贫困学生，并建立长期帮扶计划。

11月9日　中华联合财产保险公司博乐分公司揭牌。

11月23—24日　自治区农田水利基本建设“天山杯”竞赛领导小组检查验收农田水利基本建设工作，博乐市获自治区农田水利基本建设“天山杯”竞赛一等奖。

11月　博乐市小营盘“银盘牌”鲜鸡蛋被自治区农业厅农业名牌产品认定委员会评选为“2002年度新疆农业品牌产品”。

12月20日　博乐市农民人均纯收入3 437元；牧民人均纯收入2 979元。

12 月 26 日 博乐市水政监察队伍规范化建设通过自治区水利厅验收。

是年 博乐市赛马场工程开工。工程投资 650 万元，完成赛马场、竞赛场等主体工程。

▲ 2002 年，博乐市被评为自治区文化先进县（市），全国文化建设先进县。

2003 年

1 月 1—5 日 政协博乐市第六届委员会第一次会议在博乐中亚大酒店召开。会议选举产生由 21 人组成的市政协第六届委员会常务委员会，沙依劳・哈布达西（哈萨克族）当选主席。

1 月 2—6 日 博乐市召开第六届人民代表大会第一次会议。大会选举产生由 19 人组成的市第六届人民代表大会常务委员会，吐尔逊娜依・艾拜都拉（女、维吾尔族）当选主任。大会选举产生市第六届人民政府，巴德玛拉当选市长。大会选举市人民法院院长和人民检察院检察长各 1 名。

1 月 18 日 博乐市委四届七次全委（扩大）会议决定启动南城区建设。

2 月 11 日 首张蒙古族民间经典歌曲光盘《赛里木湖—恒久的心》在博乐举行首发式。

2 月 20 日 12 时 09 分 58.9 秒，博乐市境内赛里木湖南侧发生一次 4.7 级地震，震中位于北纬 44° 31″、东经 81° 16″。

3 月 15—16 日 在全国第四次西部地区教育顾问工作会议上，市教育代表团（市二小、市三小、市二中、市三中、市高级中学、市贝乡中学）与北京第九十中学、第七中学，南京市人民中学等 23 所学校建立友好关系，签订帮扶与合作意向书。

4 月 1—11 日 博乐市污水处理厂续建工程开工博乐市累计完成投资 1 247 万元。

4 月 3 日 原属于博乐市行政区划的土地，西起北京路、东到团结路、北走博州农机公司，南至长城路的范围，面积 33 076.4 平方米，国有土地拍卖成商业区。

4 月 21 日 博乐市举办首期预防非典培训班。

5 月 20 日—10 月 1 日 博乐市举办第一届文化艺术节。

5 月 20 日 博乐赛马场通过招标续建工程动工。合同价 213.9 万元，工程规模 5 648 平方米。9 月 20 日，博乐赛马场工程全面竣工，续建投资 350 万元，总投资 1 000 万元，占地面积 28 公顷，可容纳观众 5 万人。

5 月 28 日 博乐市第一幼儿园美术小组在第十五届全国“天龙杯”书画比赛中，获银奖 7 人。

5 月 30 日 博乐市青得里大街友好商城公开拍卖。

▲ 博棉纺织（集团）有限责任公司资产整体公开拍卖。

6 月 7—8 日 博乐市境内普降大雨，引发洪水。全市 200 公顷农田受灾，绝收 21.33 公顷，危房 76 间。

6 月 8 日 湖北省一次性投资援博项目楚天楼，面积 16 万平方米，集办公教学、会议、图书阅览、信息网络、多媒体教室和学员宿舍为一体的综合楼开工。

6 月 11 日 博乐市“三个代表”风采录电视专栏开播，共播出 17 期。

6 月 12 日 博乐市苜蓿生物制药及苜蓿颗粒饲料产业化开发项目被中华人民共和国科技部确立为星火项目。

7 月 3—4 日 湖北省天门市教育慰问团来博乐市听取教育发展情况报告、慰问天门市援博教师、考察部分学校，开展座谈和专题讲座。

7 月 8 日 亚行代表麦迪（法国）、自治区卫生厅副厅长一行到博乐市评估传染病管理系统工作。

7 月 10 日　博州玉米复播现场会在博乐市贝林哈日莫墩乡召开。

8 月 26 日　博州畜牧机械及中北 412 玉米青贮现场演示会在贝林哈日莫墩乡召开。

10 月 1 日　博乐市亚中国际商城竣工投入使用。建筑面积 2.5 万平方米，工程总投资 3 000 万元。

10 月 2—5 日　2003 年中国烹饪王国游—博尔塔拉“那达慕”草原节在博乐赛马场举办。

10 月 8 日　博乐市商业步行街竣工投入使用，建设用地面积 2.3 万平方米，建筑面积 2.8 万平方米，工程总投资 5 000 万元。

▲　赛里木湖水产高白 有机食品（AA 级绿色食品），通过中华人民共和国农业部中绿华夏有机食品认证中心认定。

10 月 22 日　博州党委宣传部命名阿拉山口边防连、西部文化广场、博乐市高级中学、朱辉雕像为自治州爱国主义教育基地。

10 月 28 日　博乐市第六届人民代表大会常务委员会第六次会议审议通过市政府《关于加快实施优势资源转换和招商引资进程工作》《2003 年 1—9 月份财政预算执行情况》《2002 年本级财政预算执行及其他财政收支审计情况》《中华人民共和国教育法》执行情况的报告。

11 月 15 日　博乐市“博五公路绿色长廊”全线贯通，全长 30 千米，历时 6 年，总投资 2 178 万元。

12 月 23 日　博乐市第六届人民代表大会常务委员会第七次会议审议通过市政府《关于加快发展现代化农业增加农民收入工作情况的报告》《发展非公有制经济工作情况的报告》《“四五”普法规划实施及依法治市进程工作情况的报告》和《2003 年财政预算变更建议的报告》。

12 月 31 日　博乐市 2003 年共征收人民教育基金 179 万元。

2004 年

1 月 1 日　博乐市免收农村义务教育借读费。

1 月 5 日　博乐市在商业步行街举办“迎春节盛世灯会”。

1 月 13 日　赛里木湖风景名胜区被国务院批准为第五批国家重点风景名胜区。

1 月 31 日　《博乐市城市总体规划修编纲要》出台。

2 月 13 日　博乐市《博尔塔拉河民族风情旅游区建设规划》，通过自治区专家组评审，被列为自治区地州旅游项目。

3 月 17 日　博乐市第六届人民代表大会常务委员会第九次会议，审议通过市政府《关于申请批准市人民政府贷款 1 500 万元用于城市建设的报告》《关于申请批准贷款 500 万元用于城市建设的报告》。

4 月 1 日　博乐市启动生育保险。

4 月 13 日　博乐市全面推行科技特派员制度，到乡（镇、场）、村队、专业大户、中上企业开展 1—2 年科技服务。

4 月 16 日　博州第一个再就业基地在博乐市利民综合市场挂牌。

4 月 21 日　博乐市政府印发《关于落实以县为主农村义务教育管理体制的通知》。

5 月 12 日　博乐市党政联合办公大楼在南城区举行奠基仪式，建筑总面积 1.6 万平方米，总投资 1 900 万元。

5 月 28 日　旅游景点消费者投诉站在博乐市小营盘镇青歌礼度假村挂牌。

5 月 博州邮政局发行《西部灵壤—博尔塔拉》专题邮册。

6 月 1 日 博乐市新型农牧区合作医疗制度启动，年底全市农牧区 14 841 户 65 936 人参加合作医疗，占全市农牧民总数的 79%。

6 月 4 日 博乐市第一小学被自治区环保局、自治区教育厅命名为“绿色学校”。

6 月 27 日 博乐市政协组织 20 名政协委员对市司法、交通、国土资源、劳动和社会保障、卫生、环保、水利、农业等部门进行作风评议。

6 月 30 日 博乐市街心广场 3 000 平方米铺彩砖工程竣工，工程造价 416 万元。

6 月 博州第一家私营国家二类驾驶员培训学校博州宏远驾驶员培训学校成立。

7 月 9 日 博乐市第六届人民代表大会常务委员会第十二次会议表决通过巴图（蒙古族）为博乐市人民政府副市长、代理市长。

▲ 博乐市残疾人康复医疗门诊部挂牌成立。

7 月 13 日 湖北省代表团参加博乐市天山路上博州党校楚天楼竣工剪彩。

7 月 15—30 日 博乐市 67 名白内障患者实施复明手术。

7 月 18—19 日 博乐市“春蕾女童班”项目通过中国儿童基金会、中华妇女联合会委托的“春蕾计划社会效益评估”项目课题组一行 8 人为期 2 天的评估。

8 月 5 日—9 月 3 日 博乐市青得里街道的第二、三、六居委会作为自治州开发全国经济普查试点小区共普查法人单位 91 个，产业活动单位 32 户，个体经营户 1 018 户。

8 月 6 日 李建勤的论文《推进机关党建发展必须强化五项工作》《机关党建要着力抓好“五加强”》分别获中国百科优秀论文一等奖、中国新时期人文科学优秀成果一等奖。

▲ 博乐市老年人活动场所建成，占地 900.48 平方米，内设门球场 1 个和地掷球场 2 个，总投资 9 万元。

9 月 1 日 博乐市第十七个牧区科普宣传月抽调各类专业技术人员 100 余人；培训农牧民 4 584 人（次）；免费提供计划生育、妇女病普查等技术服务 1 098 人（次）；发放避孕药具 1 059 人（份）。牲畜疾病防治 34 万头（只）。科技、卫生、法律等各种宣传展览版 40 余块。

9 月 6 日 博乐市组建红领巾纠察大队。

▲ 博乐市内 1 号公交线路 14 辆无人售票车投入运行。

9 月 20 日 博乐市万亩膜下软管灌项目通过自治区检查验收。

9 月 博乐市“乌恰会”代表团在为期 8 天的时间内共签约招商引资项目 37 项，引进资金 60 300 万元。

10 月 17 日 博乐市通过自治区“卫生红旗城市”复验。

10 月 自治州综合考察队在夏尔西里自然保护区发现国家二级保护植物“红门兰”。

11 月 1 日 博乐市发放农牧民计划生育奖励金 9.24 万元。

11 月 1—12 月 29 日 博乐市选派农牧民 140 人分 4 期赴新疆农业大学学习，每期 15 天。

11 月 11 日 博乐市第六届人民代表大会常务委员会第十五次会议审议通过市政府《博乐市第六届村民委员会换届选举工作实施方案》《博乐市第二届社区居民委员会换届选取举工作实施方案》《关于申请贷款 500 万元的报告》。

11 月 15 日 博乐市共落实到位项目建设资金 2 794.5 万元，其中自治区预算内专项资金 370 万元，国债资金 2 174.5 万元，自治区财政性资金 250 万元。

11 月 19 日　博乐市人民检察院举办公诉观摩庭。

12 月 8—9 日　博乐市“巾帼建功”“巾帼文明示范岗”单位通过博州城镇妇女“巾帼建功”竞赛活动领导小组一行复查、验收。

12 月 19 日　博乐市完成 3 个街道所辖 21 个居民委员会换届选举工作。

12 月 22 日　博乐市第六届人民代表大会常务委员会第十七次会议审议通过市政府《关于博乐市〈中华人民共和国政府采购法〉贯彻执行情况的报告》《关于博乐市财政预算部分变更情况的报告》。

▲　博乐市 156 个村队完成第六届村民委员会换届选举工作，选举产生新一届村委会。

12 月 23 日　博乐市企业 1643 名退休人员纳入社区管理，实现企业退休人员社会化管理。

是年　博乐市共完成防护林 302.31 公顷，超额 35.65 公顷，为计划的 113%；退耕还林造林作业面积 88.2 公顷，为计划的 100%；宜林荒地造林面积 1 600 公顷，为计划的 120%；国家重点公益林管护面积 9 920 公顷；封沙育林 1 000 公顷。

▲　博乐市被授予“自治区文明城市”称号。

▲　博乐市有线新闻综合频道《行风监督热线》节目开播，12 个单位领导走进直播间；收到群众电话 53 个。

▲　博乐市垃圾处理场主体工程竣工，占地面积 5.8 公顷，垃圾容量 54 万立方米，投资 380 万元。

2005 年

1 月 1 日　博乐市农村“三老”人员生活补贴发放标准由每月的 30 元、40 元、50 元，提高到每月的 90 元、110 元、130 元。

1 月 5 日　博乐市农村税费改革。

1 月 12 日　博乐市编制《博乐市城市建设发展“十一五”规划》。

1 月 24 日　自治区科协命名贝林哈日莫墩乡玛尼乡村、决肯村获为“自治区科普示范村”；小营盘镇养鸡协会为“自治区百强农村专业技术协会”。

1 月 26 日　博乐市第六届人民代表大会常务委员会召开第十九次会议审议通过《关于选任人民陪审员的方案》《关于博乐市总体规划（1996—2010 年）用地布局进行调整的报告》。

2 月 1—3 日　博乐市第六届人民代表大会第三次会议选举巴图为博乐市人民政府市长。

3 月 10 日　博乐市核发换发草原使用证。

3 月 11 日　博乐市小营盘镇被列为国家级无公害家禽标准化示范区。

3 月　博乐市全面启动万亩生态园区绿化工程建设项目，位于博尔塔拉河西岸，面积 1 163 公顷，总投资 1 352 万元。

4 月 19 日　博乐市第六届人民代表大会常务委员会召开第二十一次会议审议通过市政府《关于第六届村民委员会和第二届社区居民委员会换届选举完成情况的报告》《关于农业生产情况的报告》。

4 月　博乐市下派 40 名科技特派员。

▲　博乐市启动工业园区建设工程，园区规划面积 3.5 平方千米，建设面积 2.18 平方千米，基础设施总投资 750 余万元。

5 月 27 日　博乐市贝林哈日莫墩乡决肯村被国务院授予“全国民族团结进步模范集体”。

5月31日　博乐市被自治区定为首批科技工作试点市。

6月1日　博州地方税务局在博乐市区及各乡（镇、场）的饮食、娱乐、沐浴、美容美发、照相业推行地税有奖发票。

6月4日　博乐市召开建市20周年庆祝大会。

6月28日　为纪念抗日战争60周年，博乐市委、市政府向达勒特镇毛尚迁、苏甫林两位抗日老战士颁发抗日战争胜利60周年纪念章。

7月30日　博乐综合体育馆在博乐市南城区前程路动工，占地面积3万平方米，建筑面积1.16万平方米，总投资2 748万元，可容纳2 000名观众看比赛。

7月　自治州博物馆在博乐市南城区锦绣路建设，建筑面积7 800平方米，总投资1 300万元。

9月8日　博乐市启动党员干部现代远程教育工程。

10月25日　博州农用地膜回收现场会在博乐市达勒特镇召开。

▲　自治区计划生育考核组一行来博乐市开展"十五"期间及2005年人口和计划生育目标管理工作综合考核。

10月26—27日　博乐市农田水利工作经自治区"天山杯"评比小组一行20余人检查验收获一等奖。

10月29日　博乐市举行社会治安防控监控系统开通仪式。

10月　博乐市贝林哈日莫墩乡决肯村被中央精神文明建设委员会授予"全国文明村镇"称号。

11月10日　博乐市财政投入15万元从乌鲁木齐市引进优质牛冻精，完成牛冷配12 086头。

11月24日　博乐市申请资金4 608.01万元，其中国债资金4 227.44万元，自治区预算内专项资金100万元，贷款280.57万元。

▲　博乐市投资649.83万元建8 000平方米医疗垃圾处理厂。

12月2日　博乐市青得里大街、北京路、文化路安放71块地名路牌。

12月3日　博乐市为30名残疾人在校子女发放助学资金600元/人；为18名残疾人免费捐赠18辆轮椅。

12月15日　博乐市落实国债资金1 100万元，争取湖北援建项目资金800万元用于城市建设。

12月30日　博乐市年末牲畜存栏44.07万头(只),与上年同比减少14.92%。全市畜牧业总产值2.17亿元，占大农业总产值比重的29.6%，畜牧业为农牧民人均增加收入6元。

12月31日　博乐市共有低保对象4 024户10 694人，全年累计发放低保金715.25万元。

是年　博乐市老龄委办公室为全市6 400名各民族65岁以上老年人发放《老年优待证》；老人持《优待证》乘公交车免费。

▲　博乐市定期享受定量抚恤和补助的重点优抚对象有353人。

▲　博乐市残疾人贫困户366户。

▲　博乐市820元以下的贫困户有442户1 496人，其中长期困难户175户468人。至12月末，实现脱贫242户。

2006年

2月9日　博乐市委组织部组织115名村队党支部书记分5期参加自治区推进社会主义新农村建设

专题培训班。

2月16日　博州人民政府办公室批复成立博州实验中学，是一所汉语、维吾尔语、哈萨克语整合成立的博州教育局直属高级中学，位于博乐市文化北路213号，占地面积6.7公顷。

3月2日　博乐市关闭石灰窑矿区6家环境污染企业。

3月20日　自治区国土资源厅拨付阿热勒托哈牧场土地整理项目二期资金150万元，拨付小营盘镇土地整理项目款120万元。

3月29日　博乐市第六届人民代表大会常务委员会第二十七次会议审议通过市人民政府《关于博乐市城市近期（2006—2010）建设规划的报告》。

4月11日　自治区政府副主席一行检查验收博乐市达勒特镇黑山头节水示范田项目。

4月30日　博乐市维吾尔医院和计划生育指导站综合楼招标兴建，建筑面积3 157.56平方米，总投资375万元。

5月18日　博乐市委组织部组织165名村（队）党支部书记和村（队）委会主任分6期参加博州推进社会主义新农村建设专题培训班。

6月1日　位于博乐市北京路与精河路交会处的博尔塔拉纪念园开园，园内有以爱国、戍边、团结、奉献为主题雕塑13座。

6月24日　博乐市完成二代身份证换发工作（始于2005年12月9日）。

6月30日　博乐市2003—2005年人畜饮水工程通过自治区水利厅农水处处长一行6人检查验收。

▲　博乐市国家农业有害生物预警与控制中心区域站项目竣工。总投资308万元，其中国家投资拨款280万元，地方配套资金28万元。

7月1日　自治区“固边富民”农业项目在博乐市节能日光温室200座开工建设；总投资600万元，其中国债投资450万元，农业自筹150万元。

7月6日17时50分，博乐市西部农区遭受大风、暴雨、冰雹袭击，暴雨持续30分钟；小营盘镇、青得里乡、阿热勒托哈牧场、香班哈日根牧场共有1 906.7公顷农田遭灾，绝收面积613公顷，经济损失1 200万元左右。

▲　18点45分，中国首条跨国输油管线中哈输油管道阿塔苏首站与阿拉山口末站开闸通油。

7月13日　潘君庆任市委书记。

7月20日　博乐市八一西路70号市党校原址划拨市民政局建博乐市综合社会福利院。

▲　湖北省黄石市环保研究所在博乐市环保局成立办事处。

8月9—12日　中共博乐市第五次党员代表大会在博州党校召开。

8月11日下午　中共博乐市第五届委员会召开第一次全体委员会，选举博乐市第五届委员会常务委员会委员9人，选举潘君庆为书记。

▲　中共博乐市第五届纪律检查委员会第一次全体委员会，选举博乐市第五届纪律检查委员会常务委员会委员7人，选举书记1人。

8月9—14日　国家医疗队在博乐市开展“三星之光”行动，为39人白内障患者实施复明手术。

8月11日　博乐市清理行政事业单位拖欠工程款4 024.71万元，企业拖欠工程款759.3万元，清偿率均为100%。

8月22日　博乐市2006年国家农业机械购置补贴项目投资428万元，共22户农机户，补贴农机具 55 台（架），其中国家补贴 40 万元，地方财政补贴 20 万元。

8 月 27 日　新疆残疾人“共享蓝天”艺术团到博乐市演出。

9 月 8—13 日　自治区第六届少数民族传统体育运动会在博乐赛马场举办。共有 16 支代表队、运动员 656 人参赛；博州代表队获 14 枚金牌居榜首。

10 月 12 日　云南省财政厅财政投资评审中心受中华人民共和国财政部经济建设司委托对博乐市 2003—2005 年 11 项农村人畜饮水工程项目进行专项检查。

10 月 16 日　博乐市有民办非公企业单位 14 个，社会团体 13 个。

11 月 8 日　位于博乐市新工业区新赛油脂有限责任公司生产的“羚羊唛”牌系列使用植物油被评为新疆名牌产品。

11 月 14 日　《中国共产党博乐市简史》获自治区党史系统第三届优秀成果一等奖。

12 月 12 日　博乐市引进种公牛 20 头，巴什拜种公羊 133 只，阿勒泰种公羊 75 只，绒山羊种公羊 21 只。

12 月 28 日　博乐市环保局医疗垃圾集中处理工程设备采购与安装项目招标会在银座大酒店召开，上海某有限公司中标。

是年　博乐市农牧民人均纯收入 4 660 元，较上年增收 258 元。

▲　博乐市重新修订《博乐市城市居民最低生活保障实施方法》，全市共有低保对象 4 236 户 11 189 人，全年累计发放低保金 909 万元。

第一编

建置 区划

公元前60年，西汉中央政府统一西域，设西域都护府，博乐归其管辖。1920年建博乐县，实行千、百户长制度和乡约、保甲制度，以维护封建地主（牧主）阶级的统治，严重制约了经济和社会发展。中华人民共和国成立后，博乐县建立社会主义制度，人民当家作主。为适应经济和社会发展，县行政区划进行多次调整。中共十一届三中全会后，博乐市（县）在全面推进经济、政治、文化、社会和生态文明建设过程中，再次与精河县、温泉县、托里县、伊宁县、霍城县进行勘界确权，并对市以下行政区划再次进行调整，促进现代化建设各个环节、各方面协调发展，对全面建设小康社会产生了积极意义。2006年，博乐市辖3镇、2乡、2牧场、4街道，总人口254 256人，31个民族，区域面积7 956平方千米。

第一章　区位　面积

第一节　区　位

博乐市位于新疆维吾尔自治区西北部，天山西段北麓，准噶尔盆地西南部。西与温泉县毗邻，东部和东北部与精河县和塔城地区的托里县接壤；北以阿拉套山为分水岭与哈萨克斯坦共和国为界，南邻伊犁哈萨克自治州的伊宁市、霍城县隔山相望。地理位置介于于北纬44° 20' ~ 45° 23'、东经80° 39' ~ 82° 44'之间。博乐市是博尔塔拉蒙古自治州首府、新疆生产建设兵团农五师师部、博尔塔拉军分区司令部所在地。312国道1条和205、304省道2条与市道、乡村公路交织成网。阿拉山口—乌鲁木齐的北疆铁路460千米。博乐市距新疆维吾尔自治区首府乌鲁木齐市公路里程524千米，距伊犁哈萨克自治州首府伊宁市公路里程219千米，距中哈边界的阿拉山口公路里程76千米，距博乐火车站47千米，距境内飞机场18千米。

第二节　境　域

1979年，博乐市境东西最长164.7千米，南北最宽117.5千米，国境线长约106千米，总面积约7 782平方千米，其中山区面积为3 485平方千米，占总面积44.8%；洪（冲）积扇和平原面积为3 222平方千米，占总面积41.4%；湖泊、河流、沟溪、水库、塘坝等面积为1 075平方千米，占总面积13.8%。

1994年4月26日和1998年7月4日，中、哈两国分别签署《中华人民共和国和哈萨克斯坦共和国关于中哈国界的协定》《中华人民共和国和哈萨克斯坦共和国关于中哈国界补充规定》，将位于阿拉山口争议地区154平方千米和夏尔希里争议地区220平方千米划归中国版图，至2000年底，共立界桩54个。

2006年，博乐市境东西最长164.7千米，南北最宽117.5千米，国境线长约116.2千米，总面积约

7 956 平方千米。

第二章 行政区划

第一节 建置沿革

博乐地名系博尔塔拉演变来的，蒙古语意思为“银色（银灰色、青色）的草原”。博乐自古以来以草原游牧文化为特色，历史上许多游牧民族在此繁衍生息。春秋战国时期，博乐属塞种人的游牧地。秦汉时期为月氏和乌孙国游牧地。汉宣帝神爵二年（公元前 60），西汉政府设置西域都护府，博乐归其管辖，博乐一带正式纳入中国版图。

东汉和帝永元元年（89），博乐归悦般管理。北魏太武帝真君九年（448），博乐及准噶尔盆地西部其他地区成为柔哒与高车角逐场所，柔然与高车相继统治过博乐草原。公元 582 年，博乐为西突厥游牧地，隋朝设“西域校尉”管辖。唐贞观九年（635），西突厥分为 10 部，博乐属五咄陆区域。唐贞观二十三年（649），唐朝在西突厥地区设立瑶池都督府，博乐属瑶池都督府管辖。唐显庆三年（658），唐平定西突厥汗国后，于安西大都护府下设置昆陵都护府管辖博罗塔拉一带设双河都督府。武周长安二年（703），设北庭大都护府，管辖双河都督府。唐朝开辟的天山北路新“丝绸之路”，途经博尔塔拉的赛里木湖。晚唐时期，博乐曾先后为葛逻禄部、喀喇汗王朝辖地。宋绍兴二年（1132），耶律大石建立西辽王朝，孛罗（今博乐）归西辽管辖。宋嘉定十二年（1219），成吉思汗西征，途经博乐。宋宝庆元年（1225），成吉思汗分封诸子，博乐属窝阔台汗国封地。元中统五年（1264），忽必烈在阿力麻里（今伊犁霍城附近）设行中书省，博乐隶阿力麻里行中书省管辖。元大德十年（1306），博乐成为察合台后王封地。元末明初，博乐为瓦剌游牧地。明崇祯十六年（1643），博乐为准噶尔部统治。

清乾隆二十三年（1758），清政府平定准噶尔叛乱统一新疆后，清朝派兵驻博尔塔拉河中段（大营盘）。乾隆二十七年至二十九年（1762—1764），清政府分两批西迁察哈尔蒙古官兵到新疆，其中 1 800 名被安置到赛里木湖、博罗塔拉一带常驻屯垦戍边。察哈尔官兵分左右两翼驻守在阿拉套山和别珍套山一线（今博乐市和温泉县以北以西）的 23 个卡伦，其右翼就驻守在博乐一带。建龙三十六年（1771），土尔扈特部东归中国后，其西路一旗约 400 户近 3 000 人，被清政府安置在精河、博乐的达勒特和贝林哈日莫墩游牧。光绪八年（1882），哈萨克乃曼部落黑宰氏族 3 000 余户从俄国迁入伊犁和博乐一带游牧。光绪十四年（1888）设置伊塔道，精河县隶伊塔道。

1920 年 1 月 7 日，中华民国政府批准博乐塔拉由精河县析出设县治，县治设在大营盘（今博乐城），县名为“博乐县”，定为三等县，归伊犁道管辖。同年 11 月，首任博乐县知事肖鉴章到职视事。1938 年，博乐县改为区、村制，归伊犁专员公署管辖。1942 年 12 月，全县划分为 3 个区、21 个村、1 个街长办事处。

1950 年 2 月 13 日，中国人民解放军第一野战军一兵团工兵团奉命进驻博乐帮助建政工作，同年 8 月，博乐县人民政府成立，属伊犁地区管辖。1954 年 7 月 13 日，博尔塔拉蒙古族自治区（1955 年 2 月改为博尔塔拉蒙古自治州）成立，博乐县归博尔塔拉蒙古自治州管辖。

1956 年 3 月，博乐县二区的四、五乡划归温泉县；温泉县三区的三、四乡划归博乐县。1959 年 1 月 16 日，撤销博乐县县级办事机构，保留博乐县名称，由州人民委员会直接领导博乐县的区和乡。同年 6 月，县三区（五台）划归精河县；精河县白庙乡划归博乐县。

1962 年 11 月 7 日，恢复博乐县县级行政机构。1965 年 8 月，建博乐镇人民委员会。1969 年 4 月，成立“由军代表”“群众代表”三结合的博乐县革命委员会，实行党政合一的体制。1980年6月，博乐镇人民政府成立。至1984年，博乐镇设立6个居民委员会。

1985年6月4日，经国务院批准撤销博乐县设立博乐市；同年9月21日，宣布撤销博乐县建立博乐市(县级市)。设有1个镇、1个区、4个乡、1个场、117个自然村、194个村民小组(包括牧业)。同年12月28日，撤销博乐镇，成立东风、顾力木图、红星3个街道办事处（科级）。市人民政府设在北京路北端东侧四层大楼。博乐市系博尔塔拉蒙古自治州首府。

1989年，博乐市列为对外开放城市。1992年，建立国家级博乐边境经济合作区。至2006年，博乐市隶属于博尔塔拉蒙古自治州没有变动。

第二节 行政区划

1979年,博乐县辖1个博乐镇、1个乌兰布呼良种繁育场、1个阿热勒托哈牧场、小营盘、乌图布拉格、达勒特、青得里、玛尼乡5个人民公社。

1982年12月，阿热勒托哈牧场转为国营牧场。

1983年8月，小营盘人民公社改设为小营盘区公所。

1984年9月，实行政社分开，撤销人民公社，全县建立4个乡政府。乌图布拉格、达勒特、青得里、玛尼乡4个人民公社改设为乌图布拉格、达勒特、青得里、贝林哈日莫墩乡；同年，博乐县乌兰布呼良种繁育场撤销，其所辖3个村划归达勒特乡管理。

1985年,博乐撤县改市;同年,博乐市成立东风街道办事处、红星街道办事处、顾里木图街道办事处。

1986年5月，建立博乐市香班哈日根国营牧场。

1987年6月，小营盘区公所改设为小营盘镇。

1989年4月，达勒特乡改为达勒特镇。

1992年1月，建立博乐市青达拉办事处、赛里木办事处；同年8月成立博乐火车站办事处。

1997年4月，火车站办事处并入东风办事处，改称为青得里街道办事处；赛里木办事处并入顾力木图街道办。同年5月，青达拉办事处并入红星街道办事处，改称为克尔根卓街道办事处。

1999年5月，乌图布拉格乡改设为乌图布拉格镇。同年6月，恢复赛里木办事处，并更名为三台办事处，办事处设三台、四台、松树头居民委员会；2005年5月，三台办事处撤并。

2005年，建立南城区街道办事处。

2006年，博乐市辖小营盘镇、达勒特镇、乌图布拉格镇3个镇，青得里乡、贝林哈日莫墩乡2个乡，阿热勒托哈牧场、香班哈日根牧场2个国营牧场，青得里街道办事处、克尔根卓街道办事处、顾力木图街道办事处、南城区街道办事处4个街道办事处。驻有农五师师部和八十一团、八十四团、八十六中心团场（八十五团）、八十九团、九十团5个团场。

第三节 区划界限勘定

1990年4月，博州、博乐市贯彻新疆维吾尔自治区人民政府关于勘定标绘新疆各级行政界线问题和博州人民政府《关于勘定、标绘各级行政界线的通知》的精神，完成博乐市、精河县、温泉县之间行政界线的勘定工作。同时，市勘界办公室完成对市乡、镇、场和兵团农五师团场行政界线的勘定。勘定行政界线177.77千米，勘定兵团农五师和地方土地使用权属界线240.71千米。

2000—2002年，博乐市完成与伊犁哈萨克自治州（简称伊犁州）伊宁县、霍城县和塔城地区托里县行政界线的勘定工作。

一、博乐市与精河县的行政界线

2006年，博乐市与精河县在原行政区域界线走向位置签订行政区域界线管理和界桩维护协议书，建立档案，并将相关文件报博州人民政府，同时送博州民政局备案。博乐市与精河县行政界线全程301千米，共埋设12号至17号6个界桩。

二、博乐市与温泉县的行政界线

北起阿拉套山国界高程点，从1号至11号界桩共设置11个界桩。

三、境内兵团农五师团场国有土地确权登记

1999年11月，博乐市人民政府按照自治州国有土地确权会议的部署，开展对市境内兵团农五师所属团场所使用的国有土地进行确权和登记发证工作。博乐市根据农五师八十一团、八十四团、八十五团、八十六团、八十七团、八十九团、九十团7个团场土地确权协议及界址点，委托博州土地勘测规划队分别对各团场国有土地使用界线进行测量，形成各团场土地使用权属图。

2002年7月，博乐市人民政府核发7个团场农区国有土地使用证和5个团场的牧区草原使用证。累计农五师兵团面积140 964.54公顷（国土资源报的数据）。农区国土面积汇总72 719.56公顷、草场使用面积汇总18 693.52公顷（原稿勘界节文件数据）；确权宗地31宗、栽桩1 032个、勘定边界线102条。

四、博乐市与伊宁县、霍城县、托里县的行政界线

2002年1月，《关于认真贯彻落实自治区人民政府勘定伊犁哈萨克自治州与博尔塔拉蒙古自治州之间行政区域界线决定的意见》，以1965年自治区人委会文件和1966年出版的《新疆维吾尔自治区地图集》为依据，结合地形走向勘定博尔塔拉蒙古自治州行政界线、博乐市与塔城地区托里县的行政界线、博乐市与伊犁州霍城县的行政界线、博乐市与伊犁州伊宁县的行政界线。

五、夏尔希里自然保护区勘界

夏尔西里地区原属于中、哈两国争议区，1994年4月26日，中、哈两国在阿拉木图签署《中华人民共和国和哈萨克斯坦共和国关于中哈国界的协定》，将位于阿拉山口争议地区154平方千米划归中国版图。1997年7月，中、哈两国勘界工作组实地勘界立标，至2000年10月，完成勘界立标任务，共立界桩26个。

1998年7月4日，中、哈两国签署《中华人民共和国和哈萨克斯坦共和国关于中哈国界补充规定》，将夏尔希里争议地区220平方千米划归中国版图。1999年5月，中、哈联合勘界第四组进入该区勘界、确界，至2000年底，完成勘界立标任务，共立主、副界桩28个。

第三章　乡镇场

1979年，博乐县辖1个镇、1个国营良种繁育场、1个国营牧场、5个公社，总人口124 530人。1985年，博乐市辖1个区、4个乡、3个街道办事处、1个国营牧场，总人口137 336人。2006年，全市设3个镇、2个乡、2个国有牧场、4个街道办事处，总人口254 256人。

第一节　小营盘镇

一、建置

乾隆二十三年（1758年），清军建军营称“小营盘”。乾隆三十二年（1767年），察哈尔右翼巴嘎科克苏木驻小营盘屯垦戍边。

1978 年 6 月，燎原人民公社改称为小营盘人民公社。1983 年 8 月，小营盘人民公社改设为小营盘区公所，下辖 6 个乡、24 个村。1987 年 6 月，小营盘区公所改设为小营盘镇。2006 年，小营盘镇设 32 个村民委员会、55 个村民小组。

二、自然条件

小营盘镇位于博乐市区西北部，西与农五师八十七团接壤，东邻青得里乡，北与阿拉套山春秋草场相连，南至阿热勒托哈牧场。地理坐标处于北纬 44° 56′，东经 81° 52′。地域东西长 18.3 千米，南北宽 62.2 千米，边境线 62 千米，总面积 1 149 平方千米。镇政府驻地距博乐市区 15 千米。

小营盘镇境内属典型的温带大陆性气候。年平均气温 5.7℃。1 月平均气温 -17℃，7 月平均气温 23.3℃；极端最低气温 -35.3℃，极端最高气温达 39.5℃；大于 10℃年积温 3 378℃。年均降水量 185 毫米，蒸发量 1 564.6 毫米；年均无霜期 165 天；年均日照时数 2 863 小时，太阳总辐射量每平方厘米 128.84 千卡。主要气象灾害有冻害、冰雹、干旱、干热风、大风等。

境内水资源主要有地表水、地下水和泉水。地表水主要有博尔塔拉河、哈日图热格河和保尔德苏河。地下水较丰富，埋藏浅，水质好，水源稳定，易于采掘。境内泉眼较多，可用于农牧业生产的较大泉水 20 余眼；20 世纪 90 年代，泉眼或干涸或水流量逐年减少。

境内土壤类型较多。农区耕地土壤类型主要有薄层灰漠土、灌耕灰漠土、灰漠型灌耕土、脱湿性灌耕土、盐化潮土、盐化草甸土、黑潮土、灰潮土、脱潮灌耕冲积砾石土、盐化灰漠土、盐潮土、盐化草甸土、草甸沼泽土等。牧区土壤类型主要有灰漠土、棕钙土、栗钙土、黑钙土等。

三、行政区人口

1979 年，小营盘公社辖 10 个农牧业生产大队，有村民 3 856 户（牧业 326 户）18 186 人（牧业 2 024 人），有劳动力 5 998 人。1983 年 8 月小营盘公社改区。1985 年末，辖 30 个村委会，有村民 4 221 户（牧业 389 户）21 892 人（牧业 2 436 人），有劳动力 8 656 人。1987 年小营盘区改镇。2000 年末，辖 32 个村委会，有村民 4 823 户（牧业 492 户）23 503 人（牧业 3 143 人），有劳动力 8 952 人。至 2006 年末，镇辖 32 个村委会，有村民 5 025 户（牧业 504 户）24 041 人（牧业 3 166 人），有劳动力 13 270 人，有汉族、蒙古族、哈萨克族、维吾尔族、回族等 16 个民族。

四、镇村建设

1983 年，小营盘区成立规划队，开始小城镇建设规划。1988 年，小营盘镇获国家建设部颁发的“村镇建设先进镇”。1990 年，小营盘镇实施“小康镇”建设。2000 年，小营盘镇获自治区“20 家小城镇建设重点镇”称号。

2006 年，镇区道路 10 条，总长 11.9 千米，面积 17 万平方米。自来水厂 2 座，日供水能力为 200 立方米，供、排水管网 5.3 千米；集中供热锅炉 1 座，供热面积为 5 200 平方米。砖木砖混结构房及防震楼房占 95%。文化、教育、卫生、科技、邮政、文化广场、商贸批发等公共基础设施进一步完善。

村镇交通网基本完善，实现村村通柏油路。博乐—温泉公路 S304 省道和博乐—温泉南路市道由东向西横穿小营盘镇，交通运输条件便捷。村镇电力、水利设施主要有 800 千瓦库斯托海电站，新布河、保尔德、沙尔布哈引水枢纽工程，哈拉吐鲁克水利枢纽工程，新布河干渠、新布哈干渠、五一干渠、保尔德干渠、沙尔布河干渠、乌尔哈干渠输水工程；防洪坝、机电井工程。

全镇 32 个村队均建有文化室、图书室和办公室，通电、通电话、通自来水。村民电视入户率 90% 以上，砖木或砖混结构住房达到 20%，人均住房面积 20 平方米。

五、经济发展

（一）第一产业

总产值　1990 年，小营盘镇开始有一产统计数据，总产值 3 656 万元；1998 年，第一产业总产值突破1亿元，达到1.1亿元；到2005年，第一产业总产值达到2.07亿元，较1990年增长4.67倍，年均增长12.27%；2006年末，总产值达3.19亿元。

1990—2006年小营盘镇农林牧渔业总产值统计表

表1-1　　单位：万元

年份	农林牧渔业总产值	种植业	畜牧业	林业	渔业	副业	服务业
1990	3 656	2 559	993	40	7	57	–
1991	4 151	2 892	1 122	61	12	64	–
1992	5 604	3 923	1 605	59	17	–	–
1993	7 005	4 904	2 017	63	21	–	–
1994	9 106	6 192	2 821	67	26	–	–
1995	9 472	6 651	2 733	60	28	–	–
1996	8 875	5 776	2 990	78	31	–	–
1997	9 752	6 718	2 951	57	26	–	–
1998	11 008	6 879	3 962	137	30	–	–
1999	10 328	5 636	4 645	35	12	–	–
2000	12 529	5 946	6 516	55	12	–	–
2001	16 505	7 872	8 496	122	15	–	–
2002	18 138	9 256	8 785	87	10	–	–
2003	19 444	8 771	10 143	195	10	–	325
2004	22 731	9 870	12 368	126	17	–	350
2005	20 743	10 932	9 343	153	10	–	305
2006	31 900	17 400	13 700	400	0	–	400

农牧业机械化　1979年，小营盘公社农业机械总动力5 530千瓦，主要有大中型拖拉机43辆2 232千瓦，小型拖拉机18辆180千瓦，农产品加工动力机械1 643千瓦，运输机械39辆335千瓦，农用排灌动力机械6台。到2006年，镇农业机械总动力28 507千瓦，主要有大中型拖拉机287辆8 600千瓦，小型拖拉机903辆10 864千瓦，农用排灌动力机械41台1 561千瓦，运输机械141辆2 815千瓦，植保机械4部6千瓦，联合收割机13台等。

种植业　1979年，小营盘公社播种面积5 861.73公顷，其中：粮食作物4 997.73公顷，总产14 216吨；经济作物503.53公顷，总产量508吨；其它农作物383.93公顷。20世纪80年代以后，小营盘镇种植业在结构调整中，产量稳步提高。到1990年，全镇播种面积6 585.8公顷，其中粮食作物4 683.95公顷，总产18 911吨；经济作物1 565.93公顷，总产量15 601吨；其它农作物335.93公顷。到2006年，全镇播种面积 7 916 公顷，其中粮食作物 5 651.67 公顷，总产 70 075 吨，占博乐市粮食总产的 67.34%；经济作物 1 711 公顷，总产 63 280 吨）；其它作物 553.33 公顷。

畜牧业　1979 年，小营盘公社牲畜年末存栏 67 508 头（只）；产肉 105 吨，羊毛 99 吨，牛奶 53 吨，皮 6 529 张。20 世纪 80 年代以后，小营盘镇畜牧业在牧业经济体制改革中，协调发展，尤其是农区养殖业发展较快。2003 年，镇党委、政府提出“以牛兴镇，富民强镇”的思路，由镇财政每年拿出 10 万元，表彰和奖励在发展养牛业过程中表现突出的村、单位和个人。到 2004 年，牲畜年末存栏 162 280 头（只）（牛存栏 23 135 头），鸡存栏 120 万羽；产肉 3 660 吨，羊毛 364 吨，牛奶 1 822 吨，皮 48 690 张；禽蛋 11 671 吨，占全疆总产的近 25%，成为全疆最大的蛋鸡养殖基地。2006 年，农区牛、马等大畜年末存栏 9 586 头（只），是牧区 4 786 头（只）的 2 倍；猪存栏由 1979 年 2 239 头增加到 11 666 头，增长 4.21 倍；鸡年末存栏由 1979 年的 5.01 万羽增加到 81 万羽，增长 15.17 倍。

林业　1979—2006 年，全镇累计人工造林 996.67 公顷。

渔业　1985 年，有 2 户农民组成渔业专业户，挖 1.33 公顷鱼塘 1 个，投放鱼苗 16 万尾。1994 年，小营盘镇有养鱼户 18 家，养殖面积 13.33 公顷，亩产由原来的 40 千克增产到 180 千克，产鱼 36 吨。1994 年以后，由于农区养殖业的发展，农户发展养鸡、猪、牛、羊的积极性较高，池塘养鱼没有新的发展。

（二）第二、三产业

1979 年，国务院颁布《关于发展社队企业若干问题的规定（试行草案）》后，到 1980 年，小营盘公社有集体社队企业 28 家。1985 年，小营盘区有企业和个体工商户 212 家。1999 年以后，小营盘镇先后建立禽蛋、活畜、蔬菜、商贸、粮油为主的 5 大类专业市场。到 2006 年，全镇拥有各类企业、个体工商户 538 家，涉及粮油加工、交通运输、木材加工及家具制作等。

（三）农牧民人均纯收入

1979 年，小营盘公社农牧民人均纯收入 202 元。到 2006 年，镇农牧民人均纯收入 4 416 元，较 1979 年增长 20.86 倍，年均增长 12.1%。

1979—2006 年小营盘镇农牧民人均收入情况统计表

表 1-2　　单位：元

年份	人均收入	年份	人均收入
1979	202	1988	551
1980	252	1989	562
1981	302	1990	610
1981	352	1991	643
1983	432	1992	700
1984	413	1993	804
1985	382	1994	1 250
1986	402	1995	1 540
1987	535	1996	1 956

续表 1-2

年份	人均收入	年份	人均收入
1997	2 416	2002	3 219
1998	2 576	2003	3 605
1999	2 440	2004	4 048
2000	2 709	2005	4 233
2001	2 970	2006	4 416

注 1：1979—1984 年人均收入数字由小营盘提供；1985 年以后根据市统计局统计年鉴。

注 2：按现行价计算。

六、社会事业发展

（一）教育

幼儿教育　1979 年，小营盘公社幼儿园设有中、小班。1982 年，小营盘公社幼儿园建教室 5 间。到 2006 年，镇幼儿园占地面积 1 300 平方米，有教职工 9 人，设小班、中班、大班和学前班，在园幼儿 200 余人，配备活动室、寝室等设备和设施。

小学教育　1979 年，小营盘公社有 10 所小学。1984 年，小营盘区小学教育基本达到“四率”（学龄前儿童入学率，在校学生巩固率，毕业班学生毕业率，12 ~ 15 周岁儿童普及率）的标准。1985 年，小营盘区有小学 12 所和 1 个中学小学部，在校学生 4 000 余人。2001 年，小营盘镇第五小学撤并。2004 年 4 月，小营盘镇第一中学小学部与小营盘镇中心小学合并，改设为“博乐市小营盘中心学校”。2006 年，小营盘小学 11 所。

中学教育　1976 年 8 月，小营盘公社中学成立，有教职工 26 人，班级 9 个。1982 年，小营盘公社中学分设为第一中学和第二中学（汉语）。1993 年，小营盘镇建立第三中学。1999 年春，小营盘镇第三中学并入镇第二中学。2004 年 4 月，镇一中、二中合并，改称为“博乐市小营盘中学”。2006 年，中学占地 3.53 公顷，有教职工 110 人，有教学班级 20 个，在校学生 759 人。

“两基”工作　1980 年，小营盘公社农牧区开展扫盲工作。1986 年 1 月，小营盘区主要领导及各部门领导对“两基”（普及初等教育、扫除文盲教育）工作实行分片包干，责任到人。1988 年初，镇文教办专干对各学校、村基本普及九年义务教育实行承包。1997 年，“两基”工作以总分 297.08 分通过博乐市验收；同年 8 月，博州给小营盘镇颁发“两基”合格证；同年 9 月，小营盘镇“两基”工作达到自治区验收标准。2000—2006 年，镇加大农牧民各类农业技术和各种实用技术培训，2006 年，培训农牧民 8 批次 2 570 人。

（二）文化、体育

1980 年，小营盘公社建成 2 000 个座位的露天电影院 1 座，电影放映机 11 台、放映员 13 人。1982 年 8 月，成立公社文化中心，8 个大队建成文化俱乐部，购置彩色电视机和图书、报刊、杂志等；同年，公社农民业余秦腔剧团刘景明创作《赛里木人》，摄制成电视剧，获全国农民业余戏剧创作“三等奖”。1983 年，小营盘区以学校为单位举行首次文艺汇演，共演出 86 个节目。1984—1985 年春节，小营盘区先后组织 100 余名社火队进博乐市区表演舞龙、舞狮、秧歌、花鼓等节目。1988 年 7 月，自治区文化厅在小营盘镇召开北疆片集镇文化中心工作经验交流会。1990 年，新建 2 000 多平方米的文化科技中心楼，内设图书室、展览室、农牧民技术培训部等。1992 年 12 月，开通博州第 1 个乡镇闭路电视。1988—1992 年，小营盘镇先后获自治区先进文化单位、全国先进文化站。1998 年，被自治区评为特级文化站。2003—2006 年，在博州“广场文化节”中，多个节目获奖并被评为先进乡镇场。

1980—2006 年，全镇每年开展多种形式的体育活动，组织代表队参加市、州体育比赛。

（三）医疗卫生

1979—1982 年，小营盘公社设有卫生院，大队设简易卫生所。1985—1988 年，镇新建卫生院门诊综合楼 1 栋，建筑面积 1 120 平方米，并建村队卫生室 16 所。2001 年，镇中心卫生院管理村队卫生室。2006 年 5 月，镇投资 98 万元新建住院综合楼 1 栋，建筑面积 980 平方米。2006 年底末，镇卫生院开设内科、儿科、妇科、外科、产科、药剂科和中医科，辅助科室有 X 光室、心电图室、B 超室、化验室等，有病床 20 张。卫生院下辖村队卫生室 30 所、个体卫生室 2 所。

防疫保健　1990 年开始，小营盘镇实施改水防病工程。至 2006 年，村队已建自来水塔 21 座，基本完成改水防病任务。1998—2006 年，“四苗”（卡介苗，麻苗，乙肝预苗，三联预苗）接种正规化，冷链运转正规化，接种率 100%。全镇未发生麻疹、甲流等事例。

医疗保险　1999 年 3 月，实施职工医疗保险制度。2004 年 6 月，实施农牧区新型合作医疗制度，当年参加新型合作医疗的 1.3 万人。到 2006 年，参加新型合作医疗者 100%。

（四）计划生育

1980 年，小营盘公社成立计划生育办公室，村队计划生育工作由妇女主任兼管，并配备药具箱。1995 年，镇成立计划生育服务站，抓宣传教育、药具管理及“双查”等工作，2000—2006 年，镇农牧民计划生育技术服务项目免费达到 100%。

七、精神文明创建与社会治安综合治理

（一）精神文明创建

1982 年，小营盘公社开展“五讲”（讲文明、讲礼貌、讲卫生、讲秩序、讲道德）、“四美”（心灵美、语言美、行为美、环境美）、“三热爱”（热爱中国共产党、热爱祖国、热爱社会主义）文明礼貌月活动。1983 年 5 月，小营盘区表彰民族团结先进集体和先进个人。1990 年，镇党委组织师生开展党的基本路线、近代史、现代史和国情教育。1991—1995 年，全镇开展“万村书库建设”“推广文明用语活动”、评选“文明市民”等活动。1996 年，被评为市级文明乡镇。1997 年 9 月，开展“讲文明、树新风”活动。同年 10 月，博州农村精神文明建设现场会在小营盘镇召开，参观哈热根特托哈村养鸡小区等单位。2006 年 4 月，开展社会主义荣辱观（八荣八耻）教育。至到 2006 年末，小营盘镇创建自治区级文明单位 3 个，州级文明单位 20 个，市级文明单位 31 个。

（二）社会治安综合治理

1979—2006 年，小营盘镇社会治安综合治理机构落实、队伍落实、经费落实、举措到位。至 2006 年，小营盘镇社会治安综合治理达到“三无”（无刑事案件、无治安案件、无灾害事故）单位 25 个，无刑事案件单位 34 个，无治安案件单位 35 个，无治安灾害事故单位 54 个。

第二节　乌图布拉格镇

一、建置

乾隆三十二年（1767 年），察哈尔右翼柯畏查干苏木（镶白旗）驻乌图布拉格屯垦戍边。

1974 年，博乐县建乌兰布呼良种场，辖 3 个小队。1984 年，乌兰布呼良种场撤销，其所辖 3 个村队划归达勒特镇。

1978 年 6 月，星火人民公社改称为乌图布拉格人民公社，辖 4 个大队、2 个牧场、1 个良种场。1984 年 9 月，乌图布拉格人民公社改设为乌图布拉格乡，辖 15 个村。1999 年 5 月，乌图布拉格乡改设为乌图布拉格镇。2006 年，乌图布拉格镇设 24 个村民委员会、36 个村民小组。

二、自然条件

乌图布拉格镇位于博乐市区东部，东邻农五师八十九团，北至农五师八十四团，南与农五师八十六团毗邻。中心地理坐标北纬 44° 54′ 、东经 82° 12′ 。区域面积 750 平方千米。境内属典型的温带大陆性气候。年均气温 6.7℃，1 月平均气温 -18.1℃，7 月平均气温 25.3℃；极端最低气温 -35.0℃，极端最高气温 42.6℃；大于 10℃年积温 2 022℃至 3 929℃。年均降水量 123.5 毫米，蒸发量 1 917.9 毫米；年均无霜期 185 天；年均日照时数 4 444.4 小时，太阳总辐射量每平方厘米 135.46 千卡；年均相对湿度 50 ~ 70%，风速每秒 2.32 米。最大冻土深度 1.5 米。

境内水资源主要有地表水、地下水及泉水。地表水主要是博尔塔拉河水。地下水较丰富，水质好，水源稳定，易于掘采。泉水主要有阿尤坎泉、乌图布拉格泉、介格得泉等。20 世纪 90 年代，上述泉水或干涸或水流量逐年减少。

境内土壤类型较多。农区是灰漠土（黄土状盐化灰漠土、灌耕盐化灰漠土、黄土状灌耕灰漠土、新垦灰漠土、灰黄性黄灌耕土）主要分布区。辖区博尔塔拉河北岸，大部分为倾斜的砾质洪积扇；中下部沉积着由薄至厚的黄土状物质；北部有较厚的黄土状物质覆盖的高台地上，分布着大片的盐化灰漠土，其下的洼地内有小面积草甸盐土分布。牧区土壤类型主要有灰漠土、棕钙土、栗钙土、黑钙土等。

三、行政区人口

1979 年，乌图布拉格公社辖 4 个大队、2 个牧场和 1 个良种场，有村民 2 077 户（牧业 202 户）9 436 人（牧业 555 人），有劳动力 2 912 名。1984 年，社改乡。1985 年末，辖 15 个村委会，有村民 1 878 户（牧业 151 户）9 537 人（牧业 858 人），有劳动力 3 622 人。1999 年，乡改镇。2000 年末，辖 23 个村委会，有村民 2 860 户（牧业 206 户）14 393 人（牧业 981 人），有劳动力 5 559 人。至 2006 年末，镇辖 25 个村委会，有村民 3 424 户（牧业 236 户）15 217 人（牧业 1 144 人），有劳动力 6 471 人，有汉族、蒙古族、哈萨克族、维吾尔族、回族等 12 个民族。

四、镇村建设

1979—1984 年，乌图布拉格乡以修建主干道、整修路旁林带为重点。1990 年，乡实施“小康乡”工程建设。1999 年，乡改镇后，村镇建设快速发展。

至 2006 年，镇区道路、供水、供电、供热，文化、教育、卫生、科技、邮政、互联网、商贸等公共基础设施基本完善。

村—镇交通便捷。博乐至阿拉山口公路横穿镇区。全镇 22 个村队通公路，总长 91.62 千米。主要水利设施有星火干渠、星火新干渠、塔拉提牧业引水渠、红星支渠等工程。

村队均建文化室、图书室和办公室，通电、通自来水、通电话。电视入户率 90% 以上。

五、经济发展

（一）第一产业

总产值　1990 年，乌图布拉格乡开始有第一产业统计数据，总产值 3 485 万元。到 2005 年，镇第一产业总产值达到 11 690 万元，较 1990 年增长 2.35 倍，年均增长 8.4%。2006 年，第一产业总产值达 12 900 万元。

1990—2006 年乌图布拉格镇农林牧渔业总产值统计表

表 1-3 单位：万元

年份	农林牧渔业总产值	种植业	畜牧业	林业	渔业	副业	服务业
1990	3 485	3 050	345	30	8	52	-
1991	4 007	3 491	417	31	8	60	-
1992	4 527	4 060	427	30	10	-	-
1993	5 071	4 526	502	32	11	-	-
1994	5 531	4 959	532	29	11	-	-
1995	5 829	5 233	551	32	13	-	-
1996	6 652	6 055	560	21	16	-	-
1997	8 048	6 838	1 146	47	17	-	-
1998	7 054	6 515	387	136	16	-	-
1999	6 678	5 876	743	59	-	-	-
2000	7 344	6 347	990	7	-	-	-
2001	7 773	6 183	1 457	133	-	-	-
2002	9 374	7 127	2 150	97	-	-	-
2003	13 420	9 790	3 284	121	-	-	226
2004	13 682	9 976	3 359	117	-	-	230
2005	11 690	7 875	3 359	166	9	-	281
2006	12 900	7 444.8	5 500	50	0	0	499.2

农牧业机械化　1979 年，乌图布拉格公社拥有农业机械总动力 3 478 千瓦，主要有大中型拖拉机 24 辆 1 330 千瓦，小型拖拉机 18 辆 150 千瓦，运输机械 1 辆 60 千瓦，农用排灌动力机械 25 台，联合收割机 13 台。到 2006 年，镇农业机械总动力发展到 28 218 千瓦，主要有大中型拖拉机 456 辆 10 642 千瓦，小型拖拉机 803 辆 9 824 千瓦，农用排灌动力机械 92 台 2 160 千瓦，植保机械 120 台 148 千瓦，农用运输汽车 175 辆 3 218 千瓦，大中型机引农具 247 部，小型机引农具 1 373 部，农用水泵 92 台，节水灌溉机械 85 套。

种植业　1979 年，乌图布拉格公社播种面积 3 372.47 公顷，其中粮食作物 2 760.4 公顷，总产 5 007 吨；经济作物 327.27 公顷，总产 286 吨；其他农作物 284.8 公顷。1990 年，乌图布拉格乡播种面积 3 306.93 公顷，其中粮食作物 1 606.47 公顷，总产 6 167 吨；经济作物 1 564.93 公顷，总产 3 748 吨；其它农作物 135.53 公顷。2006 年，镇播种面积 4 069.33 公顷，其中棉花 3 845.33 公顷，总产 7 438 吨；蔬菜及其它农作物 224 公顷，总产 5 058 吨。

畜牧业　1979年，乌图布拉格公社牲畜年末存栏20 400头(只)；产肉110吨，羊毛39吨，牛奶10吨，皮4 636张。2004年，乌图布拉格乡牲畜年末存栏达到64 690头（只）；产肉1 156吨，羊毛126吨，牛奶2010吨，皮32 867张，禽蛋281吨。2006年，镇牲畜年末存栏45 955头（只），家禽年末存栏3.8万羽，产肉1 071吨，羊毛98吨，牛奶861吨，皮26 693张，禽蛋72吨。

林业　1979—2006年，镇累计植树造林面积1 829.33公顷，主要树种有杨树、榆树、沙枣等。

（二）第二、三产业

1979年，国务院颁布《关于发展社队企业若干问题的规定（试行草案）》后，到1985年，乡有企业和个体工商户252家，从业人员453名。1995年，乡新建综合贸易市场（嘉利综合市场），占地面积6 200平方米，设摊位1 000个，个体经营户435家，从业人员773名。2004年，镇有各类加工企业和个体工商户300家，从业人员1 643名。

（三）农牧民人均纯收入

1985年，乌图布拉格乡农牧民人均纯收入481元。到2006年，镇农牧民人均纯收入5 149元，较1985年增长9.7倍，年均增长11.95%。

1985—2006年乌图布拉格镇农牧民人均纯收入情况统计表

表1-4　　单位：元

年份	人均纯收入	年份	人均纯收入
1985	481	1996	2 068
1986	532	1997	2 580
1987	583	1998	2 760
1988	654	1999	3 107
1989	591	2000	2 356
1990	749	2001	2 276
1991	784	2002	3 807
1992	751	2003	4 218
1993	910	2004	4 586
1994	1 203	2005	4 774
1995	1 611	2006	5 149

六、社会事业发展

（一）教育

幼儿教育　1986年，乌图布拉格乡自筹资金建幼儿园1所，并购买书籍和玩具。到2006年，镇幼儿园有12个幼儿班。

小学教育　1979年，乌图布拉格公社有7所小学，学生2 378人。1989年，乌图布拉格乡有8所小学，教学班93个，学生2 323人。2004年7月，镇中心小学、第二小学、第三小学、第五小学（其中五小三年级以上高年级班合并到“博乐市乌图布拉格中心学校”）4所学校。

中学教育 1980 年 9 月，乌图布拉格公社中学成立，属民汉合校，教师 38 人，教学班 9 个。2004 年 7 月，乌图布拉格镇中学合并到乌图布拉格中心学校（含中、小学教育）。中心学校有教师 56 人，教学班 12 个。有教学楼、综合实验室、语音室、微机室、多功能餐厅、学生宿舍等配套设施。

“两基”工作 1980 年，乌图布拉格公社农牧区开展扫盲工作。1986 年 1 月，乌图布拉格乡开展“两基”（普及初等教育、扫除文盲教育）工作。1993 年，乡创办农牧民文化技术学校。1997 年，乡“两基”工作通过博乐市验收。1998—2006 年，镇巩固“两基”成果，重点对 25 个村农牧民进行轮训。1999 年，举办培训班 72 期，受训 3 850 人次，放映科技录像 24 场，发放科技资料 3 200 份。报名参加博乐市农业广播学校学习的 16 人。至 2006 年末，全镇有农民技术员 135 人，科技示范户 1 229 户。

（二）文化、体育

1985 年，乌图布拉格乡农村群众文化工作被评为全市第一名、乡少年田径运动获全市总分第三名、小足球赛获全市第二名；年底，共建村队文化室 17 所。1994 年，乡 20 个村有文化室，为 470 户群众安装闭路电视。1996 年，乡全年播放电教片 47 场次，受教育人数 4 237 人次。1999 年，乌图布拉格镇举办“五一”篮球赛、“六一”儿童节汇演等大型活动 6 次。2003 年，获新世纪博乐市首届“移动通信杯”文化艺术节群众方队大赛一等奖。2005 年，获自治州第五届广场文化节文艺汇演优秀节目三等奖。2006 年，获博乐市黑板报比赛第三名，“移动通信杯”博州首届社区运动会“体育道德风尚奖”。

（三）医疗卫生

1979 年，乌图布拉格公社设有卫生院。1984 年，乌图布拉格乡在全县卫生评比中获先进单位。1993—1995 年，乡改扩建卫生院。1996—1999 年，镇 70% 的村级医疗室达到甲级卫生标准；完成改厕 142 所。2002 年，试点 30 套双瓮式厕所。2006 年，镇卫生院新建门诊楼 1 栋，建筑面积 700 平方米；购置尿液分析仪、X 光透视仪等医疗仪器。至 2006 年末，镇卫生院开设门诊、化验、透视、电疗、等业务；开展妇科结扎术、子宫肌瘤切除、剖腹产、肛肠等手术；有职工 45 人。镇卫生院下辖门诊医疗所 10 所。

防疫保健 1988 年，乡建防疫所。1991 年，乡成立妇幼保健组、卫生防疫组。1993—1995 年，乡 14 个村吃上自来水。2006 年，镇甲肝疫苗接种 1 118 人次，麻疹疫苗接种 399 人次，糖丸普服 1 285 人次，儿童体检 898 人次；食品卫生审证办证 66 户。

医疗保险 2004 年，镇实施农牧区新型合作医疗制度，当年参加新型合作医疗的 7 585 人。到 2005 年，参加新型合作医疗的 10 974 人，占全镇人口的 95%。

（四）计划生育

1980 年，乌图布拉格公社成立计划生育办公室。落实计划生育政策，进行育龄夫妇登记。1999 年，镇新建计生技术服务站，配备相关设备和药品；同年成立流动人口管理站，设立流动人口申报点 22 个，清查流动人口 810 人。到 2006 年，镇农牧民计划生育技术服务项目免费达到 100%，人口增长率 11.5‰。

七、精神文明创建与社会治安综合治理

（一）精神文明创建

1984 年，乌图布拉格乡开展创建文明村活动，村制定《民族团结守则》和《乡规民约》。同年，乡与农五师八十六团、八十九团结成共建文明单位。1986 年，格尼登村、跃进东村、团结中村和团结西村被博乐市文明委命名为“文明村”。1989 年，被市委、市人民政府命名为“民族团结进步模范乡”。同年，乡与农五师八十六团、八十九团开展村队、连队共建活动，办联谊会 21 场。1996 年，全乡 2 497 户被评为市级“十星级文明户”。1999 年，镇开展“百万家庭告别不文明”“讲文明、树新风”活动，实施“楷模工程”。2006 年，镇开展“八荣八耻”学习教育活动。至 2006 年，全镇有州级文明村队 4 个、州级文明单位 3 个，市级文明村队 18 个、市级文明单位 13 个。

（二）社会治安综合治理

1988 年，乌图布拉格乡设立司法办公室。1993 年，被评为博乐市“社会治安先进单位”。2001 年，乌图布拉格镇被评为博乐市“社会治安综合治理工作先进集体”。2003 年，获自治州“社会治安综合治理先进集体”；博乐市乡镇场党委社会治安综合治理目标考核第一名。2004 年，被自治州党委、政府授予“社会治安综合治理先进集体”。

第三节　达勒特镇

一、建置

乾隆三十二年（1767 年），察哈尔右翼柯畏塔兰苏木驻达勒特屯垦戍边。

1974 年，博乐县建乌兰布呼良种繁育场，辖 3 个村队。1984 年，乌兰布呼良种繁育场撤销，其所辖 3 个村队划归达勒特乡。

1978 年 6 月，红旗人民公社改称为达勒特人民公社，辖 12 个农牧业大队。1984 年 11 月，达勒特人民公社改设达勒特乡，辖 18 个村、3 个牧场。1989 年 4 月，达勒特乡改设为达勒特镇。2006 年，达勒特镇设 34 村民委员会 43 个村民小组。

二、自然条件

达勒特镇位于博乐市东南部，东邻贝林哈日莫墩乡，北至农五师八十九团、八十六团相连，南与精河县交界。处北纬 44° 20′ ~ 45° 23′ 、东经 80° 39′ ~ 82° 44′ 之间，辖区东西最长 22 千米，南北最宽 16 千米，区域面积 1 192 平方千米，其中农区面积 247 平方千米，平均海拔 372 米；牧区面积 945 平方千米，平均海拔 650 米。镇驻地距博乐城区 26 千米。境内属典型的温带大陆性气候。夏季最高气温 40℃，冬季最低气温 -38℃；年均无霜期 185 天；年均降水量 123.5 毫米，蒸发量 1 917.9 毫米；年最厚积雪 25 厘米；年均日照时数为 2 700 ~ 2 850 小时。气象灾害主要有大风浮尘、干热风、冰雹、洪水等。

境内水资源主要有地表水、地下水和泉水。地表水主要是博尔塔拉河水。地下水较丰富，且埋藏浅，易于开采。泉水主要为套特泉群，分布于套特村，周围有三个泉沟，年均径流量 472 万立方米。20 世纪 90 年代，泉水流量逐年减少。

境内土壤类型较多。农区中部地形比较平坦开阔主要为薄层灰漠土分布区；在镇巴润古尔一带沿博尔塔拉河两岸一级地低洼处及河滩地上，有小面积的灰潮土、黑潮土、沼泽土及盐土分布。农区东南部为灰潮土、黑潮土、盐潮土、盐化草甸土、盐化沼泽土及盐土的集中分布区；河床两岸地形平缓、排水条件较好、开垦种植早的地段分布着各种潮土，在地下水汇集的槽形和碟形洼地上分布着各种沼泽土，在相对突起的高地上分布着盐化草甸土和盐土。牧区土壤类型主要有灰漠土、棕钙土、栗钙土、黑钙土等。

三、行政区人口

1979 年，达勒特公社辖 12 个农牧生产大队，有村民 2 264 户（牧业 239 户）10 347 人（牧业 1 423 人），有劳动力 3 558 名。1984 年，社改乡。1985 年末，辖 23 个村委会，有村民 2 588 户（牧业 305 户）12 385 人（牧业 1393 人），有劳动力 5 394 人。1989 年，乡改镇。2000 年末，辖 30 个村委会，有村民 3 390 户（牧业 343 户）15 482 人（牧业 2 033 人），有劳动力 5 555 人。到 2006 年末，镇辖 34 个村委会，有村民 3 650 户（牧业 335 户）15 031 人（牧业 2 035 人），有劳动力 6 237 人，有汉族、蒙古族、维吾尔族、哈萨克族、回族等 16 个民族。

四、镇村建设

1979—1984 年，达勒特乡以修建主干道、整修路旁林带为重点。1990 年，达勒特镇实施“小康镇”工程建设。1999 年，被自治州党委命名为“小康镇”。1999—2003 年，先后获自治区“卫生示范镇”、自治区“小城镇建设示范镇”，自治州“科技示范镇”、自治州“平原绿化达标镇”，博乐市“安全示范镇”等。

截至2006年，镇区道路、供水、供电、供热，文化、教育、卫生、科技、邮政、互联网、商贸等公共基础设施进一步完善。

村—镇交通便捷。34个村队均通公路，连接市道、省道、国道。镇主要水利设施有干渠24.4千米，支渠62千米，斗渠298.7千米，排碱渠9.2千米，永久性防洪坝11.38千米，机电井116眼。

全镇村队均建有文化室、图书室和办公室，通电、通自来水、通电话。电视入户率90%以上。

五、经济发展

（一）第一产业

总产值　1990年，达勒特镇开始有第一产业统计数据，总产值5 659万元。到2005年，第一产业总产值达16 032万元，较1990年增长1.83倍，年均增长7.19%。2006年，第一产业总产值达24 122.03万元。

1990—2006年达勒特镇农林牧渔业总产值统计表

表1-5　　单位：万元

年份	农林牧渔业总产值	种植业	畜牧业	林业	副业	渔业	服务业
1990	5 659	4 073	1 495	30	36	25	–
1991	6 927	5 360	1 462	33	45	27	–
1992	7 408	5 848	1 498	34	–	28	–
1993	8 889	7 289	1 530	36	–	34	–
1994	9 600	7 876	1 648	39	–	37	–
1995	9 918	8 159	1 679	40	–	40	–
1996	10 906	9 383	1 405	41	–	77	–
1997	11 670	9 133	2 437	41	–	59	–
1998	11 157	9 231	1 890	23	–	13	–
1999	10 217	8 483	1 589	46	–	99	–
2000	11 435	9 580	1 811	27	–	17	–
2001	10 749	8 653	2 066	8	–	22	–
2002	11 703	8 280	3 305	107	–	11	–
2003	14 991	10 175	4 365	190	–	11	250
2004	15 128	10 235	4 492	124	–	11	266
2005	16 032	11 504	4 124	139	–	11	254
2006	24 122.03	13521.65	10 409.35	10.3	0	0	180.73

农牧业机械化　1979 年，达勒特公社农业机械总动力 2 818 千瓦，主要有大中型拖拉机 29 辆 1 333 千瓦，小型拖拉机 8 辆 100 千瓦，运输机械 2 辆 180 千瓦，农用排灌动力机械 47 台，联合收割机 1 台。到 2006 年，镇农业机械总动力发展到 37 207 千瓦，主要有大中型拖拉机 639 辆 14 924 千瓦，小型拖拉机 1 345 辆 16 291 千瓦，农用排灌动力机械 80 台 2 936 千瓦，收割机械 3 台 314 千瓦，植保机械 47 台 95 千瓦，运输机械 85 辆 2 815 千瓦，畜牧机械 31 台。

种植业　1979 年，达勒特公社播种面积 3 629.66 公顷，其中粮食作物 2 861.47 公顷，总产 6 654 吨；经济作物 486.73 公顷，总产 424 吨；其它农作物 281.47 公顷。1990 年，镇播种面积 4 627.4 公顷，其中粮食作物 1 680.8 公顷，总产 6 285 吨；经济作物 2 862.8 公顷，总产 5082 吨；其它农作物 83.73 公顷。2006 年，镇播种面积 5 960.66 公顷，其中粮食作物 164 公顷，总产 2 214 吨；棉花 5 466.67 公顷，总产 10 955 吨；蔬菜及其它农作物 330 公顷，总产 4 233 吨。

畜牧业　1979 年，达勒特公社牲畜年末存栏 38 544 头（只）；产肉 90 吨，羊毛 51 吨，牛奶 16 吨，皮 2 176 张。2004 年，镇党委、镇政府作出发展奶牛业的决定，并制定优惠办法。同年，镇牲畜年末存栏达 83 419 头（只）；产肉 2 045 吨，羊毛 285 吨，牛奶 2 650 吨，皮 35 784 张，禽蛋 570 吨。2006 年，镇牲畜年末存栏 69 348 头只，家禽年末存栏 1.65 万羽；产肉 1 537 吨，羊毛 234 吨，牛奶 1 406 吨，皮 48 648 张，禽蛋 72 吨。

林业　1986—1988 年，达勒特乡为 65 户发放林权证，计 186.67 公顷。1993 年，镇植树造林 95.4 公顷。1994 年，镇植树造林 70 公顷。2005 年，镇累计植树造林 341.8 公顷（农防林）。

渔业　1984 年，达勒特乡有 3 户农民开发水面 2.67 公顷养鱼。20 世纪 90 年代初期，乡渔业发展较快，形成规模。20 世纪 90 年代中期至 21 世纪初，由于土地无序开发，植被遭破坏，水土失调，水源枯竭，大部分养鱼池塘被弃置或被开发种植棉花。

（二）第二、三产业

1979 年，国务院颁布《关于发展社队企业若干问题的规定（试行草案）》后，到 1985 年，乡镇企业发展到 91 家，从业人员 401 名。2000 年 5 月，家乐油脂有限责任公司落户达勒特镇，公司总资产 3 508 万元，固定资产 1 533 万元。2002 年，镇有私营企业 3 家，个体户 389 家，从业人员 1 092 人。到 2003 年，镇有私营企业 15 家，个体户 405 家，从业人员 1 168 人。

（三）农牧民人均纯收入

1985 年，达勒特乡农牧民人均纯收入 767 元。到 2006 年，镇农牧民人均纯收入 5 776 元，较 1985 年增长 6.53 倍，年均增长 10.09%。

1985—2006 年达勒特镇农牧民人均纯收入情况统计表

表 1-6　　　　单位：元

年份	人均纯收入	年份	人均纯收入
1985	767	1990	1 058
1986	921	1991	1 059
1987	975	1992	992
1988	876	1993	1 106
1989	896	1994	1 781

续表 1-6

年份	人均纯收入	年份	人均纯收入
1995	2 188	2001	4 024
1996	2 609	2002	4 295
1997	3 097	2003	4 710
1998	3 277	2004	5 077
1999	2 154	2005	5 266
2000	3 808	2006	5 776

六、社会事业发展

（一）教育

幼儿教育　1984 年，达勒特乡部分小学开始招收学前班，学前班教师由小学教师兼任或自聘教师。2006 年，镇有 7 个学前班 227 名学生。

小学教育　1979 年，达勒特公社有小学 9 所。1985 年，达勒特乡有小学 10 所，教学班级 76 个，在校学生 2 282 人。2000 年，镇有小学 10 所，教学班级 58 个，在校学生 1 123 人。2003 年，镇小学由 10 所调整为 7 所，在校学生 1 261 人。2006 年，镇 7 所小学并入“博乐市达勒特中心学校”。

中学教育　1979 年，达勒特公社有中学 1 所。1985 年，达勒特乡有 2 所中学。1997 年，达勒特套特中学并入达勒特镇中学。同年底，镇中学有教师 70 余人，教学班级 21 个，在校学生 900 嗯。2006 年，镇中学并入“博乐市达勒特中心学校”；合并时初中教学班 13 个，在校学生 414 人。中心学校为九年一贯制学校，校园占地面积 2.8 公顷，校建筑面积 7 000 平方米。

“两基”工作　1980 年，达勒特公社农牧区开展扫盲工作。1986 年 1 月，达勒特乡政府主要领导对“两基”（普及初等教育、扫除文盲教育）工作实行分片包干，责任到人。同年 6 月，乡成立“两基”工作领导小组。1996 年，镇“两基”工作通过博乐市验收。1997 年 8 月，镇“两基”工作通过自治州验收，并颁发“两基”合格证。2000—2006 年，镇巩固“两基”工作成果，在农牧区举办各类型农业技术培训班。2006 年，镇举办农牧民实用技术培训班 6 期、计 320 人参加培训。

（二）文化、体育

1980 年后，达勒特公社先后修建露天电影院、文化站、广播站、电视接收转播台、文化娱乐室等文化设施。1998 年，达勒特镇在博乐市“三金杯”庆三八秧歌比赛中获第一名。1999 年，在州庆、国庆 50 周年歌咏比赛中获二等奖。1999 年，镇第六小学学生参加中日友好美术大赛获自治区优秀组织奖。2000 年，镇获市文化先进单位。2001 年，在博州“博兰杯”和“天盛杯”歌咏比赛中获一等奖。2002 年，在自治州第二届广场文化艺术节比赛中获一等奖；在市“丰收杯”篮球赛中获一等奖。2003 年，在自治区秧歌舞健美操大赛中获银奖和铜奖。2005 年，获自治州老年人门球赛一等奖。

（三）医疗卫生

1979 年，达勒特公社设有卫生院。1993 年，达勒特镇卫生院建砖混结构住院部，建筑面积 957 平方米。2002 年，镇建砖混结构防疫妇幼办公室，建筑面积 120 平方米。2006 年 10 月，卫生院建综合楼，建筑面积 918 平方米。至 2006 年末，镇卫生院有黑白 B 超、自动生化分析仪、半自动心电图等 20 余种医疗辅助设备；有床位 30 张；在职职工 29 人。镇卫生院下辖村级卫生室 25 所，卫生技术人员 28 人。

防疫保健　1990 年，达勒特镇开始实施防病改水工程。到 2006 年，镇完成防病改水任务。强化疫苗接种、检测、预防及诊治，加强辖区食品卫生从业人员健康体检和食品卫生环境监测。

医疗保险　2004 年，实施新型合作医疗制度。2005 年，新型合作医疗参保率达到 87%。到 2006 年，全镇新型合作医疗参保率达到 97%。

（四）计划生育

1980 年，成立达勒特公社计划生育办公室；1990 年，成立达勒特镇计划生育协会。1996 年，成立达勒特镇人口和计划生育生殖健康服务站，各村成立计生协会。2003 年，镇代表博乐市通过自治区计划生育“三为主”验收。2005 年，镇被自治区评为计划生育先进集体。同年 12 月，召开农牧民领取“两证”奖金兑现会。2006 年，召开国家“少生快富”项目户兑现会。

七、精神文明创建与社会治安综合治理

（一）精神文明创建

1982 年，达勒特乡开展精神文明创建活动。1986 年 5 月，召开第四个“民族团结教育月”动员大会，开展“民族团结进步模范乡”创建活动。1989 年，被市委、市人民政府命名为民族团结进步模范乡。1997 年 12 月，达勒特镇被博州命名为双拥模范镇。同年，镇创建市级文明单位（村）7 个，州级文明村 3 个。1998 年 10 月，获自治区爱国卫生示范镇。同年 10 月，破城子村、乌兰苏木村、乌兰布湖村获州级“文明村”。2000 年 8 月，中央电视台在达勒特镇进行“婚育新风进万家”采风活动。2006 年 9 月，被博州命名为“文明镇”。

（二）社会治安综合治理

1997 年 3 月，达勒特镇党委配备社会治安综合治理专职书记，设立社会治安综合治理办公室。1999 年，镇成立流动人口管理站，加强流动人口管理。2001 年 1 月，被博州政府命名为安全镇。2003 年，被市委命名为安全示范镇。2004—2006 年，完善社会治安综合治理制度建设。

第四节　青得里乡

一、建置

乾隆三十二年（1767 年），察哈尔右翼依克柯克苏木驻青得里屯垦戍边。

1978 年 6 月，胜利人民公社改称为青得里人民公社，辖 12 个农牧业大队、1 个园艺队。1984 年 11 月，青得里人民公社改设为青得里乡，辖 24 个农牧业村。2006 年，青得里乡设 24 个村民委员会、36 个村民小组。

二、自然条件

青得里系蒙古语，意思是“长皂角树的地方”。青得里乡位于博乐市西部，西与小营盘镇接壤，东至博乐市区，北至农五师八十四团相连，南至博尔塔拉河南岸。地处北纬 44° 55′、东经 82° 01′之间。区域面积 714 平方千米，其中农区面积 80 平方千米。乡驻地距博乐市区 5.5 千米。境内属典型的温带大陆性气候。年平均气温 6.5℃，1 月平均气温 -19.9℃，7 月平均气温 24.5℃；极端最低气温 -36℃，极端最高气温 39℃；大于 10℃年积温 3 900℃。年均降水量 182 毫米，蒸发量 1 558 毫米；年均无霜期 168 天；全年日照时数 2 700 ~ 2 800 小时。

境内水资源主要有地表水、地下水和泉水。地表水主要有博尔塔拉河和保尔德苏河。地下水较丰富，埋藏浅，水质好，水源稳定，易于采掘。泉水主要有夏布尔塔泉、塔布勒泉、顾里木图泉、乃仁布拉格泉等。20 世纪 90 年代，泉水流量逐年减少。

境内土壤类型较多。农区主要有黄灌耕土（灰漠性黄灌耕土、棕钙性黄灌耕土、脱潮性黄灌耕土）和灰漠土（新垦灰漠土、黄土状灰漠土、灌耕盐化灰漠土、盐化灰漠土、黄土状灌耕灰漠土等）。牧区土壤类型主要有灰漠土、棕钙土、栗钙土、黑钙土等。

三、行政区人口

1979 年，青得里公社辖 12 个农牧业大队、1 个园艺队，有村民 2 896 户（牧业 179 户）13 388 人（牧业 965 人），有劳动力 3 637 人。1984 年，社改乡。1985 年末，辖 22 个村委会，有村民 2 728 户（牧业 185 户）14 05 人人（牧业 988 人），有劳动力 4 295 人。2000 年末，乡辖 24 个村委会，有村民 3 567 户（牧业 295 户）16 814 人（牧业 981 人），有劳动力 6 970 人。到 2006 年末，乡辖 24 个村委会，有村民 4 537 户（牧业 988 户）18 064 人（牧业 3 899 人），有劳动力 9 676 人，有汉族、蒙古族、维吾尔族、哈萨克族、回族等 12 个民族。

四、乡村建设

1979—1983 年，乡以修建主干道、整修路旁林带为重点。1990 年，乡施“小康乡”工程建设。1983—2006 年，先后完成乡主干道、供水、供热、供电工程，建乡党政办公楼、中心校教学楼、文化司法综合楼、卫生院门诊楼、客运站等社会服务设施。24 个村队均通公路，连接博乐—温泉省道。主要水利设施有夏吾尔台干渠、保尔德支渠、前进支渠和防洪坝。

村队均建文化室、卫生室和办公室，通电、通电话、通自来水。电视入户率 80% 以上。

五、经济发展

（一）第一产业

总产值　1990 年，青得里乡开始有第一产业统计数据，总产值 2 193 万元。到 2005 年，第一产业总产值达 8 162 万元，较 1990 年增长 2.72 倍，年均增长 9.16%。2006 年，第一产业总产值 7 619.91 万元。

1990—2006 年青得里乡农林牧渔业总产值统计表

表 1-7　　单位：万元

年份	农林牧渔业总产值	种植业	畜牧业	林业	副业	服务业
1990	2 193	1 535	592	12	54	–
1991	2 741	1 919	740	15	67	–
1992	3 453	2 417	1 019	17	–	–
1993	4 116	2 881	1 217	18	–	–
1994	4 733	3 313	1 401	19	–	–
1995	5 225	3 553	1 652	20	–	–
1996	5 005	3 294	1 687	24	–	–
1997	5 293	4 104	1 148	41	–	–

续表 1-7

年份	农林牧渔业总产值	种植业	畜牧业	林业	副业	服务业
1998	5 903	4 674	1 203	26	–	–
1999	4 391	3 295	1 050	46	–	–
2000	5 099	3 835	1 212	52	–	–
2001	6 042	3 767	2 223	52	–	–
2002	5 524	3 211	2 253	60	–	–
2003	8 722	5 108	3 269	185	–	160
2004	9 307	6 532	2 501	104	–	170
2005	8 162	6 676	1 159	142	–	185
2006	7 619.91	3 780	3 788.61	51.3	–	–

农牧业机械化　1979 年，青得里公社农牧业机械总动力 3 748 千瓦，其中大中型拖拉机 29 辆 1 526 千瓦，小型拖拉机 13 辆 142 千瓦，植保机械 7 千瓦，畜牧机械 38 千瓦，农产品加工动力机械 1 212 千瓦，运输机械 1 辆 95 千瓦，农用排灌动力机械 14 台，联合收割机 11 台。到 2006 年，乡农业机械总动力达到 13 696 千瓦，其中大中型拖拉机 133 辆 3 434 千瓦，小型拖拉机 421 辆 5 037 千瓦，农用排灌动力机械 71 台 509 千瓦，植保机械 15 台 22 千瓦，畜牧机械 189 台 4 563 千瓦。

种植业　1979 年，青得里公社播种面积 3 101.33 公顷，其中粮食作物 2 460.33 公顷，总产 6 457 吨；经济作物 242.26 公顷，总产 286 吨；其它农作物 398.73 公顷。1990 年，乡播种面积 2 940 公顷，其中：粮食作物 2 251.27 公顷，总产 10 534 吨；经济作物 454.2 公顷，总产 1 218 吨；其它农作物 234.53 公顷。2006 年，乡播种面积 3 857.26 公顷，其中粮食作物 598.27 公顷，总产 5 165 吨；经济作物 2 901.6 公顷，总产 1 8248 吨；蔬菜及瓜果 219.13 公顷，总产 9 392 吨；其它农作物 137.26 公顷。

畜牧业　1979 年，青得里公社牲畜年末存栏 30 045 头（只）；产肉 105 吨，羊毛 40 吨，牛奶 348 吨，皮 6 676 张。1998 年，乡建标准化养殖村 8 个，暖圈 975 座 78 000 平方米，改良草场 666.67 公顷，牲畜年末存栏 69 300 头（只）；产肉 1 236 吨，羊毛 52 吨，牛奶 1 813 吨，皮 31 212 张，禽蛋 96 吨。到 2006 年，乡牲畜年末存栏 85 461 头只，家禽年末存栏 9 万羽；产肉 2 511 吨，羊毛 240 吨，牛奶 2 817 吨，皮 52 823 张，禽蛋 80 吨。农区牛、马等大畜年末存栏 9 702 头（只），是牧区 902 头（只）的 10.76 倍；羊年末存栏 48 238 只，是牧区 24 138 只的 2 倍。

林业　1979—2006 年，全乡累计人工植树造林面积 842.88 公顷。

（二）第二、三产业

1979—1985 年，青得里乡以铁皮加工、小商铺为主。1986—2000 年，乡镇企业有粮油加工、木材加工、建筑材料加工等。到 2006 年，全乡面粉加工 2 家，木业加工 3 家，砖厂 10 家，短绒加工 1 家，向阳兴农批发市场 1 个。

（三）农牧民人均纯收入

1985 年，青得里乡农牧民人均纯收入 346 元。到 2005 年，农牧民人均纯收入 3 273 元，较 1985 年增长 8.46 倍，年均增长 11.89%。

1985—2006 年青得里乡农牧民人均纯收入情况统计表

表 1-8　　单位：元

年份	人均纯收入	年份	人均纯收入
1985	346	1996	1 634
1986	427	1997	2 048
1987	494	1998	2 350
1988	876	1999	2 580
1989	556	2000	3 359
1990	586	2001	3 538
1991	618	2002	2 399
1992	622	2003	2 732
1993	726	2004	3 088
1994	876	2005	3 273
1995	1 207	2006	3 448

六、社会事业发展

（一）教育

1979—1985 年，青得里乡有小学 9 所，维吾尔语中学 1 所；有教职工 243 人，教学班 82 个，学生 2 426 人。2004 年 9 月，青得里乡四校合并，建立博乐市青得里中心学校。2006 年，乡 4 所小学和 2 所九年一贯制学校并入青得里中心学校。中心学校有教职工 404 人，教学班 66 个，学生 2 276 人。

“两基”工作　1986 年，青得里乡成立“两基”工作领导小组。1996 年，乡“两基”工作通过博乐市验收。2000—2006 年，巩固“两基”工作成果，在农牧区举办各类型农业技术培训班。

（二）文化、体育

1980年后，青得里公社先后修建文化站、广播站、文化娱乐室等文化设施。1999年，乡组队参加州庆、国庆 50 周年歌咏比赛。2001—2006 年，每年组队参加州、市“广场文化艺术节”活动；组织学生、职工、农牧民开展各种形式的体育活动。

（三）医疗卫生

1979 年，青得里公社有卫生院。2001 年，青得里乡卫生院采用锅炉供暖。2003 年，卫生院购置价值 4 万元的救护车 1 辆。2006 年，卫生院建筑面积 1 850 平方米，设床位 16 张，工作人员 74 人；有黑白 B 超、X 光机、麻醉机、电刀、洗胃机等 25 种医疗辅助设备。乡卫生院下辖 13 所村级卫生室。

防疫保健　1990 年，青得里乡实施改水防病工程。到 2003 年，全乡 22 个村队喝上自来水。1998—2006 年，强化“四苗”（卡介苗，麻苗，乙肝预苗，三联预苗）接种、检测和预防。调查并登记 15 岁以下儿童腮腺炎、手足口病、乙肝等。开展计划生育“五项手术”、育龄妇女健康教育、孕产妇和新生儿健康检查等。

医疗保险　2004 年 6 月，实行新型合作医疗制度。

（四）计划生育

1980 年，青得里公社汉族育龄夫妇实行计划生育。1986 年，成立乡计划生育办公室。1987 年，乡少数民族夫妇实行计划生育。1996 年，乡、村成立计划生育协会。2005 年，全乡 17 个村被命名为“计划生育合格村”。

七、精神文明创建与社会治安综合治理

（一）精神文明创建

1980 年 6 月—1989 年 1 月，青得里乡有区级民族团结先进集体 1 个，州级民族团结先进集体 6 个，市（县）级民族团结先进集体 11 个；区级民族团结先进个人 3 人，州级民族团结先进个人 9 人，市（县）级民族团结先进个人 38 人。建成“文明村 16 个。1988 年 4 月，青得里乡被评为全国民族团结进步模范集体。1990 年，乡机关获区级文明单位。1995—2003 年，全乡州、市“安全文明村队（单位）65 个次。2006 年，全乡共计区级文明单位 1 个，州级文明单位（村）11 个，市级文明单位（村）27 个，“双模”单位 7 个。

（二）社会治安综合治理

1995 年 3 月，成立乡社会治安综合治理办公室（简称综治办），乡党委副书记兼任综治书记。同年，成立乡流动人口管理站。2005 年，落实少数民族领导干部联系清真寺制度和乡、村、寺三级宗教管理责任制。2006 年，乡警卫室配置广播、防卫器材等，加强宣传教育和巡查管理。

第五节　贝林哈日莫墩乡

一、建置

1978 年 6 月，红泉人民公社改称为玛尼乡人民公社，辖 4 个大队、1 个牧场。1984 年 11 月，玛尼乡人民公社改设为贝林哈日莫墩乡，辖 13 个村、1 个牧场。2006 年，贝林哈日莫墩乡设 15 个村民委员会、20 个村民小组。

二、自然条件

贝林哈日莫墩乡位于博乐市东南部，西与达勒特镇为界，东至精河县，北至兵团农五师八十一团，南至博尔塔拉河与达勒特镇相望。地处北纬 44° 42′、东经 82° 24′之间，总面积 684 平方千米，其中农区面积 128 平方千米，乡驻地距博乐市区 41 千米。境内属典型的温带大陆性气候。年平均气温 6.80℃，极端最低气温 -36.4℃，极端最高气温 44.2℃；年均降水量 120 毫升，蒸发量 1 950 毫米；年均无霜期 185 天。

境内水资源主要有地表水、地下水和泉水。地表水主要是博尔塔拉河水。农区地势低平，地下水位较高，埋藏丰富，易于开发利用。境内泉眼主要有新塔拉泉群和玛尼乡泉群，分布在决肯村、吉翁村、托森哈夏村等地。20 世纪 90 年代，泉水流量逐年减少。

境内土壤类型较多。农区为灰潮土、黑潮土、盐潮土、盐化草甸土、盐化沼泽土及盐土的集中分布区；河床两岸地形平缓，排水条件较好，开垦种植早的地段分布着各种潮土，在地下水汇集的槽形和碟形洼地上分布着各种沼泽土，在相对突起的高地上分布着盐化草甸土和盐土。牧区土壤类型主要有灰漠土、棕钙土、栗钙土、黑钙土等。

三、行政区人口

1979 年，玛尼乡公社辖 4 个大队、1 个牧场，有村民 951 户（牧业 102 户）4 006 人（牧业 430 人），有劳动力 1 520 人。1984 年，玛尼乡公社改设为贝林哈日莫墩乡。1985 年末，辖 14 个村委会，有村

民 1 002 户（牧业 43 户）4 517 人（牧业 248 人），有劳动力 1 847 人。2000 年末，乡辖 15 个村委会，有村民 1 448 户（牧业 98 户）6 080 人（牧业 404 人），有劳动力 2 842 人。到 2006 年末，乡辖 15 个村委会，有村民 1 952 户（牧业 140 户）6 433 人（牧业 445 人），有劳动力 3 364 人，有汉族、蒙古族、维吾尔族、哈萨克族、回族、壮族、苗族等 10 个民族。

四、乡村建设

1983 年，玛尼乡公社以修建主干道、整修路旁林带为重点。1990 年，贝林哈日莫墩乡实施“小康乡”工程建设。1999 年，经自治州小康办公室验收，达到“小康乡”标准。至 2006 年末，全乡先后完成乡区主干道、供水、供热、供电工程，建乡党政办公楼、中心学校教学楼、派出所办公楼、卫生院门诊楼、农业技术推广综合楼、客运站、卫星地面接收站等设施。15 个村均通电、通电话、通自来水、通公路，连接市道、省道。电视入户率 95% 以上。

主要水利设施有新塔拉干渠、东风牧场引水渠、拦河大坝、永久性防洪坝等；防渗渠、排水渠 176.5 千米，节水配套设施 1 466.67 公顷，机电井 69 眼。

五、经济发展

（一）第一产业

总产值　1990 年，贝林哈日莫墩乡开始第一产业统计数据，总产值 1 316 万元。到 2005 年，第一产业总产值达 7 613 万元，较 1990 年增长 4.78 倍，年均增长 12.41%。2006 年，第一产业总产值 8 907 万元。

1990—2006 年贝林哈日莫墩乡农林牧渔业总产值统计表

表 1-9　　单位：万元

年份	农林牧渔业总产值	种植业	畜牧业	林业	副业	渔业	服务业
1990	1 316	894	381	26	13	2	-
1991	2 052	1 395	595	24	21	17	-
1992	3 196	2 472	626	27	43	28	-
1993	4 052	3 319	675	26	-	32	-
1994	5 470	4 711	686	28	-	45	-
1995	5 538	4 763	702	25	-	48	-
1996	5 913	5 295	549	8	-	61	-
1997	5 530	4 836	621	21	-	52	-
1998	5 789	5 248	512	24	-	5	-
1999	5 485	5 088	379	18	-	-	-
2000	6 344	5 942	368	34	-	-	-
2001	5 278	4 679	526	31	-	42	-

续表 1-9

年份	农林牧渔业总产值	种植业	畜牧业	林业	副业	渔业	服务业
2002	7 095	6 308	723	37	–	27	–
2003	8 459	7 118	1 033	132	–	24	152
2004	8 827	7 512	1 093	43	–	24	155
2005	7 613	6 589	728	115	–	23	158
2006	8 907	7 709	852	135	–	27	184

农牧业机械化　1979 年，公社农业机械总动力 1 633 千瓦，其中大中型拖拉机 16 辆 883 千瓦，小型拖拉机 8 辆 96 千瓦，运输机械 1 辆 90 千瓦，联合收割机 4 台。到 2006 年，乡农业机械总动力达 17 424 千瓦，其中大中型拖拉机 269 辆 7 026 千瓦，小型拖拉机 846 辆 10 137 千瓦，农用排灌动力机械 11 台 110 千瓦，植保机械 25 台 31 千瓦，运输机械 10 台 240 千瓦，中小型机引农具 1 065 部，其它农业机械 240 千瓦

种植业　1979 年，公社播种面积 1 377.4 公顷，其中粮食作物 1 227.73 公顷，总产 2 809 吨；经济作物 107.87 公顷，总产量 203 吨；其它农作物 41.8 公顷。1990 年，乡播种面积 1 638.87 公顷，其中粮食作物 513.73 公顷，总产量 3 339 吨；经济作物 1 125.13 公顷，总产量 3 872 吨。2006 年，乡播种面积 3 410.47 公顷，其中粮食作物 190 公顷，总产量 1 927 吨；棉花 3 070 公顷，总产量 6 127 吨；蔬菜及其它农作物 150.46 公顷，总产量 2 114 吨。

畜牧业　1979 年，公社牲畜年末存栏 10 651 头（只）；产肉量 45 吨，羊毛 9 吨，牛奶 13 吨。2003 年，乡牲畜年末存栏 30 497 头（只）；产肉量 627 吨，羊毛 39 吨，牛奶 297 吨，皮 19 401 张，禽蛋 39 吨。2006 年，乡牲畜年末存栏 12 370 头（只），家禽存栏 0.64 万羽；产肉 411 吨，羊毛 31 吨，牛奶 265 吨，皮 7 117 张，禽蛋 4.6 吨。

林业　1978—2006 年，乡累计造林 206.46 公顷。

渔业　1980—1981 年，公社建鱼塘 4 个，水面积 23.33 公顷。1993—1995 年，乡开发公司扩建养鱼场，水面面积由 6.67 公顷增加至 10 公顷。1996 年，乡养鱼水面达 60 公顷。2001 年，有罗非鱼、大口鲶鱼等特色养殖品种。

（二）第二、三产业

1980—1981 年，公社红泉三队试办酿酒厂、造纸厂。到 1985 年，乡镇企业 28 家。1995 年 9 月，在原小修厂基础上建起乡塑料制品厂。2001 年，乡新建企业（含个体工商户）12 家。2004 年，乡共有个体工商户 123 家，从业人员 378 人；私营企业 3 家，从业人员 75 人。2006 年，乡新建集贸市场 1 个；商贸楼 1 栋，占地面积 1 155 平方米；引进轧花企业 1 户；有个体工商户 113 家。

（三）农牧民人均纯收入

1985 年，乡农牧民人均纯收入 675 元。到 2005 年，农牧民人均纯收入 5 973 元，较 1985 年增长 7.85 倍，年均增长 11.51%。

1985—2006 年贝林哈日莫墩乡农牧民人均纯收入情况统计表

表 1-10　　　　单位：元

年份	人均纯收入	年　份	人均纯收入
1985	675	1996	2 920
1986	669	1997	3 512
1987	690	1998	3 692
1988	794	1999	3 512
1989	883	2000	4 658
1990	1 011	2001	4 738
1991	1 009	2002	5 011
1992	1 007	2003	5 413
1993	1 188	2004	5 785
1994	1 840	2005	5 973
1995	2 502	2006	6 212

六、社会事业发展

（一）教育

小学教育　1980 年，公社有小学 5 所，学生 777 人。2003 年，乡实施“七校合一”工程，将 6 所小学并入“博乐市贝林哈日莫墩中心学校”。教学班 28 个，学生 690 人。

中学教育　1979 年 8 月，公社成立红泉中学，教师 14 人，班级 3 个，学生 162 人。1982 年，红泉中学改为贝林哈日莫墩乡中学。2003 年 11 月，贝林哈日莫墩乡中学并入“博乐市贝林哈日莫墩中心学校”。中心学校校园面积 3.33 公顷，配备实验室、微机室、卫生室、图书室、活动室、宿舍等；有初中班级 10 个、学生 417 人，小学班级 28 个、学生 690 人。

“两基”工作　1980 年，公社农牧区开展扫盲工作。1986 年，乡成立“两基”工作领导小组。1996 年，乡“两基”工作通过博乐市验收。2000—2006 年，巩固“两基”工作成果，2005 年，在农牧区举办农业技术培训班 2 845 人次，报考农广校学习的有 13 人。

（二）文化、体育

1981 年 7 月，公社成立文化站。同年，公社修建露天电影院，全年放映电影 1 489 场次。1982 年 3 月，村民组建马戏团，在全州演出 130 多场，观众 8.4 万余人，收入 3.5 万元。1986 年 2 月，举办首届音乐培训班。1989 年 3 月，乡文化站被博州文化局评为先进文化站。1990 年 10 月，胡惠文被国家文化部评为先进个人。1996—2006 年，全乡修建 14 个村级文化室，建立文化活动中心。每年举办中小学生运动会；建立卫星地面接收站 6 个，电视覆盖率达 100%。先后举办第一届、第二届“和谐贝乡”文化艺术节，参加州、市举办的文化体育活动。

（三）医疗卫生

1979 年，公社有卫生院。1989 年，乡卫生院获市“文明建院达标单位”，由三类升为二类。1991 年、

1995 年、1998 年，卫生院砖混结构综合门诊、住院部先后落成，投入使用。1998 年底，获自治区“卫生系统先进集体”。2003 年，卫生院购置救护车。2005 年，开展首例下肢骨折内固定术和胆囊摘除术。2006 年 10 月，乡卫生院建业务综合楼，建筑面积 1 350 平方米；自动生化分析仪、300 毫安 X 射线机、麻醉机等 20 余种医疗设备；设床位 19 张；有工作人员 20 人。乡卫生院下辖村级卫生室 9 所，村级卫生技术人员 9 人。

防疫保健　20 世纪 80 年代，乡实施改水、改厕防病工程；开展儿童计划免疫、传染病防治、地方病防治、公共卫生监督工作。1987 年，乡防疫工作在州、市评比中分获第二名和第一名。1988 年，自治区初级卫生工作现场会、自治州医疗工作现场会、自治州改水、改厕工作现场会先后在贝林哈日莫墩乡召开。2000—2006 年，巩固防疫保健工作成果。妇幼保健、防疫工作获区、州、表彰。

医疗保险　2004 年，实行农牧区新型合作医疗制度，参加新型合作医疗的 4 649 人，参合率 98.08%。到 2005 年，参加新型合作医疗的 5 040 人，参合率 100%。

（四）计划生育

1986 年，成立乡计划生育办公室。1987 年，乡少数民族夫妇实行计划生育。1990 年，乡计生药具工作名列全市第一。1991 年，通过自治区“药具工作示范乡”验收。1992 年 5 月，乡、村成立计划生育协会。1998 年，9 个村计划生育协会被市命名为“计划生育合格村协会”。2005 年，乡人口自然增长率 11‰。

七、精神文明创建与社会治安综合治理

（一）精神文明创建

1984 年，乡开展精神文明创建活动。至 2000 年，全乡有国家级文明村 1 个、区级文明村 1 个、州级文明村 7 个、市级文明村 6 个；“十星级文明户”90% 以上。2004 年，乡机关被评为区级文明单位；乡卫生院被评为市“巾帼文明示范岗”；决肯村被评为市“美德在家庭”活动示范点。2005 年，乡获市精神文明建设和思想宣传教育工作第二名。同年，乡选送的“福”灯在博乐市第四届“步行街杯”新春灯会展中获一等奖。

（二）社会治安综合治理

1997年3月，乡配备社会治安综合治理专职书记，设社会治安综合治理办公室。1999年，获自治区“综合治理先进乡镇”。2003 年，获市“社会治安综合治理先进单位”。2005 年，落实少数民族领导干部联系清真寺制度和乡、村、寺三级宗教管理责任制。2006 年，乡提出创建自治区“平安乡镇”目标任务。

第六节　阿热勒托哈牧场

一、建置

乾隆三十二年（1767 年），察哈尔右翼柯畏夏尔苏木驻阿热勒托哈屯垦戍边。

1959 年 4 月，由高潮、新光、前进 3 个公私合营牧场合并成立公私合营前进牧场。1978 年，公私合营前进牧场改称为阿热勒托哈牧场，辖 12 个农业队、7 个牧业队。1982 年 12 月，经自治区人民政府办公厅电话批复，阿热勒托哈牧场转为国营牧场。2006 年，阿热勒托哈牧场设 18 个农牧村（队）民委员会。

二、自然条件

阿热勒托哈系蒙古语，意思为“水中小岛”。位于博乐市西部，西与温泉县哈日布呼镇为界，东

与小营盘镇哈热根特托哈村接壤，北与农五师八十七团和小营盘镇隔河相望。地处北纬 44° 57′、东经 81° 43′之间，区域 950 平方千米，场部距博乐市区 38 千米。

境内属典型的温带大陆性气候。年均气温 5.2℃，1 月份平均气温 -17℃，7 月份平均气温 22℃；极端最低气温 -36.2℃，极端最高气温 39.5℃。大于 10℃的有效积温 2 858℃。年均降水量为 181.5 毫米，蒸发量为 1 558.5 毫米；年均无霜期 160 天；年均日照时数 2 863 小时，太阳辐射总值为每平方厘米 128.84 千卡。气象灾害主要有风灾、冰雹、干热风等。

境内水资源主要有地表水、地下水和泉水。地表水主要是博尔塔拉河水，流经境内 8 千米。博尔塔拉河老河床区域地下水贮量丰富，部分农田打凿机电井抽取地下水补充灌溉。泉水主要分布在牧区。

境内土壤类型较多。农区土壤类型主要有盐化灰漠土、灌耕灰漠土、灌耕草甸土、草甸沼泽土(河滩)。场部以南大部土层厚度 50 ~ 80 厘米，夹杂着沙砾石、保水保肥性较差；场部以北，处于博尔塔拉河滩，土壤大部属于草甸土或沼泽土。牧区土壤类型主要有灰漠土、棕钙土、栗钙土、黑钙土等。

三、行政区人口

1979 年，阿热勒托哈牧场（公私合营）辖 12 个农业队、7 个牧业对，有职工 1 340 户（牧业 425 户）6 376 人，有劳动力 2 605 人。1982 年，阿热勒托哈牧场转为国营牧场。1985 年末，辖 10 个农业队、6 个牧业队，有职工 1 356 户（牧业 265 户）6 639 人（牧业 1 658 人），有劳动力 3 030 人。2006 年，牧场辖 13 个农业队、6 个牧业队，有职工 1 819 户（牧业 335 人）8 714 人（牧业 2 143 人），有劳动力 4 367 人，有汉族、蒙古族、维吾尔族、哈萨克族、回族、柯尔克孜族等 10 个民族。

四、场队建设

1983 年，牧场以修建主干道、整修路旁林带为重点。1990 年，牧场实施“小康场”工程建设。至 2005 年，场区先后建邮政支局楼、电信支局楼、供销社楼等社会服务实施。2006 年，修建场区道路 6 600 米，路旁埋设路沿石，安装路灯。同年，新建农贸市场 1 个，占地 1.73 公顷。全场 18 个农牧队均通公路，连接博乐—温泉南路 S208 省道。主要水利设施有七一干渠、乌南调水渠、引水渠、支渠、斗渠、防洪坝和泄洪沟及其配套设施。有 6 个村达到“小康村”标准。

五、经济发展

（一）第一产业

总产值 1990 年，牧场开始有第一产业统计数据，总产值 1 626 万元。到 2005 年，牧场第一产业总产值达到 7 036 万元，较 1990 年增长 3.33 倍，年均增长 10.26%。2006 年，第一产业总产值 7 836 万元。

1990—2006 年阿热勒托哈牧场农林牧渔业总产值统计表

表 1-11　　单位：万元

年份	农林牧渔业总产值	种植业	畜牧业	林业	副业	渔业	服务业
1990	1 626	869	692	32	31	2	-
1991	2 092	1 129	899	29	32	3	-
1992	2 511	1 355	1 080	36	37	3	-
1993	3 064	1 654	1 375	31	-	4	-

续表 1-11

年份	农林牧渔业总产值	种植业	畜牧业	林业	副业	渔业	服务业
1994	3 707	2 002	1 673	28	–	4	–
1995	3 824	1 875	1 916	29	–	4	–
1996	4 028	2 155	1 824	46	–	3	–
1997	3 999	2 190	1 763	43	–	3	–
1998	4 023	2 526	1 455	39	–	3	–
1999	3 225	1 721	1 452	42	–	10	–
2000	3 887	2 202	1 620	54	–	11	–
2001	4 640	2 431	2 138	71	–	–	–
2002	4 734	2 569	2 094	71	–	–	–
2003	5 386	3 561	1 535	187	–	5	98
2004	6 000	3 965	1 835	90	–	10	100
2005	7 036	4 218	2 598	102	–	20	98
2006	7 836	4 392	3 187.06	120.1	0	9	128

农牧业机械化　1979 年，牧场农牧业机械总动力 1 940 千瓦，其中大中型拖拉机 9 辆 576 千瓦，小型拖拉机 6 辆 70 千瓦，植保机械 2 千瓦，农产品加工动力机械 807 千瓦，运输机械 3 辆 270 千瓦，联合收割机 9 台。到 2006 年，牧场农业机械总动力达 13 286 千瓦，其中大中型拖拉机 60 辆 4 500 千瓦，小型拖拉机 260 辆 4 680 千瓦，农用排灌动力机械 2 台 6 千瓦，运输机械 48 辆 240 千瓦，畜牧机械 60 台 430 千瓦，收获机械 40 台 3 100 千瓦。

种植业　1979 年，牧场播种面积 2 041.67 公顷，其中粮食作物 1 570.27 公顷，总产 3 660 吨；经济作物 202.87 公顷，总产 164 吨；其它农作物 268.67 公顷。1990 年，牧场播种面积 2 650.6 公顷，其中粮食作物 1671.67 公顷，总产量 6 650 吨）；经济作物 476.67 公顷，总产量 5 874 吨；其它农作物 502.27 公顷。2006 年，牧场播种面积 2 765.33 公顷，其中粮食作物 2 087.07 公顷，总产量 24 121 吨；经济作物 390.4 公顷，总产量 15 478 吨；蔬菜及其它农作物 287.87 公顷，总产量 3 214 吨。

畜牧业　1979 年，牧场牲畜年末存栏 59 881 头（只）；产肉 278 吨，羊毛 91 吨，牛奶 54 吨，皮 11 478 张。2003 年，牧场年末牲畜存栏 79 431 头（只）；产肉 1 102 吨，羊毛 204 吨，牛奶 2 817 吨，皮 32 804 张，禽蛋 219 吨。2006 年，牧场牲畜年末存栏 60 392 头（只），家禽年末存栏 5.4 万羽；产肉 967 吨，羊毛 106 吨，牛奶 1 487 吨，皮 39 934 张，禽蛋 23 吨。

林业　1979—2006 年，牧场累计植树造林 2 049.2 公顷，分用材林、防护林、经济林等。

（二）第二、三产业

1980—2005 年，牧场先后建起乳品厂、边贸公司、赛里木饭店、马肠子加工厂、牛羊育肥厂、玉米烘干厂、粮油加工厂等。至 2005 年末，牧场共有乡镇企业和各类非公企业 89 家，从业人员 786 名。

（三）农牧民人均纯收入

1985 年，牧场农牧民人均纯收入 472 元。到 2006 年，牧场农牧民人均纯收入 4 129 元，较 1985 年增长 7.75 倍，年均增长 10.88%。

1985—2006 阿热勒托哈牧场农牧民人均纯收入情况统计表

表 1-12　　单位：元

年份	人均纯收入	年份	人均纯收入
1985	472	1996	1 804
1986	663	1997	2 200
1987	750	1998	2 292
1988	873	1999	2 093
1989	875	2000	2 303
1990	885	2001	2 531
1991	855	2002	2 726
1992	757	2003	3 089
1993	862	2004	3 501
1994	1 071	2005	3 689
1995	1 299	2006	4 129

六、社会事业发展

（一）教育

幼儿教育　1979—1985 年，牧场幼儿园 1 所，由场部管理。1995 年，幼儿园设在中心小学院内，学前班由阿热勒托哈牧场中心小学管理，教师由小学教师兼任或自聘教师。2006 年，牧场有幼儿园 3 所，幼儿 99 人。

小学教育　1979 年，牧场有小学 5 所，教师 34 人，班级 30 个，在校学生 533 人。2003—2004 年，牧场 5 所小学和 8 所教学点分别并入博乐市阿热勒托哈第一中学、第二中学。

中学教育　1979 年，牧场有中学 1 所。1983 年，有第一中学和第二中学 2 所，在校生 114 人。2003 年，托里教学点并入第一中学，改为博乐市阿热勒托哈第一中学，是一所九年一贯制哈萨克语学校，并管理牧区 7 所哈萨克语教学点。2004 年，牧场中心学校、第一小学、第二小学、第三小学、第四小学并入第二中学，改为博乐市阿热勒托哈第二中学，是一所九年一贯制学校，管理 2 所村级小学教学点。2006 年，阿热勒托哈第一中学占地面积 3.2 公顷，建筑面积 2 189 平方米，绿化面积 1 616 平方米；初中教学班 3 个，小学教学班 6 个；在校学生 225 人，教师 42 人。阿热勒托哈第二中学占地面积 3.47 公顷，绿化面积 2 816 平方米。教学楼 1 栋，实验楼 1 栋。教学班 16 个，在校生 422 人，教师 100 人。

“两基”工作　1980 年，牧场农牧区开展扫盲工作。1986 年，牧场成立“两基”工作领导小组。1997 年 9 月，牧场“两基”工作通过自治区验收。2004—2006 年，牧场巩固“两基”工作成果，举办各类培训班 119 期，受训 15 700 人次。

（二）文化、体育

1990年，牧场建立文化体育中心，修建灯光球场。1996年，牧场开通闭路电视。同年，在“三八节”、“国庆节”等节日举办文化、体育活动。2004年，牧场举办畜牧业劳动技能竞赛、“阿肯弹唱会”和农牧民“广电铁通网络杯”篮球赛。2005年，在博乐市成立20周年庆祝活动中，牧场代表队获女子拔河第一名、男子拔河第三名和男子篮球第三名；举办“第三届阿肯弹唱会”“第三届迎春文艺汇演”“第三届农牧民科技知识竞赛”“第五届农牧民运动会”等活动。2006年，牧场举办“第四届迎新春文艺汇演”“职工乒乓球赛”、庆“六一”文艺汇演等活动。

（三）医疗卫生

1980年，牧场建场部卫生院，有医护人员17人；各队均有卫生所和赤脚医生。1990年，牧场成立防保站。1996年，牧场卫生院购置B超、心电图等设备。2005年11月，牧场卫生院划归市卫生局管理。到2006年，牧场卫生院有医护人员12人，病床10张；设有妇幼、急诊、检验等科室。牧场卫生院下辖村卫生室6个，巡回医疗队9个。

防疫保健　1996年，牧场建自来水厂，解决3 054人饮用自来水。1996—2006年，开展强化疫苗接种和检测及预防、诊治工作；防病改厕209个。

医疗保险　2004年，牧场实行新型合作医疗制度，参加新型合作医疗的5 585人，参合率87.35%。

（四）计划生育

1980年，牧场成立计划生育办公室。同年，汉族职工实行计划生育。1996年，牧场少数民族职工执行计划生育政策。2000年、2002年，市计生指导站在牧场农区开展计生“双查”工作，到2004年“双查”率达95.89%。2005年，牧场召开领取计划生育“两证”奖金兑现会，为49户职工发放奖金8.18万元。

七、精神文明创建与社会治安综合治理

（一）精神文明创建

1984年，牧场开展精神文明创建活动。1996年，牧场制定《阿热勒托哈牧场精神文明建设“九五”计划》。同年，有市级文明村队8个、州级文明村队3个，“十星级文明户”800户。2004年，牧场有州级文明村队4个，市级文明村队14个，“双模”单位10个。2005年，评选出“青年致富能手”19人。2006年，全场“十星级文明户”挂牌率100%。

（二）社会治安综合治理

1990年，牧场被命名为“全国普法先进单位”。1996年，成立“社会治安综合治理领导小组”。2004年，牧场党委、管委会采取“五个一”工作机制，即“一个问题，一名领导，一个专班，一个预案，一抓到底”，处理“热、难”点问题；组建巡逻队，加强来往人员登记。2006年，牧场信访办公室，共受理案件32起，案件办结率达93.8%。2004—2006年，牧场连续3年被市评为社会治安综合治理“先进单位”。

第七节　香班哈日根牧场

一、建置

1986年5月，博州商业局食品公司牧场移交博乐市，建立市香班哈日根国营牧场。

2006年，香班哈日根牧场设4个村（队）民委员会。分别是夏尔津队、二阶台队、香班队、牧业队。

二、自然条件

香班哈日根牧场场部位于博乐市区以北二阶台处，西、北、东至兵团农五师八十四团相连，距博乐市区约 1 000 米。香班哈日根牧场所辖区域分散。夏尔津处于贝林哈日莫墩乡辖区，二阶台队处于青得里乡辖区，香班哈日根队处于博河南岸阿热勒托哈牧场辖区，牧业队处于达勒特镇辖区。区域总面积 153.33 平方千米。

三、行政区人口

1986 年，牧场有村民 112 户（牧业 83 户）622 人（牧业 415 人），有劳动力 133 人。1996 年，牧场有村民 170 户（牧业 37 户）701 人（牧业 189 人），有劳动力 117 人。到 2005 年，牧场辖 3 个村队，有村民 240 户（牧业 40 户）922 人（牧业 216 人）。

四、场队建设

场区基础设施建设滞后。2006 年，场区有教育、文化、卫生等砖混结构平房，电话 100 部，道路 1 700 米，自来水塔 1 座、管道 850 米。主要水利设施有防洪坝 1 850 米，防渗渠 2 000 米，半固定喷灌设施 48.67 公顷，标准化沟畦灌溉设施 133.33 公顷，机电井 9 眼及配套设施 8 座。村队均通路、通水、通电。

五、经济发展

（一）第一产业

总产值　1990 年，香班哈日根牧场开始有第一产业统计数据，总产值 245 万元。到 2005 年，第一产业总产值达到 896 万元，较 1990 年增长 2.66 倍，年均增长 9.03%。2006 年，第一产业总产值达 2 051.65 万元。

1990—2006 年香班哈日根牧场农林牧业总产值统计表

表 1-13　　单位：万元

年份	农林牧总产值	种植业	畜牧业	林业	服务业	年份	农林牧总产值	种植业	畜牧业	林业	服务业
1990	245	117	126	2	–	1999	362	150	211	1	–
1991	294	120	172	2	–	2000	409	167	219	23	–
1992	355	141	212	2	–	2001	426	150	248	28	–
1993	409	162	244	3	–	2002	455	168	252	35	–
1994	452	184	265	3	–	2003	334	157	143	19	15
1995	479	202	269	3	–	2004	512	212	267	13	20
1996	599	283	312	4	–	2005	896	402	416	57	21
1997	416	206	199	11	–	2006	2 051.65	1 166.19	816.46	28	41
1998	396	188	207	1	–						

农牧业机械化　1990 年，牧场农牧业机械总动力 150 千瓦，其中大中型拖拉机 1 辆 55 千瓦，小型拖拉机 1 辆 11 千瓦，运输机械 2 辆。到 2006 年，牧场农牧业机械总动力 1 953 千瓦，其中大中型拖拉机 1 辆 55 千瓦，小型拖拉机 22 辆 238 千瓦，植保机械 121 部 121 千瓦，运输机械 10 辆总动力 1 275 千瓦。

种植业　1987 年，牧场播种面积 77.6 公顷，其中粮食作物 49.33 公顷，总产 145 吨；经济作物 9.6 公顷，总产量 11 吨；其它农作物 18.67 公顷。1997 年，牧场播种面积 133.07 公顷，其中粮食作物 26.4 公顷，总产量 159 吨；经济作物 106.67 公顷，总产量 137 吨。2006 年，牧场播种面积 500 公顷，其中粮食作物 43.33 公顷，总产量 528 吨；经济作物 186.67 公顷，总产量 687 吨；蔬菜及其它农作物 270 公顷。

畜牧业　1986 年，牧场牲畜年末存栏 8 820 头（只）；产肉量 30 吨，羊毛 25 吨，牛奶 134 吨，皮 477 张。2004 年，牧场牲畜年末存栏 27 510 头（只）；产肉 275 吨，羊毛 19 吨，牛奶 348 吨，皮 20 827 张，禽蛋 5 吨。2006 年，牧场牲畜年末存栏 21 000 头（只），家禽年末存栏 2 万羽；产肉 385 吨，羊毛 26 吨，牛奶 372 吨，皮 13 879 张，禽蛋 10 吨。

林业　1988—2004 年，牧场累计植树造林 75.55 公顷，分用材林、防护林、经济林等。

（二）农牧民人均纯收入

2003 年，牧场开始统计数据，农牧民人均纯收入 3 802 元。到 2005 年，牧场农牧民人均纯收入 5 030 元。

六、社会事业发展

（一）教育

牧场所辖村队驻地分散，辖区内未设学校。牧场教育主要对农牧民文化、科技培训。2003 年，牧场聘请 2 名农牧业技术人员指导农牧业生产，共举办科技培训班 20 期，受培训人数 830 人次；发放科技宣传材料 2 400 份。

（二）文化 体育

2000 年，牧场举办农牧民运动会，参加市第六届“丰收杯”男子篮球赛。2001 年 7 月，牧场组队参加市举办的庆祝建党 80 周年歌咏比赛。2002 年 8 月，牧场举办农牧民运动会，并组队参加市举办的篮球赛。

（三）医疗卫生

1996 年，牧场成立卫生院。1998 年，牧场成立卫生工作领导小组。

（四）计划生育

1987 年，牧场成立计划生育办公室。1996 年，牧场少数民族实行计划生育。1998 年，牧场完成各项计划生育指标。2000 年，牧场计划生育各项工作通过州、市检查验收。同年，牧场开展“婚育新风进万家”活动。2004—2006 年，牧场人口出生率 13‰、综合节育率 90.8%、计划生育率 100%，开展“计划生育优质服务”。

七、精神文明创建与社会治安综合治理

（一）精神文明创建

1987 年，牧场开展精神文明活动。1996 年，开展学习“张家港精神”活动。1998 年，牧场召开精神文明专题会议 8 次，思想道德教育活动 20 次。2000—2001 年，开展“文明单位”“机关文明科室”“安全文明小区”“绿化合格单位”“花园式单位”创建活动。同年，牧场机关通过市级“双模”验收；“十花户”参评率、挂牌率均达 100%。2002—2006 年，牧场开展“三堆”“三乱”整治。

（二）社会治安综合治理

1996年，牧场成立社会治安综合治理领导小组。2000年，实行办公室、家属区警卫人员24小时值班、夜间巡逻；各队配有专职民事协调员。场队对流动人口注册登记。2004—2006年，场队无刑事案件。

第四章 街 道

第一节 青得里街道办事处

一、建置

1985年12月，博乐市成立市东风街道办事处。1989年，办事处设4个居民委员会。1997年4月，火车站办事处并入东风街道办事处，改称为青得里街道办事处。属博乐市人民政府派出机构。同年，办事处设7个居民委员会。2006年，办事处将7个居民委员会整合为4个社区居民委员会。

二、地理位置

青得里街道办事处位于博乐市区东北部，西至顾力木图路，东至光明路，北至北环路，南至友谊路，总面积面积9.5平方千米（含延伸博乐火车站1平方千米）。办事处办公室设在博乐市团结路87号。

三、行政区人口

1986年，青得里街道办事处辖2个居委会，有居民2 151户6 623人。1997年，办事处辖7个居民委员会，有居民9 322户22 807人。至2006年，办事处辖4个社区，有居民14 362户35 685人，有汉族、蒙古族、维吾尔族、哈萨克族、回族等13个民族。

1997—2006博乐市青得里街道办事处辖区人口统计表

表1-14　　　　单位：户、人

年度	总人口	总户数	非农业人口	未落常住户口
1997	22 807	9 322	22 331	467
1998	24 345	10 189	22 925	1 420
1999	25 517	10 611	24 081	1 436
2000	26 626	10 837	24 994	1 632
2001	28 464	–	26 369	2 095
2002	29 528	12 069	27 793	1 735
2003	31 139	12 198	29 447	1 692
2004	33 218	13 155	30 836	2 382
2005	35 043	14 128	31 810	3 233
2006	35 685	14 362	32 754	2 931

四、社区建设

2006年，青得里街道办事有街心社区、团结社区、长城社区、和平社区4个社区，各个社区建

510～600平方米办公楼各1栋，内设“六站一室”，即党建、民政、文化体育教育、医疗卫生、环境卫生、劳动保障6个服务站和司法警务室，配备健身、娱乐等器材、设备。社区先后获区级“商业示范社区”、州级“文明单位”，市级“平安社区”“文明社区”“和谐示范社区”和“双拥”先进单位等。创办“就业平台，铺设绿色通道”。

五、社会事务

（一）民政

城镇居民最低生活保障 2002年，青得里街道办事处为辖区486低保户1 202人发放低保金125.42万元。2006年，为辖区807低保户2 025人发放低保金204.43万元。领取低保户数、人数、金额数逐年递增。

失业人员劳动保障 2004—2006年，青得里街道办事处辖区内失业人员417人办理《再就业优惠证》，失业人员得到小额贷款502万元，“40、50”人员实现再就业887人；失业人员245人办理《求职登记证》。

优待抚恤与社会救助 1987—1992年，青得里街道办事处为78户因公致残人员（军人）、困难户发补助和慰问金2.93万元；组织辖区单位为残疾人捐款8.07万元。2003—2006年，办事处每年为残疾军人发放优抚金；春节为特困户、孤寡老人、残疾人、离退休党员送慰问金24.66万元。动员社会捐款13.2万元、捐物8 000余件；救助弱势群体27人次、救助金8 100元。

军爱民、民拥军活动 1987—1988年，办事处建立辖区军民共建单位21个；为12户革命残疾人员、2户烈、军属发放慰问金1 818元；被博州政府评为“拥军优属先进单位”。1991—1995年，办事处组织辖区单位与博州边防支队、消防中队在春节和“八一”建军节期间联谊，为部队放电影，举办文艺演出、联欢会21场；送电子钟4座、洗衣机2台、拉舍尔毛毯6条，毛巾被25条等慰问品1 200余件、写慰问信206封，贺年卡276张；慰问烈、军属106户次，发放抚恤金8 620元。2006年，办事处77个共建单位开展“双拥”慰问活动。

（二）司法

普法 1986年，青得里街道办事处成立普法领导小组，辖区各机关单位均成立普法领导小组，制定普法规划。在普法工作中，辖区各机关单位95%以上干部职工均参加并通过普法考试。

人民调解 2000年10月，青得里街道办事处成立博乐市青得里街道办事处司法调解中心。2003年，建立人民调解领导小组。2005—2006年，办事处加强人民调解员队伍建设。

（三）人民武装

1986年8月，青得里街道办事处设立人民武装部，负责辖区民兵整组、训练，兵役登记和征兵工作，对突发事件按“应急预案”处置。

（四）计划生育

1986年，青得里街道办事处成立计划生育领导小组，下设办公室。1989年1月起，辖区少数民族育龄妇女执行计划生育政策。2005年9月，办事处在社区设计划生育干事1人，负责计划生育政策法规宣传、避孕药具发放、育龄妇女准生证办理，会同医疗、保健机构对育龄妇女进行检查等工作。

（五）爱国卫生

1986年，青得里街道办事处与辖区单位、住宅小区签订爱国卫生目标管理责任书，制定相关规定。1987年，辖区参加清扫路面的7 562人次，清运垃圾323车；在室内外、公共场所放置灭鼠药314千克，喷洒灭蝇药水面积74 874平方米。1991年，辖区内统一投放灭鼠药25 938包。1995年4月，辖区内统一投放灭鼠药500千克、蟑螂药9 700盒、灭棉蚜虫药10 500盆。1998年，辖区内发放灭蝇药700支，统一时间投放灭鼠药61千克。到2006年，辖区共创建花园式单位17个。

（六）精神文明创建与社会治安综合治理

精神文明创建 1986—1995 年，办事处辖区 23 个单位“三优一学”受到表彰；有文明单位 194 个（次）；全市“树行业新风，评行业标兵”竞赛中团结商场和博州客运总站分别获第一名；2 个单位被评为州级民族团结先进单位。2001—2004 年，辖区三级（区、州、市）文明单位 230 个（次），文明单位达到 78.3%。开展“公民道德建设月”“民族团结教育月”和“十花文明户”“一帮一”“一助一”“一人一岗”活动，帮扶结对 35 个，捐款 13.2 万元，捐衣物 8 000 余件。2006 年，办事处开展以“五个好”“五助二扶一帮”为民服务活动；为辖区 870 户贫困家庭送去 17.4 万元慰问金。

社会治安综合治理 1995 年，青得里街道办事处成立“社会治安综合治理领导小组”。每年年初办事处与辖区各单位签订“社会治安综合治理综治责任书”，平时有检查，年终有考评。1996 年，辖区共有综治领导小组 105 个，值班室 80 个，治安员 139 名。2000 年，辖区单位受到“黄牌警告”4 个，“一票否决”2 个。2001—2006 年，办事处开展创建平安社区、和谐社区、无毒社区活动。

第二节 克尔根卓街道办事处

一、建置

1985 年 12 月，博乐市成立博乐市红星街道办事处。1987 年，办事处设 4 个居民委员会。1997 年 5 月，青达拉办事处并入红星街道办事处，改称克尔根卓街道办事处。属博乐市政府派出机构。同年，办事处设 8 个居民委员会。2006 年，办事处将 8 个居民委员会整合为 4 个社区居民委员会。

二、地理位置

克尔根卓系蒙古语，意思为“高戈壁下的一座桥”。克尔根卓街道办事处位于博乐市东南部，西至克尔根卓路，东至新工业区，北至友谊路，南至博河大桥，辖区面积 15.5 平方千米。

三、行政区人口

1986 年，克尔根卓街道办事处辖 4 个居委会，有居民 3 184 户 10 512 人。1997 年 5 月，办事处辖 8 个居民委员会。2006 年，办事处辖 4 个社区，有居民 11 539 户 28 119 人，有汉族、蒙古族、维吾尔族、哈萨克族、回族等 13 个民族。

1999—2006 年博乐市克尔根卓街道办事处辖区人口统计表

表 1-15　　单位：户、人

年度	总人口	总户数	非农业人口	未落常住户口
1999	23 438	9 856	21 646	1 792
2000	24 717	10 648	22 908	1 809
2001	25 178	10 814	23 952	1 226
2002	24 646	10 608	24 233	413
2003	26 300	10 992	25 257	1 043
2004	27 001	11 192	25 914	1 087
2005	27 508	11 387	26 433	310
2006	28 119	11 539	26 857	1 262

四、社区建设

2006年，克尔根卓街道办事处有北京南路社区、长江路社区、建国路社区、虹桥社区4个社区。各个社区建660平方米办公楼各1栋，内设“七站一室”，并配备健身、娱乐等器材、设备。社区先后获国家级“敬老模范社区”，州级“女职工文明示范岗”“民族、军民团结模范单位”，市级“文明社区”“安全文明单位”“先进基层党组织”“先进劳动保障站”等。

五、社会事务

（一）民政

城镇居民最低生活保障　2002年，克尔根卓街道办事处为辖区135低保户366人发放低保金34.1万元；2006年，办事处辖区370低保户880人发放低保金83.4万元。领取低保户数、人数及金额逐年递增。

失业人员劳动保障　2004年，克尔根卓街道办事处为辖区370名失业人员办理《再就业优惠证》，为15名失业人员办理小额贷款30万元，为56名“40、50”人员实现再就业。2005年，办事处为国有企业下岗人员办理社会保险补贴16万元。

优待抚恤与社会救助　1987—2006年，克尔根卓街道办事处为9户生活困难户每年发放生活补助5 400 ~ 6 525元；为4名因公致残军人、警察每年/人发放优扶金2 230元；辖区职工捐款1.9万元、捐物130件。据不完全统计，为军、烈属、离退休党员、贫困群众送去春节慰问金4.4万元；救助弱势群众11 049人次，发放救助金2.7万元。

军爱民、民拥军活动　1987—2006年，克尔根卓街道办事处慰问武警部队，每年走访军、烈属4户，发放抚恤金。建立军民共建单位；办事处组织辖区单位与部队官兵举办军民迎春晚会、“八一”建军节前联谊会、篮球赛，为部队送书籍、乒乓球拍、毛巾、牙膏等等慰问品，为部队举办文艺演出13场。其中1995年，办事处被市评为“双拥”先进单位。

（二）司法

普法　1986年，克尔根卓街道办事处成立普法领导小组，辖区各机关单位均成立普法领导小组，制定普法规划。辖区各机关单位98%以上干部职工均参加、通过普法考试。

人民调解　1997年7月，克尔根卓街道办事处成立司法所后，4个社区均建立人民调解员制度。2000—2006年，办事处加强人民调解员队伍建设。

（三）人民武装

1986年8月，克尔根卓街道办事处成立人民武装部，负责辖区民兵整组、训练，兵役登记和征兵工作及突发事件处置等。

（四）计划生育

1986年，克尔根卓街道办事处成立计划生育领导小组，下设办公室。1989年1月起，辖区少数民族育龄妇女执行计划生育政策。2005年9月，社区负责计划生育政策法规宣传、避孕药具发放、育龄妇女准生证办理，并会同医疗、保健机构对育龄妇女进行检查等工作。

（五）爱国卫生

1986—1990年，克尔根卓街道办事处辖区各单位、住宅小区环境卫生，实行“门前三包”，签订卫生责任书。据不完全统计，辖区清扫路面13 937人次、清运垃圾858车次。1995—2006年，办事处组织辖区单位疏通渠道27 656米；统一投放灭鼠药1 250千克、灭蟑药21 900盒、灭棉蚜虫药48 900花盆。辖区有“花园式单位”23个，“红旗单位”37个（其中：区级16个、州级5个、市级16个），绿化达标单位 24 个和“绿色社区”2 个。

（六）精神文明创建与社会治安综合治理

精神文明创建　1986 年，克尔根卓街道办事处开展精神文明创建活动。2003 年 9 月，办事处组织辖区 120 个单位，召开精神文明工作经验交流现场会，开展“公民道德建设月”“民族团结教育月”和“十花文明户”评选活动。至 2006 年，辖区文明单位 71 个，其中自治区级 22 个、州级 26 个、市级 21 个。自治区级文明社区 2 个。

社会治安综合治理　1995 年，克尔根卓街道办事处成立“社会治安综合治理领导小组”，辖区共有综治领导小组 125 个。每年年初办事处与辖区各单位签订“社会治安综合治理责任书”，平时有检查，年终有考评；对综治工作好的单位和先进个人予以表彰；对综治不力的单位实行“黄牌警告”；对综治问题突出的单位实行“一票否决”制度。2001—2006 年，办事处开展创建平安社区、和谐社区活动。

第三节　顾力木图街道办事处

一、建置

1985 年 12 月，博乐市顾力木图街道办事处成立。1988 年，街道办事处设 4 个居民委员会。1997 年 4 月，赛里木办事处并入顾力木图街道办事处。属博乐市政府派出机构。2001 年，顾力木图街道办事处设 6 个居民委员会。2006 年，办事处将 6 个居民委员会整合为 4 个社区居民委员会。

二、地理位置

顾力木图系蒙古语，意思为“马鞯之地”。博乐市顾力木图街道位于博乐城区西北部，西、北两面均与青得里乡交界，东起顾力木图路，其南端与响根布呼路连接后，沿星火干渠南上至五一水库。区域面积为 12.77 平方千米（含五一水库部份水域面积，不含原赛里木办事处所辖区域）。

三、行政区人口

1986 年，顾力木图街道办事处辖 3 个居委会，有居民 2 021 户 8 072 人。1988 年，办事处辖 4 个居委会，有居民 2 583 户 10 147 人。2001 年，办事处辖区 6 个居民委员会，有居民 17 038 人。2006 年，办事处辖 4 个社区，有居民 19 545 人，有汉族、蒙古族、维吾尔族、哈萨克族、回族、满族、锡伯族、达斡尔族、苗族、彝族、羌族、壮族等 24 个民族。

1987—2006 年博乐市顾力木图街道办事处辖区人口统计表

表 1-16　　　　单位：户、人

年份	总人口数	户籍分类		
		农业人口	非农业人口	未落户常住人口
1987	12 034	520	11 515	–
1988	10 147	–	10 147	–
1989	11 569	280	11 289	–
1990	11 676	222	11 454	–
1991	12 324	143	12 181	–

续表 1-16

年份	总人口数	户籍分类		
		农业人口	非农业人口	未落户常住人口
1992	13 390	273	13 117	-
1993	14 503	434	14 069	434
1994	15 245	579	14 666	579
1995	15 930	355	15 575	250
1996	15 053	359	14 694	359
1997	17 200	228	16 972	228
1998	17 569	319	17 250	319
1999	17 672	312	17 360	312
2000	17 790	316	17 474	316
2001	17 038	398	16 640	398
2002	17 662	287	17 375	287
2003	18 355	332	18 023	332
2004	18 958	305	18 653	305
2005	18 693	597	180 916	597
2006	19 545	84	19 461	84

四、社区建设

顾力木图街道办事处下辖向阳社区、文化社区 、前进社区、友谊社区 4 个社区，各个社区建 660 平方米办公楼 1 栋，内设“七站一室”，并配备健身、娱乐等器材、设备；2005—2006 年，社区连续获州级“先进基层党组织”称号。

五、社会事务

（一）民政

城镇居民最低生活保障　1999 年，顾力木图街道办事处为辖区 61 低保户 196 人发放低保金 13.31 万元；2001 年，办事处为辖区 100 低保户 287 人发放低保金 21.4 万元；2003 年，办事处为辖区 489 低保户 1 207 人发放低保金 110.36 万元；2005 年，办事处为辖区 525 低保户 1 278 名全年发放低保金 129.73 万元；2006 年，办事处为辖区 534 低保户 1 300 人发放低保金 127.2 万元。

失业人员劳动保障　2004—2006 年，顾力木图街道办事处为辖区内办理企业下岗人员小额贷款 502 万元；失业人员 1 072 人实现再就业；“再就业优惠证”618 本。

优待抚恤与社会救助　1986—1999 年，顾力木图街道办事处主要慰问军、烈属，残疾人等。2003—2006 年，办事处走访慰问驻区 189 户军、烈属及重点优抚对象，发放抚恤金 21.32 万元，动员辖区单位职工为军、烈属、特困户、孤寡老人、残疾人捐款 18.6 万元，送去 11.9 万元慰问金，价值 8.46

万元慰问品、捐物 1 万余件；为残疾人送轮椅 47 把。

（二）司法

普法　1986 年，顾力木图街道办事处成立普法领导小组。在普法中，辖区各机关单位干部职工均参加考试，通过考试。

人民调解　1997 年，顾力木图街道办事处成立司法所。2000 年，成立博乐市顾力木图街道办事处司法调解中心，制定《博乐市顾力木图街道办事处司法调解中心工作实施方案》。2003 年，办事处成立人民调解领导小组，加强人民调解工作建设。

（三）人民武装

1986 年 12 月，办事处成立人民武装部，负责辖区民兵整组、训练，兵役登记和征兵工作及突发事件处置等。

（四）计划生育

1986 年，顾力木图街道办事处成立计划生育领导小组，下设办公室。社区负责辖区计划生育政策法规宣传、避孕药具发放、育龄妇女准生证办理，会同医疗、保健机构对育龄妇女进行检查等工作。

（五）爱国卫生

1986—1999 年，顾力木图街道办事处辖区各单位、住宅小区环境卫生，实行“门前三包”，签订卫生责任书。同时，开展“除四害”等工作。2000—2006 年，辖区参加卫生活动的达 15 534 人次，清理卫生死角 70 处，集中清运垃圾 773 吨。开展防治“非典”工作。

（六）精神文明创建与社会治安综合治理

精神文明创建　1986 年，顾力木图街道办事处开展精神文明创建活动。1990 年，辖区“三优一学”先进单位 23 个。2003 年 9 月，办事处召开精神文明工作经验交流现场会。到 2006 年，办事处辖区文明单位 76 个，文明行业 12 个，文明社区 12 个，花园式单位 17 个，文明单位比率达到 78.3%。

社会治安综合治理　1995 年，道办事处成立社会治安综合治理领导小组。1997—2006 年，每年年初办事处与辖区各单位签订社会治安综合治理责任书，平时有检查，年终有考评；实行“黄牌警告”和“一票否决制”。加强流动人口管理，建立流动人口、出租房屋办证、建档制度。依法加强宗教事务管理，开展创建平安社区、和谐社区活动；建立 4 支义务巡逻队伍。辖区单位均参加“平安单位”创建活动，完善值班制度；创建平安家庭 9 219 户，创建率达到 97.6%。

第四节　南城区街道办事处

一、机构

2005 年 5 月，南城区街道办事处成立，属博乐市人民政府派出机构。2006 年，南城区街道办事处辖滨河社区、南城社区，每个社区事业编制 9 名。

二、地理位置

博乐市南城区街道办事处位于博乐市西南，西至青得里乡交界，东至糖厂，北至博乐河，南至石灰窑，总面积 14.4 平方千米。博乐市南城区街道办事处是博乐市党委、市政府机关所在地。

三、行政区人口

2006 年，南城区街道办事处辖 2 个社区，有居民 858 户 2 314 人，有汉族、蒙古族、维吾尔族、哈萨克族、回族 5 个民族。

第二编

BOLE SHIZHI

自然环境 资源

博乐市地质构造为天山构造带的西段北麓，属加里东、华力西和喜玛拉雅山构造体系。市境西高东低，西、北、南三面环山，呈现“四山三谷两条川”的地貌特征。夏季炎热，冬季寒冷，属北温带大陆性干旱气候。光照充足，年温差大。博尔塔拉河横贯博乐市，注入艾比湖，与其他众多支流、沟溪、泉水形成较丰富的灌溉水源，滋润着广阔的草原和良田。市境内阿拉山口是东起连云港西至荷兰鹿特丹铁路中国境内最西端的重要门户；赛里木湖被誉为“西来之异境，世外之灵壤”；怪石峪被誉为国家最大的天然造型花岗岩博物馆；夏尔希里自然保护区被誉为动植物基因库。

博乐市土地总面积为 7 956 平方千米。市境分布植物有乔木 17 科 49 属 108 种，灌木、半灌木 16 科 27 属 135 种；动物有野生脊椎动物 54 科 179 种，无脊椎动物昆虫纲 13 目 69 科 205 种，蛛形纲 2 目 13 科 34 种；矿种主要有煤矿、铁矿、锰矿、铜矿、铜金矿、多金属矿等 18 种。

第一章　地质　地貌

第一节　地　质

一、地层

博乐市境在地层上属北天山华力西褶皱带，出露的地层有古生界及新生界。市境内最老的地层为距今约 4—6 亿年的早古生代马依勒祖，系一套浅海底火山岩构造。

（一）古生界

志留系

在赛里木湖西、西南有部分出露，是一套遭受强烈复杂的区域变质作用而形成的结晶片岩、片麻岩和大理岩。

泥盆系

从赛里木湖向西至国境线，向东经呼苏木奇根山至精河黑山头均有出露。为一套砾岩、粗砂岩、千枚岩、化粉砂岩及页岩等。在阿拉套山一线也有出露。

石炭系

在沙里切库—沙雷凡一线，岩性主要为一套钙质砂岩、粉砂岩、夹砂质泥岩、砂质砂岩、砾岩等，在阿拉套山一线也有出露，在艾比湖西不整合覆盖。

石炭系在岗吉格一线出露。

（二）新生界

博乐市新生界地层分布广泛。

第三系　在阿拉套山前地带及艾比湖北侧有少量分布，有中新统红色岩组和上新统下部苍棕色岩组及上部砾岩组。

第四系　广泛分布于博乐谷地、呼苏图谷地和赛里木湖地区等。其中下中更新统冰碛层分布于赛里木湖东之呼苏木奇根河北岸、阿拉套山前等地；冰水沉积分布于阿拉套山前等地区，有三级冰水台地；坡积残积层由博乐城至达勒特镇一带，岩性为黄褐色、棕褐色粘土角砾。上更新统洪积层分布范围最广，出露面积最大，是组成博乐市境内山前倾斜平原主要物质，宽度 5 ~ 20 千米不等；冲积层分布于博乐谷地，博乐城东农五师八十九团一带；坡积—洪积层分布于岗吉格山南北两侧和赛里木湖周围等地区；冲积—湖积层分布于艾比湖西南。湖积层分布于赛里木湖东岸，构成湖积阶地。全新统冲积层分布于现代河床，河漫滩及一级阶地上，厚度一般为 20 ~ 50 米；洪积层分布于阿拉套山前洪积平原前缘等地；冲积—洪积层分布于博尔塔拉河沿岸等地区；湖积层分布于艾比湖沿岸，组成湖积一级阶地；中积—湖积层分布于艾比湖西岸，博尔塔拉河入口处；沼泽沉积层分布于艾比湖西岸，呈星点状分布在湖积层上；化学沉积层分布于湖积平原中；坡积 – 洪积层分布于艾比湖西岸之阔依塔斯山前平原；风积层分布于沿阿拉山口至精河风口一带。

二、构造

博乐市境地质构造为北天山构造带，属加里东、华力西和喜玛拉雅山构造体系。北天山构造在市境内延长约 160 千米，宽约 120 千米，大体是东西方向展布，有近似东西向压扭性断裂和褶皱横穿博乐市境内。另外，别景他乌加里东褶皱带也由西向东伸入境内。

（一）北天山海西宁褶皱带

北天山海西宁褶皱带包括阿拉套山复背斜，沙里切库—沙雷凡复向斜和岗吉格褶皱束。

阿拉套复背斜

自东向西依次为阿克赛倒转短轴背斜，玉科克短轴背斜，哈日图热格短轴背斜等。

沙里切库—沙雷凡复向斜

由赛里木湖向西至国境线，向东经呼苏木奇根至精河黑山头，北以卡赞—舒夫乌庭大断裂与别景他乌和岗吉格为界，南部与博罗霍洛复背斜毗邻。

岗吉格褶皱束

属北天山海西宁褶皱带中的一个四级构造单元，构成岗吉格山脉，西与西南以卡赞—舒夫乌庭大断裂与别景他乌褶皱，沙里切库—沙雷凡复向斜为界，东与精河断凹毗邻，北与博断凹相接，南隔赛里木湖、呼苏图断凹与沙里切库—沙雷凡复向斜相望，褶皱束是由许多个褶皱平缓的短轴背斜，穹降背斜组成。

（二）别景他乌加里东褶皱带

位于博尔塔拉河上游右岸，温泉南侧，南以卡赞—舒夫乌庭大断裂与北天山褶皱带之沙里切库—沙雷凡复向斜为界，北部以温泉大断裂与博乐断凹，阿拉套山复背斜为界。

（三）前山构造

前山构造主要是第三系地层沿山麓地带受新构造运动作用，使岩层向上倾斜向平原翘起，并于第四系地层逆断层接触而构成前山带。

（四）第四纪地质

博乐境内第四纪广泛分布于博乐谷地，呼苏图谷地和赛里木湖地区。博乐谷地主要受南北两侧深大断裂控制，但其中次一级的近南北向断裂的存在，使谷地内部构造复杂化，西部沉降最大。第四纪厚度达 800 余米，沉积中心在查干屯格附近一带。向东逐次变薄，形成博乐附近隆起。谷地南侧东部，受岗吉格山隆起影响，第四纪沉积物变薄，而自塔斯尔海以东，又进入到艾比湖沉降区。

第二节　地　貌

一、地貌特征

博乐市境内自南至北依次为天山支脉科古尔琴山、呼苏木奇根山、岗吉格山和阿拉套山。由西向东贯穿全境，分别形成了呼苏木奇根、呼苏图和博乐三个封闭半封闭喇叭型的山间谷地平原和呼苏木奇根河，博尔塔拉河两条山区河流，在全境形成山地、丘陵、谷地、盆地，呈现“四山三谷两条川”的地貌特征。

二、地貌类型

博乐市境内南面有北天山支脉科古尔琴山，东北面是准噶尔盆地，北面是阿拉套山，中间为呼苏木奇根和岗吉格山，地势西高东低，高山、中山、低山、丘陵和谷地平原呈阶梯状分布。全市最高处山峰为霍洛力乌苏西南处，海拔高度 4 189 米，最低处为东部博尔塔拉河入湖口，海拔高度 194.6 米，高差为 3 994.4 米。高处常年积雪，高山草甸和亚高山草原是天然森林和牧区，谷地和盆地是农作区，垂直气候差异较大，形成了宜林、宜牧、宜农的多宜性优势和地貌类型。境内可分为三级地貌类型区。一级地貌区：博乐北部山区、博乐西南部山区二级地貌区：博乐东北部丘陵区、岗吉格丘陵区三级地貌区：博乐南北山地倾斜平原区、呼苏图谷地平原区。

（一）谷地

博乐谷地　西至哈尔墩（海拔高 800 米），东至艾比湖（海拔 194.6 米），与准噶尔盆地相连，系西东向逐渐开阔的喇叭口型谷地，东西长 86.2 千米，南北宽 31 ~ 46 千米，两侧横向平均比降 26.7‰，纵向平均比降 6.5‰，平原面积 2 535 平方千米，占全市总面积的 31.86%。平原中，沿博尔塔拉河两岸（主要北岸）为博乐市（兵团农五师 6 个团场）的耕地、林地。外围南北两侧为牧业春秋草场。博尔塔拉河自西向东贯穿谷地。

呼苏图谷　西起别珍套山与科古尔琴山的结合处，东至博乐城至五台路口（海拔 460 米），赛里木湖座落在谷地西部。整个谷地西窄陡，东平缓开阔，与博乐谷地相连。东西长约 100 千米，南北宽 4 ~ 15 千米。谷地南北横向比降 20% ~ 100‰，纵向平均比降 28.9‰，面积约 320 平方千米，占全市面积的 4%。乌伊公路贯穿谷地中部。谷地西部、北部山区降水较多，且分布有少量杉树疏林。东部气候干旱，植被稀少，属于干旱半荒漠草原，系博乐市春秋草场。

呼苏木奇根谷地　是由科古尔琴山与呼苏木奇根山之间形成的封闭型谷地，地形狭窄，陡峻。呼苏木奇根河由谷地流入精河县境内。市境内长约 58 千米，呼苏木奇根河贯穿谷地中部。谷地西部、南部有少量原始杉树、桦树和疏林外，其它植被稀少，是本市牧业冬夏草场。

（二）山脉

市境内东西方向，由南至北依次有天山支脉科古尔琴山、呼苏木奇根山、岗吉格山和阿拉套山。

科古尔琴山　系天山西段支脉。由西部别尔珍套山南行转东西走向延伸入博乐市境内，是博乐市与霍城县、伊宁县接壤的分水岭。在博乐市境内长约 108 千米，宽 0.8 ~ 15 千米，西部海拔高 4 016 米，中部最低处 2 381 米，博乐市与精河接壤处为 2 900 米。山体沟脊相间，坡陡谷深，变化复杂。西部受赛里木湖及高山影响，降水多，气候湿润、凉爽，是博乐市多雨区之一。海拔 3 700 米以上有永久性积雪冰川，是赛里木湖径流的主要补给来源，阴坡分布有云杉、疏林、植被良好，是博乐市的主要夏牧场。

呼苏木奇根山　为科古尔琴山北侧支脉，起于赛里木湖东端的鄂勒著依图博木（三台）东至呼苏木奇山口。市境段东西长约 55 千米，南北宽 5 ~ 14 千米，西高东低，最高处 3 596 米，最低处海拔 2 190 米，高差 1 150 米。西部气候湿润，植被发育较好，中部阴坡有少量杉树分布，东部气候干燥，植被较差，为冬夏草场。

岗吉格山　由温泉县境内别景他乌山沿赛里木湖北侧延伸入境，在博乐—五台公路和博肯采柯尔附近消失。山体由西向东逐渐降低。西部最高处在博乐—温泉交界处的霍洛力乌苏西南处，海拔高 4 189 米，东部最低处在博肯柯尔附近，海拔 534 米，山体在境内宽度 3.6 ~ 24 千米，东西长 116.6 千米。岗吉格沟（有水）由西向东贯穿其中，西部气候湿润凉爽，植被良好，为全市降水最多的区域。海拔

3 600 米以上，有少量永久积雪冰川，为赛里木湖径流补给区。阴坡有森林、灌木分布，为优良的夏牧场。东部山势低，气候干燥，植被稀疏，为春秋冬草场。

阿拉套山脉（含哈日图热格山、沙拉套山和阔依塔斯山） 自温泉县境延伸入境，博乐境内的阿拉套山是该山脉的东部尾端，在市境阿拉山口呈部分低矮丘陵断陷状至博乐火车站附近消失。西部最高处称哈日图热格山，海拔 4 033 米，山顶有冰川积雪，山间断裂有哈日图热格河，是博尔塔拉河的支源之一，最低处在艾比湖附近，海拔 350 米。往东有保尔德山，山间断裂有保尔德苏河，是博北台地的主要水源。山体在境内南北宽 5.6 ~ 33.5 千米，东西长 83.8 千米，有常流水的山沟 11 条，山泉 24 处。气候由东向西逐渐湿润、凉爽，植被增加。阴坡有零星森林分布，森林植被发育良好，东部的沙尔套山，阔依塔斯山分布有稀疏针、阔叶林。博州属哈日图热格林场，设于其间，是博乐市冬夏与部分春秋草场。

（三）山峰

查干哈得山峰 位于博乐市南岗吉格山与温泉县别珍套山交界处。峰高 3 026.8 米。峰北陡峭，峰南较缓。碎砾石裸露，植被较差，为青得里乡夏草场。“查干哈得”系蒙古语，白色崖之意。

查干艾尔尕山峰 位于博乐市岗吉格山中日苏纳库特勒（南山煤矿）西 23 千米。峰高 2 355 米，是一座孤峰。牧草茂盛，为博乐市冬草场。“查干艾尔尕”系蒙古语，意思为象白毡房一样的山峰。

交逊陶勒哈山峰 位于博乐市南 20.5 千米处的博五公路两侧。山峰海拔 856 米，东南为开阔洪积扇，岩层裸露，植被稀少。“交逊陶勒哈”系蒙古语，意思为像铜钱一样的山。

（四）山口

阿拉山口 位于博乐市东北直线距离 50 千米，艾比湖西北部。地处阿拉套山和巴尔鲁克山之间，宽 20 余千米，由西北向东南倾斜，形成落差为 150 米的狭长走廊，海拔 300 米以上，是著名的风口。冬季盛行风向是东南风，其他季节盛行风向是西北风。年平均风力 8 级以上日数达 166 天，最大风力 12 级以上，各年最大风速每秒 36 米以上。强劲的大风将直径达 1 ~ 2 毫米的石砾堆积成一道道的砾坝。气候夏暑冬寒，夏季高温酷热期从 6 月下旬至 8 月下旬，气温高达 30℃以上，极端最高气温达 44.2℃。降水极少，降水量年平均不足 100 毫米，水源奇缺。

阿拉山口世称准噶尔山门，是兰新铁路西段终点站，并与哈萨克斯坦铁路相接，是沟通欧亚大陆的桥梁。“阿拉”系哈萨克语，意思为各种颜色。

腾格尔达坂（山口） 位于博乐市小营盘镇明格陶勒哈村西北 18 千米处。地势三面环山，海拔 2 532 米。泉水一股，流量每秒 0.1 米。四周森林密布，牧草茂盛，是小营盘镇的夏牧场。“腾格尔达坂”系蒙古语，“腾格尔”，意思为象天一样高；“达坂”，意思为高山峡道。

莫顿敖博（山口） 位于博乐市小营盘镇明格陶勒哈村东北 10.6 千米处。山体西北与东南二侧渐高，西南与东北两侧逐渐降低，形似马鞍的山间隘口，海拔 2 238 米。生长疏林，植被较好，是良好的冬草场。“莫顿敖博”系蒙古语，意思为木头堆。

海青库特勒（山口） 位于博乐市小营盘镇明格陶勒哈村东北 19.8 千米，山体东西两侧高，南部较宽阔平缓，北部窄陡直通加曼怡特开阔坡地，隘口宽约 350 米。南部有一股泉水顺山沟向东南流入保尔德苏河。植被较好，牧草茂盛。“海青库特勒”系蒙古语，意思为象剪子形状的山坡。1763 年，海青库特勒为察哈尔的卡伦。

巴尕达坂（山口） 位于博乐市小营盘镇明格陶勒哈村东北 13.3 千米处。山体东侧较陡，西侧为坡地，海拔 2 101 米；西南部有一条宽缓大沟，沿沟有小路，东南相通。植被良好，是优良的冬草场。“巴尕达坂”系蒙古语，“巴尕”意为小；“达坂”意为高山峡道。

苏根达坂（山口） 位于博乐市小营盘镇明格陶勒哈村东北 10 千米处。山体东西两侧稍高，南北逐渐降低，海拔 2 402 米。植被茂盛，分布云杉、松和疏林。“苏根达坂”系蒙古语，“苏根”意为胳肢窝。苏根达坂是边关重地，1910—1918 年，当地蒙古族曾组织“兰金卫队”驻守。

苏更阿门（山口） 位于博乐市小营盘镇明格陶勒哈村东北 4.5 千米处，海拔 1 300 米。气候温凉，主要牧草为荆棘，是春秋草场。北 2.5 千米处是边防站。“苏更阿门”系蒙古语，意思为似腋窝形的山口。

塞里克特（山口） 位于博乐市 33 千米处。山体由北向南倾斜，地形似马鞍；东北约 1 千米与哈萨克斯坦为界，是一个风口。植被良好，树种类较多，生长贝母、党参和白术等中草药。“塞里克特”系蒙古语，意为风口。

苏金赛达坂（山口） 位于博乐市 40 千米。山体由南向北倾斜，东西两侧山包各一个，似马鞍隘口，海拔高度 1 200 米。岩石裸露，气候干燥，植被较差。“苏金赛达坂”系蒙古语，“苏金赛”意思为人的胯骨，形容地形像人的胯骨。哈萨克语为“江巴斯”。

喀拉达坂（山口） 位于博乐市东北 40 千米。山体由南向北倾斜，周围群山林立，隘口形似马鞍。降水较多，植被较好，生长云杉、松等。“喀拉达坂”系哈萨克语，意为黑色的高山峡道。

秀布特达坂（山口） 位于博乐市三台东北 26.7 千米，与温泉县交界处。周围群山叠嶂。赛里木湖—温泉县公路由此通过。气候湿润、凉爽，植被茂盛。生长云杉、疏林等，是小营盘的夏草场。“秀布特达坂”系蒙古语，意为鸟类山梁。

乌兰布勒根达坂（山口） 位于三台东北，是通往岗吉格山的便道。降雨多，气候湿润、凉爽，植被茂盛，生长云杉、松等。野生动物有鹿、狗熊等。“乌兰布勒根”系蒙古语，意为有泉的红石头山梁。

呼然达坂（山口） 位于博乐市三台东北 15 余千米，是赛里木湖至岗吉格山的便道。隘口似马鞍形，海拔 2 663 米。夏季多雨，气候湿润、凉爽，植被茂盛。山北坡为夏草场，山南坡为冬草场。“呼然达坂”系蒙古语，意为干旱的马鞍形山梁。哈萨克语称“高得很”。

达巴特达坂（山口） 位于博乐市三台东北 13 余千米，与温泉县交界，是由赛里木湖通往温泉县的便道。隘口形似马鞍，海拔 2 640 米。夏季多雨，气候湿润、凉爽，植被茂盛，是乌图布拉格的夏草场。“达巴特”系蒙古语，意为难关山岭。

阿里木图库特里（山口） 位于博乐市三台西南 37 余千米，与霍城县交界，是通往霍城县境的便道。海拔 2 510 米，植被茂盛，生长云杉等，是阿热勒托哈牧场的夏草场。“阿里木图库特里”系蒙古语，意为有苹果的山梁。

（五）草地

台贝勒哈特草地 位于博乐市小营盘镇明格陶勒哈村南 7 千米，东西长约 11 千米，南北宽约 10 千米，面积约 75 平方千米，地势平坦开阔，由北向南倾斜，是阿热勒托哈牧场的春秋草场。“台贝勒哈特”系蒙古语，意为遍生红柳。

宝日根库得草地 位于博乐市青得里乡亚曼塔木村西南 10 千米，保尔德苏河以东。东西长约 10 千米，南北宽约 95 千米，海拔 800 多米，地势由北向南倾斜。气候干燥，植被较差，是青得里乡等单位的春秋草场。“宝日根库得”系蒙古语，意为斜坡沙滩中的平地。

扎格敖博草地 位于博乐市阿拉山口气象站西南 22 千米，面积约 20 平方千米。气候干燥，水源奇缺，植被一般，是达勒特镇的春秋草场。“扎格敖博”系蒙古语，意为用梭梭叠起来的木头堆。

巴嘎科克恩祖苏龙草地 位于博乐市赛里木湖西岸，南北直线距约 5 千米，东西直线距 4.5 千米。夏季多雨，气候湿润，牧草丰茂，是阿热勒托哈牧场的夏草场。“巴嘎科克恩祖苏龙”系蒙古语，意为察哈尔正蓝旗的夏草场。

库别塔兰祖苏龙草地　位于博乐市赛里木湖西南。地势平坦开阔，由西向东倾斜，面积约10平方千米。夏季多雨，气候湿润，植被丰茂，是阿热勒托哈牧场的夏草场。“库别塔兰祖苏龙”系蒙古语，意为察哈尔镶红旗的草场。

塔翁陶勒哈草地　位于博乐市三台北65千米。东西长约10千米，南北宽约9千米，地势较宽阔，山前有泉水沟数处。夏季多雨，气候湿润，植被良好，是青得里乡的夏草场。“塔翁陶勒哈”系蒙古语，意为五个山头。

呼斯坦别勒草地　位于博乐市四台乌伊公路南侧。东西长约20千米，南北宽约8千米，面积约130平方千米，地势平坦开阔。降雨少，气候干燥，植被较差，是博乐市春秋草场。“呼斯坦别勒”系蒙古语，意为有桦木的斜坡地。

萨木亚纳别勒草地　位于博乐市四台乌伊公路北侧。东西长约5千米，南北宽约5.5千米，面积约34平方千米，为洪积扇戈壁地。气候干燥，植被较差，是达勒特镇的冬草场。“萨木亚纳别勒”系蒙古语，意为萨木亚纳别勒（人名）住的斜坡地。

哈日查干库得草地　位于博乐市四台东北的乌伊公路北侧，地势由西向东倾斜，较平坦。东西长约15千米，南北宽约5千米，面积约80平方千米。气候干燥，植被一般，是青得里乡和阿热勒托哈牧场的冬草场。“哈日查干库得”系蒙古语，意为黑白山下的平原。

决仑托汗苏木草地　位于博乐市四台西南20.7千米，处呼苏木奇山中，似小盆地，四周云杉茂密。东西长约1.5千米，南北宽约0.5千米。呼苏木奇郭勒（河）由西向东贯穿盆地。气候湿润，植被良好，是贝林哈日莫墩乡的夏草场。盆地东北有古庙遗址，建庙时间不详。“决仑托汗苏木”系蒙古语，意为修建在温暖的拐弯地的庙。

苏都勒草地　位于博乐市贝林哈日莫墩乡贝林哈日莫墩村东北4.2千米，呈东西走向。长约6千米，宽约2千米。地势平坦，土层厚，牧草较好，是大畜的冬草场。“苏都勒”系蒙古语，意为泉水冲流出来的土地。

第二章　气　候

第一节　气候特征

博乐市位于新疆西北部准噶尔盆地的西南缘，处于中纬度，属于大陆性温带荒漠干旱气候。其气候特点：春季气温冷暖多变；夏季气候炎热；秋季晴朗少雨；冬季寒冷漫长。气温年、月、日变化幅度都比较大。降水量各季分布不均，差值较大，主要集中在夏季，春季次之。除阿拉山口地区（是全国有名的风口之一）大风日数高达148天外，其余地区大风日数相对较少，且主要集中在夏季。博尔塔拉河河谷中游地区的西部和南部山区的赛里木湖及北部山区的哈日图热格是夏季冰雹的活动区。冬季境内大部分地区最大积雪厚度约18厘米左右，但阿拉山口附近，明显较薄，约为6厘米。

南部山区，坐南向北，日照时间相对较短，热量条件不足，无霜期短，中低山区有逆温层，冬暖夏凉，地处北方气流的迎风面，降水相对较多，夏季冰雹活动频繁。

北部山区，坐北向南，日照时间相对较长，虽然热量条件也不足，但优于南部山区，中低山区也有逆温层的存在，冬暖夏凉。由于处于北方背风面，降水相对南部山区较少，但多于平原地区。

丘陵和山麓地带，热量相对不足，降水稀少，空气干燥，蒸发强烈，但夏季有冰雹。

平原地区东部，日照充足，热量丰富，无霜期较长，降水量少，空气干燥，蒸发量较大。西部地区，日照时间较长，但热量不足，降水量较东部较多，蒸发量较小，无霜期较短。

第二节 四季划分

根据博乐、阿拉山口两个气象站资料，按候平均温度（任意候的初候），0 ~ 20℃为春季，大于20℃为夏季，20 ~ 0℃为秋季，小于0℃为冬季。如表2–1：

博乐市四季划分情况表

表2–1

项目		博乐气象站	阿拉山口站
春季	初候	3月第5候	3月第4候
	终候	6月第4候	5月第6候
	日数	92天	72天
夏季	初候	6月第5候	6月第1候
	终候	8月第4候	9月第1候
	日数	61天	97天
秋季	初候	8月第5候	9月第2候
	终候	11月第2候	11月第3候
	日数	76天	66天
冬季	初候	11月第3候	11月第4候
	终候	3月第4候	3月第3候
	日数	136天	130天
备注		冬季最长	冬季最长

第三节 日照与辐射

博乐市境内空间云量和风沙较少，太阳辐射量较多，高于东、南各临近县市，与温泉县基本相当。市内西部地区日照时数高于东部，但因季节不同也相差悬殊。如表2–2：

博乐市各地年日照时数变化情况表

表2–2　单位：小时

气象站名	年日照时数					
	年均	占可照时数比（%）	年最大	时间	年最小	时间
博乐	2 683.9	63	3 083.6	1983年	2 302.3	1992年
阿拉山口	2 555.9	61	2 850.1	1996年	2 228.0	2002年

博乐市各地日照时数月均变化情况表

表 2-3 单位：小时

气象站名	月日照时数					
	月均	占可照时数%	月最大	时间	月最小	时间
博乐	223.7	63	379.0	1983 年 7 月	36.4	1989 年 12 月
阿拉山口	213.0	61	353.6	1980 年 7 月	20.1	1989 年 12 月

博乐市各地太阳总辐射量变化情况表

表 2-4 单位：千卡 / 厘米 ^{2}

气象站名	年均总辐射量	辐射量		
		月均	月最大	月最小
博乐	137.4	11.4	18.4	4.3
阿拉山口	129.2	10.8	17.5	3.3

第四节 气温 地温 水温

一、气温

博乐市境各地年平均气温差异较大，年平均气温随海拔高度的上升有着明显变化，一般海拔每上升 100 米，年平均气温下降 0.3 ~ 0.4℃，同时，年平均气温的年际变化也较大。

据博乐市气象局 1979—2006 年的实测资料，博乐市年平均气温 6.7℃，最冷月为 1 月，平均气温为 -15.8℃，极端最低气温 -35.0℃，最热月为 7 月，平均气温为 23.7℃，极端最高气温为 39.0℃。年降水量为 199.4 毫米，年蒸发量为 1 552.9 毫米。平均无霜期为 183 天，最长为 203 天，最短为 150 天。干燥度为 3.3 ~ 6.3。日平均气温大于或等于 10℃的多年平均活动积温为 3 261℃。但由于地形和地理位置不同，各地差异明显。

阿拉山口地区年平均气温为 9.1℃，最冷月也为 1 月，平均气温为 -14.9℃，极端最低气温 -31.9℃，最热月也为 7 月，平均气温为 27.9℃，极端最高气温为 44.1℃，年降水量为 120.1 毫米，年蒸发量为 3 857.5 毫米，平均无霜期为 209 天，最长为 236 天，最短为 184 天。如下表：

博乐市多年平均最高、最低气温情况表

表 2-5

气象站名	各站海拔高（米）	年平均气温（℃）	年最高平均气温（℃）	年最低平均气温（℃）
博乐	531.9	6.7	13.3	0.6
阿拉山口	336.1	9.1	14.5	3.7

博乐市各地多年月平均最高、最低气温情况表

表 2-6

气象站名	月平均最高气温（℃）	日期	月平均最低气温（℃）	日期
博乐	25.0	1987 年 7 月	-21.4	1984 年 1 月
阿拉山口	29.5	1987 年 7 月	-20.6	1984 年 1 月

博乐市各地多年极端最高、最低气温情况表

表 2-7

气象站名	年极端最高气温（℃）	日期	年极端最低气温（℃）	日期
博乐	39.0	1981 年 7 月 13 日、1997 年 7 月 18 日、2000 年 7 月 8 日	-35.0	1988 年 2 月 16 日
阿拉山口	44.1	1994 年 7 月 2 日	-31.9	1984 年 12 月 24 日

博乐市各地多年平均积温情况表

表 2-8

气象站名	多年平均积温		多年最高积温		多年最低积温	
	≥ 0℃	≥ 10℃	≥ 0℃	≥ 10℃	≥ 0℃	≥ 10℃
博乐	3 729	3 261	4 297	3 955	3 133	2 872
阿拉山口	4 345	3 929	4 661	4 330	3 910	3 273

二、地温

地面温度的变化分布规律与气温基本一致，但地面温度的升降幅度要比气温升降幅度大。

博乐测站的地表温度为 9.2℃，比气温高 3.5℃。从 11 月至次年 2 月地表的平均温度均在 0℃以下，3—10 月的地表温度都在零上，其中 7 月份最高，为 30.2℃；1 月最低，为 -16.5℃。

在 4—11 月，自西向东随地势高度的降低，地表温度递增；在 9 月至次年 3 月则相反，地表温度随地势高度降低而递降，地面极端最高和最低温度除阿拉山口地区偏高外，各地差异不大，博乐测站地表极端最高温度为 70.0℃（1997 年 7 月 18 日和 1994 年 7 月 2 日），地表极端最低温度为 -38.6℃（1988 年 2 月 16 日）。

地中温度只在 4—10 月有观测，其中 5 厘米平均温度为 20.4℃，10 厘米平均温度为 19.8℃，15 厘米平均温度为 19.1℃，20 厘米平均温度 18.8℃。地中温度在 4—10 月随着深度的增加而递减。

一般年份最大冻土深度可达 100 厘米。最大冻土深度高达 125 厘米。

三、水温

博乐市境内水资源大部分系高山冰雪融化后，从地面或地下补给形成的径流，故水温随地点和时间的不同有较大差异。以博乐市区附近河水为例，最低在 0℃以下，最高时可达 15.0℃左右，地下水温一般在 9.0 ~ 11.0℃。

第五节 降水与蒸发

一、降水

博乐市境属准噶尔盆地西南缘少雨区，年降水量较少，降水日数也不多，但由于境内地形复杂，各地降水差异较大。博尔塔拉河中游地区多于下游地区，山区多于平原地区，北山的哈日图热格和南部山区的赛里木湖是全市降水量最多的地区，阿拉山口地区是降水量最少的地带。

博乐市各站年平均降水量情况表

表 2-9

气象站名	海拔高度（米）	年平均降水量（毫米）	年最大降水量（毫米）	年份	年最小降水量（毫米）	年份
博乐	531.9	199.4	322.3	2002	105.3	1997
阿拉山口	336.1	120.1	198.6	1987	32.1	1997

博乐市各地降水量季节变化情况表

表 2-10

气象站名	春季降水量（毫米）	夏季降水量（毫米）	秋季降水量（毫米）	冬季降水量（毫米）	月平均最大降水量（毫米）	月份	月平均最少降水量（毫米）	月份
博乐	58.0	77.9	42.1	21.3	33.0	5	5.3	1
阿拉山口	28.6	47.2	22.8	21.5	19.4	7	2.7	3

降水日数（凡日降水量≥ 0.1 毫米，计为一降水日，又称雨日）、年雨日数随地点和海拔高度不同而有较大差异。如下表：

博乐市各地年降水日数及日最大降水量情况表

表 2-11

气象站名	年降水日数（天）			日最大降水量（毫米）	日期
	年平均	最多	最少		
博乐	83.2	101.0	64.0	41.7	1981 年 9 月 24 日
阿拉山口	73.0	91.0	53.0	33.1	1986 年 2 月 22 日

市境内降水有降雨和降雪两部分组成，二者的地区分布相似，降雪也是山区多于平原，西部多于东部，平原地区降雪量占全年降水量的比例不大，约 12% ~ 15%之间。

市境内稳定积雪日数为 103 天左右，但各地差异很大。冬季积雪不厚，一般情况不会超过 10 厘米，最大积雪深度为 18 厘米左右，但阿拉山口地区仅为 6 厘米左右。

二、蒸发

博乐市境内太阳辐射强，气温高，风速大，故蒸发量大，但因地理位置不同，差异较大。总体说来，东部大于西部，平原高于山区。市境内年平均蒸发量在 1 500.0 ~ 3 900.0 毫米之间，是年降水量的 7.7 ~ 32.1 倍。

博乐市各地蒸发量变化情况表

表 2-12

气象站名	年平均（毫米）	月平均最大（毫米）	月份	月平均最小（毫米）	月份
博乐	1 543.5	281.3	7	7.2	12
阿拉山口	3 857.5	702.0	7	12.4	1

第六节　风向与风速

博乐市境各地风速差异较大，阿拉山口地区多年平均风速每秒 5.7 米，博乐地区每秒 1.5 米。总体来看，平均风速东部地区大于西部，阿拉山口地区最大，山区最小。阿拉山口极大风速每秒 41.9 米，出现在 2000 年 6 月 30 日，在 8 级及以上的大风日数高达 148 天。以季节划分，春、夏风速最大，阿拉山口地区每秒 8 米左右；博乐地区每秒 3 米左右，秋季次之，冬季最小。博乐地区 8 级以上大风主要出现在夏季，且以阵风为主，阿拉山口地区时间分布较为均匀。

博乐市各地风速变化情况表

表 2-13

气象站名	多年平均（米 / 秒）	最多风向	月平均最大（米 / 秒）	月份	月平均最小（米 / 秒）	月份
博乐	1.5	西风	2.3	4	0.8	12
阿拉山口	5.7	西北风	7.7	4	3.2	1

第七节　湿　度

博乐市境各地平均相对湿度都在 50% 以上，冬季相对湿度一都在 75% 以上。一年中，月最大相对湿度出现在 12 月，可达 79% ~ 84%。月最小相对湿度出现在 5—6 月，平均约 32% ~ 53%。4—8 月为全年干燥期，其间的月平均相对湿度为 35% ~ 57%。

博乐市各地相对湿度变化情况表

表 2-14

气象站名	年平均（%）	月平均最大（%）	月份	月平均最小（%）	月份
博乐	67	84	12	52	5
阿拉山口	53	79	1、2	33	6

绝对湿度的年月变化恰好与相对湿度的年月变化相反，与气温变化则一致，1 月为最小，7 月为最大。1—7 月逐渐增大，8—12 月逐渐减小。

博乐市各地绝对湿度（水汽压）变化情况表

表 2–15

气象站名	年平均（百帕）	月平均最大（百帕）	月份	月平均最小（百帕）	月份
博乐	7.6	15.1	7	1.7	1
阿拉山口	6.4	11.9	7	1.7	1

第八节　霜　期

博乐市境各地无霜期长短不一，总体说来，东部大于西部，平原地区大于山区。

博乐市各地无霜期及初、终日变化情况表

表 2–16

项目	博乐气象站			阿拉山口气象站		
	无霜期	初日	终日	无霜期	初日	终日
最长	203 天	1997 年 4 月 8 日	1997 年 10 月 28 日	236 天	1997 年 3 月 18 日	1997 年 11 月 8 日
最短	150 天	1984 年 24 月 25 日	1984 年 10 月 2 日	184 天	1979 年 4 月 14 日	1979 年 10 月 15 日
多年平均	183 天	4 月 13 日	10 月 13 日	209 天	4 月 4 日	10 月 30 日
保证率 80%	156 天	4 月 26 日	9 月 27 日	176 天	4 月 17 日	10 月 9 日
保证率 90%	149 天	5 月 6 日	9 月 24 日	166 天	4 月 24 日	10 月 6 日

第九节　物　候

博乐市境由于各地气候条件差异，各类物候差异较大。市境东部（艾比湖盆地）早 3 ~ 5 天，西部（博尔塔拉河西段）迟 7 ~ 10 天。

一、作物物候

冬小麦

8 月下旬末至 9 月下旬初，播种；9 月下旬末至 11 月下旬，分蘖；4 月下旬至 5 月上旬，拔节；5 月下旬末至 6 月上旬初，抽穗；6 月下旬末至 7 月下旬，成熟。

春小麦

3 月下旬至 4 月中旬，播种；5 月上旬末至 5 月下旬末，分蘖；5 月下旬末至 6 月上旬，拔节；6 月中旬至 6 月下旬末，抽穗；7 月中旬至 7 月下旬，成熟。

玉米

4月中旬至5月上旬，播种；5月上旬至5月中旬，出苗；7月上旬末至7月下旬末，抽穗；9月上旬至9月下旬，成熟。

棉花

4月中旬末至5月上旬，播种；5月中旬至6月下旬初，出苗；7月上旬末至7月下旬初，开花；8月下旬至9月下旬，吐絮。

水稻

4月中旬至4月下旬，育秧；5月中旬至6月下旬初，直播或插秧；7月下旬末至8月中旬，抽穗开花；9月中旬末至10月上旬，成熟。

油葵

4月中旬，播种；4月下旬至5月初，出苗；7月上旬至7月下旬，开花；8月中旬至9月中旬，成熟。

甜菜

3月下旬至4月下旬，播种；5月下旬至6月下旬，丛叶期；9月中旬至9月下旬末，成熟。

二、木本植物物候

榆树

3月下旬，萌动期；4月中旬，开花期；10月下旬，落叶期。

杨树

4月上旬，萌动期；4月中旬，展叶期；10月中旬，落叶期。

白蜡树

4月中旬，萌动期；4月下旬，展叶期；10月中旬，落叶期。

三、候鸟物候

家燕

4月下旬，始见；9月下旬，终见。

布谷鸟

5月上旬，始见；7月上旬；终见。

大雁

3月下旬，始见；10月下旬，终见。

四、河流物候

博尔塔拉河

11月中旬，结冰；3月下旬，解冻。

哈日图热格河

11月中旬，结冰；3月下旬—4月上旬，解冻。

第三章 水 文

第一节 地表水

一、博尔塔拉河流域水系

博尔塔拉河

博尔塔拉河发源于温泉县境内别珍套山和阿拉套山会合处的洪别林达坂，海拔高度3 280米。全长 252 千米，流域面积 11 367 平方千米，河网密度 0.76，河道平均纵坡 1/100 ~ 1/120。河的中游，南有乌尔塔克赛河（温泉县境内）支流，北岸有哈日图热格河和保尔德苏河（博乐市境内）两大支流，河的下游南岸有大河沿子河（精河县境内）支流。河由西向东，流经温泉县境塔秀乡、哈日布呼镇良繁场，博乐市境香班哈日根牧场农业组、阿热勒托哈牧场、小营盘镇、青得里乡、市城区、农五师八十五团、达勒特镇、贝林哈日莫墩乡、农五师八十一团、九十团，注入艾比湖。

博尔塔拉河径流年内分配较均衡，春季（3—5 月）水量占全年水量的 22.9%，夏季（6—8 月）水量占全年水量的 19.3%，秋季（9—11 月）水量占全年水量的 21.1%，冬季（12—2 月）水量占全年水量 36.7%。河水以冰雪水、降雨和地下水混合补给，以地下水补给为主。

博尔塔拉河在市境长约 125 千米。多年实测平均径流量 4.75 亿立方米，径流年际变化比较稳定，变差系数值（Cv）为 0.14。博乐市的分水比例为 44.73%。在市境北侧阿拉套山南坡，自西向东，有长流水的沟溪 8 条，山泉 24 处。年平均径流量 2.3 亿立方米，引用 1.29 亿立方米，占年总径流量的 56%。除哈日图热格、保尔德苏河沟 53.4% 以上的水用于灌溉外，其他沟溪的山泉水全部供牧业人、畜饮用和饲料基地灌溉。

哈日图热格河

发源于阿拉套山东部南麓，哈日图热格山区，是博尔塔拉河在市境内最大支流。河源高程海拔 3 400 米以上，河道全长 52.5 千米，南北流向。夏季水多引水灌溉农田，冬季由农五师八十七团场汇入博尔塔拉河。

哈日图热格河流域面积 188 平方千米，水面宽 5 ~ 10 米，水深 10 多厘米，比降 16% ~ 35%。年平均流量为每秒 4.12 立方米，最大洪水流量为每秒 146 立方米，最小流量为每秒 0.53 立方米，年平均径流量 12 984.10 万立方米。河源有少量永久积雪、冰川，径流以冰雪消融、降水补给为主。每年 11 月中旬开始结冰，次年 4 月融化，冰厚 50 ~ 60 厘米。河床以砾卵石组成，两岸坡陡谷深，属典型的山溪性河流。河上的主要人工建筑是哈日图热格山口底栅栏坝引水渠首和林区道路便桥 5 座。

保尔德苏河

发源于哈日图热格山区以东的夏尔希里地区，是博尔塔拉河在市境内的次大支流，河源高程 3 380 米以上。

河道全长 51.9 千米，流域面积 256 平方千米，河谷宽 200 ~ 500 米，常流水槽宽 5 ~ 10 米。年均流量每秒 2.54 立方米，年均径流量在 8 073.03 万立方米。河水夏盛冬枯，67.66% 的水量集中在 6、7、8 月，3—10 月引水灌溉占年径流量的 94.44%。冬季弃水由青得里乡注入博尔塔拉河。

保尔德苏河径流补给与哈日图热格河相同。但因山势低，冰雪储量和降水较少，所以流域面积虽大于哈日图热格河，支流也较多，但年径流量反较少。河上人工建筑主要有保尔德一、二、三级水电站（建成年份分别为 1982 年、1981 年、1980 年）和保尔德引水渠首。

博尔塔拉河中、下游沿岸平原泉水

博乐市境平原内泉水沟较多，水流量较大。主要有小营盘泉群、乌图布拉格泉群、亚孜木图泉群、塔斯尔海泉群等 8 大泉群。

小营盘泉群：主要有 10 条泉水沟，自北向南，年平均流量每秒 1.85 立方米，年径流量 5 818 万立方米。夏季用于小营盘镇、青得里乡部分农田灌溉之用，冬季注入博尔塔拉河。

乌图布拉格泉群：由 4 个泉水沟组成。自北向南，年平均流量每秒 0.67 立方米，年平均径流量 2 123 万立方米。除部分用于灌溉外，多散失于戈壁之中。

亚孜木图泉群：由3个泉水沟组成，年平均流量每秒0.660立方米，年平均径流量2 081万立方米，水量冬季大，夏季小。3泉于原种羊场亚孜图汇入灌溉渠首。

塔斯尔海泉群：由5个泉水组成，位于农五师八十九团，年平均流量每秒0.21立方米，年平均径流量672万立方米。

巩哈、莫合泉群：巩哈位于农五师八十九团东霍热地区，年平均流量每秒2.06立方米，年平均径流量6 496万立方米。泉沟自西向东，最后注入博尔塔拉河。莫合泉位于农五师九十团，流量由上游的每秒0.49立方米，向下游逐渐增大到每秒1.92立方米，年平均流量每秒1.70立方米，年平均径流量5 361万立方米。自西向东，最后流入苇湖。

新塔拉泉群：位于贝林哈日莫墩乡阿拉岗子附近（博尔塔拉河旧河床）。年平均流量每秒0.74立方米，年平均径流量2 334万立方米。河床为沙卵石，自南向东，贝林哈日莫墩乡新塔拉各村用于灌溉。

玛尼乡泉群：位于贝林哈日莫墩乡南北的3条泉水沟，年平均流量每秒0.98立方米，年平均径流量3 094万立方米。流经哈日则格得村注入博尔塔拉河。

套特泉群：位于达勒特镇套特村3个泉沟，年平均流量每秒0.15立方米，年平均径流量472万立方米。流经阿什叉河口附近注入博尔塔拉河。

市境平原内8个泉群年平均径流量2.95亿立方米，灌溉面积约9 000公顷，年平均引水量1.49亿立方米，占总径流量的50.51%。20世纪90年代，以上8泉群水流量逐年减少，有的泉干涸。

二、赛里木湖水系

赛里木湖位于天山系北支婆罗科努山脉最西端，海拔2 073米，距博乐市93.6千米。地处北纬44° 29′ 37.4′ ~ 44° 43′ 19′ 、东经80° 59′ 36′ ~ 81° 22′ 17.5′ 之间。四周高山环绕，东西长约29.5千米，南北宽约23.4千米，周长86.5千米，最大水深约90.5米，是一个封闭式的高山湖泊。湖水清澈，水质微咸，以镁盐为主，矿化度每升2.5 ~ 3.0克。湖水以环湖39条沟溪补给为主。赛里木湖面积1 331.12平方千米，湖水面积458平方千米，总蓄水量约210亿立方米。

三、呼苏图水系

呼苏图为向东倾斜的狭窄谷地，北侧有岗吉格山、南侧有呼苏木奇根山，由于山势低，气候干燥，降水积雪少，植被差，地面水资源贫乏。南北侧有常流水沟溪泉17处，年平均径流量0.165 2亿立方米，农区仅引用0.050 4亿立方米。占年径流量的30.5%，主要就近供牧业春秋季节人、畜用水。

呼苏图水系主要有岗吉格、奥恩格茨塔、呼苏图3条沟。

第二节 地下水

博乐市地下水资源主要分布在博乐谷地，第四纪冲（洪）积和湖滨沉积的砂砾地层中，多为孔隙水，含水量丰富。但是，由于水文、气象、地形和地质构造等条件的不同，各地在分布和储量上有着极大的差异。

博乐谷地平原区地下水有8个补给来源：来自山区短暂洪水入渗补给0.115 0亿立方米；平原降水入渗补给0.208 0亿立方米；山区基岩裂隙水侧向补给0.085 2亿立方米；邻区孔隙水侧向补给0.588 8亿立方米；河床潜流补给0.097 2亿立方米；河道入渗补给2.819 7亿立方米；渠系入渗补给1.206 6亿立方米；田间入渗补给0.253亿立方米。

博乐谷地平原区总补给量为5.37亿立方米。博乐市地下水动储量约2.89亿立方米，水质类型从砾石带的 HCO-Ca 水，HCO-SO-Oa-Na-Ca 水，过渡到潜水溢出带的 HCO-SO-Ca-Na 水、HCO-Na-Ca 水和 SO-No 水，矿化度一般在 0.5 ~ 1 克 / 分米^3，个别达到 3 克 / 分米^3，pH 值 6.5 以上。艾比湖盆地含水层坡度变小，岩性变细，地下水排泄不畅，水位升高，蒸发强烈，潜水矿化度逐渐升高，增至湖滨的 10 ~ 50 克 / 分米^3，高者达 100 ~ 300 克 / 分米^3，总硬度每升 20.8 毫克以上，属于较差的饮用水和较高硬度的工业用水，但承压水，水质良好。

1985 年全市有提取地下水的机井 552 眼（含兵团农五师驻博乐各团场），年最高地下水提取 0.62 亿立方米，城镇工业、民用和绿化，年提取地下水量 0.017 亿立方米。

2006 年，全市有提取地下水的机井 477 眼（含兵团农五师），年最高地下水提取量 2.91 亿立方米。博乐市地下水补给总量为 4.5 亿立方米，可开采量为 2.68 亿立方米。地下水开采总体开发利用程度已经超采 2 289 万立方米。由于兵团和地方各自规划、分段管理、无序无限量开发水资源，导致部分河流径流锐减，地下水补给量逐年减少。

第四章　土地资源

第一节　土地面积

一、耕地面积

根据博乐市 1989—1993 年土地资源普查资料，全市耕地面积 54 281.05 公顷，占国土面积的 6.84%，其中兵团农五师驻博团场耕地面积 22 859.18 公顷。至 1998 年末，全市耕地面积 62 919.53 公顷，其中兵团农五师驻博团场耕地面积 26 198.63 公顷。

二、林地面积

至 1989 年末，博乐市林地总面积 70 998.07 公顷，其中有林地 34 153.87 公顷，疏林地 10 005.53 公顷，灌木林地 25 200.87 公顷，未成林地 1 074.27 公顷，苗圃 50.47 公顷，无林地 513.07 公顷；山地森林面积 47 585.07 公顷，平原农区人工林面积 2 334.2 公顷，荒漠林、河谷面积 21 078.8 公顷。

至 2006 年末，博乐市林地总面积 131 957.46 公顷，其中有林地 43 115.2 公顷，疏林地 2 960.37 公顷，灌木林地 78 247.63 公顷，未成林地 496 公顷，苗圃 93.09 公顷，宜林荒地 7 045.17 公顷；山地森林面积 68 428.19 公顷，平原农区人工林面积 5 663.77 公顷，荒漠林面积 56 481.9 公顷，河谷林面积 1 383.6 公顷。

三、园地面积

1993 年，全市园地（葡萄园、苹果园）面积 374.42 公顷，占全市耕地面积的 0.69%，其中兵团农五师园地面积 200.6 公顷，占全市园地面积的 53.58%。1998 年，全市园地面积 466.80 公顷，其中兵团农五师园地面积 300.87 公顷。2006 年，全市园地面积 1 835 公顷（不含兵团农五师园地面积），其中庭院园地面积 1 237 公顷。

四、牧草地面积

1993 年，全市牧草地面积 518 917.3 公顷，占国土面积的 65.41%，其中兵团农五师牧草地使用面积 47 213.3 公顷，占全市牧草地面积的 9.1%。至 1998 年末，全市牧草地面积 507 538.26 公顷，其中兵团农五师牧草地使用面积 56 340.40 公顷，其他单位占用牧草地面积 13 441.74 公顷。

五、城乡居民点、工矿用地面积

1989—1993年，全市城乡居民点、工矿用地面积6 008.21公顷，占国土面积的0.76%，其中兵团农五师居民点、工矿用地面积1 760.3公顷，占全市城乡居民点、工矿用地面积的29.29%。至1998年，全市城乡居民点、工矿用地面积10 149.21公顷，其中兵团农五师居民点、工矿用地面积2 731.15公顷。

六、交通用地面积

1993年，全市交通用地面积2 909.9公顷，占国土面积的0.37%，其中兵团农五师交通用地面积738.2公顷，占全市交通用地面积的25.36%。至1998年，全市交通用地面积3 197.67公顷，其中兵团农五师交通用地面积797.73公顷。

七、未利用的国土面积

1993年，全市未利用国土面积主要是裸岩地，砾质的戈壁地，砂砾地及水源缺乏的荒草盐碱地，总面积约为74 444.99公顷，占国土面积的9.38%，其中兵团农五师辖区内28 776.8公顷。至1998年末，全市未利用国土面积99 899.40公顷，其中兵团农五师辖区内25 933.47公顷。

第二节 土壤类型与分布

一、土壤类型

博乐市境内地形地貌呈多样性，成土条件复杂，土壤种类也较多。随海拔高度不同，土壤类型的垂直分布也不同。

博乐市于1981—1982年进行土壤普查，按成土条件，成土过程及土壤属性，可分为6个土类、14个亚类、23个土属、31个土种。

6个土类：灰漠土、灌耕土、潮土、草甸土、沼泽土、盐土。

14个亚类：灰漠土、盐化灰漠土、灌耕灰漠土、灰漠型灌耕土、脱潮型灌耕土、灰潮土、黑潮土、盐潮土、盐化草甸土、盐化沼泽土、草甸沼泽土、泥炭沼泽土、草甸盐土、典型盐土。

23个土属：薄层灰漠土、盐黄土、新垦盐黄土、红土、白板土、白砂土、黄土、熟化黄土、熟化红土、脱潮土、灰土、黑土、盐黑土、新垦盐黑土、冲积性盐化草甸土、新垦盐青土、盐青泥土、黑青泥土、草垡子土、硫酸盐盐土、（草甸盐土）氯化物—硫酸盐盐土、硫酸盐盐土、（典型盐土）氯化物－硫酸盐盐土。

31个土种：轻盐黄土、中盐黄土、薄层红板土、红砂土、红板土、薄层白板土、中层白板土、白板土、中层白砂土、白砂土、淡黄土、底砾黄板土、黄板土、黄土、底砾黄土、红土、灰黄土、灰黄砂土、灰黄板土、灰红土、灰土、灰砂土、中层灰砂土、黑土、黑砂土、中层黑砂土、轻盐黑土、轻盐黑砂土、中盐黑土、重盐黑土、轻盐黑青土。

二、土壤类型分布

博乐河谷冲（洪）积平原种植土壤区

博乐谷地，博尔塔拉河纵贯其中，大部分为倾斜的砾质洪积扇；中下部沉积着由薄至厚的黄土状物质。两侧洪（冲）积扇中下部至扇缘，依次分布薄层灰漠土，灌耕灰漠土、灰漠型灌耕土、脱湿性灌耕土、盐化潮土、盐化草甸土，局部突起的高地上分布着盐化灰漠土、盐土。谷地北侧自洪积扇与冲积阶地的交接洼地至博尔塔拉河河床，依次分布着黑潮土、灰潮土、脱潮灌耕土、冲积砾石土等。谷地南侧冲积阶地发育不完整，二级阶地、一级阶地及河漫滩犬牙交错，水文地质条件复杂，盐化灰漠土、灰潮土、黑潮土、盐潮土、盐化草甸土，草甸沼泽土等各类型土壤沿河岸错落分布。

在乌图布拉格镇到达勒特镇的博尔塔拉河南岸为灌耕灰漠土、灰漠型灌耕土，脱潮型灌耕土分布区。在乌图布拉格镇北部有较厚的黄土状物质覆盖的高台地上，分布着大片的盐化灰漠土，其下的洼地内有小面积草甸盐土分布。在达勒特特镇巴润古尔至套特一带沿博尔塔拉河两岸一级阶地低洼处及河滩地上，有小面积的灰潮土、黑潮土、沼泽土及盐土分布。

达勒特镇至贝林哈日莫墩乡，地势低平，为灰潮土、黑潮土、盐潮土、盐化草甸土、盐化沼泽土及盐土的集中分布区。

山前洪积倾斜平原春秋牧地土壤区

博乐市境内山脉山前洪积倾斜平原，海拔高度 800 ~ 1 200 米。属荒漠草原生物气候条件下形成的地带性土壤，为春秋草地。

阿拉套山前洪积倾斜平原分布着棕钙土，东及东南分布有部分盐化灰漠土和淡棕钙土，阔依塔斯东、东北分布有灰棕漠土，其间还镶嵌有石膏灰棕漠土。岗吉格山南分布有栗钙土、棕钙土。博—五公路以西至赛里木湖东分布有灰棕漠土、淡棕钙土、棕钙土、淡栗钙土、栗钙土、暗栗钙土。

山区裸体 林草地土壤区

博乐市境山地占总面积的 44.8%，从海拔低处 189 米博尔塔拉河口至赛里木湖西北部与温泉交界最高处（海拔 4 189 米）土壤垂直分布变化明显。

雪线以下，海拔 3 200 ~ 3 500 米之间，岩体裸露、岩屑和碎石流广泛分布，有发育微弱的原始高山草甸土。

在海拔 2 800 ~ 3 200 米之间，植被以蒿草、苔草为主，分布有发育较弱的高山草甸土。

海拔在 2 400 ~ 2 800 米之间，土层相对较厚，分布大面积的亚高山草甸土。

海拔 1 500 ~ 2 400 米之间的中山带，土层较厚，分布有沉积强的黑钙土、灰褐土和暗栗钙土。

第五章　矿产资源

第一节　金属矿

博乐市境已勘探铁矿和锰矿产地 16 处，铜矿产地 9 处（矿床 2 处，矿点 4 处，矿化点 3 处）。

卡桑布拉格磁铁矿床，储量 10.48 万吨以上，属小型矿床，可供地方开采利用。其他铁、锰矿床或矿点规模小，品位低，无工业意义。

喇嘛苏铜矿地表已控制的矿体断续长达 12 千米，最厚的铜矿化达 30 米。预测总储量为 150 万吨，锌为 37 万吨，银为 21 吨。其他铜矿床、铜矿点、矿化点规模及品位不详或无工业意义。

第二节　非金属类矿

博乐市境勘探非金属类矿产地 20 处。

白云岩矿床储量 8 900 万吨，属大型矿床。

花岗岩矿床储量不详，已有集体或个人开采。

大理岩矿床储量 2 100 万吨，属中型矿床。

石灰岩矿床已勘测 3 处，其中兰山子石灰岩矿储量 14 121 万吨，属大型石灰岩矿；阿拉赛南石灰岩矿储量 1 536 万吨，属中型矿床；蒙古庙石灰岩矿储量 891.7 万吨，属小型矿床。

珍珠岩矿床储量 1 000 万吨以上，是北疆地区唯一矿点，已开采。

石墨矿床初勘储量 100 万吨，可供地方开采。

石膏矿储量不详，已开采，年开采量约 3 000 吨以上。

水晶矿床主要为烟水晶、茶水晶、次为无色透明水晶，内含淡绿、淡紫色石英、冰洲石、电气石、长石和石英等。晶高 5 ~ 10 厘米，直径 4 ~ 7 厘米，大者高达 70 ~ 80 厘米，直径 30 厘米，储量不详。

黏土矿床断续长 200 米，厚 3 ~ 4 米。黏土为乳白色，质细吸收性强，遇水崩解产生黏性。品质、储量不详，已少量开采用于本地水泥厂和凿井，年采量约 5 000 ~ 6 000 吨。

煤矿产地 3 处，均处于石炭系地层中，其中库铁尔煤矿区面积约 1 平方千米，煤层平均厚度 3 米，结构简单。煤层类型主要为亮煤、半亮煤组成，个别为半暗煤。储量 27 万吨，属于小型煤矿。其他 2 处煤矿，煤层厚度浅，储藏量小，无开采价值。

第六章　植被资源

第一节　植被类型

一、谷地干旱植被

海拔 189 ~ 800 米，博尔塔拉河谷地及洪积、冲积平原，大部为农田“四旁”人工种植的各种林木植被。在海拔 300 米荒漠区，生长有超旱生的小半灌木，灌木、小乔木。如胡杨、红柳和一些超旱生的多年生草本植物。植被覆盖率 20% ~ 30% 左右。

二、林灌草甸植被

主要分布在博尔塔拉河漫滩上，主要生长杨、柳、榆树及沙棘灌丛，伴生有芦苇、黄蒿、芨芨草、苦豆子、甘草、蒲草、碱蓬及禾本科杂草等，植被覆盖率在 80% 以上。

三、山前平原荒漠植被

海拔在 800 ~ 1 500 米山体前洪（冲）积倾斜平原植被，主要以旱生小丛禾草、旱生和超旱生小杂草类及小半灌木为主，是博乐市春秋和冬牧场，植被覆盖率在 30% ~ 45%。

四、干旱草原植被

海拔 1 600 ~ 2 000 米植被以真旱生和广旱生的丛生禾草为主体，旱生性蒿草类，小半灌木占有一定比例，植被覆盖率在 50% ~ 70% 左右，是博乐市冬牧场。

五、山地草甸植被

海拔 2 100 ~ 2 600 米的中山、亚高山带，气候较湿润，植物生长茂盛，植物种类丰富，阔叶植物明显增多。西部与温泉交接处以中生性的禾草和小杂草类草为主。主要分布在阿拉套山南坡及山间盆谷地和赛里木湖盆地等，植被覆盖率在 90% 以上，是博乐市夏牧场。

六、中山森林植被

主要分布在南北山两侧山地。北坡在海拔 1 100 ~ 2 600 米之间，有针阔混交林和针叶林带，以云杉为优势树种。南坡仅在局部地段形成不连片的小面积疏林，山地中的沟溪旁，有天山桦、山杨等混生阔叶林，呈条带状分布，在沟谷低洼地生长大量的灌木。阴坡及林间空地伴长着茂密的苔草、异燕麦、高蒿、贝母、针茅等牧草。植被覆盖率在65% ~ 90%左右，是博乐市优良夏牧场。

七、高山、亚高山植被

海拔2 700 ~ 2 900米的植被主要有苔草及蒿草，混生有老灌草、龙胆草、补血草等，植被覆盖率在65% ~ 70%左右。海拔在2 800 ~ 3 500米以上的山区植被，主要生长有蒿草及苔草，混生有孤茅等，地面布满地衣和苔藓，植被覆盖率在10%左右。

第二节 主要乔灌木种类

一、松科

松属 油松、樟子松。

云杉属 雪岭云杉、西伯利亚云杉、红皮云杉。

二、柏科。

侧柏属 侧柏。

圆柏属 西伯利亚刺柏、新疆方枝柏、欧亚圆柏、爬地柏。

三、麻黄科 。

麻黄属 木贼麻黄、细子麻黄、雌雄麻黄、膜果麻黄 、中麻黄、蛇麻黄、曲枝麻黄、沙麻黄。

四、蔷薇科。

绣线菊属 金丝桃叶绣线菊、大叶绣线菊、欧亚绣线菊、六叶绣线菊、裂叶绣线菊、天山绣线菊、高山绣线菊。

栒子属 少花栒子、黑果栒子、异花栒子、大果栒子、梨果栒子、准噶尔栒子、甜栒子、多花栒子、早花栒子、波氏栒子、臭栒子。

山楂属 准噶尔山楂、黄果山楂、阿尔泰山楂。

花楸属 天山花楸。

苹果属 海棠果、黄海棠、甜海棠、红海棠、祝光、金冠、元帅、国光、红玉、夏力蒙、秋力蒙、斯特洛维、红富士、新红星、新冬、新冠、新帅。

梨属 西洋梨、新疆梨。

杏属 小白杏、山杏、紫杏。

桃属 山桃、毛桃、蟠桃。

稠李属 欧洲稠李。

李属 欧李、刺李、牛心李。

樱桃属 天山樱桃、酸樱桃、毛樱桃、榆叶梅、重瓣榆叶梅。

单叶蔷薇属 单叶蔷薇。

蔷薇属 宽刺蔷薇、多刺蔷薇、疏花蔷薇、落花蔷薇、腺毛蔷薇、矮蔷薇、腺齿蔷薇、刺蔷薇、月季、玫瑰。

地蔷薇属 地蔷薇。

悬钩子属 石生悬钩子、库页岛悬钩子、树莓、黑果悬钩子。

仙女木属 仙女木。

水杨梅属 水杨梅、紫萼水杨梅。

金露梅属 金露梅、紫萼金露梅、小叶金露梅。

多瓣木属 齿叶多瓣木。

珍珠梅属 珍珠梅。

五、云实科。

皂角属 三刺皂角。

六、蝶形花科 。

紫穗槐属 紫穗槐 。

骆驼刺属 疏花骆驼刺、吉尔吉斯骆驼刺。

锦鸡儿属 阿拉套锦鸡儿、镰叶锦鸡儿、白皮锦鸡儿、矮锦鸡儿、鬼见愁锦鸡儿、库车锦鸡儿、金雀花、小叶锦鸡儿、线叶锦鸡儿、新疆锦鸡儿、准噶尔锦鸡儿。

岩黄芪属 花棒。

铃铛刺属 铃铛刺。

砂槐属 银砂槐。

七、茶藨子科。

茶藨子属 小叶茶藨、美丽茶藨、石茶藨、臭茶藨、黑果茶藨、天山茶藨。

醋栗属 刺醋栗。

八、忍冬科。

接骨木属 接骨木。

荚蒾属 欧洲荚蒾。

忍冬属 小花忍冬、伊犁忍冬、刚毛忍冬、小叶忍冬、阿特曼忍冬、鞑靼忍冬、兰果忍冬、阿尔泰忍冬、柳叶忍冬。

锦带花属 红王子锦带。

九、杨柳科。

杨属 欧洲山杨、密叶杨、银白杨、灰杨、光皮银白杨、胡杨、箭杆杨、钻天杨、北京杨、新疆杨、青杨、小青杨、加拿大杨、苦杨、黑杨、合作杨、斯大林杨、沙兰杨、意大利杨、076—28杨、加小乘俄。

柳属 银柳、枸子叶柳、阿拉套柳、天山柳、蓝叶柳、米黄柳、线叶柳、准噶尔柳、三蕊柳、五蕊柳、细穗柳、灰毛柳、伊犁柳、吐兰柳、欧杞柳、鹿蹄柳、白柳、河柳、垂柳、龙爪柳、列柳、灰毛柳、山柳、沼柳、黄花儿柳、灌木柳、齿叶柳、绢柳。

十、桦木科。

桦木属 疣皮桦、天山桦、白桦、列桦。

十一、核桃科。

核桃属 核桃、核桃楸。

十二、壳斗科（山毛榉科）。

栎属 夏橡。

十三、榆科。

榆属 白榆、河南钻天榆、大叶榆、圆冠榆。

裂叶榆 长枝榆、倒榆。

十四、桑科。

桑属 白桑、鞑靼桑。

无花果属 无花果。

啤酒花属 啤酒花。

十五、柽柳科。

柽柳属 细穗柽柳、多枝柽柳、桧状柽柳、疏穗、柽柳、长穗柽柳、刺毛柽柳、翠枝柽柳。

琵琶柴属 准噶尔琵琶柴。

水柏枝属 细叶水柏枝、宽苞水柏枝、狐尾水柏枝。

十六、蒺藜科。

泡泡刺属 泡泡刺、西伯利亚泡泡刺。

十七、安石榴科。

石榴属 石榴。

十八、卫矛科。

卫矛属 丝棉木。

十九、鼠李科。

鼠李属 药鼠李。

枣属 酸枣梨枣、赞皇枣、灰枣、哈密大枣。

二十、胡颓子科。

沙棘属 沙棘。

胡颓子属 大沙枣、尖果沙枣。

二十一、葡萄科。

葡萄属 红葡萄、喀什哈尔、和田红葡萄、木那格、无核白、喀什无核果、黑卡拉斯、马奶子葡萄、青葡萄、黄查拉斯、玫瑰香、红大拉依、喀什白葡萄、白胡沙、塔依菲、巨峰、里扎马特、全球红。

二十二、芸香科。

花椒属 花椒。

黄蘗属 黄波罗。

二十三、无患子科。

文冠果 文冠果。

二十四、漆树科。

漆树属 火炬树。

二十五、槭树科。

槭树属 复叶槭、五角枫、三角枫。

二十六、木犀科。

白蜡属 大叶白蜡、小叶白蜡、披针叶白蜡、水曲柳、花曲柳。

丁香属 丁香、紫丁香。

女贞属 水蜡。

连翘属 连翘。

二十七、紫葳科。

梓树属 梓树、黄金树。

二十八、小檗科

小檗属 红果小檗、黑果小檗、异果小檗、西伯利亚小檗、伊犁小檗。

二十九、毛茛科。

铁线莲属 西伯利亚铁线莲、全缘铁线莲、东方铁线莲、粉绿铁线莲、准噶尔铁线莲、天山四喜牡丹。

三十、蓼科。

木蓼属 刺木蓼、锐枝木蓼、梨叶木蓼、绿叶木蓼、木蓼、长枝木蓼、扁果木蓼、灌木蓼。

沙拐枣属 泡果沙拐、枣白皮沙拐枣、头状沙拐枣、无叶沙拐枣、翘果沙拐枣、黄皮沙拐枣。

三十一、藜科。

驼绒藜属 驼绒藜。

地肤属 木地肤。

碱蓬属 木碱蓬。

梭梭属 梭梭、白梭梭。

节节木属 长叶节节木、长枝节节木。

假木贼属 短叶假木贼、白垩假木贼、展枝假木贼、毛足假木贼、高枝假木贼、无叶假木贼、盐生假木贼。

猪毛菜属 准噶尔猪毛菜、蔷薇猪毛菜、松叶猪毛菜、东方猪毛菜、木本猪毛菜、白枝猪毛菜、刺沙蓬。

小蓬属 小蓬。

盐爪爪属 盐爪爪。

盐节木属 盐节木。

盐穗木属 盐穗木。

三十二、夹竹桃科。

罗布麻属 罗布麻。

夹竹桃属 夹竹桃。

三十三、茄科。

枸杞属 黑果枸杞、大麻叶枸杞、宁夏枸杞。

三十四、山茱萸科。

梾木属 红瑞木。

第三节 药用类植物

博乐市境内野生药材植物有100多种，年产值约50万元，各种药材产量200余吨。主要有贝母、甘草、党参、川芎、当归、白术、地黄、茯苓、芦根、麦冬、金银花、菊花、牛蒡、延胡索、杜仲、山茱萸、枸杞、三七、木香、牛膝、泽泻、白芷、连翘、栀子、肉苁蓉、苦杏仁、雪莲、苦豆子、紫草、麻黄草、锁阳、薄荷、黄芪、车前子、蒲公英、黄连等。

经两次普查及调查增补，全市共有药用植物79科387种。由于地形地貌复杂，山区与平原的气候、土壤、水文等自然条件有差异，因此植被分布具有明显的地带性。植物资源随自然条件的不同而呈现一定的差异性。

一、河流平原区

海拔200 ~ 1 500米，河谷台地和温泉以西可上升到800 ~ 1 800米。温性荒漠气候，盛行西风，气候凉爽，年降水量在200毫米左右。该区的药用植物以甘草、麻黄、牛蒡子、沙棘、大芸、锁阳、枸杞子等为主。

（一）甘草

甘草豆科，已发现两个种，即GJycyrrhizahlabral和C. uralensis。集中成片分布。

（二）麻黄

麻黄科，共有7个品种，以草麻黄和曲枝麻黄为多。

（三）肉苁蓉（大芸）

肉苁蓉列当科，主要分布于海拔200 ~ 250米的艾比湖及平原荒漠林中，寄生于梭梭、红柳、白刺等植物的根上，以茎入药，艾比湖沿岸的盐碱地、沟沙地、戈壁滩等处分布较集中。

（四）枸杞

枸杞茄科，少许野生，主栽品种为麻叶枸杞、大麻叶枸杞。

此外，此区内还分布有苦豆子、牛蒡子、蔷薇、沙枣、车前、蒲公英、马齿苋、天仙子、凤仙花、准噶尔大戟、蒺藜、菟丝子、薄荷、骆驼蓬、紫菀。

二、低山带

海拔800 ~ 1 600米，为山地草原、山地荒漠、低山丘陵和干草原带，气温较高，雨量稍少，地势平缓，起伏较小，土层较深，是药用植物生长的良好环境。主要生长有新疆赤芍、元胡、鹤虱、远志、小蓬、木贼等。

（一）赤芍

赤芍毛茛科，主要分布海拔1 200 ~ 1 600米，以阿拉套山分布较多。生于低山阴坡、阳坡灌木草原的阴凹处和山地阴坡林下。

（二）黄芩

黄芩唇形科。

（三）宽叶荨麻

宽叶荨麻荨麻科。

在低山带分布的还有瓦松、补血草、土大黄、白屈菜、山葱、野火球、棱枝草、青兰等。

三、中山带

海拔1 600 ~ 2 800米，为山地森林、山地草甸和亚高山草甸。气温适度，雨量充沛，药用植物资源品种多。主要生长贝母、秦艽、紫草、新疆大黄、龙胆、马尾黄连等。

（一）新疆贝母

新疆贝母百合科，主要分布在海拔1 800 ~ 2 600米的阿拉套山、别珍套山、库松木契克山区、林区和赛里木湖周围山区，喜山地草原阴坡或半阴坡。1984年自治区药检所命名为一新种“博乐贝母”，数量少。

（二）新疆忍冬

新疆忍冬忍冬科。

（三）瓦松

瓦松景天科。

在此海拔区内还分布有郁金香、委陵菜、马先蒿、乌头、党参、飞燕草、翠雀花、白头翁、楼斗菜、铁线莲、菥冥、景天、瓦松、梅花草、珍珠梅、地榆、花椒、老鹳草、独活、点地梅、糙苏、唇香草、兔耳草、紫菀、款冬花、手掌参、金莲花等。

四、高山带

海拔 2 300 ~ 3 700 米，亦称高山冰雪带。气候寒冷，植被稀疏，夏季常降雪，是新疆雪莲生长区。夏季，在高山垫状植被可见到厚叶美花草和假福寿草等。

天山雪莲　菊科。

第四节　观赏类植物

一、木本观花类植物

红玫瑰、黄玫瑰、四季玫瑰、牡丹、丁香、芍药、含笑、米兰、月季、扶桑、杜鹃花、凌霄、芙蓉、夹竹桃、荷花、海棠、桂花、栀子花、珍珠梅、红双喜、茶花、茉莉花等。

二、木本观叶类植物

罗汉松、油松、柳松、六月雪松、花柏、翠柏、地柏、刺柏、洒金柏、瓜子黄、杨球、大叶黄杨球、金边黄杨球、海铜球、苏铁、棕榈、紫荆、紫薇、龟背竹、无花果、橡皮树等。

三、草本观花类植物

菊花、兰花、昙花、广玉兰、马蹄莲、君子兰、步步高、代代红、含羞草、令箭、大理花、葵花、翠菊、朱顶红、一品红、一串红、唐菖蒲、兰草、水仙花、玉簪、葡萄莲、荷兰菊、美人蕉等。

四、根球类植物

仙人球、仙人掌、黄毛掌、仙人鞭、仙人柱、白头翁、古旋龙焕茂等。

第五节　牧草类植物

根据博乐市草原站对市草原资源调查统计，市境内天然草地常见植物有 408 种，分属 258 属 52 科。

一、禾本科牧草植物

主要有寒生羊茅、紫羊茅、阿拉套羊茅、草地早熟禾、林地早熟禾、高山早熟禾、仰卧早熟禾、细叶早熟禾、无芒雀麦、短芒鹅观草、偃麦草、披碱草，布顿大麦、蒙古异燕麦、光桴予香、高山黄花茅、小康草、假梯牧草、狗尾草、三芒草、冰草、毛穗早麦草、大药赖草、小画眉草、针茅、隐子草、芦苇、芨芨草、羽状三茅草等。

二、豆科牧草植物

山雀棘豆、雪地棘豆、锦鸡儿、疏叶骆驼刺、黄花苜蓿、顿河红豆草、白三叶、白花野豌豆、准噶尔鹰嘴豆、岩黄芪等。

三、莎草科牧草植物

蒿草、矮生蒿草、线叶蒿草、细果苔草、白尖苔草、黑花苔草、歪嘴苔草、北苔草等。

四、菊科牧草植物

博洛绢蒿、纤细绢蒿、冷蒿、铁杆蒿、粉苞苣、蒙古鸦葱、蒲公英、艾蒿、苦艾蒿等。

五、藜科牧草植物

木地肤、驼绒藜、角果藜、小篷、猪毛菜、短叶假木贼、白垩假木贼、盐穗木、圆叶盐瓜瓜等。

六、其他科属牧草植物

珠牙蓼、扁蓄、天山羽衣草、兔儿条、金老梅、鹅绒委陵菜、老鹳草、糙苏、田旋花、拉拉藤、荨麻、野葱、韭、蒜等。

天然草场上还生长着对牲畜有毒有害的植物约 20 多种，有水麦冬、醉马草、乌头、翠雀花、蒙古白头翁、银莲花、唐松草、毛茛、苍耳、天仙子、骆驼蓬、毒芹、黄华、准噶尔大戟等。

第七章　林业资源

第一节　林业资源分布

一、山地森林

博乐市境山地森林植被垂直带谱明显，自上而下，海拔 2 600 ~ 3 500 米为高山草甸及垫状植物带。海拔 2 600 ~ 2 800 米，为稀疏的云杉林。海拔 1 500 ~ 2 600 米，阴坡为天山云杉的森林带，多为云杉纯林，林下灌木较少；阳坡为灌丛草原及草原带，呈匍匐状分布着新疆方枝柏灌丛，植株高度一般不超过 50 ~ 70 厘米，其冠幅平展可达 5 ~ 10 米。伴生的植物主要有栒子、蔷薇、苔草、早熟禾、羊角芹、糙苏、野罂粟、老鹳草、马先蒿、勿忘草、羊茅等。海拔 1 100 ~ 1 500 米，阴坡为针阔混交林和针叶林带，主要树种有云杉、天山桦，天山花楸等，地被物以苔草为主；阳坡为干旱草原带，主要有芨芨草和禾本科杂草。在低山带山地中的一些沟谷、溪旁，有天山桦、疣皮桦、密叶杨、山杨等混生阔叶林，林下灌木常见有花楸、小檗、爬地柏、兔儿条、茶藨子等。在低山沟谷低凹地区，生长着绣线菊、蔷薇、锦鸡儿、小檗、忍冬等大量的灌木。

二、河谷林

博尔塔拉河流域面积最大，是河谷林的主要分布区。市境中上游有明显的河谷，土层较薄，年降雨量较大。1981 年，县人民政府作出绿化博尔塔拉河谷的决定，市境中上游公社、场实施封滩育林，次生林逐步恢复，主要分布着沙棘、榆树、河柳、准噶尔柳、威氏柳、兰叶柳、细穗柳、线叶柳、灰毛柳、蔷薇、水柏枝、柽柳和部分杨树人工林。博河下游水流缓慢形成河滩，河道变迁较大，土层大多深厚，冬季形成冰滩，夏季由于上游灌溉而水量减少，部分已垦为农田，森林恢复困难。

三、荒漠林

博乐市境荒漠林主要分布在北部倾斜平原和低山带至北部哈日图热格前山带，南部倾斜平原和岗吉格山至库苏木奇克前山带。在前山带和低山带，主要分布着木本猪毛菜、枝木蓼、锦鸡儿、梭梭、驼绒藜、小蓬、木地肤、绣线菊、优若藜等；在平原戈壁荒漠区，主要分布着假木贼、梭梭、猪毛菜、灌木蓼、沙拐枣、锦鸡儿、琵琶柴、麻黄等；在平原盐碱荒漠区，主要分布着骆驼刺、盐穗木、泡泡刺、黑果枸杞、红砂、盐节木、盐爪爪、芨芨草、碱蓬、铃铛刺、胡杨、梭梭、柽柳等。

第二节　林地面积与积蓄

一、1989 年林地资源

（一）面积

1989 年末，博乐市林地总面积 709.98 平方千米，其中有林地 341.54 平方千米，疏林地 100.06 平方千米，灌木林地 252.01 平方千米，未成林地 10.74 平方千米，苗圃 0.51 平方千米，无林地 5.13 平方千米。山地森林面积 475.85 平方千米，平原农区人工林面积 23.34 平方千米，荒漠林、河谷面积 210.79 平方千米。

按林地种类划分：在山地林面积中，有林地 316.74 平方千米，疏林地 99.55 平方千米，灌木林地 51.68 平方千米，未成林地 2.61 平方千米，苗圃 0.14 平方千米，无林地 5.13 平方千米；在平原农区人工林面积中，有林地 14.01 平方千米，疏林地 0.51 平方千米，灌木林地 0.33 平方千米，未成林地 8.13 平方千米，苗圃 36.47 公顷；在平原荒漠林面积中，灌木林地 200 平方千米；河谷林有林地 14.01 平方千米。

按林种划分：博乐市有林地面积 341.54 平方千米，其中防护林 198.09 平方千米，用材林 141.34 平方千米，经济林 1.38 平方千米。

山地森林林地面积 316.74 平方千米，按林种划分为防护林 180.87 平方千米，用材林 135.72 平方千米，其他 15 公顷。

平原农区人工林林地面积 14.01 平方千米，按林种划分为防护林 6.43 平方千米，用材林 5.62 平方千米，经济林 1.38 平方千米，其他 58.46 公顷。

河谷林林地面积 10.79 平方千米，全部为防护林。

（二）蓄积量

博乐市森林总蓄积量 543.5 万立方米，其中有林地 476.4 万立方米，疏林地 64.9 万立方米，散生木蓄积 2.2 万立方米。

山地森林总蓄积量 538.2 万立方米，其中有林地蓄积 471.1 万立方米，疏林蓄积 65. 万立方米，散生木蓄积 2.1 万立方米。

平原人工林总蓄积量 5.2 万立方米，其中有林地蓄积 5.2 万立方米。

二、2006 年林地资源

（一）面积

2006 年末，博乐市林地总面积 1 319.58 平方千米，其中有林地 431.15 平方千米，疏林地 29.60 平方千米，灌木林地 782.48 平方千米，未成林地 4.96 平方千米，苗圃 0.93 平方千米，宜林荒地 70.45 平方千米。山地森林面积 684.28 平方千米，平原农区人工林面积 56.64 平方千米，荒漠林面积 564.82 平方千米，河谷林面积 13.84 平方千米。

按林地种类划分：在山地林面积中，有林地 338.50 平方千米，疏林地 27.23 平方千米，灌木林地 245.93 平方千米，未成林地 1.24 平方千米，苗圃 0.93 平方千米，宜林荒地 70.45 平方千米；在平原农区人工林面积中，有林地 52.45 平方千米，疏林地 0.47 平方千米，未成林地 3.72 平方千米；在平原荒漠林面积中，有林地 28.27 平方千米，灌木林地 536.55 平方千米；河谷林有林地 11.93 平方千米，疏林地 1.90 平方千米。

按林种划分：博乐市有林地面积 431.15 平方千米，其中：防护林 430.07 平方千米，用材林 0.37 平方千米，经济林 0.71 平方千米。

山地森林林地面积 338.50 平方千米，全部为防护林。

平原农区人工林林地面积 52.45 平方千米，按林种划分为防护林 51.44 平方千米，用材林 0.30 平方千米，经济林 0.71 平方千米。

荒漠林林地面积 28.27 平方千米，全部为防护林。

河谷林林地面积 11.93 平方千米，按林种划分为防护林 11.86 平方千米，用材林 6.07 平方千米。

（二）蓄积量

博乐市森林总蓄积量 556.8 万立方米，其中有林地 519.5 万立方米，疏林地 37.3 万立方米。

山地森林总蓄积量 512.4 万立方米，其中有林地蓄积 476 万立方米。疏林及散生木蓄积 36.4 万立方米。

平原人工林总蓄积量 44.4 万立方米，其中有林地蓄积 43.5 万立方米。疏林及散生木蓄积 0.9 万立方米。

1989 年博乐市林地面积蓄积汇总表

表 2-17 单位：公顷、立方米

项目			博乐市	山区合计	河谷荒漠	平原
林业用地	面积		70 998.07	47 585.07	21 078.8	2 334.2
	合计		362 331.4	358 821.6	–	3 509.8
有林地	合计	面积	34 153.87	31 674	1 078.8	1 401.07
		蓄积	4 763 882	4 711 264	–	52 618
	用材林	面积	14 133.47	13 572	–	561.47
		蓄积	2 050 877	2 037 362	–	13 515
	防护林	面积	19 808.73	18 087	1 078.8	642.93
		蓄积	2 713 005	2 673 902	–	39 103
	经济林		138.2	–	–	138.2
	其他		73.47	15	–	58.47
疏林地	面积		10 005.53	9 955	–	50.53
	蓄积		649 597	649 568	–	29
散生木蓄积			21 492	21 492	–	–
灌木林地			25 200.87	5 168	20 000	32.87
未成林地			1 074.27	261	–	813.27
苗圃			50.47	14	–	36.47
无林地	合计		513.07	513.07	–	–
	宜林荒地		303.07	303.07	–	–
	其他		210	210	–	–

1989 年博乐市山区林地面积蓄积汇总表

表 2-18 单位：公顷、立方米

项目			山区合计	哈夏林场	三台林场	哈日图热格林场
合计	面积		47 585.07	12 969	19 051.07	15 565
	蓄积		5 382 324	1 344 869	2 270 985	1 766 470
有林地	合计	面积	31 674	8 347	12 752	10 575
		蓄积	4 711 264	1 124 974	2 024 800	1 561 490
	用材地	面积	13 572	–	2 997	10 575
		蓄积	2 037 362	–	475 872	1 561 490
	防护林	面积	18 087	8 347	9 740	–
		蓄积	2 673 902	1 124 974	1 548 928	–
	经济林		–	–	–	–
	其他		15	–	15	–
疏林地	面积		9 955	3 280	3 814	2 861
	蓄积		649 568	217 153	232 010	200 405
散生木蓄积			21 492	2 742	14 175	4 575
灌木林地			5 168	1 039	2 179	1 950
未成林地			261	174	77	10

续表 2-18

项目		山区合计	哈夏林场	三台林场	哈日图热格林场
苗圃		14	11	1	2
无林地	合计	513.07	118	228.07	167
	宜林荒地	303.07	65	113.07	125
	其他	210	53	115	42

2006 年博乐市山区林地面积蓄积汇总表

表 2-19

单位：公顷、立方米

项目		山区合计	艾比湖	夏尔西里	哈日吐鲁克	三台林场	哈夏林场	阿拉山口
合计	面积	68 428.19	1 959.13	13 016.7	11 171.76	21 633.3	4 157.73	16 489.27
	蓄积	5 123 700	–	1 428 300	1 114 600	2 256 800	324 000	–
有林地（全部为护林地）	面积	33 850.33	–	10 072	8 833.6	12 374.53	2 250.3	320
	蓄积	4 759 800	–	1 405 000	10 132 100	20 248 800	316 800	–
疏林地	面积	2 723.17	533.6	6 841.5	158	1 452.8	122.67	–
	蓄积	363 900	–	23 300	101 400	232 000	7 200	–
灌木林地		24 592.63	1 127.53	2 333.7	1 799.6	6 851.13	1 681.53	10 799.13
未成林地		123.8	–	–	42.33	71.27	10.2	–
苗圃		93.09	–	–	1.76	11.2	–	80.07
无林地	合计	7 045.17	298	154.9	336.47	872.6	93.13	5 290.07
	宜林荒地	7 045.17	298	154.9	336.47	872.6	93.13	5 290.07
	其他							

2006 年博乐市林地面积蓄积汇总表

表 2-20

单位：公顷、立方米

项目			博乐市	山区	河谷	荒漠	平原
合计	面积		131 957.47	68 428.2	1 383.6	56 481.93	5 663.8
	蓄积		5 568 312	5 123 700	–	–	444 612
有林地	合计	面积	4 311.52	33 850.33	1 193.4	2 826.93	5 244.6
		蓄积	5 195 661	4 759 800	–	–	435 861
	用材林	面积	37.13	–	7	–	30.13
		蓄积	7715	–	–	–	7715
	防护林	面积	43 007.27	33 850.33	1 186.4	2 826.93	5 143.67
		蓄积	5 187 946	4 759 800	–	–	428 146
	经济林		70.8	–	–	–	70.8
	其他		73.47	15	–	–	58.47
疏林地	面积		2 960.4	2 723.2	90.2	–	47
	蓄积		372 651	363 900	–	–	8 751
灌木林地			78 247.67	24 592.67	–	53 655	–
未成林地			496	123.8	–	–	372.2
苗圃			93.07	93.07	–	–	–
无林地	合计		–	–	–	–	–
	宜林荒地		7 045.2	7 045.2	–	–	–
	其他		–	–	–	–	–

第三节　森林覆盖率

从 1979—2006 年，博乐市森林覆盖率增加 5.2 个百分点。究其原因主要是山区实施天然林保护工程以后，林地面积有少量增加；实施平原人工林工程，尤其是 2000 年以后退耕还林工程，林地面积成倍增加。再则改变了过去只重视乔木林面积统计，而忽视灌木林面积统计的方法。博乐市不同时期的森林覆盖率：1979 年，全县森林覆盖率 2.7%；1985 年，全市森林覆盖率 3.3%；1989 年，全市森林覆盖率 4.2%；1995 年，全市森林覆盖率 5.4%；2000 年，全市森林覆盖率 6.6%；2006 年，全市森林覆盖率 7.9%。

第八章　野生动物资源

第一节　脊椎动物

一、兽类

黑熊、大头羊、羚羊、鹿、野山羊、黄羊、狐狸、豺狼、旱獭、水獭、野猪、蝙蝠、野兔、野鼠、刺猬、黄鼠狼、松鼠、獾、跳鼠、雪豹（国家一级保护动物）等 20 余种。

二、水生类

鲢鱼、鲫鱼、白条、条鳅、青鱼、草鱼、罗非鱼、鲶鱼等十余种，以及虾、螺、蚌等。

三、鸟类

主要有天鹅、野鸡、野鸭、山鸡、雪鸡、啄木鸟、猫头鹰、鹰、斑鸠燕、雕、黑雀、杜鹃、戴胜、喜鹊、家燕、山雀、白尾鹞、石鸡、乌鸦、麻雀等 30 余种。

四、爬行类

蜥蜴、壁虎、草花蛇、水蛇、游蛇、蝮蛇、蝎子、蜈蚣、蚯蚓等。

五、两栖类

蟾蜍、蛙、陆龟等。

第二节　无脊椎动物

主要是农业害虫及天敌昆虫类。根据自治州植保站 1998—2000 年调查资料，博乐市分布害虫及天敌昆虫类有昆虫纲 13 个目 69 个科 205 种、蛛形纲 2 个目 13 个科 34 种。

一、主要害虫

棉黑蚜、棉长管蚜、棉叶螨、棉铃虫、麦二叉蚜、麦长管蚜、麦秆蝇、玉米螟、甜菜象甲、甘蓝夜蛾、三叶草夜蛾，大菜粉蝶、小菜粉蝶、甘蓝蚜、新疆菜蝽、十字科跳甲、苹果红蜘蛛、葡萄叶瘿螨、枸杞瘿螨、地老虎、金针虫、金龟甲、种蝇、马铃薯甲虫等。

二、主要天敌

普通草蛉、大草蛉、七星瓢虫、龟纹瓢虫、十一星瓢虫、二星瓢虫、小花蝽、始红蝽、普猎蝽、食蚜茧蜂、食蚜蝇、绒茧蜂、小黑蛛、逍遥蛛、新园蛛、三突花蛛等。

三、其他无脊椎动物

如马蜂、晴蜓、蝗虫、蟋蟀、蚂蚁以及卫生害虫、跳蚤、蚊、蝇、蟑螂等。

第三节　药用动物

药用动物类共有 76 种，其中野生动物类药物 33 种。博乐市是半农半牧区，山地面积占 45.8%。赛里木湖、夏尔希里等天然牧场是各种养殖动物和野生动物生长、繁衍的基本生境。

药用动物类，有的受国家《野生动物保护法》保护，因此它的开发利用需经一定的法律程序。

第九章　自然灾害

第一节　风　灾

造成重大损失的主要是伴生风灾，其次是大风。

一、伴生风

夏季局地强对流天气（短时暴雨、冰雹）相伴随的大风灾害，为伴生风灾。此类风灾以小营盘镇及其以西的山前地带为最多，多在午后或夜间发生，虽持续时间短暂，但由于强度大，造成农作物倒伏减产或品质下降。

1992 年 6 月 7 日 16 时 30 分，小营盘镇部分地区降暴雨，并刮 8 级大风，造成 133.3 公顷小麦倒伏。

1993 年 7 月 17 日 19 时 30 分至 20 时 30 分，小营盘镇 14 个村、2 个居委会遭受 7 ~ 8 级大风袭击。受灾人口 10 343 人；小麦等农作物成灾面积 1 703.4 公顷；直接经济损失 259.4 万元。

1997 年 8 月 28 日，小营盘镇、青得里乡遭受 9 级以上大风袭击。受灾人口 21 940 人；农作物受灾面积 3 378.4 公顷，成灾面积 2 955.4 公顷；直接经济损失 382.3 万元。

1998 年 4 月 18 日，小营盘镇遭受风灾。受灾人口 1 345 人；农作物受灾面积 535.9 公顷，成灾面积 535.9 公顷；直接经济损失 91.94 万元。

1999 年 6 月 27 日小营盘镇遭受风灾，农作物受灾面积 80 公顷。

2004 年 5 月 31 日 14 时 25 分，贝林哈日莫墩乡、达勒特镇遭受风雹灾害，造成农作物受灾面积 186.7 公顷，绝收面积 53.3 公顷，直接经济损失达 4 273 万元。

二、大风

博乐市 8 级以上大风不多见。

1980 年 7 月 24 日，博乐城区刮 10 级大风，数百棵大树刮倒，有的连根拔起。

2000 年 5 月 5 日，博乐市遭受 9 级以上大风袭击。受灾人口 833 人，成灾人口 415 人；农作物受灾面积 213.3 公顷，成灾面积 106.7 公顷；直接经济损失 12.8 万元。

第二节　雹　灾

冰雹是博乐的重要灾害性天气之一，对局部地区乃至全市的农牧业生产影响都很大。博乐各地降雹的年际变化很大，同一乡镇团场有的年份连续发生多起，有的年份则很少，甚至不发生。雹灾的时间分布比较广，以 5—8 月为主，又以 7 月最多。

1979 年 7 月 7 日，阿热勒托哈牧场、小营盘镇、青得里乡、乌图布拉格乡，兵团农五师八十四团、八十六团、八十九团降雹，农作物受灾面积 3 635.9 公顷，其中乡镇场受灾面积 991.73 公顷，团场受灾面积 2 644.2 公顷。

1980 年 7 月 15 日，小营盘地区降雹，受灾面积约 666.7 公顷。

1982 年 8 月 31 日，兵团农五师八十四团场九、十连降冰雹，冰雹径 2.5 厘米，持续 25 分钟。裸地棉受灾面积 73.3 公顷、地膜棉受灾面积 46.7 公顷，油菜绝收面积 86.7 公顷。雹停 5 分钟后出现洪水，有民房倒塌。

1983 年 6 月 29 日下午 5 时 15 分，兵团农五师八十四团降雹，雹径 1.2 厘米，持续 5 分钟。农作物受灾面积约 466.7 公顷。冰雹过后，山洪暴发。

1984 年 7 月 16 日，小营盘区贝德布拉格村和乌图布拉格村等地降雹。农作物受灾面积 660 公顷。

1986 年 5 月 8 日，博乐、五台地区降冰雹。农五师八十五团骆驼死亡 3 峰。

1987 年 6 月 7 日，农五师八十四团三、四连遭受冰雹和洪水袭击，冰雹直径达 4 ～ 5 厘米，每平方米降雹 468 粒。农作物受灾面积 1 305 公顷，其中棉花 299.9 公顷。

1992 年 7 月 22 日，达勒特镇、阿热勒托哈牧场、香班哈日根牧场遭受冰雹和狂风暴雨袭击，冰雹直径达 0.7 ～ 1.2 厘米，持续时间 11 ～ 18 分钟。据统计，农作物受灾面积 2 232.3 公顷，成灾面积 1 723.5 公顷。

1993 年 6 月 25 日，贝林哈日莫墩乡图森哈夏中村、东村、西村突降暴雨、冰雹，持续 25 分钟，冰雹粒直径 1.5 ～ 2.5 厘米，地面积冰雹厚度 10 ～ 12 厘米。受灾农户 97 户 476 人，棉花受灾面积 173.5 公顷，直接经济损失 130.15 万元。

1994 年 8 月 9 日，小营盘镇 12 个村遭受冰雹灾害，持续 20 分钟。降冰雹范围南北宽 2 千米、东西长 4 千米。冰雹粒直径 1.2 厘米，地面积冰雹厚度为 3.5 厘米。农作物受灾面积 294.6 公顷，成灾面积 226.5 公顷，受灾户 407 户 1 628 人。同年 9 月 1 日，达勒特镇遭受冰雹灾害，持续 13 分钟。棉花受灾面积 233.3 公顷，直接经济损失 5 万元。

1995 年 5 月 5 日 18 时 05 分、20 时 31 ～ 45 分，农五师八十四团先后出现两次强降冰雹，每次时间长达 3 ～ 8 分钟，冰雹直径平均 1.5 厘米。棉花受灾面积 653.4 公顷，冬春麦受灾面积 15.6 公顷，直接经济损失 212 万元。

1996 年 6 月 11 日，农五师八十四团艾里格地区（草场）降冰雹直径 3 ～ 5 厘米，地面积冰雹 21 厘米，造成 464 只羊、1 头牛死亡。

1997 年 6 月 20 日，农五师八十一团八连骤降冰雹。冰雹带长约 2 千米，宽仅 10 多米。棉花受灾面积 200 公顷。

1999 年 6 月 9 日，农五师八十四团九连、十一连遭受冰雹灾害，冰雹直径 2 厘米。棉花受灾面积 300 ～ 400 公顷。同年 6 月 26 日，乌图布拉格镇、达勒特镇遭受冰雹袭击。受灾人口 5 341 名，农作物受灾面积 1 933.3 公顷，绝收面积 266.7 公顷，直接经济损失 165 万元。同年 6 月 27 日，乌图布拉格镇、达勒特镇，农五师八十六团遭受冰雹袭击。农作物受灾面积 80 公顷。同年 6 月 29 日，乌图布拉格镇、达勒特镇，农五师八十六团遭受冰雹袭击，冰雹直径 0.5 ～ 1.0 厘米。农作物受灾面积 800 公顷，成灾面积 800 公顷。

2001 年 7 月 22 日，农五师八十四团遭受冰雹灾害。农作物受灾面积 2 300 公顷，其中 1 373.3 公顷农作物绝收，直接经济损失 3 065.23 万元。

2003 年 8 月 6 日 17 时 30 分至 19 时 15 分，达勒特镇、贝林哈日莫墩乡、香班哈日根牧场遭受冰雹袭击，冰雹直径为 6 ～ 8 厘米。据初步统计，受灾人口 9 008 人，成灾人口 7 726 名；农作物受灾面积 2 829 公顷，成灾面积 2 540 公顷，绝收面积 706 公顷，直接经济损失达 2 098 万元。

第三节 洪 灾

博乐市洪害类型主要有暴雨性洪灾和冰雪性洪灾，出现最多的是暴雨型洪水，多发生在 5—7 月。2002 年 10 月 8 日，乌图布拉格乡发生洪灾，时间之晚为历史罕见。

一、冰雪型洪灾

1988 年 3 月 15 日，乌图布拉格乡遭受洪水灾害，受灾人口 108 人，其中特重灾民 26 人，重灾民 82 人；危房 24 间；冲走小麦、饲料 8 600 千克；冲毁干渠 400 米，桥梁、闸门 6 座。

1994 年 3 月 24 日，达勒特镇、贝林哈日莫墩乡 4 个村遭受洪水灾害。冲毁鱼塘 10 个、农田 16 公顷、公路桥 5 座、防洪堤 4.9 千米、乡镇公路 1 千米，造成危房 45 间，直接经济损失 72 万元。

1996 年 1 月 18 日，博尔塔拉河突发冰洪，使其河水改道，青得里乡和达勒特镇部分村遭受冰洪灾害。据统计，达勒特镇 200 公顷农田被冰封盖，冰层最厚达 1 米以上；青得里乡 46.7 公顷冬小麦被冰封盖，冰层厚达 50 ~ 70 厘米。冲毁防渗渠 2.5 千米、桥 8 座、闸门 5 座；淹死小畜 1 304 只；受灾户 986 户 2 903 人，仅农区造成直接经济损失 128.4 万元。

1997 年 3 月 19 日，贝林哈日莫敦乡 15 户 62 人遭受洪水袭击。倒塌房屋 32 间、围墙 500 米，死亡牲畜 145 头（只），直接经济损失 22.5 万元。

2002 年 3 月 22 日，乌图布拉格镇二牧场遭受洪水灾害。倒塌牧民房屋 12 栋、学校危房 2 间，直接经济损失 120 万元。

2005 年 3 月 8 日，青得里乡遭受洪水灾害。受灾人口 68 人，倒塌房屋 7 间，损害房屋 80 间，直接经济损失 120 万元。同年 3 月 24 日，贝林哈日莫墩乡玛尼乡村、吉翁村遭受洪水灾害。受灾人口 140 名，毁坏耕地 29 公顷，直接经济损失 162 万元。同年 3 月 30 日，达勒特镇代委日哈村，贝林哈日莫墩乡玛尼乡村、吉翁村遭受洪水灾害。成灾人口 115 人，损坏房屋 16 间，冲毁耕地 28 公顷、渠道 1 362 米、桥梁 5 座、道路 420 米，直接经济损失 172 万元。

二、暴雨性洪灾

1985 年 5 月 24—25 日，小营盘镇区发生洪水灾害，农民房屋进水 300 多户、冲塌房屋 14 户、危房 100 多户，冲，淤农田约 120 公顷。

1986 年 6 月 22 日，小营盘镇遭受暴风雨和洪水袭击。小麦受灾面积 394.9 公顷，经济损失达 29.63 万元；冲毁干渠 13.2 千米，经济损失达 3 万元；群众财产及其他经济损失 0.7 万元。各项合计损失 33.3 万元。

1987 年 5 月 24—25 日，小营盘镇连降暴雨，降雨量 30.2 毫米，山洪暴发。农作物受灾面积约 191.4 公顷，其中粮食作物受灾面积约 158.9 公顷；房屋进水 141 户，房屋倒塌 44 户；冲走口粮 4 000 千克、化肥 2 475 千克；淹死大小家禽 3 203 只；冲毁树苗 21 575 株、渡槽 3 个、支干渠 697.5 米、闸门 13 座。

1988 年 5 月 13 日，达勒特乡遭受洪水灾害。受灾人口 7 564 人，农作物受灾面积 375.9 公顷，成灾面积 375.9 公顷，直接经济损失 67.8 万元。同年 6 月 14 日，阿热勒托哈牧场遭受冰雹、洪水袭击。农作物受灾面积 333.33 公顷；倒塌房屋 9 户 18 间，危房 19 间；冲毁七一干渠约 150 米；洪水卷走羊 59 只；冲倒通信电杆 2 根，共损失约 150 万元。同年 7 月 23 日，贝林哈日莫墩乡遭受洪水灾害。受灾人口 300 人，农作物受灾面积 66.7 公顷，成灾面积 40 公顷，冲毁干渠 160 米，合计经济损失 18.5

万元。

1990年7月20日，青得里乡、小营盘镇遭受洪水灾害。受灾人口8户40人，受灾小麦面积2.87公顷，受灾油葵面积0.53公顷，经济损失8 150元。同年8月10日，小营盘镇多尔巴尔托哈村遭受洪水灾害，冲毁牧民毡房4户，直接经济损失4 650元。同年8月21日凌晨5时30分，小营盘镇突降暴雨引发洪水。冲毁镇电站水渠，渠水和洪水以每秒4 ~ 5个流量冲入塔翁哈木尔阿得尔村居民点，水深达70厘米，受灾人口16户72人，倒塌房屋10户12间，危房11间，经济损失2万多元。

1992年6月15日下午5时30分，博乐市境突降暴雨，伴随8级大风，降水量为18.2毫米，引发洪水。受灾人口2 223户11 091人；房屋进水22户、57间（水深30 ~ 40厘米），倒塌院墙62米；冲毁干渠24处、斗渠618米，各种经济损失233.25万元。

1994年7月12—13日，小营盘镇、乌图布拉格乡、达勒特镇、阿热勒托哈牧场等遭受洪水灾害。受灾人口450人，成灾人口450人；农作物受灾面积4 333.3公顷，成灾面积118.5公顷；倒塌房屋71间，危房116间；死亡牲畜、家禽539头（只）；毁坏干、斗渠1 614米、防洪堤2 950米、防渗渠2千米，桥涵6座、鱼塘6个，直接经济损失99.75万元。同年8月10日，青得里乡崩很特村遭受洪水灾害。受灾人口10户53人，倒塌房屋6间、危房9间；冲毁桥16座、闸门3座，直接经损失3.4万元。

1995年5月2日，乌图布拉格乡突降暴雨引发山洪。洪水袭击乡乌图布拉格村、巴格布热西村、嘎格茨根乌拉斯村等4个农业村；冲毁农作物43.3公顷，其中小麦10公顷，棉花33.33公顷，直接经济损失5.1万元。

1996年5月23日，小营盘镇托里西村遭受洪水灾害。受灾人口34户170人；粮食作物受灾面积20公顷，成灾面积1.7公顷，经济损失1.1万元。同年6月12日，乌图布拉格乡、青得里乡遭受洪水灾害。乌图布拉格乡农作物受灾面积326.97公顷，成灾面积55.73公顷；乡敬老院住房受损10间；冲毁围墙70米，闸门4座，桥涵3座。青得里乡受灾人口492户2 460人；牧业村254只羊被洪水冲走。直接经济损失191.1万元。

1997年5月3日，小营盘镇遭受洪水灾害。倒塌房屋39间、围墙8 568米，冲毁渠道6 482米，直接经济损失226.64万元。

1998年5月11日，小营盘镇遭受洪水灾害。受灾人口1 350人；农作物受灾面积360公顷，成灾面积360公顷；直接经济损失28.8万元。同年6月29日，小营盘镇遭受洪水灾害。受灾人口284人；农作物受灾面积75.9公顷，成灾面积65.3公顷；冲毁渠道550米、桥涵1座、公路1.5千米，直接经济损失37.87万元。同年7月13日，小营盘镇遭受洪水灾害。农作物受灾面积1 410.6公顷，成灾面积966.7公顷；倒塌房屋918间；冲毁渠道11 800米、闸门37座、桥涵7座、公路4.5千米。

1999年5月12日，青得里乡、乌图布拉格乡遭受洪水灾害。受灾人口2 205人，成灾人口1 705人；农作物受灾面积147.3公顷，成灾面积127公顷，绝收面积79.5公顷；冲毁渠道630米、桥1座。同年6月12日，乌图布拉格镇、小营盘镇遭受洪水灾害。受灾人口1 535人；农作物受灾面积203.8公顷，成灾面积174.9公顷，绝收13.3公顷；直接经济损失56万元。同年6月29日，乌图布拉格镇遭受洪水灾害。受灾人口780人，农作物受灾面积108.8公顷，直接经济损失48.96万元。同年7月25日，阿热勒托哈牧场遭受洪水灾害。受灾人口2 874人，农作物受灾面积1 120.7公顷，绝收面积219.8公顷。

2000年7月17日，小营盘镇、青得里乡、阿热勒托哈牧场遭受洪水灾害。农作物受灾面积2 083.7公顷，成灾面积1 829.9公顷，绝收146.5公顷；倒塌房屋74间、危房343间；冲毁渠道2 963米、防洪坝3 060米、水工建筑物16座。

2001 年 7 月 3 日 16 时至 5 日 15 ~ 18 时，达勒特镇、乌图布拉格镇等地遭受洪水灾害。洪水最大流量每秒 30 立方米，冲进居民点、农田，倒塌围墙 3 000 米、损失面粉 1 625 袋、清油 794.5 千克，冲毁渠道 305 米、闸 1 座、防洪坝 1 000 米，其他物资 1 785 件。

2002 年 6 月 11 日，博乐地区暴雨。小营盘镇引发山洪，袭击部分居民点、农田。受灾 60 户 255 人，成灾 35 户 150 人；农作物受灾面积 46.7 公顷，成灾面积 35.3 公顷；冲毁渠道 100 米；直接经济损失 16 万元。下游贝林哈日莫墩乡博尔塔拉河段河水上涨，每秒达 100 个流量，泛滥成灾。受灾人口 400 人，棉花受灾面积 168.7 公顷，冲毁吊桥 2 座，直接经济损失 95.5 万元。同年 6 月 14—16 日，小营盘镇遭受洪水灾害。受灾人口 3 027 人，成灾人口 2 403 人；农作物受灾面积 933.3 公顷，成灾面积 747.2 公顷，绝收 6.7 公顷；直接经济损失 59.5 万元。同年 7 月 3 日 22 时 20 分，山洪冲毁博—五公路 K105 至 K106 处 3 座桥涵，公路中断。同年 8 月 16—18 日，博乐地区暴雨。4 个乡镇场受灾人口 1 647 人，成灾人口 1 211 人；农作物受灾面积 297.7 公顷，成灾面积 287.7 公顷，绝收面积 102.9 公顷；冲毁桥 2 座；直接经济损失 409 万元。同年 10 月 8 日 22 时，博乐市乌图布拉格镇乌拉斯塔北村遭受洪水灾害。受灾人口 46 名，农田受灾面积 80 公顷，危房 9 间，倒塌围墙 13 米，直接经济损失 17 万元。

2003 年 6 月 7 日，乌图布拉格镇、青德里乡突降暴雨引发洪水，最大流量每秒 50 立方米，平均流量每秒 30 立方米，袭击居民点、农田。死亡大牲畜 6 头（匹），倒塌围墙 620.5 米，冲毁桥涵 15 座，干渠闸门 1 座，浸泡口粮 11.5 吨。

2004 年 7 月 22 日 19 时 30 ~ 35 分，小营盘镇、阿热勒托哈牧场遭受洪水灾害。受灾面积 520 公顷，绝收面积 22 公顷，直接经济损失 130 万元。

2005 年 6 月 20 日 15 时 30 分左右，小营盘镇哈日根托哈村等 3 个村遭受山洪灾害。受灾人口 450 人，倒塌房屋 6 间，损坏房屋 10 间，农作物受灾面积 200 公顷、绝收面积 67 公顷，直接经济损失 230 万元。

第四节　旱　灾

博乐市农业属灌溉农业，如果时年出现严重的降水减少，对农业影响是旱田作物造成损失。

1989 年 7—8 月，博乐市持续干旱，近 50% 的春秋草场无草。

1991 年 4—5 月，博乐市大旱。种植作物受旱面积 0.96 万公顷，占种植总面积的 42% 以上，牧区 35.93 万公顷草场受旱，2.33 万公顷草场发生虫灾。5 月 12 日，市委印发《紧急动员起来，掀起抗旱热潮的通知》。

1995 年 5—6 月，博乐市发生特大干旱灾害。

1997 年 5 月，博乐市乌图布拉格乡等 4 个乡（镇、场）发生干旱灾害。受灾人口 320 人；农作物受灾面积 1 660 公顷，成灾面积 940 公顷；直接经济损失 30 余万元。

2001 年 1—3 月，博乐市持续干旱。

第五节　霜冻　雪灾

一、霜冻

霜冻灾害主要表现为冻灾。冻灾有严寒、春寒和倒春寒。春季强寒潮所引起的霜冻危害，1998 年

5 月 18—20 日，小营盘镇、青得里乡出现历史同期最严重的霜冻灾害。

1982 年，博乐市境出现春寒，因冬季降雪较少，地面积雪薄，冻死冬麦 2 000 公顷，占总播面积 52.8%。其中乌图布拉格乡冬麦冻死 800 公顷。

1984 年 4 月 24 日，博乐市境出现强寒潮，降雨雪和冰粒，伴有大风，最低气温 -4℃，风力 9 级以上，山口至九十团一带，最大风速每秒 49 米，冻死羔羊 5 208 只，刚出苗的蔬菜全部冻死。同年 12 月 1—4 日、10—16 日、19—24 日，博乐市境连续三次出现寒潮，降温幅度达 25℃左右，日平均气温降至 -30℃，最低气温 -34 ~ -32℃，全市有 2 667 公顷左右冬麦，程度不同地遭到冻害 。

1985 年 4 月 16 日，小营盘区、青得里乡、乌图布拉格乡发生霜冻，1 730 公顷农作物被冻死。

1988 年 5 月 1—5 日，小营盘镇发生霜冻灾，农作物受灾面积 1 166.7 公顷，成灾面积 1 166.7 公顷，直接经济损失 125 万元。

1992 年 5 月 1—4 日，冷空气入侵，市境连续降雨雪，降水量达 44 毫米，温度突降至 -30℃，农牧区遭受霜冻灾害。农作物受灾面积 1 392.9 公顷，成灾面积 950 公顷；牧民住房漏雨 400 户、进水 54 户，其中倒塌 38 间；牧区死亡大畜 446 头、羊 4 260 只。

1992 年 9 月 21 日—10 月 30 日，市农牧区受南下冷空气影响，造成持续低温，严重影响棉花生长和品质。棉花受灾面积 6 800 公顷，平均单位亩产量比上年减少 13 千克。

1993 年 5 月 8—11 日，小营盘镇农区发生霜冻灾害，农作物受灾面积 575.3 公顷，成灾面积 468.7 公顷。

1994 年 1 月 1 日—3 月 31 日，博乐市农牧区连续多次降雪，天气持续低温，到 3 月中旬气温仍在 -23℃左右。冬草场积雪过厚，牲畜食草困难，膘情下降，瘦弱畜增加。仅 1 月 21 日—3 月 10 日共死亡成、幼畜 1 366 头 (只)。

1998 年 5 月 18—20 日，小营盘镇、青得里乡发生霜冻灾害。农作物受灾面积 792 公顷，成灾面积 654 公顷，直接经济损失 114 万元。

二、雪灾

雪灾主要发生在冬季，大雪给畜牧业带来危害，引起来年融雪性春洪。博乐市一般年份降雪不多，个别年份雪量大，积雪厚形成雪灾。1987—2001 年，冬季雪灾共 4 起。2001 年冬季，冬草场牧区的雪灾是牧业受灾较严重的一年。

1987 年 11 月 19 日，博乐三台地区发生大暴雪，气温突降到 -29℃，9 级左右大风持续 48 小时。乌伊公路三台—果子沟路段被大雪阻断，历时 9 天；200 多辆车被困；冻死牲畜 2 302 头（只）。

1994 年 1 月 1 日、3 月 30 日，博乐市农牧区降大雪，天气持续低温。冬草场因积雪过厚，牲畜食草困难，膘情下降，瘦弱畜死亡。据统计，截至 1—3 月 10 日，牧区共死亡成、幼畜 1 360 头（只）。

1996 年 1 月 8—10 日，博乐市境普降大雪，降雪时间长达 30 多小时。牧区平均积雪厚度为 20 ~ 40 厘米；421 群牲畜（占全市牲畜存栏总数的 40%）食草困难，出现部分牲畜死亡。据统计，截至 2 月 20 日，全市死亡牲畜 5 176 头（只）。

2001 年 2 月 20—21 日，博乐市境普降中到大雪，连续降雪时间达 40 个小时。平原降水量达 25.8 ~ 27.5 毫米，积雪厚度 20 ~ 30 厘米；山区降水量达 35 ~ 45 毫米，积雪厚度达 40 ~ 50 厘米。牧区受灾户 871 户，成灾户 533 户，危房 23 间，倒塌棚圈 6 座，死亡牲畜 896 头（只），死亡仔畜

47 头（只），经济损失 166 万元。

第六节 雷 灾

1979—2006 年，博乐市（县）每年夏季都会在短时暴雨、冰雹、大风等强对流天气过程中伴有雷电。雷击事件多发生在僻远、经济文化相对落后、雷电防护意识低的牧区。1980 年 7 月 16 日，博乐县城区州冷库一带发生雷击，致死 1 人，击昏 2 人。1982 年 6 月 1 日，青得里乡顾里木图 2 队北面农田发生雷击，致死 1 人。1988 年 7 月 4 日，青得里乡 1 人遭雷击死亡。

第七节 病虫害

博乐市每年都有病虫害发生，个别年份较为严重。

1980 年 5 月，小营盘公社、青得里公社发现小麦黑森瘿蚊虫害。受灾面积 6 000 公顷，成灾面积 1 190 公顷，虫株率达 50% ~ 80%，无收成面积 106.7 公顷。粮食亩减产 278.7 千克。

1983 年，博乐县林木病虫害面积 152.1 公顷，其中病害发生面积 17.6 公顷，虫害发生面积 134.5 公顷，主要是杨毒娥、松毛虫等。

1986—1987 年，博乐市有森林病虫害和作物病虫害。

1991 年 5 月、1995 年 5—6 月和 2000 年 5 月，博乐作物有病虫害、牧区有蝗虫。

2003 年 6 月 25 日—8 月 1 日，博乐市农区发生病虫害。受灾人口 6 755 人；农作物受灾面积 2 867 公顷，成灾面积 1 800 公顷，绝收面积 400 公顷；直接经济损失 1 515 万元。

2004 年 5 月 7—30 日，小营盘镇、青得里乡农作物遭受病虫害。受灾面积 266.7 公顷，绝收面积 228 公顷。直接经济损失达 184 万元。同年 7 月 1—6 日，小营盘镇、乌图布拉格镇和阿热勒托哈牧场农作物遭受病虫害。受灾面积 1 400 公顷，绝收面积 105 公顷。直接经济损失 297 万元。

第三编

BOLE SHIZHI

赛里木湖

赛里木湖系蒙古语“赛里木淖尔”音译，意为“山脊梁上的湖”，俗称“三台海子”。位于博乐市境内西南93.6千米处，湖面海拔2 073米，东西长29.5千米，南北宽23.4千米，周长86.5千米，湖水面积458平方千米，蓄水量210亿立方米，湖水透明度高达12米，湖底最深92米，湖水平均矿化度为2.8‰，属冷水微咸湖。

赛里木湖风景区景观由湖水、湖滨沼泽、草原及山地组成，总面积1 301.4平方千米。属温带干旱区高山湖泊综合自然景观。1999年，博乐市赛里木湖被批准为自治区级旅游名胜景区。2004年2月，被国务院确定为第五批国家级风景名胜区。2005年1月，赛里木湖风景名胜区管理委员会成立，正县级，自治州人民政府派出机构。

1998年，赛里木湖引进高白鲑、凹目白鲑等冷水鱼养殖，至2006年，赛里木湖成为新疆第一个有机食品冷水鱼生产基地。

第一章　自然环境

第一节　位　置

一、地理位置

赛里木湖属北天山海西宁褶皱带地质作用形成的断凹盆地，位于博乐市西南，呼苏图谷地西端山间，与伊犁哈萨克自治州霍城县接壤，南距霍尔果斯口岸86千米。北纬44° 27′ ~ 44° 45′、东经80° 39′ ~ 81° 30′。赛里木湖景区位于天山北麓西段，北以温泉县的南部行政界线为界，西、南均以博乐与伊犁行政边界为界，东部以库松契克山脊、萨尔巴斯套吐尔滚沟东部山脊为界。

二、区位特点

赛里木湖在唐朝曾是天山北路开辟的新“丝绸之路”，是连接内地和欧洲的咽喉，经济文化的相互交流，有力促进西域的经济发展。如今为中国向西开放的前沿、新疆天山北坡经济带的重要组成部分。312国道沿湖岸东南贯穿而过，G30国家高速公路（连霍高速）纵贯全境，奎（奎屯）—赛（赛里木湖）高等级公路、中哈石油管道、西气东输二线天然气管道穿境而过。

第二节　气　象

赛里木湖景区是大西洋暖湿气流最远可达的地方。天山是西北内陆干旱区一个巨大的“荒漠湿岛”，天山西部的湿岛效应尤其明显。全国气候区划把赛里木湖列为准噶尔盆地西部山地干燥气候区，由于地处天山西北部且海拔2 000米以上进入中山带，界于半干旱偏半湿润的山地气候类型，具有春秋相连无夏季，夏季气候无炎热，冬暖风多、夏凉雨水较充沛、冰冻期长等特点。

一、气象要素

气温　冬暖夏凉。与山下的博乐市相比，赛里木湖景区7月平均气温18.3℃，博乐市7月平均最高气温31.2℃，比赛里木湖7月平均气温高12.9℃；赛里木湖景区1月平均气温 -17.2℃，博乐市1月平均最低气温为 -22.4℃，比赛里木湖低5.2℃。

赛里木湖景区气温与热量概况表

表 3-1　　单位：℃

测站高度（m）	年平均气温	一月平均气温	七月平均气温	年最高平均气温	年最低平均气温	月平均最高气温	月平均最低气温	年极端最高气温	年检端最低气温	多年平均积温	
										> 0℃	> 10℃
2 092	1.1	−13.9	13	3.8	−2.0	18.3 出现在 7 月	−17.2 出现在 2 月	28.3	−33.6	1663	1124

降水　赛里木湖降水充沛。湖区年均降雨量 385.9 毫米，降水主要集中在春夏两季 (占年降水量 98.7%)。湖区冬季降雪量比平原地区多，由于风大，不易形成稳定积雪，也不易结冰。赛里木湖景区空气湿润，年内相对湿度在 60% 以上。

赛里木湖景区降水、蒸发概况表

表 3-2　　单位：毫米

<table>
<tr><th rowspan="2">年平均降水量</th><th rowspan="2">年最大降水量</th><th rowspan="2">年最小降水量</th><th colspan="6">降水季节变化</th></tr>
<tr><th>春夏季降水量</th><th>占年降水量</th><th>秋冬季降水量</th><th>占年降水量</th><th>月平均最大降水量</th><th>月平均最小降水量</th></tr>
<tr><td>385.9</td><td>777.9</td><td>175.1</td><td>346.2</td><td>89.79%</td><td>39.7</td><td>10.3%</td><td>115.4
出现在 7 月</td><td>0.3
出现在 1 月</td></tr>
<tr><td colspan="3" rowspan="2">平均年雨日数（天）
日降水量大于 0.1 毫米计为一雨日</td><td colspan="3">月雨日数（天）</td><td rowspan="2">年蒸发量</td><td colspan="2" rowspan="2">平均相对湿度（%）</td></tr>
<tr><td>月均</td><td>最多</td><td>最少</td></tr>
<tr><td colspan="3">88.8</td><td>7.4</td><td>16.3</td><td>1.3</td><td>550</td><td colspan="2">60</td></tr>
</table>

风力与四季　赛里木湖主导风向为西南风，平均风速 2.23 米 / 秒。以西风和西南风平均风速最大，10 月至来年 3 月盛行西南风，4—8 月盛行北风，5—6 月盛行南风。春季风速小，秋冬两季风速大。年平均大风日数约 60 天，多集中在 10—12 月。除 5 月无大风外，其他季节月平均大风日数 5 ~ 8 天。

赛里木湖冬季由于西南风大，使湖水在 12 月底才能封冻，冰冻期冰厚 1 米左右；到翌年 5 月初被南风一夜吹开，块状冻冰一周化完。冬季多发生吹雪或雪暴，能见度很低。因地形作用，常把积雪吹到公路低洼处，形成雪堆。本地区最大冻土深度 1.8 米左右。

赛里木湖风信概况

表 3-3

平均风速	最大风速	主要风向
2.23 米 / 秒	14.7 米 / 秒	西南西

赛里木湖景区四季划分表

表 3-4

季节	春季			夏季			秋季			冬季		
初终日期	初	终	日数	初	终	日数	初	终	日数（天）	初	终	日数
–	4 月 23 日	–	–	–	–	–	–	10 月 28 日	189	10 月 29 日	4 月 22 日	176

说明：景区长冬无夏，春秋相连，只有冷暖半年之分

二、气象景观

由于海拔高，四周群山环绕，山地气候类型造成赛里木湖地区的气象变幻无穷，有雨雾、云海、雷电、彩虹、冰雹、雪景、雾凇等。气象景观有赛湖跃金、松头雾瀑和大自然赋予的“舞台灯光”。

第三节 水系水文

一、水系

赛里木湖为干旱区典型的高山封闭湖盆，湖面海拔高度 2 072 米，水域面积为 457 千米，总蓄水量约 210 亿立方米，最大水深 92 米。湖盆形态变化较大，最大坡降达 75‰。

环湖分布有 26 条常流水沟、侧泉和 20 余条季节性小沟，主要发源于赛里木湖西北中部、高山区、伊克查干赛根郭勒，查干郭勒有小面积冰川和永久积雪消融补给，水量较大，较稳定，其余诸多沟、溪河山泉均靠降水和季节积雪消融补给，径流量很少。湖泊无地表出口，靠自然蒸发维持水量动态平衡。水系流域面积 1 408 平方千米。年均径流量 9 398 万立方米。入湖河流在区域内分布不均，西部的 4 条河流年平均流量为每秒 1 420 立方米，占入湖河流流量的 47%；西北部的 6 条河流平均每秒 1 441 立方米，占入湖河流流量的 48%；北部和东北部的河流流量每秒 297 立方米，占入湖河流流量的 5%。

赛里木湖少数河沟以地表径流直接入注赛湖，大部分的沟泉在出山口后不久，全部渗入到地下，再以潜流形式补给赛里木湖。经地下砂砾层过滤过的溪水转变成泉水，清澈透明，纤尘不染。赛里木湖环湖主要沟溪有乌鲁兰纳查干赛沟、呼日林乌苏沟、巴格查干赛沟、查干郭勒沟。

乌鲁兰纳查干赛沟　位于赛里木湖西部，为赛里木湖地区水系中最大的一条山沟，源于博乐与霍城交界的别珍套山分水岭上，海拔高度 3 650 米，高沟长约 30 千米，流域面积约 200 平方千米。河源有少量永久冰川、积雪和冰碛湖，山口以上有两条大支流和十多条小支流。地表径流出山口约 9 千米后渗入地下，以潜流补给赛里木湖。

巴格查干赛沟　在赛里木湖西北部，源于博乐与温泉交界处，海拔高度 3 560 米以上，源头有少量永久冰川和积雪，沟长约 12 千米，地表径流出山口 2.5 千米后渗入地下，以潜流补给赛里木湖。

呼日林乌苏沟　在赛里木湖西北部，源于博乐与温泉交界处。霍洛力乌苏西南侧，海拔高度 4 060 米，海拔 3 400 米以上有少量永久冰川和积雪。沟长约 22 千米，流域面积 30 多平方千米。地表径流距赛里木湖约四公里处全部渗入地下，以潜流补给赛里木湖。

干郭勒沟　在赛里木湖西北部，源于博乐与温泉交界处的霍洛力乌苏，海拔高度 4 100 米以上，源头有永久冰川和积雪沟，沟长约 25 千米，流域面积 81 平方千米，为赛里木湖地区水系中次大沟溪，地表径流可直接补给赛里木湖。

二、水文

赛里木湖是广厚的第四纪松散沉积物分布区，在中更新世以前是淡水，晚更新世以后湖水减少，水质变咸，以镁盐为主，矿化度每升 2.5 ~ 3.0 克。pH 值为 8 ~ 9，属微咸湖。湖泊补给系数为 3.1 左右，是中国西北内陆湖泊中补给系数最小的一个流域。湖底最深 90.5 米，平均水深 46.4 米，储水量约 2.1 × 1 010 立方米。湖区四周群山环绕，并有冰川存在，构成封闭的高山盆地水系。湖面年平均降水量约 450 毫米，多集中在 4—8 月。赛里木湖水位年增长 5 ~ 7 厘米。

第四节　土　壤

一、土壤类型

与气候、植被分带性相适应，赛里木湖盆地的土壤垂直分带现象也十分明显。赛里木湖西部由湖滨到山巅，依次分布着暗栗钙土、黑钙土、淋溶黑钙土、亚高山草甸土、高山草甸土。赛里木湖南侧还分布有灰褐土。

二、土壤分布

赛里木湖盆地面积 354 平方千米，土壤类型以栗钙土、黑钙土为主。环湖山地面积 1 054 平方千米，土壤类型以灰褐土、亚高山草甸土为主。西部由低到高分布暗栗钙土、黑钙土、淋溶黑钙土、亚高山草甸土、高山草甸土；南侧分布灰褐土；呼苏木奇格山和科古尔琴山自山顶至山脚依次为高山草甸土、亚高山草甸土、灰褐土、黑钙土、暗栗钙土、栗钙土。

第五节　湿　地

一、湿地类型

赛里木湖湿地位于天山西部的高山断陷盆地，由内陆微咸水湖泊、湖滨淡水沼泽、常年或季节性内流河、亚高山湿草甸、冰川融雪溪流以及地下潜流与涌泉等类型湿地组成，湿地类型丰富。湿地总面积 541.6 平方千米，其中湖泊 457 平方千米，湿草甸面积为 58.9 平方千米，苔草沼泽湿地面积为 7.9 平方千米，淡水泡面积为 4.5 平方千米，河流面积为 12.3 平方千米。是全国 173 处重要的湿地之一。

二、湿地特征

赛里木湖地区封闭式山盆地地貌形成温带干旱区典型的高山湿地生态系统。赛里木湖湿地类型多样，属于盆地积水湖，中山地带是比较湿润的山地气候类型，年绝对最高气温 28.3℃；冬无严寒，年降水 385.9 毫米。水源来自发源于西面山区（峰高 4 550 米）的河流和径流。赛里木湖湿地生态系统从类型上划分为永久性咸水湖、草本沼泽、相连的河流等。

第六节　自然灾害

地震　赛里木湖地区属西天山新构造运动活跃地带，地底下隐伏着多条断裂线，是地震多发区。2003 年在果子沟附近发生了 4.7 级地震。

洪水、雷电、冰雹　夏季有洪水和雷电。南部山区多雷电、冰雹，在空旷草原上易发生雷击。

风、雪　冬季发生大风雪和雪崩等灾害。每年冬季在松树头附近易发生积雪，十多天积雪造成交通阻断。雪崩造成人员伤亡，冻死羊只。

蝗虫、鼠害　赛里木湖周边的草场植被存在蝗虫和田鼠、天山黄鼠、旱獭等动物啃食草场。2001 年，赛里木湖边缘草场重灾区蝗虫密度每平方米 500 ~ 1 000 头。蝗虫过草绿变黄。赛里木湖草场的鼠害较严重，据粗略统计平均每亩草场有鼠洞 12 ~ 90 个。

第二章　湖泊成因

第一节　湖名由来

赛里木湖是历代游牧民族不可多得的优良夏季草场。牧民年年逐水草而迁居，没有留下文字记录。公元 649 年，唐太宗李世民的诗句“乳海池京邑，双河沼帝乡”，“乳海”是最早对赛里木湖的文字记载。宋元时期，耶律楚材《西游记》所记不剌城南阴山顶上的圆池“色特库尔”（苏忒库尔），意思是“奶湖”。李志常著《长春真人西游记》称其为“天池”。清乾隆四十年（1775），格琫额著《伊江汇览》第一次出现赛里木诺尔之名。乾隆四十七年（1782），《皇舆西域图志》写作察干赛里木淖尔。道光三年（1823）成书的徐松《西域水道记》写作赛喇木淖尔。清代著名文学家兼方志学家洪亮吉为赛里木湖作《净海赞》云：“历树宇内灵川秀壑，笠屐所至者，或同兹幽奇，实逊此邃洁，诚西来之异境，世外之灵壤矣！”誉之为西天“净海”。20 世纪 80 年代地名普查时，汉语规范译名为赛里木湖。

第二节　地质演变

赛里木湖位于伊犁盆地谷地，是天山造山带中的山间盆地，与其直接邻接的南北构造单元分别为哈尔克—那拉提中、南天山板块间的早、中古生物带碰撞造山带（简称哈—那带）与科古琴—波罗特奴早、中古生代造山带（简称科—博带），在大地构造上属于天山造山带中的伊犁—中天山微地块。赛里木湖区构造演化归纳为三个阶段。前震旦纪众多古老地块的拼合过程。早、中古生代新疆板块的裂解和再拼合演化过程。晚古生代至今的新疆陆内构造演化阶段。石炭纪之末，二叠纪之初，现今欧亚板块的雏形已经形成，新疆成为这一全球性巨型板块的组成部分，但在它的南侧，还面临着先后古特提斯洋的封闭，新特提斯的打开与最终关闭和青藏高原的形成两期最终促成了构造陷落湖——赛里木湖。

赛里木湖湖面属典型的内流型封闭高山湖泊。早更新世之前，赛里木湖属外流湖，由于欧亚腹地干旱化程度的加剧，逐渐演变为内流型湖泊。在古出水口与赛里木湖之间有 6 道湖积堤，记录湖进湖退的演化过程；记录中国西北与中亚地区第四纪气候与环境的几个变化阶段，为西北地区第四纪地层的划分提供科学证据。与世界上著名的构造湖泊相比，赛里木湖在干旱区高山断陷湖中具有唯一性。

第三节　湖体构成

赛里木湖四周群山环绕，构成独立封闭的高山盆地水系，是名副其实“山脊梁上的湖”。湖面呈椭圆形，湖水面积 457 平方千米，总蓄水量约 210 亿立方米，湖水平均矿化度为 2.8‰，属微咸湖。

赛里木湖地区位于北天山海西宁褶皱带博罗霍洛复背斜的北翼，为一地堑式山间断陷盆地。整个湖区的地貌轮廓、山脉走向、河谷方位及湖区形状受断层线的控制。湖岸线周围山脉和主要河流均近似东西走向。

赛湖东侧为呼苏木奇格山，市境段东西长 55 千米，南北宽 5 ~ 14 千米，山势西高东低，其最高峰 3 596 米，耸峙在赛湖的东侧。山脉的西端在博乐（三台）南侧，直逼湖滨，构成赛湖陡峭的湖岸。山体向西没入湖中的延伸部分，其突兀的峰脊构成赛湖三台西面的四个湖心小岛。

赛里木湖的西南以别珍套山支脉沙里切库山的山脊线高度超过 3 500 米。沙里切库山垂直带谱异明显。3 000 米以上各种第四纪冰川遗迹种类齐全，寒冻风化强烈，冰斗成列，刃脊陡峭，冰川与寒冰风化地貌发育良好。2 800 ~ 3 000 米为裸岩带，出露侏罗系至石炭系巨厚的石灰岩、砾岩以及砂页岩层，2 150 ~ 2 800 米为中低山森林带。阳坡主要由密灌林组成，山谷阴坡有部分云杉林分布。中低山森林带为古冰川主要作用地段，U 形谷，冰碛垄岗大多分布在这里，由于受深大断裂的影响，在低山带形成成排明显的断层三角面。2 130 ~ 2 400 米为冰水扇和洪积扇带，扇顶部位地势波伏起伏，阴坡云杉连片，阳坡绿草浓密，高可没膝。由扇顶丘陵向东，渐变为面向赛里木湖坡度不大的辽阔平原。海拔 2 130 米以下，为湖泊侵蚀、堆积作用地段，沼泽连片，湖堤蜿蜒，绿草如茵。

赛里木湖的北部以岗吉格山山脊线与博尔塔拉河流域为界。最高峰喀尔其尕萨依海拔 3 094 米。由于断裂线的控制，山体逼近湖东北岸，山麓有不大的洪积扇泻落到湖岸，在湖浪冲蚀下，形成崩塌侵蚀陡岸。湖滨沙堤发育好，绵延数十千米，构成赛湖一景。山坡上丛生圆柏密灌林。赛湖四面高山环抱，唯东北角山矮成缺，垭口海拔 2 130 米，曾是赛湖古代的出水口。

赛里木湖南部以科古尔琴山处于阴坡位置，山上云杉林连峰续岭，生长茂盛，杉树直抵湖滨，洪积扇平原上绿草如茵，风景异常幽静秀丽。作为果子沟入口的松树头分水岭位于赛湖东南端，海拔约 2 140 米。

第三章　动植物资源

第一节　植物资源

一、植物种类

赛里木湖共有种子植物 639 种，分属于 58 科 288 属。

新疆赛里木湖湿地公园种子植物统计表

表 3-5

类别	科	属	种
裸子植物门	3	3	8
被子植物门	55	285	631
其中：双子叶植物纲	47	231	489
其中：离瓣花亚纲	29	134	295
合瓣花亚纲	18	97	194
单子叶植物纲	8	54	142
种子植物合计	58	288	639

裸子植物有 8 种，大部分为本区域内植物群落的建群种，如雪岭云杉组成的暗针叶林，方枝柏组成的常绿针叶灌丛和以麻黄为代表的荒漠等；被子植物占绝大多数，有 55 科 285 属 631 种，是组成林下和草原、草甸、荒漠的主要成分。

二、种子植物区系

赛里木湖处在亚欧大陆腹地，在西伯利亚、中亚、蒙古国的交会地带。自然环境几经变迁，造成各个植物区系的接触、混合、特化，过渡性明显。种子植物种类比较丰富，地理成分复杂、并有起源古老的单型、少型属种。属的分布是以北温带成分、旧世界温带成分为主体，温带性质非常明显。同时又与地中海成分和中亚成分有密切的联系，也与热带成分、东亚成分和北美洲成分保持微弱的联系，因而具有多源性。其中作为主体的北温带成分和旧世界温带成分构成该地区的现代植被，占据该区域的大部分面积，仅在较低海拔区域有地中海成分和中亚成分的侵入。

三、植被

赛里木湖属于温带荒漠区域，西部荒漠亚区域，温带半灌木、小乔木荒漠地带，天山北坡山地寒温性针叶林草原区。植被类型分为冰雪带、高山流石滩稀疏植被、高山草甸、高山灌丛、雪岭云杉林、亚高山草甸、荒漠草原、荒漠和盐碱滩，沼泽和水生植被等 9 类。

冰雪带　赛里木湖四周海拔 3 600 米以上的高山上部，终年积雪，发育有大量的冰川，每年的冰雪融水滋养着赛里木湖，冰雪带很少有植物生长。

高山流石滩稀疏植被。分布在高山植被带以上、永久冰雪带以下，草群极度稀疏，结构简单，生长季节短，常呈块状不连续分布。主要有菊科风毛菊属的几个种，由于他们的种子上长有羽毛状冠毛，易被风传播和定居。主要分布在海拔 3 400 ~ 3 700 米之间的流石滩，植物生长稀疏，总盖度在 5% 以下，主要组成植物有：雪莲、厚叶美花草、新疆缬草、绢毛委陵菜、耆叶马先蒿、假报春、高山早熟禾等。

高山草甸　在高山流石滩稀疏植被带以下局部较湿润的区域，高寒、中湿、日照充足、太阳辐射强、风大。具有草层低矮、结构简单，层次不明显，草群生长密集，覆盖度大，生长季节短，生物生产量低等特点，主要分布在海拔 2 700 ~ 3 500 米的高山带。群落盖度为 50% ~ 95%，高度 10 ~ 15 厘米，建群种为蒿草属、苔草属植物，如线叶蒿草、窄果蒿草、矮蒿草、黑花苔草、硬叶苔草等，伴生植物主要有珠芽蓼、厚叶美花草、高山黄花、高山龙胆、雪地棘豆、长毛齿缘草等。

高山灌丛　海拔 2 400 ~ 3 000 米的山体阳坡一般为常绿针叶灌丛带，新疆方枝柏为典型代表，与高山草甸镶嵌分布，其冠幅平展却可达 5 ~ 10 米，在地表形成厚实的圆斑，伴生植物主要有刚毛忍冬、灰毛柳等，草本层常见的有羊茅、小花紫草、天山羽衣草、老鹳草、红景天、山羊臭虎耳草、亚洲勿忘草等。植被覆盖度达到 85% ~ 100%，植被高度在 30 ~ 60 厘米。

雪岭云杉林　海拔 2 700 米的山体阴坡和沟谷中为暗针叶林带，一般为雪岭云杉纯林，伴生植物主要是疣枝桦、天山桦、欧洲山杨、花楸、柳、小叶忍冬、蔷薇、欧亚圆柏等乔灌木外，草本植物种类繁多，最常见的有天山羽衣草、珠芽蓼、棘豆、黄芪、亚洲勿忘草、早熟禾、异燕麦、苔草等。

亚高山草甸　是中生禾草和杂类草组成的群落，在海拔 2 500 ~ 2 800 米的较平缓和细质土的坡地，有涌泉出露的较湿润区域，亚高山草甸则侵入森林、灌丛占据优势地位，典型区域为赛里木湖西南部广阔的草场。草甸群落盖度 90% 左右，植物主要有苔草、蒿草、羊茅、早熟禾、黄花茅、羽衣草、委陵菜、火绒草等，饲用价值最高的是苔草属、蒿草属，他们叶片纤细柔软、再生速度快、耐牧性强，是羊、马良好的放牧型牧草。

荒漠草原　是草原中最旱生的类型。海拔 2 100 米的森林带以下为草原带，特别在赛里木湖东北角荒漠草原最为典型。草层高度 8 ~ 20 厘米，覆盖度 25% ~ 40%，多为针茅属单优势群落，为长芒草、东方针茅、沙生针茅、天山针茅等，伴生种主要为无芒隐子草、刺叶彩花、黄花瓦松、木地肤、毛足假木贼等。

荒漠、盐碱滩　在赛里木湖的北部，由于干旱和过度放牧，局部区域草场退化，地表裸露，泛盐出碱，形成斑块状的荒漠和盐生植被群系，常见的荒漠植被有麻黄群系、绢蒿群系等；盐生植被有芨芨草群系、碱蓬群系、海乳草群系等。

沼泽和水生植被 冰川的下沿，溪流众多，湿地广布，沼泽类型随海拔的下降逐渐增多，高海拔有苔草沼泽，形成塔头形草丘；中海拔有灯心草群落、小木贼群落、水麦冬群落、酸模群落等；沟谷常见的水生植被有水葫芦苗群系、直柄水苦荬群系等，微咸的浅湖区常见杉叶藻群系。

四、其他植物

赛里木湖在森林植物和牧草植物资源之外，蕴藏着食用、药用、观赏、芳香、固沙、蜜源、纤维植物等资源植物。

食用植物一般为小浆果，含有丰富的维生素，可制果汁或酿酒、或加工成果酱，有麻黄、黑果茶藨、天山花楸、宽刺蔷薇、落花蔷薇、欧洲稠李等。野菜植物的根、茎、叶或花味道鲜美，在民间广泛食用。主要有葱属、藜属、苋属、鹤草属、委陵菜属、独行菜属、野豌豆属、苜蓿属、蒲公英属、莴苣属等，常食用的有燃麻、扁蓄、龙蒿等。

蜜源植物常见的有牛至、直齿荆芥、密花香薷、白车轴草、草原老鹳草、新疆党参等。

药用植物有150种左右，其中最重要和具有开发价值的主要有紫草、贝母、麻黄、雪莲。

观赏植物在盛夏时节，百花齐放，争奇斗艳，一片花的海洋。主要有金莲花、耧斗菜、翠雀花、柳兰、柳叶菜、老鹳草、景天、野罂粟、白头翁、柳穿鱼、马先蒿、麻黄、蔷薇、秦艽等。

芳香植物主要集中于唇形科、菊科和蔷薇科中，如圆柏、和兰芹、草木樨、青兰、牛至、百里香、蒿等。

此外，有酸模、藜、苋、荠菜、委陵菜、苜蓿、豌豆、鹰嘴豆、薄荷、蒲公英、龙蒿（椒蒿）、莴苣、苦苣菜、葱、韭、蒜等近60种无污染、富含维生素和微量元素的野生蔬菜植物。另外还有可广泛用于油墨、油漆、蜡烛、皮革、洗涤剂、医药等行业的油脂植物，如大麻、芍药、金莲花、白屈菜、乌头、南芥、播娘蒿、菥冥、绣线菊、地榆、柳兰、琉璃草、水苏、牛至、天仙子、毛蕊花、苍耳、飞廉等30余种。

第二节　动物资源

赛里木湖动物以鸟类为主，有鸟类15目28科111种；两栖类和爬行类动物占少的成分，共有两栖类1目2科2种，爬行类2目3科4种，哺乳类4目10科26种。大型哺乳动物主要分布在周边的山地，在湖周草原和荒漠里主要分布一些啮齿类动物。

一、国家重点保护动物

赛里木湖有国家一级重点保护动物雪豹、北山羊、黑鹳、玉带海雕、小鸨、大鸨、遗鸥7种，其中鸟类5种。国家二级重点保护动物兔狲、猞猁、鹅喉羚、盘羊、斑嘴鹈鹕、白鹈鹕、大天鹅、疣鼻天鹅、鸢、雀鹰、苍鹰、胡秃鹫、褐耳鹰、棕尾鵟、草原雕、猎隼、黄爪隼、灰背隼、红隼、燕隼、灰鹤、蓑羽鹤、长耳鸮、短耳鸮、小鸥25种，其中鸟类21种。

二、生态类群

根据动物栖息地生态地理环境的差异，野生动物包括河流湖沼动物群、森林草原动物群、荒漠动物群3种的生态类群。

森林草原动物群 赛里木湖西南的沙里切库山和南部科古尔琴山地区为阴山，山上云杉林连峰续

岭，生长茂盛；东侧的呼苏木奇格山和北部的岗吉格山为阳山，分布大面积的灌丛。西南和南部为冰水扇和洪积扇带，是草原的主要分布地。这些地区分布着森林草原动物群主要的哺乳动物有盘羊、北山羊、雪豹、猞猁、草原旱獭等，鸟类有鸢、雀鹰、苍鹰、胡兀鹫、棕尾鵟、红隼、中杜鹃、斑啄木鸟、戴胜、凤头百灵、云雀等，还有一些鹟科和雀科的林栖鸟类。盘羊、北山羊和食肉动物雪豹和猞猁分布在高海拔山地，盘羊和北山羊种群的发展状态稳定，野外遇见率较高；雪豹和猞猁种群数量较少，野外很难见到踪迹。另外爬行类的中介蝮也在该区域有分布。

荒漠动物群 荒漠草原主要分布着啮齿类、有蹄类中亚荒漠动物群。哺乳动物最常见的有鹅喉羚、沙狐、虎鼬、草原旱獭、灰仓鼠、长耳跳鼠、五趾跳鼠、红尾沙鼠、柽柳沙鼠等。鸟类主要有鸨科中的大鸨、沙鸡科的毛腿沙鸡、百灵科的沙百灵、蒙古百灵，鹟科的沙即鸟、漠即鸟、雀科的漠雀、燕雀等，由于啮齿动物的泛滥，其中以褐斑鼠兔造成的危害较为严重，导致局部荒漠化。爬行类的新疆斑鬣蜥、旱地沙蜥、丽斑麻蜥以荒漠草原为栖息地。

河流湖沼动物群 湖周边地区分布有 26 条常流溪流、温泉和 20 余条季节性溪流。这些水域及周边的沼泽湿地是鸟类的天然家园。鸟类主要有绿头鸭、赤麻鸭、棕头鸥、银鸥、大天鹅等。在湖的西南有两处为大天鹅的常年栖息地，在湖东的水体和沼泽里绿头鸭、赤麻鸭、渔鸥、银鸥、小鸥分布较多。周边的沼泽是两栖动物塔里木蟾蜍、中亚侧褶蛙的主要分布区。20 世纪 90 年代后期，赛里木湖引进高白鲑鱼、凹目白鲑鱼等冷水鱼类，至 2006 年有高体雅罗鱼等 20 余种。

赛里木湖有稻水蝇、卤虫等多种水鸟的优质食物，成为鸟类觅食的优良场所，是迁徙水鸟重要的夏栖地和过境中转站。每年春季和秋季，有数十万只的各种水禽途经该地，繁殖季节，这些庞大的水鸟群形成独特而壮观的风景。

第四章 景 观

赛里木湖是新疆海拔最高、面积最大的高山盆地内陆湖泊，典型的温带干旱区高山湖泊综合自然景观，由冰川、雪山、森林、草原、湿地、湖泊组成原始生态景观，形成白色雪峰—五花草甸—绿色森林—蓝色湖泊的色彩组合，集“雄、奇、幽、秀、旷”为一体。随季节的变化展现高山湖泊自然景观各自其美。是我国西部多种濒危野生动物栖息繁殖地及迁徙通道，旅游资源丰富。

第一节 自然景观

一、湖面

包括整个赛里木湖水域和湖心四岛。赛里木湖又称“净海”。湖水清澈透明，透明度 10 ~ 12 米。晴天是一望无际湛蓝色湖面，湖色由近及远，越来越深。由于湖水对光线的吸收和反射，湖水呈现一日多变、四季色彩迥异的景象。赛里木湖的日出和日落，湖面金波荡漾，变幻出“赛湖跃金”。在湖边或湖面，可见远山秀峰、黛黑山峦，烟波浩渺，水势盈旷，碧波万顷，水天一色，被誉为“西来之异境，世外之灵壤”。湖岸线较平直，周围群山环绕，有“四山吞浩渺，一碧试空明”之气象。湖光山色，湖形、湖影、湖声、湖色，构成“净海七彩”画卷。

赛湖跃金 晨曦初露，东方吐白，赛里木湖水波粼粼，色彩由灰变黄，再由黄变橙，将赛里木湖的

山水染成一片橙黄；一丝弯镰，探出山巅。霎时，万道金光给天际云层披上艳丽霞衣，化作一条长长的金带，直贯水底，粼粼金波耀眼闪烁。旭日与湖水幻作无数金色和橙灰相间的条带，为山峦、沙堤、森林、草原、羊群、毡房及观日游人抹上一层吉祥富贵的金黄光辉。赛里木湖的夕阳将西北方察汗乌苏山（最高峰 4 165 米）上空染成一片血红，雪山妩媚，层林尽染，金波荡漾。

净海七彩 晴日天空湛蓝，朵朵白云飘浮在湖周群山之巅。站在高处远望湖面，碧水茫茫；再留意一看，鳞光闪闪，像千万条银鱼在游动。湖色多变。由近而远，银白、淡蓝、深青、墨绿，湖色越远越深；加之四季转换着不同的颜色。早春幽草嫩芽；初夏百花怒放，黄、红、蓝、紫、白等各色鲜花五彩缤纷，秋草转为浅黄；冬天银装素裹。湖光山色融为一体图画，诚如邱处机诗所云："天池海在山头上，百里镜空含万象"。

二、湖南区

位于赛湖的西南部。北起赛湖西南湖岸和草场指挥部北侧至乌鲁兰纳查干赛达坂的小道，南以科古琴山脊与霍城县为界，东以乌伊公路与海东区分界。整个景区呈东西延伸的狭长条，面积 82.16 平方千米，是赛湖五个景区中面积最小的一个。有杉林 30.30 平方千米，草地 61.86 平方千米，森林覆盖率 24.7%，位居整个风景区的首位；地表植被覆盖率 100%。湖滨绿草从远处山林间倾泻蓝湖之中；连峰续岭的云杉林茂密高大，"科山观松"是湖景中胜景之一。克勒湖湾山泉较多，构成"克勒涌珠"景观。克勒湾水流平稳形成形态优美的嘴状沙堤，沙堤内侧形成小湖泽的水未经湖中碳化物侵蚀，甘净甜美，天鹅、黄鸭等水鸟经常栖息出没。

科山观松　西南部的科古尔琴山北麓，高大挺拔的灌林、云杉和各种山地植被，层层密密。长春真人邱处机在《阴山西》中赞道，"参天松如笔管直，森林动有百余尺。万株相依郁苍苍"。山林远接蓝天白云，近抵湖畔草地，山林草原湖泊融为一体，风景幽深静谧。远望雪岭云杉林，苍劲挺拔，层峦叠嶂，林相齐整，四季常青，攀坡蔓生，绿波起伏，犹如沿山而建的绿色长城；山风起处，阵阵松涛。"科山观松"是赛里木湖壮观的胜景。

松头雾瀑　位于赛里木湖南端与果子沟交界最高处俗称松树头，又称塔勒奇达坂，历史上这里曾是丝绸之路北道的重要通道。海拔 2 140 米，是科古尔琴山的一个垭口。时常云锁雾裹，浓云密雾。在西南风的吹送下经松树头如瀑布般泻入赛里木湖。远看似千万匹白马奔腾跃海，近观团团若絮，蓬蓬若海，急剧涌动，瞬息万变，谓之"松头雾瀑"。

克勒涌珠　"克勒"哈萨克语是"都是泉"的意思。位于赛湖西南处的克勒湖湾，泉流从卵石湖床上如串串珍珠汩汩而出，闪烁着珍珠般的光芒。

三、湖东区

位于赛湖的东南部，西起赛里木湖的东南岸湖滨，东以赛里木湖和呼苏图两个水系的分水线为界；北以乌伊公路与海北区分界，南以科古尔琴山山脊线与伊犁地区的霍城和伊宁两县接壤。海东区北有呼苏木奇格山，南有科古尔琴山，中间为略呈三角形的山间倾斜洪积扇平原，形成两山夹一谷态势。景区南部是科古尔琴山北坡，云杉林生长茂密，沟谷中绿草满坡，林间牧道曲径通幽。森林面积 19.27 平方千米。呼苏木奇格山阴坡有少量森林分布，地表以草被为主，部分地区基岩裸露。两山间的洪积—湖积平原，向赛里木湖方向倾斜，到松树头附近平原尖灭。湖东区共有草原 186.18 平方千米，草原覆盖率 90%左右，草原上有乌孙古墓分布。

富士东峙 北部呼苏木奇格山，主峰海拔 3 596.5 米，高耸突兀。从海西草原隔着赛里木湖翘首东望此山，山体呈圆锥形，山峰直刺青天，山顶白云缭绕，和日本的富士山相似，构成“富士东峙”。

三台鸟岛 赛里木湖东侧的呼苏木奇格山山体向西继续延伸没入湖中的部分，其突兀的峰脊构成三台西面的四个湖心小岛。湖心主岛位于三台西南约 1 千米处，海拔 2 103.9 米，高出湖面 31.9 米，岛岸线周长 2 102 米，面积 7 公顷。其他三个小岛环绕在主岛周围相距约百米，其中东北和西南侧的两个小岛面积分别为 0.7 公顷和 0.5 公顷，高出水面 4 ～ 10 米，是红嘴鸥的栖息地，遍野都是水鸟和鸟蛋。东南侧的小岛刚出露水面，面积 0.2 公顷。

四、湖西区

位于赛里木湖西部。东起赛里木湖南北走向的湖岸及其向北的延线，南北以草场指挥部—乌鲁兰纳查干赛达坂小路和查干郭勒沟分别与海南、海北 区分界，西部则以察汗乌苏山的山脊线与温泉，霍城两县接壤。三面环山，一面向湖，总面积 349.33 平方千米。景区有草原 212.58 平方千米，还有云杉、密灌林、裸岩、冰川以及河床、间歇沟砂砾地。赛里木湖西湖滨草原是新疆最大的夏牧场之一。密林深草中有野兔、旱獭、黄羊、马鹿等动物。雪山之巅有雄鹰盘旋翱翔。察汗乌苏山在湖西区，构成“乳海云雨”。赛里木湖流域常流水的山沟主要集中在西部山区，西湖滨地势低洼，沼泽连片，观赏“碧水鸣禽”，有“横空千里”“海阔天空”之美。

西海草原 西海草原位于湖西沙里切库山的洪积扇带上，面积约 212.6 平方千米。盛夏时节，层峦吐翠，绿野茫茫，繁花似锦。一望无际的绿色原野上承载着千万头洁白羊只，构成“绿海珍珠”画面。每年那达慕大会在海西草原举办。大会主席台设在由河流阶地天然形成的草原平台上，地名叫“科克萨依”哈萨克语即意为“绿草沟”。

天鹅湖湿地 位于赛里木湖西侧 2 千米处的海西湖滨沼泽与湿地，面积约 4.6 万公顷，地势平坦开阔，水草丰茂，植被覆盖率 80% 以上。湖西沼泽地每年吸引数十只白天鹅及成群的赤麻鸭、灰鹳等鸟类在此栖息、繁衍和游弋，是湖区天鹅、水禽最多的地方。

冰冻气泡奇观 在西海区域，湖床植物不停地释放沼气。当气温降到一定程度时，甲烷气体形成的空腔在接近湖面时突然被封冻，气泡成串或成堆保留在冰层中呈现出冰冻气泡。每年 12 月底到翌年 3 月间，保留在冰层中冰气泡通透、灵动、鲜活、绝美。

玉宇琼宫 察汗乌苏山顶迎着西来的湿润气流，终年云雾缭绕，乳海云雨。察汗乌苏山最高峰 4 165 米，3 600 米以上有少量永久积雪冰川，盛夏白雪皑皑，银光闪烁，“玉宇琼宫”。

五、湖北区

呈东西的狭长条。北以岗吉格山的山脊线与温泉县分界，南抵赛里木湖东北和西北两岸，并以赛里木湖东、西部的乌伊公路和查干沟分别与海东区和海西分界，东部边界直抵赛里木湖古出水口的分水垭口。面积 237.74 平方千米，有密灌与云杉林 55.55 平方千米，草地 167.04 平方千米，高山裸岩 12.15 平方千米。有乌孙古墓、古岩画、高山养鱼池、现代墓葬群等名胜古迹和人文景观。岗吉格山西高东低，2 100 ～ 2 900 米的山坡上生长着茂密的云杉林和新疆圆柏，森林覆盖率 24.63%；与湖南区相当。西北一东南走向的湖岸线由于受断层线的制约，比较平直。湖岸处在迎风面，浪花飞溅，形成“激浪涌堤”景象。在赛里木湖的北端，湖堤封闭北部湖湾，形成几个相对独立的小湖。

金缎镶边 湖北部岗吉格山发育大面积的山地草甸、亚高山草甸、高山草甸等植被类型。春末夏初（5 月初—6 月底），满山遍野的鲜花怒放。野罂粟盛开着大朵二层三数六瓣的金黄色鲜花，金莲花、菱陵菜开的都是黄花。在满地金黄中点缀着珠芽蓼和火绒草的白花，蔷薇的红花，龙胆、报春花、高山紫菀、虎耳草、凤毛菊、一枝蒿等五彩斑斓的鲜花。花的海洋、金黄的世界。黄花环湖铺开，给赛里木湖镶上一道耀眼的金边。

激浪涌堤　赛里木湖大风起时，风急浪高，在波浪的拍击下沿湖略有间断地分布着 2 ~ 3 条湖岸沙堤，沙堤线条优美，弧形绵延，构成一幅有声有色的“激浪涌堤”动景。

第二节　人文景观

一、成吉思汗点将台

1219 年，成吉思汗率大军西征，命次子察合台开辟今松树头至果子沟的通道，在海西检阅 20 万西征大军，然后从松树头越天山，西征伊犁和中亚。赛里木湖西岸留下成吉思汗点将台。登上点将台可感受到当年金戈铁马跃天山的磅礴气势。

二、古墓群

公元前二世纪到公元五世纪，赛里木湖一带是乌孙人的活动地区之一。乌孙人在赛里木湖遗留下 4 座墓葬群，墓群形同小山。其中 1 座直径 622 米，封堆高 105 米，墓室高 4 ~ 5 米。由于天长日久，墓顶向下凹陷。在湖东南岸洪积扇上 3 座乌孙古墓相距数十米，墓室高 1 ~ 3 米。墓葬群形制是土墩墓，地表有圆形封土，封土下的墓室均为竖穴。《汉书・西域传》中“乌孙国不田作种树，随畜逐水草。国多马，富人至四五千匹”的记载，表明乌孙人以畜牧业为主，社会有明显的阶级分化，乌孙部落首领死后营造高墓。

三、古代岩画

在赛里木湖西侧的草原上，春秋时期遗留数十座奇形怪状的巨石任意散布，岩石上古代岩画十分清晰，既有狩猎及放牧场面，又有难解的原始符号。图案主要有大头羊、山羊、马、骑马人、牧羊人、牧人、房屋等，对研究原始社会史、原始宗教信仰、原始舞蹈，原始雕刻艺术以及新疆古代民族历史等都具有重要的价值。

四、赛北堡影视城

赛北堡影视城原先是引水灌溉工程的遗址。2006 年，俄罗斯电影制片公司利用废弃坑道和地势改建仿古建筑群，仿古建筑群的佛塔、高台承袭了西夏时代的建筑风格，青山碧水、残垣古城，风格殊异。

五、军台

清代曾在赛里木湖的东岸设鄂勒著依图博木军台，即三台，因此赛里木湖又称“三台海子”。在博乐境内仍然保留着二台、三台、五台等地名。

第三节　景观资源

一、资源调查

依据国标《旅游资源分类、调查与评价》（GB/T 18972—2003），赛里木湖景区旅游资源分为 8 个主类 27 个亚类 65 个基本类型 117 个资源单体。

赛里木湖景区旅游资源类型

表 3-6

主类	亚类	基本类型	单体
A 地文景观类景区	AA 综合自然旅游地	AAA 山丘型旅游地	呼苏木奇格山(三台富士山)
		AAB 谷地型旅游地	果子沟峡谷
		AAG 垂直自然地带	五台向西到松树头及果子沟沟口向西北到霍洛力乌苏雪山的两个垂直带谱
	AB 沉积与构造	ABA 断层景观	岗吉格山断层三角面
		ABB 褶曲景观	查干郭勒沟口褶皱
			克孜勒玉依泥岩褶皱
		ABC 节理景观	加木帕斯夏子泥质灰岩节理
		ABD 地层剖面	古出水口湖相沉积剖面
			查干郭勒沉积相地层剖面
			加木帕斯夏子寒武系—奥陶系地层剖面
			果子沟寒武系—奥陶系地层剖面
			果子沟震旦系地层剖面
		ABF 矿点矿脉与矿石积聚地	库尔尕生铅锌矿
		ABG 生物化石点	加木帕斯夏子三叶虫化石地
			捷尔德萨依三叶虫化石地
	AC 地质地貌过程形迹	ACH 沟壑地	小阔克萨依沟
			吐尔滚沟
		AC 米沙丘地	湖东侧新月形沙丘
		ACN 岸滩	赛北浪蚀堤
			赛南浪蚀堤
			古出水口
			古湖堤
			查干郭勒河漫滩
			克孜勒玉依河漫滩
			艾喀巴塔勒河漫滩

续表 3-6

主类	亚类	基本类型	单体
A地文景观类景区	AD 自然变动遗迹	ADA 重力堆积体	查干郭勒倒石堆
			艾喀巴塔勒倒石堆
		ADF 冰川堆积体	查干郭勒终碛堤
			克孜勒玉终碛垄
		ADG 冰川侵蚀遗迹	查干郭勒角峰、刃脊、终碛堤、冰漂砾
			克孜勒玉依角峰、刃脊、终碛堤、冰漂砾
			艾喀巴塔勒角峰、刃脊
	AE 岛礁	AEA 岛区	三台湖心四岛
B水域风光类	BA 河段	BAA 观光游憩河段	查干郭勒河
			乌鲁兰纳查干赛河
			呼日林乌苏河
			巴格查干赛河
	BB 天然湖泊与池沼	BBA 观光游憩湖区	赛里木湖
		BBB 沼泽与湿地	库别乌兰祖苏龙沼泽
			西海湖滨沼泽
	BC 瀑布	BCA 悬瀑	查干郭勒河瀑布
			果子沟瀑布
	BD 泉	BDA 冷泉	克勒布拉克泉
			布呼布拉格泉
			阿赞布拉克泉
			恩格仁布拉格泉
	BF 冰雪地	BFA 冰川观光地	查干郭勒冰川
		BFA 冰川观光地	克孜勒玉依冰川
			艾喀巴塔勒冰川
		BFB 长年积雪地	霍洛力乌苏雪山
			科古尔琴雪山
			沙里切库雪山
			岗吉格雪山

续表 3-6

主类	亚类	基本类型	单体
C 生物景观	CA 树木	CAA 林地	科古尔琴山雪岭云杉林
			岗吉格山欧亚圆柏灌木林
	CB 草原与草地	CBA 草地	西海草原
			查干郭勒草原
			三台草原
		CBB 疏林草地	沙里切库草原
			科古尔琴草原
	CC 花卉地	CCA 草场花卉地	金花紫卉
			岗吉格五花草甸
	CD 野生动物栖息地	CDA 水生动物栖息地	赛里木湖湖区
		CDB 陆地动物栖息地	赛里木湖森林草甸
		CDC 鸟类栖息地	三台鸟岛及湿地
D 天象与气候景观	DA 光现象	DAB 光环现象观察地	赛湖跃金
			净海七彩
	DB 天气与气候现象	DBA 云雾多发区	松头雾瀑
E 遗址遗迹	EA 史前人类活动场所	EAA 人类活动遗址	赛里木湖草原石人
	EA 史前人类活动场所	EAA 人类活动遗址	赛里木湖岩画
	EB 社会经济文化活动遗址遗迹	EBA 历史事件发生地	成吉思汗点将台
		EBB 军事遗址与古战场	三台古驿站
		EBC 废弃寺庙	靖海寺
			龙王庙
		EBD 废弃生产地	喇嘛苏铜矿遗址
F 建筑与设施	FA 综合人文旅游地	FAB 康体游乐休闲度假地	赛里木湖小镇

续表 3-6

主类	亚类	基本类型	单体
F 建筑与设施	FA 综合人文旅游地	FAC 宗教与祭祀活动场所	那达慕旧址
		FAE 文化活动场所	赛北影视城
		FAF 建设工程与生产地	赛里木湖引水工程遗址冷水鱼生产基地
		FAK 景物观赏点	松树头观景台
	FB 单体活动场馆	FBA 聚会接待厅堂（室）	草原指挥部
		FBB 祭拜场馆	敖包
	FC 景观建筑与附属型建筑	FCK 建筑小品	湖心亭
			观鸟亭
	FE 归葬地	FEA 陵寝陵园	哈萨克族墓园
		FEB 墓（群）	赛里木湖古墓群
G 旅游商品	GA 地方旅游商品	GAA 菜品饮食	蒙古族传统饮食
			哈萨克族传统饮食
		GAB 农林畜产品与制品	野生菌类
		GAC 水产品与制品	赛湖高山冷水鱼
		GAD 中草药材及制品	蜂产品
		GAE 传统手工产品与工艺品	地毯
			哈萨克族刺绣
			羊皮画
			骨雕
		GAF 日用工业品	赛里木酒业
H 人文活动	HA 人事记录	HAA 人物	成吉思汗、丘处机等人
		HAB 事件	成吉思汗西征点将
	HB 艺术	HBB 文学艺术作品	赞誉赛里木湖的诗歌辞赋:《执契静三边》《阴山西》《长春真人西游记》《西游录》《净海赞》等
	HC 民间习俗	HCA 地方风俗与民间礼仪	蒙古族民间习俗
			哈萨克族民间习俗

续表 3-6

主类	亚类	基本类型	单体
H人文活动	HC 民间习俗	HCB 民间节庆	春节
			那达慕
			敖包节
		HCC 民间演艺	呼麦
			阿肯弹唱
		HCD 民间健身活动与赛事	摔跤、赛马、射箭
		HCG 特色饮食风俗	奶制品
			肉制品
		HCH 特色服饰	蒙古族、哈萨克族传统服饰
	HD 现代节庆	HDA 旅游节	赛里木湖摄影节
		HDD 体育节	环湖公路自行车赛

二、资源评价

依据国标《旅游资源分类、调查与评价》（GB/T 18972—2003），旅游资源单体评价等级从高级到低级共分为五级。赛里木湖景区拥有 1 处五级资源、18 处四级资源、18 处三级资源、29 处二级旅游资源单体，51 处一级旅游资源单体。优良级旅游资源数量较多。

赛里木湖景区旅游资源等级评价表

表 3-7

资源级别	名称	数量（个）
五级旅游资源	赛里木湖	1
四级旅游资源	垂直自然景观带、库别乌兰祖苏龙沼泽、西海湖滨沼泽、霍洛力乌苏雪山、科古尔琴雪山、沙里切库雪山、岗吉格雪山、科古尔琴山雪岭云杉林、岗吉格山欧亚圆柏灌木林、西海草原、查干郭勒草原、沙里切库草原、岗吉格五花草甸、赛里木湖鸟类栖息地、成吉思汗点将台、冷水鱼生产基地、赛里木湖古墓群、环湖公路自行车赛	18
三级旅游资源	呼苏木奇格山（三台富士山）、赛北浪蚀堤、三台湖心四岛、查干郭勒河、乌鲁兰纳查干赛河、呼日林乌苏河、巴格查干赛河、三台草原、科古尔琴草原、金花紫卉、森林草甸等陆生动物栖息地、赛湖跃金、净海七彩、松头雾瀑、赛里木湖草原石人、塞北影视城、赛湖高山冷水鱼、赛里木湖文学作品	18

续表 3-7

资源级别	名称	数量
二级旅游资源	古出水口湖相沉积剖面、小阔克萨依沟、吐尔滚沟、赛南浪蚀堤、古出水口、古湖堤、查干郭勒河漫滩、克孜勒玉依河漫滩、艾喀巴塔勒河漫滩、赛里木湖湖区水生动物栖息地、赛里木湖岩画、三台古驿站、靖海寺、龙王庙、喇嘛苏铜矿遗址、赛里木湖小镇、那达慕旧址、赛里木湖引水工程遗址、果子沟峡谷、松树头观景台、草原指挥部、湖心亭、赛里木湖历史人物、蒙古族民间习俗、哈萨克族民间习俗、白节、那达慕、敖包节、赛里木湖摄影节	29
一级旅游资源	岗吉格山断层三角面、查干郭勒沟口褶皱、克孜勒玉依泥岩褶皱、加木帕斯夏子泥质灰岩节理、查干郭勒沉积相地层剖面、加木帕斯夏子寒武系—奥陶系地层剖面、果子沟寒武系—奥陶系地层剖面、果子沟震旦系地层剖面、库尔尕生铅锌矿、加木帕斯夏子三叶虫化石地、捷尔德萨依三叶虫化石地、湖东侧新月形沙丘、查干郭勒倒石堆、艾喀巴塔勒倒石堆、查干郭勒终碛堤、克孜勒玉终碛垄、查干郭勒（角峰、刃脊、终碛堤、冰漂砾）、克孜勒玉依（角峰、刃脊、终碛堤、冰漂砾）、艾喀巴塔勒（角峰、刃脊）、查干郭勒河瀑布、果子沟瀑布、克勒布拉克泉、布呼布拉格泉、阿赞布拉克泉、恩格仁布拉格泉、查干郭勒冰川、克孜勒玉依冰川、艾喀巴塔勒冰川、敖包、观鸟亭、野生菌类、蒙古族传统饮食、哈萨克族传统饮食、蜂产品、地毯、哈萨克族刺绣、羊皮画、骨雕、赛里木酒业、成吉思汗西征点将历史、呼麦、阿肯弹唱、摔跤、赛马、射箭、祭敖包、奶制品、肉制品、蒙古族传统服饰、哈萨克族传统服饰	51

第五章　景区文化与开发保护

第一节　景区文化

一、那达慕草原节

那达慕是蒙古族传统娱乐活动，每年举办一次。那达慕草原节有少数民族特色比赛项目，还有蒙古族的江格尔演唱、维吾尔族的麦西来甫歌舞、哈萨克族的阿肯弹唱等众多的文化表演活动。同时在海西和各县夏草场进行物资交流。1982 年 7 月 13—16 日，那达慕大会在赛里木湖畔恰冈古勒举行。1991 年，自治区将那达慕大会定名为那达慕草原节，成为集文化娱乐、经贸洽谈和民族风情展示于一体的草原盛会，是新疆的三大旅游节之一。1997 年开始，博州结合国家旅游局所确定的年度旅游主题举办那达慕草原节。先后在赛里木湖畔举办’97 生态环境游、’98 华夏城乡游、’99 民俗民情游、2000 神州世纪游、2001 体育健身游新疆博尔塔拉赛里木那达慕草原节。2002 年，为了减少人为活动对海西草原植被的影响，保护赛里木湖生态环境，方便群众参与，在博乐市南郊建成赛马场取代海西草原，成为那达慕草原节举办地点。那达慕草原节被国家旅游局列为中国民间艺术游的一项重要活动。

二、赛里木湖诗词文

赛里木湖因其自然环境和地理位置的重要性，有悠久的历史文化。唐太宗李世民在《执契静三边》中写道：“圆盖归天壤，方舆人地荒。乳海池京邑，双河沼帝乡。”其中乳海即赛里木湖，这是最早的对赛里木湖的赞誉之辞。清代著名文学家兼方志学家洪亮吉为赛里木湖作《净海赞》云：“历树宇内灵川秀壑，笠屐所至者，或同兹幽奇，实逊此邃洁，诚西来之异境，世外之灵壤矣！”誉之为“西天净海”。道家长春真人丘处机在《阴山西》中写道：“天池海在山头上，百里镜空含万象。县车束马西下山，四十八桥低万丈。河南海北山无穷，千变万化规模同。未若兹山太奇绝，磊落峭拔如神功。我来时当八九月，半山已上皆为雪。山前草木暖如春，山后衣衾冷如铁。”天池即赛里木湖。民族英雄林则徐被贬谪伊犁途经湖畔时，也赞曰“波浪涌激，似洪泽湖”。现代诗人艾青饱含深情地写道“你宝石蓝的湖水，一见便教人心神荡。”著名诗人周涛则把赛里木湖称为“思想的湖”。

三、赛里木湖的传说

在很久很久以前，这里是一片水草丰茂，鲜花盛开的肥美草原。在这肥美的草原上，有一位勤劳善良、美丽动人的牧羊姑娘，名字叫切坦。切坦姑娘和英俊剽悍的牧马青年斯得克朝夕相处，互敬互助，在共同的劳动中，建立起真挚、纯洁的爱情。有一天，切坦姑娘赶着云朵般的羊群，边歌边舞，正在鸟语花香的大草原上放牧，不幸与外出游猎的草原魔王相遇。草原魔王虽然早已妻妾成群，可是仍不能填满他的欲壑，一眼看上年轻美貌的少女。于是，便下令左右卫士把姑娘抢进宫殿做妃子。忠于爱情向往自由的切坦，不为宫中的荣华富贵所动，不畏强暴，誓死不从，乘人不备，策马而逃。如狼似虎的卫士紧紧追赶，咬住不放，眼看就要将她擒住，就在这时，切坦忽然发现一个望不见底的深潭，便纵身跳了进去。牧马青年闻讯赶来，举刀杀死卫士后，悲怆地呼唤着姑娘的名字，也一头扎进深潭。潭水顿时翻腾怒吼，黑浪滔天，一个浪旋把草原魔王和魔王的宫殿吞没了。辽阔的草原从此变成了一片汪洋。这对含恨而死的恋人，在波涛汹涌中化化两座形影不离的小岛，至今还比肩而立在万顷碧波的湖面上。风景奇绝、遗世独立的赛里木湖，因为一个爱情故事而多了几许分浪漫！

第二节　经营管理与开发

一、景区经营

2002年，赛里木湖风景区从事旅游接待服务的单位有17家，建有蒙古包229顶、彩钢板房49栋、砖混房14栋。旅游服务项目有马队150匹、驼队10匹、照相72人、游船10艘、摊点21个。全年接待游客8.4万人次，实现旅游收入100余万元。2005年6月，赛里木湖风景区马队及游船经营权公开拍卖。拍卖所得的资源有偿使用费共计35.3万元。

自治州人民政府多次召集有关部门讨论研究博州景区的门票价格管理。2005年6月，州计委确定赛里木湖风景区门票价格，每人每次为40元，核发收费许可证。至10月门票收入8.25万元。

二、景区管理

机构　1990年，博乐市在三台设立三台派出所。1992年，成立赛里木办事处，1999年更名为三台办事处。2001年，州人民政府成立博州赛里木湖风景区管理局。2005年，成立赛里木湖风景名胜区管理委员会，作为博州人民政府的派出机构，行使县级人民政府的管理权限和职能，负责风景名胜区的保护、利用和统一管理工作。管委会内设8个科室，下设一个服务中心，编制36名。赛里木湖景区公安分局、国土分局相继成立，设交警大队三台巡警中队。

管理　2004年，赛里木湖综合整治312国道三台至松树头18千米路段两侧及赛里木湖南岸范围内凡属污染环境、破坏环境景物、妨碍游览活动的建筑设施；重点整治博州及外地从事生产经营的固定和临时设施，包括小商店、小饭店等17户违章建筑为。2006年，赛管委综合执法大队、旅游服务质量监督科对游船和马队划定区域，统一价格，实行挂牌经营。在松树头博州管理区域驻点跟踪管理，加强对景区旅游服务接待质量的监督和综合执法力度，共处理违规案件12起。

三、规划与建设

规划　2005年11月，自治区人民政府的同意上报国务院批准博州编制《赛里木湖风景名胜区总体规划》；博州完成《赛里木湖风景名胜区文化设施项目规划》《赛里木湖风景名胜区综合服务接待基地绿地系统规划》编制工作。

设施建设 2003年，争取资金5 000余万元修建环湖公路。2004年，投资500万元完成联通、移动基站和光缆中继站。2006年后，按照《总规》要求建设赛里木湖景区基础设施。

四、旅游宣传

1979—2006年，赛里木湖景区分别在中央电视台及新疆等地方电视台做专题报道，在《中国旅游报》《中国国家地理》杂志、《中国广播报》《新疆人文地理》杂志等中央、省级、地方报刊，以及新华网、人民网、腾讯网、搜狐网、中国新闻网等各大知名网站均有专题报道。赛里木湖独特的自然景观，每年都吸引国内外摄影家及大量摄影爱好者。

五、冷水鱼

养殖 1979年，中国科学院水生物研究所首次对赛里木湖进行水资源调查和湖水养鱼及鱼类移植试验。1980—1988年，博州水电局试验引入贝加尔雅罗鱼、西伯利亚拟鲤、东方欧编等14种鱼类，投放湖中亚冷水鱼种300万尾。移植赛里木湖的亚冷水鱼类试验成功。1991年5月，新疆赛里木高山湖水产试验站引进池召公鱼卵6 000万粒。1996年5月，博州水产处投入赛木湖中1 300尾虹鳟鱼种。1998年4月，200万粒高白鲑、凹目白鲑发眼卵，经过发眼卵孵化，于5月28日，凹目白鲑发眼卵孵化出苗4.4万尾，由水产技术人员将3万鱼苗护送到赛里木湖芨芨草滩处放流。全年共投入鲑鱼130万尾，其中高白鲑65万尾，凹目白鲑65万尾。

2000—2003年，博州从俄罗斯东西伯利亚渔业科研中心引进的高白鲑、凹目白鲑发眼卵，经孵化、暂养培育，共获仔鱼1 538万尾投放到赛里木湖。引进大规格虹鳟鱼种1 500余尾，放流到赛里木湖北部湾；购买金鳟鱼发眼卵8万粒、花羔红点鲑发眼卵6万粒、丁鱼种5万尾投放赛里木湖小海子。

经营 1999年11月，新疆赛里木高山湖水产试验站从湖中捕捞1998年放流的鲑鱼仔鱼成长体30余尾，平均个体重800克。1999—2000年，赛里木湖白鲑生长发育在常年低水温条件下，17个月封湖生长期，高白鲑日增重为3.88克，放养实验成功。2002—2004年，捕捞高白鲑68余吨，凹目白鲑13吨，每千克售价30元。2005年12月，自治区第一批次10吨精深加工高白鲑鱼片出口芬兰。2006年，赛里木湖的高白鲑、凹目白鲑、金鳟、虹鳟等名贵冷水鱼超过1 000吨。成品鱼经加工包装销到北京、上海等省市。出口欧盟国家。

培育 2001年1月，赛里木湖冷水鱼繁育基地开始自行采卵人工授精，进行高白鲑、凹目白鲑孵化、暂养工作。近40天，成功繁育鲑鱼仔鱼近百万尾，向东北、阿勒泰、乌鲁木齐市等疆内外单位销售5万尾，剩余放流湖中。2002年，博州赛里木湖冷水鱼养殖科研开发有限责任公司完成高白鲑授精卵6 200余万粒，第一次规模化地在赛里木湖进行高白鲑的人工繁育工作，共获高白鲑鱼苗300余万尾。向北京、阿勒泰、四川等人提供鱼苗20余万尾。2004年生产高白鲑苗种1 200万余尾，凹目白鲑60万尾。农业部良种委调拨20万尾，苗种培育产值880万元。2005年，赛里木湖冷水鱼发眼卵1亿粒，孵化鱼苗300万尾；其中高白鲑250万尾，凹目白鲑50万尾，实现产值300万元。冷水鱼苗种自给形成良性循环状态。

品牌 2003年7月，国家外国专家局授予博州冷水鱼繁育基地为“国家引进国外智力成果示范推广基地”。2004年，高白鲑项目获（AA级有机食品）认证。同年7月，赛里木湖高白鲑、凹目白鲑获自治区高新技术产品认证。2005年3月，由农业部中绿华夏有机食品认证中心批准的中国首个AA级绿色食品有机食品生产基地—赛里木湖水域，自治区第一个有机食品——赛湖牌白鲑鱼系列产品。

第四编

BOLE SHIZHI

人口 民族 宗教

1979年，博乐县有户籍人口124 530人，其中少数民族人口44 264人，占总人口的35.55%，人口自然增长率19.88‰。随着计划生育政策的实施，人口自然增长由高出生、高增长向低出生、低增长转变。到2006年，全市户籍总人口254 256人，暂住人口25 725人，人口自然增长率9.27‰。

公元前60年，西汉设西域都护府作为管辖西域的军政机构，博乐作为西域的一部分正式成为中国版图的一部分。此后2000多年，在中国统一的多民族国家的长期历史演进中，新疆各族人民同全国各族人民一道共同开拓了中国疆土，共同缔造了多元一体的中华民族大家庭。

博乐市自古以来就是多民族聚居和多种宗教并存地区。十一届三中全会以后，博乐市各族人民坚持走中国特色社会主义道路，在改革开放和现代化建设伟大进程中团结奋斗，开拓创新，共同书写开发、建设、保卫边疆的新篇章。2006年，博乐市境内有汉族、蒙古族、维吾尔族、哈萨克族、回族、柯尔克孜族、锡伯族、乌孜别克族、俄罗斯族、壮族、满族、东乡族、藏族、苗族、彝族、布依族、朝鲜族、侗族、瑶族、白族、土家族、达斡尔族、羌族、布朗族、撒拉族、仡佬族、塔吉克族、保安族、塔塔尔族、珞巴族、土族31个民族，总人口254 256人。宗教有藏传佛教、伊斯兰教等，信教群众依法参加宗教活动。

第一章　人　口

第一节　人口状况

一、人口数量

1979年，博乐县有城乡居民27 534户，户籍人口124 530人，其中农业户籍人口92 339人，非农业户籍人口32 191人。1985年，撤销博乐县，改设博乐市，全市有城乡居民31 088户，户籍人口137 336人，其中农业户籍人口95 981人，非农业户籍人口41 355人。2006年，全市城乡居民增长为89 956户，户籍人口254 256人。暂住人口25 725人。户籍人口数量较改革开放之初增加约一倍，暂住人口占总人口比重增加至9.19%。

二、人口变动

（一）自然变动

1979年，博乐全县有户籍人口124 530人，其中新出生人口2 740人，出生率22‰，死亡人口265人，死亡率2.13‰。全年人口自然增长2 475人，自然增长率19.88‰。20世纪80年代后，贯彻落实计划生育基本国策，人口自然增长率逐渐下降。

1985年，博乐市有户籍人口137 336人，出生人口2 168人，出生率15.79‰，其中少数民族人口52 497人，出生1 189人，出生率22.65‰；死亡人口398人，死亡率2.90‰；全年自然增长1 770人，自然增长率12.89‰。

2006年，全市总人口254 256人，其中出生人口2 870人，出生率11.36‰；死亡人口528人，死亡率2.69‰；全市全年自然增长2 342人，自然增长率9.27‰。

（二）机械变动

20世纪80年代初，博乐县人口迁移以升学、参军、就业、工作调动、婚配等居多，户籍随人口变动。1981年，迁入4 627人；迁出5 381人。20世纪90年代，实行户籍管理制度改革，博乐市农业户口按有关政策转城市户口，大专院校招生、委托培训，迁移人口逐年增加。同时，外地人员暂住市境内打工、经商办实业者逐年增多。

1993—1997年，博乐市未落户常住户口累计54 092人次；非农业人口由61 241人增至76 479人。户政部门办理各类户口"准迁证""迁移证"8 619户13 221人；城市户口"落户通知书"1 584户3 654人。农转非户口5 076人，其中团场调动人员转换非农业人口"迁移证"53户114人；开发区"农转非"282人。对全市暂住人口进行登记造册，发暂住证8 526人。

2000—2006年，全市未落户常住户口累计115 738人次。户政部门办理户口"准迁证"和非农业户口"落户通知书"8 153户17 426人。其中2000—2001年，登记暂住人口35 903人。2003—2005年，审核办理小城镇农转非户口3 499人。

三、人口分布

20世纪80年代开始，博乐市在城镇化、产业化进程中，实施户籍管理制度改革，推动农村人口向城镇迁移，市境内人口分布变化较大。

1979—2006年博乐市（县）城镇、乡村人口分布统计表

表4-1　　单位：人、%

年份	人口数		占总人口比重	
	城镇人口	乡村人口	城镇人口	乡村人口
1979	25 643	98 887	20.59	79.41
1980	26 268	102 898	20.34	79.66
1981	27 702	104 826	20.90	79.10
1982	26 709	108 650	19.73	80.27
1983	27 099	107 553	20.13	79.87
1984	28 253	106 435	20.98	79.02
1985	41 355	95 981	30.11	69.89
1986	42 696	98 072	30.33	69.67
1987	45 017	101 214	30.78	69.22
1988	46 609	98 253	32.17	67.83
1989	51 026	97 477	34.36	65.64
1990	53 123	101 526	34.35	65.65
1991	55 545	103 912	34.83	65.17
1992	58 222	110 778	34.45	65.55
1993	61 241	114 973	34.75	65.25
1994	64 646	118 085	35.38	64.62
1995	68 868	119 829	36.50	63.50

续表 4-1

年份	人口数		占总人口比重	
	城镇人口	乡村人口	城镇人口	乡村人口
1996	72 098	121 634	37.22	62.78
1997	76 479	120 536	38.82	61.18
1998	79 953	124 751	39.06	60.94
1999	82 182	130 787	38.59	61.41
2000	84 649	135 858	38.39	61.61
2001	85 893	135 644	38.77	61.23
2002	88 786	138 828	39.01	60.99
2003	92 640	145 063	38.97	61.03
2004	94 067	151 519	38.30	61.70
2005	148 971	102 201	59.31	40.69
2006	151 445	102 811	59.56	40.44

四、人口密度

1979年，博乐县总面积约7 782平方千米，每平方千米16人。1986年，每平方千米18.09人。1990年，每平方千米19.87人。1995年，每平方千米24.25人。1998年4月，阿拉山口争议地区154平方千米；1998年7月，夏尔希里争议地区220平方千米划归中国版图。

2003年9月11日，中华人民共和国外交部和中国人民解放军总参谋部联合下发《关于对中哈边界按新勘定的国界线行使主权和管辖的通知》。2006年，博乐市总面积7 956平方千米，每平方千米31.96人。

第二节　人口构成

根据国家普查要求，博乐市分别于1982年、1990年、2000年开展第三次、第四次、第五次人口普查。1982—2000年，全市人口男女性别比例基本平衡，男性略高；全市儿童人口占比减少，中老年人口占比增加；全市高中及大学以上人口占比增加，人口整体文化水平提高；全市农林牧渔业从业人员占比减少，第二产业、第三产业从业人员增加；全市户数逐年增加，户均人数整体呈下降趋势。

一、性别构成

博乐市（县）人口性别构成，男性略高于女性。1979年，全县男性64 337人，女性60 193人。2006年，全市男性132 365人，比1979年增加68 022人，增长105.7%；女性人口121 891人，比1979年增加61 698人，增长102.5%。

1979—2006 年博乐市（县）人口性别构成一览表

表 4-2　　　　单位：人、%

年份	总人口	人口数		占总人口比重	
		男性	女性	男性	女性
1979	124 530	64 337	60 193	51.66	48.34
1980	129 166	66 639	62 527	51.59	48.41
1981	132 528	69 432	63 096	52.39	47.61
1982	135 359	69 719	65 640	51.51	48.49
1983	134 652	69 313	65 339	51.48	48.52
1984	134 688	68 534	66 154	50.88	49.12
1985	137 336	70 045	67 291	51.00	49.00
1986	140 768	71 606	69 162	50.87	49.13
1987	146 231	75 209	71 022	51.43	48.57
1988	144 862	74 089	70 773	51.14	48.86
1989	148 503	76 428	72 075	51.47	48.53
1990	154 649	79 229	75 420	51.23	48.77
1991	159 457	81 907	77 550	51.37	48.63
1992	169 000	87 219	81 781	51.61	48.39
1993	176 214	91 098	85 116	51.70	48.30
1994	182 731	94 900	87 831	51.93	48.07
1995	188 697	97 765	90 932	51.81	48.19
1996	193 732	100 625	93 107	51.94	48.06
1997	197 015	100 480	96 535	51.00	49.00
1998	204 704	104 182	100 522	50.89	49.11
1999	212 969	109 388	103 581	51.36	48.64
2000	220 507	113 243	107 264	51.36	48.64
2001	221 537	113 546	107 991	51.25	48.75
2002	227 614	117 472	110 142	51.61	48.39
2003	237 703	122 289	115 414	51.45	48.55
2004	245 586	126 094	119 492	51.34	48.66

续表 4-2

年份	总人口	人口数		占总人口比重	
		男性	女性	男性	女性
2005	251 172	129 281	121 891	51.47	48.53
2006	254 256	132 365	121 891	52.06	47.94

二、年龄构成

1982 年全国第三次人口普查，博乐县 0 ~ 14 岁人口占总人口的 42.26%，66 岁以上人口占总人口的 1.88%。1990 年，全国第四次人口普查，博乐市 0 ~ 14 岁人口占总人口的 30.55%，65 岁及以上人口占总人口的 2.44%。2000 年全国第五次人口普查，博乐市 0 ~ 14 岁人口占总人口的 24.85%，65 岁及以上人口占总人口的 3.61%。博乐市人口年龄结构构成老龄化日趋加大。

博乐市（县）各年龄人口及比重一览表

表 4-3　　单位：人、%

年龄组（岁）	1982 年人口普查		年龄（岁）	1990 年人口普查		2000 年人口普查	
	人数	占比		人数	占比	人数	占比
14 岁以（儿童）	56 341	42.26	14 岁以（儿童）	49 105	30.55	55 869	24.85
15 ~ 45 岁	62 762	47.08	15 ~ 44 岁	85 917	53.45	126 975	56.47
46 ~ 65 岁	11 709	8.78	45 ~ 64 岁	21 801	13.56	33 897	15.07
66 ~ 80 岁	2 265	1.70	65 ~ 79 岁	3 490	2.17	7 192	3.20
81 ~ 100 岁	239	0.18	80 ~ 99	435	0.27	931	0.41
101 岁以上	8	0.01	100 岁以上	5	0.003	6	0.003

三、文化构成

（一）受教育人口

1982 年全国第三次人口普查，博乐县 6 岁以上受教育人口 88 275 人，占总人口的 92.12%。大学（包括大专）学历 799 人占总人口 0.74%；高中（包括中专）文化程度 11 956 人，占总人口的 11.12%；初中文化程度 26 832 人，占总人口的 24.98%；小学文化程度 48 688 人，占总人口的 45.29%；文盲与半文盲 19 222 人，占总人口的 17.88%。1990 年，全国第四次人口普查，博乐市 6 岁以上受教育人口 120 538 人，占总人口的 95.6%。2000 年全国第五次人口普查，博乐市 6 岁以上受教育人口 193 343 人，占总人口的 100%。1982—2000 年，博乐市 6 岁以上受教育人口文化构成总趋势是文化人口逐年增多，小学文化程度和初中文化程度人口占比高，高中以上文化程度人口比例不断提高。

（二）文盲人口

博乐市文盲半文盲人口所占比例逐年减少，至 2000 年末，博乐市 6 岁以上受教育人口占总人口的 100%，文盲和半文盲人口为零。

博乐市（县）6岁及以上人口文化构成一览表

表 4-4　　单位：人、%

类别	1982年人口普查		1990年人口普查		2000年人口普查	
	人数	占比	人数	占比	人数	占比
总计	107 497	100	140 823	100	193 343	100
大学（包括大专）以上	799	0.74	3 511	2.49	15 362	7.95
高中（包括中专）	11 956	11.12	24 748	17.57	36 362	18.81
初中	26 832	24.96	42 920	30.48	70 972	36.71
小学	48 688	45.29	49 359	35.05	70 647	36.53
文盲、半文盲	19 222	17.88	20 285	14.40	–	–

四、职业构成

1982年全国第三次人口普查，博乐县各行各业从业人员64 657人。1990年，全市在业人员80 665人。在业人员数递增。

博乐市（县）1982年、1990年职业构成一览表

表 4-5　　单位：人、%

职业	1982年人口普查		职业	1990年人口普查	
	人数	占比		人数	占比
农林牧渔业	50 611	78.28	农林牧渔业	46 980	58.24
国家机关、人民团体	1 861	2.88	国家机关、党群组织、企事业单位负责人	3 194	3.96
教育卫生文化体育业	3 739	5.78	办事人员和有关人员	2 492	3.09
工业	2 475	3.83	生产工人、运输工人和有关人员	13 867	17.19
建筑业	2 021	3.13	服务性工作人员	2 699	3.35
商业餐饮服务业	2 447	3.78	商业工作人员	2 588	3.21
有科技职称的科研人员	532	0.82	各类专业、技术人员	8 624	10.69
交通运输业	751	1.16	其他劳动者	221	0.27

续表 4-5

职业	1982 年人口普查		职业	1990 年人口普查	
	人数	占比		人数	占比
金融保险业	220	0.34	–	–	–
合计（在业人口）	64 657	100.00	合计（在业人口）	80 665	100.00

五、家庭构成

1979 年，博乐市家庭构成总户数为 27 534 户，平均每户人数为 4.52 人；1993 年，博乐市总户数为 45 096 户，平均每户人数 3.91 人；2006 年，博乐市总户数为 89 956 户，平均每户人数 2.83 人。1979—2006 年，博乐市家庭构成的总户数逐年递增，每户人数递减。

1979—2006 年博乐市（县）家庭构成一览表

表 4-6　　单位：户、人

年份	户数	平均每户人数	年份	户数	平均每户人数
1979	27 534	4.52	1993	45 096	3.91
1980	27 968	4.62	1994	49 010	3.73
1981	27 499	4.82	1995	52 331	3.61
1982	29 706	4.56	1996	57 305	3.38
1983	29 576	4.55	1997	58 452	3.37
1984	30 208	4.46	1998	63 896	3.20
1985	31 088	4.42	1999	65 800	3.24
1986	31 587	4.46	2000	66 999	3.29
1987	33 990	4.30	2001	70 411	3.15
1988	31 418	4.61	2002	74 273	3.06
1989	35 942	4.13	2003	80 676	2.95
1990	38 172	4.05	2004	84 993	2.89
1991	39 884	4.00	2005	88 588	2.84
1992	42 446	3.98	2006	89 956	2.83

六、民族构成

博乐市历来是多民族聚居区，民族构成变化不大。1990 年，第四次人口普查有 30 个民族；2000 年，第五次人口普查有 31 个民族；2006 年，博乐市有 31 个民族，与 2000 年相比没变化。

1982 年 7 月，全国三次人口普查。博乐县境 133 320 人，其中汉族 84 225 人，占总人口的

63.18%；蒙古族 7 755 人，占总人口的 5.82%；维吾尔族 24 254 人，占总人口的 18.19%；哈萨克族 12 132 人，占总人口的 9.1%；回族 4 099 人，占总人口的 3.08%；其他少数民族 855 人，占总人口的 0.64%。

1990 年，全国四次人口普查，博乐市境 160 753 人，其中汉族 99 634 人，占总人口的 61.98%；蒙古族 9530 人，占总人口的 5.93%；维吾尔族 29 957 人，占总人口的 18.64%；哈萨克族 14 298 人，占总人口的 8.90%；回族 5 899 人，占总人口的 3.67%；其他少数民族 1 575 人，占总人口的 0.98%。

2000 年，全国五次人口普查，博乐市境人口 224 869 人，其中汉族 152 835 人，占总人口的 67.97%；蒙古族 10 191 人，占总人口的 4.63%；维吾尔族 34 712 人，占总人口的 15.44%；哈萨克族 15 955 人，占总人口的 7.1%；回族 9 332 名，占总人口的 4.15%；其他少数民族 1 837 人，占总人口的 0.82%。

第二章 民 族

博乐市自古以来就是多民族聚居和多种宗教并存地区。2006 年，全市境内有 31 个民族，总人口 254 256 人。宗教有佛教、伊斯兰教等。博乐市（县）部分汉族、蒙古族及其他民族信仰佛教；部分维吾尔族、哈萨克族、回族、柯尔克孜族、乌孜别克族等群众信仰伊斯兰教；个别群众还信道教，基督教。还有部分群众不信仰宗教。2006 年，博乐市有佛教寺庙 1 座，清真寺 57 座，信教群众依法参加宗教活动。

第一节 汉 族

一、数量

1979 年，博乐县有汉族人口 80 266 人。部分博乐市（县）部分群众信仰佛教、道教，使用汉语言文字。2006 年，博乐市有汉族人口 173 859 人。

1979—2006 年博乐市（县）汉族人口情况一览表

表 4-7　　单位：人

年份	总人口	汉族	年份	总人口	汉族	年份	总人口	汉族
1979	124 530	80 266	1989	148 503	90 040	1999	212 969	141 869
1980	129 166	83 949	1990	154 649	94 048	2000	220 507	148 294
1981	132 528	84 176	1991	159 457	97 292	2001	221 537	148 789
1982	135 359	85 318	1992	169 000	106 346	2002	227 614	154 772
1983	134 652	84 126	1993	176 214	110 987	2003	237 703	163 081
1984	134 688	83 934	1994	182 731	116 346	2004	245 586	167 986
1985	137 336	84 839	1995	188 697	121 393	2005	251 172	172 542
1986	140 768	86 018	1996	193 732	126 886	2006	254 256	173 859
1987	146 231	89 499	1997	197 015	128 701	–	–	–
1988	144 862	87 729	1998	204 704	135 381	–	–	–

二、分布

博乐市（县）汉族人口主要分布在全市各乡镇（场）及新疆生产建设兵团农五师 81 团场、84 团场、86 团中心团场（含 85 团场）89 团场、90 团场等地。

三、语言文字

生活在博乐的汉族居民交流使用国家通用语言，语言表达带有籍贯地地方口音。各民族之间的交往交流，形成了博乐市口语方言表达习惯，如苞谷（玉米）、洋芋（马铃薯）、搌布（抹布）、不言传（不说话）、喧谎（聊天）、炕馍馍（烤饼）等等。在汉语词汇中，融入少数民族词汇，多为译音。这种词汇有两种情况，一种是汉语言词汇中没有的专用名词，如坎土曼、那仁、冬不拉、热瓦甫等；另一种是汉语词汇中有，但人们日常生活中已习惯用少数民族词汇，如皮牙子（洋葱）、巴郎子（男孩）、搭哈(麻袋)等。生活语境中融入了其他民族的句式，吸收了其他民族语音语意，如“饭吃了吗？肚子胀。”表示生气了；博乐的汉族人还习惯在一些名词后加“子”，如羊羔子、巴郎子、丫头子、口袋子、毛驴子、马褡子等。除使用了、吗、呢、吧等语气词外，还经常用“啥”，如干啥呢（干什么呀），拿给我啥（拿给我吗），到哪儿去啥（到哪儿去呀）等。部分长期与维吾尔族、蒙古族居民杂居的汉族人能够用维吾尔语、蒙古语进行交流。

第二节　蒙古族

一、数量

1979 年，博乐县有蒙古族人口 7 031 人。部分蒙古族群众信仰藏传佛教，使用托忒蒙古文。1986 年，在克尔根卓（五一水库附近）建成寺庙 1 座。2006 年，博乐市有蒙古族人口 12 275 人。至 2006 年末，每年除例行佛事外，举行麦德尔节群众活动。

1979—2006 年博乐市（县）蒙古族人口情况一览表

表 4-8　　单位：人

年份	总人口	蒙古族	年份	总人口	蒙古族	年份	总人口	蒙古族
1979	124 530	7 031	1989	148 503	9 264	1999	212 969	11 456
1980	129 166	7 289	1990	154 649	9 689	2000	220 507	11 509
1981	132 528	7 670	1991	159 457	9 862	2001	221 537	11 654
1982	135 359	7 110	1992	169 000	10 244	2002	227 614	11 455
1983	134 652	7 687	1993	176 214	10 554	2003	237 703	11 670
1984	134 688	7 919	1994	182 731	10 790	2004	245 586	11 906
1985	137 336	8 361	1995	188 697	11 052	2005	251 172	12 151
1986	140 768	8 862	1996	193 732	10 592	2006	25 4256	12 275
1987	146 231	8 950	1997	197 015	10 887	–	–	–
1988	144 862	9 195	1998	204 704	11 281	–	–	–

二、分布

博乐市（县）蒙古族人口主要分布在市区、小营盘镇、贝林哈日莫墩乡及新疆生产建设兵团农五师89团场等地。

三、语言文字

博乐市（县）机关企事业单位的蒙古族使用国家通用语言和文字。城镇蒙古族居民绝大多数学习国家通用语言和文字；博乐地区察哈尔蒙古族使用内蒙古方言，土尔扈特蒙古族使用卫拉特方言。

1981年7月，根据新疆维吾尔自治区第三次蒙古语文工作会议精神，从1982年秋到1990年间，博乐市蒙古语中小学，在使用国家通用语言的同时推广胡都木蒙古文。1996年开始实施牧民下山定居工程，至2006年，实行国家通用语言教学。

第三节　维吾尔族

一、数量

1979年，博乐县有维吾尔族人口22 719人。部分群众信仰伊斯兰教，2006年，博乐市有维吾尔族人口38 962人。

1979—2006年博乐市（县）维吾尔族人口情况一览表

表4-9　　单位：人

年份	总人口	维吾尔族	年份	总人口	维吾尔族	年份	总人口	维吾尔族
1979	124 530	22 719	1989	148 503	28 759	1999	212 969	34 565
1980	129 166	22 347	1990	154 649	29 830	2000	220 507	35 017
1981	132 528	24 056	1991	159 457	30 573	2001	221 537	35 369
1982	135 359	25 192	1992	169 000	31 146	2002	227 614	35 285
1983	134 652	25 450	1993	176 214	31 890	2003	237 703	36 291
1984	134 688	24 863	1994	182 731	32 355	2004	245 586	37 871
1985	137 336	26 047	1995	188 697	32 506	2005	251 172	38 084
1986	140 768	27 222	1996	193 732	32 239	2006	254 256	38 962
1987	146 231	28 543	1997	197 015	33 110	–	–	–
1988	144 862	27 903	1998	204 704	33 510	–	–	–

二、分布

博乐市（县）维吾尔族人口主要分布在市区、小营盘镇、青得里乡、乌图布拉格镇等地。

三、语言文字

博乐市（县）机关企事业单位的维吾尔族使用国家通用语言和文字。博乐地区维吾尔族语方言和乌鲁木齐、伊犁、喀什、阿克苏、吐鲁番语音发音相似。1984年以前，博乐地区维吾尔族使用国家通用语言文字的同时使用拉丁字母的维吾尔文，之后，推广使用经过改革的阿拉伯字母的维吾尔文字。

2006 年，城镇维吾尔族居民、经商者，尤其是青少年国家通用语言水平较高，能熟练使用国家通用语言和维吾尔语。

第四节　哈萨克族

一、数量

1979 年，博乐县有哈萨克族人口 11 081 人。部分群众信仰伊斯兰教。2006 年，博乐市哈萨克族人口 18 244 人。

1979—2006 年博乐市（县）维吾尔族人口情况一览表

表 4-10　　单位：人

年份	总人口	哈萨克族	年份	总人口	哈萨克族	年份	总人口	哈萨克族
1979	124 530	11 081	1989	148 503	14 441	1999	212 969	16 159
1980	129 166	11 786	1990	154 649	14 738	2000	220 507	16 317
1981	132 528	12 482	1991	159 457	14 911	2001	221 537	16 538
1982	135 359	12 773	1992	169 000	14 066	2002	227 614	16 655
1983	134 652	12 422	1993	176 214	15 192	2003	237 703	17 322
1984	134 688	12 994	1994	182 731	15 468	2004	245 586	17 580
1985	137 336	13 040	1995	188 697	15 771	2005	251 172	17 805
1986	140 768	13 474	1996	193 732	15 666	2006	254 256	18 244
1987	146 231	14 029	1997	197 015	15 753	–	–	–
1988	144 862	13 834	1998	204 704	15 869	–	–	–

二、分布

博乐市（县）哈萨克族人口主要分布在市区、小营盘镇、乌图布拉格镇、阿热勒托哈牧场等地。

三、语言文字

博乐市（县）机关企事业单位的哈萨克族使用国家通用语言和文字。哈萨克语比较统一，方言差别不大。中国哈萨克语分西南和东北两种方言。博乐哈萨克族人使用的是东北方言。博乐地区哈萨克族使用国家通用语言文字的同时，使用阿拉伯字母为基础的拼音文字，共有 33 个字母，其中 9 个元音、24 个辅音。

1996 年，博乐市开始实施牧民下山定居工程，2006 年，博乐市边远牧区哈萨克族子女接受国家通用语言教育，城镇哈萨克族家庭子女学习国家通用语言和文字。

第五节　回　族

一、数量

1979 年，博乐县有回族人口 3 574 人。部分群众信仰伊斯兰教。2006 年，博乐市有回族人口 9 029 人。

1979—2006 年博乐市（县）回族人口情况表

表 4-11　　单位：人

年份	总人口	回族	年份	总人口	回族	年份	总人口	回族
1979	124 530	3 574	1989	148 503	5 164	1999	212 969	7 462
1980	129 166	3 426	1990	154 649	5 420	2000	220 507	7 828
1981	132 528	3 716	1991	159 457	5 796	2001	221 537	7 662
1982	135 359	4 362	1992	169 000	6 020	2002	227 614	7 873
1983	134 652	4 408	1993	176 214	6 513	2003	237 703	7 690
1984	134 688	4 327	1994	182 731	6 613	2004	245 586	8 528
1985	137 336	4 351	1995	188 697	6 751	2005	251 172	8 800
1986	140 768	4 480	1996	193 732	7 043	2006	25 4256	9 029
1987	146 231	4 507	1997	197 015	7 182	–	–	–
1988	144 862	5 407	1998	204 704	7 249	–	–	–

二、分布

博乐市（县）回族人口主要分布在市区、小营盘镇、乌图布拉格镇等地。

三、语言文字

博乐市（县）回族使用国家通用语言和文字。博乐地区回族方言保留陕、甘、宁方言的语调和词汇。如“你上哪达（哪里）去？”“我上那达去呢。”词汇有邦肩（差不多、还可以），白坎（徒劳、无能、外行），麻达（错误、问题，或指不正当关系），但干（不好、低能、体质差），日能（逞能），尕娃、娃蛋（小孩），歹得很（很满意、漂亮），烧料子（张狂、不稳重），肚子胀（生气、多心），艾来拜来（支吾、胡说）。

第六节　其他民族

全市各乡镇（场），其他民族使用国家通用语言和文字。1979—2005 年，博乐市（县）除汉族、蒙古族、维吾尔族、哈萨克族、回族外，其他民族有柯尔克孜族、俄罗斯族、壮族、乌孜别克族、东乡族、锡伯族、满族等。1979 年，博乐县其他少数民族有 399 人，占总人口 0.32%；至 2006 年，博乐市其他民族人口 1 887 人，占总人口 0.74%。

1979—2006 年博乐市（县）其他民族人口构成情况表

表 4-12　　单位：人

年份	满族	柯尔克孜族	锡伯族	俄罗斯族	壮族	乌孜别克族	东乡族	其他民族
1979	53	11	125	9	–	75	–	126
1980	58	12	144	7	–	70	–	78

续表 4-12

年份	满族	柯尔克孜族	锡伯族	俄罗斯族	壮族	乌孜别克族	东乡族	其他民族
1981	64	10	135	1	–	76	–	142
1982	106	21	141	2	–	65	–	269
1983	104	20	135	18	88	48	31	105
1984	125	24	146	22	88	77	14	155
1985	144	31	151	31	128	53	10	150
1986	154	20	140	44	132	46	6	170
1987	154	16	146	35	126	51	15	160
1988	160	23	174	59	125	55	11	187
1989	144	30	178	65	123	60	12	223
1990	183	38	193	69	124	62	13	242
1991	198	38	204	80	161	66	13	263
1992	221	34	189	119	167	62	134	252
1993	186	31	200	118	146	62	55	280
1994	228	29	194	112	162	70	62	302
1995	232	29	229	123	149	79	67	316
1996	246	38	225	133	162	81	73	348
1997	266	33	259	135	177	76	72	364
1998	291	34	258	110	199	76	68	378
1999	259	30	287	121	200	69	77	415
2000	267	33	305	136	206	66	82	447
2001	257	38	294	127	183	71	94	721
2002	256	21	271	125	233	78	86	799
2003	255	91	261	131	197	84	98	803
2004	260	29	283	138	179	83	103	899
2005	275	29	291	134	247	77	112	960
2006	278	30	298	137	–	83	–	1 033

第三章 宗 教

博乐自古以来就是多民族聚居和多种宗教并存地区。博乐市（县）部分汉族、蒙古族及其他民族信仰佛教；部分维吾尔族、哈萨克族、回族、柯尔克孜族、乌孜别克族等群众信仰伊斯兰教；个别群众信仰基督教、天主教、道教。2006年，博乐市宗教有佛教、伊斯兰教等。有佛教寺庙1座，清真寺57座，有基督教活动点。信教群众依法参加宗教活动。

第一节 宗教类别

一、佛教

博乐市（县）部分汉族群众信仰佛教，部分蒙古族群众信仰藏传佛教。1985年，博乐市在阿热勒托哈牧场原庙址上重建镇远寺；后庙址改建在建国路与文化路交界的西南方向（五一水库附近）。

二、伊斯兰教

博乐市（县）信仰伊斯兰教的有维吾尔族、哈萨克族、回族、柯尔克孜族、乌孜别克族等部分群众。1985年，博乐市有清真寺37座；2006年，博乐市有清真寺57座。伊斯兰教不是维吾尔族人信仰的唯一宗教。维吾尔族群众信仰过萨满教、袄教（拜火教）、佛教、摩尼教、景教、伊斯兰教。有些维吾尔族群众信仰伊斯兰教，也有一些维吾尔族群众信奉其他宗教或不信仰宗教。

三、其他宗教

博乐市部分群众除信佛、教伊斯兰教外，个别群众还信道教，基督教、天主教。

1984年，有信仰基督教群众30余人，主要分布在贝林哈日莫墩乡；2006年，信仰基督教群众分布在市区和各乡镇。

第二节 宗教活动场所

博乐市党委、政府全面贯彻党的民族宗教政策，保护正常的宗教活动，加强对宗教场所、宗教人士和宗教活动管理。公民的宗教信仰自由得到尊重和保护。

一、佛教活动场所

中共十一届三中全会以后，被毁坏的寺庙逐渐得到修复。1988年，在建国路与文化路交界的西南方向（五一水库附近）建成图布新特苏木喇嘛庙。1988—2006年，博乐市有佛教寺庙1座，每年除例行佛事外，举行麦德尔节佛事活动。

二、伊斯兰教活动场所

中共十一届三中全会以后，恢复并重建部分伊斯兰教活动场所，为信教群众正常的宗教活动提供条件。1985年底，博乐市有清真寺37座；2006年，博乐市有清真寺57座。每年肉孜节又称开斋节和古尔邦节或宰牲节举行礼拜活动。

第五编

BOLE SHIZHI

城乡建设

20 世纪 50 年代，博乐县住宅、办公建筑为简易土房；街道为砂石路面，不规则。20 世纪 70 年代，县农区住宅由土木结构向砖木结构发展，县城镇住宅由砖木结构向砖混结构发展。城乡道路进行扩建，两侧规划林带，均为砂石路面。

中共十一届三中全会后，博乐市城镇建设进入快速发展时期，并取得显著成就。到“十五”末，市城区道路完成“三纵、六横、一环”布局，沥青混凝土道路 47 条，总长度 74 千米，道路面积 114.20 万平方米。有钢筋混凝土桥梁 12 座，钢索牵引人行木板吊桥 2 座，桥面面积 3 988.36 平方米。城区供水、供电、供暖，公园、赛马场等工程先后竣工，并投入使用。亚中商城等房地产开发项目相继竣工。住宅小区建筑面积 217.66 万平方米，人均住房面积 19.43 平方米。城市供水普及率达 99.15%，污水处理率达 80%，集中供热普及率达 41%，绿地率达 33.37%。城市规划面积 18 平方千米，建成区面积 13.14 平方千米。

博乐市先后实施博尔塔拉河谷林、博河南岸林、防护林、退耕还林还草等工程和城镇绿化美化工程，生态环境明显改善。市乡道 9 条，合计里程 219.07 千米；乡道 34 条，合计里程 169.89 千米；村道 38 条，合计里程 91.57 千米，村通路率达 100%。各乡镇场、街道，供排水、供暖、集贸市场等基础设施不断完善。乡镇防病改水项目全面完成，饮水安全项目顺利实施；农村人均住房面积由 25 平方米提高到 30.13 平方米；自来水入户率达 88%；有线电视普及率达 90%；有线电话入户率达 65%。

第一章 机 构

第一节 行政机构

一、博乐市建设局

1984 年 11 月，成立博乐县城乡建设环境保护局。1985 年 9 月，博乐县城乡建设环境保护局更名为博乐市城乡建设环境保护局。2002 年 1 月，博乐市城乡建设环境保护局又更名为博乐市建设局。2006 年 8 月，博乐市建设局城乡规划管理职能划归市规划局。同年，博乐市建设局编制 11 名，行政编制 9 名，其中领导职数 4 个，事业编制 2 名。内设机构为城建办公室、建管办公室、信访办公室、招标办公室、节能办公室、乡建（抗震）办公室、纪检办公室、统筹办公室、人事办公室、供热办公室。

所属企事业单位有博乐市房地产管理中心、博乐市城建档案馆、博乐市城建监察大队、博乐市园林绿化处、博乐市环卫处、博乐市市政养护处、博乐市客管办、博乐市质监站、博乐市公交公司、博乐市自来水公司、博乐市市政工程总公司（市政工程队）、博乐市房地产开发公司、博乐市液化气公司、博乐市九洲建安公司、博乐市腾博热力公司、博乐市物业管理公司。

二、博乐市城市规划管理局

1991 年 9 月，博乐市城市规划建设办公室成立。2006 年 8 月，博乐市城市规划管理局成立，正科级，事业编制 9 名，其中领导职数 2 个，并列入市人民政府工作部门管理序列。市城市规划管理局下设规划建筑设计室，规划技术审核中心。

第二节 事业单位

一、博乐市城市建设档案管理处

1989 年 5 月，博乐市城建档案馆成立，由市城建局管理，副科级，编制 3 名，市城建局副局长兼任馆长。1997 年 5 月，成立城市档案管理处。1999 年 11 月，博乐市房地产管理局档案馆整体移交市城建档案馆管理，事业编制 4 名。2000 年 6 月，博乐市成立城市建设档案管理处，（简称城建档案管理处），城市档案管理处划归城建档案馆，与城建档案管理处挂两块牌子，一套人马。2006 年，博乐市城市建设档案管理处事业编制 7 名，其中领导职数 1 个。

二、博乐市城建监察大队

1990 年 5 月，博乐市城市管理监察队成立，隶属市城建局管理，编制 6 名。1997 年 7 月，市城市管理监察队更名为城市管理监察大队。2001 年 6 月，城市管理监察大队更名为博乐市城建监察大队，参照国家公务员管理，编制 30 名，领导职数 3 个。

三、博乐市园林绿化处

1982 年，博州园林绿化队成立。1986 年，博州园林绿化队移交市城建局管理。1994 年 3 月，博乐市园林绿化队更名为博乐市园林绿化处（简称园林处），编制 50 名，领导职数 2 个。

四、博乐市环境卫生管理处

1988 年 7 月，博乐市城市环境卫生清洁队成立。1994 年 3 月，市环卫队更名为博乐市环境卫生管理处（简称环卫处），编制 13 名，领导职数 2 个。

五、博乐市市政管理养护处

1988 年 7 月，博乐市市政养护队成立；1994 年 3 月，市政养护队更名为博乐市市政养护处（简称养护处），编制 15 名。

六、博乐市客运交通管理办公室

1993 年 8 月，博乐市客运交通管理办公室（简称客管办）成立，自收自支编制 57 名。

七、博乐市建筑工程质量安全监督站

1990 年 5 月，博乐市工程质量监督站成立，自收自支。1993 年 3 月更名为博乐市建筑工程质量监督站。2000 年 2 月，更名为博乐市建筑工程质量安全监督站（简称质监站），自收自支 5 名。

八、博乐市市政工程总公司（市政工程队）

1983 年 5 月，博州成立市政工程队。1988 年 7 月，博乐市成立市政工程队，编制 35 名。

九、博乐市工程建设施工招投标管理办公室

1979 年 10 月，成立博乐市工程建设招标办公室。1997 年 10 月，更名为博乐市工程建设施工招投标管理办公室（简称招标办），编制 3 名。

第二章 城市建设

第一节 城市建设规划

一、城市建设总体规划

（一）博乐市城市总体规划（1987 年）

1987 年由自治区城乡建设规划设计研究院编制完成的《博乐市城市总体规划》，1989 年 12 月经

自治区人民政府批准实施。规划期限为1987—2000年，规划总人口7万人，近期规划用地7.04平方千米，远期规划用地12.24平方千米。1994年8月，市人民政府常务会议批准实施《博乐市城市规划建设管理规定》。

（二）博乐市城市总体规划（1996年）

1996年由自治区城乡建设规划设计研究院编制完成《博乐市城市总体规划》，2000年3月经自治区人民政府文批复实施。规划期限为1996—2010年，规划人口规模12万人，规划用地18平方千米。城市性质为博州政治经济文化中心，依托口岸发展棉花、建材、食品工业和对外贸易为主，旅游业为辅的现代化沿边开放城市。1997年，由博州建筑规划设计院负责编制完成7号小区详细规划，规划面积28.37公顷。同年11月20日，博市政办发文批复实施。1998年，由博乐市规划建筑设计室负责编制完成13个小区详细规划，1998年7月6日，博乐市政办发文批复实施。1999年，由博乐市规划建筑设计室负责编制完成17号小区33.15公顷、22号小区13.56公顷、27号小区29.16公顷、31号小区26.07公顷、37号小区48.59公顷，共5个小区详细规划。同年12月，博乐市政府办公室发文批复实施。

二、总体规划修编调整与南城区规划

2003年6—7月，博乐市委托湖北黄石市规划设计研究院对市《城市总体规划》进行调整修编，并上报自治区备案。

2003年10月至12月30日，由湖北黄石市城市规划设计研究院负责编制完成博乐市博河南岸新城区起步区规划、博河南岸新城区4平方千米的控制性详规和修建性详规，经市政府批准实施。

2005年1月，博乐市编制完成《博乐市城市建设发展“十一五”规划》。

2005年5月21日，由博乐市规划设计室负责编制完成博乐市工业园区控制性详规。

三、城市建设专项规划

（一）给水规划

用水量　2000年规划人口8万人，最高人均用水标准0.14立方米/人日，最高用水量22 000立方米/日。2010年，规划人口12万人，最高人均用水标准0.15立方米/人日，最高用水量35 000立方米。消防用水量576立方米/次。

扩建二期水厂　使其供水量由7 500立方米/日，达到每日1.8万立方米/日。

给水管网　现状给水管网部分保留，与规划水管网相连。规划管网设在道路的西边或北边。

（二）排水规划

污水量预测　2000年，规划人口8万人，人均生活污水标准为0.12立方米/人日，生活污水量为每日14 000立方米/日，工业污水量为每日3 600立方米/日。2010年，规划人口12万人，人均生活污水标准为0.13立方米/人日，生活污水总量为22 000立方米/日，工业污水量为每日5 600立方米/日。

第一污水处理厂工程　日处理污水能力64 000立方米/日，近期建日处理污水能力14 000立方米/日，远期建日处理污水能力22 000立方米/日。污水处理达到《新疆维吾尔自治区污水综合排放标准》（新—88）要求的二级标准。

（三）城市公共交通规划

2000年，修编完成《城市公交规划》：现有公交线路保留，完善停车设施，提高运营能力。规划期内新增3条公交线路，其中2条为西北、东南走向，联系城区南北。

在城市中心商贸区、大型公建处、车站处、设立停车场。城区机动车公共停车场服务半径300米，非机动车公共停车场服务半径 100 米。

2002 年 1 月 15 日，经市政府批复实施。

（四）城市园林绿地规划

园林绿地系统化，人均绿地 11 平方米以上，近期达 7 平方米，绿地率达 35%以上；公园、小游园点状分布，服务半径不大于 800 米；居住绿地和附属绿地均按国家有关规定执行；北京路、团结路、建国路、青得里大街绿地率不小于 30%，其他道路绿化率不小于 20%；沿托郭生布乎渠建滨河风景带，成为博乐市的一道风景线；园林苗圃设在东南角，面积约 36 万平方米（占城市规划用地的 2%）；城市外围逆风向种防护林，宽度不小于 30 米。2002 年 9 月经市政府批准实施。

（五）城市环卫规划

2006 年，市规划建筑设计室修编完成《博乐市城市环境卫生规划》。在规划期共布置 40 ~ 50 个公共厕所，均为水冲式。沿主干道 350 米左右设一个厕所；沿其他干道 800 米左右设一个厕所。规划期末城市生活垃圾总量为每天 120 吨。城市垃圾采用三级清运方式：垃圾收集点、垃圾运转站、垃圾处理场。规划期内设一个垃圾处理场。

（六）城市供热规划

2006 年，博乐市委托新疆煤炭研究设计院修编完成《城市供热规划》。供热标准为居住 70 瓦 / 平方米，公建 80 瓦 / 平方米，工业 120 瓦 / 平方米，仓储每平方米 40 瓦 / 平方米。总建筑面积 799.99 万平方米，总热负荷 592.7 兆瓦，其中生活热负荷 23.64 兆瓦，工业生产热负荷 29.04 兆瓦。

确定 6 个集中供热区域（5 个区域锅炉房、1 个热电厂），各区容量分别为 110 吨 / 小时、80 吨 / 小时、90 吨 / 小时、120 吨 / 小时、95 吨 / 小时，热电厂供热容量每小时 360 吨 / 小时，配 3 × 12000 千瓦机组。

（七）城市燃气规划

燃气用量　耗气额每月每户 13.0 千克。2000 年，博乐市总耗气 3 565 吨 / 年。2010 年，博乐市区总耗气 5 349 吨 / 年。

燃气供应　近期扩建现有的液化气站，规模达每年 4 000 吨 / 年。供应量 13 吨，市区设 4 个液化气供应站。远期储气站规模达到每年 5 400 吨 / 年，增设 3 个液化气供应站。

规划期内博乐市以液化石油气作为民用燃气，燃气来源独山子、克拉玛依。

（八）城市抗震防灾规划

博乐市抗震防灾规划于 1996 年 10 月由博州抗震办、博乐市城建局结合城市总体规划，依据自治区地震局、建设厅 1994 年编制的地震烈度区划图，按七度设防要求进行修编。

1997 年 8 月，经市政府批复实施。

（九）城市消防规划

博乐市消防规划于 2003 年 9 月由博乐市城建局、湖北黄石市城市规划设计研究院共同编制。重点规划 18 平方千米建成区，兼顾博河南岸及相关区域。近期 2003—2005 年，远期 2005—2010 年，远景设想 2050 年。2004 年 9 月，经市政府批准实施。

附 土地利用规划

1995 年，博乐市编制《博乐市土地利用总体规划》（简称《规划》）。《规划》以 1996 年为基础年，以2000年为近期目标年，以2010年为规划目标年。

耕地调整规划　2010年，博乐市规划耕地面积40 667公顷，净增4 425公顷。1996—2000年，市耕地总量37 996公顷，比重5.85%，提高0.28个百分点。2001—2010年，市耕地总量40 667公顷，比重6.26%，比基础年（1996年）提高0.68个百分点。耕地面积比重由1996年的5.58%提高到2000年的5.85%和2010年的6.26%。

园地调整规划　1996—2000年，博乐市园地面积377公顷。2001—2010年，市土地开发增加园地43公顷，耕地调整为园地3.00公顷，土地整理增加园地38公顷，总面积460公顷。园地用地面积比重由1996年的0.02%提高到2000年的0.06%和2010年的0.07%。

林地调整规划　1996—2000年，博乐市开发劣质草地增加林地2 187公顷，开发未利用地增加林地723公顷。林地总面积46 876公顷。森林覆盖率由1996年的6.77%提高到2000年的7.22%。2001—2010年，市开发劣质草地增加林地面积2 132公顷，开发未利用土地增加林地750公顷，退耕还林增加林地341公顷。到2010年，林地总面积50 099公顷。森林覆盖率由2000年的7.22%提高到2010年的7.71%，提高0.49个百分点。林地用地面积比重由1996年的6.67%，提高到2000年的7.22%和2010年的7.71%。

牧草地调整规划　1996—2000年，博乐市牧草地面积由437 756公顷调整到433 825公顷。补充耕地、开发劣质草地占用1 330公顷，发展园地占用68公顷，平原人工造林及农田防护林占用2 187公顷，水面用地占用14公顷，交通用地占用83公顷，城镇、村、工矿用地占用93公顷，水利设施用地占用157公顷，期内净减少3 931公顷。2001—2010年，市牧草地由2000年的433 825公顷调整到2010年的427 473公顷。

水面用地调整规划　1996—2000年，博乐市水面用地由48 303公顷调整到48 372公顷，增加用地14公顷，主要占用牧草地。2001—2010年，市水面用地调整到48 853公顷，增加用地535公顷，主要占用牧草地。水面用地比重由1996年的7.43%调整到2000年的7.44%和2010年的7.52%。

城镇村及工矿用地调整规划　1996年，博乐市城镇村及工矿用地面积6 374公顷，比重为0.98%。2000年，市城镇村及工矿用地面积调整6 296公顷，较1996年减少78公顷，比重不变。2010年，市城镇村及工矿用地面积调整6 665公顷，较2000年增加369公顷，比重为1.03%。1996年，博乐市城区用地面积1 331公顷，人均占地257平方米。1996—2000年，市城区用地面积不增加，人均占地减少到201平方米。2000—2010年，市城区用地面积1 350公顷，人均占地150平方米。

建制镇用地调整规划　1996年，博乐市建制镇用地134公顷。至2000年，市建制镇增人不增地，人均占地由1996年的352.16平方米，降到2000年的267.64平方米。2010年，市建制镇用地面积136公顷，人均占地160平方米。小营盘镇1996—2010年，建制镇用地不增加，面积81公顷。达勒特镇1996—2010年，建制镇用地增加3公顷，面积由1996年的53公顷调整到56公顷。

农村居民点用地调整规划　1996年，博乐市农村居民点用地4 227公顷。至2000年，市农村居民点用地调整到4 138公顷，减少90公顷。至2010年，市农村居民点用地调整到4 252公顷，人均占地360平方米。

独立工矿用地调整规划　1996年，博乐市工矿用地面积409公顷。至2000年，市工矿用地面积调整到415公顷，增加6公顷。至2010年，市工矿用地面积调整到498公顷，较2000年增加83公顷，合计增加 89 公顷。

特殊用地调整规划　1996 年，博乐市特殊用地面积 374 公顷。至 2000 年，市特殊用地面积调整到 379 公顷，增加 5 公顷。2010 年，市特殊用地面积 428 公顷，较 2000 年增加 50 公顷。合计增加 55 公顷。工矿用地比重由 1996 年的 0.98%，提高到 2010 年的 1.03%。

交通用地调整规划　1996 年，博乐市交通用地 2 309 公顷。至 2000 年，市交通用地面积调整到 2 490 公顷，增加 178 公顷。其中占用耕地 58 公顷，占用牧草地 83 公顷，占用未利用土地 36 公顷。2010 年，市交通用地调整到 3 449 公顷，其中奎赛公路用 100 公顷，博温公路用地 8 公顷，博乐飞机场建设用地 600 公顷，新开发农田道路用地 336 公顷，原农田道路占地 95 公顷。较 2000 年增加 962 公顷，其中占用耕地 37 公顷，占用牧草地 893 公顷，占用未利用地 32 公顷。用地比重由 1996 年的 0.36% 提高到 2000 年的 0.38% 和 2010 年的 0.53%。

水利设施用地调整规划　1996 年，博乐市水利设施用地面积 486 公顷。到 2000 年，市水利设施用地面积调整到 806 公顷（南干渠引水工程占用牧草地 50 公顷），现有农田渠道配套占用耕地 112 公顷，土地开发渠系配套占用牧草地 107 公顷，占用未利用土地 52 公顷。至 2010 年，市水利设施用地面积调整 1 052 公顷，其中现有农田渠系配套占用耕地 38 公顷，土地开发渠系配套占用牧草地 192 公顷，占用未利用土地 17 公顷。用地比重由 1996 年的 0.08% 提高到 2000 年的 0.11% 和 2010 年的 0.16%。

未利用土地调整规划　1996 年，博乐市未利用土地面积 73 966 公顷。至 2000 年，市未利用土地面积调整到 72 589 公顷，减少 1 377 公顷。至 2010 年，市未利用土地面积调整到 70 851 公顷，较 2000 年减少 1 738 公顷，较 1996 年总计减少 3 115 公顷。比重由 1996 年的 11.39% 减少到 2010 年的 10.91%。

第二节　市政建设

一、园林绿化

（一）街道绿化

20 世纪 70 年代末，主要街道北京路、青得里大街隔离带以新疆杨、大叶榆、白蜡树为主。后杨树逐渐淘汰。1985 年，在青得里大街机动车道与非机动车道的隔离带种植樟子松。因疏于管理，后樟子松枯死，改种水蜡和红叶小波。1986—1999 年，市区道路两侧种有白蜡，大叶榆等树种。主要街道种花种草。种植各种树木 65.9 万株，花圃 6 726 平方米，栽种各式花草 201 种。

2000—2006 年，城南新区北京路延伸至赛马场道路两侧绿化带种有白蜡、沙枣、圆冠榆、裂叶榆等。博乐市 31 条道路绿地面积为 294 568.95 平方米，绿地率达到 33.35%。

（二）公园

街心公园　1982 年，在北京路与青得里大街交会处修建街心公园，栽种杨树、榆树等树种，占地面积为 2 公顷。1997 年，投入资金 150 万元，改建街心公园，内设灯光、水池、园林小品等景观设施；栽种草坪 6 897 平方米，花圃 566 平方米；街心公园四周设有 3 米宽彩砖路面，供市民健身、休闲。

人民公园　人民公园位于博尔塔拉河两岸，五一水库处，占地总面积 156.67 公顷，东西长 1 370 米。1989 年，开始兴建，以植树为主。2002 年，投入义务工 2.4 万人次，植树 13 240 棵，新增绿地面积 23.09 公顷。2003 年，完成人民公园广场、大门及雕塑等工程，累计投入建设资金 1 054 万元。园内南、北两岸有 2 座钢索木板吊桥连接，有景亭、动物园、儿童游乐园、游泳池、休闲度假村、镇远寺。

滨河公园　滨河公园位于博尔塔拉河南侧，在原有地形地貌上建成，占地面积 116.89 公顷。1989 年，开始兴建，以植树为主。至 2001 年，植树 23 697 棵（沙枣、杨树、柳树、红皮云杉、榆树、接骨木等乔灌木）；完成公园围墙、道路、路灯、护堤、游泳池、九曲桥、机船码头等工程，累计投入建设资金 800 余万元。2004 年，在滨河公园内建成博尔塔拉纪念园，设有 13 座雕塑。

滨河公园设文化园区、水上乐园及中心娱乐区、儿童活动区、安静休闲区、园物管理区、野营区。

（三）生态林

博尔塔拉河谷生态林工程　1981 年，县人民政府决定实施博尔塔拉河谷生态林工程。至 1985 年，恢复沙棘、河柳、榆树林木面积 295 公顷，杨树、柳树等人工造林面积 113.33 公顷。1987 年，市成立河谷、荒漠次生林绿化工程指挥部。到 1990 年，已恢复河谷林地 1 824.8 公顷，其中：人工造林面积 1 048.53 公顷，更新林木面积 776.27 公顷。1992—2006 年，由于引洪灌溉，博尔塔拉河谷林自然恢复能力增强，林地面积不断扩大。

青达拉生态林工程　1983 年，县人民政府决定在青达拉建立植树造林基地，春季造林 140 公顷。1984 年，县动员机关、学校、企事业 83 个单位 1.1 万人进行春、秋植树造林 293.33 公顷。到 1988 年，青达拉人工造林 666.67 公顷。由于管理不善，林地面积逐渐减少，到 2006 年，青达拉实有林地面积 299.21 公顷。

二台阶环保绿化工程　1985 年，州、市绿化委员会实施博乐市城北二台阶环保绿化工程。同年，州、市机关单位人员造林 50 公顷。1986 年，博乐市成立“二台阶环保绿化工程指挥部”，建立市二台阶植树造林基地，规划长 27 千米，宽 1 千米，实施总面积 2 266.67 公顷的造林工程。同年，机关单位造林 223.33 公顷。1987 年，青得里乡二台阶地段造林 66.47 公顷，乌图布拉格乡地段造林两年总面积 266.67 公顷。1992 年，二台阶植树造林 186.67 公顷，架设高压线路 7.5 千米，打机井 11 眼，修理旧井 5 眼，建井房 6 座。至 1993 年，二台阶绿化工程林木保存面积 473.33 公顷，灌溉机井 26 眼。

博—五公路绿色长廊工程　1997 年 10 月，博乐市编制实施《博五公路绿化工程规划》后，市辖区各机关单位、学校、武警部队、农五师均参加博—五公路植树造林活动，历时 6 年。该工程投入资金 2 178 万元，投入绿化义务工 2 150 万人次；长 30 千米，两侧各宽 50 米，植树 69 万株，造林面积 312.07 公顷；打机井 2 眼，建泵站 4 座，盖井房 180 平方米，架设高压输电线路 25.6 千米，安装滴灌管 634 千米，挖管沟土方 4.8 万立方米，管沟炸石 8 300 米。

博河南岸绿化生态林工程　1998 年 4 月，博乐市成立博河南岸绿化工程指挥部。同年 10 月，水电局铺设从乌图布拉格泉至敖包 13 千米 PVC 塑料管引水。1999—2000 年，市辖区单位 1.5 万余人植树造林 56 公顷。2001 年，市完成敖包绿化 2 公顷，赛马场绿化 25.13 公顷；在滨河公园植树 23 697 棵，绿地面积 54 公顷；在人民公园植树 18 240 株，绿地面积 23.09 公顷。到 2006 年，全市完成博河南岸绿化生态林面积 73.2 公顷，种有长枝榆、大叶榆、樟子松、馒头柳、爬地柏和花草等。

（四）创建自治区园林城市

2005 年，博乐市制定实施“创建自治区园林城市”目标任务。同年，市投入资金 95.7 万元，按照“自治区园林城市标准”对青得里大街和北京路进行绿化改造，种植水蜡，红叶小蘗、金叶疣、荷兰菊共 426 730 株，绿化面积 2.19 公顷。制定实施城南“万亩生态园”规划，首期投入资金 199 万元，投入绿化用工 74 866 个，种植馒头柳、裂叶榆、新疆大叶榆、红皮云杉、圆冠榆、榆叶梅、丁香、红瑞木、黄金树、山楂树、矮牵牛等 31 620 株，完成绿化面积 73.2 公顷。至 2006 年，博乐市有绿化合格单位48个，花园式单位97个；绿化覆盖面积482公顷，绿地率达到33.74%；公园面积185公顷，公园绿地面积132公顷，人均公园绿地面积13.82平方米。加强名古树木保护，建立古树档案。

二、道路建设

（一）青得里大街

青得里大街为沥青混凝土道路，东西走向。西起博州气象局，东至原博州政治学校，全长3 750米，红线宽度为46米，机动车道14米，非机动车道左右两边各4.5米，设有隔离带各2米，栽有树、花、草。人行道两侧各5.5米。地下埋设有给排水管道和通信电缆。路旁各安装有高压水银路灯1 582盏，并架有高压线路。路面面积79 040平方米。

青得里大街路名经历4次更名。1920年，原名为文化街。1947年，更名艾尔得街。中华人民共和国成立后，人们称博乐街。1966年，改称东风路。1983年，定名为青得里大街。1991年3月，市出版《博乐市地名图志》以“青得里大街”为标准路名。

青得里大街西起博州人民医院，东至团结路，全长1 625米。在1954年为8米宽的土路。1964年，路面拓宽为12米的砂石路。1974年，整修为渣油路。1984年，建成宽42米，机动车道14米“三版式”沥青混凝土次高级道路。2000年，完成青得里大街1 680米路改造工程，完成投资950万元；2002年，向东延伸至博州政治学校。2005年，向西延伸至博州气象局。延伸总长1 250米，完成投资300万元。

（二）北京路

北起博州边防局以北黑河桥，南至赛马场，中段有北京桥、博尔塔拉河大桥（金水桥）贯通，南北走向。全长8 930米，连接博乐—五台公路。

1995年5月，博乐市北京北路博州边防局至黑河桥完成沥青混凝土路面改造，路长480米，宽12米，面积4 400平方米。

2000—2002年，博尔塔拉河大桥至赛马场道路改扩建为“三版式”沥青混凝土道路。全长4 364米，宽30米，路面面积104 736平方米。

2005—2006年，博尔塔拉河大桥至博州边防局以北黑河桥道路改扩建为“三版式”沥青混凝土道路。全长4 566米，红线宽度46米，机动车道14米， 非机动车道各4.5米，路面面积125 120平方米。人行道两侧各5.5米。设有隔离带，栽有树、花、草。地下埋设有通信电缆、给排水管道。安装路灯1 564盏，并架有高压线路。

（三）文化路

北起顾力木图卓路，南至响根布呼路，南北走向。砂石路面。1984年，由砂石路改建为渣油路。1988年，渣油路改建为沥青混凝土道路。全长1 533米，宽14米，路面面积21 462平方米，累计完成投资2 650万元。

（四）顾力木图路

北起二阶台，南至响根布呼路，南北走向。1987—2003年，由砂石路面改、扩建为沥青混凝土道路。全长1 750米，宽28米，路面面积49 000平方米。该路原名为“文化路”，1983年，更名为“顾力木图路”。

（五）联通路

西起博尔塔拉军分区，东至团结路，东西走向。1987年，由渣油路改扩建为沥青混凝土道路。全长930米，宽28米，路面面积26 040平方米。1993年，合作区长城路段为水泥砼路面570米，该路原名为“长城路”，后更名为“环城路”“军民路”。2001年后，更名为“联通路”。2003年，联通路改建至光明路，总长 1 565.85 米。

（六）响根布呼路

西起博州气象局南侧，东至团结路，东西走向。1984 年，为沙石路。1995 年，拓宽改造朴舍沥青混凝土路面 1.2 万平方米，西起文化路，东至团结路，东西长 1 000 米，宽 12 米。总投资 80 万元。2002 年，改建为沥青混凝土道路。全长 3 180 米，宽 11 米，路面面积 34 980 平方米。

（七）友谊路

西起克尔根卓路，东至团结路，东西走向。2001 年 5 月，友谊西路（北京路西友谊路桥至克尔根卓路）道路工程修建路段 620 米，总投资 170.16 万元。2002 年 9 月，友谊东路（红星路至团结路）综合改造工程竣工，路段长 760 米，宽 23 米，沥青砼铺装面积 1.75 万平方米，过街管沟 3 条，排水管道 2 条，铺设电缆 1 520 米，投资 280 万元。2004 年，完成改扩建西段，全长 1 592 米，宽 14 米，路面面积 22 288 平方米。该路 1983 年被命名为“友谊路”。

（八）团结路

北起和平路，南至长江路，南北走向。全长 3 400 米，道路红线宽 44 米，机动车道宽 14 米，路面面积 75 075 平方米，1992 年建成通车。1983 年，定名为“团结路”。

（九）前进路

西起文化路，东至北京路，东西走向。1983 年，为砂石路。2002 年，由砂石路改扩建为沥青混凝土道路。全长 730 米，路宽 16 米，路面面积 11 680 平方米。

（十）向阳路

西起博乐市第八中学（原向阳小学）与青得里大街连接，东至文化路，东西走向。沥青混凝土道路，全长 1 400 米，红线宽 34 米，路宽 10 米，路面面积 14 000 米。

（十一）建国路

西起响根布呼渠，东至洪桥，东西走向。1994 年，为砂石路；后改建为渣油路。2004 年，改扩建为沥青混凝土路，全长 1 875 米，红线宽 48 米，机动车道 23.5 米，路面面积 44 062.5 平方米。

（十二）和平路

西起顾力木图路，东至阿拉山口公路，东西走向。砂石路面改建为沥青混凝土路。全长 575 米，红线宽 32 米，机动车道宽 14 米，路面面积 8 050 平方米。

（十三）光明路

北起青得里大街，南至农五师八十六团机关农场，南北走向。2001 年，改建为沥青混凝土道路。全长 930 米，红线宽 26 米，机动车道宽 14 米，路面面积 12 642 平方米。

（十四）长江路

西起北京路，东至光明路，东西走向。1983 年，建长江路，为砂石路面。1991 年，改建为沥青混凝土道路。全长 2 200 米，红线宽 26 米，机动车道宽 14 米，路面面积 30 800 平方米。

（十五）健康路

西起农五师电视台，东至农五师医院，东西走向。1994 年，建成沥青混凝土道路。全长 834 米，红线宽 26 米，机动车道宽 14 米，路面面积 11 676 平方米。

（十六）延安路

西起红星路，东至天山路，东西走向。1994 年，建成沥青混凝土道路。全长 338 米，红线宽 26 米，机动车道宽 7 米，路面面积 2 366 平方米。

（十七）杭州路

西起北京路，东至红星路，东西走向。1984 年，建成水泥混凝土道路。1999 年，改建为沥青砼道路。全长 340 米，红线宽 40 米，主干道左右各 7 米人行道，中间隔离带栽有樟子松和草坪，路面面积 2 366 平方米。

（十八）民主路

西起团结路，东至光明路，东西走向。沥青混凝土道路，全长 375 米，红线宽 26 米，机动车道宽 7 米，路面面积 2 625 米。

（十九）人民路

西起红星路，东至天山路，东西走向。1999 年，建成沥青混凝土道路。全长 338 米，红线宽 26 米，机动车道宽 7 米，路面面积 2 366 平方米。

（二十）新华路

西起北京路，东至团结路，东西走向。1983 年，为渣油路，文化路更名为“新华路”。1994 年，改建为沥青混凝土道路。全长 976 米，红线宽 32 米，机动车道宽 14 米，路面面积 13 664 平方米。

（二十一）黄河路

西起北京路，东至团结路，东西走向。1994 年，由砂石路改建为沥青混凝土道路。全长 1 050 米，红线宽 28 米，机动车道 14 米，路面面积 14 500 平方米。

（二十二）八一路

西起西环路，东至红星南路，东西走向。1975 年，为砂石路。2003 年，砂石路建成沥青混凝土道路。全长 2 185 米，红线宽 28 米，机动车道宽 14 米，路面面积 30 590 平方米。

（二十三）沿河路

西起博乐市预制品厂，东至博州汽车队，东西走向。2003 年，建成沥青混凝土道路。全长 650 米，红线宽 32 米，机动车道宽 14 米，路面面积 9 100 平方米。

（二十四）红星路

北起友谊路，南至沿河路，南北走向。2006 年，由砂石路改扩建为沥青混凝土道路。全长 2 050 米，红线宽 32 米，机动车道宽 24 米，路面面积 49 200 平方米。

（二十五）克尔根卓路

北起响根布呼路，南至五一水库，南北走向。1979—2000 年，为砂土路。2001 年，建成沥青混凝土路。全长 1 350 米，机动车道宽 8 米，路面面积 10 800 平方米。

（二十六）杜尔布里金路

西起青得里砖厂，东至克尔根卓路，东西走向。1975 年，取直拓宽，为砂石路。全长 875 米，路宽 8 米，路面面积 7 000 平方米。

（二十七）天山路

北起健康路，南至建国路，南北走向。1983 年，由“红星二路”更名为“天山路”，改建为沥青混凝土道路。全长 900 米，红线宽 28 米，机动车道宽 14 米，路面面积 12 600 平方米。

（二十八）暂未正式确定标准路名道路

未正式确定标准路名的城市沥青混凝土道路 19 条。

综上所述，至 2006 年，博乐市共有城市道路 47 条，道路总长度 74 千米，总面积 114.20 万平方米，人均道路面积 11.94 平方米 / 人，已形成“三纵”“六横”“一环”的新格局。

1985—2006 年博乐市部分年份城市道路建设一览表

表 5-1 单位：千米、万平方米、平方米 / 人

年度	城市道路总长度	城市道路总面积	人均道路面积
1985 年	22.84	–	–
1988 年	32.00	–	8.5
1995 年	40.00	69	13.8
2000 年	42.00	73.9	11.2
2005 年	71.76	111.83	–
2006 年	74.00	114.20	11.94

三、 桥梁建设

（一）北京路桥

横跨托郭生布呼渠和星火干渠。1973 年 11 月改建为石拱桥。1987 年，由石拱桥改扩建为钢筋混凝土结构桥，桥长 36 米，宽 26.4 米；1997 年扩建为长 44 米，宽 36 米，桥面铺设沥青混凝土，两侧各设有护栏和人行道，安装灯 6 盏。

（二）博尔塔拉河桥

建于 1976 年，为钢筋混凝土单孔拱形平板桥。1998 年， 改扩建为钢筋混凝土结构桥， 桥长 30 米，宽 30 米；桥面铺设沥青混凝土，两侧设有护栏，安装灯 4 盏。

（三）文化路桥

横跨托郭生布呼渠。1983 年，建石拱桥。2002 年，改建为钢筋混凝土结构桥，长 12.2 米，宽 9.8 米。

（四）响根布呼路桥

横跨星火干渠。长 8 米，宽 6 米的石拱桥。2003 年，改建为钢筋混凝土桥，长 12 米，宽 8 米；桥面铺设沥青混凝土，两侧设有护栏。

（五）顾力木图路桥

横跨托郭生布呼渠。长 8 米，宽 6 米钢筋水泥砼桥。2003 年，改建为钢筋混凝土桥，长 23.8 米，宽 9.5 米；桥面铺设沥青混凝土，两侧设有护栏。

（六）友谊路桥

横跨星火干渠。1996 年，建成钢筋混凝土桥，长 24.5 米，宽 7.4 米；桥面铺设沥青混凝土，两侧设有护栏。

（七）黑河桥

北京路北端，跨黑河。原为木板小桥，2000 年改建为钢筋混凝土桥，长 25.8 米，宽 10.5 米；桥面铺设沥青混凝土，两侧设有护栏。

（八）团结路 1 号桥

横跨托郭生布呼渠。原名为水泥盖板桥，1978 年改建为钢筋混凝土桥，长 32 米，宽 5 米；桥面铺设沥青混凝土，两侧设有护栏。

（九）团结路 2 号桥

横跨星火干渠。原为水泥盖板桥，1978 年改建为钢筋混凝土桥，长 32 米，宽 5 米，两侧设有护栏。

（十）八一路桥

位于市第二加油站西侧，跨星火干渠。1978 年，修建钢筋混凝土桥，桥面铺设沥青混凝土，两侧设有护栏。

（十一）健康路桥

位于市殡仪馆东侧，跨星火干渠。1978 年，建成钢筋混凝土桥，长 7 米，宽 4 米；设矮桥栏，高 30 厘米。

（十二）黄河路桥

位于博州供销社家属区西侧，跨星火干渠。1978 年，建成钢结构平板桥，长 7 米，宽 4 米。

（十三）吊桥

2003 年，在人民公园建横跨博尔塔拉河钢索牵引木板吊桥。2004 年，又建一座可通行小汽车的横跨博尔塔拉河钢索拉力平板吊桥。

至 2006 年，博乐市有钢筋混凝土桥梁 12 座，钢索牵引人行木板吊桥 2 座，桥面面积 3 988.36 平方米。

四、供水

（一）供水水源

1979 年，在博乐县向阳路 4 号，建日产 3 000 立方米的自来水厂 1 座、占地面积 26.96 平方米。厂内深井 2 眼，清水池 2 个、水容量 200 立方米，水塔 1 座、塔高 24 米，为地下水二级加压供水工艺。1980 年，开始供水，无消毒工艺。

1990 年，博乐市在二阶台建第二座自来水厂，日产自来水 8 000 立方米，占地面积 1.33 公顷。

至 2000 年，博乐市扩建第二座自来水厂，建自来水井 2 眼、日产自来水 4 500 立方米，建 3 000 立方米和 1 000 立方米调节池各 1 座，为地下水一级提升供水工艺。厂内配有消毒池、化验室等。消毒处理后的自来水高程差重力流供水，达到国家自来水标准。

（二）供水管网

1985 年，博乐市累计铺设自来水主管道 7.5 千米，供水服务单位 157 个，占全市区机关单位的 68.3%。1986—1988 年，铺设主管道 4.86 千米，解决北京路桥以南至长江路以北片区居民的供水问题。1989—1992 年，博乐市铺设主管道 9.6 千米，解决团结路、向阳路、文化路、北京路、青得里大街等片区单位和居民的用水问题。1992—1997 年，铺设自来水主干管 20.6 千米。1998—2000 年，博乐市铺设自来水主管道 4.26 千米，完成北京路、青得里大街自来水管网 4 千米改造工程。

2003 年后，博乐市铺设自来水主管道 25.94 千米，主要解决南城新区和博尔塔拉河以南绿化用水问题。

至 2006 年，博乐市城区自来水厂 2 座，深井 7 眼，自来水管道 102 千米，其中主管道 89.8 千米。

（三）供水能力

1979—1983 年，博乐县年供应自来水 30 万立方米，供水服务面积 46 个单位和部分居民，供水人口 4 000 人。

“七五”期末，博乐市城市供水综合能力达到每 9 000 立方米，供水总量达到 204 万立方米，城市用水人口 3.2 万人，自来水普及率达到 58.5%，人均日生活用水 0.14 立方米。

“八五”期末，博乐市供水综合能力达到每日 1.6 万立方米，供水总量 442 万立方米，城市用水人口 4.9 万人，自来水普及率达 90%，人均日生活用水 0.14 立方米。

2006 年，博乐市供水综合能力每日 1.5 万立方米，供水总量 541 万立方米，年供水 475 万立方米，自来水服务面积北城区及南城区， 用水人口 9.51 万人， 自来水普及率 99.58%，人均日用水量 0.11 立方米。

1979—2003 年博乐市自来水工程投资一览表

表 5-2 单位：万元

年度	供水工程	投资
1979—1983	供水一期	180
1989—1992	供水二期	313.6
1998—2000	供水三期	560
2001—2003	供水扩建工程	776
小计	-	1 829.6

五、排水

（一）排水管网

1983 年 7 月，博乐县铺设排水主管道 7 072 米。

1988 年，博乐市完成排水主干道累计 32 千米，服务面积达到 5.6 平方千米。到 2000 年，博乐市区排水管道长度 35.1 千米，排水管网密度达到每平方千米 2.68 千米。到 2006 年，博乐市共建排水主管道 45.17 千米，排水检查井 952 眼，道路设雨水井 120 眼。各机关，单位楼房排水支管道与排水主干道连接，形成市区排水管网，排水管道密度每平方千米 2.2 千米。全年污水排放量 90 万吨以上。

（二）防洪排水

博乐市区顾力木图路防洪渠 600 米，文化路、前进路防洪渠 400 米，北京北路防洪渠 200 米，城南区防洪坝 2 000 米。全市防洪渠、坝共计 3 200 米。

六、供电

1979 年，五一电站 3 × 800 千瓦机组发电，架设电站至县医院 6 千伏线路 3.5 千米，架设电站至州 762 台 6 千伏线路 8.6 千米。同年，小营盘电站架设至供电公司院内 10 千伏线路 11 千米。1980 年，架设博乐河大桥至县水泥厂 6 千伏线路 6 千米， 架设青德里大街至边防局 6 千伏线路 1 千米。1985 年，三干渠电站 1 × 1 600 千瓦机组建成发电，架设至市水泥厂 6 千伏线路 4 千米。1987 年，架通三干渠电站至巴哈布热榨油厂、博州糖厂 6 千伏线路 3 千米。1990 年，博乐中心变电所投运，博乐城区 6 千伏配电线路升压 10 千伏运行。同年，架设中心变电所至博州畜牧局 10 千伏线路 2 千米。1998 年，架设博乐中心变电所至友谊路、团结路北段 10 千伏线路 2 千米。至 2002 年，城区配网覆盖博乐市区及近郊区。拥有 10 千伏线路总长 102.3 千米， 配电变压器 235 台， 总容量 3.02 万千伏安， 其中高损耗变压器 17 台， 容量 1 250 千伏安，节能变压器 218 台，容量 2.98 万千伏安。

七、供热

1985 年，博乐市楼房采用锅炉供暖，平房则用家庭小火炉取暖。

1990 年，博乐市建成集中供热站 1 座，供热面积 15 817 平方米。投资 6 020 万元建成每小时 4.20 吨 / 小时燃煤热水锅炉 1 台，供热面积 70 万平方米。

1991 年，博乐市区共建锅炉房 89 座，安装锅炉 130 台，锅炉容量 480.5 吨 / 小时。锅炉热效率 40%，室内温度保持 18℃以上。采暖期内市耗煤按每小时 48 千克计算，采暖用煤 4.5 万吨，采暖面积 130 万平方米。

1992 年 6 月，农五师艾比湖热电厂建成投产，安装 1.2 万千瓦热电机组，装配每小时 3.35 吨 / 小时锅炉 1 台，设计供热面积 70 万平方米，并新建暖气管道 5 千米。

1993 年，博乐市热力公司新建 2.7 兆瓦燃煤热水锅炉 1 台，铺设供热管网 1.1 千米。

1995 年，博乐市合作区新建 14 兆瓦燃煤热水锅炉 1 台，供暖面积达 7.5 万平方米。

1996 年，博乐市热力公司新增 2.14 兆瓦燃煤热水锅炉 1 台，供暖面积 15.4 万平方米。

2000 年，博乐市集中供暖面积 26 万平方米，其中住宅 18 万平方米；热水供热能力 42 兆瓦；供热管道长 9 千米。

2001 年，农五师艾比湖热电厂实施热电联产，投入建设资金 4 916 万元，新建供热站 1 座，架设蒸汽管网 4.92 千米；直埋式热水管网 7.17 千米，供热面积达 90 万平方米。

2004 年，博新热力公司建成投产，有 14 兆瓦燃煤热水锅炉 1 台，10.5 兆瓦燃煤热水锅炉 1 台。铺设主管线 1.29 千米。博乐市腾博热力公司（原博乐市热力公司）有 14 兆瓦燃煤热水锅炉 4 台，总装机容量 56 兆瓦，建成供热管道 28 千米，热力站 7 座。博乐市供热面积 141 万平方米（农五师 83 万平方米）。

2005 年 6 月，农五师集中供热二期工程开工，至 2005 年 11 月竣工。总投资 6 323 万元，新建 65 吨热水锅炉 2 台，总装机容量达 91 兆瓦；建成一级热水管网 14.8 千米；热力站 16 座；供热面积 96 万平方米。

2006 年，博乐市区有 6 个集中供热源，即博乐市腾博热力公司（原博乐市热力公司）、博新热力公司、博乐市南城区供热站、农五师热力公司（上述 4 个均为热水供热）和农五师热力厂（蒸汽供热）； 另有 58 个供热锅炉房锅炉吨位 336 吨；设计总装机容量 378.1 兆瓦，实际总装机容量 302 兆瓦，实际供热面积 297 万平方米。

八、供气

1989 年，博乐市有 1 800 户用上液化石油气。

1990 年，博乐市供气总量 206 吨，用气户 5 637 户，用气人口 19 729 人，液化气率 7.7%。

1992 年，位于博乐市沿河路 12 号，成立博乐市液化石油气公司，副科级企业单位， 隶属于市城建局，经营液化石油气为主，注册资金 45 万元。同年 7 月，自治区建设厅《关于博乐市石油液化气储配站初步设计的批复》：储配站年供气能力 400 吨，储存能力 100 立方米，并适当留有发展余地，该站占地面积 16 605 平方米；工艺设计采用烃泵—压缩机组合系统的工艺流程；消防水池设计容量 400 立方米 ×2。工程项目为 50 立方米 ×2 储罐，罐瓶间、动力间、槽车库、消防水池等， 总建筑面积 810.14 平方米，工程总概算为 216 万元；储配站人员编制 19 名，经技术培训和安全技术教育，职工持证上岗；工程竣工，需试运行 1 年后验收，交付使用。

同年，博乐市供气总量 220 吨，一次性储气能力为 100 立方米。用气人口 2.4 万人，液化气率 58.5%。

1995 年，博乐市区有供气销售站 3 个，开展送气上门服务。全年供气总量 563 吨，用气人口 4.1 万人，液化气率 82%。2000 年，博乐市有液化气销售公司 3 家， 供气总量 405 吨， 用气户 6 100 户 1.7 万人， 液化气率 89.3%。2002 年，博乐市液化气公司购置并安装 1 套国内先进的报警设施。

2006 年，博乐市储气能力 230 吨，供气总量 836 吨，用气户 3 万户 9.02 万人，液化气率达 94.45%。

九、路灯

1979—1985 年，市区共有路灯 258 盏。

1996 年，市区有路灯 413 盏。

2000 年，实施城市亮化工程。市区主要街道及广场、公园均安装照明灯；市区有些楼房安装霓虹灯，人行道安装泛光灯。

至 2002 年，市区共有路灯 2 279 盏。到 2004 年，市区路灯 9 642 盏。到 2006 年，市区路灯 1 497 杆、11 000 盏。

十、公共交通

（一）人力三轮车

人力三轮车投入市区营运是在特定时期内作为公交车，出租车运力不足的补充。1992 年，博乐市区出现人力三轮车运客。

1997 年 1 月，博乐市客管办对人力三轮车经营权实行有偿使用制度，人力三轮车业主每年缴纳 500 元（500 元 / 年）有偿使用费。市客管办，市公安局对人力三轮车实行规范化管理，为 280 辆人力三轮车办理经营权有偿使用手续。

2001 年，博乐市成立顺捷人力三轮车服务公司。同年 10 月，市人民政府发布《博乐市城市公共客运交通经营权有偿出让和转让暂行管理办法》。

2003 年 8 月，博乐市客管办对 550 辆人力三轮车进行年度审验，为业主办理服务资格证，持证上岗，并统一标识。

（二）公共汽车

1989 年 8 月，成立博乐市公共汽车公司，国有企业，编制 16 名，隶属于博乐市城建局。开通 1 路公交线路，营运线路长 3.6 千米。往返团结商场至博尔塔拉河大桥。全年运乘客 3.7 万人次，同时拥有出租小汽车 3 辆。

1995 年，博乐市公交车增至 7 辆，每万人拥有公交车 1.4 标台，营运公交线路长 10 千米，运送乘客 15 万人次。

1997 年 12 月，博乐市开通 2 路公交线路。往返天河食品厂至 762 台。

2000 年 11 月，博乐市开通 3 路公交线路，往返南城区体育馆至顾力木图三村。至 2000 年末，市区有 3 条公交线路，公交车和小面的 111 辆，每万人拥有公共交通车辆 6.49 标台，营运线路 19 千米，运营乘客 481 万人次。

2001 年，博乐市人力三轮车和出租车，均委托市公交公司管理。

2002 年，城区新建公交候车站台 21 个。

2003 年 11 月，博乐市开通 7 路公交线路，往返香班牧场至市棉纺厂。同年，3 路车延伸至南城新区。

2004 年，博乐市人民政府印发《博乐市城市公共交通规则》和《博乐市优先发展城市公共交通实施方案》，城市公共交通实行规范化管理。

2005 年，博乐市区营运公交线路 4 条，候车站台 47 个，中巴车 40 辆和小面的车 59 辆，公交车辆每万名 5.1 个标台（5.1 个标台 / 万人），营运线路长 44 千米，客运总量 1 256 万人次。实行无人售票，票价每人每次全程 1 元，并对 60 岁以上老年人和残疾人免费乘坐公交车。

（三）出租汽车

1989 年 8 月，成立博乐市出租汽车公司，并和“博乐市公共汽车公司”两块牌子一套班子。

1993 年，博乐市有出租车 24 辆。

1997 年，博乐市有出租汽车 478 辆，并征收出租车营运有偿使用费，业主缴纳 2 万元，使用期为 3 年。

2000 年 4 月，博乐市人民政府发布《博乐市出租汽车营运证特许权有偿使用暂行规定》。同年 8 月，博乐市人民政府发布《博乐市出租汽车更新管理规定》。

2002 年，征收出租汽车经营权有偿使用费 130 万元。

2003 年，博乐市有出租汽车 505 辆。市政府拍卖出租车经营权“营运证”20 个，拍卖底价每辆 1.92 万元，使用期限 8 年。

2004年，博乐市出租汽车435辆。全市出租车进行资格审验，统一安装顶灯。

2006年，博乐市有出租汽车499辆营运，客运总量870万人次。

十一、环境卫生

（一）环境卫生设施

1984年，博乐市主要街道设置垃圾箱46个。住宅区内建有垃圾池。1988年，博乐市内设有公共厕所6座。1999年，博乐市设有垃圾集装箱132个，垃圾桶101个，公共厕所8座。到2005年，全市有公厕47座，其中：水冲式公厕34座，环保型移动式公厕13座。到2006年，博乐市垃圾箱、环保型果皮箱640个，公共厕所47座，添置垃圾容器35个，设置垃圾清运点142个。

（二）环境卫生机械设备

1983年，博乐市购置1辆洒水车。1995年，博乐市购置垃圾清运车。1999年，博乐市又购置洒水车1辆。

至2005年，博乐市环境卫生管理处环卫机械有垃圾清运车4辆，洒水车2辆，环保监察车1辆。

十二、工程测绘

1991年9月，博乐市城建局内设“城市规划管理办公室”，依法行使城乡规划建设管理职能。凡市政建设工程由博乐市城建规划办进行测绘设计和施工测量，新建楼房由城建规划管理办定位放线。房屋竣工交付使用，由房产测绘人员对房屋建筑面积进行实地测量，作为办理房屋所有权证的依据，也是房屋产权产籍管理登记的依据。

2002年9月，博乐市机构体制改革后，测绘职能划归博乐市国土资源管理局。但市区建设工程、房产仍由市建设局城建办、建管办负责施工测量。

第三节　市政管理

一、规划管理

（一）规划编制

城市规划编制管理主要是规划的编制，综合协调各方面的意见，把关规划编制质量和申报。

（二）规划审批

城市规划审批管理主要包括建设用地和建设工程规划的管理。建设用地审批是根据“博乐市城市总体规划”、详细规划，对每个工程项目进行审查、审核，并依法核发选址意见书和规划用地许可证。建设工程规划审批是根据博乐市总体规划和分区规划、详细规划、专项规划实施对规划区内所有在建或准备建设的工程进行审查、审核，并依法进行批前批后的公示和核发建设工程规划许可证。

（三）规划实施

在每个规划工程项目初步进行可行性研究时，必须征求规划主管部门对项目选址的意见，在可行时依法核发选址意见书。在工程项目初步设计和方案确定时，必须获得规划部门核发的建设工程规划许可证。在工程项目竣工时，经规划部门验收后方可办理工程合格证和房屋产权证。

二、设施管理

（一）市政设施管理机构

1983年5月，博州市政工程队负责博乐城区的市政工程建设和管理、养护工作。

1987年，博乐市成立市政管理养护队，负责博乐市区的道路、排水、路灯和防洪设施的养护管理。

1994年3月，博乐市政管理养护队更名为“博乐市市政管理养护处”，负责城市基础设施管理和养护工作。

（二）养护机械设备配置

1985—2006 年，市政养护机械设备有综合养护车 1 辆、压路机 1 台、真空吸污车 1 辆、真空泵 1 台、切割机 1 台、高空作业车 1 辆、高空清洗车 1 辆、翻斗汽车和农用汽车各 1 辆、栏板货车 1 辆、摩托车 1 辆，办公室 150 平方米、车库 150 平方米。

（三）市政设施维护

1983 年，博州市政工程队负责县城区除农五师片区以外的市政设施维护。

1987 年，市政管理养护队负责路、桥、灯、排水等城市基础设施的养护工作。1997—2006 年，市 政管理养护处累计维修路面 89 786.8 平方米，疏通排水管道 466.28 千米，清理检查井 2 442 座次，清 除污泥杂物 5 795.4 立方米，维修更换路灯 24 925 盏（次）。遇到管道爆裂等突发事件，由特别应急 抢修小组负责抢修。

三、供水管理

1981 年 3 月，博州自来水公司成立，1986 年 3 月，博乐市自来水公司"，负责博乐市城区自来水工程建设及自来水供应、供水管理。1989 年，市实行计划用水和超计划用水加价制度。1991 年，博乐市计划用水量 184 万立方米，计划用水率达 97.4%，全年有效供水量为 210 万立方米。1995 年 9 月，博乐市建设局成立节水办公室。2001 年 11 月 1 日起调整自来水供应价格，加收污水处理费和水资源费。超计划用水 10% 以下，按标准水价 1 倍加收水费；超计划用水 11%～20% 以内，按标准水价 2 倍加收水费；超计划用水 21%～30% 以内，按标准水价 3 倍加收水费；超计划用水 30% 以上的，按标准水价 5 倍加 收水费；逾期不缴纳加价水费的，加收每日应缴款 5% 的滞纳金。

四、园林绿化管理

1982 年，博州园林绿化队负责博乐城区的绿化工作。

1986 年，博州园林绿化队移交博乐市城建局管理。1994 年 8 月，市人民政府颁布《博乐市园林绿化管理办法》，博乐市园林绿化处负责市区道路绿化、公园植树造林和市区生态林工程。

（一）园林绿化制度

1982—2006 年，博乐市区园林绿化主要开展"园林绿化合格单位"和"花园式单位"评选创建活动； 全民动员、义务植树、坚持不懈，每年春秋两季，市政府动员，绿化委员会行文，各单位出动车辆和人力， 开展全民义务植树；市园林绿化管理处，对全市的树木及花草，指派专人分片区和地段，加强管理，责任到人；市政府做好城市绿化中、长期规划和年度计划，层层签订绿化责任书，落实绿化责任制，奖惩兑现。

（二）古树名木保护

2000 年 8 月，园林绿化处对市区古树名木进行资源普查、登记、建档，确定市区内古树名木 72 株，根据《博乐市古树名木保护管理暂行办法》，实行挂牌管理。制作树牌，72 株古树名木收文收牌人进行登记。

五、市容市貌管理

1984 年以前，博乐城区环境卫生在节日期间，发动机关单位清扫或由市政工程队负责清扫。1985 年开始，市区实行门前"三包"制度（包秩序、包绿化、包卫生），街道办事处检查、督办。

1988 年，博乐市环境卫生管理队有正式职工 28 人，保洁清扫人员 40 人，环卫机械 3 辆，负责市区街道和各单位门前保洁工作，街道办事处监督检查，并在博河南岸 1.5 千米处设简易垃圾处理场。全年清扫市区面积 31 万平方米。1990 年 12 月，博乐市环卫职工 51 人，负责市区道路清扫面积 34 万平方米。日清运生活垃圾 400 吨。全年清运填埋垃圾总量 1.3 万吨。

1996 年，博乐市在博—阿公路北侧零公里处建垃圾填埋场，占地 53.33 公顷，年处理垃圾 7.3 万吨。

1998 年，博乐市实行"一扫日保"制度，清扫街道面积 57 万平方米，年清运垃圾 1.8 万吨。

2000 年，博乐市环卫职工 55 人，保洁清扫人员 134 人。

2002 年 4 月，博乐市颁布《博乐市市容和环境卫生管理办法（试行）》《博乐市环境卫生门前五包责任制管理试行办法》《博乐市冬季冰雪清除管理办法(试行)》《博乐市城市生活垃圾管理试行办法》。同年环卫处负责全市 25 条主次干道的路面清扫保洁、垃圾清运和路面洒水降尘工作；负责“五包区”清扫费的收缴工作；为市城乡接合部及单位庭院垃圾清扫和处理，提供有偿服务。

2003 年，博乐市实行“两清扫、全天保洁”制度。

2004 年，博乐市垃圾填埋场面积扩大到 87.93 公顷。

2006 年，博乐市环卫正式职工 60 人，环卫临时工 132 人。清洁工实行时间差工作制。冬季下雪，由各单位清扫路面，保持街前“雪停路净”。道路清扫保洁面积 120 万平方米，垃圾实行日产日清，年清运垃圾 9.1 万吨。

六、工程招投标管理

博乐市工程建设招标管理办公室（简称招标办），负责市城乡工程招投标管理工作。至 2005 年，博乐市共完成工程招投标监督备案 222 项，建筑面积 550 240.95 平方米，建设工程投资 40 677.56 万元。

七、工程建设质量管理

博乐市工程质量监督站负责房屋建设和市政工程质量安全监督管理工作。2000 年 2 月，更名为“博乐市建设工程质量安全监督站”。至 2005 年，市质检站完成房屋建筑工程质量安全监督 376 项，计建筑面积 149.43 万平方米；市政道路工程质量安全监督 47 条 74 千米、总面积 114 万平方米；道路钢混桥梁工程质量安全监督 12 座和钢索牵拉木板吊桥 2 座；排水工程质量安全监督主干道 45 千米；污水处理厂工程质量安全监督 2 座；供水工程质量安全监督自来水厂 2 座、自来水管道 102 千米；城市供热工程质量安全监督管道 75 千米。

八、城建监察

1990—2006 年，博乐市城建监察大队共受理城市管理中违章案件 6 589 起，其中适用简易程序处理的 6 504 起；立案 140 起，结案 134 起，结案率 96%；罚款 272 157.26 元。查处城市违章案件 62 起，合计面积 17 542.75 平方米。审批广告牌匾 349 块，横幅 813 条，办理临时摊点许可证 1 104 个。协助环卫处、养护处收取垃圾清运费和占道费 121 460 元。违章备案建档 13 906 人次。开展建设法规宣传 142 次，对违章当事人集中进行法规教育 89 次。

九、城建档案管理

1989 年 5 月，博乐市城市建设档案馆”负责城市建设档案资料管理。

2005 年，房地产档案设置总目录 21 册，分类目录 91 册，案卷目录 11 300 条，录入市房地产计算机管理软件，实行标准化管理。至 2006 年，市城建档案馆馆藏城建档案、房地产档案等 18 个门类、共 38 000 多卷。馆库面积 610 平方米，档案柜 120 组，密集架 51 列，计算机 5 台，空调 2 组，消毒柜 1 组，底图柜 2 组。城建档案馆实行专柜分类存放，定期检查、鉴定，按“八防”（防盗、防光、防高温、防火、防潮、防尘、防虫， 防霉变）和“三无”（无遗失、无霉变、无差错）标准保管档案。

十、城市“天山杯”竞赛

从 1992 年开始，自治区开展城市“天山杯”竞赛活动。博乐市成立城市“天山杯”竞赛活动领导小组， 设在市建设局， 具体负责城市“天山杯”竞赛事宜。根据自治区《城市“天山杯”竞赛活动方案》， 博乐市制定《博乐市城市“天山杯”竞赛实施方案》。每年召开会议，就城市规划及管理、住房建设 管理与改革、城市基础设施建设、城市园林绿化管理、城市环境卫生管理、城市客运管理、市政建设 管理、精神文明建设等工作进行总结，提出目标任务。市人大、市政协对城市“天山杯”竞赛活动进 行调研，提出意见和建议。

2009 年，自治区城市建设“天山杯”竞赛检查团到博乐市检查工作；2002 年，自治区城市“天山杯”竞赛活动座谈会在博乐市召开。

2000—2005 年，博乐市获自治区城市“天山杯”竞赛“综合杯”3 个，“1999—2000 年市政管理杯”1 个，“优秀城市杯”1 个。

第三章　新农村建设

第一节　镇（村）规划

一、建制镇规划

2006 年博乐市建制镇小营盘镇、乌图布拉格镇、达勒特镇，3 个镇区总体规划均由博乐市规划建筑设计室完成。

（一）小营盘镇

小营盘镇是国家级 500 个和自治区级 20 个试点镇之一，在博乐市城镇体系规划结构等级中作为建制镇，被列为二级。总体规划于 2003 年 9 月修编完成。规划小营盘镇是政治、经济、文化和生活服务中心，是博乐市粮食、蛋禽及农副产品集散地，以发展农牧业产品及其他农副产品深加工的工业和开发旅游业为辅的现代化小城镇。规划近期 2003—2005 年，远期 2005—2010 年。2005 年全镇总人口 2.8 万人，其中城镇人口 0.84 万人；2010 年全镇总人口 3 万人，其中城镇人口 1.2 万人。该镇建成区到规划期末规划面积为 1.8 平方千米，人均 150 平方米。该镇控制区为建成区周围 500 米范围。发展目标为城镇规模 1.2 万名，城镇化水平 40%；人均地区生产总值 10 000 元，城镇人均可支配收入 7 000 元，一、二、三产业比为 40 ： 30 ： 30；镇区用地规模 1.8 平方千米，人均用地 150 平方米，人均居住面积 20 平方米，人均公共绿地 5 平方米，绿化覆盖率 30%以上，自来水普及率 100%，集中供热普及率 80%，污水处理率 80%。

（二）乌图布拉格镇

1999 年 10 月，乌图布拉格镇总体规划编制完成。乌镇为博乐市蔬菜、瓜果基地，是博乐市东部地区重要的经济增长点。规划近期 2000—2005 年，远期 2000—2010 年。人口规模 5 500 人，其中镇中心人口 4 300 人，外来人口 1 200 人；镇中心建成区 0.86 平方千米，人均 314 平方米，到 2010 年规划面积 1.21 平方千米，人均 220 平方米。发展目标为农业调整内部结构，加强农业基础设施建设，在粮食生产的基础上，发展开发性农业和创汇性农业；工业大力发展对外加工，发展地方产业；第三产业在发展农业、工业的同时发展社会服务业和商业流通、运输等事业、促进经济良性循环。

（三）达勒特镇

达勒特镇是自治区小城镇建设示范镇。2004 年 7 月，市政府确定镇总体规划方案。达镇以农副产 品加工业为主，市场带动型的、旅游开发型的综合型小城镇。规划近期 2003—2005 年，远期 2006— 2010 年。2005 年城镇人口 6 000 人，2010 年城镇人口 8 100 人；镇区建成面积 1.4 平方千米，人均 195.4 平方米。到 2010 年，镇区建成面积 1.74 平方千米，人均 144.94 平方米。发展目标为镇域人口规模为 2.2 万人，工农业总产值为 9.7 亿元；重点建设镇域基础设施，完成 80%乡村道路改扩建工程，自来水普及率 90%，电话普及率每百人 30 部，有线电视入户率 95%；镇区内城市化水平达到 54.5%，供水普及率 95%，公共绿地人均 30 平方米，人均居住面积 25 平方米，人均道路广场面积 26.31 平方米，镇区道路铺装率 90%以上。

二、集镇规划

至 2006 年，博乐市二乡一场（贝林哈日莫墩乡、青得里乡、阿热勒托哈牧场）的总体规划均已完成。

（一）贝林哈日莫墩乡

贝林哈日莫墩乡 2006 年修编完成总体规划。贝乡为政治、经济、文化中心，以近郊型服务业为特色，农副产品加工为主的集散地。规划近期 2006—2010 年，远期 2011—2020 年。人口规模近期 3 200 人，远期 4 900 人。用地规模为近期 94.6 公顷，远期 108.44 公顷。发展目标为工农业生产总值为 2.35 亿元，对外交通畅通率达 95%，自来水普及率达 100%，有线电视入户率达 90%，城镇化水平达 35%，供水普及率达 100%，公共绿地 5.5 平方米/，人均居住面积 28 平方米，镇区绿化覆盖率 40%。

（二）青得里乡

青得里乡 2006 年编制完成集镇总体规划。青乡性质政治、经济、科技、文化中心，具有典型维吾尔民族特色的旅游型小城镇。规划为近期 2006—2010 年，远期 2011—2020 年。人口规模为近期 1 200 人，远期 2 000 人。用地规模为近期 40 公顷，人均 200 平方米。发展目标为工农业生产总值 5.13 亿元、人均 2.8 万元，城镇化水平达 35%，抗震安居率达 90% 以上，信息化覆盖率达 95%，人均单位面积 20 平方米，自来水普及率达 100%，绿化覆盖率 30% 以上，人均公共绿地 6 平方米。

（三）阿热勒托哈牧场

阿热勒托哈牧场总体规划于 2006 年编制完成。阿场政治、经济、科技、文化中心，以畜牧业和农畜产品深加工为主的集散农贸型小城镇。规划为近期 2006—2010 年，远期 2011—2020 年。人口规模为近期 2 200 人，远期 3 750 人。

用地规模为 75 公顷，人均 200 平方米。发展目标为工农业生产总值 3.9 亿元、人均 2.5 万元，人均居住面积 20 平方米，上下水覆盖率达 90% 以上，绿化覆盖率 30%，人均公共绿地 6 平方米。

三、村庄规划

2006 年，博乐市有建制村 144 个，自然村 8 个。2008 年底，完成村建设规划 81%，完成 19 个村整治规划。

第二节　镇（乡、场）建设

一、建制镇建设

（一）小营盘镇

小营盘镇位于博乐市以西 15 千米处。镇域总面积 1 149 平方千米，是市粮食主产区和畜禽产品集散地。

2000—2006 年，镇区建成沥青混凝土道路 8 千米，面积达 11.2 万平方米；自来水厂 2 座，供水管道长 15 千米，年供水总量 22.2 万立方米，用水普及率 99.1%；排水管道 8.5 千米；集中供热面积 3.5 万平方米；园林绿化面积 14 公顷；使用液化石油气 7 300 人；镇区配两辆环卫专用车，日处理垃圾 0.47 万吨；建防洪渠 6.2 千米；镇区设有 5 座公厕和 1 个农牧产品交易市场。完成村级道路改造和防病改水工程。至 2006 年，镇区建成面积 1.02 平方千米，人口 0.9 万人。镇辖 32 个村，总人口 2.85 万人。先后获“全国 500 家小城镇建设试点镇”“全国亿万农民健身活动先进镇”“自治区循环经济示范镇”“自治区 26 家小城镇建设示范镇”、自治区城市“天山杯”竞赛“优秀小城镇”称号。

（二）乌图布拉格镇

乌图布拉镇位于博乐市以东 11.5 千米处。镇总面积 750 平方千米，是以农为主、农牧结合的农业大镇。

2000—2006 年，镇先后建自来水厂 2 座，为镇机关和 22 个村队提供生活用水；镇区建 200 平方米供热锅炉房 1 座，改造供热主管网 1.5 千米，支管网 3 千米；改扩建银桥路、友好路，总长 2.2 千米，机动车道面积 22 872 平方米，人行道 17 154 平方米，绿化带 11 436 平方米，安装路灯 42 盏；建镇卫生院、镇文化中心、镇畜牧兽医站、镇供电所、镇客运站、镇边防派出所、镇财政所、镇政府办公楼。改建 农贸市场 14 519 平方米；建 201 线公路 18 千米，建村级油路 3.3 千米。至 2006 年，镇中心建成区面积 0.86 平方千米，人均 314 平方米。镇辖 24 个村，总人口 17 409 人。

（三）达勒特镇

达镇位于博乐市东南部 26 千米处。镇总面积 1 192 平方千米，是市棉花产区，农副产品集散中心。

1999 年，达勒特镇被列为自治区 100 个小城镇建设示范镇。

2000—2006 年，镇区完成道路、供排水、集中供热、园林绿化、集贸市场、环境卫生、污水排 放和氧化塘工程。新建政府办公楼、职工住房、水管所办公楼、供电所、工商所、达勒特中学教学楼、农机站办公楼、达勒特镇卫生院、财政所办公室、镇汽车站、邮电局商业楼、达勒特镇公安派出所、中心学校教学楼等。镇 34 个村完成电网、通信、道路、防病改水工程。至 2006 年，镇区建成面积 1.4 平方千米，人均 195.4 平方米。镇辖 38 个村，总人口 16 961 人。

二、集镇建设

（一）青得里乡

青得里乡位于博乐市西部 5.5 千米处。乡总面积 714 平方千米，以种植业、养殖业为主。

2000—2006 年，乡区域完成供排水、暖气、电力、通信、绿化工程。乡 24 个村道路完成混凝土路面，广播电视覆盖率达 100%。完成 2 所中学、8 所小学、乡中心卫生院，19 个村卫生所的维修改造。完成自来水供水主管网 35 千米；建集中供热中心 3 个，供热面积 3 万平方米。建“兴博市场”和“向阳蔬菜批发市场”，总建筑面积 12 645 平方米。建养殖示范村 11 个。

至 2006 年，乡集镇建设用地 20.44 平方千米，其中居住建筑用地占 30.86%，公共建筑用地占 27.32%，道路广场用地占 11.24%，绿化用地占 6.11%，生产建设用地占 2.23%，公共工程设施用地占 6.94%，对外交通用地占 15.23%。乡辖 24 个村，总人口 23 000 人。

（二）贝林哈日莫墩乡

贝林哈日莫敦乡位于博乐市东 41 千米处。乡总面积 684 平方千米，是博州优质棉生产基地。

2000—2006 年，乡在集镇区人行道铺设彩色地砖、安装路灯 36 盏；在集镇区博—贝公路铺设路缘石， 两侧建绿化林带，排水设施。建客运站、文化站、卫生院、派出所、文化室。建集贸市场，占地 3.33 公顷；市场内道路硬化 6 324 平方米，摊位 1 万平方米，交易大棚 265 平方米，围畜栏 2 个，屠宰池 1 个，公厕 1 个，垃圾池 1 个。至 2006 年，乡集镇建设用地面积 1.02 平方千米，人均用地 402 平方米。乡辖 15 个村，总人口 7 669 人。先后获自治区“村务公开先进单位”，全国“先进基层党组织”，自治区“科普示范乡”，自治区“科技进步先进乡（镇）”。

（三）阿热勒托哈牧场

阿热勒托哈牧场位于博乐市以西 38 千米处。场总面积 950 平方千米，以牧为主，农牧结合。

2000—2006 年，场区先后改、扩建卫生院、邮电所、农机站、兽医站、水管所、邮电所、客运站等；完成混凝土道路 6 600 米，两侧埋设路沿石、安装路灯，专人管理；建自来水厂 1 座，并配套管网；建液化气供应站 1 座；建供热锅炉房 1 座，并配套热管网；建农贸市场 1 个，占地 1.73 公顷。修建农牧区道路 59 千米，桥梁 6 座。

至 2006 年，场集镇建设用地 75 公顷，人均 200 平方米。场辖 19 个农牧队，总人口 6 563 人。

三、农民住房建设

改革开放后，农民住房由土木结构逐步向砖瓦、砖混、钢混结构发展。1986 年，贝林哈日莫墩乡在决肯村进行“小康村”试点中，统一规划村庄道路、自来水、砖瓦住房、环卫、绿化、电力等设施。

贝乡政府为决肯村拨无息贷款 15 000 元，支持当年建房户。村委会从公积金、公益金中为每个建

房户 补助建房资金 200 元。1992 年 10 月，博乐市颁布《博乐市农村宅基地有偿使用实施办法》，并成立 农村宅基地有偿使用领导小组。

1995 年，博乐市按照“小康村”村标准建房，即钢混、砖木、高标准土木结构，人均住房面积为 20 平方米标准，到 1999 年，市 138 个村（队）中，有 90% 的农户住房达到标准。从 2004 年开始，市在农村实施抗震安居住房工程。牧民定居点抗震安居房每户 60 平方米，有砖围墙分户设置，院内有暖圈 200 平方米，青黄贮料池、沼气池、自来水、电等。农民定居点抗震安居房每户 80 平方米，钢混、砖木结构。2006 年，市农村人均住房 30.13 平方米。

四、农村供水与改水

20 世纪 80 年代末，市农村实施自来水工程。1995 年，全市通自来水的村 61 个，饮用自来水的人口 43 232 人，占农村总人口的 48.72% 以上。

1996 年，博乐市农牧区完成防病改水工程 81 处，有 118 个村 7.65 万名饮用安全卫生水。至 1998 年末， 全市农牧区有 76 542 人饮用安全卫生水，占农牧区人口的 86.96%。

2003 年，市投资 315 万元，完成乡镇场 4 个改水项目。至 2003 年末，全市农牧区 77 732 人饮用安全卫生水，占农牧区总人口的 93.2%。

五、农村改厕

1992 年，市成立“博乐市农村改厕领导小组”，并印发《博乐市改厕计划与实施细则》。1994 年 10 月，市通过自治区农村改厕达标验收。1995 年，全市完成卫生改厕 3 479 个，累计达 5 950 个，普及率达 36.8%。1996 年，市农牧区完成改厕 11 459 户，占农牧区总户 68.7%。1998 年，市农牧区完成改厕 14 121 户，占农牧区总户的 84.7%。同年，博乐市被自治区评为“农村改厕先进市”。

1999 年，市改厕完成 1 014 户，完成年初下达的任务指标。2002 年，市在乌图布拉格镇、贝林哈日莫墩村乡进行“40 套双瓮式卫生厕所”试点。全市农村建成 13 281 个卫生厕所，改厕率 82%。同年，博乐市被评为“全国农村卫生厕所普及先进城市”。

2006 年，自治区把博乐市卫生改厕列入项目，给予每户 250 元的改厕补助。

六、牧区建设

1980 年，博乐县建成小畜配种站 1 座、大畜配种站 3 座、剪毛站 4 座和永久性棚圈 56 座。1983 年，县共建饲料组 14 个。1984 年，县在牧区共打机井 39 眼，改善 2.1 万公顷春秋草场的供水条件，解决 1 185 人和 9.89 万头牲畜的饮水问题。至 1985 年，全市共建成小畜配种站 36 座、大畜配种站 13 座、剪毛站 16 座、永久性棚圈 347 座和药浴池 17 座，约有 50% 以上的母羊可在棚圈产羔；在牧区共修建饮水渠 28 条，全长 184.7 千米。

同年，博乐市开始实施牧民定居半定居建设，即“三通、四有、五配套”工程。至 1999 年，全市牧民定居累计投资 4 556.78 万元（国家投入 591.95 万元，集体投入 885.73 万元，个人投入 3 079.1 万元）；18 个牧业村队定居点已全部实现通路，基本实现通水通电；牧区基础设施保有量为机井 32 眼，防渗渠 83.4 千米，高压线 95.38 千米，道路 246.8 千米，棚圈 763 座，林带 48 公顷，配种站 37 座，药浴池 20 座，学校 12 所，商店 35 家，文化室 12 座，卫生所 15 所，技术服务体系 16 个。至 2006 年末，18 个牧业村队 932 户游牧民中 773 户实现定居，“三通、四有、五配套”工程已初步完成；牧区基础设施保有量为机井 53 眼，牧业水渠 213.6 千米，蓄水池 10 座，桥梁 72 座，高压线 310 千米，牧业道路 370.2 千米，棚圈 832 座，青贮窖 5 万立方米，配种站 52 座（牛 23 座、羊 29 座），永久性产羔圈 595 座，剪毛站 12 座，药浴池 20 座，学校 12 所，商店 35 家，文化室 12 座，卫生所 15 所。

第四章 建筑业

第一节 建筑企业

1989 年 8 月，博乐市市政工程队成立。1994 年 3 月至 2006 年，博乐市市属建筑（安装）、市政企业共 4 家，其中建安企业 3 家，即博乐市九洲建筑安装有限责任公司、博乐市建明建筑安装有限责任公司、博乐市新世纪建筑安装有限责任公司；市政企业 1 家，即博乐市市政工程总公司。

一、博乐市九洲建筑安装有限责任公司

2002 年 7 月，博乐市九洲建筑安装有限责任公司是由博乐市兴发建安公司和博乐市建安公司合并成立，位于博乐市友谊路 99 号，房屋建筑工程总承包三级，土方工程专业承包三级，起重设备安装工程专业承包三级等。注册资金 1 000 万元。

二、博乐市建明建筑安装工程有限责任公司

2005 年 8 月，博乐市建明建筑安装工程有限责任公司成立，位于博乐市联通路 48 号，房屋建筑工程施工总承包三级，注册资金 7 118 万元。

三、博乐市新世纪建筑安装有限责任公司

1994 年 3 月，博乐市新世纪建筑安装有限责任公司成立，位于博乐市长城路 48 号，房屋建筑安装工程施工总承包三级，注册资金 7 114 万元。

四、博乐市市政工程总公司

1983 年 2 月，博乐市市政工程总公司成立，1999 年 12 月改制为博乐市市政工程总公司，位于博乐市顾力木图卓路 9 号，市政工程施工总承包三级，土石方专业承包三级，注册资金 600 万元。

第二节 住宅建筑

20 世纪 70 年代，博乐县农区住宅由土木结构向砖木结构发展，县城镇住宅由砖木结构向砖混结构发展。中共十一届三中全会后，县城镇住宅建设走上统一规划，统一布局的轨道。到 1985 年 12 月，市城镇建成砖混结构 2 ~ 6 层住宅楼 92 栋，计 106 978 平方米，人均居住面积为 13 平方米；完成 16 千米下水工程及其配套工程，形成主要人口密集区排水网。

20 世纪 90 年代初至 21 世纪初，博乐市住宅建设向实用型、舒适型、环保型方向发展。城镇住户单元独门独户、独阳台、独厨房，设方厅，扩大卫生间。居室朝南，厨房设壁橱。庭院建设花园式，设置凉亭、花廊、假山、雕塑等。住宅小区综合配套，功能齐全，住宅楼以 4 ~ 6 层为主，防火、抗震、保温、隔热、通风、采光等。农村住宅向砖瓦、砖混结构发展。门窗宽敞明亮，一般是一明两套间，三大间隔五套间，舒适美观，房屋形式多样化，并体现地方民族特色。

1991—2005 年博乐市住宅建筑面积情况统计表

表 5-3　　　　单位：项、平方米

年份	住宅建筑工程	建筑面积	年份	住宅建筑工程	建筑面积
1991 年	1	1 940.2	1994 年	19	24 685.69
1992 年	12	24 338.03	1995 年	11	17 092.66
1993 年	22	43 381.27	1996 年	12	10 682.18

续表 5-3

年份	住宅建筑工程	建筑面积	年份	住宅建筑工程	建筑面积
1997 年	8	10 682.18	2002 年	6	13 461.64
1998 年	29	50 711.83	2003 年	18	69 014.69
1999 年	11	23 532.57	2004 年	10	62 174.19
2000 年	13	22 225.2	2005 年	5	10 896.86
2001 年	11	30 721.43	–	–	–

第三节　公共建筑

20 世纪 70 年代后，博乐县公共建筑向砖混结构、高层建筑结构、新型钢结构发展。1991 年，全市有公共建筑工程 1 项，建筑面积 1 959.6 平方米。此后，工程数量逐渐增多，建筑面积逐步扩大，至 2005 年，全市有公共建筑工程 57 项，建筑面积 319 407.55 平方米。

1991—2005 年 博乐市公共建筑面积情况统计表

表 5-4　　单位：项、平方米

年份	公共建筑工程	建筑面积	年份	公共建筑工程	建筑面积
1991 年	1	1 959.6	1999 年	8	8 180.34
1992 年	13	19 495.6	2000 年	1	240
1993 年	19	38 715.99	2001 年	13	55 408.41
1994 年	10	22 183.47	2002 年	10	16 461.1
1995 年	22	33 422.76	2003 年	7	40 383
1996 年	14	16 803.07	2004 年	11	41 289.35
1997 年	17	8 609.53	2005 年	7	14 772.23
1998 年	2	1 483	–	–	–

第四节　建筑技术

20 世纪 80 年代，博乐市（县）建筑开始采用钢结构和钢筋混凝土框架结构。到 20 世纪 80 年代末，预制构件的防水屋面淘汰斜坡式的铁皮、油毡瓦屋顶；毛石混凝土基础和钢筋混凝土条形基础取代片石基础，采用水泥混凝土垫层；铝合金天棚淘汰胶合板天棚；墙面多用马赛克、瓷砖、装饰；新型建筑材料如人造纤维地毯、铝合金、镀玻璃、茶色玻璃大量使用。20 世纪 90 年代，市建筑开始出现高层框架及框架—剪力墙结构，采用空心砖砌体加气砼块等节能新材料；地板块、大理石等块材面层取代素水泥混凝土、水磨石等整体面层；脚手架由木架发展到钢架配合吊架；模板由木模改为工具

式钢 模；顶棚采用吸音吊顶、宝丽板、蓝镜、彩灯装饰等。冬季施工，先采用暖棚法、蓄热法、蒸汽加热法、电热法等“热施工”方法。后在此基础上，利用混凝土初始热量和水泥过程中放出的热量，再辅以化 学外加剂或早强水泥等，即“冷施工”方法。代表性建筑有 1992 年兴建的八层（电梯）框架—剪力墙结构的博乐市中亚大酒店。

第五章 房地产业

第一节 住房制度改革

一、公有住房出售

1988 年 4 月，博乐市印发《博乐市房屋买卖暂行规定》，1988 年 12 月，成立住房制度改革领导小组，并下设办公室。开展房改政策宣传和公有住房调查摸底工作；组织房改员和相关领导赴石河子考察，参加“全国第一期房改员培训班”；编制《博乐市住房制度改革试行方案》及相关配套细则等。

1992 年 4 月，博乐市房地产管理局成立，完善《博乐市住房制度改革试行方案》及相关配套细则，编制完成《博乐市住房制度改革和建设实施方案》，上报自治区住房改革和建设领导小组，于 1993 年 3 月批复实施。同年 4 月开始，博乐市出售公有住房。出售公有住房实行成本价，中低收入家庭购房确有困难者，实行标准价作为过渡。以成本价购房者，获得 100% 的房屋所有权；以标准价购房者，获得 67% 的房屋所有权。出售公有住房的优惠政策有工龄折扣、成新折扣、现住房折扣（负担价 5%）、边疆地区折扣（成本价的 8%），一次性付款者优惠 20%。公有住房出售面积，以建筑面积计算（扣除楼梯间 6 平方米，阳台不计入建筑面积），第一次购房者免征契税，以优惠价购买的住房，5 年后进入市场。至 1993 年末，博乐市以标准价出售公有住房 4 528 套，建筑面积 28.97 万平方米，回收住房资金 4 566 万元。

2006 年末，博乐市出售公有住房 9 781 套，计建筑面积 71.74 万平方米，回收住房资金 29 267 万元。

博乐市出售公有住房价格

表 5-5　　单位：元 / 平方米

竣工交付使用的砖混结构成套住房时间	标准价	成本价
1992 年 1 月 1 日以前的旧房	290	–
1992 年 1 月 1 日以后的旧房	330	–
1994 年 1 月 1 日—1995 年 6 月 30 日的新房	328	600
1995 年 7 月 1 日—1996 年 6 月 30 日的新房	384	640

二、租金改革

1993 年后，按照《博乐市住房租金管理实施细则》规定，租住公有住房的职工，缴纳租金和租赁保证金。租赁保证金缴纳标准：成套砖混楼房，每年每平方米 45 元；砖混平房每年每平方米 30 元；

砖木平房每年每平方米 20 元；土木平房每年每平方米 10 元。租赁保证金一次性收取，由住房产权单位统一归集，存入房地产信贷部专户储存。10 年后退还租赁保证金，不计利息。

租金起步阶段由折旧费、维修费、管理费 3 项构成；过渡阶段由折旧费、维修费、管理费、税金、保险费 5 项构成；商品租金阶段由折旧费、维修费、管理费、税金、保险费、利润、利息、地租 8 项构成。

博乐市住房租金标准

表 5-6　　单位：元 / 平方米

年份	砖混楼房	砖混平房	砖木平房	土木平房
1995 年	0.45	0.3	0.3	0.2
1996 年	0.67	0.45	0.45	0.3
2006 年	1.87	1.87	1.30	0.86

每年按双职工家庭月平均工资的 1.3% 增幅增租；租金标准要逐年增加至达到双职工家庭月平均工资标准的 10% 计算住房租金。

三、住房二级市场

1993 年 2 月，博乐市房地产交易市场成立。开展房地产转让、非住房租赁、房地产评估、房地产抵押等业务。2005 年，博乐市存量房地产交易 631 套，房改房和经济适用房上市交易 256 套，房产交易建筑面积 1.98 万平方米。

2006 年，博乐市存量房地产交易 753 套，房改房和经济适用房上市交易 302 套，房产交易建筑面积 2.42 万平方米。

第二节　房地产开发

一、房地产开发企业

1992 年 10 月，博乐市房地产综合开发公司成立，开启博乐市商品房市场。至 2003 年，博乐市有房地产开发公司 23 家，其中农五师房地产开发企业 2 家，外地驻博房地产开发企业 3 家。

二、商品住宅建设

1995 年 11 月，博乐市人民政府印发《博乐市城镇房屋所有权登记暂行办法》《博乐市城市房屋所有产权籍管理暂行办法》《博乐市公有房屋管理暂行办法》《博乐市私有房屋管理暂行办法》《博乐市房地产转让管理暂行办法》《博乐房屋租赁管理暂行办法》《博乐市房地产抵押管理暂行办法》《博 乐市城市房地产市场估价管理暂行办法》《博乐市房屋拆迁管理暂行办法》《博乐市城市危险房屋管 理暂行办法》《博乐市公有住房出售后维修养护管理暂行办法》。至 1995 年 12 月，博乐市区商品房住宅小区有乐园小区、丽园小区、楚天花园、金丽园小区、金 汇园小区、帝龙花园和鸿盛园住宅小区。合计商品住宅楼房 120 幢，总建筑面积 44.75 万平方米。

2004 年，博乐市完成商品房开发面积 33.45 万平方米，完成商品房住宅投资 21 836 万元。

2003—2005 年，农五师片区完成商品房开发建筑面积 16.81 万平方米。

第三节 房地产管理

一、博乐市房地产管理中心

1991 年 9 月，博乐市房地产管理局成立，自收自支。2002 年 11 月，博乐市房地产管理局并入博乐市建设局，更名为市房地产管理中心，事业编制 22 名，其中领导职数 2 个。

二、房地产产权产籍管理

1992 年，博乐市房地产管理局负责州、市片区房屋权属管理，颁发国家统一的“房屋所有权证”“房屋共有权证”和“房屋他项权证”。房屋产籍档案移交市城建档案馆管理。市国土资源管理局负责土地使用权的确认，登记发证和地籍管理工作。至 2006 年，博乐市房屋建筑面积达 367.88 万平方米（不包括农五师），其中住宅建筑面积 217.66 万平方米，人均住宅建筑面积 21.13 平方米。共发放房屋所有权证 28 600 本，房屋共有权证 16 100 本，房屋他项权证 9 050 本。

农五师片区内有公、私房建筑面积 100 多万平方米，由农五师房产局负责房屋权属管理，登记发证，颁发新疆生产建设兵团印制的“房屋权属证书”。

三、住房公积金管理

1996 年 4 月，博乐市成立住房公积金管理中心，与市住房资金管理分中心，两块牌子，一套人马。住房公积金是职工用于购房和住房大修理的长期储备金。住房公积金归职工个人所有，专户储存，专项使用。住房公积金缴存率为职工个人工资和单位工资总额 5%、逐月缴纳，随着经济增长，逐年提高缴存比例。

2004 年 6 月，博乐市公积金管理分中心并入博州公积金管理中心，实行统一管理。

至 2005 年末，博乐市累计住房公积金 12 502.38 万元。2006 年，博乐市住房公积金 2 562 万元。合计住房公积金 15 064.38 万元。

四、房屋拆迁管理

博乐市房屋拆迁办公室负责全市房屋拆迁管理工作。房屋拆迁实行申请许可制度。经审查，准予拆迁的发给“房屋拆迁许可证”，由房屋拆迁公司负责实施。

1992 年，博乐市拆除房屋建筑面积 6.88 万平方米。1993 年，市拆除房屋 40 余幢。

2006 年，博乐市北京路两侧临街门面房，含临时建筑、违章建筑均拆除，计建筑面积 1.1 万平方米，支付房屋拆迁费 557.89 万元。

五、物业管理

1996 年 4 月，博乐市成立物业管理公司，开展住宅小区物业管理有偿服务工作。到 2005 年，市物业管理公司 28 家，管理住宅小区 56.11 万平方米。全市 18 家房地产开发企业所开发建设的住宅小区，由开发企业自行为业主提供物业服务。

2006 年，博乐市物业管理服务公司 31 家，管理住宅小区 91.04 万平方米。

第六编

BOLE SHIZHI

环境保护

博乐市属于大陆性温带荒漠干旱气候，生态环境脆弱。保护和发展生态环境，促进经济、社会与自然协调发展，是博乐市各级党委、政府长期而艰巨的目标任务。中共十一届三中全会后，博乐市先后实施平原人工造林工程、“三北”防护林工程、农田林网化工程、荒漠次生林恢复保护工程、山区森林恢复保护工程、退耕还林等工程的同时，先后开展大气环境质量监测、水环境质量监测、市区环境噪声监测、工业污染防治、城镇生活污染防治等。2002 年后，博乐市先后实施环境目标责任制度、环境影响评价制度、建设项目“三同时”制度、排污收费制度、城市环境综合整治定量考核制度、限期治理制度等，均取得显著成效。

第一章　机　构

第一节　行政机构

2002 年 1 月，成立博乐市环境保护局，正科级，行政编制 4 名，其中领导职数 2 个。2006 年，博乐市环境保护局辖环境监理站、医疗废物集中处置中心。

第二节　事业单位

一、博乐市环环境监理站

2003 年 3 月，博乐市成立环境监理站（股级），编制 4 名。

二、博乐市医疗废物集中处置中心

2005 年 7 月，博乐市成立医疗废物集中处置中心，编制 4 名，经费自收自支。

第二章　环境监测与质量

第一节　大气环境监测与质量

一、大气环境监测

2004 年 11 月起，博乐市利用 LGH—01 型空气质量连续自动检测仪器，分别在中共博尔塔拉蒙古自治州委员会党 2004 年 11 月起，博乐市利用 LGH—01 型空气质量连续自动检测仪器，分别在中共博尔塔拉蒙古自治州委员会党校（新华路与天山路交会处）、博乐市环保局环境监测站各设监测点 1 个，每次 24 小时采样，进行全年大气监测，监测项目为 PM_{10}。2005 年 1 月 1 日起，博乐市空气质量通过电视和网络向自治区中心站、市电视台、网络公司公布。

从 2004 年 11 月起，博乐市开展室内甲醛、氨、氡、TVOC、苯 5 项监测。截至 2006 年末，博乐市环保局环境监测站拥有各类监测分析仪器设备 12 台（架）。

博乐市环保局环境监测站仪器设备统计表

表 6-1　　单位：台

仪器设备名称	型号	数量
大气自动监测仪	LGH01 型	2
气象色谱仪	GC4000A	1
分光光度计	722	1
噪声仪	AWA5610 型	1
大气采样器	QZ-2 型	2
测氡仪	1027 型	6
电子天平	FA2004	1
蒸馏水器	HS.Z68.10	1
烘干箱	200A—	1
空气发生器	GAX-2000	1
氢气发生器	GHL300	1

二、大气环境质量

2005 年，博乐市环境监测站共获得 365 天有效监测数据，其中一级（优）天数有 89 天，二级（良）天数有 275 天，三级（轻度污染）天数有 1 天，无四、五级（重污染）天数；空气属于一、二级范围，空气质量达到一级的日数占 24.38%，二级的日数占 75.34%，三级的日数占 0.28%。全市空气质量日报指数在 36 ~ 116 之间。年均值为 0.185 毫克 / 米 ^{3}。

博乐市空气污染为浮尘和煤烟型污染。城市空气环境首要污染物为可吸入颗粒物。

2005 年 PM10 月均值变化图

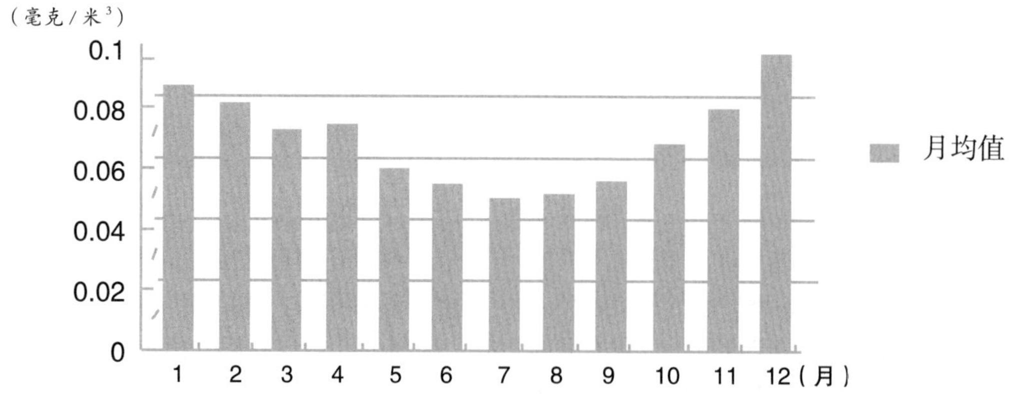

图 6-1：2005 年全市可吸入颗粒物（PM_{10}）浓度月均值变化图

2006 年，博乐市环境监测站共获得 364 天有效监测数据，其中一级天数有 138 天，二级天数有 226 天，无三级、四、五级天数；空气属于一、二级范围，空气质量达到一级的日数占 37.91%，二级的日数占

62.09%。全市空气质量日报指数在 33 ～ 88 之间。年均值为 0.063 毫克 / 米 ^{3}。

市空气污染仍为浮尘和煤烟型污染，城市空气环境首要污染物为可吸入颗粒物。

图 6-2：2006 年全市 PM_{10} 浓度月均值变化图

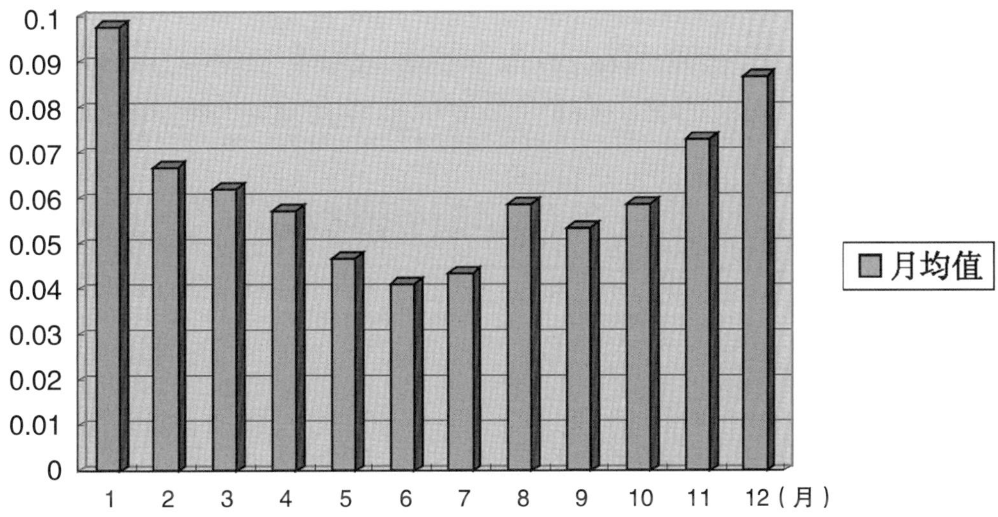

第二节　水环境质量监测

一、地表水环境质量监测

2005 年，博乐市辖区河流总体水质状况为优良，监测的 3 个断面中，Ⅰ～Ⅲ类优良水质断面达 66.67%，没有中度及中度以上污染水质。全市监测河流总体水质状况稳定。博尔塔拉河的青得里乡电站、大桥电站断面水质达国家《地表水环境质量标准》Ⅱ类水质标准；博尔塔拉河最下游八十一团博河中桥断面水质为国家《地表水环境质量标准》Ⅳ类水质标准，主要超标项目为氟化物。

赛里木湖水质按照单因子评价法，符合国家《地表水环境质量标准》Ⅲ类水质标准，级别为优良。主要超标项目为总硬度、氯化物和硫酸盐。

二、城区饮用水源地水环境质量监测

2005 年，博乐市城区饮用水源地总体水质保持良好。按照单项组分评价法，城区饮用水源地水质均符合国家《地下水质量标准》（GB/T14848-93）Ⅲ类水质标准，综合评价级别为良好（Ⅰ类），水质达标率 100%。城区饮用水源地总体水质状况保持稳定。

三、城镇供水质量监测

1983 年以前，博乐县城镇供水未进行水质量监测。1984—1991 年，博乐市城镇供水质量监测未规范化。1992—2002 年，博乐市自来水厂每日进行水质 4 项常规指标监测化验。

2003 年开始，博乐市自来水厂除每日进行水质 4 项常规指标监测化验外，每月对水质 24 项指标进行分析检测。市卫生防疫站每年对城镇供水进行两次分析检验，饮用水水质均达到国家标准，达标率为 100%。

第三节 噪声监测

2005 年，根据博州环保部门资料，博乐市城区环境噪声平均值为 55.4 分贝 , 声环境质量达到《城市区域环境标准》2 类。区域环境噪声监测点位数 144 个。与往年相比，区域环境噪声平均值下降 9.9 分贝。

城市道路交通噪声平均等效声级为 66.3 分贝，声环境质量达到《城市区域环境标准》4 类。道路交通噪声监测总路长 22.73 千米，监测点位 67 个。与往年相比城市道路交通噪声平均值下降 5.9 分贝。

第三章 环境污染防治

第一节 工业污染防治

一、废气污染治理

1979—1986 年，博乐市工业企业生产规模相对较小，均自然排放工业废气。

1988—2006 年，全市加强工业污染监测，严查企业违法排污，各工业企业建立完善环保配套设施，经博州环境监测站监测，排放烟尘达到国家排放标准。博兰水泥有限责任公司新建水泥粉磨生产线，环保投资 540.72 万元，在窑头、窑尾建成静电除尘设施；在石料破碎、磨煤处建成布袋除尘设施。博州西部矿业有限责任公司在老生产区环保投资 1 680 万元，在 1 ～ 6 号窑炉建成增湿塔 + 布袋除尘设施，7 ～ 9 号窑炉建成湿法 + 静电除尘设施。新疆博雪钙业有限责任公司，环保投资 8 万元，建成湿法脱硫除尘设施。博州西域富乐矿业有限责任公司环保投资 480 万元，分别在 3 个窑炉建成静电 + 水磨 + 旋风除尘设施。博乐市莹雪碳酸钙制造有限责任公司环保投资 8 万元，建成湿法脱硫除尘设施。新疆腾博热力有限公司，投资 240 万元，建成双基式脱硫除尘设施。博州博新房地产开发有限责任公司博乐供热分公司，投资 20 万元，建成多管旋风除尘设施。各种除尘设施正常运行。

二、废水污染治理

1979—1986 年，博乐市城市工业废水主要通过地下管道排放。1987—2004 年，博乐市粮油、食品加工业，酿酒业等工业废水排入城市污水系统进行处理。2005—2006 年，中粮屯河博州糖业有限公司环保设施总投资 1 634 万元，采用“分段预处理 +UASB 厌氧反应 + 好氧反应”工艺建成污水处理站，日处理规模为制糖废水 1.5 万立方米。设施运行正常，经博州环境监测站监测排放烟尘达到国家排放标准。博州博圣玉米精化有限责任公司，环保投资 1 600 万元，建成 DDGS 四效蒸发设施，对高浓度废糟液蒸发浓缩后与湿糟混合加工成高蛋白饲料，实现高浓度废糟液全部综合利用。企业的废水排放量为 9.22 万立方米。废水经过过滤沉淀分离后排入博乐市工业区氧化塘。新疆康源番茄制品有限公司，环保设施总投资 465 万元，建成物理 + 生化物理处理设施，年处理废水 12 万立方米，废水经过滤沉淀分离达标后排放。博乐市田园番茄制品有限公司，环保总投资 80 万元，建成生物氧化处理设施，年处理废水 7 万立方米，废水经过滤沉淀分离后达标排放。

自治区、博州、市重点监控企业污染治理设施均建成并投入运行。

第二节 城镇生活污染防治

一、生活污水治理

1979—1986 年，博乐市生活污水主要通过地下管道排放。

1987—1990 年，博乐市建成 1 座面积为 5.5 万平方米的氧化塘，采用生物氧化处理污水，日处理污水 0.6 万立方米，年处理污水 166 万吨。氧化塘建设工程造价近 100 万元。

2005 年 5 月，市第二座污水处理厂建设工程竣工，日处理污水 1.5 万立方米，年处理污水 90 万吨。污水处理厂投资 3 591 万元。污水处理厂采用奥贝尔氧化塘生物处理工艺，处理后的水质达到国家排放标准。

二、烟尘排放治理

1979—1984 年，博乐县城机关、住户大均是平房，使用小火炉取暖，烟尘排放量大，空气污染严重。

1985—1989 年，博乐市区博州机关、农五师机关、市政府机关和住宅楼片区实行锅炉集中供热。

至 1991 年，博乐市区共建锅炉房 89 座，安装锅炉 130 台，锅炉容量每小时 480.5 吨，供暖面积 130 万平方米，基本改变市区住户用小火炉取暖的历史，但空气烟尘污染仍未得到有效治理。

至 2006 年末，博乐市区有 6 个集中供热源，设计总装机容量 378.1 兆瓦，实际总装机容量 302 兆瓦，实际供热面积 297 万平方米；另外 58 个供热锅炉房锅炉 336 吨。空气污染得到治理。

第三节 医疗废弃物防治

一、博乐市医疗废弃物集中处置中心

2005 年，博乐市成立医疗废弃物集中处置中心。2006 年，市实施医疗废弃物集中处置工程，位于市生活垃圾综合处理厂，距离博乐市中心 5 千米，厂区总占地面积 8 000 平方米。医疗废弃物处理中心每日可处理医疗废弃物 3 吨。

博乐市医疗废弃物集中处置中心分运输系统和处置系统 2 个部分。运输系统配备车 4 辆，其中冷藏功能车 1 辆，班车 1 辆，皮卡车 1 辆，运输医疗废弃物翻斗车 1 辆。处置系统由医疗废弃物经收集暂存后，采用高压蒸汽灭菌处置工艺，通过脉动真空、灭菌和干燥阶段处理后，所产生的医疗废渣经提升破碎运往生活垃圾填埋场处置。

博乐市医疗废弃物集中处置中心为博州两县一市及阿拉山口（含农五师）的乡镇、团场以上医疗机构服务。2006 年，全州（含兵团）共有医疗机构 53 所，1 936 个床位，其中有床位的医疗机构 46 个，没有床位的医疗机构 7 个，个体诊所 78 个。全州医疗废弃物每日产生量为 1 .2 吨。

二、医疗废弃物暂存点及运输路线

医疗废物暂存点按医疗机构的分布情况设置。县、市城区的医疗废物由本医疗机构自行收集存放，乡镇团场的医疗废物由乡镇团场自行收集存放，村（连）级卫生室的医疗废物交由所在乡镇团场暂存点进行暂存。

博乐市医疗废弃物集中处置中心根据实际情况，依据《医疗废物管理条例》的要求，制定 4 条收集、运输路线，按时按点对各暂存点暂存的医疗废物进行收集、运输、处置。路线 1 精河线 382 千米，共有 20 个点；路线 2 温泉线 266 千米，共有 17 个点；路线 3 阿拉山口线 160 千米，共有 3 个点；路线 4 博乐市区所有医院及诊所，64 千米，共有 127 个点。

第四章　环境管理

第一节　环保宣传

博乐市每年利用“六·五”世界环境日、科技“五下乡”，开展形式多样的环境保护宣传教育活动。2002—2006年，拍摄环境保护专题片《拯救博河》1部，播放环境保护公益广告78次，采访、曝光环境污染案件14起，完成生态保护电视、广播报道39篇，报送环境保护政务信息493条，出动宣传车辆150余次，制作环境保护警示图片20余份，悬挂横幅10余条，发放环境保护宣传单1 500余份。举办环境保护法律法规和环境保护知识讲座23次，累计受教育群众达19 460人次。

第二节　环保制度

一、环境目标责任制

1992—2001年，博乐市将环境保护内容分解在党建、经济和社会发展目标责任制中，每年末进行考评。

2002—2006年，市政府每年分别与局委办、乡镇场以及三台林场签订《博乐市环境保护目标责任书》。各乡（镇、场）均相应成立环境保护工作机构，配备专职环境保护人员，根据《博乐市环境保护目标责任职能分解》制定环境保护制度。

二、环境影响评价制度、建设项目“三同时”制度

2002年，博乐市执行《中华人民共和国环境影响评价法》，规范建设项目环境影响评价工作。在建设项目环境保护预审和环境影响评价审批工作中，审批人员必须现场踏勘，坚持客观、公正原则，综合考虑建设项目实施后可能造成的环境影响，严格审批程序；严格落实建设项目的“三同时”制度（即建设项目的环境保护设施与主体工程必须同时设计、同时施工、同时投入使用）。至2006年市环保局共办理建设项目环境影响评价审批手续244家，建设项目竣工环境保护验收行政审批手续93家。

三、排污收费制度

2002年，博乐市执行国务院《排污费征收使用管理条例》规定，开征锅炉、砖瓦窑厂、建筑施工工地及饮食娱乐服务行业的排污费。至2006年共征收排污费241万元，全部上缴市财政。

第三节　环保执法

2002年始，博乐市环境保护局制定《建设项目环境管理工作程序》《污染源现场监督检查工作程序》《行政处罚工作程序》等13项工作规程。建立其内部监督检查机制，实行政务公开，重申《关于实行公开办事制度，接受社会监督的规定》。将各项执法工作职责和工作程序，在局办公楼显要位置和各部门办公室上墙公布。加强干部职工环境保护法律法规的系统培训，所有执法人员必须经过环境保护法律法规知识培训，持证上岗。面向农村聘请村级义务环境监察员，启动村级网络环境保护战略，向145名村级网络环境保护义务监督员颁发聘书，制定监督员工作职责。截至2006年，共审查环境违法案件8起，处罚3起，落实处罚金额2.1万元。受理环境投诉案件460起，处理458起，办结率98%。检查企业243家，出动执法人员1 190余人次，关停6家企业的38座窑炉。关停博河大桥至“五一电站”区域28家小型企业、31家畜禽养殖场，搬迁沿河居民170户。

第七编

阿拉山口口岸

阿拉山口位于博乐市东北角，西北毗邻哈萨克斯坦塔尔迪库尔干州，东临塔城地区托里县，南依艾比湖。地理坐标在北纬 45° 02′ ~ 45° 12′ 、东经 82° 47′ ~ 82° 42′ 之间。山口宽约 20 千米，长约 90 千米，平均海拔为 300 米，属于强烈沉降的艾比湖断凹，西北高、东南低，坡度 18% ~ 30%，古有“准噶尔山门”之称。

阿拉山口口岸是新欧亚大陆桥中国段的西桥头堡，是中国西部地区重要的铁路、公路并举的国家一类口岸，距州政府所在地博乐市 73 千米，铁路、公路分别距乌鲁木齐市 477 千米和 500 千米。距哈萨克斯坦共和国德鲁日巴口岸 12 千米。

阿拉山口口岸行政管理区面积 155 平方千米，城市规划面积 27 平方千米，建成区面积 11 平方千米。1989 年 5 月，兰新铁路西段乌苏至阿拉山口段 219 千米铁路动工修建。1990 年 6 月，国务院批准阿拉山口对外开放，为铁路、公路一类口岸。同年 9 月，乌鲁木齐至阿拉山口的北疆铁路通车；兰新铁路北疆段与原苏联的吐西铁路在阿拉山口接轨。阿拉山口段铁路东连兰新、陇海铁路，经新疆、甘肃、陕西、河南、安徽至江苏连云港；西连哈萨克斯坦、俄罗斯、白俄罗斯、波兰、德国铁路至荷兰鹿特丹港，全长 10 800 千米。1991 年 7 月，阿拉山口铁路口岸过货营运。1992 年 6 月 21 日，开通阿拉木图到乌鲁木齐的国际旅客列车联运。同年 12 月，阿拉山口陆路口岸开通。2003 年，阿拉山口被国家七部委确定为全国重点建设和优先发展口岸，成为中国向西开放的重要门户。

至 2005 年，口岸城区有人口 10 982 人，其中有常住人口 1 694 人（男 909 人、女 785 人），暂住人口 9 288 人（男 6 055 人、女 3 233 人）；国有企业 128 家，私营企业 355 家，从业人员 3 462 人；个体工商户为 555 家，从业人员 1 189 人。驻口岸单位有财政、建设、土地、公安、物价、检查、文卫、水利、广电、林业、工商、税务、供电、供水、运管等职能部门。同时，口岸常驻单位还有海关、边检、出入境检验检疫、铁路、外运、银行、汽车站、医院、小学、邮电、部队等单位。

1991—2005 年，口岸铁路累计完成货运量 5 177.22 万吨；累计征收关税和代征税 152.93 亿元。1992—2005 年，口岸累计完成客运量 77.68 万余人次。

第一章　口岸规划与基础设施建设

第一节　口岸规划

一、阿拉山口口岸总体规划（1989—2010 年）

规划 2000 年人口规模为 2.5 万人，2010 年人口规模为 3 万人，2010 年用地规模为 4.24 平方千米。

1991 年 11 月，新疆维吾尔自治区人民政府批准首轮《阿拉山口口岸总体规划（1989—2010 年）》，并批准阿拉山口口岸行政管理区面积 155 平方千米，城市规划面积 15 平方千米。

二、阿拉山口口岸总体规划（2002—2020 年）

2005 年 3 月，《阿拉山口口岸总体规划（2002—2020 年）》通过自治区人民政府审批实施。规划 2010 年人口规模 6 万人，城镇建设用地规模 15.05 平方千米，人均建设用地 250.83 平方米；规划 2020 年人口规模 10 万人，城镇建设用地规模 27.16 平方千米，人均建设用地 271.58 平方米。

第二节 基础设施建设

阿拉山口仅有1965年建成的口岸边防哨卡和1977年7月竣工的阿拉山口气象站办公楼。

1990年6月5日，国务院批复同意开放阿拉山口口岸，此后，行政机构、事业单位被派驻口岸办公，大批企业进驻办厂。

1991—2006年，阿拉山口口岸基础设施建设在国家、地方政府大力投资的同时，招商引资，吸纳社会资金。口岸基础设施建设投资由初期3 000万元，到2006年累计投资31.42亿元(包含亚洲银行项目投资6亿元)，基础设施初具规模。城市建设覆盖面积达10.9平方千米，房屋总建筑面积61.448万平方米；城市道路硬化总长26.84千米，总面积33.55万平方米；改造道路面积68 600平方米；路灯1 257盏；供水管道总长25.7千米，年供水量344.54万立方米；排水管道总长32千米，年排水总量314万立方米；集中供热站1座，供暖管道总长9.8千米，供暖面积36万平方米。

阿拉山口口岸初步形成铁路站场区、工业生产区、商贸金融区、边境贸易区、行政办公区、生活居民区、仓储转运区和生态防护区等八大功能区。

第二章 口岸经济

第一节 对外贸易

阿拉山口口岸进出口商品结构较为单一，进口货物居多。历年来进口货物均占进出口货物总量的80%以上，主要为有色金属、初级矿产品、原木、钢材、废钢等大宗能源性、资源性商品。出口货物主要为焦炭、石油焦、钻井设备、管材、建材及日用百货等，进口能源通道和出口商品“西口”作用逐渐显现。口岸以铁路运输为主导，公路口岸进出口量相对较小。1991—2005年，共计进出口货物5 177.22万吨，贸易额150.7亿美元，征收税款152.93亿元。自2002年起，口岸货运量以年均150万吨速度增长，贸易额以年均28%左右幅度攀升。

1991—2005年阿拉山口口岸对外贸易统计表

表7-1 单位：亿元、万吨、万美元

年度	征收税款	进出口货运量	贸易值
1991	0.073	15.86	3 160
1992	0.325	71.07	8 646
1993	0.955	73.76	14 719
1994	0.847	43.33	14 180
1995	1.759	105.9	20 900
1996	4.100	204.00	40 700
1997	5.900	173.00	34 500
1998	5.720	225.06	44 975

续表 7-1

年度	征收税款	进出口货运量	贸易值
1999	7.631	333.15	63 319
2000	10.492	409.64	95 806
2001	10.06	475.55	101 797
2002	13.555	541.99	151 863
2003	22.18	690.25	228 400
2004	31.79	824.21	284 200
2005	37.54	990.45	399 600
合计	152.927	5 177.22	1 506 765

第二节　招商引资

1992 年，口岸国营企业 68 家，注册资金 1 944 万元。到 1995 年，口岸注册企业 261 家，其中国营企业 259 家，私营企业 2 家；注册资金 10 552 万元。1997 年，口岸注册企业 224 家，其中私营企业 24 家，注册资金 16 499 万元。

2001 年，口岸实现招商引资 4 420 万元，其中油品换装线 3 000 万元，风电项目 800 万元，加工项目 620 万元，引进北方木业木材加工厂、兆翔卤虫加工厂、宏冉卤虫加工厂、宏森胶合板厂、大理石厂及 4 家小型木材加工厂等 9 个工业项目。加工企业当年实现工业增加值 1 050 万元，完成博州下达全年指标任务的 105%。当年还洽谈山羊绒分洗、废钢冶炼、废旧金属加工、皮革加工、木材加工、铝制品加工等项目。

2002 年，口岸实现招商引资 4 458 万元，其中铁路扩能改造完成投资 1 500 万元，私营企业完成投资 2 303 万元，个体完成投资 655 万元。当年完成工业总产值 1 555 万元，实现工业增加值 505 万元，完成博州下达全年指标任务 350 万元的 144%。

2003 年，博州钢铁、美克木业、新赛钢木、雪克皮业等重点加工企业在口岸落户投资，实现招商引资 15 345 万元，完成博州下达招商引资目标任务 6 000 万元的 256%。当年完成工业总产值 4 352 万元，实现工业增加值 813 万元。完成目标任务 550 万元的 148%。

2004 年，口岸实现招商引资额 5.01 亿元，完成博州下达指标任务 4.8 亿元的 104%。口岸提出“壮大木业、突出冶金、发展皮毛、争上石化”的发展思路。引进天时利洗毛、瑞晨管道防腐、唯美复合建材、蓝普明胶、八钢电炉等新的工业项目。同时，博州钢铁、美克木业、雪克皮革三家重点企业完成续建工程并投产。2004 年底，口岸完成工业总产值 3.27 亿元，实现工业增加值 8 434 万元，完成博州下达目标任务 2 130 万元的 396%。产品有生铁、蓝湿皮和锯材。

2005 年，口岸注册企业类型 483 家，注册资金 130 050 万元。实现招商引资 6.33 亿元，完成博州下达目标任务 6 亿的 106%，实现工业增加值 9 302 万元。至 2005 年末，口岸形成钢铁冶炼、钢管防腐、皮毛胶加工、粗铜冶炼、木材加工、选矿等工业格局。

1992—2005 年阿拉山口口岸对外贸易统计表

表 7-2 单位：户、万元、人

年份	注册企业类型			注册资金			企业从业人数	
	国营	私营	合计	国营	私营	合计	国营	私营
1992	68	–	68	1 944	–	1 944	–	–
1993	100	–	100	7 199	–	7 199	–	–
1994	271	–	271	10 471	–	40 471	–	–
1995	259	2	261	10 503	49	10 552	–	9
1996	221	16	237	15 240	466	15 706	–	131
1997	200	24	224	15 455	1 044	16 499	–	258
1998	179	11	190	13 933	749	14 682	–	63
1999	149	24	173	13 018	1 585	14 603	–	125
2000	155	55	210	17 008	7 917	24 925	–	279
2001	234	72	206	18 174	10 565	28 739	–	344
2002	146	119	265	19 393	16 707	36 100	–	946
2003	152	211	363	23 513	31 166	54 679	–	2 630
2004	137	319	456	28 304	96 139	124 443	–	3 462
2005	128	355	483	24 941	105 109	130 050	–	3 734

1994—2005 年阿拉山口口岸个体工商户注册登记情况表

表 7-3 单位：户、万元、人

年份	个体工商户数	个体注册资金	个体从业人数
1994	134	131	291
1995	203	215	493
1996	213	290	479
1997	216	527	486
1998	264	801	622
1999	333	1 064	769
2000	408	1 824	1 033
2001	439	1 550	1 034

续表 7-3

年份	个体工商户数	个体注册资金	个体从业人数
2002	466	1 863	1 038
2003	494	1 950	1 129
2004	519	1 762	1 116
2005	555	2 447	1 189

第三章　口岸管理

第一节　机构沿革

一、中共阿拉山口口岸委员会

1992 年 7 月，中共博尔塔拉蒙古自治州委员会决定，成立中共阿拉山口地区工作委员会。同年 8 月，由张仁杰、库甫、杨乐银、陈勇、李六六组成中共阿拉山口地区工作委员会，张仁杰任书记，李六六任专职副书记。同年 12 月，石光复任中共阿拉山口地区工作委员会书记（正县级）。

1994 年 1 月，李六六为中共阿拉山口地区工作委员会书记。

1996 年 1 月，中共阿拉山口地区工作委员会撤销，成立中共阿拉山口地区委员会。朱剑锋任书记。同年 3 月，中共阿拉山口纪律检查委员会成立，书记由阿拉山口地区党委书记兼任，配一名专职副书记（正科级），负责具体工作。

2001 年 7 月，中共阿拉山口地区委员会更名为中共阿拉山口口岸委员会。

2004 年 11 月，尤占军任中共阿拉山口口岸委员会书记。

2005 年 4 月，依据《阿拉山口口岸党委、管委会机构及编制调整方案》，中共阿拉山口口岸委员会下设口岸党委、管委会办公室 (同时承担组织人事、统战、群团、宣传、精神文明、外事、老干职能)，纪检委 (监察局、兼管信访)，编制 4 名，其中领导职数 1 个。

2005 年末，口岸地区共有党总支 3 个、党支部 25 个 (不包括铁路车站、边检、外运、供电公司等)、党员总数 210 人，其中正式党员 181 人、预备党员 29 人。妇女党员 21 人。

二、阿拉山口口岸管理委员会

1989 年 11 月，经新疆维吾尔自治区人民政府批准，阿拉山口口岸管理委员会筹备组成立，归博尔塔拉蒙古自治州国界界碑人民政府领导，并受自治区口岸领导小组指导。同年 12 月，筹备组组长由州人民政府副州长唐勇担任，杨乐银、闫吉甫、张志才任副组长。

1990 年 5 月，自治区机构编制委员会下发阿拉山口口岸管理委员会筹备组暂列行政编制 15 名。同年 11 月，自治区人民政府决定，设立阿拉山口口岸管理委员会。口岸管理委员会在行政关系上隶属博州人民政府，并受自治区口岸办公室指导，博州人民政府副州长唐勇兼任阿拉山口口岸管理委员会主任。

1992 年 2 月，博州人民政府决定，设立阿拉山口行政区管理委员会，县级建制，为博州人民政府派出机构，在阿拉山口口岸地区总体规划范围内，行使行政管理职能。同年 8 月，张仁杰兼任口岸管理委员会主任、行政区管理委员会主任。同年 9 月，阿拉山口行政区管理委员会增编 15 名。阿拉山口行政区管理委员会内设办公室、计划基建科、经贸管理科。同年12月，阿拉山口行政区管理委员会、阿拉山口口岸管理委员会合并为阿拉山口口岸管理委员会。口岸管理委员会隶属博州人民政府，并授予县一级政府的行政管理权限和职能。同年，设立阿拉山口财政局。1993年3月，阿拉山口口岸管理委会内设机构调整为三科一室，即计划基建科、政工科、业务科、办公室。

1996年1月，博州人民政府任命迪里木拉提（维吾尔族）为口岸管理委员会主任。2002年5月，阿拉山口财政局撤销，设立阿拉山口财政分局。

2004年8月，博州人民政府任命图格杰（蒙古族）为口岸管理委员会副主任。

2005年4月，依据《阿拉山口口岸党委、管委会机构及编制调整方案》，阿拉山口口岸管理委员会下设通关办公室、建设环境保护局、发展计划统计局、经贸局、社会事务管理局、林业局。

第二节　财政税收管理

1993年，阿拉山口口岸加强税收、财政预算和增收节支工作。1995年，口岸税收2 372万元。2001年4月，成立口岸会计核算中心，确立核算中心职责及制度。2002年，口岸税收8 095万元。2003年，口岸财政分局负责阿拉山口预算内、外收入及各项资金的管理、核算、监督工作，并定期向博州财政局、口岸委汇报各项资金的收入和使用情况。口岸管理费由代收单位直接交入口岸财政分局在银行设立的账户。2004年，口岸税收16 372万元。

2005年5月，阿拉山口口岸税收40 559万元，并着手实施“金财工程”，即国库集中收付、部门预算、非税收入等重大财政制度改革、建立和完善工资统发制度的基础工程。

1995—2005年阿拉山口口岸税收收入情况表

表7-4　　单位：万元

年份	税收收入	年份	税收收入
1995	195	2001	2 372
1996	316	2002	8 095
1997	504	2003	8 318
1998	215	2004	16 372
1999	390	2005	40 559
2000	769	-	-

第三节　社会管理

一、教育事业管理

阿拉山口铁路幼儿园　原属企业办学，由北疆铁路公司主管。2005年，隶属于口岸社会事务管理局，幼儿教职工14人，专职幼儿教师10人；在校学生145人。

阿拉山口口岸中学　1992年，建阿拉山口铁路小学，全日制小学，原属企业办学，由北疆铁路公司主管。2004年8月，铁路小学移交博州政府，隶属口岸社会事务管理局。2005年，口岸中学改建成九年一贯制学校。学校占地面积 98 538 平方米，2 座教学楼，共 6 772.33 平方米；教室 24 间，专用教室 9 间。2006 年，口岸中学建语音教室（46 座位），多功能教室，化学实验室、物理实验室（48 座位），并配备相关实验设备。有 9 个年级 21 个教学班，在校学生 810 余人；有教职工 68 人，其中研究生学历 1 人、高级职称 2 人、中级职称 15 人、初级职称 33 人。

二、文化体育事业管理

1997 年 8 月，口岸成立文卫局。2001 年 10 月，口岸文卫局并入口岸社会发展局。

1996—2000 年，口岸举办文艺演出和联欢会 3 次；举办篮球赛 1 次；组织“澳门回归迎新世纪”冬季环城赛跑活动 2 次。2003 年，口岸开展“口岸首届书画、摄影展”和第一届文化艺术节活动；组织参加博州第三届广场文化节、新世纪首届“铁通杯”社区文艺汇演；举办口岸 “税收杯”职工篮球赛，组织体育代表团参加博尔塔拉“那达慕”草原节赛马比赛。2004—2005 年，连续两年举办口岸第二、三届书画、摄影展和第二、三届文化节。

2005 年 7 月 29 日，庆祝自治区成立 50 周年，口岸组织 13 个文艺节目在博州西部文化广场演出。

2001—2002 年，口岸对音像市场进行 3 次检查；对互联网上网服务场所进行 4 次检查，对文化场所进行 1 次消防安全检查。2004 年 2 月 25 日，口岸对文化娱乐场所进行检查。到 2005 年底，口岸共有文化市场经营单位 29 家，其中歌舞娱乐及卡拉 OK 厅 7 家，音像书屋 6 家，互联网上网服务营业场所（“网吧”）6 家，打字复印店 9 家，台球室 1 家。

三、医疗卫生事业管理

1991 年 7 月，由新疆卫生检疫所派三人组建阿拉山口卫生检疫所。1992 年 5 月，阿拉山口卫生检疫所更名为阿拉山口卫生检疫局。

1992 年 7 月，阿拉山口铁路医院成立，占地面积 13 659 平方米，建筑面积 2 359 平方米。设置正规床位 16 张，医院职工 48 人。医院设院长室、综合室、医务室、财务室、总务室、门诊部、住院部、防保科、精河保健站。主要医疗设备有 200 毫安 X 机光；B 型超声诊断仪纤维胃镜；离子分析仪；多参数心电监护仪等。

2001 年 9—11 月，口岸社会发展局、工商局、检验检疫局等部门联合对口岸地区医院、个体诊所、药店的药品质量、进货渠道及经营情况进行联合检查。

2002 年 6 月，博州地区卫生监督联合检查组在口岸开展卫生安全大检查。2003 年 4 月，口岸疾病预防控制中心牵头，抽调 5 个单位的工作人员，组成 2 个联合检查组，历时 23 天，对口岸公共娱乐场所、餐饮行业、宾馆、酒店等场所，进行卫生监督（“非典”疫情预防）检查。同年，检疫猪 2 282 头、羊 320 头，鸡 4 000 只、鱼 4 000 千克，并对猪、牛、羊进行疫苗注射。

2003 年 3 月至 2005 年 3 月，口岸连续 3 年开展儿童强化免疫工作，接种儿童共 347 人，服苗率达到 100%。

2004 年 2 月，根据自治区人民政府《关于印发乌鲁木齐铁路局社会职能移交地方政府管理总体方案的通知》精神，将阿拉山口铁路医院，成建制移交博州政府。同年 10 月，博州人民政府《关于阿拉山口铁路医院移交地方管理后机构编制批复》，阿拉山口铁路医院隶属口岸管理委员会。医院更名为阿拉山口人民医院。内设 15 个科室：内科、外科、妇产科、儿科、中医科、口腔科、放射科、检验科、功能科、药房、财务室、统计室、总务室、医务室、办公室，职工 47 人。2002 年，阿拉山口人民医院选送 5 名职工去新疆医学院附院、军区总医院、中心医院等进修学习。

2005 年 5 月，口岸疾病预防控制中心、口岸妇幼保健中心挂靠在阿拉山口人民医院。同年 12 月，口岸社会事务管理局开展禽类及禽类产品市场专项治理整顿。

第四节 边防检查

1990年11月，组建阿拉山口边防检查站。依照国家有关法律规定，边防检查站对出入境人员及其行李物品、交通运输工具及其载运的货物实施边防检查，对出入境交通运输工具进行监护，对口岸限定区域进行警戒，维护出入境秩序与邻国边防检查机关会谈、会晤。全站有公路口岸、铁路客运、铁路货运准轨、铁路货运宽轨、外籍车辆停车场等执勤点。

1992年7月，口岸旅客联运正式开通，公路口岸也在同年开放。边防检查站完成铁路、公路出入境检查、监护等各项任务。

1994—1997年，边防检查站坚持"维护主权、方便往来、内紧外松、保证安全"的原则，按照"依法、文明、高效、服务"的总要求，重点抓边检业务学习、正规化执勤和查控工作。

1998年，边防检查站制定实施《加大出入境检查力度的具体实施方案》。边防检查中严格人证对照、证卡对照、人员与在控名册对照，人机结合制度。在口岸每个货场建立执勤点，同时在口岸民工中建立治安联防小组，建立联系制度。加强验讫章管理，修改《验讫章管理规定》。成立法制裁决小组，落实听证制度，规范各种法律文书。编写《文明礼貌用证语50句》《边检执勤职业道德、行为守则》《边检人员行为、环境、服务、语言规范守则》《精神文明建设评定标准》《阿拉山口边防检查站精神文明建设手册》。

1999—2000年，边防检查站严格领导三级带班制，重点落实"一岗双责"。严格双人验证和调研复检制度，坚持一人验证核对，一人微机查控，做到人机结合，分工明确。启用便携式微机登国际客运旅客列车为出入境旅客检查验证，提高验证放行速度。

2004年，边防检查站严格执行《公安机关办理行政案件程序规定》，规范现场执法行为。定期在出入境旅客中发放"征求意见表"，及时总结反馈征求结果，针对问题抓整改；加强对出境中国籍旅客出境常识宣传教育，在公路勤务现场张贴"中国公民出境告示"。落实"公安机关窗口单位服务规定"，开展"边防检查执勤现场规范化建设达标"活动。落实总队《关于改进和完善边防检查工作措施的通知》规定，结合勤务实际减少出入境人员、交通运输工具的受检环节。

2005年，边防检查站增加验证通道，由以前的4个通道改为16个，并坚持24小时备勤，对入出境列车随到随检。将国际客运列车的检查时间由3小时压缩到1.5小时，将国际货运列车的检查时间由1小时压缩到30分钟，使每天增加7趟货运列车入出境，提高口岸通关效率。

第八编

BOLE SHIZHI

交通　运输

1987年始，国家在推进国道、省道等主干线公路建设的同时，大力投资县道、乡道建设，为博乐市交通事业的快速发展提供机遇和保障。1990年9月，新疆铁路（兰新铁路）线西段北疆铁路与前苏联西伯利亚铁路（以下简称土西铁路）在阿拉山口顺利接轨，使博乐市成为中国向西开放的“桥头堡”。至1995年，博乐市行政区域内实现县道、乡道“通油路”的目标。交通基础设施、交通运输、通行条件等得到极大地改善，促进博乐市经济社会快速、健康发展。2003年后，博乐市新建、改建、扩建县道、乡道，提高公路技术等级。至2006年末，市县道、乡道、村道等公路里程达480.53千米，投资总额1.35亿元。

第一章　机　构

第一节　事业单位

一、博乐市交通局

1979年，博乐交通运输职能隶属于县工业交通科（简称县工交科）。1985年，博乐县工交科并入市经济委员会负责交通业务工作。1987年2月，博乐市成立交通局，列市人民政府工作部门序列，编制5名。经费由自治区交通厅从征收的公路养路费中按人数划拨。2003年，博乐市交通局行政经费改由市财政划拨；编制5名，其中领导职数2个。2006年，博乐市交通局内设办公室、财务室、公路建设项目办公室、运输办公室、交通战备办公室、安全生产办公室、路政办公室（博乐市农村公路路政中队）。

二、博乐市农村公路路政大队

2005年7月，博乐市农村公路路政大队成立，编制3名，隶属于博乐市交通局。

三、阿拉山口公路运输管理站

1992年9月，博乐市境阿拉山口口岸成立阿拉山口公路运输管理站（简称运管站），正科级事业单位，编制6名，负责对阿拉山口口岸涉外运输和地区国内运输行业的管理。1993年3月，阿拉山口公路运输管理站正式开展工作。

第二节　企业单位

一、 州客运服务总站

1976年，州公共汽车站与州第二车队分设，州物资、外贸、建筑、石油等车队相继成立。1982年，州汽车运输二队改为州旅客运输公司。1983年，州公共汽车站改为州旅客运输公司。1985年，博乐运输站与州旅客运输公司的站务部分合并，成立州旅客服务总站。1989年，州客运服务总站由自治区交通厅投资兴建综合客运大楼，建筑面积3 409平方米，是博州最大的旅客集散地，属国家二级客运站。

2002年，自治区交通厅投资180万元，扩建州旅客运输服务总站办公场所1 284平方米。2004年，自治区交通厅投资100万元，对州旅客运输服务总站停车场地进行改建，改建面积3 923平方米。

二、农五师客运站

1985年，农五师客运站建立。2000年，兵团交通局、农五师共同投资350万元新建客运大楼，占地面积 760 平方米，建筑面积 2 280 平方米；停车场混凝土地平 15 000 平方米。2001 年，投资 40 万元配备微机设备，将售票、行包、结算、站务、信息服务等工作纳入网络化管理。

三、市区客运站

博州客运总站合作区分站（东郊客运站）1998 年，投资 69 万元建东郊客运站并投入使用，占地面积 5 333 平方米。

博乐市西郊客运站 2001 年，建投资 210 万元西郊客运站并投入使用，建筑面积 5 198 平方米。

四、乡镇客运站

2001—2005 年，自治区交通厅共投资 468.5 万元，先后建小营盘镇、达勒特镇、贝林哈日莫墩乡、乌图布拉格镇、青得里乡 5 个乡镇客运站，总建筑面积 2 106 平方米。

五、博州旅客运输有限公司（简称博州客运）

1983 年，博州长途客运站改为博州旅客运输公司。1986 年 2 月，隶属博州交通局。1996 年，公司占地面积 39 600 平方米，各类客车 102 辆，固定资产 675 万元。公司下设修理厂，属二类汽车修理企业。1998 年 8 月，公司改为博州旅客运输有限公司，2002 年，自治区道路运输经营资质等级评审委员会评定博州客运公司为三级道路客运企业。2005 年，博州客运公司下设行政工作部、运调部、安全技术部、财务部、西口小客分公司等部门，经营范围为：包车客运、县际班车客运、县际包车客运、地际班车客运、地际包车客运、地际小轿车班车客运、省际班车客运、省际包车客运、县内班车客运、二类机动车辆修理等业务。

六、农五师旅客运输有限责任公司

1985 年，建立农五师客运公司，1986 年正式营运。有跨区客运车 5 辆，区间客运车 7 辆，总座位 455 座。2002 年，兵团交通局组织协调，农五师客运公司与兵团 13 家客运企业实行资产重组，组建农五师旅客运输有限责任公司。

第二章　公路交通

第一节　公路修筑

一、概况

1979 年后，博乐市（县）公路建设是对原有的土路、自然路、断头路等进行改造，开辟新线路，修建桥涵，提高路基，铺垫路面等采取“民办公助”“民工建勤”、粮棉布补贴等政策措施，动员沿线群众，采用大会战的形式进行公路建设；公路设计技术标准和施工质量不高，初步具备通车条件。

1987 年后，国家对县道、乡道及其他公路的建设采取扶助政策；自治区交通厅采取“谁的积极性高，就把资金投给谁”的政策推进县道、乡道和村道公路建设，博乐市人民政府对修路资金不足部分采取“多形式、多渠道”融资办法自行解决。全市行政区域内县道、乡道、村道公路建设资金稳定，公路技术等级逐步提高，公路事业稳步发展，至 1995 年，博乐市行政区域内实现“乡乡通油路”。

1995—2002 年，博乐市主要对 1995 年前建成的四级公路进行维护、提高，加宽路基、路面，保障公路畅通。2003 年，国家、自治区公路建设加大力度投资县道、乡道和村道建设。博乐市公路改建、扩建县道、乡道、村道里程 354.58 千米，投资总额达 1.35 亿元；通往各乡（镇、场）的公路技术等级由四级公路提高到三级路；乡（镇、场）通往村队，村队互通公路，由 2003 年前的等外路，新建、改建成四级公路。

2005年，博乐市行政区域内有国道1条，省道2条，县道10条，乡道34条，村道38条，专用公路6条，团场专用公路10条，公路总里程1 366.35千米，公路密度为每千平方千米169.37千米，平均每万人占有公路51.83千米，村通路率达100%，基本形成以博乐市为中心，国道、省道为干线，县道、乡道及其他道路为支线，向外辐射、四通八达的公路网络体系。

二、国道

即国道312线，奎屯—赛里木高等级公路，全长302.5千米。乌苏至博乐岔口228.9千米采用四车道一级公路技术标准，博乐岔口至赛里木湖55.6千米采用二级公路技术标准进行建设。奎—赛路在博乐市行政区域内占有公路里程76.9千米，起点五台，止点松树头，设大桥1座、中桥3座、小桥18座，涵洞154道，通道39处，互通式立交桥1处，分离式立交桥2处。2002年7月开工建设，2005年10月公路建成通车。

三、省道

博乐市行政区内省道有2条。省道线路里程197.13千米。博乐市行政区域占有里程110千米，技术等级2级；省道304线（博乐—温泉）87千米，博乐市占有里程25千米，技术等级2级。

（一）五台—博乐—阿拉山口公路（S205线）

五台—博乐公路（金水桥） 1979—2002年，五台—博乐公路为3级沥青路面。2003年，五台—博乐公路改建成2级公路，全长32.62千米。

博乐—阿拉山口公路 1989年11月，自治区计划委员会同意博乐—阿拉山口公路提高等级进行改建。1990年8月，工程开工改建，路基宽度10米，路面宽度7米，工程分两期，一期为砂砾路面，二期为铺筑沥青路面。一期投资1 053万元，其中自治区投资880万元。1992年8月，二期工程完工全线通车，全长77千米。2003年3月，自治区公路局投资4 400万元，对博乐—阿拉山口公路、阿拉山口—农五师90团岔口路段进行改建，二级公路，里程40千米。同年10月，改建工程竣工通车。

（二）博乐—温泉公路（S304线）

1977年，博—温公路动工改建，1982年完成公路路基、桥涵工程。全长87.42千米。博乐市行政区域占有里程25千米。1983年，博乐—小营盘15千米公路地段铺设沥青路面。2001年3—10月，博—温公路小营盘镇至农五师八十七团路段改建，里程37千米，路面等级为三级。2002年3月，自治区公路局投入资金1 645万元，对博—温公路进行改建，同年10月，改建工程竣工通车。改建里程25千米，其中K0 ~ K15桩号路段的15千米为二级公路；K15 ~ K25桩号路段的10千米三级公路，至2006年，正常养护，未改扩建。

四、县道

博乐市区域内县道有10条，2005年，县道线路里程合计241.06千米。

（一）博乐—国道312线岔口公路（X200线）

博乐—国道312线岔口公路起点为博乐市红桥，途经达勒特镇，至精河县大河沿子镇，终点与312国道相连，博乐市行政区域里程42.71千米。1982年，公路（X200线）为砂砾路面。

达勒特镇路段 1988年3月，按照“民工建勤”“民办公助”的原则，采取多形式筹集公路建设资金。博州养路工程队提供备料工具，达勒特镇各族群众投入义务工5 746人次，准备混合砂石料、路基土方和平整路面，出动机动车辆和非机动车辆1 065辆次，填挖土方和混合砂石料1.77万立方米，拆除民房14间、围墙1.8千米、桥涵4座和镇中心的塔碑1座。改建里程12千米，沥青洒铺路面（沥青表层处理，即洒铺），四级公路。

达勒特镇基建队—乌兰布呼村路段　1989年8月改建，同年10月竣工通车。改建里程7.8千米，路基宽7.5米，铺油宽5米。

博乐红桥—达勒特镇岔口路段　1990年改建，里程6.28千米，沥青洒铺路面。1996年7月，4.5千米路段进行路面加宽，由原来的5米加宽到7米，同年9月竣工通车。总投资13.5万元。

达勒特镇乌兰布呼村—精河县阿合其农场路段　里程17千米，市行政区域内10千米。1991年7月开工改建，同年11月第一期公路改建工程竣工，完成土石方1.63万立方米，新建桥涵4座。总投资12.5万元。1992年8月，第二期铺筑沥青路面工程，同年10月竣工通车。总投资44.28万元。1999年，再次进行改建，总投资150万元。

2005年，博乐市—国道312岔口公路进行全线改建，由原来的四级公路技术等级提高到三级，自治区交通厅投资1 486.45万元。同年11月竣工通车。

（二）博乐市—八十九团分界处公路（X201线）

博乐市—八十九团交界处公路，全长18.32千米，博乐市通往乌图布拉格镇、村（队），连接兵团农五师八十九团场的第二条通道。1991年7月，博乐市至乌图布拉格镇路段进行改建，里程12千米，同年11月竣工通车。1993年3月，博州政治学校至乌图布拉格路段进行改建，里程10.35千米，同年9月竣工通车。路面铺筑沥青路面宽度7米；建涵洞5座。乌图布拉格镇完成混合砂1.4万立方米，标准砂0.4万立方米，100号沥青200吨。

2005年，博乐市—八十九团交界处公路全线改建，里程18.32千米，沥青混凝土路面，三级公路。同年11月竣工通车。改建工程总投资1 309.89万元，其中自治区交通厅投资1 053.11万元，博乐市自筹256.78万元。

（三）阿热勒托哈牧场—省道304线公路（X202线）

阿热勒托哈牧场—省道304线公路，全长6.74千米。路面类型为砂砾路面，四级公路。2004年，改建成沥青混凝土路面，三级公路。

（四）松树头—赛北堡公路（X203线）

松树头—赛北堡公路，又称赛里木湖环湖路，全长40.63千米。2003年5月，路面结构采用3厘米沥青表处（拌铺面层），12厘米级配砂砾基层进行改建，2004年10月竣工通车。四级公路，总投资1 683.96万元。

（五）达勒特黑山头—沙塔公路（X204线）

达勒特镇黑山头—沙塔公路，经贝林哈日莫墩乡，与专用公路沙山子至塔斯海公路相连，全长34.91千米。

1990年前，达勒特镇黑山头至贝林哈日莫墩乡路段为砂砾路面。1990年3月，改建里程14千米，同年10月竣工。四级公路，新建桥涵9座，总投资55万元。2004年，改建为三级公路，2005年11月竣工。总投资2 309.44万元。

（六）S205线—小营盘镇公路（S208线）

起点为博乐市南城区省道205线K83岔口，终点为小营盘镇，全长19.71千米。2004年，新建三级公路。2005年11月竣工。总投资1 199.66万元。

（七）X208线—小营盘镇—托里布拉格村公路（X212线）

起点为X208线K19+620处，终点为小营盘托里布拉格村，全长7.96千米。2004年，新建三级公路，

2005 年 11 月竣工。

（八）S205 线—青得里乡公路（X216 线）

又称北环路，起点为省道 205 线 K75+410 处，终点为省道 304 线 K3+300 处，全长 6.04 千米。2003 年 5 月，新建三级公路。同年 10 月竣工。总投资 373.95 万元。

（九）赛北堡—三台公路（X210 线）

2002 年 5 月，三级公路改建，全长 25.81 千米。2004 年 7 月竣工。总投资 1 350.97 万元。

（十）博乐—温泉南线公路（X208 线）

起点为 S205 线 K83 岔口，经青得里乡、小营盘镇、阿热勒托哈牧场，与温泉县境公路连接，全长 38.23 千米。1987 年，修建市小营盘镇至市阿热勒托哈牧场路段，砂石路面，公路里程 17 千米。1995 年，博乐—温泉公路改建为沥青路面。2004 年，再次改建为三级公路。

五、乡道、村道和专用公路

1979 年，博乐市乡道、村道为自然路、土路、断头路；1987 年，通往乡镇的砂砾公路相继建成。博乐市有乡道小营盘镇—阿热勒托哈牧场南线、博乐市—达勒特镇—乌兰布呼村—阿合其农场、达勒特镇—贝林哈日莫墩乡、博乐市—乌图布拉格镇、小营盘镇—阿热勒托哈牧场。1995 年，乡道为普通沥青油路。油路总里程 85.43 千米；总投资 442.2 万元，其中交通部门投资 302.2 万元；市财政投资 27.7 万元；民工建勤折资 107.9 万元。

2005 年，村队互通公路，为平原微丘四级公路。博乐市有乡村公路 34 条，总线路里程 169.89 千米，其中三级沥青路面 28.52 千米、四级砂砾路面 141.37 千米。村级道路 38 条，总线路里程 91.574 千米，四级砂砾路面。专用公路 6 条，总线路里程 144 千米，三级沥青路面。合格工程。

六、农五师及团场公路

1991—2003 年，博乐市境区域内农五师及团场有公路 12 条，道路总里程 952.67 千米；专用公路 1 条，全长 58 千米。其中农五师主要公路 2 条：

（一）博—精干线公路（博乐—精河）

起点为博乐，途经市行政区域内的八十六团、八十九团、八十一团、九十团，进入精河县行政区域内的八十二团，与国道 312 线公路相连，终点为精河县，公路里程 88 千米。1979 年，博—精公路全线修通，为砂石路面。1995 年，全线改建成三级公路，新建大桥 1 座，修建涵洞 88 座，1998 年，改建工程竣工通车。总投资 5 970 万元。

（二）沙—塔公路（沙山子—塔斯尔海）

起点为农五师八十三团团部驻地沙山子，与国道 312 线联结，穿越八十一团、八十九团、九十团和博乐市部分乡镇区域，终点为八十九团团部驻地塔斯尔海，全长 99.78 千米。2000 年 10 月开始建设，2001 年 11 月竣工通车。总投资 9 750 万元。

第二节　公路桥梁

一、阿勒热托哈大桥

阿勒热托哈大桥位于阿勒热托哈牧场—S304 线博尔塔拉河上，全长 70 米，宽 6.5 米。1977 年 10 月修建完工。

二、套特桥

套特桥位于博乐市—G312 线 K4624 岔口 X200 线 K29+600 米处。初建于 1980 年，为石拱桥。

2001 年 8 月，被洪水冲毁后利用原桥墩搭建便桥供汽车通行。2003 年，在原址上改建套特桥，2004 年 9 月竣工。桥全长 74 米，宽 8.5 米，总投资 148.2 万元。

三、夏尔津中桥

夏尔津中桥位于达勒特镇黑山头—贝林哈日莫墩乡—沙塔公路 X204 线 K18+400 米处，全长 261 米，宽 8.5 米；2005 年 11 月竣工通车。总投资 278 万元。

第三节　公路养护

一、养护人员及设备

1979 年，博乐公路段主要负责 3 条公路的管理与养护，即博乐—温泉公路 88 千米，博乐—阿拉山口公路 77 千米，博乐—江巴斯公路 58 千米。博乐公路总段设在博乐市区。1997 年，博乐公路段养护道班调整为 6 个道班，公路总养护里程达 277 千米，全部为砂砾路面。1998 年，博乐公路段设 5 个道班，公路总养护里程 278 千米，其中列入考核里程 142 千米。

2004 年，博乐公路段下设 1 个公路养护中心，公路养护中心下设 2 个施工队。主要养护机械 36 辆、25 台。2005 年，博乐市公路段管理和养护公路里程 368 千米，其中列入考核里程 276 千米。

二、养护工作

国道、省道养护　1979—2006 年，共投入国道、省道公路养护费 2.69 亿元，其中公路维修 8 947.5 万元，小修保养 1.27 亿元；公路房屋建设 4 655 万元。

县乡公路养护　1985—2006 年，全市县乡公路累计投入 210 亿元用于 9 条公路小修养护，养护总里程 164 千米。

三、公路管理

1979 年，博乐县工交科负责交通建设。1985 年，县经济贸易委员会负责交通工作。1987 年，市交通局负责路政管理，及时制止损坏挖掘公路路面、路基、公路附属设施等行为。2005 年，博乐市农村公路路政大队履行公路巡查职责，及时发现并制止、查处各类违反路政管理法律法规和规章行为，维护公路路权、产权。组织人员开展《中华人民共和国公路法》及相关法规宣传教育工作。

第三章　公路运输

第一节　公路货运

一、货运工具

1979 年，博州物资局、外贸局、建筑公司、石油公司、粮食局等有汽车运输队；3 户农民购买汽车。中共十一届三中全会后，城乡运输专业户在改革开放中推动运输生产的快速发展。1985 年底，全市境内有各种机动车辆 2 405 辆（含大、中型拖拉机），其中博乐市 798 辆（私人汽车 79 辆）。2005 年，全市境内有载重汽车 716 辆、挂车 270 辆（大中型拖拉机 1 647 台、小型拖拉机 4 573 台）。

二、公路货运

1979 年，博乐县境内货运生产主要由机关车辆、事业单位车辆和国营运输车队来完成，货运量 9 800 吨。1982 年，县境内运输单位开始推行单车承包责任制，取消等级工制，按完成任务计发工资。1985 年底，个体运输专业户进入货运市场，形成规模，货运、客运市场竞争激烈。改变了运输车队经营运输生产的局面，推动运输市场的繁荣。当年，市境内货运量 20 万吨。1985—2006 年，博乐市境内国营货运收入和利润平稳，个体货运的收入和利润逐年提高。

博乐市国营、私营部分年份公路货运情况统计表

表 8-1　　单位：万元

年份	国营		私营		年份	国营		私营	
	总收入	利润	总收入	利润		总收入	利润	总收入	利润
1985	3 715.2	464.4	10 664.8	1 333.1	2000	4 354.4	544.3	19 902.4	2 487.8
1990	3 587.2	448.4	13 752	1 719	2006	4 800	600	23 360	2 920

三、国际货运

1992 年 5 月，阿拉山口公路口岸临时开通，博乐市行政区域内公路国际运输起步。1993 年，口岸出入境车辆 1 500 车次，进出口物资 13.12 万吨（出入境旅客 5 926 人）。2005 年，口岸出入境车辆 6 549 车次，其中中方车辆 2 948 车次，哈方车辆 3 601 车次，进出口物资 9.74 万吨。至 2006 年，阿拉山口公路口岸出入境车辆逐年增多，进出口物资量不断增大。

四、货运管理

20 世纪 70 年代末，博乐县境内货运量超过运力的矛盾突出。县工交科按照博州“三统”（统一指挥、统一运输计划、统一行车路单）要求，保证重点工程的短途运输任务完成后，才可安排长途物资运输。1980 年成立博乐货物运输管理站。办理行车手续、结算运费、组织合法运输、配载货源，会同有关部门参加公路运输市场检查，征收公路运输市场管理费等。1983 年，博乐货物运输管理站改设为“博州公路运输市场管理总站（简称博州运管总站）”，并承担博乐县公路运输管理职能。1993—2006 年，博乐市境公路货物、旅客运输执行交通运输部相关规定。

第二节　公路客运

一、客运工具

1979 年，博州运输站主要承担博乐至乌鲁木齐、博乐至伊犁的旅客运输任务，负责自治区在博州行政区域内的货物运输计划安排。始发博乐至伊犁、博乐至乌鲁木齐的长途班车，每周 2 班；开通博乐至大河沿子、前进牧场和农五师八十一团场 3 条客运线路和博乐至温泉南线的呼和托哈种畜场、博乐至红泉公社、乌兰布呼良繁场、博乐至农五师九十团场 4 条线路的日班车。在红泉公社建代办客运站。

20 世纪 90 年代，市境内原旧型客车基本淘汰。城镇（村）以小面包车（小面的）为主要客运工具。市区以夏利车、中巴车为主要客运工具。中、长途以中、高级客车为主要客运工具。

二、客运营运

博州长途客运　1996 年，博州客运公司（博州长途客运站）经营线路 11 条，其中跨区线路 7 条，州内线 4 条，完成客运量 40.4 万人次，客运周转量 7 399.06 万人次。2005 年，有客车 168 辆，固定资产 4 000 万元；日发客车 101 次，人均客流量 2 500 人次。

农五师客运　2001 年日发客车 180 辆，日均客运量 1 800 人次。2005 年，农五师有客运车辆 66 辆，总座位 134 座。

市区客运　东郊客运站有 6 条客运线路，即博乐—红泉、博乐—良种场、博乐—达勒特、博乐—大河沿子（曲线）、博乐—阿拉山口、博乐—火车站；西郊客运站有 5 条客运线路，即博乐—温泉、

博乐—十月、博乐—八十七团、博乐—阿热勒托哈牧场、博乐—安格里格乡。2001—2006 年，市区客运站客流量 214.68 万人次。

三、客运班车线

（一）市—镇（乡场）班车线

1979—2006 年，博乐市—镇（乡场）班车线有博乐—达勒特镇（红旗公社）、博乐—青得里乡（胜利公社）—小营盘镇（燎原公社）—阿热勒托哈牧场（前进牧场）、博乐—贝林哈日莫墩乡（红泉公社）、博乐—乌兰布呼良繁场、博乐—农五师九十团、博乐—乌图布拉格镇（星火公社）6 条。

（二）市城区班车线

1989 年，博乐市开通 1 路公交线，团结商场至博尔塔拉河大桥，营运线路长 3.6 千米。1997 年，市开通 2 路公交线，天河食品厂至 762 台，营运线路长 10 千米。2000 年，市开通 3 路公交线，香班牧场至棉纺厂，营运线路长 19 千米。2002 年，市新建公交候车站台 21 个。2003 年 11 月，市开通 7 路公交线，香班牧场至棉纺厂。同年，市 3 路公交车延伸至南城新区。2005 年，博乐市营运公交线路 4 条，营运线路长 44 千米。

（三）市—阿拉山口、博乐火车站班车线

1992 年后，博乐市相继开通博乐—阿拉山口营运线路长 75 千米；博乐—博乐火车站日班车，营运线路长 45 千米。

（四）市—区、地州、县（市）班车线

1979 年，博乐—大河沿子—精河、博乐—乌苏日班车、博乐—乌鲁木齐、博乐—温泉、博乐—伊宁 5 条市—区线路。

1980—2006 年，博乐—奎屯、博乐—清水河、博乐—霍城、博乐—石河子、博乐—克拉玛依等客运班车线相继开通。

（五）农五师—团场、地州、县（市）班车线

1979—2006 年，相继开通农五师—乌鲁木齐、农五师—石河子、农五师—奎屯、农五师—乌苏、农五师—伊宁、农五师—托托、农五师—精河、农五师—沙山子，农五师—八十一团、农五师—八十二团、农五师—八十四团、农五师—八十五团、农五师—八十六团、农五师—八十九团、农五师—九十团等班车线。

四、国营、私营客运

1979—1984 年，县境内客运由国营客运企业经营。1985 年开始，个体客运专业户进入客运市场，改变过去由国营企业经营客运的局面。同年，博州国营旅客运输公司日发客车 19 个班次，完成客运量 66 万人次，总收入 737.5 万元；农五师客运公司日发客车 5 个班次，完成客运量 10 万人次，总收入 20 万元；个体客运总收入 437.9 万元。1990—2006 年，国营客运企业总收入从 645 万元增长到 4 250 万元，增加 3 605 万元；个体客运总收入从 2 036 万元增长到 7 120 万元，增加 5 084 万元。

第四章　铁路运输

第一节　阿拉山口火车站

一、火车站建设

1989 年 10 月，阿拉山口火车站动工开建，1992 年 10 月竣工。属于国家一类口岸、铁路一等站。车站设站楼 1 座，上下两层，建筑面积 4 882.8 平方米。站楼 1 层设有联检大厅、国际售票厅、候车厅、行包房及国内旅客候车厅、售票室；2 层设有欧洲、伊斯兰式候车厅以及中餐厅、西餐厅、酒吧间、

卡拉 OK 厅、台球厅等。车站换装作业区位于站区东南面，内设 2 个换装线，1 个换装站台，1 个换装所，2 个换装库。

车站中心距哈萨克斯坦多斯特克站(前苏联德鲁日巴站)12.15 千米，距中方与哈方接轨点 4.02 千米。车站属于国有独资企业，主要经营国际联运业务，既是国境铁路的换装站，又是国内铁路的技术作业站。车站下设客运、货运、运转、装卸、交接所 5 个车间。期间，1990 年 9 月 12 日，中哈铁路接轨（原苏联铁路）。1991 年 7 月 20 日，开办临时区域性货物运输。1992 年 6 月 20 日，开通国际旅客运输。

至 2005 年末，发乌鲁木齐—哈萨克斯坦阿拉木图的国际旅客列车 1 对，乌鲁木齐—哈萨克斯坦阿斯塔纳的国际旅客列车 1 对，乌鲁木齐—阿拉山口的国内旅客列车 1 对，旅客发送量 10.3 万人。阿拉山口火车站换装作业区内设 12 个换装站台，1 ~ 6 # 换装站台总建筑面积 26 859 平方米；7 # 、11 ~ 15 # 换装站台，货场总面积 25 910 平方米。国内货场货场面积 9 000 平方米；日均换装进出口货物 700 余车；设在哈萨克斯坦多斯特克站换轮进出口货物，日均 70 余车。货物进口运量 163 517 车 906.9 万吨，货物出口运量 62 489 车 199.7 万吨。

1992—2006 年，阿拉山口火车站先后被评为全国“五四红旗团委创建单位”“五一劳动奖章先进集体”。

二、轨道

1996 年，北疆铁路公司投资 2 400 多万元对阿拉山口火车站进行扩能改造。采用准轨车场 1 435 毫米和宽轨 1 520 毫米横列配置，合计铺轨 10.77 千米。扩建货物换装区，增加铺设宽、准轨 4 条，计 3.982 千米。建道口 5 处，站台 7 500 平方米，道岔 46 组。1999 年，北疆铁路公司投资 574 万元新铺站线宽轨 2 条、准轨 1 条、换装线 2 条。日均换装由 25 辆增加到 80 辆以上。投资 466 万元，修建旅客 4、5 线及配套设施。2002 年，阿拉山口火车站先后进行 4 次扩能改造，货物进出口能力由建站初期的 270 万吨提高到 450 万吨。

2002—2004 年，铁道部投资 5.5 亿元，路局自筹 2.5 亿元，再次对阿拉山口火车站、场、通道进行改造，货物进出口能力达到 1 300 万吨。

2005—2006 年，铁道部投资 1.02 亿元，在准轨Ⅱ场增建 12 条站线、1 条牵出线、1 条宽准轨换装套线；新建准轨车流交换场。

三、货运、客运经营管理

1991—2005 年，阿拉山口站运营期间，年过货量占新疆 16 个口岸总过货量的 90%，连续 11 年保持全国铁路口岸过货量第二。

阿拉山口火车站运营情况统计一览表

表 8-2

指标 年份	货物进口运量 （车 / 万吨）	货物出口运量 （车 / 万吨）	旅客发送量 （万人）	运输收入 （万元）
1992 年	9 245/58	2 550/1.5	2.74	5 016.24
1993 年	8 689/49.9	14 48/7.6	4.29	4 494.17
1994 年	7 662/43.2	1 023/4.6	3.22	4 988.76
1995 年	18 630/107.5	1 009/3.7	3.29	12 657.48
1996 年	33 381/197.6	5 829/12.4	2.92	20 692.77

续表 8-2

年份＼指标	货物进口运量（车 / 万吨）	货物出口运量（车 / 万吨）	旅客发送量（万人）	运输收入（万元）
1997 年	33 944/176.35	11 456/25.2	3.38	21 106.89
1998 年	38 599/213	7 981/23.5	5.59	21 745.87
1999 年	56 903/324.9	8 332/29.3	5.85	29 452.06
2000 年	65 372/376.6	12 426/49.2	7.86	34 820.85
2001 年	75 425/438	16 211/63	8	40 846.29
2002 年	86 958/515.4	16 522/65.6	9.7	45 418.85
2003 年	112 200/658.2	25 062/93.9	6	59 566.30
2004 年	137 729/791.7	39 214/139	5	59 298.11
2005 年	163 517/906.9	62 489/199.7	10.3	146 670.99

注：阿拉山口火车站 1991 年进出口货运量 2 585 车 162 938 吨

四、安全管理

1992 年，阿拉山口火车站成立安全室，主要负责火车站行车安全、货运安全、设备安全。是年 10 月 20 日至 2006 年 12 月 31 日，实现连续无责任行车重大、大事故、险性事故 5 837 天，无一切责任行车事故 2 472 天。

第二节　博乐火车站

一、概况

1990 年 8 月 10 日，博乐火车站开始使用。隶属于乌鲁木齐铁路局奎屯车务段管辖，是一个电气化铁路车站。距离博乐市 47 千米，距其上站阿拉山口站 27.2 千米，距其下站蘑菇滩站 25.8 千米，属于中间站、客货运输站、四等站。设 9 个班组。站区有养路工区、通信工区、信号工区、水暖工区等铁路单位。车站由四条到发线路增加至五条到发线路，是博乐市境内货流的主要集散地。车站为风区站。在路网上的作用和业务特点是办理列车到发、会让、本站始发列车编组、取送车对位以及军运等工作。1990—2006 年，博乐火车站在岗职工稳定 30 余人，专业技术人员 20 余人。

二、经营管理

博乐火车站以“稳货保客”为目标，协调组织装卸车、对货位，配合阿拉山口站做好货物运输的畅通。车站从优化组织流程、紧盯每日装卸车辆数等指标，根据日班计划合理安排列车解编、车辆取送，货物装卸作业，动态解决在运输组织过程中存在的问题，做到接发车有序衔接，车辆取送提前布置，减少作业中的等待时间，保证货物的畅通运输。1990—2006 年，博乐火车站装车 4.8 万余车，过货 400 余万吨，旅客发送量 3 亿多人次，客票收入 4 亿多元。其中 1996 年，全年货物运输总量为 3.6 万吨，旅客发送量为 2.57 万人。货物运输主要物资为钢材、化肥及农副产品，主要流向为郑州局、北完善生产激励机制，将调度及生产管理人员一体化 100% 与生产任务挂钩，对一线员工实行短平快奖励；

优化施工组织，减少制约运输能力因素。

京局、上海局和成都局，设有博州棉麻公司专用线。

三、安全管理

1990—2006年，博乐火车站对自然灾害和恶劣天气的安全风险控制进行防洪抢应急险演练30余次，强化恶劣天气下的应急救援演练9次，执行汛期警戒行车安全处置办法，大风、雨雪、雾霾等恶劣天气情况下的行车组织办法，提高行车组织和应急救援组织能力。车站消防演练60余次；开展调车和劳动安全专项整治、道岔定位管理专项检查、暑运期间电梯安全隐患排查整治、夏季消防安全排查整治、有限空间作业安全专项检查等专项活动30余次。加强站内平过道和站区防护栅栏（通道门）的日常检查、维护，采取日常检查与定期检查相结合的方式，加强对站场、换装库区、候车室、售票厅及装有易燃易爆物品车辆进行巡视检查，未发生旅客伤害事件，无路风事件发生，博乐火车站行车安全、货运安全、设备安全，无事故。

四、职工培训

1990—2006年，博乐火车站按照路局下达的培训任务，开展职工岗位达标活动、“立标、学标、对标、达标”活动和职教培训工作，以劳动安全、电气化安全、施工安全、暑期安全、防寒安全、春运工作、防洪安全、货装货物运输安全等内容为重点，对车站干部、职工进行全员和分工种培训，其中夏季防暑知识培训200余次，冬季安全教育100余次，强化职工自我防范和应急自救能力；确保作业人员的人身安全。开展干部职工岗位技能竞赛活动，组织1次职业技能鉴定培训。

第九编

通　信

中共十一届三中全会后，博乐邮电通信事业进入新的历史发展时期。20世纪80年代，博乐地区对外信息交流主要靠书信来往，电报、电话使用很少。1998年8月，实施邮政、电信分营。邮电分营后，邮政兼有管理和经营双重职能，邮政、电信逐步走向市场。1999—2006年，博乐市境邮电通信事业在深化改革中，先后成立新疆电信博州分公司、新疆移动博州分公司、中国联通博州分公司、中国网通博州分公司。博乐境内通信设施趋于完善，移动手机、宽带网络等现代通信媒体基本普及，四通八达的通信网络推进博乐信息化建设。

第一章 邮电体制改革

第一节 邮电分营

1998年3月，博州邮电管理局启动无线寻呼业务剥离工作。同年8月，博州邮电管理局按照国家信息产业部《邮电分营工作指导意见》和《新疆维吾尔自治区邮电分营实施方案》的指导原则和要求，实施邮电分营。同年12月，新疆国信寻呼有限公司博尔塔拉蒙古自治州分公司、博尔塔拉蒙古自治州邮政局（简称博州邮政局）和博尔塔拉蒙古自治州电信局（简称博州电信局）成立。邮电分营后，邮政、电信按照职能要求，改革重组机构，实施市场化经营。

第二节 电信分营

1999年9月，根据自治区邮电管理局批复《组建博州移动通信分公司的实施方案》，新疆移动通信公司博乐分公司成立。2000年8月，新疆电信博尔塔拉蒙古自治州分公司成立（简称新疆电信博州分公司）。2001年，新疆移动通信公司博乐分公司更名为新疆维吾尔自治区移动通信公司博尔塔拉蒙古自治州分公司（简称新疆移动博州分公司）。

第二章 邮 政

第一节 机 构

1979年，为州邮电局，1987年设办公室、财供科、邮政科、电信科、技术办公室。1993年，成立邮票公司。1998年12月，博州邮政局成立，内设综合办公室、党群工作室、经营服务部、运行维护部、计划财务部、人事教育部。1999年2月，成立博州鸿兴有限责任公司，为独立法人，正科级。同年分别成立报刊影像发行局、邮政速递分局、邮购广告分局、储蓄汇兑科、安全保卫部、离退休管理科、审计监察科。2006年，经营部更名为市场部，运行维护更名为网络运行部、人事教育部更名为人力资源部，储蓄汇兑科更名为储汇局、邮购广告分局更名为信函广告局，报刊影像发行分局更名为报刊发行局。成立机要通信局，组建速递物流局。博乐市境下设9个邮政支局4个邮政代办所。4个邮政支局划归鸿兴公司管理，由鸿兴公司代办邮政业务并与博州邮政局签订代办协议。

第二节　邮路及投递

一、马班邮路

1979—1984 年，马班邮路邮递员为牧民送信。博乐至赛里木湖牧区马班邮路单程 222 千米。1985 年末，市境乡村马班邮路 3 条。至 1990 年末，市境结束马班邮路历史。

二、自行车邮路

1979 年，博乐至乌图布拉格、博乐至蒙古庙自行车邮路为周六班。1982 年，博乐小营盘至察布卡尔干单程马班邮路改为自行车邮路。到 1985 年，市境自行车邮路 27 条。至 1990 年末，市境自行车邮路 3 条、44 千米，主要为乡村邮路。

三、摩托车邮路

1979—1984 年，博乐至青达拉为摩托车邮路。1980 年，博乐至蒙古庙单程 15 千米自行车邮路改为摩托车邮路。1985 年，博乐至赛里木湖牧区单程 222 千米马班邮路改为摩托车邮路。1985 年末，市境摩托车邮路 2 条。20 世纪 90 年代后，市境乡村自行车邮路改为摩托车邮路。

四、汽车邮路

1979 年，博乐经达勒特、塔斯尔海、塔格铁至霍热汽车邮路单程 101 千米，每周 3 班；博乐经阿拉山口汽车邮路单程 78 千米，每周 1 班；博乐经哈日图热格派出所、林场至玉科克边防站汽车邮路单程 45 千米，每周 1 班；博乐至亚孜木图汽车邮路单程 11 千米，每周 3 班；博乐至赛里克边防站汽车邮路单程 34 千米，每周 1 班；博乐至铁列克特边防站汽车邮路单程 68 千米，每周 1 班。1985 年，博乐至青达拉摩托车邮路，改为汽车邮路，每周 3 班。1989 年，博乐至蒙古庙摩托车邮路，改为汽车邮运。1999 年 5 月，乌市—博乐干线邮路连接精河县全部邮政网点，往返时间缩短 1 天；博乐市地区信函、特快及日报做到次日投递；阿拉山口及博乐农村进、出口邮件、报刊的传递时间均缩短 1 天。同年 5 月，博乐局东部邮路由原 3 条调整为 2 条，即博乐—乌图布拉格、博乐—贝林哈日莫墩，发车时间均调整为 14 点。同年 8 月，博州一级干线邮路作调整，博乐市区内所有邮件（平信、挂号、特快、包裹、汇票等）以及指定区内各大报能够实现次日投递。博乐市农村网点进出口邮件、报刊传递时限，均做到压缩 1 天。至 1999 年末，全州有邮路 4 条，邮路总长度 425 千米。其中二级干线邮路 2 条，总长度 233 千米；农村邮路 3 条，总长度 189 千米。博乐市境转趟邮路 1 条，总长度 3 千米；农村投递路线 35 条，总长度 1 003 千米。

2000 年，全州 29 个支局投递网点的进出口邮件与乌市邮区中心局建立直封关系。2005 年，博州邮政局调整内部作业组织，优化邮运网络，本州报纸在全州实现当日见报。

第三节　邮政设备

中共十一届三中全会后，博州邮运工具由最初的马匹、马车逐步转换为自行车、摩托车、汽车；内部处理设备不断更新。

1995 年，博州新建邮政储蓄微机营业网点 8 处，并实现储蓄点活期储蓄的通存通兑。新增 2 处报刊发行微机处理系统，新增运钞车 3 辆、特快专递车 1 辆，更新 2 辆运钞车。

1998 年，博州邮政局完成电子化营业厅建设 11 处，实现县以上邮政中心营业业务处理“一台清”。有邮政汽车 17 辆，更新邮运车辆 2 辆；有捆扎机 1 台，过戳机 1 台，微机 101 台，局域网服务器 18 台；生产用房面积 17 771 平方米。

1999 年，博州邮政局有各种邮运汽车 23 辆，捆扎机 2 台，过戳机、利息计算机 32 台，点钞机 26 台，多功能电子秤 54 台。全州邮政局所 38 处。邮政局相继完成“绿卡工程”建设。博州邮政局投入资金 233 万元，建成 16 个邮政电子化营业窗口。

2001 年，博州邮政局投资 26 万元，建报刊亭 10 个，其中博乐支局自筹 15.6 万元；投资 250 万元，建邮政生产附属楼 1 座，总建筑面积为 2 408 平方米；在青得里邮政支局和红星路邮政支局安装 2 台大堂式 ATM 自动取款机。2000—2001 年，博州邮政局投资 62.5 万元，在全州邮政储蓄网点安装电视闭路监控系统。2005 年，博州邮政局配合自治区邮政局实施“两网互通”以及电子化支局统版等工程。

第四节　邮政业务

一、函件、邮政快件

函件　1980 年 7 月，恢复回执业务，开办代发广告业务。1981 年 5 月，又恢复代收货价业务，并规定每件最多 5 000 元。1984 年 10 月，恢复义务兵平信免费邮寄。1987 年 5 月，开办国内有声信函业务。1990 年 7 月，撤销办理代收货价业务及收取回执业务。同年，博州的函件为 162.53 万件。2000 年，博州邮政局与移动公司签订账单投递业务协议，累计收寄 14 710 件，收入 1.18 万元。2001 年，博州邮政局揽收企业金卡 14.2 万枚，夹送广告 13.54 万份，中邮专送广告发行 20 万份。函件全年完成收入 89 万元。2005 年，博州邮政局函件业务以企业拜年卡为重点，全年揽收 7.7 万枚，实现收入 21.2 万元。

邮政快件　1988 年，博州邮政局各局开办邮政快件业务，博州出口邮政快件 3 464 件。1989 年 1 月 1 日起，博州各银行的联行信件一律按“邮政快件”交寄。1994 年，邮政快件 30.95 万件。1998 年 5 月 15 日，博州邮政局停止收寄普通国际快递函件。1999 年，博州邮政局取消邮政快件业务。

二、包裹

1979 年 7 月 1 日，博州邮政局开始实行“甲乙类保价包裹”的规定，每件包裹最高保价额为 5 000 元。1987 年，博州邮政局开办商品包裹业务，执行商品包裹资费标准，要在包裹及详情单、收据、存根上加盖“商包”戳记。同时，开办商品包裹专送服务业务项目。1989 年后，包裹市场受运输部门竞争冲击，加上邮政包裹资费、处理规格等因素的影响，博州包裹业务量下降。1990 年末，博州包裹为 21 383 件，比 1988 年减少 8 342 件。1998 年，博州邮政局恢复开办国内包裹存局候领业务。2001 年，包件收入仍实现 163 万元。2005 年，博州邮政局重点揽收棉包、特色包裹和军包，完成收入 194 万元。

三、邮政投递

1979 年，博州邮电局有摩托车 33 辆。全州城乡摩托车投递里程为 1 099 千米。1990 年，博州农牧区投递路线单程为 1 657 千米。博乐市城区内设投递段 10 个，投递频次每周 6 班，邮件投交收件人所在单位转交，服务面积 18.8 平方千米；农村投递路线 36 条，计 1 027 千米。1991 年，博州邮电局在博乐市城区设个体工商户信报接转站 5 个，每站配兼职信报收发 1 台。1992 年，博州有乡办投递业务工作站 29 个，占全州乡镇场的 82.9%；投递到村、连队的占 71.6%；投递到村民小组的占 94%，其中投递到户的占 85%。雇用农民投递员 212 人，延伸投递路线 247 千米。2000 年，根据《博州邮政局投递改革实施方案》，博州邮政局成立投递局。对原有博乐市城区段道重新组合，由改革前的 8 个段道，调整为 14 个段道。投递段道按片区和街道划分，投递员除投递报刊、邮件外，还要担负揽收其他业务职责，其工资按投递里程、业务量核发。2001 年，博州邮政局对投递人员实行计件工资制。2002—2006 年，博州邮政局实施邮政经营投递服务规范化管理。

四、报刊发行

1980 年，博州邮电局开办报刊零售业务。各局增设报刊零售网点，发展报刊零售业务。1990 年末，博州报刊零售点为13处，零售杂志335种，零售额为12.75万元，占订销总额的9.82%。1982年7月，《博尔塔拉报》蒙文版出版，并交博州邮电局发行。到1985年，全州发行各类报纸430种，各类杂志2 010种。1986年，驻博州兵团农五师机关报《战旗报》出版，并交博州邮电局发行。1990年末，博州发行报纸441种，订销期发数为35 916份，累计份数为5 646 251份；发行杂志2 083种，订销期发数为55 584份，累计份数为737 705份；报刊流转额为1 299 029元。每百人拥有报刊48.60份，人均订阅报刊费用支出4.01元。2001年，博州邮政局在市区增设300户单元式信报箱，在原有的7个投递段道基础上增设6个投递段道。2002年，博州邮政局发行业务收入145.6万元，2005年，博州邮政局一次性收订报刊流转额642万元，完成区局计划的104%。

五、汇兑

1981年5月1日起，博州邮政局各局恢复办理“代收货价”“代购”业务而发生的单位的汇款，取消最高限额。1981年6月，博州邮政局每笔汇款最高限额为5 000元。1988年5月1日，博州邮政局开办邮政快件汇款业务，在快件汇款使用的邮政汇款通知单左上角加盖“邮政快件”戳记。1990年，博州邮政局陆续使用邮政快件汇款专用通知单。同年，汇票款额为47 352184元，平均每张汇票为277.31元。1998年，博州邮政局汇兑业务收入完成156万元，汇兑收汇款额为1.09亿元，汇兑收入158.39万元，占邮政收入的14.38%。1999年2月26日起，博州邮政局开办国内邮政礼仪汇款业务，每笔礼仪汇款收取1元吉祥卡服务费，汇兑业务收入完成156万元。2002年2月，博州邮政局开办电子汇兑业务。同年，建电子化营业网点13处，电子汇兑网点19处，“绿卡”网点2处。2003年，全州绿卡网点25处，电子汇兑联网点26处，覆盖率91%。2005年，博州邮政局汇兑业务新开发代收石油款，代收移动、联通营业款业务，实现收入8.91万元。全年完成汇兑业务收入83.57万元。

六、储蓄

1981年，博州邮电局恢复储蓄业务。1986年9月，博州邮电局正式开办邮政储蓄业务。业务种类有活期、定期、定活两便3种。同年，储户为434户，收储余额42.55万元。1988年，博州邮电局发行邮政有奖储蓄A组100万元、B组100万元、C组200万元。1990年3月，博州邮政储蓄由缴存款改为转存款，实行利差结算收入。同年末，博州邮政储蓄网点有19个，占全部邮政营业网点的63.33%；存款户数有10 964户；邮政储蓄余额为1 297.81万元。比1986年的42.55万元增长29.50倍；实现业务收入25.83万元。开办的业务种类有活期(活折、活单)、定活两便、定期(整存整取、零存整取、整存零取、存本付息)、汇转储、有奖储蓄、代发工资转储、代办保险、青少年节约储蓄。1991年，博州邮政储蓄余额突破2 000万元，1995年，博州新建邮政储蓄微机营业网点8处，实现储蓄点活期储蓄通存通兑。2002年，博州城乡邮政储蓄余额突破4亿元。全年净增额6 154万元，邮储市场占有率15.32%。2005年，博州邮政储蓄余额77 593万元，全年净增9 723万元。全州邮政储蓄余额2 771万元，市场占有率19.77%。

七、邮票发行及集邮

1979年2月，博州邮电局正式恢复邮票发行业务，并出售纪特邮票和集邮专用品。1984年4月，博州邮电局在营业处设邮票发行专柜，所需集邮邮票和集邮用品由自治区邮票公司下发。1986年10月，博州集邮协会成立，由博州邮电局安排专人负责集邮工作。1990年底，博州邮票发行业务由单纯出售邮票发展到经营集邮邮票(国内邮票、邮资封、邮资明信片、国外邮票、盖销票)、集邮品(首日封、纪念封)和集邮用品、用具，并办理集邮邮票预订等业务项目。同年，全州邮票经营收入102 235元。1991年，博州集邮协会举办迎“七一”巡回邮展、集邮知识大奖赛、“爱我中华”青少年集邮知识巡回演讲等活动。1999年，博州党委宣传部、博州集邮协会、博州团委等6家单位联合举办第三届巡回邮展。征集6人8部展品（49框、441张贴片），展出38场，观展人数约3万人次。2001年6月，博州邮政局制作的《青色草原博尔塔拉纪念邮册》，获自治区邮政局最佳集邮品评选二等奖。2003 年 7 月，博州邮政局展出集邮作品 100 个标准框、1 548 个贴片。2004 年，博州邮政局同博州党委宣传部联合制作发行《庆祝博尔塔拉自治州成立 50 周年》邮折 2 600 册和《西部灵壤—博尔塔拉》邮册 2 000 册，举办州庆邮展活动。2005 年，博州邮政局开发个性化邮票 3 枚，实现收入 16.36 万元。

八、特快专递

1994 年初，博州邮政局开办特快专递业务，实现收入 4.8 万元。1998 年，博州特快专递业务 1.7 万件，实现收入 42 万元。同年，博州邮政局开办代投法院传票特快业务和单位职工生日礼仪特快等，并在全州范围内建立用户申告登记，答复率为 100%。1999 年，博州邮政局特快专递完成 24 548 件，同比增长 68.1%，特快收入完成 314 万元，同比增长 43.2%。同年 10 月，博州邮政局在全州范围内开办速递法院文书业务，与博州公安局协商开展邮政特快专递、寄递居民身份证“快证”业务。2001 年，博州邮政局速递礼仪完成收入 75 万元。礼仪和身份证“快证”、法院文书专递等，收入完成 89 万元。2004 年，博州邮政局与车管部门协商，代理车证照速递业务，达成合作协议。2005 年，博州邮政局特快专递业务以开发法院专递、集团生日礼仪、同城特快等为重点。同年，法院专递业务，实现收入 2.01 万元；阿拉山口特快专递业务，实现收入 20.6 万元；同城特快相继同环保、电信等单位达成协议或意向。

九、邮政物流

2002 年，博州邮政局新增邮政物流业务，实现收入 6 万元。2003 年 4 月，博州邮政局正式开办物流配送业务，实现收入 113 480.19 元。2004 年，博州邮政局重点发展乌市至精河至博乐的货物运输业务，实现物流收入 12 万元；其中，博州邮政局制定农资配送业务发展方案，农资配送业务实现收入 2.2 万元。2005 年，博州邮政局物流业务采用承包经营的方式，全州邮政物流收入完成 16 万元。农资配送业务销售额 19.2 万元，利润 7 万元。

十、代办业务

1999 年，博州邮政局与博州国信寻呼分公司签定寻呼业务代办协议，代办无线寻呼业务服务网点 25 处。代理中国人寿保险公司博州分公司的保险业务。2000 年，博州邮政局代办火车票 298 张，代办寻呼收入 6.4 万元，代办工资 3 733 户、代理金额 186.55 万元，代缴话费 496 户，代收电费 2 700 户，金额 21 万元。2001 年 3 月，博州邮政局分别代办中国联通博州分公司和博州移动通信分公司电信类业务。同年末，代办联通、移动用户 1 183 户，实现收入 16 万元。2002 年，博州邮政局代办业务收入 18.9 万元。同年，博州邮政局开办电话超市 13 家。2003 年 7 月，博州邮政局代理保险业务，实现人寿保险业务保费 120 万元。2004 年，博州邮政局代收保费 117.1 万元，实现收入 5.3 万元。2005 年，博州邮政局代理保险业务，实现收入 6.63 万元。汇兑业务新开发代收石油款业务，代收移动、联通营业款业务；代收石油款业务，实现收入 8.91 万元。

第五节　业务管理

一、邮袋管理

1980 年 1 月，博州邮电局印发《关于严格加强邮袋、报皮布的管理，并及时清退的通知》。1983 年 4 月，博州邮电局在全州范围内进行邮袋检查。共抽查县局、支局、邮电所 5 处，挪用邮袋 62 条。1986 年，博州邮电局报刊封装使用报刊专用袋。1987 年 11 月，博州邮电局邮政快件封发启用邮政快件专用袋。同年 12 月，博州邮电局邮实施《自治区内邮袋管理工作考核评定标准》《自治区内邮袋使用管理实施细则》。1988 年 8 月，全州清退空邮袋 13 170 条，其中博乐清退空邮袋 6 341 条。博乐获 91 分，为一类局。1989 年，博州邮电局印发《关于加强邮袋管理工作的通知》，对全州邮袋管理进行检查。检查城市邮政投递班、营业室、封发室、邮政档案室、发行室、各类库房、车库、支局所。经评定，博乐获 97 分，同年，博州开拆普通邮袋 37 302 条，封发用量为 24 335 条。全年退袋计划为 12 820 条，实际完成 13 059 条。1990 年，博州邮电局有专（兼）职邮袋管理人员 38 人，其中兼职邮袋管理领导干部 5 人。

2003—2004 年，博州邮政局贯彻落实《邮袋、信盒、“三化”管理》和“四有四无”管理目标，对各县局所属分支机构邮袋使用管理工作进行检查，填写检查报告书 17 份，对存在的问题提出整改意见。2005 年 5 月，国家邮件容器管理检查组对博州邮政局邮件容器使用管理工作进行检查，并给予充分肯定。同年，博州邮政局开拆普通邮袋 97 237 条、调入 14 411 条、封发 69 609 条、清退 41 317 条，特快邮袋开拆 12 889 条、调入 601 条、封发 9 677 条、清退 4 391 条，报刊邮袋开拆 3 106 条、清退 3 114 条、报皮布清退 15 428 条，填写检查报告书 15 份。

二、质量管理

1979 年，博州邮电局完成自治区邮电管理局下达的总包邮件延误差错率、总包邮件损失率、给据邮件延误差错率、给据邮件损失率、平常邮件延误率等质量指标。1980 年 4 月，博州邮电局执行国家邮电部《邮政通信质量管理办法》，1983 年 7—8 月，博州邮电局对所属邮电支局、所、邮政班组的通信服务质量进行检查。共检查邮电支局所 25 处、班组 7 个，走访用户 1 195 人，查投递邮路 40 条，占投递邮路的 66%，对查出的问题均进行处理，并责成相关单位限期整改。同年，博州邮电局完成自治区邮电管理局下达的 7 项邮政通信质量指标。

1984 年 4 月，博州邮电局成立全面质量管理（TQC）领导小组。至 1989 年，检查邮电支局、所 85 处；邮路 46 条，计 1 918 千米；走访用户 356 人，发征询意见函 233 件；检查乡邮排单 6 859 份，业务单式 9 651 张，营业员账目 74 人次，填检查报告书 86 份。各种单据 20 077 张、投递卡 12 138 张；开展汇兑会计和汇兑业务会审。博州邮电局完成邮政通信质量考核指标，其中，博乐邮电支局 1986 年订销报刊延误差错率未完成，其他年份均完成邮政通信质量考核指标计划的 100%。

1990 年 5—6 月，博州邮电局进行邮政通信质量、邮电营业款、储蓄款、汇兑款、报刊款大检查，历时 15 天。检查邮电支局、所 26 处，为应查面的 100%；检查进出口邮件路单、清单 3 118 张，勾挑核对合格率为 2 934 张，合格率为 94.09%，交接验收合格率为 94.92%；检查各类收寄邮件 2 547 件，计费合格率为 98.31%；检查进出口邮件 4 061 件，邮件规格处理合格率为 86.31%。1993—1994 年，博州邮电局开展全员优质服务 10 项目标活动。1996 年，博州邮电局建立“两公开一监督”制度，并在《博尔塔拉报》上刊登收费标准，定期走访用户；制定《缺报少刊赔偿管理办法实施细则》。1997—1998 年，博州邮电局开展“邮电服务年”活动。1999 年初，博州邮政局印发《邮政服务质量考核实施细则》。2000 年，博州邮政局围绕规范服务，实施“抓好两个结合，实现三个加强，推动一项深入”措施。“两个结合”即把改善服务同管理年活动紧密结合起来，把对外树立形象同内求持续稳定发展结合起来；“三个加强”即加强对“树创”活动的组织领导，加强对服务环境、设施的建设，加强对改善服务的监督制约；“一项深入”即把“树创”活动进一步引向深入。先后印发《博州邮政服务规范实施细则及考核办法》《博州邮政服务规范检查范围及方法》《博州邮政缺报少刊赔偿管理办法实施细则》和《博州邮运汽车车准班准点考核办法》。2001 年，博州邮政局开展争创“规范化服务示范窗口”活动和“远学幸福路支局、近学青街支局”活动。

2003 年，成立博州邮政局规范化服务检查领导小组。2005 年，博州邮政局修订通信质量、服务质量、储汇管理等管理考核办法。同年，博州邮政局规范化服务支局、所达标率 100%，农村自办网点规范化服务支局达标 85%，规范化服务示范窗口 4 个。博州邮政获自治区邮政系统“用户满意企业”称号。

第三章 电 信

第一节 中国电信博乐分公司

1998年，邮电企业体制改革，实行邮政、电信分离。博州电信局成立。1999年9月，博州电信局分营，移动通信职能分出。博州电信局设综合办公室、人力资源部、计划财务部、市场经营部、运行维护部、通信建设部、物业服务中心。2000年8月，新疆电信博尔塔拉蒙古自治州分公司成立（简称新疆博州电信分公司），完成公司改制，员工186人。2001年，新疆电信博州分公司实施主辅、主副分离，将非主营业务资产划入新疆电信实业（集团）公司，成立博州电信实业公司。2003年，设新疆电信公司博州分公司北京路营业厅。2004年5月，新疆电信博州分公司完成资产重组，成立新疆电信有限公司博州分公司。

第二节 电信网络

一、电话与电路

长途电话　1979年，博州有长途电路24条，其中博乐12条，分别通达乌鲁木齐、伊犁、乌苏、奎屯。1985年末，博乐长途电话设备有十二路载波电话终端机1部，三路载波电话终端机2部；共电式长途交换机1部；磁石长途交换机1部。同年，博乐安装ZZD04高十二路载波电话终端机1部，增开博乐市奎屯载波话路3条。1987年9月，博乐安装开通DD01长途电话半自动对端设备，开通博乐至乌鲁木齐一来二去半自动拨号电路，实现博乐至乌鲁木齐长途电话半自动接续。1988年，博乐安装无线特高频三路载波电话设备1套，增开话路3条；同年11月，五台载波增音站竣工运行，改善冬季冰凌期乌伊电路、博乐东方向载波电路的传输质量，减少冰凌阻断电路。1990年底，长途电话设备有共电式长度电话交换机1部40门、60路以下载波电话终端机5部、长途电路24条。1991年6月，开通国内长途直拨电话。1993年，安装开通JDD51型长、农程控交换机，微波电路投入使用，长途电路接入全国长途自动网。1994年3月，与市话程控化改造扩容工程同期120路端长途交换机开通运行。同年9月，乌伊光缆博州段开工建设。同年11月，由博州自主建设的第一条通信光缆博乐—阿拉山口直埋敷设八心光缆开通。工程传输距离71千米，是新疆第一条超长距离无中继通信光缆。1996年3月，电路网管系统投入运行，保证长途电话和本地网电话的畅通。同年7月，2520路端的长途电话程控交换机开通运行，完成长途电话、市内电话交换的分立。1997年10月，拆除博州局历史上长达44年的长途人工接续台，长途电话人工接续时代终结。1999年，可提供通向网外的商业服务电路4380路，开通2040路，长途电路充盈。2002年6月，博州由出境光缆博乐—塔城光缆工程全线竣工。博州长途通信形成空中微波、地下光缆，光缆双路由出境的安全立体网络。

市内电话　1979年，博乐市内电话交换机装机容量1 420门；电话线路架空电缆与明线混合。有杆路33千米，电缆皮长17.9千米，架空明线81千米。1985年，博乐首次发行市内电话号码簿。1987年，市内架空明线全部改建成电缆，主要街道架空电缆改为地下管道电缆。1990年，博州实现城内电话自动化。同年11月，博州邮电局通信楼加层扩建工程竣工，博乐第二个千门市内电话自动交换机扩容工程及长途电话设备于1991年3月开通运行。1992年9月，阿拉山口口岸240门小程控交换机开通使用，与博乐市市话等位拨号。1995年2月，阿拉山口口岸1000门HJD04-RM12数字交换割接开通投入运营，完成换代升级和扩容。1994年3月，博乐完成博乐市话程控化改造，容量增加4 000门。工程总投资

1 900 万元，是博州通信发展史上规模最大的设施建设。完成市话号码五位升六位。1995 年，博州纵横制交换机全部退网，实现县城以上交换程控化，本地电话网正式投入运行。同年 6 月，博乐市话容量由原有的 6 000 门增加至 11 000 门。博州邮电局微机自动查号系统正式投入使用。1996 年 7 月 13 日零时，博州本地电话网实现电话号码六位升七位，长途区号由 09093 改为 0909。1997 年 7 月，博乐支局市话交换扩容 5 000 门割接投入运行。1998 年 1 月，“九七工程”向用户开通运行。1999 年博乐建成 10 000 门 231 市话分局，4 000 余用户改号割接，建设 4 个 ONU 站 22 千米光缆的城市接入网工程。城市交换容量 3.65 万门，农村交换容量 4 万门。2000 年 6 月，IMS-112 集中测量系统正式运行。2001 年，博乐城市接入网新建两环一链 20 千米光缆，15 个 ONU 机站，新增主干 1.18 万对，新增交换容量 1 万线。城市光纤环网敷设 144 芯主干光缆 8.5 千米，设置 16 处落地式光缆交接箱，为光纤入户提供基础条件。城市敷设通信管道 196 千米，基本连通博乐市区主要街道。驻地网建设完成 1 000 多个信息点建设，为宽带接入打下基础。同年 11 月，投资 1 000 万元，设计容量 8 000 线的无线市话（小灵通）项目，在博乐市区、阿拉山口建设基站 116 个，调试开通试运行。2004 年 5 月，小灵通疆内不同厂家设备异地接入网关开通，实现小灵通在全疆范围内的漫游。

农村电话　1979 年，博乐有农村电话交换点 7 个；磁石交换机容量 230 门；接入电话机 275 部；架空杆路总长度 188 杆千米；架空铁线 312 对千米；B845 单路载波电话终端机 6 套。1987 年，开通博乐至贝林哈日莫墩单路。1990 年，博州农村电话交换点合并为 6 个；磁石交换机容量 210 门；架空杆路减少到 107 杆千米；架空铁线减少到 160 对千米；载波电话终端 6 套。

1991 年 12 月，贝林哈日莫墩乡开通 64 门小程控交换机。1992 年 12 月，第一个 STO200 型局用程控交换机在达勒特镇正式开通运行，与博乐市市内电话等位拨号。到 1995 年，全州乡镇、团场 25 个 STO200 型局用程控交换机开通运行，农话网其他型号的交换机均被淘汰。开通小营盘至阿热勒托哈牧场、八十九团至达勒特 30 路小微波传输网。1996 年 4 月，达勒特镇 C&C08 型数字程控交换机投入运行，替代 STO 模拟程控交换机，容量由 480 门增加到 1 024 门。同年 10 月，割接入网，投入试运行。1999 年，在农村继续采用光缆接入网方式扩大网络覆盖面。2000 年，博州农村新建 4 个接入网 ONU 站和 15 个接入网 ONU 站的扩容，扩容 3 296 线。落实自治区“村村通电话工程”，在博乐市区、阿热勒托哈、八十九团建设 3 处 ETS 无线接入基站，解决偏远散落村队通信问题。本地中继电路达到 2 561 路。2001 年，启动传输网优化一期工程，新建 2.5G 局间中继及博乐—温泉 622MSDH 传输系统，博乐—精河 SDH 环路光缆扩容 2×155M。2002 年，本地交换网优化二期工程新增容量 4 320 线，数字用户 176 线；新建本地网光缆线路 40 千米，博乐—精河环路光缆扩建为 2.5G，扩建博乐—温泉 622M。增建 ETS 基站两处，扩容 12 信道。2003 年，对博乐市接入网 20 个 ONU 站点进行传输改造；本地网交换进行第三期优化。2004—2005 年，持续优化本地电话网络，对农村线路进行改造，以满足数据传输和宽带接入需要。

二、电报

1979 年，博州电报传送实现电传化，博州电报设备有载波电报机 3 部，传真电报机 4 部，55 型电传打字机 8 部。1981 年，博乐安装双机头自动发报机，与乌鲁木齐一来一去。同年，全州均以县城为中心，组成县到乡（镇、场）的话传电报网，缩短农村电报的传递时限，个别没有电话交换点的乡场仍随邮班传送。1986 年 7 月，博乐开始使用 BHC83C 型汉字电传机。1987 年，博州结束人工译电历史。1988 年，博乐电报进入全国自动转报网，电报收发不再经过逐级转发。同年 4 月，博乐开办礼仪电报业务，同年 7 月，博乐开办至乌鲁木齐传真电报业务。1991 年 12 月，博乐开办请柬电报业务。1992 年 12 月，执行国家物价局调整后的国内公众电报资费。20 世纪 90 年代后期，电报作为快速传递信息的手段，逐渐被电话和传真替代，收发量逐年下降。21 世纪初，博州电报结束历史使命。

三、数据通信

1995 年 10 月，提供各类综合语音信息服务的 168 信息台向全州电话用户开放。1996 年 2 月，博乐正式开办分组交换业务。1997 年 12 月，数字数据网（DDN）在博乐市建成并投入使用。1998 年 2 月，169 中国公众媒体网博乐东站点开通。同年，注册用户 16 户。2000 年，169 中国公众媒体网博乐东站点注册用户 1 230 户。2001 年，169 中国公众媒体网博乐东站点完成综合业务数字网（ISDN）部署，用户使用 ISDN 终端接入互联网，传输速率提高到 512kB。2002 年末，全州完成城乡非对称数字用户环路（ADSL）网，并投入使用。2003—2004 年，博乐市城区、农村通信线路进行以提高传输质量为目标的线路整治和下户线的更换，楼宇户线建设 2 万多户，为宽带业务提供保障。2005 年，新疆电信博州分公司从传统网络运营商向综合信息服务商转型。

第三节　电信业务资费

一、长途电话资费

1979 年 7 月 1 日，恢复首次通话仍按 3 分钟基本话费价计，超过 3 分钟按每分钟 0.01 元计费。1987 年 10 月，新疆维吾尔自治区邮电管理局、物价局联合通知，调整近距离长途电话资费，为 12 级计费。1997 年，博州本地网建成后，取消长途电话资费等级，实行按通话时长每 6 秒 0.07 元计费。

二、市内电话资费

1979 年，博乐自动电话交换机装机容量 1 000 门。1980 年，国家邮电部、国家物价总局发布《调整市内电话月租费标准的联合通知》，将包月制电话月租费的计费等级调整为四级，博乐市电话月租费执行新三级局标准。同年 7 月，博乐县开始收取市内电话初装费。企业单位每部收取 1 000 元，行政事业单位每部收取 500 元，学校、幼儿园、托儿所每部收取 300 元。

1990 年 11 月，博乐市话月租费在原收费标准的基础上上浮 20%，上浮后甲种电话每月每部 9.12 元，乙种电话每月每部 14.4 元。同年 12 月，电话月租费按二级局标准收取，甲种电话 13.20 元，乙种电话 21.60 元（含上浮 20%）。1991 年 3 月 15 日起，博乐市新装程控电话初装费标准为企业单位每部电话 3 500 元，行政事业单位每部电话 2 500 元，中小学、托儿所、幼儿园每部电话 1 500 元，私人付费的住宅每部电话 2 000 元。1992 年 10 月 1 日起，博乐市内电话实行复试计费，即在市话营业区内的用户每通话 3 分钟为 1 个计次单位，不足 3 分钟的按 1 次计算；区域外的用户通话以 1 分钟为 1 个计次单位，不足 1 分钟的按 1 分钟计算；每个计次单位通话费均为 0.10 元。

1993 年 4 月 1 日起，博乐市内程控电话初装费、月租费调整为中小学等业务电话 2 400 元，其他单位和个人（含办公和住宅电话）每部电话 4 000 元。1996—1999 年，博乐市内电话初装费经过 2 次调整后，中小学业务电话 600 元，其他单位和个人 800 元。

1979—2005 年博乐市（县）电信电话数量一览表

表 9-1　　单位：部

年份	数量	年份	数量
1979	374	1995	7 914
1980	408	2000	21 355
1985	587	2005	56 129
1990	947	–	–

三、电报资费

1979年，博乐市内电报种类由特种、军政、新闻、公务、汇款和普通6种增加防空、天气、水情、公益、公电5种，计11种。特种业务有特急、加急、分送3种。1980年，博乐市内增加改发和邮送两种。1981年2月1日起，博乐市内除局名保留使用汉语拼音外，电报业务标示恢复使用英语缩写。1985年4月1日起，博乐市内执行新的《国内公众电报业务规程》。业务种类减少8种（天气、水情、公益、政务、新闻、普通、汇款、公电），取消防空、特种、公务电报，军政电报改为政务电报。1992年，博乐执行国家物价局、国家邮电部调整的国内公众电报资费标准。

1979—2005年博乐市（县）电信出口电报业务一览表

表9-2　　单位：份

年份	数量	年份	数量
1979	30 263	1995	102 158
1980	44 729	2000	30 749
1985	53 752	2005	409
1990	103 293	–	–

四、农村电话资费

1988年前，博乐市内农村电话执行1965年制定的资费标准。20世纪90年代初，博乐市内农村电话逐步与市内电话网融合。1992年3月，自治区物价局、邮电管理局印发《自治区农村电话资费实施调整方案》，调整农话资费。

1988年、1992年博乐市电信农村固定通话资费标准一览表

表9-3　　单位：元

类别		计算单位	1988年	1992年
甲种用户	正机	每月每部	不分甲种、乙种用户正机7元、副机6元	16.00
	副机	每月每部		13.00
乙种用户	正机	每月每部		20.00
	副机	每月每部		16.00

说明：甲种用户是指村民委员会、村民小组及乡（镇）、村所属中、小学校、幼儿园和无营业性质的私人住宅电话用户；其他用户均为乙种用户。

1979—2005年博乐市（县）电信农村电话户数一览表

表9-4　　单位：户

年份	数量	年份	数量
1979	90	1980	103

续表 9-4

年份	数量	年份	数量
1985	83	2000	16 678
1990	110	2005	24 376
1995	-	-	-

说明：1995 年改以本地电话口径统计，不可同比

第四章 移动通信

第一节 机 构

1999 年 9 月，新疆移动通信公司博乐分公司成立，设综合办公室、综合生产部及博州翔宇有限责任公司。2001 年 2 月，新疆移动通信公司博乐分公司更名为新疆维吾尔自治区移动通信公司博尔塔拉蒙古自治州分公司（简称新疆移动博州分公司）。2004 年 7 月，新疆移动通信公司博州分公司更名为新疆移动通信有限责任公司博尔塔拉蒙古自治州分公司。2006 年，分公司内设综合办公室、财务部、市场部、网络部、营销中心。

第二节 移动通信网络

一、移动电话（模拟网、数字网）

20 世纪 90 年代初，博州移动电话使用模拟移动第一代通信技术，又称模拟蜂窝式移动电话。模拟手机体积大，通话费昂贵。1996 年，使用以数字为主的第二代移动电话系统，即 GSM 网络。1999 年，新疆移动博乐公司成立，全州累计客户 4 054 户。2000 年 10 月底，全州网客户 7 272 户，业务收入累计完成 1 421.47 万元。2001 年 6 月，新疆移动博州分公司关闭模拟移动通信设备，移动通信网进入数字化时代。同年底，新疆移动博州分公司客户 22 069 户，业务收入累计完成 3 196 万元。2006 年，新疆移动博州分公司客户有 12 万户。

二、网络设备

基站及交换局设备 1999 年，新疆移动博乐公司完成 GSM 二期扩容工程，GSM 基站由原来的 3 个增加到 7 个，载波数由原来的 14 个增加到 31 个。2000 年 3 月，新疆移动博乐公司 G 网经过 2 次扩容，博乐市容量达到 3 712 户，实际在网 2 722 户。新疆移动博乐公司实施 GSM 三期扩容工程。同年 10 月底，新疆移动博乐公司 GSM 基站达到 9 个，载频数 55 个。2001 年，新疆移动博州分公司开通达勒特镇等 14 个基站，对博州电信、建设银行等 8 个基站进行扩容，完成 8 个 60 米高拉线塔基、7 个 60 米高自立塔及站房建设。2005 年末，全州基础网新建基站 22 个，完成基站扩容 23 个，调整载频 45 块，新增华为 BSC1 套，无线接通率保持在 99.67%。2006 年 1 月，实施 2006 年村村通工程，新建基站 11 个，新增载频 33 个。同年，新疆移动博州分公司新建基站 30 个，新建站载频 100 个，扩容载频 30 个，搬迁站 2 个。

移动通信网络话路 2000 年，新疆移动博乐公司 800M 网接在伊犁 DCS 上（博乐市基站 3 个，话音信道总数 16 个，可用话音信道总数 16 个），800M 设备所用传输全部租用电信局的传输电路，分别

为省内6条（博乐至伊犁），伊犁DCS至博乐市话局2条，本地网营业区间2条（博乐至精河、阿拉山口各1条），光纤波分复用1条（博乐至温泉直放站）。同年10月底，博乐至奎屯长途电路有5条，博乐本地网电路3条，博乐市话线路6条。2003年，新疆移动博州分公司安装传输设备1套（155Mb/s设备），各基站电路终端数量均为16个2Mb/s，开通4个2Mb/s系统至中心局。2006年，新疆移动博州分公司新建直放站1套，传输光缆230千米。新疆移动博州分公司华为BSC新增BM模块1个，新增8个A口电路，新增SS7信令2条。

三、移动电话网络设备维护

2000年4月，新疆移动博乐公司对博乐市GSM网络无限覆盖情况进行测试，博乐市区GSM网络无线接收质量在3以上的比例为0.79%，接收质量在3以下的比例为88.12%。同年6月，新疆移动博乐公司对博乐1个BSC中的TDPC、MPCC和IXIT进行更换，同时将西门子设备中无线部分进行软件升级（从BR4.0升级到BR5.0）。2001年3月，新疆移动博州分公司完成GSM四期工程中BS240替换BS60的工程。同年6月，新疆移动博州分公司零点起关闭模拟800M交换机、DCS、基站等设备电源，交换、基站、电源等设备做报废处理。2002年4月，新疆移动博州分公司对BSC进行割接。2004年10月，新疆移动博州分公司对CMNET网络的华为NE16路由器设备升级为V3.10 1717.01。2005年，新疆移动博州分公司实施第一次网络优化工程，增加室内直放站设备2套，室外直放站设备4套和小区覆盖设备1套。新疆移动博州分公司加强直放站建设。2006年，新疆移动博州分公司会同华为公司对CMNET全网华为数通设备（NE40\NE16\S8505）进行安全检查。新疆移动博州分公司实施博乐市城域网传输设备割接。同年9月，新疆移动博州分公司基站开通半速率业务以缓解网络话务压力。

第三节　移动业务

一、移动电话业务

2000年，新疆移动博乐公司陆续开通“IP电话”“手机上网”“全球通WAP”“梦网”“彩铃”等业务。同年8月，新疆移动博乐公司对“全球通”用户开放呼叫等待、呼叫保持和呼叫前转功能，免收月使用费。2001年1月起，新疆移动博州分公司停止收取在停机保号期间新业务费用，但用户新业务功能依然保留。2002年，新疆移动博州分公司开放与联通点对点短信互联业务。开通“神州行”梦网业务，上行通信费每条照收0.15元，下行信息费暂免。新疆移动博州分公司开通主叫显示限制业务，每月每户使用费15元。2003年9月1日，新疆移动博州分公司推广免填单业务。2004年10月，新疆移动博州分公司开展香港、澳门异地补卡业务。2005年，新疆移动博州分公司开通“神州行”随心卡和彩铃业务。2006年，新疆移动博州分公司开通超级总机、神州行天山通虚拟网套餐业务。新疆移动博州分公司彩铃维吾尔文网站业务正式上线。

二、漫游业务

1999年12月—2000年12月，新疆移动博乐公司先后开通全球自动漫游业务。至2005年7月末，新疆移动博州分公司已与192个国家和地区的246个运营公司开通GSM国际漫游业务，并与81个国家和地区的68个运营商开通GPRS国际漫游，国际短信通达106个国家和地区的214家运营商，彩信通达4个国家和地区的14家运营商。2006年1月，新疆移动博州分公司开通用于台港澳漫游的**139业务，漫游作主叫拨打国内用户资费=（漫游费+对端运营商提供的IDD费用）×115%，其中：中方收取15%。漫游作被叫的资费=（漫游费+我方收取的国内到境外的IDD费用）×115%。

第四节 移动业务资费

一、移动电话入网资费

1999年1月起，新疆移动博乐公司800M、900M模拟移动电话入网费每部由1 000元调整为500元；数字移动电话（GSM）入网费每部由2 500元调整为1 500元（包括SIM用户识别卡费，SIM卡每张由300元调整为200元）。同年4月起，新疆移动博乐公司将数字移动电话（GSM）入网费每部由1 500元调整为1 000元（包括SIM用户识别卡费200元）。同年12月20日起，新疆移动博乐公司GSM移动电话的入网费从800元调至300元，加SIM卡费200元，无线电注册费15元，共计515元。2000年8月，新疆移动博乐公司调整“全球通”数字移动电话（GSM）的入网费，每部由500元（入网费300元、SIM卡费200元）调整为300元（入网费200元、SIM卡费100元），用户补卡费用同时调整为每张100元。2001年7月起，新疆移动博州分公司取消移动电话入网费。2005年2月，新疆移动博州分公司实施新的滞销号套餐、虚拟网套餐、被叫包月套餐，入网收取50元卡费，对于老用户补换卡收取20元卡费。2006年7月，新疆移动博州分公司对入网首次预存话费标准进行调整。入网业务首次预存话费标准调整为50元，不得低于50元。代销代办渠道各普通代办点返单过户首次预存话费标准调整为50元，不得低于50元。

二、移动电话通信资费

1999年，新疆移动博乐公司采用双向收费方式。2000年7月起，新疆移动博乐公司取消原规定的更改用户名手续费40元和呼叫等待业务功能登记费每月10元。同年10月，施行WAP业务通信资费优惠使用费为每分钟0.15元，WAP业务资费优惠标准不包括信息费和交易费。新疆移动博乐公司调整停机保号等业务资费。取消数字移动电话三类传真业务的开户费；免收数字移动电话9600bps及以下低速数据业务的基本月租费；取消数字移动电话用户自备机入网的验机配号费。2001年，新疆移动博州分公司对800M、900M、数字移动（神州行用户除外）用户收取频率占用费每户每年50元。取消移动电话（含全球通、神州行用户本地通话及漫游来访通话）拨叫市郊、农村电话时加收的每分钟0.10元的电话费。2002年2月，新疆移动博州分公司实行新的呼叫转移资费每分钟0.30元。本地被叫每分钟0.30元，无月租费；漫游费、长途费按原神州行资费标准执行（即疆内、疆外漫游，主、被叫每分钟0.80元；长途费每秒0.07元）。新疆移动博州分公司对新入网的客户（全球通、天山通、神州行所有客户）收取SIM卡卡费，不低于每张50元。开放全球通、天山通用户点对点国际短信业务。2005年2月起，新疆移动博州分公司对滞销号套餐、虚拟网套餐、被叫包月套餐进行资费调整。同年11月，新疆移动博州分公司新增1款集团网可选包套餐：月租费0元，集团网内本地主叫每分钟0.10元，集团网内本地被叫免费，其他按主套餐相应资费标准执行。

2006年1月，新疆移动博州分公司对GPRS产品进行资费修改。“自由套餐”“经济套餐”“时尚套餐”和“商务套餐”四款GPRS产品的名称更名为“标准资费”“20元套餐”“100元套餐”“200元套餐”，并增加1款5元的GPRS产品。同年3月，新疆移动博州分公司新增2款套餐资费。神州行大众卡10元月租赠送50分钟本地主叫费；神州行大众卡20元月租赠送75分钟本地主叫费。同年9月，新疆移动博州分公司调整手机邮箱业务资费，新疆移动手机邮箱（17288邮箱）2款收费套餐（“动感邮”和“全球邮”）的功能费，由每月8元（“动感邮”月功能费）和每月18元（“全球邮”月功能费）下调为每月3元（“动感邮”月功能费）和每月8元（“全球邮”月功能费）。

三、移动电话长途、漫游资费

1999年10月1日，新疆移动博乐公司对移动电话漫游用户“十一”期间进行优惠。2000年元旦，新疆移动博乐公司对12月31日全天拨打港澳台电话优惠20%，即按标准价的80%收费。同年春节，新疆移动博乐公司对国内长途按两时段进行优惠。2001年2月21日零时，新疆移动博州分公司对移动长途电话资费进行结构性调整。同年4月21日零时起，新疆移动博州分公司调整IP电话（17950、17951）的资费标准。2002年5月21日零时起，新疆移动博州分公司IP电话呼叫目的地为中国大陆各地，资费标准每分钟0.30元；呼叫目的地为香港、澳门、台湾资费标准每分钟1.50元；呼叫目的地为国外资费标准每分钟2.40元和每分钟4.60元。2005年10月1日起，新疆移动博州分公司IP电话拨打国外每分钟2.40元、3.60元和4.60元。2006年4月12日，新疆移动博州分公司漫游来访基本漫游费由原来的每分钟2.88元调整到每分钟4.8元。同年9月4日，新疆移动博州分公司省际漫游客户产生的GPRS省际漫游费的结算标准由原0.004元/K调整为0.002元/K，费用由客户归属地省公司结算给漫游地省公司。

第五章　联通通信

第一节　机　构

1998年，博州邮电局实行体制改革，将无线寻呼业务从邮电通信业务中剥离，组建新疆国信寻呼有限责任公司博州分公司。2000年11月，中国联合通信有限公司博尔塔拉蒙古自治州分公司成立（简称中国联通博州分公司），将新疆国信寻呼博州分公司划入中国联通博州分公司。2005年，中国联通博州分公司在阿拉山口口岸设分公司。

第二节　联通通信网络

一、无线寻呼网络

1998年，新疆国信寻呼博州分公司设备优化组合、坐席扩容。将八十一团支局的发射机搬迁至八十九团支局，改善网络信号接收效果。完成1200部寻呼机速率调整。1999年，新疆国信寻呼博州分公司进行技术改造，增加电路30条，增扩坐席22个，增加二频点发射机9台，三频点发射机1台，系统容量4万门。完成198/199全国高速寻呼网建设。2000年，中国联通博州分公司与原新疆国信寻呼博州分公司合并后，完成GSM移动通信网三期、四期基站的塔基和机房设备安装、调试，并开通博乐等7个基站。完成数据机房的基础设施工程建设。配合新疆联通通信公司完成VSAT覆盖网二期工程，安装VSAT小站7个。寻呼发射机全部连接卫星。

二、移动网络

2000年，中国联通博州分公司完成GSM三期、四期通信基站的塔基和机房土建和设备安装。开通4个基站。2001年，中国联通博州分公司开通GSM四期10个基站，全州130移动通信基站21个；完成一期146千米光缆工程建设。完成并开通17910、17911、IP电话和130G网落地工作。2002年，中国联通博州分公司完成阿拉山口口岸等城域网工程，总长度40千米，全州城乡本地光缆传输网总长度320千米。完成GSM和CDMA网络工程、G网五期、六期和CDMA一、二期工程，全州G网基站50处，C网基站32处。2003年，中国联通博州分公司建成本地环路光缆传输网络，工程投资587.7万元，全长129.52千米，全州本地光缆传输网达到484.62千米。全州G网基站52处，C网基站50处。2004年，中国联通博州分公司完成 CDMA 三期二阶段工程及 GSM 八期工程。共新建 CDMA 基站 7 处，GSM 基站 6 处，全州 CDMA 基站达到 56 处，GSM 基站达到 58 处。2005 年，中国联通博州分公司新开 GSM 基站 8 个，新增塔放 6 个扇区，更换和增高博乐市区无线 9 副。全州共有 GSM 基站 67 处，CDMA 基站 56 处。2006 年，中国联通博州分公司完成 G 网九期工程，G 网二期铁塔基站基础和传输线路工程并开通运行。完成“村通工程”中 10 处直放站工程。完成 21 处合作营业厅和 13 处数据专线接入工程，全州共建成 GSM 基站 73 处，CDMA 基站 56 处。

第三节 联通通信业务市场营销

一、无线寻呼业务营销

1998 年 12 月，新疆国信寻呼博州分公司成立，开展无线寻呼业务。同年，寻呼收入 465 万元，寻呼机销售收入 80 万元。年末，无线寻呼用户 14 698 户。1999 年，新疆国信寻呼博州分公司开通 198/199 高速寻呼网。同年，无线寻呼收入 506 万元，寻呼用户 18 415 户。2002 年，中国联通博州分公司无线寻呼收入 221 万元，寻呼用户 10 010 户。2004 年，中国联通博州分公司无线寻呼收入 91 万元。2005 年，移动通信，数据通信，互联网通信等业务取代寻呼业务。

二、移动通信业务营销

2000 年，中国联通博州分公司开通 GSM 网业务，完成 GSM 业务收入 23 万元，发展 130 用户 2 002 户。2001 年，中国联通博州分公司 GSM 网移动通信业务收入 930 万元，移动用户 16 650 户。2002 年，中国联通博州分公司开通 CDMA 移动通信业务，收入 381.03 万元，GSM 移动通信业务收入 1 805.36 万元，GSM 网用户 31 024 户，C 网用户 3 696 户。2003 年，中国联通博州分公司 GSM 移动通信业务收入 2 040 万元，G 网用户 41 000 户，CDMA 移动通信业务收入 1 010 万元，C 网用户 14 000 户。2004 年，中国联通博州分公司 GSM 移动通信业务收入 1 575 万元，G 网用户 47 888 户，CDMA 移动通信业务收入 1 395 万元，C 网用户 21 976 户。2005 年，中国联通博州分公司 GSM 移动通信业务收入 1 965 万元，G 网用户 26 416 户，CDMA 移动通信业务收入 1 308 万元，C 网用户 14 632 户。2006 年，中国联通博州分公司 GSM 移动通信业务收入 1 824.61 万元，G 网用户 28 678 户，CDMA 移动通信业务收入 1 166.53 万元，C 网用户 13 791 户。

2000—2006 年中国联通博州分公司移动通信业务收入统计一览表

表 9-5　　单位：万元、户

年度	GSM 收入	用户数	CDMA 收入	用户数
2000	23	2002	–	–
2001	930	16 650	–	–
2002	1 805.36	31 024	381.03	3 696
2003	2 040	41 000	1 010	14 000
2004	1 575	47 888	1 395	21 976
2005	1 965	26 416	1 308	14 632
2006	1 824.61	28 678	1 166.53	13 791

三、数据通信业务营销

数据通信营销　2001—2006 年，中国联通博州分公司数据通信业务收入分别为 100 万元、60.23 万元、216 万元、354 万元（含长途、互联网收入）、274 万元（含互联网收入）、363.52 万元（含长途收入），共计 1 367.75 万元。

互联网营销　2002—2005 年，中国联通博州分公司互联网通信业务收入分别为 51.57 万元、83 万元、354 万元（含长途、数据）、261 万元，共计 749.57 万元。

长途电话营销　2001 年，中国联通博州分公司长途电话注册用户 22 300 户。2003 年，中国联通博州分公司无线公话户 1 078 户。2001-2003 年长途电话业务收入 46 万元、354 万元、313 万元、363.52 万元（含数据），共计 1 076.52 万元。

四、增值业务

2000 年，中国联通博州分公司开展增值业务。至 2006 年末，中国联通博州分公司完成移动短信业务收入 223.38 万元，完成 CDMA1X 用户 2 574 户，炫铃用户 16 770 户，天气预报用户 9 315 户。

第四节　联通通信网络维护

1998 年，新疆国信寻呼博州分公司技术部更换老化、技术指标差问题调整天线角度、精度，对寻呼机进行速率调整。2000 年，中国联通博州分公司对寻呼发射系统进行检测调整。2001 年 9 月，对寻呼基站进行搬迁和优化，对原设备增加 D/A 逆变器，保障寻呼网路不受交流电的影响。2004 年，重点解决博乐市区地下场所信号较弱地点的深度覆盖问题。共架设 CDMA 直放站 7 处，GSM 直放站 12 处，完成 14 个室内分布器的勘测布放，架设 GSM 一体化小基站 2 处。2006 年，中国联通博州分公司加强基站维护扩容，优化网络资源。

第六章　网通通信

第一节　机　构

2003 年 8 月，中国网通集团西北通信股份有限公司新疆博尔塔拉蒙古自治州分公司成立。2004 年 9 月，中国网通集团西北通信股份有限公司新疆博尔塔拉蒙古自治州分公司更名为中国网络通信集团公司博尔塔拉蒙古自治州分公司（简称中国网通博州分公司）。

第二节　网通通信网络

2003 年，中国网通集团西北通信股份有限公司新疆博州分公司完成建设博乐四台西中继站工程、博乐五台岔路口至博乐市中心机房的光缆引入工程，实现长途电话的贯通；完成博乐市中心机房的交换、传输、电源及相关配套设备的安装和调试，运行正常；完成自建管道 5.89 孔千米，与其他通信运营商合建管道 8.4 孔千米，实现主要商业地段的线路覆盖；完成博乐市 4 个小区的户线接入及话机安装。2004 年，中国网通博州分公司主要进行博乐市、阿拉山口口岸的网络工程建设。结合市区的道路改造，与其他通信运营商、供热公司等合建管道 26.4 孔千米，自建管道 10.6 孔千米；开通交换数据等基础网络和 8 个接入模块局。2005 年，中国网通博州分公司对博乐市、阿拉山口口岸的通信网络进行完善、优化和延伸，新建通信管道 43.7 孔千米，新建 7 个一体化模块局，并相继开通运营；完成市区商业铺面、单位及住宅的户线接入工程，覆盖用户 1.5 万户。

2006 年，中国网通博州分公司新建模块机房 2 处，实现增扩交换容量 4 500 线，增扩数据交换容量 700 线，增加线路配线资源 4 000 线，覆盖用户 7 200 户。

第三节 网通市场经营

2003 年 8 月，中国网通博州分公司成立，开办智能网业务，与金融机构、物业管理公司等签订 17968IP 业务代销协议；与博州其他通信运营商签订电路软覆盖协议；与博州电信公司、铁通公司签订互联互通的管孔租赁协议。同年 11 月末，中国网通博州分公司 IP 业务直销队伍发展到 22 人，实现直销 17968 营业收入 4.35 万元，17968 主叫注册业务收入 3.44 万元。2004 年，中国网通博州分公司向博乐市区提供固定电话业务。实现由开展智能网业务为主向以开展本网固话业务为主的转变。开办 ADSL（宽带）业务。至同年 11 月末，中国网通博州分公司实现电话放号 1 601 线，其中话吧用户 341 线、ADSL 用户 140 户。中国网通博州分公司与博州邮政局达成协议，开通阿拉山口模块局，市场经营、线路维护等通信业务均由阿拉山口邮政局代理。2005 年，中国网通博州分公司推出固定电话多种套餐以及宽带家园、宽带商务等互联网品牌。完善“10068”号服务热线业务查询、咨询、业务受理、投诉处理、客户回访等功能，推行营业收费与上门服务并行的便民经营方式，并提供包括市话在内的通信费用详单。2006 年，中国网通博州分公司新建营业点 2 处。至 2006 年末，中国网通博州分公司有 PSTN（固定电话）6 472 线，ADSL（宽带）861 户。

2003—2006 年中国网通博州分公司市场经营情况一览表

表 9-6

年份	业务拓展（线、户）		业务收入（万元）				
	PSTN	ADSL	固定电话	数据	预付卡	合计	较上年增长（%）
2003	-	-	-	-	5.80	5.80	-
2004	1 639	145	109.70	3.09	46.25	159.04	2 642.0
2005	3 558	443	161.12	18.38	10.77	190.27	19.6
2006	6 427	861	243.98	25.49	3.20	272.67	43.3

第十编

中国共产党博乐市委员会

中共十一届三中全会后，博乐市（县）委领导各族人民在改革开放和社会主义现代化建设中，全面加强党的建设。党的领导水平和执政能力、拒腐防变和抵御风险能力明显提高。党内民主不断扩大，党内生活准则和制度不断健全。党的各级组织不断加强，干部队伍和人才队伍朝气蓬勃。党的作风建设全面加强，反腐倡廉建设深入进行。锐意推进经济体制改革，实现从高度集中的计划经济体制到社会主义市场经济体制的历史转折。博乐市经济综合实力不断上台阶，各族人民生活总体上达到小康水平。大力发展社会主义民主政治，各族人民当家做主的权利得到更好保障。政治体制改革不断深化，人民代表大会制度、中国共产党领导的政治协商制度、民族区域自治制度以及群众自治制度不断完善。依法治市方略有效实施，公民有序政治参与不断扩大。社会主义核心价值体系建设取得重大进展，群众性精神文明创建活动、公民道德建设、青少年思想道德建设全面推进，各民族文明素质明显提高，凝聚力和向心力显著增强。

1979 年 1 月—2006 年 12 月，中共博乐市（县）委员会先后召开 7 次代表大会。至 2006 年，中共博乐市委员会辖 12 个党委，6 个党工委，25 个党组，15 个党总支部，405 个党支部，其中农牧区党支部 121 个。党员 7 011 名（1978 年党员总数 1 698 人）

第一章　党员及党员代表大会

第一节　党　员

1979 年，博乐县有中共党员 1 818 人，其中少数民族中共党员 885 人，中共女党员 287 人，农牧民中共党员 1 185 人。至 2006 年末，博乐市中共党员有 7 011 人，其中少数民族中共党员 2 852 人，中共女党员 1 818 人，农牧民中共党员 2 053 人。

1979—2006 年博乐市（县）党员基本情况统计表

表 10-1　单位：人

年度	党员总数	其中			大专以上学历	高中（中专）学历	初中及以下学历	35 岁以下	36 岁以上
		预备党员	妇女党员	农牧民党员					
1979 年	1 818	78	–	–	35	144	1 639	571	1 247
1980 年	1 956	381	–	–	40	187	1 729	630	1 326
1981 年	2 047	184	–	–	42	199	1 806	634	1 413
1982 年	2 067	86	–	–	51	221	1 795	618	1 449
1983 年	2 033	33	–	–	37	237	1 759	550	1 483
1984 年	2 064	77	–	–	50	266	1 748	525	1 539

续表 10-1

年度	党员总数	其中			大专以上学历	高中（中专）学历	初中及以下学历	35岁以下	36岁以上
		预备党员	妇女党员	农牧民党员					
1985年	2 137	128	–	–	65	337	1 735	541	1 596
1986年	2 268	153	–	–	89	410	1 769	603	1 665
1987年	2 457	–	–	–	–	–	–	–	–
1988年	2 554	131	–	–	154	571	1 829	1 859	2 544
1989年	2 643	116	409	1 084	169	628	1 846	742	1 901
1990年	2 813	169	461	1 089	241	704	1 868	774	2 039
1991年	2 948	162	488	1 160	284	762	1 802	851	2 097
1992年	3 092	221	537	1 179	322	882	1 948	926	2 166
1993年	3 402	222	623	1 213	426	967	2 009	1 074	2 328
1994年	3 674	312	698	1 254	491	1 100	2 083	1 215	2 459
1995年	3 996	348	778	1 336	621	1 219	2 156	1 240	2 756
1996年	4 347	397	888	1 432	749	1 346	2 252	1 498	2 849
1997年	4 807	446	1 024	1 543	963	1 468	2 376	1 761	3 046
1998年	5 201	486	1 136	1 719	1 130	1 597	2 474	1 849	3 352
1999年	5 554	489	1 273	1 763	1 311	1 759	2 484	2 027	3 527
2000年	5 814	399	1 389	1 819	1 509	1 829	2 476	2 069	3 745
2001年	5 982	343	1 441	1 891	1 647	1 857	2 478	2 051	3 931
2002年	6 109	265	1 500	1 894	1 968	1 792	2 349	1 953	4 156
2003年	6 318	213	1 577	1 928	2 109	1 855	2 354	1 871	4 447
2004年	6 525	257	1 658	1 945	2 256	1 904	2 365	1 842	4 683
2005年	6 874	241	1 738	1 992	2 489	1 960	2 425	1 785	5 089
2006年	7 011	237	1 818	2 053	2 634	1 997	2 380	1 708	5 303

第二节　党员代表大会

一、博乐县第六次党员代表大会

1980年7月1—5日，中共博乐县第六次代表大会在博乐红旗饭店召开。出席大会的正式代表有 152 人，代表全县 1 818 名党员。列席人员 37 人。在正式代表中，汉族代表 68 人，占代表总数的 44.7%；少数民族代表 84 人，占代表总数的 55.3%。妇女代表 25 人，占代表总数的 16.4%。大会听取和审议通过周荣代表中共博乐县第五届委员会所作的《认真总结经验教训，坚持和改善党的领导，为加快社会主义现代化建设而努力奋斗》工作报告和加帕尔·斯得克所代表中共博乐县第五届委员会所作的《关于博乐县发展国民经济 1981—1983 年规划的建议》的报告及刘永华代表县党委纪律检查委员会所作的《中共博乐县纪律检查委员会的工作报告》，并形成决议。大会选举产生由 23 名委员组成的中共博乐县第六届委员会。大会选举产生由 8 名委员组成的中共博乐县第六届纪律检查委员会。

二、博乐县第七次党员代表大会

1985 年 2 月 12—15 日，中共博乐县第七次代表大会在博乐红旗饭店召开。出席会议的正式代表 177 人，代表全县 2 064 名党员。列席人员 10 人；妇女代表 29 人，占代表总数的 16.4%。到会的 177 名正式代表中，汉族代表 86 人，占代表总数的 48.6%；少数民族代表 91 人，占代表总数的 51.4%。妇女代表 29 人，占代表总数的 16.4%。大会审议通过苟际尧代表中共博乐县第六届委员会所作的《搞好整党，深入改革，为振兴博乐县经济而努力奋斗》的工作报告和周俊诗代表中共博乐县第六届纪律检查委员会所作的《纪检工作报告》，并形成决议。大会提出博乐县到 2000 年工农业总产值比 1980 年翻两番的目标。大会选举产生由 25 名委员组成的中共博乐县第七届委员会。大会选举产生由 11 名委员组成的中共博乐县第七届纪律检查委员会。

三、博乐市第一次党员代表大会

1989 年 3 月 21—23 日，中共博乐市第一次代表大会在博尔塔拉蒙古自治州宾馆召开。出席会议的正式代表 181 人，代表全市 2 457 名党员。列席人员 18 人。在出席会议的 181 名正式代表中，汉族代表 91 人，占代表总数的 50.28%；少数民族代表 90 人，占代表总数的 49.72%。妇女代表 26 人，占代表总数的 14.37%。大会审议通过李世乐代表中共博乐县第七届委员会所作的《认真治理整顿，坚持改革开放，加强党的建设，为振兴博乐市而努力奋斗》的工作报告和刁有岩代表中共博乐县第七届纪律检查委员会所作的《中国共产党博乐市纪律检查委员会工作报告》，并形成决议。大会选举产生由 25 名委员组成的中共博乐市第一届委员会。大会选举产生由 9 名委员组成的中共博乐市第一届纪律检查委员会。

四、博乐市第二次党员代表大会

1992 年 12 月 28—30 日，中共博乐市第二次代表大会在博尔塔拉蒙古自治州宾馆举行。应出席会议的正式代表为 185 人，实际出席会议的正式代表 178 人，代表全市 3 092 名党员。列席人员 16 人。在正式代表中，汉族代表 93 人，占代表总数的 52.25%；少数民族代表 85 人，占代表总数的 47.75%。大会审议通过吴焰代表中共博乐市第一届委员会所作的《认真贯彻落实党的十四大精神，推动博乐市改革开放和经济建设加速发展》的工作报告和谢怀甫代表中共博乐市第一届纪律检查委员会所作的《紧紧围绕党的基本路线，坚持不懈的开展纪检工作》的工作报告，并形成决议。同时，审议通过《关于调整博乐市国民经济十年规划和“八五”计划主要指标的意见》。大会选举产生中共博乐市第二届委员 29 人，候补委员 4 人。大会选举产生由 9 名委员组成的中共博乐市第二届纪律检查委员会。

五、博乐市第三次党员代表大会

1996 年 12 月 24—26 日，中共博乐市第三次代表大会在中亚大酒店召开。应出席会议的正式代表 206 人，实际出席会议的正式代表 201 人，代表全市 3 996 名党员。在出席会议的 201 名正式代表中，汉族代表 110 人，占代表总数的 54.73%；少数民族代表 91 人，占代表总数的 45.27%。列席人员 31 人。大会审议通过王俊代表中共博乐市第二届委员会所作的《艰苦创业、团结奉献、求实奋进、兴博争先，为实现博乐市“九五”宏伟目标而努力奋斗》的工作报告和谢怀甫代表中共博乐市第二届纪律检查委员会所作的《大力加强党风廉政建设，深化反腐败斗争，为博乐市的改革、发展和稳定服务》的工作报告，并形成决议。大会选举产生由 29 名委员组成的中共博乐市第三届委员会。大会选举产生由 11 名委员组成的中共博乐市第三届纪律检查委员会。

六、博乐市第四次党员代表大会

2001 年 9 月 1—4 日，中共博乐市第四次代表大会在中亚大酒店召开。出席大会的正式代表 220 人，代表全市 5 814 名党员。列席人员 51 人。在出席大会的 220 名正式代表中，汉族代表 120 人，占代表总数的 54.5%；少数民族代表 100 人，占代表总数的 45.5%。大会审议通过祁忠远代表中共博乐市第三届委员会所作的《以“三个代表”重要思想为指导，抓住西部大开发的历史机遇，为完成“十五”计划宏伟目标而努力奋斗》的工作报告和钱龙兴代表中共博乐市第三届纪律检查委员会所作的《纪检工作报告》，并形成决议。同时，大会审议通过《博乐市国民经济和社会发展第十个五年计划及 2010 年规划》。大会选举产生由 30 名委员组成的中共博乐市第四届委员会。大会选举产生由 13 名委员组成的中共博乐市第四届纪律检查委员会。

七、博乐市第五次党员代表大会

2006 年 8 月 9—12 日，中共博乐市第五次代表大会在博尔塔拉蒙古自治州党校召开。应到正式代表 230 人，实到 218 人，代表全市 6 874 名党员。在 218 名正式代表中，汉族代表 117 人，占代表总数的 53.7%；少数民族代表 101 人，占代表总数的 46.3%。列席人员 48 人。大会审议通过潘君庆代表中共博乐市第四届委员会所作的《解放思想，抢抓机遇，开拓创新，求实奋进，为加快博乐市全面建设小康社会进程而努力奋斗》的报告和宋振博代表中共博乐市第四届纪律检查委员会所作的《全面履行职责，加大惩防力度，不断取得党风廉政建设和反腐败工作的新成果》的报告。大会选举产生由 38 名委员组成的中共博乐市第五届委员会。大会选举产生由 21 名委员组成的中共博乐市第五届纪律检查委员会。

第二章　中共博乐市（县）委员会及工作机构和基层组织

第一节　中共博乐市（县）委员会

一、中共博乐县第六届委员会

1980 年 7 月 1—5 日，中共博乐县第六次党员代表大会选举产生 23 名委员组成的中共博乐县第六届委员会。7 月 5 日，中共博乐县第六届委员会召开第一次全体委员会议，选举中共博乐县第六届委员会常务委员会委员 6 人，书记 1 人、副书记 3 人。

二、中共博乐县第七届委员会

1985 年 2 月 12—15 日，中共博乐县第七次代表大会选举产生 23 名委员组成的中共博乐县第七届委员会。2 月 15 日，中共博乐县第七届委员会召开第一次全体委员会议，选举中共博乐县第七届委员会常务委员会委员 8 人，书记 1 人、副书记 3 人。

三、中共博乐市第一届委员会

1989 年 3 月 21—23 日，中共博乐市第一次党员代表大会选举产生由 25 名委员组成的中共博乐市第一届委员会。3 月 23 日，中共博乐市第一届委员会召开第一次全体委员会议，选举中共博乐市第一届委员会常务委员会委员 8 人，书记 1 人、副书记 3 人。

四、中共博乐市第二届委员会

1992 年 12 月 28—30 日，中共博乐市第二次党员代表大会选举产生 21 名委员组成的中共博乐市第二届委员会。12 月 29 日，中共博乐市第二届委员会召开第一次全体委员会议，选举中共博乐市第二届委员会常务委员会委员 8 人，书记 1 人、副书记 3 人。

五、中共博乐市第三届委员会

1996 年 12 月 24—26 日，中共博乐市第三次党员代表大会选举产生由 29 名委员组成的中共博乐市第三届委员会。12 月 26 日，中共博乐市第三届委员会召开第一次全体委员会议，选举中共博乐市第三届委员会常务委员会委员 13 人，书记 1 人、副书记 6 人。

六、中共博乐市第四届委员会

2001 年 9 月 1—4 日，中共博乐市第四次党员代表大会选举产生由 30 名委员组成的中共博乐市第四届委员会。9 月 4 日，中共博乐市第四届委员会召开第一次全体委员会议，选举中共博乐市第四届委员会常务委员会委员 8 人，书记 1 人、副书记 3 人。

七、中共博乐市第五届委员会

2006 年 8 月 9—12 日，中共博乐市第五次党员代表大会选举产生由 38 名委员组成的中共博乐市第五届委员会。8 月 11 日，中共博乐市第五届委员会召开第一次全体委员会议，选举中共博乐市第五届委员会常务委员会委员 11 人，书记 1 人、副书记 3 人。

中共博乐市（县）委员会书记领导人一览表

表 10-2

姓名	性别	籍贯	出生年月	文化程度	参加工作时间	入党年月	任职起止时间
王如章	男	山西五台	1927 年 11 月	中专	1946 年 6 月	1948 年 7 月	1977 年 2 月—1980 年 3 月
周荣	男	山西神池	1929 年 7 月	初中	1946 年 7 月	1950 年 5 月	1980 年 3 月—1984 年 4 月
荀际尧	男	甘肃镇原	1933 年 11 月	初中	1951 年 10 月	1960 年 2 月	1984 年 4 月—1986 年 11 月 1985 年 9 月—1986 年 11 月
李世乐	男	山东阳谷	1944 年 12 月	大专	1965 年 7 月	1966 年 1 月	1986 年 11 月—1992 年 6 月
吴焰	男	陕西汉中	1960 年 2 月	大专	1981 年 7 月	1980 年 7 月	1992 年 6 月—1994 年 6 月
王俊	男	四川资中	1957 年 1 月	大学	1974 年 7 月	1983 年 11 月	1994 年 6 月—2001 年 7 月
祁忠远	男	安徽萧县	1963 年 3 月	大学	1982 年 7 月	1992 年 11 月	2001 年 8 月—2006 年 6 月
潘君庆	男	湖北十堰	1965 年 7 月	研究生	1987 年 11 月	1990 年 6 月	2006 年 7 月—2006 年 12 月

中共博乐市（县）委员会副书记领导人一览表

表 10-3

姓名	性别	族别	籍贯	出生年月	文化程度	参加工作时间	入党年月	任职起止时间
李作桢	男	汉	山西翼城	1924 年 2 月	小学	1947 年 7 月	1947 年 4 月	1972 年 11 月—1979 年 6 月
阎吉甫	男	蒙古	新疆博乐	1933 年 10 月	初中	1951 年 11 月	1952 年 6 月	1977 年 2 月—1980 年 3 月
李尚官	男	汉	山西五台	1929 年	初中	1945 年 3 月	1943 年 3 月	1979 年 2 月—1980 年 3 月
章永年	男	汉	江苏丹徒	1931 年 1 月	初中	1952 年 7 月	1953 年 9 月	1979 年 2 月—1980 年 6 月

续表 10-3

姓名	性别	族别	籍贯	出生年月	文化程度	参加工作时间	入党年月	任职起止时间
加帕尔·斯得克	男	维吾尔	新疆博乐	1930 年 4 月	初中	1948 年 8 月	1953 年 4 月	1980 年 7 月—1984 年 4 月
库加	男	蒙古	新疆乌苏	1924 年	高中	1945 年 9 月	1950 年 12 月	1980 年 7 月—1984 年 4 月
岳峰	男	汉	甘肃兰州	1929 年 5 月	中专	1949 年 9 月	1950 年 12 月	1980 年 7 月—1984 年 4 月
李世乐	男	汉	山东阳谷	1944 年 12 月	大专	1965 年 7 月	1966 年 10 月	1984 年 4 月—1986 年 11 月
党曾	男	蒙古	新疆博乐	1937 年 12 月	初中	1976 年 6 月	1962 年	1984 年 4 月—1987 年 10 月
肉孜·努尔	男	维吾尔	新疆伊宁	1934 年 11 月	高中	1952 年 6 月	1954 年 6 月	1984 年 4 月—1987 年 10 月
朱国相	男	汉	重庆	1945 年 4 月	大学	1970 年 3 月	1980 年 10 月	1987 年 2 月—1991 年 2 月

中共博乐市（县）委员会副书记领导人一览表

表 10-4

姓名	性别	籍贯	出生年月	文化程度	参加工作时间	入党年月	任职起止时间
青德力	男	新疆博乐	1942 年 11 月	中专	1962 年 11 月	1979 年 1 月	1988 年 12 月—1990 年 5 月
阿不都热合曼·艾山	男	新疆乌苏	1946 年 10 月	大学	1968 年 12 月	1975 年 2 月	1988 年 12 月—1995 年 7 月
梁礼明	女	澳门	1953 年 7 月	大专	1969 年 1 月	1981 年 12 月	1992 年 12 月—1994 年 2 月
森格	男	新疆博乐	1952 年 3 月	大专	1976 年 9 月	1987 年 6 月	1991 年 1 月—1997 年 11 月
王涛	男	福建	1957 年 12 月	大专	1978 年 8 月	1986 年 10 月	1996 年 6 月—1999 年 5 月
卡斯木江·乌买尔江	男	新疆博乐	1954 年 7 月	大专	1971 年 3 月	1984 年 12 月	1995 年 8 月—1998 年 3 月
巴德玛拉	男	新疆温泉	1961 年 5 月	大学	1984 年 8 月	1993 年 1 月	1997 年 11 月—2004 年 4 月
欧友提	男	新疆博乐	1965 年 8 月	大学	1986 年 7 月	1989 年 10 月	1998 年 4 月—2003 年 4 月
胡敏	男	湖北阳新	1964 年 7 月	研究生	1982 年	1988 年	1999 年 7 月—2000 年 7 月
王强	男	河北唐山	1960 年 11 月	大专	1976 年 12 月	1979 年 9 月	2001 年 7 月—2003 年 8 月
杨勇	男	甘肃	1964 年 2 月	大学	1985 年 7 月	1984 年 11 月	1998 年 9 月—2000 年 10 月
马合木提江·巴拉提	男	新疆精河	1963 年 1 月	研究生	1981 年 8 月	1985 年 1 月	1998 年 4 月—2001 年 9 月
王 俊 杰	男	甘肃	–	–	–	–	1990 年 3 月—1991 年 4 月
艾尔肯·阿不都卡德尔	男	新疆精河	1955 年 9 月	大学	1973 年 2 月	1983 年 3 月	1994 年 1 月—1995 年 5 月
邢本波	男	山东临沂	1955 年 1 月	大专	1972 年 12 月	1975 年 3 月	1994 年 1 月—1996 年 6 月

续表 10-4

姓名	性别	籍贯	出生年月	文化程度	参加工作时间	入党年月	任职起止时间
王有	男	山西	1955 年 3 月	大专	1972 年 12 月	1976 年 5 月	1994 年 11 月—1996 年 10 月
薛郡生	男	陕西三源	1943 年 9 月	大学	1968 年 7 月	1980 年 3 月	1991 年 1 月—1992 年 8 月
李猛雁	男	四川	1956 年 9 月	研究生	1975 年 9 月	1990 年 11 月	1997 年 2 月—1998 年 10 月
钱龙兴	男	江苏江阴	1963 年 3 月	研究生	1983 年 6 月	1985 年 12 月	2001 年 9 月—2003 年 4 月
尤里瓦斯·巴吐尔阿吉	男	新疆博乐	1962 年 12 月	大专	1983 年 9 月	1986 年 12 月	2001 年 9 月—2003 年 10 月
陈洪	男	甘肃临洮	1966 年 11 月	大学	1987 年 7 月	1986 年 1 月	2003 年 6 月—2004 年 8 月
奥努力特	男	新疆博乐	1962 年 12 月	大学	1984 年 8 月	1993 年 8 月	2003 年 6 月—2006 年 6 月
肖开提·热合木	男	新疆博乐	1959 年 5 月	本科	1983 年 8 月	1991 年 12 月	2003 年 10 月—2006 年 12 月
宋振博	男	山东冠县	1965 年 11 月	本科	1988 年 8 月	1986 年 6 月	2003 年 10 月—2006 年 12 月
巴图	男	内蒙古巴林右旗	1964 年 9 月	本科	1985 年 7 月	1985 年 7 月	2004 年 7 月—2006 年 12 月
郝青杰	男	山东莱州	1962 年 11 月	大学	1979 年 6 月	1984 年 10 月	2004 年 8 月—2006 年 6 月

第二节　工作机构

1979 年，中共博乐县委设有办公室、组织部、宣传部、统战部 4 个工作机构。至 2006 年中共博乐市委工作机构为市纪律检查委员会、市委办公室、组织部、宣传部、统战部、政法委员会、直属机关工作委员会。部门管理机构有保密委办公室、市机要局、老干部局 3 个；议事协调机构有机构编纂委员会办公室 1 个；事业单位有档案局、党史研究室、党校 3 个。

一、市委机构

（一）办公室

1979 年，中共博乐县委员会办公室与县革命委员会办公室合署办公。1980 年 6 月，中共博乐县委员会办公室与县革命委员会办公室分设。2000 年 7 月，市委办公室管理保密委员会办公室和市机要局。行政编制 19 名，事业编制 16 名，领导职数 4 个。

保密委员会办公室　1985 年 1 月，中共博乐县委员会保密委员会成立。保密委下设办公室，具体负责办理保密委日常工作。1997 年 2 月，保密局成立。2000 年 7 月，市保密委办公室由市委办公室管理。2006 年，市保密委办编制 2 名，其中领导职数 1 个。

机要局　1990 年 9 月，中共博乐市委员会机要科成立，正科级。2000 年 7 月，机要科更名为中共博乐市委员会机要局。编制 4 名，其中领导职数 1 个，由市党委办公室管理。

（二）组织部

1987 年始，博乐市委组织部部长列入市委常委班子。1997 年 7 月，博乐市党员电化教育办公室成立。2000 年 12 月，中共博乐市委员会基层组织建设领导小组办公室成立，副科级。2002 年 11 月，市委组织部内设办公室（调研室）、干部室（干审、干训、知工室）、组织室、基层办 4 个职能办公室；编制 16 名，事业编制 2 名，领导职数 3 个。2006 年 8 月，中共博乐市委员会人才工作办公室成立，副科级，同时，挂博乐市人才工作领导小组办公室、博乐市知识分子工作领导小组办公室、博乐市援博干部工作领导小组办公室牌子。

老干部工作局　1984年5月，县委组织部设老干部工作科，副科级。1992年9月，老干科更名为老干部工作局（简称老干局），正科级。1997年8月，市成立老年大学，由市老干局管理。2004年5月，市老干局设关心下一代工作委员会办公室。2006年，市老干局由市委组织部管理，行政编制7名，事业编制3名，领导职数3个。管理市关工委办公室和市老年大学。

（三）宣传部

1996年始，市委宣传部部长列入市委常委班子。2002年，市委宣传部编制9名，其中领导职数3个。

（四）统战部

1993年始，市委统战部部长由市政协副主席兼任。2002年，市委统战部行政编制5个，其中领导职数2个。

（五）政法委

1982年9月，中共博乐县委员会政法委员会成立。1985年9月，中共博乐县委员会政法委员会改称为中共博乐市委员会政法委员会（简称市政法委）。2002年11月，博乐市成立防范和处理邪教问题领导小组办公室，与市委政法委合署办公。市政法委编制11名、后勤事业编制1名，领导职数4个。

1992年，博乐市社会治安综合治理办公室成立（简称市综治办），正科级，与市政法委合署办公。

（六）农工部

1984年3月，中共博乐县委员会农村工作部（简称农工部）恢复。2000年3月，市委农村工作部撤销，成立中共博乐市委员会经济工作领导小组办公室。2002年6月，市委经济工作领导小组办公室撤销，其职能划归博乐市农村工作办公室。

（七）直属机关工作委员会

1980年9月前，博乐县委员会直属机关委员会书记由县委组织部副部长兼任。1980年10月，中共博乐县直属机关委员会设专职书记1人。1995年11月，中共博乐市直属机关委员会撤销，成立中共博乐市委员会直属机关工作委员会。2002年，行政编制5名，事业编制2名，领导职数3个。

（八）党史研究室

1983年11月，中共博乐县委员会成立党史资料征集办公室。1984年11月，县委党史资料征集办公室与县志编辑室合并（简称史志办公室）。1993年2月，市地名办公室合并到市史志办公室。2002年11月，市地名办公室划归市民政局。2003年，市史志办公室在机构改革中被列入参照公务员法管理，更名为中共博乐市委员会党史研究室（博乐市地方志办公室），正科级，事业编制5名，其中领导职数2个。

（九）党校

1980年10月，博乐县党校恢复重建。1991年，市党校校长由市党委领导兼任，常务副校长1人，副校长2人。2006年，市党校事业编制20名，其中领导职数3个。

二、党组

1980年10月，博乐县有人民代表大会常务委员会党组、人民政府党组、人民法院党组；1985年3月，成立政协博乐县委员会党组、人民检察院党组；1998年11月，成立博乐市经济贸易委员会党组；1998年11月，成立博乐市经济贸易委员会党组；1999年，成立博乐市工商行政管理局党组。2002—2006年，博乐市成立司法局、民政局、民族宗教事务委员会、发展和改革委员会、审计局、科学技术局、农业局、畜牧兽医局、水利局、国土资源局、人口和计划生育委员会、文化体育局、财政局、劳动人事和社会保障局，国家税务局、工商业联合会党组，至2006年，全市共有24个党组。

第三节　基层组织

一、基层党委

乡镇党委　2006年，博乐市有中共博乐市小营盘镇委员会、中共博乐市达勒特镇委员会、中共博乐市乌图布拉格镇委员会、中共博乐市贝林哈日莫墩乡委员会、中共博乐市青得里乡委员会5个基层乡镇党委，共设115个村党支部。

市直单位党委　2006年，博乐市直机关有中共博乐市公安局委员会、中共博乐市教育局委员会、中共博乐市建设局委员会3个党委，共设45个党支部。

市（县）企业党委　2006年，博乐市企业有中共博乐市（县）阿热勒托哈牧场委员会、中共博乐市供销合作社联合社委员会、中共博州博棉纺织（集团）有限公司委员会中共博兰水泥有限责任公司委员会4个党委，共设48个党支部。

二、工作委员会

2006年，中共博乐市委员会设顾力木图街道工作委员会、克尔根卓街道工作委员会、 南城区街道工作委员会、青得里街道工作委员会4个工作委员会，工作委员会设4个社区党总支部、10个党支部。

第三章　党委其他会议

第一节　常委会会议

一、中共博乐县第六届委员会常委会会议、常委会（扩大）会议

1980年7月5日，县常委会会议决定成立博乐县人大常委会党组，库加担任党组书记，刘金城担任党组副书记。

1981年4月27日，县常委会会议研究前进牧场工作的报告；讨论关于县中问题。5月8日，会议讨论维护社会治安、整顿社会秩序以及如何动员全社会的力量来开展青少年教育工作。

1982年4月27日，县常委扩大会议讨论关于综合治理、社会治安情况、加强市场管理、建立正常的贸易秩序、加强农牧业生产等工作。6月17日，常委会会议，讨论团代会、科学代表会议的有关事项。

1983年5月20日，常委会会议听取有关部门对草原勘察工作的汇报。11月21日，常委会议讨论农村几项主要工作安排，就如何清除精神污染，社队企业扭亏增盈的问题进行研究。

1984年1月20日，常委会会议安排部署政法工作会议，并提出“严厉打击、严密准备、严格纪律”的方针。4月25日，常委会会议研究关于初等教育普及工作，提出博乐县87年完成普及，88年验收，90年验收完毕。改革中等教育、扫盲成人教育、抓好职工补课等问题。

二、中共博乐市（县）第七届常委会会议、常委（扩大）会议

1987年6月13日，常委会会议主要研究关于人大、政协班子人数情况；9月1日，常委扩大会议讨论通过《机构升格，领导职数的报告》，研究换届后第一批考察出来的干部。

三、中共博乐市第二届常委会会议

1993年7月17日，常委会会议研究关于加强税收征管工作、抓好农业，力争农牧业全面丰收以及工业要以转换经营机制为中心，尽快扭转低速、低效、提高效益等问题。

1996年6月10日，常委会会议审议《关于博乐市综合改革试点的工作意见》。11月13日，召开常委会议,研究关于明确宗教活动场所。会议研究了阿场体制改革以及征收农牧区二三产业提留款问题。

四、中共博乐市第三届常委会会议

1997 年 1 月 3 日，常委会会议专题研究新一届市委领导工作分工、干部任免及处理、成立几个领导小组、公安交警、巡警的增编。4 月 15 日，常委会会议研究确定 4 个集中整治重点片区，并成立 4 个工作队，进驻上述重点片区。

1998 年 4 月 23 日，常委会会议研究关于加强武装部建设和民兵工作，并同意下发《关于调整博乐市精神文明建设指导委员会成员的通知》《关于调整博乐市党委保密委员会成员的通知》《关于实施献礼工程、组织开展“三大战役”的通知》等文件。

1999 年 3 月 24 日，常委会会议研究讨论企业广泛实行平等协商、签订集体合同制度。

五、中共博乐市第四届常委会会议、常委（扩大）会议

2002 年 8 月 14 日，常委会会议研究关于教育工作以及加强农牧区基础组织建设的有关问题并提出相应对策和措施办法。5 月 14 日，常委会会议研究开展部门包村干部下乡助民增收工作；《关于建立和完善村支部领导下的村民自治运行机制理顺村“两委”关系的实施意见》《博乐市发展农区畜牧业贷款贴息实施办法》等文件。

2005 年 4 月 21 日，常委扩大会议研究讨论博乐市敢于集中整治和后进村整顿、人民调解委员会工作试点及进出口贸易加业工区建设等有关事宜。

2006 年 7 月 13 日，常委会议审议同意了《中共博乐市第五次代表大会代表出缺补选方案》《关于博乐市出席自治州第十次党代会代表推选及自治区第七次党代会代表人选酝酿推荐的方案》。7 月 26 日，会议审议同意了《关于中共博乐市委、市纪委换届人事安排问题的方案》《关于召开中国共产党博乐市第五次代表大会的请示》。

六、中共博乐市第五届常委会会议

2006 年 12 月 28 日，会议审议和审定《关于推荐自治区出席党的十七大代表人选工作情况的报告》《2006 年县级领导和乡镇场正职领导优秀的有关事宜》《关于召开博乐市六届人民代表大会第五次会议有关事宜的请示》。

第二节　全委会会议

一、中共博乐县第六届委员会全体（扩大）会议

（一）中共博乐县第六届委员会第一次会议

1980 年 7 月 5 日，由县第六次党代会选举产生 23 名委员组成的中共博乐县第六届委员会召开第一次全体委员会议，选举产生 8 名委员为中共博乐县六届委员会常委和书记 1 人，副书记 3 人。

（二）博乐县、社（场）领导干部会议

1981 年 2 月 16 日，博乐县召开县、社（场）两级领导干部会议，这次会议总结 1980 年秋冬以来农村农区工作，安排部署当前工作。争取 1981 年农牧业生产全面丰收。做到农林牧并重，保持自然生态的平衡。继续抓党员教育和党风建设，抓住不放，一抓到底；大力加强思想政治工作，发扬革命精神，建设高度的社会主义精神文明；掀起法制教育热潮，使社会主义民主与法制思想和原则深入人心。

（三）博乐县四级（县、公社、大队、村）干部会议

1983 年 2 月 23 日—3 月 2 日，县召开四级（县、公社、大队、村）干部会议，会议任务是，以党的十二大精神为指导，贯彻中共中央《关于当前农村经济政策若干问题的通知》，胡耀邦在省、自治区、市党委书记座谈会上关于《一九八三年工作》的讲话和王恩茂在自治区党委工作会议总结，李嘉玉传

达关于中央召开的各省、自治区、市农业书记座谈会议精神，传达博州组织赴内地参观社队企业的情况并提出博乐县发展设想，王树恩作《关于一九八二年国民经济计划执行情况和一九八三年国民经济计划、财贸工作安排意见》，县委书记周荣作《在博乐县四级干部会议上的总结讲话》，总结 1982 年工作，安排讨论通过 1983 年任务。会上对县委、人大常委会、政府、政协的领导班子及各社（场）的领导班子进行一次民意测评。

（四）博乐县四级干部

1984 年 1 月 5—11 日，博乐县召开四级干部暨用科学创高产竞赛总结奖励会议。会议重点是，全面总结 1983 年农林牧业生产为主的全县各项工作，安排、部署、讨论、落实 1984 年农林牧“五好”建设任务。周荣作《人民的选择 喜人的变化 光荣的任务》讲话，县长加帕尔·斯得克作《博乐县人民政府一九八三年工作总结》、党增作《关于以农田水利建设为中心，全面开展农村“五好”建设》讲话、孙家祥作《关于学科学、用科学、创高产，开创博乐县农村科技工作新局面》的报告，传达自治区教育工作精神，计划生育和卫生工作专题发言。大会表彰 1983 年在学科学、创高产中创造优异成绩的先进集体 38 个，先进个人 112 人。

二、中共博乐县第七届委员会全体（扩大）会议

（一）中共博乐县第七届委员会第一次会议

1985 年 2 月 15 日上午，由县第七次党代会选举产生 23 名委员组成的中共博乐县第七届委员会召开第一次全体委员会议，选举产生 11 名委员为中共博乐县第七届委员会常委、书记 1 人、副书记 3 人。

（二）中共博乐市（县）第七届委员会第三次（扩大）会议

1985 年 9 月 11—13 日，召开会议。学习胡耀邦总书记视察博州时的重要指示和自治州党委六届二次全委扩大会议精神；总结 1985 年 1—8 月工作。工业企业推行“一包三改”（一承包、改录用工为合同工、改固定工资为浮动工资、改干部任免为选举制）；牧业实行“牲畜作价归户、草场承包”责任制；事业单位企业管理；行政单位普遍实行岗位责任制；调整农业产业结构。重视精神文明建设和文教科技工作，深入持久地抓好民族团结教育工作，开展军民共建共育活动，加强社会治安，开展整党工作。安排下半年工作。

（三）中共博乐市（县）第七届委员会第四次全委（扩大）会议

1986 年 2 月 25—26 日，在市委四楼大会议室召开。学习中共中央〔1986〕年 1 号文件、贯彻自治区党委农村工作会议和州党委六届四次全委扩大会议精神，总结博乐市 1985 年工作。全市精神文明建设和以经济建设为中心的物质文明建设取得了一定的成绩，民族团结，社会稳定，市场活跃，生产发展，实现工农业总产值 6 147.8 万元，提前一年实现到 1986 年工农业总产值翻一番的奋斗目标。安排 1986 年主要工作任务。

（四）中共博乐市（县）第七届委员会第五次（扩大）会议

1986 年 8 月 22 日，召开会议。传达自治区党委、自治区人民政府召开的北疆片牧业工作会议精神，讨论修改博乐市“七五”牧业发展规划草案，总结 1986 年上半年工作。博乐市推动农村改革和农业生产。突出农区牧业养殖，同年 6 月，农区有养殖专业户 495 户。重视发展庭院经济、乡镇企业、林业工作，林业有承包户 674 户，专业户、重点户 169 户。增强企业活力，推动工业生产。税收增加；扶贫承包。进行整党，加强党建设。大张旗鼓地开展民族团结教育月活动；积极参加“三优一学”创建文明城市竞赛活动。安排部署下半年主要任务。在全市开展“团结前进，奋勇争先”竞赛活动。

（五）中共博乐市（县）第七届委员会第六次（扩大）会议

1987 年 2 月 26—28 日，召开会议。贯彻自治州党委六届五次全体（扩大）会议精神，总结 1986 年工作成绩与不足。推动农村第二步改革的深入和农业生产发展，调整种植业结构，在主攻单产上大力推广良种、推行棉花机械铺膜；主攻畜牧业，发展大农业；继续经济改革，推动工业生产；重视扶贫工作，当年脱贫239户；加强党的建设和精神文明建设。搞好综合治理。存在的不足干部的思想还停留在小农经济上。安排部署1987年主要工作。会议讨论通过《中共博乐市委员会1987年社会主义精神文明建设措施》。

（六）中共博乐市（县）第七届委员会第七次（扩大）会议

1988年3月11—12日，在市法院法庭召开。以党的十三大精神为指引，认真贯彻自治州党委六届七次全委（扩大）会议精神，总结1987年的工作。经济建设实现工农业总产值8 957.13万元；牧区建围栏草场4 002公顷，飞播牧草2 107.7公顷，新播苜蓿760.38公顷；全市有624户牧民实现了定居半定居，占牧区总户数的45.1%。1987年，扶贫对象179户，当年脱贫134户。全面推行承包经营责任制，增强了企业活力；科技、教育、卫生事业、精神文明建设取得成绩，党的建设得到加强。依法完成市、乡两级人民代表大会换届选举。部署于1988年的任务。

三、中共博乐市第一届委员会全体（扩大）会议

（一）中共博乐市第一届委员会第一次会议

1989年3月23日，由市第一次党代会选举产生25名委员组成的中共博乐市第一届委员会召开第一次全体委员会议，选举中共博乐市委员会常委（暂缺1人）8人、书记1人、副书记3人。

（二）中共博乐市第一届委员会第二次（扩大）会议

1989年8月8日，召开会议。广泛深入地学习贯彻党的十三届四中全会精神和自治区党委三届十三次全委扩大会议精神；维护社会稳定，巩固和发展博乐市安定团结的政治局面；继续坚持“整顿、改革、开放、发展”的工作方针，深化改革，推动经济持续、稳定、协调发展；加强思想政治工作，坚决反对资产阶级自由化；加强党的建设，坚决惩治腐败；巩固和发展民族团结的大好局面。会议保证十一届三中全会以来党的路线、方针和政策的连续性，使博乐市始终沿着建设有中国特色社会主义道路前进，具有重大的现实意义和历史意义。

（三）中共博乐市第一届委员会第三次（扩大）会议

1990年9月4日，召开会议。李世乐代表市党委作题为《认真贯彻落实党的六中全会精神 以稳定为中心 努力完成今年的各项工作任务》的报告，邴柏作题为《提高思想认识 维护稳定大局 争取全面完成1990年经济工作任务》的讲话，阿布来提作题为《增强民族团结 维护祖国统一 把反对民族分裂主义的斗争进行到底》的讲话。

（四）中共博乐市第一届委员会第四次（扩大）会议

1991年3月4—6日，在红旗饭店召开。传达贯彻党的十三届七中全会精神、自治区农村工作会议精神和自治州七届二次全委（扩大）会议精神，明确“八五”计划和十年规划的奋斗目标，总结1990年的工作是稳定和发展的一年。实现工农业总产值11 192.82万元，完成“七五”计划的105.07%；粮食总产5 197.6万千克，完成“七五”计划的110.59%。棉花总产582.5万千克；牲畜年末存栏331 000头（只），完成“七五”计划的104.48%；财政收入1 709.5万元，完成“七五”计划的133.8%；农牧民人均收入757元，完成“七五”计划的108.1%。会议报告博乐市“八五”计划（草案）。安排部署1991年的任务。

（五）中共博乐市第一届委员会第五次（扩大）会议

1992年2月11日，在博乐市大法庭召开。李世乐作《振奋精神 明确方向 狠抓落实 振兴博乐市工业经济》的讲话，讨论通过《关于加快博乐市工业发展，增强企业活力的若干意见》《“八五”期间技改设想及1992年主要技改项目建议》，薛郡生介绍赴伊犁考察地贸、边贸的情况，听取严振信《关于博乐市企业生产状况的调查报告》和企业改革创新、搞活企业的经验介绍；邴柏作《鼓实劲 求实效

抓落实 实现博乐市发展工业、振兴经济的宏伟目标》的讲话。会议主要贯彻落实中央、自治区、自治州召开的一系列搞活企业的会议精神，走农工贸结合的道路，加快全市支柱产业和主导产品的发展。强化企业的思想政治工作，加强对工业的领导和管理。

四、中共博乐市第二届委员会全体（扩大）会议

（一）中共博乐市第二届委员会第一次会议

1992 年 12 月 29 日，由市第二次党代会选举产生 21 名委员组成的中共博乐市第二届委员会召开第一次全体委员会议，选举中共博乐市第二届委员会常委 8 人、书记 1 人、副书记 3 人。

（二）中共博乐市第二届委员会第二次（扩大）会议

1994 年 1 月 28 日，召开会议。主要贯彻党的十四届三中全会精神，回顾总结 1993 年工作。1993 年，全市实现国民生产总值 19 015 万元。强化农业基础地位，制定农牧区奔小康计划，依靠科技兴农，采取目标责任制、股份合作措施，发展以乡镇企业为主的二、三产业。增强企业活力。加强党的建设和社会主义精神文明建设。完成市乡村三级换届选举工作；加强农牧区基层配套组织建设，开展反腐斗争取得阶段性成果。工作中思想还不够解放，农村集体经济薄弱，企业改革的力度不够，农牧区基层组织建设需要进一步加强。部署安排 1994 年工作任务。

（三）中共博乐市第二届委员会第三次（扩大）会议

1994 年 11 月 15—16 日，在大法庭召开，主要贯彻落实党的十四届四中全会精神、中央农村基层组织建设会议精神、自治区党委四届七次全委（扩大）会议精神和自治州县级以上党员干部大会精神，通过《加强农村基层组织建设具体措施》。总结 1994 年工作，全市国民生产总值完成 2.16 亿元。存在问题主要是农村产业结构不尽合理，支柱产业和新的经济增长点尚未形成；城市建设起步晚，欠账太多。初步安排 1995 年主要工作任务。

（四）中共博乐市第二届委员会第四次（扩大）会议

1995 年 12 月 4 日，在大法庭召开。传达贯彻自治区党委四届八次全委（扩大）会议和自治州第八次党代会精神，总结回顾“八五”期间，特别是 1995 年的工作。五年来，完成了“八五”计划提出的各项任务，国内生产总值年平均增长 11.6%，1995 年比 1980 年人均国内生产总值翻了 1.67 番。1995 年，全市地区生产总值 2.35 亿元。精神文明建设，坚持稳定压倒一切方针；党的建设，深入开展反腐败斗争，切实加强党的思想建设、作风建设和组织建设，政治素质和领导水平不断提高。充分发挥各级人大、政协的作用；群众团体在经济发展和社会稳定中的重要作用。工作中农业后劲不足，经济企业经济效益不高，菜篮子建设还处于低水平，财政形势严峻，资金短缺，对农业科技、教育等投入乏力。会议确定“九五”期间的主要任务。

（五）中共博乐市第二届委员会第五次会议

1996 年 10 月 16 日，会议在市委四楼会议室召开。会议讨论通过中共博乐市第三次党代会有关事宜。听取和审议中共博乐市第二次委员会工作报告，听取和审议中共博乐市纪律检查委员会工作报告，选举产生中共博乐市第三届委员会，选举产生中共博乐市纪律检查委员会。

五、中共博乐市第三届委员会全体（扩大）会议

（一）中共博乐市第三届委员会第一次会议

1996 年 12 月 26 日，由市第三次党代会选举产生 29 名委员组成的中共博乐市第三届委员会召开第一次全体委员会议，选举中共博乐市第三届委员会常委 13 人、书记 1 人、副书记 6 人。

（二）中共博乐市第三届委员会第二次（扩大）会议

1997 年 1 月 30 日，在中亚大酒店二楼召开，会期 1 天。以党的十四届六中全会精神为指导，贯彻自治区党委经济工作会议、自治州八届三次（扩大）会议和市第三次党代会精神，总结 1996 年的工作。博乐市不断强化农业的基础地位，以小康建设总揽农业和农村工作全局，加大企业“三改一加强”，努力开展“学邯钢”活动；强化调控手段，物价平稳回落；严肃财经纪律，逐步完善合作区的软硬件建设；以城市道路建设为重点，改革综合配套；精神文明建设取得成果，加强和改善党的领导，加强基层组织建设，兑现1996年党政（党建）目标管理、农业科技项目实施、企业扭亏增盈等工作奖惩。安排部署1997年的各项任务。

（三）中共博乐市第三届委员会第三次（扩大）会议

1997年11月25日，在中亚大酒店六楼召开，会议主要任务审议通过《博乐市贯彻党的十五大和自治区五届四次全委（扩大）会议精神的实施意见》

（四）中共博乐市第三届委员会第四次（扩大）会议

1997年12月28日，在博乐市体育中心开召开，会期3天。主要贯彻落实党的十五大和区党委五届四次全委（扩大）会议精神，总结1997年的工作，安排部署1998年的任务，对1997年度党政（党建）目标管理、小康建设先进集体先进个人、市级文明单位（村镇）、双模单位授牌。会议确定今后工作的指导思想；确定今后经济发展的战略方针；确定本世纪末国内生产总值达到3.56亿元（1990年不变价），2010年比2000年再翻一番，达到7.12亿元。加强精神文明建设，加强党的建设，全力维护社会稳定，确保博乐市经济发展和社会进步顺利进行。

（五）中共博乐市第三届委员会第五次（扩大）会议

1998年9月3日，在博尔塔拉军分区军人俱乐部召开，会期3天。全面贯彻江泽民总书记视察新疆工作时的重要讲话，区党委五届五次全委（扩大）会议和州党委八届六次全委（扩大）会议精神，讨论通过江泽民总书记视察新疆工作时的重要讲话和区党委五届五次全委（扩大）会议精神《实施意见》。1998年以来，博乐市坚持以经济建设为中心，精神文明建设进一步加强，社会各项事业全面发展；加强党的建设；落实各项制度和措施，确保社会稳定。明确今后工作思路和几个月工作重点。

（六）中共博乐市第三届委员会第六次（扩大）会议

1999年1月21日，在中亚大酒店后院二楼会议室召开，会期2天。以邓小平理论和党的十五大精神为指导，全面贯彻落实党的十五届三中全会、中央经济工作会议、自治区党委农业和农村工作会议、经济工作会议以及自治州党委八届七次全委（扩大）会议精神，总结博乐市改革开放20年来，全市各族干部群众的思想观念发生深刻变化；国民经济年均9.16%的速度增长。各族干部群众生活水平明显提高；各民族大团结不断得到加强；坚持不懈地加强基层组织建设，全面推行目标管理责任制，基层民族法制建设和政权建设得到巩固。基本经验是坚持以邓小平理论为指导，一切从实际出发，坚定不移地走深化改革，努力发展市场经济，加强民族团结，反对民族分裂，保持社会稳定。坚持国家支持、兄弟县市支援与自力更生相结合的原则；坚持物质文明和精神文明共同发展；加强基层组织建设和民主法制建设。改革开放存在不足是摆脱陈旧观念仍不彻底；产业结构调整力度不够；农村基础设施建设仍显滞后，财政入不敷出；基本经济体制中结构不合理；农牧民科技文化素质不高，适应市场的能力较弱。

会议总结1998年的工作取得成绩，部署1999年的工作任务以经济建设为中心，坚持“两手抓，两手都要硬”的方针，大力加强精神文明建设和党的建设，进一步改善和加强党的领导。

（七）中共博乐市第三届委员会第七次（扩大）会议

2000年1月21日，在中亚大酒店后院二楼会议室召开，会期1天。全面贯彻十五届四中全会、中央经济工作会议和农村工作会议精神以及区党委五届六次全委（扩大）会议、州党委经济工作会议精神，总结博乐市1999年工作。博乐市实现国内生产总值3.15亿元，较上年增长了6.56%。积极适应农业的阶段性变化，农村经济持续稳步增长；“三改一加强”工作取得重大进展；狠抓增收节支明显成效；对外贸易和旅游工作焕发生机；城市基础建设步伐加快；精神文明建设进一步加强，社会各项事业全面发展；加强和改善党的领导；切实维护社会稳定。会议表彰党政目标管理、党风廉政建设目标管理、科技创建工作先进集体和先进个人。安排部署2000年工作任务。

（八）中共博乐市第三届委员会第八次（扩大）会议

2000年12月14日，在中亚大酒店后院二楼会议室召开，会期2天。坚持以邓小平理论和党的十五大精神为指导，全面贯彻落实十五届五中全会、自治区党委五届七次以及州党委八届十次全委扩大会议精神，总结博乐市"九五"期间所取得的成就和经验。"九五"期间，博乐市国民经济以年均7.76%的速度增长，比"八五"末增长45.3%；国民经济持续发展，社会各项事业不断发展，社会主义精神文明取得积极成果，社会主义民主和法制建设得到加强，党的领导不断增强。2000年全市实现国内生产总值3.42亿元，较上年增长8.4%。市域经济持续健康发展，整体经济形势和运行质量是"九五"以来最好的一年；精神文明建设进一步加强，各项社会事业全面发展；加强和改善党的领导是四大班子和六个部门的"三讲"集中教育顺利完成，"乡村干部素质工程"活动全面展开。会议部署"十五"期间的重点工作以及2001年的工作任务。

（九）中共博乐市第三届委员会第九次会议

2001年6月4日，三届九次会议，通过关于召开中国共产党博乐市第四次代表大会的决议。时间定于2001年9月。

六、中共博乐市第四届委员会全体（扩大）会议

（一）中共博乐市第四届委员会第一次会议

2001年9月4日，由市第四次党代会选举产生30名委员组成的中共博乐市第四届委员会召开第一次全体委员会议，选举中共博乐市第四届委员会常委8人、书记1人、副书记3人。

（二）中共博乐市第四届委员会第三次（扩大）会议

2002年1月29日，召开会议，会期1天。贯彻落实江总书记"七一"重要讲话、中央十五届六中全会、区党委六届二次全委（扩大）会议和自治州第九次党代会精神，总结2001年的工作。全市实现国内生产总值6.9亿元，较上年增长8.93%。农村经济整体运行平衡；城市经济不断发展，财政收入稳步增加，电力、金融、保险业为经济发展做出贡献；城市功能不断完善；精神文明建设加强，各项社会事业全面进步；"三个代表"重要思想学教活动深入开展，党的建设不断加强；综治工作领导责任制和目标管理责任制得到落实，各方面形成合力，推动各项事业顺利发展。存在的问题是农业结构不尽合理，非公有制经济发展速度不够快，社会就业压力大，一些部门和干部的工作作风与党和广大群众的愿望和要求存在差距。会议确定2002年工作的指导思想和社会经济社会发展预期目标。

（三）中共博乐市第四届委员会第四次（扩大）会议

2003年1月25日，召开会议，会期2天。贯彻落实党的十六大精神，自治区党委六届四次全委（扩大）会议和自治州党委九届六次全委（扩大）会议精神，确定博乐市未来5年、10年、20年建设小康社会的奋斗目标、基本思路和重大措施，以党的十六大精神为指导，高举邓小平理论伟大旗帜，全面贯彻"三个代表"重要思想，坚持城乡统筹，推进城市化、工业化，促进市域经济健康发展，继续优化结构，深化改革，完善市场经济体制和社会保障体系，加强依法治理，完善基层民主政治，发展教育、文化、科技事业，促进人的全面发展，到2020年与全国同步进入小康社会。会议确定实现小康社会的奋斗目标和重大措施。

（四）中共博乐市第四届委员会第五次（扩大）会议

2003年7月10日，召开会议。按照中央、自治区和自治州党委、政府确定的一手抓"非典"防治不放松，一手抓经济建设和社会稳定不动摇的总要求，认真总结2003年上半年工作，部署下半年和今后一段时期的重要任务，认清形势，统一思想，狠抓落实，保持博乐市经济持续健康发展和社会各项事业全面进步。

（五）中共博乐市第四届委员会第七次（扩大）会议

2004年1月18日，召开会议，会期2天。以“三个代表”重要思想和十六大精神为指导，深入贯彻落实党的十六届三中全会、中央经济工作会议和自治区党委六届六次全委扩大会议精神，总结2003年的工作。全市实现国内生产总值9.28亿元，比上年增长9.38%。农村经济继续发展，农业综合效益和农牧民收入显著提高；工业经济稳步增长，第三产业迅猛发展；城市建设得到加强，招商引资取得突破；精神文明建设硕果累累，社会各项事业全面进步；社会稳定局面进一步巩固；党的建设不断加强，党的核心领导作用充分发挥。存在一些问题，经济结构不够合理，城市聚集、带动、辐射功能不够完善，农业产业化经营水平不高，就业再就业工作任务仍很艰巨。会议安排2004年工作任务。

（六）中共博乐市第四届委员会第九次（扩大）会议

2005年1月17日，在博乐市第一小学五楼会议室召开，会期2天。以“三个代表”重要思想和十六大精神为指导，深入贯彻落实党的十六届四中全会、中央经济工作会议、自治区党委六届八次全委（扩大）会议和自治州党委九届八次全委（扩大）会议精神，总结2004年的工作。地方生产总值突破10亿，达到10.2亿元，较上年增长10.02%。农村经济建设发展，农牧民收入继续提高；城市建设得到加强，管理水平不断提高；项目建设取得突破，招商引资形势喜人；精神文明建设稳步推进，社会各项事业蓬勃发展；党的建设全面推进，领导核心作用进一步增强。存在的矛盾和问题是工业化进程缓慢，城镇就业和再就业特别是大中专毕业生就业矛盾仍很突出。会议明确把发展作为第一要务，制定2005年经济和社会发展总体思路和目标。关于意识形态领域、农业农村、工业经济、城市建设、社会稳定、党建等工作做专题部署。

（七）中共博乐市第四届委员会第十次（扩大）会议

2005年12月30日，在市委五楼会议室召开，会期半天。听取并审议市委常委向全委会作2005年工作报告。全市实现地方生产总值11.58亿元，较上年增长11.58%。深入扎实地开展保持共产党员先进性教育活动取得实效；坚持科学发展观，以经济建设为中心，市域经济实现健康稳步发展；坚持以人为本，以构建和谐社会为目标，精神文明建设不断加强，社会各项事业稳步推进，社会政治继续保持稳定；党的建设全面推进，领导核心作用不断加强。存在困难和问题是，农业产业化进程缓慢，工业经济比重较低，规模小；党委班子在深入学习党的方针政策、加快经济建设、驾驭市场经济能力等方面还需要不断加强。会议明确2006年经济和社会发展总体思路。

（八）中共博乐市第四届委员会第十一次（扩大）会议

2006年1月17日，在博乐市高级中学多功能厅召开，会期2天。以“三个代表”重要思想和党的十六届五中全会精神为指导，认真贯彻落实自治区党委六届十次和自治州党委九届十一次全委（扩大）会议精神，回顾“十五”时期经济和社会发展情况。综合经济实力显著增强；产业结构进一步优化；城市面貌日新月异，城市功能日趋完善；基础设施和生态环境建设进一步加强。存在问题是广大干部群众发展经济观念陈旧，经济结构不合理，农村教育、卫生、文化科技还有待于加强，社会就业压力大，社会弱势群体生活困难等问题还需要下大力气解决。审议通过《博乐市国民经济和社会发展第十一个五年规划纲要》，在此基础上对博乐市“十一五”时期和2006年各项工作进行安排部署，动员全市各级党组织和各族干部群众，与时俱进、开拓创新、扎实工作，努力实现博乐市经济和社会又快又好的发展。

（九）中共博乐市第四届委员会第十二次会议

2006年1月27日，中共博乐市第四届委员会召开第十二次全体会议，会议通过关于召开中国共产党博乐市第五次代表大会的决议，时间定于2006年6月。

七、中共博乐市第五届委员会全体（扩大）会议

（一）中共博乐市第五届委员会第一次会议

2006年8月11日下午，由市第五次党代会选举产生38名委员组成的中共博乐市第五届委员会召

开第一次全体委员会议，会议选举中共博乐市第五届委员会常委 11 人、书记 1 人、副书记 3 人。

第四章 党务工作

第一节 组织工作

一、党员发展

1979—1986 年，中共博乐市委员会贯彻“坚持标准、保证质量、改善结构、稳步发展”的方针和“四化”（革命化、年轻化、知识化、专业化）的要求，着重在知识分子中发展党员。1984 年，全县共发展党员 32 人，其中大专生 6 人，中专生 11 人，占新发展党员的 53%。1987—1988 年，博乐市发展党员工作重点向生产第一线对象倾斜，注重对入党积极分子的培养，实行数量上宏观控制，结构上逐步改善，质量上严格把关。

1990—1999 年，博乐市重点改善农村党员知识、年龄结构，把回乡知识青年、退伍（复员）军人，科技致富能手作为发展党员对象。10 年间，发展 35 岁以下党员 1 830 人，大专以上学历党员 680 人。

2000—2006 年，博乐市重点增强发展党员工作宏观指导的针对性和主动性。严格入党程序，制订《农牧民党员档案管理制度》《农牧民党员档案查阅制度》《农牧民党员档案移交制度》；实施《发展党员公示制度》《发展党员预审制度》《发展党员党谈话制度》。至 2006 年，博乐市党员有 7 011 人（预备党员 237 人），大专以上学历党员 2 634 人。

二、基层组织建设

1983 年 7 月至 1987 年 1 月，中共博乐市（县）委员会贯彻党员教育工作会议精神和《中共中央关于整党的决定》。全县党员 2 162 人。经过整顿，准予登记的 2 094 人、缓期登记、暂未登记、不予登记等 68 人。培养入党积极分子 117 人，发展新党员 82 人，其中发展少数民族新党员 43 人。

1990—1991 年，中共博乐市委员会贯彻执行《关于加强企业党组织建设的意见》精神，在企业综合系统建立党总支部 5 个；50 人以上企业设政工机构 12 个，按比例配备政工干部。

1992 年，中共博乐市委员会对农村基层党组织实施党建目标管理。1994 年 11 月，市委二届三次全委（扩大）会议通过《加强农村基层组织建设具体措施》，确定农牧区基层组织建设的指导思想和总体目标。1995 年，市委贯彻自治区、自治州组织工作会议精神，表彰 1994 年党建目标管理先进党委 2 个，目标管理先进党总支、党支部 16 个。

1998—2001 年，中共博乐市委员会开展创建“六好”（好班子、好队伍、好路子、好制度、好作风、好格局）乡镇场党委、“五好”（好班子、好队伍、好路子、好制度、好机制）村队党支部活动和创建农牧区基层组织建设先进县（市）活动及实施乡村干部素质工程。市委表彰先进基层党组织 27 个（次），优秀共产党员及党务工作者 62 人次 。按照“六好”乡镇场党委考核、评选和管理办法及村队党支部建设“五好”考核细则的要求，全市 2 个乡镇被博州党委命名为“六好”党委，61 个村队党支部被市委命名为“五好”党支部。达勒特镇乌兰布呼村党支部被自治区党委授予红旗党支部，贝林哈日莫墩乡决肯村党支部被授予全国先进基层党组织。

2002—2004 年，开展基层组织“三级联创”活动，命名 33 个村队党支部为“五个好”村队党支部，17 个乡村学校党支部为“五个好”乡村学校党支部，7 个部门为基层满意的市直单位，61 个乡镇场站所为群众满意的站所。

2005—2006 年，在街道社区建立 14 个市党政领导干部党建工作联系点。从市直单位选派 11 名后备干部到街道社区居委会挂职 2 年。组织 15 个市直部门及驻博单位与街道社区结对子，开展街道社区共建活动。推进街道社区班子整合，将原来23个街道社区整合为14个，为每个社区配置事业编制9名。街道社区党支部书记、主任通过程序“一肩挑”。

1979—2006年博乐市（县）基层党组织发展情况统计一览表

表10-5 单位：个

年度	基层组织数	其中					
		党委	党工委	党总支部	党支部	农牧区党支部	党小组
1979年	159	8	–	11	140	101	–
1980年	162	8	–	6	148	69	–
1981年	166	8	–	6	152	60	–
1982年	165	8	–	6	151	81	–
1983年	193	8	–	15	170	81	–
1984年	183	8	–	13	165	133	–
1985年	197	9	–	13	175	141	–
1986年	203	7	–	9	187	144	–
1987年	–	–	–	–	–	–	–
1988年	221	8	–	2	211	119	–
1989年	238	8	–	5	225	126	68
1990年	260	8	2	8	244	113	77
1991年	290	8	2	14	268	111	76
1992年	297	8	2	14	275	104	96
1993年	317	8	2	15	294	106	99
1994年	336	8	2	15	313	116	128
1995年	360	9	2	14	337	117	109
1996年	381	7	2	17	357	117	86
1997年	414	8	2	20	386	121	74
1998年	414	8	2	20	386	121	74
1999年	448	10	2	22	416	122	67
2000年	464	13	3	24	424	127	56

续表 10-5

年度	基层组织数	其中					
		党委	党工委	党总支	党支部	农牧区党支部	党小组
2001 年	466	13	3	23	424	127	20
2002 年	466	12	3	24	424	127	–
2003 年	460	12	3	15	430	129	–
2004 年	446	12	3	14	414	121	–
2005 年	434	15	3	15	404	121	–
2006 年	432	12	6	15	405	121	–

三、干部管理

（一）科级干部选用

1981 年，博乐县制定选拔优秀中青年干部五年规划，建立县、科两级后备干部名单。1984 年，县委调整科级干部 146 人，平均年龄为 41 岁，比改革前降低 6 岁；高中以上文化程度的干部有 94 人，占科级干部总数 64.38%，比改革前提高 25 个百分点。县委贯彻落实党的少数民族干部政策，重视培养提拔少数民族干部，在科级以上干部中少数民族干部占 43%。

1989 年 5 月始，博乐市选拔科技干部到乡镇场任科技副乡（镇、场）长。1992 年 5 月始，选拔政法干部担任乡镇场和街道办事处政法副书记。1995 年，市委执行《党政领导干部选拔任用工作暂行条例》，完成乡镇场党委换届选举工作。换届选举后 6 乡镇场党委班子 41 人组成，平均年龄 36.7 岁，大中专文化程度 35 人；妇女 26 人，其中正职 1 人。

2001 年 3 月，博乐市在全市范围内公开选拔副科级干部，成立公开选拔科级干部工作领导小组，下设办公室于市委组织部，办公室设有考试评分组、面试答辩评委会、监督组、干部考察组。全市设 6 个公开选拔副科级干部职位，参加笔试的 86 人，被录用任职 6 人。2003 年 6 月，第二次公开选拔录用科级干部 10 人。同年，市考察拟任干部 121 人，任前公示 117 人。至 2006 年，全市有县级干部 28 人，科级干部 511 人。

（二）干部挂职锻炼

1990 年，中共博乐市委员会有计划地选派干部到乡镇场、街道办事处挂职锻炼。至 2000 年，共下派挂职干部 90 人。2003 年开始，博乐市每年抽派干部赴湖北省黄石市、天门市、鄂州市挂职锻炼。至 2006 年，共派挂职干部 49 人。

四、人才工作

1992 年，中共博乐市委员会加强和改进知识分子工作，印发《博乐市关于选拔管理专业技术拔尖人才的意见（试行）》。1993 年，博乐市开展第一批拔尖人才的选拔评审工作。经市知识分子工作领导小组审核，确定 7 名知识分子为 1993—1995 年度博乐市专业技术拔尖人才，其中，从事企业管理的 2 人，科技管理的 1 人，教育系统 1 人，畜牧系统 2 人，农业科技 1 人。

1996 年 6 月，博乐市评选第二批拔尖人才确定 10 人为 1996—1999 年专业技术拔尖人才，其中从事农业科技的 4 人、卫生系统 1 人、教育系统 2 人、企业管理的 1 人、其他专业技术的 2 人。同年 12 月，博乐市续聘 3 人为第三批专业技术拔尖人才。2003 年 9 月，博乐市对第四批专业技术拔尖人才 10 人进行考察、审核。同年 12 月，确定 9 人为 2003—2006 年第五批拔尖人才。

1987—2006 年，博乐市高级专业技术职称人员 289 人，共选拔评审五批专业技术拔尖人才 39 人次，按博乐市规定的管理办法享受待遇。

五、老干部工作

博乐市建立和完善市领导联系老干部、成员单位联系会议、重大情况通报、老干部参加重要会议等各项制度。2004 年 7 月，印发《博乐市创建全国老龄工作先进县市活动实施方案》。

慰问老干部 1993—2006 年，博乐市有离休老干部 83 人。市委、市政府在春节和古尔邦节期间为离退休老干部送去慰问礼品和节日祝福，共计慰问离休干部 1 303 人次、退休干部和老模范 6 443 人次，乡村“三老”人员 160 人次。举办 3 次离退休干部迎新春座谈会。

老干部考察与座谈 1979—2006 年，离退休老干部参加博乐市重要会议和重大庆典活动；考察文化、教育、卫生、城镇建设和小康村的建设；慰问边防站战士；先后组织离退休干部赴北京、上海、广东等多地参观考察。2000 年 6 月，博乐市召开加强离退休干部思想政治工作报告会和庆“七一”离退休干部党员座谈会。

老干部保健 1989—2006 年，博乐市组织离退休干部体检 10 次；举办老年保健知识讲座 1 期。离退休老干部及部分家属 66 人先后赴杭州、昆明等地疗养；截至 2000 年，市机关事业单位离休干部的医药费、市企业离休干部的医药费、交通费及遗留医药费，由市财政支付。

老干部文体活动 1997 年 8 月，博乐市老年大学成立。退休老干部文体活动形式多样。1993 年 9 月—2002 年 5 月，博乐市退休老干部共参加博州六届老年人体育运动会。2002 年 5 月，博乐市举办第三届老年人运动会共有 7 个项目比赛，14 支代表队 200 余名老干部参加。博乐市共举办九届老年人门球邀请赛，全州及农五师 15 个老年门球队参赛；共举办七届老年人中国牌邀请赛；举办地掷球、中国麻将牌、台球、乒乓球等邀请赛。40 名离退休老干部前往赛里木湖旅游。“夕阳红”文艺队多次参加自治州举文艺汇演活动，2006 年 7 月，在博乐西部文化广场举办专场文艺晚会，参加老年学员 100 人，演出 12 个节目。

第二节 宣传工作

一、理论宣传与学习

1979—1982 年，博乐县宣传工作贯彻中央拨乱反正精神，全县党员干部学习《关于建国以来党的若干历史问题的决议》。中共博乐县委员会召开四级干部会议学习中共十一届三中全、五中、六中全会，以及中共十二大精神。

1983—1991 年，博乐市（县）对中共党的十二大以来各项方针政策进行宣传。以民族团结教育月为契机，宣传民族团结理论、政策和民族团结先进典型；发放《关于“七五”期间社会主义精神文明建设规划》，开展社会主义初级阶段基本理论和马克思主义哲学的学习培训。分批举办社会主义初级阶段基本理论培训班，参训干部 1 689 人，人手 1 册，《社会主义初级阶段概论》、哲学辅导员培训骨干 69 人；发放《马克思主义哲学学习纲要》7 200 册，辅导资料 1 万余份。市委党校派出理论辅导员分赴 6 个乡镇场，11 个市直单位宣讲 136 场，听讲干部 5 800 人次；学习结束后组织考试，参加考试干部 7 350 人，平均成绩 83.50 分。

1992—1999 年，通过广播、电视、报纸、宣传橱窗等形式，重宣传邓小平南方谈话和中共十四大精神。“转变观念，解放思想”，组织辅导员下基层专题讲座24场，听讲干部8 000余人次；开展社会主义市场经济大讨论，在农牧区开展“奔小康”大讨论。学习《邓小平文选》1～3卷、《社会主义市场经济简明读本》《中共中央关于加强党的建设几个重大问题的决定》，举办培训班3期，培训干部540人次。1995年，博乐市电视台开播本地新闻。报道孔繁森同志事迹，以孔繁森为榜样爱岗敬业。对照张家港精神，开展大学习、大讨论、大宣传，提出“艰苦创业，团结奉献、求实奋进，兴博争先”博乐精神。举办邓小平理论、中共十五大文件培训班219期，培训干部6 000余人次。

2000—2004年10月，博乐市参加“三个代表”重要思想学教活动的单位422个（包括学校教师、村队干部），学教对象8 091人；发放《邓小平理论通俗读本》《农村干部学习“三个代表”重要思想文件汇编》《实践“三个代表”重要思想必读》为基本教材。市、乡两级举办“三个代表”重要思想培训班47期，培训指导组成员及学教单位班子负责人1 418人；市、乡党政领导干部在学教联系点授课423次，组织宣讲团授课229场，听课党员干部1.37万余人次。2002年11月后，市委结合“三个代表”学教活动在全市党员干部中开展十六大文件的宣讲活动。市委宣讲团在基层巡回宣讲100余场，听众2万余人次；专家作专题辅导报告3场；市广播电视台开设学习宣传中共十六大专题节目21期；《博乐信息》连续10期刊登学习中共十六大辅导材料。

2005—2006年，重点学习党章，《在新时期保持共产党员先进性专题报告会上的讲话》《江泽民论加强和改进执政党建设》《保持共产党员先进性教育读本》为必读书目，江泽民在中共十五届五中全会闭幕后关于维护新疆稳定的讲话，江泽民、胡锦涛考察新疆工作时的讲话，对党员干部进行马克思主义“五观”（国家观、民族观、宗教观、历史观、文化观）和“四个认同”（祖国的认同、中华民族的认同、中华文化的认同、中国特色社会主义道路的认同）教育。

二、社会宣传

1979—1987年，博乐市（县）组织宣讲员在工厂、农村、机关、学校开展中共十一届三中全会、中共十二大和中央1号文件、中共十三大精神宣讲活动，印发宣传材料3万余份。

1988—1989年，博乐市开展坚持四项基本原则、反对资产阶级自由化宣传教育活动。市委宣传部组织宣讲员同学生、工人、农民进行面对面交流，解答问题；组织专题报告10余场，听众5 000余人。市广播电台开办24期专题节目，各单位出专栏专刊200余期。编印《新中国成立40周年成就》《两手抓》《廉政建设》专辑。

1990—1994年，博乐市开展反“和平演变”、中共十四大精神、调整农业产业结构宣传教育。市委宣讲团在基层巡回宣讲60余场，听众3万余人次。

1995年，博乐市开展纪念抗日战争胜利50周年宣传活动。举办“历史不会忘记”展览，展出实物50余件，图片100余幅，观众4万余名。召开抗战胜利两代人座谈会，邀请4位抗日老战士和15名青年代表参加座谈；举办抗战胜利50周年文艺晚会，16个单位350余名演员参加演出，观众1 000余人。

1996年，博乐市首次开展科技文化医疗“三下乡”宣传活动。演出文艺节目20场，义诊280余人，印发科技资料1 500份，送书180册（其后，每年春、冬两季均组织一次“三下乡”活动）。同年，开展“双教”（教育农民爱国守法崇尚科学勤奋劳动奔小康，教育干部勤政务实转变作风廉洁奉公树形象）宣传教育活动，市委组织干部1 000人与农民“五同”（同吃、同住、同劳动、同学习、同受教育）。活动期间，“双教”队员捐款10万元，救助困难户400余户，扶助贫困学生500余人，评出乡村好干部100人，农村好党员1 000人，文明新风户1万户。

1997年，博乐市开展迎香港回归宣传教育活动。举办以学生为主体的《光辉的旗帜》读书、成人宣誓、升国旗仪式、迎回归演讲比赛、万人签名长跑等活动。举办香港历史图片展，组织回归颂文艺晚会。宣讲中共十五大精神。宣讲队在400家企业、11所中学巡回宣讲，听众3万人次；市直158名驻村干部和乡镇800名干部入户市文体局排练宣传十五大精神文艺节目，在机关、学校、工厂、农村巡回演出18场，观众3万余人次；开办广播电视专题节目，系统宣讲十五大精神。

1999年，博乐市开展迎澳门回归、庆祝建国50周年和纪念“五四”活动80周年宣传活动。举办“迎澳门回归、迈向新世纪”演讲比赛和“澳门今夕”图片展览，观众2万余人次；组织“迎澳门回归”优秀影片展映活动，巡回放映24场，观众2.5万余人次。同年，在街心广场宣传长廊举办“辉煌五十年”成就展，制作6集电视专题片，宣传新中国成立50周年成就；组织5个宣讲队，分赴11所中学宣讲“五四”运动爱国精神，听讲学生2万余人次；召开“五四”运动与面向新世纪座谈会，80余名教师、学生代表参加座谈；举办中小学生书画比赛，100余幅获奖作品在宣传长廊展出。

2000年，博乐市开展纪念中国人民志愿军抗美援朝战争胜利50周年宣传活动。邀请市参加过抗美援朝的老战士到中小学校作巡回报告，2万余名中小学生接受教育。同年6月，创建“周末大舞台”，开展文艺活动，至年底共有25个单位、1 500名演员参加演出24场，观众8万余人次。

2001年，博乐市开展建党80周年纪念活动。举办移动杯“党在我心中”演讲比赛；广播电视开辟专栏，宣传优秀共产党员事迹；在青少年中开展“红心永向党”读书活动；组织“建党80周年创辉煌”征文活动，评选出优秀作品20篇。

2003年，博乐市开展乡村文艺调演；举办“讴歌博乐巨变、加速率先崛起”现场作文比赛，美术、摄影、书法展览，“博乐之夜”焰火晚会；编印《今日博乐》大型彩色画册。

2004年，博乐市开展《中共中央、国务院关于促进农民增加收入若干政策》宣讲活动。市委宣讲团在农村宣讲150余场，印发辅导材料1.6万份。

2005年，博乐市开展“建设和谐平安博乐，共创美好幸福家园”宣传活动。以周末大舞台为载体，组织以“平安和谐”为主题的节目在城区公演；公安、交通、教育等部门开展以“建设和谐平安博乐、共创文明交通秩序”为主题的道路交通安全宣传月活动；组织评选十佳文明单位、十佳文明村队、十佳平安卫士活动。同时，开展抗日战争暨世界反法西斯战争胜利60周年宣传活动，印发“以史为鉴、面向未来”宣传图片，邀请抗日老战士向中小学生作专题报告。

2006年，博乐市开展“科学发展、和谐创业”宣传教育活动。印发宣传活动意见，组织创业宣讲团在乡镇、街道、社区、企业作专题报告；在境内312国道、北京路和其他主干道悬挂大型宣传牌、标语、横幅100条（块）；在街心广场举办“动感青春杯”首届青年文化节；“七一”前夕，举办“我为党旗添光彩—博乐创业党员”摄影展；组织千名干部进社区、农村、工厂提供政策、科技、法律、卫生服务；评选十佳创业先锋、十佳爱心人物、十佳人民满意公务员、十佳服务标兵、十佳再就业典型、十佳特色文化村、十佳和谐社区、十佳文明信用社、十佳文明驾驶员、十佳无假货商店，树立先进典型；组织文艺节目到农村、社区、学校巡回演出。编印《博乐市新农村建设宣传手册》发至各乡镇新农村建设示范点。

二、对外宣传

1979—2006年，博乐市在知名报刊上登载宣传专版，邀请主流媒体、知名电视台记者到博乐采访报道重要活动、摄制宣传片，配合记者到博乐采访，在互联网登载等。

报刊宣传　1986—1992年，博乐市在博尔塔拉日报刊登7 900篇，区级刊物用稿165篇。1992年，在“那大慕”大会和“乌洽会”期间，市委宣传部向中外客商发放各种材料4万多份。在《新疆日报》《新疆经济报》上分别组织《博乐：亚欧金桥第一关》和《朋友，博乐热情欢迎您》宣传专版。市委宣传部还为各种重大活动书写横标60幅，制作大型宣传牌匾11块。2002—2005年，市委宣传部在《新疆日报》刊发两个专版，宣传博乐市两个文明建设取得的成就。在《新疆日报》《新疆经济报》刊登稿件 323 篇；在《博尔塔拉报》刊登汉文、维文、蒙文稿件共计 3 369 篇。围绕庆祝自治区成立 50 周年、博乐市建市 20 周年，在《博尔塔拉报》开设专栏，共刊发稿件、图片近 60 篇。

2006 年，全市各级通讯（宣传）员在自治区级报刊刊登稿件 198 篇，在《博尔塔拉报》刊登稿件 1 442 篇；其中汉文稿件 621 篇、维文稿件 683 篇、蒙文稿件 138 篇。

广播电视宣传　1986—1991 年，博乐市广播局共播出稿件 1.2 万篇。1992 年，在那达慕大会和“乌洽会”期间，循环播放《博乐欢迎您》专题片。1994 年，乌洽会期间，博乐市组织新疆电视台、新疆人民广播台等十几家新闻媒体，从不同角度，不同侧面报道博乐市及边境经济合作区。1995—1996 年，博乐市在各级新闻单位刊登 5 218 篇，其中在国家、省、地州级新闻单位刊登 2 935 篇。制作《精神文明建设灿烂之花》《努力发展文化事业、推进两个文明建设》《博乐河谷鱼水情深，军民团结共建边疆》等 3 个专题片宣传博乐。2002 年专题片《绿了博乐》在中央电视台第七套节目中播出；组织三次新疆广播电台用电话传输的专题节目，每组节目时间半小时。2003 年在博乐市召开自治区农村经济形势分析会上播放博乐各方面工作成效的专题片 9 个。在“三下乡”活动期间，向自治区新闻媒体介绍博乐市经济和社会各项事业发展的亮点和成就；新疆日报和新疆电视台记者采编 9 篇有关博乐市发展的新闻稿件。同年，全国环准噶尔行采访团一行 60 余人到博乐采访，分别在中央电视台《走进新疆》、新疆电视台《今日访谈》和《新疆日报》《新疆经济报》上报道博乐市的经济、文化、旅游等方面特色和优势。利用自治州 50 年周庆和那达慕草原节的时机，对外宣传博乐。2006 年 4 月，新疆人民广播电台大型现场直播报道《走进新农村》《金秋博乐别样红》在贝林哈日莫墩乡开播，宣传“干部领种科技示范田、提高农民素质工程、农村经济合作组织和新型农牧区合作医疗”等内容，通过卫星传遍中国大地，提高博乐市的知名度。

2002—2006 年，博乐市共邀请和接待中央及区内外各类媒体采访团、自治区音乐家采风团 74 批 360 多人次。在区级以上各类新闻媒体播发电视专题片 20 部、稿件（通讯）1 344 篇（条），在州电视台播发稿件 2 356 篇，在各级各类新闻媒体刊用稿件共计 4 000 余篇。

互联网宣传　1999 年，博乐市制定利用新疆 169 网进行外宣工作的思路和方法。2001 年，在市政府信息中心开辟博乐概况、特色产业、矿产资源、旅游文化、投资指南、招商项目等专栏。2004 年，在新华网上，首次实现那达慕草原节网上直播；同时，在新疆互联星空网站、新丝路网站设立专题网站，采用文字、图片、视频等形式对那达慕草原节及博乐的风土人情进行介绍，点击量近 1 万人次。2006 年，利用博乐网页发布各类新闻 400 余条，与国内知名网站合作，分别在新华、新浪、搜狐、中青等多家网站上发布博乐新闻 50 余篇（条）。

宣传册（片）　1992 年，博乐市委宣传部编印《博乐市投资指南》《博乐风光》折页、《怪石沟》明信片和《博乐风光》画册；组织拍摄《博乐欢迎您》《渔水情深》 两部专题片。为适应新疆“向西开放”的需要，繁荣边境经济贸易，促进边境经济技术合作，开拓国内外两大市场，市委宣传部印制《独联体各国经济状况》《独联体国家最新经贸法规汇编》两本书。1993 年，博乐市编辑出版《中国新疆·博乐旅游》画册和《博乐市交通旅游图》，赠送和销售《博乐市投资指南》《博乐旅游》2 800 余份（本），为中外客商了解博乐，考察投资提供第一手资料。2004 年，在乌洽会上博乐市展示反映经济社会发展全貌的宣传画册 5 000 册、光碟 2 000 盘。

第三节　统战工作

一、贯彻统战、民族、宗教政策

1979—1985 年，博乐市（县）对投诚起义人员、工商界人士、民族上层人士、宗教人士 95 人落实政策。1991—2006年，博乐市根据《关于进一步做好宗教人士生活补贴费发放工资的通知》要求，落实统战对象生活费发放制度，每月发放统战对象生活补助费50元。1997年，全市领取爱国宗教人士生活补助费36人，2001年2月，博乐市享受统战人士生活费44人，其中宗教人士38人。2006年，享受生活补贴的宗教人士38人。重大节日走访慰问统战对象。

1979—2006年，中共博乐市（县）委统战部、宣传部，市民宗委举办培训班、座谈会，发放宣传资料，宣传党的民族宗教政策和法律法规、民族团结条例，传达学习依法加强宗教事务管理工作座谈会精神，开展反分裂斗争再教育、普法学习，累计组织统战对象、宗教人士、基层统战、民族、宗教工作者开展培训128期7 300人次。

二、党外人士代表参加“两会”

历届政协会议政协委员中无党派爱国宗教人士、台胞台属、宗教界、工商联界比例占委员总数的55.82% ~ 78.5%。非党代表参加博州、市人大“两会”，保障社会各界人士参政议政。

三、台胞、台属

1985年，博乐市登记台属11户。1991年，博乐市登记台属、台胞19户89人。其中，市直机关3户11人，贝林哈日莫墩乡3户13人，乌图布拉格乡3户15人，达勒特镇3户13人，阿热勒托哈牧场4户20人，小营盘镇3户17人。1995—2006年，市委统战部为本市户籍年满16周岁以上的台胞、台属发放台胞、台属证。

第四节　政法工作

一、群防群治

20世纪80年代末，博乐市实施社会治安综合治理工作。1990年，市按照“打防结合、以防为主”方针，本着“发案少、秩序好、社会稳定、群众满意”的指导思想，在辖区构建“打防控管一体化群防群治网络”。乡镇、街道，村队、社区建立社会治安联防队。市直各部门各单位实行昼夜值班制。建立健全重大情况报告制度和安全检查制度，以及信息情报的收集和反馈。市区重点单位和重点部位安装电视监控设备和防盗设备。建立社会保安队，为单位、商场、住宅区提供保安服务。到2006年，基本形成市、乡、村治安联防网络。全市有综治组织443个1 772人，治保组织716个2 280人，调解组织649个2 940人，治安队146个706人，帮教组织443个1 719人，机关、事业单位看家护院队146个606人，等等。

二、专项整治

1993年，中共博乐市委员会政法委组织相关单位在全市开展反盗窃自行车专项治理整顿，抓获违法犯罪42人，收缴被盗自行车148辆。1996年，市委政法委组织相关部门对旅店进行专项治理。共检查旅店47家，8 000余名住宿者未能按照要求登记。

1999年4月，市委、市政府从市直机关单位及乡镇抽调149名干部，组成37个维稳宣教组进驻18个重点整治村和22个重点教育村队和单位开展集中整治维稳宣教工作。2001年，博乐市清理整顿出租房屋、规范流动人口管理，取缔非法出租和危房出租65间，整治藏污纳垢场所3个。同年，市委政法委组织公安局、文体局等相关单位对文化娱乐场所进行专项治理。对18家文化娱乐场所下发书面整改通知书，收缴淫秽VCD光盘30多张，查出未成年人进入网吧7人，依法处罚7家，依法拘留5人。2002年，全市共整治18个社会秩序混乱点。2005年，市委政法委组织工商、教育、文体、街道等单位，对全市的“牛皮癣”进行集中清理，共清理6 000条小广告。2006年6月，市集中对城乡开展拉网式排查，排查14个村队，召开座谈会20次，走访调查164户，走访困难家庭40户，走访学校5所，走访宗教场所13个。

三、基层安全创建活动

1997 年，博乐市开展基层安全文明创建活动，评出安全文明村（队）38 个、安全文明单位 47 个和安全文明小区 2 个。1999 年，市评出安全文明村（队）、安全文明单位和安全文明小区 142 个。2003 年 3 月，市治安联防队伍，调解 101 起矛盾纠纷，巡逻期间制止打架斗殴事件 50 起。

2006 年，市委政法委举办综治干部培训班，对乡镇场、街道办事处及成员单位的综治专职书记、综治办主任、派出所所长进行培训。同年 11 月，市开展以“平安博乐”为重点的基层平安创建活动，成立市平安建设领导小组。

第五节 党校教育

1980—1989 年，县党校举办大队党支部正书记、社场组织人事和宣传干部、基层政治宣讲培训班 6 期 370 人。培训的主要内容有生产责任制、中共十二大文件、《邓小平文选》《中共中央关于整党的决定》。

1990—1999 年，中共博乐市委员会党校先后举办入党积极分子、市直机关 40 岁以下党员、妇女干部、中青年干部、武警干部、农牧区党支部书记和村干部、市直支部书记、农牧区妇女干部、离退休干部、农牧区村委会主任、农牧区团干部、副科级以上干部、乡科级干部、农业科技人员、七站八所负责人、重点整治工作队负责人、普法干部、企业领导干部，为乡（镇、场）干部、村队会计等 5 504 人举办培训班 115 期。培训的主要内容有马克思民族理论和民族政策、《中华人民共和国城市规划法》、中共十四大专题、社会主义市场经济、《邓小平文选》第三卷、中共十五大精神、法律法规等。

2000—2006 年，中共博乐市委员会党校先后为科级干部、组织干事、村支部及村委会主任、中青年干部、维稳宣教工作队、驻村工作组、党务知识、市工商局党员干部、纪检监察干部、乡（镇、场）中小学校长、科级干部、乡科级领导干部、拔尖人才、新任科级领导干部、后备干部、街道社区干部、村“两委”班子、入党积极分子等举办培训班 106 期，培训人员 7 527 人。培训的主要内容有“三个代表”重要思想、江泽民《在庆祝中国共产党成立 80 周年大会上的讲话》、意识形态反分裂斗争再教育专题、中共十六大精神、《中华人民共和国宪法》《中华人民共和国行政许可法》、中共十六届四中全会精神、《中华人民共和国公务员法》、干部先进性教育专题、中共十六届五中全会精神、《江泽民文选》、中共十六届六中全会精神等。

第六节 史志工作

一、党史工作

1988 年，博乐市组织编写《中国共产党新疆维吾尔自治区博乐市组织史资料》。1991 年 10 月，完成审定工作。1992 年 7 月，完成《中国共产党新疆维吾尔自治区博乐市组织史资料》出版发行工作，全书 43 万字。1994 年 8 月，博乐市组织编写《中国共产党博乐市历史大事记（1949—1992）》。1995 年 7 月，召开评审会，并通过评审。1996 年 4 月，通过中共博尔塔拉蒙古自治州委员会党史研究室审定。同年 11 月，完成《中国共产党博乐市历史大事记（1949—1992）》出版发行工作，全书 16 万字。2002 年，博乐市组织编写《中国共产党博乐市简史》，采用章、节、目的结构形式，设立 9 章 47 节 113 目，下限至 2001 年博乐市第四次党代会，完整地反映博乐市各族人民生活由温饱达到小康这一伟大历史进程。2005 年，完成送审稿。同年 11 月，召开评审会，并通过评审。同年 12 月，完成《中国共产党博乐市简史》的审改定稿工作。2006 年 3 月，完成《中国共产党博乐市简史》出版发行工作，全书 35 万字。

二、地方志工作

地名图志 1984年，博乐县地名普查办公室完成《博乐市地名图志》编写，通过评审。1991年，出版《博乐市地名图志》，共辑录标准地名592条，其中行政区划和自然村名189条，专业部门名称89条，自然地理实体名称203条，名胜古迹和人工建筑名称41条，驻市团场地名70条。

博乐市志 1987年12月，市史志办完成《博乐市志》55万字初稿（讨论稿）。经评议审查、核实考证，形成《博乐市志》第二稿（征求意见稿）。1988年12月，市委、市政府召开单位领导、专家、学者、编纂委员会成员和修志人员参加的评审会，对志稿进行评审。根据评审会意见，市志编修人员通过增、删、调、并、改，于1989年9月形成《博乐市志》第三稿（修改稿）。经再次修改，形成《博乐市志》送审稿。1990年7月，博州地方志编纂委员会召开《博乐市志》评审会。根据专家评审意见，制订修改方案，1991年2月完成《博乐市志》修订任务，共8编57章268节，110万字。同年4月，《博乐市志》经博州地方志编纂委员会审查通过，上报自治区地方志编纂委员会终审。1992年，《博乐市志》出版发行。

第七节 保密工作

保密制度建设 1985年1月，县机关部门和乡镇场相继建立保密机构。1993年，博乐市建立涉外单位领导负责制，落实涉外保密规定。1996年，将保密工作列入领导干部考核范围，落实日常保密工作“三同时”制度，即安排业务工作的同时安排保密工作，检查业务工作的同时检查保密工作，总结业务工作的同时总结保密工作。2000—2006年，博乐市坚持定密工作责任制，规范定密的相关程序。完善档案、文件，计算机网络、传真机、电话，出国人员审批、接待外宾等制度。对重点涉密部门、单位保密工作目标管理考核2次。

保密宣传 1988—2006年，博乐市举办《中华人民共和国保守国家秘密法》《中华人民共和国国家安全法》《中华人民共和国档案法》培训班8期，培训科级领导干部320人、业务骨干237人次，持证上岗涉密人员37人。举办保密法和国家安全知识竞赛1期，80名干部参赛。分期开展保密知识考试者2 880人、保密知识答卷活动1 312人。开展创建保密工作模范单位活动，通报表扬6个单位。其中1998年，市保密局被自治区评为保密工作先进集体。

第五章 重大决策

第一节 物质文明决策

一、农业农村工作

种植业 1982年，博乐县在全县184个农业基本核算单位和18个大队级牧业队推行和完善各种形式的生产责任制。1983年，中共博乐县委大力推行包干到户的生产责任制。1984年，县委继续稳定、完善联产承包责任制，正确处理好统与分的关系，稳定、完善统分结合的双层经营机制。坚持土地承包的政策。精简大队、小队干部。健全承包合同制，正确处理国家、集体、个人关系。1985年2月，中共博乐县委决定调整种植业结构，发展农区养殖业，发展庭院经济。1991年，中共博乐市委进一步深化农村改革，加强双层经营，实行农业“五统一”。1992年3月，市党委专题研究农业和农村工作，促进农村经济全面发展的意见。1995年，市委决定发展菜篮子工程建设，制定菜篮子工程“九五”发展规划，提出菜篮子工程建设地点、规模、标准；同年印发《关于进一步加快发展菜篮子工程蔬菜建设的实施办法》。对大力发展博乐市的蔬菜建设，充分调动农民的种菜积极性，扩大生产面积和规模，加强流通管理，保证供给，平抑物价意义重大。1998年，博乐市委制定《关于认真做好延长农村土地承包期工作的通知》。

畜牧业　1985 年 3 月，博乐县委制定“畜牧作价归户，草场承包”试行方案，使牧民获得草场经营自主权和牲畜的所有权和支配权。1987 年，博乐市作出《关于进一步完善和落实农牧业经济承包责任制合同管理的决定》，为巩固和发展集体经济起到促进作用。

1995—1997 年，博乐市下达 1995 年农田水利建设、牧民定居半定居和林业生产指令性计划；制定“九五”农业基础设施(水利工程)规划和发展农区畜牧业优惠办法。2002—2003 年，博乐市印发《博乐市发展农区畜牧业优惠办法》《博乐市发展农区畜牧业贷款贴息实施办法》《博乐市黄牛改良实施办法》。博乐市每年从财政拿出 50 万元资金作为发展农区养殖业的贷款贴息，财政贴息资金工作实现制度化、规范化管理。畜牧兽医部门规范完善黄牛改良台账，建立“一户一卡”“一牛一号”精准数据档案。

林业　1985 年，博乐市苗圃实行联产计酬承包责任制。同年，博尔塔拉蒙古自治州党委、政府和博乐市绿化委员会决定在城北“二阶台”实施环保绿化工程，1997 年 7 月，博乐市委、市政府决定实施博乐—五台公路两侧绿化工程，同年 10 月完成编制《博五公路绿化工程规划》，1998—2002 年，博乐—五台公路绿化面积 3.12 平方千米。

小康村建设　1996 年 3 月，制定加快博乐市农村小康建设步伐的规划。

扶贫工作　1996 年 12 月，博乐市制定扶贫开发的实施意见；2004 年，要求进一步做好 2004 年扶贫帮困工作。

二、工业经济和乡镇企业

（一）工业经济

1992 年 2 月，中共博乐市委印发《关于加快博乐市工业的发展·增强企业活力振兴市级经济的意见》。1994—1995 年，博乐市两次制定扭亏增盈奖惩办法。

1998—2000 年，博乐市制定加快非公有制经济发展的实施意见、对博乐市非公有制企业实行挂牌保护的实施意见，要求各单位对非公有制企业实行对口帮扶。2001 年 3 月，中共博乐市委决定按深化企业改革扭亏增盈责任书的规定进行 2000 年企业扭亏增盈责任书奖罚兑现

2005 年，博乐市决定加快推进新型工业化建设，主要措施是扩大对外开放、加大招商引资工作力度、加快进出口贸易加工区建设、鼓励、支持和引导非公有制经济发展、推进企业技术进步、发挥人才智力支撑保障作用、加强政策支持与引导，优化工业发展环境。

（二）乡镇企业

1986 年，中共博乐市委制定《博乐市乡镇企业管理暂行办法》。1996 年 3 月，中共博乐市委印发《博乐市乡镇企业“九五”发展工程实施方案》。

（三）合作区

1992 年，博乐市决定在博乐市城市总体规划区域内创办博乐边境经济合作区；同年 4 月，制定扩大开放、搞活边贸、进一步加强经济技术协作的优惠政策。1996 年 3 月，编制博乐边境经济合作区“九五”发展规划。2000 年，博乐市印发《关于进一步加强和改善合作区投资发展软环境的通知》

三、商贸经济

1984 年，博乐县制定供销合作社体制改革方案，对博乐县供销社、基层供销社进行体制改革，7 月上旬召开县供销社员代表大会的工作。

第二节　精神文明决策

一、精神文明

1984 年 3 月，中共博乐县委制定《关于 1984 年五讲四美三热爱活动的安排意见》，全面落实党的

十二大提出的战略任务，坚持“两个文明”一起抓。1986 年 9 月，中共博乐市委决定在市区范围内开展“三优一学”创建文明城市竞赛活动，推动城乡两个文明建设的共同发展。提出了开展“三优一学”创建文明城市活动的目标、指导思想、主要任务和措施。

二、民族团结

1983 年，中共博乐县委印发《关于开展民族团结教育月活动的安排意见》，要求各单位坚持把民族政策和民族团结教育摆在头等重要的位置，作为一项长期重要的政治任务来抓，广泛、深入地进行民族政策和民族团结教育。1984 年，第二个“民族团结教育月”活动使民族结教育工作经常化、制度化。1987 年，中共博乐市委决定开展创建民族团结模范市活动。

1989 年，中共博乐市委决定把博乐市建成“民族团结先进市”。

1995 年，中共博乐市委印发《博乐市教育系统加强民族团结、安定团结工作的实施意见》。2006 年 4 月，中共博乐市委、市人民政府印发《关于深人开展第 24 个民族团结教育月活动继续的安排意见》，“民族团结教育月”活动持续开展。

三、社会事业

（一）科技教育

科技　1982 年，中共博乐县委批转印发《博乐县小营盘公社科普协会积极开展科普活动情况调查》中强调发展农牧业生产，一靠政策，二靠科学。小营盘公社党委于年初在全县率先建立了公社科普协会。1984 年 1 月，中共博乐县委召开乐县四级干部会暨农牧战线用科学创高产竞赛总结奖励大会表彰博乐县科技工作先进集体 8 个，先进个人 22 名。

1993 年，博乐市命名贝林哈日莫乡为市级“科技示范乡”，命名 34 个村为博乐市第一批“科技示范村”。1996 年，中共博乐市委、市人民政府印发《关于实施“科教兴市”战略的意见》，全面贯彻落实“科学技术是第一生产力”的思想。1999 年，中共博乐市委制定《博乐市创建科技示范乡（镇、场）、科技示范村（队）活动的实施方案》。2006 年，中共博乐市委办印发《关于进一步做好干部领种科技示范田工作的通知》，通过科技示范田，以点带面，辐射带动广大农户，促进农业增产农民增收。

教育　1993 年，中共博乐市委制定《关于加快博乐市农村教育综合改革的实施意见》。1996 年 10 月，中共博乐市委、市人民政府贯彻《中国教育改革和发展纲要》精神，对 1996—2000 年博乐市教育事业发展的目标和任务等都提出明确的要求。2000 年，中共博乐市委办印发《关于扶持九年义务教育阶段贫困生的通知》。2001 年 8 月，中共博乐市委、市人民政府印发《关于优化教育资源配置、调整中小学校布局的意见》。同年 9 月，中共博乐市委、市人民政府表彰 2001 年普通高考、初中“五统一”考试工作中成绩突出的 2 个先进集体、8 名先进个人。

（二）法制

1986 年，中共博乐市委印发《批转博乐市政法领导小组〈向各族公民基本普及法律常识五年规划〉的通知》，把向博乐市各族公民普及法律常识这项工作列入议事日程，作为一件大事抓好。

2001 年 11 月，中共博乐市委决定在全市各族公民中深入开展“四五”普法宣传教育全面推进依法治市工作。2004 年 3 月，博乐市贯彻实施《中华人民共和国行政许可法》制定并工作方案。

（三）文化体育

文化　1996 年，中共博乐市委决定开展“三下乡”活动，由市科协、市科委牵头组织实施。共分科技、卫生、文化三组，统一开展“三下乡”活动。2006 年 5 月，中共博乐市委、市人民政府决定创建中国优秀旅游城市，明确提出指导思想和目标任务等。

体育　2004 年 4 月，博乐市印发《博乐市庆祝自治州五十年州庆暨“那达慕”草原节活动总体方案》。

2006年4月，印发《博乐市第五届广场文化艺术节暨竞赛活动方案》。

（四）卫生和计生

1996年，中共博乐市委决定进一步加强博乐市牧区医疗工作。2000年，印发《博乐市医药卫生体制改革方案》。2002年10月，中共博乐市委办印发《博乐市人口与计划生育综合改革试点工作实施方案》。

（五）社会保障

1992年，中共博乐市委印发《关于开展农村社会养老保险试点工作的安排意见》，决定将农村社会养老试点工作转入乌图布拉格乡。2004年7月，博乐市印发《博乐市创建全国老龄工作先进县市活动实施方案》。

第三节　政治文明决策

一、政治协商

1990年，中共博乐市委制定《关于进一步加强政治协商、民主监督的暂行规定》政治协商、民主监督要发挥两个方面的积极性，做到自觉协商，主动协商。政协委员的民主权利受到尊重和保护等。1996年，市委批转《政协博乐市委员会贯彻政协全国委员会“关于政治政协商、民主监督、参政议政的规定”的具体实施意见》

二、统战工作

1990年，中共博乐市委印发《关于在博乐市宗教界开“双五好”活动的意见》继续做好民族工作、宗教工作，充分发挥宗教人士在稳定局势中的重要作用。加强对现有宗活动场所的管理，建立健全民主管理制度。1993年，中共博乐市委《批转〈关于进一步加强博乐市宗教工作管理的意见〉的通知》，要以邓小平建设有中国特色的社会主义理论为指导，更加全面正确地贯彻执行党的宗教政策，依法加强对宗教事务的管理，坚决制止超出法律和政策范围的非法活动，打击利用宗教进行的各种犯罪活动，以维护社会稳定，促进博乐市各项工作的发展。

三、社会管理

1996年，中共博乐市委制定《关于博乐市综合改革试点工作的安排意见》《关于进一步加强农村集体经济管理工作的意见》。1998年，中共博乐市委制定《关于在农牧区全面推行村民代表会议制度的实施意见》。意见提出村民代表会议代表产生的方法和条件，村民代表会议议事原则，村民代表会议议事内容、职责、权利，村民代表会议工作运行机制。1999年，中共博乐市委制定《关于实行乡（镇、场）政务公开、站所业务公开、学校校务公开制度的实施意见》。

2000年5月，中共博乐市委、市人民政府印发《关于实行厂务公开的实施意见》。同年10月，中共博乐市委印发《关于加强街道、社区党建工作的实施意见》《2000年博乐市创建“平安大道”实施“畅通工程”总体方案》。

2001年5月，中共博乐市委、市人民政府印发《关于社区建设的实施意见》实施意见将推动博乐市社区服务向社会化、产业化、规范化方向发展，维护社区社会稳定，促进社区经济和精神文明建设。同年，中共博乐市委印发《关于开展政务和社会服务承诺制工作的意见》。意见明确提出实施政务和社会服务承诺制的指导方针、工作要求和实施承诺制的重点部门和单位。2002年5月，市委制定《关于建立和完善村党支部领导下的村民自治运行机制理顺村“两委”关系的意见》，积极推进村党支部领导下的村民自治运行机制，积极推进村党支部工作的规范化，积极推进村民自治法治化。2002年6月，中共博乐市委办、市人民政府办印发《博乐市党政机构改革方案实施意见》《博乐市市级党政机关实施”三定”工作意见》。2004 年 11 月，《关于转发博乐市开展“十一五”规划工作方案的通知》，编制和实施好“十一五”规划，对于博乐市全面建设小康社会，加快推进社会主义现代化建设具有十分重大的意义。

四、纪律检查

1984 年，中共博乐县委转发《县纪律检查委员会文件〈明确任务加强领导为开创博乐县纪检工作的新局面而努力〉的通知》，结合党中央决定，对党的组织和党的作风进行一次全面整顿下决心解决党内思想、作风、组织方面不纯的问题。博乐县纪律检查委员会提出了 1984 工作意见。明确了纪检工作的性质和任务，要求与方法，工作制度及组织纪律。

2000 年 6 月，印发《博乐市 2000 年党风廉政建设宣传教育工作实施意见》；2001 年，印发《博乐市党风廉政建设责任考核和责任追究制度》，全面实行党风廉政建设责任制，推动党风廉政建设和反腐败斗争的深入开展。2002 年 3 月，中共博乐市委制定《关于进一步贯彻落实中共中央、国务院〈关于实行党风廉政建设责任制的规定〉实施意见》，进一步健全完善和落实机关配套制度，保证党风廉政建设责任制落到实处。

第六章　思想教育实践活动

第一节　整党工作

1983 年 7 月，中共博乐县委员会作出《关于做好整党前准备工作的安排意见》，开展“三照、三看”活动（对照入党时表现，看现在；对照入党誓词，看行动；对照先进人物，看自己）。整党工作分三批进行。1985 年 3 月，中共博乐县委员会召开整党动员大会。开始第一批整党单位从 1985 年 3 月开始至 12 月底结束，历时 9 个多月。参加整党的单位有县五套班子，党政机关各部门和县武警大队共 39 个单位，党员 304 人。第二批整党单位从 1985 年 9 月至 1986 年 5 月结束。参加整党的单位有企事业单位（包括乡级企事业单位）、各乡（区）场党政机关共 91 个，党员 701 人。第三批村级整党从 1986 年 6 月至 1987 年 1 月结束。村级整党，包括 5 个党总支，99 个党支部，1 203 名党员。经过整党，全市 2 208 党员中，准予登记的 2 094 人，缓期登记的、暂未登记的、不予登记的 114 人。1986 年，市委作了《关于巩固和发展乡（区）场级机关、企事业单位整党成果，进一步端正党风的安排意见》，巩固和发展整党真成果。

第二节　“三讲”教育实践活动

1998 年 11 月，中共博乐市委员会学习贯彻《中共中央关于在县级以上党政领导班子、领导干部中深入开展以“讲学习、讲政治、讲正气”为主要内容的党性党风教育的意见》。“三讲”教育总体要求是推动县级以上党政领导班子和领导干部深入学习邓小平理论和中共十五大精神，提高政治素质，加强党性修养，端正思想作风。1999 年 2—5 月，市委、市人大、市政府、市政协四大班子和市纪检委、市委组织部、市委宣传部、市法院、市检察院、市公安局六个部门班子集中开展“三讲”（讲学习、讲政治、讲正气）教育活动。具体步骤和方法是思想发动，学习提高；自我剖析，听取意见；交流思想，开展批评；认真整改，巩固成果。整改阶段领导班子和领导干部从学理论、政治方向、政治立场、政治纪律、政治鉴别力、政治敏锐性、思想作风等方面存在的问题，制定具体整改方案，并检查落实。

通过“三讲”教育，提高干部、党员政治敏锐性和政治鉴别能力，增强大局观念，同党中央保持高度一致。

第三节　“三个代表”重要思想教育实践活动

2000 年 12 月，中共博乐市委员会按照博州党委的统一部署，自 2001 年 2 月开始，先后分四批在乡（镇、场）领导班子、市直部门、乡镇站所、学校及农牧业村队开展“三个代表”（中国共产党要始终代表中国先进生产力的发展要求、代表中国先进文化的前进方向、代表中国最广大人民的根本利益）重要思想学习教育活动。参加这次学教活动的单位共 422 个，其中乡（镇、场）7 个，市直部门及所属单位 103 个，乡镇站所 96 个，学校 72 所，村（队）152 个，学教对象 8 091 人。学教活动的步骤分学习培训阶段、照检查阶段、整改提高阶段。在“三个代表”重要思想学习教育活动中，市委先后抽调 400 多名干部组成 154 个指导组负责指导全市学教单位“三个代表”重要思想学习教育活动。自治区和博州党政领导在博乐市建立“三个代表”重要思想学习教育活动联系点。

“三个代表”重要思想学习教育活动期间，市、乡两级共举办培训班 47 期，培训指导组成员及学教单位班子负责人 1 418 人；市、乡党政领导在学教联系点授课 423 次，组织宣讲团授课 229 场，听课党员干部 13 730 人次；全市共征求到对班子和班子主要成员的意见和建议 7 796 条，其中乡镇班子的意见和建议 1 335 条、市部门班子的意见和建议 2 230 条、学校 431 条、乡镇站所 1 632 条、村队 2 168 条，确定整改措施的 5 062 条，落实的 3 981 条。市委领导到农村调查研究平均达 70 多次，为基层解决具体问题 628 个。2002 年 5 月，市委成立“三个代表”重要思想学习教育活动考核组对市直部门、乡镇班子和 15% 以上的乡镇站所、村队、学校进行抽查，开展民主测评。博乐市“三个代表”重要思想学习教育活动结束后，开展回头看活动，巩固提高教育成果。

第四节　保持共产党员先进性教育实践活动

2005 年 1 月，博乐市召开保持共产党员先进性教育活动动员大会。全市先进性教育活动分三批进行，每批半年左右时间。共产党员先进性教育活动分三个阶段进行。第一阶段，学习动员。以胡锦涛《在新时期保持共产党员先进性专题报告会上的讲话》《江泽民论加强和改进执政党建设》《保持共产党员先进性教育读本》为必读书目，重点学习《中共共产党章程》，江泽民在党的十五届五中全会闭幕后关于维护新疆稳定的重要讲话，江泽民、胡锦涛考察新疆工作时的重要讲话，对党员进行马克思主义“五观”（国家观、民族观、历史观、文化观、宗教观）和“四个认同”（对祖国的认同、对中华民族的认同、对中华文化的认同、对中国特色社会主义道路的认同）教育。第二阶段，分析评议。同时，广泛征求群众意见，如实向基层党组织和党员反馈征求到的意见。第三阶段，制定整改措施，明确整改重点，落实整改责任。市委、市政府领导班子在共产党员先进性教育活动整改提高阶段，确定在整改提高阶段重点要抓好关系全市改革发展稳定和群众切身利益的 8 项重点工作。

第七章　纪检　监察

第一节　中共博乐市纪律检查委员会

1979 年，县纪检委书记由县委副书记兼任。1984 年 4 月，县纪检委升格为副县级，受中共博州纪律检查委员会和中共博乐市委员会双重领导。

一、中共博乐县第六届至博乐市第五届纪律检查委员会

1979—2006 年，中共博乐市（县）纪律检查委员会共换届 7 次，选举产生县第六届、第七届，市第一届、第二届、第三届、第四届、第五届纪律检查委员会。

（一）中共博乐县第六届纪律检查委员会委员 8 人。1980 年 7 月 5 日，中共博乐县第六届纪委第一次全体会议选举纪委书记 1 人、副书记 1 人（专职）。

（二）中共博乐县第七届纪律检查委员会委员 11 人。1985 年 2 月 15 日，中共博乐县第七届纪委第一次全体会议选举产生 5 名纪委常委、书记 1 人、副书记 2 人。

（三）中共博乐市第一届纪律检查委员会委员 9 人。1989 年 3 月 23 日，中共博乐市第一届纪委第一次全体会议选举 5 名纪委常委、书记 1 人、副书记 2 人。

（四）中共博乐市第二届纪律检查委员会委员 9 人。1992 年 12 月 29 日，中共博乐市第二届纪委第一次全体会议选举 5 名纪委常委、书记 1 人、副书记 1 人。中共博乐市第二届委员会同意通过。

（五）中共博乐市第三届纪律检查委员会委员 11 人。1996 年 12 月 26 日，中共博乐市第三届纪委第一次全体会议选举 7 名纪委常委、书记 1 人、副书记 1 人。中共博乐市第三届委员会同意通过。

（六）中共博乐市第四届纪律检查委员会委员 13 人。2001 年 9 月 4 日，中共博乐市第四届纪委第一次全体会议，选举 8 名纪委常委、书记 1 人、副书记 2 人。中共博乐市第四届委员会同意通过。

（七）中共博乐市第五届纪律检查委员会 21 人。2006 年 8 月 11 日下午，中共博乐市第五届纪委第一次全体会议选举 7 名纪委常委、书记 1 人、副书记 2 人。中共博乐市第五届委员会同意通过。

1985—2006 年中共博乐市（县）纪律检查委员会书记名录

表 10-6

届次	姓名	性别	族别	出生年月	学历	工作时间	入党时间	任职起止时间
县第七届	周俊诗	男	汉	1930.10	初中	1957	1954.9	1985.2—1989.3
市第一届	刁有岩	男	汉	1940	中专	1959.8	1972.7	1989.3—1992.12
市第二届	谢怀甫	男	汉	1942.12	中专	1961.10	1979.12	1992.12—1997.11
市第三届	牛建新	女	汉	1953.2	大专	1970.7	1975.3	1997.11—2001.9
市第四届	钱龙兴	男	汉	1963.3	研究生	1983.6	1985.12	2001.9—2003.10
市第五届	宋振博	男	汉	1965.11	大学	1988.7	1986.6	2003.10—2006.12

二、工作机构

机关工作部门　1990 年 6 月，中共博乐市纪律检查委员会设办公室和纪检监察室。2002 年 11 月，中共博乐市纪律检查委员会设执法监察室、案件审理室、纪检信访室。共计 5 个部门，行政编制各 2 名。

纪律检查工作委员会　1999 年 6 月，中共博乐市直属机关纪律检查工作委员会成立。

市直单位纪律检查委员会　市直机关有 3 个纪律检查委员会。1996 年 5 月，中共博乐市公安局纪律检查委员会成立；1999 年 6 月，中共博乐市教育局纪律检查委员会成立；2005 年 10 月，中共博乐市建设局纪律检查委员会成立。

乡镇纪检委　1990 年，博乐市在 5 个乡镇设纪检员。1992 年，在 5 个乡镇成立纪检委。

企业纪检委　1992 年，中共博乐市阿热勒托哈牧场纪律检查委员会成立。1997 年，中共博乐市供

销合作社联合社纪律检查委员会成立。

纪检组　1998 年 2 月，中共博乐市人民法院纪检组成立；1995 年 11 月，中共博乐市人民检察院纪检组成立。

第二节　廉政自律

一、党风党纪教育

1979—1987 年，中共博乐（县）市纪检委协助市委抓领导干部作风建设。开展《无产阶级执政党的党员应具有的品德和风格》《关于党内政治生活的若干准则》、新党章学习教育。整顿作风、加强纪律、纯洁组织为主要任务的整党工作。1999 年起，每年 7 月定为党风廉政建设教育月。2006 年，博乐市党风廉政宣传教育纳入全市宣传教育工作的总体部署之中，注重与组织、宣传、文化、广播电视等部门的沟通与联系，构建反腐倡廉“大宣教”工作新格局。

1989—2006 年，中共博乐市纪检委以党纪党规为主要内容，采用典型案例、录像片、知识竞赛等形式开展反腐倡廉警示教育。举办组织不同类型的党纪党规知识竞赛 69 场，参加人数 34 861 人次；举办党纪党规培训班 60 期，参加培训人数 4 142 人次；巡回演讲 26 场，听讲人数 2 970 人；播放录像片、电影 1 633 场，受教育人数 65 922 人次。制作专题板报、宣传栏 815 期；精选 48 部反腐倡廉电教片在全市范围进行展播；在博乐有线电视台滚动播出“廉政警示语”，机关单位开展每周“廉政警示语”活动等。

二、党风廉政责任制

1988—1990 年，博乐市贯彻中纪委《关于对党员干部加强党内纪律监督的若干规定》，狠抓各级领导班子民主生活会和领导干部民主评议工作，进行《党风状况摸底调查》。市纪检委对全市 7 个乡（镇、场）、3 个街道办事处和 79 个市直单位的党政干部营建私房进行清查，查出违规违纪建私房的干部 12 人；用公款超标准装修住房的干部 12 人，超标准面积 34.16 平方米。市纪委、市监察局对违规违纪建私房和用公款超标准装修住房的干部进行处理，收回非法占用的土地 3.15 亩，没收出租私房收入 1 615 元，补缴拖欠国家土地费 9 207.31 元，退回超标准装修住房公款 1.28 万元，并在全市通报。

1991—1997 年，博乐市先后建立领导干部廉政考核制度、实绩考核制度、廉政谈话制度、诫勉谈话制度、民主评议制度、“一把手”述廉考廉、领导干部经济责任审计等制度，强化权力制约；通过人民群众、新闻媒体的监督工作等强化监督制约。全市领导干部廉洁自律民主生活会自查县级以上领导干部 110 人次，乡科级领导干部 570 人次，基层站所负责人 174 人次，国有企业领导干部 17 人次。博乐市重新修改公务人员接待标准，审批程序。制定公费私用电话的报销制度、公车私用申报制度、婚事申报制度等。市委召开 3 次科级以上干部参加的狠刹公款吃喝玩乐风的专题会议。清理违反规定安装的住宅电话 35 部。全市 393 名领导干部参加住房、购房自查自纠，处理 5 起领导干部住房违纪问题。清退党政机关借用企业钱物折合人民币 18 万元。

1998—2001 年，博乐市印发《博乐市党风廉政建设目标责任书》《博乐市纪检监察工作目标管理责任书》《党风廉政建设责任追究制实施意见》，完善《关于杜绝公车私用有关规定的通知》《关于单位公用电话和住宅电话话费管理的暂行规定》等规定。聘请 93 名党风廉政建设义务监督员和特邀监督员参与党风廉政建设的监督、考核；对 2 名科级领导干部进行责任追究，对 3 名领导干部进行经济责任追究。

2002—2006 年，《博乐市党风廉政建设责任制量化考核评价表》实施，全市各级党组织层层签订党风廉政建设责任书，市纪检委分别到乡（镇、场）、市直各单位党组织督察落实党风廉政建设责任制情况。受到廉政责任追究的领导干部 16 人，任前廉政谈话 239 人次，诫勉谈话 38 人次，建立科级干部廉政档案 397 份。

三、案件查办

1979—2006 年，博乐市（县）纪检监察机关受理、接待群众来信来访 3 382 件（次），调查办理结案率在 97% ~ 100%；转出重大案件线索 60 起。其中，1996 年，市纪检委被中纪委评为一百个全国纪检监察基层信访工作先进县市之一。

1980—2006 年，博乐市（县）纪检机关共查处违纪违法案件 362 起；受党纪处分的党员 279 人，处分后移交司法机关的 18 人。退缴赃款 239.38 万元。其中，1997—2001 年，博乐市纪检监察机关着重查处贪污、贿赂、挪用公款、失职渎职、贪赃枉法、腐化堕落等方面的案件，为国家和集体挽回直接经济损失 141.56 万元；2002—2006 年，建立信访联席会议制度、实名举报奖励制度、纪委书记例会制度、错案责任追究制度。

第三节　监　察

一、机构

1988 年 7 月，博乐市监察局成立，编制 11 名。1993 年 5 月，市监察局与市纪检委合署办公。2002—2006 年，市监察局（市纪检委）编制 18 名，领导职数 1 个。

二、行政监察

1988 年以来，博乐市（县）监察局监督检查中央和上级党委各项决策执行情况。监督中央减轻农牧民负担及农村政策落实情况。1993 年，根据国务院《关于坚决制止乱收费、乱罚款和乱摊派的决定》的精神，博乐市取消收费项目 96 项，暂停收费文件 41 份；查处违纪金额 39.96 万元、自立收费项目金额 20 余万元；取消涉及农民负担的集资、基金和收费项目 21 项，制定 17 项减轻农民负担的措施。1994 年，在农村全面推行“农牧民负担监督卡”制度。至 2002 年，全市乡镇统筹款、村提留款两项就为农民减负 1 032.56 万元，“两工”（劳动积极工、劳动义务工）提取减少 6 万工时；通过农村税费改革，为农牧民共减少各种费用 571 万元，取消涉农水利建设费、科普费、教育费等不合理收费项目 8 项，推行涉农收费公示制度。2005 年，市监察部门会同相关部门对 8 个村队 26 户农民的水、电等经营服务情况进行明察暗访。落实减轻企业负担责任制，取消向企业的不合理收费 65 项；对 13 家企业实施挂牌保护。开展土地专项执法监察；清理“小金库”；严格落实收费许可证审验制度。

三、纠风监察

1993—2006 年，博乐市重点治理“三乱”（乱收费、乱罚款、乱摊派）问题，建立“三乱”举报中心、举报箱、举报电话。博乐市取消、停止执行和降低中小学收费项目 33 项，制止向学生乱摊派金额 0.38 万元，清退多收费用 5.07 万元，对 7 所问题较多的学校通报批评。纠正 3 所学校违规收取学生上机费 7.58 万元，查处 2 所学校超收学生体检费和违规收取毕业生旅游费。落实教育收费“一费制”和“两免一补”政策，共减免教育费用 248 万元，受益中小学生 36 941 人。其中，1995 年，取消公路检查站、卡 3 个，查处公路“三乱”典型案件 1 件；停止执行、降低自定收费项目 25 项，客运、货运等部门分别设立 4 个公路“三乱”监测点。整顿、纠正医药购销和医疗服务中的不正之风，行政处罚 5 户，没收违纪款 27.20 万元。2002 年，全市药品实行集中招标采购，加强医德医风建设，完善药品集中招标采购制度，规范采购行为。

1995—2006 年，博乐市重点解决部门行业作风建设中存在的突出问题。制定《2002 年全市纠风工作实施意见》；开播《行风监督热线》；召开作风建设现场经验交流会。全市确定纠风、行风评议单位 175 个次，选聘评议员 102 人次；办理接热线问题 104 个，办结率达 95%。整顿部门着装，共收回制式服装 615 套、制式标志 350 套，服装折价款 28.46 万元。市纪检、监察部门对市直 40 个党政部门的“作风状况和群众满意度”进行测评，发出测评表 3 260 份，回收 2 030 份，提出意见建议 264 条。13 个单位被自治区命名为行风建设示范窗口单位。

四、效能监察

1988—1996 年，博乐市在开展党风廉政建设中，加强党政机关效能建设。开展行政效能试点工作。

1998—2005 年，博乐市执行《关于文件办理和报送若干问题的通知》精神，精简文件，以提高行文质量和效率。按照精简高效原则，规范会议数量，压缩会议时间，减少陪会领导，严格报批程序。每年 4 月、10 月农忙季节，一般不召开市一级会议。全市性会议和举办的重大活动，事先要提出具体方案，报市委、市政府审批。博乐印发《关于开展政务和社会服务承诺制工作意见》，全市行政执法、经济管理、社会公共事务管理、窗口服务部门实施公开承诺制，制定承诺内容、办事时限、办事程序、违诺处罚和追究责任等规定并公布。对国有或国有控股企业主要围绕生产经营、劳动用工、产品质量、服务质量、基建工程、干部和人事管理、结构调整、资产重组、厂务公开等进行效能监察。

2006 年，博乐市建立和完善行政效能监察工作网络。建立投诉电话和投诉箱，聘请行政效能特邀监督员 10 人，将行政效能监察工作纳入目标考核，在全市推行行政效能公示制、服务承诺制等。强化行政效能监察的权威性、针对性、鲜明性和长期性。博乐市推出 15 项行政不作为问责制度。

第八章　湖北省援建工作

第一节　人才援博

一、援建干部

1999 年 7 月—2006 年 7 月，湖北省干部 34 人分别从天门市、黄石市、大冶市来到博乐市支援建设。

1999 年 7 月，以胡敏为队长，有史涛、江书亭、蔡春华、汪健时、骆进等共计 6 人来博乐市工作 3 年。2002 年 7 月—2005 年 7 月，以褚兰新为队长，有周礼发、何兴汤、李军、陈满堂、彭茂林、孙明星、吴新华、李华、陈利军、杨新华、王成、王毓发共 13 人（教师 9 人）在博乐市工作。第三批援建干部以纪春明为队长，分别在 2005 年 7 月和 2006 年 7 月来到博乐市工作。有吕伟胜、周志强、徐春敏、杜少红、周崇甫、王立平、吴清华、张四明、张凯、江红、余国安、刘卫国、黄国仿、张利群等共 15 人，其中援建工作时间 3 年的 3 人，援建工作 2 年的 1 人，援建工作时间 1 年的 11 人。

二、援建干部管理

1999 年，市委按照干部管理权限，将湖北省援建干部纳入博乐市干部管理序列，并先后制定《博乐市援博干部思想工作鉴定制度》《博乐市援博工作联络员制度》《博乐市援博干部请销假制度》《博乐市援博干部医疗费用管理办法》等制度。

博乐市设立湖北省援建工作联络处，由援建工作队队长具体负责援建干部内部管理，并负责与上级援疆办的联系、协管工作。每个受援单位均成立援建干部联络组，并确定联络员，负责对援建干部的管理。

援建干部牢记党中央、国务院关于援疆工作的指示精神，自觉遵守《湖北首批援疆干部工作手册》的各项规定，在工作中始终保持着良好的精神状态。

2000—2006 年，蔡春华被自治区总工会授予“先进工会积极分子”和“纺织行业技术协会先进个人”称号。骆进被自治区建设厅授予“自治区城市规划先进个人”称号。胡敏被自治区授予“自治区优秀援疆干部”称号。王立平被自治区教育厅评为“自治区优秀支教教师”。史涛、骆进、彭茂林、李华、褚兰新、李军分获自治州“优秀援博干部”称号。张利群被评为自治州“优秀援博专业技术干部”。

第二节　项目援建

一、项目援建

1999 年 6 月—2006 年，湖北省黄石市、大冶市、天门市先后为博乐市援助项目资金共计 569.7 万元。2006 年 9 月，湖北黄石市援建博乐市响根布呼路改造工程竣工剪彩。

1999 湖北省援博项目资金一览表

表 10-7

捐助单位	资金总额	资金或物资金额	援助项目	援助对象	援助时间
黄石市	103	40	滨河公园建设	博乐市政府	2000.7
		20	操场建设	博乐市蒙古中学	2001.8
		3	福利院建设	博乐市福利院	2001.9
		30	购置教学设备	–	2000.8
		10	项目设计费	–	2000.9
	78	70	教学楼建设	博乐市第三小学	2004.5
		6	电网建设	青得里乡一牧场	–
		2	购置摄像设备	博乐市广电局	–
		12	教学楼建设	博乐市第三小学	2005.9
		130	响根布乎路改造	博乐市政府	2006.9
		11	购置办公设、备交通用车	博乐市教育局	2005.2006
		3	购置教学设备	博乐市第六中学	2006.8
		2	购置妇科医疗设备	博乐市博冶医院	2006.4
		6	购置环检设备	博乐市环保局	2005.2006
大冶市	65	65	教学楼建设、教学设备	博乐市第六中学	2004.7
	18.7	4.7	宣传栏	博乐市三小学、一中	2006.5
		4	购置医疗设备	博乐市博冶医院	2006.6
		10	资助贫困生	博乐市四中及其他中小学	2005.8
天门市	20	20	购置电脑、教学设备	博乐市高级中学	2002.2003
	40	40	教学楼建设购置多媒体设备	博乐市高级中学	2004.8
	83	83	综合教学楼建设及教学设备	博乐市高级中学、第三小学	2005.9

二、扶贫助学

2002—2006 年，援建干部和大冶市劲牌公司品牌管理中心共捐助贫困生 215 人，捐助高考优秀生 9 人，捐助贫困户 8 户，共计捐款 5.91 万元。周礼发为青得里乡场亚麻滩牧民争取扶持资金 8 万余元。

第三节 交流与合作

一、对口交流

1999—2006 年，援博干部共促成博乐市党政代表团赴湖北考察 10 余批次 100 余人。博乐市党委副书记、市长带领城建、教育等部门人员，赴湖北省黄石市、天门市、大冶市进行考察慰问，并在城建、教育等对口援博方面达成协议。同时，分别与大冶市、天门市签订“对口援博协议”，结为友好城市。湖北省黄石市、天门市、大冶市先后有 37 个党政及经济代表团 324 人到博乐参观考察洽谈。湖北省黄石市、天门市派医疗专家到博乐市人民医院坐诊。湖北省教育厅从咸宁、黄岗、孝感、襄樊等地选派 7 名高中骨干教师，到博乐市第四中学任教。天门市派教育专家来博讲学 10 余人次。援建干部、教师举办讲座 168 场次，培训博乐市干部、教师 581 人。湖北省黄石市规划局先后派出 4 名技术人员来博编制《博乐市近期建设规划》。2000 年，博乐市教育、卫生等部门干部到湖北省挂职锻炼。2003—2006 年，博乐市共派出 59 名干部去湖北省挂职、培训。

二、经贸合作

2000 年，湖北省棉花总公司出资 280 万元购买市青得里乡轧花厂 49% 的股份，提供 2 000 万元的流动资金，共同组建博乐市楚银棉业有限责任公司，挂牌开业。湖北省棉花总公司每年将负责市 2 000 吨的棉花销售任务，当年实现利税 350 万元。项目共引进资金 2 280 万元，成功实现两地企业优势互补、风险共担、共同发展的合作模式，得到自治区党委和湖北省党政代表团的充分肯定。

2005—2006 年，湖北省 8 个经贸合作项目落户博乐市，其中引进人才、技术、设备支持项目 2 个，累计资金达 1.82 亿元。

经济贸易合作项目统计表

表 10-8

项目投资主体（单位）	项目规模	介绍时间	洽谈协议或落户情况
百俊欧式建筑装饰材料厂	投资 120 万元	2005 年 9 月	2006 年 4 月落户生产
温州海鲜楼	投资 50 万元	2005 年 9 月	2006 年 4 月落户经营
老外婆火锅城	投资 50 万元	2006 年 4 月	2006 年 9 月落户经营
轻质碳酸钙	投资 2 000 万元	2005 年 10 月	投产
日产 2500 吨水泥生产线	投资 1.1 亿元	2006 年 10 月	投产
湖北大冶华坤工贸有限责任公司	投资 5 000 万元	2007 年 3 月	投产
黄石市环保局	成立黄石市环保局环评研究所驻博办事处，黄石环保派 2 名专业技术干部驻博	2005 年 8 月、2006 年 7 月	挂牌成立
大冶市人民政府	人才、技术和设备支持，成立博冶医院	2006 年 7 月	挂牌成立

第十一编

博乐市人民代表大会

博乐市（县）人大常委会自中共十一届三中全会后，在中共博乐市（县）委员会的正确领导下，认真贯彻党的路线、方针和政策，坚持以经济建设为中心，以民主法制建设为根本任务，积极履行宪法和法律赋予的职责，依法行使各项职权，为加强博乐市民主法制建设，保障和推进改革开放和现代化建设作出了重要贡献。

紧紧围绕事关市改革、发展和稳定的重大事项以及关系人民群众切身利益的突出问题，作出一系列重要决议和决定。依法行使人事任免权，不断推进人事任免工作的法制化和规范化。同时，正确处理党管干部与市人大常委会依法任免干部的关系。依法听取和审议“一府两院”工作报告，加强对法律法规贯彻执行情况的检查，并不断探索改进监督方法，增强监督的实效性。深入开展全民普法活动，加强基层民主政治建设。坚持内强素质，外树形象，不断加强思想、组织、作风和制度建设。在密切与市人大代表的联系、支持人大代表依法履行职责等方面进行积极的探索和实践，取得较好成效。

第一章 博乐市人民代表大会

1980年，博乐县选举产生的第七届人大代表任期4年。县第八届（市一届），市二届、三届人大代表任期3年。市四届、五届、六届人大代表任期5年。

第一节 代表选举

根据《选举法》，博乐市（县）历届人民代表大会代表选举分为成立选举机构、划分选区和代表名额分配、代表资格审查、选举四个步骤。

历届换届选举前，市（县）人大常委会召开会议，成立选举委员会，下设选举办公室，抽调干部组成选举工作组，组织指导换届选举工作。选举委员会由市委、市人大常委会、市纪检委、市委组织部、宣传部、统战部、政法委、民政、财政、公安、检察、法院、司法、工青妇等单位人员组成。市（县）选举委员会按照建立选举机构、划分选区、确定正式候选人、投票选举代表等程序，选举产生新一届县人大代表。

市人大常委会成立代表资格审查委员会，按照法定差额人数，确定正式候选人名单。采取无记名投票方式，选出政治合格、高素质代表报市人大常委会，经审查确认新当选的代表资格。

1979—2006年，博乐市（县）共召开8届人民代表大会。其中县第八届人民代表大会第二次会议改为博乐市第一届人民代表大会第一次会议，县第八届人民代表大会代表改称为市第一届人民代表大会代表。

博乐县第七届至博乐市第六届人民代表大会选区和代表界别构成情况

表 11-1

届次	划分选区（个）	代表名额（人）	妇女代表（人）	非党代表（人）	少数民族代表（人）	界别构成				
						工农牧（人）	知识分子（人）	干部（人）	军队（人）	其他（人）
县第七届	80	180	37	51	99	71	8	54	3	44

续表 11-1

届次	划分选区（个）	代表名额（人）	妇女代表（人）	非党代表（人）	少数民族代表（人）	界别构成				
						工农牧（人）	知识分子（人）	干部（人）	军队（人）	其他（人）
市第一届	–	180	43	58	96	99	30	43	3	5
市第二届	–	160	36	51	79	75	40	37	–	8
市第三届	–	160	36	51	79	75	40	37	–	8
市第四届	95	163	41	58	79	80	41	37	1	4
市第五届	99	167	42	59	83	80	37	39	1	10
市第六届	100	167	42	59	83	80	37	39	1	10

第二节 人民代表大会会议

1979—2006 年，博乐市（县）人民代表大会共召开 8 届 27 次。出席市（县）政协会议的全体委员均列席人大会议听取并讨论“一府两院”工作报告。

一、博乐县第七届人民代表大会

1980 年 6 月 21—27 日，博乐县第七届人民代表大会第一次会议在博乐红旗饭店召开。应出席会议的正式代表 178 人，实到正式代表 176 人。列席代表 31 人。大会预备会议选举产生主席团，有 23 人组成，通过会议议程。

大会听取和审议《博乐县革命委员会工作报告》《博乐县 1979 年财政决算和 1980 年财政预算草案的报告》《博乐县人民法院工作报告》《博乐县人民检察院工作报告》，通过《博乐县计划生育工作实施细则》《博乐县林业管护条例》《博乐县草原管理条例》，通过相应的决议。

6 月 27 日，选举产生博乐县第七届人民代表大会常务委员会组成人员 15 人。其中主任 1 人、副主任 5 人、委员 9 人；县人大常委会组成人员中，汉族 3 人、占 20%，蒙古族 3 人、占 20%，维吾尔族 4 人、占 26.6%，哈萨克族 3 人、占 20%，回族锡伯族各 1 人、各占 6.6%。选举产生博乐县第七届人民政府县长 1 人，副县长 5 人。选举产生县人民法院院长、县人民检察院检察长各 1 人。

博乐县第七届人民代表大会任期 1980 年 6 月—1984 年 8 月，召开例会 3 次，收到县第七届人大代表议案、建议、批评和意见 525 件，通过决议、条例 17 个，听取报告 14 个。

二、博乐县第八届人民代表大会

1984 年 8 月 21—25 日，博乐县第八届人民代表大会第一次会议在博尔塔拉蒙古自治州宾馆召开。出席会议的正式代表 180 人。大会预备会议选举产生主席团有 19 人组成，通过会议议程。

大会听取和审议《博乐县政府工作报告》《博乐县 1983 年财政决算和 1984 年财政预算草案的报告》《博乐县人大常委会工作报告》《博乐县人民法院工作报告》《县人民检察院工作报告》，通过相应的决定、决议。

8 月 25 日，选举产生博乐县第八届人民代表大会常务委员会组成人员 15 人。其中主任 1 人、副主任 5 人、委员 9 人；人大常委会组成人员中，汉族 4 人、占 26.6%，蒙古族 3 人、占 20%，维吾尔族 3 人、占 20%，哈萨克族 3 人、占 20%，回族乌孜别克族各 1 人、各占 6.6%。选举产生博乐县第七届人民政府县长 1 人，副县长 5 人。选举产生县人民法院院长、县人民检察院检察长各 1 人。

三、博乐市第一届人民代表大会

1985 年 9 月 19 日，根据国务院《关于撤销博乐县建立博乐市的批复》精神，县第八届人大常委会第九次会议决定：博乐县改设为博乐市；1985 年 8 月 1—3 日召开的县第八届人民代表大会第二次会议改为博乐市第一届人民代表大会第一次会议，县第八届人民代表大会代表改称为市第一届人民代表大会代表，县第八届人民代表大会常务委员会主任、副主任改称为博乐市第一届人民代表大会常务委员会主任、副主任；县人民政府正、副县长改称为博乐市人民政府正、副市长；县人民法院院长改称为博乐市人民法院院长；县人民检察院检察长改称为博乐市人民检察院检察长。

博乐市第一届（县第八届）人民代表大会任期 1984 年 6 月—1987 年 6 月，召开例会 4 次，收到市第一届（县第七届）人大代表议案、建议、批评和意见 229 件，通过决议 20 个，听取报告 20 个。

四、博乐市第二届人民代表大会

1987 年 6 月 20—25 日，博乐市第二届人民代表大会第一次会议在博乐红旗饭店召开。出席会议的正式代表 160 人。大会预备会议选举产生主席团有 15 人组成，通过会议议程。

大会听取和审议《博乐市政府工作报告》《博乐市 1986 年度财政预执行情况和 1987 年财政预算草案的报告》《博乐市 1986 年国民经济及社会发展执行情况及 1987 年国民经济和社会发展计划草案的报告》《博乐市人大常委会工作报告》《博乐市人民法院工作报告》《博乐市人民检察院工作报告》，并通过相应的决议。

6 月 25 日，选举产生博乐市第二届人民代表大会常务委员会组成人员 15 人，其中主任 1 人、副主任 5 人、委员 9 人。市人大常务委员会委员组成人员中，汉族 5 人、占 33%，蒙古族 2 人、占 13%，维吾尔族 3 人、占 20%，哈萨克族 3 人、占 20%，回族乌孜别克族各 1 人、各占 6.6%。选举产生博乐市第二届人民政府市长 1 人，副市长 5 人；选举产生市人民法院院长、市人民检察院检察长各 1 人。

博乐市第二届人民代表大会任期 1987 年 6 月—1990 年 6 月，召开例会 3 次，收到市第二届人大代表议案、建议、批评和意见 325 件，通过决议 18 个，听取报告 18 个。

五、博乐市第三届人民代表大会

1990 年 6 月 19—23 日，博乐市召开第三届人民代表大会第一次会议。出席会议的正式代表 160 人。大会预备会议选举产生主席团有 23 人组成，通过会议议程。

大会听取和审议《博乐市政府工作报告》《博乐市 1989 年度财政预执行情况和 1990 年财政预算草案的报告》《博乐市 1989 年国民经济及社会发展执行情况及 1990 年国民经济和社会发展计划草案的报告》《博乐市人民代表大会常务委员会工作报告》《博乐市人民法院工作报告》《博乐市人民检察院工作报告》，通过上述 6 个的报告决议。

6 月 23 日，选举产生博乐市第三届人民代表大会常务委员会组成人员 15 人，其中主任 1 人、副主任 5 人、委员 9 人。市人大常务委员会委员组成人员中，汉族 5 人、占 33%，蒙古族 2 人、占 13%，维吾尔族 3 人、占 20%，哈萨克族 3 人、占 20%，回族壮族各 1 人、各占 6.6%。选举产生博乐市第三届人民政府市长 1 人，副市长 5 人；选举产生市人民法院院长、市人民检察院检察长各 1 人。

博乐市第三届人民代表大会任期 1990 年 6 月—1993 年 3 月，召开例会 3 次，收到市第三届人大代表议案、建议、批评和意见 479 件，通过决议 18 个，听取报告 18 个。

六、博乐市第四届人民代表大会

1993 年 3 月 12—15 日，博乐市召开第四届人民代表大会第一次会议。出席会议的正式代表 163 人。大会预备会议选举产生主席团有 30 人组成，通过会议议程。

大会主席团大会听取和审议《博乐市政府工作报告》《博乐市 1992 年度财政预执行情况和 1993 年财政预算草案的报告》《博乐市 1992 年国民经济及社会发展执行情况及 1993 年国民经济和社会发展计划草案的报告》《博乐市人民代表大会常务委员会工作报告》《博乐市人民法院工作报告》《博乐市人民检察院工作报告》，通过上述 6 个的报告决议。

3 月 15 日，选举产生博乐市第四届人民代表大会常务委员会组成人员 15 人，其中主任 1 人、副主任 5 人、委员 9 人。市人大常务委员会委员组成人员中，汉族 5 人、占 33%，蒙古族 2 人、占 13%，维吾尔族 4 人、占 26.6%，哈萨克族 2 人、占 13.3%，回族壮族各 1 人、各占 6.6%。选举产生博乐市第四届人民政府市长 1 人，副市长 4 人；选举产生市人民法院院长、市人民检察院检察长各 1 人。

博乐市第四届人民代表大会根据 1995 年《全国人民代表大会常务委员会关于修改〈中华人民共和国地方各级人民代表大会和地方各级人民政府组织法〉的决定》，将博乐市人民代表大会每届任期 3 年改为县级任期 5 年。

博乐市第四届人民代表大会任期为 1993 年 3 月—1998 年 2 月，召开例会 5 次，收到市第四届人大代表议案、建议、批评和意见 509 件，通过决议 30 个，听取报告 30 个。

七、博乐市第五届人民代表大会

1998 年 2 月 8—13 日，博乐市召开第五届人民代表大会第一次会议。出席会议的正式代表 167 人。大会预备会议选举产生主席团有 34 人组成，通过会议议程。

大会听取和审议《博乐市政府工作报告》《博乐市 1997 年度财政预执行情况和 1998 年财政预算草案的报告》《博乐市 1997 年国民经济及社会发展执行情况及 1998 年国民经济和社会发展计划草案的报告》《博乐市人民代表大会常务委员会工作报告》《博乐市人民法院工作报告》《博乐市人民检察院工作报告》，通过上述 6 个的报告决议。

2 月 10 日，选举产生博乐市第五届人民代表大会常务委员会组成人员 17 人，其中主任 1 人、副主任 4 人、委员 12 人。市人大常务委员会委员组成人员中，汉族 6 人、占 35%，蒙古族 2 人、占 12%，维吾尔族 4 人、占 23.5%，哈萨克族 3 人、占 17.6%，回族壮族各 1 人、各占 6%。选举产生博乐市第五届人民政府市长 1 人，副市长 4 人；选举产生市人民法院院长、市人民检察院检察长各 1 人。

博乐市第五届人民代表大会任期为 1998 年 2 月—2003 年 1 月，召开例会 5 次，收到市第五届人大代表议案、建议、批评和意见 621 件，通过决议 30 个，听取报告 30 个。

八、博乐市第六届人民代表大会

2003 年 1 月 2—6 日，博乐市第六届人民代表大会第一次会议在博州军分区礼堂召开。出席会议的正式代表 167 人。大会预备会议选举产生主席团有 29 人组成，通过会议议程。

大会听取和审议《博乐市政府工作报告》《博乐市 2002 年度财政预执行情况和 2003 年财政预算草案的报告》《博乐市 2002 年国民经济及社会发展执行情况及 2003 年国民经济和社会发展计划草案的报告》《博乐市人民代表大会常务委员会工作报告》《博乐市人民法院工作报告》《博乐市人民检察院工作报告》，通过上述 6 个的报告决议。

1 月 6 日，选举产生博乐市第六届人民代表大会常务委员会组成人员 19 人，其中主任 1 人、副主任 4 人、委员 14 人。市人大常务委员会委员组成人员中，汉族 8 人、占 42%，蒙古族 2 人、占 10.5%，维吾尔族 4 人、占 21%，哈萨克族 3 人、占 15.7%，回族俄罗斯族各 1 人、各占 5.2%。选举产生博乐市第六届人民政府市长 1 人，副市长 4 人；选举产生市人民法院院长、市人民检察院检察长各 1 人。

至2006年2月博乐市第六届人民代表大会召开例会4次，收到市第六届人大代表议案、建议、批评和意见667件，通过决议24个，听取报告24个。

第二章 博乐市（县）人民代表大会常务委员会

第一节 常务委员会组成

一、常务委员会成员

博乐县第七届人大会常务委员会主任库加（蒙古族），副主任刘金城、赛达哈买提（哈萨克族）、阿洪巴依·祖农（维吾尔族）、王瑞宜（女）、麦色来·依明（维吾尔族）。委员马洪义（回族）、巴登玛（蒙古族）、尕丫头（女，蒙古族）、艾尔斯别克（哈萨克族）、克尤木·克日木（维吾尔族）、邢培荣、吾马尔江（维吾尔族）、斯拉木江·努尔买合甫（哈萨克族）、童树文（锡伯族）。

博乐县第八届（市第一届）人民代表大会常务委员会主任帕尔·斯得克（维吾尔族）；副主任刘金城、艾仁其（蒙古族）、热木扎·阿西里巴依（哈萨克族）、麦色来·依明（维吾尔族）、赛达哈买提（哈萨克族）。委员包满金（蒙古族）、斯拉木江·努尔买合甫（哈萨克族）、杨锦花（女，回族）、玛丽亚木（女，乌孜别克族）、姚英（女）、藏金（女，蒙古族）、刘培华、买买江（维吾尔族）、靳建兵。

博乐市第二届人民代表大会常务委员会主任加帕尔·斯得克（维吾尔族）；副主任刘金城、艾仁其（蒙古族）、毛依丁·依沙木丁（维吾尔族）、张滨、诺尕依·居玛汗（哈萨克族）。委员胡良、玛丽亚木（女，乌孜别克族）、姚英（女）、巴桃花（女，回族）、包满金（蒙古族）、斯拉木江·努尔买合甫（哈萨克族）、钱新功、吐尔逊娜依·艾拜都拉（女，维吾尔族）、巴哈提巴依（哈萨克族）。

第三届人民代表大会常务委员会主任毛依丁·依沙木丁（维吾尔族），副主任艾仁其（蒙古族）、张滨、诺尕依·居玛汗（哈萨克族）、张新民、阿不力孜·艾买提（维吾尔族）委员阿不力孜·艾买提（维吾尔族）、蒲大清、吐尔逊·哈勒莫哈买提（哈萨克族）、邢雁鸣、范茸（女）、伊淑琴（女，回族）、夏尔格（蒙古族）、吐尔逊·巴拉凡（哈萨克族）、热比亚木（女，维吾尔族）、朱家骥（壮族）。

第四届人民代表大会常务委员会主任阿不力孜·艾买提(维吾尔族),副主任张滨、杨品才、诺尕依·居玛汗（哈萨克族）、张新民、巴斯玛（蒙古族）。委员蒲大清、库甫（回族）、姜媛（女）、王卫国、热合曼江·巴克（维吾尔族）、吐尔逊·巴拉庞（维吾尔族）、朱家骥（壮族）、沙斯玛（蒙古族）、库斯木汗·比阿子（女，哈萨克族）、米哈拉依（女，维吾尔族）察院检察长。

第五届人民代表大会常务委员会主任阿不力孜·艾买提（维吾尔族），副主任谢怀甫、加帕尔·依斯江（哈萨克族）、侯毅、李拉（蒙古族）。委员郝青杰、郭英（女）、吉·那木沙（蒙古族）、黎亮、依布拉音·塔西（维吾尔族）、古丽木汗（女，哈萨克族）、别克拜尔（哈萨克族）、韦娜（女，壮族）、马桂梅（女，回族）、杨德权、扎克·吾斯曼（维吾尔族）、买买江·库拉洪（维吾尔族）。

第六届人民代表大会常务委员会主任吐尔逊娜依·艾拜都拉（女，维吾尔族），副主任贾国强、加帕尔·依斯江（哈萨克族）、李拉（蒙古族）、田兆忠。委员高云燕、于连生（回族）、王维斌、艾买提·买买提（维吾尔族）、科德尔别克（哈萨克族）、杨继芳、古丽佳娜提（哈萨克族）、努尔买买提（维吾尔族）、张晓玲（女，俄罗斯族）、吕清、阿布力克木·卡热（维吾尔族）、赵有友、吐新巴特（蒙古族）、李素洁（女）。

博乐市（县）人民代表大会常务委员会主任一览表

表 11-2

姓名	性别	族别	籍贯	文化程度	出生年月	工作时间	任职起止时间
库加	男	蒙古	新疆乌苏	高中	1924 年 9 月	1945 年 9 月	1980 年 6 月—1984 年 8 月
加帕尔·斯得克	男	维吾尔	新疆博乐	中专	1930 年 4 月	1948 年 8 月	1984 年 8 月—1990 年 6 月
毛依丁·依沙木丁	男	维吾尔	新疆伊宁	中专	1933 年 10 月	1952 年 5 月	1990 年 6 月—1993 年 3 月
阿不力孜·艾买提	男	维吾尔	新疆阿图什	大学	1943 年 3 月	1967 年 9 月	1993 年 3 月—2003 年 1 月
吐尔逊娜依·艾拜都拉	女	维吾尔	新疆博乐	大专	1950 年 6 月	1969 年 4 月	2003 年 1 月—2006 年 12 月

博乐市（县）人民代表大会常务委员会副主任一览表

表 11-3

姓名	性别	族别	籍贯	文化程度	出生年月	工作时间	任职起止时间
刘金城	男	汉	江苏沛县	中专	1930 年 11 月	1945 年 6 月	1980 年 6 月—1990 年 6 月
阿洪巴依·祖农	男	维吾尔	新疆阿图什	初中	1934 年 1 月	1952 年 4 月	1980 年 6 月—1984 年 8 月
赛达哈买提	男	哈萨克	新疆博乐	初中	1931 年 2 月	1949 年 10 月	1980 年 6 月—1985 年 9 月
麦色来·伊明	男	维吾尔	新疆阿图什	初中	1923 年 6 月	1954 年 12 月	1980 年 6 月—1987 年 6 月
王瑞宜	女	汉	安徽蚌埠	大学	1934 年 5 月	1956 年 8 月	1980 年 6 月—1984 年 8 月
热木扎·阿西里巴依	男	哈萨克	新疆塔城	初中	1927 年 12 月	1948 年 6 月	1984 年 8 月—1987 年 6 月
艾仁其	男	蒙古	新疆精河	初中	1933 年 4 月	1948 年 10 月	1984 年 8 月—1993 年 6 月
毛依丁·依沙木丁	男	维吾尔	新疆伊宁	中专	1933 年 10 月	1952 年 5 月	1987 年 6 月—1990 年 6 月
张滨	男	汉	天津市红桥	中专	1938 年 1 月	1956 年 8 月	1987 年 6 月—1993 年 6 月
诺尕依·居玛汗	男	哈萨克	新疆博乐	初中	1943 年	1961 年 9 月	1987 年 6 月—1998 年 2 月
张新民	男	汉	湖北大冶市	初中	1938 年 1 月	1955 年 8 月	1990 年 6 月—1998 年 2 月
阿不力孜·艾买提	男	维吾尔	新疆阿图什	本科	1943 年 3 月	1966 年 9 月	1990 年 6 月—1993 年 3 月
杨品才	男	汉	江苏张家港	中专	1939 年 11 月	1958 年 7 月	1993 年 3 月—1998 年 2 月
巴斯玛	男	蒙古	新疆博乐	大专	1943 年 5 月	1963 年 7 月	1993 年 3 月—1998 年 2 月
谢怀甫	男	汉	甘肃民勤	中专	1942 年 9 月	1961 年 10 月	1998 年 2 月—2003 年 1 月
侯毅	男	汉	山东济南	大专	1946 年 11 月	1965 年 9 月	1998 年 2 月—2003 年 1 月
加帕尔·依斯江	男	哈萨克	新疆博乐	大专	1950 年 1 月	1976 年 6 月	1998 年 2 月—2006 年 12 月

续表 11-3

姓名	性别	族别	籍贯	文化程度	出生年月	工作时间	任职起止时间
李拉	男	蒙古	新疆博乐	大专	1950 年 7 月	1975 年 3 月	1998 年 2 月—2006 年 12 月
贾国强	男	汉	甘肃酒泉	大专	1953 年 6 月	1971 年 3 月	2003 年 1 月—2006 年 12 月
田兆忠	男	汉	江苏灌云	中专	1953 年 10 月	1970 年 12 月	2003 年 1 月—2006 年 12 月

二、内设机构

1984 年 8 月，博乐县人民代表大会常务委员会内设机构有办公室、民族宗教事务工作委员会。1990 年 6 月，博乐市人大常委会设财政经济工作委员会、法制工作委员会、教育科学文化卫生工作委员会。2002 年 12 月，设代表人事工作委员会；撤销民族事务宗教工作委员会。2006 年，市人民代表大会常务委员会设专门委员会 5 个，办公室 1 个。编制 18 名，领导职数 2 个。

三、街道工作委员会

2004 年 3 月，成立博乐市人民代表大会常务委员会顾力木图街道、市人大会常委会克尔根卓街道、市人大会常委会青得里街道 3 个工作委员会，各街道工作委员会主任 1 人、副主任 1 人。

第二节　常务委员会会议

博乐市（县）人大常委会是市（县）人民代表大会的常设机构。在市（县）人民代表大会闭会期间，依法开展各项工作，并向人民代表大会报告工作。

博乐市（县）人大常委会会议由常委会主任召集并主持，常委会组成人员参加。受主任的委托，副主任可以主持会议。一般每两个月召开一次，必要时可以临时召开。会议召开必须有全体组成人员过半数出席。

1980 年 6 月—2006 年 12 月，博乐市（县）人大常委会共举行 192 次会议。听取和审议重大事项报告 322 项，作出决议、决定 166 项。人事任免 813 人次。

博乐县第七届至博乐市第六届人大常委会会议主要内容

表 11-4

会议届次	会议次数	内容	
		主要听取和审议	主要讨论、通过
县第七届	17	听取县人大常委会工作、计划生育政策、林业法、草原法贯彻执行情况、机构设置情况和公检法关于打击刑事犯罪分子情况的汇报。审议各场社的选举委员会及换届方案、人大四年来的工作报告和召开八届人大的时间，议程。	县人大常委会第三次委员会讨论通过了八届人代会议程、人大常委会工作报告、关于八届代表大会名额分配方案、各场社的选举委员会换届方案、人大四年来的工作报告、召开八届人大的时间和议程。通过人事任免事项；

续表 11-4

会议届次	会议次数	内容	
		主要听取和审议	主要讨论、通过
县第八届	9	听取各公社选举委员会组成人员、体制改革、政法工作汇报和县人民政府(85)111号议案“关于县改市” 的议题。听取了县人民政府相关部门关于财政预算、发展计划、文化教育、医疗卫生、计划生育、司法民政、植树造林、畜牧生产、执行林业管 护、草原管理条例等情况的汇报，听取了县人民法院、人民检察院和公安局的工作汇报共29次。	讨论并通过《人民代表联系工作暂行办法》《人事任免暂行办法》《人民代表大会常务委员会会议制度》及一些行政管理 制度，作出决议和决定16个。通过1985年8月1日至3日召开的人民代表大会定为博乐市第一届人民代表大会第一次会议。
市第一届	9	审议1985年财政情况，听取1985年信访总结报告、市人大代表提案办理情况报告、普及法律常识工作情况、食品卫生法贯彻执行情况、“七五”计划修改情况、新婚姻法公布以来贯彻执行情况、市审计局、教育局、畜牧局的工作汇报、	讨论通过第一届二次人代会时间和议程。通过人事任免事项
市第二届	27	听取和审议市人民政府关于1987年财政决算情况的报告、国民经济和社会发展计划执行情况的报告、1988年春季备耕生产情况的报告；审议市人民政府调整1988年财政支出预算情况的报告；听取市人民政府关于1988年税收情况的报告、市二届二次人代会代表建议、批评和意见办理情况的报告	讨论通过市人民政府调整1988年 财政支出预算，通过人事任免事项。
市第三届	18	听取市人民政府关于备耕生产情况的报告、牧业生产抗灾抗旱保畜情况的报告，《博乐市城市总体规划》建议的报告、社会治安工作情况的汇报、继续在各族公民中普及法律知识第二个五年规划的报告、对外开放及边境经济合作区建设情况的汇报、贯彻实施〈行政诉讼法〉及行政审判工作情况的汇报、调整1992年财 政预算及用财政超收安排支出的报告、1990年财政预算执行情况和1991年财政预算(草案)的报告、1993年市、乡(镇) 两级人民代表大会换届选举工作进展情况和《水法》《标准化法》《计量法》《残疾人保障法》贯彻执行情况的报告；初审市人民政府关于国民经济和社会发展第八个五年计划纲要和十年规划建 议(草案) 、1990年国民经济与社会发展计划执行情况和1991年国 民经济与社会发展计划(草案)	讨论通过《市人大常委会与“一府两院”联系办法(试行草案)》《博乐市人民代表大会常务委员会议事规则》《博乐市市、乡两级人 民代表大会换届选举工作安排意见》《关于博乐市市、乡(镇)两级人民代表大会换届选举时间的决定》《博乐市市、乡、镇、场、办事处、农五师选举委员会名单》《阿拉山口行政区选举委员会名单》，通过人事任免事项

续表 11-4

会议届次	会议次数	内容	
		主要听取和审议	主要讨论、通过
市第四届	39	听取组织人民代表评议公安工作情况的报告、培育完善市场体系为博乐市经济发展创造良好环境和全民所有制企业转换经营机制条例》执行情况的报告，听取牧业生产、房改工作、执行大力发展果树生产的决议、惩治腐败打击经济犯罪、文体工作、新税制工作、村(居)民委员会组织法工作、菜蓝子工程建设、科技工作、博乐边境经济合作区建设发展情况汇报，听取 1996 年上半年国民经济和社会发展计划执行、“二五”普法规划实施和“三五”普法总体规划、 1997 年上半年国民经济合乎社会发展计划执行的报告，听取减轻农牧民负担、民政工作、司法行政、信访等工作情况报告，贯彻《土地管理法》《矿产资源法》《计划生育办法》《农业法》《产品质量法》《审计法》《城市规划法》《水土保持法》工作情况的报告	通过《关于组织人民代表开展评议法院工作的决定》、市四届人大五次会议《博乐市 1996—2000 年依法治市规划(草案)的报告》、人事任免事项；讨论通过乡镇换届选举工作方案
市第五届	33	听取农牧业生产计划及春耕生产、上半年国民经济和社会发展计划执行情况、财政预算执行情况，市五届人大二次和四次会议代表建议、批评、意见办理情况、减轻农牧民负担和第二轮土地承包、教育体制改革等工作报告和实施科技兴市和城市“两路”改建情况报告；听取 1—9 月份财政预算执行情况、博乐市财政预算部分变更建议的报告，市人民法院和市检察院上半年工作、调整农业结构增加农民收入减轻农民负担、农业税灾歉减免调整农业税收预算收入和深化国有企业改革改制完成及企业运行情况的报告；听取在全市公民中开展法制宣传教育第四个五年规划(草案)》的报告；听取市人民政府扶持非公有制经济政策落实、严打整治工作情况的报告、2002 年本级财政预算审计执行情况和其他财政收支情况审计工作的报告，贯彻《宗教事务管理条例》《中华人民共和国水法》《自治区文化市场管理条例》《自治区旅游管理条例》《税收征收管理法》执行情况；审议 2000 年财政情况	讨论通过《常委会议事规则修改说明及议事规则》《人事任免办法》《关于设立代表资格审查委员会的决议》《关于城市总体规划的报告》《博乐市九五计划和 2010 年国民经济和社会发展规划主要指标调整》《市人大常委会议事规则》《反馈决议决定和视察审议意见执行办理情况的(试行)办法》《博乐市人民代表大会关于市人大代表议案和建议、批评、意见办理办法》《博乐市新一届乡镇人民代表大会代表选举工作》《关于开展代表活动和联系代表工作(试行)办法》《市人大常委会与市人民政府、法院、检察院工作联系办法》、第六届人大代表选举和第一次会议召开时间、市人大代表换届选举和村民委员会换届选举工作实施方案；

续表 11-4

会议届次	会议次数	内容	
		主要听取和审议	主要讨论、通过
市第六届	31	听取就业再就业和社会保障工作、社区建设情、发展农区畜牧业、2003 年上半年国民经济和社会发展计划执行情况、市六届人大一次会议代表建议批评意见办理情况、市人民法院、人民检察院上半年工作情况、1—9 月份财政预算执行情况、本级财政预算执行及其他财政收支审计情况的报告，听取市人民政府关于加快发展现代化农业增加农民收入工作、发展非公有制经济工作情况、“四五”普法规划实施及依法治市进程工作情况、博乐市 2004 年招商引资、博乐市总体规划 (1996—2010 年) 用地布局进行调整、第六届村民委员会和第二届社区居民委员会换届选举完成情况、农业生产情况的报告，听取贯彻实施《自治区人口与计划生育条例》《中华人民共和国教育法》《水法》《义务教育法》情况的报告；审议博乐市城市近期规划、市人民政府加快实施优势资源转换和招商引资进程工作报告及贯彻执行情况、2003 年财政预算变更建议、2005 年博乐市财政预算部分变更建议	讨论通过市人大常委会加强自身建设做好人大工作和加强人大宣传工作的的决定、市六届人大常委会代表资格审查委员会名单、《市人大常委会组成人员守则》《博乐市预算审查监督办法》《博乐市人大常委会街道工作委员会制度和工作职责》、2002 年市本级财政决算及预算部分变更、市第六届村民委员会和市第二届社区居民委员会换届选举工作实施方案、选任人民陪审员的方案；通过人事任免事项

第三节　市（县）人大常委会主任会议

博乐市（县）人大常委会主任、副主任组成主任会议，负责处理人大常委会日常工作。会议主要内容是：确定市（县）人大常委会会议日期，提出议程草案；决定提请市（县）人大常委会审议的报告、决议、决定和其他议案草案；审定市（县）人大常委会年度工作计划、总结、短期工作安排和重要的专题报告；决定视察、检查、调查、参观学习事项；指导和协调市（县）人大常委会办公室日常工作；处理市（县）人大常委会授权事项和其他重要日常工作。主任会议由常委会主任召集并主持。受主任的委托，副主任可以主持会议。一般每一个月召开一次，必要时可以临时召开。会议召开必须有全体组成人员过半数出席。

自 1980 年 6 月—2006 年 12 月，博乐市人大常委会共召开主任会议 472 次，其中：县第七届任期内召开主任会议 35 次；县第八届（市第一届）任期内召开主任会议 56 次；市第二届任期内召开主任会议 40 次；市第三届任期内召开主任会议 47 次；市第四届任期内召开主任会议 76 次；市第五届任期内召开主任会议 110 次；市第六届任期内召开主任会议 108 次。

第三章　主要工作

第一节　监　督

1979—2006 年，博乐市（县）人大常委会对“一府两院”实行监督，先后听取和审议市（县）人民政府、人民法院、人民检察院专题工作报告 441 项，审查国民经济计划和财政预算执行情况等工作报告；作出决议、决定 166 项。

一、工作监督

博乐市（县）人民代表大会常务委员会依照法律赋予权力审议“一府两院”工作，督促改进工作，发挥人民代表大会常务委员会监督作用。

1980 年 6 月—2006 年 12 月博乐市（县）人大常委会审议专项报告情况

表 11-5

届次	会议次数	汇报内容	作出决议、决定
县第七届	17	《中华人民共和国刑法》《中华人民共和国刑事诉讼法》等执行情况报告，文化、教育、计划生育、农林牧等报告共 29 项	16 项
市第一届	27	《中华人民共和国民族区域自治法》《中华人民共和国森林法》《中华人民共和国草原法》《中华人民共和国会计法》《中华人民共和国药品管理法》《中华人民共和国婚姻法》《中华人民共和国食品卫生法》《中华人民共和国全国人民代表大会和地方各级人民代表大会选举法》等执行情况报告，农林牧等报告共 37 项	14 项
市第二届	19	《中华人民共和国食品卫生法》《中华人民共和国义务教育法》《中华人民共和国档案法》《中华人民共和国土地管理法》《中华人民共和国水法》《中华人民共和国经济合同法》等执行情况报告，春季备耕、接羔育羔、财政税收、工商管理、企业承包、社会治安、普及法律常识、城乡建设、扶持贫困户、治理整顿、劳动人事、安全生产等报告共 21 项，	18 项
市第三届	18	《中华人民共和国残疾人保障法》《中华人民共和国行政诉讼法》等执行情况报告，“一五”普法实施和“二五”普法规划情况报告，城市总体规划、财政、税务、审计、科技、乡镇企业、文化、广播电视、人口普查、妇幼、工农业生产、城建、民族事务等报告共 57 项	18 项
市第四届	40	《中华人民共和国农业法》《中华人民共和国土地管理法》《中华人民共和国物价法》《中华人民共和国消费者权益保护法》《中华人民共和国食品卫生法》《中华人民共和国村民委员会组织法》《中华人民共和国城市居民委员会组织法》《中华人民共和国婚姻法》《中华人民共和国治安管理处罚条例》《中华人民共和国水土保持法》《中华人民共和国审计法》《中华人民共和国产品质量法》《新疆维吾尔自治区农牧民负担监督管理条例》等执行情况报告， “二五”普法规划实施和“三五”普法总体规划情况报告，1996—2000 年依法治市规划（草案）报告，农牧业生产情况报告，边境合作区建设、市场体系建设、住房改革、工业企业改革、职业教育、乡镇企业、工商行政、林业等报告共 75 项	30 项

续表 11-5

届次	会议次数	汇报内容	作出决议、决定
市第五届	34	《中华人民共和国义务教育法》《中华人民共和国教师法》《中华人民共和国环境保护法》《中华人民共和国税收征管法》《中华人民共和国消防法》《中华人民共和国水法》《中华人民共和国食品卫生法》《新疆维吾尔自治区文化市场管理条例》等执行情况报告，“三五”普法及依法治市实施情况报告，“四五”普法规划情况报告，财政预算执行和预算外资金收支执行及预算部分变更情况报告，财政审计情况报告，国有企业改革及运行情况报告，农村经济结构调整情况报告，减轻农民负担情况报告，粮食增产、农民增收情况报告，城建情况报告，扶持非公有制经济政策落实情况等报告共 103 项	40 项
市第六届	37	《中华人民共和国环境保护法》《中华人民共和国义务教育法》《中华人民共和国农业法》《中华人民共和国法官法》《中华人民共和国草原法》《中华人民共和国检察官法》等执行情况报告，“四五”普法规划执行和依法治市规划执行情况报告，国民经济和社会发展计划执行情况报告，财政预预算、决算执行情况报告，审计、非公有制经济、招商引资、农业产业化经营、春耕备耕、粮食直补政策落实、农区畜牧业发展、南城区建设、工业园区建设、民生等报告共 119 项	30 项

二、执法监督

博乐县第七届至博乐市第六届人大常委会检查 60 多部法律法规执行情况，共检查 105 次。建议市政府加大宣传力度、执法力度，保证村委会依法换届；建议执法部门大力宣传婚姻法，完善婚姻登记管理机制，依法查处违法行为。

提出取缔乱摊派、乱收费的建议和意见；督促执法部门查处违法占地，乱耕乱伐现象；建议市政府抓好“菜篮子”工程，整顿蔬菜市场秩序，疏通流通渠道，减少中间环节，平抑物价；依法查处各种假冒伪劣商品，打击违法犯罪，维护消费者合法权益；完善食品生产、经营网点的管理机制，保持经常性的卫生监督、检测；从严治警，练好内功，群防群治，打防并举。针对问题提出整改意见，督促执法机关限期整改，并检查整改成效。

博乐市第一届（县第八届）至第六届人大常委会检查法律法规执行情况

表 11-6

届次	检查次数	检查贯彻执行法律法规名称
市第一届	5	《中华人民共和国森林法》《中华人民共和国草原法》《中华人民共和国会计法》《中华人民共和国药品管理法》《中华人民共和国婚姻法》《中华人民共和国全国人民代表大会和地方各级人民代表大会选举法》

续表 11-6

届次	检查次数	检查贯彻执行法律法规名称
市第二届	8	《中华人民共和国食品卫生法》《中华人民共和国义务教育法》《中华人民共和国土地管理法》《中华人民共和国水法》《中华人民共和国经济合同法》
市第三届	15	《中华人民共和国残疾人保障法》《中华人民共和国行政诉讼法》
市第四届	26	《中华人民共和国村民委员会组织法》《新疆维吾尔自治区农牧民负担监督管理条例》（执行情况连续 5 年检查）《中华人民共和国农业法》《中华人民共和国土地管理法》《中华人民共和国水土保持法》《中华人民共和国物价法》《中华人民共和国消费者权益保护法》《中华人民共和国产品质量法》《中华人民共和国食品卫生法》《中华人民共和国治安管理处罚条例》《新疆维吾尔自治区婚姻登记管理办法》《中华人民共和国公司法》
市第五届	19	《中华人民共和国义务教育法》《中华人民共和国教师法》《中华人民共和国环境保护法》《中华人民共和国税收征管法》《中华人民共和国消防法》《中华人民共和国水法》《中华人民共和国食品卫生法》《中华人民共和国环境保护法》《中华人民共和国水法》《中华人民共和国水土保持法》《中华人民共和国水污染防治法》《中华人民共和国防沙治沙法》《中华人民共和国森林法》《中华人民共和国城市规划法》《新疆维吾尔自治区文化市场管理条例》《新疆维吾尔自治区宗教事务管理条例》《新疆维吾尔自治区人口与计划生育条例》《中华人民共和国村民委员会组织法》《中华人民共和国城市居民委员会组织法》《中华人民共和国农业法》
市第六届	32	《中华人民共和国治安管理条例》《中华人民共和国环境保护法》《中华人民共和国义务教育法》《中华人民共和国农业法》《中华人民共和国法官法》《中华人民共和国草原法》《中华人民共和国检察官法》《中华人民共和国城市规划法》《中华人民共和国药品管理法》《新疆维吾尔自治区宗教事务管理条例》

第二节　视察调研

1979—2006 年，博乐市（县）人大常委会组织视察调查 240 次。

博乐县七届人大常委会组织视察 8 次。主要视察“政社分开、建立乡政府”、农村生产责任制推行、文教、卫生、计划生育等方面的情况，并提出建议和意见。专题调查食品卫生法、药品管理法、草原法、森林法、义务教育法等执行情况，并写出书面调查报告。

博乐县八届（市一届）人大常委会组织视察 11 次。主要视察春耕春播、征收公余粮、棉花收购、小畜配种、农业、民政、水电、文教、卫生等情况，并提出意见和建议。专题调查食品卫生法、药品管理法等执行情况，并写出书面调查报告。

博乐市二届人大常委会组织视察调查 16 次。主要视察春耕生产、小畜配种、粮油收购、企业承包、市场管理、普法、计划生育、安全生产、商业、供销、农牧业生产等情况，并提出意见和建议。专题调查公安、检察院、法院执法情况，视察牧业生产责任制、物价、扶贫、化肥农药销售、饲料供应及养殖业情况，并写出书面调查报告。

博乐市三届人大常委会组织视察调查21次。主要视察农村社会主义教育、治理整顿、创建“双模”市、普法知识、农牧业生产、抚幼扶贫、拥军优属、乡镇教育、危房改建、棉花收购等情况，提出意见和建议。专题调查文物保护法、城市规划法、水法、婚姻法、标准化法、计量法、行政诉讼法、残疾人保障法、义务教育法、土地管理法、种子管理条例等执行情况，并写出书面调查报告。

博乐市四届人大常委会组织视察调查 69 次。主要视察农牧业、文化体育、义务教育、医疗卫生、工业企业、房改、物价、产品质量、减轻农牧民负担、企业改制、退耕还林、农田防护林、社会治安综合治理等情况，提出建议和意见。专题调查农业法、土地管理法、物价法、消费者权益保护法、产品质量法、食品卫生法、村民委员会组织法、居民委员会组织法、婚姻法、社会治安管理处罚条例等执行情况，并写出书面调查报告。

博乐市五届人大常委会组织视察 65 次。主要视察第二轮土地承包、产业结构、农民收入、减轻农牧民负担、农业产业化经营、重点工程项目、非公有制经济、严打整治、企业改制和经济运行、精神文明建设、退耕还林还草、牧民定居、拥军拥模、扶贫帮困、农牧区基层组织建设、村委会换届选举、“两院”公正司法等情况，并提出意见和建议。专题调查环境保护法、税收征管法、消防法等执行情况，并写出书面调查报告。

博乐市六届人大常委会组织视察 60 次。主要视察农业和农村工作、畜牧业、税费改革、新农村建设、南城区建设、城市道路建设、工业园区建设、居民饮用水、城市交通、法院案件执行、新型农牧区合作医疗、牧区少年儿童失学问题、教育体制改革、科学技术推广、农牧区生产生活设施建设等情况，并提出意见和建议。专题调查环境保护法、义务教育法、农业法、法官法、草原法、村民委员会组织法等执行情况，并写出书面调查报告。

第三节　述职评议和工作评议

从 1994 年开始，博乐市四届人大常委会分别听取和评议市农业局、卫生局、畜牧局、水电局等政府部门局长的述职报告。市五届人大常委会分别听取和评议市公安局、乡镇企业局、司法局、科委、林业局等政府部门局长的述职报告。市六届人大常委会分别听取和评议市民政局、教育局、林业局、卫生局市建设局局长和法院立案庭、执行庭庭长的述职报告。未列入市人大常委会述职评议范围内的“一府两院”其他干部进行书面述职。

第四节　代表活动

博乐市（县）人大常委会在各乡镇场（街道）建立 10 多个人大代表联络小组，每年第四季度集中进行一次代表联系活动，联系面达 80% 以上。征求代表对建议、批评、意见办理和社情民意的情况，人大常委会通过同代表联系，提高代表素质，拓宽代表履行职责渠道，发挥人大代表的监督和桥梁纽带作用。

联系代表的主要工作有召开常委会会议时邀请代表列席会议，听取他们的意见；不定期向各代表联络组发送法律法规文件、学习材料和市人大工作通讯；在每次人代会召开之前，组织代表视察工作，为出席会议作准备；通过各种形式向代表通报人大常委会和“一府两院”的工作部署和重要活动情况；市人大常委会领导在基层视察、调查、检查工作时走访代表，并形成制度；邀请自治区、自治州人大法律专家举办法治讲座；组织代表开展视察、调查、执法检查活动；组织代表旁听法院案件庭审，庭审后提出意见和建议；有计划地组织代表向选民述职，人大常委会领导带头向原选民述职，自觉接受选民的评议和监督。组织对市人大代表典型事迹的宣传报道，反映市人大代表风采。

第五节 人事任免

博乐县第七届至博乐市第六届人大常委会共计任免国家机关工作人员 813 人次（任命 580 人、免职 209 人、辞职 18 人），其中任命人大常委会机关 25 人次，任命人民政府组成人员 311 人次，任命人民法院工作人员 131 人次，任命检察院工作人员 113 人。

博乐县第七届至市第六届人大常委会人事任免情况

表 11-7 单位：人次、人

届次	人事任免（人次）	任职				免职（人）	辞职（人）
		人大机关（人次）	政府组成（人次）	人民法院（人次）	人民检察院（人次）		
县第七届	38	2	14	8	11	3	-
市第一届	66	4	29	8	16	9	-
市第二届	73	1	27	16	16	13	-
市第三届	96	2	47	12	12	17	6
市第四届	192	3	71	34	21	55	8
市第五届	182	9	81	18	13	59	2
市第六届	160	4	42	35	24	53	2

第六节 代表议案建议与办理

1979—2006 年，博乐市（县）人大常委会收到代表议案、建议、批评、意见 3 330 件。市（县）市人大常委会经审查、整理、分类后，及时转交市人民政府、法院、检察院办理，书面答复代表。办复率达 100%。

代表议案建议与办理

博乐县第七届人大一次至三次会议，收到代表议案、建议、批评、意见 525 件，其中：属农牧业生产方面的 90 件，工交财贸城建方面的 81 件，文教卫生方面的 100 件，工作作风方面的 178 件，其他方面的 76 件。县人大常委会经审查、整理、分类，及时转交县人民政府和有关部门办理。所有议案、建议、批评和意见当年办复，凡能解决的均得到解决，因条件限制不能及时解决的分别作出书面说明。如“公私合营牧场转为国营农牧场”“建立牧区寄宿学校”等建议。

博乐县第八届（市第一届）人大一次至三次会议，收到代表议案、建议、批评、意见 229 件，其中：属于农林牧水方面的 107 件，科教文卫计生方面的 37 件，工商税务物价方面的 10 件，工交财经计划方面的 13 件，民政方面的 9 件，人事方面的 22 件，其他方面的 16 件。县（市）人大常委会经审查、整理、分类，及时转交县（市）人民政府、法院、检察院办理，并书面答复代表。

当年办理的 195 件，占总数的 85.2%。如“应加快城市道路建设，重建北京路的建议”，市政府投资 73.8 万元，扩建北京路，全长 4 千米。因条件限制，分期办理的 15 件，占总数的 6.5%。如修建水电站，降低水费、电费等建议。不能办理的有 19 件，占总数的 8.3%。

博乐市第二届人大一次至三次会议，收到代表议案、建议、批评、意见 325 件，其中：属于农林牧类 51 件，水电类 28 件，财政计划类 16 件，工商交通物价 34 件，教育 64 件，卫生计划生育 15 件，公安城建供销 50 件，土地管理地界纠纷 26 件，劳动人事 13 件，其他 28 件。市人大常委会经审查、整理、分类，及时转交市人民政府、法院、检察院办理，并书面答复代表。

当年办理的 283 件，占总数的 87%。如“关于草场使用证书的发放建议”，市政府成立“博乐市发放草原使用证领导小组”，及时发放“草原使用证”。“关于重视牧业基础设施建设的建议”，市政府投资 15.6 万元，建棚圈 30 座，配种站 6 座，药浴池 5 座。“关于在偏远农牧区增设学校的建议”，市政府投资 38.7 万元，协调乡村自筹 26.6 万元，更新和扩建教学用房 5 549 平方米。“关于加强对河谷和荒漠次生林管护的建议”，市政府成立“博乐市林业局次生林管护站”，并在小营盘镇大桥、乌图布拉格乡、市区博乐大桥设立 3 个护林站，安排固定护林员 9 人，临时护林员 26 人，管护次生林面积达 2.53 万公顷。因条件限制，分期办理的 31 件，占总数的 9.5%。如“关于划清各乡镇场之间草场界限的建议”。不能办理的 11 件，占总数的 3.3%。如“关于免掉农区牧业税的建议”。

博乐市第三届人大一次至三次会议，收到代表议案 11 件，建议、批评、意见 468 件。市人大常委会经审查、整理、分类，归纳为建议、批评和意见共 479 件，并及时转交市人人民政府、法院、检察院办理。市政府对关系全局性及群众普遍关心的热点的意见、建议，召开政府常务会议研究办理；部门办理的意见和建议，由政府分管领导召开部门会议督促办理，并书面答复代表。

博乐市第四届人大一次至五次会议，收到代表议案 72 件，建议、批评、意见 437 件。市人大常委会经审查、整理、分类，归纳为建议、批评和意见共 509 件，并及时转交市人民政府、法院、检察院办理。市政府接到市人大转来代表的建议、意见后，立即召集交办会，政府办公室专人负责，制度化、规范化管理。对少数民族代表复函时，使用民、汉两种文字。

博乐市第五届人大一次至五次会议，收到代表议案 165 件，建议、批评、意见 456 件。市人大常委会经审查、整理、分类，归纳为建议、批评和意见 621 件，并及时转交市人民政府、法院、检察院办理，其中：农林牧类 169 件，科教文卫类 88 件，城镇建设管理类 84 件，劳动人事类 27 件，生态环保类 46 件，其他类 207 件。

当年办理的 556 件，占总数的 89.7%。如“关于修建响根布呼东路的建议”，市政府投资 40 万元，建沥青路面 2 900 平方米。“关于增加阿热勒托哈牧场农业定额用水比例的建议”，市政府经多方调查研究，重新核定阿热勒托哈牧场农业灌溉定额用水为 455 立方米 / 亩，较原来提高 70 立方米 / 亩。“关于为养殖户解决为期三年养殖业低息贷款的建议”，市政府出台《博乐市发展农区畜牧业优惠办法》和《博乐市发展农区畜牧业贷款贴息实施办法》。因条件限制，分期办理的 43 件，占总数的 7%。如“关于要求解决博河流域水土流失的建议”。2001 年，州、市水利局对博河下游进行两次勘测，制定《博河中下游防洪及生态环境综合治理规划方案》。2002 年，市政府用于博河防洪资金达 136.3 万元。不能办理的 21 件，占总数的 3.3%。

博乐市第六届人大一次至四次会议，收到代表议案 127 件，建议、批评、意见 642 件。市人大常委会经审查、整理、分类，归纳为议案 2 件，建议、批评和意见 667 件，并及时转交市人民政府、法院、检察院办理。

当年办理的 214 件，占总数的 32%。如《关于请求解决阿热勒托哈牧场牧业五队定居点通电》的议案，市政府投资 33.33 万元，新架输电线路 3.52 千米，并安全通电。“关于尽快为城市街道社区配备劳动保障所（站）人员及经费的建议”，市政府分别在 6 个乡镇场和 4 个街道办事处设立 10 个劳动保障事务所和 14 个社区劳动保障工作站，并将业务经费纳入市财政预算，配备 27 名专兼职人员。“关于要求将防洪经费纳入财政预算的建议”，市财政每年安排防洪经费10万元以上。“关于设置安全设施减速带的建议”，市政府投资10万元，在市区所有学校门口道路设置减速带和警示标志牌。因条件限制，分期办理的434件，占总数的65%。如《关于乡村道路建设项目在牧民定居点实施》的议案，市政府将其纳入农村道路建设总体规划，分期实施。2005年，市政府投资270万元，完成达勒特镇三牧场27千米牧民定居点道路建设。2006年，市政府投资141.8万元，完成小营盘镇一、二牧场牧民定居点16千米道路建设和阿热勒托哈牧场至呼苏木奇29千米牧道建设。不能办理的21件，占总数的3%。

第七节 来信来访

根据国务院《信访条例》规定，市人大常委会在机关内设立信访办公室，负责接待和办理信访工作。

博乐市人大常委会信访办公室对群众来信来访按照登记审阅、分类查办、归口处理的程序，一般性问题按有关政策、法律，做耐心解释或说明；对于一些较为重要的情况或案件，及时转交“一府两院”及有关部门处理解决；属重大问题呈送市人大常委会，常委会领导到现场调研，拿出解决方案，建议并督促相关单位部门解决。

博乐县第七届至市第六届人大常务委员会任期内受理人民群众来信来访统计表

表11-8 单位：件、人次

届次	人民群众来信（件）	接待来访（人次）	届次	人民群众来信（件）	接待来访（人次）
县第七届	55	300	市第四届	1 077	674
市第一届	30	250	市第五届	595	2 866
市第二届	42	280	市第六届	603	3 024
市第三届	194	764	合计	2 596	8 158

第四章 乡镇（公社）人民代表大会换届选举

第一节 指导乡镇人大换届

1979—2002年，博乐市（县）人大常委会依法分别作出历届乡镇（公社）换届选举决定，培训换届选举工作骨干，任命各乡（公社）镇（区）选举委员会组成人员，建立乡镇换届选举领导机构，成立选举办公室，对乡镇上报的新一届人民代表大会代表组成方案进行审查并批复。制定《博乐市乡镇人民代表大会代表换届选举工作实施方案》。

1990年之前，博乐市（县）乡镇人大主席由公社、乡镇党委书记兼任。1990年始，市乡镇设立人大主席职位。

第二节 乡镇（公社）人民代表大会换届选举

一、公社换届选举

1980年6月，小营盘人民公社第六届人民代表大会、达勒特人民公社第七届人民代表大会、乌图布拉格人民公社第四届人民代表大会、青得里人民公社第五届人民代表大会、玛尼乡人民公社第二届人民代表大会第一次会议召开，公社依照选举程序选举产生会议代表326名。大会撤销人民公社革命委员会，成立人民公社管理委员会，选举公社管理委员会主任各1人共5人、副主任2～3人共14人。

1983年7月，小营盘人民公社改设为小营盘区公所，设区长、副区长个1人。博乐县人民公社管理委员会人民代表大会任期1980年6月—1984年11月，召开例会2次。

二、乡换届选举

1984年11月，人民公社改设乡。玛尼乡人民公社改设贝林哈日莫墩乡。达勒特乡第八届人民代表大会、乌图布拉格乡第五届人民代表大会、青得里乡第六届人民代表大会、贝林哈日莫墩乡第三届人民代表大会一次会议召开，全县4个乡依照选举程序选举产生会议代表258名。选举乡长各1人共4人，副乡长2～3人共11人。

博乐市（县）各乡人民代表大会任期1984年11月—1987年6月，召开例会2次。

三、乡镇换届选举

1987年6—7月，小营盘区改设小营盘镇。小营盘镇第一届人民代表大会、达勒特镇（乡）第九届人民代表大会、乌图布拉格乡第六届人民代表大会、青得里乡第七届人民代表大会、贝林哈日莫墩乡第四届人民代表大会第一次会议召开。参加会议代表356名。选举镇长1人乡长4人，副乡镇长1～3人共10人。

博乐市5个乡镇人民代表大会任期1987年6月—1990年5月，各乡镇召开例会3次。

1990年5月—2002年2月，博乐市乡镇人民代表大会共换届5次，任期分别为1990年5月—1993年2月、1993年2月—1996年2月、1996年2月—1999年2月、1999年2月—2002年2月，2002年2月—2006年，5个乡镇依照选举程序选出人大会议5次换届代表共计1 339名，并选举产生乡镇人大主席团和乡镇人民政府领导成员。各乡镇共召开例会17次。

第十二编

BOLE SHIZHI

博乐市人民政府

中共十一届三中全会后，博乐市（县）各级人民政府坚持以经济建设为中心，深化改革、扩大开放、艰苦奋斗、开拓创新，各项事业取得巨大成就。

经济总量不断壮大。1978年，县国内地方生产总值5 001万元。1979年，国内地方生产总值5 649万元。到2006年，市国内地方生产总值达到34.58亿元。财政实力显著提高。1978年，县地方财政收入256万元，到2006年市地方财政收入达到1.21亿元。

基础设施建设和生态环境保护成就显著。2001—2005年，市全社会固定资产投资累计完成14.24亿元，是“九五”末的2.7倍，形成一大批新的生产能力，大大增强市经济发展的后劲。特别是西部大开发战略实施以来，国家进一步加大对市的资金投入和支持力度，农业、工业、交通、通信、能源等基础设施建设进入一个新的快速发展时期。实施“三北”防护林、保护荒漠植被、退耕还林等生态环境工程建设，取得显著成效。2001—2005年，市累计投入绿化资金7 237万元，完成防护林造林1 466.67公顷、宜林荒滩造林6 600公顷、退耕还林还草4 800公顷，实施国家重点公益林保护面积2万公顷，博五公路30千米绿色长廊建设全面完成，全市森林覆盖率达7.8%。

改革开放不断迈上新台阶。坚决贯彻执行党的农村政策，加大农村综合改革力度，有力地促进博乐市农业和农村经济的大发展。围绕构建社会主义市场经济体制和建立现代企业制度，大力推进国有企业改革，大力发展非公有制经济，增强企业发展的生机和活力。计划、财税、投资、金融、流通等宏观经济改革有序进行，机构改革、社会保障、分配制度、医疗制度和住房制度等改革积极稳妥推进。

社会各项事业蓬勃发展。稳步推进科技体制改革，不断加大科技投入。坚持把教育摆在优先发展的战略地位，不断加快教育事业发展。顺利通过“两基”验收，着眼于提高各民族综合素质，促进各民族共同繁荣进步，全面启动“民汉合校”教育工程。文化艺术、广播、电影等事业快速发展，“西新工程”“村村通工程”等工程建设和乡镇文化站（室）等公益性文化设施建设取得明显成效。医疗卫生条件继续改善，医疗保障制度逐步健全。

各族人民生活不断改善。2006年，博乐市在岗职工年平均工资12 312元，为1978年职工年平均工资554.6元的22.2倍。2006年，博乐市农牧民人均纯收入4 907元，为1978年农牧民人均纯收入159.6元的30.75倍。认真贯彻落实就业再就业各项政策措施，千方百计拓宽就业渠道。2001—2005年，累计创造就业岗位20 050个，累计实现就业再就业15 914人次。2006年，城镇实现就业再就业5 850人，城镇登记失业率控制在3.8%以内。实施安居工程。2001—2005年，累计开发住房面积40.5万平方米，农村人均住房面积由25平方米提高到30.13平方米，城镇人均住房面积19.43平方米。积极实施农村防病改水工程。“十五”期间，基本解决农村人口和牲畜的饮水问题。高度重视社会保障体系建设，建立最低工资标准和城乡居民最低生活保障制度，实现国有企业下岗职工基本生活保障向失业保险并轨，提高企业退休人员基本养老金、失业金、抚恤补助和城市低保补助标准。社会管理不断改进，社会经济稳定发展。

第一章 博乐市人民政府及组成部门

1985年9月，博乐县人民政府改设为博乐市人民政府。1979—2006年，博乐市（县）政府经过5次机构改革，8次换届选举。

第一节　博乐市人民政府

一、博乐县第七届人民政府（1980.6—1984.8）

1980 年 6 月 21—27 日，博乐县第七届人民代表大会第一次会议选举产生第七届人民政府。选举县长 1 人，副县长 5 人。

二、博乐县第八届人民政府（1984.8—1985.9）

1984 年 8 月 21—25 日，博乐县第八届人民代表大会第一次会议选举产生第八届人民政府。选举县长 1 人，副县长 5 人。

三、博乐市第一届人民政府（1985.9—1987.6）

1985 年 6 月 4 日，国务院《关于撤销博乐县，设立博乐市》的批复。1985 年 9 月 21 日，博乐县第八届人民政府改设为博乐市第一届人民政府。选举市长 1 人，副市长 6 人。

四、博乐市第二届人民政府（1987.6—1990.6）

1987 年 6 月 20—25 日，博乐市第二届人民代表大会第一次会议，选举产生第二届人民政府。选举市长 1 人，副市长 5 人。

五、博乐市第三届人民政府（1990.6—1993.3）

1990 年 6 月 19—23 日，博乐市第三届人民代表大会第一次会议，选举产生第三届人民政府。选举市长 1 人，副市长 10 人。

六、博乐市第四届人民政府（1993.3—1998.2）

1993 年 3 月 12—15 日，博乐市第四届人民代表大会第一次会议，选举产生第四届人民政府。选举市长 1 人，副市长 10 人。

七、博乐市第五届人民政府（1998.2—2003.1）

1998 年 2 月 8 日—13 日，博乐市第五届人民代表大会第一次会议，选举产生第五届人民政府。选举市长 1 人，副市长 9 人。

八、博乐市第六届人民政府（2003.1—）

2003 年 1 月 2—6 日，博乐市第六届人民代表大会第一次会议，选举产生第六届人民政府。选举市长 1 人，副市长 12 人。

博乐市（县）人民政府市（县）长（主任）一览表

表 12—1

姓名	职务	性别	民族	籍贯	出生年月	文化程度	工作时间	入党时间	任职起止时间	备注
阎吉甫	主任	男	蒙古	新疆博乐	1933.10	初中	1951.11	1952.6	1977.2—1980.3	–
加帕尔·斯得克	主任、县长	男	维吾尔	新疆博乐	1930.4	初中	1948.8	1953.4	1980.6—1984.4	–
赛来	代县长 县长、市长	男	蒙古	新疆博乐	1940.10	大专	1961.8	1974.12	1984.4—1984.8 1984.8—1988.12	1985.9 改任市长
郗柏	代市长 市长	男	蒙古	新疆精河	1944.12	大专	1964.8	1986.12	1989.5—1990.6 1990.6—1992.10	–

续表 12-1

姓名	职务	性别	民族	籍贯	出生年月	文化程度	工作时间	入党时间	任职起止时间	备注
青德力	代市长 市 长	男	蒙古	新疆博乐	1942.11	中专	1962.11	1979.1	1992.10—1993.3 1993.3—1997.12	–
巴德玛拉	代市长 市 长	男	蒙古	新疆温泉	1961.5	本科	1984.8	1993.1	1997.12—1998.2 1998.2—2004.7	–
巴图	代市长 市 长	男	蒙古	内蒙古巴林右旗	1964.9	本科	1985.7	1985.7	2004.7—2005.2 2005.2—2006.12	–

博乐市（县）人民政府副市（县）长（副主任）一览表

表 12—2

姓名	职务	性别	民族	籍贯	出生年月	文化程度	工作时间	入党时间	任职起止时间	备注
董增辉	副主任	男	汉	山西沁原	1928.5	初中	1945.8	1946.3	1973.11—1980.6	–
艾比尔·巴扎尔别克	副主任	男	哈萨克	新疆伊宁	1930	初中	1946.1	1950.11	1973.6—1984.4	–
王树恩	副主任	男	汉	河北吴桥	1928.4	初中	1946.2	1949.9	1975.6—1984.4	–
章永年	副主任	男	汉	江苏丹徒	1931.1	初中	1952.7	1953.9	1975.6—1982.12	–
顾善玉	副主任	男	汉	江苏徐州	1938	初中	1955.8	1956.7	1975.6—1979.2	–
李尚官	副主任	男	汉	山西五台	1929	初中	1945.3	1943.3	1977.2—1980.3	–
依米提·米吉提	副主任	男	维吾尔	新疆阿图什	1934	初中	1951.9	1956.8	1977.2—1980.5	–
党曾	副县长	男	蒙古	新疆博乐	1937.12	初中	1976.6	1962	1980.6—1984.4	–
孙家祥	副县长、市长	男	汉	新疆伊宁	1937.12	初中	1951.7	1962.11	1980.6—1986.2	–
加肯巴依·哈吉巴拉	副县长、市长	男	哈萨克	新疆托里	1937.11	中专	1956.8	1972.11	1984.4—1990.6	–
陈勇	副县长、市长	男	蒙古	新疆博乐	1952.1	中专	1974.8	1981.11	1984.4—1990.6	–
张福寰	副县长、市长	男	汉	广东罗定	1937.12	大学	1961.1	1980.10	1984.4—1991.12	–

续表 12-2

姓名	职务	性别	民族	籍贯	出生年月	文化程度	工作时间	入党时间	任职起止时间	备注
阿不来提·依力木	副县长、市长	男	维吾尔	新疆博乐	1942.4	大学	1965.9	1976.4	1984.8—1993.1	–
薛郡生	副市长	男	汉	陕西三原	1943.9	大学	1968.7	1980.3	1986.2—1991.2	–
巴·道尔吉	副市长	男	蒙古	新疆博乐	1954.1	大专	1972.6	1976.5	1990.6—1993.1	–
加帕尔·伊斯江	副市长	男	哈萨克	新疆博乐	1950.8	大专	1976.6	1985.11	1990.6—1998.2	–
高鸿兴	科技副市长	男	汉	–	–	大学	–	–	1990.8—1991.10	科技副市长
梁礼明	副市长	女	汉	澳门	1953.7	大专	1969.1	1981.2	1991.2—1993.1	–
王立平	科技副市长	男	汉	陕西	1949.12	大学	1970.6	–	1991.11—1994.9	–
张伟	副市长	男	汉	江苏沛县	1959.8	大专	1978.3	1990.1	1991.12—1994.1	–
王涛	副市长	男	汉	福建	1957.12	大专	1978.8	1986.1	1993.1—1996.11	–
卡斯木江·乌买尔江	副市长	男	维吾尔	新疆博乐	1954.7	大专	1973.1	1984.12	1993.3—1995.9	–
阚德才	副市长	男	汉	山东武城	1955.9	中专	1975.9	1978.1	1994.1—1998.2	–
林方	副市长	男	汉	江苏	1960.1	大专	1977.9	1987.6	1996.11—2002.12	–
尤里瓦斯·巴图尔阿吉	副市长	男	维吾尔	新疆博乐	1962.12	大专	1983.9	1986.12	1995.9—2002.1	–
沙依劳·哈布达西	副市长	男	哈萨克	新疆精河	1954.3	大专	1975.7	1984.2	1998.2—2003.1	–
袁立玲	副市长	女	汉	湖北荆州	1964.6	大专	1983.9	1983.9	1998.2—2002.4	–
韩永贵	科技副市长	男	回	–	1962.1	大专	–	–	1997.2—1999.1	科技副市长
夏黎	市长助理	男	汉	安徽合肥	1971.3	大学	1993.9	–	2003.5—	–
胡敏	副市长	男	汉	湖 北	1964.7	硕士	1982	1988.11	1999.7—2002.7	援博干部
闫科华	科技副市长	男	汉	–	–	–	–	–	1999.8—2000.12	科技副市长
李杰	科技副市长	男	蒙古	新疆和硕	1949.7	大专	1980.1	1971.3	1995.12—1996.7	科技副市长
巴德玛拉	副市长	男	蒙古	新疆温泉	1961.5	大学	1984.8	1993.1	1997.12—1998.2	–
郝青杰	副市长	男	汉	山东莱州	1962.11	大学	1979.6	1984.1	2003.1—2004.8	–
塔西买买提·赛里木江	副市长	男	维吾尔	新疆博乐	1964.7	大学	1983.9	1990.12	2002.1—2006.12	–

续表 12-2

姓名	职务	性别	民族	籍贯	出生年月	文化程度	工作时间	入党时间	任职起止时间	备注
刘新兰	副市长	女	汉	河南扶沟	1968.10	大学	1991.8	1994.6	2002.4—2004.11	-
赛佰·巴依铁流	副市长	男	哈萨克	新疆博乐	1965.7	大学	1980.12	1986.12	2003.1—2006.12	-
褚兰新	副市长	男	汉	湖北大冶	1958.9	大专	1975.7	1979.12	2003.1—2005.8	-
刘强	副市长	男	汉	辽宁本溪	1969.11	大学	1987.7	1993.1	2004.8—2006.7	-
李莉	副市长	女	汉	甘肃民勤	1963.2	大学	1982.8	1997.6	2004.11—2006.12	-
王波	市长助理	女	汉	河北晋县	1967.1	大专	1983.10	1999.9	2005.4—2006.12	-
纪春明	副市长	男	汉	江苏南京	1965.12	大学	1985.7	1992.6	2005.8—2006.12	湖北援博
孙淑萍	副市长	女	汉	河南淮滨	1961.12	大学	1978.8	1990.6	2004.2—2006.3	-
聂胜利	副市长	男	汉	山东宁津	1958.6	大学	1975.11	1978.7	2005.3—2006.3	-
李印红	副市长	女	汉	陕西汉中	1963.1	大学	1982.3	1978.7	2006.3—2006.12	-
杨文戈	副市长	男	汉	江苏邳州	1966.11	大学	1989.9	1995.6	2006.7—2006.12	-

第二节　组成部门

一、工作部门

1998年，博乐市机构改革，政府设置工作部门25个，即政府办公室、计划委员会、经济贸易委员会、教育局、科学技术委员会、民族宗教事务局、公安局、民政局、司法局、财政局、监察局、劳动人事局、城乡建设环境保护局、交通局、水利局、农业局、林业局、畜牧局、文化体育局、卫生局、审计局、统计局、土地管理局、乡镇企业局、外事侨务办公室。市直属机构有市物价局、市粮食局。

2002年，机构改革，政府设置工作部门24个（监察局与市纪律检查委员会机关合署办公，列入政府工作部门序列，不计政府机构个数），即政府办公室、经济贸易委员会、公安局、民政局、司法局、财政局、建设局、交通局、水利局、农业局、畜牧局、教育局、卫生局、计划生育委员会、审计局、环境保护局、市文化体育局、统计局、林业局、发展计划委员会、科学技术局、劳动人事和社会保障局、民族宗教事务委员会、国土资源局。市政府直属机构有市信访局、市招商局、市机关事务局、市档案局。

2003—2006年，政府工作部门没变化。

二、乡镇场

1980年，博乐县政府辖5个公社，2个场，1个博乐镇。1984年，县政府辖乡4个，即达勒特乡、乌图布拉格乡、青得里乡、贝林哈日莫墩乡；区1个，即小营盘区；场1个，即阿热勒托哈牧场。2006年，市政府辖乡2个，即青得里乡、贝林哈日莫墩乡；镇3个，即小营盘镇达勒特镇、乌图布拉格镇、达勒特镇；场2个，即阿热勒托哈牧场、香班哈日根牧场。

三、派出机构

1985年，市政府派出机构3个，即顾力木图街道办事处、克尔根卓街道办事处、青得里街道办事处。1992年，市政府派出机构6个，即顾力木图街道办事处、克尔根卓街道办事处、青得里街道办事处、青达拉办事处、三台办事处、博乐火车站办事处。2006年，市政府派出机构4个，即顾力木图街道办事处、克尔根卓街道办事处、青得里街道办事处、南城区街道办事处。

四、驻市科级单位

2006年，驻市单位有市工商行政管理局、市国家税务局、市地方税务局、市质量技术监督局。

第二章　政府体制改革

1982—2002年，博乐市（县）大规模的机构改革3次。通过机构改革行政职能由微观管理向宏观管理转变，并逐步建立了与社会主义市场经济相适应的行政架构。

第一节　机构改革

一、1984年机构改革

1984年，博乐县调整县、科级领导班子。调整科级干部平均年龄比改革前下降6岁；大专和高中文化程度（含中专）的有94人，占科级干部的64.38%，比改革前提高25%。重视提拔少数民族干部，少数民族领导在科部级以上干部中占43%。精简臃肿机构。党政工作部门由42个减为37个，并确定人员编制313名。同年，中共博乐县纪律检查委员会升为副县级机。

二、1998年机构改革

1998年，博乐市撤销经济委员会、二轻局、经济协作办公室、体改委，组建经济贸易委员会，同时在经济贸易委员会挂体改委的牌子。信访局由人民政府办公室管理，同时挂党委信访局的牌子。博乐合作区、街道办事处（科级）为市人民政府派出机构。撤销勘界办公室，其职能划归土地管理局。至2000年，博乐市政府机构设置25个。市监察局按规定设置，市物价局、市地方税务局、市粮食局为直属机构。2000年8月底结束。

三、2002年机构改革

2002年，市人民政府工作部门设置和调整与自治州人民政府工作部门的设置大体相对应。计划委员会更名为发展计划委员会。不再保留物价局、粮食局，其职能并入发展计划委员会，并在发展计划委员会挂物价局、粮食局的牌子。科学技术委员会更名为科学技术局。在劳动人事局的基础上组建劳动人事和社会保障局。民族宗教事务局更名为民族宗教事务委员会。不再保留土地管理局、地质矿产局，组建市国土资源局，并承担测绘行政职能。财政局不再挂国有资产管理局的牌子。不再保留经济体制改革委员会，其职能并入人民政府办公室，并在人民政府办公室挂经济体制改革办公室的牌子。经济贸易委员会挂安全生产监督管理局的牌子。不再保留乡镇企业局，其职能并入农业局，并在农业局 挂乡镇企业局的牌子。农机局改为农业局管理的事业机构。文化体育局承担新闻出版行政职能；广播电视局实行 政事分开，其行政职能并入文化体育局，并在文化体育局挂广播电视局的牌子。

博乐经济合作区委员会、青得里街道办事处、克尔根卓办事处、顾力木图街道办事处、三台办事处为市人民政府派出机构。

撤销房地产管理局，其行政职能并入市建设局。劳动就业保险管理局更名为社会保险管理局。机关事务管理局为人民政府直属事业机构，由人民政府办公室管理。信访局（党委信访局与政府信访局一个机构两块牌子），由人民政府办公室管理。法制局更名为法制办公室与外事侨务办公室设在人民政府办公室。2002年底，博乐市人民政府设工作部门24个（监察局与市 纪律检查委员会机关合署办公，列入政府工作部门序列，不计政府机构个数），设置部门管理机构1个。

行政机关不得使用事业编制。

第二节 政府职能转变

1980年6月，由军代表、革命领导干部代表、群众代表三结合的博乐县革命委员会撤销，博乐县部门管理体制相继恢复，并增设新部门。1980年，县人民政府由23个工作部门组成。1981年，县政府工作机构除公安局、粮食局、税务局外，均由“局”改为“科”。1984年，县人民政府原各科改为局、委、办。

1998年，博乐市机构改革坚持政企职责分开和精简、统一、效能的原则，着重转变职能，理顺关系，强化服务。机构改革对确定设置的行政机构实行“三定”。通过“三定”落实，转变职能，理顺关系；加强机关制度化建设，建立健全机关各项制度，规范政府行政行为，建立和完善决策程序、运行机制、协调和监督制度。建立严格的机构编制约束机制，巩固机构改革成果。

建立和完善乡（镇）政府职能，加强社会管理，依法加强对宗教事务的管理。强化服务，建立和完善农业社会化服务体系，理顺市与乡（镇）的关系。核定博乐市乡（镇）机关行政编制220名。

改革事业单位打破部门所有制和条块分割，拓宽事业单位的服务领域。加强和完善事业单位为城市经济建设服务功能。撤并一些长期任务不足、不出成果、业务相近、重复设置的事业单位，解决行政后勤人员过多及人浮于事等问题。机关后勤行政管理职能与服务职能分开，机关后勤人员划为事业编制的比例从严控制在核定行政编制的8%左右。

2002年，机构改革坚持依党规定职能，政企、政事、政社分开，精简、统一、效能，依法行政的原则，建立廉洁高效、运转协调、行为规范的行政管理体制，以适应社会主义市场经济发展和实施西部大开发战略及博乐市国民经济持续、快速、健康发展的要求。

第三节 政府法制

1989年4月《中华人民共和国行政诉讼法》颁布实施，确立“民告官”法律制度。1994年博乐市人民政府法制办公室成立，是人民政府的直属办事机构，全面负责政府法制建设的职能部门。

一、行政执法

自1998年开始，组织全市行政执法人员进行公共法律知识培训，加强行政执法人员监督、管理和指导。2000年，建立并落实市长学法日、部门领导干部集体学法日、干部脱产培训以及公务员、行政执法人员法制培训制度，加强对全市各级领导干部、国家公务员、行政执法人员的法制教育和培训。2006年，《博乐市行政执法责任制考核办法》《博乐市行政执法过错责任追究办法》实施，博乐市对1999年至2003年以博乐市人民政府（含博乐市人民政府办公室）名义制发的各类文件进行了全面清理，共清理规范性文件43件，其中涉及行政许可事项的2件，经博乐市第六届人民政府第二十八次常务会议审议通过，决定对《关于对市区沿街各经营单位及个人实行环境卫生许可证制度的批复》《关于印发〈博乐市出租汽车治安管理暂行办法〉的通知》予以废止。

二、行政审批

2001—2002年，博乐市第五届人民政府实施行政审批制度改革。对妨碍市场开放和公平竞争以及实际上难以发挥有效作用的行政审批项目，予以取消；对可以用市场机制代替的行政审批事项，通过市场机制运作；对依法保留实施的行政审批项目，逐步建立健全监督制约机制。2003—2006年，博乐市继续推进政府行政审批制度改革，完成227项行政许可确认事项。根据《中华人民共和国行政许可法》和国务院、自治区及自治州人民政府关于贯彻实施《中华人民共和国行政许可法》各项工作安排部署，博乐市人民政府对所属25个部门实施的行政许可事项进行全面的清理。2004年10月27日市人民政府第八次市长办公会议审议，第一批确认了18个部门和2个授权组织实施的138项适用依据为法律、行政法规、地方性法规和国务院决定的行政许可事项符合《中华人民共和国行政许可法》规定。经2004年12月17日博乐市第六届人民政府第十六次常务会议通过，第二批确认下列14个部门和1个授权组织实施的32项行政许可符合规定。

三、行政复议

博乐市市依法行政工作的全面开展，行政复议工作进一步规范化、制度化。2006年博乐市人民政府共受理行政复议案件7件，其中2件作出不予受理决定，2件申请人撤回申请而终止，2件作出维持的决定，1件作出撤销决定。

第四节　政务公开

1998—2002年，博乐市第五届人民政府实施乡镇政务公开，印发《在全市农牧区统一公开政务、财务内容的实施意见》，全市7个乡（镇、场）和乡（镇、场）站所全面推行政务公开和业务公开制度；136个村队全面推行村务公开制度，并在57个村队实行会计委派制。

1999—2002年，博乐市第五届人民政府在45个职能部门和175个事业单位实施政务公开制度，并印发《博乐市关于全面推行政务公开促进廉政勤政建设的实施意见》。

第三章　综合政务

第一节　政府办公室

一、政府办公室

1979年，博乐县人民政府办公室与县委办公室分开办公。2006年，在市人民政府办公室内设文秘办公室、信息督查办公室、边防委员会办公室、经济体制改革办公室、外事侨务办公室和法制办公室。由市人民政府办公室管理的机构有接待办、机关事务管理局。

接待办　1991年6月，成立市招待所，由市人民政府办公室管理。1992年6月，市招待所撤销，成立市接待办公室。

边防委办公室　1993年1月，在市人民政府办公室设博乐市边防委员会办公室。

外事侨务　1990年11月，博乐市人民政府外事侨务办公室成立，正科级，行政编制5名，列市政府工作部门序列。1992年5月，博乐市风光旅行社成立，隶属市外事侨务办公室。1995年8月，市归国华侨联合会（简称侨联）成立，副科级，事业编制3名，由市外事侨务办公室管理。2002年11月，市人民政府外事侨务办公室并入市政府办公室。市侨联与市人民政府办公室合署办公。

法制办公室　1994年8月，成立市人民政府法制办公室，正科级，由市人民政府办公室管理。1995年3月，成立市人民政府行政复议办公室，与市人民政府法制办公室合署办公。2000年8月，市人民政府法制办公室更名为博乐市人民政府法制局，副科级。2002年6月，市人民政府法制局改设为市人民政府办公室内设机构。2006 年 8 月，市人民政府又设置法制办公室，副科级。

机关事务管理局 1984 年 6 月，博乐县人民政府办公室设机关事务部，事业单。2002 年 11 月，成立市机关事务管理局，由市人民政府办公室管理。

信息中心 1998 年 9 月，市经济信息中心由市人民政府办公室管理。2000 年 4 月，成立市人民政府督查办公室，与市人民政府信息中心合署办公。2001 年 4 月，市人民政府信息中心撤销。

二、公文处理

1979—2006 年，博乐市（县）政府文件审批制度不断完善，其中：属重大问题的政府文件制发，由市（县）长审批；属上级政府已确定的方针、政策、原则和计划范围内的日常工作问题发文，由分管领导负责审批。各部门和各乡镇政府报送市（县）政府领导审批的公文，由部门和乡镇政府主要领导签发；除紧急重要事项外，不能将公文直接呈送市（县）政府领导审批，更不能同时分别直接呈送市（县）政府各领导审批，均应经政府办公室审核、把关后，呈送市（县）长或分管领导审批；市（县）政府领导的批示件均应通过政府办公室按公文处理规定进行运转。各部门报送市（县）政府审批的公文或要求市（县）政府和办公室发文的，凡涉及其他部门范围内的事项，主办部门须先与有关部门协商，取得一致意见并经有关部门负责人会签后再报（县）政府领导审批。凡以市（县）政府名义发文，先经办公室主任审核，一般事项由分管领导签发；涉及财政收支问题的，由分管领导审核后，送市（县）长或常务副市（县）长签发。凡以政府办公室名义发文，由办公室主任签发；涉及比较重要的事项，经有关领导审定后再签发。属于市（县）政府部门职权范围之内的事项，由部门自行发文；涉及几个部门职责的，由部门联合发文，市（县）政府或政府办均不转发。

三、宾客接待

1979 年，博乐县宾客接待工作由县革命委员会办公室（县党委办公室）直接管理，归口接待。1980 年 6 月，恢复县人民政府后，县接待工作由县委办公室和县人民政府办公室分别管理，归口接待。1991 年 6 月，市招待所成立，具体负责接待对象的用餐、住宿工作。1992 年 6 月，市招待所撤销，成立市接待办公室。1995 年 3 月，市委办公室、市人民政府办公室制定《关于博乐市区内外公务活动接待工作的规定》，对全市公务活动中接待范围、分工、程序、标准等作具体规定。2002 年，市对接待程序和就餐等标准作进一步规范。接待分工及程序为接到接待对象到博乐市的通知后，由市党委、市政府分管领导负责，由市党委办公室、市政府办公室签发接待通知单。相关单位拟定接待方案，接待部门编制接待预算，并安排食宿。

四、机关事务管理

1984 年，机关事务局主要负责市党政机关大院的国家资产管理；负责市党政机关社区的基础项目设施管理；负责市党政机关社区的水、电、暖供应和维修；负责市党政机关社区的综合治理、卫生、绿化等工作；负责市党政机关社区的房产管理。

2004 年，博乐市党政机关大院供暖工作移交市热力公司管理。2006 年，博乐市党政机关大院自来水收费和维修工作移交市自来水公司管理。同年，市党政机关大院电网维修和收费等工作移交市电力公司管理。

第二节 行政服务

博乐市政务联合办公大厅于 2001 年 7 月正式运行。联合办公大厅的成立，标志着行政审批工作改革创新方式实现新的发展。2003 年，进入联合办公大厅的部门有工商、国税、地税、技术监督、建委、计委（物价）、公安（消防）、国土资源、文体、卫生、环保、规划、农业、房产、防疫、妇幼、种子、城建监察、客管、环卫20个部门。进入大厅的行政审批事项93项，收费事项44项，实行“五公开服务”“五制办理”“五件管理”的运行模式，推行首接责任人制度。2004年，在全市各部门实施“一窗代理办结制”工作，完成全市39个政府工作部门“一窗代理办结制”方案、许可事项、流程图的审理和确定。2005年，推动“办事进大厅”工作，对151项政务事项和22个部门和单位的收费事项进行明确，分批纳入办理。在服务大厅原有14个单位窗口基础上，新进驻财政局、招商局2个单位窗口，进入联合大厅办理的政务事项达286项，16个窗口单位561个收费项目纳入联合办公大厅统一收缴。2006年，联合办公大厅新增进驻民政局、农机局、交通局、畜牧局等单位窗口。进入中心的部门和单位办理审批许可事项332项。大厅增设4台电子触摸屏，2台大屏幕彩电，连通内外网络，安装电子监控系统。成立“行政效能、投诉、督查”三位一体办公室。

至2006年末，博乐市联合办公大厅统一印制《服务承诺告知单》，全面公开审批项目和办事程序，创办(政务服务简报)及网站。推行行政审批代办服务和“绿色审批通道，为特殊群体实行便利快捷服务，在法定办结时限内压缩承办时限，简化审批手续，窗口服务工作得到办事企业和群众的认可，打通了为民服务的“最后一公里”。

第三节 外事 侨务

一、侨情普查

1980—1981年，分两次对全县国外华侨和侨眷及旁系亲属进行普查登记。经过普查登记，博乐县在苏联、美国、日本、沙特阿拉伯、埃及、加拿大、新加坡等国外的华侨及外籍华人有341户1 450人，其中男870人、女580人。华侨在县内直系亲属143户688人，其中男375人，女313人。华侨在县内旁系亲属186户830人，其中男457人、女373人。

1985年，博乐市第三次对国外华侨、华人和留居国内的眷属、归国华侨进行普查登记。国外华侨382户1 197人。华侨在县内的眷属387户2 477人，

2006年，博乐市境内共有归侨、侨眷904户3 970人。其中，归侨44户195人，占总人数的4.9%；侨眷811户3 566人，占总人数的90%。境内归侨侨眷80%在农牧区从事农牧业生产，20%在市区从事行政、教育和个体工商业。

二、对外交往

1989年1月，博乐市被国务院列为对外开放城市。1990年，市被国务院批准为沿边进一步开放城市，境内阿拉山口口岸被国务院批准为国家一类口岸。1991年9月，苏联铁路系统组成的“东方快车”旅游团100余名游客，经阿拉木图火车站沿亚欧铁路抵达阿拉山口口岸观光旅游。1992年2月，哈萨克斯坦塔尔迪库尔干州执委会副主席沙尔巴林一行5人首访博乐市，并进行经贸考察。同年4月，以副市长为团长的经贸考察团一行7人应邀前往哈萨克斯坦塔尔迪库尔干州乌恰拉尔市访问，进行易货贸易、经济技术协作、旅游购物等洽谈。同年，博乐市与哈萨克斯坦塔尔迪库尔干州建立定期经济会晤制度，开展二日、三日游活动；在“博华商品展销中心”举办的展销会。1993年4月，哈萨克斯坦塔尔迪库尔干州歌舞团一行10人应邀到博乐市访问，逗留7天，演出2场。同年6—8月，博乐市在赛里木湖畔举办首届“赛里木之夏”旅游节，邀请国外团组56个613人。1991—2005年，博乐市先后与哈萨克斯坦、蒙古国、俄罗斯、日本等15个国家进行经济贸易、技术合作和文化往来。

三、因公人员出国（境）管理

1990年开始，博乐市外事侨务办公室履行因公人员临时出国（境）管理工作。1992年，自治区人民政府委托市外事侨务办公室审批本市因公赴毗邻国家从事贸易、劳务人员的护照、签证业务。1993

年 2 月，市按照博州党委《关于博乐市党委办理本市因公赴新疆毗邻国家经贸、劳务人员的政治审查审批手续的通知》要求，简化手续，严格政审制度。

2006 年 9 月，博乐市贯彻自治区党委《关于重申加强外事管理严格出国审批有关规定的通知》精神，规范出国（境）干部条件。

第四节　人民来信来访

一、信访局

1984 年 6 月，博乐县人民政府办公室设立来信来访接待室。1985 年 6 月，县人民政府办公室来信来访接待室改设为信访科。1990 年 12 月，市人民政府办公室信访科，改设为博乐市信访局，级别为正科级，受市委和市政府双重领导。1998 年，市信访局由市人民政府办公室管理，同时挂市党委信访局牌子。2002—2006 年，市信访局编制 6 名，其中领导职数 2 个。

二、信访案件办理

1985—2006 年，博乐市信访局共接待群众来信来访 4 142 件（来信 1 770 件次，来访 2 372 件次），共办结信访案件 1 804 件。其中 2003 年，全年接待来信 713 件，来访 1 583 人次，是信访案件最多年份，办结信访案件 335 件。在群众来信来访中主要反映干部作风、村队财务管理混乱、土地纠纷等问题。2004—2006 年，在群众来信来访中主要反映村干部办事不公、土地纠纷、改制企业职工安置及补偿、劳动就业和社会保障、城市房屋拆迁补偿、草场纠纷、拖欠农民工工资和工程款、环境污染、小康建设欠款等问题。

三、信访制度建设

1985—2006 年，博乐市先后制定《博乐市党政领导接待制度》《博乐市信访领导小组联席会议制度》《领导包片包案制度》《逐级上访和分级受理制度》《博乐市信访工作例会制度》《新任副科级领导干部到信访局煅炼制度》《领导干部接待群众来信来访首访责任追究制度》《博乐市县级领导到后进村队、困难企业定期接待群众上访制度》等制度。通过制度建设，有效规范信访工作程序和信访秩序，畅通信访渠道，提高信访办案质量和效率，化解社会矛盾，促进社会和谐稳定。

第四章　政府会议

第一节　全体会议

博乐市（县）政府全体会议由市（县）长、副市（县）长、市（县）长助理和各行政机构正职组成。由市（县）长或市（县）长委托常务副市（县）长召集，必要时吸收有关部门副职或乡镇（场）长列席。一般每半年召开 1 次。会议主要内容：传达贯彻上级党委、政府的指示、决定及工作部署；决定和部署市（县）政府的重要工作；报告市（县）政府的工作；通报全市（县）政治经济情况，协调各部门工作；讨论通过按照法律规定需要由市（县）政府全体会议决定的事项。1979—2006 年，共召开全体会议 39 次。

第二节　常务会议

博乐市（县）政府常务会议由市（县）长、副市（县）长、市长助理、政府办主任组成。由市（县）

长或市（县）长委托常务副（县）长召集，视会议内容，吸纳有关部门负责人列席。会议主要内容：传达贯彻上级党委、政府和市（县）委的指示、决定以及重要会议精神；讨论决定市（县）政府工作中的重大问题；讨论决定报请自治区政府和自治州政府审定的重要事项；讨论提请市（县）人代会或人大常委会审议的议案；讨论决定市（县）政府的规范性文件草案，以及各部门和下级政府请示的重要事项；准备市（县）政府全体会议的议题；听取市（县）政府部门所主管业务工作的重要情况汇报。1979—2006 年，市（县）常务会议共召开 162 次。

第三节　市（县）长办公会议

1979—2006 年，博乐市（县）长办公会议由市（县）长或副市（县）长召集，根据会议内容吸纳有关部门负责人参加。会议不定期召开。会议主要内容：讨论决定政府工作中某一方面的重要问题；协调处理乡镇之间、部门之间的重要事项和需要市（县）长办公会议决定的事项。

第五章　施政纪略

第一节　发展农业

一、种植业

1980—1983 年，博乐县第七届人民政府先后在农村实施包工联产责任制，小段包工、定额管理生产责任制、家庭联产承包责任制。至 1983 年末，全县 167 个农业生产队中 164 个实行家庭联产承包责任制。

1984 年至 1985 年 8 月，博乐县第八届（市第一届）人民政府在农区稳定、完善家庭联产承包责任制，坚持“八个不变”，即农村多种形式的联产承包责任制长期不变；土地承包一定十五年不变；鼓励开发性承包的政策长期不变；启用能人发展多种经营和多渠道流通的政策长期不变；支持和保护专业户、重点户发展商品生产，勤劳致富的政策长期不变；允许农户个人或联户购置生产和运输机具的政策长期不变；新的经济联合体按股按劳分配的政策不变；允许农村不脱产的干部和党员在党的政策范围内带头勤劳致富的政策长期不变。在牧区除阿热勒托哈牧场外均推行“牲畜作价归户，草场承包”生产责任制。

2002 年，博乐市农业总产值 4.08 亿元，比 1997 年的 2.2 亿元增长 85.45%，年均增长 13.15%；小麦单产 371 千克，比 1997 年增长 23.3%；棉花单产 121 千克，比 1997 年增长 21%，被自治区确定为优质棉出口基地县（市）。

2003—2006 年，博乐市第六届人民政府围绕农业增效、农民增收、农村稳定的目标，以加快农田水利基本建设、发展设施农业、普及农业常规实用技术为重点，按照比较效益优化农业内部结构，形成以棉花、玉米、甜菜为主导产业的种植业格局，农业科技含量不断提高，机械化水平大幅提升，综合生产能力明显增强，推进传统农业向现代农业转变，社会主义新农村建设扎实推进。棉花皮棉、玉米、甜菜单产分别达到 130 千克、903 千克、4 321 千克。

二、畜牧业

1986—1987 年，博乐市第一届人民政府讨论修改《博乐市“七五”牧业发展规划（草案）》，印发《博乐市 1986—1987 年发展农区养殖业规划》，把发展农区养殖业作为实现市“七五”计划的重要战略举措。至 1987 年末，市农区牲畜年末存栏 97 394 头（只），占全市牲畜总数的 31.84%，比 1986 年增长

39.28%，农区人均占有牲畜 1.39 头（只）。2002 年，博乐市畜牧业产值占农业总产值的 34.6%，比 1997 年提高 11.9 个百分点。牧民基本实现定居半定居。2003—2006 年，博乐市畜牧业基础设施建设得到加强，牲畜品种改良力度继续加大，动物疫病防治体系不断健全。博乐市被列为第五批国家级无公害家禽养殖农业标准化示范区。

三、林业

1981 年，博乐县人民政府作出恢复、绿化博尔塔拉河谷的决定，到 1982 年，博乐市落实林业生产责任制，颁发集体单位和农户林权证书。

1987—1990 年，博乐市第二届人民政府推进“三北”防护林建设工程，累计造林 1 526.67 公顷，其中农田防护林 811.47 公顷，农田林网化程度 48%；累计育苗 136.6 公顷；青达拉人工林场初具规模，荒漠次生林得到保护和恢复。

1990—1993 年，博乐市第三届人民政府推进开荒造田建设工程和中、低产田改造工程，累计开荒造田 2 700 公顷，获国家水土开发国土复垦先进县市奖；累计投资 930.8 万元，改造中、低产田 526.67 公顷。

1995—1997 年，博乐市第四届人民政府继续推进“三北”防护林建设工程，农田林网化建设通过自治区验收。全市人工林总面积 4 466.67 公顷，荒漠河谷林 2.13 万公顷，农田防护林面积 1 533.33 公顷，保护耕地 1.91 万公顷；森林覆盖率达 8.1%，比 1992 年增长 1.8%。

2002 年，博乐市林业累计投入绿化资金 2 609 万元，新增防护林、经济林、宜林荒滩造林 2 104.4 公顷，农田林网化 86%，完成绿色通道重点工程建设 39 千米。2000 年，市被自治区列为 7 个退耕还林还草试点示范县（市），被评为国家林业工作先进县（市）。

2003—2006 年，博乐市累计投入绿化资金 5 045 万元，完成防护林造林 1 233.33 公顷、宜林荒滩造林 5 700 公顷、退耕还林还草 1 466.67 公顷，实施国家重点公益林保护面积 4.13 万公顷，博—五公路 30 千米绿色长廊建设全面完成，万亩生态园建设一期工程顺利实施，全市森林覆盖率达 7.8%。

四、水利

1987—1990 年，博乐市推进水利基础设施建设工程，累计投资 357.07 万元，先后建闸门、桥涵等 353 座，打井 32 眼（其中防病改水井 9 眼）。

1990—1993 年，博乐市继续推进水利基础设施建设工程，累计投资 1 513.58 万元，连续两年获自治区农田水利建设“天山杯”奖。

1995—1997 年，博乐市投资 7 663.88 万元，建防渗渠 604.5 千米，防渗率从 1992 年的 49.4% 提高到 96.51%，并通过自治区验收。累计完成防病改水工程 45 处，完成自治区下达的防病改水任务的 161.79%。

1998—2002 年，博乐市二期防病改水工程，解决 2.4 万人和 12.8 万头（只）牲畜的饮水问题。

2002 年，博乐市农田水利基础设施建设累计完成水利建设投资 1.1 亿元，新建防渗渠 299 千米，新修灌区配套设施 2 075 座，新增高科技节水灌溉面积 6 466.67 公顷，平均亩灌溉定额从 1997 年的 510 立方米下降至 470 立方米，被评为全国节水示范（县）市，获自治区农田水利基础设施建设“天山杯”竞赛一等奖等荣誉。

五、小康村建设

1995—1997 年，博乐市建成小康乡 1 个；小康村队 64 个，占全市村队总数的 46.4%。农牧民人均纯收入 2 563 元，比 1992 年增长 231.99%，年均增长 27.12%。全市实现牧民定居 563 户，比 1992 年增加 476 户，占全市牧民总数的 72.6%。

六、扶贫工作

1998—2002 年，博乐市落实减轻农牧民负担政策，5 年减轻农牧民负担 1 539 万元。农村电网改造基本完成，完成134个村队18 144户的一户一表更新改造，占全市村队总数的95.7%、总户数的90.55%。稳妥地实施水价改革，全面推行配水到户。做好助民增收、扶贫帮困、救灾救济工作，按照820元的新标准累计使贫困人口814户3 640人脱贫，落实救灾资金550万元。

第二节　工业经济和乡镇企业

一、工业经济

1981—1984年，博乐县第七届人民政府贯彻执行国务院《关于城镇非农业个体经济若干政策性规定》《关于城镇非农业个体经济若干政策性规定的补充规定》。至1984年末，县个体工商户发展到1 107户，比1983年增长58%；从业人员1 516名，比1983年增长56%。社会商品零售额为4 497.2万元，比1983年增长25%。

1983—1984年，博乐县第七届人民政府实施国营工业企业整顿。至1984年末，全县列入整顿的企业共65个，累计验收合格的企业61个，验收不合格的企业4个。

1985—1987年，博乐县第八届（市第一届）人民政府在国有、集体企业实施"一包三改"（即经济承包，改干部终身制为任期制，改固定工资为浮动工资，改固定工为合同工）为主的生产经营责任制。实行厂长负责制和企业层层承包，"独立核算，自负盈亏"的经营方式，建立完善各项规章制度，制定《企业经济责任制（草案）》。国营、集体所有制企业改革已从最初放权让利发展到建立健全企业经营机制的阶段。

1987—1990年，博乐市第二届人民政府继续推进国有、集体企业改革。工业总产值4 834.1万元（含乡镇企业工业总产值），占工农业总产值的42.1%。国有、集体独立核算工业利税总额467.9万元，比1980年增长17倍。1990年9月，博乐市国有、集体所有制企业，实施第二轮承包。建立棉种轧花厂，初步实现良种繁育，加工、包装、销售一条龙生产体系。

1998—2002年，博乐市第五届人民政府企业改革通过"三改一加强"（改制、改组、改造，加强企业管理），全面完成45户企业改制任务，2个国有农牧场体制改革基本完成，改革脱困3年目标基本实现。5年累计投入技改资金7 236万元，完成重点技改项目33项。乡及乡以上企业完成工业增加值6 713万元，年均增长16%。全市个体工商户发展到6 886户10 078人，注册资金11 090万元；私营企业发展到394户7 869人，注册资金13 781万元；上缴税金1 650万元，比1997年的820万元增长101.2%，年均增长15%。

2003—2006年，博乐市坚持实施优势资源转换战略，推进新型工业化建设，以石灰石为主的矿产资源开发和保护得到加强，规划实施博乐进出口加工区和石灰石加工园区建设，以棉纺、建材、制糖、粮油为主导产业的工业格局已经形成，工业由资源初级开发利用向精深加工转化，工业经济规模不断扩大。2006年，全市乡及乡以上工业企业实现工业增加值1.75亿元，比2002年增加1.07亿元，年均增长21.07%。

2003—2006年，博乐市地方生产总值由2003年的9.28亿元，到2006年实现地方生产总值34.29亿元；财政收入由2003年的9 312万元，到2006年实现地方财政收入1.21亿元。

二、乡镇企业

1986—1987年，博乐市第一届人民政府印发《博乐市乡镇企业管理暂行办法》（简称《办法》）。《办法》对乡镇企业的申请登记，机构设置，劳动管理，生产质量管理，财务管理，利润分配，企业整顿，企业破产、倒闭等方面都作出明确规定。1998—2002年，博乐市完成乡镇企业总产值6.1亿元，年均增长 10.76%。

三、边境经济合作区

1992—1993 年，博乐市第三届人民政府建立博乐边境经济合作区，并印发《关于鼓励国内外客商投资办企业的优惠办法》。博乐边境经济合作区面积 7.83 平方千米，起步区面积 0.79 平方千米，总体规划通过自治区人民政府的专家评审，并启动经济合作区内道路、供暖、通信等基础设施工程。市人民政府以“博乐边境经济合作区”为平台，制定系列发展个体私营经济的优惠政策。

四、个体、私营企业

1995—1997 年，博乐市第四届人民政府继续鼓励发展私营企业。至 1997 年底，全市个体工商户 5 190 户，从业人员 6 772 人，分别比 1992 年增长 124.8%、96.23%；私营企业 95 户，比 1992 年增长 493%。1998—2002 年，博乐市个体工商户发展到 6 886 户 10 078 人，注册资金 11 090 万元；私营企业发展到 394 户 7 869 人，注册资金 13 781 万元；上缴税金 1 650 万元，比 1997 年的 820 万元增长 101.2%，年均增长 15%。

第三节 基础设施建设

1992—1993 年，博乐市第三届人民政府印发《博乐市住房制度改革和建设实施方案》《博乐市出售公有住房实施办法》《博乐市深化城镇住房制度改革实施办法》，出售公有住房。

1998—2002 年，博乐市第五届人民政府期间，社会固定资产投资累计完成 7.37 亿元，比上一个五年 4.96 亿元增长 48.5%。城市基础设施建设，五年共投入资金 4 亿元，比上一个五年增长 42.5%，城市建成区面积 13.1 平方千米，新增道路 12 千米、24 万平方米。市政公用事业三期供水、垃圾填埋处理厂、污水处理厂一期工程顺利完成，供水普及率 97%，比 1997 年提高 9.73%；污水处理率 80.66%，比 1997 年提高 17.38%；集中供热普及率 31.4%，比 1997 年提高 13.6%。城市绿地率 31%，较 1997 年提高 9%，人均公共绿地面积 9.78 平方米。居民人均住房面积由 1997 年的 8 平方米提高到 2002 年的 12.64 平方米。新建改建中心广场、滨河公园、人民公园、西部文化广场、赛马场。小城镇建设累计投入资金 5 232 万元，比上一个五年增长 42%。改扩建乡村道路 185 千米，农村人均住房面积 19 平方米，比 1997 年增加 6 平方米。自来水入户率 90%，比 1997 年提高 32%；农村有线电视普及率 87%，比 1997 年提高 43%；电话入户率 42%，较 1997 年提高 24%。

2003—2006 年，农村公路建设累计投资 1.4 亿元，新建改建道路总里程 520 千米；农田水利建设累计投入资金 1.7 亿元，新修防渗渠 189.5 千米；推广高效节水面积 8 433.33 公顷，亩灌溉定额从 2002 年末的 505 立方米下降到 463 立方米。博河流域博乐段综合治理新建永久性防洪坝 21 千米。完成 7 个司法所、5 个兽医站的新建改造。

2003—2006 年，博乐市累计投入城市基础设施建设资金 3.35 亿元，新建改建团结路、北环路、顾力木图路、响根布呼路等一批城市道路；三期供水、垃圾处理厂、污水处理厂 1 期工程及 3 号热源等市政公用设施投入使用；2 号热源改扩建、供热主管网改造等工程正在建设中；南城起步区道路、供排水、供热等基础设施建设基本完成；滨河公园、人民公园、西部文化广场和赛马场配套文体设施先后建成；金丽园、家和园、楚天花园等一批功能较为完善的住宅小区投入使用；亚中商城、商业步行街、家和精品街、东风商厦等商贸开发项目陆续竣工并投入使用。规划管理依法得到加强，累计投入资金 546 万元，完成城市总体规划修编大纲、城市近期建设规划、南城起步区控规、乡镇总体规划等 21 项规划编制工作。城市管理水平大幅提升，两次荣获自治区城市“天山杯”竞赛优秀奖。小城镇建设积极推进，累计完成小城镇基础设施建设投资 1.24 亿元。小营盘镇、达勒特镇分别被国家、自治区确定为小城镇建设重点镇，小营盘镇连续两次被评为自治区优秀小城镇。

第四节　发展第三产业

1981—1984 年，博乐县第社会商品零售额为 4 497.2 万元，比 1983 年增长 25%。1987—1990 年，博乐市第二届人民政府整顿流通秩序，对化肥、地膜、农药等农用生产资料实行专营，对市属 11 个公司进行清理整顿。1995—1997 年，博乐市对外贸易进出口总额 201.66 万美元，比 1996 年增长 11%。有集贸市场 20 个，城乡集市贸易成交额 7 745 万元，分别比 1992 年增长 100% 和 249%。

第五节　社会事业

一、科技教育

科技　1990—1993 年，博乐市第三届人民政府建立和完善市、乡、村三级科技网络；各乡镇建立健全农业科技推广站；全市配备科技副村长 119 人；获国家级科技成果奖 6 项。1998—2002 年，博乐市实施“科教兴市”战略，5 年共实施科技项目 245 个，其中国家级项目 2 个，自治区级项目 132 个，共产生经济效益 3.5 亿元。科技创新体制初步建立，常规科技在生产领域广泛应用，经济增长中的科技贡献份额不断提高，先后被评为全国科技进步先进县（市）、全国首批科普示范县（市）。2003—2006 年，博乐市坚持科教兴市战略，累计投入“科技三项”（新产品试制费、新产品试验费、重大科研项目补助费）经费 1 341 万元；实施各类科技项目 118 项；知识产权保护体系逐步建立。

教育　1980—1983 年，博乐县完成大队办小学、社场办初中、县办高中、牧区开办寄宿制学校和流动式学校规划。1987—1990 年，博乐市第二届人民政府开展教师职称评定工作。消除学校危房 8 847 平方米。1990—1993 年，博乐市第三届人民政府建各乡（镇、场）均建立寄宿制学校；全市消除中小学危房。1998—2002 年，博乐市教育体制改革不断深化，教育资源得到优化配置，教育质量稳步提高，完成学校危房改造 2.12 万平方米，获“全国‘两基’工作先进市”称号。2003—2006 年，博乐市坚持高度重视教育发展，“两基”成果进一步巩固提高，民汉合校和农村现代远程教育全面实施，教育资源得到优化配置。加强教师队伍建设，高中入学率达 77.9%。教育基础设施累计投入资金 5 708 万元，完成市二中、高级中学、青得里乡中心校等 10 余所城乡学校危房改造项目，新建改建校舍面积 5.66 万平方米；2003—2006 年，博乐市落实中小学“两免一补”，为贫困家庭解困。

二、文化体育

1990—1993 年，博乐市第三届人民政府建各乡（镇、场）文化站达标率在 57% 以上。《博乐市志》《博乐市地名图志》相继出版。全市人口自然增长率连续 3 年控制在 13‰以内。2003—2006 年，博乐市文化体育事业健康发展，成功承办自治区第六届少数民族传统体育运动会，举办五届广场文化艺术节，开通博乐市有线新闻综合频道。文物保护工作得到加强，自治区级文物保护单位达到 5 个。2003—2006 年，完成 5 个文化站和 63 个村队文化室的新建改造。

三、旅游

1998—2002 年，博乐市第五届人民政府期间，5 年累计引进旅游项目 23 个，引进资金 2.8 亿元，是上一个五年的 9.6 倍。扶持不同类型的经济组织参与旅游业的发展，新开发青歌礼度假村、民俗风情园等一批旅游景点，与农五师八十四团共同成立怪石沟管理委员会，成功举办 2002 中国民间艺术游博尔塔拉“那达慕”草原节，完成《赛里木湖风景区旅游建设规划》《怪石沟风景区环境资源评价报告》，怪石沟风景区被列为省级风景名胜区。累计接待游客 47.3 万人次，年均增长 15%；累计完成旅游收入

6 447 万元，年均增长 21%。

四、卫生和计生

1990—1993 年，博乐市第全市人口自然增长率连续 3 年控制在 13‰以内。1998—2002 年，博乐市全面落实计划生育“三为主”（宣传教育为主、避孕为主、经常性工作为主）方针，计划生育工作连年达标，人口自然增长率控制在 11.5‰以内。2003—2006 年，博乐市政府卫生职能得到强化，突发性疫情预警机制不断完善。启动人口和计划生育工作新机制建设，累计发放计划生育奖励金 718 万元，人口自然增长率控制在 9.54‰以内。2003—2006 年，博乐市投入资金 808 万元，完成市维吾尔医院、计生指导站、疾控中心和 5 所乡镇卫生院建设。

五、社会保障

1998—2002 年，博乐市养老保险参保人数 8 847 人，比 1997 年增长 12.5%，社会化发放率 100%。失业保险参保人数 10 864 人，比 1997 年增长 61.2%，累计支付失业金 210 万元。城镇职工医疗保险参保率已 92%。发放城镇居民最低生活保障金 52 343 人次 367 万元。累计发放下岗职工基本生活保障金 181 万元，下岗再就业工作实现“三个百分之百”，巩固“两个确保”（确保国有企业下岗职工基本生活费按时足额发放，确保企业离退休人员基本养老金按时足额发放），再就业率 94.2%，城镇登记失业率控制在 4% 以内。2003—2006 年全面推进新型农牧区合作医疗工作，7.11 万农牧民参加新型农牧区合作医疗，参合率达 86%。

六、生态环境

1998—2002 年，博乐全市生态环境保护和建设取得显著成效。成立环境保护局，加强环保监管，全面落实环境保护目标责任制。推进退耕还林还草，累计完成退耕还林 2 511.6 公顷，减少水土流失。以博—五公路绿化为重点的城市生态环保项目全面实施，依法关停 59 户污染严重的“十五小”（小造纸、小制革、小染料、土法炼焦、土法炼硫、土法炼砷、土法炼汞、土法炼铅锌、土法炼油、土法造金、土法生产农药、土法电镀、土法生产石棉制品、土法生产放射性制品、土法漂染）企业。城市集中供热、污水处理等一批大型工程建设步伐加快，增强可持续发展能力。加大环保投入，推广农村“一池三改”能源沼气项目，累计完成 1 275 座沼气池建设；开展节能减排工作，节约型社会建设稳步推进。

七、其他

2003—2006 年，博乐市落实农牧业税减免、中小学“两免一补”、粮食直补、农机具购置补贴等各项惠农政策，累计减轻农牧民负担 3 904 万元，人均减负 502 元；实施城乡抗震安居工程，政府补助 2 279 万元，新建和加固改造抗震安居房 17 409 户；实施“兴边富民”工程；实施农村防病改水、饮水安全项目 14 处，解决 3.94 万人和 19.3 万头（只）牲畜饮水问题，农村自来水入户率达 88%；广播电视“村村通”工程扎实推进，解决 9 个自然村 720 户 3 740 名边远农牧民看电视、听广播难的问题，有线电视普及率达 85%；农村电网改造基本完成，平均电价由每千瓦时 1.2 元降至 0.54 元；提高“三老”（老干部、老党员、老模范）人员的生活补助标准；投入 850 万元完成 12 个社区办公用房建设；清理建设领域拖欠工程款 4 784 万元，完成 3 年清欠目标；城市、农村人均住房面积由 20.4 平方米、26.4 平方米提高到 21.13 平方米、31.2 平方米；城市供水普及率达 99.58%，集中供热普及率达 80%，绿地率达 33.7%，移动电话、宽带网络、数字电视等现代通信工具广泛应用。

第六节　社会管理改革

1984 年 4—8 月，博乐县第七届人民政府实施供销合作社体制改革，恢复和增强组织上的群众性、管理上的民主性、经营上的灵活性。改革供销合作社人事制度，由任命制改为选举制。

1996年，博乐市政府认真贯彻执行中共博乐市委制定《关于博乐市综合改革试点工作的安排意见》《关于进一步加强农村集体经济管理工作的意见》。1998年，市政府贯彻执行中共博乐市委制定《关于在农牧区全面推行村民代表会议制度的实施意见》。1999年，博乐市政府对中共博乐市委制定《关于实行乡（镇、场）政务公开、站所业务公开、学校校务公开制度的实施意见》进行了贯彻落实。

1998—2002年，博乐市第五届人民政府机构改革，实施“三定”（定职能、定机构、定编制），确定政府工作部门24个（监察局与市纪律检查委员会机关合署办公，列入政府工作部门序列，不计政府机构个数）。实施乡镇政务公开，印发《在全市农牧区统一公开政务、财务内容的实施意见》，全市7个乡（镇、场）和乡（镇、场）站所全面推行政务公开和业务公开制度；136个村队全面推行村务公开制度，并在57个村队实行会计委派制。落实党政领导接待日、首访责任制、责任追究制等领导干部信访责任制度，累计办理信访事项1 577件，办结率94.4%。

1998—2002年，博乐市全面推进依法治市进程，实行执法责任制，“三五”普法顺利完成，“四五”普法全面启动。突出重点，依法加强民族宗教事务的管理，从严惩治民族分裂主义、非法宗教活动和各种违法犯罪活动。抓社会治安综合治理目标责任制的落实，获自治区治安工作先进集体。

1999—2002年，博乐市第五届人民政府在45个职能部门和175个事业单位实施政务公开制度，并印发《博乐市关于全面推行政务公开促进廉政勤政建设的实施意见》。

2001—2002年，博乐市第五届人民政府实施行政审批制度改革。对妨碍市场开放和公平竞争以及实际上难以发挥有效作用的行政审批项目，予以取消；对可以用市场机制代替的行政审批事项，通过市场机制运作；对依法保留实施的行政审批项目，逐步建立健全监督制约机制。成立博乐市为民办事服务中心，16个行政执法单位集中办公，实行一个单位受理，一个窗口收费，一条龙服务。

2003—2006年，博乐市继续推进政府行政审批制度改革，完成227项行政许可确认事项。农村税费改革全面完成。卫生体制改革步伐加快，兽医管理体制改革基本完成。企业改革不断推进，稳步实施国有企业重组改制，博棉公司政策性破产基本结束。累计招商引资9.65亿元，141个招商项目陆续实施，落户亿元项目2个、5 000万元以上项目3个，引进香港互益有限公司，成立博乐互益纺织有限公司。

2003—2006年，博乐市加强审计监督和行政监察，民族团结进步事业不断推进，“三个离不开”（汉族离不开少数民族、少数民族离不开汉族、各少数民族之间也互相离不开）思想深入人心。全面落实《宗教事务条例》，依法加强宗教事务管理。边境管理不断强化，边防进一步巩固。落实安全生产责任制。印发《博乐市人民政府突发公共事件总体应急预案》，落实《信访条例》，开展“双拥”共建活动。军政、军民、兵地和民族团结不断加强，与湖北援博对口县市的交流与合作进一步深化。累计实现就业20 649名（次），城镇登记失业率控制在4%以内。落实税费减免、小额担保贷款、就业培训等多项政策措施，拓宽就业渠道，以市场为导向的就业机制不断健全，体制转轨时期下岗失业人员再就业和企业兼并破产改制职工安置问题基本得到解决，农村劳动力转移规模不断扩大。社会保障体系不断完善，以养老、医疗、失业、工伤、生育保险和城乡居民最低生活保障制度为主要内容的社会保障体系已经形成，“两个确保”得到巩固，“三条保障线”衔接良好，养老金、失业救济金社会发放率均为100%，累计发放城镇最低生活保障金46 919人（次）3 449万元，农村居民最低生活保障制度全面启动。以扶贫帮困、救灾救济、五保供养和医疗救助为主的城乡救助体系基本形成，累计落实救灾资金429.5万元，1 064户4 278名贫困人口脱贫。

第十三编

BOLE SHIZHI

中国人民政治协商会议博乐市委员会

中共十一届三中全会后，政协博乐市（县）委员会按照新时期统一战线工作任务和要求，以马克思列宁主义、毛泽东思想、邓小平理论和“三个代表”重要思想为指导，高举社会主义和爱国主义旗帜，认真贯彻中央提出的“长期共存、互相监督、肝胆相照、荣辱与共”的方针，围绕团结和民主两大主题，不断提高履行“政治协商、民主监督、参政议政”的能力和水平。

政协博乐市委员会常委会、主席会针对每年工作任务和形势变化及时作出安排决策，审定工作要点，认真组织实施。组织政协博乐市委员会领导班子、政协委员、政协机关干部学习中国特色社会主义理论和党的路线方针政策及新时期党的统一战线理论，提高理论素质。制定和完善政协博乐市委员会和政协机关各项规章制度。召开政协博乐市委员会常委（扩大）会议，听取市人民政府领导或政府部门领导有关事项的通报，提出意见和建议。针对国计民生重大事项列出专题，组织委员进行调研，向市委、市人民政府提出书面意见和建议。加强政协委员提案工作，经审查立案将政协委员提案送相关部门办理，并监督提案办理情况，政协主要领导督促办理重要提案；政协博乐市委员会有重点地提出提案。走访政协委员，通过座谈会等形式了解社情民意。

1979—2006年，政协博乐市委员会在市委的正确领导下，围绕党的中心工作，通过提案等方式提出意见和建议，积极参与博乐市重大方针政策的协商和监督，逐步走向规范化、制度化、程序化，为博乐市改革开放、经济建设、维护社会稳定、推进社会主义民主政治建设作出了重要贡献。

第一章 政协博乐市（县）委员会

第一节 委员产生

政协委员必须承认和遵守《中国人民政治协商会议章程》。政协博乐市（县）委员会委员是按行政区域、阶层、民族成份千分之一人口比例挑选社会各界代表，按照界别分配名额，由单位提名，市（县）统战部考察推荐，市（县）政协常务委员会（简称政协常委会）协商决定，报市（县）委同意。

1979—2006年，博乐市（县）政协委员会历经八届市（县）委员会任期，先后召开政协博乐县第三届、政协博乐市第一届（第四届）、第二届、第三届、第四届、第五届、第六届委员会。历届委员会选举产生委员会组成人员，委员数有由第三届38人增加到市第六届90人。常委委员数由县第三届的10人增加到21人。

第二节 委员组成

一、政协博乐市（县）历届委员界别

政协博乐县第三届委员会有10个界别组成，政协博乐市第六届委员会有17个界别组成。

1980—2006年政协博乐市（县）历届委员会界别情况统计表

表13—1

界别	县三届	市一届	市二届	市三届	市四届	市五届	市六届
总数	10	14	14	20	18	17	17

续表 13-1

界别	县三届	市一届	市二届	市三届	市四届	市五届	市六届
中共党员	8	6	6	10	9	9	9
无党派爱国人士	1	10	10	–	–		
共青团		1	1	1	1	1	1
妇联界	4	2	2	1	1	2	2
文艺界	–	–	–	1	–	–	1
工会界	–	1	1	1	1	1	1
农牧民界	4	6	6	11	11	–	–
医药卫生界	1	3	3	2	3	3	3
科技界	1	7	7	11	3	4	4
工商界	2	6	6	7	4	6	7
少数民族人士界	8	8	8	4	4	–	–
宗教界	10	12	12	9	8	10	9
部落首领界	2	–	–	–	–	–	–
文化教育界	–	5	5	5	7	6	6
政法界	–	5	5	5	4	3	3
台属、归侨界	–	4	4	7	7	4	4
工人界	–	–	–	3	3	–	–
干部界	–	–	–	3	6	9	–
老干部界	–	–	–	2	–	–	–
个体手工界	–	–	–	1	–	–	–
企业界	–	–	–	1	–	10	–
起义投诚人员界	–	–	–	1	1	–	–
非党知识分子界	–	–	–	–	2	1	–
公交财贸界	–	–	–	–	11	–	–
社会福利界	–	–	–	–	–	1	1
农林牧界	–	–	–	–	–	18	24
农五师界	–	–	–	–	–	1	–
金融界	–	–	–	–	–	1	–
科协界	–	–	–	–	–	–	1
经济界	–	–	–	–	–	–	12
文化体育界	–	–	–	–	–	–	2

二、政协委员组成情况

政协博乐县第三届委员会有38名委员组成。其中，中共党员委员占22.5%，非中共人士占78.5%。政协博乐市第一届委员会有76名委员。其中，中共党员委员占22.37%，非中共人士占

77.63%。政协博乐市第二届委员会有 90 名委员。其中，中共党员委员占 40%，非中共人士占 60%。

政协博乐县第三届至博乐市第六届委员组成比例情况统计表

表 13—2

届次	县三届	市一届	市二届	市三届	市四届	市五届	市六届
委员总数（人）	38	76	86	86	86	90	90
中共党员（人）	–	17	–	–	33	37	–
占比（%）	21.5	22.37	34.88	39.53	38.37	41.11	40
非中共人士（人）	–	–	–	–	53	53	–
占比（%）	78.5	–	65.12	60.47	61.63	58.89	60
女委员（人）	–	–	–	10	12	–	21
占比（%）	10.53	–	–	11.63	13.95	–	23.33
大专以上（人）	–	–	–	15	20	38	50
占比（%）	–	–	–	17.44	23.26	42.22	55.56
中专（人）	–	–	–	21	18	13	–
占比（%）	–	–	–	24.41	20.93	14.44	–
高中（人）	–	–	–	11	12	9	–
占比（%）	–	–	–	12.79	13.95	10	–
初中（人）	–	–	–	23	19	25	–
占比（%）	–	–	–	26.74	22.09	27.78	–
小学（人）	–	–	–	15	17	5	–
占比（%）	–	–	–	17.44	19.77	5.56	–
文盲（人）	–	–	–	1	–	–	–
占比（%）	–	–	–	1.16	–	–	–

第三节 政协博乐市（县）委员会全体委员会议

政协博乐市（县）每年召开一次全体会议，并列席市（县）人民代表大会，共商大事要事。

一、政协博乐县第三届委员会会议

1980 年 6 月 20—26 日，政协博乐县第三届委员会第一次会议在博乐红旗饭店召开。出席会议的政协委员 37 人。会议完成各项议程。选举产生由 10 人组成的县政协第三届委员会常务委员会，其中主席 1 人、副主席 5 人。

政协博乐县第三届委员会任期为 1980 年 2 月—1983 年 3 月，召开例会 3 次。会议通过政治决议，要求全体政协委员在党中央的正确领导下，同心同德，团结一致，向着四个现代化目标奋勇前进。

二、政协博乐市第一届（县第四届）委员会会议

1984 年 8 月 21—25 日，政协博乐县第四届委员会第一次会议在博乐县党委四楼会议室召开。出席会议的政协委员 76 人。会议完成各项议程。选举产生由 14 人组成县政协第四届委员会常务委员会，其中主席 1 人、副主席 5 人。

1985 年 8 月 1—3 日，政协博乐县第四届委员会第二次会议改为政协博乐市第一届委员会第一次会议，政协委员、政协常委和政协主席职数保持不变。出席会议的政协委员 76 人。会议完成各项议程。

政协博乐市第一届（县第三届）委员会任期为1984年8月—1986年6月，会议通过政治决议，要求全体政协委员宣传和坚决执行党的民族区域自治法，坚持“汉族离不开少数民族，少数民族离不开汉族”的思想。树立各民族之间相互信任、互相尊重、互相支持、互相学习、互相谅解的新风尚，增进民族团结和促进博乐县各项建设事业的发展。

三、政协博乐市第二届委员会会议

1987年6月20—25日，政协博乐市第二届委员会第一次会议在博乐赛里木饭店召开。出席会议的政协委员86人。会议完成各项议程。选举产生由17人组成的市政协第二届委员会常务委员会，其中主席1人、副主席5人。

政协博乐市第二届委员会任期为1987年6月—1989年5月，召开例会3次。会议通过政治决议，要求全体政协委员继续发扬人民政协的光荣传统和“政治协商、民主监督”的作用，贯彻“肝胆相照、荣辱与共”的方针，为博乐市经济建设和精神文明建设，增强各民族的大团结、巩固和发展安定团结的政治局面而努力奋斗。

四、政协博乐市第三届委员会会议

1990年6月18—22日，政协博乐市第三届委员会第一次会议在博乐召开。出席会议的政协委员86人。会议完成各项议程。选举产生由17人组成的市政协第三届委员会常务委员会，其中主席1人、副主席5人。

政协博乐市第三届委员会任期为1990年6月—1992年3月，召开例会3次。会议通过政治决议，要求全体政协委员贯彻“以经济建设为中心，坚持四项基本原则，坚持改革开放”的基本路线和“稳定压倒一切”“长期共存、互相监督、肝胆相照、荣辱与共”的战略方针，执行《中共中央关于坚持和完善中国共产党领导的多党合作和政治协商制度的意见》《政协全国委员会关于政治协商、民主监督的暂行规定》，发挥政协的优势，做好调查研究工作；推动治理整顿、深化改革，密切同民主党派、人民团体、无党派爱国人士和各族各界人士的联系，团结一切可以团结的力量，同心同德，群策群力，自觉地、积极地服从和服务于经济建设，为实现国民经济和社会发展“八五计划”和十年规划的宏伟任务，为统一祖国、振兴祖国、振兴中华、振兴博乐而努力奋斗。

五、政协博乐市第四届委员会会议

1993年3月11—14日，政协博乐市第四届委员会第一次会议在博尔塔拉军分区招待所召开。参加会议的政协委员86人。会议完成各项议程。选举产生由17人组成的市政协第四届委员会常务委员会，其中主席1人、副主席4人。

政协博乐市第四届委员会任期为1993年3月—1997年2月，召开例会5次。会议通过政治决议，要求全体政协委员在市党委的带领下，贯彻执行党的“一个中心、两个基本点”基本路线；牢固树立“影响新疆稳定的主要危险来自民族分裂主义”的思想，高举爱国主义的伟大旗帜，坚持统一，反对分裂。履行“政治协商、民主监督和参政议政”职能，广泛团结各族各界人士，继续为博乐市工作大局服务；协助市党委、市政府实施“依托口岸、商贸启动、发展旅游、各业联动”的对外开放的战略方针，积极协助市党委和市政府处理好改革、发展、稳定的关系，增进民族团结，维护社会稳定。齐心协力为完成市人民政府提出的“九五”计划和2010年远景目标规划而努力扎实工作。

六、政协博乐市第五届委员会会议

1998年2月8—12日，政协博乐市第五届委员会第一次会议在博乐中亚大酒店召开。参加会议的政协委员90人。会议完成各项议程。选举产生由21人组成的市政协第五届委员会常务委员会，其中主席1人、副主席4人。

政协博乐市第五届委员会任期为1998年2月—2002年2月，召开例会5次。

会议通过政治决议，要求全体政协委员坚定不移地高举邓小平理论伟大旗帜，进一步巩固和发展爱国统一战线，不断推进“政治协商、民主监督和参政议政”的规范化、制度化建设，积极为博乐市社会主义物质文明、精神文明建设和社会政治稳定献计出力；进一步巩固和发展新时期爱国统一战线，调动一切可以调动的因素，团结一切可以团结的力量，为加快博乐市经济发展、维护社会稳定、促进社会全面进步做出新的贡献。

七、政协博乐市第六届委员会会议

2003 年 1 月 1—5 日，政协博乐市第六届委员会第一次会议在博乐中亚大酒店召开。参加会议的政协委员 90 人。会议完成各项议程。选举产生由 21 人组成的市政协第六届委员会常务委员会，其中主席 1 人、副主席 4 人。

政协博乐市第六届委员会任期为 2003 年 1 月—2007 年 2 月，至 2006 年 2 月召开例会 4 次。会议通过政治决议，要求全体政协委员在市党委的领导下，认真贯彻落实中共十六大精神，积极履行政协职能，牢固树立发展是第一要务的观点，紧紧围绕全面建设小康社会和实施西部大开发战略的重点问题，深入调查研究，积极建言献策，肩负起维护社会稳定的重要职责，充分发挥人民政协在反对民族分裂、维护社会稳定中的特殊作用，高举维护祖国统一和各民族大团结的旗帜，旗帜鲜明地站在反分裂斗争的第一线，共同做好维护社会政治稳定的各项工作。协助党委、政府把群众的利益维护好、实现好、发展好。树立和落实科学发展观，按照博乐市经济发展的思路，重视生态环境保护，加大小城镇建设，提升城市服务水平和大力发展旅游业；坚持以人为本，加快社会各项事业发展方面，围绕博乐市“城市优先发展、工业快速发展、农业稳步发展、社会协调发展”的总体思路，为完成博乐市 2006 年各项工作任务、实现“十一五”规划确定的发展目标贡献力量。

第二章 政协博乐市（县）委员会常务委员会

第一节 政协博乐市（县）常务委员会组成

1980—2006 年，政协博乐市（县）委员会共换届 8 次，选举产生政协县第三届、政协博乐市第一届（县第四届）、第二届、第三届、第四届、第五届、第六届政协博乐市（县）委员会常务委员会。

一、政协历届常务委员会组成

政协博乐县第三届委员会主席岳峰，副主席孙建发、柯克（蒙古族）、热木扎·阿西里巴依（哈萨克族）、吐尔逊买买提·哈斯木（维吾尔族）、库斯玛利亚·别尔地别克（哈萨克族），委员果木苏仁（蒙古族）、孔得空（女，蒙古族）、巴·俄特卡（蒙古族）、艾山穷·白克特（维吾尔族）组成政协县第三届委员会常务委员会。

政协博乐市一届（县第四届）委员会主席阿洪巴依·祖农（维吾尔族），副主席慕义、阿不都热合曼·齐拉音（哈萨克族）、吐尔逊买买提·哈斯木（维吾尔族）、张家鼎、巴·俄特卡（蒙古族），委员梁子兴、阿门巴依（蒙古族）、刘学登、玉素甫·木沙（维吾尔族）、库斯满（哈萨克族）、阿不力孜·毛拉买买提（维吾尔族）、果木苏仁（蒙古族）、哈力旦木（女，乌孜别克族）组成政协县第四届委员会常务委员会。1985 年 8 月 1—3 日，政协博乐县第四届委员会第二次会议改为政协博乐市第一届委员会第一次会议，政协常委和政协主席、副主席职数保持不变。

政协博乐市第二届委员会主席阿洪巴依·祖农（维吾尔族），副主席杨瑞生、兵巴（蒙古族）、钱司巴依·努尔拉木（哈萨克族）、蔡声吟（女）、阿不力孜·卡力（维吾尔族），委员木苏仁（蒙古族）、尼扎木库来西（维吾尔族）、吐呼达洪（维吾尔族）、艾白都拉买买提（维吾尔族）、阿不力孜汗（哈萨克族）、阿满巴依（蒙古族）、周汝忠、刘学登、艾海买提托乎地（维吾尔族）、洛苏理（蒙古族）、马永清（回族）组成政协市第二届委员会常务委员会。

政协博乐市第三届委员会主席加肯巴依·哈吉巴拉（哈萨克族），副主席杨瑞生、兵巴（蒙古族）、蔺烈、阿不力孜·卡力（维吾尔族）、阿不都热西提·库尔班（维吾尔族），委员阿不都热合曼（维吾尔族）、吐尔达洪（维吾尔族）、乔龙巴特（蒙古族）、艾白都拉买买提（维吾尔族）、阿不力孜汗（哈萨克族）、阿满巴依（蒙古族）、周汝忠、刘学登、艾海买提托乎地（维吾尔族）、洛苏里（蒙古族）、马永清（回族）组成政协市第三届委员会常务委员会。

政协博乐市第四届委员会主席加肯巴依·哈吉巴拉（哈萨克族），副主席蔺烈、阿不都热西提·库尔班（维吾尔族）、乔龙巴特（蒙古族）、阿不力孜·卡力（维吾尔族），委员员兵巴（蒙古族）、康学增、阿不力孜汗（哈萨克族）、靳玉和、刘学登、马永清（回族）、吐尔逊娜依·艾拜都拉（女，维吾尔族）、沙木（女，蒙古族）、阿肯别克（哈萨克族）、吴景昭、努尔买买提（维吾尔族）、苏小武当17人组成政协市第四届委员会常务委员会。

1998年2月8—12日，政协博乐市第五届委员会主席诺尕依·居玛汗（哈萨克族），副主席白庆文（蒙古族）、阿巴木·买买提（维吾尔族）、范茸（女）、阿不力孜·卡力（维吾尔族），委员图布霞（女，蒙古族）、道布拉（蒙古族）、钟宏金、靳玉和、欧阳春华（女）、钟继光、康学增、贾国强、鲁克亚·艾达洪（女、维吾尔族）、阿肯别克·白斯特克巴依（哈萨克族）、吐尔逊·努尔海（哈萨克族）、阿不力克木·阿吉（维吾尔族）、郭兰训、于连生（回族）、海里且木（女，维吾尔族）、阿不力米提·阿不都热依木（维吾尔族）组成政协市第五届委员会常务委员会。

政协博乐市第六届委员会主席沙依劳·哈布达西（哈萨克族），副主席白庆文（蒙古族）、亚生江·卡德尔（维吾尔族）、毛显琴（女）、阿不力孜·卡力（维吾尔族），委员李建勤、黄胜泉、魏永胜、崔新芳、徐洪福、古丽斯坦（女，维吾尔族）、图布霞（女，蒙古族）、欧阳春华（女）、如孜阿吉（维吾尔族）、山巴（蒙古族）、吐尔逊·努尔海（女，哈萨克族）、马飞（回族）、阿依西古丽（女，维吾尔族）、曹志强、茹先古丽（女，哈萨克族）、阿布力克木·阿吉（维吾尔族）组成政协市第六届委员会常务委员会。

政协博乐县第三届至博乐市第六届委员会主席名录

表13—3

姓名	职务	性别	族别	籍贯	出生	文化	工作	政治	任职起止时间
岳峰	主席	男	汉	甘肃渝中	1929.5	中专	1949.9	党员	1980.6—1984.8
阿洪巴依·祖农阿图什	主席	男	维吾尔	新疆	1934.1	初中	1952.4	党员	1984.8—1990.6
加肯巴依·哈吉巴拉	主席	男	哈萨克	新疆博乐	1937.11	中专	1956.8	党员	1990.6—1998.2
诺尕依·居玛汗	主席	男	哈萨克	新疆博乐	1944.2	中专	1960.7	党员	1998.2—2003.1
沙依劳·哈布达西	主席	男	哈萨克	新疆精河	1954.3	大专	1971.4	党员	2003.1—2006.12

政协博乐县第三届至博乐市第六届委员会副主席名录

表13—4

姓名	职务	性别	族别	籍贯	出生年月	文化程度	工作时间	政治面貌	任职起止时间
孙建发	副主席	男	汉	河北馆陶	1922.4	初中	1938.6	党员	1980.6—1984.8
柯克	副主席	男	蒙古	新疆博乐	1921.2	初中	–	–	1963.9—1984.8

续表 13-4

姓名	职务	性别	族别	籍贯	出生年月	文化程度	工作时间	政治面貌	任职起止时间
库斯玛利亚·别尔地别克	副主席	男	哈萨克	新疆博乐	1900	初中	–	–	1965.11—1982.11
热木扎·阿西里巴依	副主席	男	哈萨克	新疆塔城	1928	初中	1943.6	党员	1980.6—1984.8
吐尔逊买买提·哈斯木	副主席	男	维吾尔	新疆博乐	1922.5	初中	1951	–	1980.8—1987.6
慕义	副主席	男	汉	陕西关堡	1931.10	初中	1943.3	党员	1984.8—1987.6
阿不都热合曼·齐拉音	副主席	男	哈萨克	新疆博乐	1928	中专	1953.9	党员	1984.8—1987.6
张家鼎	副主席	男	汉	新疆阿克苏	1929.11	初中	1949.9	–	1984.8—1987.6
巴·俄特卡	副主席	男	蒙古	新疆博乐	1917	小学	–	–	1984.8—1987.6
杨瑞生	副主席	男	汉	山西阳城	1933.6	中专	1948.10	党员	1987.6—1993.3
兵巴	副主席	男	蒙古	新疆博乐	1934.5	高中	1952.9	党员	1987.6—1993.3
钱司巴依·努尔拉木	副主席	男	哈萨克	新疆特克斯县	1939.10	大学	1964.8	–	1987.6—1988.5
蔡声吟	副主席	女	汉	广东潮州	1935.4	大学	1965.10	党员	1987.6—1988.5
阿不力孜·卡力阿图什	副主席	男	维吾尔	新疆	1937.10	初中	–	–	1987.6—2006.12
蔺烈	副主席	男	汉	陕西蒲县	1941.7	大专	1963.8	–	1990.6—1998.2
阿不都热西提·库尔班	副主席	男	维吾尔	新疆博乐	1942.9	高中	1959.9	党员	1990.6—1998.2
乔龙巴特	副主席	男	蒙古	新疆博乐	1941.8	中专	1966.8	党员	1993.3—1998.2
白庆文	副主席	男	蒙古	内蒙古科左后旗	1952.2	中专	1970.8	党员	1998.2—2006.12
阿巴木·买买提阿图什	副主席	男	维吾尔	新疆	1950.5	中专	1968.8	党员	1998.2—2003.1
范茸	副主席	女	汉	湖南长沙	1949.10	大专	1969.2	–	1998.2—2003.1
亚生江·卡德尔	副主席	男	维吾尔	新疆阿图什	1951.8	大专	1969.9	党员	2003.1—2006.12
毛显琴	副主席	女	汉	山东莱芜	1961.12	大学	1981.7	–	2003.1—2006.12

二、工作机构

办公室　1983 年 3 月，政协博乐县委员会设立办公室，设编制 2 名，其中副主任 1 人、文秘 1 人。1990 年 9 月，政协博乐市委员会办公室设立主任职位。2006 年，政协博乐市委员会办公室编制 6 名，其中领导职数 2 个。

专门委员会 1984 年 8 月，政协博乐县第四届委员会第一次会议设立政协博乐市（县）委员会提案委员会、民族宗教法制工作组、文化教育卫生工作组；1998 年 2 月，政协博乐市五届一次会议研究决定设立民族宗教法制委员会、科教文卫体妇女儿童委员会、经济发展委员会。至 2006 年，政协博乐市委员会工作机构有 1 个办公室和 4 个专门工作委员会。自政协博乐县第四届委员会至政协博乐市委员会期间，提案委员会未设置副主任职位。

第二节 政协博乐市（县）委员会常务委员会会议

1979—2006 年，市（县）政协委员会常务委员会会议共召开 111 次。

政协博乐县第三届常务委员会会议未建立主席会议和常委会会议工作制度。

政协博乐县第四届常务委员会共召开会议 8 次。主要议题研究讨论政协农牧科技工作组、文化教育卫生工作组、工商财贸工作组、法制工作组、民族宗教工作组开展工作事宜；协商增设文史资料工作组事宜、修建县喇嘛庙事宜；听取提案处理及政协有关工作情况汇报；组织学习中央关于农村经济体制改革的方针政策等。

政协博乐市第一届常务委员会共召开会议 7 次。主要议题协商通过政协常委会每年工作要点；组织学习中共十二届三中、四中、五中全会精神和全国、自治区政协会议精神；协商通过政协博乐市全委会议程、日程，常委会工作报告和提案工作报告等。

政协博乐市第二届常务委员会共召开会议 21 次。主要议题协商通过每年度政协常委会工作要点；审议通过政协博乐市第二届历次全委会议程、日程，常委会工作报告和提案工作报告等；组织学习中共十三届三中、四中、五中、六中全会精神；听取市政府领导关于农牧生产、粮畜收购、计划生育等工作的通报，并提出意见和建议。

政协博乐市第三届常务委员会共召开会议 14 次。主要议题就博乐市政治体制改革、经济体制改革、十年规划、“八五”计划等重大问题进行充分协商，体现协商于决策之前。

政协博乐市第四届常务委员会共召开会议 21 次。主要议题就博乐市政治体制改革、经济体制改革、经济建设、社会稳定、“九五”计划、2010 年远景目标规划等重大问题进行充分协商，提出意见和建议。

政协博乐市第五届常务委员会共召开会议 20 次。主要议题就农业结构调整、畜牧业发展、发展非公有制经济、城市基础设施建设、生态环境保护、科教兴市等重要问题进行协商讨论，向市党委、市人民政府提出意见和建议 63 条。

政协博乐市第六届常务委员会共召开会议 19 次。主要议题就博乐市“十一五”规划、农业产业结构调整、畜牧业发展、环境保护、文化教育、宗教场所管理等 29 个问题进行专题协商，以会议纪要等形式向市党委、市人民政府提出意见和建议 149 条，大部分意见和建议得到市党委、市人民政府重视和采纳，为党政民主科学决策提供依据。

第三节 政协市（县）委员会主席会议

政协博乐市委员会主席会议由主席、副主席、办公室主任组成。其职权和议事范围主要有决定召开市（县）政协常委会会议的日期、议程、提交常委会审议的文件和以政协名义召开的工作会议；在市（县）政协常委会闭会期间，听取有关部门情况通报，提出意见和建议；处理市（县）政协常委会的重要会务工作；初步审议提请市（县）政协常委会审议的议案和文件；协商和讨论市（县）委、市（县）政府的重大工作部署以及群众普遍关心的重要问题，提出建议和意见，并进行民主监督；审查以政协名义向市（县）委、市（县）政府提出的重要议案；审议以政协名义向市（县）委上报的文件；讨论决定政协委员视察、参观和调查等重要活动；审议各专门委员会的年度工作计划；讨论研究政协机关的重要工作；其他需要主席会议讨论的问题。

政协博乐县第三届任期内，未建立主席会议制度。

政协博乐县第四届任期内，召开主席会议 6 次。主要议题有讨论和确定正、副主席分工；协商每年度常委会需开展的主要工作；对文史资料工作提出目标和任务；对兄弟县市政协来博学习考察的接待工作作出具体规定。

政协博乐市第一届任期内，召开主席会议 26 次。主要议题有研究调整主席分工；研究整党工作中政协需整改的重点；研究对政协委员节前慰问事宜；安排每一年度的政协全委会工作。

政协博乐市第二届任期内，召开主席会议 35 次。主要议题有各年度常委会工作要点；文史资料工作；提案办理事宜；商议全委会召开前的准备工作；研究讨论蔡声吟等五位遇难同志的善后处理事宜。

政协博乐市第三届任期内，召开主席会议 33 次。主要议题有就年度常委会工作要点、人事安排、政协各项制度的修改完善、市政协三届历次全委会召开等事宜进行协商讨论。

政协博乐市第四届任期内，召开主席会议 25 次。主要议题有围绕市党委工作中心部署年度政协工作；讨论政协征集蒙古族文史资料工作；研究市政协四届历次全委会召开有关事宜；就开展各项调研视察活动进行研究。

政协博乐市第五届任期内，召开主席会议 22 次。主要议题对年度工作要点进行讨论；研究确定每项调研视察工作的时间、事项；听取机关财务收支情况报告；研究市政协五届历次全委会的准备工作。

政协博乐市第六届任期内，召开主席会议 21 次。主要议题有研究确定各专委会各年度调研视察的重点课题；研究确定每项调研视察工作的时间；就召开常委会准备事宜进行研究；就六届政协各次全委会召开前的准备工作进行研究。

1980—2006 年，政协博乐市（县）委员会主席会议共召开 168 次。

第三章　主要工作

第一节　政治协商

政协博乐县第三届至博乐市第六届委员会在党中央的正确领导下，贯彻落实《中共中央关于坚持和完善中国共产党领导的多党合作和政治协商制度的意见》，政协博乐市（县）全面落实中央对新疆工作的重要指示，对博乐市（县）的大政方针和重要问题在决策之前或决策执行过程中的重要问题进行协商，涉及治理整顿、经济建设、经济体制和机构人事改革、医疗卫生体制改革、国民经济计划、民主政治、法治建设、民族团结、小康建设、维护稳定、社会事业发展、精神文明建设、加大改革开放力度等重大问题，在全体委员会、常委会、主席会议、专委会、协商座谈会、各专门委员会与相关职能部门专题协商或对口协商。列席人代会提出提案。定期召开专题协商研讨会邀请党政领导和相关部门负责人向委员通报情况，让委员充分了解相关情况，充分发表看法。向市委、市政府提出意见和建议 261 项反映民意，提出建议，与党政领导共商解决。

第二节　民主监督

政协博乐县第三届至博乐市第六届委员会民主监督涉及党的建设、廉政建设、法制建设、经济建设、社会稳定、精神文明建设和社会建设等各个方面。政协委员列席历届人代会，听取政府工作报告以及法院、检察院、计划、财政工作报告，组织开展讨论、提出意见建议；对牧民生活、牧区牲畜折价归户、牲畜越冬度春、黄牛改良、粮食征购、林业发展及民族团结等社会各类情况实施民主监督，写出《关于甜菜种植收购中存在的问题及群众意见》《博乐市牧区牧民定居半定居的调查报告》《关于考察博乐市小康示范村工程建设的情况报告》《关于对喜事、丧事铺张浪费、大操大办问题的调查报告》等专题调研报告39份、调研意见和建议49项，提交市党委、政府；主要意见和建议被采纳并实施。

市政协主席应邀参加市委每年民主生活会，主席列席市委民主生活会。组织政协委员对行业、部门、乡镇、企业调研，实施民主监督；举荐政协委员担任特邀监察员、纠纷评议员，实施民主监督。政协委员深入各乡镇清真寺向各族群众宣传“增进民族团结、反对分裂、维护稳定”、民族宗教政策；协助乡镇党委、政府做好各项工作，参与民主监督。

第三节　参政议政

一、提案办理

1984年，政协博乐县第四届委员会第一次会议设立提案工作委员会，使提案工作逐步走向制度化、规范化轨道。政协提案工作一般经过征集、立案、交办、催办、回复、检查、汇总7道程序。

政协县第四届委员会至市第二届委员会期间，共收到政协委员提案571件，内容涉及农业、牧业、工业、城市建设、党政、文化、教育、卫生、科技、宗教、法制、人事、民政、交通等15个方面。经审查立案495件，共办复484办复率97.77%。

博乐市政协第三届委员会期间，共收到政协委员提案218件。经审查立案209件，其中文教、卫生、科技方面的24件，占提案总数的11.48%；市政建设、交通运输、工商税务方面的41件，占提案总数的19.62%；公检法、劳动人事、供销、民政、物价、财政方面的38件，占提案总数的18.18%；民族宗教方面的8件，占提案总数的3.83%；农、林、牧、水方面的40件，占提案总数的19.14%；人大、政协工作方面的5件，占提案总数的2.39%；党政方面的39件，占提案总数的18.66%；其他方面的14件，占提案总数的6.70%。共办复209件，办复率100%。

博乐市政协第四届委员会期间，共收到政协委员提案316件。经审查立案314件，其中财政、经济、企业方面的26件，占提案总数的8.28%；农、林、牧、水电、土地方面的96件，占提案总数的30.57%；城建、交通运输、物价、工商方面的53件，占提案总数的16.88%；文教、卫生、科技方面的56件，占提案总数的17.83%；政协、统战、宗教、法律、社会治安、政策、群众生活方面的47件，占提案总数的14.97%；其他方面的36件，占提案总数的11.46%。共办复314件，办复率100%。

博乐市政协第五届委员会期间，共收到政协委员提案377件。经审查立案354件，其中经济建设类提案154件，占立案总数的43.50%；科、教、文、卫类提案84件，占立案总数的23.73%；政策、法规类提案116件，占立案总数的32.77%。共办复354件，办复率100%。

博乐市政协第六届委员会期间，共收到政协委员提案361件。经审查立案287件，其中经济建设方面的 119 件，占立案总数的 41.5%；统一战线、政策法规、群众生活等方面的提案 94 件，占立案总数的 32.8%；科学、教育、文化、卫生等方面的提案 74 件，占立案总数的 25.7%。共办复 287 件，办复率 100%。

二、专题调研

博乐市（县）政协每年组织政协委员到农村、牧区、机关、企事业单位进行专题调研，并以书面形式向市（县）党委、市（县）人民政府提出意见和建议。

1979—1983 年，博乐县政协调研和视察工作未规范化。

政协博乐市第一届（县四届）常务委员会组织部分政协委员先后到市防疫站、市一中等 11 个单位，就文教、卫生系统改革工作的进展情况进行视察；先后 3 次到牧区、学校、工厂、林场，就牧民生活情况、牧区牲畜折价归户情况、牲畜越冬度春情况、黄牛改良情况、企业体制改革情况，林业发展情况及民族团结情况进行视察和专题调研，向市委、市政府提出意见和建议。

政协博乐市二届常务委员会组织政协委员先后就全市粮食种植计划落实情况、乡镇小麦征收情况、水稻棉花生产情况、条田林网化情况、有机肥使用情况、农村承包合同提留兑现情况、粮食征购情况、博河两岸环境治理情况、牧区牲畜折价归户后的生产情况、乡镇场所属敬老院情况、市民政局所属福利厂情况、农牧区扶贫以及部分乡村农民饮水情况进行视察和专题调研，并向市委、市政府提交专题调查报告 8 份，主要意见和建议被采纳。

政协博乐市三届委员会专门委员会组织部分政协委员先后 10 次就牲畜越春防病、甜菜种植销售、中小学校教育和捐资助教款使用、4 个乡镇企业的基本情况等存在的问题进行视察和专题调研，向市委、市政府提交调研报告 7 份，其中专题报告《关于甜菜种植收购中存在的问题及群众意见》1 份，主要意见和建议被采纳。

政协博乐市第四届常务委员会组织政协委员就牧区牧民定居半定居工程、农区养殖业发展现状、甜农交售甜菜难、小康工程建设、喜丧事大操大办、文化市场管理情况等问题进行视察和专题调研，向市委、市政府提交专题报告《博乐市牧区牧民定居半定居的调查报告》《关于考察博乐市小康示范村工程建设的情况报告》《关于对喜事、丧事铺张浪费、大操大办问题的调查报告》；写出《关于在博乐市以西建立甜菜收购点的议案》《关于禁止未成年人进入游戏厅的建议》《关于在市区建设读报栏的建议》，意见和建议被采纳实施。

政协博乐市第五届常务委员会组织部分政协委员先后就全市非公有制经济发展、医疗卫生制度改革、农村合作医疗实施、药品市场管理、种植业结构调整、农区养殖业发展、畜牧业生产发展、环保绿化、“四五”普法和依法治、土地资源利用及管理、小营盘镇、青得里乡中小学生辍学和帮扶贫困学生返校等情况、《博尔塔拉蒙古自治州水费计收和使用管理办法》和市委、市政府《关于发展和壮大非公有制经济的决定》的落实情况、《博乐市国民经济和社会发展第十个五年规划》第一年执行情况进行视察和专题调研。针对存在的问题谏言献策，提出 16 条意见和建议，为市委、市政府政决策提供依据。

政协博乐市第六届常务委员会组织部分政协委员先后就市教学新课程改革、农村教育、民营经济发展环境、非公有制经济发展、“牧业兴市、乳业强市”战略实施、城市建设、新农村建设、农业经济发展、畜牧业发展、新型农牧区合作医疗、城市最低生活保障、医药市场管理、食品卫生、全市农村文化阵地建设、贯彻落实《宗教事务条例》、宗教场所管理、环境保护等情况进行视察和专题调研，向市委、市政府提出建议、意见 20 条，主要意见和建议被采纳。其中，2004 年，博乐市组织部分政协委员赴昌吉市、石河子市、阜康市、呼图壁县学习考察工业园区建设、非公有制经济发展，养殖业发展等方面的先进管理经验，市委、市政府采纳政协委员《关于加快博乐市工业园区建设的建议》。

第四节 文史资料征集与编纂

1985年，博乐市政协成立《博乐市政协志》编纂小组。编纂小组制定《市政协志编写计划》、确定篇目框架，收集整理资料。1986年下半年，完成《博乐市政协志》审稿、定稿工作。

1995年，政协博乐市第四届常委会成立蒙古族文史资料征集领导小组，编撰《博乐市蒙古族喇嘛教和宗教知名人士》并定稿；1996年，编撰《蒙古族专辑》，1997年6月印刷出版。

2006年，博乐市政协成立《博尔塔拉蒙古自治州政协志·博乐市政协志》编纂领导小组，同年完成博乐市政协志的编撰工作。

第五节 联系委员

一、走访和慰问

政协博乐市委员会重视对政协委员、离退休老干部的走访慰问工作，不断建立完善主席联系常委、常委联系委员制度，加强与政协委员的联系，了解政协委员生活、生产及履职情况。坚持每年古尔邦节、春节前对机关离退休老干部进行慰问，并积极征求老干部对改进政协工作的意见和建议，不断提高服务质量和水平。

二、联系活动

政协博乐市（县）历届委员会，乡镇场政协委员按照属地管理原则，由当地党委联系委员参与政协学习、考察、调研、视察、民主协商、参政议政活动；机关企事业单位委员根据界别划分到相应的政协专门委员会，由各专门委员会负责联系参与考察、调研、视察活动。1989年，博乐市乡镇场建立政协联络组。到2006年，市历届政协常委会坚持由政协主席或副主席每年参加乡镇场政协联络组会议2次，推动基层联络组工作领域不断拓宽，活动形式和内容不断丰富。坚持以会代培形式加强各乡（镇、场）政协联络组组长的业务培训，坚持乡镇场政协联络组组长每年列席市政协第一季度常委会，学习全国“两会”精神，通报市党委、市政府的重要工作部署，通报市政协常委会年度工作安排。2005年始，市政协坚持每年出资为乡镇场政协联络组订购《亚洲中心时报》。

1989年始，博乐市乡（镇、场）政协联络组坚持定期向政协委员通报本地区经济社会发展情况，组织政协委员列席乡镇人代会、参加农牧业观摩会、现场会等，传达学习全国政协、自治区及博州政协会议精神，为政协委员知情参政创造条件。

三、参观学习

2000—2006年，市政协先后2次组织乡（镇、场）政协联络组组长前往南北疆兄弟县市政协学习考察。政协联络组组织政协委员到霍尔果斯口岸学习考察。

政协博乐市常委会领导班子组织政协委员外出学习考察，学习兄弟县市政协在服务经济社会发展方面好的做法和经验，开阔政协委员视野，增强政协委员履职积极性。同时，做好兄弟县市政协到博乐学习考察的接待工作，互相交流工作经验，宣传博乐市经济社会发展成效，介绍博乐市招商引资优惠政策，提升博乐市对外形象。

第十四编

BOLE SHIZHI

社会团体

中共十一届三中全会后，博乐市（县）工会、共青团、妇联、工商业联合会相继恢复和健全，成立科学技术协会、个体劳动者协会、消费者协会、残疾人联合会、红十字会等社会团体。博乐市（县）社会团体在改革开放和现代化建设进程中，在市委、市政府的领导下，依据各自章程，不断加强自身建设，积极履行职能，为博乐市政治、经济建设和社会进步发挥积极作用。

第一章 工 会

第一节 机 构

一、博乐市（县）总工会

1980年5月，博乐县总工会主任改称主席。1985年，市总工会编制4名，其中领导职数2个。2002—2006年，博乐市总工会编制10名，其中领导职数3个。下设女职工委员会、困难职工帮扶中心。

二、基层工会

1980年，博乐县基层工会有12个。1985年，市（县）基层工会有33个，其中建立职工之家8个。1993—1999年，国有企业全面改制，一部分工会组织撤销。2000年，按照全国总工会提出的“哪里有职工，哪里就要组织工会”和“最大限度地把职工组织到工会中来”要求，博乐市基层工会136个，其中建成合格职工之家126个，州级模范职工之家21个，区级模范职工之家1个。2001年，组建女职工委员会（小组）149个。2006年，博乐市有基层工会211个。建成市级模范职工之家123个，模范职工小家17个；州级模范职工之家73个，模范职工小家11个；区级模范职工之家2个，区级教职工之家2个，区级职工之家标兵1个。

第二节 代表大会

博乐市（县）总工会组织成员由工人代表大会选举产生，每届任期5年。1980—2006年，市（县）总工会先后召开5次工人代表大会，选举产生6届总工会委员会和常务委员会。

一、博乐县总工会第一次会员代表大会

博乐县总工会第一届委员会未进行选举，由1974年11月产生的博乐县总工会继续履职。1980年5月，博乐县总工会“主任”改称“主席”。

二、博乐县总工会第二次会员代表大会

1985年1月12日，在博乐县城镇召开，历时5天。出席大会的代表65人。大会听取和审议第一届工会委员会工作报告。选举产生总工会第二届委员会委员13人、常委7人，选举主席1人、副主席1人。1985年9月，博乐县总工会改称为博乐市总工会。

三、博乐市总工会第一次会员代表大会

1989年4月25—26日，在博乐市区召开。大会选举产生由10人组成的博乐市总工会第一届委员会，选举主席1人、副主席2人。

四、博乐市总工会第二次会员代表大会

1994年11月28日，在博乐市召开，历时3天。出席大会的代表75人。大会听取和审议第一届工会委员会工作报告，选举产生博乐市总工会第二届委员会委员15人，常委7人。选举主席1人、副主席1人。

五、博乐市总工会第三次会员代表大会

1999年9月6日，在博乐市召开，历时3天。出席大会的代表114人。大会听取和审议第二届工会委员会工作报告，选举产生博乐市总工会第三届委员会委员15人，常委7人；选举主席1人、副主席1人。

2004年5月，市总工会召开三届八次常委扩大会议，选举市总工会第三届女职工委员会主任1人。

六、博乐市总工会第四次会员代表大会

2006年9月，在博乐市召开。大会听取和审议第三届工会委员会工作报告，选举产生博乐市总工会第四届委员会。选举主席1人、副主席1人。

第三节　主要工作

一、参与民主管理

1992年，博乐市总工会按照《中华人民共和国工会法》，参与社会民主管理；2005年，建立定期向市委汇报工作制度；2006年，全市140家单位建立职代会制度。

二、“送温暖”工程

1979—1984年，博乐县总工会每年对企业的劳动模范、困难户等进行慰问，了解生活、工作情况。1985—2006年，博乐市总工会在开展“送温暖”活动中，慰问困难职工2 500余人次，发放慰问金36万元。市总工会每年“六一”儿童节走访慰问儿童、教师。从2003年起，市总工会开展“金秋助学”活动，捐助困难大学生。2005年，为下岗职工、特困职工子女就学补助12 800元。

三、维护职工权益

职工权益　1979—2006年，博乐市（县）总工会每年协助市劳动人事等部门开展职工安全生产、文明施工和劳动保护等宣传教育。举办安全生产知识竞赛，安全生产知识讲座。对全市16个单位27座锅炉房岗位制度、安全措施、消防设备等检查。组织6个企业参加“掌握安全知识 争做遵章守纪职工”竞赛活动。2000—2006年，规范企事业单位职工用工合同，维护职工（含农民工）的合法权益，在企业中通过平等协商签订劳动、安全、卫生集体合同24家；签订集体合同和工资集体协议45家；续签率85%。

女职工维权　1991年以来，维护女职工合法权益和特有权益。对女职工经期、孕期、产期、哺乳期保护情况开展重点检查，开展健康知识、妇科病普查。至2006年，女职工权益保护专项集体合同签订率90%以上，合同兑现率95%以上。

四、下岗职工培训

1993—1997年，博乐市总工会参与市粮食局、供销社及博州移交的6家公司和4家企业改制、处理职工安置工作。为下岗失业人员进行登记、建立档案。下岗职工增多，就业困难。1998年，市总工会鼓励下岗职工“自谋职业、自主创业”，协同市工商局培训5期300余人再就业培训班，其中53人获得再就业。2002年12月，博乐市困难职工帮扶中心制定3年内实现下岗失业人员就业再就业的工作目标，对下岗失业人员实行就业援助、生活困难援助、职业培训援助和法律咨询援助。2003—2005年，

协助政府有关部门组织下岗失业人员培训 889 人次，为 436 名下岗失业人员提供职业介绍服务，帮助 535 名困难职工、下岗失业人员实现再就业。配合劳动人事部门为 670 名下岗失业人员发放失业救济金、再就业优惠证。

五、劳动竞赛

1979—1984 年，博乐县总工会在国有集体企业开展争创先进集体、先进个人和劳动模范活动。1987—1999 年，以"六赛六比创一流"为主题的劳动竞赛中，博乐市各民职工提出合理化建议 1 801 件，创造（节能）价值 1 874.91 万元。市棉纺厂开展"繁荣经济 振兴博棉"的劳动竞赛活动，创经济效益 20 万元。2000—2006 年，博乐市建立劳动竞赛委员会（小组）38 个。全市基层工会配合企业开展群众性劳动竞赛，创经济效益 391.2 万元。各级女职工 2.4 万人参加持续开展"女职工双文明建功立业"竞赛活动。

六、职工文体活动

1979 以来，博乐市（县）总工会举办庆"五一"职工歌曲大赛、《青春者之歌》职工文艺会演，健美操、广播体操比赛等；利用节庆日，结合博乐市重大活动开展职工各类文体活动，主要有球赛、诗歌朗诵会、联谊会、演讲会、冬季长跑比赛、智力竞赛等活动。参赛单位 459 个次，歌手 1 302 人次；参赛职工 7 082 人次，"职工之家"建有图书室、阅览室、游艺室、篮球场。2006 年，博乐市总工会组织女职工代表队 33 人，参加博州保龄球比赛。在西部文化广场举办庆"五一"活动、"六一"少儿文艺会演和"树立小公民意识，树立社会主义荣辱观，争做合格小公民"万人签名活动。

第二章　共青团

第一节　机　构

一、博乐市（县）团委

1979 年至 1994 年 2 月，中国共产主义青年团博乐市（县）委员会设副书记 2 人。1994 年 3 月，中国共产主义青年团博乐市委员会设书记 1 人、副书记 1 人。2002—2006 年，中国共产主义青年团博乐市委员会编制 6 名，其中领导职数 2 个。

二、基层团组织

1979 年，博乐县共设基层团委 7 个、团总支 37 个、团支部 189 个。2006 年，设基层团委 20 个、团总支 19 个、团支部 399 个。

1979—2006 年博乐市（县）团组织、团员情况一览表

表 14-1　　单位：个、人

年份	基层团委	团总支	团支部	青年	团员	当年发展新团员	推优入党
1979	7	37	189	7 305	2 110	414	27
1980	7	37	195	9 939	2 422	455	15
1981	7	37	223	11 561	2 579	219	19
1982	7	–	226	11 587	2 701	421	9

续表 14-1

年份	基层团委	团总支	团支部	青年	团员	当年发展新团员	推优入党
1983	7	49	250	12 991	2 343	425	1
1984	7	38	233	12 990	3 069	450	9
1985	9	23	235	11 643	3 353	441	8
1986	8	14	247	14 698	3 469	814	22
1987	8	15	227	17 650	4 070	666	35
1988	8	21	246	18 359	4 153	661	23
1989	10	14	278	15 173	3 316	866	23
1990	11	27	302	17 923	4 824	1 031	65
1991	12	17	305	17 193	4 603	844	73
1992	12	21	366	17 489	4 895	898	61
1993	15	20	359	20 969	5 453	981	61
1994	15	14	312	18 669	5 272	885	48
1995	15	14	322	18 325	4 621	1 045	70
1996	15	16	357	19 526	5 354	1 253	73
1997	15	11	363	22 398	7 205	1 523	77
1998	16	10	383	17 677	7 062	1 413	99
1999	16	15	362	21 326	7 099	1 464	289
2000	16	15	379	22 107	7 213	1 431	161
2001	16	15	381	21 950	7 380	1 415	133
2002	17	15	386	22 523	7 568	1 563	104
2003	20	17	381	22 890	7 811	1 753	83
2004	20	17	381	26 800	8 116	1 023	77
2005	20	17	384	26 477	8 342	1 110	73
2006	20	19	399	26 534	8 367	1 121	71

第二节 代表大会

1979—2006年，博乐市（县）共召开6次共青团代表大会。

一、共青团博乐县第七次代表大会

1979年4月5日，中国共产主义青年团博乐县第七次代表大会召开，出席大会正式代表257人。大会选举产生中国共产主义青年团博乐县第七届委员会，当选副书记1人。

二、共青团博乐县第八次代表大会

1982年7月26日，在博乐县召开，出席大会代表230人，列席代表10人。会议听取和审议共青团博乐县第七届委员会报告。大会选举产生中国共产主义青年团博乐县第八届委员会，选副书记1人。1985年9月，中国共产主义青年团博乐县委员会改称为中国共产主义青年团博乐市委员会。

三、共青团博乐市第一次代表大会

1986年6月11—12日，在博乐市召开，出席大会正式代表183人，列席代表10人。会议听取和审议共青团博乐县第八届委员会报告。选举产生由17人组成的中国共产主义青年团博乐市第一届委员会17人，选举副书记1人。

四、共青团博乐市第二次代表大会

1994年3月15—16日，在博乐市召开，出席大会正式代表110人。会议听取和审议共青团博乐市第一届委员会报告。大会选举产生中国共产主义青年团博乐市第二届委员会，选举书记、副书记各1人。

五、共青团博乐市第三次代表大会

1999年8月3—31日，在博乐市召开，出席大会正式代表95人，列席代表24人，特邀代表15人。会议听取和审议共青团博乐市第二届委员会报告。大会选举产生中国共产主义青年团博乐市第三届委员会，选举书记、副书记各1人。

六、共青团博乐市第四次代表大会

2004年1月13—14日，在博乐市召开，出席大会正式代表100人。会议听取和审议共青团博乐市第三届委员会报告。大会选举产生中国共产主义青年团博乐市第四届委员会，选举书记、副书记各1人。

第三节 主要工作与活动

一、思想政治教育

1979以来年，博乐市（县）团委组织以培养“四有青年”为目标，加强自身建设。学习中共十一届三中全会精神、中共十二大精神等；组织老山前线英模事迹报告会2场，播放英模事迹录音报告27场，听众6 000多人次。1992年，市团委将每年4月定为青年团员学理论月。市团委举办团干部培训班，109人参加学习“三个代表”重要思想、邓小平理论、民族宗教的相关知识。全市各级团组织开展《公民道德建设实施纲要》宣传6 800余人次；开展以“创造新业绩 迎接十六大”为主题的板报比赛和保持共青团员先进性教育活动。2006年，全市各族青少年学习胡锦涛总书记关于社会主义荣辱观的重要论述。开展军民共建为主题的大团日活动，举办民族团结专题演讲会、党团知识爱党学史知识竞赛、学赖宁做党的好孩子读书征文比赛、纪念毛泽东同志诞辰100周年系列活动、“朱军同学舍己救人好少年”命名暨演讲会等活动。在“五四”“六一”“一二·九”等节日、纪念日前夕，市团委、少工委组织青少年举行入团、入队宣誓仪式，进行爱国主义教育和思想品德教育。

二、文化、科技、体育活动

1980年，博乐县团委与教育局、体委、总工会联合举办博乐县小学生小足球比赛，青年男子篮球比赛，参赛人员250余人。20世纪80年代，举办成人高考补习班、青年集体舞蹈训练班、家用电器学习班、吉他学习班共8期，参加学员307人。1991—2006年，博乐市团组织利用板报、墙报、宣传栏、知识竞赛等形式宣传《中华人民共和国未成年人保护法》，学习新疆历史。举办迎五四职工文艺会演、“学保尔精神 投身西部开发 做新时期优秀共青团员”主题教育诗歌大赛、国际标准舞培训班、“国税杯”少儿英语大赛、“中国人寿杯”青年歌手大奖赛。在博乐市二中举行青少年计算机现代网络知识教育基地揭牌仪式；组织全市青少年向西部乡村流动图书车捐书1.3万余本。

三、青年志愿者活动

1985年，博乐县各族青少年团员为边防战士制作衬领733条。1986年，市团委组织市直机关、学校青年团员780人，利用星期天时间在北京桥地段植树400多棵。1990—1997年，学雷锋活动日期间，各团支部开展“学雷锋、树新风，便民为民服务”“学雷锋 献真情”“迎新春青年志愿者学雷锋”“讲文明 树新风”活动。青年团员1 478人次参加志愿者服务活动。2000年，博乐市志愿者协会成立。2003年中国青年志愿者服务日，1 000余名青年志愿者在博乐大酒店门前举行宣誓仪式。全市志愿者服务队362人和近2万名志愿者在社区、街道、农村开展“从小事做起 保护母亲河”“绿色的憧憬 我们的家园”“学雷锋 实践先进性 构建和谐社会”“实践团员先进性”为主题的志愿服务活动。2006年，首批西部计划大学生志愿者抵达博乐市开展志愿服务活动。

四、参与经济建设

1984年，博乐县团委建立“青年之家”91个，创建植树青年专业户29户。至2006年，在全市开展创建“青年文明号”“青年岗位能手”竞赛活动。表彰青年致富能手25人、青年岗位技术能手19人岗位能手52人及2个优秀青年班组。其中1995年，市棉纺厂获自治区“建功成材育人杯竞赛活动”先进企业团委。市团委建立中青科技致富网地方工作站。组织市级“青年文明号”集体开展“青年文明号三下乡”活动。实施“市农村青年沼气示范村”建设。

五、少先队工作

1980年，博乐县有少年儿童16 902人，少先队员5 543人，专职和兼职辅导员178人。至2006年，博乐市6—14周岁少年儿童共有21 478人，少先队员11 946人，少先队工作干部2人，总辅导员2人，大队辅导员44人，中队辅导员480人。自1986年以来，每年学雷锋活动日期间，市团委与学校利用星期天时间组织少先队员2 100多人次，协助交通大队宣传交通规则，维持交通秩序。开展义务打扫卫生、到敬老院献爱心活动。与市教育局、妇联、文体局联合举办庆“六一”、“博乐市少年北京夏令营”、“博乐市雏鹰争章”、“祖国发展我成长”主题教育等活动。推选少先队辅导员17人参加自治区少工委少先队辅导员培训班。组织市少先队辅导员13人观摩市一小主题中队队会演示课；集中学习和讨论《少先队辅导员工作纲要》，组织13个少先队开展20多项素质教育活动。2003年，市一小六年级学生古孜努尔被评为全国“十佳少先队员”。2006年，少工委在市一小召开少先队工作现场会。

六、希望工程

1993年，博州团委、市团委在博华商品展销中心门前组织“希望工程”爱心券首发式；1994年，市团委与市委宣传部、教育局联合举办“为了明天希望工程义演”活动，收到捐款3 000余元全部用于教育。1996年，在“希望工程1+1”助学活动中市直机关单位团支部捐款5 300多元资助20名辍学儿童重返校园。2002年，中粮可口可乐有限公司、可口可乐（中国）公司捐资20万元在阿热勒托哈牧场兴建全疆第一所希望小学，2003年6月竣工。2006年，成立博乐市希望工程领导小组和监察工作组。

第三章　妇女联合会

第一节　组织机构

一、博乐市（县）妇联

1979年，博乐县妇联设主任1人、副主任1人。2002—2006年，博乐市妇联编制4名，其中领导职数2个。

二、基层妇女组织

1984年，博乐县妇联1个，公社妇联1个，街道妇联6个。1994年，博乐市妇联1个、乡镇妇联6个，城市妇代会44个、村妇代会135个、市直机关及事业单位妇委会10个。2006年，博乐市乡镇场、街道妇联10个，社区妇委会14个，村妇代会146个，市直属机关、事业单位妇委会112个，私营企业妇委会3个。

第二节　代表大会

一、博乐县第四次妇女代表大会

1980年1月31日，在博乐县召开，历时3天。出席大会正式代表197人。会议听取和审议第三届妇女联合会执行委员会工作报告。大会选举产生博乐县妇女联合会第四届执行委员会。选举主任1人，选举副主任2人。

二、博乐县第五次妇女代表大会

1985年6月，在博乐县召开，历时3天。出席大会正式代表110人，列席代表10人，特邀代表3人。会议听取和审议第四届妇女联合会执行委员会工作报告。大会选举产生博乐县妇女联合会第五届执行委员会。选举主任1人，选举副主任2人。

三、博乐市第一次妇女代表大会

1991年10月，在博乐市召开，会议历时3天。出席大会的正式代表87人，列席代表10人。会议听取和审议第五届博乐县妇女联合会执行委员会工作报告。大会选举产生博乐市妇女联合会第一届执行委员会。选举主任1人，选举副主任1人。

四、博乐市第二次妇女代表大会

1999年11月9日，在博乐市召开，历时2天。出席会议正式代表68人，列席代表28人，特邀代表3名。会议听取和审议第一届博乐市妇女联合会执行委员会工作报告。大会选举产生博乐市妇女联合会第二届执行委员会。选举主席1人，选举副主席1人。

第三节　主要工作与活动

一、“三学三比”活动

1989—2006年，博乐市妇联在全市妇女中开展“学政治、学文化、学技术、比民族团结、比成绩、比贡献”活动（简称“三学三比”活动）。“三学三比”活动对文盲妇女边扫盲边教授技术；对有一定文化的妇女进行种植、养殖、加工等实用技术培训；对掌握一定技术的妇女进行专业技术培训；对达到相应技术水平的妇女，组织她们参加农技校、农广校、农函大学习，考核合格者，获“绿色证书”和农技员职称。市妇联与有关部门联合举办各类实用技术培训班 4 058 期，培训妇女 72 万人次。1 365 名妇女获“绿色证书”，获女农民技术员、技师职称 21 人。2006 年，“三学三比”活动完善为“学政治、学文化、学科技、比民族团结、比成绩、比发展”。1997—2006 年，获全国表彰的“三学三比”先进女能手 1 人；获自治区、博州表彰的“三学三比”先进女能手 17 人，先进协调单位 2 个；获市表彰的“三学三比”先进女能手 43 人，女科技示范户 42 户。

二、巾帼建功活动

1991—2006 年，在全市女职工较集中的单位开展“巾帼文明示范岗”创建活动。全市累计创建巾帼文明示范岗 35 个，巾帼建功标兵 76 个；巾帼劳务创收女能手 8 人；“三八”红旗集体 14 个，28 名“三八”红旗手分别受到区、州、市的表彰。

三、“五好文明家庭”创建活动

1997 年，博乐市实施“五好文明家庭”（爱国守法，热心公益好；学习进取，爱岗敬业好；男女平等，尊老爱幼好；移风易俗，少生优育好；勤俭持家，保护环境好）创建活动，成立“五好文明家庭”创建活动协调小组，成员单位 21 个。围绕脱贫致富奔小康和科技兴农开展“美德在农家”“巾帼示范村”活动。以治理脏、乱、差为突破口，引导农民革除旧习俗，增强卫生保健和环境美化意识。在城镇社区开展“文明楼”“文明户”“尊老爱幼活动月”“家庭志愿者”“家庭奉献”活动和以“妇女 家园 环境”为主题的环保教育活动。至 2006 年，全市 195 户家庭分别获全国、区、州“五好文明家庭”称号；市、乡共表彰“五好文明家庭”686 户。

四、“双合格”活动

2004 年，博乐市妇联联合相关部门开展“为国教子、以德育人”“争做合格家长、培养合格人才”的家庭教育宣传实践活动（简称“双合格”活动）。2005 年 5 月，博乐市被自治区命名为“双合格”家庭教育工作示范县（市）；市第一小学被自治区命名为“双合格”优秀（示范）家长学校；市教育局被自治州命名为“双合格”家庭教育工作先进集体；2006 年 9 月，市第六中学被评为全国“流动人口子女、农村留守儿童示范家长学校”。

五、农村妇女脱贫工程和城镇妇女再就业工程活动

1998—2002，博乐市妇联争取到加拿大项目“少数民族贫困妇女奶牛喂养及市场营销培训班”资金 12.1 万元，帮扶贫困妇女 300 人；争取省、市、县项目循环资金 15 万元，扶持全市 110 户有技术、缺资金的妇女发展生产。全市农村贫困户 443 户走上脱贫致富路。市妇联配合相关部门举办下岗职工技能培训 10 期，培训下岗女工 997 人，其中实现再就业 578 人。2006 年，博乐市妇联争取到“中国妇女发展基金会小额循环扶贫项目”资金，每年 10 万元实施扶贫项目。

六、春蕾计划

2001 年 6 月，“春蕾计划”在博乐市实施。由武警福建总队全体官兵累计捐资 6 万元在青得里乡第一小学成立“武警春蕾女童班”。“武警春蕾女童班”招收小学四年级特困女学生 50 人。2003 年，全国妇联安康计划项目和自治区妇联分别为乌图布拉格中学配置 1.2 万元的教学设备及赠送电脑 1 台。2004 年 7 月，博乐市春蕾女童班项目通过中国儿童基金会、中华妇女联合会春蕾计划社会效益评估项目课题组验收。青得里乡第一小学“武警春蕾女童班”学生参加自治区初中内招考试获得博州农村考生第一名；2 名学生在毕业统考中获“武警优秀春蕾奖学金”。市第五中学、第七中学 2 名贫困学生获自治区妇联“蓝天春蕾女童项目”资助。

七、贯彻“两纲”活动及成果

1992年，博乐市贯彻实施《九十年代中国儿童发展规划纲要》；1994年5月，举办《中华人民共和国妇女权益保障法》《九十年代中国儿童发展规划纲要》培训班2期。1995—1999年，博乐市制定实施《九十年代中国儿童发展规划纲要》《中国妇女发展纲要》方案及监测评估方案。2001年4月，形成《博乐市儿童发展规划终期监测评估报告（1990—2000年）》。博乐市在20世纪90年代中国儿童发展24项目标中达标18项，接近达标2项，未达标1项，缺乏数据3项。2002年10月，博乐市制定新“两纲”《中国妇女发展纲要（2001—2010年）》《中国儿童发展纲要（2001—2010年）》；2004年4月，实施新“两纲”。2006年7月，博乐市“两纲”活动成果得到自治区妇女儿童工作委员会“两纲”中期评估督察组肯定。2000—2006年，博乐市举办《中华人民共和国婚姻法》培训班9期，培训宣传骨干718人，宣传118场次、1.94万人次，发放宣传材料1.28万份，板报宣传37期，广播宣传110次，标语193条。设立“148”妇女维权专线咨询服务及投诉受理活动。举办“远离黄赌毒、抵制邪教”的家长培训班59期，受训家长3.46万人次。召开各层次会议158场，参会人员1.94万人次，广播宣传152次，板报宣传16期，标语145条。发放“家庭拒绝邪教 妇女倡导文明”倡议书和“珍爱生命 拒绝毒品”宣传材料2.5万余份，图片展览7次，参与签名承诺人数26 145人。征订《不让黄赌毒进我家》知识读本672册，620人参加知识竞赛活动。在全市开展“法律知识进万家”活动。出动宣传车18辆次，散发宣传材料1.95万份，提供法律咨询89件次。

第四章　科学技术协会

第一节　机　构

一、博乐市（县）科学技术协会

1982年7月，博乐县科学技术协会成立（简称科协）。1984年，县科协编制5名。2002—2006年，市科协编制5名，其中领导职数2个。

二、科普组织

1981年，博乐县相继成立农学会、农牧机械学会、粮油学会、建筑建材学会、畜牧兽医学会和小营盘区科普学会。

1982年7月，博乐县科协下设农学会、农牧机械学会、粮油学会、建筑建材学会、畜牧兽医学会、水利电力学会6个专业技术研究会，1983年，博乐县各公社牧场相继成立科普协会。到1997年，市级科普协会13个、会员950人21，专业技术研究会51个、会员480人；乡（镇场）级科普协会6个、科技示范镇2个、科技示范村50个、科技示范户2 500个。至2006年，市级科普协会15个、会员2 680人，专业技术研究会56个；乡（镇场）级科普协会6个。

第二节　代表大会

1982年7月6日，博乐县科学技术协会召开第一次代表大会，会期3天。大会选举产生县科学技术协会第一届委员会，当选主席1人，当选副主席2人。1985年9月，博乐县科学技术协会第一届委员会改称为博乐市科学技术协会第一届委员会。

第三节 主要工作与活动

一、城乡科普宣传活动

1982—1987 年，博乐市（县）156 名科技知识宣传、服务干部为群众解答科技知识 3 000 多人次，发放各种科技资料近万份，技术咨询 400 余人次。开展全疆科教电影月宣传活动，为乡镇场放映《地膜覆盖》《科学种树》《多养山羊好处多》等 43 部科教片，放映 319 场、观众 15.2 万人次。

1991 年，各乡镇场自办科技报 31 期，发放资料 9 200 份。市病虫害测报中心编发测报 11 期、1 650 份；乡（镇、场）测报点编发病虫害测报 46 期 5 750 份。科普黑板报 150 期，广播宣传 78 次，受教育群众 3 800 人次。1998 年 6 月，博州、市科协在青得里大街举办百米“科普长廊”活动，发放科普资料 3 000 份，科技咨询 550 人，展出科普宣传展板 10 块。2000 年 6 月，博乐市在集市开展再造西部秀美山川科普宣传周、城市科普宣传周活动。培训班 20 期，各类受训人员 3 750 人次；发放科普资料 5 万份、科普挂图百余张，展出展板 4 块，咨询服务 80 余人次。

2003 年 3—5 月，博乐市科协等 17 个部门组成 40 人的“五下乡”工作团，在全市乡镇场和八十九团开展科普宣传活动。发放科普宣传资料 4.58 万份，义诊 745 人次，科技知识咨询 443 人次，发放科技书籍 600 余册、计划生育药具 896 盒。文艺演出 9 场次，观众 3 万余人次。开展“依靠科学、战胜非典”科普宣传周活动，在街头、广场、农贸集市、学校、农牧区，采用科普挂图、展板、放影碟、流动宣传车等形式进行科普宣传。邀请博州卫生局、博州防疫站 5 位专家在 5 所中小学为 4 000 余名师生开展“如何预防非典型性肺炎”的专题知识讲座；同年“6・29”全国科普行动日，市科协开展以“崇尚科学文明 摒弃生活陋习”为主题的科普宣传咨询活动，共发放《中华人民共和国科学技术普及法》宣传资料 2 000 余份、预防“非典”材料 2 500 份。2004—2006 年，博乐市街道办事处张贴科普挂图 400 余张；乡镇场自编病虫害情报、农业信息实用技术等科普小报 1 万余份。发放科普资料 2.08 万份。各乡镇场建立“一站、一栏、一员”科普宣传网。

1982—2006 年，博乐市科协与相关部门深入牧区为牧民送医、送药、送科技、送技术，先后举办牧区科普宣传月活动 18 期。在乡（镇、场）村（队）开展科技之冬培训。共举办地膜植棉、水稻、玉米等作物栽培管理技术、病虫害防治技术、农药施用技术、科学饲养等培训班 18 期。

二、青少年科技活动

1986—2006 年，博乐市科协在全市中小学校开展青少年“学科学、用科学、热爱科学、崇尚科学”活动。全市各学校组织科技小组开展采集植物标本、航模、无线电制作、美术展览和小发明等青少年科技活动，有 3 000 余名学生参加。科协举办“1998 年益智杯科技模型运动比赛”，13 个代表队 199 名选手参加比赛。2000 年，市科协会同市教育局在 7 所学校举办气象科普知识讲座，400 余名学生听讲。组织 270 名学生考察奎赛公路生产环境保护现状和新疆艾比湖湿地自然保护现状。会同州科协在市区中、小学举办“保护环境，热爱大自然”科普讲座 6 期，听讲中小学生 1 750 余人。全市学校和幼儿园开展“爱科学月”“大手拉小手—青少年科技传播活动”“科技夏令营”“青少年科技考察”“相信科学 反对邪教”“青少年警示教育”“关爱健康 珍惜生命”等活动。在博乐举办“声、光、电、磁青少年拥抱阳光——青春期教育”大型图片展览；《认识、预防、关爱——青少年预防艾滋病》巡回展览活动。在农村中、小学校开展卫生、健康、环保、法律等知识教育，对青少年进行“预防青少年违法犯罪”“珍惜生命——遵守交通法规”等科普活动。

市科协组织学校共参加自治州十届青少年科技创新大赛评选和经验交流会，选送作品 430 件，有优秀小论文、科技实践活动小制作、少儿科幻画。有25位教师获创新大赛“优秀科技辅导员”称号。选送优秀作品参加自治区青少年科技创新大赛和全国青少年科技创新大赛，其中1998年，学生刘星作品《荒漠灌溉眼状喷头》在第十一届全国科技发明博览会上获“宋庆龄儿童基金发明奖”；张富田的科技小论文《博乐也有古生物化石》获得小论文三等奖。2000年，博乐市第四中学获“自治区青少年科技教育先进集体”称号，被命名为“自治区青少年科技活动特色学校”2002年，第十七届全国青少年科技创新大赛中，学生雷祥、李南的《少数民族生态传统对改善环境及西部开发的意义》获得科学小论文二等奖；学生乌尔娜的《旋转干草垛》获得小发明二等奖。雷祥、乌尔娜在北京被香港周凯基金会授予“明天科学家”提名奖。

第五章 归国华侨联合会

第一节 机 构

1995年8月，博乐市归国华侨联合会（简称侨联）成立，副科级，事业编制3名。2002年11月，市侨联与市人民政府办公室合署办公。

第二节 代表大会

1995年10月18日，博乐市第一次归侨侨眷代表大会在赛里木宾馆召开。大会选举产生市归国华侨联合会第一届委员会。当选主席1人、副主席3人、秘书长1人。

第三节 主要工作与活动

博乐市侨联每年开展侨情调查登记工作，节日进行慰问，了解归侨、侨眷的生活、工作情况，帮助其解决实际问题。2006年，博乐市归侨44户195人，侨眷811户3 566人。

第六章 工商业联合会

第一节 机 构

一、博乐市（县）工商业联合会

1982年12月，博乐县工商业联合会（简称工商联）在博乐镇召开第二次会员代表大会，选举产生执行委员会。1984年6月，县工商业联合会撤销。1989年6月，市工商业联合会恢复。2002—2006年，市工商联编制4名，其中领导职数1个。

二、基层工商联组织

1998年，市工商联有会员485人，企业会员21家。1999—2005年，市工商联先后组建电脑、食品、养殖、医疗、建材、洗涤、美容美发、页岩8个行业商会，发展会员545人，企业会员25家；组建6个乡镇商会，发展会员294人，乡镇企业会员11家。2006年，市工商联有会员1 334人，企业会员 70 家。

第二节　代表大会

一、博乐市工商业联合会第一次会员代表大会

1991 年 3 月 11 日，在博乐市召开。出席会议正式代表 54 人。大会选举产生第一届执行委员会委员 13 人，常务委员 5 人，其中名誉主任 1 人，副主任 2 人（其中 1 人为兼职）。

二、博乐市工商业联合会第二次会员代表大会

1998 年 1 月 15 日，在博乐市召开。出席会议正式代表 146 人。大会选举产生第二届执行委员会（商会）委员 23 人，常务委员 17 人，其中主任（会长）1 人，副会长（兼）（副主任兼）9 人。

三、博乐市工商业联合会第三次会员代表大会

2001 年 12 月 18 日，在博乐市召开。出席会议正式代表 80 人。大会选举产生第三届执行委员会（商会）委员 30 人，常务委员 14 人。其中会长 1 人，副会长 4 人（其中 3 人为兼职），秘书长 1 人（兼职）。

四、博乐市工商业联合会第四次会员代表大会

2006 年 11 月 28 日，在博乐市召开。出席会议正式代表 85 人。大会选举产生第四届执行委员会委员 29 人，常务委员 19 人，其中会长 1 人，常务副会长 1 人，副会长 5 人（其中 4 人为兼职），秘书长 1 人（兼职）。

第三节　主要工作与活动

一、宣传工作

1989—2006 年，博乐市工商联通过座谈会、联谊会、广播、电视、板报等形式，向民营企业人士宣传党的方针政策，国家法律、法规。

二、维护个体经营者的合法权益

1989—2006 年，博乐市工商联每年对非公有制企业进行专题调研和问卷调查，对存在的问题，及时与相关部门协调解决。对非公有制经济人士提出的带有全局性的意见，及时向市委、市政府反映。在非公有制经济人士中推荐州、市政协委员，参政议政。

三、基层商会建设

2004 年 4 月至 2005 年 12 月，博乐市工商联启动乡镇场商会的组建工作，先后建立小营盘镇、贝林哈日莫墩乡、达勒特镇、乌图布拉格镇、青得里乡、阿热勒托哈牧场 6 个商会。

第七章　残疾人联合会

第一节　机　构

1991 年 3 月，博乐市残疾人联合会（简称市残联）成立。1997 年 5 月，市残联从市民政局分出单列，正科级。2002—2006 年，市残联编制 7 名，其中领导职数 2 个。

第二节 代表大会

一、博乐市第一次残疾人代表大会

1991 年 3 月 1—2 日，在博乐市会召。出席大会的正式代表 65 人，列席代表 58 人。大会选举产生由 27 人组成的博乐市残疾人联合会第一届主席团，市长为主席团名誉主席，市民政局局为主席团主席。选举博乐市残疾人联合会第一届理事会理事 10 人，当选理事长 1 人。大会发出“倡议书”，号召全市各族人民关心、支持残疾人事业，关爱残疾人，保障残疾人的合法权益。

二、博乐市第二次残疾人代表大会

1997 年 5 月 1 日，在博乐市召开。出席大会的正式代表 86 人。会议听取和审议第一届残疾人联合委员会工作报告，选举产生由 27 人组成的博乐市残疾人联合会第二届主席团，市长为主席团名誉主席，民政局局长为主席团主席。大会选举博乐市残疾人联合会第二届理事会理事 12 人，当选理事长 1 人。大会发出“倡议书”，号召残疾人发扬自强、自立、拼搏、争先的精神，发展博乐市残疾人事业。

三、博乐市第三次残疾人代表大会

2003 年 4 月 4 日，在博乐市召开。出席大会的正式代表 67 人。会议听取和审议第二届残疾人联合委员会工作报告，选举市长为市残疾人联合会名誉主席，市人大常委会主任和市政协副主席亚为市残疾人联合会名誉副主席。当选市残疾人联合会第三届理事会理事长 1 人、副理事长 1 人。

第三节 主要工作与活动

一、基层残疾人认定和帮扶

1992 年，博乐市对 7 岁以上残疾人（符合五类残疾人标准）发放残疾人证书。1997 年，成立残疾认定工作领导小组。1998 年，博乐市城市特困残疾人享受城市最低生活保障。博乐市实施康复扶贫小额信贷扶贫到户办法。2003—2006 年，各乡镇场、村队均成立残疾人协会，初步建立残疾人工作网络。博乐市扶持残疾人 345 户次，发放康复扶贫小额贷款共计 68.6 万元，帮助其发展种植业、养殖业、家庭手工业等脱贫致富项目；每年为城镇 16 名重度残疾人发放生活补贴 9 600 元。危房改造 24 户，每户建房补助 8 750 元，计 21 万元。

二、残疾人康复

1991—1995 年，博乐市建立康复医疗中心和 3 个康复医疗站；乡镇场设立“三康”（白内障复明手术、小儿麻痹矫治手术、聋儿听力语言训练）办公室。1999 年，成立博乐市残疾人用品用具服务站。2003 年，在博州医院成立博乐市残疾人康复训练服务技术指导中心。2004 年年 7 月，成立市残疾人康复医疗门诊部，组建白内障复明手术专项协调领导小组。截至 2006 年，博乐市实施白内障复明、低视力康复手术 442 例，“视觉中国第一行动”54 例；完成小儿麻痹后遗症矫治手术 63 例；聋儿语训 34 例，矫形器装配补助 30 人；配装助听器 33 人；孤残、唇腭裂调查 45 人；肢体康复训练 55 人；脑瘫训练 2 人；培训聋儿家长 6 人；特殊人群补碘 6 613 人，残疾人用品用具供应服务 186 人；残疾人用品用具 139 件，装配假肢 62 人。购置康复器材 13 件。将 7 名贫困精神病患者送外地医疗机构进行康复治疗，补助金额 1.6 万元；为贫困残疾人发放康复医疗补助费 7.2 万元；为肢残人购置轮椅 86 辆（含免费发放 20 辆）；台北曹仲值基金会为博乐市捐赠疗养轮椅 98 辆。为城镇 16 名重度残疾人每人每月补助 50 元。

三、残疾人教育

1997 年，完成全市适龄残疾儿童、少年统计工作和参加高考残疾考生登记工作。至 2006 年，博乐市为 27 名贫困残疾人和残疾儿童发放就医、就学补助；扶助残疾生就读大中专 15 人，普校 47 人，就读外地智残儿童学校学习 29 人次。全市有随班就读的智残儿童 30 人；49 名失学或辍学残疾家庭儿童和残疾儿童得到资助完成学业。大中、专残疾毕业生奖金 1.18 万元。为外地接受教育的残疾学生发放补助。

四、残疾人就业与文体活动

1996 年 1 月，《博乐市按比例安排残疾人就业规定》在国家机关、社会团体、企事业单位和城乡集体经济组织中，按在职职工总数的 2% 的比例安排有劳动能力的残疾人就业。1996—2006 年，博乐市残疾人按比例就业 174 人，个体分散就业 311 人，福利公司和棉纺织企业就业 78 人，合计完成残疾人就业 563 人（2001—2002 年未统计）。

2002 年 5 月，博乐市开展残疾人文艺会演活动。2005 年，市残联会同博州文联和博州美术、书法协会举办“博乐市首届残疾人美术作品展”，展出书画作品 95 幅。

第八章　红十字会

第一节　机　构

一、博乐市红十字会

2002 年 11 月，博乐市红十字会成立，正科级。2006 年，红十字会编制 4 名，其中领导职数 1 个。

二、基层红十字会

2002—2006 年，博乐市红十字会先后建立基层红十字会 9 个，团体会员单位 101 个，会员 4 200 人。博乐市红十字会挂牌成立造血干细胞志愿者工作站；成立学校工作委员会。社会志愿者报名登记 1 200 人。

第二节　代表大会

2003 年 5 月 28 日，博乐市红十字会召开第一次会员代表大会。大会选举生市红十字会第一届理事会，当选会长 1 人，当选常务副会长 1 人。

第三节　主要工作与活动

一、宣传教育

2003—2006 年，博乐市红十字会每年举办纪念“5·8”世界红十字日宣传活动和《中华人民共和国红十字会法》颁布实施纪念活动。联合市妇幼保健站、防疫站开展重大疾病患者、困难群体及贫困白内障患者、困难群体及贫困农牧民募捐倡议等活动。向博州电视台、博乐市有线电视台播发红十字会新闻报道 67 次、《中国红十字》电视片 2 次，报纸刊登红十字会报道 13 条。编发《博乐市红十字会信息》64 期，挂横幅标语 50 条，印发宣传单 6 万余份。

二、社会募捐

2003—2006 年，博乐市红十字会共募集资金 73.6 万元。博乐市红十字会分别向博兰水泥有限公司、博州石油公司、博昌珍珠岩公司、市赛里木酒业公司、博州永乐服装公司、博乐光亚公司募捐款

4 200 元；启动重大疾病救助基金募捐活动募集资金 4.5 万元；开展募捐白内障复明项目配套资金活动募集资金 1.6 万元，为白血病患者募集资金 2.4 万元；市红十字会募集资金 24 万元。大庆油田供水公司捐赠价值 8 万元的轿车 1 辆；湖北黄石市和大冶市红十字会捐赠 2 万元的医疗器材。

三、救助

2003—2006 年，博乐市红十字会向困难群体、孤寡老人、孤儿及重大疾病患者发放救助金和物资价值近 35.47 万元，救助 797 人；向贫困生、残疾儿童救助 78 人，提供救助金 1.9 万元。向印度洋海啸灾区捐款 4 万元。加拿大红十字会援助白内障复明项目在博乐市实施。全市共登记白内障患者 730 人，为白内障患者做手术前检查后，确诊并进行免费白内障手术 147 人，治疗费用 88 万元。

四、初级卫生救护培训

2004—2006 年，全市有 1 294 人参加初级卫生救护培训。博乐市红十字会在市直机关和企业单位举办 4 期红十字发展史、外伤止血、包扎、固定、搬运和心肺复苏术等内容的卫生救护培训，参培 136 人；举办 17 期卫生救护培训班，培训乡镇、学校、站所、医院、社区干部职工及居民 438 人，学校教师、街道干部、320 人。在学校举办急救、普及预防艾滋病、造血干细胞捐献、无偿献血科普知识培训，参培学生 300 人。

第九章 消费者协会

第一节 机 构

一、消费者协会

1987 年 5 月，博乐市消费者协会成立（简称消协）。1987—2006 年，博乐市消协理事会换届 2 次，选举产生第一届、第二届常务理事会。

二、博乐市消费者协会第一届理事会

1987 年 5 月 29 日，在博乐市工商局召开。会议通过《博乐市消费者协会章程》，选举产生由 16 人组成的第一届常务理事会，副市长为名誉会长 1 人，市工商局局长为会长 1 人，工商局副局长、经委、计委、卫生局、防疫站、乡镇企业、税务局、广播事业局、城建局、公安局各 1 人组成副会长 10 人。博乐市消费者协会办公地点设在市工商局。

三、博乐市消费者协会第二届理事会

1992 年 8 月 1 日，在博乐市工商局会议室召开。到会理事 26 人。会议选举产生由 9 人组成的第二届常务理事会，会长 1 人，副会长 5 人，秘书长 1 人。1995 年 12 月 1 日，在博乐市工商局会议室召开市消费者协会第二届第二次理事会，到会理事 31 人。此后，博乐市消费者协会没有开展理事会换届工作。

第二节 主要工作与活动

一、基层网络建设

1987 年底，博乐市消费者协会实施基层网络建设。。分别在东风工商所、红星工商所、顾力木图工商所、小营盘工商所、塔斯海工商所、达勒特工商所成立博乐市消费者协会 6 个基层分会，设投诉站。在各大百货商场和市供销社贸易中心设立消费者监督岗。1998—1999 年，博乐市工商局建立“3・15”投诉举报中心，开设“12315”投诉热线。市消协在乡镇团场（连队）、自然村建立 8 个分会、37 个监督联络站、158 个投诉站；2000—2001 年，博乐市消费者协会建“12315”指挥台，在登记大厅开设消费者投诉窗口，以“民心工程”为重点，把消费者投诉站网络延伸到全市每个自然村，实现全市微机联网和投诉案件微机录入。2004—2006 年，在村级建“12315”举报联络点、投诉站 6 个。

二、维权活动

1987—2006 年，博乐市消费者协会通过广播、电视、报刊、板报等宣传《中华人民共和国消费者权益保护法》《新疆维吾尔自治区消费者合法权益条例》和相关法律法规；培训 10 余期，召开座谈会 19 次，参培参会人数 1 620 人次；报道、曝光伪劣商品和危害消费者权益的案件。博乐查处“良友”“555”“阿诗玛”等香烟案和销售假冒空白录音带案；批发部经营假冒塑料绳案和严重缺斤少两坑害消费者案，违章经营收音机、洗衣机案等。销毁假冒伪劣商品 270 余种，受理消费者各类投诉 4 539 件，挽回经济损失 240.26 万元。接待消费者来访、咨询 1 633 人次。销毁假冒伪劣商品价值 11 万元。结合“3・15”国际消费者权益日，提供识别假冒伪劣商品知识，张贴“3・15”主题画，在市区建立 3 条“讲诚信、反欺诈、优质服务”一条街，与经营者签订“不生产销售假冒伪劣商品责任书”“经营者自觉维护消费者合法权益责任书”以及“创优质服务责任书”。开展以“明明白白消费”“消费与环境”为主题的“3・15”活动；命名 14 家自治州诚信单位”。实行食品经营户的经济户口管理。结合“12315”综合执法网络平台，推进消费者合法权益保护工作“六进”（进市场、进商厦、进学校、进社区、进村镇、进风景区）活动，创建“一会二站”（消协基层协会、消协基层投诉站和“12315”联络站）工作。召开“食品安全示范店”命名大会，为 17 家“食品安全示范户”颁发牌匾，35 名食品安全义务监督员发放聘书。

第十章　个体劳动者协会

第一节　机　构

一、博乐市（县）个体劳动者协会

1984 年，博乐县个体劳动者协会成立。1984—2006 年，博乐市（县）个体劳动者协会共召开 4 次代表大会，选举产生 4 届理事会。

二、博乐市私营企业个体劳动者协会

1996 年 12 月，博乐市私营企业协会成立。2004 年 1 月，市私营企业协会改称博乐市私营企业个体劳动者协会。1996—2006 年，博乐市私营企业个体劳动者协会共召开 2 次代表大会，选举产生 2 届理事会。

第二节　代表大会

一、博乐县个体劳动者第一次代表大会

1984 年，在博乐县召开，选举产生个体劳动者协会第一届理事会。经个协第一届理事会第一次会议，选举产生会长、副会长各 1 人。

二、博乐市个体劳动者第二次代表大会

1988 年 1 月，在博乐市工商局召开。选举产生个协第二届理事会理事。个协第二届理事会第一次会议，选举名誉会长 1 人，市工商局局长为会长 1 人，副会长 3 人。辖 5 个分会。会议表彰 1 个先进分会和 5 个先进行业小组。

三、博乐市个体劳动者第三次代表大会

1993 年 10 月，在博乐市市工商局召开。选举产生由 31 人组成的第三届理事会。经第三届理事会

第一次会议，选举市工商局局长 1 人为名誉会长，市工商局副局长 1 人为会长。辖 6 个分会。

四、博乐市个体劳动者第四次代表大会（私协第一次代表大会）

1996 年 12 月 25—26 日，在博乐市市工商局召开。选举产生第四届理事会。经第四届理事会第一次会议，选举产生会长，副会长。博乐市私营企业协会第一次代表大会选举产生第一届理事会。经第一届理事会第一次会议，市工商局局长 1 人为名誉会长，市工商局副局长 1 人为会长；市工商局副局长 1 人、私营企业代表 3 人为副会长；秘书长、副秘书长各 1 人工商局干部兼。大会通过《博乐市私营企业协会章程》《私协会费缴纳办法》。大会宣读《关于成立博乐市私营企业协会的批复》。

五、博乐市私营企业个体劳动者第一次代表大会

2004 年 1 月 8 日，在博乐市工商局召开，选举产生由 87 人组成的第一届理事会。经第一届理事会第一次会议，选举市工商局局长 1 人为会长，市工商局副局长 1 人为常务副会长，工商局、私营企业经理、行业组长、私营企业董事长、私营企业厂）、行业组长、私营企业董事长、私营企业总经理）、行业组长 10 人为副会长，秘书长 1 人（工商局兼）。聘市党委副书记 1 人、市政府副市长 1 人为名誉会长。

第三节　主要工作与活动

一、学习培训

1984—2006 年，博乐市（县）个体劳动者协会坚持学习贯彻党和国家的法律、政策和工商法规，举办“二五”至“五五”普法培训班 28 期，参培人数 2.67 万人次，受教育面 95%，40% 的会员通过考试。印发《政治、法制、职业道德教育规划》《个体工商户法律知识读本》《2006—2010 年法制宣传教育规划》等材料，保证会员人手一册。1 614 户个体工商户和 133 名私营企业主参加博州工商法规知识竞赛，其中 14 名会员获奖。组织会员交流生产经营经验，举办技能、经营培训班 6 期，参培人数 180 人，合格率 90%。组织 35 名会员参加“博州首届个体劳动者职业技能培训”，均取得职业资格证书。

二、社会活动

1984—2006 年，博乐市（县）个协及 6 个基层分会开展“五讲四美三热爱”“三优一学”教育活动；在优质优惠服务周活动中为各族师生、孤寡老人、官兵义务服务 1 647 人次，无偿金额 3 351 元。开展无假冒伪劣、无缺斤少两、无霉烂变质、店店无假货 户户讲道德、讲文明 树新风暨创建“十佳个体户”活动和争创光彩之星、重操守 讲诚信 创光彩业绩等系列活动。全市有 12 名会员被市命名为“无假货商店柜台”；评出讲文明 树新风“十佳个体户”65 个，“十佳文明个体户”10 个；市政府表彰“十佳个体工商户”“优秀私营企业业主”71 个。组织会员参加“构筑诚信体系，打造信用博乐”大型活动。13 家私营企业被市政府命名为“AA 级信用企业”；10 名会员获“十佳诚信个体私营业主”称号。召开农资市场监管工作动员会，42 家从事农资经营的会员签订农资经营责任书。

组织会员参加博州、市个协举办“迎‘七一’增光彩”歌咏比赛、“爱祖国、讲团结、遵法纪、守道德”演讲会和“迎香港回归，展工商风采，树光彩之星，歌唱民族大团结之歌”大型文艺会演；参加自治州、市第五届广场文化艺术节文艺会演；开展民族团结教育月活动，学习《新疆简史》等课程，5 名会员被评为市级民族团结先进个人。1988—2004 年，博乐市个协组织个体户为修建游泳池和体育馆捐款 1 948 元；认购保值公债 4.3 万元。在“向雷锋同志学习”“民族团结月”等活动中，396 名会员向社会捐款 6 760 元。为希望工程捐款 2 800 元；为敬老院捐款 1 300 元；为乌图布拉格乡洪水灾区捐款 12 725 元，捐物 87 件。向内地洪水灾区捐款 54 254.5 元，捐物 200 件。组织会员向南疆地震灾区捐款 1.47 万元。向社会捐款 22 363.5 万元，向印度洋地震海啸灾区捐款 1 万元。

第十五编

BOLE SHIZHI

法　　治

中共十一届三中全会后，博乐市（县）公安、司法机关依法履行职能，保卫社会主义制度和社会秩序，保护社会主义的全民所有制财产、劳动群众集体所有制财产、公民所有的合法财产、公民的人身权利和其他权利，保障依法治市方略、改革开放和社会主义现代化建设事业顺利进行。1979—2006 年，博乐市（县）公安、司法系统涌现出国家、自治区、自治州级先进集体 88 个，其中国家级先进集体 7 个，自治区级先进集体 26 个，自治州级先进集体 55 个。

第一章 公 安

第一节 机 构

一、博乐市（县）公安局

1984 年，博乐县公安局下设秘书股、政保股、治安股、预审股、边防股、刑侦股、行政拘留股、看守所和 3 个城区派出所。1985 年 9 月，博乐市公安局下设办公室、政保股、治安股、预审股、边防大队、看守所、刑侦股。1987 年 12 月，市公安局增设户籍科、刑事技术鉴定室。1988 年，市公安局增设消防科（现役）。1989 年 1 月，市公安局增设外事科。1990 年 7 月，成立交警队。1991 年 5 月，市公安局增设法制科、通信科。交警队更名为交警大队，副科级。同年 9 月，市公安局增设内保科、巡警队。1995 年 3 月，成立市公安局刑侦大队，副科级；同年 11 月，成立市公安局公路巡警大队。户政科、治安科合并成立治安大队，户籍业务由治安大队管理；1996 年 1 月，市公安局“110”报警服务台开通，并组建指挥中心。1997 年 7 月，市公安局侦查预审业务划归刑警大队，成立预审中队。1998 年 3 月，市公安局成立警务督察大队“110”指挥中心。同年 4 月，公路巡警大队更名为市公安局公路巡逻民警大队，副科级。1999 年 6 月，市公安局撤销内保科，业务划归治安科；交警大队和巡警大队合并。2001 年 10 月，成立市公安局国内安全保卫大队，副科级。2004 年 1 月，市公安局办公室并入“110”指挥中心。2005 年 1 月，市公安局户籍科与治安科合并成立治安大队。2006 年，博乐市公安局下属部门有指挥中心、督察大队、刑侦大队、交警大队、国保大队、治安大队、政工科、法制科、出入境管理科、消防科、看守所、行政拘留所、行政科。

二、基层派出所

1980 年，博乐县有东风、红星 2 个城镇派出所，10 个边防派出所（现役）。2006 年，博乐市有东方、顾里木图、红星、青达拉 4 个城区派出所，博尔德、哈日图热格、三台、乌图布拉格、达勒特、贝林哈日莫墩 6 个边防派出所。

第二节 户政管理与出入境管理

一、户口管理

1979 年，博乐县人口总户数有 27 534 户 124 530 人。出生人口 2 740 人，死亡人口 265 人。20 世纪 90 年代，博乐市完善户籍迁出、迁入制度，农村人口城市化管理制度。1991 年，博乐市按照《关于办理“农转非”落户审批手续的通知》精神，对农转非户口实施管理。1993 年，市公安户政部门办理“准迁证”1 147 户 1 951 人，落户通知书 639 户 954 人，“农转非”人数 1 041 人。1997 年，市公安局在小营盘镇实施农村人口城市化管理。2000 年，市总户数 66 999 户 220 507 人。市公安户政部门办理各类户口“迁移证”1 692 户 2 610 人，完成常住人口簿换发 4.35 万户。21 世纪初，博乐市户籍开始实行信息微机化管理。2001 年，推行小城镇户籍管理制度改革。共办理落户 3 625 户 5 178 人。2003 年，规范户籍管理，简化户籍办理手续。2004 年，市公安户籍部门审核小城镇农转非户口 843 户 1 679 人，办理户口“准迁证”、落户通知书 3 053 户 6 953 人。入户核对户口 15.51 万人、占总人口的 90%。至 2006 年，全市有常住户 89 956 户人口 254 256 人。未落户常住人口 25 725 人。

二、居民身份证管理

1979 年，在全县范围内对 15 岁以上居民发放边境居民证。1987 年 11 月，实施居民身份证办理工作。1993 年，制作居民身份证 105 183 人，实发证 96 343 人。1994 年，市公安局规范居民身份证管理工作，检查身份证使用情况。1997 年，完善户口、身份证、人口统计和暂住人口管理制度。2000 年，做好身份证申领、换证、补证和身份证赋码升位及流动人口管理工作。2001 年，办理居民身份证 1.1 万张，完成居民身份赋码 17.12 万人，常住公民身份编码 20.47 万条；制作发放居民身份证 11 820 张。2004 年，开展人口信息查漏补缺和居民身份证纠重纠错工作。2006 年 6 月，博乐市实施第二代居民身份证工作。制作发放居民身份证 34 187 张，其中一代居民身份证 4 523 张，二代居民身份证 29 664 张。上传合格二代身份证信息 45 409 条。办理临时居民身份证 246 张。

三、人口信息化

1999 年，博乐市开始人口信息化数据录入工作；2001 年，启动公安网三级网建工作。2002 年，实现人口信息计算机远程查询、办公和数据传输。市公安局与基层派出所的人口实现联网，全市 15 万（不含兵团）人口信息变动审批、人口信息数据查询和数据维护工作投入正常运行。2003 年，全面启动公安业务管理系统。2005 年，完成公安三级网络升级改造。

四、出入境管理

1984 年，博乐县公安局开始办理出入境手续。同年，办理出境出国手续 1 件，审查出具外国人回乡探亲证明 6 件，签发外国人旅行证 6 件。1985 年，博乐市公安局办理出国探亲申请 8 件 12 人，为在苏联人员出具来华探亲证明 10 件，接待由国（境）外到市探亲人员 32 人。1987—1988 年，市公安局办理申请出境 29 件 40 人，申请入境 70 件 162 人，接待外来人 135 人，处罚违章旅行案 1 起，签发申请书（邀请材料）171 份。1990—2001 年，市公安局接待 24 个国家和地区的入境人员 6 849 人，办理前往 16 个国家和地区的申请材料 649 件 981 人，办理外国人证件签证 21 人次，办理外国人旅行证 54 本，签发国外亲属来华探亲案“申请书”6 849 份。2004—2006 年，博乐市公安部门接待来自 32 个国家和地区的来博入境人员 1 232 人，办理、报批、申请前往 25 个国家和地区的材料 1995 件 2 600 人。

五、流动人口服务与管理

20 世纪 80 年代，博乐市按照边境地区户籍管理规定，严格户籍登记，暂住人口登记、建档立卡制度。1983 年，登记、建档立卡暂住人口 278 人。1990 年，建立流动人口暂住证制度，登记、建档立卡暂住人口 4 902 人。1993 年，登记、建档立卡暂住人口 10 327 人，办理暂住证 8 526 人。1996 年，博乐市公安局采取暂住人口与出租房屋管理相结合，实行查验身份证、办理暂住证、核发出租房暂住管理许可证、租赁房屋管理合同书制度，全年登记、建档立卡暂住人口 1.74 万人，办理暂住证 8 986 人。未落户常住人口 15 795 人。漏登率控制在 4% 以内。审验身份证 5 次。1998 年，严格落实分类登记，重点管理，结合身份证查验，打击流动人口违法犯罪活动。2004 年，办理暂住人口暂住证 9 345 人，检查出租房屋 5 881 户，签订租赁房屋责任书 3 970 份。

第三节　治安管理

一、公共场所管理

1980 年，博乐县公安部门重点抓《中华人民共和国治安管理处罚条例》《中华人民共和国刑法》《中华人民共和国刑事诉讼法》的宣传教育。全县发生治安案件188起，县公安治安部门处罚200人，警告19人。1994—1999年，清查整顿录像放映点、游戏厅、舞厅8次，抓获“三陪”多次；取缔赌博性游戏3家、游戏机14块。其中1997年，与各单位、公共娱乐场所签订治安防范责任书724份，安装防盗报警器203个，防盗门1 500多个。博乐市发生各类治安案件553起，市公安治安部门查处510起。

2000—2006年，博乐市公安重点抓缉枪治爆、特种行业、娱乐行业、“扫黄打非”专项治理和安全保卫工作。对公共场所联合大检查15次。对25家存在消防隐患的经营户责令停顿整改；重点查处网吧23家，接纳未成年的6家。其中2004年，全市发生各类治安案件2 452起，市公安治安部门查处1 131起，治安处罚1 490名，其中：行政拘留212名，罚款470人，警告226人，其他处理582人。2006年，博乐市发生各类治安案件1 976起，市公安治安部门查处1 043起，治安处罚1 456人。

二、综合执法

1979年，博乐县有治保会202个，委员1 187人；治保小组283个，小组成员993人。县公安部门整训治保骨干780余人。20世纪80年代，市（县）公安重点开展法律法规宣传教育和护楼、护院、护村制度建设。90年代，博乐市公安重点开展法律法规宣传教育和护楼、护院、护村制度建设。全市480个单位（村镇）落实护楼、护院、护村制度，建立群防群治组织治安联防队9个，保安队10个，治保会106个、成员262人，治保小组195个、治保人员331人；治安承包单位123个，治安承包人员182人；重点防护单位设立经济民警36人。1995年11月，建立治安巡逻体系，组建城镇治安巡逻队，各乡镇成立夜间巡逻和看家护院队，维护辖区公共秩序。建立全方位治安管理体系。2001年，完成州市“两代会”、建党80周年等大型会议的安全保卫工作。2005年，加强流动人口、刑释解教、监外执行人员管理及出租屋、特种行业、娱乐场所管理。2006年，开展治爆缉枪、校园周边环境整治行动。完成执勤保卫任务15次。

三、特种行业管理

20世纪90年代，博乐市加强旅社、废旧物品收购业、雕刻业等特种行业管理。1996年，市公安局健全特种行业管理制度，加强全市重点要害部门安全保卫工作，健全内保组织，监督金融单位及网点开展等级防护达标；对旅店进行专项治理。1997年，清理整顿废旧物资收购站点，规范废旧物资规范经营；开展对旅店的专项治理，清查41家，与店主签订安全责任书，并规范旅店管理档案52份。2001年，开展对废旧金属等收购点的专项治理，清查26家，发放整改通知书3家。2006年，市公安治安部门检查特种行业80多家680多次；检查印章刻字店5家。

1979—2006年博乐市（县）治安案件查处登记一览表

表15-1

时间	发案（起）	查处（起）	处罚数（人）
1979	-	-	36
1980	188	-	200
1981	280	-	312
1982	-	406	404
1983	-	259	314
1984	-	174	277
1985	-	138	207
1986	105	-	157

续表 15-1

时间	发案（起）	查处（起）	处罚数（人）
1987	219	179	362
1988	219	202	326
1989	88	79	144
1990	305	221	311
1991	303	245	382
1992	535	155	177
1993	262	124	193
1994	728	358	487
1995	651	443	441
1996	610	436	622
1997	553	510	725
1998	678	634	–
1999	619	566	–
2000	400	357	–
2001	428	406	–
2002	550	528	712
2003	1 800	940	1 290
2004	2 452	1 131	1 490
2005	2 314	1 383	1 789
2006	1 976	1 043	1 456

四、枪支弹药、爆炸物管理

1979—1991 年，博乐市公安局每年加强枪支、弹药、爆炸物品管理。1992 年，博乐市有爆炸物品使用单位 33 家，其中民用爆炸器材 24 家，烟花爆竹 9 家。有爆破员 113 人，保管员 33 人。1992 年，加强枪支弹药专项治理。市公安查获社会枪支、子弹等，销毁防冰雹弹 3 100 发、炸药 40 千克。1994 年，与有关单位签订枪支、弹药管理责任书 200 份，发整改通知书 28 份。1995 年，市公安部门检查持枪单位、个人及爆炸物品运输、经销、储存、使用等部门 78 次，发整改通知书 30 份。市公安收缴社会枪支、电子手枪等；审查办理枪支证 71 本。1998 年，制定《关于加强枪支、弹药、爆炸物品管理实施办法》，开展枪支、弹药、爆炸物品专项治理和收缴工作，将全市 33 家爆炸物品存放点合并 11 家，统一管理，集中保管；建立枪支档案 355 份；收缴社会枪支，查处涉枪涉爆案 12 起 12 人。 2000 年，依据《中华人民共和国枪支管理法》规定，办理民用持枪证 165 人，查处涉枪案件 2 起。2001 年，市公安局开展缉枪治爆专项行动，发整改通知书 25 份，行政拘留 7 人。2006 年，开展集中整治爆炸物品、枪支弹药、管制刀具专项行动，检查民用爆破器材使用单位 39 家 133 次，报废民用猎枪子弹壳 98 枚，管制刀具

35 把。

五、“110”接处警

1996 年，博乐市公安“110”报警服务台开通，组建“110”指挥中心。1997 年 1 月，市公安“110”指挥中心报警台向社会开通。2004 年 3 月，在博州公安局的统一要求和协调下，全州启动新的“110”报警系统，向市城区派出所和交警大队、市区中队配发 350 兆对讲机。2006 年，博乐市公安部门推进“三台合一”（110、119、120）建设工作，根据《公安部 110 接处警工作规则》，制定《博乐市公安局 110、119 联动制度》《博乐市公安局接处警工作规则》，抓“110”报警台的对外宣传工作，同时抓拨打骚扰电话的查处工作。同年 5 月，市公安局召开各处警单位参加的接处警工作会议暨 110、119 联动会，推进公安机关接处警工作正规化、制度化建设。

第四节　交通安全管理

一、交通安全宣传

1979—1985 年，博乐市（县）公安部门配合交通管理部门，开展交通安全教育，执行路检路查，纠正交通违章，依法处理交通事故。1984 年，市公安部门配合交通管理部门开展“红五月”道路交通整治活动。1986 年 3 月，市公安成立交警队。20 世纪 80 年代末至 20 世纪 90 年代，市道路状况改善、车辆增加，道路交通事故频发，每年派学员到学校开展交通安全讲课，开展大型宣传活动。1996 年，利用广播、电视、板报等各种形式广泛宣传交通安全知识，印发各类宣传材料 1 万多分，交通安全基本知识试卷 1 000 多份。复制交通法规录音带 50 盘，受教育群众 6 万余人次。2000 年，开展交通安全宣传教育活动 4 次，2006 年，举办大型宣传活动 2 次，受教育群众 4 万余人。

二、交通设施

20 世纪 80 年代，博乐市（县）车辆少，交通设施不完善。1983 年，博乐县青得里大街与顾力木图路的十字路口安装红绿灯设交通亭。90 年代，主要街道实现柏油路，十字路口陆续安装红绿灯交通设施。2000 年，在城区顾里木图路学校附近安装公路减速带，在主要道路路口配齐红绿灯。2006 年，安装电子监控设备。

三、车辆管理

1979 年以来，博乐市（县）每年实行车辆年审查、监测制度。1997 年，开展自行车和三轮自行车牌照登记打印工作。2000 年起，市实行《机动车驾驶员交通违章记分办法》，规范交通违章处罚程序。2001 年，市交警部门开展创建“平安大道”活动，开展交通秩序集中整治工作，检查各类机动车 1 万余辆，处罚违章 5 800 人次，教育违章人员 6 800 人。2003 年，市交警部门检查各类违章车辆 7 545 辆，处罚违章 7 230 人次，暂扣驾照 311 本，暂扣严重违章机动车 764 辆，违章记分 4 445 分，吊扣驾驶证 84 本，立行政处罚案卷 680 卷。2006 年，市交警部门检查各类机动车辆 14 680 辆，办理摩托车驾照 853 本，审验农用车、摩托车 644 辆。

四、驾驶员管理

20 世纪 80、90 年代，每年检查各类机动车辆，举办驾驶员培训班 2 期。1997 年，代办审验各类机动车、各类牌照，审验驾驶证；举办摩托车培训 5 期。2000 年，举办交通安全学习班 10 期，培训 900 余人。2006 年，办理摩托车牌照 1 070 幅，举办汽车驾驶员培训班 12 期，170 人。辖区内驾驶员开展集中教育 10 次。

五、交通秩序整顿

1990 年，博乐市公安交警部门加强道路安全监管，推行道路分段定人定点定岗包干执勤办法。

1996年，市公安局部门先后侦破“9·23”“11·27”重大交通事故逃逸案。在事故多发地成立市三台、五台上路巡警中队，加大交通逃逸案件侦破。1997年，交警部门加强交通管理和清理整顿工作。2000—2006年，各类私家车逐年增加，市公安部门以“减少事故，保障畅通”和“道路交通规范有序”为工作目标，加强道路交通秩序整顿，抓各类违规违章行为的查处工作。

六、交通事故

1987年，交通事故148起。1991年，全市共发生交通事故111起，死21人，伤65人，经济损失折款9.4万元。在111起案件中当年结案46起，占全部案件的41.44%。到2006年，全年发生交通事故1 075起，伤677人，直接经济损失63.415万元。其中死亡交通事故52起，死亡55人，伤72人，直接经济损失20.565万元；伤人交通事故114起，伤200人，直接经济损失16.585万元；简易程序处理909起，伤405人，直接经济损失26.265万元。

1987—2006年博乐市交通事故一览表

表15-2

年份	事故（起）	死亡（人）	受伤（人）	重大事故（起）	简易处理（起）	经济损失(万元)
1987	148	21	48	21	47	12.54
1988	138	18	35	–	–	11.955
1989	96	10	26	16	–	6.247
1990	57	13	38	12	–	9.719
1991	111	21	74	20	–	18.706
1992	62	32	44	–	–	54.705
1993	87	50	98	33	–	24.875
1994	28	50	16	11	–	3.12
1995	38	9	16	–	–	26.825
1996	66	25	24	26	–	59.064
1997	60	34	40	2	21	60.727
1998	74	44	45	–	–	15.825
1999	56	20	23	–	–	4
2000	369	26	10	–	–	25.445
2001	876	61	568	3	–	100
2002	885	56	112	8	–	60
2003	660	50	478	46	–	49.998
2004	663	76	451	4	–	121.457
2005	1022	88	522	–	–	9.872
2006	1075	55	677	8	–	63.415

第五节 刑事侦查和经济侦查

一、刑事侦查

1979年，博乐县公安部门勘察现场174起，现场采证83起，侦破134起，抓获案犯36人，拘留14人，逮捕22人。1996—1997年，博乐市公安刑侦部门加强刑侦业务基础建设，建立人员资料，案件资料560份。1999年，强化刑事特勤建设和阵地控制。2001年，建立三级刑事技术点。2006年加强刑事侦查技术建设，安装指纹自动识别系统、指纹比对仪、指纹熏显箱等一批高科技设备。博乐市公安部门勘查现场722起，现场采证512起，侦破463起，抓获犯罪嫌疑人571人。

二、预审工作

1979年，博乐县公安预审部门受理各类案件17起，人犯20人。进入20世纪80年代，公安预审部门受理各类案件增加，监所人犯增加。1980年，县公安局预审部门受理各类案件50起、犯罪嫌疑人58人；提请批准逮捕38案45人；批准逮捕37案43人。县看守所收押148人，刑事拘留71人。1987年，市公安局预审部门受理各类刑事案件67起、案犯嫌疑人105人，提请批准逮捕67人，移送起诉73人。进入20世纪90年代，市公安部门对看守所工作严格管理、科学管理的同时，配合刑侦、预审部门开展狱内侦查。1991年有12名嫌犯主动交代更多犯罪事实，有20名嫌犯向公安机关提供线索43条，抓获案犯嫌疑人19人。1996年，全年预审工作受理案件160起267人，审结165起，深挖现行和隐积案28起11人，追缴赃物价值5.69万元。1998年，实行侦审合一，撤销预审科，预审业务归刑警大队。

三、经济犯罪侦查

1979—1989年，经济领域犯罪很少。1989年，公安机关配合反腐斗争，从重从快打击经济犯罪分子，市公安部门严查投机倒把、走私贩私、诈骗等经济犯罪案件。随着经济社会发展，经济犯罪呈现增长趋势。1992年，查获卖假币案1件，涉案嫌疑人2个，没收假币10万元。1995—1999年，破获2起特大诈骗案；查处偷税漏税6起8人。至2000年，开展打击制贩假币专项斗争和打击涉税犯罪斗争，破获假币案2起，涉及金额12.58万元，收缴假币10,5万元，抓获犯罪团伙1个嫌疑人4人。2001年，打击经济领域专项行动，打击制售假冒商品、非法买卖外汇、伪造金融票证、制贩假币、涉税犯罪等，查处偷税案件12起13人；破获各类假币7起，抓获犯罪嫌疑人14人，收缴假币19万元；捣毁团伙作案2个7人。共设立各类经济犯罪案件17起，破获14起，挽回经济损失450万元。2003年开展整顿和规范市场经济秩序专项治理；2004年开展打击制假售假、保护知识产权和信用卡恶意透支、虚开货物运输发票等违法活动，全年受理各类经济犯罪案件63起，立案52起，破获49起，其中1起信用卡诈骗案，抓获嫌疑人1人。2006年，重点打击虚开用于抵扣税款发票和假币犯罪活动，共受理各类经济犯罪案件59起，立案43起，抓获犯罪嫌疑人18人，共挽回经济损失594余万元。

第六节 专项斗争

一、严打斗争

1983年，根据《关于严厉打击刑事犯罪活动的决定》，同年8月27日，全县公安民警密切配合，抓获一批犯罪嫌疑团伙，缴获大量凶器及赃款赃物。1984年2月，做好关押和控制工作。同年6月20日，开展拉网式抓捕犯罪嫌疑人。同年9月25日，博乐县公安刑侦部门坚持“从重以快，一网打尽”的方针，开展严厉打击刑事犯罪活动第二战役，打掉犯罪嫌疑团伙，侦破刑事案159起。

1986年7月，博乐市公安刑侦部门开展“严打”斗争第三个战役，三年为期。同年，捕获刑事案犯嫌疑人 24 人，摧毁犯罪团伙 2 个。

二、专项斗争

1987 年 4 月，博乐市开展打击流氓犯罪为中心的专项整治，捣毁盗窃团伙 9 个，流氓集团 2 个，挖掉卖淫窝点 5 个。1988 年，开展打击盗窃犯罪专项斗争。针对突出的治安问题，适时开展专项治理和破案战役，至 1989 年底，共组织 7 次较大规模的集中打击。1990 年，博乐市公安部门进行集中打击流氓团伙、盗窃抢劫，以集中打击自行车盗窃为主，获赃款赃物 12.53 万元。

1991 年 4—5 月，破自行车盗窃案 401 起。1993—1994 年，集中打击盗窃自行车和流氓滋扰统一行动，摧毁犯罪团伙 16 个；打击车匪路霸专项斗争，抓获一批犯罪嫌疑人，缴获一批农村被盗牲畜、自行车、彩电等物品，震慑盗窃犯罪。1995—2000 年，开展社会治安重点整治活动、“百日严打”战役、破案追逃战役、“打拐”等专项斗争。共破获拐卖（骗）案件 4 起，解救拐卖（骗）妇女 4 人。其中 1999 年开展 2 次“追逃”专项行动，清查出租房屋、旅店场所、立堵截卡点、核对流动人口等，抓获逃犯 19 人。2001 年，“追逃”行动中清查“三无”人员 8 472 人，上网比对 9 519 人，抓获逃犯 23 人，其中网上通缉犯 17 人。2004 年，开展“命案侦破”“打击盗窃、抢劫”专项斗争。2005 年，开展打击盗窃农资和农村电力设施专项斗争。2006 年，开展“打黑除恶”专项斗争，打掉流氓恶势力团伙 1 个，打掉盗窃犯罪集团 7 个，彻底铲除盘踞乡镇的恶势力。是年，实现命案破案率 100%，8 类刑事案件破案率 83.4%。

三、禁毒、禁赌、扫黄

20 世纪 80 年代末，博乐市开展扫除“六害”活动。打击“六害”即卖淫嫖娼、制作贩卖传播淫秽物品、拐卖妇女儿童、私种吸食贩运毒品、聚众赌博、利用封建迷信骗财害人，1989—1992 年，博乐市公安共计开展抓“六害”统一行动三次，查获窝点 160 多个，查处违法人员 579 人。抓获惯赌人员 14 人。其中 1991 年 3 月，市公安局开展第三次扫“六害”统一行动，查获传播淫秽录像窝点 4 处，处罚当事人 6 人。随着博乐市公共娱乐场所逐渐增多，公安局加强公共娱乐场所治安管理。1996 年，开展扫黄除害专项治理，查处“六害”案件 76 起 257 人。1998 年，市公安部门查处传播、出租、销售淫秽录像场所 5 家，没收违禁影碟、录像带 169 盘，发出整改通知书 7 份。查处卖淫嫖娼案件 1 起，赌博案 8 起 35 人。2000 年，查处“六害”案件 56 起 198 人。侦破毒品犯罪案 24 起 162 人。2001 年，开展“扫黄打非”专项治理，清查娱乐服务场所 250 家，取缔 2 家；查处卖淫嫖娼案件 4 起 7 人，介绍容留妇女卖淫案件 3 起 8 人赌博案件 18 起，抓获赌博人员 102 人。2002 年，加大禁毒严打斗争，在娱乐场所开展冰毒、摇头丸等新型毒品宣传教育活动。破获毒品案件 36 起，抓获犯罪嫌疑人 105 人；清查娱乐服务场所 900 多家次，娱乐场所停业整顿 3 家，取缔 2 家；介绍容留妇女卖淫案件 3 起，查处违法人员 8 人；赌博案件 18 起，抓获赌博人员 102 人。2006 年，在全市范围内开展吸毒人员调查摸底，对新发现的在册吸毒人员审查、送戒，采取强制戒毒和责令戒毒相结合办法开展禁吸戒毒工作。群防群治，推进“无毒社区、无毒村”。公安部门侦破毒品犯罪案件 39 起。每年 6 月 26 日，结合电视开展禁毒宣传教育。结合专项斗争，禁赌扫黄。

第七节　监所管理

一、制度建设

1979—2006 年，贯彻《中华人民共和国看守所条例》，制定完善监所收押、值班、提审、会见、通信、教育、管理、生活、卫生等各项制度，确保收押人员安全。每月对看守所和拘留所安全检查 2 ~ 3 次。1999 年，市公安看守所由部颁三级升级达标为部颁二级，再无人员脱逃及其他重大事故。2000 年，实行警务公开制度，市公安部门坚持以“抓教育、促管理，抓建设、促安全”为工作思路，继续开展监所秩序专项治理工作，加强安全检查和狱侦工作，提倡人性化管理，营造良好的监所环境。2005年，市公安行政拘留工作坚持做到严格、规范，获“全国达标拘留所”。

二、关押人员思想改造教育

1983年8月，对犯罪嫌疑人进行遵守监规教育，1986年，采取多种形式对在押人员加强思想改造和法制教育。1987年，市看守所组织犯罪嫌疑人学习有关法律。1988年，开展争创文明监室、卫生监室活动。2006年，实行包号责任制把任务分解给每位民警，抓对在押人员转化教育。

第二章 检 察

第一节 机 构

1979年，博乐县人民检察院设立行政办公室、刑事检察科、法纪检察科。

1982年，县人民检察院将法纪检察科分为法纪检察科（包括监所检察工作）和经济检察科。1985年6月，县人民检察院有编制30名。同年7月，增设监所检察科。内设行政办公室、刑事检察科、法纪检察科、经济检察科和监所检察科。1990年，市人民检察院内设刑事检察科、法纪科、经济检察科、监所检察室和办公室（以上机构均为股级），编制40名。1991年，增设民事行政检察科和税务检察室。1995年，增设控告申诉检察科。1996年，市人民检察院设立反贪污贿赂局。内设办公室、刑事检察科、经济检察科、法纪检察科、监所检察科、民事行政检察科、控告申诉检察科、税务检察室。1997年1月，刑事检察科分为审查批捕科和审查起诉科。1998年6月，撤销博乐市国税局税务检察室。1999年，建立预防职务犯罪研究中心、青少年犯罪预防和改造中心和博乐市人民检察院法律政策宣传组。2000年8月，市人民检察院内设11个职能科室，即反贪污贿赂局、审查逮捕科、审查起诉科、法纪检察科、控告申诉检察科（举报中心、刑事赔偿办公室）、监所检察科、民事行政检察科、纪检组、政工科、办公室、检察技术科。行政编制为43名，其中领导职数7个。2002年11月，市人民检察院内设9个职能部门，即办公室、侦查监督科、诉讼科、反贪污贿赂局、渎职侵权检察科、监所检察科、民事行政检察科、控告申诉检察科、警务科。行政编制40名，其中领导职数5个，内设科室副科级职数10个。2005年5月，市人民检察院增加专项编制5名。

2006年，博乐市人民检察院内设9个职能部门，即办公室、侦查监督科、诉讼科、反贪污贿赂局、渎职侵权检察科、监所检察科、民事行政检察科、控告申诉检察科、警务科。行政编制45名，其中领导职数5个。

第二节 刑事检察

一、审查批捕及侦查监督

20世纪70年代末至80年代前期，博乐县人民检察院在批捕的刑事犯罪中，包括强奸、奸淫幼女、盗窃、抢劫、凶杀伤害、流氓、交通肇事、偷越国境、阻碍国家工作人员依法执行公务、虐待、毁坏公私财物、抢夺、窝藏、诈骗、放火等，其中青少年犯罪突出。1979—1985年，县人民检察院纠正县公安机关错定性9件11人，追捕属于县公安机关漏报捕的犯罪嫌疑人14人，追诉县公安机关漏送起诉的涉案人员16人。20世纪80年代后期，市人民检察院在批捕的刑事犯罪中，盗窃、诈骗案件比例大。根据上级检察机关的要求，市人民检察院决定自1988年9月9日起，刑事检察科增设自侦案件的批捕和起诉工作，全年受理市公安机关及自侦部门移送审查批准逮捕案件80件119人，批准逮捕77件109人，不批准逮捕3件9人。纠正市公安机关定罪3件4人，纠正市公安机关漏罪1件1人，纠正罪名2件2人，追捕1人，追诉5人。1989年，市人民检察院受理市公安机关及自侦部门移送审查批准逮捕案件77件121人，批准逮捕74件118人，不批准逮捕3件3人。纠正市公安机关定罪7件14人，纠正市公安机关适用法条不当3件5人，纠正市公安机关漏罪3件5人。

20世纪90年代，博乐市人民检察院在批捕的刑事犯罪中，包括盗窃、故意伤害、故意杀人、抢劫、强奸、贪污受贿、奸淫幼女、诈骗、买卖盗窃枪支、挪用公款、偷越国境、绑架儿童、破坏电力设备、容留介绍妇女卖淫、重婚等，其中盗窃、强奸、故意伤害、故意杀人案件比例大。2006年，市人民检察院受理市公安机关及自侦部门移送审查批准逮捕案件195件317人，批准逮捕184件296人，不批准逮捕11件21人。提前介入市公安机关侦查活动10件14人，对市公安机关应当提请批准逮捕而未提请的7名犯罪嫌疑人做出逮捕决定。

二、审查起诉及刑事审判监督

20世纪70年代末至80年代前期，博乐县人民检察院共受理县公安机关移送审查起诉423案605人；免予起诉29案63人；不起诉7案15人，起诉331案440人。出庭支持公诉305次，发表公诉词290篇。依法履行审判监督职能，向市人民法院依法提出抗诉的8案。控诉案件由市检察委员会讨论决定，报上级检察机关批准，正式提出。

20世纪80年代后期，博乐市人民检察院在审查起诉的案件中，盗窃案居首位。1986年，市人民检察院受理市公安机关移送的、博州检察院交办的审查起诉案件66案94人，提起公诉50案71人，免诉4案7人，不起诉1人，上报博州人民检察院5案10人，积存7案9人。

20世纪90年代，博乐市人民检察院在审查起诉的案件中，盗窃案居首位，交通肇事案件增加。市人民检察院起诉科开展以“突击月”等办案形式惩治杀人、抢劫、强奸、绑架等暴力性犯罪。

21世纪初，博乐市人民检察院在审查起诉的案件中，盗窃、故意伤害、抢劫、强奸等案件比例大，交通肇事案件呈上升趋势，职务犯罪开始增多。同时，起诉案件中出现出售、运输、持有、使用假币，贩卖、制造毒品，走私珍贵动物制品，合同诈骗，生产、销售伪劣产品等案件。2006年，市人民检察院受理市公安机关及自侦部门移送审查起诉案件263案、419人，提起公诉226案329人，不起诉17案、22人，报博州检察院11案28人，退回补充侦查8案39人，积存1案1人。

三、立案监督

1997年，博乐市人民检察院召开院务会议，建立立案监督制度。1998年，市人民检察院受理立案监督线索4案6人，向市公安机关发出说明不立案理由通知书3份，市公安机关立案3案4人，不予立案1人。2000年，市人民检察院受理立案监督线索19件，向市公安机关发出说明不立案理由通知书11份，通知市公安机关立案4件，市公安机关立案11件。到21世纪，市人民检察院印发《博乐市人民检察院刑事立案监督工作暂行办法》，规范立案监督程序。2001年，市人民检察院受理立案监督线索8件，向市公安机关发出说明不立案理由通知书8份，市公安机关说明不立案理由7件，通知市公安机关立案2件，市公安机关立案3件。2006年，市人民检察院受理立案监督线索8件，立案监督3案3人。市人民检察院侦查监督科科长王晓雷被自治区人民检察院政治部授予全疆检察机关“打击制假售假、侵犯知识产权犯罪专项立案监督活动”先进个人。

第三节　民事行政检察

1991年，博乐市人民检察院设民事行政检察科。同年，市人民检察院民事行政检察科受理行政案件 2 件，审查 2 件，出庭监督 1 次。2000 年，市人民检察院民事行政检察科受理民事、行政等申诉案件 11 件，提请抗诉 3 件，息诉 2 件，终止审查 6 件。2006 年，市人民检察院民事行政检察科受理民事、行政等申诉案件 9 件，提请抗诉 6 件，建议提请抗诉 1 件，向市人民法院发出检察建议 2 份。法院改判 4 件。

第四节 反贪污贿赂检察

20 世纪 80 年代，博乐市人民检察院经济检察工作逐步走上正轨。1988 年，市人民检察院经济检察科受理贪污、贿赂等经济案件 7 件，立案侦查的 2 案 2 人，批准逮捕起诉的 2 案 2 人，已判决的 2 案 2 人，免诉的 1 人，立案尚未结案的 1 案 1 人（包括上年立案的 1 案 2 人），还在调查的 2 案，作其他处理的 3 案，为国家挽回经济损失 3 万余元。市人民检察院经济检察科受理贪污、贿赂等经济案件线索 25 件 28 人（含积存的 1 件 1 人），立案 9 件 11 人，侦结 6 案 7 人，刑检部门审查起诉 2 案 3 人，免诉的 4 案 4 人，正在侦查之中 3 案 4 人，挽回经济损失 25.31 万元。1996 年 5 月，市人民检察院设立反贪污贿赂局。1997 年，市人民检察院将法纪工作纳入反贪污贿赂局。1999 年，市人民检察院将职务犯罪预防工作纳入反贪污贿赂局。2006 年，市人民检察院反贪污贿赂局经济检察科受理贪污、贿赂等经济案件线索 16 件，初查终结 13 件，3 件正在初查之中。立案 2 件，起诉 1 件，不起诉 1 件，挽回经济损失 40 余万元。

第五节 法纪检察

1979 年底，博乐县人民检察院开始法纪检察工作。20 世纪 80 年代前期，县人民检察院法纪检察案件主要包括诬告陷害、渎职、重大责任事故、非法搜查、破坏选举、盗伐森林、打击报复、变相贪污等。县人民检察院法纪检察科受理法纪案件 37 案，立案 3 案，起诉 1 案，免诉 10 案，查处 9 案，其他处理 15 案。

1986 年，博乐市人民检察院法纪检察科受理法纪检察案件 15 案，立案 2 案，不立案 1 案，调解处理 2 案，转有关部门处理 7 案，积存 3 案。1987 年，市人民检察院法纪检察科受理法纪案件 9 案 11 人，决定不立案 5 案 5 人，正在受理 2 案 3 人，转有关部门处理 2 案、3 人，发出检察建议书 9 份，接待来访 14 人次。1988 年，市人民检察院法纪检察科受理法纪案件 14 案 17 人，立案 1 案 1 人，免予起诉 1 案 1 人，不立案 4 案 5 人，转给其他有关单位 7 案 7 人，发出检察建议书 6 份，协助刑检科批捕 1 案 1 人，起诉 1 案 1 人。1989 年，市人民检察院法纪检察科受理法纪案件 10 案 12 人，转有关单位 10 案、12 人，协助刑检科批捕 12 人次，出庭 2 人次，协助经济科批捕 3 人次。1990 年，市人民检察院法纪检察科受理举报线索 6 起，转有关部门处理，未立案 1 起。2000 年，市人民检察院法纪检察科受理案件线索 2 件 3 人，立案侦查 1 案 2 人。

2001—2006 年，博乐市法纪案件主要包括徇私舞弊、滥用职权、刑讯逼供、渎职侵权等，其中滥用职权案件所占比例大。

第六节 职务犯罪预防

1999 年，博乐市人民检察院设预防职务犯罪研究中心。2000—2003 年，市人民检察院开展职务犯罪讲座，走访市公安、税务、工商、土地管理等部门，加强同市纪委、监察、审计等有关部门联系。与市发改计划委员会、市建设局、市水利局等8家单位联合成立预防职务犯罪联络处。2004年，博乐市人民检察院坚持“打防并举，标本兼治，综合治理”的工作方针，开展专项预防和个案预防工作。对青得里乡土地管理所贪污案进行个案预防，根据办案中发现的问题，发出检察建议书2份。2006年，市人民检察院对市直属粮仓贪污案开展个案预防，针对发现的问题，发出检察建议书3份。

第七节　控告申诉检察

1995年，博乐市人民检察院成立控告申诉检察科。1996年，市人民检察院控告申诉检察科受理来信、来访48件次，转反贪局27件，转市纪委5件，转乡镇纪委5件，转公安局3件，转刑检部门1件，转民事行政检察部门2件，转法纪检察部门5件。2003年，市人民检察院制定实施控告、申诉“首办责任制”承诺措施。同年，市人民检察院控申举报接待室被自治区人民检察院授予“文明接待室”称号。2006年，市人民检察院控告申诉检察科受理各类举报18件。接待来信来访12件，转民事行政检察科审查7件，转侦查监督科1件，调处2件，直接答复2件。市人民检察院检察长接待来访28件29人。

第三章　法　院

第一节　机　构

1979年，博乐县人民法院设立刑事审判庭、民事审判庭、行政办公室和审判委员会，编制31名。1980年3月，县人民法院设立党组。同年5月，县人民法院设立人民群众来信来访接待室。同年8月，县人民法院设立经济审判庭。同年9月，县人民法院在小营盘区、达勒特乡设立人民法庭。

1985年，博乐市人民法院编制46名。1987年8月，市人民法院院长由正科级升格为副县级。1989年2月，市人民法院在阿热勒托哈牧场设立人民法庭。同年10月，设立执行庭。1990年9月，设立行政审判庭。1992年2月，设立政工科。1995年，市人民法院编制63个。1996年5月，人民群众来信来访接待室改称为博乐市人民法院告诉申诉庭。同年9月，市人民法院在贝林哈日莫墩乡设立人民法庭。1999年11月，设立审判监督庭和司法警察大队。2000年5月，告诉申诉庭改称为立案庭。2001年3月，撤销贝林哈日莫墩乡人民法庭和阿热勒托哈牧场人民法庭。2002年5月，政工科改称为政治处。同年10月，撤销执行庭，设立执行局。2003年3月，经济审判庭并入民事审判庭。同月，民事审判庭分设为民事审判一庭、民事审判二庭。2005年，市人民法院编制65名。

2006年，博乐市人民法院工作部门有刑事审判庭、民事审判一庭、民事审判二庭、立案庭、行政审判庭、执行工作局、审判监督庭、政治处、行政办公室、法警大队；派出机构有小营盘人民法庭和达勒特人民法庭。

第二节　刑事审判

1979年，博乐县人民法院按照中共中央关于复查冤假错案的精神，对1966—1978年257件刑事案件进行复查，平反纠正79件。1980年1月1日，《中华人民共和国刑法》《中华人民共和国刑事诉讼法》（简称“两法”）颁布施行，县人民法院审判工作走上依法独立审判的轨道。在实施“两法”

中，县人民法院贯彻“从重从快”方针，对故意杀人、故意伤害、放火、抢劫、强奸、投毒、重大盗窃7类犯罪分子，尤其是对团伙盗窃作案分子，予以重判。

1997—2006年，为新《中华人民共和国刑法》《中华人民共和国刑事诉讼法》的实施阶段。市人民法院继续贯彻“从重从快”的方针，对故意杀人、故意伤害、抢劫、强奸、贩卖毒品、放火、爆炸、投毒8类犯罪分子，予以重判。

1979—2006年博乐市人民法院刑事案收结案统计一览表

表15-3 单位：件、%

年度	收案数	结案数	结案率	年度	收案数	结案数	结案率
1979	34	34	100	1993	158	155	98.1
1980	37	35	94.6	1994	164	162	98.8
1981	44	36	81.8	1995	153	149	97.4
1982	47	47	100	1996	165	163	98.8
1983	72	68	94.4	1997	133	129	97
1984	81	78	96.3	1998	124	122	98
1985	55	49	89.1	1999	163	159	99.5
1986	73	67	91.8	2000	153	147	96
1987	82	79	96.3	2001	176	167	95
1988	117	90	76.9	2002	184	174	94.6
1989	138	128	92.8	2003	170	168	99.4
1990	82	77	93.9	2004	208	207	99.5
1991	120	111	92.5	2005	207	207	100
1992	132	107	81.1	2006	224	224	100

第三节 民商事审判

1979—2006年，博乐市（县）人民法院民商事审判工作处在改革中，审判方式几经变化。1988年，《中华人民共和国民法通则》颁布以前，民商事审判坚持便利群众诉讼、便利法院审理的“两便”原则，法官主动深入农户院落、田间地头，巡回办案，就地审理，审结大量的民商事案件。在审理案件中采用“马锡武式”（解放前，陕甘宁边区的陇东法庭，马锡武采用贴近“群众”的审判形式，解决了许多民间纠纷，被称为马锡武式审判）、“调解为主”结案方式。这阶段民商事案件的案由少、案情简单，主要是以婚姻家庭纠纷案件和借贷案件。1988年《中华人民共和国民法通则》施行后，市人民法院依法审判民商事案件。1988—2002年，市人民法院民商事审判工作坚持以调解为主、判决为辅的办案原则。1996年，市人民法院审结1 300多件，民事案件调解结案900多件，调解结案率70%。2002年，《最高人民法院关于诉讼证据问题的若干规定》颁布后，市人民法院民事审判工作强调“谁主张、谁举证”的审理方式。2005年后，市人民法院民事审判工作又转向“能调则调、当判则判、调判结合、案结事了”的审判工作方式，重新强调调解结案的重要性。

1979—2006年博乐市人民法院民事案件收结案一览表

表15-4

单位：件、%

年度	收案数	结案数	结案率	年度	收案数	结案数	结案率
1979	139	118	84.9	1993	893	866	97
1980	–	–	–	1994	1 410	1 011	97.1
1981	188	151	83	1995	1 320	1 276	96.7
1982	224	156	100	1996	1 344	1 313	97.7
1983	234	169	72	1997	1 603	1 409	87.9
1984	–	–	–	1998	1 154	1 052	91.5
1985	301	236	78.4	1999	1 407	1 331	95.6
1986	310	237	78.8	2000	1 569	1 506	96
1987	462	409	88.5	2001	1 602	1 449	90.4
1988	313	273	87.2	2002	1 242	1 227	98.8
1989	393	366	98.1	2003	1 456	1 416	97
1990	424	369	87	2004	1 585	1 582	96
1991	403	381	86	2005	1 424	1 397	98.1
1992	420	405	96.4	2006	1 526	1 498	98.2

第四节 经济审判

1980年8月，博乐县人民法院设经济审判庭，专项审理民事案件中涉及到经济合同纠纷案件。1984年，县人民法院的经济审判工作为农村土地承包责任制的推行保驾护航。1985年，市人民法院经济审判庭受理经济案件34件，结案34件。1990年，市人民法院经济审判庭受理经济案件82件，结案76件。1994—1999年，市人民法院成立经济案件调解中心，到工矿企业了解企业生产情况，宣传经济合同法，召开厂长经理座谈会，为企业提供法律咨询服务。1995年，市人民法院经济审判庭受理经济案件328件，结案305件。1998年，市人民法院经济审判庭受理经济案件364件，结案229件。2003年，市人民法院经济审判庭并入民事审判庭。

1985—1999年博乐市人民法院经济案件收结案一览表

表15-5

单位：件、%

年度	收案数	结案数	结案率	年度	收案数	结案数	结案率
1985	34	34	100	1992	84	81	96.4
1986	114	109	95.6	1993	249	242	97.2
1987	132	112	84.8	1994	228	224	98.2
1988	125	108	100	1995	328	305	93.1
1989	238	209	84	1997	246	229	93
1990	82	76	92.9	1998	364	229	63
1991	70	68	92.1	1999	187	175	93.6

第五节 行政审判

1990年，博乐市人民法院行政审判庭成立。至2006年，市人民法院行政审判庭共审结行政案件209件。

1990—2006年博乐市人民法院行政案收结案统计一览表

表15-6 单位：件、%

年度	收案数	结案数	结案率	年度	收案数	结案数	结案率
1990	9	8	88.9	1999	13	13	100
1991	9	9	100	2000	21	21	100
1992	10	10	100	2001	23	21	91.3
1993	11	11	100	2002	12	12	100
1994	15	13	88.7	2003	11	11	100
1995	15	15	100%	2004	9	9	100
1996	4	4	100	2005	23	23	100
1997	10	10	100	2006	9	9	100
1998	10	10	100	–	–	–	–

第六节 案件执行

1989年10月，博乐市人民法院执行庭成立。1989年10月至1998年，市人民法院受执行案件难困扰。1999年，中共中央关于加强法院执行工作的11号文件出台后，市人民法院执行案件工作的困难有一定的缓解，但执行案件难的现状依然存在。2003年，最高人民法院将执行庭更名为执行局，把执行工作纳入垂直管理，但解决执行案件难的成效不明显，执行案件难的问题仍然突出。

1989—2006年博乐市人民法院执行案件收结案一览表

表15-7 单位：件、%

年度	收案数	结案数	结案率	年度	收案数	结案数	结案率
1989	–	–	–	1998	997	768	77
1990	–	–	–	1999	1 223	995	81
1991	393	366	93	2000	1 700	1 313	77
1992	393	366	93.1	2001	1 323	1 112	84
1993	285	216	75.8	2002	–	–	–
1994	496	393	79.2	2003	868	612	71.5
1995	393	380	96.7	2004	1 141	822	71.7
1996	490	350	71.4	2005	1 181	912	77.2
1997	1 076	792	74	2006	1 243	978	78.7

第七节　审判监督

1999年以前，当事人对案件提出申诉，或者申请再审的案件，是由案件相关的审判庭处理，或者当事人向上级人民法院提出申诉，申请再审后，上级人民法院指令下级人民法院相关的审判庭处理。1999年，最高人民法院要求各级人民法院设立审判监督庭，专门负责再审案件的审理工作。市人民法院审判监督庭成立后，对确有错误的案件及时进行再审，依法保护当事人的合法权益，维护司法公正，体现有错必纠的原则，对理由不充分的、证据不足的申诉申请再审的案件予以驳回，维护法律的权威性。2006年，市人民法院审判监督庭受理案件4件，结案4件。

1999—2006年博乐市人民法院申诉申请再审统计一览表

表15-8　　单位：件、%

年度	收案	结案	结案率	再审	驳回	中止
1999	46	30	65	3	25	2
2000	67	41	61	7	33	1
2001	34	34	100	4	26	4
2002	48	48	100	17	30	1
2003	7	7	100	7	–	–
2004	7	7	100	7	–	–
2005	11	11	100	11	–	–
2006	4	4	100	4	–	–

第八节　立案信访

1980年5月，博乐县人民法院根据上级人民法院的要求，内设人民群众来信来访接待室。1996年，市人民法院人民群众来信来访接待室更名为告诉申诉庭。1998年，市人民法院成立纪检组后，信访案件统一由纪检组登记编号后，再移送到业务庭，由业务庭负责答复或拿出处理意见。1999年，市人民法院告诉申诉庭更名为立案庭。

1979—2006年博乐市人民法院立案收结案件一览表

表15-9　　单位：件、%

年度	收案数	结案数	结案率	年度	收案数	结案数	结案率
1979	173	152	88.3	1983	306	237	77.5
1980	37	35	94.6	1984	81	79	97.5
1981	232	187	80.6	1985	356	286	80.3
1982	271	203	74.9	1986	497	410	82.5

续表 15-8

年度	收案数	结案数	结案率	年度	收案数	结案数	结案率
1987	676	600	88.8	1997	2 827	2 345	83.0
1988	505	471	93.3	1998	1 288	1 184	91.9
1989	769	703	91.4	1999	1 729	1 533	88.7
1990	597	530	88.8	2000	1 810	1 715	94.8
1991	602	569	94.5	2001	1 835	1 637	89.2
1992	955	888	93.0	2002	1 854	1 456	78.5
1993	1 347	1 248	92.7	2003	1 594	1 602	100
1994	1 714	1 577	92.0	2004	1 809	1 745	96.5
1995	1 881	1 820	96.8	2005	1 676	1 649	98.4
1996	1 991	1 816	91.2	2006	1 766	1 738	98.4

第四章 司法行政

第一节 机 构

1981 年 1 月，博乐县司法科成立。1981 年 7 月，县司法科设法律顾问处。1984 年 5 月，县司法科改称为司法局。1985 年 9 月，博乐县司法局改称为博乐市司法局。1985 年 10 月，市司法局法律顾问处改设为博乐市第一律师事务所。1998 年 3 月，在市司法局设博乐市普法办公室。2002—2006 年，市司法局行政编制 26 个（乡镇司法所 13 个，街道司法所 3 个，机关 10 个），其中领导职数 3 个。博乐市司法局内设行政办公室、法制宣传办公室（依法治市领导小组办）、基层工作办公室、法律援助中心、公律办公室、公证处。辖 6 个乡（镇、场）、4 个街道办事处司法所，7 个法律服务所。

第二节 普 法

一、“一五”普法（1986—1990 年）

博乐市有普法对象 36 885 人。普法对象是工人、农民、知识分子、干部、学生、军人、其他劳动者和城镇居民中一切有接受教育能力的公民，其中干部特别是各级领导干部和青少年学生是重点普及对象。普及的基本内容是《中华人民共和国宪法》《中华人民共和国民族区域自治法》《中华人民共和国刑法》《中华人民共和国刑事诉讼法》《中华人民共和国民法通则》《中华人民共和国民事诉讼法》《中华人民共和国婚姻法》《中华人民共和国继承法》《中华人民共和国经济合同法》《中华人民共和国兵役法》《中华人民共和国治安管理处罚条例》，简称为“十法一条例”。“一五”普法期间，举办普法骨干培训班 46 期，培训 2 300 人。市小营盘镇自编自导的《包公学法》等戏剧节目，在群众中普法效果明显。

二、“二五”普法（1991—1995 年）

博乐市有普法对象 8.76 万人。重点普法对象是领导干部、执法人员(包括司法人员)、青少年特别是在校学生、城镇工商个体户从业人员、农牧民。重点学习宣传《中华人民共和国宪法》《中华人民共和国行政诉讼法》《中华人民共和国义务教育法》《中华人民共和国婚姻法》《中华人民共和国继承法》《中华人民共和国土地法》等。“二五”普法期间，领导干部在普法工作中率先垂范。举办副县以上领导干部“两本书”（社会主义法制建设讲话和中华人民共和国宪法讲话）学习班。利用广播、电视、板报、专栏等形式宣传，在农牧区利用冬闲向农牧民进行普法教育。“二五”普法期间，举办各类法律知识竞赛 104 场次；举办法制讲座 166 场次，受教育人数 5 140 人次；出宣传栏、墙报 85 期；义务法律咨询 21 场次。

三、“三五”普法（1996—2000 年）

博乐市有普法对象 8.99 万人。重点普法对象是乡(科)级以上领导干部、司法人员、行政执法人员、企业经营管理人员、青少年、流动人口。重点学习宣传《中华人民共和国宪法》《中华人民共和国行政处罚法》《中华人民共和国企业法》《中华人民共和国义务教育法》《中华人民共和国预防未成年人犯罪法》《中华人民共和国刑法》等与公民工作及生活密切相关的基本法律知识。“三五”普法期间，举办各类培训班 59 期，培训骨干人员 3 000 人次；举办法律知识竞赛 10 场次；开展法律宣传 417 场次，法律咨询 4 347 人次。

四、“四五”普法（2001—2005 年）

博乐市有普法对象 102 844 人。重点普法对象是各级领导干部、司法和行政执法人员、青少年、企业经营管理人员、宗教人士、外来流动人口。重点学习《中华人民共和国农村土地承包法》《中华人民共和国税收征收管理法》《突发公共卫生事件应急条例》《中华人民共和国传染病防治法》《中华人民共和国环境保护法》《中华人民共和国野生动物保护法》等。“四五”普法期间，举办普法骨干培训班 287 期，培训骨干人员 1 120 人次；开展集市法律咨询 34 场次，发放宣传材料 2 万份；举办各类法制讲座、培训班 1 474 场次。在中小学举办现身说法演讲会 11 场次，受教育人数 30 000 人次。

2004 年 8 月，博乐市司法局被司法部、团中央等部门授予“优秀青年维权岗”称号。2006 年 5 月，市人民政府被中共中央宣传部、司法部授予“‘四五’普法先进县（市）”称号；同年，市小营盘镇巴尔托哈村被司法部、民政部授予第二批“民主法治示范村”称号。

第三节　律师管理

1981 年 7 月，博乐县司法科成立法律顾问处。同年 12 月，设 1 名兼职律师、3 名兼职实习律师。1983 年 1 月，县司法科法律顾问处开始设置专职实习律师。1985 年 10 月，市司法局法律顾问处改称为博乐市第一律师事务所，后改称为新疆博乐市振博律师事务所。2000 年 10 月，新疆振博律师事务所改制，并与市司法局签订脱钩协议。改制后的律师事务所为合伙制，沿用新疆振博律师事务所的名称。2001 年，新疆振博律师事务所合伙人 3 人，聘用律师 9 人，财务人员 2 人。律师业务工作主要有接受公民、法人和其他组织聘请，担任法律顾问；接受民事案件、行政案件当事人的委托，担任代理人参加诉讼；接受刑事案犯罪嫌疑人、被告的委托，担任辩护人；解答有关法律的咨询，代写法律文书等；提供法律援助。2000—2006 年，新疆振博律师事务所办理刑事案件 265 件、民事案件 1 208 件、行政案件 38 件；受聘 118 家单位法律顾问。

2003年4月，博乐市成立合伙制新疆双湖律师事务所，注册资金10万元。办公室面积100平方米，办公地点位于博乐市北京路89号。至2006年，新疆双湖律师事务所有合伙人3人，聘用律师3人，财务人员2人。2003年至2006年12月，新疆双湖律师事务所办理刑事案件31件，办理民事案件241件，办理其他案件125件，办理法律援助案件20件；受聘企事业单位法律顾问47家；代书389件，为企事业单位及公民个人挽回经济损失2 000万元。

第四节　公　证

1981年6月，博乐县公证处成立。1982年，县公证处配备专职公证员1人。1984年，县公证处配备少数民族助理公证员1人。到2006年，市公证处有公证员6人，公证辅助人员2人。1981—2006年，市公证处共办理各类国内公证案件10 108件，接待群众来信来访6 320人次，避免经济损失达130万元。

第五节　法律援助

2004年10月，博乐市在司法局设法律援助中心，配备工作人员2人。法律援助中心依据《法律援助条例》规定，主要为经济困难、无力支付法律服务费用的公民和特殊案件的当事人提供法律援助。2006年，市法律援助中心在市总工会、市妇联、市残联建立法律援助联络站。2004—2006年，市法律援助中心共办理法律援助案件94件，其中刑事案件47件，民事案件47件，追回经济损失、债务等80余万元。

1990—1994年，博乐市乡（镇、场）相继成立法律服务所。1999年，各乡（镇、场）“148”专线电话正式开通，并成立7个“148”指挥中心，为社会提供法律服务。1990—2006年，市乡镇场法律服务所接受“148”电话咨询705人次，接待来访862人次，提供上门服务116人次，提供法律援助142件，解决纠纷122件，受委托办理法律事务74件，挽回经济损失近1 000万元。

第六节　人民调解

1986—1989年，博乐市部分乡镇成立人民调解委员会，并开展工作。1990年，市乡镇（街道）成立司法办公室，人民调解工作规范化。1993年，市开展人民调解委员会标准化建设。到1994年，市有一类人民调解委员会381个，二类人民调解委员会70个。1995年，市各企事业单位相继建立人民调解委员会。2000年，市7个乡镇场建立司法调解中心。乡镇场司法调解中心坚持“调防结合，以防为主”的工作方针，运用法律的、行政的、经济的和思想教育的方式解决农村各类纠纷。2002年，市印发《博乐市人民调解员培训工作五年规划》，乡镇场、街道制订人民调解员分级培训计划，并在青得里乡召开人民调解工作经验交流现场会。2003年，市乡镇场人民调解委员会“六有四规范”（“六有”即工作场所标语牌、印章、档案柜、记录簿、统计台账，“四规范”即规范组织、规范工作制度、规范调解程序、规范调解文书）制度初步完善，村队人民调解委员会“五有四落实”（“五有”即工作场、标识牌、印章、记录簿、统计台账，“四落实”即组织落实、制度落实、人员落实、报酬落实）初步健全，并规范司法所和人民调解委员会名称、印章、标识、程序、文书、统计“六统一”。2004年，市乡镇场司法调解中心并入乡镇场人民调解委员会。2006年，市在小营盘镇、乌图布拉格镇开展人民调解工作“一案一补”制度试点，并印发《博乐市人民调解试点工作实施方案》《博乐市人民调解试点工作考核标准》。

至2006年，博乐市共有人民调解委员会206个，其中乡（镇、街道）人民调解委员会22个，企事业单位人民调解委员会22个，村居（社区）人民调解委员会151个，企事业单位人民调解委员会11个；有调解员614人（高中以上学历589人）；共调解各类民事纠纷99 810起，调解率98%。

第七节 “两劳”安置帮教

1990—1994年，博乐市乡镇场相继成立“两劳”回归人员帮教工作站。1997年始，市乡镇场“两劳”回归人员帮教工作站建立“两劳”回归人员帮教档案。2004年4月，市相关部门对“两劳”回归人员进行核对和排查。2005年，市相关部门对5年内“两劳”回归人员进行2次核对和排查。至2006年，全市158名“两劳”回归人员无重新违法犯罪现象。

第十六编

BOLE SHIZHI

军　事

中共十一届三中全会后，博乐市（县）人民武装进入正规化、现代化建设时期。1980 年 5 月，组建博乐县人民边防武装警察大队（中国人民武装警察部队博乐市边防大队）。1981 年 12 月，恢复博乐县人民武装委员会和县委书记兼县人民武装部第一政治委员、党委第一书记制度。1995 年 8 月，成立博乐市国防动员委员会，与市人民武装委员会一套机构两块牌子。同时，进一步完善军队、武警、兵团、民兵四位一体的边境管理体制。

1979—2006 年，中国人民武装警察驻博乐市（县）部队、市（县）人民武装部，遵循新时期军事战略方针，战备工作常抓不懈，国防后备力量建设显见成效。落实建设规划，市人民武装部正规化、现代化建设基本达标。民兵队伍正规化、现代化建设按照“精干、可靠、管用”的原则，在发展预备役和保留精干民兵组织的同时，成立博乐市民兵应急营和乡镇场反恐应急分队。民兵军训以军训基地为依托，坚持军训改革，加强应急训练。全面加强部队和民兵队伍在现代化条件下的协同作战和快速反应能力。

武警边防部队和民兵队伍在打击民族分裂势力，维护社会稳定和经济建设以及抢险救灾等急、难、险、重任务中，发挥突击队作用，建立不朽功绩。

第一章 机 构

第一节 人民武装

一、博乐市（县）人民武装委员会

1981 年 12 月，博乐县根据《关于恢复自治区党委和各地州市、县党委人民武装委员会的通知》精神，人民武装委员会（简称武委会）恢复，并开展工作。博乐市（县）人民武装委员会主任由市（县）委书记兼任，副主任由市（县）委、市（县）政府、市（县）人武部领导人兼任，委员由各有关部门负责人兼任。委员会下设办公室，市（县）人武部军事科长任办公室主任，负责承办具体工作。1999 年，调整博乐市委人民武装委员会成员，市长任武装委员会主任。至 2006 年，机构无变化。

二、博乐市国防动员委员会

1995 年 8 月，博乐市国防动员委员会成立。按照党管武装的原则和精简机构的要求，市国防动员委员会与市人民武装委员会一套机构、两块牌子。同时，将 1988 年成立的博乐市人民防空办公室归其领导。1999 年 5 月，调整国防委员会成员，有成员 20 人。市国防动员委员会工作机构有国防动员综合办公室、国防教育办公室、武装动员办公室、经济动员办公室、交通战备办公室、人民防空办公室。至 2006 年，机构无变化

三、博乐市（县）人民武装部

博乐市（县）人武部既接受上级军事机关领导，同时接受地方党委领导，是同级地方建制。1981 年 12 月，县委书记兼任博乐县人民武装部（简称人武部）第一政委。1985 年 4 月，县委书记不再兼任博乐县人民武装部第一政委职务。1995 年，市人民武装部归军队建制，副县级军事单位，下设政工科、军事科、后勤科。

四、 基层人民武装部

1979年，博乐县人民武装部下辖6个公社（乡镇场）基层人民武装部（简称人武部）。1986—2005年，相继成立4个街道办事处武装部。各基层武装部受市（县）人武部和基层党委双重领导，是负责基层民兵预备役工作的领导机构。2006年，博乐市有基层人武部10个。

第二节 博乐市（县）武装警察部队

一、中国人民武装警察部队博乐市（县）边防大队

1980年5月，博乐县人民边防武装警察大队成立。1983年1月，县人民边防武装警察大队改称中国人民武装警察部队博乐县大队。1988年11月，中国人民武装警察部队博乐市大队改称中国人民武装警察部队博乐市边防大队，下辖6个乡镇场和6个兵团团场派出所。1995年，边防派出所在保留原名称的基础上挂边境工作站牌子。

二、中国人民武装警察部队博乐市（县）中队

1980年2月，中国人民武装警察部队博乐县中队与中国人民武装警察部队博尔塔拉蒙古自治州直属中队合并。合并后，由中国人民武装警察部队博尔塔拉蒙古自治州直属中队二排担负原博乐县中队执勤任务。1988年8月，组建中国人民武装警察部队博乐市中队。

第二章 人民武装

第一节 兵役制度

1982—2006年，博乐市（县）执行《兵役法》规定。在人民武装委员会领导下，市（县）辖区的兵役工作由人民武装部负责。全市（县）机关团体、企业事业单位和乡镇的人民政府，根据市（县）兵役工作的安排和要求，依照兵役制度完成博乐市（县）兵役工作任务。

一、兵员征集

1979—2006年，博乐市（县）每年征兵工作由征兵工作领导小组具体领导，设博乐市（县）征兵办公室，负责组织实施。全市（县）年满18 ~ 20周岁（应届高中毕业生可放宽至17岁），具有初中文化水平的农村、牧区家庭劳动力比较宽裕的青年；城镇征集必须具有初中毕业以上文化程度的青年；厂矿企业单位具有高中毕业文化程度的青年工人中征集兵员。

2000年始，博乐市每年征兵前对全市适龄青年进行兵役登记和预征对象登记。登记工作由市兵役登记工作领导小组具体领导，市长任组长，人武部部长、政委任副组长，市人事局、民政局、卫生局、公安局、人武部成员，设立“兵役登记办公室”，负责组织实施。

二、 预备役

1981年，博乐县恢复预备役登记工作。是年，博乐县退伍军人、预备役工作由县武装部和乡镇场人武部组织实施，对全县预备役进行普遍调查摸底，登记造册，把基干民兵编为一类预备役，普通民兵编为二类预备役。1983年始，博乐县退伍军人返乡后，自觉到县人武部进行预备役登记，参民兵组织。1984年，博乐县确定预备役登记的对象和范围，按程序进行登记。武装工作纳入县委、县政府规划，国防教育纳入全民教育计划，武装工作基础设施建设纳入城镇建设整体规划。市（县）人民武装委员会每年召开1 ~ 2次议军会议，制定民兵预备役工作计划，部署民兵预备役建设工作。2003年，武装干部纳入干部管理计划，武装经费纳入财政计划。民兵预备役工作主要是建强“五支队伍”（市人武部、基层武装部、民兵应急分队、民兵信息网、民兵治安分队）。2006年，预备役人员保持不变。

第二节 民 兵

1979—1980年，博乐县民兵整组。1981年，博乐县人武部进行民兵大调整，简化基层民兵组织，缩减民兵数量。从1982年开始，中共博乐县委员会要求县人武部、乡镇场人武部加强“青年民兵之家”建设；各乡镇从各村机动地中划出土地作为妇联、团委和民兵组织开展活动的经费。

1992年，中共博乐县委员会、博乐市人武部把“青年民兵之家”建设纳入基层民兵组织正规化建设工程。同年4月，市人武部贯彻《民兵基层建设纲要》，制定《博乐市“八五”期间基干民兵组织发展规划》，对全市9个民兵基层组织正规化建设情况进行检查验收。到1993年，全市90%以上的民兵连长为专职，90%以上的民兵连有“青年民兵之家”，经费有保障。组织民兵学习新的《民兵工作条例》。

1995年，博乐市抓好民兵应急分队、基干民兵、专业技术分队的组织编制和人员落实，在乌图布拉格乡进行民兵基层组织建设试点工作。同年3月，联合检查组对市民兵整组工作进行考核验收。1996年，全市基层民兵组织正规化建设检查验收，90%的“青年民兵之家”达标。1997—2006年，博乐市巩固提高“五支队伍”建设成果。

1998年，乡镇、街道武装部专武干部增派至3～5人。至2006年专武干部没变化。

第三节 军事训练

1979—1994年，博乐市（县）人武部归地方建制，每年开展人武干部训练1次，训练内容多为技术科目，列队、手枪射击、高机、爆破等。

1995年，人武部归军队建制后，采用讲座、自学、知识竞赛、考核验收等形式组织学习，把谋略、战术、技能相结合，加强对抗训练研究。

1997年，民兵应急分队重组，市武装部和各基层武装部狠抓军事训练，突出防爆、警棍术、军体拳、和轻武器练习及射击训练。市级和乡镇应急训练，结合任务特点，开展防爆应用训练、列队训练、巡逻执勤、实弹射击及专业技术科目训练，提高应急分队执行任务能力，做到队伍拉得出、联得上、收得拢。

2003年，博乐市组建民兵反恐应急排，主要抓好反恐训练，训练科目有队列动作、体能、轻武器射击预习、值班警戒、军体拳、捕俘拳、器械训练、战术基础、应用演练等。

2006年，市人武部科学有效地开展军事理论学习、应对突发事件、维护社会稳定及反恐科目训练，组织干部参加地方电脑培训，提高人武干部“六会技能”（写、画、传、谈、计、算）及组织协调能力、调查研究能力、指导基层能力、操作自动化器材能力。

1992—1998年，博乐市民兵学习邓小平建设有中国特色社会主义理论；进行服从和服务于国家经济建设教育，“三维护、两反对”（维护祖国统一、民族团结、社会稳定，反对民族分裂、非法宗教）教育、党对民兵工作绝对领导教育。同时，2000—2006年，博乐市民兵以“三维护、两反对”教育为主线，开展爱国主义、民族团结以及党的民族宗教政策和新疆历史常识教育。

第四节 拥政爱民

一、参加地方建设

1993年，驻博部队出动700人次，为博乐市“边贸一条街”两侧移植成林树约1 000棵，修整人行道 2 000 平方米，协助修建街心花园。发动官兵向家乡父老、亲朋好友、复转军人写信，宣传市区位优势和各项优惠政策，共发出信函近 1 000 件。

1993—1997 年，人民解放军驻博部队和武警驻博部队参加城市公益事业，投入 4.5 万个劳动日，动用机械车辆 230 台次；义务修路 11.5 千米；植树 120 万余株；支援博—阿光缆建设 450 人次。

1998—2006 年，人民解放军驻博部队和武警驻博部队为支援地方重点工程建设和公益事业先后出动部队 56 700 多人次、车辆 420 多台次。

二、扶贫帮困

1982 年，博乐县人武部出动 40 多台车次，投入 1 000 多劳动日，为县小营盘区博格其格尔莫敦乡村铺修砂石路 2 000 多米，修小桥 3 座，并筹资 2 500 元为村里打井 3 眼，解决 600 人吃水问题。1983 年后，驻博边防分队医务人员义务担负沿线牧民的医疗保健工作，定期到牧区巡诊治病，送医上门。

1993—1997 年，人民解放军驻博部队和武警驻博部队组织扶贫小组 51 个，投入资金 6 万元；助学助残等捐款 3 万余元。

1998—2006 年，人民解放军驻博部队和武警驻博部队捐资 12 万元，帮助 83 户贫困户脱贫。

三、抢险救灾

1993—1997 年，人民解放军驻博部队和武警驻博部队参加各种抢险救灾，出动官兵 1.4 万人次，挽回经济损失 652 万元。

1998—2006 年，人民解放军驻博部队和武警驻博部队参与抢险救灾 10 次，出动官兵 5 000 余人次，抢救各种物资价值 700 多万元。

四、军（警）民共建

1982—2003 年，人民解放军驻博部队和武警驻博部队先后与地方 46 个单位结成共建对子，签订公约，做到组织健全、活动经常。到 2006 年，与地方 250 个单位建立共建关系。

第三章　人民国防

第一节　国防教育

20 世纪七八十年代，博乐市（县）进行“三防”（防原子、防化学、防细菌武器）教育。1995—1998 年，主要在中小学通过各种形式学军活动开展国防教育，累计对博乐市各中学 38 个班的 1 609 名各族学生进行国防教育，在党政机关、企事业单位组织干部职工国防理论和简单军事技能；在群众中宣传国防地位和作用，公民国防义务、军事和人防常识；在预备役人员中，开展新时期民兵作用、民兵预备役部队性质、未来战争特点及后备战争动员等国防教育。

2000 年，人民防空建设 50 周年《中华人民共和国人民防空法》颁布实施四周年之际，在市区主要街道悬挂宣传横幅，在繁华地段发放宣传资料，在当地电台播放人防专题宣传片和人防宣传标语等系列活动。2003 年，市人防办自办《博乐市人防简报》，刊登有关人防法律法规知识和市人防动态，共印发 12 期，计 700 余份。

2003 年，博乐市人防办开展人民防空法律法规系列宣传活动。印发《关于在博乐市城镇中学开展人防知识教育的通知》，市城镇 12 所中学（含私立学校 2 所）开展人防知识教育，各民族受教育学生 2 045 人。

第二节　人民防空工程

20 世纪 70 年代，在“深挖洞”战备方针指导下，县城开展挖地道等防空战备工程。单位干部职工齐上阵，义务修建早期人防地道和部分人防骨干工程。

20 世纪 80 年代，博乐市拟制防空袭预案，开展专业队伍组建和训练，完善指挥通信和警报通信系统等。

20 世纪 90 年代，博乐市依法收取防空地下室易地建设费，由市财政专户管理。

2001 年后，博乐市制定《博乐市防空袭预案》《博乐市人防警报建设规划》。

第四章 消 防

第一节 消防管理

1979 年始，博州消防中队负责全州包括博乐县消防工作。进入 20 世纪 80—90 年代，市公安消防部门加强防火宣传教育，通过电视台、发放宣传单、到各单位居民小区宣讲等方式宣传火灾危害、防范、火灾发生后逃生基本知识及演练。消防中队加强外部监督，督促有关部门制定安全防火措施，并定期开展消防安全大检查。进入 21 世纪，市公安消防部门对涉及易燃易爆的油、汽、棉纺等重点单位加强监管，推行三级监管制度，查处并限期整改团结商场、东风商场、金道市场等一批火灾隐患单位。至 2006 年，市公安消防部门共处理未经消防验收擅自投入使用的建筑工程（场所）等违法行为 5.3 万余件，有效的防止各类消防安全事故的发生。

第二节 消防工作

博乐市消防中队贯彻“预防为主，防消结合”工作方针，把火灾预防放在首位。贯彻落实各项防火措施，力求防止火灾的发生。消防中队随时做好扑救火灾的各项准备工作、一日发生火灾、能够及时发现、赶到现场，有效扑救，最大限度地减少人员伤亡和财产损失。消防中队设置意见箱、举报电话，自觉接受社会监督。

1991—2006 年，全市生活中各种火灾发生 945 起，死亡 10 人，受伤 13 人，直接经济（财产）损失 741.74 万元。其中，2006 年全市共发生火灾 131 起，直接经济损失 251 万元，与上年同期相比起数下降 0.9%，损失下降 1%，博乐市全年无人员伤亡，无重大、特大火灾发生。

1991—2006 年博乐市火灾发生情况一览表

表 16-1　　单位：起、人、元

年份	火灾数	死亡	受伤	直接财产损失
1991	24	0	0	139 679
1992	30	0	0	424 371
1993	29	2	8	176 078
1994	25	0	0	445 288
1995	24	0	0	143 142
1996	36	2	0	1 008 360

续表 16-1

年份	火灾数	死亡	受伤	直接财产损失
1997	34	0	0	156 697
1998	47	0	1	259 230
1999	100	2	0	1 255 858
2000	41	1	0	942 030
2001	35	1	0	212 360
2002	63	2	0	233 556
2003	69	0	0	77 386
2004	129	0	4	1193 899
2005	128	0	0	237 744
2006	131	0	0	511 668
合计	945 起	10 人	13 人	7 417 346 元

第五章　边　防

第一节　边　界

1979 年，博乐县边境线长约 106 千米。1994 年 4 月，中哈两国在阿拉木图签订《中华人民共和国与哈萨克斯坦共和国关于中哈国界的协定》，将阿拉山口争议地区 154 平方千米划归中国。1998 年 7 月，中哈两国签订《中华人民共和国与哈萨克斯坦共和国关于中哈国界的补充协定》，将夏尔希里争议地区 220 平方千米划归中国。2006 年，博乐市边境线长 116.2 千米。市边防大队有 5 个边防派出所，即柯依塔什边防派出所、伯力克特边防派出所、乌图布拉格边防派出所、青得里边防派出所、小营盘边防派出所。

博乐市边境行政管理区有 12 个乡镇农牧团场，居住着汉族、蒙古族、维吾尔族、哈萨克族、回族等民族。

第二节　边境管理

20 世纪 70 年代末至 20 世纪 80 年代，博乐市（县）成立边防工作领导机构，建立健全联防组织，对边民开展反苏特，反外逃宣传教育，加强公开巡逻和秘密设伏，严密盘查验证，特别是加强对苏方人员越界的查处。进入 20 世纪 90 年代，市建立军警兵民“四位一体”联动工作机制，部队守一线，武警管二线，地方查三线。进入 21 世纪，市边境管理法治化。2006 年，自治区在市召开“管边”“控边”“建边”三边会议。

1979—2006 年，博乐市（县）边防地区划分为边境管理区和边境地带。在边境管理区的主要通道、河口及重点地段，埋设边境管理区的界线标志。八十四团、八十九团、九十团、小营盘镇、乌图布拉格镇、青得里乡、阿拉山口口岸等地划为边境管理区。常住边境管理区的居民和暂住人员实行户籍管理。

第三节 会谈会晤

1989年3月，阿拉山口会谈会晤站成立，正营职站，隶属边防团。1995年7月，改编为正团职站，隶属博尔塔拉军分区。边防会谈由博尔塔拉军分区领导担任代表，边防团领导担任副代表，并报新疆军区批准。会谈班子由边防代表、副代表、翻译、工作人员7～10人组成。边防会谈会晤主要任务是依据中华人民共和国和哈萨克斯坦共和国有关条约、协定和协议，处理边境涉外事务，维护国家利益，保持边境稳定，保卫国家主权和领土完整。1990年1月1日，与苏联乌赤阿拉勒地区（苏联解体后，1991年10月25日起，为哈萨克斯坦共和国乌赤阿拉勒地区）边防代表机构主要就中哈边境界标和中哈铁路临时接轨点共同作业区的施工联络监护进行会谈会晤。至2000年12月31日，共进行会谈会晤1 235次，其中会谈129次、会晤1 106次。

第十七编

BOLE SHIZHI

经济综述

中共十一届三中全会后，博乐市首先在农村推行家庭联产承包等生产责任制；国有、集体工业、商业推行资产经营承包责任制。中共十四大后，市深化农村经济体制改革，加快农业产业化、现代化进程；先后完成国有、集体工业、商业改制，建立了现代企业制度；市经济管理综合部门由微观管理转变到宏观调控，管理模式由行政型转变到服务型。

博乐市经济体制改革，推动了国民经济持续快速发展，尤其是西部大开发战略的实施，农业、工业、交通、通信、能源等基础设施建设进入一个新的快速发展时期。1978 年，博乐县国内地方生产总值 5 001 万元，到 2006 年博乐市（县改市）国内地方生产总值达到 34.29 亿元。1978 年，博乐县地方财政收入 256 万元，到 2006 年博乐市地方财政收入达到 1.21 亿元。1978 年职工年平均工资 554.6 元，到 2006 年市在岗职工年平均工资 12 312 元。1978 年农牧民人均纯收入 159.6 元，到 2006 年市农牧民人均纯收入 4 907 元。2001—2005 年，市农村人均住房面积由 25 平方米提高到 30.13 平方米，城镇人均住房面积 19.43 平方米。2001—2005 年，市全社会固定资产投资累计完成 14.24 亿元，是“九五”末的 2.7 倍。

第一章 经济发展

第一节 “六五”至“九五”地方经济发展状况

1985 年末，博乐市工农业总产值 6 338.53 万元，平均每年增长 16.8%，其中工业总产值 2 191.92 万元，平均每年增长 45.6%；农业总产值 4 146.61 万元，平均每年增长 9.9%。工业总产值在国民经济中的比重，由 1980 年的 11.5%，到 1985 年上升为 34.65%；农业总产值在国民经济中的比重，由 1980 年的 88.5%，到 1985 年下降为 65.4%。

1990 年末，博乐市社会总产值为 13 342.83 万元（1980 年不变价计算），5 年平均增长 10.82%。工农业总产值为 11 192.82 万元，5 年平均增长 12.07%；其中工业总产值为 4 834.1 万元，5 年平均增长 15.37%；农业总产值为 6 358.72 万元，5 年平均增长 9.9%。财政收入 1 709.5 万元，5 年平均增长 23.92%。乡镇企业总产值为 2 981.7 万元，5 年平均递增 28.2%。粮食总产量为 51 976 吨，5 年平均递增 6.21%。棉花总产量为 5 825 吨，5 年平均递增 22.98%。牲畜年末存栏头数 33.1 万头，5 年平均递增 3.33%。

“七五”时期，博乐市菜篮子工程投资 25.3 万元；建成 2 个绵羊育肥基地和 53.33 公顷蔬菜基地。工业企业开展技术改造 29 项，完成 24 项，建成博乐市棉纺厂、造纸厂。城市建设固定资产投资 1 072 万元，每日 4 500 立方米的二期供水工程和日处理 5 500 立方米污水的氧化塘工程投入使用，改扩建城市道路 5 条。

1995 年末，博乐市“八五”计划指标完成和超额完成（以 1990 年不变价计算）。国民生产总值 2.35 亿元，5 年平均递增 11.91%；国民收入 9 102.6 万元，5 年平均递增 7.77%；工农业总产值 3.8 亿元，其中工业总产值 2.11 亿元，5 年平均递增 17.59%；农业总产值 1.68 亿元，5 年平均递增 6.42%；粮食总产量 65 524 吨，5 年平均递增 4.47%；棉花总产量 10 239 吨，5 年平均递增 11.94%；油料总产量 5 845 吨，5 年平均递增 12.81%；甜菜总产量 39 089 吨，5 年平均递增 5.32%；牲畜年末存栏总头数

34.72万头，5年平均递增0.96%；合格造林面积422万公顷，基本实现农田林网化，城镇绿化覆盖率达到30%以上；乡镇企业总产值1.91亿元，5年平均增长34.22%；边贸进出口总额1 372.88万美元，5年平均增长52.64%；社会商品零售总额2.6亿元，5年平均递增20.24%；地方财政收入4 149万元，5年平均增长32.25%；农牧民人均纯收入1 661元，5年平均递增17.02%；地方人口11.5万人，5年平均递增17‰；人口自然增长率11.86‰，比“八五”时期降低2.14个百分点。

2000年末，博乐市国内地方生产总值3.42亿元（1990年不变价，下同），年均增长7.76%，比1980年翻2.82番。一、二、三产业结构由“八五”末的45 ： 23 ： 32发展为44 ： 19 ： 37。地方财政收入6 516万元，年均增长9.45%。工农业总产值实现5.35亿元，年均增长12.5%。固定资产投资累计完成5.17亿元，比“八五”期间增加1.87亿元。全市居民生活实现由“温饱”到“小康”的历史性转变。

第二节　“十五”地方经济发展状况

2005年末，博乐市国内地方生产总值12.06亿元（不含2005年自治州下划12家企业增加值4 800万元），年均增长10.89%，其中第一产业年均增长5.7%，第二产业年均增长8.89%，第三产业年均增长16%；人均生产总值7 358元，比“九五”末增加3 200元；地方财政收入1.08亿元，年均增长10.69%；全社会固定资产投资5年累计完成14.24亿元，是“九五”的2.7倍，年均增长23.75%；社会消费品零售总额7.29亿元，年均增长15.8%；农牧民人均纯收入4 454元，年均增加278元，城镇在岗职工平均工资12 108元，年均增长6.9%；被国务院评为西部大开发区域经济增长最快县（市）之一。

按照调优一产、调强二产、调大三产的思路，推进产业结构的优化升级，一、二、三产业占地方生产总值的比重由“九五”末的44 ： 19 ： 37调整为“十五”末的36 ： 20 ： 44。农业内部结构不断优化，棉花、油料、甜菜、蔬菜等经济作物的总量持续增加，质量和效益得到提升，畜牧业特别是农区畜牧业有了长足发展，动物疫病防治体系逐步健全，农村经济健康发展。工业经济良好发展势头，初步形成以棉纺、粮油、建材、制糖等为主的工业格局，新型建材、矿产开发等新兴产业蓬勃发展，工业经济运行质量提高。第三产业快速发展，以旅游业为主的宾馆餐饮、商品流通等传统服务业水平得到提升，信息、金融、保险、房地产开发等现代服务业保持较快发展。大力扶持和推进非公有制经济发展，经济实力显著增强，成为市域经济的重要力量。

社会固定资产投资增长，基本建设完成7.39亿元，更新改造完成0.95亿元，房地产开发完成3.11亿元。5年共投入城市基础设施建设资金2.7亿元，城市建成区13.14平方千米。新建改建北环路、沿河路、建国路等城市道路，三期供水、垃圾处理厂、污水处理厂一期工程及3号热源建设项目顺利完成，滨河公园、人民公园、西部文化广场和赛马场先后建成并投入使用，亚中商城、商业步行街、东风商厦等一批房地产开发项目陆续竣工，城市绿化、美化、亮化、净化、硬化水平进一步提高，城市功能和人居环境不断改善，两次荣获自治区城市“天山杯”竞赛优秀奖。城乡道路交通建设5年累计投资1.04亿元，新建改建道路总里程301千米，分别是“九五”的10.26倍和1.2倍。水利基本建设5年累计投入水利建设资金1.12亿元，是“九五”的3.52倍，推广高效节水面积7 153.33公顷、新修防渗渠173.1千米、完成永久性防洪坝25.86千米，被自治区确定为首批节水型社会试点县（市）。教育危房改造累计投资3 411万元，新建校舍4.05万平方米。农村文化阵地建设投资250万元，新建改建27个村队文化室。小城镇建设累计完成小城镇基本建设投资1.03亿元，各乡（镇、场）道路、供排水、供暖、集贸市场等基础设施不断完善，区域性辐射带动功能不断增强，小营盘镇、达勒特镇分别被国家和自治区确定为小城镇建设重点镇。

现代企业制度初步建立。国有农牧场改制工作稳步推进，阿热勒托哈牧场、香班哈日根牧场牲畜折价归户工作完成。实施政府行政审批制度改革，全面开展行政许可清理确认工作，政府依法行政能力和办事效率提高。农村农牧业税全部取消，“以县为主”的教育管理体制改革实施，乡镇财政管理方式改革步伐加快，科技、卫生、人事和粮食流通体制等各项改革取得进展。对外开放呈现发展局面，“十五”期间招商引资累计实现到位资金 8.97 亿元，100 余户外地企业相继落户。对外贸易和对外技术交流与合作不断扩大，累计完成外贸进出口总额 710 万美元，开放型经济得到长足发展。

人民生活水平不断提高。高度重视就业再就业工作，落实税费减免、小额担保贷款、就业培训等多项政策措施，努力拓宽就业渠道，五年累计创造就业岗位 20 050 个，实现就业 15 914 人（次），城镇登记失业率控制在 4% 以内。完善社会保障体系，以养老、医疗、失业、工伤、生育保险和城市居民最低生活保障制度为主要内容的社会保障体系初步形成，新建 7 个劳动保障事务所和 21 个社区劳动保障工作站，“两个确保”得到巩固，“三条保障线”衔接良好，养老金、失业救济金社会发放率均为 100%。城镇最低生活保障工作做到应保尽保、动态管理，累计发放城镇最低生活保障金 10 694 人（次）2 223 万元。重视信访工作，累计办理信访事项 2 839 件，办结 2 829 件，办结率 99.6%。落实农牧业税减免、中小学“两免一补”等各项减轻农牧民负担政策，累计减轻农牧民负担 3 262 万元，人均减负 264 元，其中减免农牧业税 542.4 万元，人均减税 67.5 元。防病改水项目全面完成，饮水安全项目顺利实施，解决 4.63 万人和 16.98 万头（只）牲畜的饮水问题。农村电网改造基本完成，平均电价由每度 1.2 元降至每度 0.54 元。助民增收、扶贫帮困、救灾救济工作取得进展，累计落实救灾资金 473.2 万元，使 1 211 户 5 007 人贫困人口脱贫。新型农牧区合作医疗试点制度顺利实施，参加新型农牧区合作医疗的农牧民达到 65 936 人，占总数的 79%，累计筹措合作医疗基金 540 万元，各级财政补贴基金 243 万元，3.4 万名从中受益并得到基金补助 265.5 万元，缓解农牧民因病致贫、因病返贫的矛盾。居民生活条件不断改善，房地产开发蓬勃兴起，累计开发住房面积 40.5 万平方米，农村人均住房面积由 25 平方米提高到 30.13 平方米；城市供水普及率达 99.15%，污水处理率达 80%，集中供热普及率达 41%，绿地率达 33.37%；农村自来水入户率达 88%，有线电视普及率达 90%，有线电话入户率达 65%，城乡各族群众生活质量显著提高。

科教兴市战略稳步推进，社会事业蓬勃发展。科技进步步伐加快，五年累计投入科技三项经费 963 万元，是“九五”的 3.9 倍，实施各类科技项目 87 项，科技应用水平不断提高。教育事业快速发展，“两基”成果得到巩固提高，教育教学条件改善，民汉合校教学和现代远程教育全面实施。边疆文化长廊建设城乡文化事业取得进步，举办四届广场文化艺术节，开通博乐市有线新闻综合频道。政府卫生职能城乡三级医疗预防体系作用充分发挥，突发性疫情预警机制不断完善，卫生监督和疾病预防控制工作全面加强。稳定低生育水平，人口自然增长率控制在 11.5‰以内。生态建设和环境保护取得实效，五年累计投入绿化资金 7 237 万元，完成防护林造林 1 466.67 公顷、宜林荒滩造林 6 600 公顷、退耕还林还草 4 800 公顷，实施国家重点公益林保护面积 2 万公顷，博五公路 30 千米绿色长廊建设全面完成，全市森林覆盖率达 7.8%；天然草场保护、次生林封育、博河小流域治理等生态工程稳步实施，加大环境污染治理力度，提高人口、资源和环境的可持续发展能力。

第二章 产业结构

第一节 第一产业

指令性计划时期，博乐县实行“以粮为纲”单一农业结构，80% 以上耕地用于种植粮食作物。1986 年，市委、市政府制订“七五”计划时，在“决不放松粮食生产、积极发展多种经营”方针指导下，实行多元农业结构。种植业结构坚持“大稳定、小调整”的原则，重视科技投入与服务、推广良种与单产公关。草原牧业与农区养殖业并举，重点发展农区养殖业。发展以瓜果、葡萄、蔬菜为主的庭院经济。1987年，农牧科技实用技术培训61期，受训人员5 000多人次，推广良种1.97万公顷，推广机械铺膜2 533.33公顷，化学除草2 090公顷。农区养殖专业户发展到815户，农区牲畜年末存栏数97 394头（只），占全市牲畜总数的31.84%，比1986年增长39.28%。推广庭院地膜菜种植33.33公顷。1990年，市委、市政府在农业结构调整方面提出“六保”，即保粮、保棉、保甜菜、保“菜篮子”、保畜、保林。全年农业总产值达到6 358.72万元，完成年度计划106.60%，比上年增长18.15%，超“七五”计划9.26%。粮食播种面积1.24万公顷，是计划的99.79%；总产51 976吨，超年度计划1 976吨，增长3.95%，比上年增加2 086吨，超“七五”计划7 476吨，增长16.80%；单产达到279千克，超年度计划12千克，比上年增加23千克。棉花种植面积5 293.33公顷，超年度计划5.87%，增长13.43%；总产5 825吨，超计划10.95%，增长37.90%。甜菜种植面积833.33公顷，超计划4.17%，是上年的62.5倍；总产30 162吨，是计划的1.26倍，是上年的74.11倍。牲畜年末存栏达到33.10万头（只），超年度计划0.91%，比上年增长1.63%，超“七五”计划2.80%。造林面积469.4公顷，超计划0.59%，比上年增长22.37%。1991年，在确保粮食稳定增长的前提下，发展棉花、甜菜、瓜菜等经济作物。扩大良种、地膜覆盖、配方施肥、模式栽培等面积。抓固氮菌、稀土微肥、水稻旱育稀植和甜菜纸筒育苗等新技术的应用。1993年，农业产业结构调整，坚持以市场为导向，发展“高产、优质、高效”农业为目标。当年，农业总产值14 553万元，完成计划的96.06%，比上年增长7.93%；粮食产量54 704吨，完成计划109.41%，比上年增长1.5%；棉花产量8 666吨，完成计划109.54%，比上年增长20.68%；油料产量4104吨，完成计划121.67%，比上年增长64.62%；牲畜年末存栏33.3万头（只），完成计划101.04%，比上年增长3.8%。乡镇企业总产值突破亿元，达到10 177万元。1995年，“保粮、稳棉、增甜、控油、发展菜篮子、增收”，大力发展“高产、优质、高效”农业。全县农业总产值16 816万元，完成计划16 700万元的100.69%；粮食总产65 524吨，完成计划56 298吨的116.38%。1996年，以小康建设总揽农业和农村工作全局，加快推广农业科学技术和科技成果，提高农业的科技含量，实施和完成“123145”攻关工程和“8632115”示范推广工程，继续大力发展“两高一优”农业。当年，农业总产值19 496万元，完成计划17 500万元的111.41%；粮食总产74 100吨，完成计划68 668吨的107.88%；棉花总产12 524吨，完成计划11 500吨的108.9%；甜菜总产53 488吨，完成计划45 000吨的118.86%；牲畜年末存栏36.22万头（只），完成计划36.11万头（只）的100.31%；造林面积270.33公顷，为年计划266.67公顷的101.38%。2000年，坚持大农业发展战略，实现农业和农村经济的新突破。继续加强农业基础设施建设，重点抓节水工程建设，推广喷灌、滴灌等节水灌溉技术。稳定粮食播种面积，发展优质大米、专用小麦和优质玉米及酱用番茄和彩色棉等订单农业。加快棉种基地建设，重点抓种子工程、病虫害防治及畜牧品种改良等技术的推广应用。普及地膜栽培、秋翻冬灌、倒茬轮作、三贮一化、长草短喂、短草精喂等农牧业常规实用技术。加快发展畜牧业和特色养殖业。围绕棉花、粮食、畜牧业等，培植龙头企业，推进农业产业化进程。大力发展乡镇企业，加快小城镇建设。同年，第一产业15 793万元，增长9.56%。2006年，以增加农牧民收入为重点，以结构调整为主线，继续推进农业产业化进程。根据市场需求，继续优化粮、经、草三元结构，在确保粮食安全的同时，稳定棉花种植面积在1.33万公顷以上，玉米种植面积在6 666.67公顷左右。完成农业订单面积2.2万公顷以上，新增节水灌溉面积2 666.67公顷，新建高标准温室大棚200座。发展无公害、绿色畜产品。做大做优牛羊肉、禽蛋、牛奶、生猪等主导产业，加快小营盘镇绿色禽蛋示范小区建设。当年，实现农业总产值7.92亿元，增长8.1%。

第二节 第二产业

1979年前，博乐县在大办钢铁、煤炭、农机修造、水泥和化肥“五小”工业中，建起县水泥厂、县水泥预制品厂、县农机修造厂等。1979年，县先后建起地毯厂、“五一”电站、葡萄酒厂等企业，并扩建县水泥厂，形成固定资产554.8万元，年产水泥2 200千克；粮油加工厂，日产面粉2 000袋、食用油20吨。1980年，县工业总产值334.96万元，占工农业总产值11.5%。1985年，市在国营、集体企业中，推行“一包三改”（即经济承包，改干部终身制为任期制，改固定工资为浮动工资，改固定工为合同工）为主的生产经营责任制。实行厂长负责制和企业层层承包、“独立核算，自负盈亏”的经营方式。当年，市工业总产值2 191.92万元，占工农业总产值的34.6%。1990年是“七五”计划最后一年，工业结构调整以提高经济效益为中心，优先发展棉花加工业。工业总产值4 834.1万元，5年平均递增15.37%；5年完成技术改造项目24个；先后建成棉纺厂、造纸厂等企业。“八五”期间，工业结构调整以提高经济效益为中心，以科学技术为指导，立足农业办工业。抓乡镇企业工业发展和棉花为原料的深加工工业及农副产品加工业。“八五”末，工业总产值2.11亿元，完成“八五”计划2.08亿元的101.59%，年均增长17.59%，比“七五”末增长124.8%。“九五”期间，全市列入统计的企业45家，其中：44家通过联合、股份制、租赁、承包、出售等形式，实现改制，并通过深化企业改革，使企业扭亏增盈工作取得成效。“十五”末，市立足本地资源，推进新型工业化发展，初步形成以棉纺、粮油、建材、制糖为主的工业布局，工业企业累计完成总产值2.11亿元。2006年，市制糖、粮油加工、建材、塑料制品等工业支柱产业规模扩大，成为拉动市域经济持续快速增长的主动力，工业企业累计完成总产值5.68亿元。

第三节 第三产业

一、商业

1981年，博乐县政策鼓励个人经营零售商业、饮食业等。1983年，县个体工商户发展到654家，从业人员969人，其中：个体商业户359家501人。1988年，市个体商业户发展到576家692人。1993年，市新建集贸市场21个；社会商品零售总额1.8亿万元。2002年，市建成金道市场，建设规模8 180平方米。2003年，市建成亚中商城，建设规模1.71万平方米；建成商业步行街，建设规模1.9万平方米。社会商品零售4.57亿元。2006年，市投资250万元，新建改建乡镇农贸市场3个；社会消费品零售总额7.52亿元。

二、个体服务业

1981年，博乐县个体饮食业6家。1985年，市个体饮食业288家。1987—1999年，市个体工商户1 420家，注册资金4 587万元，其中：美容美发234家，注册资金79万元；旅馆29家，注册资金1 786万元；修理业138家，注册资金73万元；沐浴13家，注册资金47万元。2006年，市个体饮食业676家。

三、旅游业

1993—1996年，博乐市接待国内游客达21 781人次，旅游收入337.64万元。2005年，市接待游客29.5万人次，旅游收入3 175万元。2006年，市接待游客35.9万人次，旅游收入4 675.84万元。

四、房地产业

1995—2006年，博乐市区先后建成商品房住宅小区有：乐园小区、丽园小区、楚天花园、金丽园小区、金汇园小区、帝龙花园小区和鸿盛园小区。合计商品住宅楼房 120 幢，总建筑面积 44.75 万平方米。

第三章　所有制结构

第一节　国有经济

指令性计划时期，博乐县经济以公有制为主，资金、技术、人才集中向国有企业倾斜。1979 年，县工业企业 33 家，其中国有工业企业 21 家，占县工业企业 63.64%；工业总产值 812 万元，其中：国有工业实现产值 568 万元，占县属工业总产值 69.95%。1984 年，县工业企业 60 家，其中国有工业企业 24 家，占县工业企业 40%；工业总产值 2 550 万元，其中国有工业实现产值 1 823 万元，占县属工业总产值 71.49%。其后，由于乡镇企业突起，国有工业虽有发展，但其所占比重逐年下降。1989 年，市工业企业 380 家，其中国有工业企业 32 家；工业总产值 11 223 万元，其中国有工业实现产值 6 146 万元。

1990 年始，博乐市国有工业企业实行第二轮承包（1987—1990 年实行第一轮承包）。从第二轮承包开始，国有企业以产权制度改革为核心，推行股份制，建立“产权清晰，权责明确，政企分开，管理科学”的现代企业制度；以市场为导向，调整产业和产品结构，形成规模效益；推进技术改造工程，提高企业的竞争力。1998 年，市国有企业基本完成改制任务。

2000 年，博乐市工业企业 911 家，其中国有工业企业 17 家；工业总产值 46 668 万元，其中国有工业实现产值 5 963 万元。

2003 年，博乐市工业企业 821 家，其中国有工业企业 7 家；工业总产值 49 917 万元，其中国有工业实现产值 1 0940 万元。

2005 年，博乐市工业企业 813 家，其中国有工业企业 6 家；工业总产值 56 261 万元，其中国有工业实现产值 15 883 万元。

第二节　集体经济

1979 年前，博乐县集体所有制工业企业 7 家，占县属独立核算工业企业的 25.93%。1982 年，县集体所有制工业企业 13 家，城镇工业企业 51 家，分别占县属独立核算工业企业的 15.48% 和 60.71%；集体所有制工业企业产值 224 万元，城镇工业企业产值 241 万元，分别占县属独立核算工业企业产值的 13.90% 和 14.96%。

1985 年，博乐市集体所有制工业企业 18 家，工业企业产值 1 334 万元。1988 年，市集体所有制工业企业 32 家，工业企业产值 2 966 万元。1991 年，市集体所有制工业企业 35 家，工业企业产值 10 571 万元。1996 年，市集体所有制工业企业 41 家，工业企业产值 12 598 万元。2000 年，市集体所有制工业企业 15 家，工业企业产值 2 529 万元。2002 年，市集体所有制工业企业 6 家，工业企业产值 760 万元。2004 年，市集体所有制工业企业 2 家，工业企业产值 33 万元。2005 年，市集体所有制工业企业 2 家，工业企业产值 148 万元。

第三节　非公有制经济

1981 年，博乐县委贯彻执行国务院《关于城镇非农业个体经济若干政策性规定》。《规定》允许城镇非农业人口及持有城镇户口的待业青年申请从事个人经营各种小型工业、零售商业、饮食业、服务业、修理业、房屋修缮业等。

1983年，博乐县委贯彻执行国务院《关于城镇非农业个体经济若干政策性规定的补充规定》。《补充规定》鼓励集体商业和个体商业的发展。截至1983年底，县个体工商户已发展到654户，从业人员969人，其中，手工业28户70人；修缮业6户9人；交通运输业48户82人；商业359户501人；饮食业97户149人；服务业53户62人；修理业58户91人；其他5户5人。

1984年，博乐县个体工商户发展到1 107户，比1983年增长58%；从业人员1 516人，比1983年增长56%。社会商品零售额为4 497.2万元，比1983年增长25%。

1988年，博乐市个体工商户发展到1 624户，从业人员2 321人，比1987年增长12.5%，其中，商业576户，从业人员692人；饮食业235户，从业人员419人；手工业290户，从业人员430人；服务业93户，从业人员138人；修理业170户，从业人员217人；建筑业50户，从业人员206人；运输业171户，从业人员173人；其他行业39户，从业人员46人。拥有固定资金554.83万元，营业额1 809.06万元。

1989年，博乐市个体工商户发展到1 700户，从业人员2 486人，注册资金685.5万元，营业额1 096.24万元，占社会商品零售总额的12.28%，交纳税金152万元。

1990年，博乐市个体工商户发展到1 818户，从业人员2 827人。拥有注册资金1 107万元，营业额1 155.7万元。1997年，市个体私营经济实现国内地方生产总值3 435万元，占全市地区生产总值的12.67%。全市城乡个体户已发展到5 190户7 277人，注册资金7 601.68万元。私营企业发展到97户951人，注册资金3 200万元。2000年1月28日，市委、市政府召开大会，表彰5个非公有制企业利税大户，10名先进私营企业主和20名先进个体工商户。同年9月底，全市个体私营企业已发展到6 196户，从业人员12 720人，注册资金1.55亿元，上缴税金1 007万元。

2001年，博乐个体工商户发展到6 341户，从业人员9 189人；私营企业320户，从业人员5 144人，上缴税金1 881万元。

2005年，博乐市私营企业发展到486户，从业人员7 533人，注册资金4.27亿元；个体工商户7 726户，从业人员11 038人，注册资金1.43亿元。

2006年，博乐市私营企业发展到587家，注册资金4.85亿元，上缴税金4 087万元。

1979—2006年博乐市（县）所有制结构调整情况表

表17-1　　单位：家、%

年份	合计	国有企业	比例	集体企业	比例	合资企业	比例	私营企业	比例	城乡工业	比例	其他经济类型	比例
1979	33	21	63.64	12	36.36	–	0.00	–	0.00	–	0.00	–	0.00
1980	54	20	37.04	12	22.22	–	0.00	–	0.00	22	70.74	–	0.00
1981	56	20	35.71	11	19.64	–	0.00	–	0.00	25	44.64	–	0.00
1982	84	20	23.81	13	15.48	–	0.00	–	0.00	54	64.29	–	0.00
1983	67	23	34.33	16	23.88	–	0.00	–	0.00	28	41.79	–	0.00

续表 17-1

年份	合计	国有企业	比例	集体企业	比例	合资企业	比例	私营企业	比例	城乡工业	比例	其他经济类型	比例
1984	60	24	40.00	16	26.67	–	0.00	–	0.00	20	33.33	–	0.00
1985	344	25	7.27	18	5.23	–	0.00	–	0.00	301	87.50	–	0.00
1986	459	29	6.32	29	6.32	–	0.00	–	0.00	401	87.36	–	0.00
1987	417	29	6.95	27	6.47	–	0.00	–	0.00	361	86.57	–	0.00
1988	419	33	7.88	32	7.64	–	0.00	–	0.00	354	84.49	–	0.00
1989	380	32	8.42	28	7.37	–	0.00	–	0.00	320	84.21	–	0.00
1990	356	33	9.27	34	9.55	–	0.00	–	0.00	289	81.18	–	0.00
1991	387	41	10.59	35	9.04	–	0.00	–	0.00	311	80.36	–	0.00
1992	405	38	9.38	37	9.14	–	0.00	–	0.00	330	81.48	–	0.00
1993	379	44	11.61	48	12.66	1	0.00	–	0.00	286	75.46	–	0.00
1994	714	47	6.58	53	7.42	–	0.00	–	0.00	613	85.85	1	0.14
1995	479	46	9.60	41	8.56	–	0.00	–	0.00	391	81.63	1	0.21
1996	625	36	5.76	41	6.56	–	0.00	–	0.00	547	87.52	1	0.16
1997	679	36	5.30	40	5.89	–	0.00	–	0.00	599	88.22	4	0.59
1998	706	26	3.68	33	4.67	–	0.00	4	0.57	635	89.94	8	1.13
1999	839	18	2.15	23	2.74	–	0.00	4	0.48	782	93.21	12	1.43
2000	911	17	1.87	15	1.65	–	0.00	3	0.33	862	94.62	14	1.54
2001	802	17	1.88	12	1.33	–	0.00	1	0.11	839	93.02	33	3.66
2002	892	11	1.23	6	0.67	–	0.00	2	0.22	854	95.74	21	2.35
2003	821	7	0.85	3	0.37	–	0.00	3	0.37	784	95.49	27	3.29
2004	837	8	0.96	2	0.24	–	0.00	3	0.36	781	93.31	43	5.14
2005	813	6	0.74	2	0.25	–	0.00	10	1.23	763	93.85	32	3.94
2006	–	–	–	–	–	–	–	–	–	–	–	–	–

注：2006 年，博乐市规模以上工业企业 12 家，其中国有企业 6 家，有限责任公司 2 家，私营企业 4 家。

第十八编

BOLE SHIZHI

农　　业

中共十一届三中全会后，博乐县推行农村生产责任制。1982 年，中共十二大召开后，县全面推行种植业现代化建设。1983 年，县农村实行家庭联产承包责任制，集体土地所有权、经营权分离，农民获得土地经营权和产品支配权，解放了农村生产力。

博乐市在种植业现代化建设中，调整产业结构，开展多种经营；加强农业科技培训、良种繁育、科学技术推广等体系建设；加强农业基础设施建设和农业机械化建设。1992 年，中共十四大召开后，市加快种植业产业化、市场化建设。培育农业龙头企业，扩大订单农业。实施粮食、棉花、甜菜、蔬菜基地建设。到 2000 年，市初步建立种植业现代化体系。

2006 年，博乐市耕地面积 2.8 万公顷，粮食总产 104 030 吨，平均单产每亩 793.94 千克；棉花总产 30 402 吨，平均单产每亩 130.16 千克；油料总产 1 036 吨，平均单产每亩 225 千克。农村人均收入 4 907 元，是改革开放前的 1977 年 128.5 元的 38.2 倍。

第一章 机 构

第一节 行政机构

1979 年，博乐县农林局主管农业。1982 年 1 月，县农林局改为县农林科。1984 年 1 月，县农林科又改为县农林局。同年 11 月，县成立农业局。1985 年 9 月，县农业局改为市农业局。全局编制 16 名，其中，行政编制 7 名，事业编制 9 名。

2002 年 11 月，博乐市乡镇企业局并入市农业局，并挂乡镇企业局牌子。同年，市农业局行政编制 13 名，内设综合业务办公室（农业执法办）、科技教育办公室、乡镇企业办公室、机关办公室。

所属事业单位：博乐市农牧业机械局（正科级事业局）、博乐市农业广播学校（正科级）、博乐市农业技术推广中心（副科级）、博乐市种子管理站（副科级）、博乐市农村合作经济经营管理局（副科级）、博乐市菜篮子工程办公室、博乐市人工影响天气办公室（防雹站）。

第二节 事业单位

一、博乐市农业技术推广中心

1981 年 6 月，博乐县成立农业技术推广站。1985 年 9 月，县农业技术推广站改为市农业技术推广站，编制 21 名，其中领导 2 个。1989 年 10 月，博乐市农业技术推广站撤销，组建博乐市农业技术推广中心，内设办公室、农业技术推广站、植物保护站、土壤肥料站（含化验室）、病虫测报站、园艺站、农业技术经营服务部、农业技术培训部；编制 33 名，其中领导职数 2 个。2002 年，博乐市农业技术推广中心编制 38 名，其中领导职数 1 个。至 2006 年，全市 6 个乡（镇、场）设有农业技术推广中心。

二、博乐市种子管理站

1979 年前，成立博乐县种子站。1985 年 9 月，县种子站改为市种子站。1987 年，市种子站改为市种子管理站，并升格为副科级事业单位，编制 15 名，其中领导职数 1 个。1990 年，市种子管理站增加编制 4 名，编制 19 名，其中领导职数 1 个。

三、博乐市农村合作经济经营管理局

1987 年，博乐市农村合作经济经营管理站成立。1999 年，市农村合作经济经营管理站（简称农经办）内部审计办公室，农村集体资产评估办公室。2002 年，博乐市农村合作经济经营管理站改称为博乐市农村合作经济经营管理局（简称农经局），副科级事业单位，编制 5 名，其中领导职数 1 个。2006 年，博乐市农村合作经济经营管理局参照公务员法管理。各乡（镇）均设有农村合作经济经营管理站。

四、博乐市农业广播学校

1987 年，博乐市成立“中央广播电视学校博乐农业广播分校”（市农广校），暂由博乐市农业技术推广中心管理。1992 年 6 月，市农广校纳入自治区中等专业学校管理序列，由市农业局主管，级别为正科级事业单位，设事业编制 4 名。2004 年 5 月，市农广校挂“博乐市农民科技教育培训中心”“博乐市农村富余劳动力转移职业技能培训中心”两块牌子，核定专职教师 8 名，其中领导职数 1 个。

五、博乐市农业综合开发办公室

1988 年，博乐市成立棉糖基地开发建设领导小组办公室，设在市水电局。1991 年 2 月，博乐市农业综合开发领导小组办公室成立（简称农业开发办），事业编制 5 名。1992 年 6 月，市农业综合开发新项目领导小组挂在农业开发办。1995 年 5 月，市农业综合开发办公室挂靠市财政局。1996 年 12 月，成立博乐市农业综合开发公司，隶属农业开发办管理。2002 年，市农业综合开发办公室，正科级事业单位，事业编制 7 名，其中领导职数 2 个。

六、博乐市人工影响天气办公室

1983 年 12 月前，博乐县人工影响天气工作由博州气象局负责。1984 年 1 月，博州气象局将人工影响天气工作移交博乐县农业局管理。防雹人员工资由受益社场承担，业务经费（主要是人工降雨炮弹费用），由县财政承担。1989 年 5 月，博乐市成立人工影响天气办公室，编制 1 名。

七、博乐市菜篮子工程办公室

1997 年 5 月，成立博乐市菜篮子服务中心。2002 年，更名为市篮子工程办公室，编制 1 名。

第二章　联产承包与结构调整

第一节　联产承包

1979 年，博乐县在燎原（小营盘镇）、胜利（青得里乡）等公社推行“包工联产计酬”等生产责任制。1980 年，县实行“包产到组”的前进牧场农八队，粮食总产比上年增长 27%，油料增长 1.5 倍，总收入增长 36%；人均收入达 312 元，比上年增加 100 元；还首次完成国家粮油征购任务。1982 年，县 167 个农业生产队，推行以“小段包工，定额管理”的 157 个，占生产队总数 94%；实行联产承包责任制的生产队 10 个，占生产队总数 6%。全县粮食总产量 36 814 吨，比 1981 年增加 2 674 吨，增长 7.8%；油料总产 2 870 吨，比 1981 年增长 52.2%；棉花总产 422 吨，比 1981 年增加 1.5 倍。

1983 年 2 月 20 日至 3 月 2 日，博乐县召开四级（县、社、大队、小队）干部会议。会议讨论通过在全县农业生产队推行以家庭联产承包为主要形式的生产责任制等决定。同年，县 167 个农业生产队中 164 个生产队实行家庭联产承包责任制。

1984 年，博乐县印发《关于贯彻落实中发文件，继续稳定、完善联产承包责任制一些具体问题的通知》。大队干部定员 4 ~ 5 人，即党支部书记、大队长、会计（兼文书、统计），民兵连长（兼青

年团书记）和妇联主任。生产队干部定员 3 人，即队长、统计（兼出纳、文书），农业技术员（兼保管员）。

健全承包合同制，正确处理国家、集体、个人关系。以减轻农民负担为原则，合理提取统筹资金。优待军烈属、五保户等。

同年底，博乐县粮食作物播种面积 1.49 万公顷，总产 43 463.5 吨，其中小麦播种面积 10 240 公顷，总产 22 656 吨；水稻的播种面积 566.67 公顷，总产 3 005 吨；玉米播种面积 3 640 公顷，总产 17 098 吨。经济作物播种面积 5 333.33 公顷，其中棉花播种面积 2 600 公顷，总产 1 983 吨；油料作物播种面积 2 146.67 公顷，总产 2 866.5 吨。与 1978 年相比，小麦为 1978 年的 2.96 倍；玉米为 1978 年的 1.52 倍；水稻为 1978 年的 7.29 倍；棉花为 1978 年 247.8 倍；油料为 1978 年的 4.4 倍。

1998 年 1 月，博乐市实施第二轮土地承包，承包期 30 年不变。

第二节　种植结构调整

1979—1989 年，博乐市（县）粮食作物面积比例由 81% 下降调整到 60.31%。到 1990 年后，粮食作物面积调整到 30.65%。粮食总产由 1979 年的 40 770 吨增加到 1989 年的 49 890 吨，增长 22.4%；单产由 1979 年的每亩 169.3 千克，增加到 1989 年的每亩 252.5 千克，增长 49.14%，平均每年增产 4.9%。到 2006 年粮食总产 104 030 吨，较 1989 年增加 54 140 吨，增长 108.5%；单产由 1989 年的每亩 252.5 千克，增加到 2006 年的每亩 794 千克。

一、小麦

1984 年，博乐县小麦种植面积平均占粮食作物面积的 66.33%。1985—1994 年，市小麦种植面积平均占粮食作物种植面积的 58.64%。1995—1999 年，市小麦种植面积平均占粮食作物种植面积的 56.1%。2000—2006 年，市小麦种植面积平均占粮食作物种植面积的 28.32%。博乐市小麦种植面积呈现逐年递减趋势。

二、玉米

1980—1989 年，博乐市（县）玉米平均种植面积占粮食面积的 27.1%，较前 10 年下降 6.16%。1990—1999 年，市玉米平均比例上升到 31.13%。2000—2006 年，市玉米种植面积平均占粮食面积的 58.50%。2006 年，市玉米种植面积 7 000 公顷，平均占粮食面积比例的 80.23%，平均亩产 903 千克，比 1979 年每亩 270 千克，增加 3.34 倍。

三、水稻

20 世纪 70 年代末，博乐县水稻平均每年种植面积 133 公顷。到 1997 年，市水稻种植面积 820 公顷。此后，由于农业用水矛盾日趋突出，市水稻种植面积逐年减少。至 2006 年，全市水稻种植面积 206.7 公顷，主要分布在小营盘镇。

四、棉花

1979 年，博乐县棉花种植面积 66.7 公顷。1989 年，市棉花种植面积 4 667 公顷。1999 年，市棉花种植面积 1.22 万公顷。到 2006 年，市棉花种植面积 1.56 万公顷，占总播种面积的 54.7%，占经济作物播种面积的 86.29%。棉花总产量 30 402 吨，是 1980—1989 年 10 年平均总产的 12 倍，平均亩产 130 千克。

五、油料（主要为油菜、胡麻、向日葵等）

20 世纪 70 年代末，油料作物播种面积 2 013 公顷，占总播种面积的 10.34%，占经济作物播种面积的 95.53%。胡麻为博乐县主要油料作物，品种为维尔 1650，占油料作物播种面积的 47.92%；油菜占油料作物播种面积的 37.76%，向日葵占油料作物播种面积的 14.32%。1981—2006 年，向日葵为博乐市主要油料作物。20 世纪 80 年代，市油料作物播种面积占经济作物播种面积的 51.6%。20 世纪 90 年代，油料作物播种面积占经济作物播种面积的 17.43%。2006 年，博乐市油料作物播种面积占经济作物播种面积的 3.16%。

六、甜菜

从 1982 年开始，博乐县试种甜菜 6.7 公顷。1990 年，博乐市甜菜种植面积 833.3 公顷。1991—2000 年，甜菜种植面积在 280 ~ 1 393 公顷之间。2001—2006 年，甜菜种植面积 3 130 公顷，占经济作物播种面积的 7.64%。

七、蔬菜

20 世纪 70 年代末，博乐县蔬菜品种种类单一。冬春季主要窖藏的蔬菜有洋芋、白菜、萝卜等，蔬菜播种面积 127 公顷，占总播种面积的 0.63%。到 20 世纪 90 年代，博乐市引进推广蔬菜温室、大棚农业新技术，蔬菜品种种类增加上百种。至 2006 年，全市种植各类蔬菜 812.8 公顷，占总播种面积的 2.85%，总产量 29 904 吨。

第三章　种植业区划

第一节　发展方向及分区原则

一、发展方向

1984—2000 年，博乐市发挥本地自然条件优势；以水定地，做到水土平衡；打井提灌，竖井排灌，适当增加耕地面积；调整种植业内部结构，合理安排作物布局，同时确保农、林、牧、副、渔全面发展，相互促进；保证粮食生产安全，适当发展水稻生产；扩大饲草饲料生产，发展养殖业；扩大棉花、糖用甜菜、食用油等轻工业原料生产以及其他经济作物产品，以保证农民收入不断增加；用地与养地相结合，改良土壤，不断提高土壤肥力，促进种植业持续、稳产、高产；兴修水利，增加水源，扩大耕地面积。扩大饲草料作物面积，发展牧业，实现农牧结合，以农养牧，以牧促农；发展林业、园艺果树。

二、分区原则

1984—2000 年，农业生产条件（如水、土、气候等）与社会经济条件在一定地区的相对一致性；农作物结构与发展方向的相对一致性；既保持村单元行政界线的完整性，又不影响划出特定的分区；农作物布局要保持科学的生态平衡，同时又投入少，输出多，即经济效益型结构；保证粮食生产的同时，发展棉花等经济作物，粮：经：草比例保持在 5 ∶ 3 ∶ 2 或 4 ∶ 4 ∶ 2 较为适宜。

三、分区系统及命名

1984—2000 年，博乐市种植业划分为 4 个区，即城郊果树、蔬菜、瓜果、牧草绿肥区；粮食、油料、牧草绿肥区；经济作物、牧草绿肥区；水旱轮作（或水稻、经济作物）区。

第二节　区划概况

一、城郊果树、蔬菜、瓜果、牧草绿肥区

1984—2000 年，本区包括乌图布拉格乡和青得里乡的城郊村队。耕地面积 1 546.67 公顷，人口

6 272 人，劳动力 1 651 人，平均人均耕地 0.25 公顷，劳均耕地 0.93 公顷。

主要是供应城市居民的蔬菜、瓜果、水果以及奶、肉、禽、蛋等农副产品。主要措施：规划好果园和蔬菜园地；解决好果树苗木问题；加强农业技术的指导，举办农业技术培训班，培养农民技术骨干和农民技术员；发展设施农业，推广塑料大棚和塑料薄膜覆盖、瓜果栽培等技术；蔬菜、瓜果搭配好早、中、晚熟品种；科学、安全使用农药、植物激素。

二、粮食、油料、牧草绿肥区

1984—2000 年，本区包括博乐城以西的阿热勒托哈牧场、小营盘镇和青得里乡部分村队。耕地面积 11 213.33 公顷（包括成林果园 97.07 公顷），平均每人耕地 0.29 公顷，劳均耕地 0.78 公顷。

主要是提供粮、油产品。是植树造林，美化环境，调节农田小气候；加强水利建设，防渗防漏，防止水土流失，防止土地次生盐渍化；合理利用薄、中层（不足 30 ~ 60 厘米厚土层）板结土地，扩大豆类作物、苜蓿、草木樨和其他复播绿肥面积，实行草田轮作改良土壤，提高土壤肥力；增施有机肥料，增加农田载畜量，实行农牧结合；培训农民技术骨干，推广农业新技术，实行科学种田，抓丰产竞赛活动；主攻小麦单产，防治小麦品种多、乱、杂；防治病虫害，推广化学除草技术，消灭野燕麦等杂草。

三、经济作物、牧草绿肥区

1984—2000 年，本区包括博乐城以东的达勒特镇和乌图布拉格乡的部分村队。耕地面积 7 140 公顷。人口 18 727 人，劳动力 7 829 人，人均耕地 0.38 公顷，劳均耕地 0.91 公顷。

主要是提供轻工业原料—棉花产品。其次是种植牧草绿肥，肥田养地，发展农区养殖业。是植树造林，调节农田小气候，防御干热风的侵袭；加强水利设施建设，防渗防漏，防止水土流失；在乌兰布呼下潮地挖排水渠，竖井排灌，洗盐压碱，种植棉花等；结合平整土地，改大条田为小条田，以 5.33 ~ 8 公顷为宜；增施有机肥料，增施化肥，特别强调对磷肥的施用；扩大苜蓿种植面积，小麦地套种草木犀，复播其他绿肥，改良土壤；以草养畜，发展养殖业；推广棉花新品种，棉花种子实行单种、单收、单轧、单加工、单储存；推广棉花塑料薄膜覆盖栽培技术；科学使用农药，推广化学除草等技术；兴建棉籽榨油厂，加工棉籽油、棉籽粕，增油增肥，提高棉花产品附加值，增加农民和财政收入。

四、贝林哈日莫墩水旱轮作区

1984—2000 年，本区处于博乐城东端。土地面积 1.33 万公顷，耕地面积 1.15 万公顷，占全市耕地面积的 6.35%。人口 4 540 人，劳动力 1 642 人，人均耕地 0.32 公顷，劳均耕地 0.89 公顷。

主要是发展棉花生产，提供棉花产品；种植水稻、苜蓿等。加强土地规划，搞好条田化建设；挖排水渠，改良盐碱地，建立稳产高产田；有计划地开垦荒地，扩大种植业，发展畜牧业；竖井灌排，提水灌排，推广节水农业，实行水旱轮作，草田轮作；推广水稻、棉花优良新品种；推广薄膜育秧移栽技术和地膜植棉技术，加强农民技术骨干的培训和技术指导工作；科学使用农药防治病虫草害，推广施用植物生长调节剂、微量元素肥料；增施有机肥料，科学使用化肥，增施磷肥；植树造林，增加植被覆盖率，实行林带网络化，道路、渠道林荫化；发展片林、用材林、薪炭林等。

第四章 农作物种植

第一节 粮食作物

1979 年，博乐县粮食播种面积 16 053 公顷，占耕地面积的 80.08%，占总播面积的 80.34%。

1980 年，博乐县粮食播种面积 15 527 公顷，占耕地面积的 77.22%，占播种面积的 77.14%。1980 年与 1979 年相比，粮食播种面积减少 3.25%，单产减产 6.5%，总产减少 5.1%，其中小麦总产减少 7.99%，玉米总产减少 13.43%。

1985 年（“六五”计划完成年），博乐市粮食播种面积 11 907 公顷，占总耕地面积 56.38%，占总播面积的 56.84%。1985 年与 1980 年相比，粮食播种面积减少 3 620 公顷，减少 23.31%；单产增加 37 千克，增长 23.37%；总产增加 1 590 吨，增长 4.3%。

1990 年（“七五”计划完成年），博乐市耕地面积 22 447 公顷，总播面积 21 807 公顷。粮食播种面积 12 433 公顷，占耕地面积的 55.3%，占总播面积的 57.02%。小麦播种面积 8 540 公顷，占粮食面积的 68.69%，总产 27 906 吨，占粮食总产的 53.6%；水稻种植面积 527 公顷，占总播面积的 2.42%，占粮食作物面积的 4.24%，总产 3 375 吨，占粮食总产的 6.5%；玉米播种面积 3 193 公顷，占总播面积的 14.64%，占粮食面积的 25.68%，总产 20 447 吨，占粮食总产的 39.34%；其他杂粮播种面积 173 公顷，总产 248 吨。1990 年与 1985 年相比，粮食播种面积增加 527 公顷，增长 4.4%；每亩增加 60.7 千克，增长 31.13%；总产增加 13 570 吨，增长 35.33%，平均每年增长 7.1%。

1995 年（“八五”计划完成年），博乐市粮食播种面积 10 393 公顷，占总播面积的 43.28%；平均亩产 377.4 千克，总产 65 522 吨，其中小麦播种面积 5 820 公顷，占总播面积的 24.24%，占粮食作物面积的 56%，总产量 22 911 吨，占粮食总产的 34.97%；水稻种植面积 740 公顷，占总播面积的 3.08%，占粮食作物面积的 7.12%，总产量 6 615 吨，占粮食总产量的 10.1%；玉米播种面积 3 640 公顷，占总播面积的 15.16%，占粮食面积的 35.02%，总产量 35 636 吨，占粮食总产量的 54.39%；豆类及其他杂粮播种面积 193 公顷，占粮食面积的 1.86%，总产 360 吨，占粮食总产的 0.55%。1995 年与 1990 年相比，粮食播种面积减少 2 040 公顷，减少 16.41%。粮食总产量增加 13 546 吨，增长 26.06%，平均每年增长 5.21%。

2000 年（“九五”计划完成年），博乐市耕地面积增加到 27 893 公顷。总播种面积 28 060 公顷，其中粮食播种面积调减到 9 000 公顷，占总播面积的 32.07%，平均亩产 511.9 千克，总产量 71 094 吨。粮食作物中，小麦播种面积 4 853 公顷，占总播面积的 17.3%，占粮食播种面积的 53.93%，总产 25 670 吨，占粮食总产量的 40.33%。水稻种植面积 513 公顷，占总播面积的 1.83%，占粮食面积的 5.70%，总产量 5 079 吨，占粮食总产量的 7.14%。玉米种植面积 3 073 公顷，占总播面积的 10.95%，占粮食面积的 34.15%，总产量 38 787 吨，占粮食总产量的 54.56%。豆类和其他杂粮播种面积 560 公顷，占粮食面积的 6.22%，总产量 1 558 吨，占粮食总产的 2.19%。2000 年与 1995 年相比，耕地面积增加 17.79%，总播面积增加 16.85%。粮食作物面积较 1995 年调减 1 393 公顷，减少 13.41%；平均亩产提高 134.5 千克，平均每年亩产增产 26.9 千克，增长 9.7%；总产量增加 5 572 吨，增长 8.5%。

2005 年（“十五”计划完成年），博乐市耕地面积 27 600 公顷，总播面积 28 247 公顷，其中粮食播种面积 10 200 公顷，占总播面积的 35.88%，总产量 105 607 吨。在粮食作物中，小麦播种面积 2 067 公顷，占总播种面积的 7.3%，占粮食播种面积的 20.26%，总产量 11 577 吨，占粮食作物总产量的 10.96%。水稻播种面积 253 公顷，占粮食播种面积的 2.48%，总产量 2 660 吨，占粮食总产量的 2.5%。玉米播种面积 6 540 公顷，占总播种面积的 23.15%，占粮食播种面积的 64.11%，总产量 86 940 吨，占粮食总产量的 82.32%。其他杂粮播种面积 1 340 公顷，占总播种面积的 4.74%，占粮食播种面积的 13.14%，总产量 4 228 吨，占粮食总产量的 4%。2005 年与 2000 年相比，粮食作物播种面积增加 1 200 公顷，增长 13.3%，平均亩产 178.3 千克，平均每年增产 6.97%，总产量增加 34 513 吨，增长 48.55%。

2006年，博乐市耕地面积27 947公顷，总播种面积28 493公顷。粮食作物播种面积8 733公顷，较2005年减少1 467公顷，占总播种面积的30.65%；平均亩产794千克，较2005年增加103.8千克，增长15.04%；总产104 030吨，较2005年减少1 577吨，减少1.49%。

第二节 经济作物

一、棉花、油料、甜菜

1979年，博乐县经济作物播种面积2 107公顷，占总播种面积的10.54%，占耕地面积的10.50%，其中棉花作物播种面积67公顷，总产量18吨；油料作物播种面积2 013公顷，总产量1 796吨。

1980年，博乐县经济作物播种面积2 880公顷，占总播种面积的14.31%，其中棉花播种面积的107公顷，总产量40吨；油料作物播种面积2 760公顷，占经济作物播种面积的95.83%，平均亩产73千克，总产量3 001吨。1980年与1979年相比，经济作物播种面积增加773公顷，增长36.71%。棉花增加40公顷，增长60%，总产量增长1.2倍；油料播种面积增加37.08%，总产量增长67.09%。

1985年（“六五”计划完成年），博乐市经济作物播种面积8 247公顷，占总播种面积的39.37%，1985年与1980年相比，经济作物面积增加5 367公顷，扩大1.86倍。

1995年与1990年相比，经济作物播种面积增加4 227公顷，增长52.35%。

2000年（“九五”计划完成年），博乐市经济作物播种面积1.76万公顷，占总播面积的62.72%，其中棉花播种面积1.3万公顷，占总播面积的46.28%，占经济作物播种面积的73.78%，单产由1979年的每亩18千克增加到2000年的每亩109千克，增长5.06倍，平均每年增长24.7%。2000年与1995年相比较，经济作物播种面积比1995年增加0.53万公顷，增长41.14%。

2006年，博乐市经济作物播种面积1.72万公顷，占总播面积的60.34%。2006年，经济作物与1979年相比，面积增加1.35万公顷，增长6.39倍。

二、蔬菜

1979年，博乐县蔬菜播种总面积127公顷。1984年，蔬菜播种面积93公顷，总产量1 159.5吨。全县13.46万人口，人均占有量8.6千克。到2006年，全市蔬菜播种面积813公顷，较1984年增长7.7倍，总产量23 904吨，是1984年的19.6倍。全市建成蔬菜温室416座，生产面积45公顷，拱棚（大中小）2 087座，生产面积107公顷。

三、瓜果

1979年，博乐县西、甜瓜种植面积273公顷。2006年，博乐市种植西瓜49公顷），甜瓜8.7公顷，合计58公顷，总产量1 880吨，人均占有7.4千克。

20世纪70年代末，博乐县林果种植面积133公顷左右，苹果占70%左右，葡萄约占30%。20世纪80年代，市林果种植面积167公顷左右，仍以苹果为主，葡萄次之。1995年，林果种植面积313公顷，苹果占87.23%，葡萄占12.76%，总产量1 194吨。至2006年末，博乐市林果面积1 895公顷，总产量1 536吨，其中苹果面积503公顷，产量852吨；葡萄面积1 237公顷，产量622吨；梨树面积99公顷，产量21吨，桃树面积36公顷，产量21吨；其他果树面积20公顷），产量20吨。

四、食用菌

1989年，博乐市食用菌试验生产厂。到2006年，平菇年产量在70 ~ 80吨，年产值19.6 ~ 22.4万元；香菇年产量在9.6 ~ 28.8吨，年产值平均在17.3万元左右。

1979—2006年博乐市（县）主要粮食作物播种面积、单产、总产统计表

表 18-1-1

年份	耕地面积（公顷）	播种面积（公顷）	粮食作物			1、小麦			其中：冬小麦			2、水稻			3、玉米			4、豆类		
			播种面积（公顷）	单产（kg/666.7平方米）	总产（吨）	播种面积（公顷）	单产（千克/666.7平方米）	总产（吨）	播种面积（公顷）	单产（千克/666.7平方米）	总产（吨）	播种面积（公顷）	单产（千克/666.7平方米）	总产（吨）	播种面积（公顷）	单产（千克/666.7平方米）	总产（吨）	播种面积（公顷）	单产（千克/666.7平方米）	总产（吨）
1979	20 047	19 980	16 053	169.3	40 770	10 033	120.0	18 026	3 333	131.0	653.8	240	238	858	5 220	270	21 152	447	79.0	64.85
1980	20 107	20 127	15 527	158.3	36 870	10 140	109.0	16 585	3 393	110.0	558.9	273	296	1 213	4 687	261	18 312	360	126.0	68.10
1981	20 987	20 967	14 860	153.5	34 216	10 087	100.0	15 154	4 280	105.5	676.1	407	307	1 874	3 787	286	16 225	527	114.5	90.65
1982	21 413	21 127	14 960	164.4	36 901	9 333	120.0	16 789	1 900	131.5	375.4	507	333	2 530	4 373	247	16 229	720	120.5	130.05
1983	20 953	20 973	14 727	184.6	40 779	9 460	134.0	20 000	2 653	150.2	597.8	560	343	2 877	37 60	300	16 928	453	141.5	96.20
1984	21 253	21 113	14 873	195.0	43 499	10 240	148.0	22 654	2 433	191.1	697.5	567	355	3 014	3 647	313	17 121	393	114.5	67.55
1985	21 120	20 947	11 907	215.3	38 460	8 067	166.0	20 097	1 913	180.0	516.7	447	353	2 365	3 227	326	15 768	160	90.9	21.80
1986	21 160	21 160	12 387	238.7	44 355	8 527	195.0	24 967	1 613	211.4	5 117.0	387	410	2 380	3180	348	16 597	293	93.5	44.30
1987	21 487	21 487	11 847	251.2	44 644	7 833	193.0	22 684	1 047	220.0	3 451.0	407	486	2 965	3 307	368	18 270	300	161.0	725.00
1988	21 580	21 607	12 973	252.5	49 138	8 080	196.0	2 3740	953	211.0	3 005.3	413	426	2 643	3 753	387	21 759	726	92.0	996.20
1989	21 607	21 567	13 007	255.7	49 890	8 633	203.0	26 238	800	221.0	2 664.0	453	416	2 829	3 420	391	20 063	498	99.0	741.00
1990	22 447	21 807	12 433	278.7	51 976	8 540	218.0	27 906	847	237.0	3 020.0	527	427	3 375	3 193	427	20 447	176	94.0	248.00
1991	23 413	23 333	11 947	274.2	49 145	8 380	209.0	26 218	653	231.0	2 268.0	580	451	3 927	2 887	435	18 825	100	117.0	175.00
1992	24 160	23 460	12 373	290.4	53 896	8 333	227.0	28 315	687	241.6	3 715.0	573	469	4 031	3 433	417	21 484	27	101.8	63.00
1993	23 340	23 620	11 707	311.5	54 704	7 440	239.0	2 6620	1 387	250.8	5 218.0	600	527	4 747	2 900	513	21 798	700	118.2	1241.35
1994	23 760	23 993	9 473	377.4	53 633	5 020	255.0	19 229	57	283.1	3 631.0	693	573	5 957	3 000	601	27 037	190	127.0	362.00
1995	23 680	24 013	10 393	420.3	65 522	5 820	262.0	22 911	761	295.0	3 364.0	740	596	6 615	3 640	653	35 636	113	155.0	395.00
1996	24 860	25 053	10 933	452.0	74 120	5 913	269.0	23 815	867	308.0	6 015.0	773	623	7 228	4 073	698	42 662	–	–	–
1997	25 813	25 920	10 813	499.8	81 062	5 920	300.0	26 678	–	–	–	820	619	7 619	3 873	797	46 299	–	–	–
1998	27 087	27 400	9 693	490.6	71 339	5 760	321.0	27 696	–	–	–	380	641	3 656	3 173	819	38 976	–	–	–
1999	28 400	28 700	10 173	511.9	78 119	5 720	342.0	29 353	–	–	–	447	658	4 411	3 713	782	43 555	–	–	–

续表 18-1-1

年份	耕地面积（公顷）	播种面积（公顷）	粮食作物			1、小麦			其中：冬小麦			2、水稻			3、玉米			4、豆类		
			播种面积（公顷）	单产（kg/666.7平方米）	总产（吨）	播种面积（公顷）	单产（千克/666.7平方米）	总产（吨）	播种面积（公顷）	单产（千克/666.7平方米）	总产（吨）	播种面积（公顷）	单产（千克/666.7平方米）	总产（吨）	播种面积（公顷）	单产（千克/666.7平方米）	总产（吨）	播种面积（公顷）	单产（千克/666.7平方米）	总产（吨）
2000	27 893	28 060	9 000	526.6	71 094	4 853	353.0	25 670	–	–	–	513	660	5 079	3 073	841	38 787	–	–	–
2001	27 887	27 833	8 393	620.0	78 062	3 020	383.0	17 349	–	–	–	413	664	4 114	4 140	874	54 251	–	–	–
2002	27 720	28 040	9 947	664.0	99 019	3 487	371.0	19 381	–	–	–	393	683	4 032	5 587	885	74 198	–	–	–
2003	27 613	28 053	9 132	690.0	94 530	1 940	379.0	11 035	–	–	–	340	623	3 175	5 820	885	77 227	–	–	–
2004	27 573	28 173	10 453	676.0	106 009	2 373	373.0	13 287	–	–	–	280	683	2 870	6 460	884	85 624	–	–	–
2005	27 600	28 247	10 200	690.2	105 607	2 067	373.0	11 577	–	–	–	253	700	2 660	6 540	886	86 940	1 340	–	4 430.00
2006	27 947	28 493	8 733	794.0	104 030	793	391.0	4 648	–	–	–	207	698	2 128	7 007	903	94 915	734	–	2 339.00

1979—2006 年博乐市（县）经济作物播种面积、单产、总产统计表

表 18-1-2

年份	5、其它粮食作物			经济作物面积（公顷）	棉花			油料			甜菜			蔬菜		西甜瓜		果类		苜蓿	
	播种面积（公顷）	单产（千克/666.7平方米）	总产（吨）		播种面积（公顷）	单产（千克/666.7平方米）	总产（吨）	播种面积（公顷）	单产（千克/666.7平方米）	总产（吨）	布种面积（公顷）	单产（千克/666.7平方米）	总产（吨）	布种面积（公顷）	总产（吨）	布种面积（公顷）	总产（吨）	面积（公顷）	总产（吨）	面积（公顷）	总产（吨）
1979	560	87.4	734	2 107	67	18	18	2 013	60	1 796	–	–	–	127	2 851	273	3 175	160	497	1 260	3 648
1980	427	118.8	760	2 880	107	25	40	2 760	73	3 001	–	–	–	93	2 398	240	8 202	167	605	1 180	–
1981	580	110.7	963	4 400	347	31	171	3 727	68	3 787	–	–	–	113	1 764	320	4 936	167	821	1 100	–
1982	747	120.8	353	4 893	1 113	52	422	2 693	71	2 875	–	–	–	80	1 210	127	1 982	160	790	953	–
1983	467	134.1	974	5 240	1 960	31	911	2 833	87	3 695	–	–	–	40	699	127	1 812	167	1 173	773	2 855
1984	420	112.7	710	5 333	2 600	51	1 983	2 147	89	2 867	–	–	–	87	1 160	87	1 190	147	1 004	600	–
1985	167	92.0	230	8 247	2 600	53	2 071	3 780	87	4 903	–	–	–	93	1 518	153	2 662	167	747	467	488
1986	293	93.4	411	7 613	3 693	70	3 799	3 400	113	6 029	–	–	–	140	4 873	207	2 568	160	1 414	753	3 010
1987	300	161.1	725	8 440	4 953	68	5 058	3 260	130	6 335	–	–	–	153	4 419	200	3 103	167	1 307	800	5 198
1988	727	91.4	996	7 320	4 480	70	4 697	2 387	129	4 630	6.7	1 370	137	149	5 175	138	3 049	160	1 211	1 013	6 707

续表 18-1-2

年份	5、其它粮食作物			经济作物面积（公顷）	棉花			油料			甜菜			蔬菜		西甜瓜		果类		苜蓿	
	播种面积（公顷）	单产（千克/666.7平方米）	总产（吨）		播种面积（公顷）	单产（千克/666.7平方米）	总产（吨）	播种面积（公顷）	单产（千克/666.7平方米）	总产（吨）	布种面积（公顷）	单产（千克/666.7平方米）	总产（吨）	布种面积（公顷）	总产（吨）	布种面积（公顷）	总产（吨）	面积（公顷）	总产（吨）	面积（公顷）	总产（吨）
1989	500	101.3	760	7 100	4 667	60	4 224	2 107	115	3 628	13.3	2 035	407	148	5 297	93	3 873	133	822	1 207	6 750
1990	173	95.4	248	8 073	5 293	73	5 825	1 920	111	3 199	833	2 413	30 162	122	5 296	51	1 639	127	798	1 107	–
1991	100	116.7	175	10 473	7 480	75	8 372	1 920	109	3 135	1 040	2 411	37 610	80	3 857	33	762	107	736	800	4 403
1992	33	132.0	66	10 020	7 300	66	7 181	1 373	121	2 493	1 173	2 645	46 545	80	5 151	73	2 457	133	681	560	4 151
1993	767	133.8	1 539	10 753	7 880	73	8 666	2 100	130	4 104	280	2 651	11 133	258	14 252	82	3 055	220	816	813	4 841
1994	93	124.1	1 410	13 267	8 353	82	10 295	3 453	158	8 172	580	2 739	23 832	375	13 513	89	3 429	273	1 091	793	3 906
1995	193	159.6	360	12 300	8 100	84	10 239	2 793	140	5 851	1 173	2 221	39 089	405	12 545	45	1 145	313	1 194	793	4 464
1996	173	–	415	12 587	8 973	92	12 377	2 020	152	4 591	1 393	2 557	53 438	300	8 317	27	1 056	273	1 165	567	–
1997	200	155.3	466	13 520	10 113	101	15 241	2 060	163	5 028	1 100	2 893	47 739	–	–	–	–	247	1 197	–	–
1998	380	703.7	4 011	16 120	11 760	101	17 739	1 953	168	4 917	840	3 162	39 844	–	–	–	–	127	1 588	–	–
1999	293	181.8	800	17 007	12 173	103	18 714	3 740	154	8 614	820	2 798	34 415	–	–	–	–	140	2 082	–	–
2000	560	185.8	1 558	17 600	12 987	109	21 254	3 300	180	8 892	700	3 110	32 656	–	–	–	–	153	2 014	–	–
2001	287	546.0	2 348	17 813	14 153	115	24 461	1 780	182	4 872	1 373	3 668	75 566	–	–	–	–	227	2 421	–	–
2002	387	242.8	1 408	15 993	12 287	120	22 113	1 520	185	4 226	2 060	3 666	113 288	–	–	–	–	273	3 212	–	–
2003	1040	198.3	3 093	16 380	13 289	116	23 133	1 193	193	3 455	1 753	3 650	96 006	–	–	–	–	107	1 891	–	–
2004	1340	210.3	4 228	15 520	14 127	130	27 505	553	145	1 205	747	3 366	37 695	–	–	–	–	133	1 473	–	–
2005	1340	220.4	4 430	15 953	14 300	125	26 750	260	207	806	1 247	3 721	69 584	690	16 271	90	3 036	87	1 371	1 280	11 307
2006	733	212.0	2 332	17 193	15 573	130	30 402	307	225	1 036	1 313	4 134	81 445	813	23 904	58	1 880	126	1 536	911	8 664

第三节 品种引育

一、粮食作物品种

（一）小麦品种更新

冬小麦 20世纪80年代初，博乐县小麦以新冬2号为主栽品种。20世纪90年代，市小麦以奎冬3号和奎冬4号为主栽品种。2005年后，市小麦以新冬18、新冬20号为主栽品种。

春小麦 20世纪70年代末，博乐县春小麦以红欧柔为主栽品种。全县春小麦播种面积6 621公顷，占小麦面积的67.4%，占粮食种植面积的42.9%。20世纪80年代，市春小麦以白欧柔为主栽品种，搭配品种有巴春二号等。全市春小麦播种面积6 667 ～ 8 000公顷，占小麦播种面积的76%，占粮食播种面积的52%左右。20世纪90年代后，春小麦播种面积逐年减少，主要品种有8092、宁春16号、昌春4号、新春2号、新春3号、新春4号、新春5号、石春1号。2004年，市春小麦主要品种有新春8号、新春9号、新春11号、新春14号，宁春16号，主栽品种为新春8号和宁春16号。

大麦 20世纪80年代至20世纪90年代初，博乐市大麦以黑引瑞、新3103号为主。2000年以后，市境内无大麦种植。

（二）玉米品种更新

20世纪80年代初，博乐县玉米以维尔42号和维尔156号（双交种、杂交一代）为主栽品种。20世纪80年代中后期至20世纪90年代，市玉米以南斯拉夫SC-704为主栽品种，新玉3号、伊单5号、伊单10号为搭配品种。2000年后，市玉米品种多样化，主要有DK656、郑单958、登海1号、掖单12、13号、新玉12号、SC-704。

（三）水稻品种更新

80年代初，博乐县水稻以铁68—3、博稻二号为主栽品种。20世纪90年代，市水稻以早锦、秋光为主栽品种，搭配品种有伊粳1号、5号、沈农129等品种。

（四）黄豆品种更新

20世纪80年代，博乐县黄豆以合交6号、合交13号为粮豆间作的主栽品种，合江1号、丰收18号为复播主栽品种。20世纪90年代，博乐市黄豆以黑河5号、吉林20号、含丰23号为主栽品种。2000年后，市黄豆以新大豆1号、新大豆2号、黑河26号、绿洲千斤王为主栽品种。

二、经济作物品种

（一）棉花品种更新

20世纪70年代末，博乐县棉花以66—241为主栽品种。20世纪80年代至20世纪90年代，博乐市棉花以新陆早1号、中棉12号、中棉16号、中棉24号为主栽品种，搭配品种有辽棉10号、辽棉12号、新陆早11号（豫棉202）。2000年后，市棉花以新陆早12号、博陆早1号、新陆早33号为主栽品种，搭配品种有新陆早24号、新陆早8号等品种。到2006年，全市棉花种植面积15 571公顷，占经济作物播种面积的90.36%，占全市总播面积的54.65%。

（二）油料作物品种更新

20世纪70年代末，博乐县油料作物以胡麻为主栽品种。20世纪80年代，市油料作物以油葵为主栽品种，搭配品种有博油 1 号、新油 2 号（油菜品种）。20 世纪 90 年代后，市油料作物全部为油葵。初期沈葵杂 2 号，辽葵杂 2 号，新葵 1 号为主栽品种；中后期以新葵杂 2 号、新葵杂 4 号、美国 G101 为主栽品种。2000 年以后，市油料作物以美国 G101、瑞特姆、KWS303，矮大头为主栽品种。

（三）甜菜品种更新

博乐市甜菜大面积种植始于 1989 年。20 世纪 90 年代，市甜菜以新甜 2 号、新甜 6 号和苏垦 8312 为主栽品种。2000 年后，市甜菜以 KWS9103、KWS5075、KWS9419 为主栽品种。

（四）蔬菜品种

1984—2006 年，博乐市蔬菜种类约 33 种，90 个品种。主要蔬菜有白菜、甘蓝、花椰菜、菠菜、芹菜、西红柿、黄瓜、辣椒、茄子、菜豆、豇豆、大葱、洋葱、大蒜、韭菜、秋萝卜、胡萝卜、莴笋、西葫芦、马铃薯等。特种蔬菜有水果萝卜、生菜、油麦菜、娃娃菜、菜苔、芥菜、香芹、苦苣菜、菊花菜、曲麻菜等。

（五）西甜瓜品种及更新

西瓜 20 世纪 80 年代前，博乐县西甜品种有雪青白（阿可西瓜），苏联二号、美丽（梅里托尔斯基）、花皮冬西瓜（精河西瓜），黑皮冬西瓜（精河西瓜）。20 世纪 80 年代，市种子部门引进炮台红、新密 6 号、新密 7 号、白梨瓜、青梨瓜等。到 2006 年，市西瓜品种有新农 8 号、大民 8 号、大民 509、超甜京欣、新优 2 号、新优 10 号、西农 8 号、京欣 1 号、火洲 2 号（新优 11 号）、翠宝 5 号、红宝石（无籽）、新优 26（无杈瓜）、黑密无籽、郑杂 9 号等。

甜瓜 20 世纪 80 年代前，博乐县甜瓜品种有密极甘、黄皮冬甜瓜（精河甜瓜）、白皮脆、白兰瓜，黄旦子、阿克可可其（白皮甜瓜）、卡拉可可其（黑皮甜瓜）、谢可苏（糖水之意）。20 世纪 80 年代至 20 世纪 90 年代后，市甜瓜品种主要有西域 1 号、西域 3 号、新皇后，新红心脆、黄醉仙、伽师瓜，新密杂 7 号、新密 31 号、金皇后、女状元（黄旦子）、白马王子、白衣丽人、伊丽莎白、羊角蜜、红瓤酥瓜，白瓤酥瓜、超甜脆、红核脆、小金宝等。

第四节　作物栽培

一、塑料薄膜覆盖栽培技术试验及推广

1981 年，原博州农林科学研究所引进塑料薄膜覆盖栽培技术，并在棉田进行试验，平均单产每亩皮棉 72 千克。

1982 年，博乐县农业技术推广站在乌图布拉格乡红星四队，试种地膜覆盖棉 1.66 公顷，露地棉 1.05 公顷。试验结果，地膜覆盖棉总产 1 193.3 千克，平均单产每亩皮棉 48.02 千克；露地棉总产 339.65 千克，平均单产每亩皮棉 21.56 千克。县召开地膜植棉技术现场会，并印发《博乐市地膜棉综合配套栽培技术规程》。1986 年，全市棉花种植面积 3 690 公顷，地膜棉 2 075 公顷，占棉花播种面积的 56.1%。1989 年，全市推广地膜覆盖栽培面积 2 336.6 公顷，其中地膜棉 2 177 公顷，占棉花播种面积的 46.3%；地膜玉米 54.5 公顷，占玉米播种面积的 1.6%；地膜瓜 91.3 公顷，占瓜类播种面积的 23.2%；地膜蔬菜 54 公顷，占蔬菜播种面积的 27.6%。

1995 年，博乐市农业技术推广中心引进宽膜覆盖（1.4 米）栽培技术，进行试验。试验结果，宽

膜覆盖栽培棉比窄膜（0.7 米）覆盖栽培棉每亩增产 10.7% ～ 27.9% 。1996 年，全市推广宽膜棉 378.4 公顷，平均单产每亩 98.9 千克，比窄膜棉增产 21.56 千克，增产率 27.9%。至 2000 年，全市宽膜棉播种面积 8 480 公顷），占棉花总播面积的 65.3%。

二、水稻盘育机播、旱育稀植栽培新技术试验及推广

（一）水稻工厂化盘育机播新技术的引进推广

1986 年，博乐市农技推广站从自治区农业厅引进 1 台水稻插秧机，在贝林哈日莫墩乡哈日才格德村试植水稻 866.71 平方米，每亩 493.5 千克。1987 年，市引进育秧塑料大棚 2 座，流水线育苗播种机 1 台，日产 4 行插秧机 18 台。同年，市农技推广站在贝林哈日莫墩乡示范机插水稻 9.3 公顷，平均单产每亩 561.95 千克。1988 年，市农技推广站与贝林哈日莫墩乡农业技术推广站签订水稻盘育机播合同 300 份，面积 47 公顷。1989 年，市贝林哈日莫墩乡 9 个自然村水稻均采用盘育机播新技术，面积 107.5 公顷，占水稻种植面积的 29.9%，平均单产每亩 105.3 千克。至 1991 年，全市推广水稻盘育机播新技术 354 公顷，占水稻种植面积的 68.04%，平均单产每亩 578.48 千克，增产 22.31%。

（二）水稻旱育稀植栽培新技术推广

1991 年，博乐市农业技术推广中心引进水稻旱育稀植栽培技术，在贝林哈日莫墩乡 4 个水稻种植村，试验水稻旱育稀植栽培面积 3.95 公顷，获得成功。1995 年，全市推广水稻旱育稀植机械栽培技术。

三、甜菜纸筒育苗移栽新技术试验及推广

1989 年，博乐市农业技术推广中心在中心试验场试验甜菜纸筒育苗移栽面积 0.33 公顷，其中 333.35 平方米为直播对照。通过试验，纸筒育苗移栽甜菜每亩 5 100 千克，含糖量 17.1% ～ 18.2%；直播甜菜每亩 3 500 千克，含糖量提高 16.5%。1990 年，全市推广纸筒育苗移栽甜菜面积 41.5 公顷，占甜菜总播种面积的 5%。至 1992 年，全市推广纸筒育苗移栽甜菜面积 23.6 公顷，占甜菜总播种面积的 0.97%，平均单产每亩 4 350 千克。1992 年后，由于地膜覆盖栽培甜菜技术推广等原因，纸筒育苗移栽甜菜面积逐年减少。

四、节能日光温室蔬菜生产新技术推广

1989 年，博乐市菜篮子工程领导小组成立，设立菜篮子办公室。同年，博乐市青得里乡青得里中村、乌图布拉格乡格尼登村春夏蔬菜生产基地 53 公顷，和小营盘镇秋冬菜生产基地 67 公顷。蔬菜种植技术落后。

1992 年，博乐市与宁夏惠农县结为友好县市。市聘请惠农县农艺师指导建造节能日光蔬菜温室。年末建成节能日光蔬菜温室 12 座，每座蔬菜温室占地 333.35 平方米，生产蔬菜面积 133 ～ 200 平方米。每座节能日光蔬菜温室造价 4 000 ～ 5 000 元，年产值 5 000 元以上。夏菜提早 1—2 个月上市，延后下市 1 个多月。1994 年，全市节能日光蔬菜温室 35 座，蔬菜大棚 90 余座，蔬菜生产面积 2 公顷。到 1996 年，全市建成节能日光蔬菜温室 220 座，蔬菜大棚 646 座。同年，市引进长后坡节能蔬菜温室技术，并在乌图布拉格乡进行示范。引进滴灌节水技术，在乌图布拉格乡格尼登村蔬菜温室示范。2000 年，博乐市政府对新建蔬菜温室制定奖励办法，根据温室的大小，材料结构的不同，分别奖励 1 500 ～ 2 000 元。

2006 年，博乐市承担国家“固边富民”建设国债项目，建设 200 座半地下节能日光蔬菜温室。青得里乡青得里中村建半地下节能日光蔬菜温室 100 座，面积 15.2 公顷，农户 39 户。小营盘镇当合尔

布拉格村建半地下节能日光蔬菜温室50座，面积6.6公顷，农户50户；小营盘镇贝德布拉格村建半地下节能日光蔬菜温室50座，面积5.5公顷，农户50户。至2006年，全市建温室416座，面积45公顷；拱棚2 087座，面积107公顷。

第五节　肥料施用

一、有机肥料

1981—1982年，博乐县进行土壤普查。普查结果显示，县农区土壤大部分缺磷少氮，建议在施用农家肥的基础上，合理施用化肥。从1985年开始，市农村重化肥、轻农肥的现象较严重。

1989—2006年博乐市农家肥施用情况统计表

表18-2　　单位：万立方米、%

年份	总播面积	施肥面积	积肥量	施肥比例	年份	总播面积	施肥面积	积肥量	施肥比例
1989	2.16	0.760 3	35.20	35.2	1998	2.74	1.613 0	47.00	58.9
1990	2.18	1.190 0	55.40	54.6	1999	2.87	1.533 0	50.30	53.4
1991	2.33	0.853 3	52.80	36.6	2000	2.81	1.111 1	50.04	39.5
1992	2.35	0.950 0	64.80	40.4	2001	2.78	1.150 0	50.10	41.4
1993	2.36	1.470 0	62.00	62.3	2002	2.80	1.100 0	50.00	39.3
1994	2.40	1.333 3	61.40	55.6	2003	2.81	1.120 0	52.50	39.9
1995	2.40	1.333 3	42.00	55.6	2004	2.82	1.180 0	50.50	41.8
1996	2.51	1.160 0	55.90	46.2	2005	2.83	1.100 0	50.00	38.9
1997	2.59	1.427 0	48.60	55.1	2006	2.85	1.220 0	55.00	42.8
合计	–	–	–	–	–	–	21.596 6	933.04	44.08

二、无机肥料

20世纪70年代末，博乐县农区化肥施用面积占农作物总面积的40%。小麦追施化肥每亩在8 ~ 10千克，玉米追施化肥在10 ~ 15千克，施用化肥种类有硫酸铵、硝酸铵、过磷酸钙等低浓度化肥。

20世纪80年代初，博乐县农区化肥选用高浓度优质尿素、磷酸二铵和三料磷肥，并在施用方法上进行改进。改撒施为播前深施，将尿素、磷肥、油渣、羊粪混合进行深播（15厘米以上）；带肥下种，每亩施磷酸二铵5千克或尿素2千克加磷肥3千克和过筛羊粪或油渣10 ~ 15千克混合，与种子分开同播。1984年，县小麦、玉米、棉花化肥深施面积5 893公顷，占全县3种农作物总播面积的40%以上。

从20世纪80年代中期开始，全市农区推广配方施肥和测土配方施肥技术，即在施用有机肥的基础上，按不同农作物所需不同量的磷、氮、钾等元素比例进行施肥。至1989年，全市推广配方施肥面积 5 000 公顷，测土配方施肥面积 67 公顷，带肥下种面积 1.25 万公顷。

20 年代 90 年代后，博乐市农区配方施肥和测土配方施肥技术全面推广，锌、硼单质微肥和磷酸二氢钾使用面积逐年扩大。1995 年，市推广土壤补钾、全层平衡施肥（耕地前人工或机械将按比例配制好的 N、P、K 微肥撒入地表，然后耕翻，使肥料均匀分布于耕层 20 ~ 25 厘米上下范围内，使作物根系在任何时期均能吸收上养分）、化肥作基肥秋施技术。至 2005 年，全市测土配方施肥面积 2.2 万公顷，补施钾肥面积 0.93 万公顷，各类微量肥料施用面积 1 万公顷，施用磷酸二氢钾面积 2.2 万公顷。2006 年，市施用钾肥面积 11 333.3 公顷，微量肥料施用面积 17 333.3 公顷。

1989—2006 年博乐市各类无机肥料及施肥方法面积统计一览表

表 18-3 单位：公顷

年份	带肥下种	配方施肥	测土施肥	钾肥施用面	微量肥料	叶面肥（含磷酸二氢钾）
1989	12 500	5 000	67.0	–	646.7	2 706
1990	13 098	12 400	126.7	–	3 267.0	12 280
1991	–	–	–	–	–	–
1992	–	–	–	–	–	–
1993	15 733	–	–	–	2 393	7 506.7
1994	–	13 946.7	–	–	744.7	1 063.3
1995	–	15 286.7	1 933.3	–	–	30 466.7
1996	–	18 000	–	–	7 940.0	19 320.0
1997	–	17 812.2	–	–	34 533.3	16 686.7
1998	–	24 646.7	286.7	–	5 765.3	14 733.3
1999	–	14 533.3	5 933.3	533.3	4 066.7	15 000.0
2000	–	–	16 893.3	443.3	12 966.7	17 200.0
2001	–	–	275 33.3	1 066.7	9 533.3	12 800.0
2002	–	–	26 666.7	2 466.7	13 333.3	6 000.0
2003	–	–	26 000.0	10 000	15 333.3	18 000.0
2004	–	–	23 333.3	9 333.3	–	16 000.0
2005	–	–	22 000.0	9 333.3	10 000.0	22 000.0
2006	–	–	–	11 333.3	17 333.3	–

注：1.1994 年后，带肥下种基本普及

2. 以上数据根据市农业技术推广中心历年总结汇总

1979—2006 年博乐市化肥施用量统计一览表

表 18-4 单位：吨

年份	实物量	折纯量	年份	实物量	折纯量
1979	1 008	334	1994	7 466	3 019
1980	1 080	388	1995	10 343	4 041
1981	967	357	1996	10 952	4 354
1982	1 323	503	1997	13 334	5 965
1983	1 913	818	1998	15 631	7 314
1984	2 998	1 429	1999	16 150	7 751
1985	3 110	14 76	2000	15 053	7 069
1986	4 326	2 054	2001	15 124	6 417
1987	3 105	1 205	2002	15 181	6 618
1988	2 200	1 048	2003	14 636	6 312
1989	2 841	993	2004	15 039	6 555
1990	5 599	1 972	2005	15 880	6 077
1991	6 873	2 265	2006	19 513	8 698
1992	5 307	2 291	-	-	-

注：以上数据来自市统计局《统计年鉴》

第六节　农作物保护

一、病害及防控

（一）病害种类

小麦病害：小麦条锈病、小麦细菌性条斑病、小麦雪腐雪霉病、小麦赤霉病|、小麦散黑穗病、小麦腥黑穗病、小麦矮腥黑穗病、小麦白粉病、小麦全蚀病。

玉米病害：玉米瘤黑粉病、玉米丝黑穗病、玉米疯顶病。

水稻病害：水稻烂秧病、稻瘟病、水稻恶苗病。

棉花病害：棉花立枯病、棉花黄萎病、棉花枯萎病、棉花角斑病、棉花根腐病、棉花黑斑病、棉花烂铃病。

油葵病害：向日葵霜霉病、向日葵菌核病、向日葵锈病、向日葵白粉病、向日葵列当。

甜菜病害：甜菜黑脚病、甜菜褐斑病、甜菜白粉病、甜菜丛根病、甜菜根腐病。

瓜类病害：瓜类枯萎病、瓜类白粉病、瓜类细菌性角斑病、瓜类霜霉病、瓜类病毒病、瓜类疫霉病、瓜类炭疽病、瓜列当。

马铃薯病害：马铃薯早疫病、马铃薯环腐病、马铃薯病毒病。

其他还有大豆根腐病，枸杞根腐病，葡萄霜霉病，葡萄毛毡病等。

（二）主要病害及其防控

小麦锈病

主要有条锈、叶锈、秆锈3种。博乐市小麦主要以条锈病为主，叶锈病次之。冬麦锈病重于春麦锈病。2002年6月下旬—7月上旬，博乐市农田小麦发条锈病，造成籽粒干瘪，减产30%～50%。

主要防控对策为选用抗病品种，加强田间管理，适时适量灌水；施用氮肥，多施用磷、钾肥；用0.03%粉锈宁拌种；加强小麦锈病的预测预报；在小麦拔节、抽穗期用粉锈宁进行叶面喷洒或用粉锈铜、保丰宁、植保宁混合，叶面喷雾防治。

玉米瘤黑粉病

1979—2006年，博乐市（县）玉米产区均有发生（俗称灰包病），是玉米的主要病害。大型病瘤减产60%以上，中等病瘤减产25%左右，小型病瘤减产10%左右。

主要防治对策为选用抗病品种；清除田间病残体，翻耕灭茬；实行2～3年轮作；避免偏施过量氮肥，合理增施磷钾肥和微量元素。

水稻烂秧病

1979—2006年，水稻烂秧病是博乐市水稻栽培区主要病害。常造成烂种、烂芽、稻秧成片死亡，发病率可高达30%～50%。

主要防控对策为精选稻种，科学浸种催芽，改水育秧为旱育秧，适期播种，合理施肥，注意排灌水，药剂防治。

棉花枯萎病

1979—2006年，棉花枯萎病是博乐市棉区传染性病害，被列为植物检疫对象。

主要防控对策为加强植物检疫，保护无病区；推广种植抗病品种，改造重病区；轮作倒茬，与禾本科作物轮作3～5年，与水稻轮作2年以上；深翻耕地，增施底肥和磷钾肥；适时播种、定苗、中耕；科学浸种，药液灌根。

甜菜黑脚病

20世纪80年代中期始，甜菜黑脚病（又称立枯病、猝倒病、苗腐病）是博乐市甜菜产区主要苗期病害，一般发病率在10%～30%。

主要防控对策为实行4年轮作制，避免重茬和迎茬；播种前选用50%福美双、70%土菌消、70%敌克松、50%多菌灵拌种。

向日葵霜霉病

20世纪80年代，向日葵霜霉病传入博乐市，且有逐年加重趋势。

主要防治对策为培育选用抗病品种；秋深耕深翻土地，消灭自生向日葵苗；增施磷肥，合理使用氮肥；适期播种，缩短幼苗出土时间；用25%瑞毒霉、甲霜灵、甲霜灵锰钾、甲霜铜拌种；用25%瑞毒霉可湿性粉剂、50%瑞毒铜可湿性粉剂、25%甲霜灵或甲霜灵锰锌等进行喷雾防治。

向日葵菌核病

1979—2006年，向日葵菌核病（又叫白腐病）是博乐市向日葵产区主要病害。

主要防治对策为轮作倒茬，重病田应实行8年轮作；用温水清除种子中的菌核；用速可灵、五氯硝基苯、菌核净等农药拌种；药剂化防。

辣椒疫病

1979—2006年，辣椒疫病在乡镇均有发生，常造成毁灭性绝收。

防治策略：采用营养土育苗，以保证幼苗无病；合理轮作，与非葫芦科的禾本科作物等轮作；增施腐熟的厩肥，增强土壤通透性；早翻耕晒土，减少土壤中的菌量；高垄栽培是减少疫病发生的重要措施；采用沟灌、避免畦灌；用25%甲霜灵、58%甲霜灵锰锌、50%瑞毒铜500倍液灌根或喷洒茎基部。

茄子黄萎病

1979—2006年，茄子黄萎病是博乐市茄子种植区的重要病害，一般发病率5%～20%，重病田发病率50%。

防控对策为播前用50%多菌灵500倍溶液浸种或温汤浸种；80%福美双拌种或种衣剂包衣；与非寄生作物轮作6～7年；选用抗病品种；清洁田园，深翻土地，增施有机肥，合理灌水、追肥；定植时将茄苗在0.1%苯来特药液中浸30分钟或用1∶50的多菌灵、托布津药土施于定植穴内或用100倍液苯来特、多菌灵在发病初期灌根。

葡萄毛毡病

1979—2006年，葡萄毛毡病在博乐各地均有发生，由瘿螨寄生所致，一般发病株率在28%～31%。

防治对策为清洁田园、埋土施药；早春葡萄发芽前，喷洒波美5度石硫合剂1次；展叶后发病，摘除病叶，用50%胶体硫、70%代森锰锌、70%甲基托布津，有防病治。

二、虫害及防控

（一）害虫种类

1979—2006年，博乐市境主要害虫有棉铃虫、蚜虫（棉蚜、棉黑蚜、棉长管蚜、麦二叉蚜、苜蓿蚜、玉米蚜、菜蚜、杏蚜、桃蚜等），叶螨（俗称红蜘蛛、主要有土耳斯坦叶螨、截形叶螨、朱砂叶螨）、玉米螟（主要是欧洲玉米螟）、马铃薯甲虫、美洲斑潜蝇、蝗虫（优势种群主要有新疆西伯利亚蝗、意大利蝗、红胫戟纹蝗、黑条小车蝗、亚洲飞蝗等）棉蓟马、甜菜象甲。

其他还有旋幽夜蛾、苜蓿夜蛾、菜粉蝶、榆叶蝉、长跗双斑莹叶甲、三点斑叶蝉、白翅潜叶蝇、种蝇、枸杞红瘿蚊、枸杞瘿螨、枸杞刺皮瘿螨、枸杞泥虫、小麦负泥虫、小麦皮蓟马、麦秆绳、苹果蠹蛾、蓝黑跳甲、黄条跳甲、新疆菜青虫、甜菜象鼻虫、小象甲、金针虫、苜蓿盲蝽象、牧草育蝽象、黄地老虎、警纹地老虎、八字地老虎、印度谷螟，谷盗、谷象等。

（二）主要害虫及其防控

棉蚜　主要危害棉花、瓜类等作物。20世纪90年代，秋蚜（8—9月）成为博乐市棉田的主要害虫。1994年、1996年、1997年，市棉田发生偏重度秋蚜灾害。2003年后，伏蚜（6—7月）成为市棉田的主要害虫。棉花生长发育受控，落花、落蕾。

防治对策为准确、及时地预测预报；抓越冬虫源防治，控制越冬虫源数量；合理种植诱集带；调整作物布局，增加棉田周围作物多样性；利用自然天敌，保益治害；科学使用农药。

叶螨　主要危害棉花、玉米、大豆等作物，蔬菜以黄瓜、茄子受害为重。20世纪90年代后，叶螨成为博乐市农田的主要害虫。1997年，市高温、干旱、少雨，叶螨严重危害玉米、棉花等作物。玉米叶螨发生面积2万～2.7万公顷。其他年份叶螨农田危害均有发生，年约在0.7万公顷。

防治对策为以生态保护为主、农业防治、生物防治和化学防治相结合。

棉铃虫　棉铃虫在博乐地区1年发生3代。主要危害棉花、玉米、番茄和小麦、蔬菜、亚麻等作物。20世纪90年代中期，博乐市棉田均发生棉铃虫危害。至21世纪初，棉铃虫成为市农田主要害虫。

防治对策为准确预报，抓防治时期；采用物理、生物防治措施，诱杀越冬代成虫，控制1代发生量；科学用药，抓2代、3代防治。

玉米螟　玉米螟是博乐市玉米的主要害虫，1年发生2代，属欧洲玉米螟。1980年，贝林哈日莫墩乡有千亩玉米遭受玉米螟严重危害，虫株率50% ~ 60%。1985年后，玉米螟蔓延到全市玉米产区。20世纪90年代，在青得里乡以西玉米产区发生严重危害。2006年，市玉米产区玉米螟危害面积锐减，年防治面积在1.3万公顷左右。

防治对策为保护利用天敌，强化农业生物措施；开展频振诱杀的物理防治技术，诱杀越冬代成虫，控制玉米螟1代幼虫发生量；科学用药防治，主要以呋喃丹灌心为主。

美洲斑潜蝇

1999年，在博乐市青得里乡温室黄瓜上首次发现美洲斑潜蝇，危害温室蔬菜，属检疫性害虫。该虫不能在室外越冬成活。

三、草害及防控

1979—2006年，博乐市农田主要草害有灰藜、田旋花、龙葵、凹头苋、反枝苋、狗尾草、莎草、稗草，画眉草、野燕麦、卷叶蓼等。

20世纪80年代初，野燕麦是县麦田主要危害。据调查，野燕麦发生严重的地块每亩有野燕麦种子600万 ~ 800万粒，折合100 ~ 150千克，相当于当时小麦的一半（亩）产量。到20世纪80年代末，通过轮作、倒茬和药剂防治，市麦田野燕麦基本消灭。20世纪90年代后，博乐市麦田化学除草面积80%以上，防治效果75% ~ 90%以上。棉花田杂草防治主要选用氟乐灵土壤封闭处理，防治棉田杂草。化学除草面积100%，防除效果达85%以上。但氟乐灵对龙葵、田旋花、莎草基本无效，还要结合人工防治。

四、鼠害及防控

1979—2006年，博乐市鼠害发生主要以小家鼠、灰仓鼠、社会田鼠、根田鼠、东方仓鼠。博乐市以西居民点周边农田发生较轻，农牧交错区、开荒区、山区周边农田鼠害较重。鼠害发生高峰期为5—6月中旬，9—10月中旬。

防治对策为春季化防为主，其他措施为辅；秋季生态防治为主，化学防治为辅。

五、有害生物防控新技术推广

20世纪80年代，博乐市农业技术推广中心在加强农作物病虫测报的基础上，筛选出多种低毒、对有害生物杀伤力强、对天敌影响小的新型化学生物农药的使用方法，以及用物理、生物等进行防治的方法。如用糖浆、性诱剂诱杀棉铃虫，种植小麦、玉米等生态带等，并制订不同作物、不同病虫的防控预案，指导农民科学防治有害生物。

2006年，博乐市农业技术推广中心引进频振式杀虫灯，并在乌图布拉格镇大田进行试验后推广。诱杀害虫8目25科60余种，主要有鳞翅目昆虫占59.6%，鞘翅目昆虫占28.3%，脉翅目昆虫占3.9%，半翅目昆虫占2.7%，直翅目昆虫占2.1%，其他昆虫占3.4%。有效控制面积4公顷。至2006年末，全市推广应用频振式杀虫灯710台，防治覆盖面积2 840公顷。

六、人工影响天气

博乐市域冰雹灾害一般发生在4—9月份，主要集中在6—7月。每年6月份降雹次数占年总降雹次数的33%，每年7月份降雹次数占年总降雹次数的37%。市东部乌图布拉格镇、八十六团等地区，年平均雹日不足 1 天。市西部小营盘镇、阿热勒托哈牧场等地区，年平均雹日在 2.7 天，主要受哈日图热格山谷生成的强冰雹云天气影响。因此，阿热勒托哈牧场场部南设 240 防雹炮台，小营盘镇四乡二村设 241 防雹炮台，小营盘镇乌兰克日木村设 242 防雹炮台。防雹区保护面积 14 007 公顷。

20 世纪 90 年代后，博乐市防雹主要采用 3 期高炮轰击雹云的办法。1995 年 7 月 31 日，小营盘镇等地区出现超级单体冰雹云。241、242 防雹炮台分别于 20 时 24 ~ 26 分，20 时 25 ~ 27 分，作业发射炮弹 150 发，20 时 26 ~ 29 分开始降雨，含有小冰雹，农田未受损失。1996 年 6 月 12 日 18 时 20 分、20 时 42 分，强冰雹天气过程影响阿热勒托哈牧场。240 防雹炮台 3 次作业发射炮弹 160 发，防雹区内降弱雹。

1984—2006 年，博乐市人工影响天气，年度（夏季 4—9 月）对冰雹云作业在 16 ~ 20 次左右，防雹保护区比非保护区减少冰雹袭击 63% 以上，冰雹频率减少 22%，农作物减灾受益平均每年可达 500 万元以上。

第五章　农业开发

第一节　生产基地

一 、棉花生产基地

1979 年，博乐县棉花播种面积 67 公顷。1985 年，博乐市棉花播种面积 2 600 公顷，总产量 2 017 吨。棉花绒长 29 毫米以上的占 91.4%。同年 6 月，在全国出口棉体系建设会议上，博乐市被确定为棉花出口基地。1986—1989 年，市分别出口棉花 1 000 吨、3 000 吨、4 000 吨、1 600 吨，分别占市棉花总产的 25.14%、59.31%、85.16%、37.88%。

1990 年初，农业部批准博乐市为全国优质棉基地县（市），并投资 180 万元续建棉种加工厂二期工程—泡沫酸脱绒车间，到年底全部完工交付运营。至 2000 年，全市棉花播种面积 1.3 万公顷，占总播种面积的 46.28%，占经济作物播种面积的 73.79%；单产由 1979 年的每亩 18 千克增加到 2000 年的每亩 109 千克，增长 5.06 倍，平均每年增长 24.07%；总产 21 254 吨，较 1979 年增加 21 236 吨，增长 1 179.8 倍，平均每年增长 56.18 倍。至 2006 年，全市棉花播种面积 1.56 万公顷，占总播面积的 54.65%，占经济作物面积的 97.62%，单产每亩 130 千克，总产量 30 402 吨。

二、粮食生产基地

1979 年，博乐县粮食播种面积 16 053 公顷，单产每亩 169.3 千克。1985 年，全市粮食播种面积 11 907 公顷，占总耕地面积 56.38%，占总播面积的 56.84%，平均单产每亩 195 千克，总产 38 460 吨，其中小麦播种面积 8 067 公顷，占总播面积的 38.51%，占粮食作物播种面积的 67.75%，平均单产每亩 166 千克，总产 20 097 吨；水稻播种面积 447 公顷，占总播面积的 2.13%，占粮食作物播种面积的 3.75%，平均单产每亩 353 千克；玉米播种面积 3 227 公顷，占总播面积的 15.40%，占粮食播种面积的 27.1%，平均单产每亩 326 千克，总产 15 768 吨；其他杂粮播种面积 166.7 公顷。

1995 年，博乐市粮食播种面积 10 393 公顷，占总播面积的 43.28%，平均单产每亩 377.4 千克，总产 65 522 吨，其中小麦播种面积 5 820 公顷，占总播面积的 24.24%，占粮食作物播种面积的 56%，平均单产每亩 262 千克，总产量 2 2911 吨；水稻播种面积 740 公顷，占总播面积的 3.08%，占粮食作物播种面积的7.12%，平均单产每亩596千克，总产量6 615吨；玉米播种面积3 640公顷，占总播面积的15.16%，占粮食作物播种面积的35.02%，平均单产每亩653千克，总产量35 636吨；豆类及其他杂粮播种面积193公顷。

2005年，博乐市耕地面积27 600公顷，总播种面积28 247公顷，其中粮食播种面积10 200公顷，占总播种面积的35.88%，平均单产每亩690.2千克，总产量105 607吨。

三、甜菜生产基地

1982年，博乐县开始试种甜菜。甜菜生产基地主要分布在博乐市青得里乡、小营盘镇、阿热勒托哈牧场、乌图布拉格镇、农五师八十一团、八十四团、八十五团。1990年，市甜菜种植面积833.3公顷（不含兵团）。1991—2000年，市甜菜种植面积280 ~ 1 393公顷（不含兵团）。2001—2006年，市种植甜菜面积700 ~ 2 060公顷（不含兵团）。

2005年，博乐销售甜菜209吨。2006年，博乐市销售甜菜461.5吨。

四、蔬菜无公害生产基地

20世纪80年代末，博乐市青得里乡青得里中村、乌图布拉格乡格尼登村春夏蔬菜生产基地53公顷，小营盘镇秋冬蔬菜生产基地67公顷。

1992年，博乐市推广节能日光温室。至2006年，青得里乡、小营盘镇、乌图布拉格镇有节能日光温室416座，生产面积45公顷，有拱棚2 087座，生产面积107公顷。

第二节 资金与项目管理

一、资金管理

1988—2006年，博乐市农业综合开发累计投入资金14 260.22万元，其中中央财政资金4 400.89万元（其中无偿资金3 012.33万元、有偿资金1 388.56万元），区级配套资金1 412.2万元，州级配套资金483.24万元，本级配套资金712.44万元，银行贷款2 151.1万元，自筹资金5 100.35万元。国家对博乐市农业综合开发资金验收7期，并通过验收。

二、项目管理

（一）农业基础设施和生态建设项目管理

1988—2006年，博乐市新建、修复机电井202眼，开挖防渗渠道466.69千米，砌渠道446.05千米，埋设输水管道88.25千米，修建桥涵闸1 545座，架设输变电线路180千米。从2000年开始，市实施节水项目示范工程，共建成喷灌、滴灌、微灌节水示范项目4 733.33公顷。

1988—2006年，博乐市建农田防护林1 422公顷。同时，在牧区进行草（原）场改良，建成一批草料基地。

1999—2003年，博乐市完成农业生态工程项目1 933.33公顷。

1991—2006年，博乐市改良土壤1.47万公顷，配备农用机械224台（套），增加机耕面积5 000公顷，维修机耕道路251.2千米。培训农业技术人员及农牧民58 477人次。

（二）农业结构调整和农业产业化经营项目管理

1999—2006年，博乐市实施农业结构调整和农业产业化经营项目累计投资3 878.95万元。

（三）农业综合开发科技投入

1988—2001年，博乐市农业综合开发项目中，科技投入的比例占总投入的1.05%。2002—2006年，市农业综合开发项目中，科技投入的比例占总投入的2.48%。

（四）农业综合开发项目验收

1988—2006年，博乐市农业综合开发项目验收由乡（镇、场）自验，市、州复验，自治区中期查验，国家重点抽验，其中自治区、国家项目验收7期。1988—1990年，市棉花糖料基地开发项目通过自治区、国家验收。1991年，市棉花基地开发项目，通过自治区、国家验收。1991—2006年，市农业综合开发项目，通过自治区、国家验收。

第六章 农业科技与教育

第一节 农村社会化服务体系

一、农业科学技术推广体系

1981年6月，博乐县成立农业技术推广站。各乡（镇、场）先后成立农业技术推广站。1989年10月，市组建农业技术推广中心，下设农业技术推广站、植物保护站、土壤肥料站（含化验室）、园艺站、病虫测报站、农资经营服务部、办公室。编制36名，负责农业技术培训、农业新技术的研究试验、示范和推广，农业有害生物的预测预报与防治等。

1988年，博乐市投资100余万元，建科技培训楼，面积1 054.96平方米。2003年，自治区农业厅投资308万元，建立农业有害生物预测预报站。至2006年，市农业在编科技人员142人，有“农民技术员证书”的农民技术员1 980人；市乡级均配备科技副乡长、村级均配备科技副职和农民技术员。全市已形成市、乡（镇、场）、村三级农业技术推广网络。

二、农作物良种繁育经营服务体系

20世纪70年代末，博乐县良种繁育场1个，乡（镇）良种繁育场5个，村种子专业户25户。

20世纪80年代初，根据国家农作物种子“专业化生产”的要求，县、乡良种繁育场相继撤销，农作物良种繁育由种子部门专业生产，统一供种。市种子管理站在达勒特镇套特村、乌兰布呼村、精更浩西村、贝林哈日莫墩乡建立良种棉繁育基地。1986年，由自治区农业厅投资60余万元，建立博乐市良种棉加工厂，对棉花种子进行初加工。1990年初，农业部批准博乐市为优质棉基地，并投资180万元续建良种棉加工厂泡沫酸脱绒车间，实现良种棉生产、收购、轧花、剥绒、泡沫酸脱绒、精选、包衣、包装、储存、销售等标准化生产线。

21世纪初，博乐市种子经营与管理分离，农作物种子经营市场化，市种子管理部门职能转为市场执法管理。全市经营各类农作物种子的商户约100多户。主要农作物品种更新换代3～5次，其中冬小麦品种更新3～4次，春小麦品种更新4～5次，玉米品种更新3～4次，水稻品种更新2～3次，油料品种更新3～4次，棉花品种更新换代4～5次。

第二节 农业科技培训体系

1979年，博乐县农业科技培训1期，培训人员31人。1985年，博乐市农业科技培训32期，培训人员2 850人。1990—2006年，市累计举办各类培训班3 910期，培训人员32.74万人，颁发“农民技术员证书”1 980余人。

1979—2006年博乐市（县）农业科技培训统计一览表

表18-5　　单位：人

年份	期数	人次	年份	期数	人次
1979	1	31	1993	96	5 653
1980	–	–	1994	188	13 792
1981	1	45	1995	215	17 700
1982	1	56	1996	232	13 716
1983	8	463	1997	217	17 687
1984	34	1 832	1998	211	13 601
1985	32	2 850	1999	209	13 472
1986	–	–	2000	210	15 000
1987	–	–	2001	309	25 612
1988	59	3 071	2002	348	35 130
1989	74	5 506	2003	341	37 364
1990	119	7 604	2004	258	25 864
1991	143	8 834	2005	286	28 600
1992	135	9 654	2006	283	28 950
–	–	–	合计	4 045	332 056

注：根据市农业技术推广中心历年工作总结汇总

第三节　生态农业

一、农村能源综合利用

柴（煤）灶的推广应用　1982年12月，博乐县为推广节柴（煤）改灶第一批全国90个重点县之一。节柴（煤）改灶技术要求10两柴烧10分钟，烧开5千克水。1983年3月，县委、县政府召开各社场和各单位领导会议，传达贯彻全国节柴改灶会议精神。同年4月，县成立节柴（煤）改灶领导小组，并设立办公室。同年7月，博乐县在乌图布拉格乡进行节柴（煤）改灶试点，并召开现场会。1984年，乌图布拉格乡完成节柴（煤）改灶1 429户，占应改户1 605户的89%。1985年，全市完成节柴（煤）改灶5 514户，占应改灶的44%。1986年，博乐市基本完成节柴（煤）改灶。

沼气灶的推广应用　1979年前，博乐县在乌图布拉格乡、青得里乡试点建设沼气池14座。但由于技术等原因，未能推广使用。

1995年，博乐市小营盘镇多兰特布拉格村（一乡一村）村民采用原籍（甘肃）建造沼气技术，建“三位一体”（照明取暖、厨房沼气灶、棚圈）沼气池，获得村民认可。同年，村民建“三位一体”沼气池19座。1996年，村民在“三位一体”模式基础上加建温室，形成“四位一体”沼气池模式。

2002年，博乐市实施国家农村能源小型公益建设项目，在农村建沼气池200座，太阳房2座，省柴节能炕连灶 861 座。

2005年，博乐市被国家列为实施能源沼气项目县（市）。建造1座10平方米的沼气池需投资2 800元，其中国家投资 1 200 元，地方投资 800 元。至 2006 年，全市建设沼气池 820 座，其中“四位一体”模式 141 座，“一池三改”模式 679 座。

二、生态农业产品

绿色“营盘”牌鸡蛋 1983 年始，博乐县小营盘区养鸡向专业化快速发展。1998 年，小营盘镇养鸡专业户 348 户，养鸡规模 41.17 万羽。1999 年，市、镇科技部门为养鸡专业户提供产前、产中、产后一条龙服务，协商贷款 40 万元，养殖场地 40 公顷。同年，成立“小营盘镇养鸡专业技术协会”。养鸡规模 78 万羽，年转化粮食 20 000 吨，创产值 1 316 万元，占镇工农总产值的 18%。2000 年，小营盘镇养鸡专业户 505 户，养鸡规模 1 535 万羽。同年，禽蛋注册“银盘”商标，

2001 年 6 月，小营盘镇养鸡协会投入 70 万元实施鸡粪加工项目建设。项目建成后，年加工鸡粪 6 636 吨，生产有机肥 3 650 吨，实现净利润 73 万元。

2002 年 5 月，小营盘镇有养鸡专业村 7 个、养鸡专业户 331 户，养鸡规模达 100 万羽，每天产鸡蛋约 36 吨，纯利润 1 200 万元，占农牧民纯收入 2 970 的 20%。同年 8 月，“银盘”牌鲜蛋被农业部、自治区检测中心鉴定为“优质一级产品”。同年 11 月，“银盘”牌鲜蛋被自治区农业厅、自治区农业名牌产品认定委员会授予“2002 年度新疆农业名牌产品”。

2003 年，小营盘镇通过招商引资，广东兆丰技术有限公司以 600 万元资金入股，北京沃土生物科技有限公司以复合微生物“VT”及“生物高氮源发酵”技术入股，启动建设年转化 3 万立方米鸡粪，生产 10 000 吨生物肥料的生产线。

2005 年，小营盘镇有高科技养鸡小区 1 个，养鸡专业村 7 个，养鸡户 1 008 户，养鸡专业户 300 余户，家禽饲养量 120 万羽，日产鲜蛋 30 吨，年产鲜蛋 9 000 余吨，年销售收入 2 500 万元。同年，该镇玉米通过施放加工鸡粪，形成无公害绿色食品，平均单产每亩 900 余千克。镇畜禽服务部 9 个、蛋盘厂 2 家、孵化厂 7 家、鸡笼制造厂 2 家、万套种禽场 1 家、家禽疾病监测中心 1 个、万吨生物有机肥厂 1 家及饲料加工等企业共 68 家。

2006 年，博乐市召开无公害家禽养殖农业地方标准审定会。审定通过《无公害食品蛋（肉）鸡生产基地建设规范》《蛋鸡设计规范》《无公害食品鸡人工受精技术规范》《无公害食品人工受精技术规范》《无公害食品商品蛋鸡苗防疫规范》《无公害食品种鸡引进技术规范》《无公害蛋鸡养殖场现场检查技术要求》《无公害商品代蛋（肉）鸡生产性能指标》《家禽养殖业污染防治技术规范》《商品鸡常见疫病与免疫规范》等 10 项无公害家禽养殖农业地方标准。

第十九编

BOLE SHIZHI

林　　业

20世纪50年代初，山区森林和平原天然林保持着原始状态。1956—1958年先后建立三台、哈夏、哈日图热格林场后，实行以森工采伐为主，年平均采伐量8 000立方米。由于重采伐轻造林，山区森林资源锐减。从20世纪60年代中期—70年代后期，平原数万亩荒漠林被毁，加上盲目毁林开荒，平原天然林遭到浩劫，生态环境恶化。

1983年，博乐县实行林业“三定”（稳定林权、划定社员自留林地、确定林业生产责任制），1984年，县鼓励开发性造林，实行谁造谁有，调动群众造林、护林积极性。

1986年，山区林场由森林采伐为主逐步转为森林资源管理和生态保护为主，森林年采伐量调整在4 000立方米以内。1998年，山区林场实施天然林禁伐政策。2000年，山区天然林纳入自治区天然林资源保护工程。2001年，山区天然林纳入国家重点公益林工程，到2004年，实施国家重点公益林面积2.47万公顷。

1980—2006年，博乐市实施“三北”防护林、退耕还林和公益林保护3个国家重点工程，并先后实施青达拉义务植树基地造林、“二阶台”环保绿化、农田防护林营造、博河绿化、博－五公路绿化、平原丘陵区荒漠次生林保护等地方重点工程，取得显著成效。至2006年末，全市林地总面积13.2万公顷，山地森林面积6.84万公顷，平原人工林面积5 663.77公顷，荒漠林面积5.64万公顷，河谷林面积1 383.6公顷。

第一章 机 构

第一节 行政机构

1979至1984年9月，博乐县林业由县农林局管理。1984年10月，成立县林业局，编制6名。1985年9月，博乐县林业局改称为博乐市林业局。

1990年5月，在市林业局设森林病虫害防治检疫站。1992年2月，在市林业局设市二阶台环保绿化指挥部办公室，于1994年1月撤销。1996年，市林业局林政办公室成立。2001年4月，在市林业局设护林防火指挥部办公室。2002年，在市林业局设野生动植物保护办公室，事业编制3名。同年，市林业局编制10名，内设办公室、林政办公室。2003年，在市林业局设退耕还林办公室。

2006年，市林业局所属事业单位有市护林防火指挥部办公室、市退耕还林办公室、市野生动植物保护办公室、市林管站、市次生林管护站、市森林病虫害防治检疫站、博乐苗圃、市青达拉林场。

第二节 事业单位

一、林业管理站

1979年，博乐县林业管理站，股级单位。1985年，市林业管理站职工8人，县林业局局长兼站长。1989年7月，市林业管理站升格为副科级事业单位。1995年，市林业管理站干部职工21人。2002—2006年，市林业管理站事业编制12名。

二、次生林管护站

1985 年 7 月，博乐县成立次生林管护站，股级单位。1998 年 12 月，博乐市次生林管护站升格为副科级事业单位。2002 年，市次生林管护站事业编制 6 名，其中领导职数 1 个。

三、森林病虫害防治检疫站

1985—1989 年，博乐市森林病虫害防治检疫工作由市林业管理站管理，设专职森防员 1 人。1990 年 5 月，博乐市成立森林病虫害防治检疫站，股级事业单位，挂靠市林业管理站。2002 年，市森林病虫害防治检疫站事业编制 5 名。2006 年 8 月，市森林病虫害防治检疫站升格为副科级事业单位，领导职数 1 个。

第二章　林业体制改革

第一节　林权制度改革

20 世纪 70 年代末，博乐县人民公社所有林地归集体所有。由生产队组织集体造林，设专职护林员。护林员实行工分制，年终参加生产队统一分配。

1980 年，博乐县农村集体林木实行承包制。

1982 年，博乐县开展林业“三定”工作，即稳定林权、划定社员自留林地、确定林业生产责任制。全县 179 个生产队落实林业生产责任制；颁发集体单位和农户林权证书 394 本。

1984 年，博乐县落实林地所有权和经营权分离政策，林业实行“四个放宽”，即放宽自留林地政策，谁造谁有；放宽个人植树，鼓励开发性承包；放宽承包年限，长期稳定；放宽林木管理权限，扩大经营自主权。三滩地”（河滩、荒滩、沙滩）造林，承包期 15 ~ 30 年。营造农田防护林和开发性造林，可减免粮食定购任务，免交公积金、公益金、水费、土地提留。

1986 年，博乐市将集体已栽林木按株数径级或立木蓄积进行折价卖给个人。集体新造的林带、片林按树随地走的方式承包给农户，产品收益按三七开或九一开比例分成，农民受益。

1988—1995 年，博乐市集体保存林木按株数径级或立木蓄积折价卖给个人。果园、苗圃实行承包，每年给集体上缴一定数额的资金。宜林荒滩荒地造林，独立核算，自负盈亏。

2000—2006 年，博乐市将规划的农田防护林地，招标拍卖给林业专业户或农民，承包期 30 ~ 50 年。村林地招标拍卖给个人，每株 10 ~ 20 元不等，承包一个轮伐期。村宜林荒滩荒地，招标拍卖给个人，承包期 30 ~ 50 年。个体在退耕地上按要求造林，管理达到标准后，争取国家补助。对已承包归户的林地经营权和林木所有权，由林业主管部门颁发林权证。

第二节　林业承包

1980 年，博乐县农民开始承包集体林木。

1984 年，博乐县农民承包户达到 582 户，承包集体林木 38.6 万株。林业专业户、重点户发展到 126 户，承包宜林荒滩、荒地面积 218.4 公顷，新植片林 50.33 公顷。

1986 年，博乐市林业承包户达到 674 户，承包集体林木 64 万株。林业专业户、重点户发展到 140 户，承包宜林荒滩、荒地面积 218.4 公顷，新植片林 236.07 公顷。

1991 年，博乐市林业承包户增加到 716 户，承包集体林木 305 万株；林业专业户、重点户增加到 198 户，承包宜林地 1 000 公顷，累计造林 449.13 公顷。

1995 年，博乐市林业承包户和林业专业户、重点户达到 1 077 户，拥有林地面积 2 112.07 公顷。

2006 年，博乐市个体林农、林业专业户达到 11 832 户，拥有林地面积 6 381.35 公顷。

第三章　天然林区

第一节　三台林场

一、位置面积

林场位于天山北麓婆罗克努尔山西段，博乐市南部山区，西与哈夏林场相接，东与精河林场毗邻，北以森林分布下线的低山丘陵为界，南与天山西部林业局蒙马拉、伊宁、霍城林场相连。林场跨博乐市和温泉县两个行政区。地理坐标北纬 44° 14′ ~ 44° 32′ 、东经 80° 45′ ~ 82° 30′ ，东西长约 123 千米，南北宽约 28 千米。

林场土地总面积为 19.4 万公顷。林地面积 2.16 万公顷，其中有林地 1.24 万公顷，疏林地 1 452.8 公顷，灌木林地 68 51.13 公顷，未成林造林地 71.27 公顷，宜林地 872.6 公顷，苗圃地 11.27 公顷。

二、森林植被

林场自东向西阶梯状隆起，野生植被呈垂直分布。海拔 800 ~ 1 000 米的山前低山丘陵，主要有梭梭、沙拐枣、白刺、麻黄，冲刷沟上生长有胡杨、木蓼、优若蓼、锦鸡儿等，河床生长有苦杨、密叶杨、河柳、蔷薇、柽柳、铃铛刺等，覆盖度 10% ~ 30%。低山灌木草原带，海拔 1 000 ~ 1 900 米之间，植被以蒿类、禾草类针茅为主，交错分布有圆柏、蔷薇、小檗、麻黄、假木贼等灌木；河床地带有密叶杨、河柳等，覆盖度 20% ~ 60%；山地有少量疣枝桦、欧洲山杨等阔叶树种，下木主要有崖柳、忍冬、栒子、绣线菊等。高山针叶林带，海拔 1 800 ~ 2 800 米之间，植被带分布在海拔 2 400 米以上，林木组成为云杉纯林。主要植物是矮蒿、细叶蒿、黑穗苜草、珠芽蓼、草熟禾、垫状施苔花、碱蓬、鸢尾，另外还分布有双子柏等。

三、野生动物

林场山区内野生动物资源较多，主要有盘羊、羯羊、马鹿、草豹、黄羊、狼、雪鸡、候鸟、旱獭等。

四、国家重点公益林

2004 年，根据国家林业局、财政部《重点公益林区划界定办法》，三台林场森林纳入国家公益林范围。生态公益林面积 5.05 万公顷，其中国家重点公益林面积 2.46 万公顷，市境重点公益林面积 1.87 万公顷，一般公益林 242.6 公顷。林场在国家重点公益林保护区设立 12 个管护站，并设公示牌、宣传牌，埋设小班界桩。聘用长期护林员 21 人，监管员 2 人。每个护林员管护面积 200 ~ 666.67 公顷，林场与护林员签订管护合同书，明确管护责任和范围。各管护站配备太阳能发电机、卫星电视等配套设施。

五、基础设施建设

林场有森林管护站点 23 处。主要有四台中心所，萨尔巴斯、喀拉萨依、克孜里、阿克图别克管护站等。

第二节　哈夏林场

一、位置面积

林场位于博乐市西南部，天山西部别珍套山东侧。北面为低山丘陵及前山平原农牧区，南邻赛里木湖，西接别珍套山。地理坐标介于北纬 44° 39′ ~ 44° 56′ ，东经 80° 45′ ~ 81° 32′ 之间。

林场跨博乐市和温泉县两个行政区。东西长约 62 千米，南北宽约 31 千米。

林场森林总面积 1.42 万公顷，在博乐市境内森林面积为 4 157.73 公顷，其中有林地 2 250.2 公顷；疏林地 122.67 公顷；灌木林地 1 682 公顷；宜林地 93.13 公顷；未成林地 10.2 公顷。活立木总蓄积量为 3 240 立方米。

二、森林植被

林场植被属中亚山地植被区系。林场境内乔木植被以天山云杉为主。在河谷和前山带有少量山杨、山柳、苦杨、桦木。森林呈片状或带状与山地草原相间分布。受大陆性干旱气候影响，接近森林上限的林木生长不良，分布稀疏，为裸岩疏林。灌木植被主要有山柳、花楸、圆柏、忍冬、栒子、沙棘、野蔷薇等，呈带状或块状分布在乔木林间及河谷与草地中。草本植物主要有禾本科、豆科、菊科、和蕨类植物，分布在海拔 2 700 米以下地区。

三、野生动物

国家二、三级保护动物有马鹿、猞猁、雪豹、雪鸡、旱獭，此外还有崖鸡、北山羊、盘羊、狐狸、松狼、雪兔等。

四、国家重点公益林

2004 年，根据国家林业部局、财政部《重点公益林区划界定办法》，林场森林纳入国家重点公益林管护范围。在市境的重点公益林面积 4 133.33 公顷。林场在国家重点公益林保护区设立 2 个管护站，即吉依克苏和喇嘛苏管护站，并设公示牌、宣传牌，埋设小班界桩。设专职护林员 13 人，监管员 1 人。护林员管护面积 200 ~ 666.67 平方千米。林场与护林员签订管护合同书，明确管护责任和范围。各管护站配备太阳能发电机、卫星电视等配套设施。

五、基础设施

1985 年，林场场部旧址哈夏沟，有职工住房 1 600 平方米，养殖场建筑面积 2 000 平方米，耕地近 18 公顷，苗圃地 11 公顷。有马鹿驯养繁殖场 1 个，占地面积 166.67 公顷。2006 年，在温泉县城区内哈夏林场场部占地面积 1.9 公顷，有职工住宅 14 幢，建筑面积 2 862 平方米；办公楼 1 幢，建筑面积 840 平方米。在温泉县城西 30 千米处，有农业耕地 11 公顷，养殖场 1 个，占地约 1 公顷。

第三节　哈日图热格林场

一、位置面积

林场位于博乐市北部，西接温泉县的玉什布拉克，东至博乐市的喀拉达坂，北以阿拉套山山脊为界与哈萨克斯坦接壤，南以温泉县的查干屯格乡、哈日布呼镇和博乐市小营盘镇境内的低山丘陵为界。地理坐标介于北纬 45° 07′ ~ 45° 19′ 、东经 81° 21′ ~ 82° 20′ 之间。林场跨博乐市和温泉县两个行政区，东西长约 70 千米，南北宽约 20 千米。

林场总面积为 1.36 万公顷，市境内森林面积 1.12 万公顷，其中林地 883.6 公顷，疏林地 158 公顷，灌木林地 1 799.6 公顷，宜林荒山荒地 336.47 公顷，未成林地 42.33 公顷，苗圃 1.76 公顷。活立木蓄积量为 132 504 立方米。

二、森林植被

森林植被呈垂直分布。海拔 1 100 ~ 1 500 米，阴坡为森林草原带，主要树种有云杉、天山桦，下木有天山花楸、忍冬、栒子、绣线菊等，地被物以苔草为主；阳坡为干旱草原带。海拔 1 500 ~ 2 000 米，阴坡为小天山云杉为主的森林带，林下灌木较少；阳坡为灌丛草原及草原带。海拔 2 600 ~ 2 800 米，为稀疏的云杉林—悬崖林。海拔 2 800 ~ 3 500 米，为高山草甸带及垫状植物带。海拔 3 500 米以上为高山砾石带。

三、野生动物

国家二、三级保护动物有马鹿、猞猁、雪豹、雪鸡、旱獭，此外还有崖鸡、棕熊、北山羊、盘羊、狐狸、松狼、雪兔等。

四、国家重点公益林

2004 年，林场森林纳入国家重点公益林管护范围。在市境的重点公益林面积 7 820 公顷。林场在国家重点公益林保护区设立 8 个管护站，并设公示牌、宣传牌，埋设小班界桩。聘用长期护林员 13 名，监管员 1 名。每个护林员管护面积 200 ~ 666.67 公顷。林场与护林员签订管护合同书，明确管护责任和范围。各管护站配备太阳能发电机、卫星电视等配套设施。

五、基础设施建设

20 世纪 80 年代，林场设管护站 9 个。2002 年，林场建查汗赛管护站。2006 年，林场建乌图布拉格中心管护所、保尔德管护站、赛里克管护站。至 2006 年，森林管护站 13 个。

第四章　林业资源培育

第一节　育　苗

1980 年以前，博乐县造林苗木主要到外地调运，年调运量达 50 万余株。1981 年以后，县、公社（场）、队相继建立苗圃。1985 年，博乐市苗圃实行联产计酬承包责任制。乡、村集体苗圃由个人承包经营，同时有少数村民经营小规模的苗圃。1981—1989 年，全市育苗面积 66.67 公顷，年出苗量 300 万株。

1997 年前后，博乐市乡村出现 3 个育苗大户，育苗面积 3.33 ~ 5.33 公顷。2006 年，全市育苗面积 20.67 公顷，年出苗量 150 万株。

1979—2006 年博乐市造林育苗情况统计表

表 19-1　　单位：公顷

项目 年份	造林面积（公顷）	其中					育苗（公顷）		零星植树（万株）
		防护林			用材林	经济林	完成	其中新育	
		农田防护林	工程造林	退耕还林					
1979	10.13	10.13	–	–	10.13	–	–	–	32.2
1980	46.4	24.47	–	–	9.13	12.8	–	–	58.8
1981	250	115.87	–	–	58.07	22.73	–	–	52.4
1982	155.93	78.6	–	–	73.27	4.07	58	–	41.5
1983	304.07	62.46	178	–	57.93	5.67	60.93	–	95.6
1984	510.6	207.33	293.33	–	5.73	4.2	84.27	–	149.2
1985	603.4	46.27	326	–	231.13	–	106.47	52.74	36.7
1986	696.4	88.93	283.33	–	324.13	–	74.9	33.5	62.8

续表 19-1

项目 年份	造林面积（公顷）	其中					育苗（公顷）		零星植树（万株）
		防护林			用材林	经济林	完成	其中新育	
		农田防护林	工程造林	退耕还林					
1987	739.53	148.67	266.67	–	324.2	–	66.22	37.67	59.9
1988	741.33	218.13	377.4	–	140.47	5.33	77.63	57.33	62.2
1989	383.6	74.33	149.53	–	159.73	–	77.4	41.6	47.1
1990	469.4	119.93	238.73	–	110.73	–	38.07	22.34	41.5
1991	358	97.67	163.2	–	82.87	14.27	35.27	16.84	51
1992	375	147.87	100.47	–	126.67	–	26.47	14.73	33
1993	496.4	217.73	–	–	97.33	181.33	32.05	25.29	24.8
1994	515.93	315.27	–	–	65.4	135.27	34.73	18.78	23
1995	492.6	359.27	–	–	133.33	–	27.07	17.67	23
1996	270.33	136.67	–	–	133.67	–	29.53	16.67	22.5
1997	303.27	204	–	–	99.27	–	30.93	21.21	20
1998	271.2	162.8	–	–	108.4	–	35.08	13.4	21.3
1999	353.6	214	20	–	69.67	49.93	37.05	23.6	12
2000	795.07	249.73	36	309.87	107.67	91.8	19.9	10	16
2001	1 101.47	254.4	70.2	695.6	–	81.27	28.07	18.07	–
2002	1 239.13	220.8	78	899.13	41.2	–	38.74	28.02	7
2003	1299	254.33	83	985.67	–	–	35.33	11	6
2004	302.07	293.2	8.87	–	–	–	27.87	7.8	5.5
2005	1 614.6	247.87	71.93	1 294.8	–	–	24	11	–
2006	1 633	242.87	19.67	–	–	–	14.33	11	–

第二节　栽培树种

一、农村栽植树种

农村栽植树种有箭杆杨、钻天杨、北京杨、新疆杨、076-28 杨、白柳、白榆、河南钻天榆、大沙枣等。

（一）箭杆杨

杨柳科杨属。此树种于 20 世纪 50 年代引进，插条繁殖。20 世纪 60—80 年代，为市四旁绿化和农田防护林主要树种。1989 年，普查面积 605.67 公顷，蓄积 2.5 万立方米；1998 年，普查面积 358.27 公顷，蓄积 8.4 万立方米。

（二）钻天杨

杨柳科杨属。此树于20世纪50年代引进。20世纪60—80年代，为市四旁绿化和农田防护林主要树种，面积略少于箭杆杨。1989年，普查面积302.95公顷，蓄积1.4万立方米；1998年，普查面积179.13公顷，蓄积4.2万立方米。

（三）新疆杨

杨柳科杨属。20世纪60年代引种，扦插繁殖。因幼苗成活率低，加之“破肚子”病，栽植较少，仅在市区街道两旁作为绿化树种。1989年，普查面积28公顷，蓄积3 300立方米；1998年，普查面积28公顷，蓄积1万立方米。

（四）076-28杨

杨柳科杨属。20世纪80年代引进，为市苗圃育苗主要树种。21世纪初，为市四旁绿化和农田防护林主要树种。2006年，普查面积392.07公顷，蓄积3.3万立方米。

（五）白柳

杨柳科柳属。常用于四旁植树造林。1989年，普查面积40.38公顷；1998年，普查面积58.27公顷。

（六）白榆

榆科榆属。20世纪40年代，种植。常用于四旁、公路绿化、荒滩荒地造林。1989年，普查面积214公顷；1998年，普查面积2.42.27公顷，蓄积3 139立方米。2006年，普查面积69.33公顷，蓄积1 569立方米。

（七）河南钻天榆

榆科榆属。20世纪80年代初，从河南引进，多用于道路绿化、片林和四旁绿化。1989年，普查面积236.67公顷；1998年，普查面积375.53公顷，蓄积4 709立方米。此树耐寒性差，冬季有冻梢现象，大树易感染腐烂病。2006年，普查面积170.67公顷，蓄积3 130立方米。

（八）大沙枣

胡颓子科胡颓子属。多用于盐碱地造林、公路和四旁绿化。20世纪60年代，有少量种植；20世纪80年代初，从南疆大量购种。1989年，普查面积5.53公顷；1998年，普查面积5.52公顷。2006年，普查面积104公顷。

二、城镇绿化树种

城镇绿化树种有大叶榆、圆冠榆、裂叶榆、长枝榆、大叶白蜡、小叶白蜡、复叶槭、山桃、垂柳、龙爪柳、馒头柳、黄菠萝、白桦、皂荚、红皮云杉、樟子松、侧柏、夏橡、丝棉木、黄金树、紫叶稠李、红叶海棠、火炬、桑树、丁香、榆叶梅、紫穗槐、红瑞木、珍珠梅、水蜡、月季、红王子锦带、玫瑰、金叶榆等。

（一）圆冠榆

榆科榆属。20世纪80年代引进，作为城镇街道或道路两旁绿化树种。

（二）裂叶榆

榆科榆属。20世纪末引进，作为街道绿化、观赏树种。

（三）长枝榆

榆科榆属。20世纪末引进，作为街道绿化、观赏树种。

（四）倒榆

榆科榆属。20世纪70年代引进，作为公路、园林及小区绿化树种。

（五）大叶白腊

木犀科白腊属。20 世纪 60 年代引进，作为市区街道两旁主要绿化树种；20 世纪 90 年代，被评为博乐市市树。

（六）小叶白蜡

木犀科白蜡属。具抗污染性，叶面滞尘能力强。21 世纪初引进，作为市区街道两旁主要绿化树种。

（七）复叶槭

槭树科槭树属。作为市区街道两旁或小区绿化树种。1998 年，普查面积 0.2 公顷。

（八）垂柳

杨柳科柳属。20 世纪 70 年代引进，作为市区道路、庭院、公园绿化、美化树种。

（九）馒头柳

杨柳科柳属。20 世纪 70 年代引进，作为城镇绿化、美化树种。

（十）黄菠萝

芸香科黄檗属。21 世纪初引进，少量种植于庭园、公园之内。

（十一）皂荚

苏木科皂荚属。21 世纪初引进，常孤植、丛植于庭园、公园的草坪或列植于道路旁。

（十二）红皮云杉

松科云杉属。21 世纪初引进，常列植于道路旁或孤植、丛植于庭园、公园的草坪。

（十三）樟子松

松科松属。20 世纪 80 年代引进，作为街道两旁或庭园绿化、美化树种。

（十四）侧柏

柏科侧柏属。20 世纪 70 年代引进，作为街道、公园、庭园绿化、美化树种。

（十五）夏橡

山毛榉科栎属。20 世纪 90 年代引进，作为街道两旁、公园、庭园绿化、美化树种。

（十六）黄金树

紫葳科梓属。20 世纪 80 年代引进，用于庭园绿化、美化。

（十七）丁香

木犀科丁香属。20 世纪 80 年代引进，用于道路、公园、庭园绿化、美化树种。

（十八）榆叶梅

蔷薇科樱桃属。20 世纪 80 年代引进，用于庭园、公园或行道绿化、美化。

（十九）紫穗槐

豆科紫穗槐属。21 世纪初引进，仅在博乐城市园林中丛植或配植。

（二十）珍珠梅

蔷薇科珍珠梅属。21 世纪初引进，用于庭园、公园或道路栽植。

（二十一）月季

蔷薇科蔷薇属。20 世纪 60 年代引进，用于庭园、公园栽植。

（二十二）红王子锦带

忍冬科锦带花属。21 世纪初引进，用于庭院墙偶群植，丛林缘配植。

（二十三）玫瑰

蔷薇科蔷薇属。20 世纪 80 年代引进，用于庭园、公园、道路配植。

第三节 封山育林

一、山区育林

1998 年，博乐市贯彻天然林禁伐政策。2000 年，国营山区林场纳入自治区天然林资源保护工程。按照“因地制宜、适地适树”“人工封造与天然更新相结合”“优先采用新技术与适度规模”的原则封山育林。在小班调查基础上，依据立地条件，以及母树、幼苗、幼树、萌根株等情况全封育林，宜林地封育类型为灌草型。2001 年，山区林场全面停止采伐以后，各林场以管护为主，主要管护水源涵养林与水土保持林，未进行苗木生产，未建设用材林和其他防护林。

2004 年，三台林场、哈夏林场、哈日图热格林场均完成森林分类经营区划界定工作。同年，自治区安排 3 个林场实施国家重点公益林面积 2.47 万公顷，中央按实施面积下拨森林生态效益补偿基金。之后，逐步增扩山区林场国家重点公益林面积。到 2005 年，实施国家重点天然林封育面积 3.72 万公顷。2006 年，实施国家重点天然林封育面积 4.13 万公顷。

二、平原丘陵区育林

1981 年，博乐县境博尔塔拉河上中游公社、场实施封滩育林、退耕还林。1985 年 7 月，博乐市林业局成立“博乐市林业局次生林管护站”，将市境博尔塔拉河 295 公顷的河谷林和平原丘陵区 2.56 公顷的荒漠次生林进行封育。2000 年，市开展森林分类区划界定试点工作。2001 年，市国家重点公益林实施面积为 9 920 公顷，中央按实施面积下拨中央森林生态效益补偿基金。2004 年，市对国家公益林重新进行区划，实施面积增加为 2 万公顷。到 2006 年，国家公益林实施面积为 4.13 万公顷。

第四节 平原人工林

一、农田林网化

中共十一届三中全会后，博乐县在农村“五好”（好渠道、好道路、好林带、好条田、好居民点）建设中，加强“好林带”建设。到 1981 年，全县农田防护林达到 235.8 公顷，营造防护林带 229 千米。到 1985 年，市农村居民点绿化 30%，渠道绿化 30.7%，农田林网化程度 33%。

1986 年始，博乐市农田林网化不再以“五好”建设中“好林带”建设为目标，提出以农田防护林占耕地面积的比例 6%，林网化程度达到 80% 为发展目标。1988 年，市贯彻博州党委、政府于 1987 年 8 月在精河县召开的“加快林网化建设步伐”现场会精神，各级政府均成立农田林网化建设领导小组，并层层签订责任状。截至 1988 年底，全市农田防护林占耕地面积的比例为 3.6%，林网化程度为 46%。1990 年，全市农田防护林占耕地面积比例为 4.5%，农田林网化程度 59%。1993 年，全市农田防护林占耕地面积比例为 5.4%，农田林网化程度 70%。

至 1995 年末，全市农田防护林累计面积 1 423.77 公顷，农田防护林占耕地面积比例为 6.3%；农田防护林保护耕地面积 1.88 万公顷，农田林网化程度 83%。同年 10 月 13—20 日，自治区人民政府农田林网化工作验收组对市农田林网化建设工作进行全面检查验收。结论是“博乐市基本实现农田林网化”。

二、博尔塔拉河谷绿化

20 世纪 70 年代中，县境博尔塔拉河谷林砍伐殆尽，苦杨、密叶杨树种完全消失。

中共十一届三中全会后，博乐县委、县政府鼓励和支持社队恢复博尔塔拉河谷林。1981 年，县人民政府作出恢复、绿化博尔塔拉河谷的决定后，县境博尔塔拉河上游小营盘公社、阿热勒托哈牧场，采取封滩育林、切根促蘖、引洪灌溉、抚育改造等措施。博尔塔拉河谷青得里段，公社将已开垦的366.67公顷河滩地退耕还林，并将133.33公顷宜林地承包给社员造林绿化，承包期15年不变。县直机关在青得里公社河谷段建义务植树基地。

1987年8月，自治区林业厅、博州林业局、县林业局三方签订“恢复发展博乐河谷、荒漠次生林协议”。同年12月，市人民政府成立“博乐市河谷、荒漠次生林绿化工程指挥部”。1988年，市对博尔塔拉河谷宜林地进行调查规划，并在小营盘镇、青得里乡、阿热勒托哈牧场河坝人工造林380.8公顷，天然更新林40公顷。到1990年，全市已恢复河谷林1 824.8公顷，其中人工造林1 048.53公顷，天然更新林776.27公顷。至此，市境博尔塔拉河谷上游森林植被基本恢复。

三、二阶台绿化

1985年，博州、市绿化委员会决定在城北“二阶台”实施环保绿化工程。夏季在城北“二阶台”进行初步规划，打机井1眼，试验性造林50公顷。

1986年3月，博乐市成立城北“二阶台”环保绿化工程指挥部，并召开第一次会议，就工程区内土地、规划、绿化、水电等问题进行讨论，形成意见，由下设的办公室统一管理实施。同年，建立义务植树造林基地，在青得里乡打井2眼，造林40公顷；在乌图布拉格乡造林1.36.67公顷。1987年，在青得里乡打井1眼，造林66.47公顷；在乌图布拉格乡打井1眼，造林140公顷。

1988年8月，博乐市人民政府委托自治区林业厅勘察设计院编制完成《博乐市“二阶台”环保绿化工程调查报告》和《博乐市“二阶台”环保绿化工程规划设计说明书》，并绘制《博乐市“二阶台”环保绿化工程规划图》。工程总规划面积3 879.23公顷；规划基地东西长27千米，南北宽1千米，总面积2 266.67公顷；规划机井93眼，架设高压线路47.98千米，道路92.79千米，防渗渠道78.28千米；建设总投资968.5万元。基地横跨小营盘镇、青得里乡、乌图布拉格乡，农五师八十四团（经博州党委、政府协调，基地内农五师八十四团林地使用权划给博乐市）。1985—1990年，城北二阶台累计造林560.47公顷，实际保存266.67公顷；累计打井7眼（不包括自流井）。

1990年，博州成立城北“二阶台”环保绿化工程领导小组，州长任组长，下设办公室，博州林业局局长任主任。市调整城北“二阶台”环保绿化工程指挥部成员，市长任总指挥，并下设办公室，负责规划、协调、监督。工程区内土地、绿化由乡镇负责管理。

1992年底，博乐市城北“二阶台”义务植树造林186.67公顷，打机井12眼，修理旧机井5眼，架高压输电线路7.5千米，井房6座，共投入资金78万元。至1993年末，城北“二阶台”绿化工程区内机井26眼，其中自流井7眼；高压输电线路18千米；井房15座。由于未按规划设置井位、渠系，部分片林浇不上水，成活率低，林木保存面积仅为473.33公顷。

1994年，自治区林业厅对博乐市城北“二阶台”绿化工程进行检查验收，认为未按规划实施绿化工程，停止专项拨款。后“二阶台”办公室撤销。绿化工程开始转为土地开发，总开发面积1 333.33公顷以上，保存较大面积的片林逐渐消失。

四、博—五公路绿化

1997年前，博—五公路两侧为砾石荒漠。1997年7月，博乐市委、市政府提出绿化博—五公路的意见。同年10月，市林业局编制完成《博五公路绿化工程规划》。规划设计：绿化工程长30千米，面积312.07公顷。公路两侧各宽50米宽，各设两条20米宽绿化带，中间为10米宽机耕道。绿化带10米为一畦，四周筑埂。公路两侧内绿化带向外依次种植有圆冠榆、沙枣、杨树、榆树、沙枣、柽柳；外绿化带依次种植有榆树、沙枣、杨树、榆树、沙枣、柽柳。

1998年3月，博乐—五台公路绿化一期工程启动，博尔塔拉河大桥（金水桥）至敖包处全长7千米。同年4月，博乐市成立博河南岸绿化工程指挥部，同年10月，市水电局完成从乌图布拉格泉到敖包 13 千米的塑料管引水工程，投资 122 万元。

1999—2000 年，博乐市林业局在博乐—五台公路绿化区内平整土地、打埂、筑坝，共 9 千米。州、市直机关部门、企业、部队、学校共 360 个单位，1.5 万余人进行整畦，造林 56 公顷。

2001 年 3 月，市林业局编制完成《敖包、赛马场绿化工程规划》。设计敖包绿化 2 公顷，在敖包山体上铺设草坪，种植圆冠榆、丁香、榆叶梅、侧柏 35 株。设计赛马场绿化 25.13 公顷，种植丁香、榆叶梅、圆冠榆、槭树、白蜡、长枝榆等，平面构成椭圆形、三角形、多边形等图案，左右对称，并于同年春实施。从 2001 年秋起，博—五公路绿化区内由市林业局平整土地、打埂、筑坝任务交州、市直各单位。

2002 年，兵团农五师直机关部门、企事业单位参加博—五公路绿化工程。同年春、秋，州、市、农五师造林 121.07 公顷，并预整畦 16.1 千米。2003 年春，石灰窑至敖包造林 83 公顷。至此，博—五公路绿化工程任务完成。

博—五公路绿化工程历时 6 年，长 30 千米，两侧各宽 50 米，面积 312 公顷（包括草坪 13.33 公顷，麻黄草 12.53 公顷）。铺设 pvc 引水管 13 千米、pvc 输水管 200 毫米 64.6 千米、滴灌管 634 千米，打井 2 眼，建泵站 4 座，盖井房 180 平方米，拉高压输电线路 25.6 千米，挖管沟土方 4.8 万立方米，炸石 8 300 米，苗木 69 万株。共投入资金 1 705 万元，其中市财政和“三北”四期国债 1 037 万元，义务工 2 150 万人次，折合资金 668 万元。

博—五公路绿化工程完成后，市林业局成立工程管理办公室，安排 14 名临时工，配备面包车 1 辆和通信工具 8 部。

第五节　经济林建设

一、经济林种植

20 世纪 70 年代末，博乐县苹果主要品种有国光、红玉、金帅、倭锦、祝光等。海棠果主要品种有黄海棠、甜海棠、红海棠、小黄海棠、大红海棠、长形大黄海棠等。葡萄主要有红葡萄、喀什哈尔葡萄、新疆红葡萄、紫葡萄等新疆土品种，埋土越冬。杏主要品种有小五月杏、大五月杏、脆杏、克西拉雪克杏、白杏等。桃主要品种有蟠桃、吉早生桃、上海水蜜桃、离核水蜜桃等。上述果树品种大都老化、退化。

20 世纪 80 年代初，博乐县从外地引进果树新品种。1985 年，全市果树面积有 174.2 公顷，其中苹果 138.33 公顷，葡萄 26.33 公顷，其他 9.53 公顷，产量 746 吨；果园 67 个，面积在 3.33 公顷以上的 32 个。到 20 世纪 90 年代，苹果主要品种有红富士、新红星、红元帅、黄元帅、印度青、青香蕉、金冠、新冠、新红等。葡萄主要品种有莎巴珍珠、木那格、无核白、黑卡拉斯、马奶子葡萄、卡拉斯、玫瑰香、巨峰、里扎马特、红大拉依、白胡沙、塔依菲、沙比拉维等。桃主要品种有蟠桃、油桃、毛桃、李广桃等。李子主要品种有黄李、早丰、奎丰、大红袍等。海棠果主要品种有黄海棠、甜海棠、红海棠等。枸杞主要品种有大麻叶枸杞。由于管理粗放、缺栽培技术、经营效益差等原因，果树面积逐年减少。至 2006 年，全市经济林面积为 70.93 公顷。苹果面积由 1985 年的 138.33 公顷，减少到 32.33 公顷；葡萄面积由 1985 年的 26.33 公顷、2001 年的 123.4 公顷（红葡萄），减少到 17.6 公顷；枸杞面积由 1995 年的 181.33 公顷，减少到 3.67 公顷；桃面积由 21 世纪初的 5.07 公顷，减少到 1.6 公顷。海棠果面积有 1985 年的 18 公顷，减少到 0.27 公顷。其他李子 9.67 公顷、枣 2.87 公顷、杏 2.13 公顷、樱桃 0.8 公顷。

二、林果产品流通

2005 年前，博乐市林果产品主要从蔬菜市场批发。2005 年，市西郊水果批发市场运营，年批发量

21.5 万吨，其中：苹果、葡萄、油桃、蟠桃、香蕉、橙桔分别 3.3 万吨，梨、杏、李子分别 1 万吨。以上水果均从乌鲁木齐市和伊犁购进，物美价廉，对本地产水果造成很大冲击。水果批发市场有 45 家流动批发商，15 家固定批发商。

三、特色林果产品冷藏、保鲜、加工、运输

2005 年，博乐市有林果产品储藏窖 100 余家，主要是入冬储存苹果、葡萄、梨、香蕉、橙桔等。每窖容量 15 ～ 30 吨左右，年储藏水果 300 吨从 2001 年秋起，博—五公路绿化区内由市林业局平整土地、打埂、筑坝任务交州、市直各单位。每窖占地面积 40 平方米，土木结构 6 000 元，砖混楼板结构 1.6 万元。林果产品固定运输 15 家。

四、主要经济树种简介

（一）枸杞

茄科枸杞属。20 世纪 80 年代初，开始栽种大麻叶枸杞。

（二）苹果

蔷薇科苹果属。20 世纪 80 年代初，从外地引进苹果树新品种，淘汰老品种。

（三）葡萄

葡萄科葡萄属。20 世纪 80—90 年代，从内地引进巨峰、里扎马特等葡萄品种，从伊犁引进红葡萄品种。

（四）桃

蔷薇科桃属。种植品种多为蟠桃、油桃、毛桃等，主要分布在青得里乡、阿热勒托哈牧场。

（五）杏

蔷薇科杏属。常在庭院种植，果形小，品种落后。

（六）李子

蔷薇科李属。

（七）海棠果

蔷薇科苹果属。乡镇场主要果园均有小面积栽植。

（八）枣树

鼠李科枣属。农村有少量种植。

第六节　全民义务植树

1981 年，博乐县成立绿化委员会，办公室设在市林业局。绿化委员会贯彻全民义务植树方针、政策，确定工程规划，成立工程领导小组或绿化工程指挥部，召开绿化动员大会，部署植树造林任务。办公室实施工程规划，按照要求检查指导单位造林，并进行验收。

1982 年，博乐县建青达拉义务植树造林基地，配备负责人 1 人、临时工 7 人。1985 年，市青达拉义务植树造林基地更名为市青达拉林场。到 1987 年，市青达拉林场共有造林面积 611.54 公顷，造林树种主要为榆树，有少量杨树、沙枣；建水泥渠 12 千米、桥 12 座、闸门 60 座、机井 3 眼、涵洞 50 个、砖木结构房屋 3 栋 300 平方米。由于造林工程规划不合理、管理不善、病虫害等原因，致使榆树大面积干枯死亡。从 1993 年起，林场将树木死亡地块向外承包、面积 144.43 公顷，种植葵花、棉花等农作物，承包期限 5 ～ 15 年不等。2000—2001 年，林场纳入退耕还林地 268.33 公顷。2002—2006 年，林场每年补植杨树、榆树。

1986—1989年，乡镇场均建立义务植树造林基地。青得里乡造林50公顷杨树、小营盘镇造林30公顷杨树、达勒特镇造林51.33公顷杨树，阿热勒托哈牧场造林26.67公顷杨树。由于基地杨树密度大，杨树腐烂病，后期管理不善等原因，树木大量枯死，到2006年乡镇场造林基地林木全部消失。

1979—1995年，营造农田防护林1 423.77公顷。1981—1990年，博尔塔拉河谷造林1 048.53公顷。1985—1993年，“二阶台”造林473.33公顷。1997—2003年，博—五公路造林312.07公顷。

第五章 林木保护

第一节 林政管理

一、林权管理

1982年6—11月，博乐县根据中共中央、国务院《关于保护森林发展林业若干问题的决定》，开展平原林业“三定”工作，即稳定林权、划定社员自留林地和确定林业生产责任制，并对5社2场1镇、52个生产大队、124个县直、社场机关和40所学校，颁发林权证394本。

1989年8月，博乐市成立国有林权证颁证工作领导小组，办公室设在市林业局。同年11月，为博州党委行政科、博州苗圃、市第一中学、市林管站苗圃颁发国有林权证。

2003年，博乐市使用全国统一式样和编号的林权证。到2006年，市林业局林政办共发放农田防护林林权证1 077本，确认林地面积493.33公顷；共发放退耕还林林权证755本，确认林地面积4 411.21公顷。

二、林木采伐管理

1996年1月，博乐市实施平原林木采伐许可证制度。林木采伐具有合法的林权证，或承包、其他经营方式的合同书、协议书后，由单位或个人向本村提出林木采伐申请、签字盖章，再向乡镇林业站提出书面申请，经同意后领回林木采伐申请表，并按规定填写，再报乡、镇林业站、政府签署意见。

申请人或单位将林木采伐表报市林业局，由市林业局林政办现场勘查，并提出意见后，报市林业局主管领导审批，对符合条件同意采伐的由林政办发放林木采伐许可证。若不符合审批条件，不同意采伐的，市林业局将申请材料退回申请人或单位，并说明理由。2006年12月，市林业局林政办共发放林木采伐许可证562本，采伐面积106.59公顷，采伐蓄积37 945.6立方米，采伐株树165 519株。

1996—2006年博乐市平原林木采伐统计表

表19-2　　单位：本、公顷、立方米、株

年份	办证	采伐面积	采伐蓄积	采伐树
1996	27	12.22	771.7	6 453
1997	35	10.3	1 176.8	12 752
1998	41	9.8	1 302.8	10 718
1999	45	12.82	1 308.6	10 560
2000	65	–	1 846.6	10 771
2001	84	6.9	2 250.9	9 290

续表 19-2

年份	办证	采伐面积	采伐蓄积	采伐树
2002	23	4.18	2 761	11 677
2003	96	–	3 581.3	22 949
2004	107	7.86	4 691.1	15 544
2005	17	17.64	9 941.9	26 765
2006	22	24.87	8 312.9	28 040
合计	562	106.59	37 945.6	165 519

三、木材经营加工管理

2001 年，博乐市实施木材经营加工许可证制度。2002—2003 年，全市从事木材经营加工的 37 家，市林政办办理木材经营加工许可证 37 本。

第二节　林木管理

一、人工林管护

1979 年，博乐县人工林集体所有由县林业管理站管理，社场设林业干事 1 名，大队建林业组，小队设护林员。1980 年，县印发《博乐县林业管护条例》后，社场、大队建立林业管理委员会、小队建立林业管理组。林业实行“三包一奖“制度，即包栽、包活 、包成林。1982 年，县林业实行“三定”，即稳定林权、划定社员自留林地、确定林业生产责任制。颁发集体单位和农民林权证。1984 年，县放宽人工林管理权限，扩大经营自主权。自留地林谁造谁有；放宽集体人工林承包年限，长期不变；鼓励开发性造林，如“三滩地”等。到 2006 年，市集体人工林，规划的农田防护林地、宜林荒山荒地全部承包给林业专业户或农民，市林业管理站每年进行检查，主要检查乡镇场林木生长情况、植树造林任务完成情况、承包合同履行情况。

二、河谷次生林管护

1979—1985 年 6 月，博乐县河谷次生林由县林业管理站管护。上游沿河乡（镇、场）封滩育林、引洪灌溉。1985 年 7 月，博乐市成立次生林管护站，并在阿热勒托哈牧场河谷设护林站 2 个，小营盘镇河谷设护林站 1 个，青得里乡河谷设护林站 1 个，各站设护林员 1 人。同年末，市境博尔塔拉河谷有沙棘、河柳、榆树等丛林面积 295 公顷。从 1988 年起，州、市直单位、学校等在小营盘镇和青得里乡河坝造林。到 1990 年，恢复河谷林 1 824.8 公顷。1997 年，市林业局组成调查组对市境博尔塔拉河谷林进行调查，总面积 1 263.4 公顷，其中杨树、榆树林地 570 公顷，柳树、沙棘、水柏枝灌木林地 572.4 公顷，无林地 121 公顷。毁林种田 366.67 公顷。

2001—2006 年，博乐市实施森林分类经营，将市境博尔塔拉河谷林纳入国家重点公益林进行管护。管护措施是在河谷公益林区实施青得里河谷、小营盘镇河谷、阿热勒托哈河谷建标准护林站；设长期护林员 9 人，义务护林员 60 人，以林班小班为单位划分管护河谷林责任区，埋界桩 300 个。在交通要道路口设宣传牌 16 块，标志牌 4 块。市次生林管护站与河谷植树农户签订林地使用 30 年合同。

至 2006 年末，市境博尔塔拉河谷林地面积 1 383.6 公顷，其中有林地 1 193.4 公顷，疏林地 190.2 公顷。在有林地面积中，防护林 1 186.4 公顷，用材林 7 公顷。

三、荒漠次生林管护

博乐市荒漠次生林由市次生林管护站管护。管护范围包括北至哈拉吐鲁克山脚往东至阿拉山口，博尔塔拉河南岸至岗吉格山至库苏木奇克山脚，总面积16.59万公顷。1985年，市荒漠次生林管护面积2.56万公顷。1990年，市荒漠次生林管护面积3.12万公顷。2000年，市荒漠次生林管护面积5.53万公顷。管护措施是在市荒漠次生林管护区严禁打柴、放牧、狩猎等活动。相继在博—阿公路乌图布拉格镇北侧、市区北京路博乐河大桥南侧、博—五公路石灰窑处设护林站，每站设护林员1 ~ 3人，查处打柴、狩猎等违法事件。对管护区牧民进行培训，签订荒漠次生林管护合同，并为110户牧民发护林证。在博—阿公路31千米处用推土机筑坝，引洪灌溉，年灌溉面积1 533.33公顷。市次生林管护站配备交通工具1辆，不定期在管护区、站巡回检查。

至2006年，全市荒漠次生林管护面积5.65万公顷，其中有林地2 800公顷（全部为防护林），灌木林地5.37万公顷。

第三节 森林病虫害防治

一、病虫害类型

（一）虫害

1993年以前，博乐市森林发生的主要虫害有杨毒蛾、杨兰叶甲。1993—2000年，市森林发生的主要虫害有春尺蠖，杨毒蛾，杨兰叶甲等。2000—2006年，市森林发生的主要虫害有春尺蠖，杨二尾舟蛾，杨兰叶甲，杨梦尼夜蛾，榆黄黑蛱蝶，分月扇舟蛾等。

杨毒蛾　鳞翅目，毒蛾科。1年发生2代，幼虫发育快、食量大。主要危害杨树、柳树，食叶。1979年以前，杨毒蛾在博乐以西轻、中度发生，危害杨树、柳树。20世纪80年代，杨毒蛾由西向东蔓延，每年危害杨树株率40% ~ 80%。1988—1993年，杨毒蛾中、重度发生，危害杨树面积从666.67公顷上升到2 200公顷。主要防治方法是用90%敌敌畏乳剂、40%乐果乳油、80%氧化乐果乳油，兑水800 ~ 1 000倍液喷雾防治。

春尺蠖　鳞翅目，尺蛾科。1年发生1代，幼虫发育快、食量大。主要危害沙枣树、杨树、柳树、榆树、苹果树、梨树、沙柳树等，食芽、叶。1993年，在市青达拉林场榆树林首次发现春尺蠖。1994年，春尺蠖在博乐以西榆树林蔓延，隔年蔓延到博乐以东榆树林。1995年，春尺蠖中、重度发生，成为市林木主要害虫。1993—2000年，用塑料薄膜捆绑树干，阻止春尺蠖成虫交配产卵；用90%敌敌畏乳剂、40%乐果乳油、80%氧化乐果乳油、20%杀灭菊酯乳剂、10%氯氰菊酯，兑水800 ~ 1 000倍液喷雾防治。2002—2006年，采用核型多角体病毒等生物制剂防治。

杨兰叶甲　甲属鞘翅目，叶甲科。1年发生1代。主要危害榆树、柳树、杨树、苹果树等，食叶。每年在河坝林、片林和苗圃中呈小片分布，轻、中度发生。用90%敌敌畏乳剂、40%乐果乳油、80%氧化乐果乳油，20%杀灭菊酯乳剂，兑水800 ~ 1 000倍液喷雾，杀灭幼虫。

杨梦尼夜蛾　鳞翅目，夜蛾科。1年发生1代。1996年，在青得里乡首次发现，危害杨树，数量少，食叶。1999年以后，在乡镇场河坝林、片林有轻、中度发生。

小板网蝽　半翅目，网蝽科。主要危害杨树、柳树，寄生吸食叶汁。1998年，在贝林哈日莫墩乡和市区发现，危害柳树，呈小片分布，轻度发生。

柳尖胸沫蝉　同翅目，沫蝉科。1年发生1代。主要危害柳树、榆树、沙棘、苹果树等，吸食枝条汁。1999年，在小营盘镇河坝林发生，市林业站采用树干注射久效磷。

分月扇舟蛾　鳞翅目，舟蛾科。主要危害杨树、柳树等，食叶。2003年，在青得里乡、小营盘镇主干道及博—温公路两侧杨树林带突发，发生面积245.53公顷。

榆黄黑蛱蝶　鳞翅目，蛱蝶科。1 年发生 1 代。主要危害柳树、榆树，食叶。1999—2001 年，在博尔塔拉河坝林和博—五公路两侧林带有轻、中度发生。

沙枣白眉天蛾　鳞翅目，天蛾科。主要危害沙枣树，幼虫食叶。2003 年，在博—五公路两侧林带有轻度发生。

杨二尾舟蛾　鳞翅目，舟蛾科。1 年发生 2 代。主要危害杨树、柳树，幼虫食叶。2003 年，在博—五公路两侧林带有轻度发生。

白杨透翅蛾　鳞翅目，透翅蛾科。1 年发生 1 代。主要危害杨树，幼虫蛀食茎干、枝条形成肿瘤，致使幼树风折或死亡，大树材质降低。自治区补充检疫对象。

（二）病害

1979—2006 年，博乐市森林发生的主要病害有杨树腐烂病、杨树黄化病、杨树破肚子病、杨树褐斑病、青杨枝瘤病、杨树根腐病、柳树烂皮病、沙枣腐烂病、沙枣白粉病、梭梭白粉病、苹果腐烂病、葡萄霜霉病、葡萄白粉病。

杨树腐烂病　主要危害杨树干、枝。发病初期出现大小不等呈暗褐色水渍病斑，表皮腐烂。后期病斑逐渐扩展成片，致使干、枝干枯。

杨树褐斑病　杨树叶部病害。发病初期在杨树叶部表面出现黄褐色小点，逐渐扩大，边缘颜色较浅而整齐，到后期病斑中心变为褐色，上面生有黑点。病斑多数相连成片，常造成树叶焦枯脱落。杨树种植过密，温、湿度较高时，发病严重。

苹果腐烂病　主要危害苹果树皮。病菌寄生苹果树皮，初期出现红褐色、水渍状，溃疡性病斑，手压流出黄褐色汁。树皮烂到木质部后腐烂坏死，病部以上树干、枝死亡。当树势衰弱，缺肥干旱，结果过多，冻害发生后，腐烂病大发生，甚至毁园。主要防治方法是加强栽培管理；刮除病斑，用 40% 福美胂可湿性粉剂 30 ~ 50 倍液，60% 有机腐殖酸钾（钠）30 ~ 40 倍液涂抹。

葡萄白粉病　主要危害葡萄叶片、枝梢及果实等部位，以幼嫩组织最敏感。病菌寄生在寄主组织表面，形成一层白粉状物。致使叶片、枝梢及果实生长受阻。主要防治方法是萌芽前，喷洒 3 ~ 5 度波美石硫合剂。生长期喷 0.2 ~ 0.3 度波美石硫合剂，15% 粉锈宁可湿性粉剂，70% 甲基托布津可湿性粉剂 800 ~ 1 000 倍。

二、病虫害检疫

（一）产地检疫

博乐市产地检疫从 1987 年开始，每年进行检疫。检疫范围是市所辖乡镇场和市境农五师八十一团场、八十四团场、八十五团场、八十六团场、九十团场。检疫时间 1—3 月，检疫人员 2 ~ 3 人。主要检疫当年出圃苗木，填写《产地检疫记录》，苗木合格的签发“产地检疫合格证”。在检疫中，个别年份个别苗圃发现有白杨透翅蛾的苗木，责令销毁。1987—2006 年，市森防站共检疫产地苗木 2 723.63 万株，检疫率 90% 以上，签发“产地检疫合格证”230 本。

（二）调运检疫

1996—2000 年，博乐市林管站组织检疫人员对全市固定的木材加工厂、果品批发市场、花卉店、温室进行调运检疫，共检疫木材 8 292 立方米，果品 860 吨，花卉 2 250 株，药材 148 吨，均未发现检疫对象。

2006 年，博乐森防站组织检疫人员对全市木材加工厂、花卉市场进行调运检疫，共检疫木材加工厂、板材厂 51 家，木材 1 500 立方米；检疫花卉店 9 家，花卉 6 000 余株；均未发现检疫对象。

三、病虫害防治

1979 年前，博乐县森林病虫害防治主要使用有机氯农药。1979 年后，有机氯农药被淘汰，逐步使用敌敌畏、乐果等有机磷药剂，并开始使用白僵菌、苏云金杆菌等药剂。施药工具为“工农—36 型”喷雾机，并开始租用飞机喷洒农药。

20 世纪 80 年代中期，博乐市森林病虫害防治开始使用树干基部钻孔注药、涂干、刷环等防治方法。但主要使用 90% 敌敌畏乳剂、40% 乐果乳油、40% 氧化乐果等有机磷农药，并逐步使用高效低毒的氯氰菊酯、溴氰菊酯等菊酯类农药，均兑水 800 ~ 1 000 倍液喷雾，或两类药剂混合使用。防治机械为金峰 40 高压喷雾器。

20 世纪 90 年代，博乐市成立森防检疫站，乡（镇、场）、村设专兼职测报人员和固定测报点，逐步开展对有害生物的监测工作，并建立检测预报月季报和数据资料报送制度。全市“一站三网”（森防检疫站、测报网、检疫网、防治服务网）防治管理体系逐步形成，开始实施林业有害生物防治以发生率、防治率、监测覆盖率和种苗产地检疫率为主要内容的目标管理。

21 世纪初，博乐市林业有害生物防治工作贯彻“预防为主、科学防控、依法治理、促进健康”的方针，以控制林业有害生物发生向控制灾害发展为主转变，防治工作由传统的化学药剂防治为主向无公害生物防治为主转变。2000 年，市将林业有害生物防治“发生率”调整为“成灾率”。2002 年开始，博乐市林业有害生物防治禁止使用剧毒的化学药剂，采用无公害和生物药剂，如不育剂、核型多角体病毒、苏云金杆菌、仿生制剂灭幼脲等。2004 年，将林业有害生物防治“防治率”和“监测覆盖率”调整为“无公害防治率”和“测报准确率”，并纳入管理指标。

四、病虫害防治调查

1981—1982 年，博乐县开展平原地区森林病虫害概况调查。调查内容：主要病虫害种类、分布范围、危害性质、程度、原因等。调查结果为害虫种类有 10 目 44 科 69 种。主要危害杨树的有杨毒蛾、杨二尾舟蛾、小板网蝽、杨兰叶甲、圆黄掌舟蛾、杨盾蚧、白杨透翅蛾、杨细蛾、赤叶甲、芳香木蠹蛾等；主要危害柳树的有杨兰叶甲、赤叶甲、柳瘿螨、红天蛾、柳瘤大蚜等；主要危害榆树的有榆黑蛱蝶、榆叶蝉、青叶蝉、榆伲蚜、榆小蠹等；主要危害沙枣树的有沙枣白眉天蛾、八字白眉天蛾。病种类有 13 科，主要病害有杨树腐烂病、杨树黄化病、杨树破肚子病、杨树褐斑病、青杨枝瘤病、柳树烂皮病、沙枣腐烂病、沙枣白粉病、梭梭白粉病等。天敌昆虫种类有 18 种，主要是鞘翅目瓢虫科 5 种，脉翅目 2 种，膜翅目姬蜂科 1 种、茧蜂科 1 种、黑卵蜂 1 种。

2000 年，全疆荒漠林鼠害治理工作被纳入国家森林鼠害治理示范工程项目。博乐市于 2005 年 7 月被确定为国家森林鼠害中心测报点，森林鼠害监测工作逐步展开。2006 年，市森防站 5 名技术人员组成专项调查组，对市荒漠林管护区的 7 个固定沙鼠测报点进行调查。调查结果是博乐市南部荒漠林内，每公顷有鼠 0.6 只，均为成年沙鼠。林木受害率在 1% ~ 5% 之间，属轻度危害。

1982—2006 年博乐市森林病虫害发生、防治、检疫表

表 19-3　　单位：万公顷、公顷、万株

年份	现有人工林面积	有害生物发生面积	有害生物防治面积	检疫苗圃面积	检疫苗木数量
1982	–	–	–	–	–
1983	–	0.02	–	–	–
1984	–	0.07	0.07	–	–
1985	–	–	0.03	–	–

续表 19-3

年份	现有人工林面积	有害生物发生面积	有害生物防治面积	检疫苗圃面积	检疫苗木数量
1986	–	–	0.02	–	–
1987	–	–	0.06	8.67	75.8
1988	–	–	0.06	10.8	61.3
1989	–	0.08	0.03	77.4	139.1
1990	–	0.09	0.05	–	135.1
1991	–	0.15	0.06	15.51	116.3
1992	–	0.22	0.11	26.89	204.2
1993	–	–	0.01	23.2	173
1994	–	0.03	0.04	–	–
1995	0.41	0.2	0.13	24	110
1996	0.43	0.13	0.06	–	80
1997	0.45	0.16	0.15	28.33	225
1998	0.49	0.16	0.13	23.33	45.2
1999	0.51	0.06	0.05	8	68
2000	0.54	0.03	0.03	23.33	76
2001	0.56	0.12	0.11	12.27	42.7
2002	0.59	0.1	0.08	25.33	17
2003	0.63	0.08	0.07	44.33	400
2004	0.65	0.15	0.13	51.49	365.23
2005	0.68	0.06	0.06	25.83	259.08
2006	0.7	0.08	0.07	17.63	240.51

第四节　护林防火

1988年，博乐市成立护林防火指挥部，在河谷、荒漠林区重要地段增设护林员，在农牧区挂横幅、贴标语、发传单进行护林防火宣传。1988—1999年，全市发生森林火灾1起，火警1起。

2001年4月，博乐市护林防火指挥部在市林业局设护林防火办公室，设专职干部2人。从2001年4月起至2005年12月，每年4月1—11月1日为森林防火期，相关部门实行领导和工作人员24小时值班制度，通信工具24小时开机，并定时向上级部门保护林防火情况。市护林防火办公室每年举办1～2期护林防火培训班，主要学习《扑火安全常识》《森林防火条例》等。每年由护林防火办公室牵头组织协调次生林站、林业派出所、林政办、野保办等对3个山区林场和2个自然保护区进行督促检查。每年7—8月，由市森林防火指挥部组织市人大代表、市政协委员对3个山区林场和2个自然保护区进行森林防火检查。

2006 年，博乐市成立森林防火应急队、队员 16 人，由市护林防火办公室统一指挥。

第五节 退耕还林

2000 年，博乐市被国家林业部确定为退耕还林（草）试点示范县。同年 4 月，自治区林业厅给市下达 2000 年退耕还林任务 1 200 公顷，其中退耕地造林 1 066.67 公顷，宜林荒山荒地造林 133.33 公顷。同年 4 月，博乐市成立“退耕还林工作领导小组”，由市长任组长，16 个相关单位主要领导任成员，领导小组办公室设在林业局。同年 5 月，市人民政府与全市 7 个乡镇场以及市林业局签订“博乐市退耕还林造林任务目标管理责任状”。同年 7 月，市人民政府印发《博乐市发展林草业的实施意见》《博乐市退耕还林（草）验收标准》。同年底，完成退耕还林还草面积 1 119.56 公顷，其中：退耕还林 387.6 公顷，退耕还草 731.61 公顷；宜林荒山荒地造林 104.81 公顷。同年底，兑现退耕还林 387.61 公顷，乡镇场 88 户退耕户享受国家补助的粮食、现金及种苗费。退耕还草未纳入自治区林业厅退耕还林（草）工程规划，故未兑现。宜林荒山荒地造林兑现 35.9 公顷。

2001—2003 年，自治区林业厅给博乐市下达退耕还林任务 7 003.5 公顷，其中宜林荒山荒地造林 3 801.9 公顷。博乐市完成退耕还林还草 3 135.98 公顷，其中宜林荒山荒地造林 205.74 公顷。

2000—2005 年，博乐市累计退耕还林还草 4 800 公顷，总体完成自治区林业厅下达的退耕还林还草任务；宜林荒山荒地造林任务未完成。

2006 年，自治区林业厅给市下达的退耕还林和宜林荒地造林任务均如期完成。

第六节 野生动 植物保护

一、境内国家级、自治区级保护动、植物

（一）野生动物

博乐市有野生脊椎动物 54 科 179 种，分属两栖纲 1 目 1 科 1 种，爬行纲 1 目 2 科 7 种，鸟纲 11 目 37 科 125 种，哺乳纲 6 目 14 科 44 种。另有鱼纲 1 科 2 种。

在 179 种野生脊椎动物中，珍稀野生动物有 2 纲 9 目 16 科 38 种。国家一级保护动物有紫貂、雪豹、赛加羚羊、北山羊、金雕、秃鹫、大鸨等共 9 种；国家二级保护动物有棕熊、水獭、大天鹅、游隼、赤狐、马鹿、鹅喉羚、虎鼬、兔狲、草原鹞、猎隼、黑琴鸡、雕鸮等 26 种。另有重大经济价值的种类有 10 余种，主要有狼、狗獾、野猪、草原旱獭、水坪、石鸡、鹌鹑、马鹿、雪鸡、野兔等。

（二）野生植物

博乐市共有维管束植物 81 科 513 属 1 676 种，其中：蕨类植物 9 科 14 属 23 种，占总种数的 1.37%；裸子植物 3 科 3 属 9 种，占总种数的 0.54%；被子植物 69 科 496 属 1 644 种，占总种数的 98.09%。被子植物中双子叶植物有 60 科 420 属 1 316 种，占总种数的 78.52%；单子叶植物有 9 科 76 属 328 种，占总种数的 19.57%。植物中有红门兰、斑叶兰等兰科植物以及蒙古黄芪、雪莲、梭梭、甘草、肉苁蓉、紫草等国家和自治区重点保护植物 60 余种；特有性分布的植物有 9 种，如阿拉套山耳蕨、鹿蹄柳、长卵苞翠雀花、展毛黄芩、阿尔泰百里香、光白英、博乐绢蒿、博乐乳苣、弯叶鸢尾等。植物中药用植物有甘草、贝母、紫草、红花、党参、麻黄、蒲公英、苍耳、车前子、菟丝子、曼陀罗等。以甘草、贝母、紫草等分布较广，经济价值大。

二、野生动、植物经营管理

2006年，博乐市野生动物驯养繁殖实施许可证制度。申请驯养繁殖野生动物的单位和个人，先经村和乡镇场林业站签字盖章，报市林业局野生动物保护办，并提供申请材料和有关证明、文件等。市野生动物保护办专业人员到现场进行核实，对符合养殖条件的，由市林业局以文件形式报博州林业局审批，并核发“野生动物驯养繁殖许可证”；不符合审批条件的将材料退回申请者，并做出书面说明。同年，市人工驯养野生动物主要有驯养马鹿20户，存栏101头，年产鹿茸300余千克，茸血酒1 000瓶；驯养野猪4户，存栏78头；驯养野鸡3户，存栏132只；驯养麝香鼠2户，存栏420只。贝母种植基地3公顷，已种植0.4公顷。经营野生动植物产品的药店8个，主要经营鹿产品和野生雪莲等。同年末，全市共办理野生动物驯养繁殖许可证38本，已驯养野生动物养殖户26家，办理野生动、植物经营利用许可证12本。

第七节　林业公安

一、刑事案件

1990—2006年，博乐市公安局森林派出所辖区发生刑事案件35起，破23起，破案率80.5%，其中：违法狩猎7起；非法捕杀野生动物案6起，占案件总数的37%；盗伐滥伐林木案件16起，盗窃抢夺幼林木材1起，占案件总数的49%；森林火灾5起，占案件总数的14%。

二、行政案件

1990—2006年，博乐市公安局森林派出所辖区发生林业行政案件369起，查处369起，查结率89%，占案件总数的95%；案件构成：非法捕杀野生动物35起，非法狩猎58起，占案件总数的20.5%；倒卖野生动物及其产品案10起，走私野生动物及其产品案9起，盗伐林木案225起，占案件总数的61%。故意毁坏林木案4起，盗窃抢夺林木木材案4起，滥伐林木案15起，其他森林案件9起。

三、治安案件

1990—2006年，博乐市公安局森林派出所辖区发生治安案件22起，查处22起，破案率100%。案件构成：殴打他人案件6起，故意毁坏林木案件5起，其他森林案件11起。

第六章　林业生产

第一节　林木采伐

1983年前，林场以森工采伐为主，年平均采伐量8 000立方米。期间，重采轻造，对林相破坏较大，往往是修一条林区道路砍光一条山沟的林木，加之更新跟不上采伐，森林资源明显减少。

1986年后，山区林场由森林主伐改为经营性林场，把年木材采伐产量调整在4 000立方米以内。1998年，国务院颁布天然林禁伐令，山区林场由经营性转为以森林资源管理和生态保护为主。

第二节　木材加工

一、 木材加工

2001—2005年，博乐市有12家木材加工厂，年加工300立方米板材。收购原木价格1立方米450元。1立方米木材出0.6立方米板材，出材率60%。到2006年，全市有3家木材加工厂。收购原木价格 1 立方米 530 ~ 550 元。年加工 900 立方米板材。

二、板皮加工

2004—2006 年，博乐市有 4 家板皮厂。年平均削 4 400 立方米原木。1 立方米原木出板皮 300 张，1 张板皮 1.4 元。

三、板材加工

2000—2004 年，博乐市有 17 家板材厂。年均加工 7 000 立方米板材。收购原木价格 1 立方米 400 ~ 550 元。

四、胶合板厂

2005—2006 年，博乐市有 3 家胶合板厂。年加工 2 400 立方米胶合板。收购原木价格 1 立方米 550 ~ 680 元。

五、木材综合加工

哈日图热格林场 1986 年 10 月在博乐市建有 229.25 平方米细木车间，12 月建成木材综合加工厂，生产板材、沙发、组合家具、门窗、桌、凳等，年加工木材 700 立方米。1994 年，该厂以家具、课桌、门窗加工为主。1996—2003 年，该厂生产火车三角枕木、组合家具、课桌等。2003 年，该厂停止木材综合加工。

第二十编

BOLE SHIZHI

畜牧业

博乐畜牧业历史悠久。春秋战国时期，博乐为塞种人游牧地。西汉初，博乐相继为月氏、匈奴、乌孙等民族游牧地。魏晋南北朝时，博乐为柔然、悦般等民族游牧地。元明时期，博乐为蒙古族等民族游牧地。清乾隆五十五年（1790 年），察哈尔营在此戍边放牧。民国时期，畜牧业得到一定的发展，至 1949 年，各类牲畜年末存栏 14.61 万头（只）。新中国成立后至 1978 年，各类牲畜年末存栏增长到 23.98 万头（只）。

中共十一届三中全会后，博乐市牧区改革传统生产经营方式和单一经济结构，向商品生产转变。“七五”“八五”期间，实施牧民定居工程，优化畜群、畜种结构和畜牧实用技术培训，发展农区养殖业。“九五”期间，市实施科技兴牧战略，并出台《中共博乐市委员会、博乐市人民政府关于贯彻自治区加快发展畜牧业若干问题决定的实施意见》。到 2006 年，全市牲畜存栏增加到 41.17 万头（只），较 1978 年 23.98 万头（只）增长 71.68%；家禽从小户零星散养到规模化养殖，达到 103.49 万羽。全市肉类总产量 10 753 吨，较 1978 年增长 13.43 倍，年均递增 10%；奶类总产量 11 564 吨，增长 20.82 倍，年均递增 11.64%；皮 25.34 万张，增长 6.99 倍，年均递增 7.71%；毛 1 155 吨，增长 2.02 倍，年均递增 4.03%；禽蛋类总产量达到 8 611.6 吨。

畜牧业总产值由 1983 年的 735 万元增加至 2006 年的 2.08 亿元（现价），增长 27.35 倍。农牧民人均纯收入由 1985 年的 486 元增加至 2006 年的 4 907 元，增长 9.09 倍。

第一章 机 构

第一节 行政机构

博乐市畜牧兽医局

1976 年 11 月，成立博乐县畜牧局，有工作人员 6 人。1981 年 6 月改称博乐县畜牧科。1985 年 1 月改称博乐县畜牧局；同年 9 月博乐县畜牧局改称为博乐市畜牧局，工作人员 18 人。2002 年，博乐市畜牧局编制 15 名，其中行政编制 9 名，事业编制 6 名；内设行政办公室、业务办公室、治蝗办公室、农区养殖办公室。

2006 年 11 月，博乐市畜牧局改称博乐市畜牧兽医局，内部增设职能办公室兽医股，增加行政编制 2 名，共有编制 17 名，其中行政编制 11 名，事业编制 6 名；内设行政办公室、业务办公室、治蝗办公室、农区养殖办公室等。

第二节 事业单位

一、博乐市畜牧兽医站

博乐市畜牧兽医站属财政全额拨款事业单位，机构规格为副科级，是博乐市畜牧兽医局下属工作部门。博乐市畜牧兽医站历经多次变更、分拆与合并后用现名。

1974 年，恢复畜牧兽医工作机构，称博乐县畜牧兽医工作站；1985 年 9 月改称博乐市畜牧兽医工作站，内设财务组、畜牧组、兽医组。1993 年，在博乐市畜牧兽医工作站设博乐市兽医卫生监督管理所（股级）。1995 年，博乐市畜牧兽医工作站内设畜牧组、兽医组、兽医卫生监督组、检疫组、财务组和办公室。

1997 年，博乐市兽医工作站增加机构后勤组；同年 8 月，博乐市兽医卫生监督管理所从博乐市畜牧兽医工作站分出。

2001 年 4 月，博乐市畜牧兽医工作站与博乐市兽医卫生监督管理所合并，更名为“博乐市动物防疫监督站”，同时挂博乐市种畜管理改良监督站和博乐市动物疫情测报站的牌子，编制 34 名。

2006 年 11 月，博乐市动物防疫监督站撤销，成立博乐市畜牧兽医站，事业编制 15 名，内设财务室、档案室、办公室、畜牧兽医服务室、化验室等。

1997—2006 年，全市 6 个乡（镇、场）设有兽医站，下属单位有疫病防治门诊、动物检疫监督站、黄牛改良冷配站。

二、博乐市动物卫生监督所

1993 年，博乐市兽医卫生监督管理所成立。

1997 年 8 月，博乐市兽医卫生监督管理所从市畜牧兽医工作站分出，财务独立核算。

2001 年 4 月，博乐市兽医卫生监督管理所与博乐市兽医工作站合并更名为博乐市动物防疫监督站。

2006 年 11 月，博乐市动物防疫监督站撤销，成立博乐市动物卫生监督所，级别为副科级，事业编制 19 名，有工作人员 32 人。内设办公室、财务室、法制办公室、检疫办公室、监督办公室等。

三、博乐市草原工作站

1985 年 4 月，博乐县草原工作站成立，副科级事业单位；同年 9 月，博乐县草原工作站改称博乐市草原工作站，编制 4 名。2006 年，市草原工作站事业编制 8 名，内设站长室、财务室、业务室、档案室等。

四、博乐市草原监理所

1993 年 8 月，在博乐市草原工作站设立博乐市草原监理所。

2000 年，博乐市草原监理所从博乐市草原工作站分出，与市草原防火办公室合署办公。事业编制 8 名。

2006 年 8 月，博乐市草原监理所升格为副科级事业单位，事业编制 8 名，内设办公室、财务室、草原防火科、草原监督管理科室。

第二章　体制改革

第一节　生产责任制

1979 年，博乐县在牧区实行“五定一奖罚”（即定牧工、定畜群、定草场、定任务、定报酬，超产者奖、减者罚）生产责任制。1983 年，全县 18 个牧场均实行“包产到群，全奖全赔”生产责任制。1984 年上半年，县在贝林哈日莫墩乡公社东风牧场和阿热勒托哈牧场一队试行畜群家庭联产承包责任制，并签订家庭联产承包合同。1985 年 8 月，全市 5 个乡区牧场均实行“牲畜折价归户，草场承包”生产责任制。

2003 年，博乐市在国有牧场推行“牲畜折价归户” 生产责任制，并在国营香班哈日根牧场试点。到 2004 年，全市 2 个国有牧场均实行“牲畜折价归户”生产责任制。

第二节　草场有偿使用责任制

1985 年，博乐市牧区实行牲畜作价归户后，实施草场承包。乡（区、场）政府作为发包主体与牧户（组）签订“草场承包合同”。乡（区、场）与牧户（组）签订“草场承包合同书”后，由市人民政府草原行政主管部门备案，登记造册，核发“草原使用权证”，并实施监督管理。

1994年，博乐市实施第二轮草场承包。全市可利用天然草场及人工草场总面积为39.81万公顷。全市7个乡（镇、场）18个牧业村队发放“草原使用证”面积为38.55万公顷，其中，春秋季草场17.19万公顷（含人工草场），夏季草场6.16万公顷，冬季草场15.19万公顷。全市纯牧户909户，签订“草场有偿承包合同”546份（户、联户）。至2003年，全市共计发“草原使用证”587份（其中以组和联户发证65份）。2005—2006年，博乐市完成阿热勒托哈牧场、香班哈日根牧场、达勒特镇、贝林哈日莫墩乡天然草场和饲草饲料地界线确定工作，并完善草场承包制度。

第三章 草场与草场保护

第一节 草场分布 类型及利用

一、分布

博乐市天然草场植被由于受阿拉套山和科古尔琴山地形、气候影响，使植被分布具有南北水平方向变化规律。北部阿拉套山因受西部冷湿气流影响，气候较南部科古尔琴山湿润；中部岗吉格山（也称汗吉尕山）由于受到准噶尔荒漠气候影响，气候较南部山地干旱。由此市山地草场植被的垂直分布在不同山地表现出不同的垂直带谱。

阿拉套山南坡，海拔1 000米以下冲积、洪积扇地带分布荒漠草场植被；海拔1 100 ~ 1 200米山麓地带，草原化荒漠植被发育不良；海拔1 300 ~ 1 600米，草原植被发育良好，为灌丛化草场；海拔1 700 ~ 2 500米分布草甸植被，云杉片状分布于海拔1 400 ~ 2 800米范围内，高寒草甸发育不良。

南部山地海拔1 200米以下冲积、洪积扇地带分布荒漠植被；海拔1 200 ~ 1 300米山麓地带草原化荒漠发育不良；海拔1 400 ~ 1 600米荒漠草原植被发育良好；海拔1 800 ~ 2 100米分布草原草场植被；海拔2 200 ~ 2 900米分布山地草甸；海拔3 000 ~ 3 100米高寒草甸发育不良；海拔3 200米以上为裸地。

中部岗吉格山地，海拔1 300米以下分布荒漠植被；海拔1 600米以下分布荒漠草原植被；海拔2 400 ~ 2 500米山地草甸草原发育不良。

二、类型

依据博乐气候、地形及草场植被特点，将全市天然草场划分为11个大类，15个亚类，80个组，111个草场型。

（一）平原荒漠草场类

主要分布在阿拉套山南坡、岗吉格山、库色切克山冲、洪积扇及山麓地带，海拔500 ~ 1 200米之间。总面积16.8万公顷，占全市草场总面积的29.61%。此类草场是在极端干旱的气候（年降水200毫升以下）条件下形成的，草场植被由超旱生的小乔木、灌木、半灌木群落组成，次生植被以超旱生的一年或多年生草本群落为主体。地带性土壤为灰色荒漠土、灰棕荒漠土。植被覆盖在15%以下。草场植被种类贫乏，群落层片结构简单。平原荒漠草场共划分为2个亚类、12个组和21个草场型。

平原土质荒漠放牧场 主要分布在北部阿拉套山冲积扇下缘，多属开垦后次生植被，适宜春秋放牧利用。一年生草本放牧场：主要建群种有角果藜、叉毛蓬等超旱生草本类植物，常见伴生种有博乐蒿、一年生猪毛菜、木地肤等；每亩产鲜草78.77千克。蒿类半灌木放牧场：以博乐蒿为建群种，叉毛蓬为亚建群种，常见伴生种有假木贼、驼绒藜等；每亩产鲜草23.3千克。

平原沙砾质荒漠放牧场 分布在阿拉套山冲洪积扇上缘、岗吉格山山麓冲洪积扇地带、库色木切克山冲洪积扇、阿拉山口等地，土壤砂砾质或石质化，春秋放牧利用。蒿类半灌木放牧场：建群种为博乐蒿，常见伴生种有猪毛菜、一年生小丛禾草等；草层高度25～35厘米，每亩产鲜草67千克。盐柴类半灌木放牧场：建群种为木本猪毛菜、驼绒藜、假木贼、小蓬，亚建群种为合头草，常见伴生种有梭梭、麻黄、角果藜、蒿子等；每亩产鲜草47千克。盐柴类半灌木—蒿类半灌木放牧场：主要建群种有假木贼、戈壁藜、博乐蒿等，亚建群种为小蓬，常见伴生种有猪毛菜、一年生小丛禾草等；每亩产鲜草56.8千克。蒿类半灌木——年生草本放牧场：建群种为博乐蒿，亚建群种为角果藜，常见伴生种有木地肤、小蓬等；草层高度15～25厘米，每亩产鲜草约44千克。盐柴类半灌木——年生草本放牧场：建群种有小蓬、假木贼、角果藜，亚建群种有木地肤、叉毛蓬、一年生猪毛菜等；每亩产鲜草103千克。一年生草本放牧场：建群种为叉毛蓬，主要伴生种为小蓬；草层高度20～25厘米，每亩产鲜草96.7千克。大叶灌木放牧场：建群种为锦鸡儿，主要伴生种有一年生猪毛菜、一年生禾草等；每亩产鲜草31.1千克。小乔木放牧场：建群种为梭梭，伴生种有猪毛菜；年产嫩枝每亩16千克。小乔木—无叶灌木放牧场：建群种为梭梭，亚建群种为麻黄；草层高度50～70厘米，年产嫩枝每亩45.4千克。小乔木—蒿类半灌木放牧场：建群种为梭梭，亚建群种为博乐蒿；上层50～60厘米，下层20～25厘米；每亩产鲜草54.9千克。

（二）山地荒漠草场类

主要分布在阿拉山口、岗吉格山等低山区，海拔800～1 200米左右。草场面积7.86万公顷，占全市草场总面积的13.85%。此类草场是山区草场中最干旱的一类，草场植被建群种主要由超旱生灌木、小半灌木及盐柴类半灌木组成。地带性土壤以灰棕、棕色荒漠土为主。植被覆盖度在20%以下。草场植被种类贫乏。山地荒漠草场共划分出2个亚类，8个组和9个草场型。

山地沙砾质荒漠放牧场 主要分布在岗吉格低山区，土壤沙砾地段，冬、春季放牧利用。盐柴类半灌木—蒿类半灌木放牧场：建群种为木本猪毛菜，亚建群种为博乐蒿、小蓬，每亩产鲜草44千克。盐柴类半灌木放牧场：建群种为小蓬，亚建群种为刺旋花；草层高度5～20厘米，每亩产鲜草91.2千克。蒿类半灌木放牧场：建群种为博乐蒿，伴生种有角果藜、一年生猪毛菜；草层高度20～30厘米，每亩产鲜草40.7千克。盐柴类—蒿类半灌木—小丛禾草放牧场：复合体草场主要建群种为木本猪毛菜、博乐蒿，亚建群种有驼绒藜、针茅等；每亩产鲜草74千克。蒿类半灌木—小丛禾草放牧场：建群种为博乐蒿，主要伴生种有针茅、假木贼、刺旋花等；每亩产鲜草69.9千克。盐柴类半灌木—大叶灌木放牧场：建群种为木本猪毛菜，亚建群种为驼绒藜，主要伴生种有麻黄、锦鸡儿等；每亩产鲜草113.1千克。

山地沙砾质荒漠放牧场 主要分布在阿拉山口低山区，土壤石质化，适宜冬季放牧利用。大叶灌木—盐柴类半灌木—蒿类半灌木放牧场：建群种为驼绒藜，亚建群种为木本猪毛菜和博乐蒿；每亩产鲜草18千克。盐柴类—蒿类半灌木放牧场：建群种为木本猪毛菜，亚建群种为假木贼、博乐蒿。每亩产鲜草37.5千克。

（三）平原草原化荒漠草场类

主要分布在北部哈拉吐鲁克山山麓带，海拔1 100～1 200米，由荒漠向草原演变的过渡性草场。草场面积4 146.67公顷，占全市草场总面积的0.73%。草场植被组成以旱生、超旱生灌木、半灌木为主，伴生有旱生小丛禾草。地带性土壤以淡棕钙土为主。植被盖度在35%左右。平原草原化荒漠草场划分出1个亚类，1个组和1个草场型。

平原砂砾质草原化荒漠放牧场 蒿类半灌木—小丛禾草放牧场：建群种为博乐蒿，亚建群种为羊茅，主要伴生种有木地肤、镰芒针茅、锦鸡儿等；草层高度15～25厘米，每亩产鲜草39.6千克。

（四）山地草原化荒漠草场类

主要分布在阿拉山口、岗吉格山低山区，海拔1 100～1 300米。草场面积1.46万公顷，占全市草场总面积的 2.85%。草场植被组成以旱生、超旱生灌木、半灌木为主，伴生有旱生小禾草。地带性土壤以淡棕钙土为主。植被覆盖在 25% 左右。山地草原化荒漠草场划分出 1 个亚类，2 个组和 4 个草场型。

山地砂砾质草原化荒漠放牧场 大叶灌木—蒿类半灌木—小丛禾草放牧场：建群种主要为锦鸡儿、刺旋花和博乐蒿，亚建群种为镰芒针茅、假木贼，主要伴生种有木地肤、葱、羊茅等；每亩产鲜草约 81 千克。大叶灌木—小丛禾草放牧场：建群种为锦鸡儿，亚建群种为镰芒针茅，伴生种有蒿子、羊茅；每亩产鲜草 56 千克。

（五）平原荒漠草原草场类

主要分布在四台谷地、阿拉套山山麓地带，海拔 1 000 ~ 1 300 米之间。草场面积 2.12 万公顷，占全市草场总面积的 3.73%。草场主要建群植物种已不是超旱生的灌木、半灌木，而是以旱生性多年生草本为主体；伴生有旱生性半灌木。地带性土壤以棕钙土为主。植被覆盖在 35%。平原荒漠草原草场划分出 1 个亚类，4 个组和 6 个草场型。

平原荒漠草原放牧场 葱类—盐柴类—蒿类半灌木放牧场：建群种为根葱，亚建群种为假木贼、博乐蒿，伴生种主要有小蓬、驼绒藜、镰芒针茅等；草层高度 15 ~ 25 厘米，每亩产鲜草 115 千克。蒿类半灌木—小丛禾草放牧场：建群种有博乐蒿、灰蒿等，亚建群种为戈壁针茅、羊茅；草层高度 20 ~ 30 厘米，每亩产鲜草 66.7 千克。葱类—小丛禾草放牧场：建群种为根葱，亚建群种为隐子草，伴生种主要有博乐蒿、镰芒针茅；草层高度 10 ~ 15 厘米，每亩产鲜草 92.4 千克。细茎杂类草放牧场：建群种为根葱，主要伴生种有猪毛菜、针茅、隐子草等；草层高度 10 ~ 15 厘米，每亩产鲜草 182.3 千克。

（六）山地荒漠草原草场类

主要分布在岗吉格低山区，海拔 1 400 ~ 1 600 米和阿拉套山山区，海拔 1 300 ~ 1 700 米。草场面积 3.63 万公顷，占全市草场总面积的 6.4%。草场植被成分、生态类型与平原荒漠草原相同，但地貌类型属山地。植被覆盖在 35%。山地荒漠草原草场划分出 1 个亚类、5 个组和 8 个草场型。

山地荒漠草原放牧场 大叶灌木—蒿类半灌木—小莎草类放牧场：建群种为锦鸡儿，亚建群种为蒿子、苔草，主要伴生种为羊茅；每亩产鲜草 58.7 千克。大叶灌木—蒿类半灌木—小丛禾草放牧场：建群种为锦鸡儿，亚建群种有蒿子、羊茅等；每亩产鲜草 108.3 千克。蒿类—大叶灌木—蒿类半灌木—小丛禾草放牧场：建群种为蒿子，亚建群种为刺旋花、镰芒针茅，主要伴生种有隐子草、锦鸡儿等；每亩产鲜草 63 千克。蒿类半灌木—小丛禾草放牧场：主要建群种为博乐蒿，亚建群种为羊茅、镰芒针茅、隐子草；草层高度 20 ~ 30 厘米，每亩产鲜草 76 千克。

（七）山地草原草场类

主要分布在赛里木湖东、北南环地区，海拔 1 900 ~ 2 200 米；库色木切克山山区，海拔 1 600 ~ 1 900 米）；岗吉格山山区，海拔 1 600 ~ 2 500 米；阿拉套山南坡，海拔 1 400 ~ 1 900 米。草场面积 9.83 万公顷，占全市草场总面积的 17.32%。草场植被组成以旱生性禾草为主体，伴生有草原苔草类、蒿类等植被。植被覆盖在 50% ~ 60%。此类草场是在典型草原性气候条件下形成的典型草原草场，是博乐市天然草场的主体。山地草原草场划分出 2 个亚类、16 个组和 26 个草场型。

亚类山地草原放牧场 丛生禾草放牧场：建群种为羊茅、早熟禾、沙生冰草，亚建群种为针茅、苔草，主要伴生种有委陵菜、苔草等；草层高度 20 ~ 30 厘米，每亩产鲜草 140 千克。丛生禾草—蒿类半灌木—细茎杂类草放牧场：建群种为沙生冰草，亚建群种为冷蒿、凤毛菊；草层高度 15 厘米，每亩产鲜草 66.4 千克。大叶灌木—丛生禾草—蒿类半灌木放牧场：建群种为锦鸡儿，亚建群种为针茅、凤毛菊；每亩产鲜草 83.1 千克。丛生禾草—小莎草类放牧场：建群种为针茅、羊茅，亚建群种为苔草、沙生冰草；

草层高度 20 ~ 25 厘米，每亩产鲜草 84 千克。丛生禾草—蒿类半灌木—小莎草类放牧场：主要建群种为针茅，亚建群种为冷蒿、苔草、伪蒿；草层高度 25 厘米，每亩产鲜草 66.6 千克。丛生禾草—蒿类半灌木放牧场：建群种以羊茅、早熟禾、针茅为主，亚建群种为冷蒿、伪蒿；草层高度 30 ~ 40 厘米，每亩产鲜草 120 千克。小莎草类—细茎杂类草放牧场：主要建群种为苔草，亚建群种为火绒草；草层高度 15 ~ 20 厘米，每亩产鲜草 129 千克。丛生禾草—小豆科草本草场类：建群种为针茅，亚建群种为棘豆；每亩产鲜草 94 千克。丛生禾草—细茎杂类草放牧场：建群种为针茅，亚建群种为羊茅、火绒草；每亩产鲜草 214.2 千克。蒿类半灌木—丛生禾草—大叶灌木—小莎草类—丛生禾草放牧场：复合体草场主要建群种有伪蒿、兔儿条，亚建群种有针茅、苔草等；每亩产鲜草 99.3 千克。

山地灌丛—草原放牧场　大叶灌木—细茎杂类草放牧场；大叶灌木—丛生禾草—细茎杂类草放牧场；大叶灌木—丛生禾草放牧场；大叶灌木—丛生禾草—蒿类半灌木—丛生禾草—蒿类半灌木放牧场；小叶灌木—丛生禾草放牧场；大叶灌木—丛生禾草—蒿类半灌木放牧场。植被覆盖在 50% ~ 60%，每亩产鲜草 102 千克。

（八）山地草甸草原草场类

主要分布在阿拉套山、库色木切克山及赛里木湖西、南缘。草场面积为 3.25 万公顷，占全市草场总面积的 5.73%。草场植被组成以旱生、中旱生性草本植物为主。地带性土壤以黑钙土、暗栗钙土为主。植被覆盖在 65% 以上，草层高度 15 ~ 40 厘米。山地草甸草原草场划分出 1 个亚类，7 个组和 7 个草场型。

亚类山地草甸草原放牧场　粗茎杂类草—丛生禾草放牧场；粗细茎杂类草—小莎草类放牧场；小莎草类草本—丛生禾草—细茎杂类草放牧场；粗细茎杂类草放牧场；小莎草类草本—丛生禾草放牧场；细茎杂类草—丛生禾草—小莎草类放牧场；丛生禾草—小莎草类放牧场。草场每亩产鲜草 195 千克。

（九）低地草甸草场类

主要分布在博尔塔拉河下游河漫滩，艾比湖西岸湖积平原地带，海拔 200 ~ 300 米。草场面积 4 553.33 公顷，占全市草场总面积的 7.85%。草场植被以中生性及旱中生性的禾草及杂类草为主体。地带性土壤以暗色、淡色草甸土为主。植被覆盖在 30% ~ 70%，每亩产鲜草 200 ~ 350 千克。低地草甸草场划分出 1 个亚类、12 个组和 13 个草场型。

盐化低地草甸割草放牧场包括根茎禾草—多汁盐生灌木放牧场，大丛粗糙禾草放牧场；大丛粗糙禾草—根茎禾草放牧场；大丛粗糙禾草—粗茎豆科草本—根茎禾草放牧场；根茎禾草—粗茎豆科草本放牧场；根茎禾草—粗茎豆科草本—细茎杂类草放牧场；根茎禾草—多汁盐生半灌木—粗茎豆科草本放牧场；根茎禾草—小丛禾草放牧场；根茎禾草—多汁盐生半灌木放牧场；细茎杂类草—粗茎豆科草本—根茎禾草放牧场；粗茎豆科草本—多汁盐生半灌木放牧场；根茎禾草放牧草场。

（十）山地草甸草场类

主要分布在赛里木湖西部、哈拉吐鲁克山等地。带状分布不明显，多与云杉地相间，土层厚的开阔的缓坡地。草场面积为 5.24 万公顷，占全市草场总面积的 9.24%。草场植被是在山地气候湿润条件下形成的，以中生性草本植物为主体。地带性土壤以亚高山草甸土为主，土壤有机质含量高。植被覆盖在 90% 以上，草层高度 20 ~ 35 厘米，每亩产鲜草 261 千克。山地草甸草场类划分出 2 个亚类、11 个组和 14 个草场型。

山地低草草甸放牧场　粗茎杂类草—小莎草类草本放牧场；根茎禾草—小莎草类草本—细茎杂类草放牧场；大叶灌木—小莎草类草本—细茎杂类草放牧场；细茎杂类草—小莎草类草本放牧场；细茎杂类草—丛生禾草放牧场；细茎杂类草放牧场；小莎草类草本放牧场；粗细茎杂类草放牧场；小莎草

类草本—细茎杂类草放牧场；细茎杂类草—丛生、根茎禾草放牧场。

亚类山地灌丛、草甸放牧场包括小叶灌木—细茎杂类草—丛生禾草放牧场。

（十一）高寒草甸草场类

主要分布在哈拉吐鲁克山和赛里木湖区域，带状分布不明显。草场面积 1.68 万公顷，占全市草场总面积的 2.97%。草场植被是在寒冷而湿润的气候条件下发育形成的，主要以寒中生小苔草、小杂类草及寒中旱生小莎草类植物组成。植被覆盖在 85% ~ 90%，草层高度 15 厘米左右，每亩产鲜草 119 千克。高寒草甸草场划分出 1 个亚类、2 个组和 2 个草场型。

高寒草甸放牧场 小莎草类草本放牧场；小莎草类草本—细茎杂类草放牧场。

三、资源及其评价

（一）植被特征及品种

博乐市境由于受大陆性温带荒漠干旱气候影响，草场植被随地貌部位和水文地质条件而变化，草场类型多样。在艾比湖土壤盐渍化区域，分布盐化草甸植被。在山麓地、冲洪积扇地带分布土质荒漠植被、沙砾质荒漠植被、荒漠草原植被。在博尔塔拉河下游河漫滩，艾比湖西岸湖积平原地带，分布低地草甸植被。在山地由于降水增加，分布亚类山地草原植被、山地灌丛草原植被、亚类山地草甸草原植被、山地低草草甸植被、亚类山地灌丛草甸草原植被、高寒草甸草原植被。

博乐市天然草场植被以旱生性、超旱生性及中旱生性植物为主。根据调查，天然草场常见高等植物 200 余种。分属柏杨科（2 属 2 种）、麻黄科（1 属 2 种）、蓼科（4 属 7 种）、藜科（15 属 23 种）、苋科（1 属 1 种）、石竹科（4 属 9 种）、毛茛科（8 属 9 种）、罂粟科（1 属 2 种）、十字花科（4 属 4 种）、景天科（2 属 2 种）、虎耳草科（1 属 1 种）、蔷薇科（6 属 8 种）、豆科（8 属 9 种）、牻牛儿苗科（1 属 2 种）、蒺藜科（4 属 5 种）、大戟科（1 属 1 种）、锦葵科（2 属 2 种）、柽柳科（3 属 3 种）、柳叶菜科（1 属 1 种）、伞形科（3 属 3 种）、报春花科（3 属 4 种）、百花丹科（2 属 4 种）、紫草科（4 属 5 种）、唇形科（7 属 12 种）、茄科（2 属 2 种）、玄参科（4 属 4 种）、茜草科（1 属 2 种）、忍冬科（1 属 2 种）、桔梗科（3 属 3 种）、菊科（20 属 30 种）、夹竹桃科（2 属 2 种）、禾本科（23 属 38 种）、莎草科（5 属 8 种）、灯心草科（2 属 2 种）、百合科（2 属 4 种）、鸢尾科（1 属 2 种）。

博乐市天然草场植物可食性强、适口性高的牧草所占比例大；有毒有害植物数量少，分布范围小。主要建群种、伴生种及常见伴生种均具有较高的饲用价值。如蒿草、苔草、珠芽蓼、早熟禾、异燕麦、博乐绢蒿、木地肤等。

（二）理论载畜量

草场载畜量计算公式为：年理论载畜量（绵羊单位）=〔365 × 日食量 ÷ 牧草贮草量（鲜草）〕× 利用率。注：日食量定为 5 千克鲜草，利用率为 50%。

博乐市境内大类草场面积及理论载畜量估算表

表 20-1　　单位：万公顷、万吨、万羊单位

草场类型	草场毛面积	草场可利用面积	贮草总量（鲜草）	年理论载畜量
平原荒漠草场	16.8	16.3	15.61	4.28
山地荒漠草场	7.86	7.62	5.68	1.56
平原草场化荒漠草场	0.42	0.4	0.24	0.07
山地草原化荒漠草场	1.46	1.42	1.63	0.45

续表 20-1

草场类型	草场毛面积	草场可利用面积	贮草总量（鲜草）	年理论载畜量
平原荒漠草原草场	2.12	2.07	2.71	0.74
山地荒漠草原草场	3.63	3.56	4.31	1.18
山地草原草场	9.83	9.63	1.91	5.22
山地草甸草原草场	3.25	3.22	8.95	2.45
低地草甸草场	4.46	4.32	12.93	3.54
山地草甸草场	5.24	5.22	18.71	5.13
高寒草甸草场	1.69	1.67	3.36	0.92
合计	56.75	55.43	39.19	25.53

（三）等级评价

博乐市天然草场资源优劣通常采用等级评价法，划分原则是以质定等，以量定级。“等”表示草场植被质量，“级”表示草场鲜草产量。

博乐市天然草场品质、面积及载畜量情况：一等草场面积 4.84 万公顷，占全市草场总面积的 8.52%；年理论载畜量 2.4 万绵羊单位，占总理论载畜量的 9.41%。二等草场面积 22.90 万公顷，占全市草场总面积的 40.36%；年理论载畜量 11.29 万绵羊单位，占总理论载畜量 44.22%。三等草场面积 19.06 万公顷，占全市草场总面积的 33.59%；年理论载畜量 8.93 万绵羊单位，占草场总理论载畜量的 33.80%。四等草场面积 7.41 万公顷，占全市草场总面积的 13.06%；年理论载畜量 2.6 万绵羊单位，占草场总理论载畜量 10.18%。五等草场面积 2.54 万公顷，占全市草场总面积的 4.47%；年理论载畜量 0.61 万绵羊单位，占草场总理论载畜量的 2.37%。

博乐市天然草场级别、面积及载畜情况：三级草场面积 1 600 公顷，占全市草场总面积的 0.28%；年理论载畜 0.33 万绵羊单位，占草场总理论载畜量的 1.31%。四级草场面积 1.82 万公顷，占全市草场总面积的 3.20%；年理论载畜 2.4 万绵羊单位，占草场总理论载畜量的 9.4%。五级草场面积 6.69 万公顷，占全市草场总面积的 11.79%；年理论载畜 6.44 万绵羊单位，占草场总理论载畜量的 25.23%。六级草场面积 17.3 万公顷，占全市草场总面积的 30.48%；年理论载畜 9.13 万绵羊单位，占草场总理论载畜量的 35.76%。七级草场面积 17.84 万公顷，占全市草场总面积的 31.43%；年理论载畜 5.5 万绵羊单位，占草场总理论载畜量的 21.52%。八级草场面积 12.95 万公顷，占全市草场总面积的 22.82%；年理论载畜 1.73 万绵羊单位，占草场总理论载畜量的 6.76%。

四、利用现状

博乐市天然草场从高山到平原相对高差大约 2 800 米，因此，草场利用有明显的季节性。夏草场海拔 2 100 ~ 3 200 米之间，草地大类主要为高寒草甸草场、山地草甸草场、山地草甸草原草场、山地草原草场；放牧时间从 6 月初至 8 月底，约 90 天。市境内夏草场面积 10.74 万公顷，占全市草场总面积的 18.9%；年产鲜草 29.96 万吨，季节理论载畜量 39.94 万绵羊单位。在 10.74 万公顷夏草场面积中，市所属乡镇场使用 5.25 万公顷，年产鲜草 14.64 万吨，季节理论载畜量 19.52 万绵羊单位。

冬草场海拔 1 400 ~ 2 300 米之间，草地大类主要为山地荒漠草场、山地荒漠草原草场、山地草原草场和山地草甸草场；放牧时间从 11 月底至来年 3 月底，累计 135 天。市境内冬草场面积 22.08 万公顷，占全市草场总面积的 38.9%；年产鲜草 33.870 万吨，季节理论载畜量 20.07 万绵羊单位。在 22.08 万公顷冬草场面积中，市所属乡（镇、场）使用 12.58 万公顷，年产鲜草 17.91 万吨，季节理论载畜量 10.62 万绵羊单位。

春秋草场海拔 500 ~ 1 400 米之间，草场大类主要为平原荒漠草场、平原荒漠草原草场、山地荒漠草场等；放牧时间从 4 月初至 6 月初，9 月初至 11 月中旬，累计 140 天。市境内春秋草场面积 23.92 万公顷，占全市草场总面积的 42.2%；年产鲜草 29.37 万吨，季节理论载畜量 20.98 万绵羊单位。市所属乡镇场使用 18.16 万公顷，年产鲜草 18.37 万吨，季节理论载畜量 13.12 万绵羊单位。

另外，博乐市附带利用草场包括林间空地、林地、灌丛等 1.19 万公顷，年产鲜草 5.67 万吨。打草场包括天然打草场和人工、半人工打草场等 926.67 公顷。

第二节　天然草场虫鼠害

一、蝗害

1988—1989 年，在博乐市四台乌伊公路南北两侧区域，发生蝗虫面积 1.19 万公顷。主要以意大利蝗虫为优势种，种群比例占 48%；兰胫戟纹蝗虫，种群比例占 28.6%；黑条小车蝗虫，种群比例占 7.8%；黑伪星翅蝗虫，种群比例占 2.3%；红胫戟纹蝗虫，种群比例占 1.5%；其他束胫蝗虫属类，种群比例占 10.4%；虫口密度每平方米为 4.5 只。在市赛里木湖东北缘阔尔阔尔嘎增区域，发生蝗虫面积 7 126.67 公顷。主要以西伯利亚蝗虫为优势种，种群比例占 68.5%；隆额网翅蝗虫，种群比例占 21.7%；意大利蝗虫，种群比例占 5.3%；其他种类蝗虫，种群比例占 4.5%；虫口密度每平方米为 9.1 只。在市赛里木湖西南缘克勒区域与阿美特克纳萨依区域，发生蝗虫面积 2 153.33 公顷。主要以白边雏蝗虫为优势种，种群比例占 35.7%；曲线牧草蝗虫，种群比例占 34.5%；欧亚草地蝗虫，种群比例占 18.7%；西伯利亚蝗虫，种群比例占 7%；其他种类蝗虫，种群比例占 4.1%；虫口密度每平方米为 7.7 只。在小营盘镇博温公路南侧科克赛区域，发生蝗虫面积 1.94 万公顷。主要以兰胫戟纹蝗虫为优势种，种群比例占 48.9%；黑腿星翅蝗虫，种群比例占 22.4%；伪星翅蝗虫，种群比例占 17.2%；瘤背束颈蝗虫，种群比例占 7.5%；其他种类蝗虫，种群比例占 6.5%；虫口密度每平方米为 4.2 只。在小营盘镇博尔塔拉河南岸库苏尔至萨巴克斯陶区域，发生蝗虫面积 2.05 万公顷。主要以兰胫戟纹蝗虫为优势种，种群比例占 52.4%；瘤背束颈蝗虫，种群比例占 21.6%；黑腿星翅蝗虫，种群比例占 11.2%；宁夏束颈蝗虫，种群比例占 9.7%；其他种类蝗虫，种群比例占 5.7%；虫口密度平方米为 3.1 只。在小营盘镇博温公路北侧哈拉吐鲁克阿克赛区域，发生蝗虫面积 2.42 万公顷。主要以兰胫戟纹蝗虫为优势种，种群比例占 35.2%；意大利蝗虫，种群比例占 20.3%；黑腿星翅蝗虫，种群比例占 19.9%；宁夏束颈蝗虫，种群比例占 15.6%；其他种类蝗虫，种群比例占 9%；虫口密度每平方米为 5.6 只。在青得里乡二牧场伯尔特至亚麻滩区域，发生蝗虫面积 56 万公顷。主要以兰胫戟纹蝗虫为优势种，种群比例占 75.1%；瘤背束颈蝗虫，种群比例占 7.2%；宁夏束颈蝗虫，种群比例占 5.2%；意大利蝗虫，种群比例占 3.9%；黑腿星翅蝗虫，种群比例占 3.3%；其他种类蝗虫，种群比例占 5.3%；虫口密度每平方米为 3.1 只。1988—1989 年，市境共发生蝗虫面积 11.19 万公顷。

1999 年，博乐市天然草场发生蝗虫面积 1 万公顷，重灾面积达 4 000 公顷。

2000 年 5 月，博乐市天然草场发生蝗虫面积约 3 万公顷，虫口密度平均每平方米达 30 ~ 40 只，局部草场平均每平方米达 1 000 余只。

二、鼠害

1993—1994 年，在博乐市赛里木湖东北阔尔嘎增区域，鼠害面积 6 586.67 公顷，属于三级鼠害危害区。优势种害鼠为长尾黄鼠，种群比例占 91.7%；每公顷有效洞口数 260 个，长尾黄鼠每公顷密度 24 只。在市赛里木湖西南克勒区域与阿美特克纳萨依区域，鼠害面积 4 820 公顷，属于三级鼠害危害区。优势种害鼠为鼹形田鼠，种群比例占 42.9%；社会田鼠，种群比例占 28.6%；长尾黄鼠，种群比例占 28.5%。每公顷有效洞群 4.8 个，有效洞口 340 个。鼹形田鼠每公顷密度 24 只，社会田鼠每公顷密度 16 只，长尾黄鼠每公顷密度 16 只。1993—1994 年，全市共发生鼠害面积 1.15 万公顷。

第三节　天然草场毒害草

一、有毒草类

博乐市天然草场有毒植物主要有木贼麻黄、膜翅麻黄、中麻黄、酸模、橐吾、水蓼、盐角草、蒙古白头翁、 钟萼白头翁、大花耧斗菜、高山唐松草、钝叶独行菜、苦豆子、苦马豆、播娘蒿、亚高山黄华、骆驼蓬、龙葵、大叶橐吾、林地千里光、金莲花、水麦冬、海韭菜、荨麻、无叶假木贼，骆驼蹄瓣，飞燕草、翠雀花、黄花乌头、林地乌头、山地乌头、空茎乌头、白屈菜、野罂粟、醉马草、小果大戟、苍耳、天仙子、曼陀罗等。有毒植物致使牲畜中毒或死亡。

（一）骆驼蓬

为弱毒性季节性有毒植物。主要分布在青得里乡亚麻滩、乌图布拉格镇卡拉嘎西、哈拉吐鲁克山前阿热勒托哈牧场等区域的春秋草场，面积约 1.67 万公顷。

（二）无叶假木贼

为弱毒性常年有毒植物。主要分布在四台至五台高速公路北侧青得里乡、阿热勒托哈牧场草场和阿拉套山前冲洪积扇乌图布拉格镇、达勒特镇草场，面积约 6.67 万公顷。

（三）乌头

为烈毒性常年有毒植物。主要分布在赛里木湖西岸阿热勒托哈牧场夏草场、哈日图热格小营盘镇夏草场，面积约 6 666.67 公顷。

（四）橐吾

为弱毒性季节性有毒植物。主要分布在赛里木湖北岸小营盘镇夏草场、库色木切克山阿热勒托哈牧场冬草场、三台贝林哈日莫墩乡夏草场、哈拉吐鲁克山玉科克小营盘镇冬草场等地，面积约 2 万公顷。

二、有害草类

博乐市天然草场有害植物主要有西北针茅、镰芒针茅、大针茅、白皮锦鸡儿、鬼见愁锦鸡儿、盐豆木、蔷薇、兔儿条、小檗、鹤虱、勿忘我、蒺藜等。西北针茅、镰芒针茅、盐豆木、白皮锦鸡儿主要分布在市境荒漠和荒漠草地及山地草地，面积约为 10 万公顷；蔷薇、兔儿条、小檗主要分布在山地草原和山地草甸草原，面积约为 2 万公顷；其余有害植物分布范围小或散。有害植物危害牲畜肠胃等，影响畜产品质量。

第四节　人工草料地建设

1979—1984 年，博乐县苜蓿保留面积 993.33 公顷，种植人工草场 133.33 公顷。1988—1990 年，博乐市草原工作站在乌图布拉格乡一牧场介格得布拉格春秋草场上开发 66.67 公顷人工饲草料试验基地。共架设高压输电线路 4.4 千米，凿机井 3 眼，配套宿舍 4 套，安装网围栏 5 200 米，羊圈、产羔房各 1 座。总投资 18 万元。1997 年，阿热勒托哈牧场通过《博乐市阿热勒托哈牧场 1 066.67 公顷饲草料饲料基地建设项目》开发人工饲草料基地 333.33 公顷，修渠 13.5 千米（干渠 10 千米，支渠 3.5 千米）。1998—1999 年，达勒特镇通过《博乐市达勒特镇 800 公顷草料基地项目》在苏得力定居点开发人工饲草料基地 452.53 公顷，架设输电线路 7.5 千米，凿机井 8 眼。总投入资金 538.5 万元（国家投入 34.5 万元，集体投入 72.5 万元，个人投入 431.5 万元）。期间，草原工作站引进紫花苜蓿、饲料玉米等品种，在乡（镇、场）推广种植。全市共推广试种紫花苜蓿 26.67 公顷，饲料玉米 53.33 公顷。至 1999 年末，全市累计划分牧民人工饲草料地 4 398.57 公顷，累计开发利用 1 909.93 公顷。2000 年，市草原工作站种植 15.27 公顷优质牧草，其中试验地 1.2 公顷，示范地 14.07 公顷。主要种植沙打旺、红豆草、紫花苜蓿、甘草、鲁梅克斯、百脉根、草木樨、苏丹草等品种。

2001 年，博乐市草原工作站 66.67 公顷优质饲草料基地试验示范项目通过市科委验收。同年，市草原工作站与阿热勒托哈牧场合作，试种 11 个饲草品种。至 2002 年，筛选出 5 个适合市不同区域种植的优质饲草料品种，分别是紫花苜蓿、加拿大苜蓿、鲁梅克斯、苏丹草、新多 2 号饲料玉米，并组合 6 种种植方案，即紫花苜蓿单播、加拿大苜蓿单播、鲁梅克斯单播、苏丹草与紫花苜蓿或其他豆科牧草混播、种植小麦后复播新多 2 号饲料玉米、小麦与苜蓿混条播。

2003 年，博乐市开发建设人工饲草料基地 333.33 公顷。2005 年，市开发建设人工饲草料基地 946.67 公顷，其中小营盘镇 166.67 公顷，乌图布拉格镇 466.67 公顷，青得里乡 113.33 公顷，阿热勒托哈牧场 200 公顷。至 2006 年末，全市累计划分牧民人工饲草料地 5 198.57 公顷，累计开发利用 3 390.33 公顷。

第五节　天然草场监管与保护

一、监管

1979—1984 年，博乐县天然草场由县畜牧局监督管理。

1985 年，博乐市天然草场由市草原工作站监督管理。同年，根据《新疆维吾尔自治区草原管理暂行条列》和《中华人民共和国草原法》，并依法对偷盗和损坏天然草场围栏事件进行处罚。1986 年 6 月，博乐市草原工作站对青得里乡个体司机酒后开车撞坏 350 米草原围栏案件依法进行起诉，罚款 1 037 元。1987 年，博乐市草原工作站在 5 个乡镇、1 个国营牧场、兵团农五师 4 个团进行《草原法》宣讲活动。设置《草原法》金属宣传牌 60 块，张贴“草原布告”450 张，制定“博乐市草原管护的公告”10 条，并通过电视、广播宣传《草原法》2 次。

1988 年 2 月，博乐市成立发放“草场使用证”领导小组，并决定在市乌图布拉格乡进行“草场使用证”发放试点工作。举办发放“草场使用证”学习班 1 期。同年 12 月中旬，乌图布拉格乡发放“草场使用证”工作结束。

1993 年 10 月，市草原监理所依据《新疆维吾尔自治区草原监理机构查处草原违法案件办法（试行）》，处理乌图布拉格乡二牧场 133.33 公顷草场开发协议案，挽回经济损失 2 万元。1994 年，市草原监理所与有关部门处理草场纠纷案、草场失火案各 1 起；审定“博乐市四台地区开采铜矿申请报告”，并审核草场等级和补偿费用。

1994 年 8 月—1995 年 4 月，博乐市草原监理所按天然草场 1:5 万地形图实地划分牧户使用标界、量算草场面积、核定载畜量等。1996 年，市草原监理所完成“草场有偿承包合同书”的发放工作，共发放 546 本。同年，市草原监理所征收草场使用费 3.8 万元。

1998 年，博乐市草原监理所先后完成乡镇场牧民定居饲草料地“草原使用证”发放工作，共发放 1 413 本；实施农业水土综合开发项目的签发证件及实地调查工作；征收草场管理费 1.91 万元。1999 年，市草原监理所先后在乡（镇、场）、市区开展《草原法》宣传活动；配合上级部门就外地州占用市草场问题进行调查；累计发放乡镇场牧民饲草料地“草原使用证”1 459 本，发证面积 9 620 公顷。

2000—2002 年，博乐市草原监理所派出执法人员查处在天然草场非法采挖大芸、麻黄草、贝母、紫草等中草药的违法行为。

2003 年，博乐市草原监理所处理草场纠纷 4 起，同时加强对草场建设用地的管理和监督检查。2004—2005 年，市草原监理所加强对非法占用、开垦草场，临时使用草场补偿费、管理费的监管工作。

2006 年，博乐市草原监理所对全市春秋草场开发（开垦）情况进行摸底调查；处理草场争议 26 起，征收占用和临时使用草场补偿费 28.5 万元；征收草场管理费 9 万元；查处草场中草药采挖者 4 名、非法收购户 2 户；用 GPS 卫星定位仪对草场界线进行坐标定位确定，完成香班哈日根牧场和达勒特镇 3 个牧业村队春秋、夏草场及贝林哈日莫墩乡冬、夏草场界线划分工作。

二、保护

（一）飞播

1985 年 11 月，博乐市草原工作站在乌图布拉格乡亚曼塔木春秋草场网围栏内首次飞播木地肤等牧草，播种面积 667 公顷（每公顷 300 克，总播量 2 000 千克）。1986 年，博乐市“飞播”优质草种面积 4 800 公顷。1988 年，全国“飞播”牧草北方片区协作组到博乐市进行观摩检查，播区的草层高度、盖度、多度等指标项目均达到国家部颁标准。1992 年，博乐市飞播优质草种面积 333.33 公顷。

（二）围栏和围篱

1979 年，博乐县牧区草库仑（指为防草场退化、恢复草场生产力而将草场以不同的围篱方式逐块地围起来，加以保护）面积 2 266.67 公顷。1984 年，县牧区草库仑面积 2 428.6 公顷；改良天然大草场 853.33 公顷。1985 年，博乐市在乌图布拉格乡一牧场建围栏改良草场 666.67 公顷，并签订管护合同，由专人负责看管。1992 年，市草原站在乡镇场安装草场网围栏 2 万米，围栏改良草场 666.67 公顷。1995 年，市改良草场总面积 2 546 公顷（围栏草场面积 1 773 公顷，打草场面积 773 公顷）。2004 年，市围栏改良草场 800 公顷。2005 年，围栏改良草场 1 333.33 公顷。2006 年，市围栏改良草场 3 333.33 公顷，累计保留围栏面积 1.1 万公顷。

三、治蝗

1979—1985 年，博乐县在赛里木湖东北草场和科克赛草场采用飞机喷洒马拉松和敌敌畏防治蝗虫面积 1 万公顷；采用人工机械喷洒马拉松和敌敌畏防治蝗虫面积 8 106.67 公顷。

1988 年，博乐市与温泉县、农五师联合在赛里木湖草场采用飞机喷洒农药防治蝗虫面积 2.02 万公顷（其中博乐市 1.15 万公顷）；使用农药混合剂 40.6 吨（敌敌畏 6 吨，稻草散 6.3 吨，马拉松 2 吨，二线油 26.3 吨）；防治密度 98%，蝗虫死亡率 99%。1989 年，博乐市在四台草场和科克赛草场防治蝗虫 1.33 万公顷，其中，农药防治蝗虫面积 1.07 万公顷，牧鸡防治蝗虫面积 2 666.67 公顷。1990 年，市在赛里木湖东北草场采用牧鸡、椋鸟防治蝗虫面积 1 万公顷。

1991—2001 年，博乐市采用人工机械喷洒农药防治蝗虫面积 9.66 万公顷。1995 年，市在赛里木湖夏草场采用飞机喷洒农药防治蝗虫面积 1.91 万公顷，有效率 97%。

2004 年，博乐市在阿克赛春秋草场和赛里木湖夏草场防治蝗虫面积 2 万公顷，其中，采用人工机械喷洒农药防治蝗虫面积 1 万公顷，牧鸡防治蝗虫面积 1 333.33 公顷、椋鸟防治蝗虫面积 8 666.67 公顷。

2006 年 5 月，博州畜牧局在博乐市赛里木湖东部草场蝗虫密集区召开蝗虫防治工作现场会。同年，市在赛里木湖东部草场蝗虫密集区采用农药、牧鸡、椋鸟防治蝗虫面积 2.67 万公顷。

四、灭鼠

1979—2006 年，博乐市天然草场灭鼠工作主要依靠天敌防治，仅小面积利用毒饵进行实验性防治。

第四章　畜禽品种及改良

第一节　畜禽品种

一、绵羊品种

1980 年前，博乐县绵羊品种主要以新疆本地品种为主。1980 年后，市绵羊品种主要有新疆细毛羊、杂交羊、哈萨克羊和其他羊。1991—2006 年，博乐市先后引进中国美利奴、德国美利奴、萨福克、陶赛特、巴什拜等品种绵羊。1979 年、1983—1985 年、1991—1992 年、1994—1998 年先后对绵羊品种进行鉴定，由于受市场价格因素影响，1996 年开始，绵羊品种退化现象。

1979—2006 年博乐市（县）绵羊鉴定情况

表 20-2　　单位：万只

年份	绵羊总数	鉴定的细毛羊及改良羊				土种羊
		合计	新疆细毛羊	中国美利奴羊	杂交羊	
1979	20.61	13.23	3.91	–	9.32	7.38
1983	23.89	17.16	4.84	–	12.32	6.73
1984	23.55	16.92	5.19	–	11.73	6.63
1985	22.63	16.01	4.91	–	11.1	6.62
1991	27.65	21.71	13.42	1.84	6.45	5.94
1992	26.3	19.69	9.48	1.42	8.79	6.61
1994	27.77	19.62	10.04	1.42	8.16	8.15
1995	28.05	19.87	12.6	1.97	5.3	8.18
1996	29.28	18.26	9.32	2.9	6.04	11.02
1997	30.54	19.66	9.79	4.37	5.5	10.88
1998	31.9	18.23	8.31	7.17	2.75	13.67
2006	32.26	21.13	14.77	0.34	6.02	11.13

二、牛品种

1979—1990 年，博乐市境内主要牛品种为哈萨克牛（本地黄牛）和蒙古牛。1990—2006 年，市先后引进新疆褐牛、西门塔尔牛、荷斯坦奶牛、夏洛来牛、利木赞牛、安格斯牛等品种牛。

三、其他主要牲畜品种

猪主要有大约克夏、长白、杜洛克等。

山羊主要有本地土种山羊、绒山羊及改良绒山羊等。

马主要有哈萨克马、伊犁马、焉耆马、杂种马等。

驴主要有新疆驴、山东驴等。

骆驼主要是新疆骆驼。

四、家禽品种

家禽类主要为鸡。1979—1990年，鸡的主要品种为来杭鸡、白洛克、星杂288、星杂579等。到2006年，鸡的主要品种为海萨克、伊沙褐、涤卡、海兰、罗曼（蛋用型）、黄麻肉鸡、艾维因2000等。

第二节 主要畜禽品种改良

一、绵羊改良

1979年至1984年11月，博乐县绵羊改良工作成绩突出，被评为自治区“细毛羊改良先进”单位。1990年在各站点配备3名技术员驻站指导配种工作；1991年，博乐市印发《抗灾保畜五个阶段工作重点》；1991—1995年，博乐市每年抽调行政、技术人员近200人，对乡（镇、场）绵羊配种工作检查、指导和评比、验收，逐步落实配种任务。

1993年，为搞好绵羊统一配种改良工作，更好地利用优良种公羊，博乐市制定严格配种规章制度，确保配种工作顺利实施。

1990年，博乐市在阿热勒托哈牧场建第一座绵羊冻精站，当年生产冻精300粒。1992年澳州美利奴冻精3 512粒，完成人工授精澳州美利奴冻精配种3 512只。生产人工配种早春羔2 966只。1992—1993年，完成牵引自然交配的萨福克、陶赛特肉羊改良杂交1 372只。1995年，引进种公羊小尾寒羊192只。2000年，牧区产冬早春羔3.74万只，农区产冬早春羔1.4万只。全市细毛羊及改良羊26.48万只，良种羊比例79.8%。

2001年，开始实施细毛羊子宫角结膜冻精冷配技术改良方法，完成配种1 013只。2002年，与石河子农科院合作在小营盘镇、达勒特镇、阿热勒托哈牧场实施细毛羊子宫角结膜冻精冷配新技术试点，完成配种1 000只。

2002—2006年，全市共引进绵羊1 898只，其中种公羊716只（细毛公羊425只；肉用种公羊291只，有巴什拜羊、阿尔泰羊、其他品种公羊），母羊1 182只（有新疆细毛羊、中国美利奴和肉用羊品种）。2006年，全市良种及改良绵羊21.13万只，占绵羊总数的65.49%。

1990—2006年部分年份博乐市绵羊改良情况表

表20-3　　　　单位：点、只、万只

年份	配种站	配种公羊分类（含引进种公羊）				完成配种改良		
		采精	试情	土种	合计（含引进）	人工	自然	配种率
1990	36	337	1 985	490	2 812（25）	–	0.53	11.14
1991	30	–	–	–	–（312）	7.51	4.22	11.73

续表 20-3

年份	配种站	配种公羊分类（含引进种公羊）				完成配种改良		
		采精	试情	土种	合计（含引进）	人工	自然	配种率
1992	38	345	3 004	–	3 349（95）	9.32	2.49	11.81
1993	36	373	855	1 939	3 167（104）	7.97	5.71	13.68
1994	35	291	2 133	1 012	3 436（314）	–	–	14.45
1995	32	303	2 126	951	2 429（292）	–	–	13.89
1996	34	297	1 516	983	2 796（234）	–	–	12.5
1997	34	322	2 321	798	3 441（–）	81.5%	10.39	–
1998	32	284	1 877	986	3 147（–）	–	9.32	–
2000	36	261	1 908	–	2 169（45）	7.73	4.46	12.19
2001	31	276	2 416	–	2 692（89）	–	–	8.42
2002	24	238	1 347	–	2 142（79）	–	–	15.82
2003	–	–	–	–	–（28）	3.6	10.59	14.19
2004	–	–	–	–	–（243）	1.93	13.92	15.85
2005	–	–	–	–	–（143）	0.6	12.68	13.28
2006	–	–	–	–	–（223）	7.82	13.31	21.13

二、牛改良

博乐市主要是黄牛配种改良，农区以冷配为主，开设大畜冷配站；牧区以牵引自然交配为主，投入匹配数量种公牛。

1991 年后，博乐市在农区引进以乳肉兼用的西门塔尔牛品种为主，在牧区引进以乳肉兼用的新疆褐牛品种为主。设大畜冷配站 6 座；使用冷冻精 1 630 粒（黑白花冷冻精 1 390 粒，西门塔尔冷冻精 240 粒），消耗液氮 419 立方分米；引进荷斯坦奶牛 258 头（阿热勒托哈牧场 57 头，青得里乡 201 头）。1992 年，市从昌吉州呼图壁县种牛场引进良种奶牛 80 头。1994 年，市引进新疆褐牛种公牛 2 头。1999 年 6 月，市邀请自治区专家完成 48 头安格斯牛胚胎移植工作。

2000 年，博乐市黄牛改良任务纳入党政目标考核内容。市组织 15 名技术人员参加博州黄牛改良培训班，下派 6 名技术人员到乡镇指导黄牛改良工作，在牧区设大畜流动配种站（点）7 座。同年，市与乌鲁木齐市昆仑公司签订技术合作协议，在乡镇实施安格斯牛冷冻胚胎移植，并制定牛胚胎移植优惠办法。

2001 年，博乐市与安徽蒙城县签订养牛业合作意向书，市委、市政府制定农牧民饲养良种牛的优惠办法。参配公牛 144 头（引进良种公牛 44 头，留种公牛 100 头），完成黄牛改良 1.19 万头。同年末，市召开首届赛牛大会暨黄牛改良现场会。

2002 年，博乐市引进良种牛 446 头（荷斯坦 309 头，新疆褐牛 54 头，西门塔尔 74 头，其他 9 头），完成黄牛改良 6 607 头。同年，乌图布拉格镇、青得里乡、达勒特镇、贝林哈日莫墩乡、小营盘镇先后举办“赛牛会”。

2003 年，博乐市设大畜冷配站（点）42 座（农区 34 个，牧区 8 个），参配公牛 173 头，使用冷冻精 1.48 万粒，消耗液氮 3 142 立方分米，完成黄牛改良 1.4 万头。引进良种奶牛 9 518 头（荷斯坦 3 590 头，新疆褐牛 2 226 头，西门塔尔 2 629 头，夏洛来 104 头，其他 969 头）。淘汰公牛 596 头。

2004 年，博乐市财政投入 500 余万元对 2003 年农牧民引进良种牛、制作青黄贮饲料等进行补助；举办“赛牛会”5 场，农牧结合养殖经验观摩交流会 7 场。

2006 年，博乐市建立完善黄牛改良操作规程，定人员、定任务，包配种、包怀胎，共设大畜冷配站（点）26 座，完成黄牛改良 1.17 万头。同年，市良种牛和改良种乳牛比例达到 69.52%。

1981—2006 年博乐市（县）部分年份黄牛改良情况表

表 20-4 单位：头

年代	设冷配站	配种分类			引进种公牛
		人工授精	牵引交配	合计	
1981		93	560	653	–
1982	1	26	16	42	–
1983	6	110	691	801	–
1984	12	296	688	984	–
1985	13	–	–	888	–
1986	–	–	–	–	–
1987	–	–	–	–	–
1988	–	–	–	–	–
1989	–	–	–	2 240	4
1990	–	126	3 745	3 871	2
1991	6	263	5 287	5 540	258
1992	5	183	5 127	5 310	80
1993	–	–	663	663	–
1994	–	–	–	–	2
1995	–	–	–	–	–
1996	–	126	–	126	–
1997	–	642	–	642	–
1998	8	1 010	5 320	6 330	–
1999	–	–	–	–	–
2000	18	3 023	6 551	9 574	–
2001	31	6 068	5 812	11 880	44

续表 20-4

年代	设冷配站	配种分类			引进种公牛
		人工授精	牵引交配	合计	
2002	–	4 075	2 532	6 607	446
2003	42	8 699	5 275	13 974	50
2004	46	14 508	7 036	21 544	16
2005	37	12 569	6 120	18 689	25
2006	26	11 733	–	11 733	20

三、其他主要畜种改良

山羊改良由博乐市引进良种绒山羊。1991—1996 年，博乐市引进良种绒山羊公羊 72 只，配种改良土种山羊 1.79 万只；2000 年，加大绒山羊改良力度，充分利用山地草甸草场和荒漠草场发展优良绒山羊，改良绒山羊 1.3 万只。2006 年，良种山羊比例 60.7%。

2001—2006 年博乐市山羊改良统计表

表 20-5 单位：只

年度	2001	2002	2003	2004	2005	2006
引进绒山羊数	35	824	10	15	15	23
配种改良数	–	3 714	7 871	8 543	7 768	7 964

猪改良主要依靠农民购买优良种猪，如大约克夏、长白、杜洛克等瘦肉率高的品种进行改良繁育。改良方式为自然交配，建立父母代的种猪场繁殖育体系。到 2006 年，猪基本实现良种化。

马、驴、驼等改良主要由农牧民根据经验进行牵引或自然交配进行改良。

四、家禽改良

主要为鸡的改良，以生产性能好的肉蛋专用性品种为主，引进种鸡、种蛋为主，建立父母代的种鸡场，达到改良的目的。到 2006 年，鸡基本实现良种化。

第五章 畜牧生产

第一节 牲畜繁殖与存 出栏

一、繁殖

1979 年，博乐县牲畜繁殖成活数 9.19 万头（只），占能繁母畜数 11.71 万头（只）的 68.66%。至 2006 年，博乐市牲畜繁殖成活数 28.96 万头（只），年均递增 4.68%；占能繁母畜数的 104.4%。

1979—2006年博乐市（县）牲畜繁殖情况表

表 20-6　　单位：万头只

年份	牲畜繁殖成活数						能繁母畜数
	合计	牛	猪	山羊	绵羊	其他	
1979	9.19	0.29	0.41	0.35	7.95	0.19	11.71
1980	9.31	0.35	0.33	0.31	8.17	0.15	12.5
1981	8.96	0.43	0.23	0.38	7.78	0.14	13.27
1982	10.25	0.31	0.24	0.49	9.08	0.13	14.49
1983	11.08	0.59	0.26	0.57	9.52	0.14	14.81
1984	12.91	0.51	0.36	0.67	11.21	0.16	14.69
1985	10.69	0.49	0.52	0.56	8.94	0.18	14.75
1986	11.86	0.48	0.49	0.68	10.09	0.12	14.92
1987	11.46	0.56	0.78	0.64	9.3	0.18	15.79
1988	14.36	0.66	0.41	0.76	12.24	0.29	16.19
1989	14.88	0.63	0.54	0.77	12.78	0.16	16.72
1990	15.24	0.64	0.5	0.8	13.11	0.19	17.02
1991	15.54	0.66	0.44	0.82	13.46	0.16	17.3
1992	15.09	0.63	0.36	0.88	13.08	0.14	17.04
1993	15.81	0.67	0.51	0.88	13.57	0.18	17.14
1994	15.78	0.7	0.59	0.86	13.45	0.18	0.19
1995	16.23	0.69	0.54	0.84	13.97	0.19	17.51
1996	16.39	0.68	0.53	0.92	14.09	0.17	18.51
1997	18.95	0.79	1.37	0.96	15.65	0.18	18.56
1998	17.11	0.78	0.97	0.95	14.24	0.17	20.07
1999	19.81	0.87	1.05	1.03	16.66	0.2	20.49
2000	21.35	0.87	1.78	1.11	17.38	0.21	23.92
2001	24	1.11	1.56	1.34	19.73	0.26	23.24
2002	24	1.05	1.54	1.07	20.08	0.26	24.6
2003	26.68	1.69	2.24	1.35	21.15	0.25	30.71

续表 20-6

年份	牲畜繁殖成活数						能繁母畜数
	合计	牛	猪	山羊	绵羊	其他	
2004	29.97	1.68	2.08	1.55	24.39	0.27	31.23
2005	29.86	1.51	1.93	1.57	24.59	0.26	28.63
2006	28.96	1.33	1.88	1.42	23.7	0.63	27.74

二、存栏、出栏

（一）畜禽存栏

1979 年末，博乐县牲畜存栏 25.47 万头（只），家禽存栏 5.58 万羽。至 2006 年末，博乐市牲畜存栏增加至 41.17 万头（只），年均递增 1.95%；家禽存栏 103.49 万羽，年均递增 11.09%。

1979—2006 年博乐市（县）畜禽存栏情况表

表 20-7　　单位：万头（只）、万羽

年份	各类牲畜年末存栏头数									家禽存栏
	合计	牛	马	驴	骡	骆驼	猪	山羊	绵羊	
1979	25.47	1.6	0.89	0.43	–	0.12	0.77	1.05	20.61	5.58
1980	25.21	1.67	0.84	0.37	–	0.12	0.76	1.15	20.3	4.61
1981	27.22	1.78	0.8	0.23	–	0.13	0.78	1.33	22.17	4.16
1982	29.12	1.89	0.83	0.25	–	0.15	0.66	1.58	23.76	4.78
1983	29.43	1.95	0.85	0.21	–	0.15	0.7	1.68	23.89	6.63
1984	28.95	1.9	0.76	0.19	–	0.16	0.73	1.66	23.55	8.32
1985	28.11	1.87	0.8	0.18	–	0.15	0.99	1.49	22.63	13.17
1986	29.65	2.15	0.79	0.22	–	0.15	1.16	1.51	23.67	14.19
1987	30.58	2.21	0.76	0.23	–	0.15	1.13	1.58	24.52	15.85
1988	31.54	2.15	0.71	0.23	–	0.15	1.13	1.59	25.58	18
1989	32.56	2.2	0.7	0.23	–	0.16	1.14	1.65	26.48	18.3
1990	33.1	2.14	0.68	0.22	–	0.16	1.04	1.78	27.08	18.7
1991	33.69	2.04	0.66	0.22	–	0.16	1.15	1.81	27.65	19.44
1992	32.08	1.87	0.6	0.19	–	0.16	1.24	1.72	26.3	15
1993	33.29	2.01	0.64	0.22	–	0.16	1.39	1.72	27.15	26.1
1994	34.23	2.14	0.66	0.22	–	0.16	1.5	1.78	27.77	32.59

续表 20-7

年份	各类牲畜年末存栏头数									家禽存栏
	合计	牛	马	驴	骡	骆驼	猪	山羊	绵羊	
1995	34.72	2.22	0.67	0.22	–	0.15	1.59	1.82	28.05	41.17
1996	36.23	2.3	0.67	0.22	0.01	0.16	1.54	2.05	29.28	46.5
1997	37.99	2.41	0.66	0.18	0.01	0.17	1.84	2.18	30.54	43
1998	39.76	2.48	0.66	0.2	0.01	0.18	2.16	2.17	31.9	53
1999	40.12	2.47	0.61	0.2	0.01	0.19	2.6	2.15	31.89	68.3
2000	42.25	2.9	0.63	0.23	0.01	0.19	2.92	2.19	33.18	94.34
2001	42.48	3.2	0.59	0.23	0.01	0.18	2.99	2.32	32.96	121
2002	44.21	3.35	0.58	0.25	–	0.18	3.62	2.47	33.76	132
2003	50.29	5.09	0.58	0.25	–	0.17	2.76	2.71	38.73	108
2004	51.79	5.29	0.56	0.26	–	0.16	2.32	2.88	40.32	145.2
2005	45.07	4.53	0.58	0.28	–	0.14	2.06	2.74	34.74	92.81
2006	41.17	3.26	0.52	0.23	–	0.13	1.82	2.95	32.26	103.49

（二）牲畜出栏

1979年末，博乐县牲畜出栏4.91万头（只）。至2006年末，博乐市牲畜出栏增加至35.46万头（只），年均递增7.7%；出栏率由1978年的18.2%增加至2006年的86.13%。

1979—2006年博乐市（县）牲畜出栏情况表

表 20-8　　单位：万头（只）

年份	年内出栏数		
	合计	在年内减少或出卖数	自宰自食数
1979	4.91	2.98	1.93
1980	5.38	2.79	2.59
1981	5.93	3.91	2.02
1982	6.4	4.24	2.16
1983	7.52	4.15	3.37
1984	9.42	5.94	3.48
1985	9.17	5.93	3.24

续表 20-8

年份	年内出栏数		
	合计	在年内减少或出卖数	自宰自食数
1986	10.14	7.16	2.98
1987	9.08	5.68	3.4
1988	13.43	9.53	3.9
1989	13.53	9.26	4.27
1990	14.22	9.76	4.46
1991	14.95	10.1	4.85
1992	16.86	12.21	4.65
1993	17.04	12.8	4.24
1994	16.97	13.97	3
1995	19.76	16.63	3.13
1996	17.94	13.23	4.71
1997	24.04	19.31	4.73
1998	22.13	17.14	4.99
1999	24.27	18.66	5.61
2000	27.2	19.91	7.29
2001	30.05	22.96	7.09
2002	30.95	25.97	4.98
2003	30.39	23.29	7.1
2004	32.09	25.18	6.91
2005	40.59	32.47	8.12
2006	35.46	28.33	7.13

第二节　产品　产量与产值

一、产品、产量

1979 年，博乐县主要畜禽产品产量：肉 1 112 吨，主要为绵羊肉，其次为牛肉、猪肉、家禽肉、山羊肉等；奶 539 吨，主要为牛奶；皮 4.81 万张，主要为绵羊皮，其次为牛皮、山羊皮等；毛 381 吨，主要为绵羊毛，其次为山羊毛、驼毛等。至2006年末，博乐市肉类总产量10 753吨，年均递增10 %；奶类总产量11 564吨，增长20.82倍，年均递增11.64%；皮25.34万张，增长6.99倍，年均递增7.71%；毛1 155吨，增长2.02倍，年均递增4.03%；禽蛋类总产量达到8 611.6吨。

1979—2006年博乐市（县）畜禽产品产量情况表

表20-9　　单位：吨、万张

年份	肉	奶	皮	毛	禽蛋
1979	1 112	539	4.81	381	—
1980	1 310	791	4.83	425	—
1981	1 185	893	4.09	464	—
1982	1 885	878	5.35	530	602
1983	1 870	1 419	9.29	570	461
1984	2 600	1 967	8.93	603	490
1985	2 195	2 907	9.06	611	445
1986	2 314	2 528	8.1	614	443
1987	2 888	4 612	9.06	654	627
1988	2 924	4 903	8.94	1 012	648
1989	2 985	5 636	10.69	766	643
1990	3 271	5 515	11.24	773	558
1991	3 042	4 549	13.03	756	548
1992	3 263	5 508	12.3	760	676
1993	2 980	5 650	12.33	718	680
1994	3 021	5 675	11.83	759	720
1995	4 125	6 240	14.17	799	723
1996	5 402	7 343	13.3	831	1 829
1997	6 194	7 372	16.24	770	1 517
1998	6 524	6 300	16.18	822	2 033
1999	6 802	6 400	16.66	822	4 097
2000	8 089	7 268	18.29	864	6 738
2001	8 635	9 300	18.73	909	10 455
2002	10 201	9 284	20.71	900	12 673
2003	11 013	15 038	21.07	993	12 413
2004	11 423	16 515	22.98	1 155	12 761

续表 20-9

年份	肉	奶	皮	毛	禽蛋
2005	12 025	10 163	23.96	1 096	8 608
2006	10 753	11 564	25.34	1 155	8 611.6

二、产值

1979—1982 年，博乐县未单独统计畜牧业总产值。1983 年末，博乐县畜牧业总产值为 735 万元（现价），占大农业比重的 22.87%。到 2006 年末，博乐市畜牧业总产值 20 837 万元，年均递增 15.65%；占大农业比重的 24.21%。

1983—2006 年博乐市（县）畜牧业产值情况表

表 20-10　　单位：万元、%

年份	大农业总产值（现价）	牧业总产值（现价）	占大农业比重
1983	3 214	735	22.87
1984	3 892	801	20.58
1985	4 894	1 143	23.36
1986	6 002	1 324	22.06
1987	7 187	1 782	24.79
1988	11 346	5 006	44.12
1989	11 255	4 636	41.19
1990	14 636	3 976	27.17
1991	16 687	4 001	23.98
1992	15 877	4 757	29.96
1993	18 815	5 668	30.12
1994	29 077	7 397	25.44
1995	39 865	9 357	23.47
1996	40 666	10 748	26.43
1997	45 211	10 443	23.10
1998	46 067	9 711	21.08
1999	41 366	10 214	24.69
2000	48 214	12 842	26.64
2001	51 966	17 240	33.18

续表 20-10

年份	大农业总产值（现价）	牧业总产值（现价）	占大农业比重
2002	57 844	19 562	33.82
2003	72 505	23 984	33.08
2004	78 155	26 222	33.55
2005	73 318	21 727	29.63
2006	86 084	20 837	24.21

第三节　生产业态

一、草原畜牧业

（一）户数人口

1979 年，博乐县有牧业户数 1 023 户 5 992 人。1990 年，市牧业户数为 1 071 户 6 663 人，其中纯放牧户 816 户。2000 年，博乐市牧业户数为 1 662 户 9 071 人，其中纯放牧户 790 户。至 2006 年末，市牧业户数为 2 203 户 10 689 人，其中纯放牧户 896 户。博乐市牧业户包括以农业为主、牧业为辅的饲料组牧户和以天然草场放牧为主的纯牧户。

1979—2006 年博乐市（县）牧业户和牧业人口情况表

表 20-11　　单位：户、人

年份	牧业户数	牧业人口	年份	牧业户数	牧业人口
1979	1 023	5 992	1991	1 053	6 475
1980	1 196	6 983	1992	1 071	6 767
1981	1 105	6 394	1993	1 021	6 245
1982	1 133	6 630	1994	1 209	6 811
1983	1 100	6 449	1995	1 296	7 676
1984	1 032	5 756	1996	1 347	7 855
1985	1 019	5 927	1997	1 332	7 683
1986	1 022	6 287	1998	1 355	7 843
1987	969	6 221	1999	1 453	8 119
1988	959	6 217	2000	1 662	9 071
1989	935	6 079	2001	1 416	8 058
1990	1 071	6 663	2002	1 364	7 722

续表 20-11

年份	牧业户数	牧业人口	年份	牧业户数	牧业人口
2003	1 747	9 410	2005	2 146	9 494
2004	2 080	9 440	2006	2 203	10 689

（二）牧民定居点

1979 年，博乐县 5 个公社 1 个牧场有牧业户 1 023 户 5 992 人。

1985 年，博乐市在牧区推行“牲畜折价归户、草场承包”经营管理体制的同时，实施牧民定居半定居工程。

1995 年，博乐市印发“九五”《牧民定居攻坚实施方案》《博乐市牧民定居实施方案》，总投资 308 万元。全市 18 个牧业村（队），1 296 户牧业户，实现牧民定居半定居 139 户。

1997 年，博乐市投入牧区资金 2 120.81 万元，主要用于牧民住房工程和“三通、四有、五配套”工程。建牧民住房 110 栋（牧民定居 110 户），打机井 5 眼，修桥涵 3 座，修路 8 千米，修防渗渠 4 千米，架设高压电线 22.2 千米。

1998 年，博乐市投入牧区资金 2 609.66 万元，其中建牧民住房 144 栋（牧民定居 144 户）。到 1999 年，市牧区累计架设高压电线 95.28 千米，打机井 32 眼，修防渗渠 93.5 千米，修道路 246.8 千米，修建棚圈 763 座，建林带 48 公顷，新建定居点配种站 37 座，新建药浴池 20 座，学校 12 所，商店 35 家，文化室 12 座，卫生所 15 所，技术服务体系 16 个。全市 18 个牧业村实现通电 90%，通水 100%，通路 100%，牧民牲畜棚圈拥有率 100%，牧民草料地拥有率 100%，草料滴灌概率 80%，牧民定居点绿化率 100%。

至 2000 年，博乐市累计投入牧民定居工程资金 4 556.78 万元，累计建造牧民住房 775 栋。按照《自治区牧民定居标准》《自治区牧民定居验收办法》规定，博乐市牧民定居点工程和“三通、四有、五配套”工程达标。

（三）牲畜存栏

1985 年，博乐市牧区牲畜存栏 20.59 万头（只）。1990 年，市牧区牲畜存栏 22.62 万头（只）。2000 年，市牧区牲畜存栏 22.68 万头（只）。至 2006 年末，市牧区牲畜存栏 21.26 万头（只）。

二、农区畜禽业

（一）农区养殖产业化

1983 年，博乐县小营盘区多兰特布拉格村 9 户农民在有关部门的帮助下，购进优良品种，生产设备，办起家庭养殖场。到 1985 年，博乐市农区已有各类养殖专业户 808 户，养殖专业村 6 个；有各类牲畜 7.52 万头（只），家禽 13.17 万羽。

1991 年，博乐市农区年末存栏数 10.72 万头（只），家禽 19.44 万羽。到 1995 年，市有养殖专业村 35 个，有养殖专业户 2 148 户；农区牲畜存栏 11.96 万头（只），家禽存栏 41.17 万羽。

1996 年始，博乐市农区养殖业实施“千、百、十”工程，即建产肉、奶千吨的乡、产肉、奶百吨的村、产肉、奶十吨的户。同年底，市建养殖示范村 40 个，养殖专业户增加到 2 439 户；新建养殖小区 6 个；产千吨肉的乡 2 个，百吨肉的村 10 个，10 吨肉的户 26 个。1997 年，建养殖小区 11 个，建成养殖示范村 22 个，养殖示范户 287 户。

1998 年后，博乐市重点抓养殖示范小区，养殖示范村，养殖科技示范户和养殖育肥乡、村、户建设。

1998年底，全市有养殖专业户1 863户，其中养猪户183户，养牛629户，养羊703户，养禽348户；养殖示范小区9个，养殖示范村13个，养殖科技示范户1 338个；产肉千吨乡3个，百吨村4个，十吨户10个。

2000年，博乐市在农区推进畜禽养殖区域化、规模化、专业化、产业化的同时，发展特色养殖业。同年底，市共有养殖户2 106户，其中养羊户751户、养牛户521户、养马户10户、养猪户148户、养禽户505户；共建科技养殖示范村12个，养殖示范小区21个；产肉千吨乡4个，产肉百吨村10个，产肉10吨户47户；产奶千吨乡3个，产奶百吨村5个，产奶十吨户10户；产蛋百吨村4个，产蛋十吨村11个，产蛋1吨户215户。

各类特色养殖户171户，其中，七彩山鸡专业户31户，饲养量1 535羽；珍珠鸡6户，饲养量180只；肉兔养殖户40户，饲养量4 679只；鹌鹑养殖户3户，饲养量1.5万羽；乌鸡养殖户11户，饲养量344羽；莱狗养殖户10户，饲养量110只；肉鸽养殖户17个，饲养量739羽；其他特色养殖户55个，饲养量3 280只。

2004年，博乐市制定完善养殖专业户、养殖小区、养殖专业村（队）、家庭牧场标准。同年末，市农区牲畜存栏27.49万头，家禽存栏145.2万羽，禽蛋1 240万千克。到2005年，全市有畜禽养殖村（队）43个，综合养殖小区35个；畜禽养殖专业户4 144户，农区家庭牧场51个。

2006年，博乐市制定完善农区畜禽养殖区域化、规模化、专业化、产业化发展规划。提出牛的养殖，城郊以发展荷斯坦奶牛为主，农区以发展乳肉兼用的西门塔尔牛为主；羊的养殖以发展肉毛兼用羊为主；猪的养殖以大约克夏、长白、杜洛克等瘦肉率高、生长快的品种为主，引进种猪为主；禽的养殖以生产性能好的肉蛋专用性品种为主，引进种鸡、种蛋为主。

（二）饲草饲料

谷物类饲料主要为玉米，其次为谷物副产品麦麸、油料饼粕、杆等。青干草饲料主要包括各类人工种植的牧草、田间杂草及各类树叶。人工种植的牧草具有营养价值高、适口性好等特性。青贮饲料由植物性饲料经过密封、发酵后而成，营养成分高于青干草饲料。另外还有棉子壳、棉粕饲料。

博乐市农作物饲草饲料产量，主要依据农作物播种面积和产量及折算标准进行测算。

1979—2006年博乐市（县）主要饲草饲料产量表

表20-12　　　　单位：万吨

产量 年份	玉米	水稻秸秆与稻糠	小麦秸秆与麦麸	玉米秸秆	棉籽壳与棉粕	油料饼粕	甜菜叶与糖粕	其他	合计
1979	2.12	0.09	2.43	2.12	0.00	0.27	0.00	1.08	8.10
1980	1.83	0.12	2.24	1.83	0.01	0.45	0.00	0.97	7.45
1981	1.62	0.19	2.05	1.62	0.03	0.57	0.00	1.18	7.25
1982	1.62	0.25	2.27	1.62	0.07	0.43	0.00	1.70	7.96
1983	1.69	0.29	2.70	1.69	0.15	0.55	0.00	0.86	7.94
1984	1.71	0.30	3.06	1.71	0.32	0.43	0.00	0.86	8.39

续表 20-12

产量 年份	玉米	水稻秸秆与稻糠	小麦秸秆与麦麸	玉米秸秆	棉籽壳与棉粕	油料饼粕	甜菜叶与糖粕	其他	合计
1985	1.58	0.24	2.71	1.58	0.33	0.74	0.00	1.27	8.44
1986	1.66	0.24	3.37	1.66	0.45	0.90	0.00	0.89	9.17
1987	1.83	0.30	3.06	1.83	0.81	0.95	0.00	0.78	9.55
1988	2.18	0.26	3.20	2.18	0.75	0.69	0.01	1.12	10.39
1989	2.01	0.28	3.54	2.01	0.68	0.54	0.02	1.02	10.10
1990	2.04	0.34	3.77	2.04	0.93	0.48	1.36	0.68	11.64
1991	1.88	0.39	3.54	1.88	1.34	0.47	1.69	0.47	11.67
1992	2.15	0.40	3.82	2.15	1.15	0.37	2.09	0.57	12.71
1993	2.18	0.47	3.59	2.18	1.39	0.62	0.50	1.09	12.02
1994	2.70	0.60	2.60	2.70	1.65	1.23	1.07	1.30	13.85
1995	3.56	0.66	3.09	3.56	1.64	0.88	1.76	0.79	15.94
1996	4.27	0.72	3.22	4.27	1.98	0.69	2.40	0.86	18.40
1997	4.63	0.76	3.60	4.63	2.44	0.75	2.15	0.92	19.88
1998	3.90	0.37	3.74	3.90	2.84	0.74	4.04	1.59	21.11
1999	4.36	0.44	3.96	4.36	2.99	1.29	1.55	0.94	19.89
2000	3.88	0.51	3.47	3.88	3.40	1.33	1.47	1.19	19.12
2001	5.43	0.41	2.34	5.43	3.91	0.73	3.40	1.33	22.98
2002	7.42	0.40	2.62	7.42	3.54	0.63	5.10	1.22	28.35
2003	7.72	0.32	1.49	7.72	3.70	0.52	4.32	1.67	27.47
2004	8.56	0.29	1.79	8.56	4.40	0.18	1.70	1.64	27.12
2005	8.69	0.27	1.56	8.69	4.28	0.12	3.13	1.61	28.36
2006	9.49	0.21	0.63	9.49	4.86	0.16	3.67	1.48	29.99

第六章　畜禽病防治

第一节　畜禽病种类

1979—2006年，博乐市畜禽传染病主要有口蹄疫、布鲁氏杆菌病、炭疽病、破伤风、狂犬病、沙门氏杆菌病、气肿疽、结核病、大肠杆菌病、坏死杆菌病、肉毒梭菌中毒症，牛病毒性腹泻、牛肺疫、牛传染性鼻气管炎、牛传染性角膜结膜炎，羊衣原体病、羊梭菌病、羊痒病、羊痘病、羊链球菌病、羊传染性脓疱、羊传染性无乳症、羊轮状病毒病、羔羊痢疾、羊肠毒血症、羊痘病、山羊传染性胸膜肺炎，马鼻疽、马传染性贫血、马流行性淋巴管炎、马腺疫、马喘气病、马流感，猪瘟、猪链球菌病、猪传染性胃肠炎、猪气喘病、猪水泡病、猪肺疫病、猪传染性胃肠炎、仔猪副伤寒，禽霍乱病、禽沙门氏杆菌病、禽伤寒、禽大肠杆菌病、禽法氏囊炎，鸡新城疫、鸡传染性支气管炎、鸡慢性呼吸道病、鸡白痢、鸡马立克氏病，骆驼脓疱病、骆驼传染性口疮等。

寄生虫病主要有牛马焦虫病、原虫病、蠕虫病、线虫病、吸虫病、绦虫病、绦蚴病、棘头虫病、疥癣病、肝片吸虫病、棘球蚴病、牛羊绦虫病等。

常见病主要有便秘疝、肠痉挛、胃扩张、肠鼓气、中毒症（农药中毒，棉壳、棉饼、霉玉米、胡萝卜、食盐中毒，毒害草中毒，药浴中毒等）、代谢病等；疑难病主要有羊脱毛症、羔羊后肢瘫痪症等。

基本控制的有炭疽病、巴氏杆菌病、气肿疽病、破伤风病、马腺疫等。

第二节　畜禽病发生与死亡

一、主要传染病发生与死亡

（一）人畜共患传染病

口蹄疫 A 型口蹄疫，主要侵害牛、羊、驼等。经防治，到 1985 年得到控制。B 型口蹄疫，主要侵害猪。1980 年，县 209 头猪发病，死亡 19 头。经防治，到 1985 年，市未发现疫情。

布鲁氏杆菌病　主要危害人、畜，尤以绵羊为重。1982 年，博乐县绵羊畜间达到国家控制标准。1992 年、1996 年、1997 年、2003 年，市监测发现牛、羊阳性病例。

炭疽病　马、牛、羊、猪均易感染。1982 年，博州食品公司屠宰患炭疽病猪时污染肉 1 400 吨，全部销毁。1983 年 9 月，县发生牛炭疽病 1 头，死亡 1 头。1985 年 9 月，小营盘区发生牛炭疽病 1 头，死亡 1 头。1988 年 9 月，小营盘镇和博州食品公司发生牛炭疽病 2 头，死亡 1 头。1993 年 6 月，乌图布拉格乡和青得里乡 7 个村发生牛羊炭疽病 19 头（只）（牛 13 头，羊 6 只），死亡 19 头只。同年 9 月，贝林哈日莫墩乡和农五师八十一团八连接壤处发生牛炭疽病 6 头，死亡 6 头。

破伤风　马、牛、羊较多见，主要发病原因是剪毛、断尾、断脐消毒不严所致。1985 年 5—7 月，阿热勒托哈牧场牧业二队剪羊毛时剪破皮 12 700 只，导致发病 333 只，死亡 255 只。1987 年，市牲畜破伤风发病 3 只，死亡 1 只。1989 年，市牲畜破伤风发病 2 只，死亡 2 只。

狂犬病　为点状散发性流行，除危害牛羊外，也严重危害人。1985年始，市对私人养犬进行挂牌登记，防疫接种，控制无牌犬。

坏死性杆菌病　散发性存在，以牛、羊、猪较多见，表现为蹄部病变。1982 年，县乌图布拉格公社团结一队 64 只羊发病，死亡 44 只。

沙门氏杆菌病　散发性、局部性流行，马、牛、羊、猪、禽等均易感染。1980 年，县贝林哈日莫墩公社和达勒特公社 852 头猪发病，死亡 303 头。

（二）马的主要传染病

马鼻疽　1980—1984 年，博乐县采取扑杀病马、淘汰阳性病马、消毒疫源等措施。到 1985 年，市畜牧兽医工作站检疫 494 匹马，无阳性病例。到 1993 年，市连续多年检疫未发现阳性病马病例。

马流感　1992 年 10 月，马流感从精河县大河沿子镇、库色木切克等地传入博乐市，马发病 3 886

匹，驴1 099头，治愈4 980匹头，死亡5匹头。

（三）牛的主要传染病

气肿疽　散发性或局部流行。1981年，博乐县贝林哈日莫墩公社托森哈夏队发生牛气肿疽病37头，死亡37头。1982年，小营盘公社明格陶勒哈队发生牛气肿疽病27头，死亡4头。

结核病　壮年牛感染率较高。1982年、1983年、1984年，1986年、1988年、1992年、2003年，市动物防疫监督站在监测中均发现有少量阳性病牛病例。

（四）羊的主要传染病

羔羊痢疾　发病率高，传染快，死亡率高。1985年，博乐市阿热勒托哈牧场发生羔羊痢疾病死亡10 865只。1987—1989年，市牧场发生羔羊痢疾病9 822只，死亡3 550只。

羊肠毒血症　1987—1988年，博乐市牧场发生羊肠毒血症病380只，死亡25只。

羊快疫病　1987—1988年，博乐市牧场发生羊快疫病120只，死亡120只。

羊痘病　1995年，伊犁地区羊痘传染病经农五师个别团场传入博乐市。同年10月初，香班哈日根牧场、小营盘镇农区先后发生羊痘病663只，死亡36只。1997年12月，市青得里乡发生羊痘传染病，疫情得到控制。

（五）猪的主要传染病

猪瘟　1987—1989年，博乐市农区发生猪瘟病2 623只，死亡2 616只。

仔猪副伤寒　1987—1989年，博乐市农区发生仔猪副伤寒病4 156只，死亡1 916只。

猪肺疫病　1987—1989年，博乐市农区发生猪肺疫病302只，死亡187只。

（六）鸡的主要传染病

鸡马立克氏病　1987—1989年，博乐市农区发生鸡马立克氏病6 623羽，死亡4 303羽。

鸡新城疫　1987—1989年，博乐市农区发生鸡新城疫病7 149羽，死亡7 109羽。

二、常见寄生虫病发生与死亡

1987—1989年，博乐市农牧区发生畜禽寄生虫病11 749头（只），死亡4 064头（只）。

三、其他常见病发生与死亡

1987—1989年，博乐市农牧区发生牲畜中毒病7 015头（只），死亡2 969头（只）；发生牲畜普通病60 139头（只），死亡6 373头只。

第三节　畜禽病防疫与治疗

一、畜禽传染病防疫

1979—2006年，博乐市（县）畜禽传染病主要采取预防为主，注射疫苗进行防治，共注射畜禽3 252.05万头（只）次，其中，三联四防疫苗456.96万只，羔羊痢疾病疫苗（1995年后注射羊痘病疫苗）258.52万只，牛焦虫病疫苗13.45万头，猪瘟病疫苗19.09万头，猪丹毒病疫苗4.53万头，猪肺疫病疫苗3.56万头，猪三联疫苗2.01万头，布鲁氏杆菌病疫苗150.56万头（只），炭疽病疫苗242.6万头（只），气肿疽病疫苗37.41万头（只），口蹄疫病疫苗522.11万头（只）；鸡瘟病疫苗1 468.66万羽，狂犬病疫苗0.67万只，兔瘟病疫苗1.36万只，其他70.56万头（只）次。

1979—2006年博乐市（县）畜禽传染病防疫与治疗情况统计表

表20-13　　　　单位：万只、万头、万头（只）

年份	注射防疫苗畜禽													
	三联四防疫苗	羔痢病疫苗（1995年后注射羊痘病疫苗）	牛焦虫病疫苗	猪瘟病疫苗	猪丹毒病疫苗	猪肺疫病疫苗	布鲁氏杆菌病疫苗	炭疽病疫苗	气肿疽病疫苗	口蹄疫病疫苗	鸡病疫苗	狂犬病疫苗	兔瘟	合计
1979	8.9	3.6	0.13	0.96	0.84	0.32	15.93	14.02	0.39	15.48	5.58	–	–	66.15
1980	7.73	2.22		0.85	0.32	0.2	11.41	10.1	0.64	12.06	1.57	–	–	47.1
1981	8.54	9.57	0.11	0.55	0.55	0.48	11.94	13.4	1.68	0.6	4.11	–	–	51.53
1982	5.35	5.48	0.26	0.76	0.35	0.43	18.79	11.23	1.84	1.82	2.51	–	–	48.82
1983	10.88	5.07	0.28	0.41	0.36	0.29	14.86	15.9	1.52	8.16	1.12	–	–	58.85
1984	12.91	14.12	0.29	0.44	0.47	0.23	17.86	8.01	0.89	0.2	7.32	0.03	–	62.77
1985	17.06	9.6	0.61	0.79	0.79	0.79	14.75	16.97	0.81	16.03	4.76	0.02	–	82.98
1986	15.03	9.92	–	0.82	0.82	0.82	15.14	18.62	1.28	15.97	3.09	0.18	–	81.69
1987	16.75	5.11	0.22	0.81	–	–	5.05	21.63	1.75	9.97	10.31	0.04	–	71.64
1988	17.86	14.53	0.55	1.25	–	–	7.62	4.33	1.14	1.01	11.45	0.16	–	59.9
1989	17.04	17.04	0.49	1.43	0.03	–	–	3.88	2.25	–	9.66	–	–	51.82
1990	–	–	–	–	–	–	–	–	–	–	–	–	–	54.84
1991	20.64	–	0.65	0.49	–	–	8.32	2.07	0.78	–	14.04	0.13	–	47.12
1992	32.72	–	0.43	0.96	–	–	7.69	1.34	0.09	0.47	11.23	0.04	–	54.97
1993	15.6	3.49	0.53	1.61	–	–	–	22.09	0.81	5.31	7.29		–	56.73
1994	19.44	0.77	0.53	1.22	–	–	0.94	8.61	1.14	2.92	10.62	0.03	–	46.22
1995	18.8	羊痘下同 25	0.36	0.54	–	–	0.26	6.99	1.07	0.96	10.05	0.04	–	64.07
1996	22.28	23	0.67	1.53	–	–	–	4.96	1.53	1.54	46.5	–	–	102.01
1997	23.34	26.35	0.65	0.52	–	–	–	2.13	1.18	0.37	24.5	–	–	79.04
1998	24.31	26.6	1.03	1.89	–	–	–	34.84	1.69	1.13	28.22	–	–	119.71
1999	–	–	–	–	–	–	–	–	–	–	–	–	–	–
2000	22.83	10.93	0.39	1.26	–	–	–	5.15	1.73	60.66	431.92	–	0.41	535.28
2001	17.78	12.66	0.53	猪三联 0.63			1.2	1.52	51.32	139.73	–	0.24	225.61	–
2002	17.78	11.87	0.68	猪三联 0.82			1.35	1.57	65.81	64.74	–	0.46	165.08	–
2003	19.43	–	–	–			1.44	6	64.1	23.34	–	–	114.31	–

续表 20-13

年份	注射防疫苗畜禽													
	三联四防疫苗	羔痢病疫苗（1995年后注射羊痘病疫苗）	牛焦虫病疫苗	猪瘟病疫苗	猪丹毒病疫苗	猪肺疫病疫苗	布鲁氏杆菌病疫苗	炭疽病疫苗	气肿疽病疫苗	口蹄疫病疫苗	鸡病疫苗	狂犬病疫苗	兔瘟	合计
2004	22.44	13.67	1.16	猪三联 0.3			1.45	1.19	70.04	146.22	–	0.16	256.63	–
2005	19.63	7.92	2.9	猪三联 0.26			0.6	1.32	68.1	266.1	–	0.09	366.92	–
2006	21.89	–	–	其他 15.72			10.29	1.6	48.08	182.68	–	–	280.26	–
合计	456.96	258.52	13.45	19.09	4.53	3.56	150.56	242.6	37.41	522.11	1 468.66	0.67	1.36	3 251.96

注：猪三联 2.01 和其他项 70.56（1990 年的 54.84+15.72）只计入行的合计未计入列的合计

二、寄生虫病治疗

1979—2006 年，博乐市（县）羊、猪、鸡等统用丙硫苯咪唑驱虫，药浴推广应用螨净，犬用吡喹酮等驱虫。畜禽驱虫 2 307.32 万头（只）次，其中：羊药浴 1 038.99 万只。

1979—2006 年博乐市（县）寄生虫病防疫与治疗统计表

表 20-14　　单位：万只、万头、万头（只）

年份	畜禽驱虫						
	羊药浴	胃肠道驱虫	大畜	猪	家禽	家犬	合计
1979	23.49	25.05	0.36	0.25	2.29	–	51.44
1980	22.95	26.21	0.4	0.35	2.39	–	52.3
1981	18.41	16.61	0.4	0.34	3.29	–	39.05
1982	24.87	27.52	0.49	0.36	4.13	–	57.37
1983	26.79	25.6	0.36	0.28	5.32	–	58.35
1984	26.33	28.99	0.38	0.29	6.78	–	62.77
1985	25.15	27.57	0.36	0.32	8.13	–	61.53
1986	25.25	25.05	0.13	0.36	7.64	–	58.43
1987	27.49	26.21	0.45	0.33	9.84	–	64.32
1988	33.01	16.61	0.5	0.32	11.35	–	61.79
1989	42.86	45.44	0.49	0.31	13.25	–	102.35
1990	–	–	–	–	–	–	116.29

续表 20-14

年份	畜禽驱虫						
	羊药浴	胃肠道驱虫	大畜	猪	家禽	家犬	合计
1991	50.44	62.77	0.23	0.51	7.89	0.27	122.11
1992	40.48	43.1	0.08	0.52	7.8	0.13	92.11
1993	41.57	39.66	–	–	–	0.04	81.27
1994	36.76	36.76	–	–	–	0.06	73.58
1995	36.03	35.76	–	–	–	0.1	71.89
1996	53.57	46.51	–	–	–	0.05	100.13
1997	48.36	48.75	–	–	–	0.01	97.12
1998	50.87	46.05	–	–	–	–	96.92
1999	–	–	–	–	–	–	–
2000	50.39	43.72	–	–	–	–	94.11
2001	57.34	57.14	–	–	–	–	114.48
2002	57.69	59.66	–	–	–	–	117.35
2003	56.34	57.24	–	–	–	–	113.58
2004	61.59	70.29	–	–	–	–	131.88
2005	47.57	48.59	–	–	–	–	96.16
2006	53.39	65.25	–	–	–	–	118.64
合计	1 038.99	1 052.11	4.63	4.54	90.1	0.66	2 307.32

注：1990 年 116.29 只计入合计，未计入分项。

三、常见病预防与治疗

1979—1989 年，没有畜禽常见病预防与治疗资料。

1990年，博乐市各乡（镇、场）兽医站设有门诊、药房，为农牧民提供各类畜禽常见病的预防和治疗。

1990—2006 年部分年份博乐市畜禽常见病的预防与治疗一览表

表 20-15　　单位：万头（只）

年份	治疗畜禽	去势牲畜			断尾	乳房消毒（万次）	棚圈消毒（座）
		大畜	小畜	合计			
1990	2.39	–	–	–	–	–	–
1991	–	–	–	5.49	6.73	–	–

续表 20-15

年份	治疗畜禽	去势牲畜			断尾	乳房消毒（万次）	棚圈消毒(座)
		大畜	小畜	合计			
1993	0.3	–	–	1.3	7.74	8.62	596
1994	3.78	0.1	5.85	5.95	9.72	8.92	791
1995	1.84	0.71	5.01	5.72	6.75	8.92	869
1996	1.29	–	–	7.17	7.57	11.6	910
1997	–	–	–	–	–	10.9	783
1998	–	–	–	5.6	6.51	10.26	876
2000	5.44	0.14	6.09	6.23	–	11.92	1 590
2001	0.6	0.18	6.78	6.96	–	10.9	953
2002	4.68	0.21	6.12	6.33	–	6.68	1 591
2003	5.18	–	–	–	–	–	–
2004	2.48	–	–	7.4	–	5.62	4 894
2005	2	–	–	5.79	–	5.62	4 894
2006	1.75	–	–	–	–	–	–

第四节 畜禽卫生检疫

一、畜禽病监测

为切实掌握结核病、布鲁氏杆菌病等主要动物疫病流行规律和疫情动态，博乐市按照要求，每年对畜禽疫病监测，汇总分析疫情监测结果并逐级上报动物疫情监测数据。

结核病监测 1982年开始，博乐市（县）对畜禽结核病进行监测，主要监测牛结核疫情动态，其中，1985年开展禽结核病检验，抽查禽643羽，阳性56羽。

1982—2006年部分年份博乐市（县）监测牛结核数据表

表 20-16　　单位：头

年份	抽查数	抽查结果	年份	抽查数	抽查结果	年份	抽查数	结果结果
1982	35	3（阳性）	1988	833	14（阳性）	2003	1 000	8（阳性）
1983	787	33（阳性）	1991	122	无阳性	2004	1 550	–
1984	892	5（阳性）	1992	1005	14（阳性）	2005	50	–
1985	31	无阳性	1994	164	–	2006	50	–
1986	1 030	19（阳性）	–	–	–	–	–	–

布鲁氏杆菌病监测　1982年；自治区委托自治州兽医站对博乐县畜间布鲁氏杆菌病进行考核，收留产胎羔20份，乳汁、阴道分泌物、胎盘共156份，没有分离出细菌，博乐县达到畜间布鲁氏杆菌病的国家控制标准，为绵羊畜间布鲁氏杆菌病控制县。1991年，博乐市在监测布鲁氏杆菌病中，抽查羊3 012只（血清1 900只）、骆驼52峰（血清51峰）、牛743头（血清251头）、马106匹（血清70匹）、猪193头（血清106头），收集流产胎儿101份，胎盘、淋巴脾脏224份，经实验室细菌培养分类均为阴性。经自治区畜牧厅组织20名专家来博乐市检查、考核、验收，确定博乐市为畜间布鲁氏杆菌病为稳定控制市。

1992—1997年，博乐市监测布鲁氏杆菌病，牛血清检验2 101份，阳性2头；羊血清检验7 934份，阳性2只；猪血清检验154份，无阳性。其中，1995年，博乐市监测羊血清1 010份中，绵羊平板凝集可疑28送交州站进行试管凝试验。2003年，博乐市兽医站实验室用虎红平板、试管凝集、点眼法变态反应等方法检验鸡、猪、牛、羊血样4 500份，其中，监测布鲁氏杆菌病，牛检验1 000头，阳性9头；羊检验1 000只，阳性7只。2004—2006年，博乐市使用血凝和血凝抑制试验自检布鲁氏杆菌病，抽查奶牛2 110头、羊1 820只、猪105头。

其他畜禽病监测　1991—1992年，监测马鼻疽769匹，无阳性；经自治区兽医防疫总站专家考核验收，达到自治区马鼻疽疫区净化检验的控制区标准。

牛肺病经过三十多年的调查监测，连续6年控制标准；博乐市无牛肺病疫情及临床表现。1994年，牛肺疫复查82头，无阳性。

2003—2004年，博乐市监测猪瘟130头，无阳性；监测鸡新城疫100羽，无阳性；监测马传贫100匹，禽流感200羽；口蹄疫抽检牛10头、羊12只。同时，向自治区总站送检牛血清30份，羊血清50份，猪血清30份，禽血清100份，牛全脑组织5份，羊全脑组织5份。

2005—2006年，博乐市兽医站在实验室使用血凝和血凝抑制试验自检禽流感440羽、鸡新城疫440羽、鸡白痢440羽、马传贫100匹、马鼻疽病90头。向自治区兽医站送检鸡禽流感270羽、禽流感咽喉拭子和泄殖腔拭子各50份、鸡新城疫咽喉拭子和泄殖腔拭子各20份、鸡新城疫咽喉拭子和泄殖腔拭子各20份、疯牛病脑组织11份、羊痒病脑组织11份、羊炭疽皮或毛60份、猪瘟扁桃体20份、牛口蹄疫0P液90份淋巴结15份，马传贫血清样品分离送检100份，口蹄疫绵羊血清分离送检150份，牛血清分离送检60份，马鼻疽50份。

二、畜禽病检疫

1985—1993年，博乐市兽医卫生监督部门主要针对畜禽产品进行检疫；1991—1993年，博乐市兽医监督部门在市区1个屠宰场、9个牛羊肉销售点及2个猪肉定点市场进行检疫，检疫畜肉品3.79万头（只），检出病肉变质肉16头（只），肝、肺包虫病内脏7 138个，废弃内脏5 376个，怀胎母畜439头（只）。活畜检疫牛800头、羊3 346只、猪392头、马58匹，鸡蛋900千克，鱼300千克。另外开展外调牲畜及畜产品的检验工作，检验畜产品3次600千克。检疫羊毛9.6万千克。全市罚款43次（食堂9次，其他34次），罚款1 355元。发放兽医卫生合格证849本。

1994年，博乐市开展活禽检疫、畜禽及产品运输检疫和运输工具消毒检验，统一使用全国流通的“五证”（运输检疫证、运输工具消毒证、畜禽防疫证、畜禽产地检疫证、畜禽产品检疫证）。市兽医卫生监督部门检疫市场畜肉品6 203头（牛羊肉类2 486头，猪肉3 717头）、禽肉6 250羽、禽蛋水产27吨，检疫羊毛76.8吨、皮张4.26万张，消毒车辆180辆，运输检疫110箱（蜜蜂）；活畜禽检疫1.4万头（羽），其中屠宰检疫9 233头（羽），运输检疫畜禽4 568头（羽）。查出违纪案36起，处理案件36起，罚款金额1 040元。

1995—1998年，博乐市兽医卫生监督部门检疫家畜肉品8.95万头只、水产594.53吨、羊毛333.5吨、皮张6.46万张；活畜运输检疫14.62万头（只）；查处违纪案件11起，罚款金额290元；发放《兽医卫生合格证》495本。

2000—2006年，博乐市兽医卫生监督所实施市场活畜检疫110万头（只），屠宰检疫25.72万头（只）；实施市场畜禽肉品检疫禽58.5万羽、畜产品267吨；禽蛋、水产655.6吨。运输检疫羊毛796吨、皮张19.8万张、活禽检疫1.17万羽。发放动物卫生许可证111本。

第七章　畜牧业科技与推广

第一节　队伍与培训

一、科技队伍

1979年，博乐县畜牧局、兽医站有工作人员29人。1985年后，市建立和完善畜牧业机构，选配畜牧科技人员。到2006年，全市畜牧系统工作人员225人，其中专业技术人员182人（乡镇场畜牧业专业技术人员112人）。按从事的专业划分，畜牧专业11人，兽医专业153人，草原专业18人。按技术职称划分，高级职称4人，中级职称58人，助理职称、参公及未取得职称人员120人。

二、科技培训

（一）专业技术人员培训

1979—1987年，博乐市畜牧系统专业技术人员培训主要包括牲畜品种改良、动物防疫、畜禽常见病防治、饲草料调制、棚圈建设、草场保护等。

1990年5月，博乐市举办绵羊鉴定新标准培训班1期，培训骨干25人。

2002年8—9月，博乐市草原工作站4名技术人员参加自治区草原总站举办的牧草种子监督管理执法培训班。

2004年8月，博乐市派出3名技术人员参加世界银行在新疆农业大学举办的草地管理，细毛羊、肉羊饲养管理等方面知识的培训班。

2005年4月，博乐市派出6名技术人员参加世界银行在新疆农业大学举办的草地生产、畜牧生产等方面知识的培训班。同年8月，市派出2名技术人员参加全球环境基金（GEF）项目管理（主要为草地建设方面的内容）培训。

（二）农牧民培训

1979—1987年，博乐市主要抓农牧民牲畜养殖、疫病防疫等方面的培训。1988—2006年，市每年开展“牧区科普宣传月”等活动。市畜牧部门组织农牧民技术骨干培训优质牧草种植、饲草料加工、塑棚暖圈建造、牲畜养殖、疫病防疫、畜禽改良等方面技术。

第二节　科技推广

一、牲畜品种改良

1979—1993年，博乐市推广颗粒冻精技术，1994—2006年推广细管冻精技术，牛胚胎移植技术。

二、饲草料收割加工

1984年始，博乐县推广青贮、黄贮和氨化饲料；1995年始，博乐市推广微贮加工技术，同时积极推广饲草料收获和加工机械。

三、牲畜饲养

1991年始，博乐市推广塑棚暖圈饲养技术。1995年始，市推广“长草短喂、短草槽喂”技术。2000年始，市推广冬羔生产技术。2003年始，市推广羔羊、肉牛育肥技术。

四、优质牧草

2000年始，博乐市推广苏丹草、阿尔岗金紫花苜蓿、新多2号饲料玉米等种植技术。

五、草原保护

1989年始，博乐市推广生物治蝗（牧鸡、椋鸟）和生物灭鼠（鹰）技术。

第二十一编

BOLE SHIZHI

水　利

博乐农业主要靠引水灌溉。博乐市（县）贯彻“水利是农业的命脉”的指导方针，修建蓄水工程、改建渠道，并凿井提取地下水灌溉农田。中共十一届三中全会后，博乐市农田水利建设逐步走上规范化的道路，先后实施“干、支、斗渠道全防渗”“机电井”“防洪”“节水灌溉”“水土保持”等工程，为博乐市灌溉农业打下坚实基础。同时，实施“改水防病工程”，切实保障农牧民饮水安全。

第一章 机 构

第一节 行政机构

1981 年 5 月，博乐县水利电力局改为县水利科。1984 年 4 月，县水利科改为县水电局。1985 年，博乐撤县设市，县水电局改为市水电局。2000 年 12 月，市水电局改为市水利局。2006 年，市水利局编制 10 名，其中领导职数 3 个，工勤事业编制 1 名。市水利局辖博乐市水管站、水政水资源办公室、水产技术推广站、水产养殖试验场、水政监察大队。

第二节 事业单位

一、博乐市水管站

1987 年 2 月，博乐市水管站成立，副科级。2006 年，编制 12 名，其中领导职数 2 个。全市 6 个乡镇场设有水管所。

二、博乐市水政水资源办公室

1996 年 5 月，博乐市水政水资源办公室成立。1997 年 3 月升格为副科级，编制 5 名。2006 年，领导职数 2 个。

三、博乐市水产技术推广站

1996 年 4 月，博乐市水产技术推广站成立，副科级。2006 年，编制 9 名。

四、博乐市水产养殖试验场

1996 年 4 月，博乐市水产养殖试验场成立，事业单位企业管理，与市水产技术推广站合署办公，两块牌子，一套人马。

五、博乐市水政监察大队

1998 年 10 月，博乐市水政监察大队成立，与市水政水资源办合署办公，两块牌子，一套人马。2006 年，编制 5 名。

第二章 水利工程

第一节 引水工程

一、新布呼干渠

渠首位于博河中游，博乐市小营盘镇西北，温泉县哈日布呼镇西南 3.2 千米处，是阿热勒托哈灌区、小营盘灌区、青得里灌区主要引水枢纽。建于 1978 年 7 月，1983 年 9 月竣工。设置为拦河闸式，设计引水流量每秒 15 立方米，实际引水流量每秒 8 立方米。新布呼干渠总长 32 千米；七一干渠从新布呼干渠渠首引水，设计引水流量每秒3.8立方米，总长24.6千米。

二、夏布尔塔干渠

渠首位于博乐市小营盘镇南柯克托哈水电站处，是青得里乡灌区引水枢纽。建于1977年，1984年竣工，1988年扩建。设置为无坝式进水，采用土堤临时拦水，设计引水流量每秒5立方米，实际引水流量每秒2.5立方米。夏布尔塔干渠总长10.4千米。

三、夏吾尔台干渠

渠首位于博河南岸，是青得里乡灌区引水枢纽。建于1988年，设置为无坝式引水，设计引水流量每秒2立方米，实际引水流量每秒1.2立方米，总长8千米。

四、星火干渠

渠首位于博乐市区西南3千米，博河五一水库涵洞处，是乌图布拉格镇灌区引水枢纽。建于1975年，1977年改建，1990年扩建。设置为拦河闸式，设计引水流量每秒5立方米，实际引水流量每秒3.5立方米。星火干渠总长16.5千米。

五、博北三干

渠首位于博乐市区东南5千米，博河八一”水库泄水闸处，是达勒特镇灌区、贝林哈日莫墩乡灌区主要引水枢纽。建于1964年，后改扩建、于1982年竣工。设置为拦河闸式，设计引水流量每秒18立方米，实际引水流量每秒15立方米。博北三干渠总长29千米；红光干渠从博北三干渠渠首引水，设计引水流量每秒1.2立方米，实际引水流量每秒0.8立方米，总长17.8千米；新塔拉干渠从博北三干渠11千米处引水，设计引水流量每秒8立方米，实际引水流量每秒2.6立方米，总长10.2千米。

六、哈日图热格干渠

渠首位于博乐市小营盘镇北25千米，哈日图热格河出山处，是小营盘镇灌区主要引水枢纽。建于1976年，设置为拦河闸式，设计引水流量每秒12立方米，实际引水流量每秒6.6立方米。哈日图热格干渠总长14.7千米；五一干渠，从哈日图热格干渠8千米处引水，总长18千米。

博乐市引水渠首工程调查一览表

表21-1　　　　单位：米^3/秒

河流	工程名称	设计流量	实际引水量	连接工程	型式	现状年运行情况
博河	新布呼渠首	15	8	新布呼干渠	拦河闸	良好
	夏布尔塔渠首	5	2.5	夏布尔塔干渠	无坝引水	差
	夏吾尔台渠首	2	1.2	夏吾尔台干渠	无坝引水	差
	星火干渠渠首	5	3.5	星火干渠	拦河闸	良好
	三干渠渠首	18	15	三干渠	拦河闸	差
哈日图热格河	哈日图热格渠首	12	6.6	哈日图热格干渠	拦河闸	良好

第二节　输水工程

1979年前，博乐县在修建引水枢纽的同时，先后修建七一干渠、五一干渠、乌尔汗干渠、夏布尔塔干渠、夏吾尔台干渠、星火新干渠、星火老干渠（一、二、三段）、红光干渠、新塔拉干渠（一段、二段）等输水工程。

1982 年，博乐县完成支斗渠防渗 12.08 千米；桥、涵（渡）、闸各种建设筑物 57 座。1988 年末，全市建成达勒特乡破城子输水渠，乌图布拉格乡红星二队、基建队，阿热勒托哈牧场等防渗渠道共计 21.05 千米，各类建筑物 134 座，完成土方量 8.24 万立方米，石方 2 960.3 立方米，砼 3 149.6 立方米，土方 93.59 万立方米。1989 年，农区新建干、斗渠 2.95 千米，砼板渠；配套建筑物 35 座（闸门 22 座，桥 7 座，涵洞 6 座）。

1990 年，博乐市开工建设的输水工程项目有青得里乡夏吾尔台干渠、青得里中村支渠、克克赛牧业引水渠；乌图布拉格乡东方红南村支渠、团结五队、红星五队斗渠；小营盘镇沙尔布河北支渠、小营盘渠灌浆防渗、新布呼干渠七一斗渠；达勒特镇红云、红花支渠；市林业局青达拉林场斗渠。砼防渗。全市合计完成干、支、斗防渗渠道 38.08 千米，土石方 8.96 万立方米，砌石方 0.477 万立方米，砼 0.535 万立方米，其中国家补贴 47.85 万元，集体自筹 73.52 万元；改善灌溉面积 5 087 公顷，增灌面积 247 公顷。

1991—1997 年，博乐市建成各级砼防渗渠 525.14 千米（U 型防渗渠 58 千米），配套建筑物 1 754 座。其中 1994 年，全市修建防渗渠 104.7 千米，建筑物 458 座，为 1993 年 2.6 倍；完成渠道全防渗场 1 个，全防渗村 29 个；完成“空白”摘帽村 22 个。1995 年，全市完成渠道全防渗 64 个村；1996 年，乌图布拉格乡完成全防渗任务，成为全防渗乡。1998—1999 年，博乐市投资 110 万元，完成博河南岸绿化引水工程，引水渠全长 12.9 千米，其中，输水管道 12.24 千米，防渗引水渠 661 米，排洪工程 600 米，配套建筑物 17 座，可灌溉林带面积 28 公顷；新建防渗渠道 45.97 千米，完成灌区配套建筑物 322 座。

2001—2006 年，博乐市修建防渗渠 212.5 千米；完成灌区配套建筑物 534 座。改造骨干引水工程 49.27 千米。

1991—2004 年，博乐市在全疆“天山杯”农田水利基本建设竞赛活动评比中被评为一等奖 2 次，二等奖、三等奖、鼓励奖各 1 次。

博乐市（县）乡（镇、场）输水干渠情况一览表

表 21-2

灌区名称	乡（镇、场）名称	干渠名称	长度（千米）	上口宽（米）	底宽（米）	渠深（米）	最大设计流量（米³/秒）	渠道水流速（米³/秒）	防渗长度（千米）	防渗材料	修建年份	完好率（%）
阿热勒托哈灌区	阿热勒托哈牧场	七一干渠	24.6	3.5	0.9	1.1	3.8	2	14.8	砼	1976	70
		乌南调水渠	5	4	1	1.2	1.3	1.8	5	U 型砼板	1980	75
小营盘灌区	小营盘镇	五一干渠	11.55	4.2	1.4	1.2	5	4	11.55	砼板、卵石	1975	74
		乌尔汗干渠	19.88	3	1	1	3	4	19.878	砼板、卵石	1972	73

续表 21-2

灌区名称	乡(镇、场)名称	干渠名称	长度(千米)	上口宽(米)	底宽(米)	渠深(米)	最大设计流量(米³/秒)	渠道水流速(米³/秒)	防渗长度(千米)	防渗材料	修建年份	完好率(%)
青得里灌区	青得里乡	夏吾尔台干渠	8	1.85	1	1	2	2.4	2	砼板	1989	73
		夏布尔塔干渠	10.4	–	–	–	5	–	–	砼板	1977 1988	–
乌图布拉格灌区	乌图布拉格镇	星火新干渠	6.4	4.3	1.08	1.2	3	0.89	13.5	砼板	1975	78
		星火老干渠一段	5.9	4.5	1	1.4	3	2.05	6.4	砼板	1999	79
		星火老干渠二段	4.5	2.5	0.6	1.2	1	2.05	4.5	砼板	1990	80
		星火老干渠三段	3.1	3.9	0.6	1.2	1.5	2.05	3.1	砼板	1990	80
达勒特灌区	达勒特镇	达镇干渠	5.54	5	0.9	1.5	2.55	2.553	5.54	砼板	1961	80
		红光干渠	17.8	5	0.66	1.5	1.2	1.2	17.8	砼板	1982	80
贝林哈日莫墩灌区	贝林哈日莫墩乡	新塔拉干渠一段	6.11	1.75	0.6	0.8	1.5	1.841	6.11	“U”砼板	1997	73
		新塔拉干渠二段	10.723	2.8	0.6	1.1	1.5	1.841	10.723	砼板	1997	74

第三节　蓄水工程

一、五一水库

五一水库位于博乐市西南，博尔塔拉河中下游河床上，下接七一水库；为拦河平原水库，拦蓄洪水，减少洪水对下游河道危害。以灌溉为主，结合防洪、发电、养鱼等综合利用的中型水库。1978年底，基本建成蓄水，1985年，建成溢洪工程。正常蓄水位528.5米，相应库容为1 830万立方米，校核洪水位529米，相应库容1 965万立方米。年均调蓄水量2 000万立方米左右，灌溉4个乡镇2个团场1.07万公顷耕地。水库工程由拦河坝、溢洪道、泄水涵洞等组成，水库大坝1座，长2 700米，坝项宽4米，坝顶防浪墙1道，长1 800米，高1,2米。溢洪涵洞2孔，最大泄洪每秒62立方米。溢洪道陡槽式全长400米，设有闸门3孔，最大泄洪量为每秒300立方米。坝后排水渠1条，长1 340米，排水量每秒0.8立方米。建有坝后水电站一座，装机容量3×800千瓦，年发电量1 200万千瓦时，实际供水1 000万立方米，总投资728.59万元。2001年8月，经水利部大坝安全管理中心鉴定为三类坝，总投资3 622万元，加固工程于2004年7月开工建设，2005年12月完工。水库设有管理站，隶属于博河流域管理处。

二、七一水库

七一水库位于博乐市东南5千米，博尔塔拉河下游，上连五一水库，下接八一水库，为拦河平原水库。以灌溉为主，兼顾发电、防洪，调蓄博河干流错峰水。正常蓄水位497.5米，相应库容450万立方米，实际库容325万立方米，实际供水250万立方米。灌溉博乐市以东3个乡镇乡2个团场0.17万公顷农田。水库工程由拦河坝、溢洪道、泄水涵洞等组成，工程等级为四等，主坝长874米，最大坝高14米，副坝2座，长647米，最大坝高2米；坝项宽8米；泄水涵洞2孔，每孔最大泄流量每秒42立方米。溢洪道5孔闸门，总宽度24.9米，最大泄洪每秒量212立方米。城门洞型（3.5米×2.5米）经过多年运行，水库淤积严重，防洪、调蓄达不到设计标准，泄洪能力不足。溢洪道上建公路桥1座。2001年8月，经水利部大坝安全管理中心鉴定为三类坝。2006年，五一水库完成除险加固。

博乐市七一水库、五一水库总库容2 675万立方米。仅占水资源总量的2.69%，占可支配水资源总量的6.53%，调蓄能力低下，应对干旱缺水与季节性缺水能力有限。

第四节 提水工程

20世纪80年代前，博乐县开发利用地下水盲目性大，配套不合理，利用率低。1982—1988年，博乐市地下水开发利用单井出水量有较大增加，井灌面积不断扩大。全市（县）机配井数量862眼（包括报废井），由于电力和技术原因，机配井报废较多；农业灌溉用井336眼。1986年以后，农牧区建机电井25眼，修复配套旧井39眼，清淤水源地大口井8眼。1990—1999年，博乐市实施土地开发和防病改水工程，农业灌溉用井和村队生活用井数量激增。建农牧区抗旱机电井305眼，其中大口机电井13眼；维修机电井302眼；配套机电井46眼。2000—2003年，全市建机电井118眼，维修机电井64眼。“十五”期间，博乐市机电井全部配套，电力充足、维修保养较规范，开机率达到86%。

到2006年，市仅农用灌溉井477眼，单井提水量每小时100～160立方米，装机容量26 235千瓦，机井灌溉面积1.08万公顷。80%村队凿深水生活用井，建自来水厂。另外农村部分家庭有3～5英寸小口机井和手动式土井。

博乐市地下水补给总量为4.5亿立方米，可开采量为2.68亿立方米。博乐市机井提水总量（包括兵团）每年2.91万立方米。地下水总体开发利用程度已经超采2 289万立方米。由于兵团和地方各自规划、分段管理、无序无限量开发水资源，导致部分河流径流锐减，地下水补给量逐年减少。

博乐市配套机井现状统计一览表

表 21-3　　单位：眼、公顷

单位名称	年末实有配套农用机电井		机电井灌溉面积
	总眼数	千瓦	
阿热勒托哈灌区	11	605	70
小营盘灌区	41	2 255	370
青得里灌区	36	1 980	560
乌图布拉格灌区	169	9 295	1 160
达勒特灌区	118	6 490	4 640
贝林哈日莫墩灌区	102	5 610	4 000
合计	477	26 235	10 800

第三章　水资源利用

第一节　节水灌溉

一、节水技术

20 世纪 90 年代，博乐市先后引进沟畦灌溉、膜上灌溉、喷灌、低压管道节水技术、滴灌、膜下滴灌和小型喷灌机等节水技术。2000 年末，全市年节水量 2 000 万立方米。有效灌溉面积从 1995 年的 2 万公顷增加到 2.88 万公顷，平均灌溉定额从每亩 589 立方米、128.13 立方米降为每亩 536 立方米和 107.24 立方米。粮食产量增加 1.3 万吨，达到 7.81 万吨；小麦、玉米、油料、甜菜单产每亩分别增加 59.4 千克、166.5 千克、36.8 千克和 469 千克。农业产值从 1995 年的 1.68 亿元增加到 1999 年 2.65 亿元，农牧民人均纯收入从 1995 年的 1 661 元增加到 1999 年的 2 582 元。2003 年，实施高标准节水灌溉面积 1 266.67 公顷。“十五”期间，博乐市推广高效节水灌溉面积 7 153.33 公顷。2006 年，博乐市拥有节水灌溉机械 226 台；新增高标准节水灌溉面积 3 066.67 公顷。

二、喷灌

1996 年，博乐市建喷灌面积 227 公顷，建低压管道灌溉面积 87 公顷。1998 年，全市农牧区 2 708 公顷试点实施喷灌等先进节水技术。1999 年，全市农户购买小型喷灌机 175 台，1 333 公顷耕地实施小型喷灌机技术。同年，在博乐市举办“自治州节水灌溉及小型喷灌设备现场展示会”。2000 年，博乐市实施 11CP45 型自行式喷灌机 4 台，并在贝林哈日莫墩乡、乌图布拉格镇和市青得里乡投入使用。全市累计完成高标准喷灌面积 5 553 公顷。2001 年，博乐市建成机井加压固定式喷灌 1 040 公顷，大型喷灌机组 4 台 133 公顷、小型喷灌机组 78 台 533 公顷，年节水 517 万立方米。

三、滴灌

1999 年，博乐市实施膜下滴灌试点 13.33 公顷；2001 年，推广膜下滴灌 30 公顷；2003 年，推广膜下滴灌面积 1 266.67 公顷，其中达勒特镇 144.7 公顷，籽棉最高产量每亩 478 千克，平均单产每亩

378 千克，创下博乐市棉花单位产量最高纪录。2004 年，博乐市投入资金 2 309 万元，增加喷滴灌节水面积 4 606.67 公顷。其中滴灌面积 1 273.33 公顷，投资 544 万元（其中国家补助资金 250 万元），完成常压软管滴灌 3 333.33 公顷。

四、田间节水

2001 年，全市常规田间节水技术面积 1.47 万公顷，其中，标准化沟畦灌 1.13 万公顷，膜上灌 3 333 公顷。

第二节 改水防病

20 世纪 80 年代，博乐市实施改水防病工程。1982 年，博乐县农牧区建改水防病井 4 眼，可供 3 000 人和 1.95 万头只畜饮水。1987—1989 年，博乐市农牧区建改水防病井 15 眼。其中 1989 年，建成小营盘镇自来水塔工程 1 处；无塔自来水工程 3 处；埋设自来水管道 27.27 千米，工程投资 61.55 万元，其中，国家补贴 11.97 万元，市财政 7.3 万元，区、市爱委会 1.8 万元，银行贷款 5 万元，集体自筹 34.08 万元。可供 599 户 7 947 人和 5 550 头（只）畜饮水。

1990 年，博乐市农牧区建无氟自来水工程 6 处，主要在市贝林哈日莫墩乡。1991 年，在全疆“天山杯”改水防病竞赛中小营盘镇获“二等奖”。1991—2000 年，博乐市农牧区共完成改水防病工程 86 处，建改水防病井、自来水厂 30 个、自来水塔 35 座，进行旧井改造；铺设自来水管道、修水厂围墙。贝林哈日莫墩乡 15 个村全部完成改水防病工程任务。

2003—2005 年，博乐市农牧区实施改水防病人、畜饮水项目 12 个，累计投入资金 382.88 万元。“十五”期间，博乐市农牧区全面完成改水防病项目工程，解决 4.63 万人和 16.98 万头只畜的饮水问题。

第三节 排 灌水治碱

20 世纪 80 年代，博乐县盐碱地总面积为 6 700 公顷。主要分布在贝林哈日莫墩乡区域，其次为达勒特镇区域，在乌图布拉格乡及小营盘镇的扇缘带也有小面积分布。按照主导成土发育过程分为草甸盐土和典型盐土两个亚类，其中，草甸盐土面积为 4 000 公顷，典型盐土面积为 2 670 公顷。盐土表层为厚 1 ~ 2 厘米干而脆的盐结皮，盐结皮下是松散的土盐混合层，再下为湿润而稍结实的盐斑层。盐分主要聚集在表层，盐结皮及其以下的土盐混合层含盐量达 5% ~ 10%，盐分聚集层以下含盐量 2% ~ 4%。贝林哈日莫墩乡有计划地挖渠排水，成片开发盐碱地。但是，成本高、效益低。

20 世纪 90 年代，博乐市规模化开发盐碱地。1991—1999 年，博乐市建排碱渠、灌水渠 113.5 千米。2000 年后，博乐市在盐碱地建排碱渠、灌水渠、排水设施的同时，利用秋、冬季余水冲洗盐碱，并在冲洗过的盐碱地上建喷灌设施。到 2006 年，全市改良盐碱地 4 630 公顷。

第四节 防 洪

博乐市农区分布于博河两岸由西而东平缓下降的河谷平原。由于地理位置所致，洪灾频发，历届人民政府均重视防洪水利设施建设。

20 世纪 80 年代始，博乐市加快防洪水利设施建设。1986—1988 年，建防洪、防冰坝 930 米；建青得里乡那仁布拉格排洪、排冰综合闸工程 1 座，设计排洪能力每秒 6.06 立方米；建乌图布拉格乡防洪加固工程 240 米。1989 年，博乐市实施贝林哈日莫墩乡夏热勒津防洪堤、小营盘镇巴呼托村防洪坝和青德里乡段公路涵洞 3 个防洪项目工程；建防洪堤 4.17 千米，防洪坝 340 米，涵洞 3 座；共投资 4.5 万元，其中国家补 1 万元，自筹 3.5 万元。1990 年，市实施防洪工程 9 处，完成土石方 1.491 万立方米，砌石 300 立方米。

1991—1999 年，博乐市建防洪坝 46.01 千米。其中 1998—1999 年，在博河南岸绿化引水工程中，建排洪工程 600 米；建防洪坝 11.67 千米，其中永久性防洪坝 0.8 千米。

2000—2006 年，全市建防洪坝 45.44 千米，其中永久性防洪坝 25.86 千米。

第四章 水利管理

第一节 工程管理

一、渠道维修清淤

1982 年，博乐县维修加固输水渠道 6.07 千米，桥、涵、（渡）、闸各种建筑物 57 座。1988 年，达勒特乡红光支渠改造维修 5.6 千米，投入 9 万元，村自筹 2 万元。1989 年，农牧区维修渠道 12.5 千米，拦河坝 120 米，维修建筑物闸 11 座、渡槽 4 座、桥 4 座、坝 2 座；翻新防渗干渠 1.05 千米，配套建筑物 35 座；完成土方 9 120 立方米，砌石 718 立方米；合计投资 20.02 万元，其中国家补贴 12 万元，自筹 8 万元。1990—1997 年，全市维修、改建各级清淤排灌渠 2 49.75 千米、各类建筑物 335 座。2001 年，博乐市实行“配水到户”管理制度，除林草地、泉水和井灌区以外，渠道未维修、清淤的不配水。

二、除险加固

1978 年 11 月，五一水库基本建成蓄水。1982 年，维修水库溢洪道钢木结构启闭机房 120 平方米及两台启闭机安装；大坝护坡水毁工程等。1985 年完成溢洪工程。2001 年 8 月，经水利部大坝安全管理中心鉴定为三类坝，列入全国病险水库除险加固建设规划。总投资 3 622 万元，工程于 2004 年 7 月开工建设，重点对坝体进行加固防渗，加固泄水涵洞，更新泄水涵洞闸门，改造溢洪道并更新闸门及启闭设备，新建和修复坝后排水工程，增设大坝观测及管理设施。2005 年 12 月，全面完成水库除险加固工程。2001 年，七一水库被确认为三类坝，2006 年完成除险加固工程。

第二节 用水量管理

灌溉用水　1985—1986 年，博乐市灌溉实行供水、预分水量到户，结算征收水费到户、按立方收费的方法。1986 年，发放供水证的用户 75%。1988 年，博乐市总用水量 2.32 亿立方米，比 1987 年减少 282 万立方米；灌溉定额每亩 592.4 立方米，比 1987 年每亩下降 17 立方米；平均灌水次数 4.03 次，与 1987 年相比，增加 13 立方米。全市有农户 1.23 万户，实行供水预分水量到户 9 030 户，占全市农户的 73.41%。

1991 年，博乐市制定“两公开、一监督、五到户、四不准”等规章制度。全市实播面积 2.62 万公顷，其中，沟畦灌面积 2.15 万公顷，推广膜上灌 2 667 公顷。全年累灌亩次 12.15 万公顷，平均灌溉定额每亩 522.70 立方米，实际平均灌水定额每亩 111.70 立方米，平均灌水次数每亩 4.7 次。

1992 年，博乐市灌溉面积 2.67 万公顷，其中，种植业 2.47 万公顷，牧业 707 公顷，林业 1 227 公顷。沟畦灌面积 2.03 万公顷。全市累计灌溉面积 11.83 万公顷，平均灌溉定额每亩 534.8 立方米，实际平均灌水定额每亩 120.6 立方米，平均灌水次数每亩 4.43 次。

1999 年，博乐市实际灌溉面积 2.87 万公顷，其中，沟灌面积 2.01 万公顷，畦灌 8 853 公顷。全市累计灌溉面积 13.06 万公顷，其中，冬灌 3 847 公顷，平均灌水次数每亩 4.55 次，平均灌溉定额每亩 475.91 立方米，实际平均灌水定额每亩 104.6 立方米。总用水量 2.05 亿立方米，与去年相比节约用水 1 015.66 万立方米，农民少支出 41.64 万元。

2000 年，博乐市推行“配水到户”管理制度的暂行办法。全市 136 个村，162 个用水单位，有 110 个村、138 个用水单位实行“配水到户”管理制度，占村队的 80.8%，用水单位的 85.19%；配水到户 1.52 万户，占总户数的 85%。共发放供水证 1.52 万本、供水卡 610 份全市平均灌水定额由 1995 年的每亩 120.13 立方米降到每亩 93.52 立方米，灌溉定额从 1995 年的每亩 578 立方米降到每亩 478 立方米，灌水次数由 1995 年的每亩 4.7 次提高到每亩 5.2 次。

2001 年，博乐市推行“五不配水”，即：渠道未维修、清淤的不配水；不遵守用水制度不配水；扰乱用水秩序的不配水；没有浇水组织的不配水；不报用水进度的不配水；大水漫灌的不配水。健全供水“一户一证一卡”制度。是年末，全市除林草地、泉水和井灌区以外，均实行“配水到户”管理制度，河水灌区的村队供水率 100%；收取水费 527.527 万元，占应收水费 607.4 万元的 86.85%。

2003 年，博乐市加强水管工作人员技术培训，提高管理水平，签订目标管理责任书。在全市 20 个村队推行“农民用水者协会”的改革试点工作。全市总引水量 1.89 亿立方米，其中，河水 8 498.85 万立方米，山水 2 134.1 万立方米，井水 3 167.29 万立方米，泉水 1 711.2 万立方米，库水 3 417 万立方米，累计灌溉面积 13.51 万公顷。2006 年，全面推行“农民用水者协会”的改革工作。

用水量　1982—1989 年，博乐市（县）年平均用水量 2.4 亿立方米；1990—1994 年，平均用水量 2.15 亿立方米；博乐市总用水量与 20 世纪 80 年代相比，减少 2 479.43 万立方米。2000 年，博乐市总引水量 2.02 亿立方米，与丰水年的 1999 年基本持平，与 1997 年同比节约水量 2 585.76 万立方米，完成累计灌溉面积 14.4 万公顷，比 1999 年增长 14%。2001 年，全市总引水量 1.89 亿立方米，泉水 1 711.2 万立方米，库水 3 417 万立方米，累计灌溉面积 13.51 万公顷。

1982—2000 年博乐市用水量统计一览表

表 21-4　　单位：万立方米

年份	总用水量						农业用水	牧业用水	林业用水
	–	河水	山水	泉水	井水	库水			
1982	292 580.85	17 853.42	2 930.63	7 184.7	627.9	984.3	–	–	–
1986	21 000.00	–	–	–	–	–	–	–	–
1988	23 213.00	–	–	–	–	–	–	–	–
1989	22 593.58	11 507.49	3 728.85	4 257.15	1 053.32	2 049.77	–	–	–
1990	23 029.94	11 837.63	3 949.12	4 129.53	834.41	2 279.25	–	–	–
1991	20 430.79	11 163.75	2 561.81	3 445.83	1 336.71	1 927.69	–	–	–

续表 21-4

年份	总用水量						农业用水	牧业用水	林业用水
	–	河水	山水	泉水	井水	库水			
1992	21 393.00	11 707.00	2 734.00	3 087.00	1 494.00	2 375.00	17 691.00	1 384.00	2 209.00
1993	20 557.54	11 934.17	1 456.86	3 436.00	1 120.00	2 610.52	18 816.74	688.25	1 052.56
1994	22 273.37	12 413.20	2 679.62	3 455.68	677.86	2 856.18	–	–	–
1995	22 037.28	13 498.67	–	3 664.75	1 591.77	330.20	20 431.45	520.00	1 085.90
1996	23 644.12	13 162.13	3 175.96	3 177.51	1 272.66	2 855.41	22 362.83	536.60	727.35
1997	22 783.00	11 228.29	–	2 677.30	3 112.75	3 374.25	–	–	–
1998	21 518.62	12 662.23	2 409.96	2 238.24	–	–	–	–	–
1999	20 503.00	–	–	–	–	–	–	–	–
2000	20 198.22	–	–	1 711.20	–	3 417.00	–	–	–

第三节　水费管理

征收　博乐市水费征收按灌溉季节的丰(洪),枯(缺)分别计价。以上、下游用户应分到的实际水量,以斗渠口为准，按方计算水账。水费征收标准分别为：3 月 10 日—4 月 10 日、9 月 11 日—11 月每立方米 2.5 厘。4 月 11 日—5 月 10 日、7 月 11 日—9 月 10 日每立方米 4.0 厘。5 月 11 日—7 月 10 日每立方米 6.0 厘。博州水管处各站在各乡(镇、场)干、支渠口测水量,收费标准为每立方米 3.0 厘。1992 年,博乐市收缴水费 189.4 万元。1997 年，全市收缴水费 765.3 万元。2004 年，全市实行“收费到户”制度;取消村代收水费的做法，改由水管财务人员下乡收费。

使用　1987 年，博乐市对各乡（镇、场）场水管所实行经费包干制度，清理基层水管所账目和拖欠、挪用款，建立健全各级账目。1988 年，全市收缴水费 90 万元，上缴博州水管处水费 44 万元，每方水经济效益 0.38 元。1992 年，上缴博州水管处 115 万元，返退水利工程维修费 9.24 万元。1993 年，全市水管系统综合经营收入 8.416 万元，盈余 5.846 万元。1998—2001 年，全市总用水量比上年度节约，为农民节约水费支出共计 223.31 万元。

第五章　水　产

第一节　水产品种试养及推广

20 世纪 80 年代前，博乐县主要鱼品种有鲫鱼、白条、鲢鱼、条鳅、青鱼等，从河南、湖北、安徽、江苏及新疆玛纳斯、石河子等引进鱼苗，主要品种为鲤鱼、鲢鱼、草鱼、鲶鱼。1992 年，贝林哈日莫墩乡首次孵化草鱼、鲢鱼成功。小营盘镇进行草鱼高产试验，亩产量达 400 千克。

1993 年，博乐市水利部门水产养殖试验场成立。规划养殖水面 33 公顷，建成标准化鱼池 7.3 公顷。先后引进淡水白鲳、罗非鱼、虹尊鱼、大口鲶、团头坊等新品种试养，获得成功。1999—2000 年，博乐市赛里木湖引进冷水高白鲑试养，获得成功。

第二节 渔业生产

一、水库养鱼

1979年，国家为五一水库投资7.7万元，建混凝土预制块苗种鱼池6个，共7 300平方米，整修自然鱼池1万平方米，开挖引水渠2千米，投放鱼苗35万尾进行繁育。1980—1989年，在五一水库内多次投放鱼苗。后由于管理不善等原因，苗种鱼池先后报废。五一水库由于抗旱放水，几经干涸，渔业生产停止。

二、池塘养鱼

1979年前，博乐县人工池塘养鱼水面53.3公顷。

1982年始，国家采取有偿贷款扶持和鼓励发展养鱼业。博乐县重点扶持专业承包水产养鱼户10个，养殖水面105公顷，投放鱼苗65万尾。1983年，养鱼重点户发展到22户，养殖水面127.9公顷。1985年底，博乐市养鱼水面190.4公顷，养鱼重点户发展到43户，累计孵化和购置鱼苗1 049万尾，生产商品鱼175吨。是年，达勒特乡三牧场牧民自筹资金建鱼池2公顷，投放鱼苗3万尾。

1986年，博乐市共有养鱼户40多家，成鱼养殖池有60多座，养殖水面200公顷。1987—1988年，全市成鱼捕捞量为14.07万千克，培育大规格鱼苗100万尾，夏花230万尾。精养水面亩产量400千克。贝林哈日莫墩乡和乌图布拉格乡新增养鱼水面13.3公顷。回族群众也开展养羊养鱼相结合。

1990—1991年，博乐市推广小面积精养，全年捕捞成鱼21.5万千克。1992年，小营盘镇养鱼户930平方米水面，产量每亩500千克，毛收入6 000元。1993年，全市有养鱼户55户，养鱼水面203.2公顷，捕捞商品鱼15.7万千克。1994年，全市养殖面积207公顷，成鱼鱼产量18.4万千克。

1995年，博乐市捕捞成鱼23.2万千克，建标准化鱼池93.3公顷。1996年，市水产养殖实验场推广科学养鱼技术，向市养鱼专业户出售鱼种1万千克，年末存大规格鱼种1.49万千克。全市养殖面积233.3公顷，成鱼捕捞产量25.8万千克。1998年，市水产养殖试验场水面面积25.3公顷，单产每亩600千克，年产量18万千克。全市成鱼年产量34万千克，平均亩产136千克。

2000年，博乐市成鱼产品产量40万千克。2000年后，由于过度开采地下水，养鱼池塘水面逐年缩小，有的养鱼池塘干涸，养鱼专业户转为农耕或其他行业。

三、赛里木湖高白鲑养殖

1979年前，中国科学院水生物研究所首次对赛里木湖进行水资源调查和湖水养鱼及鱼类移植试验。1983年，经自治区批准建赛里木湖高山养殖试验站，并引进冷水鱼种高白鲑进行试验。1999—2000年，通过对赛里木湖冷水高白鲑生长发育跟踪观测，在常年低水温条件下，17个月封湖生长期，高白鲑日增重为3.88克，放养实验获得成功。2001—2006年，赛里木湖冷水鱼养殖，进入商品鱼生产阶段，年产商品鱼400 ~ 500 000千克。

第二十二编

BOLE SHIZHI

农牧业机械

中共十一届三中全会后，博乐市农机事业在农村经济体制改革中，得到快速发展。从1982年开始，集体农机队逐步解体，一些懂技术、会管理的农民投资购买新机具进行自主经营。到“八五”期间，市农机经营以个体为主。

“九五”期间，博乐市农机管理在改革中得到完善，建立农机服务、推广、科研、培训、供应、安全监理等服务体系。农机作业由过去的种植业向林果业、畜牧业、养殖业及农副产品加工业、农业微型耕作等领域发展，成为全面推广科技兴农新技术的主要载体。

“十五”期间，博乐市在推进农业现代化进程中，依据《中华人民共和国农业机械化促进法》，加快农业机械化建设。农机总动力较“九五”增长65%。大中型拖拉机较“九五”增长130%，万亩配套达35.38台。在此过程中，旧链式东方红系列60型、75型等被其802型和1002型系列以及大马力轮式拖拉机如铁牛804、1004、1204型等所取代。小型拖拉机较“九五”增加1 712台，增长59%，总量达4 632台。大型联合收割机东风-5、丰收-30等旧机型基本淘汰，取而代之的是E-514、E-512、JL-1075、XJ-2型等机型。大型机引农具配套为1 ： 3.89，液压悬挂犁和液压悬挂翻转犁普遍应用。小型机引农具主要以铺膜播种机、中耕追肥机为主，铺膜播种机达2 115台（架）。大型喷灌、滴灌机械初具规模，滴灌机械451台（套）。

2006年，博乐市农机总动力达13.94万千瓦，农机固定资产总值13 524.55万元。拖拉机6 727台，其中大中型拖拉机2 072台、小型拖拉机4 655台。大中型机引农具1 458台架，小型机引农具5 105台架。全市共完成机耕面积2.73万公顷，机播面积2.77万公顷，机收面积3 200公顷，机械化程度分别达98%、98%、12%。

第一章　机　构

第一节　行政机构

1980年6月，博乐县农牧机械局改为农牧机械科。1985年1月，县农牧机械科改为农牧机械局，同年9月，博乐县农牧机械局改为博乐市农牧机械局，编制6名，其中领导职数2个。2002年11月，博乐市农牧机械局改为博乐市农牧业机械管理局，正科级事业单位，事业编制7名，其中领导职数3个，属市农业局管理。

2005年10月，博乐市农牧业机械管理局参照公务员法管理，内设办公室、业务室。所属单位有市农机推广站、市农机监理站、市农机化技术学校、阿热勒托哈农机站。

第二节　事业单位

一、乡镇（场）农机管理站

1979年，博乐县小营盘人民公社、青得里公社、乌图布拉格公社、达勒特公社、前进牧场均设有农机管理站，各站3 ~ 5人，负责本公社（场）农机管理、安全监督、农机技术推广、人员培训、农机修理、农机服务、农机统计等项工作。1981年，县红泉公社农机管理站成立。1985年6月，县乡（区、场）农机管理站改为农机管理服务站。1989年，除市阿热勒托哈（前进牧场）农机管理服务站归市农机局直管外，其余5个乡（镇、场）农机管理服务站，划归当地政府管理。

二、农业机械供应站

1979年，博乐县农业机械供应站职工11人。1981年6月，因农机产品不再实行统配供应，县农业机械供应站撤销。职工由县劳动人事部门另行分配，房屋移交县农牧机械局，农机产品移交博州农机公司。

三、农机化技术学校

1979年，博乐县设有农机常训班。1990年，博乐市农机常训班改为博乐市农机化技术学校，事业编制6名。2006年，市农机化技术学校教职工16人。

四、农机技术推广站

1979年，博乐县设有农机研究所。1984年，县农机研究所改为博乐县农机技术推广站，事业编制4名。2006年，博乐市农机技术推广站实有人员12人。主要负责新技术、新机具的引进、示范和推广工作。

五、农机监理站

1984年10月，博乐县农业机械安全监理站（简称农机监理站）成立，事业编制4名。2005年10月，博乐市农机监理站参照公务员法管理，事业编制12名。主要职责为农机安全宣传、教育、检查和登记，田间、乡村道路事故的处理，农机检验、驾驶证审验，农机驾驶员考证、发照和驾驶人员档案等。

第二章　农牧机械设备

第一节　体制改革

1979年，全县共有大、中型拖拉机189台，联合收割机72台，其中由49个大队农机队经营的拖拉机161台，联合收割机72台；国营农牧场和公社经营的拖拉机26台；生产队经营的拖拉机2台。

中共十一届三中全会后，限制个体农民购买拖拉机、汽车等政策相继废止。1980年，县个体农民开始购买农机具。1981年，县大队农机队农机具经营多样化。主要以“大包干”“五定一奖”“利润分成”“定提留比例”等生产责任制形式承包给机组或个人经营。从1982年起，县大队农机队逐步解体，454台大、中型拖拉机和联合收割机中，实行不同责任制形式的有360台，占79.3%；仍属大队农机队统一经营核算的94台，占20.7%。1984年，县大队农机站集体所有农机具作价卖给个体农民。1985年，博乐市共有大、中型拖拉机501台，比1979年增加187台，其中个体所有464台，占92.6%；小型拖拉机578台，比1979年增加404台，其中个体所有539台，占93.25%；农用载重汽车139辆，比1979年增加124辆，其中个体所有78辆，占56%。

第二节　拖拉机

1979年，博乐县拖拉机有361台，其中：大、中型拖拉机211台；小型拖拉机发展到150台。到1987年底，全市有大、中型拖拉机528台；小型拖拉机发展到947台。1996年底，全市有大、中型拖拉机385台；小型拖拉机2 444台，其中小四轮2 364台、手扶80台。2000年，全市有大、中型拖拉机 412 台；小型拖拉机发展到 2 910 台。从 2003 年开始，国家实施农机购置补贴政策，至 2006 年市共计补贴项目 15 个，补贴总额 292.41 万元，其中国家补贴 80 万元，自治区补贴 6 万元，博州补贴 99.13 万元，博乐市补贴 104.28 万元。478 户农机户享受财政补贴，共计引进大型轮式拖拉机 32 台，其中：100 马力以上 27 台。到 2006 年末，全市大中型拖拉机 2 072 台，其中链式拖拉机 193 台，轮式拖拉机 1 879 台；小型拖拉机 4 655 台，手扶拖拉机基本淘汰。

第三节　播种机械

自 1979 年，谷物条播机、玉米穴播机、棉花播种机在博乐县普及，机引播种机 109 台。从 1985 年起，棉花铺膜播种机在全市推广，主要是两行窄膜 2BM–2 型播种机，1987 年发展到 225 台，随后玉米播种也向铺膜方向发展，以窄膜两行播种机为主。到 1993 年，市地膜棉花、地膜玉米基本普及。1996 年，棉花宽膜植棉技术在全市推广，购进 2BM–4 型宽膜植棉机 26 台，作业面积 400 公顷，公顷有效株数 21 万株，比窄膜提高 45 000 株以上；1997—1998 年，市购进高密度宽膜植棉机 407 台。到 2006 年，市棉花宽膜植棉机 1 032 台，棉花播种机械从窄膜（90 厘米）到宽膜（145、160、180 厘米等），公顷播种株数从 15 万株达到 30 万株以上，机械配置从一膜四行到二膜八行、三膜十二行。

第四节　收割　脱粒机械

一、收割机械

1979 年，博乐县有联合收割机 77 台 3 530 千瓦。由于棉花、甜菜等经济作物种植面积逐年增加，小麦种植面积逐年减少，到 1987 年，全市联合收割机 49 台 3 575 千瓦。到 1996 年，全市联合收割机 37 台 2 995 千瓦。2005 年，全市联合收割机械 37 台 2 142 千瓦。2006 年，全市联合收割机械 36 台。

二、脱粒机械

1979 年，博乐县机动谷物脱粒机 8 台。1983 年，全县机动谷物脱粒机 119 台。1996 年，全市机动谷物脱粒机 95 台，主要机型有佳木斯产的丰收 –1100 型，新疆奇台产的工农 29–700 型、TY–4.5 型和博州农业机械厂产的 TY–4.5 型玉米脱粒机。由于谷物联合收割机的增长，2000 年，全市机动谷物脱粒机 89 台。2005 年，全市机动谷物脱粒机 72 台。

第五节　农用载重汽车

1979 年，博乐县有农用载重汽车 15 辆。1991 年，全市有农用载重汽车 160 辆。2000 年，全市有农用载重汽车 376 辆。2005 年，全市有农用载重汽车 716 辆。

第六节　畜牧业机械

1979—1983 年，博乐县有畜牧业机械 158 台，主要是割草机、饲草饲料粉碎机、剪毛机等。1996 年，全市有各类畜牧业机械 274 台。2000 年，全市畜牧业机械 325 台。2003 年，国家实施畜牧业机械购置补贴政策，到 2005 年全市各类畜牧业机械 1 038 台、1 881 千瓦，牧草收割打捆、青黄贮、饲草饲料加工、剪毛、挤奶等机具得到推广应用。

第三章　农机使用及管理

第一节　农机使用与修理

20世纪70年代末，博乐县在农业生产中，犁、耙、播、运、收、加工等项作业上基本实现机械化，但玉米、水稻、棉花、蔬菜等作物种植，牧草收获、机械剪毛等机械化程度低。1991年，全市拥有农业机械总动力70 768千瓦，拥有各种拖拉机2 848台，平均每万亩耕地拥有拖拉机约70台。2000年，全市拥有农业机械总动力89 593千瓦，拥有各类型拖拉机3 322台。至2006年，全市共拥有农业机械总动力12.53万千瓦，农机固定资产总值13 524.55万元，完成农机化经营总收入4 373.71万元。各类农业机械6 763台，其中联合收割机36台，大中型拖拉机2 072台，小型拖拉机4 655台，大中型机引农具1 458架，小型机引农具5 105架，饲草饲料加工机械974台。全市完成总耕地作业面积2.77万公顷，农田机械化主要作业项目如耕地、播种、棉花铺膜、中耕和小麦收割等机械化水平分别达到98%、98%、100%、93%、100%。

1979—2006年博乐市部分年份农业机械化作业水平情况表

表22-1　　单位：%

项目年份	机耕程度	机播程度	小麦机收程度
1979	92	95	43
1982	87	91	78
1985	93	56	88.7
1990	93	85	94
1995	98	92.6	93
2000	98	98	98.7
2006	98	98	100

1979—2005年博乐市各种农业机械发展情况

表22-2

时间机型		1979年		1983年		1987年		1991年		1996年		2000年		2005年	
		台	千瓦	台	千瓦	台	千瓦	台	千瓦	台	千瓦	台	千瓦	台	千瓦
大中型拖拉机		211	8 192	458	18 035	528	22 728	527	23 771	385	18 879	412	20 023	1 647	43 283
小型拖拉机		150	1 270	280	2 544	947	9 280	2 321	24 657	2 444	27 133	2 910	23 416	4 573	55 116
大中型机引农具		346	–	496	–	770	–	828	–	1 436	–	1 636	–	1 419	–
其中	机引犁	105	–	168	–	290	–	301	–	312	–	605	–	575	–
	机引耙	91	–	145	–	252	–	319	–	392	–	408	–	383	–
	机引播种机	109	–	160	–	225	–	191	–	219	–	280	–	160	–
	机引中耕机	34	–	28	–	109	–	287	–	672	–	945	–	1 982	–

续表 22-2

时间机型		1979 年		1983 年		1987 年		1991 年		1996 年		2000 年		2005 年	
		台	千瓦	台	千瓦	台	千瓦	台	千瓦	台	千瓦	台	千瓦	台	千瓦
小型机引农具		–	234	–	356	–	984	–	1 845	–	2 537	–	4 512	–	–
农用排灌动力机		–	89	1 843	91	1 814	140	2 996	138	3 340	188	6 166	358	11 705	–
联合收割机		77	3 530	77	3 530	49	3 575	49	3 054	37	2 995	37	3 407	37	2 142
机动脱粒机		8	–	119	–	55	–	52	–	95	–	89	–	72	–
种子精选机		–	–	–	–	–	2	–	3	–	3	–	–	–	–
载重汽车		15	1 406	120	11 835	154	16 942	160	12 600	147	13 003	376	9 888	716	16 014
其中	柴油汽车	–	–	15	1 720	27	253	31	2 310	31	2 495	–	–	71	16 014
大中型拖车		–	394	–	289	–	313	–	95	–	115	–	1 207	–	–
小型拖车		–	315	–	883	–	2 306	–	2 444	–	2 920	–	4 573	–	–
机动喷雾机		6	–	–	–	45	79	18	–	25	47	226	452	237	337
机引铺膜机		–	–	–	167	–	367	–	838	–	1 197	–	2 176	–	–
精量播种机		–	–	–	–	–	–	–	–	–	–	–	6	–	–
畜牧机械		–	158	–	200	–	233	–	274	–	325	1 428	1 038	1 881	–
林业机械		–	–	–	–	–	–	–	–	–	–	–	1	–	–
渔业机械		–	–	–	–	–	–	–	–	–	–	–	–	–	–
农副产品加工机械		–	144	2 608	557	6 150	343	2 964	357	3 555	229	2 401	194	1 955	–

1979—1985 年末，博乐市有经营拖拉机的农户 1 462 户，其中：联户 435 个，经营拖拉机 1 189 台，占拖拉机总数的 90%。全市有修理专业户 9 个，从业 18 人，共有各种维修设备 21 台。1990 年，全市有农业机械户 2 567 户，农业机械从业人员 2 895 人，有县以下农业机械修理网点 18 个，从业人员 43 人。到 2000 年末，全市农业机械户 3 462 户，从业人员 4 317 人，有农业机械修理网点 30 个，从业人员 54 人。至 2006 年，全市农业机械户 6 494 户，从业人员 6 699 人，农业机械维修网点 25 个，从业人员 30 人（持证上岗修理人员 28 人），拥有各类维修设备 113 台，全年维修各类农机 8 235 台，修理纯收入约 30 万元。

第二节　农机安全监理

1984 年 10 月，博乐县成立农业机械安全监理站（简称农机监理站），并向乡（区、场）派驻专职农业机械安全监理员。1985—1990 年，市农机监理站主要开展对农用拖拉机及驾驶员的检审验、考核和核发牌证；对拖拉机在田间、场院和乡村道路作业的安全及技术状态进行监理。1991—2000 年，市农机监理站主要规范农机三大销售经营市场，即农机配件销售市场、农机销售市场、农机维修网点。全市农业机械安全监理体系基本建立。2006 年，市农机安全监理站拥有安全监理人员 12 人。

第三节 农机教育培训

1979—1985 年，博乐县农机常训班负责全县农机操作人员的考核、培训、复训、考证等工作，累计培训农业机械人员 2 450 人。从 1984 年起，县农机常训班由无偿培训转向有偿培训，每人每天交学费 2 ~ 3 元。1987 年，农机常训班获自治区农机化科学技术进步二等奖。

1990 年，博乐市农机化技术学校按照国家教育教学规划，招收学员，实施教学。2006 年，市农机化技术学校举办 4 期拖拉机驾驶员培训班，参训人员 199 人；举办摩托车驾驶员培训 3 期，参训人员 286 人；举办农机操作上岗证培训班 6 期，参训人员 580 人；举办农机管理干部培训班 2 期，参训人员 135 人。

第四节 农机科研与技术推广

1979—1981 年，博乐县农业机械化研究所，只开展一些小型机械的引进和试验工作。1984 年，县农业机械化研究所改为博乐县农牧机械化技术推广站，先后对剪羊毛机械、半精量播种玉米机械、玉米秸秆青贮机械、牧草收获机械、饲草饲料加工机械、棉花铺膜机械进行试验、示范和推广。此外，打瓜籽分离机、水稻插秧机、麦草碱化机、羊淋药浴机等进行引进和推广。1991—1999 年，博乐市建立农业机械推广服务体系，铺膜机械、甜菜种植机械、种子处理机械、设施农业机械、农副产品加工机械、畜牧机械等农业机械新技术、新机具得到推广普及。2001—2005 年，市农机推广站实施自治区农机局立项推广的农机化“节本增效”“科技兴农”“丰收计划”科技项目，共完成《粮食高产高效种植机械化技术示范推广》《棉花高密度种植机械化配套技术》等十几项重点项目。同时，开发引进推广玉米收获机、残膜回收机、棉花高密植播种机、挖穴机、青贮饲料机、苜蓿割草机等新机具、新技术。2006 年，市建成千亩以上粮、棉、畜农机化示范基地 3 个，基地建设总规模 333.33 公顷，其中：粮食 66.67 公顷、棉花 133.33 公顷、畜牧业 133.33 公顷。在粮食生产方面，配套实施化肥机械深施、高效联合精整地、精少量播种（免耕播种）、机械化联合收获等先进机具的运用；在棉花生产方面，配套实施联合精整地、精量播种、高密度种植、膜下滴灌、残膜回收等先进机具的运用；在畜牧业生产方面，重点示范推广苜蓿收割、搂草、打捆，玉米青贮机械化收获，颗粒饲料机械化加工等先进机具；在林果业生产方面，重点推广挖穴、植树、施肥、植保、果树修剪等先进机具。

新疆维吾尔自治区地方志丛书

博乐市志

1979—2006

（下 册）

《博乐市志》编纂委员会 编

方志出版社
Publishing House of Local Records

目 录

下 册

第二十三编 工 业

第二十四编　商业　贸易

第二十五编 旅 游

第二十六编 财政 税务

第二十七编 金 融

第二十八编 经济综合管理

第二十九编　民　政

第三十编 民族宗教事务管理

第三十一编 机构编制 人事劳动和社会保障

第三十二编　教　育

第三十三编 科学技术

第三十四编　文化　体育

第三十五编 医疗卫生

第三十六编　精神文明建设

第三十七编 新疆生产建设兵团农五师

第三十八编 人民生活

第三十九编　人　物

附　录

第二十三编

工　　业

20世纪80年代，博乐市在国营、集体所有制企业中，推行以承包为中心，责、权、利相结合的经济责任制。同时，乡镇企业的兴起，为博乐市工业企业注入巨大的活力。

20世纪90年代，博乐市工业企业以资产为纽带，以转变经济增长方式为动力，以产权制度改革为核心，在全面实行经济承包责任制的同时，在部分企业推行股份和股份合作制试点，先后颁布《城镇集体股份合作制企业试行办法》《国有小型企业股份合作制试行办法》和《乡（镇）村企业股份合作制试行办法》。

21世纪初，博乐市46家国有企业、41家集体企业全部进行改制，基本建立“产权清晰、责权明确、政企分开、管理科学”的现代企业制度。到2006年，博乐市初步形成以机械制造、矿上采掘、建筑建材、电力、酿酒、棉纺织、服装加工、制鞋、塑料编织、粮油加工、制糖、棉花加工、番茄加工、乳品加工、食品加工、饲料加工等地方工业体系。

第一章 机 构

第一节 行政机构

一、博乐市经济贸易委员会

1979年8月，博乐县工商交通局分设为县工商行政管理局和县工交科。1984年5月，县工交科改为县经济委员会（简称经委）。

1985年9月，博乐县经济委员会改为博乐市经济委员会。1987年3月，市经委核定编制11名。同年3月，市设立“博乐市经济协作办公室（简称经协办）”，与市经委合署办公，级别为正科级，行政编制3名。2000年8月，市经委、体改委、二轻局、对外贸委、经协办合并，成立“博乐市经济贸易委员会（简称经贸委）”。行政编制20名，其中领导职数3个。2001年4月，博乐市商贸总公司并入市经贸委。

2006年11月，在博乐市经济贸易委员会挂“博乐边境经济合作区管理委员会”“博乐市进出口贸易加工区管理委员会”的牌子；行政编制21名，其中领导职数4个（主任1人，兼任合作区常务副主任，副主任3人）；后勤事业编制2名。内设办公室、综合办公室、对外经济贸易办公室、工业园区办公室。所属机构有安全生产监督管理局。

二、博乐市体制改革委员会

1993年，博乐市体制改革委员会（简称体改委）成立。2000年8月，市体改委撤并，其职能划归市经贸委。

三、博乐市第二轻工业局

1986年12月，博乐市成立第二轻工业局（简称二轻局）。所属企业有群众服装厂、制鞋厂、长城修配厂、印刷厂、钉子长、民族木器厂。2000年8月，市二轻局撤并，其职能划归市经贸委。

四、博乐市经济协作办公室

1987年3月，博乐市成立经济协作办公室（简称经协办），正科级，与市经济委员会合署办公，未设领导职数。2000年8月，市经协办撤并，其职能划归市经贸委。

五、博乐市乡镇企业管理局

1979 年 8 月，博乐县成立“博乐县社队企业局”，与县农机局一套机构两个牌子，各公社相应成立社队企业办公室。

1981 年 1 月，博乐县社队企业局与农机局分设；1984 年，博乐县社队企业管理局改称为“博乐县乡镇企业管理局”。2000 年，博乐市乡镇企业局内设办公室、个体私营经济协调小组办公室、农业产业化领导小组办公室。

2002 年 11 月，博乐市乡镇企业管理局并入市农业局，为市农业局内设机构乡镇企业办公室，对外挂博乐市乡镇企业管理局牌子。

第二节　事业单位

乡镇企业局工业办公室

1982 年 10 月，博乐县人民政府批准成立博乐县建筑材料公司。

1988 年，博乐市建筑材料公司改为乡镇企业管理局工业办公室。1999 年 9 月 1 日，博乐市人民政府撤销工业办公室机构，其职能由乡镇企业局直接行使。

第二章　国有企业改革

第一节　资产经营承包

1982 年，按照《自治州企业整顿工作会议》的安排部署，三年内完成企业整顿任务。整顿内容包括领导班子、经营管理、劳动组织、劳动纪律、财务管理、财经纪律等。1984 年末，列入整顿的企业有 65 个，验收合格的 61 个，不合格的 4 个。

1985 年，中共中央颁布《关于经济体制改革的决定》，博乐市在工业企业中全面推行“一包三改”（即经营承包、改干部终身制为任期制、改固定工为合同工、改固定工资为浮动工资）为主的生产经营责任制。实行厂长负责制和企业层层承包，独立核算，自负盈亏的经营方式。制定《企业经济责任制（草案）》。全市实行“一包三改”的工业企业有 5 个国有企业单位（水泥厂、水泥预制品厂、农机修造厂、粮油加工厂、汽车队）和 2 个集体企业单位（手工业联社和供销合作社的下属企业）。

1987 年 4 月，博乐市贯彻落实国务院《关于深化企业改革，增强企业活力的若干规定》，推行企业承包经营方案，实施企业第一轮经营承包。至年底，粮食系统的 3 个企业、经委系统的 4 个工业企业签订承包经营合同。市属水泥厂、农机修造厂、塑料厂、水泥制品厂 4 个国营企业通过招标竞争，选拔企业承包经营者；市供销社、粮食局分别以委托方式承包；二轻系统的 6 个企业和阿热勒托哈牧场的企业实行各种形式的内部承包和目标利润管理。1989 年 5 月，博乐市对二轻局群众服装厂进行资产评估，清理固定资产、流动资产后签订承包经营合同书。博乐市属预算内国营企业实行承包经营，承包率为 85.7%。

博乐市实行资产经营承包的 1988 年，市水泥厂实现产值 71.82 万元，比 1987 年增长 37.2%；市塑料厂实现产值 129.59 万元，比 1987 年增长 87.8%；市水泥制品厂实现产值 64.72 万元，比 1987 年增长 75.4%；市修造厂依靠水暖安装，产值完成 21.14 万元。4 家承包企业，1988 年共完成工业产值 287.27 万元，比 1987 年增长 46.1%。至 1990 年，博乐市国营、集体工业企业 27 个（国营 14 家，集体 13 家）工业总产值 4 834.1 万元（含乡镇企业），占工农业总产值的 42.1%。国营、集体独立核算工业利润总额 467.9 万元。

1990 年 9 月，博乐市实施企业第二轮承包。

1992 年，国务院颁布《全民所有制工业企业转换经营机制条例》，同年 12 月，博乐市实施第三轮企业承包。全民所有制企业有市水泥厂、市预制品厂、市塑料厂、市农机修造厂、市物资公司、市自来水公司 6 个单位转为第三轮承包；集体所有制企业市供销合作社基本完成承包；粮食系统实行行业总承包。同年，在经营者选拔上，经营者连任的有 6 家，新任的有 1 家（农机修造厂）。

1996 年，博乐市水泥厂、预制厂、塑料厂、自来水公司、粮油加工厂、棉种加工厂、液化气公司、纸箱厂 8 家企业全部实行资产经营承包。

第二节 企业制度改革

一、股份合作

1993 年，博乐市体制改革委员会印发《博乐市乡（镇）村股份合作制试行办法》《博乐市城镇集体企业股份合作制试行办法》和《股份制企业试点资料手册》，博乐市工业企业体制改革逐步展开。同年，博乐市确定市级和部门两级股份制试点企业 7 家，其中有限责任公司 2 家，股份合作制 5 家。外地企业来博乐投资与当地合营的边贸公司，市体改委审查批准 5 户。在效益好的市水泥厂，实行全方位的股份制改组。塑料厂是市资不抵债的老大难企业，采取“先售后股”的方式改组股份制，按《中华人民共和国公司法》规范组建新企业，使职工从不愿入股，发展到职工自愿想方设法向亲朋好友借钱入股，以房产抵押向银行贷款入股，企业从内部职工首批募集股本 44.3 万元。市供销社青达拉榨油厂新建的分厂通过改制组建股份公司，设联社股 32 万元，内部职工入股 48 万元，注册资本 80 万元，按股份合作制操作运行。

1994 年，博乐企业股份制试点工作审批的股份制企业 8 户，股本总额 2 840 万元，其中国家股 2 513 万元，法人股 150 万元，个人股 259 万元。市水泥厂入股回报率 22%，初步显示股份制企业的优越性。

二、联合兼并

1996 年 1 月，博乐市政府实行优势企业兼并劣势企业，作出由市棉纺厂兼并市服装厂的决定。在保证集体资产不流失的前提下，棉纺厂以承担债务方式兼并服装厂。服装厂兼并后，其全部资产按原账的实际数额，由市财政局办理划转手续；服装厂生产用地，由土地管理部门办理土地变更登记，财务清账。市服装厂被兼并后，职工集体所有制身份不变，棉纺厂妥善安置服装厂 1995 年 12 月 31 日以前在册职工，并承担离退休人员养老统筹和因公死亡人员遗属生活费。

三、产权改制

1997 年，博乐市印发《博乐市工商企业产权制度改革试行办法》；1998 年，全市完成 30 家企业改制任务。经过产权制度改革的企业，有 14 家企业增亏相抵，盈利企业 13 户，比改制前增加 5 家。2000—2002 年，全市完成企业改制 19 家。2003 年，博乐市博棉纺织（集团）有限责任公司实施企业产权改制。

资产重组　1999 年，博乐市 34 家企业通过资产重组，形成总资产 13 761.7 万元，总负债 7 939 万元，平均资产负债率由改制前的 88.4%，下降到 57.7%。出让资产 94 万元，用于离退休人员两费安置 660.5 万元，依法解除劳动合同 203 人，置换资产 410.8 万元，股本总额 4 673.3 万元，个人股占股本总额的 15.7%。盈利企业数 12 家，盈利额 529.8 万元，增盈 57.9 万元，亏损企业数 10 家，亏损额 225 万元，减亏 1 059 万元，亏损企业户数减少 4 家。

博乐市金可乐有限责任公司与武汉市高科技开发总公司签订买断协议，企业职工全部安置；市三金粮油有限责任公司，按照《中华人民共和国劳动法》解除企业职工与原国有企业之间的劳动关系，对职工进行一次性补偿；市五洲酱醋厂通过改制，对原企业职工实行一次性安置，解除原有国有身份，企业与职工建立新型的劳动关系。

实施破产　博州皮革厂为博州国营工业企业。1983 年 7 月，博州皮革厂建成投产，年生产能力加工羊皮 6 万张，主要产品是全烫酸、半烫酸长短裘皮大衣、皮手套等产品。1985 年，在职职工 193 人，固定资产 193 万元，年产值 84 万元。1999 年 9 月，博州皮革厂依法破产；2004 年 6 月，职工全部领取经济补偿金，与企业解除劳动关系。

四、国有民营

2000 年，博乐市坚持“走出去，请进来”的办法，开拓内引外联渠道，引进项目 5 个，投资 1 930 万元，采取私营收购、重组、承包等改制方式推进博乐市工业企业改革进程。其中浙江省兰溪市私人出资 1 200 万元，收购博乐市水泥厂；浙江省温州市私人投入 300 万元收购原市水泥厂编织袋厂，通过改造扩建，重组“博峰编织袋有限责任公司”；浙江永嘉县私人投资 200 万元购置服装生产设备和原料，成立市“永乐有限责任公司”；市商业总公司榨油厂由昌吉州雄风粮油有限公司控股投资 170 万元，组建“雄博粮油工贸有限公司”；昌吉州米泉市顺成有限责任公司投资 60 万元承包经营市造纸厂，成立“博乐市银成造纸厂”。

2001—2005 年，博乐市招商引资签订协议项目有 134 项，引进资金 8.92 亿元。其中，引进工业项目 46 项，工业企业招商引资 2.08 亿元；争取国家、自治区项目 80 项，累计到位资金 1.8 亿元。2003 年，博乐市推进新型工业化进程，按照“产权清晰，权责明确，政企分开，管理科学”的要求，加大企业产权制度改革力度，鼓励民营资本参与国有企业的嫁接改造。博乐市引进博州西部矿业有限公司、博州雄鑫金属制品有限责任公司、博乐市兆丰生物技术开发有限公司等一批填补本地产品空白的招商企业。

第三章　工业门类

第一节　纺织和棉花加工业

一、纺织业

博州博棉纺织（集团）有限责任公司　前身为博乐市棉纺厂，隶属博乐市乡镇企业局，国有控股中型企业，位于博乐市青达拉新工业区 14 号。

1988 年 6 月动工，1990 年 6 月，纺出 21 支棉纱。按中央国有企业 3 年改革脱困政策的要求，1998 年 6 月，改制成立新疆博乐市博棉纺织有限公司。2000 年 8 月，收购博乐市棉麻公司下属的青达拉轧花厂、博乐市新兴服装厂，组建成立博州博棉纺织（集团）有限责任公司。

总公司占地面积 37.3 万平方米，职工总数 1 881 人。主要设备有精梳机 2 套、自动络筒机 6 台，设备均为国内 20 世纪 90 年代纺织部定点设备。 主要产品有普梳 20 ~ 60 支、精梳 20 ~ 60 支和气流纺 10 ~ 16 支纯棉筒纱，一等品率 100%，主要销往广东、上海、江苏、浙江、西安等地；产品注册商标为“星星”牌。公司于 1998 年获得进出口经营权，1999 年获得棉花加工经营权。1999 年 12 月，通过 ISO 国家质量体系认证。

博乐市金瑞纺织有限责任公司　2003 年 4 月，博乐市金瑞纺织有限责任公司成立，位于博乐市工业园区。注册资金 200 万元，职工 70 人，主要机械设备有棉纱机和织布机。年生产能力 300 万千克，实际年生产能力 150 万千克。年生产各种棉纱 93.26 万千克，棉布 32.27 万米。

二、轧花厂

博乐市供销社棉麻公司有乌图布拉格轧花厂、达勒特轧花厂、贝林哈日莫墩乡轧花厂、达勒特镇套特轧花厂、青达拉轧花厂等 5 个轧花厂，拥有棉花收购检验室、脱绒打包车间、轧花车间，收购晒场；机器设备有 80 片轧花机等。

乌图布拉格轧花厂　1990 年，乌图布拉格轧花厂成立，位于乌图布拉格镇政府驻地以南 1 000 米处。占地面积 33 333.5 平方米，总建筑面积 10 672.54 平方米，房屋建筑面积 2 178.54 平方米，各类晒场 8 494 平方米。土建工程造价 98 万元，机械设备投资 42 万元，工程总投资 140 万元。年设计加工能力 250 万千克。

达勒特轧花厂　1983 年，达勒特轧花厂成立，位于达勒特镇政府所在地以北约 1 500 米处。占地面积 18 000 平方米，拥有办公室、棉花收购检验室、轧花车间；收购、晒场 5 000 平方米。机器设备有 80 片轧花机 2 台，油压打包机 1 台，脱绒机 2 台。

贝林哈日莫墩乡轧花厂　1989 年 5 月，贝林哈日莫墩乡原棉花收购站改为轧花厂。占地面积 34 001.7 平方米，轧花机 2 台，油压打包机 1 台。总投资 58.59 万元。1991 年，贝林哈日莫墩乡轧花厂搬迁至该乡玛尼乡西村（原红卫二队）的西侧戈壁滩上，占地面积 20 公顷，加工设计能力 4 000 吨，实际加工能力 2 500 吨。

套特轧花厂　1995 年，达勒特镇套特轧花厂成立，位于达勒特镇政府所在地东南。占地面积 20 公顷，建筑总面积 1.5 万平方米。总投资 368 万元。实际加工能力 2 000 ~ 3 500 吨。

青达拉轧花厂　1986 年，青达拉轧花厂成立。占地总面积 7.47 公顷。设计加工能力 2 500 吨。1987 年 3 月，建榨油车间。1988 年 7 月，该厂榨油和轧花业务分开，单独核算。2000 年 8 月，博棉公司收购棉麻公司青达拉轧花厂。

第二节　食品加工业

一、粮油加工

（一）博乐市粮油加工厂

1959 年 7 月，博乐县粮油加工厂成立，厂址在青得里大街西端，与气象局为邻。占地面积 3.55 万平方米。1980 年，将 95 型榨油机改为 200 型榨油机，日处理能力由 10 吨提高到 20 吨。1983 年，增加 200 型榨油机 1 台，日处理能力 30 吨；建饲料车间，引进大同 GST-1000 型设备。1984 年 6 月，科级单位，有面粉、榨油、饲料、锅炉、修配等车间。1985 年，年产面粉年 6 534 吨，食用油 1 937 吨；年总产值 706.6 万元；职工 208 人。同年，扩建饲料车间，引进新设备，日产饲料由 24 吨提高到 72 吨。

1998 年，博乐市粮油加工厂改制，2000 年 9 月，组建成立“博乐市三金粮油有限责任公司”。

（二）博乐市家乐油脂有限责任公司

2000 年 11 月成立，位于达勒特镇南，注册资金 1 000 万元；占地面积 3.5 万平方米；从事棉籽油、葵花籽油及其副产品的生产加工。公司拥有生产线两条，榨油机 7 台，全套日处理 80 吨油渣残油的浸出设备，年吞吐原料棉籽在 50 ~ 90 吨以上，生产棉籽精油 7 000 吨以上，棉粕 3.2 万吨以上。2005 年与市棉麻公司青达拉榨油厂签订租赁合同 3 年。至 2006 年，家乐油脂有限责任公司累计向国家缴纳税金100万元，被自治区评为农业“龙头企业”。

（三）博乐市棉种生产有限责任公司

1986年，在达特镇成立博乐市种子站棉花良种加工厂，占地3.6公顷，投入资金60余万元，1987年10月，建成投产。股级单位，全民所有制企业。独立决算，自负盈亏，受市种子站领导。1990年，博乐市投资180万元建棉种加工泡沫酸脱绒车间以及配套设施，同年底投入生产。

1997年12月，博乐市棉种加工厂更名为博乐市棉种生产经销有限公责任公司。国有独资企业，资产总额达1 495万元，固定资产净值366万元，注册资金200万元，加工能力1万吨，实际加工能力5 500吨，职工63人。主要机械设备有轧花机2台、打包机2台、脱绒机6台、泡沫酸脱绒设备1套以及附属设备。

（四）博乐市食品加工厂

属博州管商贸企业，厂址位于北京北路东侧。主要产品有冷饮、月饼、饼干、糖果、糕点等5大类。1985年，生产的主要产品30个，其中有寿糕、冰糖、月饼、冷饮等畅销。1997年2月，移交博乐市管理。1998年8月，市食品加工厂改制。职工45人一次性安置。

（五）博乐市副食品加工厂

1984年9月，从州蔬菜饮食服务公司分出设厂，独立核算。厂址在北京南路西侧，农五师大修厂对面。1985年，实行生产承包责任制，产品有酱油、食醋、豆腐、豆芽、豆腐皮、豆腐干、淀粉等7个品种，以酱油食醋为主。固定资产15.7万元。年生产酱油140吨、食醋12吨，产值12.1万元，年利润1.3万元。

1997年2月，移交博乐市管理。设有酱油、食醋、豆制品3个车间。1998年4月，博乐市副食品加工厂改制为股份企业。同年6月，原副食品加工厂更名为博乐市五洲酱油厂。2003年，将住宅用地2 836.5平方米及砖木结构房屋出售给五洲酱油厂，为27名职工发放经济补偿金35万元。

二、乳制品

新疆三乐乳制品有限公司　前身为博州乳品厂，位于博乐市长江路10号。企业1985年4月筹建，1986年8月建成投产，设计生产规模为日处理鲜奶20吨，总投资399万元。1994—2002年，企业处于停产状态。2002年5月，改制成股份制企业。成立新疆三乐乳制品有限公司，注册资金500万元，占地面积22 345.2平方米，资产总额845万元，固定资产总额438万元。日处理鲜奶65吨，年产奶粉3 000吨。

三、肉制品

博乐市肉联厂　企业前身为博州肉联厂，位于长江路。设备由国家商业部投资、自治区食品公司负责安装的农牧区小型冷库。冷库总容量390吨，有两个屠宰车间，3个机冻间，4辆机动车和2台锅炉设备。20世纪80年代后，市场开放，活畜收购减少，企业收益逐年下降。1984年5月，固定资产245万元，产值110.3万元。1997年企业移交博乐市管理；1999年6月，博乐市肉联厂净资产为177.05万元，共剥离资产109.35万元，其中11名退休职工“两费”51万元、38名在职职工安置58.35万元，实行一次性安置。

2000年6月，原博乐市肉联厂改制成立博源肉类联合加工有限公司。

四、酿酒

博乐市赛里木酒业酿造有限责任公司　前身为博尔塔拉酒厂，是州糖业烟酒公司下属工业企业。厂址位于博乐市北京路82号。1997年8月改制成股份制企业；同年12月组建“博尔塔拉酒业酿造有限责任公司”。注册资金75.3万元。1998年1月，企业名称变更注册为博乐市赛里木酒业酿造有限责任公司。占地面积1.5万平方米，资产总额1 080万元。企业主要产品为赛里木系列白酒，有30多个品种，产品主要销往疆内外等地。2006年，年产白酒991吨、饮料酒811吨，实现工业总产值1.06亿元。

博乐市五洲食品酒业酿造有限责任公司　前身为博乐市副食品加工厂。2001年8月，重新组建成立博乐市五洲食品酒业酿造有限公司。厂址位于北京路454号，注册资金60万元，资产总额127万元，职工人数16人。主要产品有酱油、醋、酒；年设计生产能力1 000吨；年实际生产能力700吨。

博州博圣玉米精化有限公司　2005年成立，厂址位于博乐市长江路1号。2006年12月，建成试车。主要产品为食用酒精。年设计生产能力2万吨，年实际生产能力1.5万吨，日生产能力60吨，原料来源由昌吉、奇台、博州、塔城、湖光、焉耆等糖厂购进。产品销往新疆、甘肃、四川、青海等地。

五、制糖

中粮屯河博州糖业有限公司　1989年，博尔塔拉州糖厂建成投产。1998年4月破产。同年7月，成立博州甜源糖业有限责任公司。2000年5月，加入新疆四方糖业集团。2005年9月，加入中粮集团，注册资本3 000万元人民币。位于博乐市青达拉路13号。公司拥有一套完整的生产系统，日加工甜菜3 500吨，年最大加工能力45万吨以上。产糖6万吨、产粕1.4万吨、产酒精130吨。属自治区中型企业。产品销往北京、天津、河北、山东、内蒙古、河南、山西、陕西、甘肃、四川、黑龙江、吉林、辽宁、宁夏、青海等地，并且向蒙牛、伊利乳业集团直接供货。产品销售率为100%，拥有进出口经营权。

第三节　印刷　纸制品业

博乐市印刷业有限责任公司　位于博乐市青得里大街1号。1998年4月，改制成股份制企业。同年10月，企业名称为博乐市印刷业有限责任公司。企业注册资金30万元，在职职工17人。企业占地面积3 197平方米，资产总额880万元。主要经营范围：信纸、信封、票据、本册、商标等。

博乐市天盛印刷厂　1999年成立，位于博乐市文化路234号。职工26人。设备有6k胶印、对开切纸机、装订机、计算机等。年生产能力500令，实际生产能力500令，年销售收入29万元。

博尔塔拉报社印刷厂　位于博乐市青得里大街162号，注册资金80.8万元，资产总额27万元，负债35万元。2006年，工业总产值92.2万元。职工27人。设计生产能力6 000令，年实际生产能力4 000令，日生产能力9令。年销售收入105万元。

博乐市福利纸制品厂　1985年12月，博乐市福利纸制品厂成立，位于博乐市向阳路12号。为安排残疾人就业而办的福利企业，有职工15人，其中残疾职工11人，残疾职工占职工总数的74%。企业享受国家对福利企业的减免政策。主要产品有瓦楞纸箱。年设计生产能力100万平方米，年实际生产能力20万平方米，年销售收入52万元。

第四节　化工业

一、塑料制品

博州恒源塑料有限责任公司　1984年3月，博乐市塑料制品总厂成立，位于博乐市顾力木图路2号。1985年，年生产薄膜能力25吨。产值58.8万元，固定资产52万元。1997年1月，博乐市塑料制品总厂实行股份制改造，成立博州恒源塑料有限责任公司。主要经营农用、民用塑料地膜、棚膜、塑料管，塑料聚乙烯、聚丙烯以及各种塑料化工原料。享有边境小额贸易进出口权。公司占地面积1.21万平方米，拥有固定资产800万元。机器设备有地膜挤出机20台，滴灌带机3台。地膜年生产加工能力8 000吨；

滴灌带年生产加工能力 450 多吨。

2000 年，公司并取得“质量体系认证书”，公司生产“西天涯”牌农用塑料棚膜、地膜，主要销售往博州地区、伊犁地区、塔城地区、喀什地区、阿克苏地区、巴州地区、奎屯市、石河子市等。

博乐市博峰编织袋制造有限公司　2000 年 4 月，博乐市博峰编织袋制造有限公司成立，位于博乐市南郊，注册资金 100 万元。日生产能力 5 000 千克，年生产能力 550 吨，实际生产能力 495 吨。主要产品有各种类型编织袋。年销售收入 692 万元。

博乐市双龙塑料制品厂　1997 年 12 月，博乐市双龙塑料制品厂成立，位于博乐市西郊客运站院内。注册资金 100 万元，资产总额 150 万元。主要产品有农用地膜。年设计生产能力 1 500 吨，年实际生产能力为 1 000 吨，年销售收入 1 000 万元。

博乐市菁华塑料厂　2001 年成立，位于五一电站院内。注册资金 50 万元，主要产品有农用地膜。年设计生产能力 1 600 吨，年实际生产能力 600 吨。

博乐市贝林哈日莫墩乡塑料制品有限公司　2002 年 10 月成立，位于博乐市贝林哈日莫敦乡。资产总额 150 万元，主要产品有农用地膜、滴灌带。滴灌带年生产能力 700 吨，年地膜年生产能力 700 吨。滴灌带实际年生产能力 500 吨，地膜实际年生产能力 500 吨。

二、化肥制品

博乐市兆丰生物技术有限公司　2003 年 1 月成立，在博乐市小营盘镇。注册资金 100 万元，资产总额 500 万元。主要产品为有机—无机复合肥。年设计生产能力 5 000 吨，年实际生产能力 1 000 吨。

第五节　金属　木器皮鞋制品业

一、金属制品

博乐市延龄钢制品有限公司　2004 年成立，位于博乐市长江路 3 号。主要产品有档案文件柜、保险柜、档案密架、校用办公用品。固定资产及生产设备为 480 万元，流动资金 1 100 万元。年生产能力 5 万套，实际年生产能力 2 万套；日生产能力 70 套。产品主要销往伊犁、博乐、奎屯、石河子等。

博乐市农业机械修造厂　1981 年，修造厂由一水库东原拖拉机站迁至青德里大街西段南侧，与粮油加工厂为邻。建筑面积 4 678 平方米。1985 年 9 月，与乌鲁木齐第一运输公司大修厂联营，成立博乐市汽车大修厂，年产值 7.9 万元。1998 年 12 月，进行改制。1999 年 10 月，博乐市农机修造厂的资产、房屋、土地进行有偿处理，并用该资金安置职工。

博州万力源科技开发有限责任公司　1997 年成立，位于博乐市北京路 636 号。公司主要从事常压锅炉、热交换器、太阳能热水器生产、销售、安装，水暖建材销售及电脑制图等业务。注册资金 53.24 万元，拥有生产用地 0.73 公顷 . 年设计生产能力 2 000 台，年实际生产能力 500 台；日生产能力 10 台，销售收入 71 万元。产品主要销往博乐市、各乡镇农牧团场及伊犁、阿勒泰地区。

2001 年，公司取得自治区技术监督局颁发的“特种行业生产许可证”。注册商标 “开门红”。

二、木器制品

博乐市木器厂　1998 年 4 月，实行股份制改造。2000 年以后，该厂对外租赁，为在职职工缴纳养老统筹。

三、皮鞋制品

博乐市皮鞋厂　为手工联社主管的小型集体企业，主要生产、经营各种男女皮鞋、皮靴等。1985 年，有职工37人，生产皮鞋、皮靴3 563双，产值7.40万元。1986年，市皮鞋厂纳入二轻局系统。1992年2月，市皮鞋厂停产。

第六节 热力 供水业

一、热力

博乐市热力公司　1990年成立，位于博乐市团结路3号。有职工81人，专业技术工人36人。注册资本2 000万元。公司有供热锅炉房2座，14兆瓦（20吨）热力锅炉4台，区域性热力站8座。

博新房地产开发有限公司博乐供热分公司　2004年10月成立，位于博乐市长城东路20号。有职工人数10人。年生产能力30万平方米，实际年生产能力13.5万平方米。

二、供水

博乐市自来水公司　1981年成立，位于博乐市向阳路2号。注册资金1 262万元，资产总额2 852万元。职工81人。主要从事城市供水、污水处理及再生利用、管网安装和维护等。年销售收入759万元。

第七节 建筑 建材业

一、建筑企业

博州广源建筑有限责任公司　1985年，博州建筑公司有职工256人，固定资产357.7万元，年完成建筑面积10 204平方米。2000年11月，博州建筑公司改制，组建博州广源建筑有限责任公司。2001年，与博州第二建筑安装工程股份公司合并。主要产品有红砖、塑钢窗、步道石。年设计能力红砖550万块、塑钢窗1.2万平方米、步道石9 000平方米，实际生产红砖350万块、塑钢窗7 000平方米、步道石5 000平方米，日生产红砖3.5万块、塑钢窗100平方米、步道石50平方米。年销售收入红砖75万元、塑钢窗156万元、步道石7万元。

博乐市第二建筑工程公司　1982年成立，由原各乡镇场建筑队联合组成。

1988年，公司下设6个施工队，承建各种住宅楼、办公楼、桥涵、道路等，具备承建18米以内、17层以下跨度，高度为50米以内的民用、工业建筑物的能力。1991年，公司取得自治区三级建筑施工集体企业资格等级。1998年，公司转换经营机制，组建博乐市建筑安装有限公司。

二、水泥及水泥制品企业

博兰水泥有限责任公司　前身为博乐水泥厂，位于博乐城七一水库东南岸。1983年12月，水泥厂固定资产550.8万元。1985年底，全厂有职工258人，建房面积24 466平方米，年产水泥2.2万吨。1998年3月，博乐水泥厂改制，成立博兰水泥有限责任公司。2002年，博兰水泥有限责任公司买断原市水泥厂资产。公司总资产4 342万元，职工263人，公司通过ISO9001:2000、ISO14001:1996质量环境体系认证，年生产规模25万吨。

至2004年9月底，公司实现年产量12.2万吨，销量11.97万吨，销售产值2 453.14万元，上缴税金161.91万元。

博乐市利达建材有限责任公司　前身为博乐县混凝土预制品厂（正科级），县办国营企业，隶属县水电局管理。1998年12月，博乐市水泥制品厂改制，组建博乐市利达建材有限责任公司。2003年，公司占地面积44 580平方米，资产总额400万元，有职工26人，离退休职工41人。2006年，公司产值 50 万元。公司主营主要产品为公路管涵、输排水管、大型屋面板、预应力电杆、空心楼板及其他水泥预制品。

博乐市鑫业混凝土有限责任公司　2004 年 2 月成立，位于博乐市青达拉工业区永兴路 6 号。注册资金 1 030 万元，总资产 2 031 万元。职工 50 人。年生产能力为 25 万立方米，年实际生产能力 25 万立方米，日生产能力 3 000 立方米。主要产品有散装水泥、水洗砂、石子、外加剂等，主要供应博州及周边县、农牧团场，产销率为 100%。

三、珍珠岩企业

博昌珍珠岩股份（合作）有限责任公司　1985 年成立博乐市珍珠岩厂，隶属乡镇企业局，集体企业。年生产矿砂 9 000 吨，膨胀珍珠岩粉 1 万立方米，固定资产净值 49 万元，实现利税 7.1 万元，职工 38 人。1998 年，改制为博昌珍珠岩股份（合作）有限责任公司，为私营企业。占地面积 1.5 万平方米，资产总额 397.4 万元，公司有职工 35 人。主要产品有膨胀珍珠岩粉、珍珠岩保温砌块、陶粒空心砌块、板等。2005 年，公司完成产值 320 万元，利润 23 万元，上缴税金 20 万元。

四、石灰石企业

博州西部矿业有限责任公司　2004 年 3 月成立，位于石灰窑矿工业园区。有职工 128 人。注册资本为 3 000 万元人民币。主要经营矿产品开采、开发、生产、加工、销售化工产品、电线电缆、绝缘材料、五金交电、建材、水暖器材等，总投资 5 000 余万元。2005 年，公司生产氧化钙 15 万吨，实现产值 1 800 万元，上缴税金 55 万元，实现利润 200 万元。2006 年，公司实现产值 1 424 万元，上缴税金 91 万元。

博乐市莹雪碳酸钙制造有限责任公司　2006 年 6 月成立，注册资金 70 万元。2006 年 7 月，公司建第一条生产线，总投资 1 400 万元。主要产品为轻质碳酸钙。年生产能力 3 万吨，实际年生产能力 2 万吨，年生产期限 10 个月，年销售收入 300 万元。

第四章　电业工业

第一节　电力企业

博乐供电局（公司）位于博乐市北京路 312 号。该局担负着博乐市所辖三镇、两乡、两牧场 24 万城乡居民，以及 4.05 万余用电客户的供电服务、线路急修、电费回收等工作。

博乐供电局机关设有两部一室（财务资产经营部、安全生产技术部、综合办公室），下属一部、一站、六所，即 10KV 带电作业维护部；集控站；小营盘供电所、青得里供电所、城区供电所、乌图布拉格供电所、达勒特供电所、贝林哈日莫吨墩供电所；共有职工 137 人，在职职工 114 人。大专及以上学历 61 人，占职工人数的 53.51%。管理 4 座 35KV 变电站，总容量 42.6MVA，10KV 线路 29 条，总长 984.76 千米。

博乐市光源水利发电有限公司　前身为博乐市小营盘镇水电站，位于博乐市小营盘镇。辖 3 个电站，即十一电站、库斯托汗电站、大队电站。年生产能力 1 490 万千瓦，实际生产能力 500 万千瓦，日生产能力 1.3 万千瓦。年销售收入 101.9 万元。

第二节　发　电

一、柴油机电站

1979 年前，博乐柴油机电站与五一水电站并网运行。1980 年，柴油机电站并入博州供电公司。

1987 年，博乐 6 台柴油发电机组容量 1 072 千瓦，搬迁至新厂房内作为枯水期补充电源。1992 年，精河火电厂投产后，柴油发电机组封存。

二、制糖备用电厂

1988 年 10 月，动工建设，位于糖厂厂区内。装机容量 1×1 500 千瓦，背压式汽轮发电机组，发电机出口电压 0.4 千伏，直配供电。1990 年 12 月，建成投产发电。

1990 年 10 月，动工扩建 1 台 3 000 千瓦抽气式汽轮发电机组。到 1991 年 10 月 8 日建成发电。发电机出口电压 10 千伏，升压站主变压器容量 1×3 150 千伏安，电压比 35/10。该机组发电初期主要为博乐电网供电。1992 年 11 月，精河火电厂投产后，为糖厂自备电源。

第三节 博乐市电网

1980年，开始建设35千伏、110千伏博乐电网。2002年末，博乐电网建成以110千伏为骨架的主电网，电网覆盖一市两县、阿拉山口及乡镇场。有 110 千伏变电所 4 座，变电容量 7.63 万千伏安，线路 7 条，总长 328 千米；35 千伏变电所 14 座，变电容量 6.31 万千伏安，线路总长 545 千米。

一、城区配电网

1979 年，五一电站 3×800 千瓦机组发电，架设电站—县医院 6 千伏线路 3.5 千米，同时架设电站—州 762 台 6 千伏线路 8.6 千米。同年由小营盘电站架设十一电站—供电公司院内 10 千伏线路 11 千米，实现小营盘电站与博乐联网。

1980 年，架设博乐河大桥—县水泥厂 6 千伏线路 6 千米，同年架设青德里大街及边防局 6 千伏线路 1 千米。

1985 年，三干渠电站 1×1 600 千瓦机组建成发电，架通县水泥厂—三干渠电站 6 千伏线路，线路长 4 千米。

1987 年，架通三干渠电站到巴哈布热榨油厂至州糖厂 6 千伏线路 3 千米。

1990 年，结合博乐中心变电所投运，博乐城区 6 千伏配电线路升压 10 千伏运行。同年架设中心变电所—州畜牧局 10 千伏线路 2 千米。

1998 年，架友谊路和团结路北段 10 千伏线路，线路长 2 千米。

截至 2002 年，城区配网覆盖博乐市区及近郊区。拥有 10 千伏线路总长 102.3 千米，配电变压器 235 台，总容量 3.02 万千伏安，其中有高损耗变压器 17 台，容量 1 250 千伏安，节能变压器 218 台，容量 2.98 万千伏安。

二、农牧区电网

1980 年 5 月，架设博—精 110 千伏输电线路（降压 35 千伏运行）。线路长 36 千米。是年 12 月，建成博乐供电公司院内 35 千伏简易变电所 1 座，变电容量 1×1 000 千伏安，实现博乐电网与精河电网的联网。

1982 年，架设达勒特镇 35 千伏变电所支线长 6 千米，采用轻型铁塔。同年，在达勒特镇套特村博乐河桥北侧建成简易变电所一座，变电容量 1×750 千伏安。

1984 年，位于州供电公司院内 35 千伏，城镇变电所建成投产，变电容量千伏安 1×2 000+2×1 000 千伏安。

1987 年，架设 35 千伏博乐中心变电所—温泉火炬电站输电线路，线路长 80 千米。同年配合火炬电站投产在现博乐中心变电所北侧 30 米处简易变电所 1 座，变电容量 1×2 500 千伏安。

1989年，达勒特镇位于精更浩西村35千伏变压所投运，变压容量千伏安1×2 000+1×1 000千伏安。

1990年，博乐中心变电所一期35千伏工程建成投运，变电容量1×6 300千伏安。同年，架设博乐中心变电所—博乐市棉纺厂35千伏线路6.6千米（降压10千伏运行）。

1992年，架设精河火电厂至博乐中心变电所110千伏送电线路，全长84千米。同年，架设精河火电厂至阿拉山口35千伏变电所110千伏输电线路（降压35千伏运行），线路长76千米。是年11月29日，阿拉山口35千伏变电所投运，变电容量2×2 000千伏安。

1993年，贝林哈日莫墩乡35千伏输变电工程建成，线路长9.2千米，变电容量1×2 000+1×1 000千伏安。同年，博乐中心变电所110工程竣工投用，变电容量1×8 000千伏安+1×6 300千伏安。乌图布拉格乡35千伏输电线路建成，线路长12千米。

1994年，乌图布拉格乡35千伏变电所建成投运，变电容量1×1 000千伏安+1×2 000千伏安。

1997年，自治州电力管理体制改革，博乐电网并入新疆主电网后，博乐电网得到更快的发展。

2000年，达勒特镇110千伏变电所投运，变电容量1×1.6万千伏·安。同年，三北110千伏输变电工程建成投运，变电容量1×10 000千伏安，线路长45.3千米。

2002年末，博乐电网有35千伏线路540千米，变电所14座，6.31千伏安，110千伏线路7条，总长328千米；变电所4座，7.63万千伏安。

第四节 输变电

一、输变电工程

糖（糖厂）—乌（乌图布拉格乡）线 线路于1993年动工架设，1994年4月投入运行。

博（博乐中心变电所）—博（博乐市棉纺厂）线 全线长6.64千米，当年竣工后，按10千伏电压运行。1994年，棉纺厂二期工程投产后，升压35千伏电压运行。

达勒特镇支线 该镇在套特村、博乐河桥头建设简易变电所，35千伏进线T接于博—精线上，线路长6千米。当年竣工投入运行，由博乐市水电局投资。

贝林哈日莫墩乡支线 该乡1992年开工建设35千伏变电所，同时架设T接在达勒特镇35千伏线路上，线路长9.2千米。当年竣工，1993年投入运行，2000年报废。

达（达勒特110千伏变电所）—贝（贝林哈日莫墩乡35千伏变电所）线 该线路为改造工程，线路全长14千米，其中，新建6.8千米，改造7.2千米。工程于2000年10月动工，2002年12月投入使用。

达（达勒特110千伏变电所）—大（大河沿子镇35千伏变电所） 该线路为新建（改造）工程，线路全长42千米，2000年10月动工，2001年8月竣工投入运行。

博（博乐）—精（精河渠首电站）线 工程于1980年5月动工，奋战5个月架通博（乐）—精（河）线首段（博乐至沙山子），实现博乐与精河的联网运行。1986年，完成沙山子至精河渠首电站续建工程，全线路总长92千米，线路架通后，沿线大河沿子镇、贝林哈日莫墩乡35千伏变电所先后T接在此线路上。2000年自治州农网改造时，大河沿子镇至精河渠首电站段拆除。

精（精河火电厂）—博（博乐中心变电站）线 精河火电厂至博乐中心变电所110千伏线路。线路横跨博尔塔拉河、精河两条河，全长84.3千米，1992年6月动工架设，当年年底全线贯通。2000年在该线路62千米处破口接入达勒特镇110千伏变电所，将线路分为两端，精达线长62千米，达博线22.5千米。

三（三北110千伏变电所）—博（博乐市中心变电所）线 在精河火电厂至阿拉山口线43千米处破口接入建设110千伏三北变电所一座，线路建成后，精河火电厂与博乐市中心变电所形成单环网，提高供电可靠性。工程于2000年5月动工架设，当年11月投入运行，全线长度45.2千米。除线路工程外，还包括：三北变电所工程，破口接入线路18.2千米；博乐市中心变电所、精河火电升压站110千伏间隔；精河火电厂至三北变53千米绝缘子更换。

二、变电所

博乐市中心变电所　1980年，博—精首段线路完工，是年12月，在自治州供电公司院内建简易变电所1座，实现博乐与精河联网。1982年，建设博乐城镇35千伏变电所，所址设在博乐市供电公司院内，1983年动工，1984年4月投入运行。1988年10月8日，动工建110千伏博乐市中心变电所，变电所位于博尔塔拉河南岸，大庆路南侧，距市中心约3千米。工程分两期进行，占地面积1 325平方米，主要建筑有开关室219平方米，电容器室87平方米，主控楼949平方米。二期工程于1992年10月动工，1993年8月竣工，9月9日投入运行。2002年进行技术改造后，实现了微机综合自动化管理。原35千伏变电所停止运行。

博乐城东变电所　位于博乐市东郊工业企业市棉纺厂西侧，1994年开始建简易变电所。1999年9月24日，在原简易变电所处动工建设自动化变电所，2000年9月24日建成投入运行。

乌图布拉格乡变电所　位于镇政府所在地东北角0.8千米处，1993年4月动工建设，1994年7月1日投入运行。占地面积1 800平方米，建筑面积100平方米，砖混结构。变电所建成后，结束了长达十余年博乐电力公司以6.3千伏15千米的长距供电，为乡镇企业发展和乡水土开发提供了电力保障。1999年，在该变电所的东侧新建自动化变电所1座，2000年3月建成运行，旧变电所报废。

达勒特变电所　把原套特村大桥处35千伏简易变电所搬迁至精更浩西村南0.5千米处，建设一座变电所（红旗变电所）。1982年动工建设，1983年投入运行。变电所占地面积6 600平方米，高压开关室、控制室、电容补偿室连为一体，砖混结构，建筑面积180平方米。变电所投产后同时向贝林哈日莫墩乡转供电。2000年，在位于博乐市区东南22千米达勒特镇以东2.5千米处，新建达勒特110千伏变电所，是年11月建成投入运行，控制、保护、测量采用微机综合自动化设备。原35千伏变电所停止运行。

贝林哈日莫墩乡变电所　位于乡政府驻地东南1千米处。1993年4月开工建设，同年11月建成投产。变电所占地面积12 200平方米，控制室、办公室、工具室总计建筑面积230平方米，砖混结构。1999年4月第一批农网改造时，在该变电所旁新建微机综合自动化变电所1座，新变电所投运后，旧变电所报废拆除。

小营盘变电所　位于镇政府以南0.5千米处，始建于1999年9月，2000年11月建成投入运行。

阿热勒托哈牧场变电所　1997年场党委、管委多方面筹措资金76.1万元，建设小型35千伏变电所1座。所址距场部0.6千米，占地面积2 000平方米，当年4月动工兴建，11月建成投运。2000年该变电所停止运行，该场用电由小营盘供电所供电。

第五节　生产与技术经济指标

一、发电量

1979年，博乐五一电站3×800千瓦机组建成发电，并入新疆主电网。1980年后，县35千伏、110千伏输变电工程建成投入运行，供电量逐年增加。到2002年末，博乐电网供电量2.13亿千瓦时，售电量1.96亿千瓦时。

二、供电量

1980年，博乐供电量398万千瓦时。1987年8月，110千伏精博输电线路和35千伏博温输电线路先后架通投运。1990—1997年，温泉电网向博乐电网供电762万千瓦时。2006年，博乐供电量

2 3891 万千瓦时。

1980—2006 年博乐市（县）供电量统计表

表 23-1　　单位：万千瓦时

年份	博乐市供电量	年份	博乐市供电量
1980	398	1994	5 274
1981	490	1995	5 504
1982	593	1996	5 826
1983	696	1997	6 675
1984	925	1998	7 393
1985	1 221	1999	8 558
1986	1 774	2000	9 865
1987	1 957	2001	12 254
1988	2 424	2002	12 505
1989	3 026	2003	13 673
1990	3 833	2004	16 561
1991	4 467	2005	19 274
1992	4 897	2006	23 891
1993	5 011	–	–

三、售电量

1980 年，博乐县售电量 497 万千瓦时。2006 年，博乐市售电量 22 229 万千瓦时。

1980—2006 年博乐市（县）售电量统计表

表 23-2　　单位：万千瓦时

年份	博乐市售电量	年份	博乐市售电量
1980	497	1987	1 692
1981	402	1988	2 210
1982	523	1989	2 704
1983	646	1990	5 660
1984	783	1991	4 139
1985	1 028	1992	4 483
1986	1 487	1993	4 480

续表 23-2

年份	博乐市售电量	年份	博乐市售电量
1994	4 636	2001	11 355
1995	4 871	2002	11 674
1996	5 010	2003	12 474
1997	3 494	2004	15 243
1998	6 390	2005	18 012
1999	7 312	2006	22 229
2000	9 005	–	–

第六节 用电、电价及电贴费

一、用电

1985年，博乐县工业用电240万千瓦时，农业用电22万千瓦时，居民用电272万千瓦时。2006年，博乐市工业用电8 380万千瓦时，农业用电4 735万千瓦时，居民用电3 535万千瓦时。

1985—2006年博乐市（县）用电统计表

表23-3　　单位：万千瓦时

年份	工业用电	农业用电	居民用电	其他用电
1985	240	22	272	494
1986	382	38	417	650
1987	379	131	431	751
1988	571	197	442	1 000
1989	988	191	459	1 066
1990	1 393	167	869	1 125
1991	1 529	315	997	1 298
1992	1 562	291	1 090	1 543
1993	2 225	265	1 068	935
1994	2 496	217	1 343	684
1995	2 787	311	1 495	510
1996	2 930	475	1 489	228
1997	2 932	766	1 738	346
1998	3 157	1 013	1 827	619

续表 23-3

年份	工业用电	农业用电	居民用电	其他用电
1999	3 279	885	2 062	1 218
2000	4 603	1 236	2 295	1 114
2001	5 687	1 811	2 617	1 580
2002	6 357	1 662	2 844	1 250
2003	6 668	2 347	2 632	827
2004	7 147	3 055	2 811	2 230
2005	7 780	3 743	3 133	3 356
2006	8 380	4 735	3 535	5 579

二、电价

1979 年前，自治区计委批准博乐县电网电价：照明每千瓦时 0.20 元，农业电价每千瓦时 0.06 元，工业电价每千瓦时 0.12 元。1980 年以后，博乐电价由博州物价部门批准。1993 年，博州物价局批准，博乐电网分类电价：照明电价每千瓦时 0.30 元，工业电价每千瓦时 0.476 元，农业电价每千瓦时 0.30 元，变压器损耗电价每千瓦时 0.476 元，商业电价每千瓦时 0.55 元，趸售电价每千瓦时 0.42 元。

1998 年，在“两改一同价”中，博乐电网电价实现统一电价。2002 年，博乐电网电价：居民生活电价每千瓦时 0.48 元，工业电价每千瓦时 0.48 元，农业用电价每千瓦时 0.38 元，商业电价每千瓦时 0.75 元，趸售电价每千瓦时 0.42 元。2006 年，博乐农业电价每千瓦时 0.38 元，照明电价每千瓦时 0.54 元，商业电价每千瓦时 0.42 元。

1979—2006 年博乐市（县）电价表

表 23-4　单位：元 / 千瓦时

<table>
<tr><th>年份</th><th>工业电价</th><th>农业电价</th><th>照明电价</th><th>商业电价</th><th>趸售电价</th></tr>
<tr><td>1980</td><td>0.15</td><td>0.15</td><td>0.20</td><td>–</td><td>–</td></tr>
<tr><td>1982</td><td>0.12</td><td>0.06</td><td>0.20</td><td>–</td><td>–</td></tr>
<tr><td>1986</td><td>0.15</td><td>0.06</td><td>0.20</td><td>–</td><td>0.42</td></tr>
<tr><td>1993</td><td>0.476</td><td>0.30</td><td>0.30</td><td>0.55</td><td>0.42</td></tr>
<tr><td rowspan="2">2002</td><td>农村 0.54</td><td>农村 0.38</td><td>农村 0.58</td><td rowspan="2">0.75</td><td rowspan="2">0.42</td></tr>
<tr><td>县城 0.48</td><td>县城 0.38</td><td>县城 0.48</td></tr>
<tr><td rowspan="2">2006</td><td>农村</td><td>农村 0.38</td><td>农村 0.54</td><td rowspan="2">0.77</td><td rowspan="2">0.42</td></tr>
<tr><td>县城</td><td>县城 0.38</td><td>县城 0.54</td></tr>
</table>

注：（1）2002 年农村工业电价中含 0.064 元 / 千瓦时维护费；（2）2002 年农村照明电价中含 0.13 元 / 千瓦时维护费

2002 年，博乐市依据博州《关于制定自治州各县（市）农村低压电网维护费的通知》，对未进行农网改造的农户，由电力部门抄表到户的照明电价执行最高限价每千瓦时 0.8 元，电力部门未抄表到户（含城乡接合部的用户）的只抄总电表的电价每千瓦时执行 0.60 元；由农村电工抄表到户的，在最高限价每千瓦时 0.80 元内倒扣 0.20 元，作为农村电工工资（含线损、变损费用）。

三、电贴费收取

1986 年，博乐市为解决 110 千伏以下各级电压外部供电工程的新建、扩建、改造等费用，根据水利部制定的收取贴费的办法，各供电企业对申请用电的用户，按照用电容量，依据规定标准，收取供电电贴费，作为电力企业业务扩充资金，专款专用。由建设银行统一管理，市计委、市水电局根据电力建设项目计划向供电企业拨款。2000 年 4 月 1 日，博乐市停止收取电贴费。

博乐市收取电贴费标准

表 23-5　　单位：元 / 千伏安

用户受电电压等级	用户交纳贴费	其中		县级以下农村交纳贴费	其中	
		供电贴费	配电贴费		供电贴费	配电贴费
380 伏 /220 伏	170	100	70	150	90	60
6 ~ 10 千伏	130	100	30	120	90	30
35 千伏	90	–	–	80	80	–

第七节　电源建设与农网改造

一、电源建设

1983—1988 年，博乐市（县）新建水电站 3 座，安装水轮发电机组 6 台，总容量为 4 850 万千瓦，共计完成投资 1 114.13 万元。

1988 年末，博乐市发电设备装机容量 1.04 千瓦，其中水电装机 9 490 千瓦，柴油机大电机容量 880 千瓦，人均装机容量 101.47 瓦。年发电量 2 320 万千瓦时，发电设备年平均利用小时数为 2 444 小时。同年安装 93 台微型风力发电机组，总装机容量 4 650 瓦。安装太阳能光电板 3 台，总容量 48 瓦，解决 96 户流动牧民用电问题。5 年内总计投入电源建设资金 1 227.21 万元。

到 2006 年，全市建成 35 千伏变电所 2 座，容量 5 350 千伏安，比 1982 年的 3 750 千伏安，净增 1 600 千伏安。配电变压器 332 台，总容量 22 875 千伏安，比 1982 年 296 台 17 140 千伏安，净增 5 735 千伏安。建成 35 千伏输电线路 203.8 千米，比 1982 年 63.1 千米净增 140.7 千米。6 ~ 10 千伏配电线路 305.5 千米，比 1982 年 261.1 千米净增 44.4 千米。综合线损 11.6%，设备完好率 96%。5 年内共完成电网建设投资 725.66 万元。

二、农网改造

1998 年，博乐 110 千伏中心变电所增容 1 × 1 万千伏安 +1 × 2 万千伏安，2002 年再次增容到 2 × 2 万千伏安。达勒特镇 35 千伏变电所增容到 0.4 万千伏安。贝林哈日莫墩乡、乌图布拉格乡变电所增容到 0.5 万千伏安。2002 年，市建成达勒特镇 110 千伏变电所（1.6 万千伏安）；建成三北 110 千伏输变电工程，变电所容量为 1 万千伏安；建成小营盘镇 35 千伏输变电工程，变电所容量 0.315 万千伏安，2002 年新增 1 台 0.315 万千伏安主变压器。2002 年，市东郊 35 千伏变电所新增 1 台 0.63 万千伏安主变压器。更换高耗能变压器 428 台 2.95 万千伏安，新建 35 千伏线路 40 千米，10 千伏线路 506 千米，0.4 千伏线路 202 千米。

2003 年，博乐市新开工的项目有达勒特镇农网改造工程、青得里乡农网改造工程、城区 10 千伏配网改造工程。至 6 月 30 日，年度新架 10 千伏线路 9.944 千米；新架 0.4 千伏线路 4.572 千米，改造 2.37 千米 ；新建 0.2 千伏线路 1.459 千米，改造 0.7 千米：新增变压器 8 台，容量 778 千伏安；完成到户村队 7 个，完成户表工程 395 户。2005 年，市完成乌图布拉格镇变电站、贝林哈日莫墩乡变电站的增容工作。乌图布拉格镇变电所由原来的 9 000 千伏安增至为 11 300 千伏安，贝林哈日莫墩乡变电所由原来的 7 500 千伏安增至为 9 000 千伏安。共检修 35 千伏主变 6 台，检修 1 千伏开关 24 台，检修 10 千伏配电线路 24 条，擦针瓶 5 125 只、更换针瓶 152 只、更换拉线 40 组、拆除拉线 14 组、调整拉线 10 组、安装避雷器 9 组、安装真空开关 7 组、更换扎线 2 160 根、擦悬瓶 394 片、更换悬瓶 42 片、更换杆顶 8 副、整改变压器高压引下线 18 处，使用绝缘导线 360 米、检修配变 122 台、更换真空开关 6 台、检修断路器 11 台、安装跌落保险 14 组、更换并沟线夹 800 只、设备线夹 300 只、校正电杆 25 基、紧固螺帽 315 个、补装螺帽 243 个。

通过农网建设与改造，实现“三公开、四到户、五统一”和“两改一同价”目标，建立户表建卡管理制度。

三、农村电气化县建设

1983 年，博乐县为全国第一批 100 个农村水电初级电气化试点县之一。县成立农村电气化建设领导小组。各乡、镇、场均成立相应的电气化建设领导小组。

1989 年，博乐市农村初级电气化建设通过自治区水利厅、自治区计委等有关部门检查验收。

第八节　供电管理

一、用电管理

1980 年 5 月，博州供电公司成立，公司下属有柴油机电站、财务办公室、城区供电所。城区供用电业务由供电所负责。1984 年，博州电力公司成立，在执行《全国供用电规则》的基础上，制定各项供用电管理制度，如《计量表管理制度》《电费电价管理制度》《营业报装管理制度》。开展“三电”工作，每年进行一次用电普查，查电费错收漏收，查窃电和违章用电，整改不安全的供电设施。抵制和纠正以电权谋私等行业不正之风。开展安全用电宣传，普及安全用电知识。1997 年，博州电力公司上划自治区电力局，用电管理更加规范有序。2002 年，公司成立客户服务中心，规范用电行为，开拓用电市场，制定《供电营业有关规定》《严禁窃电谋私二十条》、“优质服务、行业作风建设”等一系列制度和奖罚规定。向社会颁布服务承诺，努力做到“人民电业为人民”的服务宗旨，实现企业最佳经济效益。

1990—2005 年，公司通过普查累计共查处 89 起窃电或违规用电；累计追回电费 34.98 万元，补收工程贴费 43.75 万元。

2005 年，公司利用广播、电视、新闻、报刊、集市日等形式，宣传《新疆维吾尔自治区反窃电办法》，以提高客户安全用电、自觉缴费意识，营造反窃电良好氛围；对部门用电大户，安装 GPLS 表实行监控，有效杜绝窃电行为；公司还从各单位抽调业务骨干针对台区线损高的客户、大用电客户进行随机检查，严肃查处窃电行为，对查出的电量、电费足额进行追回，查出漏计电量 300 000 千瓦时，使反窃电工作取得明显成效。

2006 年，公司共检修 10 千伏线路 20 条 170 千米，2 579 基电杆。同时，完成三座 35 千伏变电站的保护定检和传动试验工作；清扫变电站 10 千伏断路器 24 台；更新或维修部分线路装置配件。

二、电能计量管理

1983 年，博州供电公司派人去自治州标准计量局学习电能表校验技术，并取得了上岗合格证。同年，成立校表室，校表室是自治州标准计量局授权确认的社会公用标准计量和仲裁检查机构，测验、验定单相（三相）有功、无功电能计量表和电流、电压互感器。

1987—1997 年，公司先后派人去自治区电力局中试所、昌吉电力局等单位学习取证。到 1997 年底，博州电力公司计量所有 6 人持证上岗。

1988 年，博州电力公司计量所更名为修校所，1997 年更名为计量所。计量机构组建后，初期购置一批准确度低的便携式实验仪器。后购置一批准确度高的新校验设备。到 2002 年底，正在使用的电能表校验设备有 1994 年购置的 1 台 YC-1893 型 0.1 级三相校表台和 0.1 级、0.05 级电流电压互感器校验台；1998 年，购置的一台 ST-9001D 型 0.1 级电工仪表校验装置 ST-9001D 型 0.1 级单相校表台；2002 年购置了 1 台 ST-9020D191G 型 0.1 级单相校表台。

计量所按照国家颁发的校验规程对供区电能表开展周期性校验和新装表的校验工作，建有规章制度和修校台账。对校验仪器的标准表，每年按照规定送自治区中试所进行校验，以保证校验仪器的准确度。1994—1997 年，校单相表 4 128 块、三相电能表 1 885 块、互感器 462 只，并逐个填写卡片，作为表计档案资料管理。

2006 年，计量所统一购置铅封对电能表进行加封。共安装电表箱门 291 个，电表箱观察口玻璃 22 000 个，铅封电表 1 278 块。完成城市户电表改造 1 164 户，接收用户电表改造 1 580 户，完成“户户通电”12 户。

三、安全用电管理

1993—2006 年，博州电力公司组织人员到城市、街道、学校、建筑工地和农村进行安全用电知识宣传，发放安全用电知识宣传画，《安全用电常识》《中华人民共和国安全生产法》《中华人民共和国电力法》《电力设施保护条例》等为主要内容的宣传单 3.1 万余份，散发安全用电宣传挂图 5 000 余份、悬挂横幅 20 条、悬挂安全警示牌 350 块。针对建筑工地触电事故频发的问题，1990 年，博州电力部门与博州劳动局安监科共同举办 1 期建筑工地电工和领导安全用电学习班，学习人数 50 人。

1997—2006 年，博州电力公司每年对电力职工进行《电业安全规程》学习考核，持安全证上岗。先后举办安全生产等各种类型学习班 49 期；累计培训员工 684 人次；参加新疆电力公司举办的各类培训班 43 期 93 人次；实现全员培训率 72.73%。

第五章 乡镇企业

第一节 企业结构

中共十一届三中全会以后，国务院颁布《关于发展社队企业若干问题的规定（试行草案）》，使农村的能工巧匠、懂技术、有头脑的能人，个体或联营创办企业。到1985年全市社队骨干企业44个，个体或联营企业677个，个体企业占乡镇企业总数的93.89%，社队两级集体企业仅占乡镇企业总数的6.9%。个体或联营企业的发展，改变了乡镇企业过去单一的集体所有制结构，出现个体所有制经济形式。

1990年，博乐市乡镇企业有1 299个，其中个体、联营企业1 280个，占98.5%；乡村两级集体企业由上年的19个，增加到26个，占1.5%。乡镇企业从业人数由1989年的4 685人增加到5 525人，新增从业人员840个，从业人员占农村人口的5.44%。

1991年，博乐市一批有活力的乡镇企业逐渐形成。市以南以珍珠岩开采、石灰石加工为重点；市以北以花岗岩开采为重点；市以东以棉花加工、纺织、造纸为重点；市以西以粮油加工、编织为重点。博乐市乡镇企业分布较合理，已由单一的粮油加工、农机修理发展到棉纺、采矿、畜牧、建材、旅游、编织、养殖、水产、运输等各个领域，已形成多行业、多层次、初具规模的乡镇企业群。

1998年，博乐市乡镇企业个数2 543个，较1997年增加45个，增长1.8%，其中，个体私营企业2 501个，占98.35%；乡村集体企业42个，占1.65%；从业人员9 284人，占农村人口的7.44%。

1999年，博乐市党委下发《关于发展和壮大非公有制经济的决定》，促进市乡镇企业和非公有制经济的发展，促进乡镇企业的“二次创业”。全市乡镇企业以市场，效益为导向，推进乡镇企业产权制度改革，建立现代企业制度，对现有乡办，村办集体企业通过实行股份合作制，解决产权不明、政企不分、规模偏小的问题；引导个体、私营企业转化为股份合作企业。

2005年，全市完成46家国有企业的改制工作，全部改为股份制有限责任公司、民营独资有限责任公司；乡办、村办集体企业，私营企业有限责任公司发展迅速，到2006年，全市乡及乡以上纳入统计的私营、集体有限责任公司44家，其中，集体性质的有限责任公司8家，私营、民营性质的有限责任公司16家，其他有限责任公司10家，私营独资企业9家，国营有限责任公司1家。

1979—1984年博乐市（县）乡镇企业个数统计表

表23-6

单位：个

年份	总数	农业企业			工业企业	交通运输业	建筑企业	其他企业	其中：乡办企业
		合计	种植	养殖					
1979	33	6	4	2	11	–	14	2	19
1980	60	2	2	–	17	2	37	2	20
1981	79	4	4	–	17	3	53	2	24
1982	66	4	4	–	18	2	39	2	26
1983	77	–	–	–	37	–	36	4	24

续表 23-6

年份	总数	农业企业			工业企业	交通运输业	建筑企业	其他企业	其中：乡办企业
		合计	种植	养殖					
1984	162	–	–	–	127	–	32	3	26

注：本表摘自《博乐市乡镇企业区划》

1985 年博乐市乡镇企业所有制结构情况表

表 23-7 单位：个、人、%

单位	乡村集体企业					个体联营企业					企业数合计	从业人数合计
	企业数	占乡企	从业人数	占乡企人数	占农村人	企业数	占乡企	从业人数	占乡企人数比	占农村人		
小镇	11	5.09	386	33.16	0.40	205	94.9	778	66.8	–	216	1 164
青乡	19	14.7	752	80.02	–	115	85.8	143	15.97	–	134	895
达镇	4	4.39	175	43.64	–	87	95.6	226	56.4	–	91	401
乌镇	9	3.57	286	51.72	–	243	96.43	267	48.3	–	252	553
贝乡	1	3.70	130	87.76	–	27	96.43	27	18.24	–	28	159
合计	44	6.10	1729	54.51	1.80	677	93.89	1443	45.49	1.50	721	3 172

注：根据博乐市统计年鉴《跨世纪的博乐》1985 年全市农村人口为 95 981 人

1985—2002 年博乐市乡镇企业所有制结构情况一览表

表 23-8 单位：个、人

年份	乡镇企业	从业人员	乡村集体企业		个体私营企业	
			企业	从业人员	企业	从业人员
1985	721	3 172	44	1 729	677	1 443
1986	1 110	4 140	–	–	–	–
1987	1 136	3 995	–	–	–	–
1988	1 230	4 602	–	–	–	–
1989	1 310	4 685	18	–	1 292	–
1990	1 299	5 525	26	–	1 273	–
1992	1 546	6 623	23	–	1 523	–
1993	1 795	7 469	75	–	1 720	–

续表 23-8

年份	乡镇企业	从业人员	乡村集体企业		个体私营企业	
			企业	从业人员	企业	从业人员
1997	2 498	10 444	72	–	2 426	–
1998	2 543	9 284	42	–	2 501	–
1999	2 705	9 622	–	–	–	–
2000	2 801	9 800	–	–	–	–
2001	27 82	9 510	–	–	–	–
2002	2 566	9 765	–	–	–	–

注：表内数据根据乡镇企业局历年工作总结汇总

第二节　企业生产经营

一、生产经营

（一）建筑建材业

1979 年 8 月，博乐县小营盘公社砖瓦厂轮窑建成投产。到 1990 年，全市砖瓦厂发展到 23 个，占地面积 65.36 公顷，年生产红砖 8 640 万块，瓦 60 万块。1993 年春，全市砖瓦厂达到 50 个，其中小营盘镇 8 个，青得里乡 26 个，乌图布拉格乡 11 个，达勒特镇 3 个，贝林哈日莫墩乡 1 个，阿热勒托哈牧场 1 个，占地面积 118.7 公顷，欠交耕地占用税 57 万元。1995 年，博乐市人民政府组织土地、工商、乡镇、企业、财政、地矿等部门对 52 家砖瓦厂生产进行清理整顿。停产复垦的砖厂 16 家，责令停产的砖厂 17 家。到 1997 年，全市有砖厂 40 家。

1985—1998 年，博乐市年平均建筑面积达 5.58 万平方米；年生产红砖 9 194.08 万块；年生产红瓦 87.83 万片；年平均生产石灰 11 823 吨；年平均生产膨胀珍珠岩 16 521 立方米，空心砖 1 882 万块；年生产混凝土 1 200 ~ 2 556 立方米；年生产水泥预制品 5 266.3 件（立方米）；年生产陶瓷制品 6 780 件（米）；年平均加工木材 1 653 立方米；年平均生产水磨石子 7 508 吨；石膏制品 3 539 吨；建筑用石材 2 620 立方米。

（二）食品加工

1985—1998 年，博乐市年生产各类罐头食品 44.5 吨，饮料 97.5 吨，糕点生产量基本上能满足本地市场需求；年生产白酒 710 吨；年生产乳制品全脂淡奶粉 347 吨，酸奶 185 吨；年生产果酒果酱饮料 2 550 吨，年屠宰加工肉类 3 00 吨；年生产酱油醋 340 吨。

（三）农副产品加工

1985—1998 年，博乐市年加工棉花（皮棉）8.54 万吨；年生产各种棉纱 8 914 吨，棉布 32.27 万米；年生产食用油 13 015 吨，面粉 3 000 吨，挂面 23.6 吨；年加工新鲜番茄 3 万吨；年生产酒精 10.5 吨，DDG 饲料 1.2 万吨；年屠宰加工羊、牛、猪肉 300 吨；年生产实木门 1 092 扇。

（四）矿产采掘

1985—1998 年，博乐市石灰岩矿建筑用片、块石，年采矿量约 150 吨；年开采花岗岩片石约 2 ~ 3

万平方米；年开采珍珠岩矿砂 4 596 吨，矿砂粉 13 吨；石膏年开采量 3 000 ~ 7 000 吨左右。

（五）塑料制品

1985—1998 年，博乐市 6 家生产企业年生产农用地膜 4 472 吨；滴灌带 200 吨；年生产塑料壶，喷灌配件等约 1 300 吨；年生产塑料编织袋 440.58 吨。

（六）制造业

1985—1998 年，博乐市制造业主要有 6 家，年生产大小常压锅炉 126 台，家用锅炉 200 台；年生产钢窗 2 100 平方米，塑钢窗 2 854 平方米，苯板 1 177 平方米。

（七）印刷业

1985—1998 年，博乐市印刷业主要有 3 家，年印制书刊表册 102 万本（册），各类本册 1 100 令（包）。

1985—1998 年部分年份博乐市乡镇企业主要产品产量统计表

表 23-9

产品名称	计量单位	1985	1986	1987	1988	1989	1992	1995	1996	1997	1998
红砖	万块	2 474.25	5 663	4 483	6 889.5	6 303	8 802	9 832	15 457	12 993	19 044
机制红瓦	万片	–	70	78.7	112.6	90	–	–	–	–	–
石灰	吨	–	7 030	7 250	800	9 200	–	–	–	25 660	29 000
建筑石材	吨、立方米	–	–	–	800	4 440	–	–	–	–	–
水磨石子	吨、立方米	–	8 000	7 630	8 000	6 402	–	–	–	–	–
膨胀珍珠岩	立方米	–	–	3 554	7 000	6 020	–	17 700	11 055	–	–
水泥制品	件、立方米	–	–	–	8 070	5 100	–	–	–	2 629	–
陶瓷制品	件、节	–	–	4 560	–	9 000	–	–	–	–	–
石膏	吨	–	–	600	2 900	7 118	–	–	–	–	–
花岗岩	平方米	–	–	–	–	–	–	2 200	–	–	–
珍珠岩矿砂	吨	300	2 050	3 554	3 800	5 536	12 000	24 680	20 957	15 000	25 600
木材加工	立方米	–	–	1 450	450	1 700	1 165	–	–	3 500	–
人造板材	立方米	–	–	3780	–	–	–	–	–	–	–
建筑工程	立方米	47 100	–	30 300	37 800	23 740	–	140 000	–	–	–
食用油	吨	–	682.62	980	700	1 007.7	–	–	–	–	–
粮食加工	万吨	–	0.823	1.4	2.55	1.324	–	2.1	1.8	–	2.1
罐头食品	吨	–	–	44.5	–	–	–	–	–	–	–
饮料	吨	–	–	21	–	174	–	–	–	–	–
白酒	吨	–	10	–	–	–	–	–	–	–	–
皮革制品	件	–	6 300	–	–	–	–	–	–	–	–

续表 23-9

产品名称	计量单位	1985	1986	1987	1988	1989	1992	1995	1996	1997	1998
蜡烛	万包	–	–	2.1	–	–	–	–	–	–	–
油漆	吨	–	–	35	–	–	–	–	–	–	–
发电	万度	315.23	435.5	–	–	–	–	653	–	–	515
交通运输	万吨	–	–	–	24.5	–	26	–	–	65	–
配合饲料	吨	–	–	–	54	337	–	–	–	–	–
棉纱	吨	–	–	–	–	–	1 860	5 672	4 049	4 700	2 881
白平布	万米	–	–	–	–	–	–	24	–	–	76
塑料编织袋	吨	–	–	–	–	–	–	54.5	–	20	–

注：本表内容根据市乡镇企业局历年工作总结汇总，有些年份无此内容或不全。

二、经营效益

1979 年，博乐县乡镇企业和联营个体企业 216 个，从业人员 1 164 人，总收入 460.45 万元，总产值 440.29 万元。

1989 年，博乐市乡镇企业总收入 2 577.42 万元，较 1985 年增长 76.8%，总产值 2 574.47 万元，较 1985 年增长 73.3%。上缴国家税金 87.54 万元，净利润 239.45 万元。

到 2002 年，博乐市乡镇企业总收入 6.17 亿元，总产值 6.2 亿元，其中工业产值 3.1 亿元，利税 1 900 万元。

1985—2002 年博乐市乡镇企业经营效益统计表

表 23-10　　单位：万元

年度	总收入	总产值	其中：工业产值	国家税金	总利润
1985	1 458.12	1 485.39	544.14	40.29	72.81
1986	1 622.24	1 134.32	742.00	–	–
1987	1 898.77	1 925.89	862.97	56.49	102.14
1988	2 382.45	2 433.79	993.36	63.01	164.53
1989	2 577.42	2 574.47	1 065.73	87.54	239.45
1990	–	3 356.62	1 854.41	121.84	288.20
1993	10 640.00	10 177.00	7 086.00	–	962.00（含税）
1994	20 018.44	14 882.00	9 701.00	–	1 359.37（含税）
1995	24 988.40	19 076.00	10 554.00	–	752.00（含税）
1996	28 021.50	22 017.00	10 010.00	–	–185.57（含税）

续表 23-10

年度	总收入	总产值	其中：工业产值	国家税金	总利润
1997	35 280.00	25 340.00	1 1770.00	–	–150.00（含税）
1998	38 072.00	28 597.00	–	–	440.00（含税）
1999	41 811.00	31 508.00	11 975.00	–	1 109.00（含税）
2000	67 239.00	34 475.00	14 755.00	–	1 478.00（含税）
2001	54 855.00	56 175.00	28 073.00	–	1 750.00（含税）
2002	61 700.00	62 000.00	31 000.00	–	1 900.00（含税）

注：表内数据根据乡镇企业局历年总结汇总

第六章　管理与技术改造

第一节　生产管理

1979 年，博乐县改企业基金制为利润留成制，1980 年，在博乐县水泥厂等企业推行以利润包干为主的经济责任制。1982 年起，各企业改革工资、奖金分配制度，推行计件工资、包干工资、联销计酬等分配形式。1983 年，县委、县人民政府贯彻执行中共中央、国务院《关于国营工业企业进行全面整顿的决定》，按照《自治州企业整顿工作会议》的安排部署，企业整顿内容包括企业领导班子、企业经营管理、劳动组织和劳动纪律，财务管理和财经纪律等方面。参加整顿的企业包括工业、交通、农机、商业、粮食、供销、水电等系统的国营、集体企业。1984 年底，全县列入整顿规划的企业共 65 个，累计验收合格的企业 61 个，不合格的 4 个。1985 年，博乐市推行“一包三改”的生产经营责任制，实行厂长负责制和企业层层承包、“独立核算、自负盈亏”的经营方式。同年，市经委建立生产调度、产品质量检查制度，印发《企业经济责任制（草案）》，建立完善各项规章制度。定期深入企业进行现场办公，检查产品质量，反应用户意见，协助企业开好用户座谈会，解决实际问题，提高服务质量。

博乐市 5 个较大工业企业与市经济委员会签订了经济承包合同书。政府对企业实行目标管理，制定出考核企业的产量、工业总产值、产品销售收入、实现利税、奖金、资金周转速度、能耗以及企业自主经营权范围等，与企业签订目标管理责任书，明确政府和企业各自的权利和义务，年终检查验收。对完成目标管理好的给予表彰奖励，职工予以晋级；对完不成目标管理任务的企业，停发奖金，对厂长和厂级领导给予批评或调整岗位处理。

1987 年 2 月，博乐市全面推行和完善承包经营责任制，各企业与政府经济主管部门签订承包合同书，承包期与厂长任期相等。基本原则是：包死基数，确保上交，超收多留，歉收自补。企业依法纳税，着重体现“三保一挂”，即保上交指标，保企业资产保值增值，保企业上等级，实行经济效益与工资总额挂钩。企业上缴利润后的留利部分规定使用比例；建立发展基金、新产品试验基金、后备基金、福利、奖励基金，上述基金建立专项账户，由企业支付使用。20 世纪 80 年代后期，博乐市工业企业以质量求生存求发展，大部分企业建立质量保证体系，设立专门质量管理科室或质检员，对产品进行自检、互检、专检，对工、卡、模具定期检测和更新；建立产品原始记录和质量信息反馈制度，加强售后服务；严格执行产品生产标准，不合格的产品不准出厂，不合格产品不计产值，不合格原材料和零部件不准投入生产和组装，已公布的淘汰的产品不准生产，没有产品质量标准、检测机构、检测手段的产品不准生产，不准弄虚作假、以次充好、伪造商标、假冒名牌。

1992 年初，博乐市国有、集体工业企业或推行股份合作制，或采取重组改造、破产、整体拍卖、承包租赁、国有民营等形式。2000 年，在企业产权制度改革基本完成，政府加大对企业的宏观调控力度，建立经济运行监控制度，派专人对年初分解到各企业指导性生产计划进行跟踪监控。进入 21 世纪，企业遵循市场经济规律，走科技含量高、经济效益好、资源消耗低、环境污染少的新型工业化道路。市工业企业实现生产型向生产经营型转变，产品严格执行标准，及时处理好有关资金、物资供应、质量保证、设备维修、技术革新、工艺改进等问题。突出生产现场管理，达到环境整洁、纪律严明、设备完好、物流有序、信息准确、均衡生产。

第二节　安全管理

20 世纪 80 年代，博乐市较大的企业设有安全机构和安全监督员，较小的企业都配备有兼职安全员。各企业新从业员工从业前必须接受岗前安全生产培训，经考核后持证上岗。机器设备传动部分必须安装防护罩，设备操作人员不得戴手套，女工不得留长发。特殊工种如锅炉工、电工、吊车司机等必须经劳动部门核发特种作业证方可持证上岗。生活、生产锅炉定期检查，颁发合格证后方能使用。纺织厂、棉花加工厂、酒厂、印刷厂、塑料厂等被列为重点防火单位，安全生产监督管理局和消防部门定期检查，发现隐患，限期整改。一般企业，均配备有消防器材；重点防火单位成立有消防队，配备有专业消防设备并开展灭火技能训练培训。安全生产主要指标列入企业目标管理内容，各厂矿企业把安全生产列入岗位责任制。各企业车间主要部位、工段设置安全标志牌；在危险机械、电力设备等区域设置醒目警示牌。政府、经贸委不定期召开安全生产会议，组织各有关部门进行安全生产大检查。

20 世纪 90 年代后，博乐市企业基建项目必须与消防建设同时设计、同时施工、同时投入使用。出现事故，做到不查清事故原因不放过；事故责任者和群众没有受到教育不放过；没有防范措施不放过。把安全生产作为经济责任的重要内容并与个人经济利益挂钩，进行奖惩。加大安全管理力度，保障安全生产。

第三节　财务管理

1982 年，博乐市工业企业财务管理依照《中华人民共和国会计法》《中华人民共和国统计法》以及财务制度执行。较大企业设有财务科，较小企业设有财务室。财务人员须经过财务培训，考试、考核合格后，取得会计证和统计证方能持证上岗。财务人员明确分工，严格执行“管钱不管帐，管账不管钱”的原则。1985 年起，对工业企业实行利改税，以上 2 年为基期利润，包死基数，保证上交，超收全留，歉收自补。

20 世纪 90 年代后，博乐市各企业依据《中华人民共和国会计法》《中华人民共和国统计法》制定有核算、资金管理、财务纪律等制度。民营企业以借贷记账法结算记账利税，先完成国家税费，剩下全归业主所有。国有企业每月定期向主管部门、财政、税务、审计部门报送当月财务报表；集体企业向二轻局报送财务报表（二轻局与经委合并后报送经委）；乡镇企业向市乡镇企业管理局报送；供销企业向市供销社联合社报送。财务部门依据企业当月生产经营状况附加文字说明，连同财务报表同时报送上级部门。上级业务部门不定期对国有企业进行财务大检查和监督指导。

第四节 技术改造

1980 年，博乐有水泥厂、水泥制品厂、粮油加工厂、白酒厂等企业，技术力量薄弱，设备简陋，生产发展缓慢。博乐市利用老厂设备不断进行技术改造。2003 年，博乐市推进新型工业化进程，把石灰石加工业培育成为市的支柱工业之一。2005 年，博乐市印发《扶持农业产业化龙头企业专项资金管理办法》《扶持中小企业技术改造专项资金管理办法》等政策措施，投入技改资金 6 060 万元，企业技改项目 15 个；2006 年，引导和支持企业进行技术改造，实施技改项目 18 项，投资 6 513 万元。

1985—2005 年，博乐市实施工业企业技术改造及投资项目共计 125 项。1993 年以前，博乐市投资技术改造资金 2 457.33 万元，2000—2006 年，博乐市企业技术改造投资 1.82 亿元。

一、建筑建材企业

水泥预制　1985 年，市水泥预制厂拉膜场地 10 000 平方米技术改造；1986 年，生产空心砖空心板；1988 年，购挤压机、推土机、大板模型各一台（套）改造空心板挤压机，开发水泥预制大板新产品（600 多件），填补自治州水泥预制品的空白。1991 年，对水泥储运设备和预置砼大板改造；1993 年，市预制厂增添加气混凝土生产线。

1999 年，博乐市利达建材有限责任公司完成混凝土电杆设备改造。

水泥生产　1988 年，市水泥厂立窖改建项目使年设计生产能力由 2.2 万吨提高到 4 万吨；1994 年，市水泥厂进行磨机衬板改造。1998 年，博兰水泥有限责任公司对生料磨、2 号窖及旋窖进行改造；2000 年，博兰水泥有限公司旋窑技改项目，能形成年产水泥 25 万吨的生产规模，可生产高标号、道路、桥梁等多用途水泥。2001 年，完成旋窑技改土建工程和设备的更新改造；2005 年，博兰水泥有限公司增加日产 250 万千克熟料生产线工程。

珍珠岩矿　1990 年，博乐市珍珠岩厂更新风选砂矿设备和熔烧炉改造；1993 年，市珍珠岩厂地矿玻璃纤维布生产线投产。1994 年，珍珠岩厂空心砌砖生产线投产。2004 年，博昌珍珠岩有限责任公司投入技改资金 180 万元用于膨胀窑改造。

其他建筑企业　1995 年，市合作区花岗岩厂增加三万平方米花岗岩板材加工生产线。2005 年，博州西部矿业有限责任公司总建 6 座环保立窑，已完成投资 2 500 万元。博州鑫业混凝土有限责任公司总增添移动搅拌站及专用运输设备。博乐市利福钢窗厂增加苯板生产线。

二、纺织企业

博棉纺织　1991 年，博乐市棉纺厂开发 32 支棉纱技术；1993 年，市棉纺厂出产 10 支棉纱产品。2000 年，博棉纺织有限责任公司精梳技术改造，形成精梳 2.5 万锭，普梳 3 万锭规模，年产精梳 40 支纱 6 000 吨。2003 年，博棉纺织（集团）有限责任公司完成 6 台精梳机的改造。

轧花企业　2000—2001 年，博乐市棉种经销公司所属轧花厂、棉麻公司所属 4 个轧花厂进行了配套设备更新和技术改造。

三、粮油、酿酒、制糖企业

粮油企业　1985 年，博乐市投资 70 万元对市粮油加工厂油料浸出油车间和饲料加工车间技术改造，日产量由原来的 3 万千克提高到 90 ~ 100 吨，新增产值 270 余万元。1990 年，继建粮油加工厂挂面生产；1991 年，市粮油加工厂生产的特一粉和棉籽油获自治区优质产品称号，标准粉和二级葵花油被评为行业优质产品，填补博州、博乐市优质工业产品的空白。1993 年，市粮油加工厂对油炸方便面生产线、面粉车间进行改造。1999 年，博乐市三金粮油有限责任公司增加油脂生产线项目并进行设备技改。2003 年，博乐市家乐油脂有限公司增加一条榨油生产线，设备更新；博乐市顺鑫油脂加工有限责任公司锅炉和榨油设备更新改造。

酿酒企业 1998年，博乐市赛里木酒业酿造有限责任公司增加纯净水项目；1999年，增加白酒灌装生产线项目。

制糖企业 2005年，博州甜源糖业有限责任公司增加轻质碳酸钙生产线，制糖分厂、颗粒分厂、甜菜自动收割机等。

其他企业 1991年，博乐市制药厂开发平儿热息痛、蜂宝口服液；1993年，制药厂研制出去痛片、牙痛片、参杞蜂皇浆、脑复新（属区级新产品）产品进入市场。1994年，博乐市金可乐有限责任公司“618”黄金饮料生产线投产。1995年，博乐市供销社青达拉榨油厂开发颗粒饲料项目。2004年，博乐市兆丰生物技术开发有限公司购进设备。

四、化工企业

1988年，博乐市塑料厂投资15万元购进一台吹塑机，使企业设计生产能力提高两倍；1990年，市塑料厂配套乙烯拉管设备。2001年，博州恒源塑料有限责任公司购进两台宽膜挤出机和八台节能变频器已投入使用；2004，恒源塑料有限责任公司增加小机关袋3台。

2005年，博州盛源塑料管材有限责任公司PE管生产线项目。

五、二轻企业

服装制作 1988年，博乐市服装厂生产服装4.25万件，产值62.4万元。

皮鞋制作 皮革厂技术改造后生产能力增加，1988年，博乐市皮革厂全年生产皮鞋1.6万双，实现产值30万元。1990年，市皮鞋厂增加塑料鞋底项目。

印刷技术 1991年，博乐市印刷厂使用胶印成套设备；1993年，市印刷厂运用电子排版系统照排；1995年，市印刷厂使用新协四开单色胶印机。

纸箱生产 1998年，博乐市民政福利纸箱厂设备改造；2003年，博乐市福利制品厂改造彩色印刷纸箱。

五、热力、供水企业

2003年，博乐市自来水公司管道更新改造投入75万元；热力公司管网改造投入20万元。

第五节 乡镇企业管理

一、生产劳动管理

20世纪80年代，博乐市推行企业承包制，从业人员择优聘用，实行工资制，工资形式分为计时工资、计件工资。管理由公社（乡）乡镇企业办公室管理。20世纪90年代后，乡村集体企业全部转体为股份合作或私营企业，所用工采取招工形式，工资形式分为计件工资、计时工资、固定工资加奖金。乡镇企业管理机构也由直接管理转为监督管理和服务管理。

乡镇企业人才培训，大部分采取在岗培训，同时也组织企业骨干到外地对口单位培训，参加各种专业技术培训，到企业管理中心、农民大学、函授大学、电视大学、农业广播学校学习。经企业考核、对口行业职称评定机构评定、劳动人事部门认定，可获得相应的专业技术职称。

二、财务管理

1981年开始，县乡镇企业执行全国统一的《农村人民公社社办企业财务管理办法》和《社办企业财务会计制度》，同时开展以清产核资、检查违法行为、反对贪污浪费为内容的财务大检查。1986年开始，市执行国家农牧渔业部、财政部颁发的《乡镇企业财务制度》和《乡镇企业会计制度》，多数企业改增减记账法为借贷记账法，全面核算生产成本、资金使用、经营成果。20世纪90年代后，博乐市具有一定规模的民营乡镇企业都以借贷记账法结算记账利税，先完成国家的税费，剩下全部归业主所有。

第七章 经济技术协作与招商引资

第一节 经济技术协作

1987年，博乐市经济技术协作办公室接待来自关内、区内的15个经济考察团和代表团，先后签订各种协议和合同4份，可行性研究报告3份。如市果酒厂与石河子小拐饮料厂联营，对方一次投资2.5万元，增加酸奶露、崂山可乐、青岛小香槟等四种新产品；果酒厂自1988年7月与河南省密县康华饮料食品总厂达成联营，改称“博乐市饮料食品厂”。主要联营果脯、炒货、可乐等。联产后的五个月，边扩建边生产，产值达5.82万元。1988年，博乐市供销社与江西省科学技术研究所、广东科学院微生物研究所、广东华乐蜂业有限公司开发研制蜂花粉、蜂蛹、蜂王胎等系列蜂产品。组建博乐市蜂乳厂。市群众服装厂与新聚服装厂联营，产值、利润稳步增长。市水泥制品厂与新疆工学院建材系技术协作，开发生产大板新产品。市珍珠岩矿与克拉玛依市二轻局、伊犁66团砖瓷厂、塔城等地分别采用合资、租赁形式建膨胀珍珠岩厂进行经营性生产，开拓北疆市场，矿年产值达72万元，利润约19.1万元。

1989年5月，博乐市横向经济联营首次引进投资，与中国新兴公司深圳分公司、新旅工贸公司签订无息贷款资金400万元到位。1992年，市经委共审批各类公司32家，注册资金总额为3 844.5万元。1995年，博乐市引进资金1 338万元人民币（含设备投入款），50万美元。

第二节 招商引资

2000年，博乐市印发《博乐市投资指南》宣传画册。坚持“走出去，请进来”的办法，组织参加“西部经贸洽谈会”“乌洽会”。同年，通过开拓内引外联渠道，引进投资项目1 930万元。其中浙江省兰溪市赵有友出资1 200万元，收购市水泥厂；浙江省温州市杨守峰投入300万元收购原市水泥厂编织袋厂设备，并通过改造扩建成立“博峰编织袋有限责任公司”；浙江永嘉县袁嗅帆投资200万元购置服装生产设备和原料，成立市“永乐有限责任公司”；市农工商总公司榨油厂由昌吉州雄风粮油有限公司控股投资170万元，组建“雄博粮油工贸有限公司”；昌吉州米泉市顺成有限责任公司投资60万元承包经营市造纸厂，成立“博乐市银成造纸厂”。

2001年，博乐市完成招商引资4 680万元。落实和签订协议的项目有乌市方和实业有限责任公司在博乐市一期投资80万元新建液化气供应站；新疆世纪房地产开发公司投资约1 000万元在合作区16号小区开发商品楼5栋，投资24 00万元在博乐市建设商贸楼项目；安徽亳水市绿利农药化工有限公司在合作区投资建厂，投资规模780万元。乡镇企业招商引资2 220万元。

2002年，博乐市引进招商项目5项，投资金额9 570万元，其中昌吉亚中商城有限公司，总投资2 800万元，进行红旗饭店改造（商住）；投资1 500万元，在合作区建占地3.07公顷的建材市场；合作区世纪房产公司投资400万元，在西郊客运站建综合批发市场；奎屯天合房产公司投入370万元进行北京路网点改造（商住）；昌吉恒业房产公司投资4 000万元，建商业步行一条街。

2003年，博乐市招商引资共签订协议、合同32项。合同履约金额为15 848万元，合同履约率75.5%。全年共引进工业项目17项，引资额6 740万元，占全年合同招商引资额的32%，实现工业企业招商引资的大突破。

2004年，博乐市完成招商引资项目65项，合同和协议引资金额6.19亿元。实际到位资金3.5亿元，其中区外资金 1.51 亿元，区内资金 1.99 亿元。在 65 个招商引资项目中，工业项目 29 项，实际到位资金 1.41 亿元。上流项目 36 项，实际到位资金 2.09 亿元。到 2005 年，共有 28 个招商项目落户博乐市，到位资金 2.25 亿元。到位国家、自治区项目 80 项，累计到位资金 1.8 亿元。西部矿业、雄鑫金属、兆丰生物、鑫业混凝土等一批填补本地产品空白的招商企业相继落户。

第八章 园区建设

第一节 工业园区建设

2005 年，博乐市启动工业园区建设。投资 680 万元，实现进出口贸易加工区一期 61 公顷用地“四通一平”（四通指通水、通电、通路、通信；一平指场地平整），四户企业落户园区。2006 年，编制完成进出口贸易加工区二期建设用地详规。积极引进资源加工型企业。博州博圣玉米精化有限责任公司、博乐市莹雪轻质碳酸钙制造有限责任公司等企业落户博乐。

第二节 博乐边境经济合作区

博乐市边境经济合作区位于市区东郊，东以东环路为界，西以团结路西侧 50 米处为界，北以北环路为界，南以长江路及博精公路以南合作区以北为界，面积为 7.38 平方千米。

一、合作区机构

1992 年 7 月，博乐市成立博乐边境经济合作区管理委员会。市委书记兼任主任，市长、市委副书记、市委常委、副市长等为副主任。设置管委会办公室，下设政策研究部、经济协作部、规划建设部、财经部、征迁安置部、行政部和综合开发公司（六部一公司）。同年 12 月，国务院特区办批准博乐市创办边境经济合作区。

1993 年 3 月，合作区成立“土地房产局”，规划建设局、工商管理局。同年 8 月，机关党委正式批准合作区建立党总支委员会。1995 年 3 月，博乐边境经济技术合作区管理委员会级别为副县级行政单位。

2002 年 11 月，合作区成立招商局，副科级；合作区规划建设局与土地房产局合并，成立土地规划建设局，副科级。

2006 年 11 月，博乐边境经济合作区划归市经济贸易委员会，并挂“博乐边境经济合作区管理委员会”的牌子。

二、合作区基础设施建设

（一）规划

1992 年底，博乐市编制博乐市边境经济合作区总体规划，总面积 7.8 平方千米，起步区 0.97 平方千米，并通过自治区人民政府审批。1996 年，博乐边境经济合作区规划实施方案，通过自治区人民政府审定。2005 年，市规划进出口贸易加工区，面积 3.83 平方千米，划分为起步区、发展区、未来发展方向区，并与湖北黄石市对接，拟建黄石工业园。该园初步规划两纵四横一级路网 6 千米、7 万平方米，φ400 排水主管 2.8 千米，10 千伏电力主线路 2 110 米，φ300 供水主管 2.9 千米，φ200 供水支管 5.4 千米，φ529 球墨铸铁供热主管 3.7 千米，热交换站 2 座，概算总投入 1 416.4 万元。

（二）土地征迁

1992 年，博乐市边境经济合作区征迁 30 多个单位、284 户居民，征迁面积 141 896 平方米，并建造 2 864 平方米的周转平房和 4 680 平方米的周转楼房。

1993 年，博乐市边境经济合作区征用土地 4.3 万平方米，征迁房屋 64 户 1.49 万平方米，签订土地出让合同 22 份，出让土地 15.21 公顷，预收土地出让金 515 万元，

1993—1994 年，博乐市边境经济合作区征用土地 71.6 公顷，出让土地 16.65，征迁房屋 446 户。

（三）“六通一平”

道路 1992 年，博乐市团结路建成通车。博乐边境经济合作区内 21 千米道路建设由哈萨克斯坦共和国交通建设部承包建设。1994 年，完成团结路沥青砼路面 3 300 米；1996 年，完成团结路绿化 300 米。

1993 年 10 月，合作区长城东路建成水泥混凝土路面，全长 559 米。1998—2000 年，博乐边境经济合作区道路工程 200 米（砂石路面），投资 18 000 元。

2001 年，博乐边境经济合作区建道路 2 条，总长 162 米，面积 1 140 平方米；完成光明路、长城路、金光大道、富达路罩面，面积 25 720 平方米；建 4 000 平方米广场。投资 6 万元，铺设彩砖人行道 226 米、904 平方米。

2003 年，博乐边境经济合作区对长城东路、富达路配套设施进行改造。长城东路改建工程从团结路至光明路，总长 635.85 米。完成人行道彩砖铺设面积 7 200 平方米，林带绿化面积 3 000 平方米，安装路灯 28 盏等。富达路改建工程从长城东路至金光大道，总长 202 米。完成人行道彩砖铺设 600 平方米，林带绿化面积 1 400 平方米，安装路灯 8 盏。

2004 年，博乐边境经济合作区完成金光大道续建工程，总面积 11 800 平方米（其中 60 厚彩色防滑人行道砖 3 800 平方米），林带绿化面积 700 平方米，安装路灯 70 盏。完成团结路人行道改造工程（青德里大街至响根布呼路段），总面积 6 600 平方米，铺设 60 厚彩色防滑人行道砖 720 米。完成边境经济合作区广场东、南道路工程，长 140 米、宽 8 米，总面积 1120 平方米。完成丽园路人行道工程，总长 300 米

管道 1992 年，自来水加压工程的保税区地块，划归博乐边境经济合作区开发建设。1993 年，铺设上下水管道 4 979.9 米。1994 年，建供、排水管道 6 122 米。1995—1996 年，建生活区 17 号、20 号小区供水管道 83 米；光明路排污工程，全长 1 600 米，总投资 137 万元。1998—2000 年，建 19# 小区下水道工程 420 米，投资 15 万元。2001 年，投资 16 万元，建小区上水管道 320 米；投资 17 万元，建小区下水管道 360 米；2004 年，完成非公有制小区 40 户供水工程，安装供水主管道 750 米。

供电 1993 年，博乐边境经济合作区架设高压线 1 920 米。1994 年，铺设电力线路 2 530 米。1995—1996 年，合作区完成长城路高压线向 20# 小区延伸 300 米。

供热 1993 年，博乐边境经济合作区热力公司成立，建 1 100 米供热主管道，完成试压；建供热站 1 座，供热面积 6 万平方米。1994 年，完成供热管沟管道 7 555 米建设。

通信 1993 年，电讯设备投入 180 万元，铺设通信电缆 3.35 千米。1994 年，完成通信线路 5 086 米建设。

小区建设 1994 年，对 16 号生活小区、17 号商贸小区的供排水系统、通信线路进行配套，完成电力线路 610 米，供、排水管道 1 143 米。2001 年，投资 20 万元，建康碧苑园林小区。

1997 年，博乐边境经济合作区基础设施投资 416.68 万元，其中供热工程 52 万元；团结路改造工程 100 万元；上下水工程 50.93 万元；电力工程 32.75 万元，通信设施工程 180 万元。2001 年，投资 5 万元，边境经济合作区 1 ： 1000 比例尺数字化地形图测绘。

2002 年，合作区在起步区内，基本上道路、上下水、电、暖、通信等“六通一平”（六通指通供水、排水、路、电、通信、供热；一平指场地平整）；2005 年，博乐市进出口贸易加工区完成一期“四通一平”工程。

三、合作区经济

1992年12月，博乐市接待国内外客商团体365个、1 988人，签订协议20个，意向12个，有偿出让土地面积37公顷，预收土地出让金602万元。

1993年，中国科技大学和博乐市矿办联营建花岗岩建材厂，注册登记，1994年，边境经济合作区签订协议34个，协议资金4亿元，引进项目49个，项目资金2.36亿元。开工的项目70个，总建筑面积16.4万平方米，投资总额1.69亿元。

1995年，博乐边境经济合作区与重庆食品工业研究所签订市制药厂618黄金饮料在重庆设分装厂的意向书。1999年，中基博乐番茄制品有限责任公司在博乐边境经济合作区建番茄酱加工厂，投资2 000万元人民币，年产番茄酱7 500吨，产品销往国外。招商引进私营经济100万元左右，在边境经济合作区建上海大众汽车维修服务中心。私营企业天龙冷饮食品厂投资100万元，在合作区非公有制经济园区建冷饮厂。

2000—2001年，博乐边境经济合作区招商引资，扩建、新建项目47个，总投资10 937.7万元。2001年，一期投资80万元建液化气供应站；投资约1 000万元在合作区16号小区开发商品楼5栋；投资2 400万元建设商贸楼；投资规模780万元在合作区投资建厂。2002年，投资2 800万元，进行红旗饭店改造（商住）；投资1 500万元，在合作区建占地3.07公顷的建材市场；投资400万元，在西郊客运站建综合批发市场；投入370万元进行北京路网点改造（商住）；投资4 000万元，建商业步行一条街。

到2004年，边境经济合作区有企业76户（国有企业12户，私营企业64户），注册资金19 245万元；个体工商户467户，从业人员753名，注册资金516万元。

四、合作区管理

1992年7月，博乐边境经济合作区管理委员会印发《关于鼓励国内外客商投资办企业的优惠办法》。1993年，中共博乐市委员会、博乐市人民政府印发《博乐边境经济合作区管理办法》《博乐市招商引资项目建设奖励办法》《博乐市招商引资项目建设考核办法》等。2000年8月，中共博乐市委员会、博乐市人民政府印发《博乐市投资发展软环境建设的决定》《博乐边境经济合作区优惠政策》。2003年，博乐市边境经济合作区建一站式服务大厅，为客商提供“方便、快捷、高效”服务。

2005年，博乐边境经济合作区制定《博乐市进出口贸易加工区优惠政策》及《博乐市进出口贸易加工区管理办法》。编印汉、英、俄3种文字的项目册，重点推介市工业、农业、畜牧业、城市基础设施、旅游等储备项目。

第二十四编

BOLE SHIZHI

商业 贸易

1979—1997 年 1 月，博乐市境国营商业由博州直接管理（不包括兵团农五师所属国营商业），主要分布在市城区。1997 年 2 月，博州将其直属的国营商业企业移交博乐市。

20 世纪 80 年代，博乐市供销合作商业企业、粮油贸易企业等实施经营承包责任制。期间，个体商业由 1979 年的 37 户，到 1990 年发展到 1 818 户。市境形成国营、集体、个体商业共同发展的格局。对外贸易在 1985 年前以畜产品为主，1985 年后以棉花产品、畜产品、中草药为主。

20 世纪 90 年代，博乐市国营商业企业、供销合作商业企业等，采取联合、兼并、股份合作制、出售买断、租赁等形式，实施改制。到 2000 年，博乐市初步建立社会主义市场商业体制。

第一章 商业机构和体制改革

第一节 机 构

一、博乐县外贸局

博乐县外贸局成立于 1972 年 5 月。1984 年 5 月，县外贸局并入博乐县供销合作社，对外称县外贸公司，对内称县供销合作社茶叶畜产品公司，为经济实体。合并后有职工 68 人。主要经营畜产品（收购、加工、打包、调运）。直属单位有皮毛厂、城镇收购门市部、小营盘收购站、达勒特收购站。1999 年 11 月，市供销合作社茶叶畜产品公司（外贸公司）破产。

二、博乐市对外经济贸易委员会

1992 年 1 月，博乐市对外经济贸易委员会成立。2000 年 8 月，市对外经济贸易委员会撤并，其职能划归博乐市经济贸易委员会。

三、博乐市商业贸易总公司

1997 年 2 月，成立博乐市商业贸易总公司。市商业贸易总公司辖市酒厂、市蔬菜公司、市饮服公司、市团结商场、市副食品厂、市纺织品公司、市食品公司、市五金公司、市商贸公司、市食品加工厂、市肉联厂。市商业贸易总公司成立后，先后对 12 个国营集体企业进行改制。1998 年，基本完成各企业的改制和职工的安置工作。2001 年 4 月，市商业贸易总公司并入市经贸委。

第二节 商业体制改革

一、国营商业体制改革

1997 年 2 月，博州将其直属的蔬菜公司、饮服公司、纺织品公司、食品公司、五金公司、商贸公司 6 个商业公司和酒厂、食品加工厂、肉联厂、副食品厂 4 个工业企业移交博乐市。同年 2 月 26 日，博乐市成立商业总公司，并印发《博乐市工商企业产权制度改革试行办法》。改制的方式有联合、兼并、股份合作制、出售买断、租赁等多种形式。

1998 年，博乐市酒厂、蔬菜公司、饮服公司、团结商场改制为股份公司。副食品厂出售给私营企业，成立五洲酱油厂。对纺织品公司、食品公司、五金公司、商贸公司、食品加工厂长期严重亏损的企业，总公司把企业里的国有资产部分产权出售给全体企业职工，以抵顶职工解除劳动合同的安置费。食品加工厂则以出让土地房产有偿转让费，解决职工解除劳动合同安置费及退休职工的医疗费和取暖费。至此，博乐市基本完成国营商业企业的改制工作。

二、石油经营体制改革

20 世纪 80 年代，博乐石油由博州石油公司专营。20 世纪 90 年代初，博乐石油经营市场曾一度放开。单位、个人在市区、乡镇、团场先后建立小营盘加油站，乌图布拉格加油站，达勒特镇加油站，青得里大街加油站，康佳加油站，北京南路加油站等。

1998 年 6 月，博州石油公司上划中国石油天然气集团公司，依据国务院有关规定，对石油经营市场进行整顿，取消非石油单位、个人石油经营权，先后收购单位、个人经营的加油站，并进行改造，统一由中国石油天然气股份有限公司新疆博州销售分公司经营。

三、烟草经营体制改革

1997 年以前，博乐市境卷烟经营市场由博州糖业烟酒公司和农五师糖烟酒公司共同管理。1997 年 8 月，新疆维吾尔自治区烟草专卖局（公司）与博州人民政府签订关于在博州成立烟草机构的协议。同年 8 月 19 日，成立博州烟草专卖分局（公司），具体负责博州烟草市场管理、卷烟供应以及烟叶种植和调拨。

2000 年，博州烟草专卖分局（公司）相继取消原博州糖烟酒公司及其下属批发站、农五师糖业烟酒公司等卷烟委托批发权。由博州烟草专卖分局在各县市、农五师团场设置直管批发部，采取统一价格，统一送货上门，分片销售，建立“全面访销、全面配送、访送分离、专销结合”的卷烟批发销售经营模式。

第二章　商业企业和市场建设

第一节　商业企业

一、博乐市百货公司

1975 年，博州与农五师商业合并，组建贸易公司。1983 年 1 月，贸易公司改称百货公司。1984 年 1 月，博州与农五师商业分设，博州百货公司辖百货、鞋帽、石油门市部、劳保商店、民族专柜、团结商场，经营品种 4 800 多种。1985 年末，有职工 134 人。1997 年 2 月，博州百货公司移交博乐市，并进行改制。1998 年 11 月，市百货公司与团结商场资产分立重组，组建博乐市团结贸易有限责任公司。改制后的公司从原百货公司中脱离，不承担原百货公司的债权债务，为独立的企业法人；公司全部股份由百货公司在册职工认购，并接纳百货公司在册职工（离退休），执行社会养老保险和行业保险统筹。

二、博乐市食品公司

原为博州食品公司，1956 年 8 月成立。经营活畜、肉食、糖烟酒、蔬菜、禽蛋和食堂、旅社、理发、照相等。1980 年，公司辖 3 个牧场，5 个活畜收购站。1985 年，公司 3 个牧场移交县畜牧局。公司有职工 151 人。辖肉联厂、小营盘、青得里、达勒特、乌图布拉格、阿热勒托哈活畜收购站。经营品种有活畜、肉食及副食品。年购进总额 97.88 万元，年销售总额 111.6 万元，实现利润 20.9 万元。1997 年，公司移交博乐市，1998 年 5 月改制，成立博乐市食品公司。2000 年 4 月，食品公司破产。同年，成立博乐市食品公司养老服务中心，经营面积 320 平方米。

三、博乐市饮食服务公司

原为博州饮食服务公司，成立于 1984 年 10 月，有职工 87 人；营业额 47 万元，利润 3.6 万元。经营红旗饭店、理发馆、照相馆等。1997 年 2 月，公司移交博乐市，职工总数 62 人，其中离退休职工 30 人。1998 年 5 月公司改制，在职职工和离退休职工全部安置。同年 10 月，成立博乐市宝地商贸有限责任公司。

四、博州石油公司

博州石油公司主要经营汽油、柴油、煤油、润滑油、润滑脂等。下辖油库、加油站、车队。1985年末，有职工105人。年购进总额973万元，销售总额1 238万元，其中商品总额727万元。1998年6月，博州石油公司上划中国石油天然气集团公司，全称为中国石油天然气股份有限公司新疆博州销售分公司，属中央驻博国有企业。资产2 157万元，负债1 050万元，职工人数259人，离退休人员25人。

五、博州糖烟酒公司

博州糖烟酒公司主要经营糖、烟 、酒。辖博乐酒厂、食品加工厂和2个门市部。1985年底，有职工183名；购进总额493万元，销售总额575万元，其中商品零售额72.3万元。1998年公司改制。

六、博乐市五金交电公司

原为博州五金交电公司，1979年1月成立。经营五金工具、五金建材、家用电器、化工商品等。1985年，有职工57人。年购进总额441万元，销售总额498万元。1997年，公司移交博乐市，在职职工49人，离退休职工17人。1998年5月，公司改制，在职职工和离退休职工全部安置。2000年4月，公司破产。同年，成立“博乐市五金公司养老服务中心”，经营面积500平方米。

七、博乐市纺织品公司

原为博州纺织品公司，1983年1月成立。主要经营棉布、化纤、丝绸、呢绒、服装等。1985年底，有职工62人。全年购进总额485万元，销售总额470万元，实现利润12万元。1994年，成立博州针纺贸易公司，原博州纺织品公司除留4名人员外，其余人员由博州针纺贸易公司管理。1997年，博州针纺贸易公司及博州纺织品公司移交博乐市，在册职工57人。1998年5月，两个公司改制，职工自愿解除劳动合同，享受一次性安置费和工龄补偿金。2000年4月，博州针纺贸易公司及博州纺织品公司破产。

八、博乐市蔬菜公司

原为博州蔬菜公司，1984年10月成立。辖5个门市部，1个加工厂。经营蔬菜、副食品、酱油、醋及豆制品等。1985年，辖6个门市部、1个招待所和1个加工厂；有职工96人。全年购进总额152.36万元，销售总额172.22万元，实现利润95.2万元。1997年，公司移交博乐市，在职职工56人。1998年5月，公司进行改制，在职职工和离退休职工全部安置，并组建博乐市盐业蔬菜有限责任公司。

九、博乐市团结商场

原隶属博州百货公司。1997年，随博州百货公司移交博乐市。1998年5月，企业改制，团结商场与百货公司资产分立，并于同年11月，组建博乐市团结贸易有限责任公司。

第二节 市场建设

1980年，博乐县的集贸市场由原来的1个发展到5个，县城有民族贸易市场、东风市场、红星市场；乡镇有小营盘和达勒特2个集贸市场。1985年，市用于城乡市场建设的资金25.6万元，建筑面积2 738平方米。1986年，建活畜市场1个，面积8 667平方米，投资9.8万元。1987年，城区建农副产品市场1个，面积6 600平方米；阿热勒托哈牧场建牧区市场，面积6 333.33平方米。

1989年，博乐市集贸市场建设贯彻“政府决策，统一规划，多方集资，工商部门统一管理”及“谁投资谁受益”的政策。同年，建青得里市场，面积1 530平方米，总投资47万元；建达勒特镇乌兰布呼农村集贸市场，面积2 000平方米，总投资30万元。扩建北京桥市场，面积1 754平方米，总投资24.3万元。1990年，城区建农五师八十九团市场，面积4 800平方米。同年底，全市共拥有集贸市场17个，成交额1 074.14万元。

1992年，建青得里农村综合集贸市场，博乐市火车站农贸市场，工业品批发市场，并对原有市场进行扩建，完善服务设施。在乡镇、团场举办为期6天的“1992年秋季物资交流会”，为期10天的“博华展销会”。同年底，城乡集市贸易成交额达2 264.90万元，比上年同期增长43.8%。

1993年，建春晓市场和虹桥市场。全市建集贸市场（点）21个，总投资1 117.2万元，其中，工商部门投资314.5万元，其他部门投资577.1万元，个人投资225.6万元。集市贸易成交额4 091万元，比去年同期增长77.8%，占全市社会商品零售额的22.9%。

1994年8月，农副产品市场兴博市场建成使用，面积6 120平方米，总投资180万元。1995年11月，博乐市友好商城建成使用，面积4 200平方米。

1997年，博乐市工商局与所办市场分离，成立市场开发建设服务中心。同年，建立粮油市场、建材市场、菜篮子工程。2000年，建小营盘蛋禽批发市场、博乐市木材市场和顾力木图南路夜市等。

2000年，市工商局登记各类市场42个，其中集贸市场31个、消费品批发市场4个、生产资料市场4个、生产要素市场3个。集贸市场成交额1.99亿元。

2002年，市工业品市场13个、消费品市场9个、农副产品市场2个，共计24个，成交额达8 870.10万元。2004年，市工业品市场12个、消费品市场19个、农副产品市场1个，共计32个。1987年起，博乐市开展创建“五好”文明市场竞赛活动。东风市场在1998年北疆片“五好”文明市场评比中获第四名；1990年被评为自治区“五好”文明市场；1991年被自治区计量局、自治区工商局命名为“标准计量先进单位”。1995—1996年，东风市场被自治区工商局评为“文明集贸市场”。小营盘市场、塔斯尔海农贸市场、红星市场被州工商系统评为获“五好”文明市场。

第三章　商业服务

第一节　商品批发零售

1979年，博乐县商业网点204个（其中个体37个），国营集体销售总额为2 662万元（其中国营1 992万元）。1982年5月，在博乐城镇举办一次较大规模的展销会，共展出各类商品6 100个品种，批发销售80万元，零售30万元，合计成交112万元。此后又多次在小营盘、达勒特、赛里木湖等地举办商品展销会，活跃农村、牧区市场。至1985年，博乐市商业网点增加到1 727个（其中国营和集体475个，个体1 252户），商品批发零售贸易额4 023万元。2005年，博乐市商品批发零售贸易额52 027万元。

1979—2005年博乐市（县）批发零售额一览表

表24-1　　单位：万元

年份	批发零售贸易额	年份	批发零售贸易额	年份	批发零售贸易额
1979	2 662	1984	3 669	1989	9 537
1980	3 836	1985	4 203	1990	9 491
1981	3 663	1986	5 176	1991	10 895
1982	3 658	1987	5 929	1992	13 178
1983	3 068	1988	7 697	1993	17 787

续表 24-1

年份	批发零售贸易额	年份	批发零售贸易额	年份	批发零售贸易额
1994	20 457	1998	18 545	2002	29 533
1995	7 697	1999	22 798	2003	32 880
1996	9 537	2000	23 818	2004	39 732
1997	18 723	2001	26 911	2005	52 027

第二节　社会服务

20 世纪 70 年代末，国家允许集体、个体开办理发、住宿、修理等社会服务业。1981 年，县国有社会服务业 10 家，从业人员 288 人，注册资金 77 万元。到 1985 年，全市社会服务业 176 家，从业人员 475 人，注册资金 421.3 万元，其中国有社会服务业 42 家，个体工商户 134 家。社会服务业由理发、住宿，向摄影、沐浴、机电维修、文印、休闲娱乐、书刊等行业发展。

1987—1999 年，博乐市社会服务业从 162 家增至 1 498 家，其中国有企业 51 家，注册资金 2 238 万元；私营企业 27 家，注册资金 307 万元；个体工商户 1 420 家，注册资金 4 587 万元。

2006 年，博乐市社会服务业 956 家，其中个体服务业 926 家，占社会服务业总数的 96.86%。完成产值 2 349.44 万元。

第四章　供销合作商业

第一节　机　构

一、博乐市供销合作社联合社

1952 年 10 月，博乐县供销合作社联合社（简称供销社）成立。1984 年 5 月，县外贸局撤销，业务划归县供销社。1985 年 9 月，博乐县供销合作社联合社改称博乐市供销合作社联合社。

1992 年 7 月，成立博乐市供销合作社联合社商业集团总公司，与市供销社为一套人员编制，对外挂两块牌子。1998 年 6 月，成立博乐市供销合作社联合社农工商总公司。2006 年，博乐市供销社有直属公司 5 个，基层供销社 6 个、网点 71 个，有干部职工 149 人。

二、企事业单位

博乐市（县）供销合作社联合社成立后，先后设立综合公司、棉麻公司、茶叶畜产品公司、综合贸易服务中心、农业生产资料公司、土产日杂公司、联运公司、制药厂、榨油厂、服务公司、中亚大酒店和小营盘供销合作社、达勒特供销合作社、青得里乡供销合作社、贝林哈日莫墩乡供销合作社、乌图布拉格镇供销合作社、阿热勒托哈牧场供销合作社等机构。

（一）直属公司（厂）

综合公司　1985 年，博乐市供销合作社联合社综合公司有职工 63 人，设有百货、日杂、五金、布

四、食品门市部16个，延伸基层批零点2个。

棉麻公司　1981年8月，博乐市组建知识青年门市部，设有商业网点7个，先后安排市直各单位待业青年就业32人。1982年7月，博乐市供销合作社联合社棉麻公司成立，属集体所有制企业。初建时有职工13人。1983年，在原达勒特乡新建一座棉花轧花厂，1984年，将城镇棉花加工厂改为轧花厂。1985年有职工48人，下辖城镇轧花厂、达勒特轧花厂、1个废品收购门市部。有流动资金716.6万元，其中商品资金占584.5万元，非商品资金占1.9万元。20世纪90年代以后，博乐棉麻公司先后建立套特轧花厂、青得里棉麻收购站、乌图布拉格轧花厂（城镇轧花厂）、贝林哈日莫墩乡轧花厂新厂、青达拉棉花轧花厂，扩建达勒特镇轧花厂收购场地。年收购棉花占全市收购量的50%左右。

茶叶畜产品公司　1984年5月，博乐县外贸局撤销，其职能和职工划归博乐县供销合作社联合社。同年8月，组建茶叶畜产品公司（对外称外贸局），合并后有职工68人。1985年，市茶叶畜产品公司下辖1个皮毛厂、1个收购门市部，小营盘、达勒特、贝林哈日莫墩、阿热勒托哈各1个收购站。主要任务是畜产品收购、加工、打包、调运和批发、销售边销茶业。有流动资金137万元。1999年10月，博乐市供销合作社联合社茶畜公司改制，职工一次性安置。是年11月，市人民法院依法做出裁定，宣告博乐市茶叶畜产品公司（对外贸易公司）破产。公司在册职工26人，全部分流安置。

综合贸易服务中心　1985年1月，在饮食服务公司的基础上组建博乐市供销合作社联合社综合贸易服务中心。1985年末，有职工25人。有饮食服务店4个。集资兴建一座3 000平方米的服务大楼（博乐商场）。下辖砖瓦厂、服装厂、鞭炮厂、铁木家具厂。1986年10月，综合贸易服务中心改称服务公司，属集体所有制企业，有职工246人。到2006年，公司下属企业有博乐商场、旅馆部、鑫桥市场。

农业生产资料公司　1985年1月，博乐县供销合作社联合社生产资料公司成立，有农药门市部1个，库房3座500平方米。有流动资金23.3万元，固定资产3.6万元。1999年12月，生产资料公司进行体制改革。2000年3月，组建成立博乐市鑫源农资股份有限责任公司。

土产日杂公司　1984年6月，成立博乐县供销合作社联合社土产日杂公司，属集体所有制企业。1998年，经供销社理事会和市体改委批准，进行经营体制改革，将59名职工一次性安置。改制后组建市土产日杂股份有限责任公司。

联运劳务运输公司　1992年，博乐市供销社知青劳动服务、运输公司成立，后更名为博乐市供销社劳动服务运输公司。公司属集体所有制企业。2000年8月，市供销社联合社劳动服务运输公司进行体制改革，人员分流，企业注销。

制药厂　1988年，经市计划委员会批准立项，博乐市供销社筹建蜂业加工厂，当年开工建设，于1991年竣工。后追加投资60余万元（原投资170万元）改建，并更名为博乐市制药厂。1992年制药厂投产，主要生产克感敏、平儿热息疼、复方丹参片、前列康、“618”黄金饮料、参杞蜂皇浆等21种产品。2001年，市供销社制药厂改制，267人职工一次性安置。

榨油厂　1986年4月，博乐市供销社筹建青达拉棉花综合加工厂。1987年3月，青达拉棉花综合加工厂建立榨油车间，主要加工棉籽油，当年投产。1988年7月，榨油业务从青达拉综合加工厂分出，建青达拉榨油厂，为独立核算单位。1997年，青达拉榨油厂属博乐市供销合作社联合社农工商总公司。2002年6月，进行体制改革，一次性安置职工246人。

中亚大酒店　1992年7月，博乐县供销合作社联合社中亚大酒店开工。1994年3月，成立中亚大酒店股份制公司，同年4月中亚大酒店竣工，并开张营业。投资1 000万元，一座1万平方米，开设低、中、高档客房部，中西餐厅部，舞厅、酒吧、卡拉OK、音乐厅等。

（二）基层供销社

博乐县供销合作社联合社有6个基层供销社，分别是小营盘供销社、达勒特供销社、乌图布拉格供销社、青得里供销社、贝林哈日莫墩供销社、阿热勒托哈供销社。1979—1985年末，基层供销社共有职工204人，入股农牧民1.07万户，占全市总农牧户的80%。共有流动资金286.9万元，固定资产65.5万元。平均销售值65万～150万元左右。共有中心门市部19个，分销店34个，网点103个代销代购店31个，汽车修理点1个，饮食服务（包括照相）点1个，服务业点1个。主要经营日用百货、农机配件、化肥、地膜、农药。批发零售。1993年，供销系统进行经营体制改革，实行“租壳卖瓤”的经营模式，从计划经济转入市场经济。中心门市部承租给个人经营。

第二节　供销合作商业体制改革

1979年前，博乐农牧区有供销门市部24个，代购代销店26个，食堂、旅社8个。供销经营网点遍及农村、牧区。

1982年，博乐县供销系统推行“五定一奖”（即定任务、定库存、定商品、定费用、定人员，超任务奖励）的经营责任制。1983年，县按五项经济指标（即购进、销售、利润、费用、资金周转），实行费用包干（含工资量）的经济承包责任制，做到层层落实，建立和健全经营管理、财务管理、质量管理和奖罚等各项制度。

1984年4月，博乐县人民政府批转县供销社《关于县供销合作社体制改革方案》。清理原有股金，核实股权，分红兑现，重新建立社员股金账档案，换发社员股金证。同年8月，发展入股农牧民1.13万户，占全县总农牧户的78%，入股金额15.82万元，占自有流动资金的30%。清理原有股金9 340元，分红2 300元。在清股扩股和全面整顿的基础上，6个基层社和县社均召开社员代表大会，选举理事会和监事会，有的基层社还直接从农牧民中选举理事会主任，改干部任命制为选举制。

1987年，博乐市供销社实行三级承包，市供销社为承包方向市政府进行承包，市供销社所属公司、基层社为承包方向供销社承包，职工为承包方向公司、基层社承包），“利税包死基数，确保上交、超收（除棉麻公司外）全留、歉收自补”的承包经营。同时，实行双权分离，即固定资产、商品铺底资金所有权归企业所有，门市部的经营权属承包人自主经营，承包期间对经营者实行两权放开，即进货权、定价权（商品价格国家未放开的除外）放开。

1992年，博乐市推行“三定一保、放管结合、风险抵押、灵活经营”承包经营责任制经验。“三定一保”就是定资金、定销售、定经营品种。基层社向承包人提供营业场所和流动资金，承包人向基层社缴纳承包费。承包人享有资金使用权、经营权、商品作价权和收益分配权。基层社对承包人的经营方向、执行政策、政治思想、财产安全实行管理，不能以包代管。

同年，实行“经营、价格、分配、用工”四放开的改革。对职工实行“三岗三制”（上岗、试岗、待岗）和全员劳动合同制、干部聘任制，下岗内部待业制的管理办法。承包人可以自行雇用临时工，工资待遇由承包人确定支付。

1993年，博乐市成立印发《博乐市推行“国有民营”“公有民营”实施意见》。实行“国有民营”改革是按照清产核资、确定承包基数、招标承包人、签约合同、缴纳风险抵押金、商品退库返本等步骤进行。在承包(租赁)形式上，采取包死基数，确保上交，照章纳税，风险抵押，欠额自补，超收全留。供销社各个基层社10个门市部实行“租壳卖瓤”，收回商品款65万元。“租壳卖瓤”就是将门店的房屋“壳”租赁给承包人，门店内的商品、货物“瓤”以进货价卖给承包人，这一“公有民营”改革形式，已取得成效。1995年，市供销系统断完善，巩固“公有民营”政策，开展多种经营方式，商品资金回收率达90%。1997年，市供销系统贯彻《博乐市工商企业产权制度改革试行办法》，根据不同的企业，采取不同的政策和改制办法。改制的方式有：联合、兼并、股份合作制、出售买断、租赁等。

第三节　商品购销

1979年，博乐县供销系统商品购进总值664万元，销售总值681.6万元。1983年，县供销合作商业体制改革，改“官办”为“民办”。1997年，市供销社系统商业受市场冲击较大，又处在改制中，遗留包袱过重，个别企业亏损额较大。商品购进总额2.32亿元，比1996年增长116.4%，商品销售2.88亿元，比1996年增长108.4%，实现利润-487万元，上缴国家各项税费1 100万元。1999年，市供销社系统商品购进1.52亿元，与上年同期2.39亿元相比下降30.66%，完成销售2.01亿元，与上年同期2.3亿元相比下降12.6%，费用率21.02%，实现利润-1 568万元，与上年同期-1 828万元相比减亏260万元。全年上缴税费1 438.2万元，与上年同期1 369万元相比，减少760万元。造成购销减少的主要原因是：棉花收购价格大幅度上调；农资市场逐步放开，农资公司和基层社生产资料购销下降。2005年，市供销社系统商品购销额达3.03亿元，比上年同期增长112%，实现利润150万元。2006年，市供销社系统商品销售总额1.8亿元。

1979—1985年博乐市（县）供销社商品购销情况一览表

表24-2　　单位：万元、次

年份	商品购进总值	商品销售 其中				利润	资金周转
		总值	生产资料	生活资料	费用		
1979	664	681.6	171.6	510	6.80	11.00	2.70
1980	783.8	785.3	203.3	582	7.00	17.90	2.90
1981	833.3	898.3	231.3	667	6.11	18.41	3.93
1982	1 040.9	982.3	292.3	690	8.00	22.17	2.35
1983	1 266.4	1 188.8	808.8	880	6.03	10.25	2.82
1984	1 998.5	1 413.9	321.9	1092	6.32	33.35	3.59
1985	2 574.7	2 332.1	3 421	1 990	7.71	63.30	2.58

1986—2006年博乐市供销社商品购销情况一览表

表24-3　　单位：万元、%

年份	购进		销售			利润	上缴税费
	总额	增长量	总额	增长量	增长率		
1986	2 885.2	–	2 619.86	–	–	27.77	–
1987	4 347.1	1 461.9	3 661.9	1 042.04	39.77	114.13	–
1988	4 238.7	–108.4	4 942	1 280.1	34.95	141	–
1989	4 288.3	49.60	5 368.1	426.1	8.62	31.3	–

续表 24-3

年份	购进		销售			利润	上缴税费
	总额	增长量	总额	增长量	增长率		
1990	9 898.8	5 610.5	7 784	2 415.9	45.00	96	-
1991	11 517.9	1 619.1	11 131.7	3 347.7	43.01	146.5	-
1992	9 118.8	-2399.1	10 960.8	-170.9	-	162.3	269.4
1993	8 358.9	-759.9	9 518.4	-1442.4	-	300	270
1994	13 773.1	5 414.2	12 816.5	3 298.1	34.60	474.9	771.2
1995	19 476	5 702.9	19 297	6 480.5	50.56	257	-
1996	-	-	18 984	-313	-	50	-
1997	23 206	-	28 819	9 835	51.81	-487	-
1998	23 884	678	23 041	-5 778	-	-1 827	1 438.2
1999	15 189	-8 695	20 139	-2 902	-	-1 568	1 438.2
2000	24 920	9 731	1 774.8	-18 364.2	-	207	836.9
2001	购销总额 16 700					21.3	128.9
2002	10 118.5	-	-	-	-	263.9	621.3
2003	购销总额 33 000					509	-
2004	-	-	6 200	-	-	-	117
2005	购销总额 30 256					150	-
2006	-	-	18 000	-	-	173.8	-

注：2002、2003、2005 年购进总额为购销总额

一、农业生产资料经营

1979 年前，博乐县供销社主要供应农牧区生产资料有农具等。到 1985 年，主要供应农牧区生产资料有化肥、农药、农机配件、药械、中小型农具、园艺工具等约 36 个种类。1989 年，市农业生产资料交由供销社专营计划供应后，供销社化肥、农药的购销量、销售额大幅度增长。

1979—2006 年博乐市（县）供销社农资经营销售情况一览表

表 24-4

年份	化肥销售（吨）	农药销售（吨）	农用地膜销售（吨）	小农具、药械销售（件）
1979	1 008	54	-	-

续表 24-4

年份	化肥销售（吨）	农药销售（吨）	农用地膜销售（吨）	小农具、药械销售（件）
1980	1 080	53	–	–
1981	967	–	–	–
1982	1 323	–	–	–
1983	1 913	47	–	–
1984	2 998	44	–	–
1985	3 110	17	–	–
1986	4 326	–	–	–
1987	9 590	16	86	25 500
1988	9 000	16	50	1 500
1989	10 364.8	30.76	70	13 936
1990	13 600	38	110	14 000
1991	19 949	61.2	297	4 000
1992	19 555	320	384	–
1993	8 770.4	38	30	–
1994	15 284	15	50	–
1995	9 000	50	180	23 000
1996	10 711	40	41	–
1997	19 436	39	183.5	1 500
1998	9 907	23	117	1 000
1999	7 000	–	155	13 936
2000	1 000	20	30	–
2001	15 124	–	–	–
2002	3 289	17	100	–
2003	10 800	4.6	480	–
2004	15 039	99.5	896	–
2005	11 000	–	–	–
2006	11 700	–	–	–
合计	246 844.2	1 044.06	3 259.5	98 372

注：1978—1986 年及 2001 年、2004 年、化肥为实物量，资料来源于《博乐市统计年鉴》，其他数字来源于供销社各年度总结

1987 年，博乐市化肥供应实行“计划到村，指标到户，张榜公布，凭卡供应，群众监督”。市供销社购进、销售化肥 9 590 吨，供应农药 16 吨，地膜 86 吨，各种小农具药械 2.55 万多件。

2002 年，博乐市供销社销售化肥实现利润 3.9 万元；2003 年，化肥销售 1 715.4 万元，利润 5.2 万元，基层社盈利面 100%。2004 年，化肥销售收入 4 173 万元。至 2006 年，销售各类化肥 1.17 万吨，实现利润 6 万元，供销社全系统农业生产资料、生活资料销售实现 1.8 亿元，同比增长 62%。棉花销售收入 1.54 亿元，占生产资料、生活资料销售收入的 86%，实现利润 173.8 万元。

1979—2006 年博乐市（县）主要农资供应、使用情况一览表

表 24-5

名称 年份	农用化肥		农药（千克）	农用		小型农具、药械（件）
	实物量（吨）	折纯量（吨）		塑料（吨）	地膜（吨）	
1979	1 008	334	–	–	–	–
1980	1 080	388	–	–	–	–
1981	961	357	–	–	–	–
1982	1 323	503	–	–	–	–
1983	1 913	818	–	–	–	–
1984	2 998	1 429	–	–	–	–
1985	3 110	1 476	–	–	–	–
1986	4 326	2 054	–	–	–	–
1987	3 105	1 205	–	–	–	25 500
1988	2 200	1 048	–	–	–	1 500
1989	2 841	993	–	–	–	14 000
1990	5 599	1 972	–	–	–	4 000
1991	6 873	2 265	55 792	380	380	–
1992	5 307	2 291	54 821	506	447	–
1993	7 037	2 921	90 656	571	538	–
1994	7 466	3 019	83 251	574	550	–
1995	10 343	4 041	79 005	621	600	23 000
1996	10 952	4 354	86 571	634	579	–
1997	13 334	5 965	88 222	681	667	1 500
1998	15 631	7 314	102 583	824	801	1 000

续表 24-5

年份＼名称	农用化肥 实物量（吨）	农用化肥 折纯量（吨）	农药（千克）	农用 塑料（吨）	农用 地膜（吨）	小型农具、药械（件）
1999	16 150	7 751	109 435	840	818	13 936
2000	15 053	7 069	93 401	809	788	–
2001	15 124	6 417	94 900	880	865	–
2002	15 181	6 618	74 764	865	851	–
2003	14 636	6 312	76 449	882	871	–
2004	15 039	6 555	99 501	907	896	–
2005	15 880	6 077	95 640	964	954	–
2006	19 513	8 698	138 166	1 122	1 116	–

二、农牧副产品购销

20 世纪 80 年代前，博乐县供销合作社主要收购的农牧副产品有牛羊皮、羊毛、羊绒、棉麻、烟叶、杂骨、废金属、药材、打瓜子、啤酒花、干鲜果品、蜂蜜、苇席等 49 个品种。

1980 年 8 月，博乐县农牧户向国家缴售自留牛、羊实行粮食奖售政策。1985 年 7 月，县肉食销售价格放开，允许个人自宰自销。同年底，博乐市农牧副产品收购为 66 个品种，其中：农牧副业产品类增加的有莫合烟、抬把子等 4 个品种，废旧物资增加的有废锌、铝、铜、塑料、橡胶、破布、废纸、废麻绳等约 13 个品种。

1996 年，博乐市畜产品市场放开后，市供销合作社联合社茶畜公司连年亏损。1999 年 11 月，市茶叶畜产品公司（对外贸易公司）破产。市供销合作社农牧副产品收购业务基本停止。

1979—1985 年博乐市（县）供销社主要农牧副产品收购情况表

表 24-6

年份＼品种	菜牛（头）	菜羊（只）	活猪（头）	山羊皮（张）	绵羊皮（张）	牛皮（张）	绵羊毛（吨）	山羊毛（吨）	山羊绒（千克）
1979	526	15 721	3 590	4 600	81 500	3 000	448	400	1 386
1980	352	20 217	1 449	4 800	56 300	3 000	441	500	1 436
1981	184	24 796	2 702	5 700	72 200	2 500	499	700	1 652
1982	791	28 766	2 386	8 000	95 500	4 800	574	1 000	2 231
1983	589	31 250	1 780	9 200	102 300	4 800	538	1 000	2 421
1984	341	28 961	2 721	9 800	95 800	5 400	526	1 000	2 598
1985	115	13 869	1 738	5 200	42 500	3 300	475	2 000	2 712

1986—1996 年博乐市供销社主要农牧副产品收购情况一览表

表 24-7　　单位：吨、张

年份＼品类	羊毛（吨）	驼毛（吨）	羊绒（吨）	皮（张）	打瓜子（吨）	蜂蜜（吨）	枸杞（吨）	–
1986	288.3	–	0.204 1	58 976	–	–	–	–
1987	346	2.448	2.036	32 995	–	–	–	–
1989	505	1.82	3.3	4 024	–	–	–	–
1990	660	2.318	3.8	–	300	–	–	–
1991	527	–	3.7	2 500	170	160	–	–
1992	446	–	–	7 508	500	150	18.28	–
1995	400	–	1.0	10 000	200	200	–	–
1996	250	–	0.5	–	150	–	–	–

三、棉花购销

（一）棉花种植面积及产量

1979 年，博乐县棉花种植面积 66.7 万公顷，总产量 18 吨。2006 年，市棉花种植面积 15 571.33 公顷，总产量 30 402 吨。

1979—2006 年博乐市（县）棉花种植面积、产量统计表

表 24-8

年份	种植面积（公顷）	总产量（吨）	单产（千克/亩）	年份	种植面积（公顷）	总产量（吨）	单产（千克/亩）
1979	66.7	18	18.00	1989	4 666.67	4 224	60.34
1980	106.7	40	25.00	1990	5 293.33	5 825	73.36
1981	346.7	171	32.88	1991	7 480.00	8 372	74.62
1982	1 113.3	422	25.29	1992	7 300.00	7 181	65.58
1983	1 960	911	30.99	1994	8 353.33	10 295	82.16
1984	2 600	1 983	50.85	1995	8 100.00	10 239	84.27
1985	2 600	2 071	53.10	1996	8 973.33	12 377	91.95
1986	3 693.33	3 799	68.57	1997	10 113.33	15 241	100.47
1987	4 953.33	5 058	68.08	1998	11 760.00	17 739	100.56
1988	4 480.00	4 697	69.90	1999	12 173.33	18 714	102.49

续表 24-8

年份	种植面积（公顷）	总产量（吨）	单产（千克/亩）	年份	种植面积（公顷）	总产量（吨）	单产（千克/亩）
2000	12 986.67	21 254	109.11	2004	14 126.67	27 505	126.24
2001	14 153.33	24 461	115.22	2005	14 300.00	26 750	124.71
2002	12 286.67	22 113	119.98	2006	1 5571.33	30 402	130.16
2003	13 286.67	23 133	116.07	–	–	–	–

（二）棉花购销

1985 年前，国家对棉花实行统购统销。1985 年，国家改棉花统购为合同订购。2000 年后，国家棉花市场放开，市棉麻公司棉花购销量大幅减少。

1979 年，博乐县供销社收购棉花 12.5 吨。1986 年，博乐供销棉麻公司收购棉花 4 039 吨，销售 1 000 吨。2005 年，市供销棉花公司收购棉花 1.5 万吨。

1979—2005 年博乐市（县）供销系统棉花购销统计表

表 24-9　　单位：吨、万元

年份	收购	销售	产值	利润	年份	收购	销售	产值	利润
1979	12.85	–	–	–	1994	9450	–	–	–
1980	39.5	–	–	–	1995	11 200	6 250	6 200	–
1981	185.8	–	–	–	1996	11 505	–	–	–
1982	470.9	–	–	–	1997	14 558.9	–	–	–
1983	1 043.4	–	–	–	1998	20 000	–	–	–
1984	2 500	–	–	–	1999	14 000	–	–	–
1985	1 914	–	–	50.7	2000	14 225	14 225	–	–
1986	4 039	1 000	595.2	–	2001	11 600	7 000	–	118.9
1987	5 400	3 000	1 302	87.5	2002	12 000	–	–	405
1988	5 105	4 000	1 727.89	116.59	2003	11 000	–	–	–
1989	4 645	1 600	1 912.7	108.6	2004	9 950	–	–	–
1990	8 950	4 200	5 799.7	96.5	2005	15 000	–	–	–
1991	10 230	4 400	7 099	–	–	–	–	–	–
1992	8 065	–	6 133	165.7	–	–	–	–	–
合计	–	–	–	–	–	–	–	–	–

注：1986、1987、1988、1989 年连续 4 年分别出口 1 000 吨（2 万担）3 000 吨（6 万担）、4 000 吨（8 万担）、1 600 吨（3.2 万担）；分别占博乐市总产的 25.14%、59.31%、85.16%、37.88%

第四节 棉花加工企业

一、乌图布拉格轧花厂

乌图布拉格轧花厂建于1990年，位于乌图布拉格镇政府驻地以南1 000米处。占地面积3.33万平方米，总建筑面积1.07万平方米，房建面积2 178.54平方米。其中：办公室227.5平方米，棉检付款室185.25平方米，轧花打包车间330.4平方米，脱绒打包车间502.32平方米，修理车间158.32平方米，库房123.11平方米，配电房、井房50平方米，职工宿舍269.6平方米，职工食堂219.25平方米，公共厕所50.29平方米，其他服务设施62.5平方米。各类晒场8 494平方米。土建工程造价98万元，机械设备投资42万元，工程总投资140万元。年设计加工能力2 500吨。

二、达勒特轧花厂

达勒特轧花厂建于1983年，位于达勒特镇政府所在地以北约1 500米处。占地面积1.8万平方米（后又扩建），拥有办公室、棉花收购检验室、轧花车间；收购、晒场5 000平方米。机器设备有80片轧花机2台，油压打包机1台，脱绒机2台；有固定资产27万元；有正式职工13人，在收购期间雇用季节工60余人。

三、贝林哈日莫墩乡轧花厂

贝林哈日莫墩乡轧花厂1989年5月，贝林哈日莫墩乡原棉花收购站改为轧花厂。占地面积3.4万平方米，其中：轧花、打包、脱绒车间432平方米，棉籽货场3 000平方米，棉花检验、结算办公室130平方米，职工食堂80平方米。轧花机2台，油压打包机1台。总投资58.59万元。

1991年，贝林哈日莫墩乡轧花厂搬迁至该乡玛尼乡西村（原红卫二队）的西侧戈壁滩上，占地面积10万平方米，其中：房建面积3 900平方米，籽棉晒场1.23万平方米，堆放场地2 000平方米，收购场地2 500平方米。工程合计总投入资金219.3万元。加工设计能力4 000吨，实际加工能力2 500吨。

四、达勒特镇套特轧花厂

达勒特镇套特轧花厂建于1995年，位于达勒特镇政府所在地东南，距镇政府所在地约15千米。占地面积20公顷，建筑总面积1.5万平方米。总投资368万元。年设计加工能力3 500 ~ 5 000吨，实际加工能力2 000 ~ 3 500吨。

五、青达拉轧花厂

青达拉轧花厂建于1986年。占地面积7.47公顷，设计加工能力2 500吨。1987年3月，该厂建榨油车间。1988年7月，该厂榨油和轧花业务分开，单独核算。2000年8月7日，博棉公司收购棉麻公司青达拉轧花厂。

六、青得里棉麻收购站

青得里棉麻收购站建于1998年，占地面积7 000平方米，投资100万元。2000年9月，青得里轧花厂出让49%股份给湖北省棉花总公司，组建博乐市楚银棉业有限责任公司。之后，湖北省棉花总公司撤股，该站仍由市供销社管理。

第五章 粮油购销

第一节 机 构

博乐县粮食科成立于1954年3月，后改为粮食局。1985年9月，县粮食局更名为博乐市粮食局。

2002年11月，市粮食局并入博乐市发展计划委员会。

第二节 粮食流通体制改革

改革开放初期，国家实行粮食计划收购和计划供应。1985年，博乐市粮食系统的经济体制改革全面启动。粮油流通体制改革在国家宏观调控下，按照自治区改革步伐，粮食购销由国家统购到多渠道收购，逐步放开价格、开放市场，向粮油商品化、经营市场化、行业管理规范、国家调控制度化迈进。

一、粮食购销体制改革

1985年，博乐市粮食购销取消统购统销，实行合同订购。由多品种改为“三粮”（小麦、大米、玉米）收购，当年合同订购任务1.1万吨，实际完成1.17万吨。实行合同订购后，农业生产由原来的指令性转为指导性。1987年，全市实行粮食订购合同“三挂钩”政策，即合同定购任务全部实行“三挂钩”办法，挂钩物资一次兑现，当年全市挂钩化肥744吨，挂钩柴油225吨，挂钩预定定金36.2万元。

1993年，自治区全面实施“减购放销”改革方案，取消粮食调拨计划，取消地区间运费补助，代之以产销直接交易，实行“保六放四”政策，即60%继续实行国家订购，40%放开经营和价格，取消财政补贴，粮油购销全部放开。全市粮食合同定购任务由原来的14 750吨减到8 700吨。放开粮价后，全市粮食部门独家经营的局面被打破，粮油销售受到较大冲击，总量大幅下降，当年全市销售粮食6 338.3吨，油品1 488吨。1995年，粮食取消“保六放四”政策，恢复全面收购，实行粮食专员、州长、市长负责制，粮食合同定购采取“户交户结”“户交村结”的办法。

1998年，博乐市落实“三项政策一项改革”粮食流通体制改革政策，即敞开收购余粮，顺价销售和资金封闭运行。按保护价敞开收购农民余粮，全市六个基层收储企业统一实行挂牌服务，大门前统一设置粮食收购广告牌，公开自治区出台的保护价，向广大农民敞开大门，随来随收。做到不拒收、不限收、不停收、不压级压价。当年全市收购农民粮余粮4 000余吨，实行顺价销售的政策，各基层收储企业按顺价销售的原则积极促销，当年销售粮食1.36万吨，销售收入3 099万元。粮食收购资金实行封闭运行。在收购资金方面，收储企业和农业发展银行双向向社会进行了承诺，收储企业保证农民交粮当场结算，当场支付不打白条。农业发展银行保证收购资金专款专用、足额拨付、及时到位。同年，银行和企业共同遵守“库贷挂钩”原则，实行“钱随粮走，钱贷两清”，保证收购资金封闭运行。博乐农业发展银行共支付收购资金贷款9 281万元。

2000年，新疆维吾尔自治区取消大米、油料订购计划，放开大米、玉米、油料市场，实行购得进、销得出的原则收购；油料收购从此退出国有粮食企业的业务范围。2004年，博乐市实施粮食直补政策。

二、粮食价格改革

（一）粮食收购价格改革

1984年前，博乐县粮食收购价格执行统购价。1985年，博乐市凡属国家定购的粮食，均按“倒三七”比例计价的办法收购，加价幅度为小麦60%，稻谷（大米）、玉米50%。合同定购以外的粮食全部放开，比市场粮价低于原统购价，只要符合国家质量标准，粮食部门仍按原统购价放开收购。食油计价办法除棉籽按“顺四六”计算外，其他各种油料均按“倒四六”计价，加价幅度均在原统购价基础上加50%。农村实行购销同价政策。1995年，全区实行价外加价收购，采用以棉补粮的政策。小麦（不分等级）、粳稻谷、玉米按原中等指导价基础上每千克加价0.4元，大米每千克0.6元。粮食价外补贴，全部由自治区财政从“以棉补粮基金”中支付，不计入成本。定购以外的粮食，若农民愿意卖给国家，按照实际收购价格收购，粮食部门实行有管理的高进高出。油料的收购实行指导性价格为油葵和胡麻执行油菜籽价格，每50千克为100元，即每千克为2元。可上下浮动20%。从2003年起，自治区继续深化粮食流通体制改革，取消粮食收购保护价，放开粮食收购价格和粮食购销市场。自治区不再制定粮食订购价和保护价，粮食收购价格全面放开，随行就市。

（二）粮食销售价格改革

1993年1月，根据自治区的相关规定，全区粮食取消地区差价，按照购销同价的原则，粮食销售价格调整为全区统一价，即每50千克标准粉42.00元，特一粉55.00元，特二粉50.00元，玉米粉25.00元，玉米22.00元；标二粳米的定购一律调整为每千克55.00元，销售价格低于55.00元的，一律调整为55.00元。从4月1日起，食油价格全部放开，购销价格随行就市。1995年，取消平价粮食供应，粮油价格完全实行市场化管理。

三、粮食企业改革

1993年，博乐市落实“减购放销”粮食流通改革方案，即粮食价格放开以后，取消财政对粮食企业的亏损补贴，粮食企业要做到自主经营、自负盈亏。按照社会主义市场经济体制要求，企业加快经营机制转化，博乐市对各粮油门市部进行承包，成立第四粮油门市部，增设五个粮油代销点，四个饲料代销点。本着精简机构，加强经营，减少行政管理，充实经营人员的原则，市粮食局行政机关人员43人，减少到18人，减负43.8%。同年，市粮食局成立粮油实业开发公司，将原服务部、车队、多种经营归口到该公司。

1998年4月，博乐市贯彻全国粮食流通体制改革“四分开一完善”原则，将市粮油加工厂改制为股份制，组建博乐市三金粮油有限公司，市粮食局行政机关与下属粮食企业脱钩，6个粮食收储企业承担粮油收储业务，成立以统管附营业的博乐市粮油贸易总公司和7个粮贸公司。粮油收储企业负责按照保护价敞开收购农民余粮和粮食仓储安全保管业务。同年12月，市人民政府印发《博乐市进一步深化粮食流通体制改革实施方案》，妥善解决新老粮食老挂账问题，改善资金管理办法。对1992年4月1日至1998年5月31日产生的新增粮食挂账和其他不合理占用贷款，待自治区清理认定后，确认的新增挂账粮从1998年7月1日起由农业发展银行对粮食企业停息挂账；1998年6月1日以后国有粮食收储企业产生的新增财务挂账一律自行消化；市粮食局机关1998年6月1日至1998年12月31日期间的新增财务挂账按原体制走。1999年，10个附营粮食企业职工下岗分流24人，一次性安置230人，支付一次性安置费261.5万元，有18人因特殊情况另安置。

四、粮食批发市场

1998年8月14日，博乐市粮油批发市场建立，负责粮食交易批发业务。禁止非国有粮食收储企业、个体粮食加工厂和个人直接从农民手中购粮。非国有粮食加工厂可从粮食批发市场售粮。市粮食局会同市物价局、市工商局对粮食批发交易市场加强管理，查处违法交易和非国有粮食加工企业直接从农民手中购粮、扰乱粮食流通秩序的行为。

第三节　粮油征购

1983年，国家调整粮油流通政策，实行多渠道经营。从1994年6月10日起，全区统一提高粮食收购价格。1996年，市粮食企业按照“购得进，销得出”的原则，制定以高于合同定购价每千克0.05元，敞开收购议价小麦。从1996年起，博乐市各基层粮站严格执行国家粮食收购政策和粮食政策，做到常年常时挂牌收购，按质论价。粮食收购做到户交户结，在收购中除按照国家有关规定代扣、代缴农业税外，不代扣、代缴任何税费。严格按照“库贷挂钩，钱随粮走，钱贷两清，封闭运行”的基本要求，农发行保证粮食收购资金的足额供应，没有出现断供，挤占挪用和农民打“白条”的现象。

2000年，放开大米、玉米、油料市场，实行购得进，销得出的原则收购。扩大小麦品种、品质差价、地区差价、实行季节差价。

2003年起，自治区取消粮食收购保护价，放开粮食收购价格和粮食购销市场，粮食收购价格全面放开，随行就市。博乐市粮食收购量大幅度减少，主要因为市种植结构调整，小麦种植面积调减，总产量减；粮食市场全面放开后，收购主体增加，竞争十分激烈；市未被列入粮食直补收购地区，不能享受每千克0.1元的补贴，农民向国有收储企业售粮积极性不高。

从2004年起，自治区在全区实施粮食直补政策。博乐市制定向国有粮食购销企业出售粮食的农民给予每千克0.2元的直接补贴的政策。

1986—2006博乐市粮食定购统计表

表24-10　　单位：吨

年份	小麦	玉米	大米	黄豆	合计
1986	9 860	4 216	45	1.5	14 122.5
1987	8 495	5 883	251.8	350	14 979.8
1988	6 846	6 507	100.5	95	13 548.5
1989	8 630	5 165	125	–	1 392
1990	14 236.1	6 119	140	–	20 495.1
1991	9 801	5 180	130	–	15 111
1992	13 500	1 710	80	–	15 290
1993	5 090	250	–	–	5 340
1994	–	–	–	–	–
1995	8 500	5 770	238	–	14 508
1996	8 500	5 260	250	–	14 010
1997	15 180	17 460	250	–	32 890
1998	11 010	3 200	180	–	14 390
1999	6 180	31	2	–	6 213
2000	7 330	–	–	–	7 330
2001	4 440	–	–	–	4 440
2002	4 430	–	–	–	4 430
2003	1 988	40.1	–	–	2 028.1
2004	3 260	–	–	–	3 260
2005	6 937	–	–	–	6 937
2006	5 210	–	–	–	5 210

说明：1986—2006年，累计征购粮食228 453吨，注1994年未统计

1986—1999 年博乐市油脂、油料征购统计表

表 24-11 单位：吨

年份	油料	折合油品
1986	4 580	1 603
1987	3 999	1 388
1988	1 880	658
1989	1 568	543
1990	5 164	1 807.5
1991	1 800	630
1992	1 310	458
1993	3 022	1 057.7
1995	600	210
1996	810	283.5
1997	3 314.3	1 160
1998	3 060	1 071
1999	782	273.7
合计	31 889.3	11 143.4

第四节　粮油销售

一、城镇粮油供应

1979 年，博乐市执行新疆维吾尔自治区人民委员会发布的《市镇粮食定量供应办法实施细则》，对城镇居民粮食供应实行“以人定量，分户计算，超吃不补，节约归己”的办法，食品、饮食、酿造粮油原料，均纳入统销计划，凭证供应。向全州城镇居民供应粮食，直至 1992 年取消平价粮食供应，改为城镇居民通过市场采购粮食，标志着粮食销售完全市场化。

1993—1994 年上半年，由于区内外个别地方粮源不足，博乐市粮油大量外流，导致粮油供应紧张，市场价格大幅度上涨。从 1994 年 11 月 1 日起，市恢复平价供应，城镇居民继续使用粮本购买粮油，粮油销售实行最高限价，挂牌销售，有效平抑了粮价，保证粮油供应。1995 年，市再次取消平价粮油供应。至 2005 年，市粮食销售完全由市场供应，价格随行就市。

1986—1997 年博乐市城市粮油供应统计表

表 24-12 单位：吨

年份	粮食供应	食油供应
1986	8 275	220

续表 24-12

年份	粮食供应	食油供应
1987	6 870	310（平价 140 议价 170）
1988	8 405.5	337.5（平价 170.8 议价 166.7）
1989	7 634.7（议价 748）	172.61（议价 240.9）
1990	8 500（议价 680）	280（议价 80）
1991	9 103（议价 887）	166（议价 43）
1992	8 505（议价 593）	557.8（议价 611.8）
1993	5507.7	1 488
1995	14 000（议价 1020）	860
1996	6 180	330
1997	4 220	2 190

二、牧民粮食供应

1979—1992 年，博乐市牧业人口粮食和饲料纳入国家统销渠道，按照每人每年 180 千克的标准供应粮食，直至 1992 年取消平价粮食供应。

三、退耕还林粮食供应

从 2000 年起，博乐市粮食企业合理安排粮源和供应网点，派专人逐户登记，发放退耕还林粮食供应证，做到一户一卡一证，实行就近供应。全市粮食企业对经林业部门验收合格的退耕还林农民，按照 100 千克 / 亩的定量，向农民发放小麦。

第五节　粮食仓储

一、粮食仓库建设

1979—1985 年，博乐市（县）建造砖木结构粮库 5 栋，共计 1 800 平方米；砖混结构粮库 13 栋，共计 5 347 平方米；水泥晒场 2 万平方米。至 1985 年末，市实有完整库容 1.27 万吨。至 1998 年全市仓容量为 3.73 万吨，是改革开放初期的 3 倍。全市共有各种粮仓机械 79 台（套），粮油入库实现机械化。

二、粮食储藏新技术

1992—1998 年，博乐市粮食仓库安装排风扇 160 台，单管通风机 16 套，微机测温系统 3 套。至 1998 年末，全市有 87% 的库存粮食实现微机测温，储粮微机测温管理水平提高到 85.7%，常规检验仪器齐全，“双低”保粮技术普遍应用，科学保粮比率为 75%。

三、“四无”粮仓建设

1985 年，博乐市开展“四无”粮仓（即无虫、无霉、无雀鼠、无事故）评比鉴定活动。全市共清仓消毒仓容 9 500 吨，粉刷墙壁 2.61 万平方米，做防虫袋 140 个，防雀帘 456 个，挡鼠板 128 块。同年9月，经自治州粮食系统检查鉴定，市5站、1库、2个点实现“四无”标准。1992—1998年，市连续6年被博州粮食局评为“一符四无粮仓”先进市。2000年，市粮食局获自治区“仓储工作先进单位”。

第六节 粮油加工

博乐市粮油工业的发展，从水磨加工到电动磨粉机，从产品单一到门类齐全，从普通粉到特一粉，从普通油到精炼油。粮油加工设备更新和技术改造，推动粮油工业的发展。从1986—1998年，市加工面粉7.3万吨，加工食油2万吨，加工饲料2.73万吨，生产挂面777吨。创粮油工业总产值1.12亿元，实现利润741.8万元。

1986—1998年博乐市（县）粮油工业统计表

表24-13　　单位：万元、吨

年份	总产值	利润	面粉	油品	饲料	挂面
1986	888	113.2	6 859	2 495.5	5 152	-
1987	787	83.8	8 144	2 028	5 069	-
1988	774	62	8 574.6	1 646.2	48 925	-
1989	657	69.3	6 788	1 368.9	3 674	-
1990	602	75	7 714.2	1 276.8	3 230.5	-
1991	1 408	71	7 795	1 723	2 712	283
1992	1 224	26	8 574	1 268	2 279	312
1993	804	1.2	2 912	1 266	329	182
1995	817	-118.8	4 996	1 384	-	-
1996	490	5.1	3 715	1 909	-	-
1997	602	225	2 263	1 638	-	-
1998	2 120	129	4 626.3	2 068	-	-
小计	11 173	741.8	72 961.1	20 037.4	27 338	777

第六章 石油经营

第一节 石油购销

1979—1997年，博乐市石油成品油按计划配置供应，油料以保障农牧业生产为主。到1998年成品油市场放开，敞开销售。从2000年以后，个人私家车逐年增长，带动了汽油的消费。在2000年，70号汽油停止供应，被90号、93号、97号汽油替代。2005年，博乐市石油成品销售总量59 788吨。

1979—2005年博乐地区成品油销售统计表

表 24-14　　　　单位：吨

年份	成品油销售总量	其中			
		汽油	柴油	煤油	润滑油
1979	17 216	5 206	10 934	297	779
1980	18 830	6 157	11 632	291	750
1981	19 558	6 460	12 136	258	714
1982	19 909	7 399	11 506	256	748
1983	22 260	7 913	13 349	222	776
1984	24 207	8 679	14 516	258	754
1985	20 786	8 829	11 054	234	669
1986	24 453	10 417	13 102	219	673
1987	26 264	10 540	14 829	184	711
1988	15 204	6 804	7 848	110	442
1989	17 869	8 779	8 873	87	130
1990	18 210	9 229	8 083	186	898
1991	35 405	16 620	18 540	243	370
1992	38 850	18 584	19 921	345	380
1993	38 420	21 422	16 732	266	400
1994	28 020	14 783	13 054	183	410
1995	34 091	18 309	15 635	147	430
1996	25 001	14 080	10 774	146	450
1997	24 088	12 223	11 733	132	420
1998	25 988	11 388	14 524	86	400
1999	32 653	14 269	18 278	106	370
2000	40 050	15 112	24 847	91	390
2001	45 608	15 364	30 175	69	387
2002	47 996	15 290	32 672	34	410

续表 24-14

年份	成品油销售总量	其中			
		汽油	柴油	煤油	润滑油
2003	50 359	15 322	349 999	38	420
2004	54 647	16 879	37 709	59	430
2005	59 788	19 116	41 672	–	460

第二节 网点建设

1982 年 7 月，在博乐市北京南路建博州石油公司第二加油站，这是在博州地区最早的 1 座加油站，占地面积 8 378 平方米。

1991 年 11 月，在五台区，投资建五台岔路口加油站，占地面积 5 352 平方米（该站于 2007 年关闭）。

1997 年 7 月，在博乐市团结路 4 号，投资建博州石油公司第三加油站，占地面积 2 000 平方米。

2000 年 6 月，收购改造博乐市食品公司小营盘加油站、乌图布拉格加油站、达勒特镇个体加油站、博乐市青得里大街博乐市供销社棉麻加油站，更名为中国石油新疆博州销售公司小营盘加油站；中国石油新疆博州销售公司星火加油站、中国石油新疆博州销售公司达勒特加油站、中国石油新疆博州销售公司城西加油站。收购位于博乐市团结北路克拉玛依康佳边贸公司康佳加油站。

2001 年 4 月，博乐市北京南路个体加油站，更名为中国石油新疆博州销售公司博河南加油站，占地面积 3 804 平方米。

2002—2005 年，在贝林哈日莫墩乡投资建中国石油新疆博州销售公司贝林加油站；在阿热勒托哈牧场投资建中国石油新疆博州销售公司阿场加油站；在阿拉山口友谊南路投资建中国石油新疆博州销售公司阿拉山口加油站；在博精公路经济合作区（博州糖厂西侧）投资建为中国石油新疆博州销售公司虹桥加油站；在奎赛高等级公路五台收费站两侧投资新建 2 座加油站，分别为中国石油新疆博州销售公司五台南加油站和五台北加油站。

从 1982 年新建第 1 座加油站，到 2005 年末中国石油新疆博州销售公司在博州先后建加油站 21 座，网点遍布全市及阿拉山口口岸地区，市场占有率为 73%。

第七章 烟草经营

第一节 烟草专卖

1997 年 8 月，博州烟草专卖分局（公司）成立，根据当时卷烟市场情况，划定卷烟供货范围，实行卷烟供应以区域划分、兵地分供的原则。

2000 年，博州烟草专卖分局（公司）加强专卖管理网络和卷烟销售网络建设。到 2002 年，博乐市区建成“全面访销、全面配送、访送分离、专销结合”的卷烟销售网络模式。同时，建立健全县级直设卷烟销售网络和专卖管理网络。

1997—2005 年博乐地区烟草销售情况一览表

表 24-15 单位：箱、万元

年度	销售量	销售额	实现利税	实现利润
1997（8—12 月）	341	145	–	0.67
1998	1 749	840	2.4	1.8
1999	2 435	1 131	4.97	3.1
2000	5 176	2 240	43	26
2001	11 000	5 611	485	228
2002	11 000	6 107	619	329
2003	12 906	8 101	703	448
2004	14 692	9 468	1 208	696
2005	15 774	11 025	687	334

第二节 烟草市场管理

改革开放后，博州境内卷烟经营市场中存在无证贩运、无证批发、无证销售、进货渠道、零售价格多样的混乱局面。1997 年，博州烟草专卖分局成立后，依据《中华人民共和国烟草专卖法》和《中华人民共和国烟草专卖法实施条例》，将卷烟列入国家专卖商品。2000 年，根据自治区烟草工作会议精神，相继取消农五师三和公司和温泉县糖业烟酒公司的卷烟委托批发权，出资 150 万元收购原精河县糖业烟酒公司资产，直设卷烟批发部。先后成立精河县、温泉县烟草专卖局（物流配送中心，后撤销由博州烟草公司物流配送中心直接配送），建立塔斯尔海专卖管理所（卷烟批发部）。

2003 年 2 月，博州烟草专卖分局（公司）与博州发展计划委员会联合印发《关于进一步加强卷烟明码标价的通知》《关于整顿和规范博州烟草市场价格秩序实施方案的通知》。博州烟草市场零售执行统一零售价的零售户达到 75%。同年 8 月 26 日，博州地产卷烟零售网络协会（简称“博州卷烟零售网络协会”）成立。同年 11 月，博州烟草专卖分局将生产和销售莫合烟列入专营专卖范围。

2005 年 4 月，博州烟草专卖分局（公司）正式启动卷烟分拣喷码系统。至 2005 年末，卷烟销售已全部纳入喷码防伪管理。博州烟草专卖分局加强市场管理执法力度，配备专职市场执法检查人员，并实行分片区管理。从 1997—2005 年，共查办案件 2 640 起，查扣卷烟 50 212.7 条，罚没款 53.72 万元，查处莫合烟 10 411.77 千克。

第八章 外 贸

第一节 进出口商品

1979—1985 年，博乐市（县）主要出口畜产品。商品品种主要有山羊绒、绵羊毛、马鬃尾、山羊皮、绵羊肠衣、山羊肠衣等。

1979—1985 年博乐市（县）出口畜产品情况表

表 24-16

名称＼年份	1979	1980	1981	1982	1983	1984	1985
绵羊肠（根）	75 165	50 724	71 147	89 914	87 107	92 262	68 765
山羊肠（根）	2 454	2 564	2 880	3 101	3 710	4 474	3 100
绵羊毛（吨）	448	440	499	574	538	525	475
山羊毛（吨）	0.4	0.5	0.7	1.0	0.7	1.3	2.4
山羊绒（吨）	1.4	1.4	1.6	2.2	2.4	2.6	2.7
驼毛（吨）	1.9	1.5	1.8	2.5	3.4	3.9	3.3
马鬃尾（吨）	1.7	12.9	1.9	1.5	1.2	0.9	0.8
牛皮（张）	3 053	3 042	2 499	4 822	4 785	5 360	3 255
牛犊皮（张）	163	269	289	284	332	337	378
绵羊皮（张）	81 533	56 257	72 153	96 059	102 280	95 784	42 489
山羊皮（张）	4 607	4 760	5 748	8 013	4 785	9 802	5 100
其他皮（张）	21 539	29 337	23 433	16 660	14 867	17 277	12 709
收购总额（万元）	215.2	223.17	248.54	468.07	413.54	368.7	307.91
销售总额（万元）	234.00	239.79	273.83	424.49	497.59	896.59	316.35
费用总额（万元）	17.60	16.82	18.41	33.13	39.57	30.61	27.91
利润（万元）	11.70	12.26	24.49	12.97	16.49	7.26	5.88

1987—1989 年，博乐市出口棉花 860 万千克。至 1993 年 12 月，博乐市边贸签约 2 930.68 万瑞朗，进出口贸易履约 1 984.48 万瑞朗。进口产品 20 余种，出口产品 100 余种。

1994 年，博乐市主要出口商品为糖、酒、小型机械、日用百货、服装、针织品等；主要进口商品有钢材、羊皮、羊毛、牛皮、短绒、棉花、化肥、有色金属废料等。1995 年，博乐市完成进出口贸易额为 1 317.80 万美元，其中进口 622.92 万美元，出口 694.99 万美元。全市边贸总公司完成贸易额 885.78 万美元，合作区边贸总公司完成贸易额 218.46 万美元。1998 年，全市共完成外贸进出口总额 20.4 万美元，其中进口 18.02 美元，出口 2.38 万美元。1999 年，全市进出口贸易额 161.44 万美元，其中出口 20.36 万美元，进口 141.08 万美元。2006 年，博乐市对外贸易出口总额 90.6 万美元。

第二节　经济交流与合作

1992年，第二座亚欧大陆桥的全线贯通，使博乐市由封闭变为“东进西出”对外开放的前沿。同年12月15日，博乐市出访的代表团85批521人次，和独联体中亚5国及俄罗斯建立经济关系。同年底，博乐市在哈萨克斯坦的吾拉尔市和阿拉木图市分别设立商务代办处。

1993年，经由博乐市出国经贸团组636个，1 678人次。接待购物旅游255个团组2 553人次。1994年1月，市公司出国100多人次，签订跨年度贸易合同18份，总额3 000多万美元。全年办理护照225本，办理签证107人次，接待境外来访团组39个131人次，出国经贸人员组团285个491人次。1995年，市出国经贸人员组团226个320人次，办理护照167本。1998年，市出国经贸人员86团组131人次。

博乐市每年参加“乌洽会”，展销商品，商贸洽谈、经济合作。1994年，市在乌洽会上，经贸企业签订各种合同、协议18个，其中易货贸易合同4个，总金额2 465万美元，履约2个，金额为789.69万美元。1995年，市参加“乌恰会”的生产企业6家和边贸企业8家。签订经济技术合作商品销售贸易等合同4个、协议4个、意向1个，总金额450万元人民币，履约380万元人民币，其中国内贸易合同总金额330万元人民币，履约400万元人民币；进出口贸易合同60万美元，履行率为60%。1997年，市经贸企业在“乌洽会”上签订合同1个、总金额42万美元，协议5个，意向10个。1998年，市经贸企业在“乌洽会”上签订3个内联项目合同，5个内贸，总额4 101万元，及2个外贸出口协议，共计金额5 051万元人民币和110万美元。1999年，市经贸企业在“乌恰会”上签订2个内联项目合同，6个内贸合同及2个外贸出口协议，共计金额1.4亿元人民币和100万美元。2006年，博乐市完成外贸进出口总额90.65万元。

第二十五编

BOLE SHIZHI

旅　游

博乐市旅游资源丰富。著名景区有赛里木湖、怪石峪、哈日图热格、夏尔希里、艾比湖等。还有“破城子”“古墓”等人文景观。

博乐市旅游业起步较晚，开发程度较低。1992 年，建立旅游机构后，先后制定旅游规划，开展旅游普查；加快基础设施建设，开发旅游市场；加快旅游服务人员培训，制定旅游市场规范。2004 年，博乐市提出创建“中国优秀旅游城市”的目标任务。2006 年，博乐市被命名为中国优秀旅游城市，旅游业发展进入新阶段。

第一章 机构与发展规划

第一节 事业机构

一、博乐市旅游局

1992 年 6 月，成立博乐市风景管理处。同年 12 月，博乐市风景管理处改设为博乐市旅游局，正科级事业单位，编制 5 名，其中领导职数 2 个。2001 年 5 月，市旅游局隶属市人民政府直属事业机构。2002 年 11 月，市旅游局列市人民政府工作部门序列，事业编制 5 名，其中领导职数 3 个。

二、博乐市赛里木湖风景管理站

1992 年 6 月，成立博乐市赛里木风景管理站。1993 年 11 月，赛里木湖风景管理站划归市旅游局。2001 年 6 月，赛里木湖风景管理站移交市三台办事处。

三、博乐市旅游质量监督管理所

1995 年 8 月，成立博乐市旅游质量监督管理所，隶属市旅游局，负责全市旅游服务质量的监督管理。

第二节 企业单位

2006 年，博乐主要有 4 家旅行社开展旅游业务。

一、博洲旅行社

博州旅行社位于博乐市沿河路 9 号，业务范围有国内组团旅游业务，博乐地接中转业务。同时承办各种会议旅游服务。代售飞机票、火车票，预订宾馆、客房。

二、新世纪旅行社有限公司

新世纪旅行社有限公司位于博乐市北京路 184 号，业务范围有接待国内旅游团体，组织当地公民赴国内各地旅游。

三、新疆博乐市大陆桥旅行有限责任公司

新疆博乐市大陆桥旅行有限责任公司位于博乐市青德里大街 76 号（市石化宾馆二楼），业务范围有休闲疗养、经济考察、学科考察、商务旅行、观光旅行、夏令营等。

四、艾比湖旅行社

业务范围有观光考察、商务探亲、休闲度假、团体接待、散客接待、代订机票。

第二章 规划与开发

第一节 发展规划

一、“八五”计划到“十一五”规划

“八五”计划开始，博乐市将旅游业纳入国民经济和社会发展规划，成立旅游机构，开发赛里木湖、哈日图热格、怪石峪旅游区。“九五”计划提出加快旅游景区基础设施建设。“十五”计划，以创建“中国优秀旅游城市”为目标任务，提升旅游业的整体水平，加大旅游开发力度，完善旅游风景区的交通、通信、水、电等配套基础设施。拓宽旅游业开发投资、融资渠道，吸引社会资本参与旅游景点的开发建设。做好重点旅游项目规划和申报工作，积极争取国债资金支持。“十一五”规划提出抓好旅游景区（点）和线路的规划布局，采取国家扶持、企业为主、多渠道和多形式融资、市场机制运营等措施，加大旅游资源整合和开发力度，强化风景名胜资源的保护。加强区域联合和协作，整合旅游资源，围绕丝绸之路，形成北疆旅游环线、天山旅游环线和特种旅游线路等有代表性的旅游精品线路。开展冰雪旅游、商务会展旅游、民俗风情旅游、边境旅游、红色旅游等。抓好旅游市场规范管理，提高服务质量和水平。

二、项目规划

1992—2006年，博乐市先后完成《赛里木湖风景区旅游建设规划》《赛里木湖建设规划可研报告》《赛里木湖建设规划环境评价报告》《博河民族风情旅游区建设规划》《怪石峪核心景区基础设施建设》《怪石峪地质遗迹保护区》《哈日图热格森林公园》《博乐市边境旅游区建设项目规划》《博乐市旅游区（点）厕所建设规划》《敖包、赛马场景点旅游建设规划》等规划，上报自治区、州审批后，全面实施。

第二节 资源开发

一、总体开发

“九五”“十五”期间，博乐市先后完成城市总体规划修编大纲、城市近期建设规划、南城区规划、商业网点规划、城市消防规划、万亩生态园区等12项规划的编制工作。

二、道路建设

完成北环路、长城路、顾力木图路、文化路、建国路、前进路、沿河路、迎春路等16条道路的新建改建工程，新增城市道路18.6千米，市区拥有道路38条65千米。完成3期供水、垃圾填埋、污水处理、3号热源项目工程，新增供排水和供热管网56.9千米。新建改建中心广场、滨河公园、人民公园、西部文化广场、赛马场、博尔塔拉纪念园、博物馆、体育馆。重点招商引资建设工程完成总投资1.26亿元，亚中商城、商业步行街、东风商厦、家和精品街、西郊客运综合市场相继竣工投入使用。

三、配套建设

“九五”“十五”期间，编制《赛里木湖风景名胜区总体规划》；投资1 300万元，完成综合服务接待基地建设项目1期工程和环湖公路；投资200万元，修建和设置浮动式码头、木栈道、垃圾房、旅游公厕，景区东、北两处大门，收费站和各类旅游图形符号标识。编制《怪石峪风景区总体规划》；修建完成博乐市至怪石峪总长26千米的公路；投资70万元修建景区大门、设置旅游图形标识和垃圾桶；引资50万元修建“怪石山庄”。修建通往哈日图热格、夏尔希里风景区的公路52千米。1998—2003年，在博—五公路两侧建成30千米长的绿色长廊；2006年，全市共有命名旅游景区景点13处，其中

有 AAA 级景区 1 个、AA 级景区 1 个。

四、旅游协作

“十五”期间，博乐市整合境域旅游资源，加强联合与协作。结合创建中国优秀旅游城市，形成“一边、二区、三线”旅游布局，即阿拉山口边境游；赛里木湖为主的草原高山湖泊旅游名胜区，艾比湖为主的生态人文、科考旅游区；州内环线和北疆铁路一线，312 国道一线旅游线路。

第三章 怪石峪风景名胜区

怪石峪风景区哈萨克语为“阔依塔斯”，意为“遍地如羊的石头”。位于博乐市东北约 48 千米处的哈布图哈沟中，紧傍阿拉山口和艾比湖。怪石峪风景区东北距阿拉山口 26 千米，东南距艾比湖西北岸约 30 千米。海拔高度 780 ~ 1 350 米之间。地处北纬 45° 01′ ~ 45° 12′、东经 82° 13′ ~ 82° 17′之间。风景区东西 18 千米，南北平均宽约 13 千米（最大宽度 22 千米），总面积为 230 平方千米。怪石峪风景名胜区划分为主要景区和外围景区两部分。主要景点几乎都集中在一条东西走向的溪流两侧。

1997 年，怪石峪被自治区批准为风景名胜区。2003 年，中国森林评审委员会确认怪石峪为国家最大的天然造型花岗岩博物馆。2005 年，怪石峪被国家批准为 AA 级风景名胜区。

第一节 旅游资源

一、地质

怪石峪风景区属北天山海西宁褶皱带之四级构造单元 – 阿拉套复背斜。怪石峪风景区位于阿拉套山东段支脉—沙拉套山的部分。沙拉套山自西向东绵延在中哈边境线上，山脊线高度达 2 200 ~ 2 500 米左右，至阿拉山口则变成部分低矮的丘陵。地势西北高，东南低。整个风景区普遍分布肉红色花岗斑岩，其长石斑晶直径一般为 1 ~ 2 厘米，大者为 3 ~ 4 厘米以上。此外还有部分灰白色的二云母斑状花岗岩分布。

二、地貌

怪石峪风景区孔穴风景地貌是发育在阔依塔斯山 1.9 亿—2.3 亿年前呈穹窿状构造的花岗斑岩上。花岗斑岩由岩浆侵入至地表附近时，突然遇冷凝固而成的浅成岩浆岩，主要矿物有长石、石英、黑云母和金云母等。

怪石峪花岗斑岩孔穴地貌是在特定的地质、地理条件下发育成型。阔依塔斯山与其北侧的沙拉套山的灰岩地层，呈不整合接触。两山高低悬殊，通过构造相升与外力剥蚀，将阔依塔斯地下浅成的花岗岩大量剥落地表。在流水、空气等继续作用下，原来岩石比较凸出的部位水蚀作用相对较弱，则形成拟人拟物景观，如人与动物的额头、鼻梁、脊背、头颅、躯干等，而沿着岩石节理、裂隙，岩石凸出处下方的瓯穴发育成形态各异的众多孔穴，即凹陷部位，则形成人与动物的眼窝、鼻孔、口腔、耳孔等，从而发育成片造型奇特的孔穴风景地貌。远看如千万头羊只在山岗沟渠间，当地哈萨克族牧民将其取名为“阔依塔斯”，意为“遍地如羊的石头”。

三、气候

怪石峪风景区位于博乐市北的低山丘陵区，坐北面南，日照时间长，降水量小，并有逆温层存在，冬暖夏凉。由于处于阿拉套山的背风坡，属风阴区，故这里风速小。

怪石峪核心景区主要气候要素推测表

表 25-1　　单位：米、℃、毫米、米 / 秒

海拔高度	年平均温度	年降水量	年蒸发量	年平均风速
1 200	4.1	230	1 500	2.0

四、水文

怪石峪风景区景区南北和东西走向的山泉溪流切割，有乌图布拉格、哈布图哈、乌兰赛、苏哈图赛（京格勒萨依）等南北向沟溪及喀拉达坂、江巴斯、铁列克特、均布拉克等东西向泉水沟，此外还有 50 多处不知名的小山泉。上述沟溪、山泉、泉水沟大都只有几千米到十几千米，年平均流量每秒在 0.01 ~ 0.142 立方米之间。

怪石峪风景区主要沟溪年径流量统计表

表 25-2　　单位：立方米 / 秒、万立方米

沟溪名称	位置	年平均流量	年平均径流量
乌图布拉格	八十四团畜牧营	0.142	447.81
哈布特哈	八十四团畜牧营东	0.02	63.07
苏哈图赛	乌图布拉格乡一牧场	0.02	63.07

五、植被

怪石峪风景区位处阿拉套山南坡低山丘陵带。海拔 780 ~ 1 350 米，主要属山前荒漠植被带，并兼有部分中、高山针叶林带的植被。主要植物有锦鸡儿、木本猪毛菜、假毛贼、麻黄、刺旋花、蒿子、狐茅、针茅、三茫草、画眉草、隐子草、小蓬、扁穗冰草、兔儿条、驼绒、木枝、伏地肤、补血草、梭梭、角皂藜、骆绒藜、沙葱、荨麻等 30 余种。沟溪或泉沟等低湿地区还有丛灌和旱柳、红柳等。怪石峪植被主要生长在沟溪、冲沟底部和坡度较小的碎石坡地上及部分岩缝裂隙中。怪石峪核心景区主要植物有 22 种。

六、动物

怪石峪风景区属低山灌木草原植被带，有马鹿、野山羊、黄羊、狼、狐狸、旱獭、野兔、蝙蝠、野鼠、刺猬、黄鼠狼、猫头鹰、野鸽、山鸡、斑鸠燕、黑雀、乌鸦、麻雀、蜥蜴、草花蛇、蜈蚣等。

七、人文

怪石峪地区自古就是博乐冬牧场兼春秋草场，许多古代民族曾在这里游牧射猎，繁衍生息，遗存众多古岩画、古墓群待考证。

八、主要景观

怪石峪岩石裸露，怪石嶙峋，有价值的天然景点百余处，确定命名的三四十个。如拟人的景物有迎宾将军石、巨人头、猿人石、石人像、仰观长天、母子相依、怪石佛等。代表性的景点有巨象头石，苍鹰回眸、大象取食、熊虎护卫、海豹登岸、天狗望月、孔雀开屏、石猴母子、犀牛望月、乌龟石、孔雀石、野猪石、鹰嘴石、虎啸石。介于人和动物之间的则有狮身人面岩、石猿等；拟物景观为石亭、

石堡、石桥、石洞、天生桥等。怪石峪象形岩石围径一般在 10 ~ 20 米，大的可达 30 ~ 40 米；相对高度一般在 20 ~ 40 米，最高可达 150 米。如乌兰赛中的天生桥位于分水岭顶部，跨度 20 多米，桥孔高约 2 ~ 3 米，桥顶宽 2 米，顶厚 1.3 米 ~ 2.5 米。

第二节 综合评价

怪石峪花岗斑岩孔穴地貌既不同于桂林等地的石灰岩洞穴地貌，也不同于干旱沙漠中发育的蜂窝状风蚀穴地貌，而是在特定的地质、地理条件下发育成型。其分布规模之大（230 多平方千米），发育程度之完善，孔穴造景之生动与多样，在全国尚属少见，具有很高的美学观赏价值和科学考察研究价值。如同张家界石英砂岩峰林构景地貌一样，又为国家增添一种新型的风景地貌类型—博乐阔依塔斯地貌。

怪石峪众多的古岩画、古墓群，是数千年古代人类文明的遗存，具有很高的历史文化价值和艺术观赏价值。

怪石峪风景区及其周围均是牧区，又处在阿拉山口的风阴区，故空气洁净。此外，这里分布众多的泉眼以及花果类观赏植物，均具有一定的观赏和科学研究意义。

第四章 哈日图热格森林公园

哈日图热格国家森林公园位于博乐市阿拉套山东段哈日图热格山的峡谷中，蒙古语意为“金雕翱翔的地方”，距市区以北 38 千米。地处北纬 45° 07′ ~ 45° 19′ 、东经 81° 21′ ~ 82° 20′ 之间。东西长约 70 千米，南北宽约 20 千米，总面积 455.05 平方千米。

1994 年，博州批准设立哈日图热格森林公园。2000 年，哈日图热格森林公园晋升为自治区级森林公园；2004 年 12 月，哈日图热格森林公园晋升为国家级森林公园。

第一节 旅游资源

一、地质

哈格森林公园出露有古生界泥盆系地层直到新生界第四系沉积物。出露的地层主要有元古界温泉组、古生界泥盆系汗吉尕组和托斯库尔他乌组、石炭系章古苏组和中石炭统东图津河组、二叠系乌郎组、新生界第三纪紫泥泉组和第四纪沉积物等类型。出露的岩石主要有花岗岩、千枚岩、大理岩、凝灰岩及全新世松散沉积物。花岗岩的风化物中富含钾、铯、锂、钡等；基性岩、中性岩区风化土壤中均富含有铁、钛、铜、钒化合物；而超基性岩区的土壤中含有大量的铬、镍、钴和镁。

二、地貌

地貌特征主要表现为阶梯状隆起，山地地貌垂直结构分明，海拔 350 ~ 400 米为山前平原，海拔 400 ~ 1 600 米为低山带，海拔 1 600 ~ 2 800 米为中山带，海拔 2 800 ~ 3 300 米为分布范围较窄的亚高山带，海拔 3 300 米以上为高山带。在山地断裂构造运动发展过程中，阿拉套山西北段上升大于东南段，因而山地河流顺坡向东南，最终流入艾比湖。山地地貌类型主要有准平原地貌、冰蚀地貌、冰碛地貌、侵蚀地貌、山间盆地地貌、阶地地貌和洪积扇地貌等。中低山山体散落，坡降平缓；地势北高南低，山势由西向东逐渐降低。中山区侵蚀地貌，以河谷侵蚀为主，哈日图热格河切割较深，一般在 50 ~ 200 米，这里山高坡陡，基岩外露，山形独特。海拔 3 500 米以上有火山形成的高山湖泊，其上部则是永久冰川，景色特异。

三、气候

由于受大陆性干燥气候和海洋冷湿气流的同时作用，以及山体本身复杂的地形对气候的影响，加之北疆荒漠生物气候带及地理地带性的综合效应，使森林公园呈现夏季温凉短暂，冬季漫长寒冷的特点。气温日际变化较大，尤以 6—8 月突出。年均降水量 400 ~ 600 毫米，全年降雪量占全年降水量的 20% 左右，高山积雪是河流径流的主要来源。

四、水文

森林公园区域水资源较为丰富，主要河流有哈日图热格河、阿尔夏提河和保尔德苏河等 8 条，均以积雪融水为源。主要山涧溪流 50 余条。

五、植被

森林公园有各种野生植物 1 000 余种。海拔 1 100 ~ 1 500 米，阴坡为森林草原带，主要树种有云杉、天山桦，下木有天山花楸、忍冬、栒子、绣线菊等，地被物以苔草为主；阳坡为干旱草原带，主要有蒿类和禾本科杂草。海拔 1 500 米 ~ 2 600 米，阴坡为天山云杉为主的森林带，林下灌木较少；阳坡为灌丛草原带。海拔 2 600 米 ~ 2 800 米，为稀疏的云杉林—悬崖林。海拔 2 800 米 ~ 3 500 米，为高山草甸带及垫状植物带。海拔 3 500 米以上为高山石砾带。

在沟底及坡下部位多为桦木、杨树类混生，海拔较低处的谷地溪旁有桦木纯林分布。林下灌木有花楸、忍冬、栒子、小蘗、爬地柏、兔儿条、茶藨子等，草木层以根系发达的多种苔草、禾本科草类为主。林内藓类层较微弱。

园区总土地面积 45 505 公顷，林业用地面积 12 300.44 公顷，其中有林地 9 269.6 公顷，疏林地 189 公顷，灌木林地 2 416.48 公顷，活立木总蓄积量为 132.16 万立方米，森林复被率为 27.1%。

六、动物

森林公园有国家 1 级保护动物 12 种，2 级保护动物 40 种，主要保护动物有雪豹、北山羊、盘羊、雪兔、猞猁、马鹿、棕熊、雪鸡等。

七、人文

公园分布古岩画、古卡伦、乌孙古墓、石翁仲古墓。在哈日图热格主景区有美丽的“佛憩洞”传说。

八、主要景观（景点）

哈日图热格山峡谷中以桥为段，共有七道桥，每段的自然景观各具特色，引人入胜。地文景观主要有西天门、棕熊石、寿星石、金雕台、石门、佛憩洞等。

水文景观主要有灵隐瀑、七彩湖、净身泉、阿尔夏提仙泉、九天飞瀑、月泉、珍珠瀑等。

生物景观主要有桦树沟、椒蒿沟、千里飘香、和睦园、野猪林、百花园、牡丹苑等

天象景观主要有华林云雾、七湖日出、雪中雪莲观赏、云海奇观等。

第二节　综合评价

哈日图热格森林公园风景资源丰富，整体品位高。有景点 40 处，其中：自然景观 31 处，人文景观 9 处。在自然景观中，地文景观 12 处，水文景观 9 处，生物景观 9 处，天象景观 1 处，分别占风景资源总数的 30%、22.5%、22.5%、0. 25%。

依据《旅游资源分类调查与评价》，哈日图热格森林公园一级景点 17 处，二级景点 15 处，三级

景点 8 处，分别占景点总数的 42.5%、37.5%、20%。

哈日图热格森林公园风景资源评价统计表

表 25-3　　单位：处

景区	景观（点）数量	景观（点）类型					景观（点）等级		
		地文	水体	生物	人文	天象	Ⅰ	Ⅱ	Ⅲ
合计	40	12	9	9	9	1	17	15	8
哈日图日格景区	17	8	2	3	3	1	7	6	4
七彩湖景区	4	1	2	1	–	–	2	2	–
米尔其克景区	4	1	1	2	–	–	1	2	1
阿尔夏提景区	4	–	1	1	2	–	2	1	1
青棵棵景区	3	–	2	1	–	–	1	1	1
玉科克景区	5	1	–	1	3	–	3	2	–
堡尔德景区	3	1	1	–	1	–	1	1	1

第五章　夏尔希里景区

“夏尔希里”系蒙古语，意思为“金色的山梁”。位于博乐市北部准噶尔盆地西南缘的阿拉套山脉北麓。西南和南面与哈日图热格林场为邻，北以阿拉套山山脊为界与哈萨克斯坦共和国接壤，东界至阿拉山口口岸行政区，地理位置介于北纬 45° 07′ 43″ ~ 45° 23′ 15″ 之间，东经 81° 43′ 09″ ~ 82° 33′ 18″，边境线长 95.9 千米，东西长 66 千米，南北宽 25 千米，面积为 314 平方千米，由西部的保尔德苏河区（西段）、东部的江巴斯区（东段）和连接两个区域的边境廊道（中段）等三个部分组成。其中西部为中高山带，面积 2.2 万公顷；东部为低山和荒漠平原戈壁地带，总面积为 5 800 公顷；中部为中低山区，面积 3 600 公顷，是连接东西两部分的天然廊道，从而保持地区内自然环境的完整性。保护区内林地 130.17 平方千米，草地 126.02 平方千米，湿地 9.07 平方千米，裸地 75.8 平方千米，常年积雪地 41.16 平方千米。

夏尔希里地区原属中哈两国争议区。1994 年 4 月 26 日，中、哈两国在阿拉木图签署《中华人民共和国和哈萨克斯坦共和国关于中哈国界的协定》，将位于阿拉山口争议地区 154 平方千米划归中国版图。1998 年 7 月 4 日，中、哈两国签署《中华人民共和国和哈萨克斯坦共和国关于中哈国界补充规定》，1999 年 5—9 月，中、哈勘界、确界，将 220 平方千米划归中国。

1999 年 11 月，博州人民政府向自治区人民政府申报建立自然保护区。2000 年 6 月，自治区人民政府批准成立“夏尔希里自然保护区”，为自治区级森林及野生动物类型自然保护区，成立夏尔希里自然保护区保护站。

2005 年 3 月 3 日，新疆维吾尔自治区人民政府同意增扩面积，将位于阿拉山口 64 平方千米（除去公路、铁路等 6 平方千米）中 58 平方千米和与夏尔希里自然保护区连接的博州哈日图热格林场经营区 36 平方千米，一并划入夏尔希里自然保护区。

第一节 旅游资源

一、地质地貌

夏尔希里自然保护区的地质构造为阿拉套复背斜，由石炭二叠系地层及晚古生代晚期花岗岩侵入组成。岩性也有多种类型，有辉长岩、超基性岩、花岗闪长岩、黑云斑花岗岩、云母花岗岩及长英岩、长英斑岩等。阿拉套山属北天山西段的一部分。山地海拔一般在 2 000 ~ 4 000 米，山脊线海拔大多在 4 000 米左右，最高峰 4 569 米。永久性积雪和现代冰川普遍发育，古冰川作用和寒冻风化作用强烈。

自然保护区内山地海拔为 2 000 ~ 3 000 米，最高峰海拔 3 670 米，最低处海拔 310 米。在海拔 3 000 米为中山带山脊线，可见古夷平面，其下沟多谷深，流水侵蚀切割强烈。因此这一级古夷平面被分割得支离破碎，多呈小面积的条带状，连续性差。在海拔 2 000 米左右的古夷平面则保存较好，河流切割作用较弱，多为低山丘陵地貌。主要的岩石类型为花岗岩、火山岩和轻微变质的碎屑岩及火山凝灰岩、石灰岩。

二、气候

夏尔希里山区坐北向南，中低山区冬季有逆温层存在，属温带大陆性气候。冬暖夏凉，春秋两季约 190 天，冬季约 175 天，年均温 1℃左右，最高平均气温 3.5℃，最低 -2℃，年均降水 240 毫米，降水集中在春夏两季，占全年降水的 80%以上。冬季降雪约占全年的 15%，积雪深度在 40 ~ 50 厘米。每年的连续积雪日 150 天左右。夏尔希里保护区西段山顶风力平缓域较大，东段位于阿拉山口风区。

三、水文

境内沟壑纵横，水资源丰富。

保尔德苏河　发源于哈日图热格山区以东的夏尔希里地区，是博尔塔拉河在市境内的次大支流。河源海拔 3 380 米以上。河道全长 51.9 千米，流域面积 256 平方千米，河面宽 200 ~ 500 米，常流水槽宽 5 ~ 10 米。年平均流量每秒 2.54 立方米，年平均径流量 80 730 立方米。河水夏盛冬枯，67.66%的水量集中在 6 月、7 月、8 月，3—11 月灌溉期水量占年径流量的 94.44%。依次汇入保尔德苏河的西支河流有那伦哈木尔河、达兰哈特河，位于保护区内；北支河流有阿勒坦特布什河，位于哈萨克斯坦境内，从中哈边境处汇入；东支河流有茨斯克得也勒河，位于哈萨克斯坦境内，从中哈边境处汇入。

泉流沟溪　夏尔希里自然保护区东部东段大多属荒漠沟谷，仅在地势较高的几条山谷中有泉流小溪，流量小，泉水流出山谷口后即蒸发和下渗。但这些泉流小溪对野生动物及山谷中荒漠灌木林及牧业牲畜饮水意义较大。如坦克沟溪流，经目测估计，其流量每秒为 0.05 ~ 0.1 立方米。

湖泊　阿拉套湖位于保尔德苏河上游河谷，中哈边境处，距三河交汇口上游 10 038 米，面积 2.98 万平方米，周长 935.10 米，东西最大宽度 155 米，南北长 210.7 米，最大长度 329.4 米。湖面色泽较淡，显示湖水较浅，为冰川湖，湖水矿化度相应较低。湖泊长度方向与河流方向一致，均为西北—东南向。

夏尔希里湖位于保尔德苏河上游河谷，中哈边境处，距阿拉套湖下游 8 千米左右，距三河交汇口 2 043 米，最大长度（湖泊中心线长度）801 米，最大直线长度 739 米，最大宽度 178 米，最小宽度 66.57 米。面积 7.9 万平方米，湖面色泽较暗，显示湖水较深，为冰川构造湖。受构造控制，呈西北—东南向延伸，与主要构造线及河流走向一致。

高山冰川积雪　哈日图热格河源区共有冰川 17 条，冰川面积 10.42 平方千米，冰川总量 4.516 亿立方米。

四、植被

保护区的植被可划分为 6 个类型。地区位于欧亚大陆中心，自然地理几经变迁，造成了各个植物区系的接触、混合和特化，植被组成从低等植物到高等植物，种类多样。高山带的高山草甸植被发育良好，中低山带阴坡为天山云杉为主的森林草原带，森林面积约 7 200 公顷。阴坡为灌草型草原带，整个区域林草植被生长茂盛，植被覆盖总面积约占百分之 97%。有野生植物 1 676 种，分属 81 科 513 属，占全疆已知高等植物总数量的 51%。其中有红门兰、斑叶兰等珍稀兰科植物以及蒙古黄芪、雪莲、新疆紫草和国家二级重点保护动物 10 余种。还蕴藏着繁多的食用、药用、观赏、芳香、固沙、蜜源、纤维植物等植物资源。

五、动物

保护区野生动物资源丰富，约有陆栖动物和鸟类 179 种，其中属国家重点保护的动物有 35 种：主要有赛加羚羊、雪豹、北山羊、棕熊、猞猁、马鹿、盘羊、苍鹰、草原雕、雪鸡、雕鸮、短耳鸮等，保护区是珍稀、濒危野生动植物的天然分布区，又是中国新疆西北部重要的鸟类迁徙地、繁殖地、越冬地。昆虫种类有 420 种，分属 14 目 95 科。大型真菌 143 种。珍稀昆虫如旋风蝶、阿波罗绢蝶等 9 种，均被定为国家 2 级保护动物。自然保护区是我国重要的生物物种基因库。

第二节　综合评价

一、地理位置及交通条件

夏尔希里自然保护区的外部交通条件优越，东端紧靠阿拉山口口岸，位于环北疆旅游线路的铁路与公路的换乘点上，南端距博乐市仅有 20 千米。该区周围有艾比湖湿地保护区、怪石峪自然风景区和哈日图热格森林公园，直线距离均不超过 20 千米。

二、旅游资源具有原始性与垄断性

博大宏伟、视野开阔，可进入性好。自然生态环境原始。生物多样性和生态系统平衡性特征表现得尤为突出，被称为动植物基因库。

高山、峡谷、盆地和宽阔的河流阶地分布集中，地形地貌多变。山岭崇峻、谷深坡陡，山涧与盆地相映，高山、盆地、平原、河谷、湖泊集中在很小的空间范围之内，立体感、层次感强。形态各异颜色多变的巨石，突立于绿草覆盖的山坡上或点缀在茂密的丛林中，集粗犷宏大与精深秀丽于一体。

河床坡降变化较大，湍急的峡谷河流、平缓的谷地河流和小湖相间分布。河床平均每千米坡降为 50 米。在山间盆地，河床的坡降较小，河水平缓，河流两侧均有宽阔的阶地和众多的山泉群。在坡降较大地段，河岩断裂下切深，两岸山崖陡峭，河水湍急。

冬暖夏凉，春秋相连，基本无夏，积雪深度适中。特殊的气候条件、清洁的空气和甘甜的山泉适宜开展旅游活动。夏季避暑、露营、疗养、探险，冬季雪上运动。另外，区域内哨所、界碑、工事、国境线和边防战士与原始的自然环境结合在一起，使观光者顿生庄严和神圣之感，是爱国主义教育的场所。

第六章　市区景点

第一节　滨河公园与人民公园

一、滨河公园

滨河公园位于博尔塔拉河金水桥东侧，始建于 1989 年，占地面积 11.69 万平方米，其中绿地面积 5.4

万平方米，共计植树 23 697 棵。滨河公园由六个部分组成。第一部分，文化观赏区，包括主门、两侧南北广场、凉亭、蒙古包及大型浮雕。第二部分，水上及中心娱乐区，内设怪石沟亭、赛里木湖亭、九曲桥，水域内有游船。第三部分，儿童活动区。第四部分，休息区，内设艾比湖亭等娱乐设施。第五部分，公园管理区。第六部分，野营区。

二、人民公园

人民公园位于博尔塔拉河金水桥西侧，始建于 1989 年，占地面积 156.67 万平方米，东西跨度 1 370 米。园内有动物园、儿童游乐园、游泳池、休闲度假村、亭、桥、镇远寺等。

第二节　西部文化广场与博尔塔拉纪念园

一、西部文化广场

西部文化广场位于博乐市文化路和青得里大街交界处，始建于 2002 年，占地面积 4.3 万平方米，是集休闲、文化、办公于一体的综合性公共场所。

西部文化广场分“西迁”广场和“东归”广场。“西迁”广场浮雕描绘察哈尔蒙古族官兵携眷从河北张家口西迁新疆，屯垦戍边的历史。

“东归”广场雕塑描绘吐尔扈特部首领渥巴锡于乾隆三十五年（1770）率 17 万人自伏尔加河，冲破沙俄围追堵截，浴血奋战，回归祖国的历史。

二、博尔塔拉纪念园

博尔塔拉纪念园位于博乐市滨河公园内。2001 年，建纪念园广场，占地面积 1.45 万平方米。2004—2005 年，纪念园广场完成雕塑工程。雕塑内容分 5 个部分，第一部分是爱国主义精神的雕塑，即察哈尔卫士碑、察哈尔哨所碑、黄帝旨碑、钢铁长城碑、屯垦戍边碑、抗日捐献。第二部分是英雄模范人物的雕塑，即少年英雄朱军雕像、阿黑颂雕塑、扎雅班迪达碑。第三部分是纪念无名英雄的雕塑，即无名英雄纪念碑、长明灯碑。第四部分是表现军民、兵地和民族团结的雕塑，即团结碑。第五部分是表现军爱民的雕塑，即爱民碑。共 13 个雕塑，1 个国旗杆，采用抽象构思和写实表现手法，给人以强烈的艺术感染力。2006 年 6 月，博尔塔拉纪念园举行开园仪式。

第三节　博乐赛马场与商业步行街

一、博乐赛马场

博乐赛马场位于博乐—五台公路 5 千米处东侧，始建于 2002 年，占地面积约 28 万平方米，容纳观众 4 万余人，是集赛马、田径、足球、射击、射箭、摔跤、斗牛、斗鸡，文艺演出为一体的多功能文体娱乐场所。2002—2006 年，举办四届“那达慕”草原节。

二、商业步行街

商业步行街东门位于团结路西侧，西门位于北京路街心公园东侧，北门位于青德里大街南侧，地处博乐市商业繁华地段。商业步行街建成于 2003 年，长 400 米，宽 12 米；地上 2 层，地下 1 层；建设用地面积 22 983 平方米，建筑面积 18 661.14 平方米。街内设有地灯、花坛、座椅、喷泉，铜雕马车。有商业门面 300 多套，分为饮食服务区、文化娱乐区、服装鞋帽区、家电通讯区、民族商品区、百货批发区、副食调味区、停车场等功能区。

第四节 阿拉山口口岸

阿拉山口位于博乐市东北角，东临塔城地区托里县，南依艾比湖，西北毗邻哈萨克斯坦塔尔迪库尔干州。山口宽约 2 0 千米，长约 90 千米，平均海拔为 300 米，古有“准噶尔山门”之称。

阿拉山口是著名的大风口，年平均每秒风速为 6.1 米，年平均大风日达 166 天，有每秒 55 米的新疆最大风速值的纪录。

阿拉山口段铁路东连兰新、陇海铁路，经新疆、甘肃、陕西、河南、安徽至江苏连云港；西连哈萨克斯坦、俄罗斯、白俄罗斯、波兰、德国铁路至荷兰鹿特丹港，全长 10 800 千米。

口岸辖区面积155平方千米，城市规划面积27平方千米，建成区面积11平方千米。距博乐市73千米，铁路、公路分别距乌鲁木齐市 477 千米和 500 千米，距哈萨克斯坦共和国德鲁日巴口岸 12 千米，是国家一类口岸。每年观光游客达 30 余万人次。2005 年，口岸年过货量达到 1 120 万吨，居全国陆路口岸第二位。

第七章 旅游服务

第一节 住宿餐饮

一、博尔塔拉宾馆（四星）

博尔塔拉宾馆位于博乐市沿河路 9 号，集食、住、行、娱、购为一体的四星级宾馆。

宾馆占地面积 9.67 万平方米，建筑面积 2.46 万平方米，分迎宾楼和贵宾楼两部分。贵宾楼有行政单间、商务套间、豪华套间以及总统套房 39 套。迎宾楼有标准房 150 套。不同规格的会议厅 7 个，可承接 400 人以内的各种类型会议。餐厅可容纳 1 000 余人就餐。

二、中亚大酒店（三星）

中亚大酒店位于博乐市北京路 154 号。客房 108 间、床位 198 张，内有彩电，宽带上网直拨国际、国内长途电话，电扇，空调及高品位家具。酒店内设咖啡雅座、酒吧、中西餐厅、宴会厅、民俗接待厅、会议厅等。服务项目有代办邮件、打字复印、商务传真、票务服务、汽车出租、行李寄存、礼宾有约、会议服务、保健美容、宴会、酒会等。

三、博乐市艾比湖大酒店（三星）

博乐市艾比湖大酒店位于博乐市北京路 295 号，集客房、餐饮、娱乐、购物、商务、会议、写字办公为一体的涉外三星级酒店。酒店拥有客房 92 间、床位 185 张，分别设有标准间、豪华套间和单间。酒店内设清餐厅、汉餐厅、会议厅等。

四、博乐市石化宾馆（二星）

博乐市石化宾馆位于博乐市青得里大街 76 号，集写字办公、餐饮、娱乐、美容美发、桑拿为一体的综合性宾馆。客房 50 间、床位 110 张。

五、博乐市银座大酒店（二星）

博乐市银座大酒店位于博乐市青得里大街3号，集餐饮、住宿、娱乐为一体的综合性酒店。客房68间、床位 136 张。

六、楚天楼酒店

楚天楼酒店位于博乐市天山路 11 号，集住宿、餐饮、娱乐、会议为一体的酒店。客房 57 间，床位 108 张，设有标准间、豪华间、单间、3 人间。餐厅为清餐，会议厅可举办大型商务、会议等。

七、鸿宇电力宾馆

鸿宇电力宾馆位于博乐市北京路312号，集住宿、餐饮、商务为一体的宾馆。宾馆拥有客房66间，床位130张，内配有空调、数字电视、宽带等设施。

第二节　旅游交通线路

一、旅游交通

对外交通　境内有312国穿过赛里木湖，通往伊犁。省道205县自市内至阿拉山口出境；省道304线，博乐通往温泉旅游。博乐市有通往乌鲁木齐、伊犁、奎屯、乌苏、克拉玛依等多条交通旅游线路。

对内交通　博乐市旅游线路有8条，分别是博乐—赛里木湖、博乐—怪石峪、博乐—阿拉山口、博乐—哈日图热格、赛里木湖—博乐—阿拉山口、博乐—怪石峪—阿拉山口、阿拉山口—怪石峪—博乐、赛里木湖—博乐—怪石峪—阿拉山口—哈日图热格—温泉。

二、市内公交线路

博乐市公交线路有3条。1号线路，起皮革厂—青得里乡基建队，共计24站。2号线路，起州电视台—天河食品公司，共计26站。3号线路，起南城区体育馆—顾力木图三村，共计27站。

第八章　旅游市场开发

第一节　创新城市形象

“九五”期间，博乐市以创建中国优秀旅游城市为契机，结合创建“全国文明城市”“全国卫生红旗城市”“自治区园林城市”和自治区城市建设“天山杯”竞赛等活动，展示博乐市自然风光、历史文化、民俗文化和文物，推动旅游业发展，创新旅游城市形象。先后制定《博乐市创建中国优秀旅游城市实施方案》《博乐市2006年创建中国优秀旅游城市工作方案》《博乐市创建中国优秀旅游城市宣传工作方案》《博乐市创建中国优秀旅游城市需要州直及农五师相关单位协助完成目标任务分解明细表》和《博乐市创建中国优秀旅游城市市直部门目标任务分解明细表》。

电视台报道“创优”专题，报刊开辟“创优”专栏，电子大屏幕和广播电台定时播放“创优”宣传百题、创优”口号和致全市人民公开信。在城区主要出入口、通往主要景点的路口、广场、城区繁华地段、大型商场、高层建筑和主要旅游景点制作大型宣传广告牌；在主要街道、广场制作护栏广告，悬挂宣传横幅；在市区公共汽车、出租车张贴“创优”宣传标语；在街心广场设立创建“中国优秀旅游城市”宣传咨询服务台；在市区各旅游企业、各窗口单位、施工现场悬挂“创优”宣传画。

开展“创建中国优秀旅游城市，争做文明市民”万人签名活动；举办“边陲明珠、魅力博乐”摄影和书画大赛；加强旅游从业人员培训，提高服务质量和服务技能；各街道办事处以社区为单位开展“创建中国优秀旅游城市知识竞赛”活动；结合广场文化艺术节，举办旅游文化专场演出。以创建文明单位、文明示范窗口、文明示范岗位、文明环境为目标，以开展“百日文明岗位竞赛”“创文明风景区”和“青年文明号”活动为载体，营造经济社会发展、民族团结进步、敬业守则、环境友好的氛围，树立城市新形象。

第二节　规范服务

2004—2006年，博乐市完善城市管理机制，依法加强城市监管。开展卫生保洁、交通秩序、文化市场、旅游市场和治安环境等的综合整治。街道社区抓卫生、物业、绿化、治安等工作的监督和管理。建设部门开展定点收运垃圾，清扫保洁定人、定岗，每日坚持“两扫全保洁”的工作标准，城市道路清扫保洁率达到100%，市区垃圾做到日产日清，垃圾无害化处理率达100%；城建监察大队加强城区街道的巡逻检查，规范设点经营。客管部门实行营运车辆总量控制，规范公交车、出租车辆的管理。市文体局严格各类娱乐场所资格审核，确保文化市场的文明健康。市物价等部门按照划行分类、按档定价的原则，对旅店、餐饮、文化娱乐等行业和景区景点的价格进行审定审批，并要求明码标价。市公安部门加强城市治安管理，坚持全天候执勤巡逻。

建立旅游监督和保障体系。设置旅游咨询和投诉电话，实行24小时值班制。建立医疗、预防、保健网络，120医疗紧急救援系统，110巡警紧急救援系统，有效保障游客的生命财产安全。

第三节 经济效益

博乐市旅游经济效益在2002年达到最高峰。

1993年，博乐市举办赛里木湖之夏旅游节，旅游收入164.2万元。

2000—2006年，博乐市旅游收入共计21 184.84万元。

2000—2006年博乐市旅游收入表

表25-4 单位：万元

年份	收入	年份	收入	年份	收入	年份	收入
2000	1 100	2002	6 447	2004	2 397	2006	4 675.84
2001	1 380	2003	2 010	2005	3 175	–	–

第二十六编

BOLE SHIZHI

财政　税务

中共十一届三中全会后，在建立社会主义市场经济体系过程中，博乐市（县）财政发展经历20世纪80年代的农业型财政、90年代后的经济结构调整型财政，以及进入21世纪后的公共型财政。财政管理逐步走向规范化、法治化轨道，财政收支持续保持平衡，略有结余。

博乐市税制改革经历“试行工商税”“以利改税”“分税制”的发展过程，逐步建立适应社会主义市场经济的税制，在市改革开放和社会主义现代化建设中，积极发挥税收调节经济的杠杆作用。

第一章 财 政

第一节 机 构

1980年6月，博乐县财政、税务分设，成立县财政局。1994年10月，成立市会计师事务所，隶属市财政局。1995年5月，成立市国有资产管理局，隶属市财政局。同时，市农业综合开发办公室划归市财政局。1995年，市财政局内设预算股、文秘股、综合股、农业股、农业财务股、财务股、农税股、办公室、社会保障股。1996年12月，市农业综合开发公司成立，隶属市财政局。1997年3月，市财政局农税稽查分队成立。1998年3月，市国有资产经营公司成立，隶属市财政局。同年4月，市财政资金管理中心成立，隶属市财政局。2002年3月，博乐市财政局会计核算中心成立，副科级。2002年11月至2006年，市财政局内设办公室、国库综合办公室、预算办公室、行政事业财务室、国有资产办公室、综合业务办公室、经济建设办公室。所属事业单位有博乐市农业综合开发办公室、博乐市农牧业税征收管理办公室、财政统发工资办公室。行政编制17名，事业编制47名，领导职数4个。

第二节 财政体制改革

一、部门预算改革

1996年，博乐市财政预算编制全面采取零基预算法，对有稳定收入的单位编制综合预算。

1998年5月，博乐市财政启动综合预算管理体制，印发《博乐市预算外资金实行综合预算管理办法》实施方案，全面实行对财政资金综合管理，采取统一计划、统一平衡、综合预算方法编制。1998年度财政预算，捆绑使用预算内外资金，统筹运用预算内外综合财力，提高财政资金的使用效率。全年共实现预算外资金统筹497.4万元，抵补预算内支出97万元。乡镇财政体制采取“定收定支、收支挂钩”的办法，调动了乡镇培植财源、增收节支的积极性。

2004年11月，印发《2004年博乐市部门预算试点编制实施方案》。

2006年2月，博乐市全面推行部门预算改革，将全市103个行政事业单位全部纳入部门预算编制范围，实行综合预算。财政局预算办主要负责市本级部门预算编制及相关制度、办法的制定。市财政严格遵循收入和支出合法、合规的合法性原则；遵循各项收支数据真实准确的真实性原则；遵循“量力而行、量入为出”及厉行节约、反对浪费、勤俭办事的精神；遵循稳妥、可靠、合理、优先保证工资和社会保障等事关稳定的支出需要，再安排项目支出，先安排重点急需项目，后安排一般项目的重点性原则；遵循统筹预算内外及其他各项支出，按照上级财政部门“收支两条线”和“非税收入”改革要求对收支统一管理，统筹安排，捆绑使用，统一编制综合预算，保证各项重点支出，一个部门一本预算，保证预算单位的全部支出的完整性原则。

二、政府采购改革

2000 年 7 月，博乐市全面推行政府采购制度。组织市党政机关大院锅炉、行政事业单位取暖用煤和锅炉大修、车辆购置及部分零星基建项目的招标采购，累计节约财政资金 50 余万元。2002 年，成立政府采购管理办公室，挂靠预算办。

1999—2002 年，博乐市政府采购项目涉及公务车辆购置、车辆保险、车辆定点维修、大宗办公用品购置、工程和服务、锅炉购置和大修、行政事业单位取暖用煤、计算机、“四大班子”办公室接待等十余项，全市通过政府采购累计节约财政资金 147 万元。

2003—2006 年，博乐市财政印发《博乐市会议接待定点管理试行办法》《五套班子办公用品定点管理试行办法》《博乐市行政事业单位定点印刷试行办法》《政府集中采购目录和采购限额标准》。根据采购项目的不同，采取不同的采购方式，从制作招标文件、发布招标公告、投标、开标、评标、定标，到签订采购合同、项目验收都严格按照程序执行，不断扩展政府采购范围。从最初的冬季取暖用煤、锅炉维修项目逐步扩展到办公设备、车辆、家具、工程维修、装饰、专项设备和车辆保险等项目；不断扩展供应商的范围，供应商从博州不断扩展到全疆乃至全国。

截至 2006 年底，博乐市累计组织实施 134 项采购项目，累计采购预算 2 828.54 万元，实际采购金额 2 461.83 万元，比预算资金节约 366.71 万元，资金节约率为 12.96%。博乐市每年进行政府采购执行情况大检查。分别向社会广泛征集政府采购评审专家，开展治理政府采购领域商业贿赂自查自纠专项工作。

三、乡镇财政改革

2006 年，博乐市在小营盘镇、达勒特镇实施“乡财县管乡用”乡镇财政管理方式试点改革。改革坚持乡镇预算分配权不变、资金所有权不变，财务审批权不变、债权债务主体不变、独立核算责任主体不变的原则，实行“预算共编、账户统设、集中支付、采购统办、票据统管”。同年，市财政局成立乡镇财政管理办公室，印制《博乐市推行“乡财县管乡用”试点工作实施方案》《博乐市“乡财县管乡用”试点工作操作流程》《博乐市关于严格控制乡镇新增债务的管理办法》《博乐市“乡财县管乡用”财政票据管理办法》《博乐市“乡财县管乡用”银行帐户管理办法》《博乐市“乡财县管乡用”预算管理办法》等。在实施改革过程中，规范财务管理，清理和锁定债权债务，控制不合理的开支和新增债务的发生。

四、政府非税收入改革

根据自治区《关于实行政府非税收入管理改革工作的通知》精神，2004 年 7 月博乐市启动政府非税收入管理工作。首先对市农机局、市国土资源局、市林业局 3 个单位进行改革试点，同年收缴金额 63 万元。2005 年，市编码纳入非税收入管理改革单位 62 个，累计收缴金额 1 974 万元，完成年初预算的 73%。2006 年，市编码纳入非税收入管理改革的单位 63 个，累计收缴金额 5 355 万元，完成年初预算的 213%。

第三节　财政收支

一、财政收入

“六五”末，博乐县地方财政收入 584.9 万元。“七五”末，博乐市地方财政收入 1 709.5 万元，

5 年平均递增 23.92%。“八五”末，博乐市地方财政收入 4 149 万元，5 年平均递增 30.25%。“九五”末，博乐市地方财政收入 6 516 万元，5 年平均增长 9.45%。“十五”末，博乐市地方财政收入 1.08 亿元，5 年年均增长 10.69%。

2006 年，博乐市实施“十一五”规划的第一年，市全口径财政收入完成 18 755 万元，比 2004 年增长 16.48%，增收 2 653 万元，其中地方财政收入完成 12 154 万元，同比增长 12.26%。

1994—2006 年，自治区补助收入由 2 041 万元增至 17 746 万元。

1979—1993 年博乐市地方财政收入情况一览表

表 26-1　　单位：万元

年份	收入合计	企业收入	国营企业计划亏损补贴	工商盐税	农业五税	国营企业所得税	专项收入	其他收入	国家预算调节基金
1979 年	255	-1	-	220	34	-	-	2	-
1980 年	233	-29	-	224	35	-	-	3	-
1981 年	232	-41	-	245	27	-	-	1	-
1982 年	227	-58	-	246	36	-	-	3	-
1983 年	293	-46	-	301	34	-	-	4	-
1984 年	337	-41	-	335	39	-	-	4	-
1985 年	584	-16	-	550	47	-	-	3	-
1986 年	585	-	-194	726	43	-	-	10	-
1987 年	773	-	-147	853	44	5	-	18	-
1988 年	1 145	-	-197	1 174	102	5	-	61	-
1989 年	1 350	-	-196	1 297	119	67	-	45	19
1990 年	1 709	-	-233	1 583	127	92	4	105	31
1991 年	2 251	-	-40	1 998	137	48	52	32	24
1992 年	2 619	-	-59	2 253	167	37	20	181	20
1993 年	3 544	-	-330	3 455	182	30	38	148	21

1994—2006 年博乐市地方财政收入情况一览表

表 26-2　　单位：万元

预算科目＼年份	1994 年	1995 年	1996 年	1997 年	1998 年	1999 年	2000 年	2001 年	2002 年	2003 年	2004 年	2005 年	2006 年
一般预算收入合计	3 409	4 149	4 888	5 055	5 713	5 740	5 982	6 655	7 410	8 507	9 589	9 936	11 193

续表 26-2

年份 预算科目	1994 年	1995 年	1996 年	1997 年	1998 年	1999 年	2000 年	2001 年	2002 年	2003 年	2004 年	2005 年	2006 年
基金收入合计	–	–	–	392	196	236	534	480	647	805	1 095	891	961
地方财政收入总计	3 409	4 149	4 888	5 447	5 909	5 976	6 516	7 135	8 057	9 312	10 684	10 827	12 154
上划中央及自治区税收合计	2 264	3 191	3 983	4 363	4 541	4 951	4 888	6 169	5 581	4 394	4 783	5 275	6 601
全口径财政收入总计	5 673	7 340	8 871	9 810	10 450	10 927	11 404	13 304	13 638	13 706	15 467	16 102	18 755

二、财政支出

1979—1985 年 7 月，博乐县财政累计支出 6 487 万元，平均支出 928 万元，主要是生产建设资金投入较多。1986—2006 年，博乐市财政累计支出 209 473 万元，平均每年递增 15.52%。其中，文教、卫生、科学事业费支出 74 942 万元，占总支出的 35.77%；支援农业支出 26 786 万元，占总支出的 12.78%；基本建设支出 4 221 万元，占总支出的 2.02%；行政经费支出 26 438 万元，占总支出的 12.62%；用于企业挖潜改造资金、其他部门流动资金、科技三项费、城市维护费、抚恤和社会福利救济费等支出 17 474 万元，占总支出的 8.38%。

"七五"时期，博乐市财政支出 11 278 万元，其中文教、卫生、科学事业费支出 3 404 万元，占总支出的 30.18%；支援农业支出 1 925 万元，占总支出的 17.07%；基本建设支出 778 万元，占总支出的 6.9%；行政经费支出 1 600 万元，占总支出的 14.19%。

"八五"时期，博乐市财政支出 23 653 万元，其中文教、卫生、科学事业费支出 9 015 万元，占总支出的 38.11%；支援农业支出 4 437 万元，占总支出的 18.76%；基本建设支出 1 277 万元，占总支出的 5.4%；行政经费支出 4 181 万元，占总支出的 17.67%；用于企业挖潜改造资金、其他部门流动资金、科技三项费、城市维护费、抚恤和社会福利救济费等支出 979 万元，占总支出的 4.14%。

"九五"时期，博乐市财政支出 42 810 万元，其中文教、卫生、科学事业费支出 17 738 万元，占总支出的 41.43%；支援农业支出 4 595 万元，占总支出的 10.73%；基本建设支出 624 万元，占总支出的 1.46%；行政经费支出 6 034 万元，占总支出的 14.09%；用于企业挖潜改造资金、其他部门流动资金、科技三项费、城市维护费、抚恤和社会福利救济费等支出 2 874 万元，占总支出的 6.71%。

2001—2006 年，博乐市财政支出 131 732 万元，其中文教、卫生、科学事业费支出 44 785 万元，占总支出的 34%；支援农业支出 15 829 万元，占总支出的 12.01%；基本建设支出 1 724 万元，占总支出的 1.31%；行政经费支出 14 623 万元，占总支出的 11.11%；用于企业挖潜改造资金、其他部门流动资金、科技三项费、城市维护费、抚恤和社会福利救济费等支出 13 621 万元，占总支出的 10.34%。

1979—2006 年，博乐市（县）始终把支持农业的发展放在财政工作的重要位置，支农资金支出累计 28 481 万元，占博乐市财政总支出的 13.19%；支农资金平均每年递增 10.44%。文教、科学、卫生事业费累计支出 77 040 万元，占财政总支出的 35.67%；教育事业费由 1979 年的 111 万元，增加到

2006年的7 087万元，增长63.85倍，年均递增16.64%。生产建设性支出累计34 258万元，占政总支出的15.87%，平均每年递增10.99%。

1979—1993年博乐市财政支出情况表

表26-3 单位：万元

年份	支出合计	基建投资	支农资金		文教卫生费		行政管理费	其他支出
			小计	内含：水利建设	小计	内含：教育		
1979年	803	158	257	186	148	111	115	125
1980年	1036	248	340	239	190	138	127	131
1981年	833	124	180	81	231	172	140	158
1982年	806	97	244	128	268	201	125	72
1983年	916	43	249	99	362	264	163	99
1984年	1 031	78	213	63	413	262	201	126
1985年	1 073	48	212	67	486	345	236	91
1986年	1 725	99	261	54	466	333	270	542
1987年	1 672	75	235	41	510	366	281	164
1988年	2 170	148	386	64	694	509	289	653
1989年	2 504	158	452	67	749	529	350	795
1990年	3 207	298	591	63	985	694	410	923
1991年	3 077	181	526	134	1 006	662	518	846
1992年	3 564	142	944	128	1 158	804	656	664
1993年	4 819	308	968	118	1 618	1 160	750	1 175

1994—2006年博乐市财政支出表

表26-4 单位：万元

年份 / 预算科目	1994年	1995年	1996年	1997年	1998年	1999年	2000年	2001年	2002年	2003年	2004年	2005年	2006年
一般预算支出合计	5 432	6 761	7 504	7 528	7 903	8 873	10 072	13 479	16 319	19 220	22 808	25 119	29 917

续表 26-4

预算科目＼年份	1994 年	1995 年	1996 年	1997 年	1998 年	1999 年	2000 年	2001 年	2002 年	2003 年	2004 年	2005 年	2006 年
1. 基本建设支出	189	275	152	197	240	8	27	–	15	193	620	695	201
2. 企业挖潜改造资金	40	170	122	107	56	13	–	112	92	–	–	100	264
3. 简易建筑费	5	10	18	10	6	–	–	–	–	–	–	–	–
4. 科技三项费用	5	5	10	10	67	72	75	97	109	200	250	260	311
5. 农业支出	365	464	480	580	654	799	938	1 338	1 704	1 971	1 918	2 046	2 640
6. 林业支出	44	58	58	71	94	110	126	165	242	436	562	735	838
7. 水利和气象支出	22	31	27	21	20	21	21	48	165	159	253	226	274
8. 工业交通等部门的事业费	11	10	15	8	9	14	13	23	25	–	653	579	792
9. 流通部门事业费	–	–	–	–	–	22	23	32	30	–	–	–	–
10. 文化广播事业费	104	111	125	159	229	277	303	415	504	595	661	693	856
11. 教育事业费	1 661	2 100	2 430	2 226	2 552	2 719	2 854	3 951	4 340	5 067	5 660	5 615	7 087
12. 科学事业费	4	10	4	5	5	9	6	17	22	22	25	23	32
13. 卫生经费	550	693	745	857	726	751	756	951	886	1 283	1 655	2 017	2 408
14. 税务等部门的事业费	135	181	238	163	132	102	187	271	765	834	354	563	352

续表 26-4

年份 预算科目	1994 年	1995 年	1996 年	1997 年	1998 年	1999 年	2000 年	2001 年	2002 年	2003 年	2004 年	2005 年	2006 年
15. 抚恤和社会福利救济费	42	81	58	135	196	167	201	247	612	890	854	1003	1381
16. 行政事业单位离退休经费	–	–	444	535	740	918	1 268	1 752	1 928	2 028	2 326	2 496	2 875
17. 社会保障补助支出	–	–	–	–	46	60	45	71	138	257	584	140	349
18. 国防支出	–	–	–	–	–	–	–	–	–	–	–	1	3
19. 行政管理费	992	1 265	1 163	1 092	1 168	1 237	1 374	1 801	1 844	2 060	2 569	2 927	3 422
20. 外交外事支出	–	–	–	–	–	–	–	–	–	–	–	–	–
21. 武装警察部队支出	–	–	–	–	–	–	–	–	–	–	–	–	–
22. 公检法司支出	400	389	442	486	447	489	549	941	986	961	1 323	1 571	1 878
23. 城市维护费	276	360	281	234	216	333	521	638	1 046	1 060	1 115	1 843	1 137
24. 政策性补贴支出	–	–	–	–	–	–	–	–	–	25	8	–	–
25. 支援不发达地区支出	10	15	50	20	46	35	332	30	24	25	10	–	–
26. 专项支出	71	83	126		153	134	190	230	267	190	229	209	273
27. 支持农村生产支出	620	280	263	75	77	61	76	17	92	–	–	–	–

续表 26-4

预算科目＼年份	1994 年	1995 年	1996 年	1997 年	1998 年	1999 年	2000 年	2001 年	2002 年	2003 年	2004 年	2005 年	2006 年
28. 价格补贴支出	29	13	9	–	–	–	–	–	–	–	–	–	–
29. 农业综合开发支出类	–	115	15	8	–	–	–	–	–	–	–	–	–
30. 其他支出	–143	42	229	529	24	522	187	332	483	964	1 179	1 377	2 544
基金支出合计	–	–	–	–	205	224	501	270	251	517	1 942	891	999
支出总计	5 432	6 761	7 504	7 528	8 108	9 097	10 573	13 749	16 570	19 737	24 750	26 010	30 916
其中：生产建设性支出	453	960	988	1 107	808	1 117	1 332	1 439	2 036	2 632	3 403	4 484	4 730
事业行政经费支出	4 330	5 393	6 229	6 338	7 018	7 695	8 664	12 023	14 191	16 563	19 397	20 635	25 187
政策性补贴和其他支出	0	0	0	0	205	224	501	270	251	542	1950	891	999

第四节　财政管理

一、行政事业财务管理

1979 年，博乐县沿用公用经费包干。1980 年，博乐县试行预算包干。1982 年，博乐县第六届二次人代会将财政预算包干写进决议。1992 年，博乐市行政事业单位采取定员、定额，按标准核定经费包干基数，对包干内的经费，实行单项计算、总额包干、计划管理、财政按进度拨款、项目调剂、超支不补、节余留用的管理办法。

1996—2003 年，博乐市财政执行《博乐市关于从严控制会议加强会议费管理的暂行规定》《博乐市关于单位公用电话和公费安装住宅电话管理的暂行规定》《博乐市政府采购管理暂行办法》《州本级行政事业单位冬季取暖补贴发放办法》《博乐市政府办公室关于博乐市行政事业单位移动电话话费补助暂行办法》。其中，1997 年博乐市财政核定单位预算外收支，适度统筹部分预算外资金，改变预算外资金全部由单位自由使用的做法。2000 年对财政拨款单位一定标准以上的购置实行集中采购。2001 年实行财政统发工资。同年，按照自治区财政厅《关于印发〈自治区预算单位清产核资办法〉〈自治区预算单位清产核资工作实施方案〉的通知》，全市预算单位进行清产核资，防止了国有资产流失。

2006年，博乐市行政事业单位实行部门预算，对各预算单位的财务状况，工作性质及工作量进行调查了解，合理测定支出标准，按照预算内外资金财政统筹安排的原则，编制年度部门预算。

二、企业财务管理

1980年，博乐县阿热勒托哈牧场转国营，用退库方式安排生产周转资金（扭亏增盈措施费）、棉花销售补贴，企业收入为负数。1984年实行利改税，每年上缴利税2万元左右。1985年后，博乐市企业之间横向联合、兼并等优化组合，实现的利润实行先分后税的办法。

1986年，博乐市实施商业企业第二步利改税方案。1989年，博乐市对饮食服务企业（除“三项照顾”民贸县企业）按八级超额累进税率征收所得税；对商办工业企业肉联厂、糖果糕点厂、酒厂等减半征收所得税，减收部分留给企业，用于技术改造。市国营商贸金融企业按《国营企业固定资产折旧试行条例》的规定实行分类折旧办法。

1991年，博乐市执行《国营企业实行“税利分流、税后还贷、税后承包”的试点办法》，提供企业间歇资金50余万元。1992年11月，博乐市在国有企业水泥厂开展股份制试点工作。

1995年，博乐市执行《关于对我区乡镇企业征免税收问题的通知》及《补充通知》《关于印发企业住房基金会计处理的补充规定》《关于开展企业职工养老保险基金、失业保险基金专项财务检查》，规范乡镇企业征免税收管理、企业住房基金核算和企业职工养老保险基金管理。

1997年，博乐市国有工业企业14户，其中：机械企业1户、建材企业2户、轻工企业8户、其他企业（城市公用）3户。完成工业总产值（90年不变价）3 277万元，工业增加值717万元，实现销售收入4 303万元，比上年同期的3 824万元（同比口径）增长479万元、增幅13%，实现各项税收285万元，拥有国家资本金3 950万元，固定资产原值7 180万元，在职职工人数1 140人。拟定《博乐市国有企业产权制度改革暂行办法》，到1998年12月，全市47户国有企业有22户完成改制工作，改制面46.8%。

1999年，博乐市执行《关于对国有中小企业改制中有关财务处理、国有资产管理的补充规定》，规范国有中小企业在改制过程中的财务行为。

2001年，全市实现招商引资4 080万元。乡镇企业完成总产值5.62亿元，较上年增长12.7%。个体私营经济上缴税金1 881万元，增长39%。全市私营企业320户，从业人员5 144人；个体工商户6 341户，从业人员9 189人。

2002年，博乐市执行《废止、停止执行、修改部分涉及企业资产与财务的行政审批事项的通知》《关于企业改制重组若干契税政策的通知》《中小企业标准暂行规定》《关于执行〈企业会计制度〉和相关会计准则有关问题解答》。全市乡及乡以上工业企业累计完成工业总产值2.65亿元，较上年增长15.16%；实现工业增加值5 107万元，同比增长15.2%；累计实现销售产值2.75亿元，同比增长18.6%，产销率为103.88%。规模以上企业累计上缴税金1 280万元，同比增长6.3%。13家重点考核企业盈亏相抵净盈利972.9万元，较上年增盈1 181.24万元。实施重点技术改造项目9个，投入技改资金1 281万元。非公有制经济有效扩张，经济实力增强，成为市域经济最活跃的力量。企业诚信体系建设步伐加快，建立“博乐市信用网”，13家企业荣获AA级信用企业称号。

2004年，博乐市执行《新疆维吾尔自治区国有企业政策性关闭破产资产与财务管理暂行办法》。同年底，全市乡及乡以上工业企业累计完成工业增加值4 087万元，企业技术改造投入资金2 229万元。旅游、商贸、物流、房地产开发等第三产业发展较快，实现社会消费品零售总额 5.35 亿元，增长 17.07%；全年共接待游客 24.5 万人次，旅游收入 2 397 万元，分别增长 16.4% 和 16.2%；房地产开发完成投资 1.23 亿元，增长 54.8%，共开发商住面积 25.14 万平方米，达到历史最高水平。因博棉纺织有限公司产值大幅下滑影响全市工业产值的增长，一、二、三次产业比重由上年的 40 ∶ 17 ∶ 43 调整为 40 ∶ 16 ∶ 44。

2005 年 1 月，博乐市执行《企业公司制改建有关国有资本管理与财务处理的暂行规定》，阿热勒托哈牧场、香班哈日根牧场牲畜折价归户工作完成。

三、预算外资金管理

预算外资金收入　1979—1985 年，博乐市（县）财政预算外资金收入来自农牧业税附加、工商税附加及集中的企业折旧基金和企业上缴的收入。1986 年起，将事业和行政单位管理的预算外资金、国营企业及其主管部门管理的预算外资金收支情况纳入编报范围。1993—1996 年，博乐市国营工业企业管理的预算外收入不再列入财政预算外资金的编报范围。博乐市乡镇自筹、统筹资金列入财政预算外资金编报范围。

1990 年，博乐市行政、事业单位的预算外资金由市财政采取实行专户储存，行政事业性收费实行"专用票据"管理。全市财政专户存储单位 29 个，纳入财政专户的行政事业性收费由 1986 年的 50 万元，增加至 1991 年的 247.6 万元，较 1990 年增长 258%。1993 年博乐市执行《新疆维吾尔自治区行政事业性收费管理条例》，建立健全行政事业性收费票据的领购、核销、"验旧领新"制度。对预算外资金实行比例统筹，清理归并账户，开展预算外资金专项检查。1998 年，《实施博乐市预算外资金实行综合预算管理办法》，全年共实现预算外资金统筹 497.4 万元，抵补预算内支出 97 万元。成立财政资金管理中心，行政事业性收费及政府性基金收入完成 1 776 万元，较上年同比增长 38%。

1999—2003 年，《博乐市执收执罚部门落实"收支两条线"管理工作实施方案》。人民教育基金、残疾人保障金收费、法院诉讼费实行预算内管理。国家取消供热贴费；博乐市取消价格调节基金及加价消费等风险基金收费；停止收取乡镇自筹、统筹资金。

2004 年 6 月，博乐市根据"分步骤实施、稳步推进"的原则，选择市林业局、国土局、农机局 3 个单位作为首批非税收入改革单位，同年收缴金额 63 万元。市城建部门收取的城市基础设施配套费列入行政事业性收费的填列范围，不在列为政府性基金收入。

预算外资金支出　1979—1985 年，博乐市（县）财政预算外资金支出主要是财政部门组织的收入用于城市维护支出、上交能源交通重点建设基金等。1986—1992 年，预算外资金支出主要包括地方财政部门支出、行政事业单位支出、国营企业及其主管部门支出。1993—1997 年，博乐市预算外资金支出主要包括地方财政部门支出、行政事业单位支出、乡镇自筹、统筹资金支出。1986 年，博乐市预算外资金支出 282 万元。其中，行政事业费支出 29 万元，其他支出 253 万元。1997 年，博乐市预算外资金支出增加到 1 466 万元，是 1986 年的 5.2 倍，其中行政事业费支出 320 万元，比 1986 增加 391 万元；基本建设支出 625 万元，比 1986 年增加 625 万元；其他支出 374 万元，比 1986 年增加 121 万元。2006 年，博乐市预算外资金支出增加到 1 826 万元，是 1996 年的 1.24 倍。其中，行政事业费支出 1 211 万元，比 1996 年增加 360 万元；其他支出 615 万元，比 1996 年增加 241 万元。

979—1997年博乐市（县）预算外资金收支明细一览表

表 26-5

单位：万元

项目＼年份	1979年	1980年	1981年	1982年	1983年	1984年	1985年	1986年	1987年	1988年	1989年	1990年	1991年	1992年	1993年	1994年	1995年	1996年	1997年
本年收入合计	23	27	29	22		23	9	289	214	361	420	465	458	841	443	687	823	1561	1455
一．地方财政部门收入	-	-	-	-	-	-	-	5	5	19	14	15	13	93	23	46	52	51	50
二．行政事业单位收入	23	27	29	22	16	23	9	50	60	41	40	69	247	397	420	641	771	1337	1235
三．国营企业及其主管部门收入	-	-	-	-	-	-	-	234	149	301	366	381	198	351	-	-	-	-	-
四、乡镇自筹、统筹收入	-	-	-	-	-	-	-	-	-	-	-	-	-	-	-	-	-	173	170
五．其他收入	-	-	-	-	-	-	-	-	-	-	-	-	-	-	-	-	-	-	-
本年支出合计	13	38	48	20	5	9	29	282	284	203	394	482	438	681	440	663	635	1469	1466
一．行政事业费支出	-	-	-	-	-	-	-	29	27	10	23	6	70	268	283	421	349	353	320
二．基本建设支出	-	-	-	-	-	-	-	-	43	-	1	8	50	93	-	75	125	510	625
三．城市维护支出	-	-	-	-	-	-	-	-	-	3	-	-	2	4	5	9	40	19	-
四．乡镇自筹统筹资金支出	-	-	-	-	-	-	-	-	-	-	-	-	-	-	-	-	-	196	147
五．其他支出	13	38	48	20	5	9	29	253	214	190	370	468	316	316	152	158	121	391	374

11998—2006年博乐市（县）预算外资金收支明细一览表

表26-6 单位：万元

项目 \ 年份	1998年	1999年	2000年	2001年	2002年	2003年	2004年	2005年	2006年
本年收入合计	1 953	1 623	1 878	2 506	2 533	2 040	1 876	1 926	2 159
一.行政事业收费收入	1 569	1 162	1 565	2 242	2 034	2 006	1 876	1 604	1 269
二.政府性基金（资金附加）收入	207	165	64	57	96	34	–	–	–
三.主管部门集中收入	–	–	–	–	–	–	–	–	–
四、乡镇自筹、统筹收入	177	293	249	207	221	–	–	–	–
五.其他收入	–	3	–	–	182	–	–	322	952
本年支出合计	1 994	1 586	1 863	2 245	2 285	1 983	1 658	1 839	1 826
一.行政事业费支出	1 138	1 003	1 482	1 396	1 238	1 676	1 658	1 530	1 211
二.基本建设支出	632	185	–	80	–	–	–	–	–
三.城市维护支出	–	105	121	562	793	65	–	–	–
四.乡镇自筹统筹资金支出	177	293	249	207	221	–	–	–	–
五.其他支出	47	–	11	–	33	242	–	309	615

四、国有资产管理

1992—1996年，博乐市开展国有资产产权登记工作。成立国有资产管理局，依照《国有资产保值增值考核试行办法》，对全市15户企业进行年度考核，对行政事业单位国有资金清查。1997年7月，博乐市执行《关于资产评估立项、确认工作的若干规范意见》，摸清全市国有企业、行政事业单位国有资产总量为3.89亿元。接收州直属12户商业企业及商办工业，接受资产共计6 283万元。

1998—2002年，成立博乐市国有资产经营公司和市财政资金管理中心。博尔塔拉酒厂、博乐市水泥予制厂、银河油脂有限责任公司职工、大陆桥旅游公司实行集体买断国有资产经营；博乐市副食品加工厂国有产权出售；市百货公司、农机厂、修造厂资产核销。博乐市印刷厂、纺织品公司、食品公司、五金公司、肉联厂、建筑安装工程公司净资产剥离。博乐市三金有限责任公司购买国有资产。新疆博乐市博兰水泥有限责任公司购买博乐市水泥厂固定资产。合作区监理公司、边贸公司完成改制。开展全市行政事业单位国有资产登记换证及年检工作。2003年，全市预算单位和棉花企业进行清产核资。

五、会计管理

1986年，博乐市对1984年以前积存的会计档案进行标准化、规范化清理。1989年，博乐市对企业单位会计进行职称评定，评定助理会计师 28 人、会计员 77 人。1991 年 8 月，博乐市通过考核共发会计证 148 本；共评聘助理会计师 2 人、会计员 27 人。

1993 年，博乐市举办《企业财务通则企业会计准则和新企业财务会计制度》培训班。1998 年，印发《关于开展会计基础工作规范化管理的通知》。2000 年 3 月，举办市直财会人员后继教育培训，累计培训人员 238 人，培训面 90%，对培训考核合格人员发放财会人员继续教育证书。成立会计基础规范化考核领导小组，45 个申报单位通过考核验收。

1996—2006 年，博乐市通过会计专业高级考试 1 人、中级考试 39 人、初级考试 100 人。全市共有 749 名通过会计从业资格考试。

六、专控商品管理

1980—1992 年，博乐市专控商品 32 种；1997 年，博乐市执行《社会集团购买力管理办法》，专控商品为 28 种。博乐市人民政府批准设立在市财政局的控制社会集团购买力办公室（简称控办）管理专控商品。2002 年，博乐市控办并入政府采购办公室。

博乐市（县）执行《关于制止滥发服装问题的通知》《关于政法机关查获全民所有制单位没有报案的被盗财物一律上缴国库的通知》《关于 1988 年控制社会集团购买力工作安排的意见的通知》《国务院关于严格控制社会集团购买力压缩开支的紧急通知》《关于从严控制社会集团购买力几个问题的通知》《博尔塔拉州社会集团专控车辆管理（暂行）规定》《1991 年社会集团购买力控制指标的通知》。

1993 年，博乐市执行《关于加强“无线电寻呼机和无线寻呼电话”专控管理的通知》《国务院关于禁止印刷、发售、购买和使用各种代币购物券的通知》，开展大检查。对市司法局、土地管理局、外事办、防疫站、农机局等单位擅自购买专控商品及超发煤炭补贴作处罚决定。

1999 年，博乐市转发《关于加强机动车辆产权管理的通知》《关于对全市行政事业单位专控车辆进行检查的通知》。到 2005 年末，博乐市实际专控的商品只有汽车，配置排气量 2.0 升，价款 25 万元以内。

七、基本建设财务管理

博乐市财政自 1997 年收回原委托博州建设银行代行管理的工程概、预、决算审查、建设项目竣工决策审批、参与工程招、投标管理等财政职能，基建业务由专人管理。根据《关于要求各地州市财政部门尽快组建基本建设业务机构的紧急通知》精神，加强基本建设财务管理，2002 年博乐市成立经济建设办公室。

2002—2006 年，博乐市投资 2 500 万元国债，建成博乐市污水处理厂、生活垃圾处理场、博乐市医疗废物集中处置中心。其中，2004 年，根据《关于核复供销合作社财务挂账及其财务处理问题的通知》精神，博乐市核算供销合作财务挂账的分解核实，全市棉麻企业共落实中央政策性挂帐 6 791 万元。2005 年，落实粮食企业财务挂账的剥离工作，全市政策性财务挂账 1 132 万元。执行《博乐市抗震安居工程建设补助资金使用管理监督办法》，到 2006 年，博乐市累计向建房及加固房农户补助资金 1 389 万元。

八、金财工程管理

博乐市金财工程从 2004 年 5 月开始，到 2006 年累计投资 27 万元。金财网运行的有部门预算、指标管理、国库集中支付系统、工资统发系统、政府非税收入系统以及邮件等，实现语音、视频、数据、全疆互连互通。

第五节　财政监督

一、税收、财务、物价大检查

1986—1988 年，博乐市对税收、财务、物价大检查中出现的偷税、漏税，侵占、截留应交收入，违反国家物价政策、用公款请客送礼、挥霍浪费，滥发奖金补贴和实物、超越权限开减收增支口子等各种经济违纪问题和承包企业、国内联营企业、联合企业的涨价加价收入、减免税、归还贷款、发放职工奖金、各种罚没收入的财务处理等问题进行政策界限，作出处理。重点查处违纪金额的入库和调账、欠缴税利、承包企业违纪等问题。

1990—1992 年，博乐市税收、财务、物价大检查重点检查乱收费、乱罚款和各种摊派问题；发现坐支现金，漏记营业收入，内部转帐不记收入，白条抵账现象严重；批发与零售界限不清，申报不实，造成地方税漏征现象普遍；新办企业纳税意识较差等问题，严重违犯财经纪律和现金管理制度等问题。累计共查出违纪金额 242.09 万元。

1995—1996 年，组织实施全年税收、财务、物价大检查和整顿会计工作秩序，重点检查阶段查出违纪金额 946.92 万元，入库 876.11 万元，入库率为 90%；清理以往年度欠税 219.23 万元，入库 212.61 万元，入库率为 97%。其中 1996 年，查出违纪金额 1 520.97 万元，其中：应缴未缴财政专户金额 1 479.11 万元，“小金库”金额 38.1 万元。

1998 年，国务院取消“大检查”，向财政日常监督转轨。博乐市继续开展以日常检查工作模式为主的会计信息质量检查。

二、财政监督检查

1984—1985 年，博乐市（县）由 12 人组成的财务大检查领导小组每年集中一段时间进行财经纪律大检查，查出拖欠和偷、漏税款、挤占成本，扩大开支范围，提高补助标准等问题，违纪金额 10.7 万元，入库 8.5 万元。1991 年，治理“三乱”共查出违纪金额 35.3 万元。1996 年，博乐市清理整顿“两金”和预算外收支情况。全市 85 个行政事业单位共查出“小金库”3 个，违纪金额 32 万元。

1999—2000 年，博乐市开展市直执收执法部门落实“收支两条线”管理工作专项检查，市直 109 个执收执法部门（单位）共查出违纪单位 10 个、应缴未缴财政专户资金 83.78 万元；查清各项财政周转金额 5 103.7 万元。对公安、法院等 16 个系统进行重点检查，查出违纪单位 15 个、违纪金额 32.42 万元。

2001 年，博乐市对市本级 28 个行政、事业、企业单位会计信息质量的真实性和完整性进行重点检查。

2004 年，对市直单位和各乡镇的专项资金使用情况、会计信息质量和是否存在“小金库”现象进行检查。共检查单位 95 家，占全市行政事业预算单位的 76%，检查专项资金项目 15 个，专项资金 1 255.9 万元。查处部分单位会计信息质量反映不真实、违纪违规单位和个人。

第二章　税　务

第一节　机　构

一、博乐县（市）税务局

1980 年 6 月，博乐县财政税务局撤销，财政、税务分设，恢复税务局。1984 年 4 月，博乐县税务局成立红星税务所、东风税务所；恢复青得里税务所，撤销城镇税务所。

1985年9月，博乐县税务局改称为博乐市税务局。市税务局内设人秘股、税政一股、税政二股、计会股；基层税务机构：红星税务所、东风税务所、青得里税务所、乌图布拉格税务所、达勒特税务所、小营盘税务所和石灰窑征税点。

1987年5月，博乐市税务局成立塔斯尔海税务所。同年11月，增设政工股和办公室，撤销人秘股。1988年3月，博乐市税务局调整机构，合并税政一股、二股，成立税政股、征管股。1989年4月，博乐市税务局成立税务稽查队。1990年1月，市税务局成立集体企业财务股。1992年3月，博乐市税务局成立发票管理所。

1993年6月，博乐市税务局内设政工科、计会科、集体企业财务科、发票管理科、税政科、管理科、稽查队、办公室和检察室；基层税务机构：东风税务所、红星税务所、青得里税务所、小营盘税务所、达勒特税务所、乌图布拉格税务所和塔斯尔海税务所，共有干部、职工117人。1994年6月，博乐市税务局分设为国家税务局和地方税务局。

二、博乐市地方税务局

1994年6月，成立博乐市地税局（简称市地税局），正科级单位。同年7月，市地税局内设办公室、计会科、征收科、管理科、稽查队、农税科；基层税务所：小营盘税务所、青得里乡税务所、乌图布拉格税务所、塔斯尔海征收点；核定市地税局编制58名。同年9月，市地税局增设东风税务所、红星税务所。

1996年3月，博乐市地税局内设办公室、业务科、计征科、稽查分局（内部设综合科、稽查一所、稽查二所）；基层税务局：小营盘中心税务所、达勒特中心税务所。同年5月，市地税局成立检察室。2000年，市地税局编制68名，实有人员62人。2006年1月，成立博乐市地税局稽查局，级别为副科级。至年末，市地税局编制41名，实有人员39人。

三、博乐市国家税务局

1994年6月，博乐市成立国家税务局（简称市国税局），正科级单位，同年9月，市国税局内设办公室、政工科、税政管理科、征收科、计会科、稽查队、检察室。保留原税务所。

1997年4月，博乐市国税局依据“三定”方案（定机构、定编制、定人员），内设办公室、人事教育科、稽查分局、税政管理科、办税服务厅；基层税务所：达勒特税务所、小营盘税务所。

1998年2月，博乐市国税局撤销检察室。同年3月，市国税局内设办公室、人事监察科、税收法制科、征管计会科和稽查局分局。

1999年4月，博乐市国税局税务稽查分局更名为税务稽查局。稽查局下设稽查一科、二科，分别承担选案、审理和检查、执行的工作职能。

2000年，博乐市国税局编制105名，实有人员89人。2001年3月，博乐市国税局内设办公室、税收法制科、人事监察科、征收管理局；下设达勒特中心税务所。同年12月，市国税局内设办公室、人事教育科、监察室、综合业务科、计划征收科、登记发票科、评估监控科（级别均为正股级）；派出机构：达勒特税务分局（副科级）。

第二节　税制改革

一、1979—1983年试行工商税时期

1973年，在全国推行工商税，1979—1983年试行工商税。是“在基本保持原税负的前提下，合并税种、简化征税办法，改革不合理的工商税收制度，使税制适应当前革命和生产的发展需要”。主要内容是

合并税种，把工商统一税及其附加、城市房地产税、车辆使用牌照税、盐税（后仍单独征收）、屠宰税，合并为工商税。简化税目、税率。税目由过去的108个减少为44个，税率由过去的141个减为82个，共分为16个档次。本县在这次改革初期选定州食品厂和州皮毛加工厂进行试点。确定综合税率分别为6%和12%，经过半年时间试点后，于同年8月1日停止执行对企业的行业征税。1983年后，利改税。

二、以利改税时期

从1983年6月起，试行第一步利改税，博乐县成立利改税领导小组。

1984年8月中旬，根据国务院批转财政部《国营企业第二步利改税试行办法》。博乐县利改税办公室按照利改税程序将所有企业原纳的工商税按新税种划分为产品税、增值税的缴纳税额；按规定核实企业的基期利润和1983年留利水平，同时确定调节税、承包费或所得税的减免；按自治区规定的统一标准划分大中型和小型企业。经测算，博州绝大多数企业都划为小型企业。因博乐属边境县，仍需坚持“三项照顾”政策，因而在设计改革方案中，保持1983年的既得利益，给企业让利幅度也超过一般水平。经过测算、上报方案、批复方案等工作，市国营企业均实施第二步利改税。

至1993年底，博乐开征的税种有产品税、增值税、营业税、集体企业所得税、城乡个体工商业户所得税、个人收入调节税、私营企业所得税、城市维护建设税、车船使用税、房产税、城镇土地使用税、屠宰税、牲畜交易税、国有企业奖金税、国有企业工资调节税、事业单位奖金税、集体企业奖金税、印花税、特别消费税、固定资产投资方向调节税、盐税、国家能源交通重点建设基金、国家预算调节基金、教育费附加等。

三、分税制时期

自1994年1月始，博乐市贯彻执行《国务院关于实行分税制财政管理体制的决定》。开展对新税制的宣传培训、一般纳税人认定、期初库存核定，增值税专用发票管理等项工作。1994年6月，地方财政包干制改为分税制，即中央税、地方税和中央地方共享税，并组建博乐市国家税务局和地方税务局。国税局主要征收增值税、消费税、营业税、企业所得税和个人所得税等。地方税务局主要征收营业税、企业所得税、资源税、房产税、土地使用税、印花税、屠宰税、土地增值税、车船使用税等。年底，新税制在博乐市实现平稳过渡，税收任务超额完成。

第三节　税收种类

一、国税税种

博乐市国家税务局开征税种，按流转额课税的税种分工商税、产品税、增值税、营业税4种；按所得额征收的税种分国营企业所得税、国营企业调节税、集体企业所得税、城乡个体工商户所得税、个人收入调节税、私营企业所得税、农牧业税7种；按资源、财产行为征收的税种分资源税类和财产行为税类，财产行为税包括土地使用税、房产税、车船使用税、印花税、屠宰税、牲畜交易税、集市交易税、筵席税和城市维护建设税9种。以特定目的征收的税种分建筑税、奖金税、国营企业工资调节税、特别消费税、固定资产投资方向调节税、国家能源交通重点建设基金、国家预算调解基金、教育附加税等9种。

二、地税税种

博乐市地方税务局开征的税种有营业税、企业所得税、个人所得税、房产税、土地使用税、印花税、屠宰税、固定资产投资方向调节税、土地增值税、车船使用税、农牧业税等10种。

第四节 税收征管

一、税种征管

工商税 1979年，博乐县工商税税源较大的几个品目有商业零售、毛绒收购、酒、服务行业、电力、水泥、砖瓦、原木以及生产和修配各种农机农具等。1984年，工商税制全面改革后，工商税停征。

产品税 1984年10月1日，开征产品税，博乐县是半农、半牧区，工业基础薄弱地区，产品税收入中相当一部分是农、林、牧、水产品。

增值税 1983年10月，开征增值税。实施增值税的企业有博州农业机械厂、博乐市农机修造厂、农五师大修厂3家。1987年，博乐市征税行业及项目扩大到毛纺业、服装行业、造纸行业、文化用品、食品饮料、皮革皮毛税共10类20个产品；扩大增值税征收范围后，博州毛纺厂、博州皮革厂、博州乳品厂、博州报社印刷厂等企业开始征收增值税。

1991年至1993年12月31日，博乐市税务局按新疆维吾尔自治区税务局1988年372号文件精神，对博州食品加工厂、博州外贸地毯厂、市群众服装厂、市长城修配厂、市民族皮鞋厂、市民族木器厂等8家企业生产的民族特需用品继续减征，免征增值税，并减半征收所得税。由于增值税应纳税额的计算较为复杂，博乐市在较长一段时间是采用分期核定率征收，年终结算的办法征收增值税，这种办法有效地保证税款的及时入库。1994年，国家实行分税制，增值税是博乐市税源最大的税种，占每年税收总收入的90%以上，主要征收品目有电力、纺织、水泥、边贸商业税收。

营业税 1984年10月开征，从工商税中分出来的营业税实施到1993年底。1994年，实行分税制时划归地方税务局征管（金融保险等总机构缴纳的营业税除外）。

营业税是博乐市地方税收中主要的一个税种，其收入完成情况对工商税收的影响程度达50%。市地税局相继制定印发《博乐市建筑安装业税收征收管理办法》《博乐市地税局关于加强客货运输市场税收征收办法》等。同时，重点堵塞交通运输业、建筑业的征管漏洞。对交通运输业，采用在当地养路费征稽站设置征收点的方式，安排专职人员进行征收管理；对建筑业，在企业办理税务证时，预征税款或年底查账征收税款，一律按4%的税率计征，并提供建筑安装业发票，对未办理对办理税务证的临时经营者，一律按6.24%的税率计征，需用发票一律在税务所办理。同时，制定和实施《博乐市人力三轮车税收管理办法》《博乐市地方税务局定期定额税款核定制度》《博乐市个体干洗业和照相业以票管税征收管理办法》《关于加强客货运市场税收征收管理办法的补充规定》等征管办法，加强税收征管，防止税款流失。

博乐市国家税务局贯彻1997年2月19日，国发文件精神，改变了营业税的征收格局，截至1997年6月30日，在国税局办理登记的有24户。截至2003年底，博乐市国税局停止征收金融保险业营业税。

国营企业所得税 1983年6月起开征。市税务局不忘涵养税源“放水养鱼”宗旨，按照国家的政策对博州酒厂、博州皮革厂、博州糖厂等大企业，先后给予定期减免税照，仅1989年就对全市11家企业减免所得税，减免额达45.2万元。1994年，该税种就此停征。

调节税 1983年试行。博乐县属于民贸县，均无开征调节税的企业。利改税后，调节税停征。

集体企业所得税 1985年1月1日起征。从1987年1月1日起，对农村信用社恢复征税。截至1991年，纳税户数已发展到223户，比1985年增长793%。

按照国家规定先后对企业实施以下优惠政策，对知青企业、新办的饲料工业免税三年。对博州蔬菜公司副食品加工厂、博州食品厂及其他生产酱油、醋、豆制品、糖制小食品、小糕点的企业，在1990年之前，一直按适用税率减半征税。从1984—1987年起，对全州6个供销社减免税款36.6万元，以此帮助他们甩掉历史包袱31.4万元。1991年报自治区税务局批准，同意博州供销社土产日杂公司削价处理积压商品31.1万元，核销损失金额8.8万元。

个体工商业所得税　博乐市从1986年1月起开征。对有能力建账的个体户从开征之日起帮助建账建制，按照其实际记载的收入，成本费用计算所得额，而后计征所得税。对账册不全或无账的，在税务机关调查的基础上，经过民主评议等形式，核实纳税人的应纳税所得额，以此计征所得税。1987年5月，对个体户试行建账建制达185户。

市税务局从1990年4月1日开始执行博州税务局制定城乡定期定额个体工商户缴纳所得税的纯利率。根据纯利率计算出个体工商户的应缴所得税，其计算公式为：个体户应缴所得税＝核定的月经营收入额 × 纯利率 × 适用税率—速算扣除数。纯利率的核定缓解了对个体工商户税收征管的难度，在一定程度上挽回了税款的流失，也使税收收入逐年得到增长。

个人收入调节税　博乐市从1987年1月1日起开征。1994年实施新税制时停征。

私营企业所得税　博乐市于1988年开征。由于博乐市经济不发达，私营企业甚少，到1994年该税种停征。

农牧业税　1979—1984年，农业税由税务局管理。1980年，贯彻自治区对牧业税征收改革办法，新的征收办法坚持“收入多的多负担，收入少的少负担”的原则，有利于广大牧民休养生息。1985年，财税分家时，转由财政局管理。农业税长期征收实物。同年，改为折征代金，统一按粮食“倒三七”比例收购价计算。

资源税　博乐市无此征收品目。

房产税　1986年开征。

车船使用税　1987年1月开征，税款从1986年10月起计算。

土地使用税　1988年10月10日开征。

印花税　1988年开征。1994年8月以后，印花税归地方税务局征管。

屠宰税　1980年开征。1985年之后，市对个体屠商除征收屠宰税外，还按实际销售收入计征营业税和所得税。1994年之后，屠宰税划归地税局征管。

牲畜交易税　1983年1月1日开征。1994年，实施新税制时该税种被取消。博乐县在1980年前征收集市交易税品目有旧表、旧自行车和猪、羊。1981年1月，停征集市交易税。

房产税　1987年起征，1994年，归地方税务局征收。

车船使用税　1994年划归地税局征管。

印花税　1988年开征，但税源不大。

城市维护建设税　1985年1月1日开征，1994年，由地方税务局征收。

建筑税　博乐县从1983年开征建筑税。1984年有76户纳税，但在之后的几个年里税收的入库情况与基建计划完成情况不成比例。1989年，博州局对前4个年度建筑税征收情况作调查，1985—1988年仅州直和博乐市的建设项目157个。其中，生产性项目11个，基建投资超自治区计划2 926万元，4年完成的投资额共6 046万元（计划3 120万元），而税款仅入库312万元。形成基建规模不断扩大，税款逐渐减少的趋势，究其主要原因是欠款工程太多，以至造成欠税。这种欠税现象至1987年按照国家规定由银行代扣税款后有所好转。从1991年1月1日起，建筑税在博州停征，改征固定资产投资方向调节税。该税在 1994 年国税、地税分设时划归地税局征管。

奖金税 1985 年起征收国营企业、集体企业和事业单位 3 种奖金税。除国营企业奖金税有收入外，其他 2 种税无收入。奖金税于 1994 年税制改革时被取消。

国营企业工资调节税 1988 年之前均无税款。

特别消费税 博乐市 1989 年 2 月开征特别消费税。

固定资产投资方向调节税 1991 年起施行，同时废止原建筑税。1994 年 8 月起由地方税务局征收。

国家能源交通重点建设基金 1983 年起开征。

国家预算调节基金 1989 年开征。1995 年底停征国家能源交通重点建设基金和国家预算调节基金。

教育费附加 1986年7月1日起开征。1994年，实施新税制后，按照税制改革后的税收征收管理规定，国税、地税分别征收的“附加”按科目、按收入归属分别缴中央金库和地方金库。

消费税 1994 年 1 月 1 日开征。市缴纳消费税的产品只有粮食白酒、其他酒和酒精。

车辆购置税 车辆购置税是原来开征的车辆购置附加费作为费改税进程中的一项重要举措。从 2005 年 1 月 1 日起，车辆购置税正式由国税部门征收。同年 1 月 4 日，博乐市国税局首次对外开展征收车辆购置税业务，当日共受理涉税业务 16 笔，其中征税业务 13 笔，换证业务 1 笔，补证业务 1 笔，退税业务 1 笔。

企业所得税 1994 年，博乐市按照国家税务总局划分的范围，明确国税、地税的征税范围。市地税局对企业所得税的征管主要着重于每年的汇算清缴工作，均要成立汇算清缴工作领导小组，统一部署汇算清缴工作。1996 年，企业所得税的汇算清缴工作进行改革，采取自核自缴，自行汇算的办法。1997 年底，汇算户数 340 户，汇算面 88%，盈利企业 139 户，实行利润总额 10 799 万元，查补净增企业所得税额 1 578 万元。2002 年，博乐市执行国家税务总局《关于所得税收入分享体制改革后的税收征管范围的通知》，明确了国税、地税的征税范围。

个人所得税 个人所得税是博乐市的第二大税种，每年的收入比例占全部收入的 15% ~ 20%。1996 年，印发《博乐市地税局关于加强客货运输市场税收征收办法》，并建立个人所得税代扣制度。1998 年，针对公共汽车路线由个人承包的情况，对原制定的《博乐市地税局关于加强客货运输市场税收征收办法》进行补充，对公共汽车的承包人的营业税进行核定，并由市公共汽车公司代扣代缴税款，堵塞了税收征管漏洞。个人所得税在 1994 年实施分税制时，属于地方税务局征管的税种。1999 年 11 月 1 日，博乐市国税局开征利息所得税。

二、税务登记证换证制度

国、地税分设后，博乐市地税局与市国税局协商税务登记证换证事项。截至 1996 年 10 月 15 日，共换发税务登记证 2 873 本。截至 2006 年 12 月 14 日，共受理换发税务登记证 6 604 本。

三、发票管理制度

分税制实施后，博乐市地税局启用自治区统一印制的 19 种普通发票。1995 年，对私营企业和个体工商户领购新版普通发票时均在发票联加盖带有其名称、税务登记号、发票专用章等字样的“发票专用章”。

1996 年 1 月 1 日起，启用“新疆定额发票”。同年 4 月 1 日起，将博乐市出租车纳入统一使用定额发票行列，该行业的旧版普通发票同时作废。同年 5—6 月，对全市发票的使用情况进行自查。从 1997 年 1 月 1 日起，全市采用统一防伪措施的新版发票。同时，收缴清理旧版发票，将作废普通发票清点造册，报博州地方税务局批准后进行销毁。在对新版发票的管理上，市地税局建立和完善《博乐市地税局发票管理办法》，加强和规范发票的管理。

1998年，博乐市地税局继续完善内部管理制度，建立发票岗位责任制，完善监督机制，加强对发票的检查力度，完善内部管理。

四、企业所得税汇算清缴试点改革工作

根据《关于认真做好1996年度企业所得税汇算清缴试点改革工作的实施方案》的要求，博乐市地税局开展企业所得税汇算清缴试点改革工作。按照企业所得税汇算清缴试点改革要求，税务机关在做好对纳税人涉税的系列服务工作，强化纳税检查的基础上，实现由纳税人按照税法规定自行计算并交纳税款，完成纳税主体的转移。

五、个体货运市场税收管理

针对货物运输市场税源分散、管理难度较大这一行业特点，1994年12月市地税局制定出台《博乐市地方税务局关于加强个体货物运输市场税收征管办法》。对从事公路货物运输的个体工商户的税收征收管理，采用以开具发票金额为计税依据的办法征收，固定户与非固定业户区别对待：固定户的营业税税率3%，城建税税率7%，教育费附加征收率3%，个人所得税依收入按月人均扣除500元后的余额依率纳税；非固定业户的营业税税率3%，城建税税率7%，教育费附加征收率3%，个人所得税税率4%。

六、建筑安装业税收管理

博乐市地税局制定印发《博乐市地税局建筑安装业税收征收管理办法》，对从事建筑安装业的单位及个人，在税务登记、纳税申报、税款征收、发票的开具、建立健全会计核算制度、违章处理等都作了具体规定。

七、简易申报、简并征期管理

2003年1月，博乐市地方税务局制定印发《博乐市地税局简易申报简并征期管理办法》，规定各中心税务所可根据纳税人的行业类别及具体经营情况，以一个季度或半年为一个纳税期对纳税人的应纳税款予以一次性征收；以一个季度为一个纳税期的，其申报期为每年1月、4月、7月、10月的1—10日；以半年为一个纳税期的，其申报期为每年的1月或7月的1—10日。

八、农牧业税收管理

1979—1985年，博乐市（县）农业税按折合小麦征收，征收的农业税由20世纪50年代初的850吨小麦几经调整后为880吨。1984年，博乐市境农五师各团场的农业税任务213吨，由博州交市征收。全市农业税为1 093.5吨，纳税单位原为198个。市农村实行联产承包责任制后，农业税改为户交户结，1985年为12 600户。农业税原以实物为主，由粮食部门代收。1985年改为折征代金，按照倒“三七”计价，同国家付给农民的收购价一致。自治区人民政府考虑到农村经济发展水平较低，为减轻农民负担，决定对博乐地区减征15%，全市1 093.5吨公粮，折征代金43.3万元。牧业税根据牧轻于农的政策任务多次调减，1979年为7.9万元，1985年为7.3万元。1985年牧业税由单一的依率计征，改为依率计征和按牲畜头数计征并存，以适应分群到户的实际情况。在征收牧业税时，对农村和牧区的养殖户还分别作免征小畜8头、15头，大畜3头、5头牧业税的照顾。市财政局还对房屋买卖、典当、赠与交换征收契税年约2 000 ~ 3 000元。1988年，国家、自治区对农业税收政策进行改革和调整，并恢复牧业税，重新开征农业特产税和耕地占用税。同年，博乐市农业“五税”征收入库102.5万元，同1987年的43.9万元相比增长42.2%，其中农业税征收入库78万元，牧业计征收入库14.9万元，农业特产计征收入库5万元，契税征收入库3.8万元，耕地占用税征收入库0.8万元。2001年4月20日，市印发《博乐市农牧业税征管保证金试行办法》，采取农税任务与保证金挂钩的方式实现奖增罚欠。

2002 年 7 月，博乐市印发《博乐市财政局农税征管考核办法》，加强对农税征管人员的管理，提高农税征管工作质量。2003 年 6 月，自治区在全疆范围内推行农村税费改革试点工作，博乐市当年就取消“三提五统”，农牧业税降低一个百分点，农民负担明显减轻，改革前市农民各项税费负担为 1 469.3 万元，农民人均负担 190 元，改革后博乐市农民各项税费负担为 545.3 万元，人均负担 71 元，较改革前农民各项税费负担减少 924 万元，人均减负 119 元，减幅 63%。2004 年，博乐市取消除烟草外的农业特产税，农牧业税又降低一个百分点，农牧民各项税费负担减轻 247.4 万元，人均减负 32 元。2005 年，按照国家、自治区文件要求，博乐市全面落实免征农牧业税政策，共免征农牧业税 670 万元。同时，切实做好免征农牧业税的政策与前几年出台的相关政策的衔接工作，确保农民真正实现“零税赋”。2006 年，博乐市开展深化国有农牧场税费改革工作，免除国有农牧场农牧工承担的管理费中类似农村“乡镇五项统筹”的费用，争取到国有农牧场税费改革转移支付资金 1 961 万元。

第五节　税收收入

一、税务局税收

1979—1994 年，博乐市税收主要是工商各种税收。

1987 年 1 月 1 日至 1991 年，对农村信用社征收集体企业所得税，纳税户数 223 户，所得税收入 508.2 万元。

1980 年，贯彻自治区对牧业税征收改革办法，自治州牧业税负担由 1979 年的 24.8 万元降为 1986 年的 16.6 万元，减少 33.06%。

1987—1994 年，博乐市共征收房产税 414.2 万元。车船使用税共征税款 83.9 万元。

1988—1994 年 8 月，印花税税源不大，共征收税款 139 万元。

由于博乐市经济不发达，私营企业甚少，只在 1990 年征收私营企业所得税税款 3 000 元。

1984—1990 年共征收建筑税税款 653.7 万元。

1985—1993 年征收国营企业奖金税 22 万元，集体企业奖金税 11.9 万元，事业单位奖金税 13.2 万元。1989 年征收国营企业工资调节税税款 9 000 元，截至 1993 年，共征收税款 25 万元。

特别消费税，1989 年征收 2.6 万元，1990—1991 年无税款，1992 年征收 6 000 元。1993 年，许多边贸企业竞相进口小轿车，征收税款 44.2 万元。

固定资产投资方向调节税，1991 年征收 43.6 万元。1992 年，征收 126.9 万元。1993 年，征收 237.4 万元。1994 年，征收 280.3 万元。

1983 年起开征国家能源交通重点建设基金，同年以 12.5% 的征集比例计征，共征集 76.7 万元。

1989 年开征国家预算调节基金，同年征收 113 万元。

2005 年，市共征收车购税 1 362 万元。

1979—1994 年博乐市税务系统组织工商税收收入情况统计表

表 26-7　　　　单位：万元、%

项目 年份	收入合计	占全州比	增长率
1979	220.4	41.75	13.14

续表 26-7

年份＼项目	收入合计	占全州比	增长率
1980	223.7	41.73	1.49
“五五”时期小计	951.7	38.41	71.16
1981	244.7	47.64	9.38
1982	245.8	43.42	0.44
1983	300.5	44.66	22.25
1984	335.3	46.28	11.58
1985	549.8	53.52	63.97
“六五”时期小计	1 676.1	47.83	76.11
1986	726.2	57.07	32.08
1987	852.9	58.82	17.44
1988	1 124.7	59.75	31.86
1989	1 320	58.35	17.36
1990	1 602.9	59.69	21.43
“七五”时期小计	5 626.7	58.93	235.82
1991	2 029.9	62.53	26.63
1992	2 632.4	62.21	29.68
1993	3 892.5	65.99	47.86
1994	4 523	70	16.19
“八五”前四年小计	13 077.8	65.93	–
总计	22 885.6	–	–

说明：1994 年工商税收实际完成数中包括地税局征收 3 632.9 万元。其中，博乐市地税局 2 514.5 万元，精河县地税局 76.5 万元，温泉县地税局 228.7 万元。当年 8 月份机构分设，税收报表统一由国税局编报

二、国税税收

1994 年 8 月，博乐市国家税务局成立。分管增值税、消费税等 13 个税种，主要经济税源仍以棉花及其产品为主，其次是商业零售、电力、水泥及其制品等。

博乐市国家税务局贯彻 1997 年 2 月 19 日，国发文件精神，改变了营业税的征收格局，截至 1997 年 6 月 30 日，在国税局办理登记的有 24 户。共征收金融保险业营业税 116.2 万元。

1997 年，查补净增企业所得税额 157.8 万元。

2005 年，市共征收车购税 1 362 万元。

1995—2000年博乐市国税局组织税收收入情况统计表

表26-8 单位：万元、%

年份	收入合计	占全州比	增长率
1995	3 288	69.94	-21.31
1996	3 791	69.82	15.29
1997	4 305	66.89	13.55
1998	4 773	67.00	10.87
1999	5 172	63.49	8.35
2000	5 497	61.35	6.28
合计	26 826	-	-

说明：1994年国税、地税机构分设，13个税种划规地税局征管，1995年税收计划亦按国税征管的税种下达，低于1994年，实际完成税收数也相应低于1994年，因此表中出现较大幅度负增长

2001—2005年博乐市国税局组织税收收入情况统计表

表26-9 单位：万元、%

年份	收入合计	占全州比	增长率
2001	5 707	55.01	3.82
2002	6 504	38.4	13.96
2003	5 108	32.25	-21.47
2004	5 333	22.31	4.4
2005	5 694	11.46	6.8
合计	28 346	-	-

三、地税税收

1994年1月1日，全国施行工商税制改革，改革后工商税制中的税种由原来的32个减少至18个。实行分税制财政体制，相应地组建中央和地方两个税务机构。地方税务局主要负责下列各税的征收：营业税企业所得税个人所得税，资源税，城市维护建设税（不含铁道部门、各银行总行、各保险总公司集中缴纳的部分），固定资产投资方向调节税，房产税，城镇土地使用税，印花税，土地增值税，车船使用税，屠宰税，筵席税，地方各税的滞补罚收入。其他收入有教育费附加（不含铁道部门、各银行总行、各保险总公司集中缴纳的部分），文化事业建设费，人民教育基金；税务部门其他罚没收入。1994—2006年，博乐市地方税收收入逐年递增，年均增长18%以上，累计组织各项税收收入58 560万元。

1994—2006 年博乐市税收收入情况表

表 26-10

年份	地方收入（万元）	同比增加（万元）	同比增加（%）
1994 年	1 149	–	–
1995 年	2 582	1 433	124.7
1996 年	2 988	406	15.7
1997 年	3 179	191	6.4
1998 年	3 466	287	9.0
1999 年	3 481	15	0.4
2000 年	3 733	252	7.2
2001 年	4 017	284	7.6
2002 年	5 103	1 086	27.0
2003 年	6 103	1 001	19.6
2004 年	6 804	700	11.5
2005 年	7 551	747	11.0
2006 年	8 494	943	12.5

四、农牧业税

（一）农牧业税收入

1979—2006 年，博乐市（县）农牧业“五税”累计征收入库 9 887.5 万元，平均每年递增 14.8%，其中农业税累计征收入库 6 129.2 万元，占总入库数的 61.9%；牧业税累计征收入库 714.4 万元，占总入库数的 7.1%；农业特产税累计征收入库 885.4 万元，占总入库数的 8.9%；契税累计征收入库 1 978.7 万元，占总入库数的 20.1%；耕地占用税累计征收入库 179.8 万元，占总入库数的 1.8%。

（二）农牧业税收管理

1979—1985 年，博乐市（县）农业税按折合小麦征收，征收的农业税由 20 世纪 50 年代初的 850 吨小麦几经调整后为 880 吨。

1984 年，博乐市境农五师各团场的农业税任务 213 吨，由博州交市征收。全市农业税为 1 093.5 吨，纳税单位原为 198 个。市农村实行联产承包责任制后，农业税改为户交户结，1985 年为 1.26 万户。

农业税原以实物为主，由粮食部门代收。1985 年改为折征代金，按照倒“三七”计价，同国家付给农民的收购价一致。自治区人民政府考虑到农村经济发展水平较低，减轻农民负担，决定对博乐地区减征 15%，全市 1 093.5 吨公粮，折征代金 43.3 万元。

牧业税根据牧轻于农的政策任务多次调减，1979 年为 7.9 万元，1985 年为 7.3 万元。1985 年牧业税由单一的依率计征，改为依率计征和按牲畜头数计征并存，以适应分群到户的实际情况。在征收牧业税时，对农村和牧区的养殖户还分别作免征小畜 8 头、15 头，大畜 3 头、5 头牧业税的照顾。市财政局还对房屋买卖、典当、赠与交换征收契税年约 2 000 ～ 3 000 元。

1988 年，国家、自治区对农业税收政策进行改革和调整，并恢复牧业税，重新开征农业特产税和耕地占用税。同年，博乐市农业“五税”征收入库 1 025 万元，同 1987 年的 43.9 万元相比增长 42.2%，其中农业税征收入库 78 万元， 牧业计征收入库 14.9 万元， 农业特产计征收入库 5 万元， 契税征收入库 3.8 万元， 耕地占用税征收入库 0.8 万元。2001 年 4 月 20 日，市印发《博乐市农牧业税征管保证金试行办法》，采取农税任务与保证金挂钩的方式实现奖增罚欠。

2002 年 7 月，博乐市印发《博乐市财政局农税征管考核办法》，加强对农税征管人员的管理，提高农税征管工作质量。

2003 年 6 月，自治区在全疆范围内推行农村税费改革试点工作，博乐市当年就取消“三提五统”，农牧业税降低一个百分点，农民负担明显减轻，改革前市农民各项税费负担为 1 469.3 万元，农民人均负担 190 元，改革后博乐市农民各项税费负担为 545.3 万元，人均负担 71 元，较改革前农民各项税费负担减少 924 万元，人均减负 119 元，减幅 63%。

2004 年，博乐市取消除烟草外的农业特产税，农牧业税又降低一个百分点，农牧民各项税费负担减轻 247.4 万元，人均减负 32 元。2005 年，按照国家、自治区文件要求，博乐市全面落实免征农牧业税政策，共免征农牧业税 670 万元。同时，切实做好免征农牧业税的政策与前几年出台的相关政策的衔接工作，确保农民真正实现“零税赋”。2006 年，博乐市开展深化国有农牧场税费改革工作，免除国有农牧场农牧工承担的管理费中类似农村“乡镇五项统筹”的费用，争取到国有农牧场税费改革转移支付资金 1 961 万元。

第六节　税收执法检查

1994 年，博乐市地税局成立税收大检查领导小组，并与国税局配合，集中布置，对重点单位进行联合检查。

1995 年，博乐市地税局在实施稽查的同时，加强稽查制度建设，制定印发《博乐市地税局稽查工作规程》，完善税务稽查程序。

1996 年，博乐市地税、国税坚持“四边原则”，即：边检查、边定案、边处理、边入库的原则。共检查各类企业及个体工商户 828 户，查补税款 110 万元。

1997 年 1 月，博乐市地税局稽查分局成立，下设综合科、稽查一所、稽查二所，共有干部 22 人。全年检查各类企业及个体工商户 3 751 户，查补税款 676 万元，清理欠税 235 万元，并对个人所得税及屠宰税进行专项检查，查补个人所得税 15 万元。

2004 年，博乐市地税局办理税务登记的个人独资企业和合伙企业共有 55 户。同年，专项检查 10 户，企业实现利润 7.1 万元，调整利润后应纳税所得额 9.2 万元。

2006 年，博乐市企业自汇自缴户数为 216 户，占应汇算户数的 95%，其中：盈利企业 120 户，比上年同期增加 25 户，应纳税所得额 1 821.62 万元，减免所得税额为 919.01 万元，实际应纳所得税额 901.35 万元。

博乐市地税、国税在每年开展税收执法检查的同时，加强系统行风建设。年初层层签订党风廉政建设目标责任书，并进行领导责任分解。聘请社会义务监督员，对国税、地税系统行风建设工作进行监督。开展文明办税“八公开”“首问负责制”“办税限时制”“提醒服务”“一窗式”服务“阳光定税工程”“局长值班制”等一系列活动，创建“四优”（优质服务、优良作风、优美环境、优良秩序）服务窗口。推行廉政谈话制度，强化对领导干部的教育、管理和监督等。

第二十七编

金　　融

1979年，博乐县境金融机构有5家，1985年13家。至1995年，陆续增加邮政储蓄、中行博州支行、城市信用社、农发行博州分行等金融机构，分支机构增至77个。1996年，商业银行和保险公司进行股份制改造。1997年，人民银行博州分行和各商业银行均撤并博乐市支行机构，市辖区的各项金融业务交由其州分行办理。2006年，博乐共有金融分支机构73个，包括博州人行2个、博州银监局1个、博州农发行1个、博州工行6个、博州农行8个、博州建行3个、博州中行6个、市农村信用社10个、博州寿险公司2家10个、博州财险公司2家8个、博州邮政储蓄机构17个、博州证券公司1个。

第一章 金融机构

第一节 管理机构

一、中国人民银行博乐市（县）支行

1979年，人行博乐县支行分设为人行、农行博乐县支行。1983年，人行博乐县支行行使管理国家货币发行，统一制定金融政策，协调、指导、检查、监督各专业银行的业务工作。1984年1月，人行博乐县支行业务交由工行博乐市支行代理。1987年5月，人行博乐市支行恢复组建，设置综合计划股和会计发行股两个内部机构，与人行博州分行合署办公。1997年12月，根据国务院金融体制改革的决定，撤销在同一城市重复设置分支机构，中国人民银行博乐市支行撤销，博乐市辖区金融业的监督管理工作直接由人行博州分行负责。

二、中国人民银行博尔塔拉蒙古自治州中心支行（简称人行博州中心支行）

1979年，中国人民银行博尔塔拉蒙古自治州分行辖人行博乐县支行。1997年，博州农村信用社与农业银行博州中心支行脱钩后，人民银行博州分行内设农村合作金融管理科；人行博乐市支行撤并至人行博州分行。1999年，中国人民银行博州分行更名为中国人民银行博州中心支行，隶属中国人民银行西安分行。

三、中国银行业监督管理委员会博尔塔拉蒙古自治州监管分局（简称博州银监分局）

2004年3月，博州银监分局成立，隶属中国银行业监督管理委员会新疆监管局，内设办公室、人事科、监管一科、监管二科、统计信息科。

第二节 国有商业银行

一、中国工商银行博乐市支行（简称工行博乐市支行）

1984年1月，中国工商银行博乐县支行成立，并代理人行博乐县支行业务。1985年，工行博乐县支行改称工行博乐市支行。1997年，工行博乐市支行撤并。

二、中国工商银行股份有限公司博尔塔拉蒙古自治州分行（简称工行博州分行）

1984年1月1日，工行博州中心支行成立。主要负责原人行博州分行办理的国营工商企业、城市集体、个体企业存贷款和城镇储蓄业务。1997年1月1日，工行博州中心支行更名为工行博州分行。同年3月，工行博州分行机关与工行博乐市支行内设机构合并。2005年10月，工行博州分行完成股份制改造，名称变更为中国工商银行股份有限公司博州分行，承办原中国工商银行博州分行的资产、

负债等全部业务。

三、中国农业银行博乐市支行（简称农行博乐市支行）

1979年12月，中国农业银行博乐县支行复建。1985年，中国农业银行博乐县支行更名为中国农业银行博乐市支行。1997年，中国农业银行博乐市支行撤并。

四、中国农业银行博州分行（简称农行博州分行）

1964年，农行博州中心支行成立。1996年，农行博州中心支行撤销信用合作管理机构；实施《关于农业发展银行机构延伸实施方案》，开展农行与农发行业务、财产、人员的划转工作，改变“一身三任”的角色。1997年6月，中国农业银行博州中心支行更名为中国农业银行博州分行，推行员工聘用制度。1998年7月，农行博州分行与农行博乐市支行合并，精简分流员工。2002年，农行博州分行实施“三定”（定编、定岗、定责）工作。对中层干部和州分行机关员工实行双向聘任制。2004年，农行博州分行按照《党政领导干部选拔任用条例》的要求，修订工资收入分配考核办法，对机关和营业网点分别制定考核办法；加大活工资占比考核力度。2005年，农行博州分行撤销营业机构7个。

五、中国农业发展银行博尔塔拉蒙古自治州分行（简称农发行博州分行）

1994年4月，博州地区的国家农业政策性金融业务，从中国农业银行职能范围中分离出来，但仍由中国农业银行博州中心支行代理，实行专人、专柜、专款、款账管理，实现博州地区农副产品收购不打“白条”和农业政策性资金封闭运行的双重政策目标。1997年1月，中国农业发展银行博州分行成立，隶属中国农业发展银行新疆分行。设置分行营业部，负责办理博乐市辖区业务。同年3月，农发行博州分行完成与农行博州中心支行资产的分离、粮棉油专项业务的划转、资金专户封闭运行等工作，实现各项业务由代理向自营的转变。同年4月，农发行博州分行营业部对外营业。

六、中国银行股份有限公司博尔塔拉蒙古自治州分行（简称中行博州分行）

1991年11月，中行博州支行成立。2000年5月，中行博州支行更名为中行博州分行。2004年8月，中行博州分行完成股份制改造，更名为中国银行股份有限公司博尔塔拉蒙古自治州分行。中行博州分行主要吸收公众存款，发放短期、中长期贷款，办理国内外结算，代理发行、兑付国家债券，办理中间业务，办理本、外币票据承兑和贴现业务，办理外币存、贷款业务，买卖、代理买卖外汇，办理外汇汇款、外汇兑换业务，办理结汇、售汇及其他经人民银行批准的业务。

七、中国建设银行股份有限公司博州分行（简称建行博州分行）

1979年2月，建行博州支行更名为建行博州中心支行。1996年，建行博州中心支行实行法人管理体制改革，资金管理体制改革，信贷管理体制改革，计划财务管理体制改革，会计核算体制改革，审计体制改革，剥离不良资产的改革。

1998年，推行“扁平式”干部人事管理制度，在分配制度方面实行综合经营计划和绩效考核办法，逐步扩大绩效工资的比重。2002年，进入建立现代金融企业为目标的综合性改革的新阶段。完善绩效考评体系 2004年9月，建行博州分行由国有独资商业银行改制为国家控股的股份制商业银行，名称变更为中国建设银行股份有限公司。2005年3月，建行博州分行更名为中国建设银行股份有限公司博州分行。

第三节 合作金融机构

一、博乐市农村信用合作社

1979年，博乐县农业银行恢复。1985年，全市共建立6个农村信用合作社（简称信用社）和4个信用合作社分社。1988年5月，博乐市农村信用合作社联合社（简称联合社）成立。1995年底，全市农村金融机构有 14 个，其中联合社 1 个，信用社 6 个，信用分社 7 个。1997 年，博州农村信用社与农行博州中心支行脱离行政隶属关系，过渡期业务暂由博州农村金融体改办管理。2001 年 6 月将员工养老统筹金移交当地政府主管部门。2001 年 4 月，博州农村信用联社降格为农村信用合作社，其下属社均降格为分社。农村信用联社与农行脱钩后，对农村金融机构进行撤并。2006 年，博乐市有 11 个农村金融机构，即信用社 1 个（法人社），信用分社 10 个。

二、博乐市城市信用合作社

1992 年 2 月，博乐市金塔城市信用社（法人社）成立。1993 年 8 月，设置金塔城市信用社阿拉山口营业处。2002 年 11 月，金塔城市信用社阿拉山口营业处撤销。2003 年 2 月，市金塔城市信用社撤销，其债权债务全部移交博乐市农村信用社。

第四节　保险　证券机构

一、中国人民财产保险股份有限公司博尔塔拉蒙古自治州分公司（简称人保财险博州分公司）

1983 年 6 月，中国人民保险公司博州中心支公司成立。1996 年 4 月，中保财产保险有限公司博尔塔拉蒙古自治州分公司成立。1999 年 3 月， 更名为中国人民保险公司博尔塔拉分公司，内设办公室、计划财务科、农村保险科、人身保险科、审计监察科、城市业务科、涉外保险业务科和营业部。2003 年 7 月，更名为中国人民财产保险股份有限公司博尔塔拉蒙古自治州分公司。2005 年，财产保险公司博州分公司内设综合部、信息技术部、业管法律部、承保中心、理赔中心、财务中心、车险事业部、财产事业部、责任信用险事业部、货运事业部、意外健康险事业部、营业部。下辖营业网点 15 个。

二、中国人寿保险股份有限公司博尔塔拉蒙古自治州分公司（简称中国人寿博州寿险分公司）

1996 年 4 月，中保人寿保险有限公司博尔塔拉蒙古自治州营业部成立。8 月，更名为中保人寿保险有限公司博尔塔拉蒙古自治州分公司，内部办公室、计财科、业务管理科和市区营业部。2003 年 7 月，又更名为中国人寿保险股份有限公司博尔塔拉蒙古自治州分公司。2005 年，人寿保险公司博州分公司内设办公室、财务中心、人力资源部、业务处理中心、团险部、客户服务中心、代理人管理部。下辖县支公司 1 个、县级营销服务部政 1 个，营业网点 16 个。同年，博州寿险分公司开办“福寿安康保险”业务。

三、中华联合财产保险公司博乐分公司（简称中华财险博乐分公司）

1986 年 7 月，新疆生产建设兵团农牧业保险公司第五分公司成立，营级建制。1989 年 5 月升格为县团级建制。1993 年 4 月，更名为新疆兵团保险公司农五师分公司。2000 年，更名为新疆兵团财产保险公司博乐分公司。2002 年 1 月更名为中华联合财产保险公司博乐分公司。2005 年，中华联合财产保险公司博乐分公司内设办公室、财务科、业务科、客户服务中心、营业部。下辖营业网点 15 个。

四、中国平安人寿保险股份有限公司新疆分公司博乐营销服务部（简称平安寿险博乐营销部）

2004 年 7 月，中国平安人寿保险股份有限公司博乐营销服务部成立。内设业务部、保费室、客户服务室。2005 年 6 月，增设营业一部、营业二部、营业三部。

五、永安财产保险股份公司伊犁中心支公司博乐营销部（简称永安财险博乐营销部）

2005 年 3 月，永安财险博乐营销部成立，内设综合部、理赔部、拓展部和代理部。

六、新疆证券有限责任公司博乐证券服务部

2002 年 3 月，成立新疆证券有限责任公司博乐证券服务部，编制 3 名。同时开张营业。2006 年，新疆证券博乐服务部有职工 3 人，实行经理负责制。

第二章　存　款

第一节　存款类型

一、企业存款

企业存款包括工业存款、商业存款、集体企业存款、专用基金存款、乡镇企业存款、建筑及基建企业存款等。2005 年末，博乐市辖区国有银行企业存款余额达 128 763 万元，占各项存款的 25.3%。

二、农业存款

农业存款包括国有农业存款、集体农业存款、信用社转存款。自 1995 年起，信用社转存款不再列入农业存款。2005 年末，博乐市辖区国有银行农业存款余额达 68 079 万元，占各项存款的 13.4%。

三、财政性存款

财政性存款包括财政存款和机关团体存款。2005 年末，博乐市辖区国家银行财政性存款余额达 42 290 万元（其中财政存款 3 066 万元，机关团体存款 39 224 万元），占各项存款的 8.3%。

四、城镇居民储蓄

城镇居民储蓄存款分为定期和活期两种，是各金融机构存款的重要组成部分。2005 年末，博乐市辖区国家银行储蓄存款余额达 292 415 万元，占各项存款的 49.5%，对支持当地经济发展发挥着巨大的作用。

1979—2006 年博乐市（县）居民储蓄存款统计表

表 27-1　　单位：万元

年份	居民储蓄存款数	年份	居民储蓄存款数
1979	2 902	1993	73 693
1980	2 532	1994	95 736
1981	3 651	1995	1346 68
1982	4 523	1996	167 422
1983	5 840	1997	188 863
1984	7 823	1998	194 759
1985	10 118	1999	197 870
1986	12 602	2000	220 652
1987	17 320	2001	229 369
1988	21 550	2002	264 448
1989	27 096	2003	315 557
1990	42 089	2004	349 846
1991	51 821	2005	292 415
1992	60 537	2006	350 400

注：本表数字来源于博乐市统计局编印的《跨世纪的博乐》年鉴；

2006 年数字来源于《博乐市 2006 年国民经济和社会发展统计公报》

五、信托（委托）

存款信托（委托）存款是银行或信托公司受客户委托代为管理或运用的存款。1998—2005 年，博乐市辖区国家银行此项存款余额均为 0。

六、其他存款

2005 年末，博乐市辖区国有银行其他存款余额达 18 110 万元，占各项存款的 3.5%。

1990—2005 年博乐市辖区国有银行各项存款余额表

表 27-2　　单位：万元

项目 \ 年份	1990	1991	1992	1993	1994	1995	1996	1997	1998	1999	2000	2001	2002	2003	2004	2005
企业存款	5 222	7 095	10 417	12 569	21 751	32 771	37 825	42 175	51 933	61 690	87 200	77 084	93 386	85 764	104154	128763
财政存款	446	1299	308	227	311	1 075	784	67	190	312	434	51	945	418	1 966	3 066
机关团体存款	1 148	1 626	1 432	1 414	1 732	3 023	4 197	3 882	4 930	5 979	7 734	11 734	12 344	19 138	42 664	39 224
储蓄存款	22 019	27 256	333 18	407 75	52 818	75 648	95 250	96 158	107 571	118 984	128 771	144 634	168 411	201 637	225 845	252 386
农业存款	3 813	5 266	9 071	9 809	11 212	4 772	7 828	9 997	15 828	21 658	32 707	31 982	35 141	42 984	66 901	68 079
信托存款	68	57	11	146	92	173	38	54	–	–	–	–	–	–	–	–
其他存款	875	1 370	2 074	2 551	57	2 344	896	1 456	4 296	8 540	6 595	5 300	12 536	49 331	69 464	18 110
各项存款总计	33 591	43 969	56 631	67 491	87 973	119 806	146 818	153 789	184 748	217 163	263 441	270 785	322 763	399 272	510 994	509 628

说明：1986—1989 年的相关统计资料遗失

第二节　存款变化

1988—1995 年，博乐市经济形势较好，各项存款连年上升。储蓄存款虽然受到通货膨胀、储蓄利率下调、受自然灾害及城乡居民购买国家债券储源减少等因素的影响，但国家出台“长期储蓄保值补贴”政策，金融系统及时开办有奖储蓄，各行广泛开展储蓄竞赛活动；阿拉山口外来投资、联营的客户增多，企业存款增长；博乐市农牧业生产丰收，工业生产平稳增长，各项存款余额仍保持增长。

1996 年，博乐市企业经济效益差，市场疲软，产品积压；进出口贸易额大幅下降，外来资金减少，但各项存款平稳增加，年末各项存款余额比上年增长 22.5%。1997—2000 年，利率连续下调，国家开征存款利息个人所得税；农产品价格下降，农民增产不增收；企业改制员工集资，小康村建设农民投资，农民进城搞第三产业；居民金融资产多元化意识增强，买房建房、参加保险、购买国债等，不同程度地影响储蓄存款的增加。同时，集资建房的改革步伐加快，自筹基建资金存款增长；边境贸易升温，汇入资金增多，企业过渡性存款增加；农业增产增收，农业存款、居民储蓄存款增加等。1998 年末，市储蓄存款余额突破 10 亿元。2000 年末，市农业存款余额突破 3 亿元，比上年增长 51.0%。

2001—2005 年，人们生活水平提高，理财观念转变，集资购房、医疗保险、教育投入、长假出行等消费增多；国债发行、投资基金、股票市场等加快居民储蓄存款的分流。与此同时，各家银行中间业务快速发展，拓展到电信、保险等行业的代收代付等项目，成为储蓄存款新的支撑点；全市大力推行农户小额信用贷款政策，减少储蓄存款的提取；棉花、枸杞等农副产品价格不断上升，农民收入增加；公务员增加工资；银行存款利率有所调高等，仍保证储蓄存款的持续增长。自治区电力、邮电通信、棉纺、四方糖业等单位集团下拨给博州分公司营运周转金；随着居民消费的增加，商品周转加快，农副产品调销顺畅，商业货款回笼及时；公路、城建等重点项目建设资金增加等，促进企业存款的增长。阿拉山口的大宗边境贸易，使口岸外贸企业经营性资金大量涌入，新增贷款、海关保证金拉动其他存款的快速增长。2004 年末，市辖区国家银行各项存款余额突破 50 亿元。

第三章 贷 款

第一节 短期贷款

一、工业贷款

博乐市交通运输线长、能源缺乏，工业基础薄弱，工业生产发展缓慢。1986 年，市辖区各金融机构按照“区别对待，扶优限劣，提高效益”的原则，为其发放大量流动资金贷款，优先支持能源、交通运输、原材料等行业的发展，重点支持电力、水泥、制糖、棉纺、毛纺、皮革、粮油、饮料等生产和加工企业，支持民族特需用品的生产，同时注重对新技术产业的贷款投入。1986 年末，博乐市辖区工业贷款余额为 1 210 万元。1999 年末，市辖区工业贷款余额为 25 922 万元，比 1986 年增长 20.42 倍。2000 年，市辖区工业贷款逐年减少。至 2005 年末，市辖区工业贷款余额为 9 724 万元，比 1999 年减少 62.5%。

博乐市辖区的工业贷款主要由工行博州分行、建行博州分行发放。重点支持企业。工行博州分行 1986—1995 年向博州皮革厂、毛纺厂和糖厂发放工业贷款 3 430 万元。1993—1995 年建行博州分行向博州糖厂等企业发放工业贷款 19 867 万元。1996—1999 年，建行博州分行向博州糖厂分别发放工业贷款 3 900 万元。1998 年，人行博州分行对辖内有银行贷款的企业进行全面调查，详细列出可支持、适当支持、不予支持的企业名单，会同州经贸委向商业银行推荐博乐市辖区 26 家作为首批贷款支持对象。1999 年，博乐市辖区国家银行发放的工业贷款余额达到历史最高，约 2.6 亿元。但辖区部分规模较大、银行贷款较多的企业，由于生产技术和经营管理水平跟不上、融资困难等原因，出现经营困难或趋于倒闭的状况。2000 年起，各家银行大幅缩减工业贷款的发放，并且加大到、逾期工业贷款的回收力度。2004 年末，工业贷款余额比 1999 年末减少 1.9 亿元。2005 年，博乐市辖区工业贷款余额比有所回升。

二、商业贷款

商业贷款是各家银行为解决边贸企业、商业企业流动资金需求而发放的贷款，主要用于购进商品和农副产品采购等。博乐市辖区国家银行发放的商业贷款，1986 年末，余额为 9 879 万元，以后逐年增加；1997 年末，余额突破 10 亿元；1998 年末，余额为 12 亿元，以后逐年减少；2005 年末，余额为 198 160 万元。

工行博州分行是博州地区商业贷款的主办行。1986—1995年，工行博州分行累计发放商业贷款约6.8亿元，重点支持博州商业企业和边贸企业。1991年，工行博州分行向国营、集体、个体商业企业发放商业贷款分别为2 446万元、196万元、223万元。1996—2005年，工行博州分行累计发放商业贷款约20亿元，主要投向辖区国营、集体、个体商业企业和边贸企业，用于其收购、加工和进出口贸易、缴纳通关费用等。

农行博州分行是博州地区农副产品收购贷款的主办行。农副产品收购贷款发放额度在商业贷款投放总额中占比较大，从历年农副产品收购贷款余额看，一般占年总余额的67% ~ 80%。1999年，农行博州分行加大边贸企业商业贷款的投放，仅2004年就向阿拉山口进出口贸易企业发放贷款107 245万元。2005年，农副产品收购贷款占比降至52.4%，比2004年下降约24个百分点。

1992—2005年，中行博州分行累计发放商业贷款约17亿元，主要投向博州外贸土产公司和阿拉山口口岸工贸股份有限公司等外贸企业，用于其收购、加工、进出口贸易等。

1996年，建行博州分行采用存单限额抵押的方式发放农副产品收购贷款2 511万元。2002—2005年，累计发放商业贷款约31 330万元，主要投向阿拉山口边贸企业。

1997年1月至2005年，农发行博州分行向博乐市辖区累计发放粮棉油贷款约52亿元。

1990—2005年博乐市辖区国家银行农副产品收购贷款余额表

表27-3　　单位：万元

项目＼年份	1990	1991	1992	1993	1994	1995	1996	1997	1998	1999	2000	2001	2002	2003	2004	2005
农副产品收购贷款余额	10 634	13 388	15 374	18 978	30 042	47 670	58 637	80 998	99 287	60 833	48 500	80 103	48 685	51 025	104 655	103 797
占商业贷款总余额比例（%）	71.3	68.6	67.4	70.1	80.1	78.3	72.9	76.5	76.4	69.9	70.7	76.9	68.1	70.6	76.6	52.4

三、建筑业贷款

1986年，建行博州分行发放建筑业贷款实行审贷分离制度。1988年，建行博州分行针对建筑业流动资金贷款逾期进行调研，采取强化内部管理、盘活信贷资金、调整贷款结构等措施，确保重点、压缩一般，支持州糖厂、市棉纺厂和电力、邮电通信等企业的建设。1996—2005年，建行博州分行累计办理建筑业贷款4 667万元，全部投向第五师工程团。1991年、1995年和2000年，工行博州分行在博乐市辖区地方发放建筑业贷款910万元。

四、农业贷款

农业贷款主要指支持并服务于“三农”（农村、农业、农民）方面的贷款，以促进农业、农村、农民的经济发展。1986—1995年，农行博乐市支行累计投放农业流动资金贷款约5.7亿元。1996—2005年，农行博州分行向博乐市辖区累计投放农业流动资金贷款约16亿元。主要投向国营、集体、家庭农场以及个体农户，用于农业春耕备耕、抗灾防灾和抗灾保畜，重点支持科技养殖试验中心和养殖密集村、养殖和农用机械等专业户、“菜篮子”工程等。其中1995年，农行博乐市支行发放“菜篮子”工程贷款600万元，支持建成“菜篮子”专业村5个，温室66座，塑料大棚120座，面积3.33公顷；建成养殖专业村16个，养殖育肥89 919头，饲养家畜、家禽325 946只，养鱼水面1.29平方千米。

1996年，工行、中行、建行博州分行先后开办农业贷款业务。2005年，主要向第五师各团场投放共82 491万元。工行博州分行7 748万元和建行博州分行5 000万元投向博乐市。

五、乡镇企业贷款

1986—2005年，农行博州分行累计发放乡镇企业贷款33 036万元，重点投向乡镇农副产品加工、农用机械、地方资源开发等行业，支持乡镇水电站、造纸厂、珍珠岩厂、福利厂、面粉厂、榨油厂、棉花加工、建材等企业的建设、投产和流动资金。其中1995年，帮助乡镇企业引进资金1 430万元，乡镇企业总产值3.3亿元，实现利税4 000万元。1996年末，博乐市辖区国家银行乡镇企业贷款余额2 267万元。此后，此项贷款的投放逐年缩减，其重点放在支持乡镇支柱产业和增强企业发展后劲上。

六、私营及个体工商业贷款

1986年，博乐市辖区有运输专业户943个、手工修理专业户509个、个体工商户776个，工、农行博州分行累计发放私营及个体工商业贷款641万元，年底贷款余额97万元。1998年、2001年，中行、建行博州分行分别开办此项贷款。

2003年6月，成立博州下岗失业人员小额贷款担保中心，担保基金为100万元。所需资金主要由州财政筹集，由担保机构专户储存指定商业银行，封闭运行，专项使用。至2005年6月末，担保基金累积550万元（州担保基金为300万元，地方担保基金为250万元），全州小额担保贷款累计发放652.5万元，余额为296万元，不良贷款13.8万元。2005年，博州评定多种经营专业户5 198个，全年累计发放私营及个体工商业贷款19 900万元，下岗失业人员小额贷款156万元。

第二节　中长期贷款

一、技术改造贷款

1986—2001年，博州地区发放的各类技术改造贷款支持项目201个（博乐市辖区的项目占85%以上），主要用于棉纺等工业以及交通运输、医疗卫生、邮电、电力等行业。贷款的发放方式有抵押、担保、信用3种。2002年，此项贷款停办，全部划转，无余额。

1986—2001年博乐市辖区国家银行技术改造贷款余额表

表27-4　　单位：万元

项目＼年份	1986	1987	1988	1989	1990	1991	1992	1993	1994	1995	1996	1997	1998	1999	2000	2001
余额	726	872	822	904	1 250	1 815	2 168	2 991	6 370	6 578	11 148	7 895	5 188	2 213	440	130

二、基本建设贷款

基本建设贷款主要用于投资少、见效快、列入国家计划的基本建设项目。1990年，建行、工行博州分行发放博乐市基本建设贷款主要用于工商企业的基本建设；农行、农发行博州分行发放的此项贷款主要用于农牧林业的基本建设。随着金融体制改革的深化，各商业银行打破传统的贷款投向界限。1991年，博乐市列为对外开放城市，市区建设步伐加快，当年累计发放此项贷款4 109万元。至1993年，人行博州分行向市区建设累计发放贷款3 000万元。建行博州分行的基本建设贷款主要投向博州电力公司、糖厂等重点企业和安居工程及教育卫生领域的基本建设。2003—2005年，建行博州分行用于第五师退耕还林基本建设累计发放 7 680 万元。工行博州分行基本建设贷款主要用于州医院、学校等建设和城区供排水管网、单位危房等改造工程。农行博州分行基本建设贷款主要投向“三农”基本建设项目。重点支持修渠打井、建设小水电站、改造草场、治沙节水、小康村建设、牧民定居半定居工程和农业产业化龙头企业的基本建设；支持博乐市步行街、亚中商城等博乐城市开发项目和城市道路改造。农发行博州分行主要用于农业和粮面油加工企业的基本建设。

1990—2005 年博乐市辖区国家银行基本建设贷款余额表

表 27-5 单位：万元

项目＼年份	1990	1991	1992	1993	1994	1995	1996	1997	1998	1999	2000	2001	2002	2003	2004	2005
余额	1 500	4 573	6 374	6 329	5 554	6 009	8 759	9 134	11 953	8 946	5 729	5 921	5 219	7 221	6 671	5 956

三、老少边穷地区发展经济贷款

发放对象是地方国营工业、交通、旅游等企业扩建、新建工程，其项目纳入市年度固定资产投资计划，主要用于这些项目财政拨款和企业自筹资金不足部分。

1986 年，经人行自治区分行批准，人行博乐市支行给予博州乳品厂等项目贷款 20% 的利率下浮优惠，给州乡镇企业服务大楼、塑料厂等项目贷款 15% 的利率下浮优惠；给博州三干渠水电站发放少数民族经济低息贷款 115 万元，并将第二期工程贷款 30 万元列入贴息贷款计划。1987 年以后，老少边穷地区发展经济贷款投向博乐市能源、轻纺、农牧业等项目，支持博州糖厂和棉花加工等企业建设和改造，对民族贸易和民族用品定点生产企业等给予倾斜扶持。1997 年停办，全部划转，无余额。

1986—1996 年博乐市辖区国家银行老少边穷地区发展经济贷款余额表

表 27-6 单位：万元

年份	余额	年份	余额	年份	余额
1986	213	1990	219	1994	2 027
1987	273	1991	185	1995	2 009
1988	307	1992	440	1996	1 972
1989	271	1993	465	-	-

四、其他中长期贷款

20 世纪 90 年代初，博州银行开办个人中长期消费信贷业务，主要以建行博州分行个人住房贷款为主，业务量较小。1998 年，依据中国人民银行政策措施，鼓励各家商业银行开办住房信贷业务。建行博州分行发放个人住房贷款 884 万元，安居工程 45 万元；农行博州分行发放贷款 205 万元支持城区房改；工行博州分行发放贷款 1 871 万元，用于部分单位职工房改和单位集资建房的需要。2000 年，博州各家银行试办助学贷款、汽车消费贷款和其他消费贷款，其发放量分别为 14 万元、299 万元和 4 383 万元；发放住房贷款 5 397 万元。2001 年，博乐市辖区中长期贷款投放量骤增，是年末余额达 47 967 万元，比上年末 24 855 万元增加 23 112 万元，增幅 93.0%，其中主要是个人消费贷款大幅增加。

2003 年，工行博州分行为发展农村奶牛养殖业发放其他中长期贷款 850 万元。

2001—2005 年博乐市辖区国家银行个人中长期消费贷款占其他中长期贷款总量比例表

表 27-7

单位：万元、%

项目	2001	2002	2003	2004	2005
其他中长期贷款总余额	47 967	53 671	58 552	55 192	44 638
其中：个人消费贷款余额	21 389	27 795	32 890	26 294	19 302
个人消费贷款占比	44.6	51.8	56.2	47.6	43.2

1990—2005 年博乐市辖区国家银行各项贷款余额表

表 27-8

单位：万元

项目＼年份	1990	1991	1992	1993	1994	1995	1996	1997	1998	1999	2000	2001	2002	2003	2004	2005
工业贷款	6 045	7 168	7 709	9 701	10 125	12 914	18 151	20 397	24 643	25 922	15 856	18 205	11 156	8 256	6 922	9 724
商业贷款	14 904	19 518	22 826	27 076	37 516	60 863	80 410	105 910	129 824	86 995	68 564	104 107	71 481	72 272	136 603	198 160
建筑业贷款	952	1 061	1 126	475	916	927	2 267	1 751	1 416	1 313	610	715	615	476	366	300
农业贷款	7 257	9 064	14 233	18 381	10 900	12 865	20 121	25 818	32 007	39 480	29 894	34 015	43 412	39 170	48 429	36 616
乡镇企业贷款	662	825	1 393	2 418	2 614	3 252	4 057	4 266	4 014	1 940	165	663	107	32	1 393	510
个体工商贷款	101	142	160	351	767	655	1 137	2 386	1 805	2 421	2 682	1 663	2 436	3 096	2 320	459
固定资产贷款	5 377	9 246	12 499	15 441	28 875	31 664	40 561	40 100	41 114	43 173	44 200	65 663	65 385	73 632	69 105	50 594
信托委托贷款	33	32	281	171	–	–	–	–	–	–	–	–	–	–	–	–
票据融资贴现	–	–	–	–	–	–	–	–	–	–	–	1 351	6 882	11 342	17 165	5 122
其他类贷款	168	391	1 133	1 308	3 236	4 375	5 247	7 046	3 592	15 973	21 075	11 651	16 030	21 740	15 248	34 160
各项贷款总计	35 499	47 447	61 360	75 322	94 949	127 515	171 951	207 674	238 415	217 217	183 046	238 033	217 504	230 016	297 551	335 645

注：1986—1989 年的相关统计资料遗失。

第三节 票据融资（贴现）

1996—2005 年，工行博州分行办理票据贴现 74 290 万元中，给州糖厂 1 450 万元外，其余均给博州商贸企业和阿拉山口外贸企业。农行博州分行办理贴现 21 193 万元给博州商贸企业、阿拉山口外贸企业。中行博州分行 173 133 万元给博州商贸企业、阿拉山口外贸企业及第五师师直企业和各团场；建行博州分行 23 079 万元给州边贸企业。

1996—2005 年博乐市辖区国家银行票据融资（贴现）统计表

表 27-9 单位：万元

项目	1996	1997	1998	1999	2000	2001	2002	2003	2004	2005
工商银行	2 265	3 595	1 450	6 355	4 789	2 674	10 911	22 634	18 402	1 215
农业银行	–	–	2 210	2 725	4 379	436	3 763	7 500	90	90
建设银行	–	–	–	–	–	4 200	7 000	9 000	1 349	1 530
中国银行	–	–	625	5 903	6 629	5 946	14 767	28 653	77 174	33 436

为配合和推动贴现业务的健康发展，人行博州中心支行适时加大再贴现的力度，支持商业银行以票据贴现形式为企业融通资金，缓解商业银行资金供给的压力。2001 年 7 月，终止再贴现业务。

1995—2001 年人行博州中心支行再贴现统计表

表 27-10 单位：万元

项目	1995 年	1996 年	1997 年	1998 年	1999 年	2000 年	2001 年
金额	980	8 483	5 636	2 690	7 279	12 184	5 202

第四章 中间业务

第一节 业务种类

中间业务是商业银行为社会提供的一种服务性业务，指不构成商业银行资产表内负债，不动用自己资金，而形成银行非利息收入的业务。中间业务包括对公类中间业务、个人类中间业务和外汇类中间业务。对公类中间业务包括造价咨询业务、对公结算业务。个人类中间业务包括银行保险、银行卡、个人电子汇款和电子银行业务等。外汇类中间业务包括国际结算和结售汇业务及外汇金融衍生产品业务等。截至 2006 年，市境内金融系统开办的中间业务种类有代销基金业务、银行卡业务、结售汇业务、财务顾问业务、单位人民币结算业务、代理保险业务、个人人民币结算业务、收单业务、代理发行国库券业务、审价咨询业务和电子账单业务等。

第二节　业务管理

1996年，博州银行机构中介业务起步，其收入在整个银行业务收入中占比很小。1997年，开始向信托、信用等级评定、工程造价咨询等业务领域拓展。1998年，中介业务规范称中间业务。1999年，各家银行组建市场营销部，制定营销制度，强化营销队伍培训，利用银行卡方便、快捷、全国通兑的优势，开展代收代付、代发工资等中间业务。2000年，各行广泛发展特约商户，与税务部门合作，把代收国税、地税业务由市区进一步扩大到乡镇；与阿拉山口海关开通网络直通系统；经与人行博州分行协商，农行博州分行在达勒特镇、建行博州分行在阿拉山口地区代理国库业务等。2001年，各行致力拓展中间业务，建立整体联动机制，开展代收水费、电费、电话费，代发工资，代售福利彩票、IC电话卡，代理抵押财产保险等业务；建行博州分行在口岸完善国际代理业务，实行工程审价业务内部承包，进一步提高市场占有率50%以上。2003年，各行继续加强银行卡产业化管理，着重做好速汇通、电子账单、网上银行、手机银行、银证通、银证转帐、代理基金发行等业务；加强银税、银电、银保合作，大力发展票据和POS业务；同时稳步推进个人银行产品的发展。2004年，中行博州分行实现中间业务净收入733万元。2005年，中行博州分行实现中间业务净收入725万元。

第五章　合作金融

1979年，农业银行博乐县支行履行统一管理国家支援农业资金、集中办理农村信贷、开展农村信用合作社和社队财务辅导等职责。1997年，贯彻国务院《关于农村金融体制改革》的决定，把农村信用社改革为“农民自愿入股、社员民主管理、主要为入股社员服务”的合作金融组织。博州农村信用社与农行博州分行脱离行政隶属关系，对农村信用社监管和业务分别由人行博州分行和农村信用联社承担。

第一节　农村合作金融

一、存款

1979年，农业银行博乐县支行提出“存款第一、顾客第一、服务第一、信誉第一”的口号，同年底，农村信用社储蓄存款307万元。同年2月，信用社增加零存整取和定期半年的储蓄种类，开办三年和五年的定期储蓄。2005年末，博乐市信用联社各项存款余额28 349万元。

1979—2005年博乐市信用联社存款余额表

表27-11　　单位：万元

年份	单位存款	储蓄存款	年份	单位存款	储蓄存款	年份	单位存款	储蓄存款
1979	1 176	307	1983	275	748	1987	124	1909
1980	1 200	587	1984	251	1 069	1988	133	1 916
1981	489	394	1985	189	1 186	1989	127	2 122
1982	501	492	1986	132	1567	1990	1 053	2 673

续表 27-11

年份	单位存款	储蓄存款	年份	单位存款	储蓄存款	年份	单位存款	储蓄存款
1991	337	3 854	1996	449	7 224	2001	947	11 178
1992	905	3 336	1997	775	9 195	2002	3 961	14 301
1993	266	4 114	1998	756	10 733	2003	1 952	17 658
1994	255	5 215	1999	653	10 250	2004	11 695	9 987
1995	429	7 099	2000	957	13 329	2005	3 309	25 040

二、贷款

贷款是农村信用社经营的主要业务，以借款人（农户和农村中小企业）为对象的一种双边信用关系。1979 年，信用社主要发放社队集体贷款、社员个人贷款和个体经济户贷款，当年信贷规模小。1984 年，以扶持农业生产发展为主，对入股社员优先贷款，以承包户、专业户为主。1990 年，以安全性、流通性和效益性为贷款原则；当年贷款 1 759 万元。1996 年，开办抵押担保类贷款业务。1999 年，实施“第一责任人”制度，民主管理，防范风险。2003 年，退行《农户小额信用贷款证》，以户为单位，一户一证，贷款证实行一年一审制度。2005 年，开展“信用户、信用村（队）、信用乡镇”创建活动，加大对“三农”和地方经济的支持力度。

1986—2005 年博乐市信用联社贷款余额表

表 27-12　　单位：万元

年份	贷款总额	农业贷款	年份	贷款总额	农业贷款	年份	贷款总额	农业贷款
1986	536	371	1993	3 145	1 798	2000	7 663	5 347
1987	647	443	1994	2 755	1 535	2001	11 694	8 073
1988	812	571	1995	3 519	1 634	2002	13 779	9256
1989	813	625	1996	3 519	1 634	2003	12 855	6 708
1990	1 026	733	1997	4 898	2 063	2004	12 587	7 891
1991	1 769	1 131	1998	5 245	2 063	2005	18 986	8 221
1992	2 369	1 632	1999	3 969	2 226	–	–	–

三、利率

农村信用社贷款利率执行国家统一利率标准。其中 1989 年，农村信用社贷款利率浮动上浮幅度不得超过 100%；1993—1995 年，农村信用社贷款利率实行上浮 60%。2005 年，遵照风险和收益对称原则、差别化原则和弱势群体适当优惠原则，农村信用社对辖区内贷款利率实行上线管理。

四、计划财务

1979—1987 年，博州农村信用社处于支大于收的亏损经营状态；1988 年，博乐市联合社成立，至 1995 年，经营收入逐年增加。1997 年，博州农村信用社与农行脱离行政隶属关系后，财务收支实行计划管理，同年底，博乐市信用社各项存款 9 899.7 万元，各项贷款余额 4 392.7 万元，各项利息收入

512.1 万元，利息收回率 98.18%。所属 7 个独立核算的营业机构实现 3 个微利，4 个扭亏，亏损额控制在 57.8 万元。2000 年，农村信用社全面扭亏增盈。2005 年，博乐市信用社各项存款 28 349 万元，各项贷款余额 18 986 万元。全年累计发放各项贷款 27 482 万元，累计发放“三农”贷款 24 529 万元，占各项贷款累计发放 89.25%。实现各项收入 1 483 万元，较上年增加 379 万元。各项支出 1 410 万元，较上年增加 708 万元。

五、股金

1979 年，社员的股金一律按照定期存款利率付股息。1980—1987 年，博乐州农村信用社普遍亏损，社员入股停滞。1988 年，市农村信用社成立后对原有股金进行清理，对股权设置进行调整，设自然人股和投资人股两种股权。1993 年，按照国家财税政策规定，新股金取消股金保息制度。1996 年，市农村信用合作社逐步恢复股金分红制度，坚持盈利分红、亏损不分原则。1998 年，市农村信用社按照“自愿平等、利益共享、风险共担、入股自愿、退股自由”的原则对股权进行改革，将原来的自然人股更改为自然人股和法人股。自然人股每股 500 元，每人认购不得少于 1 股；法人股每股 1 万元，每人认购不得少于 1 股。2000—2005 年，市农村信用社通过优化股金结构与增资扩股，充实市信用社的资本金，增强抗风险能力。股权结构设自然人和法人股，广泛吸收辖区内农户、个体工商户、企业法人或其他经济组织入股。自然人入股最低起点 500 股，每股 1 元，法人股最低起点为 1 万股，每股 1 元。

第二节　城市合作金融

一、存贷款

1991 年 9 月，人民银行自治区分行同意筹建博乐市城市信用社。1992 年 2 月，博乐市金塔信用社开业，面向社会筹集股金 25 万元，其中个体股 14 万元、集体股 11 万元、借款 10 万元。开办的存款业务储蓄存款所占比例最大。开办的贷款业务主要有短期贷款、中长期贷款、预期类贷款等，重点发放集体商业贷款、个体工商户贷款等。开办的结算业务执行中国人民银行统一制定的结算规章制度，有支票、汇兑、银行汇票三种结算方式。开办代理业务，有代理发行债券、兑付国债等。博乐市城市信用社流动资金贷款利率可在同档次法定利率的基础上最高上浮 30%。1999 年，博乐市城市信用社出现经营亏损状况。至 2002 年末，博乐市金塔社资产总额 553 万元，各项贷款 3 298 万元；负债总额 4 377 万元，无存款。在各项贷款中不良贷款 3 295 万元，占贷款总额的 99.91%，2003 年 2 月，其债权债务全部移交给博乐市农村信用社。

二、利率

1994 年 9 月，人行博州分行批复博乐市城市信用社对私营企业、个体工商户、集体商业企业的流动资金贷款利率，可在法定利率的基础上上浮 50% 或下浮 10%；对国营小型工商企业、集体工业企业的流动资金贷款利率，可在法定利率的基础上上浮 30% 或下浮 10%；固定资产贷款利率不得浮动。1996 年，城市信用社存款利率可在同档次法定利率上上浮 10% ~ 30%。

第六章　保险证券

第一节　财产保险

一、保险业务

（一）中国人民保险公司博州分公司

财产损失保险　1996年9月，人保财险博州分公司开办暴风、暴雨、洪水、雪灾、冰凌、泥石流、崖崩、雪崩、突发性滑坡、雹灾附加保险业务。同时，重新核准《财产保险基本险（综合险）》的“附加机器设备损坏保险”“附加水暖管道爆裂保险”“附加盗抢保险”等3个险种的条款、费率。同年12月，开办“出租车附加治安保险”业务。年末，人保财险博州分公司开办保费收入1 175.5万元。1997年，人保财险博州分公司试办 机动车辆附加无免赔责任保险和财产保险综合险附加露天堆放财产暴风、暴雨保险业务。1998年，人保财险博州分公司开办机动车辆保险附加玻璃单独破碎险。同年，机动车辆附加无免赔责任保险更改为《不计免赔特约条款》。

责任保险 1999年底，中国人民保险公司系统开始开办“旅行社责任保险”业务。

信用（保证）保险 1998年，人保财险博州分公司开办“信用卡保险”“持卡人信用卡保险”业务。2002年，开办“金锁”农村家庭财产综合保险、“医疗责任保险”业务。2003年，开办“学校校方责任保险”“意外伤害保险”和“拖拉机、农用运输车等农业机械保险”业务。2006年，人保财险博州分公司各项保费收入1 688万元。

1983—2006年部分年份人保财险博州分公司保费收入统计表

表27-13 单位：万元、%

项目＼年份	1983	1984	1985	2003	2004	2005	2006
机动车辆保险	2.01	9.99	66.2	999.6	1 055.5	1 048.8	1 359.7
企财险	–	1.25	3.4	58.8	59.7	79.3	56
家财险	0.02	0.08	0.05	56.2	43.8	46.4	19.5
货运险	–	–	–	46.9	69.9	58.1	75.3
责任（信用）险	–	–	–	90.2	64.1	70.3	70.7
农险	–	–	0.1	57.1	0	0	0
意外伤害险	–	0.8	–	32.7	61.3	87.3	106.6
储金性人身保险	–	–	7.1	–	–	–	–
其他	0.02	0.08	1.5	–	–	–	–
合计	2.05	12.12	77	1 341.5	1 354.3	1 390.2	1 688
比上年递增率	–	491.2	535.3	–	0.1	0.3	21.4

说明：因1986—2002年，人保财险博州分公司年度保费收入报表没有细致区分，致使博乐市范围年度保费收入无法统计

（二）中华财险博乐分公司

1995年，中华财险博乐分公司开展种植和养殖保险业务，保费收入1 110.81万元。1996年，中华财险博乐分公司开始由种植和养殖保险业务拓展到企业（家庭）财产保险、机动车辆保险、意外健康保险、农业保险等。同年，保费收入1 378.89万元。1998年，中华财险博乐分公司保费收入2 593.57万元。2001年，中华财险博乐分公司保费收入3 181.49万元。2002年，中华财险博乐分公司在稳定原保险业务的同时，开办机动车消费贷款保险业务和职工家属子女医疗保险业务，保费收入3 937.87万元。

2005 年，中华财险博乐分公司保费收入 5 024 万元。1995—2005 年，中华财险博乐分公司保费收入累计 32 452 万元。

（三）永安财险博乐营销部

2005 年 3 月，永安财险博乐营销部经营各种财产保险、责任保险、信用保险、农业保险、保证保险、短期健康保险和意外伤害保险等业务，及上述业务的再保险和法定保险，并自主开展资金运用业务。先后开办财产保险、责任保险、信用保险、农业保险、保证保险、短期健康保险和意外伤害保险等业务。同年底，永安财险博乐营销部保费收入 145.25 万元。

二、理赔业务

（一）人保财险博州分公司

1996 年，人保财险博州分公司各险种共计赔付 628 万元。1997 年，各险种共计赔付 773 万元。1998 年，各险种共计赔付 1 150.7 万元。2001 年，各险种共计赔付 1 557 万元。2003 年，各险种共计赔付 1 302.3 万元。2004 年，各险种共计赔付 1 144.2 万元。2005 年，各险种共计赔付 1 267.6 万元。

（二）中华财险博乐分公司

1996 年，中华财险博乐分公司各险种共计赔付 937.27 万元。1997 年，各险种共计赔付 1 360.94 万元。1999 年，各险种共计赔付 2 487.74 万元。2000 年，各险种共计赔付 2 131.54 万元。2001 年，各险种共计赔付 2 116.96 万元。2002 年，各险种共计赔付 2 423.37 万元。2003 年，各险种共计赔付 3 058.33 万元。2004 年，各险种共计赔付 3 131.42 万元。2005 年，各险种共计赔付 3 366.08 万元。

（三）永安财险博乐营销部

2005 年，永安财险博乐营销部各险种共计赔付 94.41 万元。

三、防灾工作

1996—2005 年，人保财险博州分公司和中华财险博乐分公司分别投入防灾资金 146 万元、300 万元，用于防雹点的设立、防雹炮弹的购买补助、防火设施的建立、棉铃虫的防治和抗旱等。

第二节　人寿保险

一、中国人寿博州寿险分公司

1996 年，中国人寿博州寿险分公司保费收入 644 538 元；“简易人身保险”业务，保费收入 2 260 147 元；“少儿两全保险”业务，保费收入 471 287 元；“人身意外伤害保险”业务，保险收入 1 392 564 元。1998 年，博州寿险分公司开办“88 鸿利终身保险”，保费收入 14 674 元；“66 鸿运终身保险”（B 型）业务，保费收入 939 615 元。2000 年，博州寿险分公司开办“国寿学生幼儿平安保险”业务，保费收入 19 265 52.60 元；“祥和定期保险”业务，保险收入 33 019.26 元；“福瑞两全保险”业务，保费收入 211 567.52 元；“福馨两全保险”业务，保费收入 2 224 114.30 元。2003 年，博州寿险分公司开办“国寿宏鑫两全保险”（分红型）业务，保费收入 1 180 664.50 元；“国寿鸿泰两全保险”（分红型）业务，保费收入 3 083 500 元；“国寿鸿盛终身保险”（分红型）业务，保费收入 62 381.10 元。2005 年，博州寿险分公司开办“团体补充医疗保险”业务，保费收入 65 126.09 元。1996—2005 年，博州寿险分公司累计赔款给付 51 71.92 万元。

二、平安寿险博乐营销部

2004 年，平安寿险博乐营销部实现保险收入 312.92 万元。2005 年 6 月，增设营业一部、营业二部、营业三部；同年 10 月，推出“智赢人生 A”“智赢人生 B”等万能险种，实现保费收入 1 351.57 万元。

第三节 证 券

2002年，博乐证券服务部投资品种包括沪深两市所有上市交易的A股股票、基金和债券；代理证券的还本付息、分红派息，证券代保管、签证、代理登记开户、证券自营买卖、投资咨询、客户资产管理，刷卡自助委托、电话委托、柜台委托和网上下单等多种委托方式。至2006年，共有客户5 200人，市值总额近1.01亿元。

第七章 金融监管

第一节 货 币

一、人民币

1987年4月27日，人行博乐市支行执行货币政策，陆续发行第四套人民币纸钞，共9种面额，17种版别。1999年10月1日，人行博州中心支行陆续发行第五套人民币纸钞，共6种面额，11种版别。1999年12月3日起第三套人民币纸钞停止市场流通。

1988年12月，人行博乐市支行首次在辖区发行金属纪念币。至2005年，共发行金属纪念币52种（60枚），材质分为铜镍合金、钢芯镀镍、紫铜合金、双色铜合金、黄铜合金五种，直径规格（mm）分为25、25.5、30、32四种。每种纪念币的发行量不等。

二、货币流通

货币投放与回笼　1986—2005年，博乐市辖区的现金投放主要通过工资性支出、农副产品采购支出和储蓄存款支出等渠道支出现金；现金回笼主要通过商品销售收入、服务事业收入和储蓄存款收入等渠道流回银行。

1986—2005年博乐市辖区国有银行现金收支及货币投放情况统计表

表27-14　　单位：万元、%

年份	现金收入	现金支出	货币净投放	
			金额	较上年增加
1986	26 402	30 129	3 727	–
1987	28 627	32 175	3 548	–4.80
1988	42 675	47 006	4 331	22.07
1989	44 562	49 533	4 971	14.78
1990	54 640	59 998	5 358	7.79
1991	71 920	79 541	7 621	42.24

续表 27-14

年份	现金收入	现金支出	货币净投放	
			金额	较上年增加
1992	102 510	112 933	104 23	36.77
1993	208 612	244 516	35 904	244.47
1994	234 485	284 949	50 464	40.55
1995	377 169	440 993	63 824	26.47
1996	402 031	479 205	77 174	20.92
1997	505 534	603 987	98 453	27.57
1998	477 039	538 248	61 209	–37.83
1999	506 097	554 770	48 673	–20.48
2000	640 972	680 068	39 096	–19.68
2001	779 617	810 130	30 513	–21.95
2002	708 895	744 897	36 002	17.99
2003	989 412	1 024 034	34 622	–3.83
2004	1 086 237	1 109 555	23 318	–32.65
2005	1 111 498	1 148 241	36 743	57.57
合计	8 398 934	9 074 908	675 974	平均年递增 14.85

反假人民币行动 1986—2005年，博乐市有假币鉴定机构7家、鉴定人员26人，其中人行系统2家、鉴定人员6人，商业银行授权机构5家、鉴定人员20人，配备伪钞鉴别仪26台。全市辖区金融机构和公安部门共收缴假人民币150余万元。

三、金银管理

1989年6月，博乐市金银市场纳入人民银行规范化管理范畴。1989年6月，人行博乐市支行会同博乐市工商、计量、税务等部门，对金银市场进行清理、整顿、规范，批准9个商场经营金银饰品销售业务（其中个体加工1个）。1990—2005年，依照《博州地区金银市场管理暂行办法（试行）》，人行博乐市支行多次会同博乐市工商、计量等部门深入金银饰品市场，从质、量、成色三方面对经销饰品进行抽样检查，规范金银饰品市场的管理。随着博乐市金银饰品市场日益繁华，监督检查力度随之加大。对违法经营、无证加工金银饰品的人员进行查处。2005年12月，全面清理金银饰品零售市场有关“人民银行核准销售”字样牌匾并收回《经营黄金制品核准登记证》。

第二节 资金管理

一、综合信贷计划管理

实贷实存 1985年，中央银行对银行信贷资金管理执行《信贷资金管理试行办法》。工行博州中心支行实行“统一计划，分级管理，实调实存，差额控制”；农行博州中心支行实行“统一计划，核定资金，实贷实存，自主经营”；建行博州中心支行实行“统一计划，分级管理，差额控制，实借实存，差额上缴”。1987年，辖区各级专业银行按人民银行统一规定的内容和表式，向同级人民银行报送信贷计划；继续实行多存多贷政策；专业银行实现贷款规模所需资金，主要面向资金市场，通过吸收存款、发放金融债券、同业拆借等形式筹措，人民银行不包资金供应；加强贷款管理，实行“合理供给，确定期限，有借有还，周转使用”的贷款原则。同年4月，工行博乐市支行有范围地执行上级行下放的信贷资金计划管理权，变资金调拨关系为存贷关系；农行博乐市支行开始推行上级行制定的信贷计划与资金分开管理的办法。1988年，在落实“控制总量，调整结构，扶优限劣，提高效益”的金融方针基础上，对流动资金贷款，除建设银行外，进一步坚持了“多存多贷，少存少贷”的原则。固定资产贷款资金仍按指令性计划管理。自1987年1月起，建设银行缴存存款的比例由30%调整为10%。1988年9月起，各专业银行的存款准备金率由12%调整为13%。

限额管理 1989—1992年，博乐市各家金融机构执行国家的货币信贷方针，对信贷控制总量，调整结构，保证重点，压缩一般，适时调节。当地人民银行在下达的贷款限额内，审批贷款实行“三挂钩”，即同专业银行的贷款最高限额、贷款投向和清仓挖潜挂钩。对固定资产的贷款必须控制在批准的限额以内，一律实行指令性计划管理。对国营粮食、商业、供销社企业合同定购及议价收购粮食、棉花、油料所需资金，实行“统筹安排，专项管理、钱物结合，按期归位”的办法。1989年，博乐各专业银行落实全部流动资金加速周转4%的指标；1990—1992年对贷款规模实行“全年亮底，按季监控，按月检查，专项管理，适时调节”的管理办法。各家银行的存款备付金控制在5%～7%的比例。

限额管理下的资产负债比例管理 1993年，贷款限额管理下的资产负债比例管理和资产风险管理试点是金融改革之一。1994年，实行有监督的资产负债比例管理，以资本和负债制约资产总量和结构，以存款总量制约贷款总量。对资产负债比例实行分级管理、逐级负责的管理办法。1995年，各家银行严格执行年度信贷计划，实行行长负责制，各项贷款规模未经批准不得突破。固定资产贷款严格执行指令性计划，严禁用流动资金搞固定资产投资。全辖资金实行统一调度，建立两级资金调拨体系，并对系统内资金实行有偿调度，实行期限利率。1996年以后，原有的综合信贷计划管理模式不能适应国家经济持续快速发展和金融全球化的要求，逐步转化为市场配置管理模式。

二、现金管理

现金管理是一项重要的财经制度是国家赋予银行的一项重要职能。1988年，博州人、工、农、建四行联合发出《关于重申加强现金管理的通知》，共抽调业务骨干70余人，依据中国人民银行颁布的《现金管理暂行条例实施细则》，抽查580个开户单位。发现白条顶库现象较多，有的单位达4 000多元；超库存限额单位较多，占被检查单位的27.6%；收回160个超限额单位的现金近10万元。

1993—2003年，各行建立大额提现审批制度；人行博乐市支行向辖区金融机构转发《大额提现报备制度暂行办法》《大额贷款报备制度暂行办法》。至2003年，形成博州大额现金管理联席会议制度，在博州范围内运行使用《现金管理检查信息系统》，做到随时对现金检查数据进行汇总、查询、分析，实现多层次监督管理的有机结合。各家银行大力推行信用卡结算业务，尽量减少现金流量；配备专人负责大额现金存取的登记、报备。人行博州中心支行组织2次博州范围内现金大检查。共检查527个开户单位，占开户单位总数的32%，查出违规金额527.35万元，处罚单位17个，处罚金额10.61万元，通报批评单位34个。对辖区商业银行的现金管理工作进行抽查，未发现违规提取大额现金和可疑现金交易，没有为开户单位办理具有储蓄性质的代币券（卡）等，并督促辖内各行、社完成大额现金管理制度执行情况的检查和开户单位库存现金限额核定工作。

三、工资基金管理

博乐市工资基金管理执行国务院《工资基金暂行管理办法》精神，市区各开户银行严格按照市劳动行政部门批准的工资基金总额监督执行，凡属于工资总额组成的支出，不论现金或转账，均包括在工资总额之内，并及时在职工跨地区、跨系统、跨单位调动时办理了追加追减工资基金手续等。1988年4月，按照修改补充自治区工资基金管理办法对企业工资基金的计划、管理、使用、监督等方面做出详细规定。1990年1月1日起，实行自治区《工资基金管理手册》。每个基层单位在进行现金结算的开户银行只能设立一个工资基金专户，核发一本手册，所有工资性支出必须列入手册，通过开户银行从工资基金专户中列支。任何单位不得坐支、套支现金发放工资、奖金、津贴、补贴等。1993年4月，加强对企业工资总额的宏观管理，执行自治区简化企业工资基金管理办法。1986—2005年，博乐市辖区国家工资现金支出从2 291万元增加到36 512万元。

四、资金市场

债券市场　1988年，博州信托投资公司经人民银行批准开办国库券转让市场业务。工行博州中心支行受博州信托投资公司委托在博乐市市设置代办点。1990年6月，博州国库券交易市场开始办理转让业务。受博州信托投资公司委托的1家工行博乐市支行储蓄所开办国库券自营买卖业务。农行博州中心支行下属10个网点代理农行自治区分行信托投资公司委托的国库券收购业务，但只能买入不能卖出。1995年，博州信托投资公司撤销，其委托银行机构的代理债券转让市场业务也随之停止。

1988年11月至1995年4月博州信托投资公司债券经营情况

表27-15　　单位：元

年份	债券名称	当年买入	当年卖出	当年库存	当年库存合计
1988	国库券	389 300	1 800	387 500	387 500
1989	1989年保值公债	3 000	–	30 000	429 783
	国库券	399 783	–	399 783	
1990	1989年保值公债	211 320	36 380	174 940	896 756
	国库券	732 366	10 550	721 816	
1991	1989年保值公债	579 120	103 740	475 380	1 275 755
	国库券	818 210	17 835	800 375	
1992	1989年金融债券	140 000	–	140 000	1 356 475
	国库券	1 224 510	8 035	1 216 475	
1993	1989年金融债券	141 000	1 000	140 000	1 259 090
	国库券	1 146 490	27 400	1 119 090	

续表 27-15

年份	债券名称	当年买入	当年卖出	当年库存	当年库存合计
1994	国库券	956 000	567 000	389 000	389 000
1995	国库券	2 311 000	2 035 000	276 000	276 000

社会集资　1986—1988 年，博乐市辖区集资单位共有 7 个，集资金额 340 万元。其中，市工商管理部门集资 100 万元用于修建农贸市场；博乐市辖棉纺厂以劳代资的方式向社会集资 200 万元。1993 年 5 月底，博乐市 40 多家单位向人行博乐市支行补办、申办集资手续，累计金额逾 825 万元。同年末，博乐市辖区经人行审批的社会集资单位总数 73 个，集资金额 2 825 万元，主要用于建房、国家资产项目、弥补流动资金不足和集资进厂的风险抵押等。人行博乐市支行认定农五师某校“告全体家长借资助学”是违规集资行为，违背集资必须“自愿”的原则，且未经人行审批。

第三节　会计管理

一、支付结算

1986 年，博州银行系统采用托收承付、信用证、汇兑、委托收款、支票、银行汇票、商业汇票、付款委托书、托收无承付、定额支票、信用卡等方式结算。博州银行机构分设汇路基本畅通，结算比较及时，但仍存在结算在途资金占用数额大、时间较长，银行对空头支票管理、处罚不严，转账结算梗阻、现金交易频繁等问题。1989 年 4 月，博州各家银行执行新的《银行结算办法》。同时，工行博州中心支行开办定额汇票结算业务，用钢印和压数机代替联行专用章和密压。1996 年 9 月，博州地区启用新版银行汇票和支票结算。1997 年 12 月，博乐金融系统执行《支付结算会计核算手续》《支付结算办法》规定。2003 年 9 月，实施《人民币银行结算账户管理办法》。2004 年 11 月，人行博州中心支行成立大额支付系统推广领导小组，各商业银行均建立大额、可疑支付交易报告制度，对边境地区受理和使用人民币银行卡结算业务进行检查。2005 年，会计集中核算系统、大额支付系统、人民币账户管理和中央银行会计事后监督系统上线运行。人行博州中心支行印发《支付清算系统危机处置预案》。

1999—2005 年，博州地区堵截 1 起银行承兑汇票诈骗案，免受经济损失 200 万元，抓获犯罪嫌疑人 3 人。共受理举报结算案件 3 起。对辖区 2 起签发空头支票的行为给予 1.13 万元罚款。人行博州中心支行确定农村信用社立足“三农”接入大额支付系统的方式、方法，畅通辖区农村信用社支付结算汇路。

二、联行往来

联行往来是银行之间的资金和账务往来。1986 年 4 月，人行博州分行根据《关于在加强资金管理中做好联行结算工作的通知》精神，在全州范围内试行电话汇款，只限于本州范围内工、农、建三个中心支行辖内横向资金调拨、调出行汇出资金和建行中心支行下拨资金时使用，上缴和其他款项汇划不使用电话汇款。1987 年 4 月，根据《关于改进跨系统全国联行往来办法的通知》要求，实行“跨行汇划款项，相互转汇”办法。1988 年 4 月，在各地（州）的市支行之间，开办往来直达电汇业务。1992—1996 年，根据电子联行采用“星形结构，纵向往来，随发随收，当时核对，每日结平，存欠反映”

的基本做法，博州各专业银行中心支行与自治区分行的资金划拨业务均由人行博乐市支行直接与人行自治区分行办理。博州各专业银行10万元以上大额汇款通过人行转汇。人行博州分行卫星清算中心建成并进入人行全国电子联行网络，电子联行处理业务。博州城市信用社办理特约联行业务。1998—2003年，执行《关于规范加入中国人民银行电子联行和人民银行代理兑付汇票机构报批程序的通知》《电子联行到县管理暂行办法》《博州清算分中心电子联行运行管理制度》。博州中心支行实行会计核算"四集中"，辖区内以核算中心所在地博州营业部为电子联行收发报行，办理辖内各网点的电子联行往、来账业务。设立3个网点柜、1个联行柜、1个综合柜、1个电子联行清算中心。人行博州中心支行对辖内各网点、各专柜会计核算工作进行每季度一考评一通报。2005年，实现电子联行环境下跨行转汇的贷记业务快速到账，加速同城、异地间资金划拨与周转。

三、账户管理

1979年，根据《银行账户管理办法》，博州银行账户管理分为基本账户、专用账户和辅助账户3种。1990年1月，人行博州分行开办人行分行辖内往来业务。由于企业多头开户现象较为普遍，多头贷款，套取银行信用，逃避银行监督，扰乱金融秩序，影响金融宏观管理和企业经济活动的正常运行。人行博乐市支行组织各家专业银行对辖区对多头开户现象进行清理整顿。1992—1998年，人行博州分行在全州范围内核发开户许可证；开发《开户许可证计算机管理系统》在全疆推广使用。实行全国统一代码证管理办法。执行人行总行《银行账户管理办法》将银行结算账户按用途分为4种。人行博州分行建立和完善银行基本存款账户申报制度，确定每年3月1—31日为全辖年检换证时间。印发《关于全州金融机构对非基本账户颁发开户许可证的通知》；2004—2005年，人行博州中心支行印发《账户开户公开制度》《关于印发博州辖区银行结算账户清理核实工作实施方案通知》，人民币账户管理系统上线运行，账户清理核实全面展开。其中，2002年10月，对博乐市城区商业银行的13个营业网点账户的开立、使用等12项业务进行检查，仍存在擅自为企业（单位）开办账户、允许某企业在其借款还完后继续使用一般存款账户、为未参加账户年检的企业办理现金支取业务、为临时帐户企业发放支票办理结算业务等违反账户管理规定的问题。2003年9月，检查阿拉山口商业银行网点结算纪律执行情况，已发生业务但未办理开户许可证的工行博州分行133户、农行博州分行120户、中行博州分行386户、建行博州分行为86户，另有55户因分户账暂缺无法核对。建行博州分行和中行博州分行支付系统分别将5 718户储蓄卡和4 183户借记卡转为个人银行结算账户。人行博州中心支行责成各商业银行限期整改。

四、同城票据交换

1979年，同城行处的资金往来通过相互交换代收代付票据的办法进行结算。

1988年6月，人行博州分行组织各行成立博乐市同城票据交换所，印发《博乐市同城票据交换暂行规定》《交换员守则》《博乐市同城票据交换会计处理手续》等文件。各专业银行有7个单位参加票据交换，日均交换业务量达350笔，最高达450笔，资金抵用率由以前的平均40%上升到99%。1991年5月，人行博州分行使用计算机进行同城票据清算，博乐市支行同时上机，使用单用户DOS环境下COBOL语言编制的系统。1996年4月，人行博乐市支行向辖区各专业银行、城市信用社印发《博乐市同城票据交换管理办法实施细则》《博乐市同城票据交换所量化管理奖惩办法》，明确参加同城交换的单位，必须持有经营金融业务许可证，必须具备参加交换的工具。2002—2004年，人行博州中心支行实行按季通报同城票据清算纪律执行情况制度，对各商业银行、信用社票据交换人员进行定期考核。考核合格者才具备交换资格，方能上岗。至2005年，博乐市辖区设同城票据交换所2个（人行中心支行和阿拉山口支行各 1 个），主要形式是会员制，共有 18 家金融单位参加交换，均开通大、小额支付系统联行业务和全国账户管理系统。

五、信用卡业务

在人行博州中心支行组织协调下，博乐市辖区各金融机构的信用卡业务统一领导、开发、管理，集中利用宣传车、产品路演、宣传单、报纸、广播电视等方式，宣传信用卡在现代生活中的作用，以及信用卡、ATM 柜员机、POS 机的使用方法。1992—1997 年，中行博尔塔拉支行开办长城卡、建行博州支行开办龙卡、农行博乐市支行和农行博尔塔拉兵团支行开办金穗卡、工行博乐市支行开办牡丹卡业务。辖区内大型超市、宾馆、饭店、社会团体等各商户网点安装 POS 机。中行博尔塔拉支行开办信用卡代收人寿保险费业务；建行博州支行实现代理国税、地税、联通、移动公司等单位的银行卡实时代收业务。1999 年，在新疆范围内实现办理存取现、转账、代发工资、代收、代缴等业务。采用电脑联网即时扣账，具有同城和异地存、取款、转账及消费等功能。医保卡正式启用。2002 年，接入全国银行卡网络，安装自动取款机（ATM 柜员机），开通银行电话自动查询系统、网上银行等业务。发卡量不断增加。2003 年 1 月，博州各金融机构陆续发行带“银联”标识的信用卡。至 2005 年，发卡结余量为 151 175 张，建立特约商户 126 个。

第四节 国库管理

一、经理国库

根据《中华人民共和国国家金库法》规定，设人行博州中心支行经理中心支库。1986 年 9 月，人行博州分行成立国库科，负责全州的国库业务和经办博乐市辖区的国库业务。库款的支配权属于同级财政机关。库款的支拨依据同级财政机关的预算拨款凭证办理。国库会计科目是中国人民银行会计科目的一个重要组成部分，国库会计事项纳入银行资金平衡表统一平衡。1989 年，颁发《中华人民共和国国家金库条例实施细则》《专业银行办理国库业务管理办法》。1994 年 8 月，税务局分设为国家税务局和地方税务局，国库业务随之划分为中央金库和地方金库两套账务。1995 年 1 月，博州中心支库和支库实现会计业务电算化，全辖上划国库资金实现微机联网。2001 年 9 月，运行全国统一的国家金库会计核算业务系统。

二、代理国库

金融机构代理人民银行经理国库是国家国库体制的重要组成部分。截至 2005 年底，博乐市辖区共保留 33 个国库经收处。

建行阿拉山口支行代理支库 1994 年，随着口岸经济发展加快，建行阿拉山口支行代理口岸国库业务，主要代理海关税收以外的预算收入。2000 年 7 月，建行阿拉山口支行被批准为代理支库。2005 年 8 月，人行阿拉山口支行成立，建行阿拉山口支行代理支库移交人行阿拉山口支行国库股经理。

农行博州分行达勒特镇营业所代理支库 2000 年 3 月，农行博州分行达勒特镇营业所代理支库设立，是博州开展乡镇国库的尝试。2004 年 12 月，博乐市根据《关于进一步完善分税制财政管理体制的通知》精神，推行“乡财县管”的改革，2005 年 1 月，撤销农行博州分行达勒特镇营业所代理支库。

1987—2005 年，随着财政国库管理体制改革的日益深化，国库博州中心支库建立健全代理国库的内控机制，规范业务操作，加强服务意识，协调配合财政、税务、海关工作，使代理国库基本履行经理国库的职责。2004 年，建行阿拉山口代理支库经办业务 17.04 万笔，预算资金达 34.12 亿元；农行博州分行达勒特镇营业所代理支库经办业务 2 249 笔，预算资金达 1 287 万元。两代理国库可做到预算资金收纳、划分，报解、退付和支拨的准确及时，防范国库资金风险。

博州中心支库、支库和各商业银行博州分、支行、信用社联，每年均对其所属国库经收处进行指导和检查。经收处存在延解占压税款，占压时间 2 ~ 5 天，压票金额高达近 3 000 万元；延解占压代收代缴罚没收入；违规设置“待结算财政款项”科目核算经收的税款；将税款从“待结算财政款项”收入专户转入其他账户等违规现象。博州中心支库对违规经收处按每日万分之五的比例处以罚款。

三、代理国家债券业务

各种国家债券的发行代理机构由人行组织，工、农、中、建行为具体办理发行和还本付息事宜的代理机构，财政部按比例支付承销手续费。1986—2005 年，博乐市辖区每年发行的国家债券以国库券为主。发行国家重点建设债券、财政债券、特种国债和保值公债。博州银行机构共代理发行国债 48 287 万元，兑付国债 45 789 万元（本息合计），其中博乐市辖区银行机构代理发行、兑付国债量约占全州的 80%（1995 年前约占 75%）。

第五节　外汇业务

博乐市辖区的外汇业务，主要是外汇统计以及贸易和非贸易管理，资本项目的业务相对较少。从初期的外汇留成管理、因公出国批汇，到实行银行结售汇制、国际收支统计申报以及进出口收付汇核销等业务，均与外汇业务的发展和变革息息相关。阿拉山口口岸的进出口贸易是国际收支统计申报、结售汇统计和进出口核销业务的主体，阿拉山口口岸的外汇业务量占全州的 98% 以上。

一、外汇管理

外汇额度　1979 年，博乐市辖区外汇业务由州计委办理。为调动创汇单位的积极性与扩大外汇收入对企业出口商品所得外汇按一定比例分拨给企业，实行外汇留成制度。1988 年，人行博州分行金管科负责对外办理外汇额度的审批和账务处理。至年末，博州贸易留成外汇额度 86.7 万美元，贸易用汇 23.2 万美元。国家外汇管理局博州分局成立，对有外汇收支的单位实行外汇额度计划管理。1991 年 1 月，外汇管理局博州分局印发《博州地区外汇额度账务管理规定》，贸易留成外汇额度 38 万美元，用汇 171.9 万美元。1992 年，地州级的外贸供货企业不再有额度留成。自治区外汇管理局将因公出国批汇、核销、对公外汇调剂、省辖内外汇额度调拨和账务管理等业务下放到地州分局。1993 年，自治区外汇管理局印发《新疆边境贸易优惠政策》，有进出口权的边贸企业在边境贸易中可直接收取可自由兑换外币，并实行结汇全额留成。全州外汇留成 15.8 万美元，用汇 113.7 万美元。1994 年 1 月，国家取消各类外汇留成、上缴和额度管理制度，实行外汇收入结汇制，取消外汇分成，实行银行“结售汇制”，允许人民币在经常项目下有条件可兑换。2004 年 7 月，博州单月进口付汇突破亿美元。

外汇调剂　实行外汇留成办法后，有些企业有留成无用汇需要，而有些企业进口技术和设备又无留成外汇，在此情况下，1980 年，试办外汇调剂工作。1985—1986 年，博州外汇留成 866 506 美元，使用和调出 132 155 美元，占留成的 15%。1987 年，博州外管部门将创汇企业没有做安排的留成外汇组织调剂，动员 40 多万美元的外汇额度，全年调出本州外汇额度 10.42 万美元，在本州内调剂 2.8 万美元。1988 年，开办外汇调剂业务，当年外汇调剂成交金额 23.99 万美元。1989 年，博州地区共办理外汇调剂 13 笔，成交金额 118.76 万美元，其中州内调剂 29.79 万美元。1990 年，经自治区外汇管理部门批准成立博州地区外汇调剂代办所，全年共办理外汇调剂 11 笔，成交金额 109.61 万美元，其中

地方贸易留成外汇额度调出 103.61 万美元，第五师贸易留成外汇额度调出 6 万美元。1991 年，国家在外汇管理体制上进行改革，对外贸企业外汇收入实行二八分成，在保证完成国家外汇额度和收购任务后，允许企业进入外汇调剂市场，并进行跨省调剂。全年为创、用汇企业调剂外汇 194.85 万美元，比上年增长 77.8%。1992 年 3 月，先后批准中行博州支行、工行博州分行为“境内居民外汇调剂业务”代理行。外管局博州分局全年办理外汇调剂业务 97 笔，成交金额 379.8 万美元，比上年增长 94.96%；办理因公出国外汇调剂 81 笔，成交金额 68 951 美元；委托中行博尔塔拉支行办理居民外汇买入业务 3 889 美元。1993 年，博州地区外汇调剂成交额 266.6 万美元，引进技术设备用汇 29.9 万美元，因公出国人员用汇 10.8 万美元，边境贸易用汇 6 万美元，其他用汇 3 万美元。1994 年，国家外汇体制进行重大改革，建立全国统一的银行间外汇市场。随着汇率的并轨，外汇调剂市场停止运作。外管局博州分局办理调剂外汇用汇 4 笔，金额 52 440 美元，动员企业将闲置不用的外汇额度 22 万美元调出，使企业补充扩大生产人民币资金，又使外汇额度及时消化，防止政策性外汇风险。

二、资本项目管理

博州资本项目业务较少，主要包括外资外债、外商投资和境外投资。博州没有直接外债，只有一些数额不大的外汇转贷款。外管局博州中心支局每年对全州外资外债的核准、登记及外商投资企业进行一次外汇年检。1996—2005 年，博州辖区外汇指定银行只在 2002 年办理自营外汇贷款业务 1 笔，借款金额为 60 万美元，期限为 4 个月，其本息于当年 4 月 25 日归还。博州共办理对外担保初审业务 2 笔、对外担保登记备案业务 1 笔，担保人为中国工商银行博州分行，被担保人为新疆阿拉山口亚东商贸有限公司，担保受益人为中国工商银行阿拉木图子银行，担保金额为 27 万美元，担保期限 3 个月。

2003—2005 年博乐市辖区外商投资企业情况表

表 27-16　　单位：家、万美元

时间	投资企业	注册资本	外方计划投资额	外方实际投资额	累计结汇额	企业所在地
2003	1	11.00	5.00	5.00	5.00	博乐市辖区
2004	2	224.25	126.25	14.00	14.00	博乐市辖区
2005	4	831.44	661.71	72.46	25.93	博乐市辖区

博州赛里木畜牧开发有限责任公司于 2002 年开始筹划，在哈萨克斯坦境内，与该国巴甫洛达尔市因别克公司合资组建哈中有限集团金牛有限责任公司。该公司前期共投入 20 万美元，其中哈方 10.2 万美元，中方实物形式投资 8 万美元，技术产权投资 1.8 万美元。此后，博州先后有 5 家企业在境外进行投资。

三、国际收支

外汇收支　1990 年，国务院批准阿拉山口为国家一类陆地口岸，对外开放。1991 年 11 月，国务院批准博州拥有边境贸易经营权。1992 年 6 月，国务院批准博乐市为对外开放城市，获得一系列优惠政策。1993 年，曾一度出现“边贸热”，博州有边贸公司 674 家，其中地方 613 家，农五师 61 家，阿拉山口对外贸易进出口量迅速扩大。1995 年，进出口总额 6 186.6 万美元，比 1992 年增加 2.89 倍。

1996 年 1 月 1 日起，国家对外汇收支实行国际收支统计申报制度。同年，国家开始对外贸市场进行整顿，博州被取缔一些企业（公司）的对外贸易资格。截至 1997 年 7 月，博州取得边境小额贸易经营资格的企业 28 家，导致对外贸易进出口量大幅下滑。1998 年下半年，进口量开始有所增加。2000 年，出口额回升。博州国际收支总额逐年提高。2004年7月，首次突破单月进口付汇亿美元大关。2005年，国际收支总额143 168万美元。

2001—2003年博乐市阿拉山口口岸进出口贸易情况表

表27-17　　单位：万吨、万美元、%

项目＼口岸	进出口量			进出口额		
	2001年	2002年	2003年	2001年	2002年	2003年
全疆16个一类口岸合计	586.9	659.3	852.6	136 351.1	215 514.4	366 501.6
其中：阿拉山口口岸	508.5	584.7	755.9	71 316.6	129 739.4	226 701.1
占比	86.6	88.7	88.7	52.3	60.2	61.9

2001—2003年博乐市阿拉山口口岸海关累计税收情况表

表27-18　　单位：人民币万元、%

海关＼年份	2001年	2002年	2003年
全疆海关税收合计	133 152	156 294	251 820
其中：阿拉山口海关	100 746	135 554	221 844
占比	75.7	86.7	88.1

外汇（外币）兑换　随着阿拉山口口岸和博乐市的对外开放，博州的旅游外汇收入逐年增加。1990年6月，外管局博州分局批准博尔塔拉州宾馆、农五师艾比湖宾馆、阿拉山口联检大厅为博州定点收取外汇兑换券单位，然后将收取的外汇兑换券带到中行乌鲁木齐分行办理结汇。1991年10月以后，博州指定银行开始办理外汇兑换券结汇业务。1994年，国家停止发行外汇兑换券。博州未设专门外汇代兑机构，外币兑换业务均在指定银行办理。

1997年1月，博州外汇业务实行汇兑统计申报制度，是国际收支申报体系的一部分。汇兑统计申报操作规程中所称汇兑是指与人员进出国境相联系的、以外汇兑换人民币或以人民币兑换外汇的行为，所称的外汇仅指外币现钞、外币旅行支票和外汇其他汇票、信用卡等。

四、外汇检查

1987年，根据《国务院开展外汇检查的通知》，人民银行博州分行、计委、财检办联合对全州外汇收支单位进行检查。1990年，外汇管理局博州分局印发《违反外汇管理行为举报制度》。1991—2001年，查处套取外汇和假美钞案及打击外汇黑市各1件；撤销擅自设立现汇账户和现钞账户3户，罚款4.69万元；撤销外企开立过期未使用账户9个；处罚历年出口逾期未交单未核销进出口企业7家罚金55万元。2002—2005年，每年检查外汇指定银行营业网点12家，检查面100%，立案查处8家。

第二十八编

BOLE SHIZHI

经济综合管理

中共十一届三中全会后，博乐市（县）经济综合管理机构在由社会主义计划经济向社会主义市场经济过渡，并建立社会主义市场经济体制过程中，深化改革，转变职能，经济管理由微观型向宏观型、服务型、效率型转变，并逐步建立与之相适应的行政管理机制。

博乐市境阿拉山口海关、检验检疫机构依法管理铁路、公路国际贸易、客运大动脉，承担着国家向西开放的战略使命。同时，为区域经济（包括博乐市）发展不断注入生机活力。

第一章 机 构

第一节 行政机构

一、博乐市发展计划委员会

1979年，博乐县财经计划委员会负责计划、统计、物价、物质分配、劳动工资、城乡基本建设等。1984年11月，县财经计划委员会城建、劳动工资、物价、统计职能分出，改为计划委员会。

2002年11月，博乐市计委与市粮食局、市物价局合并，组建博乐市发展计划委员会，编制29名，其中领导职数6个。2006年11月，博乐市发展计划委员会改称为博乐市发展和改革委员会（简称发改委）。同月，市发改委物价检查所更名为博乐市价格监督局。博乐市发改委内设行政办公室、综合计划办公室、基建项目办公室、粮食仓储办公室。辖事业单位有博乐市价格监督局、博乐市军粮供应站。

二、博乐市国土资源管理局

1979年，博乐县土地由县农林局管理。1984年11月，县农村土地由县农业局管理，县城区土地由县城建局管理。1986年3月，市农业局设立土地管理与农业环境保护股。同年9月，博乐市土地管理办公室成立，设在市农业局。1988年3月，市成立土地管理局，内设规划室；行政编制6名，事业编制7名。2002年12月，市土地管理局和市地质矿产管理局合并，组建博乐市国土资源局；编制35名，其中行政编制8名，领导职数4个，事业编制27名，包括自收自支5名。

2004年1月，国家对国土资源行政管理部门实行垂直管理。2006年，市国土资源局编制49名，其中行政编制8名，领导职数4个，事业编制41名。内设机关办公室，耕地保护利用办公室，地籍、测绘办公室，矿产资源开发管理办公室。

三、博乐市安全生产监督管理局

2002年11月，成立博乐市安全生产监督管理局，与市经济贸易委员会一个机构两块牌子。2006年11月，市安全生产监督管理局升格为副科级单位，行政编制3名，领导职数2个，后勤事业编制1名。

四、博乐市统计局

1984年11月，成立博乐县统计局。1986年，博乐市统计局行政编制9名，事业编制3名。2006年，市统计局编制13名，领导职数3个，全国大学生志愿服务西部计划志愿者2人。

五、博乐市审计局

1984年10月，成立博乐县审计局，行政编制3名，其中领导职数2个。1987年11月，博乐市审计局增加行政编制8名。2002年11月，行政编制14名，领导职数3个，后勤事业编制1名。内设综合办公室（纪检监察室）、财政审计办公室、行政事业审计办公室、企业农牧审计办公室、固定资产投资审计办公室、经济责任审计办公室。

六、博乐市物价局

1984 年 11 月，成立博乐县物价局，与计委合署办公。1990 年 5 月，博乐市物价局列入市政府工作部门管理序列，行政编制 3 名。2002 年 11 月，博乐市物价局并入市发展计划委员会。

七、博乐市工商行政管理局

1979 年 8 月，博乐县成立工商行政管理局（简称工商局），与县财贸办公室合署办公。1986 年 12 月，博乐市工商行政局成立总工会。1997 年，市工商行政管理局设立法治科、保卫科、兴博市场专管所、畜产品市场专管所、变更登记科设立证费申办服务大厅，合署经检科、市管科，设立监督管理科。1998 年 4 月，市合同争议行政调解中心成立（机构设在博乐市工商局）。市工商行政管理局增设政工科、个体私营经济管理科、建材市场管理所、原经济检查股改为经济检查大队。2002 年，市工商行政管理局内设 7 个科、室（股级）及 5 个工商所。

2006 年末，博乐市工商局编制 121 名，其中领导职数 4 个。内设党政办公室、组教科、监察室、财务科、法制科、企业登记管理科、商标广告管理科、经济合同管理科、市场管理科、个体私营经济管理科、经济检查科等，辖东风工商行政管理所、红星工商行政管理所、小营盘工商行政管理所、达勒特工商行政管理所、合作区工商行政管理所。

八、博乐市质量技术监督局

1990 年 11 月，博乐市标准计量局成立，正科级，行政编制 5 名，其中领导职数 2 个。1994 年 12 月，博乐市标准计量局更名为博乐市技术监督局。1999 年 7 月，博乐市技术监督局撤销，编制 8 名划归博州质量技术监督局。

2004 年 4 月，博乐市质量技术监督局成立，行政编制 5 名，其中领导职数 1 个。2006 年，博乐市质量技术监督局下设稽查队、业务室、办公室。

第二节　事业单位

一、国土资源管理所

1987—1989 年，博乐市国土资源管理局有 7 个派出国土资源管理所，事业机构，全额预算管理。其中 1987 年，成立青得里乡国土资源所、达勒特镇国土资源所，事业编制 4 名；1988 年，成立小营盘镇国土资源所、乌图布拉格镇国土资源所，事业编制 5 名；1989 年，成立贝林哈日莫墩乡国土资源所，事业编制 2 名；阿热勒托哈牧场国土资源所和香班哈日根牧场国土资源所。1995 年 11 月，博乐市土地管理局内设城市国土资源所，事业编制 5 名，自收自支管理。

二、博乐市安全生产监察大队

2006 年 11 月，成立博乐市安全生产监察大队，事业编制 3 名，隶属博乐市安全生产监督管理局。

三、博乐市审计事务所

1992 年 8 月，成立博乐市审计事务所。市审计事务所在市审计局的管理和指导下独立承办审计查证和咨询业务，实行有偿服务，自收自支。2000 年，博乐市审计事务所注销。

四、博乐市物价局价格事务所

1985 年 4 月，博乐县物价局成立物价检查所。1992 年，博乐市物价局成立博乐市价格信息服务中心。1995 年 1 月，博乐市物价局成立价格事务所（价格认证中心）。1996 年 3 月，在小营盘、达勒特镇设立物价监督站。2001 年 5 月，博乐市物价局建立价格举报中心，设置 12358 价格举报电话。

五、博乐市地方物价抽样调查点

1987 年 3 月，自治区在博乐市设立地方物价抽样调查点，事业单位，编制 3 名，自治区划拨经费，由博乐市统计局管理。

六、博乐市市场开发建设服务中心

1996 年 8 月，成立博乐市市场开发建设服务中心，事业单位企业管理。隶属博乐市工商行政管理局。

七、博乐市技术监督稽查队

1995 年 11 月，成立博乐市技术监督稽查队，牌子挂在市技术监督局。1997 年 6 月，市技术监督局稽查队事业编 3 名，经费自收自支。

八、博乐市地质矿产管理局

1991 年 12 月，成立博乐市矿产办公室，副科级。1993 年 12 月，市矿产办公室与市黄金管理办公室合署办公。1994 年 11 月，成立市地质矿产管理局，正科级，编制 4 名（领导职数 2 个）。2002 年 10 月，市地质矿产管理局与市土地管理局合并。

第二章　规划与调控

第一节　经济计划体制改革

一、经济计划管理体制改革

1979—1981 年，博乐县国民经济实行指令性计划。1982—1992 年，博乐市（县）国民经济实行计划经济，部门计划即专项计划，主要有农业生产计划、畜牧业生产计划、林业生产计划、工业生产计划、基本建设计划、物资分配计划，均为年度计划。1993 年，博乐市贯彻《中共中央关于建立社会主义市场经济体制若干问题的决定》，取消商业计划、物资分配计划。

1995 年，党的十四届五中全会提出由计划经济体制转向社会主义市场经济体制。是年，博乐市按照社会主义市场经济体制要求，取消所有指令性计划，改为指导性计划。博乐市经济体制方式根本性转变。1995 年之后，国有企业通过改制转型，逐步建立现代企业管理体制，个体私营经济持续快速发展。1998 年，博乐市制定《关于加快非公有制经济发展的实施意见》，实行对口帮扶非公有制企业。至 2003 年，博乐市完成改制企业 57 家，其中博乐市纺织（集团）有限责任公司、金克乐有限责任公司、三金粮油有限责任公司、五洲酱醋厂等解除原有国有身份，企业与职工建立新型的劳动关系。私营企业、个体工商户取代国有、集体商业服务。2006 年，博乐市不断完善社会主义市场经济体制，国民经济实行市场调控的指导性计划。

二、投资管理体制改革

在计划经济体制下，建设项目主要由政府投资。1994 年起，博乐市对固定资产投资实行投资项目许可证制度，凭项目投资计划和固定资产投资方向调节税完税证办理投资许可证。1996 年，对基本建设自筹资金由市财政实行专户储存，专款专用，自筹资金建设项目的资金存入市财政“自筹建设资金专户”。

2004 年，根据国务院《关于投资体制改革的决定》，博乐市深化投资体制改革，规范政府投资行为，明确投资主体的权、责、利，保护投资者的合法权益，优化投资结构，提高投资效益。改革政府对企业投资的管理制度，落实企业投资自主权。建立投资决策责任追究制度。2005 年，博乐市的固定资产投资计划 4 亿元。2006 年，市争取到位资金 2.4 亿元。

第二节　计划编制

博乐市（县）计划管理经历由指令性计划为主到以指导性计划为主，再到市场宏观调控 3 个阶段。博乐市（县）每年编制市（县）国民经济和社会发展的计划，提交当年召开的市（县）人大会议审议通过后公布执行。1979—2006 年，共编制年度计划 28 个，五年计（规）划 6 个，十年规划 1 个。

一、“六五”计划（1981—1985 年）

全县计划工农业总产值 6 338.53 万元，年增长 16.8%。其中，工业总产值 2 191.92 万元，年增长 45.6%；农业总产值 4 146.61 万元，年增长 9.9%。工业总产值在国民经济中的比重，由 1980 年的 11.5%，到 1985 年上升为 34.65%；农业总产值在国民经济中的比重，由 1980 年的 88.5%，到 1985 年下降为 65.4%。

二、“七五”计划（1986—1990 年）

全市计划社会总产值为 13 342.83 万元（1980 年不变价计算），5 年平均增长 10.82%。工农业总产值为 11 192.82 万元，5 年平均增长 12.07%。其中，工业总产值为 4 834.1 万元，5 年平均增长 15.37%；农业总产值为 6 358.72 万元，5 年平均增长 9.9%。财政收入 1 709.5 万元，5 年平均增长 23.92%。乡镇企业总产值为 2 981.7 万元，5 年平均递增 28.2%。粮食总产量为 51 976 吨，5 年平均递增 6.21%。棉花总产量为 5 825 吨，5 年平均递增 22.98%。牲畜年末存栏头数 33.1 万头只，5 年平均递增 3.33%。

三、“八五”计划（1991—1995 年）和十年规划

全市计划国民生产总值 23 500 万元，5 年平均递增 11.91%；国民收入 9 102.6 万元，5 年平均递增 7.77%；工农业总产值 37 946 万元。其中，工业总产值 21 130 万元，5 年平均递增 17.59%；农业总产值 16 816 万元，5 年平均递增 6.42%；粮食总产量 65 524 吨，5 年平均递增 4.47%；棉花总产量 10 239 吨，5 年平均递增 11.94%；油料总产量 5 845 吨，5 年平均递增 12.81%；甜菜总产量 39 089 吨，5 年平均递增 5.32%；牲畜年末存栏总头数 34.72 万头只，5 年平均递增 0.96%；合格造林面积 422 万公顷，基本实现农田林网化，城镇绿化覆盖率达到 30% 以上；乡镇企业总产值 19 076 万元，5 年平均增长 34.22%；边贸进出口总额 1 372.88 万美元，5 年平均增长 52.64%；社会商品零售总额 26 000 万元，5 年平均递增 20.24%；地方财政收入 4 149 万元，5 年平均增长 32.25%；农牧民人均纯收入 1 661 元，5 年平均递增 17.02%；地方人口 11.5 万人，5 年平均递增 17‰；人口自然增长率 11.86‰，比“八五”时期降低 2.14 个百分点。

博乐市“十年规划”确定到 2000 年国民地方生产总值达到 20 449.2 万元，10 年平均增长 10.84%。工农业总产值达到 26 843.2 万元，10 年平均增长 9.14%，其中：工业总产值 14 797.5 万元，10 年平均增长 11.84%；农业总产值 12 048.7 万元，10 年平均增长 6.6%。国民收入 15 594.8 万元，10 年平均增长 9.55%；农牧民人均纯收入达到 1 500 元，10 年平均增长 7.1%。

四、“九五”计划（1996—2000 年）和 2010 年远景目标纲要

全市计划国内地方生产总值达到 3.42 亿元（1990 年不变价，下同），年均增长 7.76%，比 1980 年翻 2.82 番。一、二、三产业结构由“八五”末的 45 ∶ 23 ∶ 32 发展为 44 ∶ 19 ∶ 37。地方财政收入 6 516 万元，年均增长 9.45%。工农业总产值实现 5.35 亿元，年均增长 12.5%。固定资产投资累计完成 5.17 亿元，比“八五”期间增加 1.87 亿元。全市居民生活实现由“温饱”到“小康”的历史性转变，全面实现翻

三番第二步战略目标。

博乐市2010年远景目标纲要。

五、“十五”计划（2001—2005年）

全市计划国内地方生产总值11.58亿元（不含2005年自治州下划12家企业增加值4 800万元），年均增长10.89%。其中，第一产业年均增长5.7%，第二产业年均增长8.89%，第三产业年均增长16%；人均生产总值7 358元，比“九五”末增加3 200元；地方财政收入1.08亿元，年均增长10.69%；全社会固定资产投资5年累计完成14.24亿元，是“九五”的2.7倍，年均增长23.75%；社会消费品零售总额7.29亿元，年均增长15.8%；农牧民人均纯收入4 454元，年均增加278元，城镇在岗职工平均工资12 108元，年均增长6.9%；被国务院评为西部大开发区域经济增长最快县（市）之一。

六、“十一五”规划（2006—2010年）

全市计划2010年全市地方生产总值达到20.89亿元，年均增长11.5%。三次产业结构由36 ∶ 20 ∶ 44调整为27 ∶ 25 ∶ 48；固定资产投入累计完成31.18亿元，年鉴增长16%；地方财政一般预算收入达到2.17亿元，年均增长15%；社会消费品零售总额达13.43亿元，年均增长13%；农牧民人均纯收入达到5 354元，年均增加180元；城镇登记失业率控制在4%。

第三节 规划实施

一、“六五”计划（1981—1985年）实施

1985年，全县工业总产值2 005.8万元，农业总产值4 142万元；林业植片林603.7公顷，零星植树33万株，栽苗圃106.5公顷；以水利建设为中心的农村“五好”建设有新发展；全市有乡镇企业176个，就业人员3 374人，总收入945万元。完成财政收入584.9万元，完成支出1 104.5万元，完成税收779.96万元。

二、“七五”计划（1986—1990年）实施

1990年，全市实现工农业总产值11 192.82万元，完成“七五”计划的105.07%；粮食总产5 197.6万千克，完成“七五”计划的110.59%。棉花总产582.5万千克；牲畜年末存栏331 000头（只），完成“七五”计划的104.48%；财政收入1 709.5万元，完成“七五”计划的133.8%；农牧民人均收入757元，完成“七五”计划的108.1%。

三、“八五”计划（1991—1995年）实施

1995年，全市地区生产总值23 500万元，工农业总产值39 097万元，乡镇企业总产值19 000万元，边贸进出口总额完成1 300美元，全市累计固定资产完成投资5 883万元；社会消费品零售总额24 200万元。农牧民人均纯收入1 600元；人口自然增长率14‰以内。

四、“九五”计划（1996—2000年）实施

“九五”期间，博乐市国民经济以年均7.76%的速度增长，比“八五”末增长45.3%；国民经济持续发展。2000年全市实现国内生产总值3.42亿元，较上年增长8.4%。

五、“十五”计划（2001—2005年）实施

“十五”时期，地方生产总值12.06亿元，年均增长10.89%；人均生产总值7 358元，比2000年增加3 200元；地方财政收入1.08亿元，年均增长10.69%；固定资产投资累计完成14.24亿元，年均增长23.75%；社会消费品零售总额7.29亿元，年均增长15.8%；农牧民人均纯收入4 454元，年均增长7.77%；城镇在岗职工平均工资12 108元，年均增长6.9%。一、二、三产业在全市生产总值比重由“九五”

末 44 ∶ 19 ∶ 37 调整为 36 ∶ 20 ∶ 44。畜牧业占农业产值比重 34%；全市实现工业增加值 4 782 万元，较 2000 年增长 14.27%，年均增长 2.73%；旅游收入 3 175 万元，较 2000 年增长 37.27%；个体私营企业年上缴税金 4 459 万元，比 2000 年增长 88.38%。城市基础设施建设累计投入 1.2 亿元；道路建设累计投入 9 392 万元，水利建设累计投入 4 378 万元，林业生态建设累计投入 7 237 万元，森林覆盖率由“九五”末 7.2% 提高到 7.8%，教育危房改造累计投入 3 908 万元，完成 10 所学校教学楼改造。

第四节 固定资产投资管理

1979—1985 年，博乐市（县）固定资产投资的结构主要是财政投入和国有经济投入，以及集体经济投资基本建设。“六五”期间（1981—1985 年），博乐市（县）累计完成固定资产投资 8 548.7 万元，较“五五”期间（1976—1980 年）的 5 921.9 万元增加 2 662.8 万元，增长 45%。“七五”期间（1986—1990 年），博乐市累计完成固定资产投资 17 888.5 万元，较“六五”期间增加 9 339.8 万元，增长 109.25%。“八五”期间（1991—1995 年），博乐市累计完成固定资产投资 71 380 万元，较“七五”期间增加 53 491.5 万元，增长 299.03%。“九五”期间（1996—2000 年），博乐市累计完成固定资产投资 122 185.8 万元，较“八五”期间增加 50 805.8 万元，增长 71.18%。

“十五”期间（2001—2005 年），博乐市累计完成固定资产投资 324 214 万元，较“九五”期间增加 202 028.2 万元，增长 165.35%。

1979—2005 年，博乐市（县）固定资产投资规模累计完成 546 167.2 万元。2006 年，博乐市通过政府投入、筹集社会资金、争取国家项目和利用国外资金，共筹集城市规划、建设资金 1.6 亿元。投入 108 万元专项资金，完成城市近期建设规划、南城区中心绿地规划和南城区修建性详规编制工作。全年完成投资 5 724 万元。房地产开发投入资金 1.25 亿元，一批房地产建设项目相继完成。

1979—2005 年博乐市社会固定资产投资一览表

表 28-1

单位：万元

年代	固定资产投资合计	投资类别						资金性质			
		基本建设	更新改造	其他投资	房地产开发	农村集体	城镇工矿区私人建房	国有经济	集体经济	其他经济	个体经济
1979	724.8	724.8	–	–	–	–	–	507.0	217.8	–	–
1980	1 225.4	1 225.4	–	–	–	–	–	858.0	367.4	–	–
1981	1 043.9	931.4	112.5	–	–	–	–	730.8	313.1	–	–
1982	1 339.2	1 060.0	75.6	–	–	158.3	45.3	795.0	340.6	158.3	45.3
1983	1 764.1	1 469.0	79.0	–	–	101.6	114.5	1 083.0	465.0	101.6	114.5
1984	1 956.5	1 518.0	77.0	24.0	–	138.2	199.3	1 133.0	486.0	138.2	199.3
1985	2 445.0	1 798.0	179.0	7.0	–	126.7	334.3	1 389.0	595.0	126.7	334.3
1986	3 807.1	1 886.0	190.0	35.0	–	743.0	953.1	1 478.0	633.0	743.0	953.1
1987	2 912.1	2 010.0	237.0	–	–	359.4	305.7	1 573.0	674.0	359.4	305.7

续表 28-1

年代	固定资产投资合计	投资类别						资金性质			
		基本建设	更新改造	其他投资	房地产开发	农村集体	城镇工矿区私人建房	国有经济	集体经济	其他经济	个体经济
1988	2 584.3	1 431.0	332.0	–	–	120.1	701.2	1 234.0	529.0	120.1	701.2
1989	3 367.0	2 448.0	55.0	27.0	–	240.0	597.0	1 771.0	759.0	240.0	597.0
1990	5 218.0	4 698.0	106.0	–	–	252.0	162.0	3 363.0	1 441.0	252.0	162.0
1991	5 602.0	4 717.0	328.0	–	–	472.0	85.0	3 532.0	1 513.0	472.0	85.0
1992	10 847.0	7 625.0	945.0	47.0	161.0	1 908.0	161.0	6 125.0	2 653.0	1 908.0	161.0
1993	24 511.0	17 529.0	421.0	1 645.0	–	4 818.0	98.0	14 837.0	2 601.0	6 818.0	255.0
1994	14 895.0	9 415.0	806.0	2 227.0	560.0	778.0	1 109.0	11 131.0	1 663.0	992.0	1109.0
1995	15 525.0	8 225.0	390.0	5 504.0	528.0	571.0	207.0	9 470.0	4 777.0	1071.0	207.0
1996	18 539.0	9 206.0	4 092.0	22 158.0	508.0	2 137.0	438.0	12 773.0	3 191.0	2 137.0	438.0
1997	22 122.8	8 676.0	4 680.0	3 867.0	263.0	3 958.0	678.8	14 869.0	2363.0	4 212.0	678.8
1998	26 436.0	11 925.0	2 625.0	6 664.0	191.0	4 728.0	303.0	20 359.0	866.0	4 908.0	303.0
1999	24 505.0	12 657.0	6 267.0	3 770.0	328.0	1 335.0	148.0	22 150.0	872.0	1 335.0	148.0
2000	30 583.0	10 379.0	6 104.0	10 501.0	1 328.0	869.0	1 402.0	22 269.0	2 385.0	869.0	1 402.0
2001	51 300.0	25 905.0	9 541.0	10 062.0	4 213.0	1 167.0	412	28 357.0	934.0	21 597.0	412.0
2002	64 256.0	35 625.0	11 739.0	8 520.0	7 495.0	–	877.0	48 428.0	272.0	14 679.0	877.0
2003	65 543.0	355 567.0	6 881.0	6 638.0	12 906.0	–	3 611.0	48 933.0	131.0	12 868.0	3 611.0
2004	68 291.0	29 389.0	6 893.0	11 691.0	18 876.0	–	1 442.0	45 884.0	105.0	20 860.0	1 442.0
2005	74 824.0	–	–	–	13 738.0	–	1 431.0	52 039.0	277.0	21 077.0	1 431.0

第五节　重点项目管理

一、项目招、投标管理

1982 年，博乐县的基本建设实行招标投标承包制。1994 年，博乐市重点建设项目实行招标、投标制度。设立工程建设招投标领导小组，办公室设在市计委，由市计委管理和监督。1997 年后，市建设工程招投标由市城建局管理和监督。

博乐市计委、城建局按照《招标投标法》《建设工程施工招标投标实施管理办法》《工程建设招标、投标程序》等规定，由建设单位或招标代理机构发布招标工程信息，符合质量进度要求和资质的建筑施工企业投标，编制投标书、工程标底、召开开标会，由建设单位、专家库抽取专家等组成评标小组，评议小组评标后，确定中标单位，市计委签发《中标通知书》，建设单位与中标施工企业签订“施工合同”，博乐市计委、城建局对招投标实施全程管理和监督。

二、工程建设质量管理

博乐市的重点建设工程质量必须达到“合格”，力争“优良”。工程开工，必须有施工监理工程师全程监理，由博乐市工程质量监督站对工程质量地基、主体工程，特别是隐蔽工程和施工进度进行检查监督；工程质量由市工程质量监督站评定质量等级，对不合格工程不予验收，不得交付使用。

第三章　国土资源管理

第一节　地籍管理

一、土地申报登记

（一）城镇国有土地使用权申报登记

1988 年 11 月，博乐市国有土地申报登记领导小组办公室设在市土地管理局。农五师国有土地申报登记工作由师城乡建设环境保护科组织实施，并委托农五师代发国有土地使用证。

1990 年底，全市城镇（不含农五师）国营牧场共有 1 811 户，土地 1 910 宗地，申报面积 1 279.4 万平方米，其中国营企事业单位 282 个、共 381 宗，申报面积 1 190.33 万平方米；个人申报登记总户数 21 529 户，申报登记面积 89.07 万平方米，发放国有土地使用证 1 163 宗，颁证面积 801.82 万平方米。

（二）农村集体土地申报登记

1994 年，博乐市人民政府批复《关于开展农村集体土地初始登记工作的报告》，发布“土地登记公告”。各乡（镇、场）均成立农村集体土地初始登记工作领导小组办公室。农村集体土地，各村按宗地提出申请，工作组对每宗地的土地权属、面积、用途进行全面审核，填写审批表，公告审核结果，复查、注册登记。然后对土地登记中形成的土地登记申请书，土地登记收件单，土地权属证明文件资料，土地登记审批表，地籍图，土地登记簿，土地归户册，土地登记复查申请表，土地登记复查结果，审核表等进行整理成图、造册、装订、归档。1999 年 5 月完成。

（三）土地变更登记

1995 年 8 月，博乐市落实《关于全面开展土地变更调查建立日常地籍管理制度有关问题的通知》精神，每年 10 月份定期组织好变更调查，年度统计，逐级汇总上报。1996 年 10 月，博乐市以土地资源详查为基础数的土地变更调查和登记，详查耕地面积 32 472.82 公顷，变更调查耕地面积 36 829.68 公顷；农五师驻博各团场土地详查耕地面积 22 859.18 公顷，变更调查耕地面积 26 089.83 公顷。

1996 年博乐市土地变更调查统计表

表 28-2　　单位：公顷

项目	耕地	园地	林地	牧草地	渔业用地
土地详查面积	32 472.82	173.83	42 604.77	464 566.86	103.35
至 1996 年底新增	5 914.65	–	–	–	–
新开荒地	5 035.59	–	–	–	–
至 1996 年底减少	1 557.79	–	–	–	–
非农业占地	398.92	–	–	–	–
变更调查核实面积	36 829.68	172.51	42 960	463 283.99	130.55

二、土地确权发证

（一）土地证书

1987年1月，《中华人民共和国土地管理法》实施后，由国家土地管理局监制的有“国有土地使用证”“集体土地所有证”“集体土地建设用地使用证”3种。由自治区土地管理局统一监制的土地证书有“建设用地许可证”“宅基地使用证”“临时用地许可证”“土地开发许可证”“土地开发验收合格证”“土地复垦验收合格证”6种。凡不是土地管理部门依法颁发的土地证书一律作废无效。

（二）土地确权发证

1988年11月，博乐市开始土地初始申报登记。至1992年，共发放国有土地使用证2 976本，其中党政机关、企事业单位514本，个人2 462本。土地开发许可证54本；土地开发验收合格证3本。

1993年，城市国有土地登记发证277个单位，面积2 047.02万平方米；个人发证1 630户，面积94.59万平方米。至1994年，农村宅基地登记13 482户，发放宅基地证6 600本。1995年，个人建房发证14户，面积8 740平方米。

1998—1999年，牧民定居半定居国有土地使用权登记发证1 167宗，面积4 017公顷。

1999—2001年，博乐市为农四师六十六团和尼勒克军马场在萨尔尕使用冬草场的确权发证；为农五师7个团场在赛里木湖、干吉嘎、科克赛、阔依塔什草场确权栽桩和农区栽桩测量，确权土地31宗，踏勘栽桩1 032个。

1999—2004年，企业改制和安置职工住宅用地51宗，土地登记面积2.97公顷。企业改制土地资产处置登记发证31宗，变更登记面积83.07公顷。2001—2002年，土地证书年检换证101宗，面积28.92公顷。

1994—2006年，博乐市国有土地使用（单位调整划拨用地和个人用地）登记证637宗，确权面积62 632.14公顷。建设用地工程及国家建设项目验收发证86宗，发证面积87.83公顷。土地（国有、个人）使用权变更、出租、转让、抵押、登记发证1 011宗，发证面积2 729.14公顷。水土开发单位（集体）个人开发、验收、转让登记发证185宗，面积7 933.25公顷。

2002—2006年，博乐市土地使用权抵押登记发证（单位、个人）168宗，抵押土地面积116.96公顷。养殖业用地发证2宗，面积7.39公顷。生态林基地开发4宗，面积119.75公顷。土地授权经营国有土地使用权13宗，面积12.23公顷。

2004—2006年，采矿权证的发证、变更和审核共计47宗，面积154公顷；延续面积10.81公顷。其中石灰窑采矿证7本，权限内新办延续采矿权26宗，权限外审核延续、变更采矿权14宗。

第二节 土地价格评估

一、城区土地分等定级

（一）首次城区土地定级

1995年，根据国家土地管理局《城镇土地定级规程》，博乐市城区土地划分为3个级别。

一级地由两个片区构成，即处于杭州路和红星路的交叉口，以宏都商场为核心地域，面积11.53公顷；另一片区以团结商场为主体的地区，沿前进路、文化路、青得里大街、顾力木图路、长城路和北京路所形成的地域，面积132.6公顷。两个片区面积共144.13公顷，占估价面积的13.03%。

二级地：由一级地向周围延伸，东到团结路，南到建国路，北临北环路，西至星火干渠，面积293.71公顷，占估价面积的26.6%。

三级地：主要分布在城市的东南部和南部。

（二）城区土地分等定级更新

2006 年，博乐市城区土地可划分为四个级别。

一级土地　主要分布在市中心区。

北界由前进路向东至团结路。东界由团结路向南至友谊路。南界由友谊路向西至星火干渠。西界由星火干渠向北至前进路。面积 202.87 公顷。用地单位主要有 43 个。

二级土地　主要分布在城区一级地外围。

北界由顾力木图路至北京路。东界由北京路向南至农五师工程团南侧。南界由农五师工程团南侧向西—星火干渠与八一路交叉口。西界由星火干渠向北至顾力木图路与黑水渠交界处。面积 375.69 公顷。主要用地单位有 40 个。

三级地　主要分布在博尔塔拉河以北，二级地级别界线与定级边界线范围。面积 1 061.72 公顷。主要用地单位有 30 个。

四级地　主要分布在博尔塔拉河以南，定级边界线范围。面积 1 201.44 公顷。主要用地单位有 22 个。

1995 年、2006 年博乐市土地级别面积比较一览表

表 28-3　　单位：公顷

土 地 级 别	一级	二级	三级	四级	合计
1995 年各级别面积（公顷）	144.13	293.71	668.51	–	1 110.35
各级别比例（%）	13.34	26.45	60.21	–	100
2006 年各级别面积（公顷）	202.87	375.69	1 061.72	1 201.44	2 841.71
各级别比例（%）	7.14	13.22	37.36	42.28	100

二、城区基准地价评估

（一）首次基准地价评估

1993 年，博乐市人民政府印发《博乐市土地定级估价方案》，于 1994 年全面实施。

1993 年博乐市城区土地基准地价表

表 28-4　　单位：元 / 米²

年限	用途	级别		
		一级地	二级地	三级地
10 年	商业用地	137.34	94.58	63.49
	住宅用地	126.32	79.03	47.94
	工业用地	119.85	66.72	21.38
	综合用地	131.51	84.86	53.77
20 年	商业用地	185.70	127.89	85.84
	住宅用地	170.81	106.87	64.82
	工业用地	162.05	90.22	28.91
	综合用地	177.82	114.75	72.71

续表 28-4

年限	用途	级别		
		一级地	二级地	三级地
30 年	商业用地	202.74	139.62	93.72
	住宅用地	186.48	116.67	70.77
	工业用地	176.92	98.50	31.56
	综合用地	194.13	125.28	79.37

注：1993 年 7 月 28 日，博乐市人民政府发布地租地价标准

（二）基准地价更新

1995 年 9 月，博乐市人民政府印发《博乐市国有土地基准地价》。2006 年，博乐市根据自治区统一要求，国有土地基准地价更新各类用地容积率统一设定为 1.0，评估基准日确定为同年 12 月 31 日。

2006 年博乐市城区基准地价更新结果比较表

表 28-5 单位：元 / 米²

用地类型	比较项目		一级	二级	三级	四级
商业用地	1995 年地价	元 / 平方米	212	146	98	-
	2006 年地价	元 / 平方米	577	452	255	165
	变幅（%）	基准地价	172.17	209.59	160.2	-
住宅用地	1995 年地价	元 / 平方米	195	122	74	-
	2006 年地价	元 / 平方米	406	266	180	140
	变幅（%）	基准地价	108.21	118.03	143.24	-
工业用地	1995 年地价	元 / 平方米	185	103	33	-
	2006 年地价	元 / 平方米	304	171	146	126
	变幅（%）	基准地价	49.75	30.53	342.42	-

第三节 建设用地管理

一、用地计划管理

1986 年，博乐市贯彻《关于加强土地管理，制止乱占耕地的通知》精神，依据《国家建设征用土地条例》，对非农业用地进行清理，在清理的基础上建立地籍管理和建设用地申请批准制度。1989 年始，博乐市实施土地利用计划制度，对国家建设用地，乡镇集体建设用地，农村个人建房用地实行计划指标分列和占用耕地指标与非耕地指标分列。

（一）农业建设用地管理

1986—2006 年，博乐市人民政府共审核批准 2 宗农业建设用地，即乌图布拉格乡改造星火干渠建

设用地和博乐南干渠农业建设用地。1991 年 11 月，自治区土地管理局《关于对博乐市乌图布拉格乡改建星火干渠建设用地报告的批复》实施，征拨市新工业区国有戈壁地 3.67 公顷，乌图布拉格乡集体耕地 5.18 公顷，农五师八十六团国有戈壁地 3.48 公顷，总计 12.36 公顷。

（二）非农业建设用地管理

1992 年 3 月，《关于博乐市造纸厂申请用地报告的批复》，征用达勒特镇天然草场 16.47 公顷；《关于补办博乐市城镇轧花厂扩建用地报告的批复》，征用乌图布拉格乡团结中村集体土地 1.09 公顷。同年 10 月，《关于对博州棉麻公司皮棉库建设用地的批复》，征用市东郊棉花轧花厂东侧国有土地 10 公顷。

1995 年，实施《新疆维吾尔自治区国有工业企业用地管理试行办法》《关于申报建设项目用地中土地类别划分的通知》规定，使用耕地、园地、林地的可按二级分类标准划分；使用牧草地，居民点及工矿用地，交通用地，水域，未利用土地的，可按一级分类标准划分。

（三）乡村集体建设用地管理

博乐市乡村集体建设用地主要有村集体组织活动场所用地、公益事业用地，涉及面较广的是乡级人民政府管理村砖瓦厂生产建设用地。

1979 年 8 月，博乐县小营盘公社首个砖瓦厂轮窑建成投产。到 1997 年，全市有 40 家砖场，占地面积 94.56 公顷，实际批准面积 76.5 公顷。2000 年，博乐市对 28 家砖厂进行清理整顿，其中乌图布拉格乡砖厂 9 家，复垦 7 家，复垦面积 17.74 公顷。小营盘镇、青得里乡砖厂 19 家，复垦 8 家，复垦面积 31.96 公顷。2003 年，对全市 31 个砖厂清理，责令 3 家砖厂关闭停产，并限期复垦。2004 年后，法律法规健全，执法力度加强，加之市场调节，村小砖瓦场逐渐被淘汰。

（四）个人建房用地管理

农村居民建住宅，由乡级人民政府批准，使用耕地经乡级人民政府审核后，报县（市）人民政府批准。

城镇居民建住宅由个人提出申请，经所在单位和组织人事部门审核，所在乡镇土地管理所审查，所在乡镇人民政府审批，再报市土地管理局审批，下达个人建房批地通知单，缴纳耕地占用税后划地。

1994—2006 年，博乐市城乡个人建住宅有 1 655 宗，占用土地 294.23 万平方米。个人建住宅最多的年份是 2002 年，建筑面积 169.02 万平方米。

二、国家重点工程项目用地

（一）北疆铁路工程项目用地

1988 年 4 月，北疆铁路第二期工程（乌苏至阿拉山口）用地实行“先用后征”的办法。1991 年 10 月，铁路在市辖区内原征地 196.21 公顷，新征地 165.27 公顷，共付征地补偿费 53.01 万元。所用土地由自治区人民政府报请国家土地管理局审批。

（二）奎赛高等级公路工程项目用地

2004 年，312 国道奎屯—赛里木湖高等级公路 GZ045 线，博乐岔路口—赛里木湖段公路改造工程项目，在博乐市辖区内共征用国有土地 294.08 公顷，其中农用地 148.43 公顷，建设用地 139.17 公顷，未利用地 6.48 公顷。

三、新增建设用地

1996—2006 年博乐市建设用地共有 13 个项目，自治区批准 110 千伏输变电工程 2 个、铁路改造、博乐市公安局三台公路巡警中队、北疆铁路公司博乐火车站站前广场、棉花加工等 6 个项目用地，自治州批准棉花加工 2 个、化工用轻质碳酸钙、豪华防玉 SBS 防水卷材、大口径复合 PE 管、年产 40 万吨优质氧化钙和深加工、博乐火车站建设铁路煤炭专用线以及博乐煤炭储运基地等 7 个项目。有 5 个项目行政划拨土地，8 个项目国有土地出让方式供地。

1988—1999 年博乐市立项建设用地统计表

表 28-6　　单位：公顷

年度	计划指标		国家建设用地				集体建设用地				个人建房用地				合计		占计（%）		总计占计划（%）
	耕地	非耕地	宗	耕地	非耕地	合计	宗	耕地	非耕地	合计	宗	耕地	非耕地	合计	耕地	非耕地	耕地	非耕地	
1988	46.67	100	–	–	49.3	–	3	–	1.6	1.6	–	2.21	6.77	8.98	2.21	58.28	0.32	3.89	41.25
1989	3.33	40	–	0.05	5.64	5.69	–	0.18	2.31	2.49	–	0.92	8.99	9.91	1.15	16.94	2.31	2.82	41.76
1990	4	47.67	–	–	–	–	–	4.2	4.72	8.92	–	–	–	–	3.26	15.96	5.43	2.23	–
1991	11.07	119.6	13	6.67	92.78	99.45	6	0.49	1.32	1.81	–	3.73	3.88	7.61	10.9	97.98	6.56	5.46	–
1992	11.4	80	21	3.5	40.93	44.43	29	3.43	20.93	24.36	277	2.89	10.92	13.81	9.82	72.78	5.74	6.06	–
1993	17.92	86.67	–	–	–	–	–	–	–	–	–	–	–	–	26.18	40.48	9.74	3.11	–
1994	6	15.33	–	–	1.59	–	–	0.13	0.09	0.22	–	3.9	6.61	10.51	4.04	8.3	4.48	3.61	–
1995	–	–	–	–	–	–	–	–	–	–	–	–	–	–	–	–	–	–	–
1996	–	–	–	–	–	–	–	–	–	–	–	–	–	–	–	–	–	–	–
1997	–	–	–	–	–	–	–	–	–	–	–	–	–	–	–	–	–	–	–
1998	0.1	5.87	–	0.01	0.38	–	–	–	0.17	–	–	–	0.27	–	–	–	–	–	–
1999	0.87	0.07	–	–	0.2	–	–	–	–	–	–	–	–	–	–	–	–	–	–

1997—2006 年博乐市用地统计表

表 28-7

年度	住宅（平方米）		农业综合开发（公顷）		单位办公（平方米）		工业用地（平方米）		教育用地（平方米）		村委会办公用地（平方米）		军事用地（平方米）		商业用地		抵押		饲草料基地		公益用地		养殖用地		公共设施用地	
	宗地	面积	宗地	面积	宗地	面积	宗地	面积	宗地	面积	–	–	–	–	–	–	–	–	–	–	–	–	–	–	–	–
1997 年个人	146	311 698.86	16	349.11	–	–	1	916	–	–	21	41 355.41	–	–	–	–	–	–	–	–	–	–	–	–	–	–
1997 年单位	4	35 809.12	81	1 306.94	18	100 246 240	15	405 383.68	90	2 160 072	–	–	–	–	–	–	–	–	–	–	–	–	–	–	–	–
1998 年个人	297	164 654.1	4	91.33	–	–	3	10 832.25	–	–	–	–	–	–	–	–	–	–	–	–	–	–	–	–	–	–
1998 年单位	–	–	2	8.67	6	27 359.97	9	248 440.13	1	4 000.02	–	–	–	–	–	–	–	–	–	–	–	–	–	–	–	–
1999 年个人	36	13 624.73	16	53.33	–	–	2	10 832.25	–	–	–	–	–	–	–	–	–	–	–	–	–	–	–	–	–	–
1999 年单位	–	–	31	977.08	26	242 726.95	14	181 569.67	1	16 653.41	–	–	–	–	–	–	–	–	–	–	–	–	–	–	–	–
2000 年个人	99	55 105.98	15	414.76	–	–	–	–	–	–	–	–	–	–	–	–	–	–	–	–	–	–	–	–	–	–
2000 年单位	–	–	19	1 029.03	109	1 285 688	86	1 832 581	–	–	–	–	38	1 280 942	–	–	–	–	–	–	–	–	–	–	–	–
2001 年个人	120	96 908.14	54	248 253.07	–	–	1	606.9	–	–	–	–	–	–	–	–	–	–	–	–	–	–	–	–	–	–
2001 年单位	–	–	40	392.17	31	3 212 886	38	294 298.6	–	–	–	–	–	–	–	–	–	–	–	–	–	–	–	–	–	–

续表 28-7

年度	住宅（平方米）		农业综合开发（公顷）		单位办公（平方米）		工业用地（平方米）		教育用地（平方米）		村委会办公用地（平方米）		军事用地（平方米）		商业用地		抵押		饲草料基地		公益用地		养殖用地		公共设施用地	
	宗地	面积	宗地	面积	宗地	面积	宗地	面积	宗地	面积	–	–	–	–	–	–	–	–	–	–	–	–	–	–	–	–
2002 年个人	256	1 690 188.4	16	95.19	–	–	–	–	–	–	–	–	–	–	2	6 465.57	–	–	2	–	–	–	–	–	–	–
2002 年单位	–	–	2	41.47	20	329 871.7	15	1 012 554.71	3	17 333.42	–	–	–	–	–	–	–	–	–	–	–	–	–	–	–	–
2003 年个人	77	76 689.02	32	179.96	–	–	–	–	–	–	–	–	–	–	–	–	–	–	3	232.24	1	505.52	–	–	–	–
2003 年单位	–	–	–	–	–	–	–	–	–	–	–	–	–	–	–	–	–	–	–	–	–	–	6	72 742.35	–	–
2004 年个人	–	–	8	133.39	–	–	21	2 143.56	–	–	–	–	–	–	–	–	–	–	–	–	–	–	–	–	–	–
2004 年单位	2	5 647.75	3	402.5	–	–	–	–	–	–	–	–	–	–	13	12 348.12	–	–	–	–	–	–	12	9616.02	–	–
2005 年个人	184	258 436.72	5	0.28	–	–	–	–	–	–	–	–	–	–	10	5 958.88	–	–	–	–	–	–	–	–	1	900
2005 年单位	17	24 484.83	50	1 153.76	7	381.08	31	803 214.6	–	–	–	–	–	–	7	13 614.89	–	–	–	–	–	–	–	–	–	–
2006 年个人	440	198 121.61	37	1 100.51	–	–	–	–	–	–	–	–	–	–	2	4 134.3	1	594.37	–	–	–	–	–	–	4	719.5
2006 年单位	13	39 918.22	49	10 663.81	20	72 568.5	8	485 315.47	–	–	–	–	–	–	5	18 839.79	9	88 109.4	–	–	–	–	–	–	–	–

第四节 农田保护与土地复垦整理

一、基本农田保护

1993 年 3 月，根据《关于开展博乐市基本农田保护工作的通知》精神，博乐市首次对基本农田进行划区保护。全市农田保护面积 2.02 万公顷，占全市耕地面积 86.2%。全市共划分为 124 个基本农田保护区，233 个保护片，366 保护块，设置保护碑。

2001 年 7 月，《关于同意修编博乐市基本农田保护区规划的批复》实施。划定基本农田保护区 143 个，比首次增加 19 个区。保护片 310 个，比首次增加 77 个。保护块 318 个，比首次减少 48 个，设置保护碑 250 个。基本农田保护总面积 30 857.5 公顷，较首次增加 10 657.5 公顷，保护率为 85.14%。

2001—2006 年，博乐市人民政府相继印发《博乐市基本农田保护措施》《博乐市基本农田保护责任制度》《博乐市基本农田质量保护制度》《博乐市基本农田环境保护制度》《博乐市基本农田保护监督检查制度》。与各乡（镇、场）人民政府签订基本农田保护责任书，定期执法监督。

二、土地复垦与整理

（一）土地复垦

1990 年，《博乐市城乡用地管理暂行规定》实施，“谁破坏、谁复垦”，按规定缴纳复垦押金。同年终落实土地复垦 10.06 公顷。1991 年 4 月，博乐市制订土地复垦 8 条规定，实行用地单位和个人在生产经营前要与土地管理局签订用地复垦协议，并按规定缴纳土地复垦押金，复垦经验收合格后，发土地复垦验收合格证，并将复垦押金退还其单位或个人。1993—1995 年，博乐市年终落实土地复垦 35.18 公顷。2001 年后，博乐市新增耕地 104.46 公顷。

（二）土地开发

1989 年，贯彻《关于开发棉花甜菜生产的若干政策规定（试行）》，博乐市成立农业综合开发领导小组办公室，全市 5 个乡镇相继成立农业综合开发公司。至 1995 年末，市农业开发项目总面积 5 914.57 公顷，其中建成基本农田面积 2 817.3 公顷，完成投资 1 408.87 万元；完成草料基地建设 180 公顷，投资 102.5 万元。进行中低产田改造 4 773.33 公顷，完成投资 211.44 万元。

1996—2006 年，博乐市水土开发总面积 14 946.38 公顷（包括个人、非农公司、牧民定居半定居点，乡镇开发公司及生态林等），其中小营盘镇 202.47 公顷，青得里乡 1 046.67 公顷；乌图布拉格镇 6 144.59 公顷，达勒特镇 2 896.40 公顷，贝林哈日莫墩乡 4 086.58 公顷，香班哈日根牧场 566.67 公顷。

（三）耕地整理

1996 年，博乐市实施耕地整理规划，耕地待整理区面积 12 132.32 公顷。市申报国家级基本农田整理项目 3 个、自治区土地整理补助项目 2 个。1996—2006 年，博乐市通过耕地整理，新增加农用地 1 561 公顷，其中香班哈日根牧场增加农用地 300 公顷，达勒特镇增加农用地 300 公顷，小营盘镇增加农用地 171 公顷，阿热勒托哈牧场新增农用地 790 公顷。

第五节　土地监察

一、查处违法用地

1986 年，博乐市人民政府成立清理非农业建设用地领导小组和解决耕地、草场等用地纠纷领导小组。1987 年，清查出非农业建设用地 2 644 起，占地面积 302.22 公顷，其中非法占用土地面积 7.02 公顷，买卖租赁土地 5.84 公顷，少征多用面积 32.44 公顷，征地不用面积 23.11 公顷。补办手续的 1 846 户，面积 140.25 公顷；收回土地 288 宗，面积 16.443 公顷；拆除房屋 11 户，处罚 22 起，罚款 7 326 元；补收土地管理费 466 宗，计 22 416.9 元。1993 年，博乐市清理整顿土地市场，清查出土地面积 12.24 公顷，补办土地转让、出租、抵押登记手续 53 户，补缴土地出让金 10 万元。

二、受理纠纷、行政复议

1991 年，博乐市开始受理土地纠纷及违法案件。至 2006 年，博乐市发生土地纠纷案 323 起，通过调解解决 271 起，来信来访案件 474 件，土地行政复议、诉讼案 5 起。

第六节　矿产资源管理

本志所述矿产资源管理主要是指地矿的砂、石等资源采挖的管理。

一、砂、石资源管理

20 世纪 80 年代，砂、石等建筑材料乱开滥采。1989 年 7 月，博乐市印发《关于加强土地资源开采管理的通知》，建立砂、石资源开采申报登记和许可证，营业执照制度。1991 年 4 月，市土地管理局印发《博乐市砖瓦场用地及资源管理的暂行规定》，审查批准后，发给土地资源开采许可证，办理营业执照。与土地管理部门签订复垦合同，预交复垦押金，缴纳土地管理费，黄土每立方米 0.7 元，砂石每立方米 0.3 ~ 0.5 元。占用耕地的向财政部门缴纳耕地占用税。

建筑用混凝土材料砂、砾石分布在博乐城东北的京阿苏地区和博乐河南岸及博乐工业区博乐河北岸，主产区在博河南岸，由青得里乡砂石厂和市地产公司砂石厂分别承包管理。博阿公路以北布音图，巴音其克砂沟委托达勒特镇企业办管理。

二、石灰岩矿及石灰窑的管理

1979 年，博乐县大宗石料开采是博河南岸及五台（蒙古庙）石灰石矿。1992 年，市矿产办公室批准农五师水泥厂在京阿苏河北喀腊托别地区开采页岩矿用地 20 公顷。

2003—2005 年，全市依法取得石灰岩矿开采、加工生产权的企业 4 家。博乐市依法拆除无证采矿的石灰窑 96 座，捣毁废窑 50 余座；向 5 家采矿生产工艺落后企业分别下达“行政处罚决定书”，关停烟尘排放不达标的窑炉 35 个。通过拍卖方式以总成交价 572 万元出让 7 个矿点 5 年采矿权。

2006 年，博乐市编制《博乐市石灰石资源节约利用及石灰产业发展规划》《博乐市石灰石产业园区规划》。同年，博乐市先后对石灰厂的 15 座土平窑、4 座立窑和 2 座土立窑进行爆破拆除。

第四章　安全生产监督管理

第一节　矿企业安全生产管理

1979—2000 年，博乐市（县）每年进行矿企业安全生产检查。2001 年，对矿业实施安全生产专项治理。

2003 年，博乐市查处违法采矿 5 家。将石灰窑矿区分为开采区、加工区、生活区，并对无证经营的窑点，限期强制拆除。同年，市对石灰窑矿区民爆物品进行整治，组建石灰窑矿区民爆物品服务队。矿区生产企业出资建立民爆物品储存库房。选派专业人员进行爆破工程技术培训，持证上岗，签订爆破安全责任书。

2004—2006 年，博乐市对辖区内 63 家矿山企业进行年检，年检率 100%；依法取缔 96 个无证采矿点，拆除 94 家非法搭建的房屋，关闭 4 个到期采矿点。矿山企业“四证”不全的责令限期整改。关闭 5 家矿山企业 16 座污染超标的窑炉。

对 19 个黏土砖瓦生产企业办理采矿权登记手续。

第二节　非矿企业安全生产管理

1979 年至 1984 年 4 月，博乐县非矿企业安全生产由县工交科负责。1984 年 5 月至 2000 年，市（县）经贸委每年对非矿企业安全生产进行安全生产检查。

2001 年，博乐市对市棉纺和交通等行业安全生产整治，对安全生产不合格的企业通报批评，限期整改。

2002 年，博乐市安全生产监督管理部门与市直属企业签订安全生产责任书。企业负责人与企业车间、班组签订安全生产责任书。特殊岗位持证上岗；危险机械、电力设备等区域设置醒目警示牌。同时，对各企业进行定时检查、考核，发现问题，及时解决，消除安全隐患，确保企业安全生产。

2003 年，博乐市整顿和规范市场经济秩序。打击制售假冒伪劣商品，共查办各类经济违法违章案件 400 件，立案查处 400 件，案值 348.34 万元。对“三无企业”“五小企业”“挂靠企业”等进行整治，共清理“三无企业”及“挂靠企业”25 家。查扣化学危险品 10 余种，标值 3.5 万元。电力部门组织春季检修和安全检查。更换不合格产品，检修配电变压器，更换 10 千伏线路断路器，安装高压计量箱 45 台，

SVR 有载调压自耦变压器 1 台等。发放《安全用电常识》《中华人民共和国安全生产法》《中华人民共和国电力法》《电力设施保护条例》宣传品 2 万余份，安全用电宣传挂图 5 000 余份，“保护电力设施”图片 40 余张，悬挂安全警示牌 350 块，警示套管 450 个。

2004 年，博乐市组织安全生产、工商、药品等部门，对农贸市场进行专项整治。共检查农资经营单位 121 家，个体种子经销部、摊点 131 个，查处种子案件 2 件，案值 3.5 万元。依法查扣棉种 4 400 千克，封口机 2 台，硫酸 605 千克。

2005 年，博乐市依据《中华人民共和国道路交通安全法》，重点整治超速、超载、无证驾驶、酒后驾驶、客车超员、违反交通标志等交通违法行为。共查获各类交通违法行为 517 起。市对公共场所用电、消防设施、疏散通道等共检查 145 处，下发限期整改通知书 35 份，行政处罚案件 9 起，停业整顿 2 家。电力部门举办安全生产管理培训班 7 期，开展签订“我要安全，告别违章”承诺书活动；检查 4 个乡镇及城区农资生产经营情况。

2006 年，修订《博乐市重特大安全事故应急救援预案》、与市 32 个责任单位签订《博乐市 2006 年安全生产目标管理责任书》。同年 1—10 月，全市发生道路交通事故 152 起，死亡 50 名，伤 251 名，直接经济损失 35.34 万元。

第五章 统计管理

第一节 统计制度改革

1979—1984 年，博乐县按照国家（MPS）国民经济核算体系进行统计管理。执行农业统计、工业统计、基本建设统计、物资统计、商业统计、文教统计、财政金融统计等 8 种统计报表。

1985 年，《中华人民共和国统计法》颁布。博乐市按照国家统计局要求在工业统计年报表中增加各种经济形式联合体和“利改税”前的内容、增加推行投资包干形式的指标、建筑业承包责任制的情况等。逐步把农业生产统计改为农村社会经济统计。在年报表中增加农村社会总产值、农村经济组织和经营情况的统计。同时，将村队工业产值从农业总产值中划出，纳入工业统计范围。扩大统计范围，村以下工业由乡镇企业局统计上报。

1989 年，博乐市执行《新疆统计制度方法改革方案》，进行各产业增加值统计；1993 年，执行“基层一套表”的报表制度。

1995—2006 年，博乐市统计局执行农林牧渔业年报表、工业年报表、建筑业年报表、商业年报表、物价调查年报表、劳动工资年报表、固定资产投资年报表、物资能源及城市年报表、综合平衡年报表等统计报表。

第二节 统计普查与调查

一、重大专项统计普查

1982 年 7 月—2006 年 12 月，博乐市（县）分别开展全国第三、四、五次人口普查；全国第二、三次工业普查；全国第一、二次基本单位普查；全国第一、二次农业普查；全国第一次经济普查。

二、抽样调查

1992 年 7 月—2000 年，博乐市开展自治区小麦产量抽样调查；国际旅游收入问卷调查和固定资产项目调查；320 种商品现场采样调查；白酒销售问卷调查和香皂销售问卷调查；市小康指标数据调查；旅游问卷调查；餐饮、旅游抽样调查，私营个体批发零售、贸易业、餐饮业抽样调查。

第三节　统计监督与服务

一、统计执法检查

博乐市（县）统计局每年组织相关部门开展统计执法检查，其中规模较大的统计执法检查有 4 次。1985 年底，在全市开展《统计法》执行情况大检查；1994 年 6 月，市统计局与监察局和政府办公室联合开展统计执法大检查；1997 年 6 月，根据全疆统计执法大检查的要求，在全市开展统计执法大检查。2006 年，市统计执法大检查领导小组对全市行政企事业单位进行统计执法大检查中统计检审 26 个单位，统计违法行为 21 件，查处结案 21 件。

二、乡镇场统计目标管理

1988年，博乐市乡镇场相继成立统计委员会。1993年8月，在各乡镇、场配置专职统计人员。2001年，博乐市政府将乡镇场统计工作纳入乡镇（场）每年党政目标管理考评内容，推动乡镇场统计工作制度化和规范化建设。

2002 年，全市乡镇场均建立和完善统计报表、统计台账、统计资料归档、统计法律法规宣传和统计业务培训等规章制度。至 2006 年，乡镇场统计工作目标管理考评内容不断完善。各乡镇场统计站实现联网。统计报表的时效性、全面性和准确性逐步提高。

三、统计人员资格认定

2003 年 9 月，根据《中华人民共和国统计法》《关于统计人员持证上岗的暂行规定》，开展统计人员资格认定工作。举办统计人员上岗培训班，组织统计人员参加全疆统一的上岗考试，通过考试合格和符合条件的免考人员共 151 人准予持证。

四、统计分析与资料编印

1982—1985 年，博乐市（县）编制《农业发展史资料》《国民经济提要》和《计划执行情况统计资料》。1993—2000 年，市统计局逐年编印《博乐市年度国民经济统计提要》共 8 本。

1993—2006 年，市统计局编印《博乐市专业统计分析资料》《博乐市物价快讯》和《博乐市国民经济要情简（快）报》共 626 期。

2001—2004 年，逐年编印《博乐市领导干部统计手册》，共 4 册。2005 年，市统计局编辑《跨世纪的博乐》1 本。

第六章　审计监督

第一节　预算执行审计

一、财政审计

1997 年 6 月，博乐市政府成立本级财政审计协调小组，由市审计局具体组织实施第一次对本级财政预算执行情况进行审计。同年，审计财政拨款单位 19 个，查处应缴而未缴财政专户，直接坐支预算外资金 518.37 万元。

1999—2006 年，博乐市审计局对本级年度财政预算执行情况、国库预算收支的办理情况和地税局税收预算的完成情况及其他财政收支情况进行审计，共完成财政审计 40 个单位（次），查处违规资金 2 450.75 万元。针对虚列专项资金支出、应作未作财政专项收入、应作未作预算收入、预算外资金应划转国库的滞留预算外账户、预算内外资金混交和未入国库、违规计提和使用手续费、擅自退库的库款、擅自改变农业贷款用途、挪用基金、专项资金未安排使用、隐瞒国有资产经营收益等方面问题，提出建议，纠正和追回资金 377.47 万元。

二、乡级决算审计

1991 年，博乐市开始对乡镇级财政收支进行审计。同年，对 1 个牧场进行 1990 年财务收支审计，查处多报利润金额 25.16 万元，收缴金额 5.19 万元。

1993—2005 年，开展小营盘镇、青得里乡、乌图布拉格乡、贝林哈日莫墩乡、阿热勒托哈牧场 5 个乡镇场 6 次年度财政收支、税收征管审计，查出违规金额 168 万元，应纠正金额 412 万元，被挪用资金 25.89 万元，被借出周转金 20 万元，假借名义支付 8.77 万元。对违规资金作出追还处理。

第二节　行政事业单位审计

一、定期审计

1985 年，博乐市重点审查 5 个单位财务收支、经营活动、经济效益的真实性、合法性。1987 年，开始对市行政事业单位进行定期审计。同年，全市 19 个行政事业单位开展定期审计，查处违纪单位 2 个，违纪金额 5 024 元，应缴财政 4 204 元，已缴财政 940 元。

1988—2006 年，博乐市审计 188 个（次）行政事业单位财务收支，查处违规违纪金额 1 837.88 万元。财务收支表现出会计核算不规范、收支不实、预算外资金未缴财政专户、乱收费；挪用国家（专项）资金、多报差费、虚列专项支出、违规借款、票据使用不规范等问题，针对问题，提出整改意见和处罚。

二、专项资金审计

（一）项目资金

1988—2006 年，博乐市审计调查民政救灾、科技教育、社会保险和捐赠、卫生和疫情等项目 94 个（项目调查 19 个），审计单位 37 个。查处违规金额 2 082.11 万元；其中管理不规范资金 1 756.35 万元；应上缴财政 83.81 万元，实交财政 84.05 万元。主要有私设“小金库”、违反规定巧立名目、超标准发放职工福利、违规收费、挤占挪用专项资金、资金管理不善和损失浪费等问题，及时给予处理纠正，提出审计建议，督促相关部门和责任单位予以纠正。5 个被审计单位的 7 位责任人给予经济处罚，12 人退款，4 人给予批评教育。

（二）农林水资金

1987 年开始，博乐市审计局对涉农林水专项资金进行审计监督。同年 6 月，对 1980—1986 年支出的 71.2 万元扶贫资金进行审计调查，查处管理不善、措施不到位，垮掉的扶持户浪费扶贫金 33.7 万元。

1989—2006 年，博乐市对牧区扶贫和开发专项资金、农田水利补助费、农业技术推广中心、农业综合开发和草原建设资金进行审计调查，查处监督不严、手续不全、造成部分资金物资失控的问题，提出纠正和处理意见；主要问题向市政府作出专题汇报，责成相关部门整改。追回挪用专项资金 54.47 万元。审计灌溉节水工程和防病改水资金、牧区开发示范工程、土地治理资金、以棉补水、优质棉基地建设、农牧区救灾、1999 年畜牧疫情测报等项目资金到位和使用情况，用款单位均做到专款专用。

查处乡镇（场）水费拖欠问题，仅 1998 年拖欠水费 165.28 万元。查处 1999 年度所属水管所截留坐支水费 8.34 万元；挪用和占有水费 8 万元；依法追究党纪、行政责任 5 人，予以经济处罚 4 人。

第三节　固定资产投资审计

1987 年，博乐市为控制固定资产投资规模对开始对基建项目进行事先审计。1988 年，博乐市贯彻中央基本建设“三保三压”的方针，市审计局、财政局、计划委员会共同把关，审计自筹基建项目金额360.78万元，有效控制自筹基建项目的规模。至1989年，全市共审计基建项目30个，其中自筹11个的总投资金额221.2万元。查处资金来源不正当2.5万元，资金不落实单位3个计33万元，提出整改意见。1996年10月，博乐市贯彻国家审计署《建设项目审计处理暂行规定》，对建设项目实行全过程、全方位的审计监督，达到控制建设成本、提高投资效益的目的。

2002—2005年，对博乐经济合作区、腾飞雕塑、市第一小学教学楼及附属工程和北京路综合改造工程等进行竣工决算审计。因监理签证与实际测量不相符；施工单位提供的发票不真实；中介机构乱收费等问题共核减工程价款367.77万元。2006年8月，实施《博乐市政府投资建设项目审计监督暂行办法》，加强对政府投资建设项目的审计监督，规范项目建设单位行为，发挥政府投资效益。同年，全市审计投资项目14个，送审投资额2 275万元，审定投资额1 911万元，核减金额364万元，核减率为16.04%。

1987—2006年，博乐市共完成基建投资项目审计179个，审计金额11 889.21万元，查处损失浪费金额40万元，未落实金额33万元，超计划投资金额156万元，核减投资金额1 175.09万元。

第四节　国有工业企业审计

1985年，博乐市开始独立审计。1988—1994年，博乐市开展市水泥厂、水泥制品厂、塑料厂修造厂、粮食局等32个（次）承包经营国营企业的定期审计、年终例行审计和承包经营责任终结审计。查处违纪金额65万元，隐瞒销售收入72万元，收缴应缴税利11.4万元；挽回经济损失9.6万元；减少财政补贴41万元；1个集体企业、3个委托承包的企业纳入定期审计。查处5家企业收缴违纪违规款共计13.74万元。经营过程中人为造成损失38万元移送市监察局处理。查处市物资公司经营管理混乱，亏损154万元，失职浪费110万元，没收3名非法所得1万元。

1995—1999年，博乐市对市棉纺厂、经协公司、市建设宾馆工程、监理公司等资产、负债、损益情况、财务收支进行审计；对5个国有企业27项财务审计。核减虚报利润180万元；收缴违纪款和罚款10.16万元；涉嫌挪用公款2.5万元。查处棉麻公司私存账外资金23.49万元，隐瞒收入775.38万元，补缴流转税和所得税321.32万元。

1985—1999年，博乐市审计企业项目152个，查处违规违纪金额1107.57万元，损失浪费金额148万元，挽回损失14.6万元，依法收缴财政金额348.22万元。2005年，博乐市审计公交公司，查出应纠正金额12万元。

第五节　经济责任审计

1987年始，博乐市全面推行国营、集体企业厂长（经理）负责制，加强经济责任审计工作，为企业发展，合理任用干部提供依据。至1989年，对3名离任厂长进行离任审计，作出公正评议。

依据《县级以下党政领导干部任期经济责任审计暂行规定》《国有企业及国有控股企业领导人员任期经济责任审计暂行规定》，2001年，博乐市全面开展县级以下党政机关和国有企业领导干部任期经济责任审计工作，成立由纪检、组织、监察、人事、审计、经贸、财政7个部门组成经济责任审计工作联席会议机构，指导经济责任审计工作。拟定《博乐市领导干部任期经济责任审计暂行办法》《博乐市经济责任审计联席会议工作规程》，成立经济责任审计办公室。开始对乡（镇）场领导干部进行经济责任审计。

2001—2006年，博乐市对35名党政部门及国有企业领导进行经济责任审计，查处违规金额1 859.75万元，管理不规范金额1 250.57万元，损失浪费金额30万元。移送纪检监察机关处理1件，移送检察院处理2件，涉及人员5人。

第六节 金融审计

1988年开始，博乐市依据《国务院关于审计工作暂行规定》《中华人民共和国审计条例》，对市工商银行贷款进行审计调查。1993年，市审计局对市农业银行信贷进行审计调查。1994年，市审计局对市建设银行财务收支进行审计。1999年、2000年、2001年和2005年，对世界银行疾病预防项目贷款进行审计。根据查出的问题，依照审计职权，从宏观上提出完善政策法规、规范金融秩序、提高经济效益、深化金融体制改革的建议。

第七章 价格管理

第一节 物价管理体制改革

改革开放后，博乐市（县）物价管理由过去计划经济的价格管理体制逐步向宏观经济调控下的市场价格管理体制转变，并不断完善。

1979—1984年，国家提高粮、棉、油等18种主要农产品收购价格和猪、牛、羊肉等8种副食品的销售价格。博乐县除蔬菜价格维持原状外，牛、羊、猪肉等7种主要副食品均提高销售价格，同时给职工发放副食品补贴每人每月8元。放开小商品价格9类701种。

1985年7月，博乐县放开猪、牛、羊肉和禽蛋、牛奶价格，给职工每人每月1.5元价格补贴。农村粮油统购统销改为合同定购。

1993年，博乐市实行粮食“减购放销”政策。1998年，市粮食流通体制改革，实行“四分开一完善”和粮食“三项政策一项改革”政策。1999年，放开棉花收购价格。2002年后，博乐市逐步建立在政府宏观调控下主要由市场形成价格的机制。

第二节 价格调控

一、粮油价格

1979年6月，自治区调整粮油统购价格。1980年，博乐县粮食集市价格比国家牌价上涨226.92%；油脂、油料上涨129.3%。

1985年，博乐市农村粮油购销同价。冬小麦（三等）收购价每50千克24元，稻谷（三等）每50千克收购价为20.08元，玉米（二等）每50千克收购价格为15.26元，油菜籽（二等）每50千克收购价为45.5元，油葵籽（二等）每50千克收购价为45.5元，胡麻籽（二等）每50千克收购价为46.8元，棉籽（二等）每50千克收购价12元。

1999年10月22日，市大米（标一）收购价每千克2.35元，大米（标二）收购价每千克2.28元，大米（标三）收购价每千克2.21元，合同定购外的大米随行就市。

二、电力价格

1980年前，博乐县照明用电每千瓦时0.2元，工业用电每千瓦时为0.12元，农业用电每千瓦时0.06

元。1980 年 1 月 1 日，博乐县工业用电每千瓦时 0.15 元，照明、农业用电不变。1993 年 2 月 1 日，博乐市执行新电新价政策。水电上网电价为每千瓦时 0.176 元，火电上网电价每千瓦时 0.354 2 元。

2002 年 4 月 1 日，农村电价：居民生活用电每千瓦时 0.58 元（含 0.13 元每千瓦时维护费），工业用电 0.54 元 / 千瓦时（含 0.064 元每千瓦时维护费），商业用电 0.75 元每千瓦时，农业排灌用电 0.38 元每千瓦时。城市用电：居民生活用电 0.48 元每千瓦时，工业用电 0.48 元每千瓦时，商业用电 0.75 元每千瓦时，农业灌排用电 0.38 元每千瓦时。电网趸售电价 0.42 元每千瓦时。

三、自来水价格

1982 年 1 月 1 日起，博乐地区自来水价格为工业用水、生活用水每立方米价格 0.2 元，园林绿化用水每立方米价格为 0.1 元，消防用水每立方米价格为 0.07 元。

1994 年 4 月 1 日起，博乐市每立方米自来水价格为生活用水 0.55 元，工业用水为 0.85 元，基建用水为 0.85 元，绿化用水、消防用水为 0.5 元，饮服业用水 0.85 元。

2006 年 6 月 1 日起，博乐市执行最终到户自来水价格，每立方米居民生活用水价格 2.01 元；行政机关、非工业用水价格 2.40 元（单位办公、医院、学校）；经营性用水价格 3.52 元（餐饮、冷饮、商店、宾馆）；工业锅炉用水价格 2.75 元；非经营性锅炉用水价格 2.40 元；建筑用水价格 2.53 元，已免收排污费 0.79 元；消防用水、绿化用水 0.92 元，已免收排污费 0.79 元；特殊用水 7.75 元（生产纯净水业、汽车业、桑拿业、游泳业）。

四、副食品价格

1979 年 4 月，博乐县提高羊、牛、猪的收购价格，销售价格维持原价。1980 年 4 月，自治区对国营商业经营肉食因价格倒挂而发生的政策性亏损，决定对猪、牛、羊 3 种商品试行亏损定额补贴，补贴办法延续至 1985 年。

1985 年 4 月，博乐县开放猪、牛、羊收购价。同年 7 月，开放肉食销售价，实行指导性的议购议销。生猪收购价（一等三级）平均由每千克 1.22 元提高到 1.70 元；猪肉销售价每千克由 1.70 元提高到 2.80 元。羊（一等羯绵羊）每千克收购价由 0.58 元提高到 1.10 元，料羊每千克收购价由 0.96 元提高到 1.50 元；绵羊肉销售价（连骨统货）每千克由 1.24 元提高到 2.80 元。牛（一等）收购价每千克由 0.61 元提高到 1.00 元，牛肉销售价（剔骨统货）每千克由 1.32 元提高到 2.80 元。

1990 年，博乐市物价零售指数平均上涨在 3.5%。1993 年，博乐市对牛肉、羊肉、猪肉、部分水产品和豆制品等 8 种商品实行最高限价。副食品平均上升 17.7%。2003—2006 年，博乐市副食品价格基本平稳。

第三节　物价监管

一、物价检查

1979 年，博乐县、博州联合成立物价检查组，对饮食、商业、计量、医药、医疗卫生等部门进行物价检查。1981 年，博乐县商业单位均设物价检查员和义务物价检查员。1982 年，博乐县进行 4 次物价检查，没收合作商店非法收入 0.23 万元，罚款 1 000 元，扣罚有关领导部分工资和奖金，多收价款 1.02 万元责令限期退回原主。

1984—1992 年，博乐市（县）物价局对城区、乡区场和部分团场市场、商业企业及网点 423 个进行物价检查，检查衡器 140 件，合格率 90%；检查 1 025 种商品零售价和收费标准，95% 执行牌价。查处物价违法 514 起，共计 45.16 万元，其中罚没款 35.20 万元，没收非法所得 9.96 万元。

1993—2005 年，博乐市对涉农收费、农资价格、中小学教育收费、药品价格、工商等进行检查监督；

对农电、中介服务、旅游、公安收费进行专项检查；机动车辆、路桥收费，越权定价进行检查。查处物价违纪金额共计 157.04 万元，其中没收违法所得和罚款 56.06 万元，退还用户 52.15 万元。没收无证经营种子 24 万吨。

二、价格公示制度和明码标价制度

2004 年，博乐市在全市 7 个乡镇场建立涉农价格和收费公示栏。2006 年，对涉农收费及收费公示情况进行专项检查。全市 6 个乡镇场 260 个村。乡镇场收费公示率 98%；村收费公示率 95%。

三、价格认证

1995 年 1 月，博乐市物价局印发《博乐市关于涉案物品估价管理办法》。1998 年，通过考试，博乐市有 15 人取得价格监督检查资格证，其中国家颁发 13 人、自治区颁发 2 人价格执法证。

1999 年，市价格事务所（价格认证中心）取得自治区涉案物品资格证书。至 2006 年，博乐市价格认证中心受公、检、法委托，估价的物品计 2 704 起，涉及刑事、民事、车损物品认证价格计 4 024.8 万元。

四、价格监测

从 2005 年开始，博乐市开展价格监测填报制；2006 年，建立价格监测预警制度，对全市 43 类 135 个主要商品品种和服务价格及时采报，进行动态分析，将成果上报市委、市政府和博州计委。

2005—2006 年，博乐地区钢材价格下降。农用成品油上涨是国际油价变动影响国内成品油价上扬。燃料、热气类价格上涨。液化气平均价格每瓶 61 元，比 2005 年涨幅 11%。煤炭平均价格每吨 270 元，比 2005 年每吨涨幅 29%。取暖费价格每平方米 25.47 元，比去年每平方米涨幅 18.5%。水泥类价格上涨，平均价格每吨 300 元，比去年每吨涨幅 15%。原料、燃料及运费价格上涨。生产资料继续高价位运行。城市居民服务价格基本稳定。居民生活用水每立方米 0.67 元，污水处理费每立方米 0.30 元，居民用电每千瓦时 0.54 元，暖气费每平方米 21.5 元，初中杂费每学期 50 元，小学杂费每学期 40 元，托儿保育费每月 40 元，农村小学杂费每学期 15 元，农村初中杂费每学期 25 元。

粮食价格上涨。标准粉平均价格每千克 2.08 元，特一粉平均价格每千克 2.16 元，葵花籽油每千克 6.7 元。羊、牛、猪肉价格上涨。羊肉平均价格每千克 13.7 元，牛肉平均价格每千克 14 元，猪肉平均价格每千克 13 元。养殖成本增大。禽、蛋、水产品类价格平稳。鸡蛋平均价格每千克 4.8 元，鸡肉平均价格每千克 10 元。蔬菜类。西红柿每千克 3.5 元，黄瓜每千克 2.7 元，茄子每千克 3.7 元，大白菜每千克 1.2 元，胡萝卜每千克 1.7 元，土豆（新鲜）每千克 2.1 元。

第四节 收费管理

一、收费许可证制度

1992—1995 年，博乐市物价年审 450 个（次）行政事业性收费单位，发放收费许可证 236 本。取缔 96 项收费，吊销收费许可证 5 本。

1996—2006 年，全市 1 772 个（次）行政事业性收费单位年审换证。审验行政事业性收费项目 1 120 ～ 1 108 项；年审总金额 5 322.83 万元，上缴财政年审管理费 28.87 万元。新增行政事业性收费单位 48 个；注销 259 本收费许可证。

二、收费检查和收费违纪行为查处

1993 年，博乐市开展物价“四查一清”（即查收费依据、收费项目及标准、收费范围、收支情况、清理收费文件），狠刹乱收费之风；2001 年，博乐市物价局开展以清费、治乱、减负为重点的物价检查。

1993—2006 年，博乐市物价局审验账册 1 709 本，审查预算外收费 10 759.75 万元，没收非法所得

172.8 万元；上缴财政罚没款 17.02 万元。查处违纪金额 267.84 万元；超标准收费项目 5 项，总金额 13.75 万元；取消金额 109.1 万元。降低收费标准 3 项，取缔 97 项收费，清理 11 项临时性收费。

第八章　工商行政管理

第一节　登记管理

一、企业

1981 年 3 月始，博乐县境商业、饮食、交通运输业、建筑业等进行普查登记发照。1985 年底，全市登记发照的工商企业 2 480 户。1986 年，博乐市工商企业换发全国统一的工商企业营业执照。全市登记发放的国有企业 189 户，集体企业 104 户，合营企业 5 户。吊销企业营业执照 10 户，清理整顿党政干部和党政机关经商办企业 19 户。

1987 年，博乐市实行企业法人登记管理制度。1989 年，全市 770 家企业办理重新登记，企业换照率 96%。1991 年，实行企业年检认证制度。1992 年，市辖区国有企业 1 083 户，从业人员 2.07 万人，注册资金 3.95 亿元，分别比上年同期增长 29.1%、27%、26.18%。1993 年有边贸企业 197 户，比上年同期增长 80%。1994 年，全市 105 户企业予以注销处理，清理非棉花经营单位 151 户。

1998—2003 年，全市 71 户企业进行改制，清理“假集体”企业 32 户。查处“三无”企业 16 户、规范企业名称 15 户、清理不规范名称 2 户、挂靠企业 25 户、注销企业 40 户；查处违法案件 14 起，罚款 1.95 万元。对 3 户液化气企业及 29 网点进行清理整顿。博乐市实行企业信用评审（试行）办法和行政机关归集和公布企业信用信息管理（试行）办法，命名 AA 级信用企业 13 户。

2004—2006 年，博乐市执行《中华人民共和国行政许可法》，落实企业注册登记“一审一核”制和授权服务制，印发《企业注册登记“一审一核”制及当场登记的实施方案（试行）》。开展“标准化登记窗口”建设活动。至 2006 年末，全市企业发展到 320 户，注册资本 3.84 亿元，其中国有企业 104 户、集体企业 64 户、有限责任公司 151 户、其他企业 1 户。办理企业动产抵押登记 61 件。

二、个体工商户

1979 年，博乐县有个体工商户 37 户。1986 年，博乐市执行《关于农村个体工商业的若干规定》《城乡个体工商户管理暂行条例》。1989 年末，全市个体工商户 1 700 户，个体工商户、个人合伙企业、私营企业重新换发营业执照。

1991—1994 年，市工商局印发《博乐市个体私营经济管理暂行办法》《年检、验照、考评办法》《工商所发照办法》，制定系列扶持发展个体经济政策，私营企业发展到 16 户；推行个体营业执照委托工商所代理审批制度。

1997 年，博乐市贯彻执行《关于实施下岗职工再就业的意见》《发展非公有制经济十条优惠措施》《特困户、残疾人管理费减免办法》等。博乐市制定扶持特困企业及下岗职工再就业优惠政策，安置下岗职工从事个体私营经济 530 人，解决特困企业职工就业 250 人。设置绿色通道，落实各项优惠减免措施，1999 年，市个体工商户 6 514 户，私营企业 199 户。

2005 年，博乐市工商户实行分层分类登记管理。

2006 年，全市个体工商户 7 743 户，从业人员 12 244 名，注册资金 13 608.34 万元；私营企业 583 户，注册资金 48 447 万元，总产值 60 848 万元。博乐市工商局查处违法违章个体工商户 245 户；查处农机案件 8 起，涉案金额 3.76 万元。累计为 1 973 户下岗职工、复转军人、大中专毕业生、特困户、残疾人开设“绿色通道”，减免管理费 118.97 万元，登记费 5.12 万元。

三、集市贸易

1980 年，博乐县城区有 3 个、农村有 2 个集贸市场。1986 年，建活畜市场 1 个，面积 8 667 平方米。1987 年，城区建农副产品市场 1 个，面积 6 600 平方米；阿热勒托哈牧场建牧区市场 1 个，面积 6 333.33 平方米。

1989—1992 年，博乐市集贸市场实施“政府决策、统一规划、多方集资、工商部门统一管理”政策。新建 3 个市场，扩建北京桥市场。东风市场被自治区工商局评为“五好文明市场”“文明集贸市场”，被自治区计量局命名为“标准计量先进单位”。市工商局加强对市场的监督管理，共检查 150 余次。1992 年底，城乡集市贸易成交额 2 264.90 万元，比上年同期增长 43.8%。

1994 年，博乐市商品交易市场实行登记制。应参加市场年检企业 16 户，实检 14 户，注销 2 户。1997 年，博乐市工商局与所办市场分离，成立市场开发建设服务中心。2000 年底，全市登记各类市场 42 个，其中集贸市场 31 个、消费品批发市场 4 个、生产资料市场 4 个、生产要素市场 3 个。集贸市场成交额 19 850 万元。

2002—2006 年，博乐市实施《推行市场预警制实施办法》《市场预警制公示制度》《商品交易市场先行赔偿实施办法》《商品抽检工作实施办法》等。市工商局先后对 2 家市场开办单位、131 个体经营户给予警示教育，发放“预警通知书”74 份，对违法违章行为严重的 12 户经营者进行查处，评选出星级文明户 177 户。免收乡村市场管理费 20 余万元。

第二节　经济合同管理

一、鉴证

1983 年，博乐县工商部门实施经济合同管理。是年，鉴证建筑工程承包合同 221 份。1986 年，市推行法定代表人证明书和法人授权委托书制度。鉴证各类经济合同 76 份，其中建筑合同 57 份。

1987—1992 年，博乐市推行选配任命企业合同管理员和经济合同示范标准文本制度。市工商局在企业和其主管部门聘请经济合同管理员 180 人，印发《工商所经济合同鉴证管理办法》。1997 年，市工商局开展企业动产抵押登记，办理抵押登记合同 9 件，金额 2 373.56 万元，贷款金额 1 169 万元。1998 年，市工商局开展房屋租赁合同的鉴证；走访 8 个企业，60 个行政事业单位，共鉴证 399 份，金额 182.10 万元。

1999—2006 年，博乐市授予“重合同、守信用”企业 100 个（次）。市工商局鉴证合同 1 136 份，金额 11 030.26 万元；以农业订单合同为重点，监督检查农业订单备案合同 7 582 份，落实订单面积 3 150.03 公顷。

二、案件查处

1986 年，博乐市开展对各类经济合同订立、履行情况的监督检查。共检查 60 个企业 3 469 份经济合同，其中查处无证单位 7 个、私包跨范围经营单位 6 个、工程队转包工程 1 案，共罚款 1.01 万元。

2000 年，开展合同欺诈专项整治。检查企业 50 个，个体工商户 2 060 户，各类合同 3 500 份。提出整改意见 31 条；查处罚没款 1.01 万元。查处合同欺诈案，罚款 5 万元，

至 2006 年，共解决合同纠纷 87 件，其中调解 27 起；查出违约合同 23 份，合同欺诈案 3 起，挽回经济损失 38.66 万元；无效合同 1 份。

第三节　商标广告管理

一、商标管理

1986 年，博乐市经国家工商总局注册的商标有赛里木牌白酒、边塞牌果酒、古庙牌白酒、双湖牌

水泥4个。1988年，博乐市商标管理实行“一商标一档案一卡片”制度。1989年，博乐市执行《申请马德里商标国际注册办法》，全市注册商标进行重新登记注册，建立较完整的注册商标档案体系。1991年，在各经营单位建立商标联络员21人，注册商标经营单位18个，未注册商标经营单位5个。

1990—2006年，博乐市工商局备案注册商标252个。共查处一般商标案件17起；侵权假冒案件26件，案值3.21万元，罚没款4.86万元；收缴、销毁各类商标标识1万余件、假冒“力士”商标标识520套。创新疆著名商标“羚羊唛”食用油、“北疆”棉花、“金博”种业“银盘”鸡蛋、“赛湖”冷水鱼、“博福”面粉等6个。

二、广告管理

1984年，博乐县境核准兼营广告业务的单位有博州报社、博州电视台。1986年，博乐市广告经营单位2家，并立档建档。1987年起，对广告经营单位和宣传单位实行广告刊播月报表制度。1989年，对辖区广告经营位进行整顿，换发广告经营许可证。1991年，实施《博乐市户外广告管理办法》。至年末，登记注册的广告经营单位3个，其中全民所有制单位2个、从业人员17人，营业总额17.88万元。1997年，博乐市工商局规范广告经营资格检查。

2004年开始，博乐市实施广告管理目标责任制。市工商局与21个广告经营单位和10个印制企业签订目标责任书；实行检测警示、预警制，检测各类广告2 000余条。2006年，博乐市工商局规范户外广告的登记管理。户外广告经营28户，户外广告媒体数433个。全市广告经营单位30个，从业人数133人，经营营业额123.44万元。

1991—2006年，市工商局加强对药品、化妆品、食品、医疗广告的管理。开展食品药品、医疗器械、户外通信广告专项治理；共查处广告违法案件50件，罚没款3.23万元。

第四节　监督检查

1986年，博乐市工商局查处投机倒把案件2件，罚没款0.13万元。

1987—2006年，全市共查处各类违法违章案件1 192起，累计罚没款85.78万元。博乐市对集市、国有、集体、私营企业及个体工商户开展市场秩序综合整顿，查处棉花21 300担，挽回经济损失1 278万元。取缔非法轧花企业37个、非法粮油加工企业2个，查获非法化肥26吨、油菜85吨、粮食205吨，查办无照经营392户，无“三证”、无中文标示、过期食品、超经营范围户12个、超从业人员24人、字号名称不符户15个。开展重点行业专项整治，查处倒卖棉花案件6起，劣质面粉、非法收购粮食案件4起，文化市场非法案件2期。加强流通领域商品监管，查处蔬菜批发市场欺行霸市案，涉案人员40余人。开展“红盾护农行动”专项整治，查办农资案件13起。会同公安部门查处4起非法传销案。

1988—2005年，博乐市每年开展打击制售假冒伪劣商品活动，有“捣假窝、挖黑根、净市场”活动，“百日打假”活动，重点打击假冒伪劣、医药回扣、非法传销、不正当竞争、合同欺诈、保健品虚假广告等活动，开展“四打四保”（打假保节日，打假保健康，打假保农业，打假保名牌）活动，食品安全专项整治活动和实施“食品放心工程”活动。共查处各种假冒伪劣、掺假使假商品820种14.09万件、价值131.38万元；没收假冒伪劣商品价值达1.62万元。罚没款19.1万元。其中，查处食品类案件63起，查扣食品4个大类11个品种；捣毁制作假冒味精点、加工“黑心”月饼窝点、未经检疫肉类等；开展劣质奶粉专项检查，清理“苏丹红一号”食品；查扣非法销售、生产加工假冒白酒案，没收假酒4 505瓶、假冒商标标示10 248件、假冒防伪标贴1 326个、假冒合格证1.2万个；查办假冒“郫县豆瓣”注册商标案，没收豆瓣酱180万袋，假冒商标标示1.8万张。捣毁制售假阿凡提洗衣粉窝点、洗发精窝点，当众销毁过期变质化妆品等。

2003年，博乐市委托国家法定的检验、检测机构实施《流通领域商品定期抽检制度》《流通领域商品质量监督检查实施办法（试行）》，抽检总合格率达50%，

第九章 药品食品监督

第一节 食品监督

1981—1988年，博乐市（县）抽查检验冷饮厂家423次，合格率57.6 ~ 59%之间，吊销冷饮生产者营业执照14户。全市（县）进行食品卫生检查5次、讲评会3次。发放卫生开业许可证947个，评出先进单位14个，行政处罚1 143户次，其中销毁食物11起，罚款19个单位166户次，金额1.32万元，限期改正103起，停业整顿20起，没收销毁禁销食品4 391千克价值1.02万元，责令退回葡萄酒200件。检查历年积压食品，酒类29份，合格率51.7%；其他食品184份，合格率95.6%。餐具消毒抽查合格率上升，163个饮食网点使用电解净化消毒。城镇食品消毒率100%，农区食品消毒率50%。对城镇饮食从业人员体检10 717人次进行体检，体检率99.5%；检出“五病”（肝炎病、结核病、痢疾病、传染病、皮肤病）人员140人，调离饮食岗位。

博乐市（县）先后举办《中华人民共和国食品卫生法》学习班25期，参加单位495个，学习人员1 424人次；发宣传画10套、图解50套、食品卫生“五四”制30套。1986年，博乐市被确定为全国食品卫生示范县（市）。

1991—2001年，博乐市公共卫生监督“三证”审发、验收率100%；全市食品卫生合格率达80%以上；食品卫生监测覆盖率为100%，合格率79.3% ~ 94.1%；卫生监测全项合格率33.78% ~ 43.1%；主项合格率56.31% ~ 80.4%；餐具消毒监测合格率84.7% ~ 91.3%；碘盐监测362份，合格率80.11%。行政处罚建档率100%。食品卫生从业人员体检5 193人，体检率98.4%，“五病”调离人员223人，检出率4.3%。1起食物中毒事件作行政处理和经济处罚。

2001年，制订《博乐市食品卫生示范点评选方案》，对雅惠西饼屋等8个食品生产经营单位进行食品卫生示范点挂牌；对全市食品卫生经营户1 992户全部实施监督，处罚81户次，罚金1.08万元。

2002—2006年，博乐市对食品卫生经营活动进行专项监督检查，重新发放卫生许可证，全市共审发食品卫生许可证8 831户次。卫生食品监督10 960户次，监督次数79 433户次，年平均户监督7.2户次；食品卫生监测3 345件，合格率从76.3%上升到96.9%；餐具监测2 942件，合格率在53.7% ~ 79%之间。处罚485户，其中警告整改197户次，罚款284户次、罚款金额11.1万元；责令停业整顿16户次，取缔非法经营15户。共监督销毁腐败、伪劣、过期变质食品15类1 997户次15 585.4千克。食品从业人员健康体检14 966人次，合格率在92.8% ~ 98.49%之间，“五病”人员363人，调离率100%；开展大规模食品卫生安全集中整治活动培训上岗人员5 150人，培训合格率100%。

第二节 药品监督

1981年，博乐县医院取消小药柜由药房统一配药。1988年，建立药品监督网络；市、乡医院均成立药事委员会；全市共设立7名药品监督员。1997年，博乐市乡镇采取统一购药，统一价格。1998年，对全市48个医疗单位及用药单位的药品来源、进药渠道、进药发票、作价办法、处方书写、用药方法等进行全面检查。1981—1998年，全市（县）共查处没收假、劣中西药品503批种，价值9.84万元；

查处药贩 20 人次，收缴各类假“锦旗”32 面。总计罚款 1.41 万元。

1999 年，全市 47 家个体诊所，甲级率达 70% 以上；200 余名药品从业人员与医疗单位管理人员进行《中华人民共和国药品管理法》考试，参试率 99% 以上，合格率 100%。查处无证照药品贩子 11 人。全年审发卫生许可证 2 481 户，核发健康证 4 816 人，行政处罚 185 户次，其中警告 72 户次，罚款 85 户次罚款金额 10 350 元；停业整顿 6 户次。1999—2001 年，全市共检查医疗机构诊所 198 家次，取缔无证照或证照不全的个体诊所 9 所。查处销毁假、劣药品、过期药品及不合格药品、进药渠道不规范药品 495 个批号，价值 11.98 万元。并处罚金 25 773.4 元。

2002 年，博乐市医疗机构开展药品集中招标采购，至 2006 年，每年有 300 多个批号、价值 100 余万元药品集中招标采购。

第十章　质量技术监督

第一节　标准化管理

一、产品标准制定备案

企业执行标准 1983 年始，博乐县开展企业标准化管理。调查固定资产价值 50 万元以上的企业 32 个，摸清产品品种 67 种，收集各种产品标准 1 500 余种。至 1985 年，市对 91 个企业单位产品执行标准化情况进行调查、检验，受检产品有水泥、预制件、饲料、白酒、果酒、汽酒、冷饮、皮毛、裘制品、面粉、原盐、陶瓷、磷肥等共 150 种，其中：合格的 75 种，不合格的 65 种，办合格证的 152 份。执行国家标准的 17 个品种，执行部颁标准的 12 个品种，执行企业标准的 3 个品种。

1993—2006 年，博乐市制定《珍珠岩空心砌块企业标准》，修订《网套产品标准》，参与制定《博乐市旅游服务标准》。全市三级标准化验收合格企业 44 个，并备案。对企事业单位《中华人民共和国标准化法》实施情况检查，抽查 28 个生产企业的 49 种产品，企业产品标准覆盖率为 73%。乡镇企业 12 家生产企业执行产品标准的覆盖率为 50%。2006 年，全市办理 9 个生产企业执行标准证书，建立企业执行标准登记档案。

企业标准宣传培训 1994—1995 年，博乐市举办鞋类商品质量标准及鉴别和食品标签标准、企业质量监督员、食品标签培训班，参培 162 人；在电视台播放“假冒伪劣商品鉴别”录像教育片 20 集；设“真假商品鉴别专柜”1 个。

二、农业标准化

1998 年 3 月，博乐市启动农业标准化管理，印发《关于在博乐市开展农业标准化工作的意见》。2004 年，博乐市无公害家禽养殖标准化被列为国家项目，全市建立镇村两级示范村（户）管理台账。2006 年，博乐市共收集国家标准和行业标准 48 个，制订地方标准 10 个，建立无公害家禽养殖标准体系。

三、食品标准化

食品标签备案制　1991 年，博乐市对食品标签实行备案制。1992 年，15 个生产企业的 40 种食品标签在市标准计量局备案，食品标签合格率由过去的 30% 上升到 70% 以上。1995 年实施《博乐市食品标签监督管理办法》，对 58 个国营、集体、个体、联营企业的食品标签备案，复查率 90%。1996 年，市技术监督局年审备案的食品标签 30 个企业 50 个产品。通过开展“质量、计量、物价信得过”活动，企业标准化生产得到提升。1997 年，市国营、集体企业履行食品标签备案手续的占 26.7%，个体企业占 73.3%，备案数占应备案数的 97%以上。

食品生产许可制　1999 年，博乐市实施工业产品生产许可证制度。2002 年，国家质检总局先后启动粮油、乳制品、肉制品等 28 类食品安全市场准入制，实行“QS”认证。2003 年，有 家 5 类食品生产企业收获食品生产许可证。2006 年，有粮油、白酒、水泥、乳制品、食品等 5 类行业 种产品获生产许可证。是年，博乐市开展食品企业标准清理工作，废止企业标准 54 个 。

三、代码管理

1994 年，博乐市技术监督局开展“全国统一代码”注册登记。1996 年，博乐市技术监督局办理代码 188 个，全市共办代码 2 307 个，覆盖率 80%。

2004 年 11 月，博乐市质监局办理代码 768 个，IC 卡 701 个，返还 39 980 元，年审单位 926 个。2006 年，博乐市质监局对辖区内的代码库进行清理，共核对行政机关、企事业单位、个体工商户 200 余个，废止数据 104 个。

第二节　计量管理

一、计量定级和计量认证

1990 年，根据国家计量局《工业企业计量工作定级升级办法》，经检测，全市有 13 个企业达到工业计量三级标准。1993 年，社会 4 套公用计量标准，博乐市有多家企业使用 3 套最高标准，有多家企业取得三级计量合格证书。

1997 年，市卫生防疫站、工程质量监督站通过自治区实验室计量保证和合格认证。

2000 年，博州质量技术监督局对市 4 个企业进行计量建标考核；对市建筑工程质量监督检验站计量放证监督检查。2005—2006 年，博乐市质量技术监督局协助企业建立和完善计量保证体系，引导和鼓励定量包装商品生产企业参加“C”标志评定。推行企业能源计量，指导重点企业节能增收。

二、计量器具检定

1979—1985 年，博乐县计量部门检定县境集市、商业、供销和粮食等单位使用的计量器具，检定、安装、修理和制作各种计量器具 6 855 台（件），其中量具 1 108 件、衡器 5 666 台、天平 35 台、表计 46 件。没收不合格杆木秤 117 杆，封存弹簧秤 3 200 个。

1991—2004 年，博乐市推行双面显示盘秤；对行政区域内的 28 个单位进行“法定计量单位”实施情况抽查；在 8 个集贸市场、24 个百货、纺织品、食品零售企业、10 个粮食零售企业、3 个供销门市部的商品标签、价格标签和计量器具专项进检查。现场监督检查 20 余次，检定计量器具受检率 95% 以上，合格率 94.77%，城区公平秤设置及受检率 100%。受理消费者投诉累计 750 余起。其中，1996 年，查验全市计量器具检定 6 570 台（件）；1997 年，博乐市技术监督局强制检定项目 26 项 36 种。2006 年，博乐市质监局计量测试所通过博州质量技术监督局考核验收，确定为博乐市唯一法定计量检定机构。是年，监督检查定量包装商品生产和流通企业，跟踪计量生产企业定量包装商品净含量合格率和流通企业合格率均达到要求。

第三节　质量监督管理

质量监督　1991—1998 年，博乐市质量技术监督局每年开展企业产品质量监督检查，检查国营、集体、个体商场和批发站 350 个，查处问题商品 3 500 件（个），违法企业 50 个，没收伪劣商品价值近万元，罚款 0.24 万元，并举办伪劣商品展览。开展纤维制品羊毛含量的检验。对辖区的木制家具、网套加工、食品加工及冷冻制品、柴机油、鞋类、低压电器、化妆品、烟酒、家用电器、树脂等 10 个大类产（商）品进行定期或不定期的监督抽查，共抽查 70 个企业的 40 个品种 1 590 批次。其中，市区

25 个国营、个体家具加工厂（店）木制家具抽查批次合格率为 95% 以上；网套加工抽查的批次合格率为 28.6%；61 个批次 40 个品种的冷饮制品合格率在 30% ~ 58.3% 之间，食品加工抽查批次合格率为 37.5%；涂料抽查合格率为 33%；8 个体鞋厂 8 个批次鞋类监督检查，合格率为 75%。市质监局查处假烟、无证化妆品、过期变质食品及不符合食品标签规范的食品，标值 6 000 余元，捣毁制售劣质美容美发用品店 1 个、经销名牌假烟点 1 个，没收假冒伪劣产（商）品标值 25 万元，罚款 10 万余元，责令限期整改的 25 个，立案查处的 40 个，结案率 100%。对生产、经销企业 1 000 余家，检查计 18 类 128 个批次；立案调查累计没收假冒伪劣产（商）品标值 397.86 万元，销毁假冒伪劣产(商)品标值 76.37 万元，累计罚款 19.17 万元。受理消费者有关产（商）品质量方面的投诉 689 起。

2005 年，博乐市质量技术监督局对辖区经营茶叶、建筑材料企业进行专项检查；开展盐业和屠宰市场专项整治；开展农资打假专项行动。检查农资生产企业 8 个，农资经营网点 42 个；查处标识不规范化肥 17 吨，立案 4 起，货值 12.4 万元；查处不合格农膜 4.68 吨，立案 4 起，货值 6.08 万元；查处未经检验且存在事故隐患的农用拖车 2 台。通过“12315”打假热线，受理农资投诉案件 12 起。

2006 年，博乐市质量技术监督局查处产（商）品质量违法案件 79 起，现场处罚 50 起，立案查处 29 起，结案率 100%。

计量监督　1992—1995 年，博乐市计量部门在集贸市场、百货商店、食品零售企业、粮食零售企业、供销门市部开展计量器具专项进检查，查处不合格计量器具 800 杆，没收不合格计量器具 500 杆；现场罚款 2 817.2 元。其中 1994 年，实施《博乐市计量器具监督管理办法》，在全市及乡镇进行计量监督检查 13 次。对兴博市场所用的计量器具建立台账，设置公示栏、举报电话等。

2004—2005 年，博乐市开展医疗卫生计量器具专项执法检查。检查医疗卫生机构 4 个、个体诊所 37 个，医疗计量器具 235 台(件)，其中 42 台(件)未经检定或超过检定周期。开展加油计量专项整治。加油（汽）站、加油（汽）机受检率 100%。

第四节　特种设备管理

2001 年，质监系统机构改革，新增特种设备质量和安全监察业务。博乐市质量技术监督局每年对特种设备设计、安装、使用、改造、充装等环节实行日常监督检查，开展特种设备安全宣传教育。2004 年，博乐市质监局开展特种设备普查整治。截至 2005 年，博乐市共检查各类特种设备 546 台（套），检验 511 台（套），定检率为 100%。检验气瓶 20 200 只，报废 250 只，合格率为 98.24%，定检率 55%。对 6 个拒不整改或整改不力的单位立案查处，签发“安全监察指令书”22 份。

2006 年，博乐市质量技术监督局重点对锅炉、电梯、游乐设施、气瓶等特种设备的使用、责任落实和持证上岗等情况进行检查。检查游乐设施 14 台（套），电梯 12 部、锅炉 14 台、气瓶 780 只。查处特种设备案件 4 起，强行拆除“土锅炉”2 台。

第二十九编

民　　政

中共十一届三中全会后，博乐市民政业务主要有基层政权建设、移民安置、复员退伍军人安置、救灾救济、社会福利、优抚与拥军优属、行政区划等。市民政部门积极履行职责，践行党的“执政为民”根本宗旨。通过城乡社区建设平台，完善基层服务和管理网络；通过加强社会组织建设和管理，增强服务社会功能；通过解决城乡困难群众基本生活问题，促进社会公平和利益关系和谐；通过发展老龄事业，促进社会代际和谐；通过推动慈善事业发展，促进人际关系和谐；通过做好“双拥”和优抚安置工作，促进军政军民团结，并取得显著成绩。

第一章 机 构

第一节 行政机构

博乐市民政局 1981 年，博乐县民政局改设为县民政科。1984 年 10 月，县民政科改设为博乐县民政局。2002 年 7 月，市民政局行政编制 8 名，其中领导职数 3 个；机关后勤事业编制 1 名。2005 年，市民政局行政编制 8 名，机关事业编制 23 名（其中参照公务员管理编制 6 名），机关后勤事业编制 1 名。

2006 年末，博乐市民政局下属事业单位：儿童福利院、殡葬管理所、市区划地名委员会办公室、婚姻登记处、市募捐委员会办公室、综合社会福利院。

第二节 事业单位

一、博乐县殡葬管理所

1985 年 6 月，博乐县殡葬管理所成立，事业编制 5 名，全额预算管理。

二、博乐市农村社会养老保险管理处

1992 年 6 月，博乐市农村社会养老保险管理处成立，副科级。隶属市民政局。2000 年 10 月，农村社会养老保险管理处划归市社保局。

三、博乐市社会福利有奖募捐委员会办公室

1996 年 4 月，博乐市社会福利有奖募捐委员会办公室成立，自收自支事业单位，编制 3 名。

四、博乐市儿童福利院

1997 年 3 月，博乐市儿童福利院成立，事业编制 5 名，全额预算管理，隶属市民政局。

五、博乐市民政局婚姻登记管理办公室

1997 年 3 月，博乐市民政局婚姻登记管理办公室成立，自收自支事业单位，编制 2 名。2004 年 5 月，市民政局婚姻登记管理办公室由自收自支事业单位转为财政拨款事业单位。

六、博乐市区划地名委员会办公室

2002 年 11 月，博乐市地名办公室划归市民政局，并成立市区划地名委员会办公室，编制 1 名。

七、博乐市综合社会福利院

2006 年 11 月，博乐市综合社会福利院成立，事业单位，企业化管理，隶属市民政局。

第二章　群众自治

第一节　村民自治

一、村级管理机构

1979—1983 年，博乐县人民公社有大队 46 个。1984 年，县公社改为乡，在 46 个大队基础上改建为 40 个建制村。1986 年，博乐市有 1 个区、4 个乡，共 117 个村民委员会（11 个牧业村），195 个村民小组。2000 年，博乐市政府批准达勒特镇新设置 7 个村民委员会。2006 年，全市辖 3 个镇 2 个乡 2 个国有农牧场，有村队 151 个，其中各乡镇辖 129 个建制村，国有农牧场辖 22 个农牧业队；14 个居委会。

二、村委会换届选举

1988 年 6 月，各乡镇成立换届选举领导小组，具体负责第一届村委会的换届选举工作。选举产生 104 个村委会，并建立村委会各项管理制度，修订《村规民约》。乌图布拉格乡还试办“救灾扶贫储金会”。

1989—2004 年 11 月，全市进行 6 次村委会换届选举。博乐市及乡镇和建制村都成立换届选举领导小组，市委组织部下派干部，协助各村开展村民委员会换届选举工作。1989 年，博乐市选举产生第一届村委会。1991 年，博乐市开展第二届村民委员会换届选举，选举产生 112 个村民委员会，其中民族村村民委员会 30 个。1994 年，博乐市开展第三届村民委员会换届选举，选举产生村民委员会 83 个，换届率 71%。1998 年 12 月至 1999 年 1 月，博乐市进行第四届村民委员会换届选举。选举村民委员会 120 个，占 122 个村总数的 98.36%。选民总人数 4.32 万人。新当选的村委会主任 172 人、副主任 84 人、村委会委员 374 人、村民代表 999 人，其中党员数 179 人、妇女干部 124 人、退伍军人 39 人。2001 年，博乐市开展第五届村民委员会换届选举，换届选举产生 133 名村委会主任、43 名村委会副主任、566 名村委会委员。2004 年，博乐市开展第六届村民委员会换届选举工作。选举产生村委会主任 155 人，村委会委员 330 人，村民代表 2 659 人。市民政局为当选的村委会干部颁发《当选证书》。为村委会干部举办民、汉干部培训班共计 36 期，培训内容有形势教育、《村委会组织法》《村委会的地位和作用》《自我管理、自我教育、自我服务、自我建设》；举办会计农技培训班 12 期。

三、村民自治

1991 年，博乐市制定《村民自治示范村达标验收十条标准》，在 5 个村委会推行村民自治示范工作。同年 12 月，验收规范化村委会建设。1992 年，博乐市在 26 个村委会开展规范化建设，设置《博乐市组织示意图》。举办村委会规范化建设干部培训 78 人次。1995 年，市民政局制定《村民自治章程》《村民代表会议制度》和《村规民约》范文，作为各村规范制定本村《章程》指导性资料。把村民自治示范活动与致富奔小康活动结合起来。1999 年 1 月，博乐市按照自治区村民自治示范达标要求验收村民自治示范村，全市有 80 个村委会达标予以命名。同年，博乐市开展争创自治区村民自治示范市活动。

2006 年，博乐市修订完善《村民自治章程》《村规民约》，健全村民会议、村民代表会议、村务公开和民主管理等规章制度。同年 9 月，贝林哈日莫墩乡决肯村、青得里乡夏吾尔台六村、小营盘镇塔翁哈木尔村被评为“自治区村务公开、民主管理示范单位”。

第二节 社区建设

一、居委会换届选举

1985年12月，博乐市成立青得里街道办事处、顾力木图街道办事处和克尔根卓街道办事处3个街道办事处，共辖6个居民委员会，144个居民小组。1988年，博乐市居民委员会发展到12个，居委会干部和居民小组长均为临时聘用。

1998年，博乐市统一部署居委会换届选举工作。青得里街道办事处、顾力木图街道办事处和克尔根卓街道办事处居委会相继完成民主选举工作。2000年，博乐市赛里木街道办事处设置三台居民委员会。

2001年10月，博乐市新建、改建社区居委会21个，其中17个社区居委会完成民主选举工作。2005年，博乐市开展第二届社区居委会换届选举工作。选举产生社区居委会主任21名，社区居委会委员119名。

二、社区建设

1995年，开展居民争创“十星级”文明户活动。从市直单位选派11名后备干部到街道社区居委会挂职2年。2006年，开展街道社区共建活动，组织15个市直部门及驻博单位与街道社区结对子。推进街道社区班子整合，将原来23个社区整合为14个，有居民小组190个。为每个社区配置事业编制9名。社区党支部书记和主任由1人担任。健全机构，社区建立居民档案，城镇低保对象全部纳入城镇医疗保险范畴。

第三章 地名普查和命名

第一节 地名普查

1983年3月，博乐县开展第二次地名普查工作。在1978年地名资料的基础上，完成收录地名727条，其中原文未变的227条；错字、错音按规范化处理的201条；更名170条；新启用的老地名129条。绘制《博乐市地名图》和《博乐市区地名图》。1991年，博乐市共辑录标准地名592条。其中，行政区划和自然村名189条，专业部门名称89条，自然地理实体名称203条，名胜古迹和人工建筑名称41条，驻市团场地名70条。

博乐市两次地名普查语种及所占百分比对照表

表29-1

年份	收录条数	汉语		蒙古语		哈萨克语		维吾尔语		混合语	
		条	%	条	%	条	%	条	%	条	%
1984	727	47	6.46	611	84.04	55	7.56	9	1.23	5	0.69

第二节 地名命名

一、地名命名

1993 年 2 月博乐市人民政府命名第一批市区街道地名一览表

表 29-2

街道名称	走向	区域	街道名称	走向	区域	街道名称	走向	区域
北环路	东西	城北	花园路	南北	青达拉	东光路	南北	青达拉
西环路	南北	城西	幸福路	南北	青达拉	虹桥路	南北	青达拉
东环路	南北	合作区	新市路	南北	青达拉	昌盛路	南北	青达拉
光明路	南北	合作区	联谊路	南北	青达拉	光华路	东西	青达拉
建国东路	东西	青达拉	迎春路	东西	青达拉	博华东路	东西	青达拉
泰安路	东西	青达拉	青达拉路	南 北	青达拉	朝阳路	东西	青达拉
博华路	东西	青达拉	安康路	南 北	青达拉	永光路	东西	青达拉
建设路	东西	青达拉	利民路	南 北	青达拉	青年路	东西	青达拉
五环路	东西	青达拉	新村路	南 北	青达拉	大庆路	东西	青达拉

二、地名图志编制

《博乐市地名图志》1990 年第一次印刷，以汉文和维吾尔文两种文字编写的图志。全书共收录地名 1 000 余条，其中行政区划单位和自然村名 200 余条，农牧点 50 条，名胜古迹 20 条，建筑物 50 条，自然地理实体 500 余条，驻市境内生产建设兵团农五师八十一团、八十四团、八十五团、八十六团、八十九团、九十团等六个团场使用的地名 40 余条。绘制县、乡、镇、牧场、团场等地名图幅，彩色地名照片 8 幅，反映博乐市政治、经济、自然、历史、地理等方面的概况和地名成名规律。

第四章 优抚与安置

第一节 优待抚恤

博乐市（县）各村民委员会、社区成立拥军优属服务小组，为驻市部队、优抚对象、现役军人家属办好事、实事。为入伍军人家属颁发光荣证，发放义务兵优待金。

1979 年，博乐县发放抚恤金 3.44 万元，残废金 2 100 元。1980 年，博乐县政府对生活有困难的烈士、病故军人，失踪军人的父母、配偶和未成年的子女，生活特别困难以及丧失劳动能力的复员、退伍军人，给予定期定量抚恤金 6 699.50 元。1981—1985 年，博乐县定期定量累计发放抚恤金 14 万元。1986 年，发给部队立功受奖人员奖金补助 2 230 元。

1987年1月，经博州人民政府批准，对城镇义务兵实行普遍优待，将优待金基数提高到平均940元。1990—1993年，按照《博乐市农牧区义务兵家属优待办法》《烈军属、伤残及退伍军人优待办法》，为烈军属修房。1994年，博乐市对老复员军人、伤残军人追加定补抚恤费，提高享受标准。对农村义务兵优待金标准给予上调100 ~ 200元。

1999年，制定《博乐市开展“爱心献功臣行动”实施意见》《博乐市关于优抚工作的若干规定》，重点解决优抚对象的“三难”（住房、生活、医疗）问题。2000—2004年，为优抚对象建设安居工程房，补助资金10余万元；发放生活困难补助费9万余元、医疗费补助6万余元；义务帮工2 600个工日。为部队优抚对象解决种子、化肥、地膜。

2005年，博乐市共发放78万元的抚恤金。市民政局对全市伤残军人、伤残人民警察、伤残国家机关工作人员、伤残民兵进行换发新证工作。1997—2005年，为退伍军人发放优待金107万余元；为优抚对象定期发放定量抚恤金344万余元。

第二节　安　置

1979年，非农业户口退役军人由政府统一安置。2002年，非农业户口退役军人安置工作采取政府统一安置和退伍军人自谋职业相结合的办法，为自谋职业退伍军人发放一次性补助金。

第五章　社会救济

第一节　最低生活保障

1993年，博乐市为下岗和停产的待业职工发放待业救济金每人791元。

1995—1997年，博乐市累计支付下岗职工基本生活费及失业救济金41.6万元。

1998年，博乐市对国有企业下岗职工和离退休人员，实施“两个确保”（确保国有企业下岗职工基本生活，确保离退休人员基本生活）、“三条保障线”（国有企业下岗职工再就业中，最长可领取3年基本生活费；2年期满仍未实现再就业的，可继续领取失业保险金，领取时间最长为两年；享受失业保险金期满仍未就业的，可申请领取城市居民最低生活保障金）。到2000年，市企业下岗职工263人，其中办理优惠证245人，一次性申领基本生活保障金转出中心18人。有211人得到妥善安置。3年审批发放下岗职工基本生活保障金127万元（含一次性申领基本生活保障金），其中财政支出57万元，失业保险调剂41.6万元，企业筹集28.4万元。

2001年，博乐市有最低生活保障城镇居民8 288人，发放城镇居民最低生活保障金57万元。2003年，全市享受“低保”政策5 370人，发放城镇居民低保金445万元。

2005年，博乐市有最低生活保障对象4 024户10 649人，全年发放低保金715.25万元。市低保覆盖全市5个乡镇、2个牧场、3个街道办事处，涉及下岗职工、失业人员、“三无人员”等五类人员，实现“应保尽保、微机录入、规范管理、动态管理”的目标。坚持“六不批、三把关”，推行“三榜公布”“保障金发放日”制度。形成“公开条件、随时申报、及时核定、按时发放、动态管理”的低保运行模式。

2006年，博乐市社会保险接续1 050人，其中下岗失业人员985人。

1998—2005年博乐市最低生活保障发放情况统计表

表29-3

年份	户数（户）	人次（人）	金额（万元）	年份	户数（户）	人次（人）	金额（万元）
1998	120	484	2	2002	809	2 832	218.37
1999	156	5 375	30.08	2003	2 216	5 370	445
2000	2 178	7 623	55.27	2004	2 579	6 163	564
2001	2 368	8 288	57	2005	4 024	10 649	715.25

第二节　扶贫帮困

1982年，博乐县成立扶贫委员会，在全县开展扶贫工作。

1984年上半年，县扶持农区贫困户268户1 422人，其承包的土地442.8公顷，由县民政部门发放化肥36吨、拉拉车109辆、种子4.1吨、耕牛10头，折合资金3.5万元。集体减免欠款、水费、提留、义务工等3.34万元。同年8月，在青得里乡牧区夏草场进行流动扶贫畜群扶贫试点工作，全县牧区扶贫41户201人，发放扶贫羊1 390只。10月，自治区民政厅在博乐县召开北疆牧区扶贫工作座谈会，并推广其经验。

1985—1988年，博乐市对802户5 092人次进行扶贫，其中农区有困难户559户3 191人、牧区贫困户353户1 862人（40户367人为牧区扶持致富户）。市政府制定筹集资金办法和优惠政策；对贫困户提供科学技术、优良品种、经济信息和咨询服务。银行和信用社为贫困户优先贷款1.85万元、市民政贴息贷款2.2万元购买农资；为贫困户优先供应化肥890吨、良种13.63吨；各单位和民政部门共向贫困户提供价值9.29万元的生产资料和现金。全市共投放扶贫羊4 370只、产羊羔2 124只，牛6头、骆驼2峰。为扶贫对象减免水费、医疗费、农牧业费、防疫费、各项提留、学杂费等各种费用合计为8.57万元。创办“双扶”经济联合体，解决民政对象和残疾人就业安置问题。1987年末，博乐市农牧区扶贫户人均年纯收入3 000～5 000元的24户；2 000～3 000元的34户；1 000～2 000元的258户，人均500元以上的158户；有84.7%的扶贫户脱贫。1988年底，脱贫628户1 636人（含优抚对象16户，自然脱贫110户），脱贫率87.9%（牧区脱贫率达100%）。

1990年，博乐市扶贫工作由输血型向造血型转变，对农区79户475人贫困对象进行扶贫。人均收入417.58元，当年脱贫75户，脱贫率94.94%。全市为贫困户减免税收、提留、水费、医疗费。牧区建立社会救济机制和社会保险机制。将2 270只扶贫羊承包给83户415人，把扶贫流动畜和扶贫承包畜有机结合，建立扶贫与社会保障共用畜群。同年兑现3.21万元，扩大扶贫救灾资金。建立扶贫救灾储金会6个，参加300户、入资1万元、粮食5吨。同年8月，自治区民政厅在博乐市召开全疆地州市流动畜群扶贫研讨会，推广博乐市在扶贫工作中对流动畜群实行承包，脱贫致富的经验。1991年，博乐市被评为自治区扶贫工作先进集体；编制《博乐市“八五”扶贫开发可行性规划》。1993年，博乐市建立村级储金会 28 个，资金 26.04 万元（其中储粮 15 吨），投入生产 12 万元，回收率 75%，计 9 万元；市 3 个“双扶”站安置就业人员 15 人（其中残疾人 4 人，优抚对象 2 人）。

1994—1997 年，《博乐市流动扶贫畜群承包管理意见》《博乐市扶贫攻坚实施意见》实施，各乡镇场成立相应的扶贫开发机构。市委、人大、政府、政协包乡，市直机关 51 个部门和乡镇场 73 单位承包帮扶 82 个村 274 户贫困户，负责定点对口帮扶，不脱贫、不脱钩，实行分片包干，层层签订责任书。博乐市各帮扶单位抽调干部 101 人，进驻乡镇场农牧区扶贫点。为贫困户解决化肥、地膜等生产资料折款 13.55 万元；减免各项费用。通过调整贫困户耕地面积，开展科技扶贫，党、团员科技户承包扶贫户，1997 年底，全市扶贫对象温饱 165 户 756 人，温保率 82%；民政救济对象温饱 42 户 192 人，温饱率 58.33%。

1999 年，博乐市坚持扶贫“三不变”的原则，即原定分片包干单位不变；帮扶措施和方法不变；各项扶贫优惠政策不变。为脱贫户解决贴息贷款 40 万元；化肥 12.5 吨；种子 5.2 吨；地膜 3 吨，折款 7 万元；党团员、富裕户、帮扶单位出工 2 720 人次 14 402 个工日；捐款捐物 6 200 元；举办实用技术培训班 36 期，普法学习班 28 期，参加培训的脱贫户 560 人次。为 21 户特困户实施安居抗震住房建设，投入建房补助金 4.2 万元。

2000—2004 年，博乐市印发《关于继续做好扶贫帮困工作的通知》《领导干部结对帮扶跟踪管理手册》，制定不脱贫不脱钩的帮扶措施，对市扶贫领导干部进行督查考核。博乐市 66 个机关、企事业单位分别承包贫困户，扶贫攻坚采用单位对口帮扶和助民增收相结合，全市 125 个单位进驻 125 个农牧业村队，落实扶贫政策、协调生产资金、解决生活困难。320 名副科级以上领导干部结对帮扶 467 户 1 853 人。为特困户发优惠证，减免农牧业税、土地费、“两工两款”、子女学费、机耕费、水费等 38.17 万元，提供化肥、地膜、种子、面粉、清油等生产生活资料折款 23.87 万元，义务帮工 2 262 个工日，解决现金 4.2 万元，协调贷款 63.85 万元，捐款 8 300 元，捐款捐物折款 27.6 万元。贴息贷款 42 万元。为农牧区 51 户特困户新建安居抗震住房，投入建房补助金 10.2 万元。修桥涵 36 座，打机井 7 眼，维修文化室 16 间，解决其他生活资料折款 7 200 元。

2002 年，博乐市农牧区人均收入在 625 元以下的贫困户有 392 户 1 620 人；2003 年，全市农牧区人均收入 800 元以下的贫困户 467 户 1 853 人。同年末，有 330 户贫困户脱贫，脱贫率 70.7%。2004 年有贫困户 272 户 1 595 人，脱贫率 74%。到 2005 年，全市 442 户 1 496 人扶贫对象，脱贫率 91%。

第三节 赈灾救灾

一、自然灾害救济

1985 年前，博乐县发生重大灾害 24 次，政府发放救灾款 83 万元。

博乐受地形、山脉和季风影响，常年发生自然灾害。1986—2005 年，博乐市农牧区连续遭受干旱、雹灾、风灾、洪灾、雪灾、霜冻、病虫灾、火灾等大、小自然灾害 43 余次，其中特大旱灾、洪水、霜冻、冰雹和风灾 9 次。

1986—1988，博乐市农区农作物受灾面积 3 367.8 公顷，毁坏民房，冲毁水渠、桥梁、闸门等水利设施，冲走粮食、饲料，直接经济损失 329.07 万元。牧区遭受雪灾，缺粮缺草；牲畜大量死。博乐市发放救灾款 46 万余元。市党政领导和有关部门发放救灾口粮 3.35 吨，调运预制板 3 000 余块，救灾化肥 50 吨、木材 20 立方米；派车 57 辆次，调运饲草饲料 499.1 吨。组织救灾抢险、抗灾保畜、卫生免疫 931 人次。

据不完全统计，1991—2005 年，全市农牧区遭受受灾面积 39 587.52 公顷，成灾面积 19 262.42 公顷，受灾户 14 057 余户 347 881 余人次；家畜家禽死亡 38 123 头（只）；倒塌房屋 1 515 间、危房 667 间。牧区牲畜死亡 39 184 只（头），草场受灾 2 222.27 公顷。冲毁防洪坝、乡村公路、防渗渠、桥涵等。累计造成经济损失 6 135.08 万元。灾情发生后，市委、市政府赴灾区察看灾情，组织灾民生产自救，引导群众恢复生产，重灾田翻种和补种；发动机关干部入村入户安置受灾群众，动员社会各界捐款捐物累计 100.35 万元，帮助灾民克服困难。博乐市为农牧区累计发放救灾款 624.46 万元，其中拨建房补助金 183.56 万元，重建家园 474 户（实施安居工程牧民 31 户投资 15.5 万、农民 28 户投资 21.347 万元）、维修房屋 56 户 84 间投资 16 万元。发放救济口粮 121.42 吨。为灾区贫困户减免医疗费、水费、提留费、地皮费折款 12.65 万元，救济 2 524 户 11 517 人次过冬取暖用煤、面粉、清油。其他救济 334 户 1 601 人，投入资金 30 万元。

二、临时救助

1986 年，贝林哈日莫墩乡政府临时救助参加自卫反击南线战士的母亲医疗费 300 元。1987 年底雪灾，博乐市医疗队为牧区看病 326 人次，免费 617 元。市政府派专人在牧民转场沿途中分发馕 2 000 个（计 400 元）；临时补贴、救济牧民贫困户 200 户 1 282 人，发放粮食补贴。果子沟大雪封山，交通阻断，市政府派车 20 多辆次，往返接送灾民 2 000 多人到市区，安排吃住，并为灾民发放饭票 2 000 多张，饼干 200 多盒，馕 300 多个，借款 800 元。

1988 年，博乐市有城市定期定量救济 15 户 48 人，救济金额 5 820 元。救济缺粮户 93 户 560 人，拨发牧区口粮补助 3.5 万元，买口粮 56.45 吨，

1991—2005 年，博乐市共发放临时救济款 470.26 万元，临时救济 4 614 户 13 763 人次（含城市特困户）。为 3 名残疾人，救助医疗费 1 190 元。救济灾民贫困户发救济口粮 102.3 吨、牧区发放救济饲料 7 吨；春节、古尔邦节，为贫困户送面粉 4.1 吨、清油 420 千克，现金 3.84 万元。为困难户提供贴息贷款 62 万元，春耕秋收季节，帮扶单位和民政部门为贫困户解决化肥、种子、地膜、牛犊等生产资料折款 28.99 万元；解决特困户家庭 1 368 户 2 769 人在医疗、义务教育、冬季取暖等实际困难，合计 37.73 万元；大病救助 386 人次。为特困户建安居房补助资金救助 30.75 万元，捐款 6 200 元。减免各项费用 19 余万元。

三、捐款救助

1986 年，博乐市成立救灾扶贫捐赠工作领导小组，市民政局负责全市社会捐助工作，构建社会救助体系。1991 年，博乐市 262 个单位 6 591 名干部为江浙灾区捐款 13.42 万元，粮票 180 千克。全市 293 个单位 8.5 万人，为残疾人捐款 12.5 万元。

1994—2005 年，博乐市共接收社会各界捐款 202.12 万元，收到捐赠物资 7 653 件、折款 16.3 万余元。主要用于社会救助，如灾民生活困难、重建家园、生产自救。其中支援南疆地震灾区 20.16 万元；1998 年，为市灾区捐款 50.1 万元，向南方洪水灾区捐赠 22.1 万元。解决特困户家庭在医疗、义务教育、冬季取暖等困难。

第六章　社会福利

第一节　福利服务

一、敬老院

1986 年，博乐市有“五保户”107 户 132 人，其中少数民族“五保户”老人 17 人。有敬老院 4 所，

收养“五保户”老人31人，孤儿2人；年供养标准为500 ~ 600元。社会各界为敬老院赠送生活用品折款2.1万元。

1987年，全市有敬老院6所，房屋建筑面积1 396.3平方米，占地面积4.07公顷。各敬老院都配有电视机、洗衣机、电冰箱、录音机、缝纫机和生活日用品。

1989年，博乐市共有“五保户”老人131人，实行敬老院集中供养61人，其中孤儿11人，“五保户”供养标准600 ~ 700元。同年，博乐市青得里乡敬老院开院，供养经费2.5万元，建设经费2.5万元，乡政府机关和各单位为敬老院捐款2.2万元。1990年，阿热勒托哈牧场福利院和青得里乡敬老院被评为“自治区十佳敬老院”。

1998年，博乐市民政局投入19万元，在敬老院新建育肥基地2个，果园基地1个，棉花基地1个，蔬菜基地1个，推动敬老院向多功能，社会化服务实体方向发展。1999年，《博乐市乡镇敬老院实施细则》，坚持“尽力而为，因地制宜，方便群众”的原则，“五保户”供养工作规范化，制度化。全市有“五保户”对象107人，其中集中供养46人，村队分散供养61人。民政局拨付资金3.1万元，用于解决供养经费不足的问题；为3个乡镇敬老院投资4.5万元，安装取暖锅炉。

2006年，博乐市“五保户”老人每人每月317元，费用按月足额发放，保证“五保户”老人基本生活和就医问题。博乐县(市)社会福利工作稳步发展。

二、博乐市儿童福利院

1997年，博乐市儿童福利院成立于。1998年4月，博乐市投资30多万元，新建1所儿童福利院，占地面积2 345平方米，儿童福利用房建筑面积398平方米，规模床位20张，工作人员5人。共收养孤残儿童及社会弃婴25人，其中，社会家庭依法收养2人，送入乌鲁木齐市儿童村1人，集中供养7人，家庭寄养13人，送入华凌孤儿学校2人。

2003年8月，博乐市儿童福利院推行家庭寄养制，每月支付家庭寄养儿童生活费450元，并对寄养家庭实行跟踪管理，每月进行家访2次。家庭寄养工作得到英国磐石基金会资助，为13名家庭孤残儿童每人每月资助300元。

三、社会福利企业

1985年，成立博乐市福利加工厂后，相继建立编织厂、针织厂等社会福利企业。1990年，博乐市规模较大的社会福利企业有福利加工厂、福利编织厂、福利针织厂、福利纸制品厂、福利装潢部等6个全民所有制企业。1993年，由于受企业改制和社会市场竞争的影响，福利纸制品厂维持生产，其他5个企业全部停产，其中工业公司、针织厂、编织厂于1997年8月被博乐市人民法院宣告破产。福利纸制品厂在册职工15人，其中残疾职工11人。

第二节 有奖募捐

博乐市于1991年成立社会有奖募捐委员会。10月1日，开展有奖募捐奖券发行工作。至12月底，市中奖者获冰箱44台、放像机20台、彩电54台、洗衣机10台、自行车560辆，以及其他奖品共35万件，中奖率59%，奖金返还率62%，共79.52万元。募集福利基金27.75万元，解决26名福利企业职工停产待业中生活问题，并资助扶持福利企业5万元。1991—2000年，博乐市累计销售福利彩票1 466万元，提取福利基金187万元，利用所筹集的资金资助敬老院、儿童福利院、残疾人安居工程、农村扶持贫困户安居工程，取得较好的社会效益。

第七章　老龄事业

第一节　老年人口

1982年，博乐市66岁至80岁老人2 265人，81岁至100岁老人239人；101岁至104岁老人4人；1990年，60岁以上老人6 632人，其中80岁至89岁396人，90岁至99岁39人，100岁以上5人。

2006年，博乐市60岁以上老年人1.54万人，其中农村老人10 320人。65岁以上老年人13 676人。“五保”老人239人。60岁以上空巢老人4 553人。90岁以上高龄老人54人；其中百岁以上高龄老人2人。

第二节　老龄工作

1990年，博乐市老干局设立老龄工作办公室，开设老年人书法、绘画、戏剧、英语等学习班。2001年，市民政局和老干局对全市老龄住房、身体健康状况开展调研，登记备案；全市老龄人口7 426人，其中农牧区老龄人口5 045人，占老年总人口的39.3%。博乐市老龄工作委员会对社区老干活动、农牧区“两工两款”免除等情况进行专题调查、摸底登记。

2004年7月，博乐市作出《关于开展创建全国老龄工作先进县市活动的决定》和《博乐市创建全国老龄工作先进县市活动实施方案》。同年末，博乐市基本养老覆盖率82%；为102名贫困老人落实低保待遇；平均每年临时救济农村老人200余人次；年发放“三老”补助金24万余元；司法部门优先接待和办理涉老案件。老年大学设立13个专业，14个班级，在校学员430余人。全市有活动广场4处，老年文化娱乐组织12个，老年门球队2个，街道及社区设有活动室；组织老年人参加社区文艺会演31场次。老龄宣传月活动中，印发宣传材料提高全市各族群众爱老、养老、敬老的意识。2005年，博乐市为60岁以上各民族老年人6 400名发放优待证，享受“一免三优先”政策；对65岁以上老年人享受“七免一减半”优惠政策。

2006年，博乐市有老人活动场所16处；老年活动室30多处；老年大学2所；老年活动组织3个；中心敬老院1所，个体敬老院3所；老年人维权工作站11个。

第八章　社会事务

第一节　社会组织登记管理

一、社会团体登记

1991年4月，博乐市成立社团登记领导小组，下设社团登记办公室，负责全市社会团体管理工作。1992—1993年，博乐市社会团体进行清理整顿，对15个社会团体依法进行统一赋码，表识和年检工作。1996—2001年，博乐市对社会团体开展年检，依法注销11个社会团体，获准登记社会团体6个。

2002年，博乐市贯彻《社会团体登记管理条例》，依法加强社会团体登记管理工作，对民办非企业单位和社会团体进行年检。2005 年，博乐市社会团体年检 7 个。小营盘镇养鸡协会被评为“全国先进社会团体”。

二、民办非企业单位登记

2002 年 4 月，根据《民办非企业单位登记管理暂行条例》《关于开展民办非企业单位复查登记工作的意见》，博乐市民政局负责民办非企业单位登记管理工作，批准成立民办非企业单位 1 个。2005 年，博乐市办理民办非企业年检 5 个。

三、农村专业经济协会登记

2000—2005 年，博乐市重点培育和发展农村专业经济协会。全市登记成立的农村专业经济协会 7 个。

第二节 婚姻 收养登记

一、结婚登记

1980—2006 年，博乐市共办理结婚登记 13 803 对。

1980—2006 年博乐市部分年份民政局婚姻登记统计表

表 29-4 单位：对

年度	结婚	年度	结婚	年度	结婚
1980—1985	3 214	1997	636	2002	793
1993	551	1998	621	2003	869
1994	588	1999	678	2004	1 125
1995	527	2000	819	2005	934
1996	592	2001	752	2006	1 104

说明：此表统计数不含各乡镇场和农五师

二、离婚登记

1980—2006 年，博乐市共办理离婚登记 2 829 对。

1980—2006 年博乐市民政局离婚登记统计表

表 29-5 单位：对

年度	离婚	年度	离婚	年度	离婚
1980—1985	1 124	1997	54	2002	133
1993	54	1998	68	2003	168
1994	44	1999	82	2004	247
1995	28	2000	102	2005	273
1996	43	2001	129	2006	316

说明：此表统计数不含各乡镇场和农五师。

三、收养登记

1998 年，博乐市依据《中华人民共和国收养法》《中国公民收养子女登记办法》，登记社会家庭收养孤儿 2 人。2003 年，博乐市推行孤残儿童家庭寄养制。

第三节 殡葬管理

1985 年 6 月，博乐县殡葬管理所成立，主要承担殡葬管理事宜；推进殡葬改革；殡葬执法检查和查处违法殡葬事件；开展有关殡葬职业教育，殡葬服务等。同年底，博乐市有公墓 6 处，总面积为 293.5 公顷，其中位于博乐市水泥有限公司南侧公墓占地 39 公顷；位于博阿公路北 7 千米处公墓占地面积 66.7 公顷；位于五一水库南侧公墓占地面积 66.7 公顷。博乐市北二台阶处有 3 处自然公墓，占地面积分别为 0.28 公顷、71 公顷和 49 公顷。各乡镇场公益性墓地 76 处，总占地面积 665.1 公顷。

博乐市殡葬管理所安排坑址，挖坑等，统一收费。1996 年 11 月，成立博乐市殡葬用品服务公司，生产棺材、花圈、殡葬用品等。

第三十编

BOLE SHIZHI

民族宗教事务管理

博乐自古以来就是多民族居住区域。各民族之间形成血了浓于水、休戚与共关系，为开发、保卫、建设博乐做出重要贡献。中共十一届三中全会后，博乐市（县）委、市（县）政府始终重视民族工作，认真践行党和国家民族宗教政策，依法保障各民族权益。各民族在发展中交往交流交融，牢固树立“三个离不开”的思想，共同维护祖国统一、民族团结，共同繁荣发展经济，发展少数民族文化教育卫生事业，构建平等、团结、互助的新型社会主义民族关系。

博乐市（县）依法管理宗教，依法打击非法宗教活动，积极引导、促进宗教与社会主义社会相适应。至 2006 年，全市共表彰“五好”宗教场所 46 处（次）、“五好”宗教人士 58 人（次）。

第一章　民族事务管理

第一节　机　构

1986 年 2 月，博乐市民族宗教事务工作从市政府办公室分出，成立民族宗教事务局。2002 年 1 月，博乐市民族宗教事务局改设为博乐市民族宗教事务委员会。同年 11 月，博乐市民族宗教事务委员会设语言文字办公室、民族宗教办公室，行政编制 8 名，其中领导职数 3 个。

1997 年始，博乐市乡（镇、场）成立统战民族宗教办公室，配备干事 1 ～ 2 人。2004 年，各街道办事处设统战民族宗教办公室，配备干事 1 人。

第二节　贯彻落实党的民族政策

一、保障各民族当家做主的民主权利

1984 年，博乐县委、县政府贯彻《关于修改（中华人民共和国民族区域自治法）的决定》，宣传教育各民族干部群众自觉遵守《中华人民共和国民族区域自治法》。同年，全国人大常委会原副委员长、全国佛教协会名誉主席班禅额尔德尼确吉坚赞到博乐视察。

博乐历届市（县）、乡（镇）人代会代表组成和市（县）政协委员会代表、委员名额分配都考虑到各民族比例，确保各民族当家做主。1980 年 6 月，博乐县第七届人大代表为 178 人，少数民族代表 99 人，占代表总数的 55%。同年，县政协第三届委员会组成 10 个界别，委员 37 人；组成委员界别中，民族上层人士界 8 人、宗教界 10 人。2003 年 1 月，博乐市第六届人大代表 167 人，其中少数民族代表 79 人，占代表总数的 49.37%。同年，市政协第六届委员会 17 个界别，委员 90 人，宗教界 9 人。历届博乐市（县）政府换届选举中，市（县）长、乡（镇）长均由当地主体少数民族担任。历届人大少数民族代表、政协委员的议案、提案及意见和建议，市（县）政府各部门认真办理回复。爱国宗教人士进入政协、人大，参政议政，民主监督。

二、少数民族干部享受离、退休待遇

博乐县根据国务院关于老干部离职休养的暂行规定，1980—1985 年末，博乐县共有 52 位老干部享受离休政策，其中少数民族 30 人。1986—1994 年，博乐市共有 27 位老干部享受离休政策，其中少

数民族 11 人。

三、少数民族干部培养与选拔

中共十一届三中全会后，博乐县委按照“四化”（革命化、年轻化、知识化、专业化）方针和德才兼备的原则，贯彻落实少数民族干部政策，提拔使用少数民族干部。1979 年，博乐县县级干部 22 人，其中少数民族 12 人，占县级干部总数的 54%；科级干部 160 人，其中少数民族 75 人，占科级干部总数的 47%。中共党员 1 818 人，其中少数民族中共党员 885 人，占中共党员总数的 49%。1984 年，博乐县机构改革中，重视提拔少数民族干部，全县科级以上领导干部中，少数民族干部占干部总数 43%。

博乐市（县）加强少数民族干部队伍建设，在机关、事业单位进修学习、招录中保障少数民族干部比例。1980—1985 年，博乐市（县）教师进修学校共培训小学教师学员 772 人，其中蒙古族 241 人、维吾尔族 237 人、哈萨克族 70 人。1982—1997 年，据不完全统计，博乐市（县）共举办少数民族干部培训班 38 期，受培人员 1 710 人。1984—1988 年，博乐市（县）选送少数民族干部到各类大专院校进修的人数占全市进修干部总数的 52%。

1989年，全市有少数民族干部1 980名，占全市干部总数的65%；1995年，博乐市完成6个乡（镇、场）党委换届工作，乡（镇、场）党委班子组成人员共 41 人，其中少数民族 19 人。博乐市通过派出培训、挂职锻炼等办法，加强少数民族干部培养，注重选拔和使用少数民族干部。1991 年，博乐市专业技术职务评聘 527 人，其中中级职称 11 人中少数民族 7 人；助理职称 146 人中少数民族 88 人；技术员职称 370 人中少数民族 106 人。博乐市执行大中专毕业生分配原则，1996 年，先后分配 4 批大中专、技校毕业生 508 人，其中本科 45 人中少数民族 38 人，专科 64 人中少数民族 21 人，中专 281 人中少数民族 107 人，技工 119 人少数民族 43 人。

1980—2006 年，中共博乐市（县）委员会书记、副书记 4 ~ 7 人（1 人挂职），其中少数民族领导干部 2 ~ 3 人。市（县）人大常委会主任、副主任 6 人，其中少数民族领导干部 5 ~ 2 人。市（县）人民政府市（县）长、副市（县）长 6 人，其中少数民族领导干部 3 人；政协博乐市委员会主席、副主席 6 ~ 5 人，其中少数民族领导干部 4 人。博乐市（县）县级干部中少数民族干部占 60% 以上。

至 2006 年，全市党员 7 011 人，其中少数民族党员 2 852 人。

四、少数民族群众就业与培训

1979—2006 年，博乐市（县）在招工、征兵、安置工作中，保证少数民族群众平等参与。1987 年，博乐市各类用工单位招工贯彻“先培训，后就业”的规定，共培训 234 人，其中少数民族 42 人，占培训数的 17.9%。1988 年，博乐市共培训各类人员 427 人（不含普法教育人数），其中少数民族 98 人，占培训总数 22.9%。1992—1995 年，博乐市有自培、委培 1 975 人，其中少数民族 666 人。1992—1994 年，博乐市安置待业人员 1 257 人，其中少数民族 536 人，占安置待业人员总数 43%。1995 年，博乐市启动就业再就业工程。当年 583 人签订劳动合同，其中少数民族 269 人。2000 年 4 月，博乐市成立人力资源市场，为城镇失业、下岗人员提供就业服务。2006 年，博乐市举办招聘洽谈会，提供就业岗位 1 400 个，开展职业技术培训，帮助少数民族群众掌握劳动技能，方便就业。

第三节　少数民族经济的发展

一、实施扶贫工程

“七五”期间，博乐市扶贫工作重点是农村少数民族贫困户。博乐市每年拨付扶贫资金对少数民族贫困户帮扶，并要求农村共产党员、致富能手和少数民族贫困户结对子，帮助其科学种田、勤劳致富。1986 年，资助少数民族扶贫对象 179 户。至 1989 年，全市扶贫 818 户，其中少数民族 613 户，占博乐市扶贫户总数的 79.8%。同年，博乐市被评为自治区“七五”扶贫先进集体。“八五”“九五”期间，市委、市政府制定扶贫攻坚计划，实行分片包点，采取资金、项目和技术三优先的措施，取得显著效果。“十五”期间，市加大扶贫攻坚力度，制定单位包村，科级以上领导干部包户，实行贫困户不脱贫，领导干部不脱钩的责任制。全市累计落实助民增收、扶贫帮困、救灾救济资金 473.2 万元，使 1 211 户 5 007 名贫困人口脱贫。2006 年，博乐市落实寄宿制贫困学生生活补助 77.7 万元。

二、实施项目资金工程

改革开放后，国家为加快少数民族和少数民族地区的经济建设步伐，加大在资金和政策上的倾斜，先后制定和实施一系列特殊优惠政策。1994 年，博乐市按照财政部、国家民族宗教事务委员会和农业部《关于印发〈少数民族地区乡镇企业贴息贷款项目贴息办法〉的通知》规定，为市棉纺厂、乌图布拉格乡面粉厂等企业申请“乡镇企业贴息贷款项目”，先后获取 500 万贷款，贴息 31 万元。1998 年，博乐市贯彻落实国家《关于做好民族贸易和民族用品生产流动资金贷款实行优惠利率的办法》规定，上报申请项目，获取贷款 1 000 多万元，优惠利息 30 多万元。1999 年，博乐市为 30 户农牧区教师无偿划拨宅基地，并给予 2 000 元建房补助。2004 年，博乐市被确定为“兴边富民”试点县，编制《博乐市兴边富民整体规划》，建立“兴边富民行动”项目库。2005 年，博乐市实施“兴边富民行动”项目获取项目资金 100 万元。

三、实施牧民定居工程

博乐市（县）传统游牧民族主要有蒙古族、哈萨克族。1995 年开始，博乐市有计划推行牧民定居配套工程，印发《博乐市牧民定居实施方案》。是年，全市 18 个牧业村（队）1 298 户牧业户中实现牧民定居半定居 139 户，总投资 308 万元。1999 年，牧区累计架设高压线 95.28 千米，打机井 32 眼，修防渗渠 93.5 千米，修道路 246.8 千米，建定点配种站 37 座，建药浴池 20 座，学校 12 所，商店 35 家，文化室 12 座，卫生所 15 所计划生育技术服务体系 16 个；全市牧业村实现通电 90%，通水、通路 100%，牧民牲畜棚圈和草料地的拥有率 100%，草料滴灌概率 80%。截至 2000 年，博乐市累计投入牧民定居点工程资金 4 556.78 万元，累计建造牧民住房 775 栋。按照自治区“牧业工作会议”精神，“三通、四有、五配套”（三通即通电、通水、通路，四有即有人工饲料草地、有住房、有棚圈、有园林地，五配套即信息技术服务、卫生院、学校、文化室及商贸设施的配套）的牧民定居标准，博乐市牧区牧民定居建设通过自治区验收。“十五”期间，结合牧民定居点配套建设，发展草产业和家庭牧场。畜牧业产值占农业总产值的比重达 40% 以上。2006 年，全市农牧民人均纯收入 4 907 元。

第四节　少数民族教育　文化　卫生事业

中共十一届三中全会后，中共博乐市（县）委员会、人民政府把发展少数民族教育文化医疗卫生事业列入经济和社会发展总体目标中，加大基础设施建设的投入和实施少数民族人才培养工程。从 20 世纪 80 年代起，国家每年为市（县）拨付 20 ~ 30 万元“少数民族地区补助费”用于帮助少数民族地区文化、教育、医疗卫生设施建设。1998—2001 年，国家为博乐市拨付“少数民族发展资金”200 余万元用于发展教育文化医疗卫生事业。2005 年，国家为市拨付“少数民族发展资金”134 万元，用于发展教育文化医疗卫生事业。

一、少数民族教育事业

1979 年，博乐县有小学 39 所，全县在校学生 12 372 人，其中少数民族学生 5 858 人；小学教师 706 人，其中少数民族教师 359 人。博乐县有普通中学 7 所，在校学生 3 793 人，其中少数民族学生 1 414 人；普通中学教师 255 人，其中少数民族教师 112 人。

1979—1988 年，博乐市财政拨款和乡镇场集资累计 800 多万元，用于少数民族教育基础设施建设。新建、扩建 2 所民族中学。购置教学器材和维修校舍。全市牧区建 6 所寄宿学校，在校生 1 562 人，从而结束牧民子女上“马背”小学的历史。1994—1995 年，博乐市有 224 人取得高等自学考试毕业文凭，其中少数民族 149 人。

至 2006 年，博乐市有小学 38 所，在校学生 9 447 人，其中少数民族 2 884 人；招生数 1 509 人，其中少数民族学生 562 人；毕业生数 1 728 人，其中少数民族毕业生 566 人；小学教师 1 390 人，其中少数民族教师 868 人。有中学 17 所（初中 14 所、高中 3 所），在校学生 10 137 人，其中少数民族学生 4 860 人；中学教师 1 005 人，其中少数民族教师 308 人。全市有幼儿园 15 所，入园幼儿 3 995 人，其中少数民族幼儿 934 人；幼儿教师 209 人，其中少数民族教师 95 人。

2006 年，博乐市投资 727 万元，新建校舍 7 558 平方米。免去学生教科书费、学杂费 417.2 万元，落实寄宿制贫困学生生活补助 77.7 万元。

二、少数民族文化事业

1982 年，博乐县在赛里木湖畔举办青壮年扫盲班，集中参加学习 445 人，其中蒙古族青壮年 15 人，哈萨克族青壮年 430 人；脱盲 245 人，其中蒙古族 13 人，哈萨克族 232 人。1995 年，市政府教育督导对 5 个乡（镇、场）牧民文化技术学校进行督导评估；1997 年，博乐市通过自治区“两基”工作评估验收，乡级农牧民文化技术学校办学面 100%，农牧民文化技术培训面 97.8%。

改革开放后，博乐市（县）每年举办的那达慕大会，多次举办大型麦西来甫活动和阿肯弹唱会。各乡（镇、场）建有文化站，每年开展少数民族喜闻乐见的民间活动。2002—2003 年，市连续 2 年举办中国烹饪那达慕草原节，同时举办麦西来甫活动。

麦西来甫内容丰富多彩，成为博乐市各族人民群众普遍喜爱的文化娱乐形式之一。1983—1985 年，博乐县欢度国庆节，举办麦西来甫专场演出活动 2 次。1996 年 9 月，博乐市教师节举办大型麦西来甫活动。2002—2006 年，每年在“西部文化广场”文化节，举办麦西来甫演唱会。

阿肯弹唱在博乐哈萨克族人民中流传最广的是民间叙事长诗《拜合提亚尔的四十支系》。1979 年，博乐县在赛里木湖举办 18 对牧民男女阿肯弹唱会。1980—2006 年，除民间自发组织阿肯弹唱外，市（县）多次举办大型阿肯弹唱会。

1982 年，博乐县组织 9 次《江格尔传》弹唱会，搜集整理蒙古族民间歌曲 250 余首，其中 161 首选入《博尔塔拉蒙古族民歌长调歌曲集和短调歌曲集》。1989 年 9 月，小营盘镇蒙古族牧民普尔加普获得文化部举办的搜集整理蒙古族英雄史诗“江格尔”成果展览一等奖。

1979—2006 年，博乐市（县）涌现出少数民族优秀文艺作品。在自治区“建设者之歌”音乐会上二重唱《青春》获自治区二等奖；《光辉灿烂的前程》获自治区创作表演奖。2002 年，全国第十届青少年科技创新大赛中，市四中学生科技论文《少数民族生态传统改善环境及西部开发意见》获一等奖。

三、少数民族医疗卫生事业。

1981 年，博乐县医院增设蒙医科。

1995 年，博乐市成立维吾尔医门诊部。2002 年，成立博乐市维吾尔医医院。2005 年，市投资 255

万元建维吾尔医院门诊楼，建筑面积 3 221 平方米。2006 年，市投资 289 万元完成维吾尔医医院、计划生育指导站联合业务楼主体工程建设。

加快少数民族医疗卫生技术人员的培养。至 2002 年，全市有专业卫生技术人员 480 人，其中少数民族专业卫生技术人员 250 人；医生 304 人，其中少数民族医生 140 人。

2004 年，博乐市启动新型农牧区合作医疗制度。同年末，全市参加新型农牧区合作医疗的农牧民 6.59 万人，占农牧民总数的 79%，累计筹措农牧民个人合作医疗基金 197.8 万元。住院统筹基金 93.9 万元，其中，自治区拨付 12 万元，博乐市 31 万元，农牧民筹集 50.9 万元，结余 33.7 万元。2006 年，博乐市 65 207 人参加农牧区合作医疗，占应参农牧民总数的 87%。筹集资金 395.06 万元，其中中央财政补助 57.45 万元，自治区财政补助 57.45 万元，博州财政补助 19.56 万元，市财政补助 65 万元，农牧民自筹基金 195.6 万元。农牧区基本医疗保障体系初步形成。

第五节　语言文字工作

一、语言文字推广

博乐市各民族在司法、行政、教育、新闻出版、广播、电视等各个领域和社会生活中广泛使用国家通用语言和本民族语言文字。博乐有线电视、广播、转播新疆电视台、人民电台的国语、蒙古语、维吾尔语节目。1993 年，博乐市教育系统举办年轻教师汉语、蒙古语、维吾尔语、哈萨克语语、数学教学大赛，41 人参赛。市第三中学小学 1 至 3 年级采用汉、蒙 2 种版本教科书授课，1994 年，市第三中学初中数理化三科采用汉语、蒙古语 2 种版本教科书授课。民、汉兼通教学实验取得进展。

1996 年，博乐市落实《新疆维吾尔自治区语言文字工作条例》《博尔塔拉蒙古自治州民族语言文字工作十年规划和民族语言文字工作实施办法》精神，印发《关于在全市各民族干部群众中开展互相学习语言文字活动的通知》，市党校举办 2 期（半年）科级干部学习班。同年 10 月，博乐市中、小学开展汉语、蒙古语、维吾尔语、哈萨克语目标教学公开课教学，并在市三中举办教学改革汇报课活动。2003 年，博乐市开展少数民族教师挂职锻炼活动，到市第一小学，第三小学学习培训。2004—2006 年，加快教师队伍建设，博乐市选派 18 名维吾尔族和哈萨克族教师到市直学校学习国语，选派 11 名教师参加自治区培训。

国家通用语言　1992 年 9 月，博乐市举行《公务员行为规范教程》考试，应考人数 719 人，少数民族干部参加国家通用语言（汉语）考试 127 人。

1994 年，博乐市第一中学、第七中学（2 所维吾尔语中学）小学一年级开设国家通用语言口语课，并逐步增加课时；1995 年，市七中和一中在博州汉语知识竞赛中分别获团体二等奖和三等奖。

博乐市中小学校、幼儿园按照教学要求，把普通话作为教学用语、校园用语，积极推广、普及普通话和汉语拼音方案，正确使用语言文字。1996 年 11 月，市教育局对市区民语小学的国家通用语言进行抽考。1998 年，博乐市落实自治区、自治州在教育系统开展普通话水平测试工作，开展“全国普通话推广宣传周”活动；2001 年，博乐市大部分学校实行民汉合校，国语教育快速发展。2002 年，博乐市举办少数民族中小学教师国语培训班 2 期，参加培训人员 120 人；全市共有 1 105 名中小学教师参加自治州测评员进行普通话等级测试，合格率 91.2%。

少数民族语言　1981 年 12 月，博乐市开始推广、普及胡都木蒙古文。1982 年 9 月，全面使用老维吾尔文。《博乐市地名图志》是汉文和维吾尔文两种文字编写的图志，1990 年第一次印刷。

1996年11月，出版印刷维吾尔文《博乐市志》。

二、规范社会用字

20世纪80年代，博乐市多次检查指导行政、企事业单位以及个体工商户使用国家通用语言和少数民族语言文字情况。1987年，博乐市再次检查指导规范社会用字工作，包括从事新闻、广播、电视、文学艺术、语言翻译、打印、中小学语文教师在内的文字工作者近千人。2001年，博乐市宣传《中华人民共和国国家通用语言文字法》，在主要街道悬挂布标、印发宣传材料，利用广播、电视、报纸、宣传车等媒体进行广泛宣传。推进语言文字规范化、标准化使用。

2004年2月，博乐市根据《博尔塔拉蒙古自治州社会用字管理办法》，对社会用字不规范情况进行检查，发放限期整改通知书500份，宣传单1 000多份。2006年，对社会用字不规范情况进一步检查，发放宣传单1 500份，限期整改200处。

第二章　宗教事务管理

第一节　宗教场所管理

一、宗教活动场所管理

博乐市贯彻执行自治区人民政府制定《宗教活动场所管理暂行规则》，依照《宗教活动场所登记办法》《宗教活动场所管理条例》等一系列宗教事务管理的法规和政策性文件加强对宗教事务的依法管理。1990年9月，市委统战部印发《宗教场所三级管理制度》。同年11月，市委宗教场所管理整顿领导小组成立。抽调30名干部对全市寺庙进行清理整顿、造册登记；召开座谈会51次，参加座谈会的312人次，合并清真寺4座。1993—1994年，市宗教局批准维修清真寺9座。

1996年，博乐市转发《中共博州委员会关于依法加强宗教事务管理制止违法宗教活动的决定》《博尔塔拉蒙古自治州关于加强宗教事务管理工作的十四项措施》，依法开展对宗教活动场所管理办法宣传和宗教事务目标管理考核，对全市宗教活动场所进行审核登记，予以登记的宗教活动场所57处，暂缓登记的宗教活动场所1处。

1998年，博州统战部在青得里乡召开宗教场所管理现场会。

2002—2006年，博乐市落实领导干部联系宗教场所制度。民族宗教部门领导定期不定期到现场听课，了解掌握宗教人士讲经、解经的情况，全市伊斯兰教活动场所按照《新编卧尔兹演讲集》规范的内容，正确地讲经、解经。2002年11月，博乐市确定47名副科级以上少数民族领导干部联系宗教活动场所，并签订《博乐市宗教场所目标管理责任书》；2003年4月，博乐市与54名副科级以上少数民族领导干部签订《少数民族领导干部联系宗教活动场所责任书》。2004年10月，市委统战部、民宗委、政法委、司法局和国保大队组成工作组，对全市宗教事务工作进行检查。2006年，全市有24名县级、34名科级少数民族领导干部联系58所宗教活动场所，推进宗教活动场所管理制度化、规范化。

二、“双五好”活动

20世纪90年代初开始，博乐市开展“双五好”（“五好”宗教人士：拥护党和政府的领导，配合工作好；遵守政策、法律、法规，贯彻执行好；尊重不信教和信仰不同宗教群众的合法权益，维护民族团结好；维护宗教活动场所的安定，抵御境外宗教渗透，以身作则好；积极参加公益活动，兴办自养事业好。“五好”宗教活动场所：维护祖国统一，维护民族团结好；遵守法律法规，宣传执行政策好，健全规章制度，民主管理好；兴办公益事业，实行自养好；植树种花，环境卫生好）评比表彰活动，及时总结推广“双五好”活动经验，推进宗教活动场所的制度化、规范化管理进程，促进宗教与社会主义社会相适应，全市涌现出一批“双五好”典型，并受到表彰和奖励。

1991年7月，博乐市表彰奖励“五好”宗教场所10所、“五好”宗教人士13人。1994年，各乡（镇、场）评选出“五好”宗教活动场所16所“五好”宗教人士18人。1991—2006年，博乐市被自治区表彰的“五好”宗教活动场所26家“五好 宗教人士32人。博乐市共表彰“五好”宗教活动场所46家、“五好”宗教人士58人。

第二节 教职人员管理

一、宗教教职人员认证

博乐市（县）始终注重配备好宗教教职人员和寺管会成员工作。1979年，博乐县清真寺相继成立由3～5组成的民主管理委员会或管理小组，负责清真寺和宗教活动的民主管理。1985年，全市（县）有管理人员196人，其中喇嘛庙5人，清真寺191人。1993年，市委统战部和市宗教局对全市寺庙民主管理委员会或管理小组成员进行充实和调整。

1988年9月，博乐市开办宗教人士培训班，全市41名宗教人士考试获得合格证书，其中40人获得博州伊斯兰协会颁发合格证书，1人获得自治区伊斯兰协会颁发的合格证书，实行持证上岗。1995年，全市有宗教人士95人，取得宗教人士合格证书的69人。

2006年，全市寺庙民主管理人员288人，取得宗教人士合格证的95人。

二、宗教人员学习培训

博乐市定期举办宗教人士学习班、培训班，学习党的宗教政策和国家、自治区的宗教法规、政策等，建立在职宗教人士培训、爱国宗教人士带培和重点培养青年爱国宗教人士骨干等三个层次的宗教人士培养教育制度。1987—1998年，博乐市组织宗教人士学习《宗教活动场所管理条例》《中华人民共和国境内外国人宗教活动管理规定》《新疆维吾尔自治区宗教事务管理条例》，学习中央《进一步维护社会稳定意见》；参加博州政治学校举办宗教人士培训班学习，分别举办宗教人士普法学习培训班，学习、培训人数477人次。

2001—2006年，博乐市召开宗教人士会议、座谈会，开展意识形态领域反分裂斗争教育，举办宗教人士培训班4期，受培训450人次。在《宗教事务条例》颁布后，采用专题培训和以会代训形式，培训34期，受培训人数746人次。博乐市采取集中培训与参观考察相结合，宣讲规范宗教经文与联系实际相结合；在培养内容上重点学习宗教事务方面的政策法规知识，兼及农牧业生产方面的科技知识，引导宗教人士带头勤劳致富、捐资助学，引导信教群众发展经济，计划生育婚、丧事新办，民族团结。

三、落实爱国宗教人士生活补贴

博乐市根据自治区《关于进一步做好宗教人士生活补贴费发放工资通知》，落实爱国宗教人士生活费发放制度，每年每月按标准由市委统战部发放。1997年，全市领取爱国宗教人士生活补助费36人，其中，月生活补贴费24人，季度生活补贴费12人。

2001年2月，博乐市享受统战人士生活费44人，其中宗教人士38人。

2004年，博乐市统战人士享受生活补贴费的45人（月固定33人，季度12人）全年发放生活补贴费18.36万元。至2006年，享受生活补贴的宗教人士38人。

第三节 宗教活动管理

一、制度建设

20世纪80年代，博乐市宗教活动管理依据《中华人民共和国民族区域自治法》实施。1990年8月，自治区人民政府审议通过《新疆维吾尔自治区宗教活动管理暂行规定》，为保障公民宗教信仰自由和正常的宗教活动，维护祖国统一、民族团结和社会稳定提供具体的政策依据。同年9月，博乐市委统战部印发《宗教场所三级管理制度》。1995年，博乐市委统战部印发《寺庙主持人外出请假制度》。

1996年，博乐市根据《中共博州委员会关于依法加强宗教事务管理制止违法宗教活动的决定》《博尔塔拉蒙古自治州关于加强宗教事务管理工作的十四项措施》，博乐市对宗教活动场所实施《宗教活动场所管理责任书》考核制度，市、乡（镇）、村（队）三级宗教事务管理部门全面贯彻党的宗教政策、保障公民宗教信仰自由，依法加强宗教事务管理。

1997年，在全市范围内推广少数民族领导干部联系宗教活动场所和与宗教人士谈话制度，领导干部交宗教界朋友，加强领导干部对宗教活动场所的了解、关心和帮助，加强政府和宗教事务管理部门工作的主动性和针对性。

2001年，博乐市召开少数民族领导干部联系宗教活动场所会议，形成领导干部联系宗教场所制度。2002—2006年，博乐市落实领导干部联系宗教场所制度，以“保护合法、制止非法、抵御渗透、打击犯罪”为指导，层层签订《博乐市宗教事务目标管理责任书》，市政府与各乡镇、各乡镇与村队、村队与寺管会之间签订责任书，在全市范围内形成县（市）、乡、村三级宗教事务目标管理网络。

宗教团体还制定《宗教人士请假制度》《双五好评比条件》《外来人员登记制度》等一系列宗教事务管理制度和措施。

二、查处、取缔非法宗教活动

党的十一届三中全会后，博乐市宗教工作始终按照“保护合法、制止非法、抵御渗透、打击犯罪”的原则，依法管理宗教事务，引导、促进宗教与社会主义社会相适应，为博乐市社会稳定，民族团结，文化繁荣、经济发展创造有利条件。

20世纪80年代后，博乐市党委、市政府依法打击民族分裂势力、宗教极端势力、暴力恐怖势力，有效维护正常宗教活动秩序。博乐市公安局侦破处在初始阶段的民族分裂主义分子暴力团伙2个。1987年，取缔非法宗教活动点，对外地来的非法传教、私设教堂等予以制止。1995—2006年，博乐市共查处、取缔从事非法宗教活动7起。

三、规范讲经解经

1998年9月，博乐市伊斯兰经文点开课，16名青年在经文点学习经文。

2001年、2003年，博乐市共发放中国伊斯兰教教务指导委员会编印《新编卧尔兹演讲集》第一辑、第二辑400余册，按照《新编卧尔兹演讲集》规定的内容进行讲经、解经，规范宗教活动场所讲经内容。广大爱国宗教人士统一思想，旗帜鲜明地反对民族分裂主义和非法宗教活动，依法办好教务，发扬爱国爱教，团结进步、服务社会的优良传统。

第三十一编

BOLE SHIZHI

机构编制
人事劳动和社会保障

中共十一届三中全会后，博乐市逐步建立和完善干部人事管理体制。制定和完善干部录用、调配、考核、培训、奖惩、辞退等制度，实施机构和人员编制管理改革，推行国家公务员和技术职务录（聘）用制度，进行工资制度改革，建立人才交流市场，为加强各类人才队伍建设起到推动作用。

博乐市劳动和社会保障事业，取得显著成绩。开展劳动就业、劳动管理、社会保险等工作，协调处理劳动关系，合理配置劳动力资源；建立养老、失业、医疗、工伤、生育保障体系；推进劳动用工制度改革，转变职能，落实企业用工自主权；实施全员劳动合同制和劳动预备制，形成新的用人机制；加强劳动力调配管理服务，实行劳动安全监察，为全面建设小康社会，促进社会公平和利益关系和谐发挥重要作用。

第一章　机　构

第一节　行政机构

一、博乐市机构编制委员会办公室

1980年7月，博乐县编制委员会成立，并设立办公室，副科级，与县人事科合署办公。1988年8月，博乐市编制委员会办公室从市劳动人事局分出独立办公。2000年8月，博乐市编制委员会办公室升格为正科级，并更名为博乐市机构编制委员会办公室（简称市编办）。2006年，博乐市机构编制委员会办公室行政编制4名，其中领导职数2个。

二、博乐市劳动人事和社会保障局

1979年1月，博乐县人事科恢复。1980年7月，博乐县人事科与县编委会办公室合署办公。1981年1月，劳动管理职能从县计委分出，成立劳动科（监管原知青办工作）。1984年6月，博乐县劳动人事局成立。1988年，成立劳动仲裁委员会办公室；1996年，成立劳动监察办公室，2002年更名为劳动监察办（劳动监察委员会办公室、劳动仲裁委员会办公室）。2001年，设中心劳务人才交流市场。2002年11月，博乐市劳动人事局改称为博乐市劳动人事和社会保障局，编制13名，领导职数3个。下设社会保险管理局。

第二节　事业单位

一、博乐市劳动就业保险管理局

1985年6月，博乐县劳动服务公司成立。1987年12月，在博乐市劳动服务公司挂社会劳动保险公司牌子。1990年5月，博乐市劳动服务公司设职业介绍所。同年6月，博乐市劳动服务公司改称为博乐市劳动就业保险管理局。1991年12月，博乐市就业培训中心成立。1993年8月，博乐市劳动就业保险管理局劳务市场成立。

2000年9月，市民政局农村社会养老保险管理处划归市社保局。2002年11月，博乐市劳动就业保险管理局内设办公室、信息网络办公室、征缴稽核大厅、养老、失业、农村保险办公室、医疗保险办公室，编制 24 名，其中领导职数 2 个。

2002 年 12 月，博乐市劳动就业保险管理局更名为博乐市社会保险管理局。

二、博乐市人才交流中心

2001 年 4 月，博乐市劳动就业保险管理局撤销职业介绍所，成立博乐中心劳务人才交流市场，编制 6 名。2001 年 6 月，博乐中心劳务人才交流市场变更为博乐市人力资源市场。2003 年 4 月，市人力资源市场移交博乐市劳动人事和社会保障局。2005 年，市人力资源市场更名为博乐市人才交流中心。

三、博乐市劳动监察大队

2001 年，成立博乐市劳动监察大队，编制 3 名。

四、博乐市事业单位登记管理局

2000 年 11 月，博乐市事业单位登记管理局成立，与市机构编制委员会办公室合署办公，正科级。2006 年，市事业单位登记管理局事业编制 4 名，其中领导职数 2 个。

第二章　机构与编制

第一节　行政机构改革

1982—2002 年，博乐市（县）先后进行 5 次机构改革，其中大规模的机构改革 3 次。通过机构改革行政职能由微观管理向宏观管理转变，逐步建立与社会主义市场经济相适应的行政架构。

一、1984 年机构改革

1984 年 4 月，博乐县实施机构改革，到 1985 年 1 月基本结束。县机构改革按照“四化”（革命化、年轻化、知识化、专业化）要求调整县、科级领导班子。调整后的县级党政领导班子平均年龄由原来的 54 岁下降到 44 岁。原县级党政领导班子大专文化程度 1 人，调整后增加到 5 人；调整科级干部平均年龄为 41 岁，比改革前下降 6 岁，其中大专和高中文化程度（含中专）的有 94 人，占科级干部的 64.38%；高中以上文化程度（含中专）的，占提拔干部的 81.65%。重视提拔少数民族干部，在科部级以上领导干部中，少数民族领导干部占 43%。精简臃肿机构，博乐县级党政工作部门由 42 个减为 37 个，人员编制 313 名。同年，中共博乐县纪律检查委员会升为副县级机构，受中共博尔塔拉蒙古自治州纪律检查委员会和中共博乐县委员会的双重领导。

二、1998 年机构改革

1998 年，博乐市按照博州党委、博州人民政府关于《博乐市党政机构改革方案意见》，调整完善机构设置，博乐市行政机构数为 58 个；行政编制 1 030 名。市事业单位机构数为 287 个。到 2000 年 8 月底结束。

1998 年博乐市机构设置一览表

表 31-1

机构序列	机构名称
市委机构设置（6 个）、部门管理机构（3 个）、派出机构（1 个）、议事协调机构（1 个）	市委机构设置 6 个：办公室、组织部、宣传部、统战部、社会治安综合治理委员会办公室（与政法委员会合署办公）、经济工作领导小组办公室 部门管理机构 3 个：机要局、保密委员会办公室（保密局）、老干局 派出机构 1 个：市直属机关工作委员会 议事协调机构 1 个：机构编制委员会办公室

续表 31-1

机构序列	机构名称
政府机构设置（26个）、政府派出机构（4个）、政府直属机构（3个）	政府机构设置 26 个：办公室（法制局、侨联、信访局）、计划委员会、经济贸易委员会（体改委）、教育局、科学技术委员会、民族宗教事务局、公安局、民政局（残疾人联合会）、司法局、财政局、劳动人事局、城乡建设环境保护局、农业局、水电局、林业局、乡镇企业局、畜牧局、土地管理局、文化体育局、交通局、卫生局（红十字会）、计划生育委员会、审计局、统计局、工商行政管理局、监察局 政府派出机构 4 个：博乐经济合作区、青得里街道办事处、克尔根卓街道办事处、顾力木图街道办事处 政府直属机构 2 个：物价局、地方税务局、粮食局
依法按规定设置机构（9个）	市人大常委会、市政协、市检察院、市法院、总工会、妇女联合会、共青团委、科协、工商业联合会
乡镇（5个）	小营盘镇、达勒特镇、青得里乡、乌图布拉格乡、哈日莫墩乡

三、2002 年机构改革

2002 年，博乐市按照精简效能的原则，再次实施行政机构改革。同年 11 月，机构改革结束。机构改革后，博乐市委机构设置和调整与自治州党委主要工作部门设置大体相对应，工作机构 7 个，部门管理机构 3 个，议事协调办事机构 1 个。市人民政府工作部门设置和调整与自治州人民政府工作部门的设置大体相对应，工作部门 24 个（监察局与市纪律检查委员会机关合署办公，列入政府工作部门序列，不计政府机构个数），设置部门管理机构 1 个。机关（含街道办事处）行政编制由 553 名减至 463 名，减少 94 名，精简 17%。行政编制使用范围为各级党委、政府、人大、政协及工青妇等群众团体机关。行政机关不得使用事业编制。市政法专项编制由 349 名减为 330 名，精简 5.4%。

2002 年博乐市机构设置一览表

表 31-2

机构序列	机构名称
市党委工作机构（7个）、部门管理机构（3个），议事协调办事机构(1个)	市委工作部门 7 个：纪律检查委员会机关（监察局与其合署办公）、办公室、组织部、宣传部（市委对外宣传办公室、市人民政府新闻办公室、精神文明建设指导委员会办公室）、统一战线工作部(市委台湾工作办公室、市人民政府台湾事务办公室)、政法委员会(社会治安综合治理委员会办公室)、市委直属机关工作委员会。 部门管理机构 3 个：保密委员会办公室（保密局）、机要局老干局 议事协调机构 1 个：机构编制委员会办公室
政府工作部门（24个)部门管理机构(1个)	政府工作部门 24 个：办公室（设法制办、外事侨务办；挂经济体制改革办公室的牌子）、发展计划委员会(挂物价局、粮食局的牌子)、经济贸易委员会(挂安全生产监督管理局的牌子)、公安局、监察局、民政局、司法局、财政局、劳动人事和社会保障局、建设局、交通局、水利局、农业局（挂乡镇企业局的牌子）、畜牧局、教育局、卫生局、计划生育委员会、审计局、环境保护局、文化体育局、科学技术局、国土资源局、统计局、林业局、文化体育局（挂广播电视局的牌子）、 博乐经济合作区委员会、青得里街道办事处、克尔根卓办事处、顾力木图街道办事处、三台办事处为市人民政府派出机构。撤销市房地产管理局，其行政职能并入市建设局。市劳动就业保险管理局更名为市社会保险管理局。 部门管理机构：信访局

第二节　事业单位改革

博乐市落实自治区机构编制委员会制定事业单位编制标准，对不同类型事业单位分门别类制定编制管理，使事业单位管理逐步达到规范化、标准化、科学化。

1983年，博乐县有在职事业人员1 973人。1985年4月，博乐县编制委员会落实自治区《关于划分国家机关、事业单位和企业行政管理机构和企业单位编制界线的意见》精神，对所属未定编的事业机构，开展事业机构编制定编定员工作。1987年9月，博乐市党委印发市编制委员会《关于博乐市市级事业机构相应级别和领导职数的报告》和《博乐市市级事业单位一般行政职务审批表》，全市事业单位确定一般行政职务机构76个，确定行政职务837人。

乡镇政府事业单位定员定岗　1987年12月，全市区、乡、镇所属集体所有制事业单位机构有121个（含中小学），实有人员2 176人。1990年10月，调查乡镇事业单位职责任务，所有制形式，经费渠道及数量、规模、编制、实有人员、人员构成等情况。同年底，对乡镇文化站、广播站、卫生院、兽医站、农机站、水利所、计生办、财政所、土管局、农经站、林业站等11个事业机构定性质、定编制、定人员、定经费，核定全市乡镇政府事业编制417名。1991年3月，全市乡镇增加事业编制有文化站8名、农机站19名、农经站11名、物价助理员4名，乡镇政府事业编制（不含教育系统）共计459名。事业单位强化服务，职能下移。1996年5月以后，增加养老保险站和房产所编制各10名，均为自收自支事业编制。到2006年，乡镇事业编制为493名。严格控制乡镇事业编制增长。

核定城建局系统事业单位编制数　1990年，根据国家城市建设各行业编制定员试行标准，核定城建局系统事业单位编制数97名；人员结构要求专业技术人员占75%，行政、工勤人员不得超过25%。1992年，园林队、市政工程队实行承包责任制，下达目标管理，拿出每人奖金作为奖惩办法。单位领导采取聘任制，任期一年。

核定教育系统编制　1989年，博乐市贯彻执行《中小学教职工编制标准》文件精神，核定全市63所中、小学学校及幼儿园教职工编制共计1 482名，其中市直编制329名，乡镇编制1 153名。1993年7月，原州第一中学、第四中学、第五中学、第六中学、第一小学、幼儿园、职业高中等7所校园移交博乐市。2006年，核定全市全日制中学12所编制1 500名，小学学校37所编制827名。核定学校编制，精干教师队伍，压缩后勤人员，严格教师资格制度。

机关后勤人员转为服务职能　1998年事业单位机构改革，拓宽事业单位的服务领域。加强和完善事业单位为城市经济建设服务功能。将机关后勤行政管理职能与服务职能分开，担负服务职能的人员从机关行政序列中分离出来，有条件的成立后勤服务机构，为事业单位，使用事业编制。机关后勤人员划为事业编制的比例从严控制在核定行政编制的8%左右。

事业单位登记管理制度　博乐市贯彻《事业单位登记管理条例》和自治区《关于实施事业单位登记管理工作的意见》精神，建立适应社会主义市场经济发展需要的事业体制，2000年12月，在全市全面推行事业单位登记制度实施，开展事业单位法人登记中国有资产确认工作。同年，首次纳入事业单位法人登记、核准登记符合法人条件的事业单位12家，用统一格式，科学准确标准，逐步开展登记。做到该登记的不漏，不该登记的不凑。2001年以后，每年1月1日到3月31到日依法开展事业单位年检。截至2006年，共登记符合条件的事业单位146个，登记率100%。

2001—2006 年博乐市事业单位年检情况一览表

表 31-3 单位：个、%

年度	年检单位	年检率	新设立登记	变更登记	注销登记	年度	年检单位	年检率	新设立登记	变更登记	注销登记
2001	12	100	12	0	0	2004	67	100	62	6	3
2002	44	100	34	0	2	2005	118	100	23	79	0
2003	59	100	15	0	0	2006	146	100	19	64	1

第三节 机构编制管理

中共十一届三中全会后，博乐县实行行政事业机关人员定额编制。1980 年 7 月，博乐县成立编制委员会。1988 年，博乐市机构编制和工资基金管理逐步实行制度化、规范化管理。相继实行《机构编制管理暂行办法》《机构编制会务制度》《编制卡管理制度》《行政、事业单位增人审批表制度》《工资基金管理册制度》《编委岗位责任制》等管理机制。实行机构编制、工资基金规范化管理制度后，行政、事业单位人员发生变化，包括干部调进、转业干部安置、大中专毕业生分配等均在当月到机构编制委员会办公室办理“编制卡”，持“编制卡”到劳动人事、财政办理人员变动、工资经费拨款手续。

2000 年，全市 253 个党政机关、事业单位统一使用《机构编制管理证》，为统计工作、财政统发工资、核拨经费、追加工资和办理医疗保险等工作提供依据和准确数据。

2005 年，博乐市贯彻《关于进一步严肃机构编制组织人事纪律，清理核查吃“空饷”问题的通知》精神，对各单位 2005 年 12 月份工资花名册、《机构编制管理证》与机构编制管理软件 2005 年人员变动明细账进行核对，清理出 10 人存在吃“空饷”现象。与组织、人事、监察部门密切合作，相互制约，建立有效编制监督管理机制。

行政机构编制管理　1980 年，县党委、政府、群众机构有编制 410 名，到 2006 年，博乐市行政机构有 60 个，其中党委机关 11 个、人民检察院机关 1 个，人民法院机关 1 个，人大机关 1 个，政协机关 1 个，政府机关 28 个（政府组成部门 25 个、政府部门管理机构 3 个），街道办事处 4 个，乡镇 5 个，群众团体 8 个。市党、政、群机构行政编制 996 名；行政在职人数 950 人；工勤事业编制 92 名；工勤人员在职人数 80 人。随着改革开放不断深入，逐步建立与社会主义市场相适应的行政架构，党政机关不断调整、转变、完善职能，理顺工作关系，编制递增。2002 年以后，行政编制增加缓慢。

1980—2006 年博乐市（县）部分年份党、政、群机构编制情况一览表

表 31-4 单位：个、名、人

年份	机构数	编制总数	市党委	人大	政协	群众团体机关	政府机关	人民法院	人民检察院	街道乡镇	在职人数
1980	–	410	60	151	–	–	199	–	–	–	–
1983	–	757	44	12	2	15	395	48	32	219	–
1985	–	768	66	15	12	30	314	46	35	220	713
1987	38	806	71	21	16	21	336	46	30	265	800

续表 31-4

年份	机构数	编制总数	市党委	人大	政协	群众团体机关	政府机关	人民法院	人民检察院	街道乡镇	在职人数
1988	40	848	72	18	16	21	364	55	37	265	868
1989	52	922	73	20	15	22	427	55	37	273	924
1990	53	911	81	20	15	23	404	55	40	273	963
1991	64	977	86	21	16	24	459	55	40	276	1 038
1992	60	1 011	88	21	16	24	477	56	39	290	1 053
1993	–	1 004	103	21	16	24	455	56	39	290	1 062
1994	–	1 009	84	21	16	24	474	59	41	290	1 099
1995	–	1 056	84	21	16	24	514	66	41	290	1 142
1996	–	1 059	84	21	16	24	515	66	43	290	1 179
1997	–	1 059	84	21	16	21	515	66	43	290	1 245
1998	58	1 030 –	–	–	–	–	–	220	–	–	–
2000	–	1 083	117	21	14	–	510	66	43	290	1 018
2002	49	985	106	21	14	16	469	61	40	245	966
2006	60	996	175	20	14	19	400	64	40	241	950

2002 年，有民主党派机关编制 3 名，预留机关行政编制 10 名。

事业机构编制管理　博乐市贯彻执行《新疆维吾尔自治区事业单位机构编制管理暂行办法》，事业单位一律使用事业编制，事业单位逐步实行计划管理。博乐市事业机构编制管理采取控制和发展相结合办法，从严控制全额拨款事业单位，结合具体情况灵活运用差额拨款编制，放宽自收自支人员编制管理。

1983—2006 年博乐市（县）部分年份事业单位编制情况一览表

表 31-5　　单位：个、名、人

年度	机构数	编制数	在职人数	年度	机构数	编制数	在职人数	年度	机构数	编制数	在职人数
1983	–	–	1 973	1990	187	2 680	3 101	1994	196	3 604	4 015
1985	–	–	2 132	1991	179	2 931	3 291	2001	243	3 910	5 646
1986	–	2 250	2 228	1992	185	2 992	3 347	2002	269	3 792	5 546
1987	158	2 628	2 583	1993	196	3 498	3 623	2006	271	4 192	5 639
1989	172	2 519	2 519	–	–	–	–	–	–	–	–

第三章 人 事

第一节 干部管理

一、干部来源

博乐市国家统分的大中专毕业生、录用、军转干部、干部自然减员补充、工转干及因特殊需要从其他方面聘用的干部，都按规定纳入增干计划。

分配就业 1981年，博乐县按照“优先满足文教、基层单位，照顾新建、扩建单位，适当补充机关”原则进行大中专院校毕业生分配工作。1988年，博乐市贯彻“统筹兼顾，保证重点，充实基层，加强边远地区”的方针和坚持“专业对口，面向基层，加强生产第一线”的原则分配毕业生就业。1995年，“以计划分配为主，双向选择为辅”的方针，鼓励毕业生面向企业，面向基层。1988—1997年，博乐市分配大、中专、技校毕业生2 160人（不包括教育分配的师范生），其中大专以上425人、中专毕业生1 178人、技校毕业生557人。

安置就业 1998年起，博乐市国家机关、事业单位原则上不再直接安排毕业生，国家任务招收的毕业生实行计划分配，计划内招收的自费生采取“双向选择、自主择业”的方式就业。2000年4月，博乐市成立劳务人才交流市场（市人力资源市场），通过市场机制多途径安置大中专毕业生就业。1998—2003年，博乐市共接收大中专、技校毕业生有2 667人，其中统招统配公费生952人（含技工生267人），计划内自费生549人。共安置公费生1 088人，自费生395人。主要安置到乡镇事业、企业、教育系统（委培生）和兵团农五师就业。

录（聘）用 1982年4月，博乐县按照博州“以工代干”会议精神，对“以工代干”人员进行整顿。对符合转干条件的人员，进行文化考试，业务考核，合格者转为国家正式干部。1986年，博州移交到博乐市的4个单位19名“以工代干”人员，按规定聘为干部后转为国家正式干部。

1988—1992年，博乐市贯彻《关于行政机关补充工作人员实行考试办法的通知精神》，按照“公开、平等、竞争、择优”的原则，组织5次招干考试，通过面试，政审、体检，择优录用聘干75人（含交通民警15人）。

1989—1997年，博乐市按照规定程序共办理聘干手续955人。其中自然减员干部指标137人，主要解决具备城镇粮户关系、待业的“五大”毕业生（广播电视大学、职工大学、职工业余大学、高等党校举办的函授大学和夜大学，分别简称电大、职大、业大、函大和夜大）和自费的大中专毕业生；社会上聘干348人（含131名代课教师转干）；工人聘干200人；企业聘干270人。

2003年，进入博乐市人力资源市场求职登记108人。通过公开招聘，96名大中专毕业生被录取为教师，并签订劳动合同。

2004—2006年，市政府机关招考录用工作人员6人，办理专职武装干部转干8人。

二、干部调配

博乐市（县）党群系统的干部调配由市委组织部办理，其他部门和单位的干部，包括各系统内下属单位相互之间的干部调配由市人事劳动和社会保障局办理。干部调配坚持面向工作、生产和科技第一线，突出重点，保证急需。

1979—2006年，全市共办理各民族干部调动手续2 697人次。其中因工作需要调进694人、调出592人、市内调动1 001人；因照顾夫妻分居调动181人；照顾家庭困难调动197人；为公、检、法、司、工商、税务等部门选调干部 8 人；为新成立的市土地管理局、监察局、安全局等部门调整配备干部 24 人。办理干部转正定级 1 131 人。为“农转非”（农业户口转为非农业户口）选调企业干部 3 人和教育系统录用干部 22 人办理调配手续。办理机关事业单位辞职人员手续 5 人。开除公职手续 1 人。

1998—2001 年，按程序办理非领导干部任职手续 377 人。

三、干部考核

1979—1992 年，博乐市（县）以考核党政机关岗位责任制为主要内容。

1993 年始，博乐市开始推行《国家公务员暂行条例》《目标管理责任制》为主要内容考核工作，包括德、能、勤、绩 4 个方面。2006 年增加廉、学两项内容。考核实行平时考核与年度考核相结合，个人述职和单位群众评议相结合。各单位组织年度考评，组织人事、纪检部门派人参加。考核结果分优秀、称职、基本称职、不称职 4 个等级，事业单位分为优秀、合格、不合格 3 个等级。

2002 年，博乐市机关、事业单位应参加考核工作人员 6 796 人，其中国家机关工作人员 1 372 人，事业单位工作人员 5 424 人。实际参加考核的 6 608 人，其中科级以上领导干部 476 人，一般干部 804 人；专业技术人员 4 292 人；工勤人员 1 036 人。全市机关、事业单位年度考核优秀人员 1 028 人。其中市直机关 125 人，乡镇机关 34 人；市直事业单位 295 人，乡镇事业单位 556 人。年度考核不称职（不合格）2 人，予以告诫 2 人，未定等次 22 人（试用期内不定等 18 人，行政处分不定等 2 人），未参加考核 49 人。

2006 年，博乐市机关、事业单位参加考核人员 6 479 人，其中评定为优秀 982 人，不称职 2 人。

四、干部奖惩

奖励　中共十一届三中全会后，博乐市（县）干部奖励的种类有记功、表彰、晋级和授予奖状、奖品及奖金等，以精神奖励为主。1980—1985 年，博乐市（县）获国家级先进个人 2 人、区级先进个人 13 人、市级先进个人 110 人。

1986 年，博乐市按照《国家行政机关工作人员的奖惩暂行规定》，奖励、晋级共计 132 人次，审批党政系统奖金 74 238 万元。

1988—1990 年，博乐市建立奖惩审批和上报备案制度，受奖励干部 177 人。有突出贡献的先进模范人物 14 人，晋升一级工资。1988 年，根据《关于行政、事业单位工作人员奖励工资随月发放的通知》，全年标准 270 元，共审批 2 262 人，月奖金共为 40 716 元，审批 1988 年全年奖金励 609 724.17 元。

1991—1992 年，博乐市干部被评为先进个人 l35 人，其中获国家级先进个人 1 人、区级 5 人，州级 8 人、市级先进个人 121 人，在全市通报表彰。

1993 年，博乐市机关事业单位干部工作连续 5 年考核称职以上的，可以从次年 1 月起晋升一档职务工资。奖励自学成才一次性奖金 19 名，共计增资 3 600 元。

1998 年，奖励国家机关人员连续考核 5 年称职 884 人，晋升一档职务工资，月增资共计 26 165 元；考核 3 年连续优秀 62 人，晋升月增资共计 1 796 元；事业单位、机关工勤人员考核连续 3 年优秀提前晋升（越）级 118 人，月增资共计 5 979 元。

2005 年，博乐市审批行政事业单位退休职工 24 人享受 5% 独生子女奖励金，月增资总计 1 643 元。

2006 年起，根据《关于自治区公务员工资制度改革的实施意见》，对年度考核称职（合格）以上人员发放年终一次奖金，发放标准为本人 12 月份基本工资。

1997—2006 年，博乐市获国家级先进个人 60 人、区级先进个人 94 人、市级先进个人 215 人。

惩罚　干部惩罚包括行政处分和行政处罚两种，处分的种类有警告、记过、记大过、降级、降职、撤职、开除留用察看、开除等。1986 年，博乐市贯彻执行《国家行政机关工作人员的奖惩暂行规定》；1988—1992 年，博乐市建立奖惩审批和上报备案制度，全市机关事业单位干部受处分 42 人，在市人事部门备案。

1993 年，《国家公务员暂行条例》颁布后，干部处罚由组织部、纪检委、人社局组织实施。1997—2001 年，受到行政处分 34 人，其中开除公职 2 人，行政撤职 12 人，行政降级 2 人，记大过 6 人，记过 7 人，警告 5 人。

五、干部培训

中共十一届三中全会后，为适应改革开放的需求，博乐市（县）每年分批派青年干部到高等院校、中等专业学校学习深造。同时，市（县）党校对干部进行理论和业务知识轮训。

1992 年始，博乐市干部纳入公务员培训和考核体系。同年 9 月，进行《公务员行为规范教程》考试，应考人数 719 人，实考 682 人。1993 年，博乐市举办干部学习《国家公务员暂行条例》轮训班；先后 2 次进行《公务员行政管理学》考试，参加考试的干部共计 765 人。1996—1998 年，博乐市按规定办理手续进入“专业证书班”培训干部 210 人。

1999—2001 年，博乐市举办公务员、专业技术人员计算机操作技能培训 9 期，培训 426 人，取得合格证书。全市财务人员 136 人进行岗位培训，实行持证上岗制度。

2004 年 5—6 月份，博乐市公务员、参照公务员及依照公务员 1 157 人进行《行政许可法》轮训，7 月完成考试工作。

六、干部离休、退休

1979 年，博乐县根据国务院新颁布的退休金标准计发工资。1982 年，博乐县执行国务院关于老干部离职休养的暂行规定，至 1985 年底，博乐市办理干部离休 52 人，其中汉族 22 人，少数民族 30 人。

1986 年，博乐市劳动人事局负责执行离、退休政策。干部退休 22 人，其中行政单位 4 人，事业单位 9 人，企业单位 9 人。

1988 年《关于给各单位离退休人员发放生活补贴费的通知》，每人每月标准 7 元，共计审批 295 人，发放生活补贴费 2 065 元，补发 19 704 元；国家机关、事业单位离退休人员提高离退休费 253 人，月增资 6 595.9 元，共补发 56 363.1 元。1990 年，为退休干部落实政策 2 人。至 1992 年，博乐市审批退休人员到农村建房 37 户。

1992 年 9 月，博乐市离退休人员管理职能从劳动人事局划出，交由市老干局管理。

1993 年，国家机关事业单位增加 10% 离退休费 44 人，月增资共计 1 506.1 元。

1988—2001 年，博乐市有退休干部 2 254 人（含病退 89 人）；2003—2005 年，博乐市退休干部 89 人（提前退休、休假 17 人，病退 2 人）。

第二节　公务员管理

一、公务员录用

1989 年始，博乐市有计划开展公务员培训。

1993 年，《国家公务员暂行条例》颁布。1994 年，博乐市推行公务员制度和工作改革会议，坚持“凡进必考”原则。1992 年 9 月，博乐市举行《公务员行为规范教程》考试，应考人数 719 人，实考 682 人。1998 年，全市党政群机关 776 人参加国家公务员过渡考试。

2000 年，博乐市公务员录用纳入自治区（省级）人事部门管理。招录公务员需向自治区人事部门申报，进行设岗考试、考核，择优录取。新增部门、岗位，需经自治区人事部门批准，再进行考录。公务员人数保持总额不变。

2001年，博乐市共有61个单位列入实施和依照国家公务员制度管理范围。其中政府工作部门25个、直属机构2个、办事机构1个，政府派出机构5个，乡镇5个；依照公务员管理单位23个。全市共设置公务员职位982个，占总编制数1 026名的95.7%。依照管理单位编制203名，设置职位198个。

经资格审查、过渡考核、人员选配、身份认定，全市共有895名机关工作人员过渡为国家公务员，其中实施单位672人，依照单位223人；暂缓过渡26人（均为实施单位人员）；不予过渡33人（实施单位23人，依照单位10人）。

2002年底，博乐市完成行政机关机构“三定”（定职能配置、定内设机构、定人员编制）工作，确定公务员岗位709个。市大专以上学历公务员达到68.68%。

2005年，全市有公务员1 107人，其中依照单位196人。确定、申报、审批依照公务员制度管理单位25个。对未参加公务员过渡测试的357人，进行资格审查，并参加自治区人事厅举办的“全区公务员过渡测试”。全市公务员进行《中华人民共和国公务员法》培训，共计参加培训人数为870人。

二、公务员考核

1993年11—12月，博乐市按照《公务员暂行条例》规定，对乡镇及市直行政单位的副科级以上干部进行考评。1994年，博乐市全面推行公务员年度考核工作，根据《自治区国家公务员考核试行办法》，考核分为优秀、称职、不称职三个等次。1995年，全市国家机关工作人员参加考核727人。

1998年，全市国家机关工作人员1 047人参加年度考核，其中处级9人，科级26人，科办员736人。定为优秀163人，不称职1人。

2006年，博乐市按照《公务员法》考核公务员，年度考核结果分优秀、称职、基本称职、不称职、未定等次5个等级。全市公务员1 354人参加年度考核，其中优秀185人，称职1 164人，基本称职0人，不称职0人，未定等次5人。

第三节　专业技术人员管理

一、职称评聘

1988年，博乐市事业单位首次开展专业技术职务评聘工作。市职改工作分为准备阶段、申报阶段、考核评审阶段、检查验收阶段、任命（聘任）阶段，总结阶段等6个阶段。全市评定专业技术职务1 753人（含企业中级专业技术职务23人）。

1990年，博乐市职改领导小组对本市企事业单位职改工作进行复查。查出骗取中级职务的、受行政处分的、脱离专业技术岗位者、离退休等共34人按规定取消专业技术岗位待遇。1993年，为专业技术人员2 200人换发职称资格证书及聘书。

2002年，博乐市开展专业技术职务补缺评聘工作。同年，成立博乐市职称社会化评价中心，建立92名高中级专家组成的人才库。

2004年，博乐市全面推行专业技术职务评聘分开制度。凡符合各类专业技术职务任职资格条件的专业技术人员均可申报相应的专业技术职务。对取得专业技术职务任职资格的人员，在职改工作领导小组核定的岗位结构比例内按岗聘任（教育除外）。2006年，全市有各类专业技术人数10 909人（包括专科以上毕业生），其中高级职称199人，中级职称1 433人。

二、职称考试

1992年，博乐市对不具备学历的高、中级职称人员进行统一考试，及格48人；对晋升助理级以上人员230人进行考试；组织会计、审计专业人员进行考试。建立考绩档案2 000余份。

1994年，按照国家外语、会计、经济系列的考试规定，为全市成绩合格35人颁发资格证书。1999年，对经济，会计、统计、审计等专业及国语（外语）考试进行资格登记、审查、申报工作。审查大、中专一年制专业证书；继续培训有资格证书的 60 多人。

2003 年以后，卫生、财会、经济类等专业的职称评聘由国家统一组织考试，考试合格直接颁发证书；高级职称采取考评结合办法，由自治区组织评审。博乐市组织卫生、经济类、国语（外语）专业资格考试。

2005 年，博乐市组织专业技术人员计算机能力测试考试 227 人；参加继续教育培训 550 余人；为 560 余人发放专业技术资格证书。

2006 年，全市专业技术人员有 286 人参加国语（外语）考试，136 人计算机能力测试。为 417 人（中级 281 人、初级 136 人）发放专业资格证书、专业职称聘任证书 261 本。审查专业技术人员 480 余人继续教育培训合格证。

1988—2006 年博乐市部分年份评聘专业技术人员统计表

表 31-6　　　　单位：人

年份	总数	高级职称	中级职称	初级职称	年份	总数	高级职称	中级职称	初级职称
1988	1753	8	313	1 432	1999	582	4	112	466
1989	408	–	61	347	2000	1 110	14	463	633
1991	527	–	11	416	2001	468	–	154	314
1992	278	48	230	2 002	839	31	211	597	–
1994	299	6	82	211	2003	531	16	171	344
1995	585	9	90	486	2004	600	68	270	262
1996	406	17	17	372	2005	446	48	256	142
1997	539	12	124	403	2006	411	52	222	137
1998	965	17	151	797	–	–	–	–	–

第四节　工资福利

一、工资

工资调整　1979 年，博乐县干部工资除因地区类别不同，生活补贴与其他地方有别外，其工资级别及各级别数额均与其他地方等同。同年，对 1978 年底以前参加工作的职工进行 40% 的升级，共计 1 218 名。

1981 年，县文教、卫生系统职工 1 175 人升级，月增资 11 163.00 元；1982 年，县国家机关、科教、文卫系统部分职工分行业进行工资调整。参加调资人数为 754 名，月增资 7 163 元，平均每人每月增资 9.5 元。

1985 年，国家机关、事业单位工资改革，新工资的主要内容有基础工资、职务工资、工龄津贴、奖励工资，并建立新的工龄津贴、教龄津贴等晋级制度，机关事业单位与企业工资脱力。博乐市列入国家机关和事业单位第一步工资改革范围内的升级人数 2 658 人，改革前月发工资 27.16 万元，改革后月发工资 31.83 万元，平均每人每月增资 17.56 元。1986 年，知识分子和干部中凡符合规定者，浮动升一级工资，博乐市行政、事业单位审批工资总额 4 828 792 元。

1988 年，博乐市调整公安系统 41 人工资，从 1986 年 10 月至 1988 年 4 月总计补发工资 7 553 元。全市 1 384 名中小学教师提高 10% 工资标准，月增资 13 985.5 元。事业单位专业技术人员聘任后，实施职务工资的 654 人月增资 10 886.5 元。

1994 年始，博乐市国家机关、事业单位职工工资套改分 3 步到位：第一步，预发 1993 年 10 月至 1994 年市国家机关、事业单位 4 758 人增资，月增资 416 740 元。第二步，按新疆工资改革办文精神，国家机关职工 1 086 人，月增资 103 866.88 元；事业单位职工 3 672 人，月增资 381 354.23 元。1995 年，博乐市国家机关、事业单位职工在 1994 年工资套改的基础上，进行完善和补充。办理晋升职务兑现职务工资 888 人，月增资 l2 256 元；工作年限及任职年限跨线 495 人，月增资 15 840 元。

1996 年，兑现警衔工资 172 人，月增资 18 224 元

1999 年 7 月 1 日起，对全市 7 773 名国家机关、事业单位工作人员（含离退休人 1 012 人）开展调标增资工作。同年底，全市财政拨款在职职工 6 895 人，年工资总额 4 574.87 万元，其中国家机关 1 015 人，年工资额 634.2 万元；事业单位 5 880 人，年工资额 3 940.67 万元。离退休人员 1 009 人，年离退休费 1 020.2 万元。

2001 年，博乐市开展 2 次的国家机关、事业单位在职 6 920 人、退休 1 258 人的工资普调工作。2006 年末，按照自治区实施机关事业单位工资收入分配制度改革方案的要求，市参加机关事业单位工资收入分配制度改革的人员共计 8 839 人，人均月增资 311 元，其中：在职人员 7 435 人，月增资 2 610 883 元；离退休人员 1 404 人，月增资 380 682 元。

2006 年，根据《关于印发自治区机关事业单位工资收入分配制度改革等四个实施意见的通知》，改革机关事业单位正式人员工资制度。参照公务员法管理单位，实行职级工资，基本工资为岗位工资和薪级工资两项。

津贴、补贴　1979 年，县防疫、医疗卫生单位专职从事或直接接触有毒、有害、有传染危险的人员实行卫生津贴。

1983 年，国家给中专以上知识分子实行浮动工资；在新疆工作满 25 年的国家干部，在现行工资标准的基础上向上浮动一级工资。1986 年，博乐市享受边疆补贴 97 人增资 248 元（从 2004 年 1 月，全市艰苦边远地区津贴调标 8 057 人，月增资 689 025 元）。知识分子补贴 110 人增资 1 650 元。在第一线工作的科技专业干部实行岗位津贴，160 人增资 1 679 元（1993 年，工勤人员发放岗位津贴 385 人，月增资 6 350 元）。纳入工龄计算的 53 人增资 104 元；教师工龄满 15 年者在内计 114 人增资 922 元；教龄补贴 829 人；审批书报费 507 人增费 8 200 元。

1992 年 5 月始，博乐市行政事业单位职工增加粮油补贴 5 元，共 4 042 人补贴金额为 20 210 元。

二、福利

福利费　1980 年，博乐市机关事业单位福利费提取制度，由以前的按工资 2.5%提取改为单位每月按实有人数定额提取。1991 年，全市机关事业单位工作人员福利费由单位每月按实有人数工资总额中的基础工资、职务工资、地区生活费补贴、奖励工资、浮动工资等五项之和的 2.5%提取，2006 年，福利费提取比例仍执行 1991 年标准。福利费主要用于本单位工作人员的生活困难补助、探视、慰问本单位患病工作人员、购买慰问品开支。

病事假待遇　1993 年，博乐市根据《新疆维吾尔自治区根据机关工作人员病事假管理的暂行规定》，执行机关单位病、事假制度，事业单位根据实际情况，参照《规定》制定单位病、事假管理办法。

探亲制度　1979 年，博乐市探亲假制度仍执行 1962 年规定。1981 年以后，博乐市（县）执行《国务院关于职工探亲待遇的规定》，1992—1994 年，博乐市审批退休人员探亲 17 人。2001 年，博乐市

探亲制度执行《关于重新修订自治区城镇职工探亲待遇的有关问题的通知》规定。

带薪年休假制度 1978—2006年，博乐市的节假、公休日婚丧假等制度执行国家和自治区的政策规定。1991年，博乐市各级党政机关、事业单位的正式职工（含劳动合同职工人），参加工作年满5年以上者每年可享受一次带薪休假、参加工作满5年不满20年的，每年休假10天，工作满20年以上者，每年休假14天，副教授以上及相当职称的工作人员每年可休假14天。

抚恤 抚恤包括丧葬补助、一次性抚恤金和遗属生活困难补助3个方面。

1992年，博乐市工作人员或职工逝世后丧葬补助费标准，不分职务级别均为1 000元，包干使用，超支不补，节余部分归死者家属。1993年4月1日，调整企业职工死亡丧葬费标准，企业职工因公死亡后丧葬费数额为1 200元，因病或非因公死亡后丧葬费数额为1 000元，丧葬费包干使用，超支不补。1998—2001年，博乐市审批机关事业单位丧葬费13.2万元，企业单位丧葬3.3万元。

一次性抚恤金按照《关于国家机关工作人员、人民警察伤亡抚恤的有关通知》执行。1998—1999年，博乐市审批机关事业单位一次性抚恤金26,74万元；审批企业单位一次性抚恤金5.3万元。2003—2005年，博乐市审批行政事业单位享受遗属生活困难补贴28人，一次性抚恤金、丧葬费31.75万元。

遗属生活困难补助按照《国家机关、事业单位工作人员死亡后遗属生活困难补助暂行规定》执行。1989—1992年，博乐市审批行政事业单位遗属生活困难补助103户292人；1998—1999年，审批行政事业单位遗属生活困难补助88人7.24万元。2001年，审批行政事业单位享受遗属生活困难补贴26人每月3 408.4元。

冬季职工宿舍取暖补贴 博乐县执行自治区《关于1979年职工冬季取暖补贴发放办法的通知》。1988年，在职干部职工冬季取暖费71个单位合计351 214.5元。1994年，自治区劳动厅补贴进行调印发《关于调整职工宿舍冬季取暖费补贴标准的通知》，博乐市对冬季职工宿舍取暖补贴费进行调整，在现行职工宿舍取暖补贴标准的基础上增加2.5倍，沿用到2006年底。

第四章 劳 动

第一节 劳动就业

1979年，博乐县劳动就业的主要形式是招工和安置。1981年，全年共招工142人，其中：全民所有制96人（包括克拉玛依18人），集体所有制工人47人。安置待业青年136人就业，其中：国营企业16人，补充自然减员11人，个体经营的10人，知青点110人。安排在农村已婚的老知青就业12人。

1983年，博乐县贯彻国家劳动人事部关于积极试行劳动合同制精神，招工试行劳动合同制。至1986年末，全市文化考核择优录取、退休工人顶班的劳动合同制工人239人。

1988年始，博乐市企业自主招工。市上先后下达全民合同制工人指标、集体合同制工人指标，由用工单位提出招工简章，经审核批准后，按照“面向社会、公开招收、全面考核、择优录用”的原则，自行录取。1988—1991年，企业自主录取全民合同制工人569人、集体合同制工人210人；完成上级下达的自然减员合同制工人指标270人。推行劳动合同鉴证收费制度，鉴证合同447份。1996年，博乐市全面推行劳动合同制，改制企业29个，签订劳动合同的职工1 621人。行政和事业单位的工人签订劳动合同的903人。

1988—1998年，废除“招收固定工制度”“子女顶替制度”“内招制度”，博乐市安置待业青年就业 2 532 人；下岗职工再就业 320 人。审批使用临时工 1 587 人。

1999 年，博乐市审批下岗职工 98 人，其中 77 人下岗职工自谋职业，领取“下岗职工优惠证”；19 人下岗职工办理“下岗职工待业证”，进入再就业服务中心，领取基本生活保障金。全年办理求职登记 1 581 人，通过劳动中介服务就业 810 人。

2000 年 4 月，博乐市成立劳务人才交流市场（市人力资源市场），通过市场机制，多途径安置大中专毕业生、下岗职工、待业等人员就业。2001 年，市被自治区评为“就业工作先进市”。2002—2005 年，博乐市有失业人员 8 345 人，通过市场机制实现就业再就业 7 299 人。城镇登记失业率控制在 3.8% 以内。

2006 年，博乐市举办“招聘洽谈会”2 次，参会单位 80 家，提供就业岗位 1 400 个；1 000 名失业人员参加招聘会，达成就业意向 378 人。其中大中专毕业生有 156 人，下岗失业人员 32 人，复转军人 9 人，农村富余劳动力 181 人。全市办理求职登记 1 025 人，其中登记失业人员 413 人，新增长劳动力 204 人，大中专毕业生 21 人，复员军人 13 人，“4050”（40 岁、50 岁）人员 24 人，农村富余劳动力 257 人，外来人员 93 人。就业 769 人，其中城镇失业人员就业 226 人，新增长劳动力就业 160 人，大中专毕业生就业 18 人，复员军人就业 9 人，农村富余劳动力就业 272 人，外来人员就业 84 人。

第二节 劳动调配

1981 年，博乐县工人调配原则上坚持以生产、工作需要为前提。调动的去向主要是生产第一线，新建、扩建、急需用人的企事业单位和个别行政事业单位。对夫妻分居两地、父母年老体弱需照顾的独生子女以及有其他特殊困难的，优先考虑。对国营农牧团场的农业工人严加控制，必须调动时一律占用增人指标。对学徒工、试用工以及夫妇同在一地的原则上不予调动。凡调入本县有关行政、事业单位的工人以编制定员为准，严禁以工代干。1981—1982 年，全县共调配 198 人，其中全民所有制工人 175 人，集体所有制工人 23 人。有城镇退役军人、外地调入调出、技工学校分配、占指标选调、落实政策恢复工作的工人。办理子女顶替工作的 35 人。

1989—1999 年，博乐市办理工人调动手续 878 人次。其中全民合同制工人转移手续（含自然减员工人指标、福利企业指标）763 人；聘外地科技专业人才 51 人；人才交流录用 112 人。办理转正定级的 203 人。办理残疾人就业手续 30 人。办理商调工人手续 199 人。

2004 年，博乐市设立劳动保障工作站，招聘社区劳动保障协管员 24 人。

第三节 职业培训

1979 年，博乐县规定各企业的学徒工文化考试和转正定级考试合格才能转正定级、计发工资；技术工种考试合格才能上岗工作；成绩优秀，表现突出者可提前转正。

1981—1986 年，博乐市（县）举办文化补习班 1 期，少数民族会计培训班 3 期；参加司炉工和锅炉工培训，共培训 231 人取得合格证。

1987—1988 年，博乐市各类用工单位招工贯彻“先培训，后就业”的规定。全市共培训各类人员 661 人（不含普法教育人数），有打字员、饮料加工、会计、锅炉工、电工、棉籽加工、棉花加工、棉检、纺（州毛纺）、计划生育、物价员、食品加工、驾驶员、营业员、初中文化补习、高中文化补习。女性 128 人，占培训数的 19%；少数民族 140 人，占培训数的 21.2%。

1990—2000 年，博乐市就业前培训主要采取社会委培和单位自培方式。各类工种共培训 4 397 人。有企事业单位和建筑施工单位锅炉房管理和厂长经理培训班；有司炉工和电工特殊工种的培训班，取得专业技术合格证书。有棉纺厂纺织、驾驶与修理、花岗岩板材加工、棉花加工、商业服务、酒店服务、酒厂质检、棉检、职高微机、农机、马兰寻呼、市场营销、服装及其他培训。

2003 年，博乐市推行“职业资格证书”就业准入制度。成立培训中心，配备培训设备。对 7 个工种的 1 530 名个体从业人员持证上岗情况进行检查，责令 549 名无证上岗人员进行培训。全年培训 1 200 人。

2004 年，博乐市全年培训各类人员 4 450 人，其中下岗失业人员 270 人，创业培训 31 人，在职职工培训 1 633 人，农村富余劳动力职业技能培训 2 204 人，其他培训 312 人。

2006 年，博乐市全年培训各类人员 5 085 人，其中就业再就业培训 785 人；创业培训 105 人；在岗职工培训 1 460 人（机关事业单位工勤人员培训 485 人，企业在职职工培训 975 人）；农村富余劳动力培训 2 150 人；单项技能培训 585 人。

第四节　劳动工资

1980 年前，博乐县企业工人实行 8 级工资制。

1985 年 12 月，博乐市企业工资改革。被列入工资改革范围内的升级人数 1 307 人，月增资 17 354.53 元。1988 年，博乐市执行博州工改办《关于发放劳动合同制工人的工资性补贴问题的通知》，总人数 34 人，12% 的增资为 2 463.4 元，3% 的养老金增资为 629.11 元，总增资为 5%3 092.51 元。全市 12 个企业 410 名职工通过厂长（经理）提名，职工代表大会通过，提高一级或半级工资，月增资 3 235.71 元。审批企业单位奖金 19 个，共计 79 174.94 元。

1989—1993 年，博乐市核定 4 个承包企业年度效益工资、挂钩工资总额基数、合同兑现承包个人效益工资；审批承包企业升级方案，浮动升级比例及人数。

1989—1995 年，博乐市对不挂钩企业单位进行工资普调、套改；提高护士 10% 的工资标准；享受知识分子待遇，补贴增资；核准企业在职职工粮油补贴；企业按 25% 升级工资；完成企业大中专毕业生转正定级及合同制工人转正定级；审批企业工资基金和效益工资。其中，1994 年，博乐市执行自治区劳部文件《关于深化企业工资制度改革，适当解决部分企业工资问题意见的通知》精神，兑现企业职工数 2 290 人，月增资 13.91 万元，人均月增资 60.74 元；对企业在承包期间的效益工资和承包人在承包期间的工资进行兑现，对全民、集体 55 个企业单位的工资按照“两低于”的原则（工资总额增长幅度低于实现税利增长幅度、职工实际平均工资增长幅度低于劳动生产率增长幅度）核定工资总额。1995 年，核定全市 84 个企业工资总额 1 500 多万元。

1996—1998 年，博乐市深化企业工资制度改革，加强工资总量宏观控制。全市国营、集体 72 个企业单位工资，按照“两低于”原则，核定企业固定、合同制、临时工工资总额 6 698.45 万元；全年增加核定工资总量 10%。

1999 年，博乐市按照“限制过高收入，保障最低收入，调控工资合理速度增长”的企业工资管理要求，发布和调整企业最低工资标准；同年 10 月 1 日起，由原标准 170 元提高到 230 元。核定 1999 年企业工资总额 2 243.84 万元。

2001 年，企业最低工资标准为 280 元。

2003 年，博乐市企业进行工资收入分配制度改革，建立“劳动力市场工资指导价位制度”。全市国有、集体、私营等63户企业3 120个样本的工资收入情况进行抽样调查，初步确立6个行业36个工种（岗位）劳动力市场工资指导价位。2004—2005年，博乐市建立6个行业43个工种工资指导价位。

国有农牧场　1986年，阿热勒托哈牧场职工执行三类四等和等级制工资，计2 930人套级，增资11 416.13元。香班哈日根牧场由于经济困难，自治区不同意升改工资。1992年，阿热勒托哈牧场职工建立工资档案3 000余人。2006年，阿热勒托哈场职工工资69人，月工资82 557.60元；香班哈日根牧场职工工资31名，月工资34 949.4元。

第五节　劳动保障

一、劳动保护

工作时间与休假　1979年，博乐县继续实行每周六天工作制，每天工作8小时。1995年5月1日，博乐市实行每周五天工作制，每周工作40小时的标准工作制度。国家机关、事业单位实行统一的工作时间，星期六和星期日为周休息日；企业和不能实行统一工作时间的事业单位，可根据实际情况灵活安排周休息日。

女职工劳动保护　1988年，博乐市执行国家关于女职工劳动保护规定，召开“博乐市女职工劳动保护座谈会”，对企业“女职工劳动保护”落实情况进行检查。

未成年工劳动保护　未成年工使用和特殊保护实行登记制度，用人单位招收使用未成年工，需向劳动人事部门办理登记。2003年，博乐市开展劳动保障监督5项检查中，没有使用童工现象。

有毒、有害工种保护　1979年，从事有毒有害、矽尘和放射性作业的工种，每人每月补助肉1千克、糖0.5千克；从事高温作业的工种，每人每月补助肉1千克、糖0.5千克。1981年，博乐县享受食品待遇的工种有8个共221人。1982年，博乐县企业建立安全生产责任制，落实到班组；建立劳动防护用品和保健食品制度，为符合保健食品待遇的8个工种共251人发放保健食品费用。1985年工资改革改为特殊津贴补助。

1986年，博乐市对接触有害物体的工种及单位进行检查，提出改进措施。

安全生产保护　1982年，博乐县建立安全生产责任制，开展锅炉检验及建档工作；1988年，博乐市贯彻执行《劳动安全暂行条例》，开展安全生产大检查。1990—1995年，博乐市政府成立安全生产委员会，负责协调解决消防、交通、安全生产、劳动卫生等方面的问题，增加安全生产管理人员编制，配备国家安全监察专用车辆。建立和落实各级领导安全生产责任制，把安全生产与企业升级，政绩考核结合起来。厂（矿）企业设安全委员，车间班组设安全员，形成上下对口的安全监察网。1996年，博乐市贯彻国家和自治区安全工作会议精神，将安全生产纳入社会综合治理工程。

安全生产重点检查锅炉运营、液化气充装、建筑施工安全、轧花厂、棉纺厂等易燃易爆企业场所。

每年对锅炉定期安检和年检，锅炉运营检查和年检常态化。通报锅炉运行状况及夜查情况。定期培训司炉工（取得合格证书）。1990年，开展锅炉压力容器监察、检验、建档登记工作。全市有新老锅炉39台，报废锅炉8台，对31台锅炉建卡，用户卡片76张，运行工卡片117张。1997年，全市锅炉压力容器审批安装维修方案11台次；1999年，对全市27个锅炉房40台运行锅炉检查评定，评定先进锅炉房4个，合格锅炉房22个，不合格锅炉房1个。

1996年，博乐市开展以“治理隐患，保障安全”为主题的对建筑、生产性企业检查20次；对建筑工地安全进行资格认证，为工人技术等级考核发放建筑安装《安全资格证书》88份。对营业性、危险性物品组织检查10次。1997—1999年，博乐市召开安全生产、交通安全、农村防火安全会议，市公安、劳动人事、消防、经委、工会、工商、文化等行政执法部门组成安全生产联合大检查29次，检查易燃易爆场所100多个，液化气钢瓶送检10次1 000多个，指出不安全事故隐患10次。下达安全监察指令书9份、整改意见45条，限期整顿落实。工人技术等级考核261人次。

1988—1999年，全市安全生产伤亡事故56起调查结案。按照“三不放过”的原则（事故原因分析不清不放过、事故责任者和群众没有受到教育不放过、没有采取切实可行的措施不放过），对责任人进行查处和罚款。

2001年5月，博乐市全面开展安全生产专项治理工作。《博乐市安全生产专项整治工作安排意见》确定以矿山安全、民用爆破器材和烟花爆竹安全、道路交通安全、大型公共聚集场所消防安全，建筑施工安全、液化气充装使用安全为整治重点，全市安全生产责任制分解落实到16个部门和6个乡镇场。由市建设局、劳动人事局、工商局、公安局消防科组成联合检查组，对市区液化气市场和企业进行专项检查。共查处违法销售点38个，违章供气站2个，违章送气车15辆，未检验钢瓶168个；违章经营公司2家。对4家液化气有限责任公司和供气站分别作出警告、处罚，责令限期改正。对轧花企业进行开机前安全检查和验收工作。全市8家轧花企业消防设施资金投入55.65万元。

2002—2006，博乐市以“安全生产重于泰山”为主题，加大安全生产监管力度。根据《非煤矿山安全生产整治工作实施意见》，对全市64家非煤矿山企业进行检查验收。非煤矿山企业合格31家；共查出安全隐患192处；对33家不合格企业下发限期整改通知书，提出整改意见1 02条；对整改后仍不合格的16家企业责令其停产整顿。

安全生产教育　每年举办企业职工学习班，讲授安全生产法规、条例等，增强厂矿企业、各族职工安全生产观念。1990年，博乐市启动“安全月”教育活动和“11·9”消防“安全周生产”活动，举办“博乐市安全生产、人民保险知识竞赛”。1996年，在全市范围内组织开展“安全生产活动”，通过板报、漫画、标语、横幅、宣传橱窗等形式扩大宣传面，提高安全意识。1998年，全市开展劳动安全、消防知识宣传5次。2001年，市举办5期安全生产培训班，共培训193人，其中机械操作上岗资格培训班2期、登高架设上岗资格培训班1期、劳动安全卫生检查员培训班1期、非建筑企业劳动安全卫生检查员培训班1期。

2002—2006年，博乐市先后开展大型宣传活动18次，出动宣传车24辆次，悬挂横幅159条，印发宣传材料1万余份，受教育群众8万多人次。

二、劳动监察

1989年，博乐市完善劳动合同制，推行劳动合同签证收费制，开展劳动合同监察。1990年，博乐市开展乡镇企业劳动职业卫生监察工作，对劳动条件差的企业限期整顿。

1996年，博乐市劳动人事局设立劳动监察办公室。1998年，博乐市建立劳动用工年审制度。监察建筑企业、个体私营企业的外来劳动用工单位21个，监察人数2 700余人；清退风险抵押金11.98万元，追缴社会保险费19万元。全市64个企业进行监察年检，其中55家企业通过监察年检。对劳动中介机构清理。举办劳务中介组织培训班23人次；审批劳务中介许可证4个；取缔个体劳务中介服务点3个。

1999年，博乐市监察19个建筑企业34个施工现场，监察劳动用工20多次。办理“集体务工许可证”641人。

2000年，建立劳动监察登记制度。全市劳动用工单位建立规范劳动合同管理台账、表册。鉴证企业劳动合同182份，集体合同21件。

2002年，博乐市推行劳动预备制、就业准入制。对违反《中华人民共和国劳动法》的企业下发劳动监察整改指令书5份。

2003—2006 年，全市各类企、事业单位 214 家、用工 3 892 人签订劳动合同的 3 067 份；个体工商户 5 518 家，有用工行为的 1 175 家、涉及 2 763 人签订劳动合同的 927 份。博乐市开展建筑企业农民工签订劳动合同情况专项检查和劳动保障监督 5 项（签订和履行劳动合同情况、建筑企业拖欠民工工资、推行职业资格证书和就业准入制度、有无使用童工现象、社会保险基金缴纳情况）检查，共监察各类用人单位 532 家，涉及职工 5 700 人，纠正 11 家用人单位的违法行为，下达限期整改书 25 份；通过多次监察整改验收企业 19 家。办理工伤认定 19 件。博乐市有用工行为的 193 家企业和个体工商户进行劳动用工年审，

三、劳动仲裁

1988 年初，博乐市成立劳动争议仲裁委员会，在市劳动人事局设办公室。同年，辞退违纪职工 11 人，自动解除劳动合同工的 4 人。

1991—1998 年，共接受劳动争议案件 31 起，调解仲裁率达 100%。

1999 年，博乐市完善劳动争议处理工作制度和仲裁“三方”机制。全年市劳动争议仲裁委答复劳动政策咨询、调解处理劳动纠纷，共 1 000 多件；立案处理劳动争议案件 35 起，涉案当事人 125 人。争议内容涉及劳动报酬、劳动保护、劳动合同等；争议对象涉及国有、集体企业，私营、股份制企业及个体工商户。

2001—2006 年，博乐市劳动争议仲裁委答复劳动政策咨询、调解处理劳动纠纷，共 5 800 多人次；受理劳动争议案件 198 起，涉案当事人 347 人（涉及农民工 168 人，金额 37.5 万元），其中仲裁 82 件。

第六节　个人离休　退休　退职

1979 年，博乐县工人退休、退职执行 1978 年国务院制定的《关于工人退休、退职暂行办法》。1981 年，博乐县办理工人退休手续，35 人，其中集体工人 10 人，退职工人手 1 人。

1983 年 3 月，博乐县执行国务院《关于建国前参加工作的老工人退休待遇的通知》提高建国前参加工作的老工人退休金标准。

1993 年，执行新劳险文《关于贯彻〈国务院关于调整企业离退休人员离退休金的通知〉有关问题的通知》，全市国营企业单位离退休人员增补退休金 560 人，月增 12 699.48 元；对市企业离退休人员 349 人工资调整，共计从 1993 年 10 月 1 日至 1994 年 12 月 31 日补发 156 160 元。对 1993 年 12 月 31 日前离、退休人员 429 人执行工资套改，月增资 9 990 元；1993—1994 年共补发 178 550 元；补发企业离休职工 l6 人补助费，月增资 1 460 元。

2005 年，博乐市办理工人退休手续 31 人（病退 5 人，特殊工种及特繁工种 4 人）；办理国有农牧场工人退休 81 人（病退 3 人）。2005 年，市两次调整市企业退休职工基本养老金，2 726 名退休职工人，共补发 85 万元，实现社会化管理。

2006 年，博乐市共有企业退休人员 2 711（离休 16 人，退休〔退职〕2 695 人）人，养老金社会化发放率达到 100%。建立企业退休人员信息库，发放联系卡。

第七节　劳务输出

1992 年 4 月，博乐市小营盘镇向哈萨克斯坦输出种植业劳务人员 150 人，时间半年。

2006 年，博乐市有农村劳动力 38 062 人，其中农村富余劳动力 13 222 人。全市转移农村富余劳动力 14 000 人次，占富余劳动力人数的 103.7%，其中输出少数民族劳动力 4 500 人次。输出到本地区

富余劳动力 8 640 人次，输出疆内其他地州 4 056 人，输出到疆外其他省区 1 304 人次，实现劳务总收入 2 022 万元。

第五章　社会保障

第一节　养老保险

一、养老保险费征缴

1987 年，博乐县贯彻执行《新疆维吾尔自治区国营企业劳动合同制工人退休养老保险试行办法》精神，国有企业和国家机关、事业单位劳动合同制工人养老保险由企业一方负担转向企业、职工共同负担，实行城镇企业职工个人缴费制度，单位缴纳 15%，个人缴纳 3%。博州直及市直合同制工人 468 人共缴纳养老保险金 91 305.5 元，提取管理费 15 644.26 元。

1990 年，全面推行《国营企业退休费用统筹试行办法》，博州直和市直 64 个单位，490 名退休职工参加退休费用统筹。同年，开展对国营企业固定职工的退休费用社会统筹，参加养老保险投保的 118 个单位，其中企业单位 60 个、事业单位 58 个；统筹人员 897 人养老统筹金 22.9 万元，收缴率为 100%。

1991 年，根据《博尔塔拉蒙古自治州国营企业职工退休费实行州级统筹暂行规定》，将 1979 年以后参加工作的集体企业职工纳入养老保险，逐步扩大养老保险范围。

1995 年，实施《博尔塔拉蒙古自治州企业职工养老保险制度改革办法》，博州直和市直参加参加社会养老统筹的单位 117 个，其中市直单位 34 个；参保人数 3 769 人，其中市直 1 364 人，投保率 99%，筹集统筹基金 401.6 万元，收缴率为 97%。参加合同制工人养老保险单位 189 个，其中市直单位 105 个；参保职工 1 974 人，其中市直 899 人，投保率为 100%。筹集合同制职工养老金 125 万元，收缴率为 98.5%。参加集体企业养老保险的单位 13 个，职工 293 人筹集基金 10 万元。参加补充养老保险的单位 12 个 357 人，投保资金 7 万元。

2000 年，国务院《关于印发完善城镇社会保障体系试点方案的通知》，将个人账户的规模从 11% 降到 8%。同年，博乐市纳入养老保险的单位 323 个；参保人数 8 558 人，收缴养老金 1 047 万元，收缴率 95.8%；清理历年欠费 41.7 万元。

2003 年，自治区对国有农牧场职工、城镇灵活就业人员、自由职业者参加养老保险的缴费基数、比例、待遇计发等做统一规定。2006 年，博乐市参加养老保险的单位 400 个，参保人数 13 928 人，其中国有企业 3 379 人，国营农牧场 1 385 人，集体企业 2 073 人，私营企业 562 人，个体 5 526 人，行政事业 1 003 人，较上年末净增 701 人，收缴养老金 3 642 万元，收缴率 90%。清理欠费 32 万元，期末累计欠费 901 万元，其中当年欠费 279 万元。

二、养老保险待遇

1992 年，企业养老金收缴和退休人员基本养老保险金的发放实行“全额收缴，银行储蓄代发”形式，将养老金按时足额发放到离退休人员手中。2002 年，离退休职工 1 603 人，支付离退休职工养老金 1 144 万元，丧葬费、抚恤金 14 万元，人均离退休费较 1998 年增长 34%。被自治区评为扩面先进单位、三优文明窗口。2006 年，博乐市为 3 028 名离退休职工支付养老金 2 339 万元，其中国有农牧场 1 098 人 467 万元。养老金社会化发放率继续保持 100%，做到“两个确保”（确保企业离退休人员基本养老金按时足额发放，确保国有企业下岗职工基本生活费按时足额发放）。

第二节 医疗保险

一、城镇职工基本医疗保险费征缴

2000 年，博乐市实施城镇职工基本医疗保险制度，由单位和个人共同缴纳。2003 年 4 月，博乐市医疗保险实现乡镇联网。同年 9 月，将城镇个体劳动者和非单位招用灵活就业人员纳入基本医疗保险参保范围。

2006 年，城镇职工基本医疗保险参保范围为城镇各类企业、国家机关、事业单位、社会团体、民办非公有制企业单位及职工和城镇个体从业人员、灵活就业人员，基本建立起以基本医疗保险制度为主体，以职工大额医疗费用补助制度、公务员医疗补助制度、企业职工补充医疗保险制度为补充的多层次医疗保障体系。至 2006 年底，博乐市参加医疗保险单位由 2000 年 335 个增至 416 个；参保人数由 2000 年 14 325 人增至 19 017 人；基本医疗保险金由 2000 年 734 万元增至 2 139 万元。参加基本医疗保险的单位和个人呈现逐年递增趋势，征缴保险额不断增长。较上年净增 445 人，完成全年任务（400 人）的 101%。

二、团体补充医疗保险

2000 年 3 月，在启动基本医疗保险的基础上，启动团体补充医疗保险（大额医疗补助险）。团体补充医疗险主要解决城镇职工基本医疗保险统筹自付、起付线、自费药品、超过封顶线部分费用，是建立和完善医疗保障体系的重要内容。同年，大额医疗补助参保单位 185 个，其中行政事业单位 124 个、企业单位 61 个，参保职工 10 220 人，收缴团体补充医保金 61.3 万元。缴费标准为 60 元 / 人・年，即每人每月 5 元（单位 2 元，个人 3 元）。2005 年 8 月，大额医疗补助缴费标准调整为 84 元 / 人・年，即每人每月 7 元（单位 3 元，个人 4 元）。2006 年，参加团体补充医疗保险 16 668 人，收缴补充医疗金 151 万元。

三、医疗保险起付线、支付情况

基本医疗保险起付线　2000 年 1 月 1 日起，博州城镇职工基本医疗保险起付线为 625 元，最高支付限额为 2.5 万元。2001 年 1 月 1 日，依据 2000 年统计公报，将起付线调整为 625 元。2005 年 8 月 1 日起付线调整为 700 元，最高支付限额由 2.5 万元调整为 3.5 万元。

基本医疗支付与结余　2000 年支付医疗费 485 万元，与当年收入相比占实际收入的 62%。2003 年，期末累计欠费 13 万元。医疗费支出 1 161 万元，同年结余 206 万元，期末滚存结余 656 万元。2005 年，为 2 041 住院人次和 217 997 门诊人次支付医疗费 1 505 万元，其中统筹支出 692 万元，个人帐户支出 813 万元。 2006 年，清欠 11 万元，期末累计欠费 58 万元，其中当年欠费 31 万元。为住院 2 200 人次和门诊 156 812 人次支付医疗费 2 058 万元。

大额医疗补助支付　2000 年 1 月，对于超过最高支付限额、15 万元以下的医疗费用采取商业补充医疗保险的办法解决。2002 年 1 月，医疗费用建立职工大额医疗补助，由州社会保险经办机构负责职工大额医疗补助的办理。

第三节 失业保险

一、失业保险费征缴

1986 年，博乐市实行博州待业保险制度。1987 年，博州直及市直 87 家单位 1 500 人共缴纳待业保险金 35 596.72 元。

1993 年 11 月，待业保险改为失业保险，并逐步向非国有企业扩展。1995 年，博州直及市直失业保险投保单位 196 个，其中市直 105 个；参保职工 6 685 人，其中市直 2 805 人，投保率为 100%，筹集失业救济金 17.2 万元，收缴率 98%。

1999 年，博乐市贯彻落实《失业保险条例》，收缴失业保险金 103.9 万元，收缴率 90%。失业保险金收缴覆盖面不断扩大，收缴率逐年提高。

2006 年，博乐市参加失业保险单位 408 个，参保职工 13 189 人，较上年末净增 303 人，收缴失业金 361 万元，收缴率 69%。清欠 21 万元，期末累计欠费 634 万元，其中当年欠费 131 万元。

二、失业保险费支出

1988 年，博乐市为被辞退职工 2 人发放待业救济金 655.12 元。1999 年，博乐市发放失业金 12.5 万元。其中发放失业救济金 3.5 万元，下岗职工生活费 8.7 万元。2006 年，发放失业救济金 57 万元，支付医疗补助费 15 万元，上解上级 70 万元。失业救济金社会化发放率继续保持 100%。

1992—2006 年博乐市部分年份社会保障主要指标

表 31-7　　单位：人次、万元

年份	参加养老保险职工人数	参加失业保险人数	参加医疗保险人数	领取养老保险人数	领取失业保险人数	缴纳养老保险金额	缴纳失业保险金额	缴纳医疗保险金额	领取养老保险金额	领取失业保险金额	支付医疗保险支出
1992	1 999	7 126	–	–	1 249	–	8.58	–	–	–	–
2000	8 558	6 923	14 325	1 383	17	1 047	141	734	834	1.5	485
2001	9 244	11 008	15 137	1 441	11	1 145	168	763	915	1	602
2002	9 297	11 209	15 679	1 603	251	1 420	213	1 254	1 144	20	777
2003	9 738	11 560	16 456	1 669	300	1 671	240	1 237	1 213	59	1 161
2004	11 718	12 535	17 380	2 704	159	2 076	294	1 575	1 637	38,4	1 348
2005	13 227	12 856	18 682	2 777	272	2 444	313	1 522	1 705	40	1 505
2006	13 928	13 189	19 017	3 028	324	3 642	361	2 139	2 339	57	2 058

第四节　工伤保险

一、工伤保险费征缴

2003 年 9 月，博乐市贯彻《工伤保险管理条例》，进行工伤调查摸底等。博乐市范围内的各类企业、有雇工的个体工商户按规定参加工伤保险。职工个人不缴费。2005 年，博乐市参加工伤保险单位 235 个，参保职工 4 966 人，收缴工伤保险费 90 万元。2006 年，博乐市参加工伤保险单位 236 个，参保职工 5 771 人，较上年末净增 805 人，收缴工伤保险费 57 万元，清理欠费 2 万元。

二、工伤保险费支付

2005年，博乐市为6名工伤人员支付医疗费、一次性伤残补助金3万元；2006年，为14名工伤人员支付医疗费、一次性伤残补助金16万元。

第五节　生育保险

一、生育保险费征缴

2002年，根据《企业职工生育保险试行办法》，博乐市各类企业、实行企业化管理的事业单位女职工参加生育保险。2004年，生育保险参保面覆盖博乐市境内国家机关、企业、事业单位、社会团体、个体经济组织以及其他社会组织等用人单位及其女职工。生育保险基金实行社会统筹。职工个人不缴纳生育保险费。

2005年，博乐市参加生育保险单位346个，其中企业228个单位参保职工4 413人、行政事业单位118个参保职工10 961人。收缴生育保险费150万元。

2006年，参加生育保险单位362个单位，参保职工11 568人，收缴生育保险费126万元，清理欠费2万元。

二、生育保险费的支出

2005年，博乐市为790名享受生育待遇人员支付生育保险费100万元，为64名支付生育津贴29万元。2006年，为323人次享受生育待遇人员支付生育保险金76万元。

第六节　“五险”管理

一、目标管理

2000年，博乐市建立“五险”目标制度。市社会保险管理局加强与市民政、财政、物价等部门联系，各单位相互配合支持社会保险工作，做好各项社会保险扩面征缴工作。由市主管领导抓落实，全市各街道社会保险工作分解落实到社区，形成层层抓落实的工作局面。市社保局制定岗位目标责任制，明确岗位职责，将扩面征缴任务分解到每个岗位和工作人员，每年制定“五险”参保目标任务，做到参保率和收缴率清晰、明确。

二、保险宣传

1999年，博乐市成立城镇职工基本医疗保险制度改革领导小组，设立医疗保险制度改革办公室，并对医疗单位及参保单位经办人员进行医改培训。2002年，通过电视广播新闻媒体和印发宣传材料、入户宣传等方式开展保险宣传，“五险”参保人数逐年增加。

三、保险基金管理

1999年，在收缴和发放养老金的同时，加强个人账户的管理工作，除个别停产企业外，95%的企业将个人账户对账单发到职工手中，对解除劳动合同的职工1 500人档案做到有序化管理。2002年，全面整理保险数据，建立台账，设立专职档案管理员，社会保险入库数据达到“项目齐全、准确无误、全面覆盖”标准。

第三十二编

BOLE SHIZHI

教　育

中共十一届三中全会后，博乐市全面贯彻党的教育方针、政策，教育事业在不断提高教育质量和办学效益中快速发展，并取得显著成绩。1980—1985年，博乐县从教育管理体制入手，加强农牧区中小学管理。同时开展小学教师培训和机关职工文化补课工作。1986年，《中华人民共和国义务教育法》颁布后，博乐市在开展小学教师培训和机关职工文化补课的同时，实施“两基”教育，即九年义务教育和农牧区青壮年扫盲工作。1992年，博乐市被自治区确定为实施农村教育综合改革实验市。到1997年，博乐市“两基”工作通过自治区验收，跨入自治区“两基”工作先进县市行列。同年起，博乐市实施中、小学素质教育工程。

1998—2006年，博乐市在推进中小学素质教育过程中，加强教师队伍学历、教材达标工作，提高整体素质；推行校长任期目标责任制和校长聘任制度；改革课程教学，建立新型教学模式，培养学生实践能力和创造能力；推行教师“全员考核、竞争上岗”；培养骨干教师、学科带头人和师德标兵；加强教育科研网络建设；调整中、小学布局，优化配置教育资源；实施“以县为主”新的农村义务教育管理体制；加强教育督导等。至2006年末，博乐市基本建立和完善教师岗位培训制度，教学教研制度，教职工岗位责任制度和全员聘任制度、教职工考核、奖惩制度、校长竞争上岗制度、教育督导评价制度等。

第一章 机 构

第一节 行政机构

1979年，博乐县文教局主管教育工作。1980年6月，博乐县文教局改设为文教科。1984年11月，博乐县文教科教育职能分出，成立博乐县教育局，主管本县教育工作。全县6个乡（区、场）成立文教组，设文教干事1人。1985年9月，博乐市教育局行政编制9名，其中副局长2人；事业编制21名。下设办公室、教研室、成人教育办公室。所属事业单位有博乐市教育工会。1993年6月，博乐市教育局内设办公室、普教办、成教办、教研室、招生办、勤工办、人事办。

2002—2006年，博乐市教育局行政编制11名，其中领导职数4个；事业编制23名。内设办公室、教育办（成教、自考、基础教育、会考）、勤工俭学办、招生办；事业单位有博乐市教育工会、博乐市教研中心。

第二节 事业机构

一、博乐市人民政府教育督导办公室

1992年9月，博乐市人民政府教育督导办公室设立，牌子挂在博乐市教育局，隶属博乐市人民政府。正科级事业单位。2006年，博乐市人民政府教育督导办公室，编制3名，其中领导职数1个。

二、博乐市教育教学研究中心

2000年7月，博乐市教育局教研室改设为博乐市教育教学研究中心，正科级事业单位。2006年，博乐市教育教学研究中心编制13名，其中领导职数3个。

三、博乐市教育局工会

1985年8月，博乐市教育工会成立，副科级事业单位。2006年，博乐市教育工会编制1名，领导职数1个。

第二章 教育体制改革

第一节 管理体制改革

1979—1983年，博乐县教育实行县、公社、大队三级办学，县文教科主管县教育工作。县城区学校实行党支部领导下的校长分工制，公社学校均设校长。

1984年11月，博乐县文教局成立，主管县教育工作。各乡（区、场）先后成立文教组，设文教干事1人、业余教育干事2～3人，受乡（区、场）人民政府，县教育局双重领导。乡（区、场）文教组主要负责本地学校、农牧民扫盲、职工文化补习等工作。

1989年始，博乐市贯彻执行《中共中央关于教育体制改革的决定》，印发《博乐市向乡镇放权后农牧区教育管理实施细则》，规范“分级办学，分级管理”的权限和职责范围。市级负责教师进修学校、职工学校、市区中小学、市区幼儿园管理；乡（镇、场）负责本地高中、初中、小学、幼儿园管理。在校干部和教师的考核、任用、培训工作由市、乡（镇、场）两级分管，以市为主；教育经费由市、乡（镇、场）两级分管；教育教学由市教育局统一管理。2000年底，全市有中小学（幼儿园）75所，其中幼儿园7所，小学52所，普通中学15所（初级中学11所，高中4所），职业高中1所。博乐市在教育管理体制改革过程中，加强和完善党组织领导下的校长负责制。城区中小学校长、园长配备人选，由市委任免，任期3年。任期内每年考核1次，考核不合格者下岗。农牧区学校校长由乡（镇、场）党委任免，实行双向管理。

2001年，博乐市贯彻执行《国务院关于基础教育改革与发展的决定》，按照“地方政府负责、分级管理、以县为主”新的农村义务教育管理体制，实行“二级办学一级管理”，即把农村义务教育的责任从乡镇场为主转到以县为主，并制定分步实施计划。

2004年，博乐市政府印发《关于落实以县为主农村义务教育管理体制的通知》，农村义务教育管理由乡镇为主转为以县为主，博乐市组成工作组，于4—5月完成42所农牧区中小学校资产、经费、机构、编制核定工作。清查非教育部门招聘的代课教师24人、在编不在岗人员80人、协调办理辞退和调动手续4人。至此，全市基本完成“地方政府负责、分级管理、以县为主”任务。期间，市农牧区中学和中心学校，按照“公开、平等、竞争、择优”的原则，公开选聘9名校长上岗，试用期1年。博乐市形成城镇办高中，乡（镇）所在地办初中和中心小学，村队设教学点的模式。到2006年末，市有中小学（幼儿园）71所，其中，幼儿园（民办13所）15所，小学38所，普通中学（初级中学14所、高中3所），职业高中1所。

第二节 办学体制改革

1985年，博乐市审批私人武术学校1所，学制3年，招收学生67人；校舍6间。1989年，博乐市执行博州制定的民办教育管理规章制度，1996年，取缔武术学校。2005年，市按照博州《关于民办中小学、幼儿园申办审批的若干规定（试行）》文件精神，对市区民办幼儿园进行整顿，审批民办幼儿园 1 所。2006 年，全市有民办幼儿园 13 所。

第三节 学校布局调整

一、乡（镇、场）中小学布局调整

1979—2000 年，博乐市农村乡（镇、场）、村办学存在数量多、规模小、教学投资少、质量偏低、教育资源浪费等现象。至 2000 年末，乡（镇、场）有小学 48 所，小学教学点 25 个，中学 8 所。2001 年，博乐市印发《关于优化教育资源配置，调整中小学校布局的意见》，通过“扩、撤、并”等方式，实施乡（镇、场）学校布局调整。到 2004 年，基本完成乡（镇、场）学校布局调整，建设一批有规模、标准高的学校。贝林哈日莫墩乡实施“七校合一”工程，将贝林哈日莫墩乡中学、蒙古语小学、哈萨克语小学和四个村小学合并，改设为“博乐市贝林哈日莫墩中心学校”；阿热勒托哈牧场第一中学（哈萨克语）改设为“博乐市阿热勒托哈第一中学”，并管理牧区 7 所教学点；阿热勒托哈牧场第二中学小学与阿热勒托哈牧场中心小学合并，改设为“博乐市阿热勒托哈第二中学”，并设村小学教学点 2 所。小营盘镇第一中学小学部与小营盘镇中心小学合并，改设为“博乐市小营盘中心学校”；小营盘镇第一中学初中部与小营盘镇第二中学合并，改设为“博乐市小营盘中学”；乌图布拉格镇中学与 4 所村小学合并，改设为“博乐市乌图布拉格中心学校”。青得里乡“三校合一”，改设为“博乐市青得里中心学校”。至 2006 年末，博乐市乡（镇、场）小学 35 所，教学点 14 所，中学 9 所（中心学校 5 所）。

二、市区中小学布局调整

1998 年始，博乐市区中小学布局全面调整。同年，市区有小学 3 所，中学 7 所(高中 5 所),职业高中 1 所。1999 年，市第六中学初中部迁至市职业高中学校，小学部更名为市第四小学，并对市第一中学、第二中学、第三中学、逸夫小学生源进行调整。

2000 年，博乐市第二中学汉语高中部划归市第四中学，汉语小学部划归市第三中学；市第四中学汉语初中部划归市第二中学，改为汉语初级中学。市第三中学改为蒙古语、汉语九年一贯制学校。市第一中学维吾尔语高中部划归市第七中学，市第七中学维吾尔语小学部划市第一中学，改为维吾尔语九年一贯制学校。

2002 年，博乐市第四小学、市职业高级中学、市进修学校、市第六中学合并，校名为“博乐市第六中学”。同年 8 月，市第四中学更名为“博乐市高级中学”。

2004 年，博乐市第一中学调整为维吾尔语、汉语初级中学；市第二中学调整为蒙古语、哈萨克语、汉语初级中学；市第三中学调整为蒙古语、维吾尔语、汉语九年一贯制学校；市第五中学哈萨克语初中部调至市第二中学，保留哈语小学部和高中部。同年，市第二小学改为汉语九年一贯制学校。2005 年 9 月，市第七中学维吾尔语初中部划归市第一中学，改为维吾尔语高级中学。至 2006 年，市城区小学 2 所，普通中学 8 所（高中 3 所），职业高中 1 所。

第四节 素质教育推行

1986 年，博乐市实施“两基”（基本普及九年义务教育，基本扫除青壮年文盲）教育；1997 年，博乐市“两基”工作通过自治区人民政府评估验收，印发《推进中小学素质教育实施方案》，在市第一小学试点。

1998 年，博乐市出台与中小学素质教育推行相配套改革举措《学校内部管理体制改革实施方案（试行）》，并在市第二中学、第四中学试点。同年，对阿热勒托哈牧场管委会、青得里乡人民政府和市第三中学、市第五中学3年的教育工作进行评估，提出意见。1999年，博乐市人民政府组织教育工作考察团分批对区内、区外“素质教育”情况进行考察；至2000年，博乐市初步建立素质教育各项制度和督导评估体系。同年，对小营盘镇人民政府、达勒特镇人民政府教育工作进行综合评估，对市第四中学、市第二小学教育教学工作进行综合评估，提出整改意见。

2002—2006年，博乐市巩固素质教育成果。在乡（镇、场）、学校开展系列教育、教学评估。完善教师培训制度、教学教研制度、教职工岗位责任制度和教师全员聘任制度。同时，改革学校后勤服务制度，精简后勤服务人员，推行后勤服务社会化。改革后，学校食堂饮食结构多元化、安全卫生制度化、就餐环境家庭化。规范学校教职工代表大会制度，下发《关于完善博乐市教育系统各学校教职工（代表）大会制度的通知》。各学校定期向教职工代表大会报告校务、财务等情况，接受监督。

第三章　学前教育

第一节　幼儿园与幼儿

1979年，博乐县有幼儿园1所，设施简陋。至2006年，全市有幼儿园15所，入园幼儿3 995人；幼儿教师209人。幼儿园实行各民族混合编班。

1979—2006年博乐市（县）幼儿学校和学生统计表

表32-1　　单位：所、人

年份	幼儿园	在校幼儿	年份	幼儿园	在校幼儿	年份	幼儿园	在校幼儿
1979	1	201	1989	9	1 407	1999	8	2 933
1980	4	411	1990	13	1 589	2000	7	2 762
1981	5	583	1991	7	1 551	2001	8	3 838
1982	2	380	1992	9	1 627	2002	11	2 872
1983	2	608	1993	9	1 703	2003	11	2 062
1984	9	1 089	1994	9	1 595	2004	11	4 587
1985	19	1 455	1995	4	2 626	2005	13	3 908
1986	17	1 425	1996	5	2 667	2006	15	3 995
1987	15	1 348	1997	9	2 726	–	–	–
1988	13	1 316	1998	9	2 820	–	–	–

第二节　学制与课程

1980年，博乐县幼儿园使用自治区统编幼儿教材。1981年，博乐县执行教育部《幼儿园教育纲要（试行草案）》。2001年9月，博乐市执行教育部《幼儿园教育指导纲要（试行）》，同时停止执行1981

年教育部颁发的《幼儿园教育纲要（试行草案）》。

博乐市幼儿园分小班、中班和大班。全年分上、下2个学期，每学期约19周。市幼儿园除培养幼儿良好生活习惯外，还初步进行爱祖国、爱人民、爱劳动、爱科学、爱护公共财物的教育，传授粗浅的常识，教唱歌、跳舞和画画。市第一幼儿园、市第二幼儿园等大班，对入小学前幼儿进行早期识字、算术教育。

第三节 课时与教法

1981—2006年，博乐市幼儿园小班每周6节～8节课，时间为10～15分钟；中班10～11节课，时间为20～25分钟；大班每周12～14节课，时间为25～30分钟，不考试，不留家庭作业。

课堂教学坚持因人施教式，赏识教育式，启发引导式。利用动静交替的游戏活动、体育活动、手工制作活动，引导幼儿动手动脑的能力，培养幼儿的注意力、观察力、记忆力、思维能力以及幼儿的语言表达能力。

第四节 幼儿园选介

一、博乐市第一幼儿园

博乐市第一幼儿园原为博州幼儿园，1993年5月，移交博乐市，更名为博乐市第一幼儿园。位于顾力木图路69号。2001年3月，市第一幼儿园为《2001—2005中国青少年科技普及指导纲要》实施项目“幼儿科技活动的实践研究”试验基地。2002年9月，市第一幼儿园为英才BASE英语教学实验基地。2003年3月，市第一幼儿园为教育部“科学教育”子课题“相似性原理在幼儿潜能开发中的运用”的实验基地。2006年9月，市第一幼儿园为清华英语实验基地。至2006年末，市第一幼儿园占地面积1 057平方米，建筑面积2 420平方米；教师83人；幼儿707人。

二、博乐市第二幼儿园

博乐市第二幼儿园，原为县机关托儿所，1984年改名为博乐县幼儿园，1985年由市教育局接管，1993年更名为博乐市第二幼儿园。位于市北京北路137号，占地面积9 245.2平方米，建筑面积2 472.16平方米，绿化面积2 800平方米。2003年9月，市第二幼儿园被教育部授予集体成果一等奖。2006年，市第二幼儿园有教师80人；幼儿690人。

第四章 小学教育

第一节 学校与学生

1979年，博乐县有小学49所，教学班521个，在校学生12 372人；毕业生数1 334人。小学教师706人。

1988年，博乐市有小学55所，其中农牧区小学51所（牧区小学8所；教学班456个；在校生15 304人；招生数2 858人；毕业生数2 170人。小学教师892人。

1994年，博乐市有小学毕业生数2 421人，取消小学毕业升初中的升学考试。

2006年，博乐市有小学38所，教学班259个，在校学生9 447人，招生数1 509人，毕业生数1 728人。小学教师1 390人。

1979—2006年博乐市（县）小学和学生统计表

表32-2　　单位：所、人

年份	小学	在校生	年份	小学	在校生	年份	小学	在校生
1979	49	12 372	1989	55	15 576	1999	52	19 237
1980	45	13 535	1990	51	14 979	2000	52	18 278
1981	47	14 059	1991	51	15 426	2001	46	17 536
1982	48	14 455	1992	53	15 630	2002	43	16 168
1983	46	14 106	1993	53	17 784	2003	38	15 435
1984	46	14 368	1994	53	18 205	2004	38	15 552
1985	47	14 751	1995	52	18 677	2005	38	15 345
1986	55	15 421	1996	52	19 019	2006	38	9 447
1987	57	15 212	1997	53	19 223	–	–	–
1988	55	15 304	1998	53	19 306	–	–	–

第二节　学制与课程

1979年，博乐县执行教育部《全日制10年制中小学教学计划试行草案》，小学除语文、算术、自然、历史、地理、体育、图画、音乐8门课外，4至5年级每周增设政治课2节。

1981—1985年，博乐市执行教育部《全日制五年制小学教学计划（修订草案）》，1至5年级除开设语文、数学、外语、自然、历史、地理、体育、音乐、美术、劳动课外，每周开设一节思想品德课，共11门课程。

1986年3月，博乐市区小学从当年招收的新生起实行六年学制。同年9月，市民族语言小学改为六年学制。1987年3月，博乐市区小学及乡村中心小校实行六年学制。1989年，全市各小学均实行六年学制。

1994年9月，博乐市按照教育部课程调整计划，1、2年级开设思想品德、语文、数学、自然、体育、音乐、美术，周课时总计28节；3至6年级除开设上述课程外，另开设社会、劳动，周课时总计30节。

2002年9月至2006年，博乐市执行国家新课程标准，1、2年级开设品德与生活、语文、数学、综合实践活动、体育、音乐、美术，周课时总计25节；3至6年级开设品德与社会、语文、数学、综合实践活动、体育、音乐、美术、英语、科学，周课时总计30节。

第三节　教学与教研

1984年，博乐县乡（区、场）成立6个学区，每个学区配备1名学区校长。主要任务是负责学区的师资培训、教学研究等。

1988 年 6 月，博乐市教育局对乡（镇、场）的部分小学进行教学质量检查评比，4 所小学分别被评为第一名。1989 年，博乐市教研室组织小学教师到博州第一小学观摩试验班语文、数学课。1992 年 4 月，博乐市乌图布拉格乡中心小校以 84 分成绩通过自治州教学质量达标验收。

1992 年 5 月，博乐市小学语文、数学老师进行新大纲和新教材培训。同年 6 月，全市牧区寄宿制学校进行检查评比。1993 年 11 月，博乐市教研室举办小学年轻教师语文、数学教学大奖赛，41 人参赛。

1994 年，博乐市教研室组织小学教师开展目标教学理论培训，开设目标教学试点班。1996 年 6 月，《博乐市加强学校管理，提高教学质量的实施意见》《博乐市教师教学目标管理方案》《博乐市中小学期末考试联合考试办法》实施，小学 1 ~ 6 年级统一考试；同年 10 月，市小学开展目标教学公开课；同年 11 月，市教育局对市区民语小学的国语、语文、数学、3 科进行抽考。

1997—1999 年，博乐市推行素质教育，以培养学生动脑、动手、动口能力和创新能力、实践能力为目标任务，加强小学教学教研工作。到 2000 年，市小学相继建立完善教研室、教研组。2002 年，博乐市被自治区确定为“基础教育课改试验区”，出台《基础教育课程改革实验方案》。市教研中心组织小学语文、数学、政治等学科的教师进行课改培训、集体备课，组织中考模拟调研。湖北省“援教”教师讲授教学教研经验，小学校长、教务处主任、教研组长、教师参加培训。同年，市选派骨干教师到乡镇场学校挂职，指导教学教研工作。

2003—2006 年，博乐市小学继续“基础教育课改试验”，巩固素质教育成果。利用湖北“援博”平台，每学年选派若干名校长前往湖北省学习。邀请湖北省教育界名师来博举办专题讲座，开展观摩示范课，与市教师进行座谈交流，并与市第一小学签订合作协议书。

第四节 思想品德教育

1979 年，博乐县小学恢复少先队组织。1981 年，博乐县小学每周 1 节思想品德课，执行教育部《小学生守则》。

1982 年，博乐县印发《小学思想品德课教学大纲》（征求意见稿）。1988 年，市小学和幼儿园开展“三热爱”（热爱祖国、热爱社会主义、热爱中国共产党）和“五讲四美”（讲文明、礼貌、卫生、秩序、道德，心灵、语言、行为、环境四美）教育。加强少先队员发展工作，举行入队仪式。开展科学启蒙教育，举办“爱科学月”活动。

1989 年，博乐市贯彻《中共中央关于改革和加强中小学德育工作的通知》，制定小学学生日常行为规范，定期检查。同年 10 月，市学校开展升国旗、唱国歌活动。同年 9 月，市召开学校思想政治工作汇报会，总结经验，改进工作方法。同年 11 月，贝林哈日莫墩乡中心小校在博州教育局召开的“学校思想政治工作交流会”上作典型发言。1992 年 4 月，博乐市举办学校思想品德研讨会，成立少年警校。1994—1995 年，博乐市印发《关于贯彻落实爱国主义教育纲要的实施意见》，加强爱国主义教育基地建设，在小学（中学）开展向朱军学习的活动。

1996—2006 年，博乐市小学继续实施“五爱”（爱祖国、人民、劳动、科学、社会主义）教育，小学阶段开展法制观念的启蒙、养成教育，突出爱国主义教育；开展新疆历史和区情教育、心理教育。

第五节 体 卫 艺教育

一、体育

1979 年，博乐县按照国家体委的要求，在社（场）中心小校，实施《国家体育锻炼标准》。1983

年，县按照国家体委新颁布的《国家体育锻炼标准》，在全县小学开展体育达标活动。到2006年，全市各小学市每年举办小学生运动会，开展足球、摔跤、田径等传统体育项目训练和小学生冬季长跑活动，组织小学生参加自治州、自治区、全国体育竞技比赛。

二、卫生

1980年1月，博乐县小学卫生工作纳入教育工作规划，定期检查各小学卫生工作。1990年，博乐市执行教育部、卫生部《学校卫生工作条例》，各小学普遍开展公共卫生教育和个人卫生保健教育，组织学生参与卫生活动，坚持每天一小扫，每周一大扫，周末检查评比。在每年开展的全国爱国卫生运动中，小学生走向街头，打扫卫生，清理垃圾。市卫生防疫部门定期在小学进行地方病普查和传染病检查。

三、艺术

1982年5月，博乐县组织少年儿童参加自治州“红五月”歌咏比赛。同年6月，县举办少年儿童音乐、舞蹈比赛。1988年6月，博乐市举办少儿文艺会演。

1996—2006年，博乐市在推行中小学素质教育过程中，加强小学音乐、美术教育，开展课外、校外艺术教育活动，举办经常性、综合性、多样性文艺会演，并组织小学生参加自治州、自治区、全国歌舞、美术等大赛。

第六节　小学选介

一、博乐市第一小学

博乐市第一小学原为博州直属小学，位于博乐市顾力木图路109号。1993年7月，博州第一小学移交博乐市，改称为“博乐市第一小学”。2006年，市第一小学占地面积29 969平方米，建筑面积8 738平方米；教师127人，其中小教高级教师72人，小教一级教师55人；学生2 968人，教学班54个。

二、博乐市逸夫小学（市第三小学）

博乐市逸夫小学位于博乐市团结路105号。1996年7月，由香港爱国人士邵逸夫投资50万港币、市财拨款140万元兴建，占地面积1 832.27平方米，建筑面积5 060平方米，校名为“博乐市逸夫小学”（市第三小学），是一所六年制小学。2005年8月，市逸夫小学黄石教学楼建成投入使用，学校校舍面积增至4 850.25平方米。至2006年末，教师56人，其中小教高级教师35人，小教一级教师21人；教学班24个，在校学生1 215人。

第五章　中学教育

第一节　学校与学生

1979年，博乐县有普通中学7所，其中初中4所，高中3所；在校学生3 793人（初中3 208人，高中585人）。普通中学教师255人（初中教师232人，高中教师23人）。

1992年，高中教育实施会考制。1994年，首次实行初中毕业生升入高中阶段“五统一”（语文、数学、外语、物理、化学）考试。1995年，博乐市有普通中学16所，其中初中11所，高中5所；在校学生8 526人（初中6 935人，高中1 591人）。招生数3 176人，其中初中2 404人，高中772人；

毕业生 2 759 人，其中初中 2 156 人，高中 604 人；普通中学教师 742 人（初中教师 598 人，高中教师 144 人）。

2006 年，博乐市有普通中学 17 所，其中初中 14 所，高中 3 所；在校学生 12 111 人（初中 7 989 人，高中 4 122 人）。普通中学教师 1 019 人（初中教师 745 人，高中教师 274 人）。

1979—2006 年博乐市（县）中学和学生统计表

表 32-3 单位：所、人

年份	中学		在校生		年份	中学		在校生	
	初中	高中	初中	高中		初中	高中	初中	高中
1979	4	3	3 208	585	1993	9	6	6 882	2 063
1980	6	3	3 518	652	1994	9	6	7 209	1 480
1981	6	3	3 120	773	1995	11	5	6 935	1 591
1982	6	3	2 966	851	1996	11	5	6 992	1 665
1983	8	3	3 153	895	1997	13	3	7 032	1 898
1984	11	3	3 536	925	1998	11	5	7 352	2 037
1985	11	3	4 147	1 007	1999	10	5	7 522	2 083
1986	11	3	5 093	270	2000	11	4	7 807	2 330
1987	11	3	5 554	840	2001	12	4	8 293	2 772
1988	12	3	5 742	993	2002	14	3	8 692	3 054
1989	12	3	4 984	1 056	2003	14	3	8 720	3 610
1990	8	3	4 815	1 792	2004	14	3	8 429	4 000
1991	8	3	4 509	1 067	2005	14	3	8 145	4 002
1992	8	3	5 022	972	2006	14	3	7 989	4 122

第二节 学制与课程

1979—1981 年，博乐县普通中学实行 5 年学制（初中 3 年，高中 2 年），共开设政治、语文、数学、物理、化学、生物、地理等 13 门课程。外语课根据本市实际开设英语，个别班开设俄语。1982 年，博乐县普通中学开始由 5 年学制，分期向 6 年学制过渡（初中 3 年、高中 3 年）。1983 年，博乐县普通中学增设劳动技术课，初中每学年 2 周，高中每学年 4 周。

1984 年 9 月至 1985 年 9 月，博乐县第一中学、县第二中学新招收高中 1 年级，县小营盘镇第二中学，按照教育部《全日制六年制重点中学教学计划试行草案》试行，其他中学仍执行 5 年学制教学课程。

1989 年 9 月起，博乐市普通中学均实行 6 年制教学。1994 年 7 月，市执行教育部《实行新工时制对全日制小学、初中、高中课程（教学）计划进行调整的意见》，市初中开设思想政治、语文、数学、外语（少数民族中学为汉语）、历史、地理、物理、化学、生物、生理、卫生、体育、音乐、美术、劳动技术及活动，周课时总计 33 节；市高中除开设上述主要课程外，增设社会实践课和选修课，同时将音乐、美术综合为艺术课，周课时总量 34 ～ 35 节。

2002 年 9 月起，博乐市执行国家初、高中阶段新课程标准。初中阶段以分科与综合相结合的课程为主，包括思想品德、语文、数学、外语、科学（或物理、化学、生物）、历史与社会（或历史、地理）、体育与健康、艺术 （或美术）以及综合实践活动。各学校开设选修课程。在语文、艺术、美术课中加强写字教学，重视信息技术教育和多元化评价。高中阶段以分科课程为主。课程结构多样性；在开设必修课的同时，设置选修课程，开设技术类课程，实行学分制管理，使学生在普遍达到基本要求的前提下，实现个性发展。

第三节　教学与教研

1979—1981 年，博乐县中学按照教育部《全日制十年制中小学教学计划试行草案》《全日制五年制中学教学计划试行草案的修正意见》，安排教学教研工作。

1988 年，博乐市 4 所中学在自治州教学质量检查评比中获奖；在自治州数学竞赛中高中组获团体总分第一名。

1989 年，博乐市达勒特镇中学，小营盘镇中学办“3+1”实验班，开设棉花、果树栽培等专业课。同年，在博州初中毕业生统考中，市巩固率、普及率、毕业率、入学率分别为 99.6%、99.3%、98.4%、98.1%。

1993 年，博乐市加强高中学生考籍管理，组织高一、高二年级地理、物理、历史、生物、化学，外语 6 门学科的会考工作。市第四中学学生在 1993 年全国暨新疆地区初中化学竞赛中，获二等奖。

1994 年 1 月，博乐市召开九年义务新教材研讨会。同年 9 月，博乐市中、小学教师参加博州教研室举办的目标教学理论培训班，开设 22 个中、小学目标教学试点班。市第四中学学生在全国“希望杯”数学竞赛中获初三组一等奖。

1995 年，博乐市教育局抽考初二年级数学课，了解学校教学现状。同年，博乐市参加博州汉语知识竞赛、物理教学课堂大赛分别获奖；1996 年市初中一年级、二年级统一考试；同年 10 月，市中学开展目标教学公开课，在市第三中学举办“双语”教学改革汇报课活动。1999 年，市教育局在市第一中学、七中学初中一年级开展集体备课活动。邀自治区高中数、理、化 3 科专家来博乐市讲课。

1995—2006 年，博乐市在目标教学和优化课堂教学、优化教育教学过程中，中学生积极参加全国的“通达杯”化学、奥林匹克、第七届“希望杯”数学、数学联赛、T1 杯初中数学、第十三届全国中学物理知识、中学生英语能力、自治区第三届中学生生物动物学及野生动物保护知识等等竞赛，分别获奖；《绿色食品检验仪》《七型蒙古包》在自治区第七届青少年科技作品展览中、《少数民族生态传统改善环境及西部开发的意见》《博州冬旱调查》《旋转干草垛》科学小论文在全国第十届青少年科技创新大赛中、《关于艾比湖鸟类迁徙生态环境考察》在自治区第二十届青少年科技创新大赛中均获奖。教师在目标教学评优课中，刘新江教师撰写的《结题报告》《关于 STS 教育之思考》通过全国教育科学规划领导小组办公室鉴定，分别获三等奖和“现代教育文库奖”；中学教师参加新疆目标教学评优课物理学科讲课、政治学科讲课比赛、化学课教学大赛、自治区青年教师讲课大赛等等比赛均获奖；《语文课堂教学学生能力迁移 ABC》在第二届全国语言课堂教学论文大奖赛中获园丁奖，《景物描写的多元功能与其教学》在《语文教学与研究》编辑部、中国语文教师论文大赛评委会举办的中国语文教师论文大赛中获二等奖，《设计好练习》获 1998 年新疆中小学外语教育教学科研论文二等奖。

2000—2006 年，博乐市中学教学教研工作以优化课堂教学为核心，优化教育教学过程，完善课程体系，规范学科课程，注重培养学生创新能力和实践能力。2002 年，博乐市被自治区确定为基础教育课改试验区后，加强中学教师新教材培训，完成达标考核任务，建立骨干教师队伍。以湖北省“援博教育”为平台，开展教学教研经验交流。博乐市教师在全州英语课堂教学竞赛中获奖；《浅谈百项活动在素质教育中的实施》在第四届全国中学生物教学论文评选中获一等奖；《科学思维初探》在第八届全国青少年科技辅导员论文评选中获一等奖；《绿洲生态农业探索》在全国青少年创造能力培养活动方案征集中获一等奖；《努力营造理科教学情景》在新疆中学物理计算机课件展示会上获一等奖；《青少年怎样参与发明创造科技活动》在第九届全国青少年科技辅导员论文评选中获一等奖。

第四节 思想品德教育

1979 年，博乐县中学恢复共青团组织。1980 年，县中学执行教育部《中学生守则》，并开展“五讲、四美、三热爱”（讲文明、讲礼貌、讲道德、讲秩序、讲卫生，语言美、行为美、心灵美、环境美，热爱党、热爱祖国、热爱社会主义）教育。1981 年，县中学开展“创三好、树新风”评选活动。1983 年秋，县中学开设民族政策和民族团结教育课及法律常设课，作为政治课一部分，列入初中毕业和升学考试内容。1984 年 2 月，按照教育部规定，县组织高中学生学习《邓小平文选》，并有针对性召开主题班会，如“树理想”“尊师爱生”“文明礼貌”主题班会等。

1989—1994 年，博乐市贯彻执行《中共中央关于改革和加强中小学德育工作的通知》，有计划地在中学生中开展国情教育、代史教育、行为规范教育、民族团结教育、民主与法纪教育、劳动观念教育和艰苦奋斗教育等。各中学坚持升国旗制度。1995 年，博乐市制定印发《博乐市教育系统关于加强民族团结、安定团结教育工作的实施意见》，开展向朱军学习，做“四有”（即有理想、有品德、有文化、有纪律）新人活动。中学以爱国主义教育为主旋律，加强对学生政治思想、道德品质教育。各学校成立“家长委员会”或“家长学校”参与对中学生的管理教育。学校经常性开展法制教育，注重对“差下生、流失生、辍学生”的转化教育工作。

1997—1999 年，博乐市中学开展多种形式的“三观”（即世界观、人生观、价值观）、“三义”（即爱国主义、集体主义、社会主义）、“三德”（即社会公德、职业道德、家庭美德）、“四有”教育。市举办民语中学生民族团结知识大赛和“庆‘七・一’迎回归，爱我中华，爱我家乡”演讲比赛。朱军烈士塑像在市第四中学校园内落成，并举行揭幕仪式。

2002 年，博乐市政法系统、教育系统主持编写《中小学法制教育教材》，注重对学生进行社会主义民主与法制观念教育，突出学生学法、守法、用法的教育，明确青少年的权利和义务及其关系。同年 11 月，市举办青少年（哈萨克语）法律知识竞赛。同年 12 月，市举办青少年“争做遵纪守法小公民”（汉、民语）演讲比赛。

2003 年，博乐市人民政府教育督导室对学校思想品德教育开展情况进行专项督导。同年，市在学校开展“6・26”拒绝毒品法制宣传教育活动和法律知识讲座、法律知识竞赛活动。

2004 年，博乐市贯彻落实《中共中央 国务院关于进一步加强和改进未成年人思想道德建设的若干意见》和《公民道德建设实施纲要》，各中学以学科教学活动、课外活动、社会实践活动等为载体，组织开展“关爱生命，远离诱惑”演讲比赛；“六一”期间表彰百名优秀少年儿童，组织“告别不文明行为，争做优秀少年儿童”万人签字仪式。组织学生观看《为了明天的太阳—青少年法制教育刻不容缓》的大型青少年法制教育专题片。加强学校制度建设，建立门卫管理制度，班级考勤制度，夜间查宿管理制度，杜绝学生进入营业性网吧、游戏厅等场所。

2005 年，博乐市教育局印发《博乐市教育系统关于进一步加强和改进未成年人思想道德建设的实施意见》，博州教育局督导团专项督查评估后 3 所学校获“市级德育示范学校”，8 所学校获“市级德育达标学校”。同年，市有关部门联合制定《关于博乐市加强校园周边环境整治的实施方案》。

2006 年，博乐市高级中学通过“自治区示范性高中”初审，通过“自治区德育达标学校”评估验收。

第五节　体　卫　艺教育

一、体育

1979—1983 年，博乐县中学按照国家体委《青少年体育锻炼标准》，开展体育达标活动。到 2006 年，市每年举办中小学生田径运动会，开展篮球、排球、足球等比赛和中小学生冬季长跑活动，并组织中小学生参加自治州、自治区、全国体育竞技比赛。

二、卫生

1980 年 1 月，博乐县中学卫生工作纳入教育工作规划，并定期检查各中学卫生工作。1990 年始，市执行教育部、国家卫生部《学校卫生工作条例》，各中学普遍开展公共卫生教育和个人卫生保健教育，组织学生参与卫生活动，坚持每天一小扫，每周一大扫，周末检查评比。在每年开展的全国爱国卫生运动中，中学生走向街头，打扫卫生，清理垃圾。市卫生防疫部门定期在中学进行地方病普查和传染病检查。

2003—2005 年，博乐市中学开展预防非典型肺炎工作。

三、艺术

1982—1995 年，博乐市中学除开设音乐、美术课程外，还参加文艺会演。

1997—2006 年，博乐市在推行中小学素质教育过程中，加强中学音乐、美术教育，开展课外、校外艺术教育活动，举办经常性、综合性、多样性文艺会演，并组织中学生参加自治州、自治区、全国歌舞、美术等大赛。

第六节　中学选介

一、博乐市第一中学

博乐市第一中学位于青得里大街 72 号。1979 年，博乐县中学设小学部和初中部，有民语、汉语教学班 38 个，在校生 737 人，教师 48 人。同年 12 月，县中学分设为两所学校，以维吾尔语授课的为博乐县第一中学。1980 年，县第一中学教学班 15 个，在校生 538 人，教师 31 人。1982 年，县第一中学设小学部、初中部、高中部。2003 年 9 月，第一中学高中部划归市第七中学。2004 年 4 月，市第三中学初中部划归市第一中学；市第一中学小学部划归市第三中学。2005 年 9 月，市第七中学初中部划归市第一中学，成为 1 所国语、维吾尔语初级中学。

2006 年，市第一中学占地面积 46 620 平方米，建筑面积 10 240 平方米；教学班 30 个，其中国语教学班 18 个维吾尔语教学班 12 个；在校学生 1 296 人；教职工 163 人（少数民族教师 115 人），其中中教高级教师 18 人，中教一级教师 62 人。

二、博乐市第二中学

博乐市县第二中学位于北京北路 27 号。1979 年 9 月，从县中学分出，成立县第二中学。1980 年，县第二中学设小学部、初中部、高中部；小学部 10 个班、在校学生 510 人，初中部 6 个班、在校学生 286 人，高中部 4 个班、在校学生 195 人；教职工 75 人，其中教师 57 人。

2000 年 7 月，博乐市第二中学高中部划归市第四中学，小学部划归市第一小学。2004 年，市第五中学哈萨克语初中部划归市第二中学，成为国语、哈萨克语初级中学。2006 年，市第二中学占地面积 36 189 平方米，建筑面积 10 690 平方米；教学班 42 个，其中哈萨克语教学班 6 个；在校学生 2 156 人；教师 139 人，其中中教高级教师 30 人，中教一级教师 50 人。

三、博乐市高级中学

博乐市高级中学位于博乐市文化南路 93 号。其前身是博尔塔拉蒙古自治州第二中学，后更名为博尔塔拉蒙古自治州第四中学。1993 年 5 月，博州第四中学移交博乐市，更名为“博乐市第四中学”。2000 年，市第四中学初中部划归市第二中学。2002 年 8 月，市第四中学更名为“博乐市高级中学”。

2006 年，高级中学占地 4.27 公顷，绿化面积 14 686 平方米，校舍建筑面积 2 万平方米。有教学班级 47 个，在校生 2 601 人；教职工 185 人，其中教师 158 人（高级教师 55 人，中教一级教师 48 人，湖北援博教师 27 人，州市拔尖人才 2 人，享受国务院政府特殊津贴 1 人）。

四、博乐市第五中学

博乐市第五中学位于市顾力木图路 26 号。原为博州第五中学，成立于 1981 年 7 月，是 1 所哈萨克语的寄宿制中学。1993 年 8 月，博州第五中学移交博乐市，改名为“博乐市第五中学”。2004 年 4 月，市第五中学哈萨克语初中部划归市第二中学，保留哈萨克语小学部和哈萨克语高中部。

2006 年，市第五中学占地面积 24 296 平方米，建筑面积为 5 358 平方米。教师 73 人（高中教师 42 人、小学教师 31 人），其中中学高级教师 9 人、一级教师 17 人，小学高级教师 13 人、一级教师 18 人。高中教学班 12 个，在校学生 490 人。小学教学班 6 个，在校学生 206 人。

五、博乐市第七中学

博乐市第七中学位于市文化路 182 号。原为博州第一中学，是 1 所维吾尔语中学。1987 年，博州第一中学小学 7 个班、在校学生 217 人，初中 15 个班、在校学生 690 人，高中 11 班、在校学生 455 人；教职工 125 人。1993 年，博州第一中学移交博乐市，改名为“博乐市第七中学”。

2000 年，博乐市第一中学维吾尔语高中部划归市第七中学，市第七中学维吾尔语小学部划市第一中学。2005 年 9 月，市第七中学维吾尔语初中部划归市第一中学，成为维吾尔语高级中学。

2006 年，博乐市第七中学占地面积 63 980 平方米，建筑面积为 21 166.54 平方米；教学班 35 个，在校学生 1 543 人；教师 157 人，其中，中教高级教师 31 人，中教一级教师 55 人。

六、博乐市职业高中

1993 年，博乐市第六中学设职业高中班。1994 年，博乐市第六中学职业高中班分出，设“博乐市职业高级中学”。2002 年，博乐市第四小学、博乐市职业高级中学、博乐市进修学校、博乐市第六中学合并，校名为“博乐市第六中学”，并挂博乐市职业高级中学、博乐市职业培训中心牌子。2005 年 9 月，博乐市职业高中与新疆经济商贸学校联合开办 2 个职业中专班。2006 年，博乐市职业高级中学与湖北省机械工业学校和湖北黄石中等专业学校与联合办学，采取“1+2”模式实行联合办学，博乐市职业高级中学在校生有 100 余人。

第六章　继续教育

第一节　机关职工在职教育

1979 年 5 月，博乐县成立干部、职工业余学习领导小组，开展文化学习教育。1982 年 7 月，博乐县职工学校成立。

博乐县 1968—1980 年文化程度调查，县高中毕业的在职职工 577 人，其中事业单位 177 人，企业单位 400 人；初中毕业的 332 人，高中毕业的 241 人，小学程度的 4 人。使用汉语文字的 441 人，维吾尔语文字的 122 人，蒙古语文字的 7 人，哈萨克语文字的 7 人。1982 年 12 月，县职工学校开学，共开办 11 个文化补习班，学员 352 人，其中语文班 4 个 135 人，数学班 7 个 217 人，学期 1 个半月。

1984 年 3 月，博乐县职工学校招收已经结业过 1 科或 2 科的职工脱产学习 3 个月，每期 50 人，共办 3 期。同年末，主要招收 3 次考试都不及格者和未参加过补习、考试的职工，开办 4 个业余文化学习补习班，每班 40 人，每期半年。

1985 年，博乐市职工学校开办脱产班 1 期，招收学员 160 人。到 1988 年，全市职工文化补课人数达到 577 人，其中事业单位 177 人，企业单位 400 人。职工岗位培训 54 人，技术培训 106 人。1989 年后，博乐市机关职工学校自行撤销。

第二节　成人自学教育

1985 年，自治区开始成人高等教育自学考试，至 1987 年末，全市有 100 人获单科合格证书，其中，5 人获 9 门合格证书，4 人获 8 门合格证书，4 人获 10 门合格证书。

1988 年，博乐市报名参加成人高等自学考试 75 人，报名参加中等自学考试 66 人。同年，取得单科结业证 271 人，高等自学考试毕业 8 人（教师 4 人），中等自学考试毕业 23 人（教师）。

1993 年，博乐市报名参加成人高等自学考试人数 517 人，参加卫星电视教学考生达 212 人。

1994—1995 年，博乐市 224 人取得高等自学考试毕业文凭；1999 年，博乐市报名参加成人高等自学考试 1 200 人，当年 164 人取得高等自学考试毕业文凭，其中取得本科证书 38 人、大专证书 121 人。

第三节　职业技术教育

1987 年，博乐市成立中央广播电视学校博乐农业广播分校（市农广校），有专职教师 8 人，并建立“兼职教师”师资库，共有 62 名教师。1992 年 6 月，市农广校纳入自治区中等专业学校管理序列，国家承认学历。由市农业局主管，为正科级事业单位，编制 4 名。2004 年 5 月，市农广校挂博乐市农民科技教育培训中心、博乐市农村富余劳动力转移职业技能培训中心两块牌子，专职教师 8 人，其中领导职数 1 人。

1987—2006 年，博乐市中央农业广播电视学校共招收 75 个教学班，注册学员 1 688 人，毕业学员 1 093 人。毕业学员中，担任科级以上领导干部 25 人，乡镇一般干部 113 人，村队干部 440 人，农民技术员 47 人，其他各类专业干部职工 196 人。

第七章　教育管理

第一节　教育经费管理

一、经费来源

博乐市教育经费来源于国家划拨的经费、中小学师生勤工俭学费、学校收取的学杂费、社会捐款与投资、教育集资等。

1980 年，博乐县各项教育经费总数 158.79 万元，其中教育经费拨款 157.79 万元。

1988 年，博乐市各项教育经费总数 561 万元，其中，教育事业费 437.8 万元，教育基建费 73.2 万元，边境建设费 15 万元，危房更新补助款 11 万元，发展资金 10 万元，小教补助款 7 万元，“老、少、边、穷”补助款 4 万元，课桌椅专款 3 万元，个体教育投资 1.2 万元，乡村自筹资金 7.66 万元。

1995 年，博乐市教育经费拨款 1 129.77 万元。师生捐资 2.73 万元，学校及乡（镇、场）文教办捐资 5.05 万元。

2002 年，博乐市教育经费拨款 2 815.14 万元。市引入台湾慈心慈善基金 15 万元，可口可乐投资 20 万元，勤工俭学费 100 万元。

2003 年，博乐市教育经费拨款 3 076.54 万元。征收人民教育基金 179 万元，城镇教育费附加 171 万元。

1979—2006 年博乐市教育经费拨款情况表

表 32-4 单位：万元

年份	上级拨款	年份	上级拨款	年份	上级拨款
1979	113.69	1989	210.15	1999	1 521.37
1980	157.79	1990	219	2000	1 733.18
1981	176.77	1991	219.1	2001	2 526.45
1982	200.45	1992	313.79	2002	2 815.14
1983	305.97	1993	631.58	2003	3 076.54
1984	315.62	1994	879.39	2004	4 623.68
1985	359.71	1995	1 129.77	2005	8 009.48
1986	112.24	1996	1 441.16	2006	9 916.96
1987	144.54	1997	1 158.34	合计	43 903.46
1988	249.26	1998	1 342.35	-	-

二、经费支出

1979—2006 年，博乐市（县）教育经费支出共计 46 588.15 万元。

1979—2006 年博乐市教育经费支出情况表

表 32-5 单位：万元

年份	教育经费支出	年份	教育经费支出	年份	教育经费支出
1979	113.69	1985	357.6	1991	219.01
1980	158.74	1986	108.51	1992	314.06
1981	174.59	1987	140.37	1993	621.38
1982	2 004.51	1988	249.26	1994	879.84
1983	309.93	1989	209.94	1995	1 129.77
1984	310.05	1990	219	1996	1 295.19

续表 32-5

年份	教育经费支出	年份	教育经费支出	年份	教育经费支出
1997	1 158.34	2001	2 696.35	2005	8 123.28
1998	1 495.24	2002	3 003.23	2006	9 916.69
1999	1 660.64	2003	3 306.31	合计	46 588.15
2000	1 912.82	2004	4 499.84	–	–

第二节　教师管理

一、教师来源与结构

博乐市教师主要来源于大、中专毕业生分配、民办教师转正、外系统调入人员及择优录取招聘人员。

1980年，博乐县369名民办教师经考核转为公办教师、160名民办教职工转为公办教职工。1987年，博乐市为61名教师平反恢复工作；同年，分配到市区大、中专毕业生51人。1989年，分配到博乐市师范类院校毕业生84人，其中本科生8人，大专生43人，中专生33人。

2002年，博乐市湖北省“援教”教师5人，招聘教师8人（本科毕业生）。

2003—2006年，博乐市招聘中小学教师288人。

2005年，博乐市聘任中学教师53人。

二、教师队伍

1987年9月，博乐市教育系统职称改革，首次参评的单位8个（市一中、二中、三中、教师进修学校，小营盘镇一中、二中、中心校，市职工学校、教育局教研室），评出中教高级教师3人，中级职称教师84人，初级职称教师190人。

1996年博乐市实施自治区制定的《教师资格认定过渡办法》，市教育局开展全市初级中学、小学幼儿园教师资格认定工作。2006年，博乐市普通中学教师1 019人，小学教师1 390人，幼儿园教师209人。

1979—2006年博乐市（县）各类学校教师统计表

表 32-6　　单位：人

年份	农职中学	初中	高中	小学	幼儿园	年份	农职中学	初中	高中	小学	幼儿园
1979	–	232	23	886	9	1986	–	327	54	774	48
1980	–	261	29	826	8	1987	–	369	63	815	40
1981	–	254	32	813	9	1988	–	373	62	892	41
1982	–	258	40	827	16	1989	23	397	57	851	39
1983	–	286	50	889	16	1990	21	404	76	995	46
1984	–	300	41	886	21	1991	21	366	79	1 043	35
1985	–	329	44	857	48	1992	21	381	74	1 082	57

续表 32-6

年份	农职中学	初中	高中	小学	幼儿园	年份	农职中学	初中	高中	小学	幼儿园
1993	20	525	166	1 175	79	2000	20	607	190	1 583	137
1994	38	577	154	1 247	92	2001	17	658	189	1 520	128
1995	35	598	144	1 266	133	2002	18	665	220	1 439	122
1996	48	644	144	1 398	144	2003	21	673	238	1 461	123
1997	43	625	195	1 609	124	2004	18	720	259	1 424	222
1998	40	622	173	1 678	119	2005	18	736	269	1 396	204
1999	26	582	174	1 648	121	2006	–	745	274	1 390	209

三、教师培训

小学教师进修 1980 年 5 月，博乐县成立教师进修学校，正科级，校址设在青得里大街向阳小学院内。学校共有 12 人，其中教师 5 人。

主要任务是用 3 ～ 5 年时间（即 1980—1985 年）把未达到初中水平的小学教师通过进修学习提高到初中毕业水平，达到小学教材教法要求。1982 年，博乐县小学教师 827 人，其中，中师、高中或者同等学历 427 人，不符合小学教师学历要求的 400 人。同年，县教师进修学校，招收 19 名汉族小学教师，31 名维吾尔族小学教师脱产进修。

1980—1985 年，博乐市（县）教师进修学校共举办小学教师进修班 16 期，学员 772 人。1987 年，博乐市教师进修学校利用寒假办刊授中师学员辅导班 5 期，学员 555 人；1988 年，博乐市教师进修学校举办小校体育教师“韵律操”培训班和民族小学音乐教师培训班。

2002 年，博乐市进修学校并入市第六中学。

教师进修 1982 年，博乐县教师选送到外地学校进修的 23 人；11 名哈萨克族小学教师、13 名蒙古族小学教师选送到自治州教师进修学校进修。

1983 年，博乐县有高中教师 28 人，其中大学本科毕业生 2 人，其余 26 人均不符合高中教师学历要求。初中教师 298 人，其中大、中专毕业或有大学学历 2 年以上的 15 人，其余 288 人均不符合初中教师学历要求。小学教师 827 人（少数民族教师 481 人），其中有中师、高中或同等学历的 427 人，其余 400 名（少数民族教师 225 人）均不符合小学教师学历要求。

1983—1987 年，博乐市（县）选送到大、中专院校离职进修的教师 225 人，其中 1987 年，博乐市选送进修教师 134 人（汉族教师 51 人，少数民族教师 83 人；进修大专学历的 53 人，进修中专学历的 81 人）。全市有教师 549 人（汉族教师 407 人，维吾尔族教师 70 人，哈萨克族教师 72 人）报名参加中等函授、刊授师范学习。

1989 年，博乐市小学专任教师 851 人，学历合格率为 84.8%，其中，汉语教师 234 人，学历合格率为 65.3%；蒙古语教师 99 人，学历合格率为 92.9%；维吾尔语教师 389 人，学历合格率为 93.5%；哈萨克语教师 129 人，学历合格率为 83.7%。市初中教师 397 人，学历合格率为 53.4%，其中，汉语教师 198 人，学历合格率为 43.4%；蒙古语教师 46 人，学历合格率为 65.2%；维吾尔语教师 106 人，学历合格率为72.6%；哈萨克语教师47人，学历合格率为40.4%。市高中教师57人，学历合格率为26.3%，针对中小学教师学历不合格问题，博乐市出台《博乐市中小学教师1990—1994年培训规划》，并开展《专业合格证书》及《教材教法过关》辅导与考试。

1992年，博乐市小学教师学历合格率达到100%；初中教师学历合格率97.88%（市区教师98.24%、农区教师96.85%、牧区教师100%）。

1995年，博乐市在编教师2 379人，在编工人279人，代课教师405人。在岗中教高级教师19人，中级教师457人。大学本科学历120人，大专学历831人，中专学历1 158人，高中学历169人，初中学历175人。

教师继续教育　1999年始，博乐市实施骨干教师“315”工程，即到2003年分别培训小学、初中、高中骨干教师300人、100人和50人。同年7月，博乐市开展教师教材考试，参加考试教师2 384人，并对584人成绩不合格教师分别给予转岗、待岗等处理。

2000年，博乐市印发《博乐市中小学教师继续教育第二个五年管理周期培训计划》及《实施管理办法》，对全市教师分语种、分学科、分岗位进行培训。

2001年，博乐市制定《博乐市学科带头人、骨干教师、师德标兵的选拔管理办法》，选拔推荐自治州级骨干教师70人、自治州级“教学能手”16人。同年，市开展教师“五项基本功”达标活动。

2002年，博乐市开展教师普通话培训，共有1 105名中小学教师参加普通话等级测试，合格率达91.2%；854名教师完成继续教育培训，获继续教育合格证书；举办少数民族教师汉语培训班2期，参加培训人员120人。至2002年末，全市小学、初中、高中教师学历合格率分别为99.2%、97.7%、72.6%；386名非师范类院校毕业生教师参加教育学、心理学培训，获结业证书；2 212人参加自治区教师专业基础知识水平测试，合格率98.7%。

2003—2004年，博乐市邀请自治区教科所专家开展新教材与课标培训，受培训教师和教学管理人员3 587余人(次)；开展汉语、维吾尔语、哈萨克语新课程改革二级培训工作，2 100余名教师参加培训。博乐市加快教师队伍建设工程，选派维吾尔族教师、哈萨克族教师18名到市直学校学习培训。

2005—2006年，博乐市选派11名教师参加自治区培训。对非师范类学历教师进行教育学、心理学、教育教学能力培训和考试。对新招聘的30名任课教师进行岗前培训。借助农村现代远程教育设施对广大教职工进行网上培训，培训教师500余人。

2006年末，全市小学教师学历合格率99.37%，初中教师学历合格率97.02%，高中教师合格率75.8%。

四、中小学校长培训

1988年，博乐市选派乡镇场文教干事、校长及教育局的领导干部，参加“中教管理学习班”“教学质量评估、教学督导学习班”“民族教改研讨班”“民族中学政治科目研讨会”。1989年，博乐市组织中小学校长到外地观摩学校管理。

1992—1993年，博乐市小学校长28人，初中校长17人，合格率100%。

1999年，博乐市实行校长培训学习制度，分批安排中小学校长到乌鲁木齐市学校挂职锻炼。2000年，博乐市制定《关于加强中小学校长队伍建设的实施意见》，实行中小学校长岗位培训制度、持证上岗制度、异地挂职锻炼制度等。

2002年，博乐市中小学校长持证上岗率达95%以上。举办中小学校长短期培训班，受培人员200余人次。2004年，博乐市选派6名校长前往湖北省参加教育教学管理培训。2005年，博乐市开展校长区外挂职锻炼、异地学习参观等培训活动。2006 年 5 月，博乐市教育系统举办中小学校、幼儿园书记、校长（园长）教育管理研讨培训班。

五、教师待遇

工资待遇　1980 年，博乐县教师调整一级工资，包括同年 369 名民办转公办教师工资。1982 年，博乐县教师调整工资占总人数的 86%，其中 138 名教师调整 2 级，占总人数的 15%。1988 年，博乐市公办教师 10% 工资和职务挂钩工资全部兑现。同年，市乡镇场代课教师增加工资。小学代课教师（含中小学临时工）报酬由月发 48 元增加到 75 元，中学代课教师月发报酬增加到 80 元。1994 年，博乐市教师工资套改。2003 年，博乐市招聘教师工资由市财政拨款，养老统筹金、医疗保险金、失业保险金由乡镇场及聘用单位承担，不少于 112 元。

住房及其他待遇　1988 年，博乐市乡（镇、场）为教师解决住房 26 套。1996 年，乡（镇、场）新建教师住房 30 套，市区新建教师安居工程住房 50 套。1998 年，博乐市新建教师住房 160 套，面积 12 260 平方米，投入资金 980 万元。1999 年，博乐市优先保证教师工资的按月足额发放，优先解决教职工医疗费、取暖费等。每年为 30 户农牧区教师无偿划拨宅基地，并给予每户 2 000 元的建房补助。

第三节　“两基”工作

1979 年 11 月，博乐县文教科成立成人教育办公室。1980 年，县开展青壮年文盲和半文盲普查。全县共有文盲 5 436 人，其中，汉族 1 977 人，蒙古族 779 人，维吾尔族 1 269 人，哈萨克族 1 046 人，其他少数民族 365 人。半文盲 3 702 人，其中，汉族 1 886 人，蒙古族 397 人，维吾尔族 871 人，哈萨克族 437 人，其他少数民族 111 人。同年，县、社场成立工农教育委员会，在 25 个生产队举办扫盲班、553 人参加学习；牧区在夏草场集中举办扫盲班，365 人参加学习。

1982 年，博乐县在赛里木湖畔举办青壮年扫盲班、445 人集中学习（哈萨克族青壮年文盲 430 人、蒙古族青壮年 15 人），其中 245 人脱盲（哈萨克族 232 人、蒙古族 13 人）。

1983 年，博乐县在乡（区、场）分别举办扫盲班和农业技术短训班，2 133 人参加学习，其中少数民族 849 人。

1985 年，博乐市贯彻自治区 1985 年教育工作会议精神，制定“两基”发展规划和措施。同年，市共举办农牧民文化技术短期学习班 63 期，共计 2 221 人参加学习。举办扫盲班 124 个，共计 2 342 人参加学习。

1987 年 11 月，自治区人民政府“两基”工作检查验收团对博乐市“两教”工作进行检查验收。博乐市学龄前儿童入学率为 99.2%，在校生的年巩固率为 99.5%，毕业率为 99.3%，12 ~ 15 周岁儿童初等教育普及率为 99.6%。全市青壮年非文盲率达到 98.6%，16 ~ 40 岁脱盲率 96%，16 ~ 30 周岁脱盲率 97%，通过自治区“两基”检查验收。

1989 年，博乐市农牧民教育以实用技术培训为重点，继续扫盲工作，控制复盲现象，巩固扫盲成果。乡（镇、场）举办地膜、水稻、玉米等作物栽培技术，病虫害防治及化肥，农药施用学习班 81 期，共计 2 753 人参加学习。同年 12 月，博州农牧民教育复查组对市扫盲工作进行复查，脱盲合格率为 95.8%。

1993 年，博乐市乡（镇、场）建立农牧民文化技术学校。全市举办各种类型实用技术培训班 150 期，参加学习农牧民共计 7 870 人。

1994 年，博乐市抽考 257 名未脱盲青壮年，合格率为 73%；抽考已脱盲青壮年 37 人，合格率为 100%。

1995 年，博乐市举办农牧民实用技术培训 283 期，其中：提高型 86 期，民语班 88 期，共计 21 606 人参加学习。市各校建立普及九年义务教育“四册”“两表”“一卡”及“普教”档案工作。

1996 年，博乐市小学适龄儿童入学率为 98.4%，辍学率为 0.8%，毕业率为 100%；初中适龄少年入学率为 97%，辍学率为 1.1%，毕业率为 97%。市举办扫盲巩固班共 72 个，共计 775 人参加学习。

1997 年 8 月，博乐市“两基”工作以总分 283.35 的成绩通过自治区人民政府评估验收。小学适龄儿童入学率 99.2%，初中适龄少年入学率 96.8%；残疾儿童少年入学率 95%；小学生辍学率 0.07%，初中学生辍学率 0.24%；十五周岁人口中初等教育完成率 95. 5%；十七周岁人口中初级中等教育完成率 89.6%；十五周岁人口中文盲率 0.5%；小学专任教师任职条件达标率 97. 2%，初中专任教师任职条件遮标率 97.8%；小学专任教师学历合格率 98.1%，初中专任教师学历合格率 92.7%；小学新任教师学历合格率 100%，初中新任教师学历合格率 100%；小学校长岗位培训合格率 100l%，初中校长岗位培训合格率 100%；青壮年非文盲率 99.4%，基层单位村级扫盲工作达标率 100%，复盲率 5% 以下；乡级农牧民文化技术学校办学面 100%，乡村农牧民文化技术培训面 97.8%。1998 年，博乐市获国家“中华扫盲奖”。

1999 年 5 月，博乐市“两基”工作以总分 292 分成绩通过自治区人民政府“两基”工作复查验收团复查验收。

2000—2006 年，博乐市继续巩固“两基”教育成果。

第四节　教育督导

1992 年 9 月，博乐市政府教育督导室成立后，对全市中学、中心校、牧区寄宿学校的德育工作进行督导检查。

1994—1998 年，博乐市政府教育督导室对博乐市一中、市二中，乌图布拉格乡、青得里乡、贝林哈日莫墩乡牧区寄宿学校进行督导检查，对学校管理和教学提出建议。市政府教育督导室对乌图布拉格乡政府、贝林哈日莫墩乡政府、阿热勒托哈牧场管委会、青得里政府和博乐市三中、博乐市五中 3 年教育工作、5 个乡镇场牧民文化技术学校进行督导评估，向市政府作书面汇报。对“市 1994 至 1998 年城乡教育费附加的征、管、用情况”进行专项督查，均足额征收到位。市政府教育督导室在乡（镇、场）举办《普通中小学校督导评价方案》辅导班 4 期，培训督导员 54 人；开展“两基”督导自查工作。

2000 年 3 月，博乐市教育局会同市教育督导室对全市中小学校的常规管理、计划实施、教研活动、教务工作、教学设备管理等方面进行督导，抽查教师教案 756 本、听课 79 节次，检查学校 46 所，及时将意见反馈给教师、学校及乡（镇、场）文教办；对常规教学过程中出现的问题，及时下文进行通报批评。

2004 年，博乐市教育督导室督察《关于落实以县为主农村义务教育管理体制的通知》实施情况，向市政府作书面汇报。

2005 年，博乐市教育督导室对《关于博乐市九年义务教育阶段贫困学生免费提供教材和免收杂费实施办法》《关于博乐市对九年义务教育阶段贫困学生免费提供教材和免收杂费补助专项资金实施细则》实施情况进行督查。全市免去教材费用的学生人数为 22 542 人，金额 117.4 万元；免去杂费的学生人数为 10 691 人，金额为 45.2 万元；享受助学金的人数为 480 人，金额为 12 万元。同年，市教育督导室对中小学德育情况进行督查评估，市 3 所学校获“市级德育示范学校”，8 所学校获“市级德育达标学校”。

2006 年，博乐市教育督导室主要对《博乐市关于贯彻落实农村义务教育经费保障机制实施方案》实施情况进行督查。市农村义务教育预算经费 202 万元，其中：中央财政预算资金 128 万元、自治区 49 万元，自治州 12 万元，本级财政 13 万元。免去学生教科书费 417.2 万元，落实寄宿制贫困学生生活补助 77.7 万元。

第五节 勤工俭学

1980 年，博乐县学校学农基地 23.93 公顷。

1985 年 1 月，博乐县教育局下发《1985 年开展勤工俭学活动的规定》，县学校学农基地 94.33 公顷，并养羊数百只。1987—1988 年，博乐市 62 所中小学中有 56 所开展勤工俭学活动，占学校总数的 90.3%，总收入 28 万元，市学校羊群发展到 800 只。

1991 年，博乐市教育局成立勤工俭学办公室。1993 年，学校勤工俭学收入 109.8 万元，其中 71 万元用于改善办学条件。1994 年，博乐市中小学勤工俭学活动开展率达 100%，总收入 147 万元，其中，84.12 万元用于改善办学条件，25.32 万元用于公用经费补助，17.12 万元用于改善师生生活条件。

1995—2003 年，全市中小学有农、林、渔业基地 66 个，勤工俭学总收入 2 175 万元，用于教育经费补助。

2004—2005 年，全市中小学生（不包括小学一、二年级学生）采摘菊花 247 万千克、西红柿 938 万千克，棉花 790 万千克。

2006 年，博乐市校办企业 11 个，学农基地 73 个 146.67 公顷，勤工俭学总收入 236 万元。

第八章 教育设施建设

第一节 校舍建设

1982 年，博乐县国家拨款 15.38 万元、集资 11.18 万元，改造学校危房 91 间，共 4 349.5 平方米。1985 年，县筹集资金 130 万元，改造学校危房 27 698.11 平方米。

1988 年，博乐市更新和扩建乡村教学用房 1 686 平方米，其中新建扩建 2 所牧区寄宿中学；学生课桌椅 650 套、教师办公桌 110 套；硬化市第一中学、第二中学道路 5 804 平方米；改造市第二中学教学楼地面 3 766 平方米（水磨石）。总投资 16.2 万元。1989 年，市第一中学校园道路硬化面积 4 000 平方米，投资 6.23 万元；市第二中学教学楼内部全部粉刷，投资 3.64 万元。

1992 年，博乐市重点抓中小学“八配套”（大厅、围墙、厕所、操场、实验室、旗杆、饮用水、校舍）建设；1993 年，市区学校“八配套”建设 21 项工程基本完工。

1994 年，博乐市开始学校校园规划工作。同时开展校园绿化、美化活动。1995 年，全市学校校园共栽杨树 26 314 棵、风景树 4 743 棵，种植花草面积 9 976.4 平方米。1996 年，市投资 200.08 万元为城乡学校新建、续建 21 个项目工程。

2001 年，博乐市中小学共有校舍面积 138 826.9 平方米，其中：危房总面积 24 955 平方米。按照国家危险建筑标准划分：B 类危房 3 500 平方米，C 类危房 3 474 平方米，D 类危房 17 981 平方米。全市中学危房改造资金缺口 2 250 万元。2002 年，博乐市立项危房改造项目工程 6 个，总建筑面积 1.3 万平方米，总投资 1 063 万元，其中，国债专项危房改造资金 247 万元，地方自筹危房改造资金 215 万元，完成建筑面积 6 686 平方米。

2003 年，博乐市实施学校布局调整工程，市第二中学综合教学楼，投资 890 万元，总建筑面积 9 100 平方米；贝林哈日莫墩乡“七校合一”工程，投资 268 万元，总建筑面积 3 349 平方米；乌图布拉格镇“五校合一”工程，投资 200 万元，总建筑面积 2 508 平方米；青得里乡“三校合一”工程，投资 225 万元，总建筑面积 2 500 平方米；达勒特镇中学实验楼，投资 52 万元，总建筑面积 580 平方米；小营盘镇哈拉吐鲁克牧寄制学校教室，投资 9 万元，建筑面积 196 平方米；市青少年校外活动中心楼，投资 200 万元，总建筑面积 2 000 平方米等。

2004 年，博乐市城区第一小学新建 3 500 平方米教学楼，市城区逸夫小学新建 2 500 平方米教学楼，市城区第四中学新建 3 600 平方米教学楼，市城区第六中学新建 2 500 平方米教学楼。2005 年，市维修、改建或重建农牧区学校 6 所，总面积 10 150 平方米，投入资金 1 187 万元。

2006 年，博乐市维修乌图布拉格第八小学、青得里第七小学、第九小学校舍，共计投入项目资金 90 万元；投资 727 万元，新建校舍 7 558 平方米。

第二节　教学仪器　设备

1985 年始，博乐市普及中小学实验教学，中小学开展自制教具活动。同年底，市中小学有教学实验室有 11 个，市第一中学、市第二中学教学实验室达到自治区重点中学标准。1988 年，市教育局为 7 所中小学配发教学仪器。到 1990 年，市新建实验教学用房 1 471 平方米，购置 200 多万元教学仪器设备。全市中小学实验教学用房、教学仪器、电教设配等配套设施基本达到自治区标准。

1993 年，博乐市被自治区列为实验教学普及县后，加强中小学教学实验室标准化、规范化建设，按规定标准配备各种教学仪器、设备，并进行考核验收。

2000 年，博乐市 48 所中小学教学仪器达标率 100%。市小学、初级中学音乐器材达标率分别为 96%、96.4%；体育器材达标率分别为 88%、96.4%；卫生设施达标率分别为 68%、64.3%；美术器材达标率分别为 84%、82.1%；劳动设施达标率分别为 60%、75%；图书达标率分别为 88%、71.4%。

2002 年，博乐市中小学开展信息技术教学。到 2005 年，全市 55 所中小学校实现“校校通工程”信息技术教学，全面实施现代化远程教育。

第三十三编

BOLE SHIZHI

科学技术

中共十一届三中全会后，博乐市不断完善科技管理体系，制订推动科技进步的政策和规划，宣传与普及科技知识，研究和推广新技术，全市科技事业快速发展，科技队伍迅速壮大，科技成果不断涌现，对提高劳动效率、促进生产力发展、增加经济效益、提高市民素质，促进经济社会全面发展发挥了重要作用。

1979—2006年，全市科技人员数量由698人增加到10 909人。组织实施市级科技项目378项，区级及国家级科技项目44项，共有103个科技项目获得科技成果登记，76个项目获市级科技进步奖，22个项目获自治州科技进步奖，2个项目获自治区科技进步奖。知识产权保护体系逐步建立，获专利122项。博乐市先后三次获“全国科技进步先进县（市）”。

第一章 机 构

第一节 行政机构

1979年，博乐县科学技术委员会，编制2名。1986年1月，博乐市科学技术委员会行政编制6名。1989年3月，市科委建立食用菌试验生产厂。2002年6月，博乐市科学技术委员会改设为博乐市科学技术局（简称科技局），编制8名，其中行政编制7名，领导职数3个，后勤事业编制1名。2006年，博乐市科学技术局所辖单位博乐市科技开发中心、博乐市“科教兴市”办公室、博乐市知识产权局。

第二节 事业单位

一、博乐市科技开发中心

1985年1月，在博乐县科委成立县科技开发中心。2002年11月，市科技开发中心（科教兴市办）编制5名。

二、博乐市“科教兴市”办公室

1999年3月，成立博乐市科教兴市办公室，副科级，编制2名，其中领导职数1个。

三、博乐市知识产权局

2005年5月，在博乐市科学技术局成立博乐市知识产权局，副科级，编制3名，其中领导职数1个。

四、博乐市气象局

1998年，博乐市气象局成立，正科级，编制未单列，与博州气象台合署办公，博乐市气象局由博州气象局和博乐市人民政府双重领导。1990年，博乐市成立人工影响天气办公室，隶属市农业局；2002年，职能划归气象局。

五、博乐市地震局

1999年，成立博乐市地震局，副科级，2002年，职能并入科技局，挂地震局的牌子。

第三节　科级队伍

一、科技领导选派

1991 年，博乐市政府领导中设科技副市长 1 人；各乡镇设科技副乡（镇）长 1 人。

1999 年，博乐市实施“科技兴市”战略，设科技副村长到村队任职。

二、专业技术人员

1979 年前，博乐县有大中专自然科技人员 266 人。1980—1983 年，博乐县在工业、农业、牧业、卫生系统评定技术职称，授予工程师、农艺师、畜牧师、兽医师、主治医师、会计师、翻译等中级职称 22 人；授予助理级的 73 人；授予技术员、会计员、医士、护士等 233 人。全县 328 人获得技术职称。

1988—2006 年，博乐市高级专业技术职称人员 289 人，其中中学高级教师（含讲师）247 人、农业技术推广研究员 2 人、高级农艺师 13 人、高级兽（畜）医师 8 人、副主任检验技师 4 人、高级工程师 7 人、其他高级职称人员 8 人。

三、农牧民技术人员

根据自治州印发的《农（牧）民技术员的评定和管理细则》（试行草案），对农（牧）民进行技术员职称的评定。1984 年授予 13 名农民技术员、27 名牧民技术员职称。

第二章　科技战略

第一节　科技兴市

1991 年，博乐市实施“科技兴市”战略，制定《博乐市科技兴市刚要》，成立科技兴市工作领导小组，市委书记任组长，主抓科技工作。各乡镇场党委书记主抓科技工作；配备科技副职领导，专抓科技工作。市科技局总管全市科技工作，负责制定和实施科技规划，与相关部门配合，做好科技推广、科技培训和科技普及工作。市直各部门负责本系统科技服务工作。各乡镇负责本地区的各项科技推广普及工作。

1995 年，博乐市印发《关于全面实施“科技兴市”战略的意见》，把科技和教育摆在经济和社会发展的首要位置。1999 年，明确把经济建设转移到依靠科技进步和提高劳动者素质上；把科技工作纳入党委和政府重要议事日程，组织实施经济建设产生重大影响的科技进步和科技创新项目。

1991—2006 年，博乐市形成市委书记总体负责，分管领导具体负责、科技部门牵头组织，相关部门各负其责，乡镇场领导分工协作的“科技兴市”战略体系。

第二节　科技计划

1979—2006 年，博乐市（县）安排科技项目 378 项，经费 1347.8 万元。主要支持新技术、新品种引进，科学试验，技术推广，科技成果转化，科技创新，科技宣传与培训等方面。1997 年，印发《博乐市科技项目管理办法（试行）》，全市科技项目管理走上科学化、程序化、规范化的轨道。1979—2006 年，全市实施自治区及国家级各类科技项目 27 项，其中国家农业科技成果转化项目 1 个、星火计划 16 个，自治区科技兴新计划和科技兴县市项目 6 个，科技特派员创业项目 3 个、科委管理 1 个等。

1979—2006年博乐市（县）部分年份科技计划项目情况统计表

表 33-1　　单位：个、万元

年份	科技计划项目数	安排项目经费	年份	科技计划项目数	安排项目经费	年份	科技计划项目数	安排项目经费
1979	2	3.3	1989	4	0.94	2001	48	82.85
1980	1	1	1991	4	1.7	2002	27	98
1981	2	2	1995	10	2.5	2003	15	200
1982	9	1	1996	22	13	2004	8	250
1983	7	1.2	1997	26	9.3	2005	18	260
1984	6	2	1998	27	67	2006	21	280
1985	6	1	1999	72	76	合计	378	1 423.82
1988	5	1.18	2000	38	69.85	—	—	—

1980—2006年博乐市（县）实施自治区级及国家级科技项目汇总表

表 33-2　　单位：万元

项目名称	承担单位	起止年限	项目经费	项目类型
珍珠岩开发利用	市珍珠岩矿厂	1980—1988	20	星火计划
工厂化生产食用菌技术开发	市科技开发中心	1987—1990	4	星火计划
万亩棉花高产模式栽培	贝林哈日莫墩乡科委	1991—1993	3	星火计划
万亩甜菜高产高糖示范基地建设	小营盘镇科委	1991—1992	2.5	星火计划
油脚回收利用	市粮油加工厂	1992	2	星火计划
博乐市大规格高产鱼苗养殖基地	市水产养殖试验场	1994—1996	5	星火计划
万亩油葵高产、优质、高效示范建设	小营盘镇科委	1996—1997	2	星火计划
新型牧区农区化模式示范建设	达勒特镇科委	1996—1998	2	星火计划
农区畜牧业集约化发展模式示范建设	小营盘镇科委	1997—1999	2	星火计划
万亩节水高效农业示范建设	贝林哈日莫墩乡科委	1997—1999	2	星火计划
莲藕试验示范推广	贝林哈日莫墩乡科委	1994—1998	3.45	科管
花岗岩大理石板材加工	市乡镇企业局	1994—1995	20	科技兴新计划
博乐市0.8万公顷粮食高产、综合技术开发	市科委	1995—1997	2.4	科技兴新计划

续表 33-2

项目名称	承担单位	起止年限	项目经费	项目类型
博乐市万亩农业科技开发示范工程	贝林哈日莫墩乡科委	1996—1998	24	科技兴新计划
博乐市粮食高产、高效综合技术研究开发	市农业局	1998—2000	0.28	科技兴新计划
苜蓿生物制药及特种浓缩饲料产业化开发	科艺苜蓿生物技术公司	–	1	星火计划
柴胡中草药示范基地项目	阿热勒托哈牧场	2004—2005	20	星火计划
百万蛋鸡生物安全体系建议	小营盘镇	2004—2005	25	星火计划
科技特派员制度试点市项目	市科技局	2004—2005	10	星火计划
利用 Vt 菌技术处理畜禽类使生产生物有机化	小营盘镇	2004—2005	25	星火计划
500 亩无公害蔬菜基地建设	青得里乡	2004—2005	4	星火计划
新疆早熟、抗病、丰产棉花新品种—新陆早 11 号扩繁示范	市棉种公司	2003—2005	50	
百万家禽养殖安全体系建设	小营盘镇	2004—2006	25	科技兴新计划
棉花新品种引进及推广	市棉种公司	2005—2006	10	科技兴县市项目
棉花新品种引进试验示范	市棉种公司	2004—2006	7	科技特派员创业启动项目
高产优质饲草饲料品种引进试验、示范、推广	市农技推广中心	2005	7	科技特派员创业启动项目
玉米螟害虫的防治	阿热勒托哈牧场	2006	4	科技特派员创业启动项目

第三节 科技政策与活动

一、科技人员政策

1983—1985 年，博乐市（县）选拔 101 名年富力强、德才兼备、懂业务、善管理的科技人才，充实各级领导班子，其中 7 人担任县级领导。1983 年，建科技人员住宅楼 1 280 平方米，分配给具有中级技术职称的科技人员 16 人；教育系统建住宅楼解决 38 名教师住房问题；县人民医院建住宅楼 750 平方米分配给 13 名医务人员。妥善解决科技人员家属和子女的就业问题，为百余户科技人员家属子女办理农村户口转城市户口的手续。选送 189 名科技人员到内地或自治区的大中专院校进修。

1992 年，中共博乐市委员会印发《博乐市关于选拔管理专业技术拔尖人才的意见（试行）》。2002 年，成立博乐市职称社会化评价中心，建立 92 名高中级专家组成的人才库。2004—2006 年，实施科技特派员制度试点，选派 114 名科技特派员实施科技项目 41 个，培训农牧民 26 298 人次，先后有 3 人获得“自治区十佳科技特派员”“自治区优秀科技特派员”称号。

二、专利补助

博乐市专利工作起步较晚。1989年，博乐市客运汽车采暖纳凉两用装置获得国家实用新型专利，是市获得的第一件专利。2004年5月，自治区知识产权局确定博乐市为第一批知识产权试点市。2005年起，对专利申请进行补助，到2006年为22项专利补助资金13 835元。1989—2006年，全市获得专利122项。

三、科技创建争先活动

1999—2006年，博乐市开展创建科技示范乡镇场、科技示范村队活动。博乐市3次获“全国科技兴县（市）先进县（市）”称号；小营盘镇、贝林哈日莫墩乡、达勒特镇3个乡镇获得“自治区科技进步先进乡（镇）”称号；68个村队获得州级科技进步先进乡镇、村队称号。全市先进农业技术覆盖98%以上；农作物模式化栽培面积90%；四大作物良种率95%以上。

第三章　科技培训与推广

第一节　科技培训

1989年始，博乐市举办第一届“科技之冬”培训班。1993年，各乡镇场成立“科技之冬”领导小组，建立农牧民培训中心。到2006年，全市共举办18届“科技之冬”培训活动。

1989—2006年，全市各乡镇场共举办“科技之冬”科技知识讲座及培训班5 182期，受培人数435 108人次。其中提高型培训班920期66 570人次；少数民族培训班794期受培人数67 017人次。委培科技人员100多人；培训农民技术员16 601人次；村干部13 693人次；基层党员23 307人次；妇女79 889人次。基层各族群众均得到科技培训。投入各类培训的科技人员2 348人次。

全市编印发放各种科普资料338 626份册（蒙文、维文、哈文），其中编发《枸杞子高产栽培技术》《博乐地区主要农作物病虫害发病规律及防治措施》《水稻旱育稀植栽培过程中遇到的几个特殊问题的处理方法》《几种农作物的高产栽培技术》《养殖农副产品加工处理》《博乐市第二届农牧民及农业科技人员保险杯知识材料汇编》等8 000多册；编发《科技信息》《科技小报》《病虫情报》《农科简报》等118期；发放资料25 587份（册）；科技板报191期；图版展览5块；开展科技巴扎、义诊，文艺演出活动。组织科技人员为农牧民咨询服务7 928人次。播放科教电影、科技录像3 743场，观众287 809人次（含党员电教片860场80 750人次）。

培训内容有地膜植棉、水稻、玉米、小麦等作物栽培管理技术、病虫害防治技术、化肥农药施用技术、良种繁育、农机、计划生育等各类实用技术，对中药材、枸杞子等栽培技术进行专项培训。培训重点是畜牧业养殖和产业结构调整，突出奶牛养殖技术、牛羊育肥技术、“三贮一化”技术和农牧民思想观念的转化教育。“科技之冬”培训工作要求学员掌握1 ~ 2项实用技术。要求做到六个结合，即科技下乡与文化、卫生下乡相结合；科技培训与奔小康大讨论与落实生产计划相结合；普及型培训与提高型培训结合；集中培训与分散推广相结合，文化学习与实用技术培训相结合；科技培训与壮大集体经济相结合；科技推广与精神文明建设相结合；“科技之冬”与扩招“农函大”学员、评定农民技术员相结合。

2004 年，博乐市“科技讲师团”分为棉花攻关组、粮食高产组、畜牧业养殖与疾病防治组、农机水利综合组。在乡镇场重点培训政策信息、市场经济知识、订单农业知识；“822”和“202”棉花品种推广；花生、板蓝根、红花、黑米、甜玉米的产前培训；枸杞、红薯、花生、葡萄、酱用番茄、蓖麻的栽培知识和技术培训；棉花施肥技术、病虫害防治技术的培训。

2006 年，博乐市实施“科技之夏”培训活动，培训农牧民 3 万人次，培养农民技术员 100 多人。

第二节 科技推广

1986—2006 年，博乐市科技部门围绕“高产、高效、优质”的目标任务，在全市开展科技项目推广工作，重点实施种植业、林业、畜牧业方面新技术的试验、示范、推广工作取得实效。

1986—2006 年博乐市科技项目推广一览表

表 33-3

年份	项目主要名称	成果转换（经济效益和社会效益）
1986 年	清除野燕麦技术	博乐市投资 2.95 万元，完成野燕麦清除 678.33 公顷
	黄玉米 60 日成熟技术	青得里乡阿里翁白新村试种 60 日成熟的小黄玉米 12.33 公顷
	玉米秸秆青黄贮饲料技术	全市推广玉米秸秆青黄贮饲料技术，制作青贮饲料 1 359.93 吨
1987 年	“水稻工厂化育秧”	在贝林哈日莫墩乡推广实施，收水稻单产净增稻谷 250 多千克，总产由 1986 年的 5 000 多千克，增到 90 吨
1988 年	地膜棉、水稻、玉米的先进技术	市农业技术推广站为乡镇场组织实施并推广
1989 年	盘育机插水稻技术	贝林哈日莫墩乡建立 36 个盘育机插水稻技术示范点，全乡 9 个水稻生产村 145 户农民实行盘育秧苗 4.03 万盘 107.47 公顷，152 户农民机械插秧 3.94 万盘。推广盘育机插秧面积 105.12 公顷。通过验收，水稻增产 10% ~ 14%
	棉花膜上灌新技术 200 公顷	乌图布拉格乡推广每亩节水 180 ~ 200 立方米，每亩棉花增产 15% ~ 20%
	大棚蔬菜新技术	乌图布拉格乡建 6 个蔬菜大棚。266.67 平方米的大棚蔬菜收入 4 400 元
1990 年	水稻旱育稀植试验	全市 4.53 公顷，平均单产 600.41 千克，比常规水稻平均单产 449.4 千克增加 151.01 千克
	新型地膜试验	0.67 公顷
	喷施宝试验	分别在棉花、甜菜、小麦进行，亩增产 5.5% ~ 10%

续表 33-3

年份	项目主要名称	成果转换（经济效益和社会效益）
1991 年	引进小麦复播黄豆新技术	小面积推广
	推广配方施肥技术	乌图布拉格乡推广硼肥 206.67 公顷，磷肥二氢钾 800 公顷，锌肥 160.93 公顷，小麦根际固氮菌 455.33 公顷，广谱增产菌 800 公顷。达勒特镇推广膜上灌节水技术和小畦灌等新技术。膜上灌 14.53 公顷，开沟灌 278.4 公顷，小畦灌 48.2 公顷，节约用水 14.46 万立方米
1992 年	水稻旱育稀植新技术	推广 126.2 公顷，平均单产 595.5 千克，比全市 1991 年水稻平均单产增加 135.5 千克
	万亩棉花高产模式栽培技术	贝林哈日莫墩乡推广，平均单产皮棉 102 千克
	中国美利奴羊（新疆型）品种和牛羊快捷育肥技术	牧场
	地膜棉种植	全市推广面积 95% 以上，棉花实现铺膜、打孔、播种、压土、施肥等程序化机械化作业
1993 年	水稻旱育稀植技术	全市推广 239.33 公顷，平均单产增加 129.5 千克，亩增收 163.17 元
	地膜玉米栽培技术	全市推广 447.4 公顷
	节能日光温室技术	全市 25 个，蔬菜大棚 60 个
1994 年	小麦 350 千克高产栽培和亩产 450 千克高产攻关项目的技术推广	通过轮作倒茬、增施肥料、矮壮素拌种喷雾、抗倒伏技术措施，小麦平均单产 256 千克；在小营盘镇召开“推广地膜玉米栽培新技术”现场会；推广旱育稀植，水稻盘育机插技术 617.73 公顷；水稻良种“早锦”喜获丰产
1995 年	“82734”科技项目（自治区、自治州农业科技攻关和竞赛项目）	完成 4 403.4 公顷；参与其科技项目竞赛的农民 8 154 户；参与其攻关项目的技术人员 50 人。333.33 公顷棉花亩产皮棉 102.8 千克攻关项目。66.67 公顷小麦攻关亩产 416 千克攻关项目。66.67 玉米亩产 1 043 千克攻关项目
1996 年	“123145”攻关工程，“8632115”示范推广工程	完成 21 万只细毛羊优质高产工程。地膜玉米种植、单产 810 多千克。贝林哈日莫墩乡决肯村棉花单产最高 250 千克，水稻单产 720 千克。乌图布拉格乡使用宽膜栽培技术，亩产皮棉最高 126 千克

续表 33-3

年份	项目主要名称	成果转换（经济效益和社会效益）
1997 年	宽膜植棉，沟播平铺植棉新技术	达勒特镇棉花“双百斤”4 370.67 公顷，平均亩产 101.5 千克。贝林哈日莫墩乡棉花“双百斤”公关 2 053.33 公顷，亩产 103 千克；
	粮食高产攻关	水稻高产攻关 13.33 公顷，亩产 757.6 千克；玉米吨粮田攻关 34 公顷。小营盘镇实施“粮食高产综合技术开发项目”，小麦、玉米、水稻合计总产增加 12 072.4 吨。青得里乡小麦高产攻关 3 546.67 公顷，亩产达 418 千克；玉米吨粮田攻关 458.67 公顷，平均单产 1 039 千克，增产 284 千克
		全市粮食总产 8.11 万吨；棉花总产 30.4 万担；油料总产 502 万吨；甜菜总产 4.77 万吨；牲畜年末存栏为 37.84 万只（头）。全市实施技术项目产生经济效益 6 726 万元
	塑料暖圈	乌图布拉格乡建 61 座，有专业户 30 户；建长后坡节能日光温室 8 座
	烤烟栽培技术	小营盘镇、阿热勒托哈牧场试种烤烟 93.33 公顷，市科协编写《烤烟栽培技术》资料，举办烟草培训班
1998—1999 年	“老三膜”项目和“新三膜”的引进、示范项目、特色种植、养殖项目	引进酱用番茄、甘蔗、中药材、花生、红薯等特色种植品种，种植户 70 户。推广肉鸡、七彩山鸡、鹌鹑、珍珠鸡、香猪等特色养殖品种，养殖户 26 户，饲养量 5.59 万头（只）。粮、棉、油、甜菜等高产攻关面积 8 133.33 公顷，全市各类农作物模式化栽培面积 97%，良种覆盖率 99%。实现小麦单产 342 千克，增长 6.9%；玉米单产 838 千克，增长 2.3%；皮棉单产 102.5 千克，增长 1.5%
2000 年	农作物高产攻关	全市高产项目 1.17 万公顷，科技试验推广项目 9 653.33 公顷。皮棉单产平均 109.1 千克，增加 10.5 千克
	发展养鸡业	小营盘镇养鸡业规模化。形成 5 大生产服务体系，即良种引进、繁育体系，疫病防治系列体系，饲料科学配供体系，科技咨询服务体系，产品加工、销售体系

续表 33-3

年份	项目主要名称	成果转换（经济效益和社会效益）
2001—2006 年	棉花高密度栽培技术	达勒特镇建成棉花新品种，“博陆早一号”栽培试验示范基地；高密、滴灌、滴肥新技术示范基地；多项农机新技术示范基地
	茄果类蔬菜新品种项目（无公害蔬菜栽培技术）	青得里乡引进茄果类蔬菜新品种项目试验和美邦托仙人掌、芽苗菜新品种项目试验，并进行推广
	黄牛冷配、品种改良和“三贮一化”实用技术	全市牧业村队实施
2004—2006 年		引进试验示范新品种 132 个，推广各类新技术、新产品 47 项，直接为农牧民、企业增加收入 4 733 万元

第四章 科技成果与奖励

第一节 科技成果

1979 年，博乐县科学技术委员会（简称科委）根据自治区和博州科委科技成果申报登记规定和科技成果登记证书办理科技成果相关手续。自 1983 年，博乐市（县）每年组织一次科技成果申报登记，报经自治区、博州科委评审、鉴定。1989 年，《博乐市科技成果鉴定暂行办法》试行。1979—2006 年，全市（县）有 103 个科技项目获得科技成果登记。

1979—2006 年博乐市（县）科技成果统计表

表 33-4

成果名称	编号	成果名称	编号
1. 苦豆子四种中药制剂	9106	9. 博乐市水利区划报告	9106
2. 博乐市科技经济社会发展总体规划	9106	10. 博乐市畜牧业区划报告	9107
3. 使用供水证计划用水、按方收费、四到户推广效益	8922	11. 博乐市农业机械区划报告	9108
4. 珍珠岩矿砂开发利用	0001	12. 博乐市农经区划报告	9109
5. 博乐市动物疫病普查	93206	13. 博乐市乡镇企业区划报告	9110
6. 博乐市综合农业区划	93207	14. 博乐市农业后备资源调查评价	9201
7. 博乐市种植区划报告	9104	15. 绵羊增产保健添加剂的研制及使用	9202
8. 博乐市林业区划报告	9105	16. 博乐市家畜布鲁氏菌防治试验研究及有关问题的分析	9203

续表 33-4

成果名称	编号	成果名称	编号
17. 一起与聚餐有关的戊型肝炎爆发及六年随访调查	9204	40. 油脚回收利用	–
18. 走防保工作有偿服务的道路	9205	41. 博乐市工厂化食用菌技术开发	–
19. 博乐市区幼托机构儿童冬夏两季营养状况调查分析	9206	42. 万亩棉花高产模式栽培	–
20.HEV 的隐性感染	9207	43. 万亩甜菜高产高糖基地建设	–
21. 博乐市 89 年法定传染病漏报调查分析	9208	44. 小麦亩产 400 千克高产公关	9501
22. 戊型肝炎血清抗—HEV 的动态变化	93205	45. 玉米吨粮田高产攻关	9502
23. 博乐市麻诊、百日咳、破伤风血清流行病学调查分析	9302	46. 水稻亩产 700 千克高产攻关	9503
24. 梨引种试验	9303	47. 棉花双百斤高产攻关	9504
25. 新法割礼	9401	48. 甜菜亩产 4 吨高产攻关	9505
26. 水稻旱育稀植技术试验示范、推广	9402	博五公路绿化工程建设	200602
27. 博乐市农业区域综合开发总体规划	9403	49. 机械地膜沟播平铺技术示范推广	9506
28. 以市场为导向，调整博乐市农业产业结构	9404	50. 机械宽膜植棉技术示范推广	9507
29. 博乐市城市发展规划报告	9405	51. 博乐市“82734”科技攻关工程	9508
30. 博乐市教育发展规划报告	9406	52. 博乐市土地管理档案管理规划	9601
31. 博乐市卫生发展规划报告	9407	53. 博乐市基本农田保护区规划	9602
32. 博乐市文化事业发展规划	9408	54. 博乐市城市土地定价估价	9603
33. 博乐市广播电视发展规划	9409	55. 百亩新玉 7 号玉米引种示范	9604
34. 博乐市工业发展规划	9410	56. 花岗岩大理石板材加工	9606
35. 博乐市能源规划报告	9411	57. 博乐市大规格高产鱼苗养殖基地	9608
36. 博乐市 1986—2000 年人口发展规划报告	9412	58. 房地产综合档案的规范化和永续开发利用	9610
37. 博乐市住房制度改革和建设	9413	59. 莲藕的试验、示范、推广	
38. 黑籽南瓜嫁接黄瓜试验示范	9511	60. 贝林哈日莫敦乡 1821 依靠科技奔小康示范工程（集体）	9801
39.50% 独家星防治棉虫试验	9512	61. 博乐市 21 万只细毛羊优质高产工程（集体）	9802

续表 33-4

成果名称	编号	成果名称	编号
62. 万亩油葵高产、优质、高效示范建设	9803	84. 贝林乡万亩农业科技开发示范工程	0111
63. 万亩节水高效农业示范区建设	9804	85. 博乐市地下水开发利用规划	0101
64. 新型牧区农区化模式示范建设	9805	86. 水稻新品种试验示范	0102
65. 水稻抛秧新技术示范推广	9806	87. 种子包衣示范推广	0103
66. 玉米地膜覆盖栽培技术研究推广应用	9807	88. 优质玉米 DK656 示范推广及栽培技术研究	0104
67. 博乐市棉花新品种示范	9808	89. 棉花主要害虫、天敌调查及标本制作	0105
68. 温室立体栽培试验研究	9809	90. 花生优质、高产栽培技术研究	0106
69. 高效液肥比较试验示范	9810	91. 博乐市小麦亩产 450 千克攻关	0107
70. 棉花红蜘蛛防治药效试验	9811	92. 博乐市棉花亩产 120 千克高产攻关	0108
71. 春小麦套播甜菜试验示范	9901	93. 美洲斑潜蝇发生调查及综合防治	0109
72. 千亩地膜黄豆高产优质基地建设	9902	94. 百万家禽产业化示范建设	0304
73. 千亩地膜油葵高产示范	9903	95. 万亩节水高效农业示范区模式研究及应用	0306
74. 科技扶贫工程建设	9904	96. 万亩节水优质饲草产业基地建设	0302
75. 千亩酱用番茄引进试验示范	9905	97. 农区畜牧业集约化发展模式示范建设	0303
76. 立体塑料袋金针菇栽培	9906	98. 博乐市天然草场资源调查研究	0301
77. 保护地蘑菇栽培	9907	99. 多位一体庭院经济生态示范	200601
78. 博乐市 0.8 万公顷粮食高产综合技术开发	9908	100.（多级加压涌泉滴灌造林技术应用）	-
79. 博乐市乌图布拉格镇集镇总体规划	9909	-	-
80. 博乐市土地利用总体规划	9910	101. 高产优质棉花品种引进、试验、示范	200603
81. 博乐市农牧区初始土地登记	9911	102. 博乐市创建科技示范乡镇场、村队工程建设	200604
82. 可持续性发展教育探索	9912	103. 博乐市棉花高密度亩产皮棉 150 千克高产攻关	200605
83. 治疗直肠脱垂药物“111”注射液的研制	9902	-	-

第二节　科技奖励

1992 年 4 月，博乐市制定《博乐市科学技术进步奖励暂行办法》，于 1999 年和 2006 年先后两次对办法进行修订。2006年，博乐市制定《博乐市科学技术进步奖励办法实施细则》，设立科技进步特等奖，每5年评审1次，奖励金额5万元，其他奖项每两年评审1次，一、二、三等奖奖励金额分别为3万元、2万元、1万元。1979—2006年，全市76个项目获市级科技进步奖，22个项目获博州科技进步奖，2个项目获自治区科技进步奖。

第五章 气象科技

第一节 气象测报

1979年，博乐气象站开展各种地面气象、高空气象、农业气象报告编发；主要观测气压、气温、湿度、降水、风向风速、云、能见度、天气现象、蒸发、地湿、冻土、积雪、日照等项目。2003年，博乐市气象局筹建地面自动气象观测站。2005年，除人工观测云、能见度、天气现象、雪深雪压、冻土、日照外，其余项目都实现数据自动采集。

博乐气象站开展各种地面天气报告编发，发旬（月）报。农业气象开展物候观测、作物生育期观测及土壤湿度观测，编发农业气象报告有农业气象旬（月）报、土壤湿度加测报、雪密度报。阿拉山口气象站每日发8次天气报和旬月报，每天早晚各1次在固定时间用经纬仪和测风气球进行高空小球测风并编发测风观测报告。

1984年以后，博乐市（县）定时重要天气预报编发，使用算盘和人工查表方式进行手工编报；1986—1999年，启用PC-1500微型计算机编报；1999年后，用计算机编报。观测资料与全区资料交换。

第二节 天气预报与人工影响天气

一、天气预报

博乐气象台开展短时临近预报、短期预报和突发性灾害天气预报。1998年，国家气象综合应用业务系统在博乐气象台投入业务运营，实现卫星云图资料应用于天气预报工作。2004年8月，增加短时、临近预报业务、12小时订正预报和短期气候预报、气象灾害预警等预报产品。

二、人工影响天气

1979年，博乐县人工影响天气工作主要使用高射炮防雹作业；2001年，使用火箭发射装置进行人工增水作业；2006年，博乐市开展流动式高炮和流动式火箭人工增水作业。技术由单一的人工观测云层发展到利用气象卫星、天气雷达、自动气象站等探测手段。

1990年，博乐市在沿山乡镇场设3个防雹点。2006年，增至4个。人工影响天气工作由专人负责。调拨弹药、申请空域、全天雷达监测、及时预警、指挥发射、汇总数据、上报信息。

第三节 气象服务

博乐市气象局以开展突发性灾害天气预警、年景分析、重大气象保障服务为主。1982年，有24小时、48小时天气预报及灾害性天气预报；2002年，预报预测干旱、洪涝、雪灾、低温、冻害、冰雹、阴雨等影响较大灾害性天气；及时发布灾害性天气预警，向市政府提供气象服务资料和气候分析预测。为农牧业生产提供产前、产中和产后的全程跟踪服务。

1982 年开始，博尔塔拉电视台和博乐广播电台每天播出第二天天气预报。1987 年 7 月，博州气象台开始播发主要城镇天气预报。

第六章　地震预防

第一节　地震监测

一、地震群测群放

1980 年 5 月，博州地震办建立博乐气象站、阿拉山口气象站 2 个骨干群测点，观测地电、地磁、土层地应力、水力、水文等。20 世纪 90 年代观测点停测，设立以观测动物异常、地下水异常的地震宏观异常观测哨。2002 年，乡镇配备防震减灾助理员。2003 年，在博乐市区和博乐火车站建起地应力观测站 2 个；2004 年，在博乐市区架设二氧化碳观测点，观测地温和二氧化碳，每天 2 次定时收取观测数据，报送自治区地震局。地应力观测点和二氧化碳观测点由州地震局负责管理及观测。

二、博乐地震

根据新疆地震目录，1979—2006 年，博乐市境区域（含阿拉山口）监视区发生 3.0 级以上地震 5 次，均为有震感，未造成人员伤亡和财产损失。

第二节　防震减灾

一、防震减灾宣传

1998 年，博乐市中学代表队参加博州宣传部、州教州广播电视台举办的防震减灾知识电视竞赛活动；2000 年，博乐市高级中学参加为期 3 天的地震科普夏令营活动。每年“7·28”唐山大地震纪念日，博乐城区有悬挂横幅、展出展板等形式，集中地震科普知识宣传。

二、地震应急预案

博乐市加强新建、改建、扩建建设工程抗震防灾管理工作。1992 年，落实博州政府办公室印发《博乐地区大震对策方案》；2004 年，制定和完善《博乐市地震应急预案》；至 2006 年，博乐市举办大型应急演练 2 次，防震减灾培训 3 期，培训干部职工、农牧民、学生 5 000 多人次。

第三十四编

BOLE SHIZHI

文化　体育

博乐是多民族聚居地区，博乐市各民族在历史发展过程中，相互交流交融，取长补短，形成独特的、丰富多彩的多元化艺术表现形式。改革开放后，博乐市文化、广播电视事业快速发展，建立健全市、乡、村三级文化网，广播电视设施日趋完善。文艺创作繁荣，培养并涌现一批优秀文艺工作者，有专业作家、音乐舞蹈和书画作者、民间艺人等。开展文物普查、考古发掘、维修保护工作取得重要成果。继承和发扬《江格尔》“阿肯弹唱”“麦西来甫”等传统文化，开展广场文化艺术节、社火、秦剧、戏剧、美术、书画等文化活动；2001 年以后，实施“西新工程”、农村电影放映“2131”工程、村村通广播电视工程，呈现社会主义文化发展繁荣的新气象。1996 年，博乐市被文化部命名为“文化先进（县）市”。2002 年，博乐市被评为自治区文化先进县（市）、全国文化建设先进县（市）。

博乐市（县）少数民族传统体育、群众体育、学校体育等健康发展。2005 年，全市有三级田径裁判员 23 人，培养二级社会体育指导员 10 人。体育设施建设日趋完善。2006 年，博乐市有篮球场 70 个、足球场 8 个、田径运动场 32 个、排球场 2 个，门球场 2 个，游泳池 1 个、赛马场 1 个、体育馆 2 个、老年活动中心 2 个。

博乐市档案通过接受、整理、管护、开发利用和达标升级，向社会开放档案案卷目录。至 2006 年，档案馆共保存 67 个全宗文书档案 8 330 卷。全市各乡镇各单位有档案室，档案管理达到自治区一级、二级标准的各有 5 个单位。各村均建起档案室，建档率 87%，建档合格率 70%。

第一章　机　构

第一节　行政机构

一、博乐市文化体育局

1984 年 11 月，博乐县文教科文化工作职能分出，与县体育运动委员会合并，成立博乐县文化体育局。县文化体育局下属单位有文化馆、电影发行公司、东方红影剧院。1990 年 2 月，市文化体育局分设为博乐市文化局和博乐市体育运动委员会。1993 年 4 月，市文化局、市体育运动委员会合并，成立博乐市文化体育局（文体局）。2002 年 11 月，市广播电视局并入市文体局，并在市文体局挂市广播电视局牌子。2006 年，博乐市文体局编制 9 名，其中行政编制 8 名，其中领导职数 3 个，后勤事业编制 1 名。内设办公室、图书馆、文化馆、文物管理所，编制 12 名。

二、博乐市广播电视局

1984 年 11 月，博乐县有线广播站改设为博乐县广播电视局，正科级。1985 年 9 月，县广播电视局改称为博乐市广播电视局，内设办公室、汉编部、蒙编部、维编部、播出部。1992 年 12 月，市广播电视局设音像制品发行站。

1999 年 5 月，市广播电视局设博乐市人民广播电台。同年 7 月，市广播电视局在赛里木湖地区设广播站。同年 9 月，市广电传播网络公司成立，隶属市广播电视局。2002 年 11 月，博乐市广播电视局并入市文化体育局，并在博乐市文化体育局挂市广播电视局牌子（广播电视局、广播电视制作中心、广播电台三块牌子一套人马）。

三、博乐市档案局

1980 年 3 月，恢复博乐县档案馆，隶属县委办公室。1984 年 5 月，县委档案科成立，副科级。与市综合档案馆合署办公，实行一套人马，两块牌子。1987 年 9 月，市档案科改设为博乐市档案局，升为正科级。2006 年，市档案局编制 3 名，领导职数 2 个。

第二节 事业单位

一、博乐市文化馆（博乐市文艺工作团）

1980 年 3 月，博乐县毛泽东思想宣传站改称为县文化馆，站长 1 人，馆员 9 人。1992 年 12 月，市文化馆艺苑公司成立。截至 2022 年 9 月，博乐市文化馆（博乐市文艺工作团）事业编制 4 个，实有人数 11 人，聘用演员 25 人。

二、博乐市文物管理所

1994 年，博乐市文物管理所成立，牌子挂在市文化体育局。2000 年 5 月，博乐市文物工作领导小组成立。2006 年 8 月，副科级，参照公务员法管理事业单位，编制 4 名，隶属市文化体育局。

三、博乐市广播电视制作中心

1999 年 4 月，博乐市广播电视节目制作中心成立，副科级，隶属市广播电视局。2002 年 11 月，市广播电视局并入市文化体育局后，成立博乐市广播电视制作中心（博乐市人民广播电台），正科级，事业编制 31 名，其中领导职数 3 个，全额预算管理，隶属市文体局。

四、博乐市有线电视台成立

1994 年 12 月，市有线电视台成立。1997 年 3 月，市有线电视台划归博州广播电视局，改称博州有线电视台。

五、博乐市青少年校外活动中心

2006 年 8 月，博乐市机构编制委员会下发《关于设立博乐市青少年校外活动中心的通知》，核定事业编制 2 名，经费为财政全额拨款，隶属博乐市教育局下属事业单位。

六、博乐市档案馆

博乐市档案馆隶属博乐市档案局。2002 年 11 月至 2006 年，博乐市档案馆编制 6 名。

七、文化稽查大队

文化市场稽查大队副科级事业单位。2005 年 10 月，市文体局文化市场稽查大队列入参照公务员法管理。

第二章 文体设施

1993 年 9 月，球场 28 个、足球场 6 个。1995 年，博乐市 68 所中小学校共有 200 米以上田径运动场 32 个、篮底，博乐市达标的体育场地共 75 个体育场所。同年，博乐市制定“丝绸之路边防文化长廊”建设规划；2000 年，实现市、乡镇场、村三级文化设施基本完善的目标；全市 52 所小学中体育场馆面积达准的有 34 所，体育器材配备达标的有 33 所。2002—2003 年，博乐市实施第五批全民健身工程，安装 6 套全民健身器材。2005 年，博乐市按照国家和自治区“乡镇场文化站建设标准”建成标准化文化站。

第一节 文化馆（站）

一、博乐市文化馆

1979 年 12 月，县文化馆被评为自治区、博州“农牧民群众文化工作”先进集体。1985 年 7 月，文化馆业余文艺队在自治区文艺会演时，获奖3个。1992年11月，博乐市文化馆（站）达标工作领导小组成立。1996年11月，博乐市文化中心楼投入使用，位于青得里大街96号；总面积2 600平方米，总投入295.36万元。文化中心楼内设有书画院、文化馆、图书阅览室、摄影协会、每周一至周五全天开放，可容纳200人，有专人负责，群众文化展厅主要以展板、图片、影像资料展示各民族群众文化成果；2004年3月，博乐市文化馆被评为自治区一级文化馆、国家二级文化馆。

二、乡镇基层文化设施

文化站（中心） 1979—1983年，博乐县各公社（区）、场在国家的支持下个均建立文化站，平均房屋面积200平方米，有图书阅览室、游艺活动室、展览室等。全县公社（区）、场6个文化站共有工作人员8人；每年国家拨款1万元。其中青得里公社文化站建立时，购买汉、蒙、维、哈文书497种1 512册，订购88种杂志，19种报纸。1995年5月，博乐市落实“万村书库”工程，将“中国农村书屋”共800本送到乡（镇、场）文化室。2005年，乡（镇、场）文化设备投资3.38万元，藏书1.2万册。

1988年7月，自治区文化厅在博乐市召开北疆农村集镇文化中心经验交流现场会。小营盘镇文化中心整理图书有1 000余册，被治区文化厅命名为先进文化单位。1990年12月，小营盘镇文化站被文化部评为全国先进文化馆，贝林哈日莫墩乡文化站站长胡惠文被评为全国先进文化站站长。1994年，小营盘文化中心被文化部命名为标准文化站。1999年，小营盘镇文化中心被自治区文化厅评为特级文化站；乌图布拉格镇文化站和贝林哈日莫墩乡文化站被评为一级文化站。

文化室 1979—1983年，博乐县村文化室共有61个。1985年，博乐市共有农村文化室76个，普及率为73.8%。1987年，博乐市村文化室建筑面积1.57万平方米，房屋291间，达到“四落实”的文化室有96个。1988年11月，村级文化室被自治区团委评为优秀青年之家的有13个。1993年，博乐市129个村，有103个村建文化室。农闲时每星期开展1 ~ 2次文体娱乐活动；节日举办各类型的联欢会、文艺演出、智力竞赛、体育比赛等。

1997年，博乐市132个村建文化室，建筑面积2.08万平方米；有电视机49台、放像机108台，扩音设备126套。2004年，博乐市147个村，均建文化室，内设电视室、扩音室、游艺室、阅览室，并订阅报纸杂志。2006年，博乐市共有152个村，村村建有文化室。村队文化室藏书共1万册以上。1996年3月，贝林哈日莫墩乡决肯村在全国“万村书库”读书征文活动中获集体奖。

1985 年博乐市普及农村三级文化网落实情况一览表

表 34-1

单位	设施								经费		文化书刊			器材							文艺团队	
–	影剧院（个）	露天舞台（个）	电视室（个）	扩音室（个）	游艺室（个）	阅览室（个）	房间数（间）	总面积（平方米）	国家基建拨款（元）	自筹元	藏书（册）	杂志种类（种）	报刊种类（个）	电视机（台）	收录机（台）	乒乓球（副）	康乐球（副）	羽毛球（个）	象棋（副）	国际象棋（副）	业余文艺队（个）	业余剧团（个）
小营盘区	1	1	25	14	3	3	89	9 486	7 000	120 575	7 700	76	15	25	17	11	4	19	13	–	2	1
达勒特乡	1	1	–	–	–	–	53	1 570	5 000	101 285	4 760	40	18	1	2	5	1	6	12	–	1	–
贝林哈日莫墩乡	–	–	5	1	15	15	14	550	5 000	14 000	1 350	37	14	1	5	5	–	6	11	–	1	1
乌图布拉格乡	4	1	6	6	8	8	26	1 808	–	123 450	1 340	48	6	6	3	4	2	12	6	2	3	–
青得里乡	1	1	4	5	7	6	28	1 930	–	15 640	520	16	7	4	1	4	5	2	–	4	1	–
阿热勒托哈牧场	2	1	7	7		5	33	990	–	103 200	7 329	80	50	7	4	6	3	5	13	–	1	–
总计	9	5	47	33	33	37	243	16 334	17 000	47 150	22 999	–	–	44	32	35	15	50	55	6	9	2

第二节 图书馆（室）

1979 年，博乐县文化馆藏书 1 500 册，报纸 49 种，杂志 226 种，发出借书证 1 000 多个。

1984 年，博乐县文化馆阅览室面积扩大至 70 平方米，设少儿阅览室，面积 35 平方米，每日下午和节假日全天开放。备有小说、小人书、报刊等。同年，增设少儿游艺室 1 个，杂志资料库 1 个（对外服务）。全年订阅报纸杂志 340 份。图书借出达到 1.75 万人次，占全馆总藏书量的六分之一。1985 年，博乐市图书馆藏书近 7 万册，其中民语言文学图书 1.5 万余册。报纸 46 种，其中民语言文学报纸 14 种。订期刊 220 种，其中民语言文学期刊 27 种。成为博州最大的图书储藏单位。

1999 年 8 月，博乐市图书馆被评为自治区“一级图书馆”。国家“二级图书馆”。

2002—2005 年，博乐市图书馆藏书 518 万册。举办图书展、舞蹈图书展、“便民利民”图书展、全民阅读活动图书展各 1 期，发放宣传材料 4 000 余份，办理借阅证 56 个。

2006 年，博乐市图书馆登记整理 6 大类过期刊物 3 521 册，整理分类排架图书 2 937 册。举办“便民利民图书展”“公民道德宣传图书展”“图书宣传周”“全民读书月”，庆“六一”图书展等活动，展出图书 611 种 1 364 册，接待各类读者 3 600 余名，解答咨询 347 人次，办理借阅 97 本，送书下乡 875 册。

第三节 青少年与老年活动中心

一、博州青少年宫

2001 年 6 月，博州“青少年活动中心”成立，开办舞蹈、器乐、书画、英语、计算机等 20 个专业的长期培训班。2002 年，成立“小荷”少儿舞蹈团、“朝娃”少年合唱团。2003 年 10 月，州少年活动中心更名为博州青少年宫。自治区教委批准为自治州剑桥少儿英语培训机构。中央音乐学自治区音乐家协会、舞蹈家协会和新疆书画院设在博州的素质教育基地。2003 年，青少年宫搬入博乐市文化路 128 号，占地面积 3 000 平方米。

二、博乐市青少年活动中心

博乐市青少年校外活动中心位于博乐市金光大道 8 号，占地面积 2 400 平方米，2003 年建成地下一层，地上两层，建筑面积为 1 950 平方米，共有功能室 9 间，图书室 1 间。投入资金 160 万元。2006 年开设汽车模拟驾驶、乒乓球、图书阅览等公益班，场所学员 200 人次。

三、博州老年活动中心

博州老年活动中心位于文化路 128 号。2003 年 11 月，建成建筑面积近 5 000 平方米的老年活动中心。博州老年活动中心隶属博州老龄办管理，对外挂“博尔塔拉蒙古自治州老年活动中心”“博尔塔拉老年大学”“博尔塔拉蒙古自治州老年人体育协会”“博尔塔拉蒙古自治州老年诗书画学会”四块牌子。内设有阅览室、棋牌室、乒乓球室、台球室、电教室、健身室、会议室、舞厅、排练厅、展厅等。还修建 1 500 平方米的户外门球场和地掷球场各 2 个。2006 年，博州老年活动中心有各类协会会员 1 650 多人。每天参加各种活动的老年朋友达 600 余人。

四、博乐市老年大学

1997 年 8 月，博乐市成立老年大学，由市老干局管理。位于博乐市北京路 51 号。开设舞蹈班、书法美术班、戏曲班等，学员 60 多人。

第四节　新华书店

一、新华书店门市部

博乐市区有位于青得里大街 70 号新华书店，红星路新华书店位于杭州路 3 号，营业面积 1 296 平方米。

二、图书销售

新华书店主要营销党建理论，文学艺术、文化教育、政治法律、科学技术、历史地理、少儿读物、农业科技、期刊杂志、音像制品等十余种图书门类，涵盖汉语、蒙古语、维吾尔、哈萨克语四个语种。2006 年，完成销售 2 636.53 万元，（青得里大街和红星路隶属关系销售是分开记录）配合市委中心工作，完成各类学习文件、辅导读本等图书发行。

三、教材发行

新华书店教材发行中心设在团结路和长江路交汇处，担负着全市（县）中小学及农五师团场学生课本及辅助用书的发行工作，有汉语、蒙古语、维吾尔语、哈萨克语 4 个语种课本教材。1979—2006 年，每年发行数量与在校学生人数相匹配。2006 年，两个书店共销售课本及教学辅助用书 121.35 万元。

第五节　文体设施

一、西部文化广场（西迁东归广场）

西部文化广场位于文化路和青得里大街交界处，2002 年建成，占地面积 4.3 万平方米，集休闲、文化、办公于一体的综合性公共场所。广场 180 米长的彩陶壁画展现了清乾隆年间察哈尔蒙古官兵从张家口西迁驻防博乐和土尔扈特东归祖国的历史。

二、赛马场

2002 年，自治州投入 1 000 万元，在博乐市南郊兴建赛马场，有赛马道、竞赛道、北看台及附属设施；种植草坪，美化环境。面积 28 公顷，可容纳 2 万余人，集赛马、田径、足球、射击、射箭、摔跤、斗牛、斗鸡、文艺演出为一体的多功能文体娱乐场所，是新疆最大的赛马场。从 2002 年 10 月起，“那达慕”草原节移到博乐赛马场举办。2006 年 9 月 8 日，新疆维吾尔自治区第六届少数民族运动会在博乐赛马场举办。

三、博乐市体育中心

博乐市体育中心位于北京路家和园精品街。1987 年 7 月，博乐市体育中心破土动工。1988—1989 年，市体育中心缓建。1992 年，市体育中心竣工交付使用。建筑面积 1 153.88 平方米，工程总造价 134.04 万元。2005 年，博乐市招商引资 100 多万元对市体育中心和周边环境进行改造。

四、博州综合体育馆

博州综合体育馆位于北京路南城区。2005 年 7 月动工，2006 年 8 月竣工。占地面积 3 万平方米，建筑面积约 1.16 万平方米，投资 2 980 万元，其中国家专项资金 1 500 万元，地方自筹资金 1 480 万元。博州综合体育馆主体为框架、网架结构（网架跨度 66 米），分主馆和副馆 2 部分。主馆平面为圆形设计，直径为 66 米，长 44 米，宽 34 米，顶高 25.4 米，可容纳观众 2 042 人，是体育赛事的主活动区。副馆为体育训练使用，也可举办乒乓球、摔跤等比赛。2006 年 9 月，博州承办自治区第六届少数民族传统体育运动会，该馆承担摔跤等比赛项目和运动会的闭幕式。

五、博乐市游泳池

1988 年底，博乐市游泳池工程动工，社会总投资 18.5 万元。1989 年竣工，投入使用。1995 年，投资 10 万元对其进行维修。

第三章 文 艺

第一节 民间文化

一、《江格尔》

蒙古族长篇英雄史诗，被列入国家级非物质文化遗产保护项目。《江格尔》主要通过江格尔齐（说唱歌手）以说唱（口头）形式流传；说唱《江格尔》可以用托布秀尔伴奏。在博尔塔拉地区流传最广的是《江格尔传》中的《熬特洪·乌兰洪吉尔》和《江格尔公主省亲》等五六个章节及其变体。

1981 年 6 月，博乐市江格尔齐普尔布加甫参加自治区《江格尔》搜集领导小组举行的《江格尔》演唱会。1982 年 4 月，3 位文艺工作者组织 9 次《江格尔》弹唱会。1983 年始，博州每年举行《江格尔》演唱会，其规模不断扩大，内容也越来越丰富。1986 年 6 月，博乐市在哈拉吐鲁克牧场首次举办蒙古族民间文艺会演，有《江格尔》演唱会及舞蹈等 83 个节目。1989 年 8 月，普尔布加甫获文化部“搜集整理蒙古族英雄史诗《江格尔》成果展览一等奖”。

2002—2006 年，在博乐赛马场“那达慕”草原节上，《江格尔》说唱成为“那达慕”盛会的重要节目之一。博乐市组织学员参加《江格尔》说唱民间艺人培训班学习，并参加蒙古族民间文化艺术活动。普尔布加甫的后人甫·巴达入选自治区级非物质文化遗产传承人名单。

二、“麦西来甫”

“麦西来甫”，是维吾尔族民间娱乐和风俗习惯相结合的最普遍的歌舞形式。麦西来甫在民间自发举行，不拘形式、规模和场地，大多散见于节日、野游、婚娶等吉庆、亲朋好友聚会等。乐曲舞蹈以都塔尔、弹布尔和手鼓等乐器奏起《十二木卡姆》舞曲。开始时 1 人入场起舞，随即向围坐者发出邀请。参加的男女翩翩起舞，舞蹈的动作不断变化。由于麦西来甫内容丰富多彩，为博乐市各族人民群众普遍喜爱，它成为各族群众文化娱乐的一种好形式。1983—1985 年，博乐县为庆祝国庆节等活动，举办“麦西来甫”专场演出 2 次。1996 年 9 月，欢度“教师节”，博乐市举办大型“麦西来甫”活动。2002—2006 年，博乐市每年在“西部文化广场”文化节活动和那达慕草原节中，“麦西来甫”表演成为主要内容之一。

三、“阿肯”弹唱

“阿肯”，哈萨克语为民间游动歌手。哈萨克族在历史上是游牧民族，民间文学主要靠“阿肯”传承。叙事长诗《拜合提亚尔的四十支系》在博乐市的哈萨克族人民中广为流传。除此之外，还有歌唱本族中英雄豪杰及其生平业绩的《家族歌》。“阿肯”弹唱的主要形式以对唱为主，用冬不拉伴奏，哈萨克族在传统的肉孜节、古尔邦节、或婚礼喜庆活动中都要举行民歌对唱、演唱会。在每年夏季转场后要举行“阿肯”弹唱会。1979 年，县毛泽东思想宣传站在赛里木湖举行 18 对男女“阿肯”弹唱会。1983—2006 年，博乐市主办大型“阿肯”演唱会 9 次。2002—2006 年，“那达慕”草原节上阿肯弹唱参加表演。

四、“托布秀尔”与《萨吾尔登》乐舞

“托布秀尔”是新疆蒙古族特有的弹拨乐器，音色优美浑厚，为传统舞蹈“沙吾尔登”伴奏。有

独特的艺术风格特点。博乐蒙古族民间舞蹈现在保留《沙吾尔登》《海登沙吾尔登》《沙吾尔叮叮》《枣格萨沙吾尔登》《雪外塔勒滕》《托尔勒格》《索和尔库修恩》《敖日格提克》《巴勒金开勒》《焦热哈勒》《余旦夏》《埃勒都代勒都》12套动作，12套舞蹈有各自的“托布秀尔”弹奏曲目，曲目节奏变换，动作舞姿也相应变化。《沙吾尔登》有多个典型的舞蹈动作，如叉腰、抖肩，或模仿雄鹰翱翔、骏马奔腾、山羊俏皮，或表现日常生活劳作。硬朗明快的每一个舞步动作都是蒙古族历史文化、生活、劳动情感的生动展现。

五、民歌

蒙古族民歌　分为短调民歌和长调民歌。民歌的内容有历史歌、劳动歌、仪式歌、生活歌、情歌、思亲歌等。1982年4月，博乐县3位文艺工作者组成业余文艺小组在全县16个牧点，搜集整理蒙古族民间歌曲250首。

2004年，长短调出版两张“博尔塔拉蒙古民间歌曲集”，同年邀请西北民族学院来博召开“关于新疆蒙古族民间艺术”研讨交流活动，至2006年，举办博乐市长短调大赛6届。2006年，《蒙古族情歌对唱》在“新疆首届民间文化艺术节优秀民间艺术会演”中，获优秀节目奖。

维吾尔族民歌：《赛里木湖美人》

哈萨克族民歌：《欢乐的跳吧》《燕子》《初恋》

回族民歌：《花儿》

六、戏曲

1979年，博乐县星火公社良繁场和燎原公社一大队组建2个业余秦剧团。1980年2月，在博乐县东方红影剧院演出了《铡美案》《火焰驹》《辕门斩子》《拾玉镯》《小姑贤》等小剧目；至1983年，先后排练《盗扇》《谢瑶环》《虎口岩》《柜中缘》《劈山救母》《亲如一家》等31个剧目，在城镇和农村演出40余场；在精河、温泉、乌苏、伊犁等地演出400余场。小营盘区为秦剧团划分土地，实行自负盈亏。县文教科为小营盘区秦剧团拨款1万元，用于购置服装、道具等。

1987—1999年，小营盘镇农民秦剧团在博乐市及乡（镇、场）演出《屠夫状元》《秦湘莲》《狸猫换太子》《朝阳沟》。

2000—2006年，博乐城市社区中老年人自发组织京剧、秦剧、豫剧团体，在中心广场、西部文化广场、滨河公园等地演出。

七、剪纸艺术

1982年7月，博乐县举办美术书法作品展。蔺烈的《葡萄架下》《绣花帽》等5幅剪纸作品、肖峻（蒙古族）的《马头琴歌》《牧羊姑娘》剪纸作品，被《新疆画报》《启明星》等杂志刊用。1983年，蔺烈的5幅剪纸作品参加“全国八省区剪纸作品联展”；版画《周总理和我们在一起》选送西北5省联展。1989年，蔺烈的剪纸作品随全国剪纸协会，在日本名古屋展出。

八、社火队

1983年2月，博乐县小营盘区农民组成120人的社火队。社火队有狮子、龙灯、旱船、秧歌、高跷、大头娃娃等道具。春节进城表演耍龙舞狮，受到群众欢迎。1994—2003年春节，小营盘镇组织社火队在博州巡回演出6次。2004—2006年春节，小营盘镇社火队在镇区演出。

九、元宵节灯展

1993年正月十五，博乐市在街心公园举办第七届元宵节灯展，展出各种手工制作的花灯200盏；首次采取售门票之举。以后每年元宵节举办花灯展，花灯数量和形态逐年递增。20003年，博乐市举办跨世纪大型花灯展，展出花灯 320 盏。博乐各族人民参与猜谜语活动，猜中谜语后领奖。2002 年以后，在西部文化广场举办元宵节灯展、猜谜语和冰雕展活动。2006 年，开展元宵节灯展活动，单位展出花灯 330 盏。

第二节　文学创作

1980—1987 年，谭方辉先后在全国和省区级 21 种期刊和报纸上发表过 40 篇文学作品。他创作的散文《香水月季》获自治区 1984 年《新疆征文》二等奖，故事《火狐》获《幼儿画报》优秀作品一等奖，经中国儿童译文出版社翻译出版。尼·赛来（蒙古族）创作的《画吧，小朋友》获自治区 1980 年少数民族优秀作品三等奖；诗歌《博尔塔拉河畔》获 1984 年自治区文化厅举办的征集歌词一等奖。尼·赛来的诗歌集《花的赛里木》、才·那克（蒙古族）的诗集《故乡之春》、斯·道尼德（蒙古族）的诗歌集《情洒人间》、达瓦加甫（蒙古族）的小说集《草原之声》、艾·那木吉力（蒙古族）的诗歌集《大地之韵》，先后由民族出版社、新疆人民出版社出版发行。1985 年，博乐市农民刘景明创作的独幕剧《赛里木人》，获文化部举办的“全国农民业余戏剧创作”三等奖。

1988—2006 年，博乐市主要文学作品有闫平的《闫平中短篇小说选》，王钟的中短篇小说集《中间人》，熊红久的散文集《记忆的河流》，黄萍的散文集《月光手帕》。

第三节　戏剧　音乐　舞蹈

一、戏剧

1979 年，博乐县排练上演独幕喜剧《约会》。1981 年，博乐县中学演出儿童歌剧《小花鹿》。1986 年，博乐市文化馆成立京剧《沙家浜》剧组，在市剧院演出 7 场，下乡（镇）及团场演出 10 余场，观众达 7 000 人次。

2006 年，创作编排小品《昨天，今天，明天》、音乐快板《咱八荣八耻》获“自治区首届社区广场文化节”银奖。

二、音乐

1982 年 6 月，博乐县巴哈古丽·毛一丁（女，维吾尔族）和地里夏提·热一丁（维吾尔族）二重唱《青春》在自治区“建设者之歌”音乐会上获二等奖；巴哈古丽·毛一丁的歌曲《光辉灿烂的前程》获创作表演奖。1984 年，巴·切仁（蒙古族）与那克（蒙古族）创作的《赛很，博尔塔拉》选入蒙古族歌曲集。1988 年，博乐市文化馆业余演员阿达来提（女，维吾尔族）演唱的歌曲《妈妈的愿望》在全国第二届农村歌手大奖赛选拔赛中获“新疆优秀选手”称号；在内蒙古举办的首届少数民族歌手大奖赛中获“大鹏杯”奖。1998 年，市文化馆创作的歌曲《无悔的选择》参加自治区计划生育文艺会演，并获奖。2003 年，《博尔塔拉民歌》获“自治区首届社区广场文化节”银奖。2006 年，女声独唱在全国首届八省蒙古族歌手大赛中获优胜奖。

三、舞蹈

1985 年，博乐市业余文艺代表队在“自治区三十年大庆文艺会演”中，蒙古族歌舞《博尔塔拉在前进》获创作三等奖；1996 年，巴·切仁（蒙古族）创作的舞蹈《故乡情》获全国民间舞蹈比赛二等奖，自治区民间舞蹈比赛一等奖。

1997 年，博乐市“十五大”迎国庆文艺会演中，市群众艺术团创作舞蹈《美丽的草原我的家》《太阳升起的地方》《天边的红云》《欢腾的那达慕》，参加文艺会演。《欢腾的那达慕》在自治区首届农牧区文艺调演中获金奖。2006 年，大型歌舞《博尔塔拉热情拥抱你》在迎春文艺专场、保持共产党员先进性文艺专场、军民共建文艺专场、党风廉政建设文艺专场、创建中国优秀旅游城市文艺专场、纪检系统文艺专场演出，获自治区首届社区文化节铜奖。

第四节　美术　书法　摄影

一、美术

1981 年 3 月，博乐县成立博乐地区“草原画会”协会，会员 47 人，理事 7 人。1979—2006 年，博乐市（县）举办美术书法作品展览，有草原画会“迎春画展”、学雷锋树新风、庆祝国庆节书法美术展、百花美术作品展览、聋哑人画展、1997 香港回归美术书法作品展、建市 20 周年书画摄影展，展出各民族国画、油画、素描、石刻、根雕、版画、剪纸、手工艺等艺术作品等 3 526 余幅，评出蔺烈、于家德、徐秉谦、任惠贤、肖峻、褚学文等创作的优秀作品 15 幅，其中 6 幅在《新疆日报》刊登，2 幅参加全国展览。蔺烈的国画《阳光下》获自治区“新疆好”美展三等奖。彭立巩和褚学文分别举办个人影画展，任惠贤的美术作品《边塞景秀，碧水长流》《古道深秋》《绣花毡》等被《新疆教育》刊用。

二、书法

1982—2000 年，博乐市（县）举办美术书法作品展。“七一”书法作品展览、香港、澳门回归美术书法作品展 1 000 余幅字，主要是徐秉谦、张宪山、慕彦清、格图肯等的书法作品，其中展出蒙古语、维吾尔语书法 120 幅。评选出 16 幅书法作品获一、二、三等奖。2003 年，新世纪首届文化艺术节，书法作品 38 幅。

三、摄影

1979—2006 年，博乐市（县）举办摄影艺术作品展览。李柯《红心连万家》黑白照片获自治区摄影展览三等奖。个人百花影展、今日博乐影展、“双拥”摄影展、社区书画摄影展展出作品 900 余幅。

第四章　群众文化

第一节　节日文化活动

1979—2006 年，博乐市（县）大力开展群众性节日文化活动，大型文艺活动有《江格尔》说唱、麦西来甫歌舞、阿肯弹唱、社火比赛，并组织大型宣传活动，放映电影，参加活动人数万人次。

集会　1985 年 9 月，博乐建市撤县，在东方红影剧院前万人集会；1990 年 8 月 22 日，第十一届亚运会“亚运之光”火炬在赛里木湖点燃，经阿拉山口传递到博乐，数千名各族群众夹道欢迎，并举行传递仪式。1997 年 7 月 1 日，博乐市举行万人集会庆香港回归活动。

草原节　1979 年以后，博乐在赛里木湖定期举办秋季物资交流会渐变成为政府组织、农牧民参与的文体活动。1982 年 7 月 13—16 日，博州将每年在赛里木湖草场举办的物资交流会改名为“那达慕”大会，首次“那达慕”大会在赛里木湖畔查干郭勒举行，有摔跤、赛马、射箭、赛骆驼、刁羊、斗羊、斗鸡、姑娘追等比赛项目，还有蒙古族的江格尔演唱、维吾尔族的麦西来甫歌舞、哈萨克族的阿肯弹唱等文化表演活动。1991 年，自治区将“那达慕”大会定名为“那达慕”草原节。从 1992 年起连续 10 年，“那达慕”草原节在西海草原举办。其中 1993 年 4—6 月，博乐市在赛里木湖畔举办金花节。为减少人为活动对西海草原植被的影响，2002 年 10 月，“那达慕”草原节移至博乐赛马场举办，至 2006 年 9 月 8 日自治区第六届少数民族传统体育盛会，博乐各族群众累计 5 万余人盛装云集博乐赛马场，参加或观看大型文艺节目和传统体育赛事。那达慕草原节融入民俗、文体、经贸、旅游为一体，成为各族群众共同参加的草原盛会。

节日群众活动 1993—2006 年，博乐市举办“三八”体操比赛、“巾帼”舞蹈赛、“五一”保险杯艺术比赛、庆“八一”大型专题晚会等活动。其中红军长征胜利 60 周年活动，26 个单位 1 600 人参加革命传统歌曲会演；庆祝新中国成立 50 周年举办千人歌咏比赛，19 个单位 2 000 多人参赛；开展职工文艺会演、迎接澳门回归和博乐市庆国际老人节文艺会演、中国共产党成立 80 周年等系列活动。1997 年 10 月，博乐市举办农村业余文艺会演，共有 7 个业余文艺代表队参加，演员 165 人；83 个节目，评选出优秀节目 10 个、创作奖 3 个、表演奖 3 个。2000 年 8 月，博乐市参加“跨世纪的歌—博州首届农牧区文艺会演”。2003 年，博乐市举办“社区文艺会演”，组建 7 个队参加健身、秧歌舞比赛节目，其中，青得里街道健身舞《时代在召唤》、音乐短剧《心中充满阳光》和女声四重唱《难忘草原相思情》获自治区新世纪首届社区文艺会演银奖 3 枚、铜牌 1 枚；同年，《心中充满阳光》参加文化部在广西南宁举办的社区文艺会演。

第二节 “西部文化广场”文化节与百日广场文艺演出

一、“西部文化广场”节

2001 年 8 月，博乐市在博州首届“西部文化广场”节演出《峥嵘岁月，腾飞的中国》节目。2004 年，在“西部文化广场”节上，博乐市获金奖 23 枚、银奖 34 枚、铜奖 30 枚，并组织《江格尔》说唱，“麦西来甫”“阿肯”弹唱专场文艺晚会，共演出 37 场次。至 2006 年，博乐市参加六届博州举办“西部文化广场”文化节活动。

二、百日广场文艺演出活动

2003 年 4—9 月，博乐市首次开展百日广场文艺演出活动。在西部文化广场举办新世纪首届文化艺术节，共分书画摄影大赛、文艺展演大赛、群众性方队展演大赛 3 大项内容。展出美术作品 44 幅、书法作品 38 幅、摄影作品 53 幅，举办文艺演出 40 余场次，观众 10 万人次。2005 年，以庆祝自治区成立 50 周年、建市 20 周年和第二十三个民族团结教育月为契机，以热爱祖国、热爱人民、歌颂党、歌颂新时代、新生活为主题，举办大型文艺晚会 10 场。至 2006 年末，博乐市连续举办四届广场文化艺术节（百日广场文艺演出），共组织文艺演出 193 场，参加演员 1 320 人，观众 22 万人次。节目由单一的歌舞类发展到多种艺术形式参与；形成市政府搭台艺术节，乡镇场村队、市直机关、企业有拿手戏的局面。

第三节 送文化下乡活动

根据《关于开展文化科技卫生“三下乡”活动的通知》（文化、科技、卫生三下乡）精神，1997 年，博乐市首次开展送文化下乡活动。2000 年，把科技、文化、卫生“三下乡”创新为“五下乡”（增加政策、法律）。2002—2005 年，博乐市以基层党校、村队文化室、实用技术培训示范基地为依托，采用课题教学、田间教学、现场观摩、专家组建讲师团面对面等多种形式对农牧民进行培训、宣讲；繁荣群众文化，送文化下乡“乐民”。深入乡村、集市贸易场所发放各项资料5万份，政策、法律宣讲350余场，受教育农牧民近8万人次。派出专业技术人员800余人，举办培训班600余期，培训农牧民7万人次。送节目下乡250余场，送电影200余场，送图书1.5万册。组织专业干部为乡（镇、场）、村队培训文艺骨干1 000人次，变“文化下乡”为“文化驻乡”。向30个村队赠送30套农村专用广播配套系统，保证“广播进村”。

第四节　青少年与中老年活动

一、音乐与舞蹈

青少年活动　1985—2002年，在博乐市举办的“城建杯”、中小学文艺、“十五大迎国庆”等会演中，博乐市男女声二重唱《歌唱民族团体》获表演三等奖；器乐合奏《博尔塔拉蒙古族民歌联奏》获创作鼓励奖。市一幼舞蹈《动物大狂欢》《丰收》、市二幼舞蹈《英姿飒爽》《脚玲竹杆舞》《天河长城》分别获奖。《顶碗舞》在自治区首届《雪莲花》少儿舞蹈大赛中获优秀节目奖；市第一小学学生巴因、苏布德和艾荣表演的舞蹈《牧羊少年》在自治区北疆片少儿舞蹈大赛中获金奖。指导教师托吐娅获编导金奖。博乐市参加博州首届青少年业余歌手大奖赛、少儿舞蹈录像比赛和《童心向党》文艺会演。1994年以后，州少年宫每年举办“六一少儿艺术团”演出。2005年，《草原那达慕》《欢腾的托布秀》获全国首届少儿舞蹈邀请赛暨新疆第四届舞蹈大赛一、二等奖。

中老年活动　博乐市老干部夕阳红艺术团创作舞蹈《老年迪斯科》《哈达献给你》等节目参加“西部文化广场”“文化艺术节”文艺会演。

二、美术、书法、摄影

青少年活动　1986年，博乐市举办中小学生画展、“六一”儿童画展，展出作品共计649幅（次），获奖40余幅；展出持续10天。1993年，博乐市第二中学3名少儿作在中国当代少儿美术书法摄影优秀作品中获铜奖；第四届“小星杯”东方少儿美术、书法摄影国际大奖赛中，市第二中学生参赛的美术作品参赛。“1997香港回归美术书法作品展”“民族团结青少年摄影书画展”“青年书画展”，展出各民族画家和学生的国画、书法、油画、水彩、手工艺等艺术作品；展出作品615幅。市第二幼儿园9名幼儿获“中国少年儿童美术书法摄影作品”荣誉证书。2002—2006年，博乐市每年举办天仁书画展和少儿书法展览。

中老年活动　20世纪80年代，博乐市（县）普及交谊舞。每逢节假日或周末，文化馆、单位集体活动和群众大众舞厅都举办交谊舞晚会。1997年，博乐市老年大学组建中老年舞蹈队、绘画班、戏曲班，学员100多人。中老年舞蹈队30多人常年参加州、市举办的各种文艺活动和文化下乡活动。老年大学每年举办迎新春书法展。1999年10月，老年大学和中国书法函大博州分校联合举办第十届学员书画展，44位老人展出200多幅作品；同年12月，博州文联、博乐市老年大学举办迎新春书法展展出作品500多幅。2006年举办老年书画摄影展，展出作品180幅，观众2万人次。

第五章　文　物

1988年，第二次全国文物普查，博乐市有自治区级文物保护单位1处（达勒特古城遗址），县级文物保护单位2处（青得里古城遗址、达勒特土墩墓群）。1991年，对部分文物保护单位划定保护范围。

第一节 古遗址

博乐市有达勒特古城遗址、青得里古城遗址、青科克人类聚落遗址、达巴特布拉克居住遗址、四台军台遗址 5 处古遗址

一、达勒特古城遗址

达勒特古城遗址位于市东南 27 千米，达勒特镇破城子村北缘。始建于唐代，毁于元明之交。1989 年 11 月，达勒特古城遗址为县级文物保护单位。1991 年，达勒特古城遗址列为自治区级文物保护单位。

达勒特古城遗址为二重城。内城坐落于现存遗址的西北部，略呈方形，每边长 117 余米。城门东向，城墙残高 2 ~ 3 米，土夯筑，基宽约 4 米，四面墙体外侧皆筑有马面（依附城墙主体的防御性建筑）。外城东西长约 1 200 米，南北最宽处约 500 米。南墙和西墙可见残垣，中段有一段约 5 米的缺口，可能为城门。城门东侧有一方形土坯建筑，残高约 4 米，基部每边约 15 米见方，顶部每边约 6 米见方。南城墙外 50 米处有一条宽约 20 米的护城河，由西向东与遗址东边的干河床相通。遗址的东面和北面临河，因内城墙临岸而筑，故不见城墙遗迹。

1988 年始，区、州、市文物部门对达勒特古城遗址普查，其中有元代瓷器，察合台汗国金币、银币、铜币，宋代银铤，钢铁窖藏、铜炉、铜盒、铜镜以及陶瓮、陶缸、陶罐等生活用具。金币最大的直径 3.1 厘米，厚 0.1 厘米，重 10.5 克；最小的金币直径 1.5 厘米，厚 0.1 厘米，重 5.1 克。达勒特古城遗址是宋朝（西辽）孛罗城遗址。

二、青得里古城遗址

青得里古城遗址位于市青得里乡阿里翁白新村西南隅，西距博乐市约 5 千米。1989 年 11 月，为县级文物保护单位。古城遗址内有坑穴，夹沙红陶片，纹饰以水波纹为主，陶质较硬的夹砂波浪纹饰，古砖、红色陶片为唐朝古城。

三、青科克人类聚落遗址

青科克人类聚落遗址位于哈日图热格河西侧第二台地上，东临哈日图热格河，西侧约 50 米因修渠致使许多骨骸裸露。遗址为隋唐时期人类生活居住聚落遗址。

四、达巴特布拉克居住遗址

达巴特布拉克居住遗址位于赛里木湖以北的岗吉格山前的洪积扇上，两处居住遗址，均呈方形，东西向排列。属清代卡伦或军台营塘驿站遗址。

五、四台军台遗址

四台军台遗址位于博乐市西南约 70 千米的天山支脉空郭罗鄂博山北侧冲积扇上，有两处驿站，属清代至民国时期的一座驿站。

第二节 古墓群

博乐市境内分布的古墓主要分为石堆墓和土墩墓两大类。共 9 处。

一、石堆墓

博乐市境内石堆墓有石封、石板石、石围石、石人、胡须墓 5 种。

石封堆墓多形成墓葬群。南山煤矿古墓群、穷科克古墓群、乌图布拉克古墓葬、套特古墓群、查干阿木古墓群，以及青科克古墓群，多为单纯的石堆墓葬群。

石板石堆墓有代力乃仁布拉克古墓群，位于赛里木湖北岸山前的洪积扇上。墓葬的年代在公元前1 000年左右。

石围石堆墓有青科克东2号石围石堆墓，位于阿拉套山南侧的青科克沟口冲积扇上。周围有8座圆形石堆墓环绕。阿克巴依塔勒石围石堆墓，位于赛里木湖西北岸山前开阔地带，呈南北向链状排列。

石人石堆墓有苏玉科克石人石堆墓，为隋唐时期突厥人的文化遗存。喀尔什尕萨依石人石堆墓，石人5座。

胡须墓位于阿拉套山南侧的青科克沟口冲积扇上，小营盘镇明格陶勒哈村北缘，年代为春秋战国时期。

二、土墩墓群

博乐市有乌图布拉格、萨尔巴斯托、达巴特布拉克和达勒特土墩墓群4处。

乌图布拉格土墩墓位于乌图布拉格镇北约3千米处，古墓群保护面积1平方千米。为汉代墓群。

萨尔巴斯托土墩墓群位于博乐市西南部，其周围为开阔的湖畔草原，为博乐市达勒特镇的夏牧场。较大墓葬有4座，墓葬周围由35个各不相连石圈构成大墓的石围。地表为草原植被，墓葬保存较好。青铜时代墓葬。

达巴特布拉克土墩墓群位于赛里木湖北岸达巴特布拉克牧业点。土墩墓有4座，其中1座土墩墓直径622米，封堆高105米。

达勒特土墩墓群位于达勒特镇喇嘛哈敖村公路北侧的戈壁滩上，为汉代墓群。1989年11月，达勒特土墩墓群被自治州人民政府确定为县级文物保护单位。墓葬群保护面积4.5万平方米。

第三节　岩画与石雕人像

一、岩画

博乐境内岩画有阔依塔什岩画群、岗吉格山岩画群、阿拉套山岩画群等。依阔依塔什岩画分布点在市北约30千米的阿拉套山南部山间道路两侧。又称“怪石沟”。岩画画面有的雕凿在山洞内，有的雕凿在巨石上，有的雕凿在悬崖峭壁上。岩画表现的内容有祭祀图、狩猎图、动物图等。画面表现最多的是北山羊、盘羊、鹿、牛、马等动物形象。岩画的凿刻年代，起自春秋战国，止于近代，是博尔塔拉游牧民族的文化遗存。

二、石雕人像

博乐境内有石人像7尊，大都紧靠石围石堆墓的东侧。

加勒赛沟的红砂岩石人像高约1.2米（已断为两截），圆脸、大眼、八字胡，腰系宽带，左手扶腰，右手持酒杯。

苏玉科克地区的石人像在苏玉科克山沟西侧台地上有5尊，其中4尊石人皆为头像图案，连眉、长眼、长鼻、眼鼻凸，眉嘴凹，脸蛋突起，面部呈倒三角形。

第四节　出土文物

一、石器

达勒特古城出土9件石器，石人面具1件，为唐—宋朝。石磨盘8件，其中马鞍形石磨盘5件，圆形石磨盘3件，为青色或红色花岗岩石。

二、陶器、瓷器、玻璃

陶器　达勒特古城出土的有陶罐、陶灯、夹砂红陶瓮（储藏器）、鼠形器物等；青得里古城遗址出土的夹砂红陶壶和夹砂红陶瓮2件。

瓷器和玻璃　达勒特古城出土瓷碗1大1小共2个，玻璃瓶1个，均为元代。

三、铜器

铜镜、铜盒、铜炉、铜灯、铜马符5种铜器，均为达勒特古城出土。

铜镜　双凤纹镜、双鱼戏水故事镜和“长安五家、清铜照子”铭文镜3面铜镜为宋代文物；神仙故事镜为金代铜镜。连弧纹镜为五代铸镜。

铜盒2个，嵌银阿拉伯文铜盒，为元代。铜炉、铜灯和铜马符（军政信物）浇铸或浮雕古阿拉伯文字。

四、黄金（饰）、玛瑙

达勒特古城遗址出土的金条、金饰带为元代文物；金手镯一对为西辽文物。

青得里古城遗址出土的鸡心形红色玛瑙饰物为元代文物，两面均镌阿拉伯文字。

五、钱币

元代至元通宝、明代洪武通宝（铜铸制）和大明通行宝钞（纸质印制）、清代大清宝钞4种货币主要来源博乐市（县）征集，现在都收藏于新疆维吾尔自治区博物馆。

第五节　文物保护

一、文物保护

保护与管理　1986年5月，根据《关于制止破坏文物古迹的联合通告》《关于自治州境内文物古迹保护问题的几点意见》要求；制定文物保护管理措施，划定达勒特古城为文物保护点，在古城遗址范围内制作水泥保护标志牌，安排专职文物保护员1人。1989—1994年，博乐市落实《关于进一步贯彻执行〈中华人民共和国文物保护法〉和〈新疆维吾尔自治区文物保护管理若干规定〉切实加强文物保护工作的通知》《自治州第三次文物工作会议纪要》精神，改造加固文物库房；在达勒特古城遗址拉铁蒺藜1 500多米，挖护城沟750多米，修围墙80多米。博乐市成立文物管理所。2003年，文物保护工作纳入财政预算，“五纳入”落实。博乐市先后对多处文物点进行保护、维修，划定保护范围与建设控制地带，树立“自治区级文物保护单位”标志牌（使用蒙、汉两种文字刻制）。与乡、镇各级人民政府签订文物保护 责任管理书。向本行政区域内的群众宣传各类文物保护法规。同时聘请义务看护员。建档保护古墓群，划定保护范围。至2006年，博乐市为多处文物点树立保护标志。

宣传与培训　1989—1999年，博乐市落实自治州文物工作要求，博乐市加强“保护文物，人人有责”的宣传教育，制定各种保护文物的具体措施，向广大群众宣传文物保护法规和政策。依法开展流散文物收集工作，动员和鼓励社会知情人士提供民间文物线索，依法做好文物持有者思想工作，自愿上缴文物。博州在博乐市举办自治州馆藏文物图片展、自治州民俗与历史文物陈列展，展出自治州馆藏文物、石人、古代岩画、古墓葬群、卡伦、寺庙遗迹、古城遗址分布地形沙盘与民俗用品等。2006年，博乐市多地培训交流，加强文物保护队伍建设。

收集和挖掘　1985年3月，博乐县达勒特乡乌兰托哈村社员在达勒特古城遗址上挖出黄金条10根。1990—2006年，博乐市实施抢救性发掘达勒特古城外围遗址，发掘铜币1 651枚；清理发掘达勒特乡电站古墓葬，获红陶罐一只。古城遗址外城墙南约25米处，距地表约40厘米处，发现一批古代锻钢窑藏。对达勒特遗址进行70多天的发掘，发现6个排列整齐的镶坑和157件宋、辽、元时期的文物，以及大量的碎陶片、瓷器残片等。达勒特遗址时代为宋元时期。博尔塔拉河博乐段油脂化工厂南300米处的沙石材料厂离地面9米深处的沙石中发现象牙化石。2006年，博乐市若干件馆藏文物全部收藏在自治州博物馆。

州博物馆馆藏文物367件（套），其中国家一级文物5件、二级6件、三级45件。

二、文物监管

1985—2006年，博乐市定期开展文物执法检查活动，会同文体、公安、工商、建设等部门检查文物保护单位，打击违法违规建设活动。

第六章　广播电视及电影放映

第一节　广　播

一、有线广播

设施　1979—1982年，博乐县广播站有扩音设备1套，1984年，县广播站有职工28人，主要设备有扩音机、收音机、录音机、示波器、高低频信号发生器、失真度测试仪器等。112个村中通广播67个，村通广播率达56.3%；1.52万农户中，小喇叭入户3 808户，入户率25%；44个村级广播室，共架设乡以下专线273千米，1986—2006年，电视机、录音机、录像机逐步普及家庭，有线广播入户率逐年下降。

播出时间　1985年，博乐市广播站开设汉语、蒙古语、维吾尔语三种语言播音，每种语言每天播音6.5小时，主要节目有市新闻及报纸摘要节目，每周3组，每组15分钟；新闻综合节目每周1组，每组20分钟；学习节目每周2组，每组15分钟；服务性节目每周1组，每组15分钟，以及天气预报、广告节目。

播出节目　1979—1983年，转播新疆电视台节目外，有本地新闻节目、服务性节目、广告节目和文艺节目；汉语知识性节目和蒙语新闻节目在全疆农村有线广播自办节目评比中获三等奖。1985年，市广播电视局汉语播出的新闻节目《牧民米克米尔加甫务农走上致富路》，蒙古语播出新闻《博乐市供销社超额完成本年棉花收购任务》，维吾尔语播出的评论《认真调查研究，采取有效措施，企业才能有活力—评团结商场经济改革》、专题节目《红旗饭店是怎样改善经营管理的》等7个广播节目在博州优秀节目评比中被评为优秀节目。

二、无线广播

1981年，新疆人民广播电台博州转播台（762台）开始转播。转播台的主要任务是转播中央广播电台第一、第二两套汉语节目，新疆广播电台汉语、蒙古语、维吾尔语、哈萨克语4种语言的节目。

1983年4月，博乐县建立调频电台。1985年6月1日正式转播。市调频电台除转播中央台第一、第二两套汉语节目，新疆广播电台汉语、维吾尔语2种语言的节目外，还转播市新闻节目、市服务性节目、市广告节目和市文艺节目等。至此，博乐市有调频台2个，乡级广播站6个，村级广播室67个。

1999年5月，博乐市创办调频广播电台。同年11月，市1000W汉语调频广播电台试播。2000年10月，市调频广播电台将原来3个时间段的1000W改为全天候播出。2001年7月，中央、自治区为市配备1000W发射机、调音台、阻抗变阻器、天线等设备及配件。同年9月，“西新工程”为市配备2台618AKW调频立体声发射机。2002年6月，市建调频广播电视塔，高27米。2003年3月，新疆广播电台与博乐市广播电台，现场直播博乐市专题。

2004—2006 年，博乐市广播电台直播“西部文化广场”文化节、创建中国优秀旅游城市文艺专场、新疆维吾尔自治区第六届少数民族传统体育运动会等。

第二节 电 视

一、电视录像转播台

1982 年 7 月，博州电视录像转播台正式播出。十一频道每星期一、二、四、六播汉语节目，其余日期播维吾尔语节目，每晚播出 3 个小时。1984 年，新增的四频道正式播出维吾尔语节目。1985 年 12 月起，汉语、维吾尔语节目在十一频道和四频道同时播出。1990 年后，除转播中央电视台、新疆电视台、博州电视台节目（包括电视录像）外，还有博乐电视台自办的节目。

二、有线电视台

1993 年 12 月，博乐市有线电视台成立，属于区域性有线电视台。1995 年 5 月，市有线电视台确定六频道为自办节目，每天播出 8 小时，频道节目内容有“节目预告”“天气预报”“广告”“博乐新闻”“帝都一刻”“电视讲话”“电视专题”“连续剧场”。1996 年，市有线电视台自办频道又增加“午间剧院”“618 黄金剧场”等节目。1997 年 7 月，市有线电视台移交博州广播电视局。

1999 年 4 月，博乐市广播电视节目制作中心成立。开播“荧屏视角”栏目，子栏目有“社会广角”“休闲时刻”“消费桥”。同年 6 月，市广播电视传输网络公司成立。2003 年 6 月，市有线网络公司移交新疆网络公司博州分公司。同年 8 月，市开办电视频道。同年 12 月，市有线新闻综合频道正式开播。

2004 年 1 月，博乐市有线新闻综合频道“博乐新闻”由原来每周一、三、五播出，改为每周一、二、三、四、五播出。市有线频道开播的节目有改版后的“博乐新闻”“时尚周刊”“关注”“电视专题”“精品剧场”“少儿剧场”等。

三、设备

1992 年，增设卫星接收系统 1 套。1993 年，博乐市民接收到闭路电视节目。1995 年 3 月，市有线电视台新增扩音设备 1 套，调音台 3 套，广播专用录音机 6 台，采访录音机 2 台，摄像机 1 台，编辑机 2 套，监视器 2 套，播出第一期电视新闻，时间长达 10 多分钟。90 年代末，博乐市实现汉语、蒙古语、维吾尔语、哈萨克语四种语言电视同时播出。

2001 年 6 月，国家广播电视局为博乐市配备 2 台 1 000 瓦发射机、播导管、阻抗变组器、天线等设备及配件；同年 8 月，西新工程由贵州运至博乐市 1 套 3.2M 的卫星地面站。2004 年 8 月，“西新工程”投入使用，开通有线数字电视，接收到 114 套数字电视节目 152 个村实现有线电视入户。

2005 年，MMDS 系统数字化改造，博乐市边远农牧区接收到无线数字电视节目 46 套，实现有线电视村村通工程，解决牧业队农牧民看电视难题。

2006 年，开通无线数字电视，覆盖全市 30 千米内乡镇，传输多套高清晰电视节目。

第三节 电影放映

一、城区电影放映

1980年1月，博乐县电影管理站改称博乐县电影发行放映公司，负责博乐地区影片发行和放映管理。1982 年，县东方红影剧院被自治区文化厅评为先进单位。1984 年 10 月底，县电影院上座率最高的《少林小子》，全年放映 7 657 场，191.61 万人次，总收入 100.92 万元。1985 年末，博乐市有放映单位 58

个，其中国营电影队1个。设备有16毫米放映机1套，团场电影队有35毫米放映机16套，影剧院有35毫米放映机2套。

90年代后，青得里大街有市内凯乐电影院1处。随着电视、VCD、歌舞厅的普及，群众文化生活日趋丰富，电影行业萧条，2000年，市区凯乐影剧院拆除。

二、农村电影放映

1984年，全县社办电影9个。设备有社办电影队35毫米放映机5套、16毫米放映机9套，队办电影队有16毫米放映机15套。

1997年，博乐市开展农村电影放映工作。2005年以后，实施农村电影放映“2131”工程和爱国主义教育片展活动。

1987—2006年，博乐市电影业受到电视业的巨大冲击。乡（镇）、村电影队相继解散；市影剧院工作人员转岗分流。

第七章　文化市场和管理

第一节　文化市场建立

20世纪80年代，博乐县开展三级（县、乡、村）文化网络建设，县广播局、县电影公司、县文化馆等部门先后办起录像放映厅、歌舞厅等收费性文化娱乐场所。按照相关政策，个体开办经营性文化娱乐室、电子游戏室和书店、书摊等相继出现，发展较慢。1987年，全年审批舞厅5个、乐队3个。

20世纪90年代，博乐市个体经营文化产业快速发展。1990年，博乐市批准乡镇、团场5家电影队经营录像放映业务。1994年，博乐市有歌舞厅11个，卡拉OK厅11个，咖啡屋酒吧22个，电子游戏室33个，书摊27个，打字复印11个。1997年，全市共有文化娱乐场所114家，其中歌舞厅及卡拉OK厅10个、电子游戏厅25个、书店12个、打字复印27个、音像厅7个、录音带零售21个、字画美术店4个、娱乐城3个、台球室2个。2000年，博乐市有文化娱乐场所305家，其中电脑网吧52家。

2005年，博乐市有文化娱乐场所268家，其中歌舞厅、卡拉OK厅37家、打字复印65家、书店26家、其他经营户136户。2006年，博乐市城乡除国有、集体所有文化企事业单位外，有民营文艺演出业、艺术培训业、图书音像业、娱乐业、复印打字业等250家，基本形成国有、集体、个人等多种经营体制并存、共同发展的文化市场模式。

第二节　文化市场管理

1979—1983年，博乐县主要对国有文化企事业单位经营的娱乐性文化产业进行管理。1984—1987年，博乐市（县）贯彻《关于加强舞会管理的通知》《关于改进舞会管理问题的通知》精神，加强营业性舞厅营业执照和舞会伴奏许可证管理。1989年，博乐市成立城乡文化市场管理委员会，设办公室。全年对书店、书摊、录音带、录像带、舞厅、文艺节目等检查2次。

1992年3月，全市娱乐场所全部换发文化部统一印制的文化经营许可证。博乐市加强卡拉OK娱乐活动管理。

1994—1995年，全市有文化娱乐场所115家，查出“三证”不全的17家；勒令停业整顿的咖啡屋3家；取缔有赌博性质的“苹果机”“包子机”3家；查处违禁书刊500余本，盗版录像带14盒，盗版录音带 50 盒；并处 1 000 元罚款。对全市的娱乐活动场所消防安全大检查，对不符合条件的停业整顿，限期改正。

1997—1998 年，博乐市按照《自治区文化市场管理条例》《音像市场管理规定》《营业性演出管理条例》，全年进行联合检查 23 次，日常检查 133 次，聘请纠风监督员 3 人。没收有问题录像带 46 盒、盗版 VCD 影碟 198 盘、赌博型电路游戏板 90 块、盗版录像带 26 盒、违禁书刊 200 余册（本）；对 4 个娱乐场所进行处罚，罚款 1 884.6 元。与娱乐场所签订责任书。

1999 年，博乐市成立公共娱乐服务场所治安管理领导小组，落实属地管理的原则，坚持执法和监督检查相结合。2000 年，市文体局、公安局、工商局联合进行为期 3 个月的文化娱乐市场专项治理行动。共抓获“三陪”60 余人，吊扣专营执照 6 家。查处赌博型游戏机板 14 块、污秽光碟 200 余盘、麻将 60 余副、违禁书刊 40 余册。

2000 年 2 月，成立博乐市文化市场管理办公室。全年进行联合检查 8 次，日常检查 40 余次。收缴违禁书刊 140 余册，污秽光碟 200 余盘。

2005 年，全市有文化娱乐场所 268 家，先后进行联合 37 次，日常检查 41 次，查处赌博游戏版 30 多块，污秽光碟 600 余盘，盗版光碟 2 000 余盘，违禁书刊 5 000 余册，并对 7 家存在较大消防隐患的经营户责令整顿，对 3 家地下室娱乐场所责令停业整顿。2006 年，博乐市对网络文化市场进行专项治理，重点查处网吧 23 家，其中接纳未成年人的网吧 6 家，存在消防隐患 6 家。

第八章　体　育

1979 年，博乐县有三级田径裁判员 6 人。1985 年，博乐市有一级裁判员 2 人，二级裁判员 22 人，三级裁判员 29 人。1987 年，全市达到国家三级运动员 17 人。1995 年，博乐市达标的体育场地共 75 个体育场所。2005 年，博乐市有三级田径裁判员 23 人，培养二级社会体育指导员 10 人。

第一节　少数民族传统体育

一、“那达慕”草原节

“那达慕”蒙语为“娱乐”“游戏”之意，是蒙古族人民的传统节日。每年举办一次。有摔跤、赛马、射箭、赛骆驼、刁羊、斗羊、斗鸡、姑娘追等比赛项目，还有蒙古族的江格尔演唱、维吾尔族的麦西来甫歌舞、哈萨克族的阿肯弹唱等文化表演活动。1982 年 7 月 13—16 日，博州首届“那达慕”大会在赛里木湖畔举行。1991 年，自治区将“那达慕”大会定名为“那达慕”草原节。2003 年 10 月 2 日，博州在博乐赛马场举办的“那达慕”大会传统体育比赛，博乐市 470 名运动员参赛，获团体第三名。2006 年 9 月 8 日，新疆维吾尔自治区第六届少数民族运动会在博乐赛马场举办。

二、摔跤、射箭

摔跤　是博乐市各族人民喜爱的传统体育项目。1981—1986 年，博乐县每年举办青少年中国式摔跤选拔赛，共有 34 次 284 人参赛。有成年组、少年组。1994 年 6 月，博乐市举办摔跤对抗赛。2 个代表队、28 人参赛。

1979 年 8 月，在全国第四届全运会上，博乐县哈山获自由式摔跤 100 公斤以上级别第二名。1981 年，在全国少年摔跤比赛中，艾尼瓦尔获古典式摔跤 48 公斤级第一名。1982 年 8 月，在美国科罗拉多州举办的世界青年摔跤锦标赛上，博乐县乌恰获得自由式 70 公斤级铜牌。1986 年 7 月，在自治区第四届全运会上博乐市努尔塔吉获中国式摔跤57公斤级第二名；艾尼获中国式摔跤52公斤级第二名。1996年5月，在自治区古典式摔跤比赛中，艾尼获得50公斤级第二名。1999年，在全国民运会上艾尼获得52公斤级摔跤第四名。2002年，在自治区第五届少数民族运动会摔跤比赛中，吐·新巴特获男子组90公斤以上级别第二名，玉素蒲江·司马义获男子组74公斤级第二名。

射箭　2006年，博乐市业余体校射箭队参加自治区第11届运动会获青少年团体第七名。

三、赛马、赛骆驼

1986年7月1—4日，在新疆第四届运动会上，博乐市体育代表队阿迪力获速度赛马1 000米第五名、3 000米第六名。同年8月10—17日，在乌鲁木齐举办的第三届全国少数民族传统运动会上，博乐市体育代表队买买提获走马5 000米第一名、3 000米第二名。1989年7月13日，博乐市承办博尔塔拉蒙古自治州牧区运动会。比赛项目包括赛马、赛骆驼等传统体育项目。共有350名选手参加比赛。博乐市获得3个第一名、4个第二名、3个第三名。1993年7月13—15日，博乐市在赛里木湖畔举办赛马运动会，共有7个乡镇场的马队、380名选手参赛。比赛项目包括跑马3 000米、5 000米、10 000米、15 000米，走马3 000米、5 000米，骆驼1 000米、2 000米。

第二节　群众体育

一、群众体育组织

1985年2月，博乐县成立棋类协会。1985年3月，成立老年人体育协会。1991—2003年，博乐市共产生四届老年人体育协会委员会。1990年2月，博乐市农牧民体育协会成立。1991年2月，博乐市成立桥牌协会，通过章程，产生第一届委员会。1994年4月，博乐市信鸽协会成立。先后成立自行车、钓鱼、乒乓球俱乐部。各协会和俱乐部每年自发组织比赛

二、职工体育棋

主要有棋类、球类、田径和职工趣味运动等。参赛单位包括农五师师直各单位、军分区部队、州边防支队、阿拉山口口岸。

棋类　有中国象棋、国际象棋、围棋比赛。1981—1998年2月，博乐市（县）举办职工迎春棋类赛10场，共有500余人次男女选手参赛。2003年5月，博乐市组队参加自治州举办的“移动通讯杯”名人围棋赛。

篮球、排球、足球赛　1981—2005年，博乐市与博州体委、总工会联合举办4次三大球类比赛，共有1 189名职工参加。其中1990年10月1日，州、市体委联合举办博乐市区职工三大球类甲、乙联赛，有28支代表队、450名运动员参赛，比赛117场次。博乐市（县）举办八届“丰收杯”男子篮球比赛，累计78支代表队参赛。“赛里木杯”、庆“五一”“供销杯迎国庆”、教育系统教职工等各种篮球赛事共有95支代表队参赛。举办排球比赛共有310人参赛。举办教育系统教职工和“企业杯”足球赛2次。

长跑　1985—2005年，博乐市举办冬季长跑比赛7次，共有2 756人参赛。其中1997年7月1日，博乐市举办“迎香港回归”千人长跑活动，解放军武警、州直、农五师等单位约1 600多人参加此项活动。

职工趣味运动会　比赛项目有自行车慢骑、托球竞走、跳绳、羽毛球投远、袋鼠接力、四角拉力、拔河、蛙跳接力、拔河、广播操比赛。1985—2005年，博乐市举办职工趣味运动会4次，共有1 362人参赛，188人获奖。

其他比赛　博乐市举办乒乓球、台球、桥牌等比赛。1986—1999年，乒乓球职工赛共有506人参加。1986—1993年，举办2届台球比赛，共有60名职工参赛。1990—1996年，博乐地区桥牌赛，以及“全国桥牌通讯杯”“康乐杯”“恒乐杯”“迎新春”桥牌赛等赛事，共有86人参赛。其中邀请6支北疆

代表队参赛。2002—2005 年，举办保龄球比赛 3 场。2004 年，博乐市代表队在博州第二届职工运动会上，282 名运动员夺得金牌 27 枚，银牌 23 枚，取得总分第二的成绩。

三、农牧民体育

1979—2005 年，博乐市（县）各乡镇农牧民体育活动在市（县）文化体育部门的培训指导下，举办农牧民运动会和冬季农牧民运动会 34 次。农牧民运动会有摔跤、拔河、扑克、象棋、篮球、排球、跳远、铅球、乒乓球、赛马、赛走马、赛骆驼、射箭、春季广播操、双人单腿跑、麻袋 100 米、400 米、4 × 100 米接力等 17 个项目参加比赛和表演赛。1991 年 3 月 8 日，博州体委、妇联在州体育场联合举办庆“三八”农村妇女拔河比赛，共有 6 个村妇女代表队参加比赛。1991—2004 年，各乡镇场承办博乐市八届“丰收杯”男子篮球赛，每届 6 支农牧民代表队参赛。各乡镇自办“五四”篮球比赛、“八一”篮球赛、“国林青年杯”篮球赛、“广电铁通网络杯”等篮球赛事。小营盘镇举办庆“五一”迎香港回归文体活动和“奔向新世纪支持北京申奥”冬季长跑等比赛。2002 年 1 月，农业部、国家体育总局、中国农民体协授予小营盘镇第四批全国“亿万农民健身活动”先进乡镇称号。

四、社区群众体育

1985—1990 年，博乐市社区主要开展晨练、秧歌、舞剑、体操、跳舞等健身活动。其中，1990 年 10 月，博乐市举办首届个体劳动者运动会，共 6 个分会、297 人参加足球、田径、拔河、象棋、乒乓球、速度宰羊、速度装表等项比赛。1991—2005 年 5 月，博乐市办事处举办干警体育运动会；“中国石油杯”社区男子篮球赛事；组织辖区篮球队参加博乐市“丰收杯”男子篮球赛、全民健身、军民共建“建安杯”篮球赛。组织辖区单位参加万人游园活动；乒乓球、拔河、博州第二届游泳锦标赛、迎州庆暨首届中国象棋、“手拉手”风筝比赛等赛事。组团参加自治区“坎儿井生态水杯”全民健身运动会，取得中国象棋团体第六名、国际象棋个人第四名的成绩。开展“亿万职工健身”活动。其中 2002 年 4 月，博乐市顾力木图街道办事处被评为自治区“城市体育先进社区”。

五、 老年人体育

1991—2004 年，博乐市组建中老年队参加自治州八届老年人运动会，二届职工运动会。参赛有门球、台球、地掷球、乒乓球、中国象棋、舞操、国际象棋、太极拳等 11 个项目。组建老年队参加在博州举办的“自治区亿万老年人健身活动大会”。承办博尔塔拉蒙古自治州中老年钢球和斗鸡比赛和自治州第六届老年人运动会，共有 20 个代表队、600 多名运动员参赛。博乐市举办八届“健康杯”门球邀请赛。州直、农五师、温泉、精河县、博乐市，共 9 支球队参赛。市老龄委、老干科、老年人体协联合举办中国牌邀请赛，共 6 支代表队参赛。

第三节　学校体育

1980 年始，全县中小学体育教师队伍规范化建设。博乐市（县）小学中学每周设体育课 2 节。实施《国家体育锻炼标准》。1987 年，全市共有 16 所学校学生 5 980 人参加体育达标测试。体育达标人数 5 045 人。博乐市被评为“自治区 1987 年《国家体育锻炼标准》发展指数先进市”。2004 年，博乐市 69 所学校累计 87 082 名学生体育达标。

1993 年，全市 68 所中小学校有 200 米以上田径运动场 32 个，篮球场 28 个，足球场 6 个。1994 年，体育教师 97 人，至 2006 年体育老师 112 人；专职体育教师的配备基本不变。

一、田径运动会

比赛项目有跳远、跳高、铅球、铁饼、手榴弹、标枪、4 × 100 米接力。

少年儿童　1979—1994年，博乐县举办少年田径运动会11次，79个代表队、1 569名运动员参赛。1985—1988年，在自治区业余体校田径分龄赛中，博乐市运动员获金牌3枚、银牌4枚、铜牌3枚。其中1985年，田兆清在全国少年乙组分龄赛中获银川赛区女子13岁中长组铜牌。

中学生　1981—1997年，博乐市（县）举办中学生田径运动会8次。参赛代表队54个，共1 055人参赛。博乐市中学生代表队参加自治区体校举办的田径运动会累计5人获金牌、8人获银牌、7人获铜牌。

中小学生田径运动会　1988—2006年，博乐市每年举办中小学生田径运动会。参赛代表队301个，运动员7 045人。博乐市代表队参加博州中小学生田径运动会，累计田径运动会团体总分第一名4次。

1985—2000年，据不完全统计，全市达到国家二级中小学生田径运动员标准2人，达标三级运动员235人次，达标少年级运动571人次。

二、中小学生运动会

1988—1997年，博乐市代表队参加博州举办中小学生运动会，有足球、乒乓球、排球、篮球、田径、摔跤6个项目的比赛，博乐市获博州首届中小学生运动会团体总分第一名。1993年，市田径代表队获团体总分第一名。

三、中小学生冬季长跑

1979—2005年，博乐市（县）举办城镇学生环城赛跑3次。共有29个中小学校代表队2 800人参赛；举办寒假中学生长跑比赛10次。参赛代表队46个，9 236人参赛。比赛项目有1 500米、3 000米、5 000米、6 000米。

四、球类竞技体育

足球　1980—2005年，博乐市（县）每年举办小学生足球赛，有“希望杯”少年甲乙组赛、邀请赛、冠军赛、春秋小足球赛并参加博州足球甲乙队赛、“萌芽杯”小足球赛等共计30次、139支少儿代表队1 993人参赛。其中1982年，县一中小足球队代参加全疆小足球赛获北疆赛区第三名。博州一中小学部、县一中小学部获1983年全国市、县（区）小学基层代表队小足球比赛冠军。博乐市（县）举办和承办中小学生足球赛13次，有122支代表队1 878人参赛。2004年，博乐市代表队在自治区足球赛中获第六名。

篮球　1980—2004年，博乐市（县）举办中学生篮球赛和参加博州中学生篮球赛、选拔赛共计11次、35支代表队429人参赛。其中1983年7月，县二中女子篮球队参加北疆石河子赛区业余体校甲组篮球比赛获第二名。2004年7月，博乐市组队参加自治区学生篮球赛获男子篮球第三名。

排球　1981—1994年，博乐市（县）举办市区中学生排球赛、排球选拔赛、初中女子排球赛和参加博州中学生排球赛共计9次、共有31个代表队、380名运动员参赛。其中1984年6月，县中学排球代表队参加博州中学生排球赛获女排冠军。

乒乓球　1981—2004年，博乐市（县）举办中小学生、教职工乒乓球赛、选拔赛、少年乙组乒乓球赛和参加博州小学生乒乓球对抗赛、儿童组乒乓球赛共计12次、120个代表队690名师生参赛。其中1992年4月，在博州中小学运动会中，市中小学乒乓球男队获团体第一名。

五、中小学传统体育项目训练

1979年，博乐县按照国家体委要求，抓青少年传统体育项目训练网点建设。共有训练网点8个，业余教练9人，运动员125人。1983—1995年，博乐市有8所传统体育项目学校安排田径、篮球、排球、足球4个传统体育项目训练，共计运动员1 739人次，业余教练109人次。输送优秀田径运动员4人。

2002年，博乐市有区级田径传统体育项目学校1所，为博乐市二中；州级传统体育项目学校5所，分别是足球、乒乓球、摔跤和排球项目。同年，在自治区中学生足球比赛中，博乐市代表队获第二名。

2006年，博乐市实施中小学生传统体育项目“苗子工程”，建立苗子运动员档案，实行跟踪管理。

第四节 体育产业

一、体育馆

体育中心训练馆 1992年，在北京路建成并投入使用。建筑面积10 153.88平方米，砖混结构，屋顶为网架设计，工程总投资130余万元。馆内铺设木质地板，安装有篮球架，羽毛球架。可容纳观众300人。

综合体育馆 2005年7月动工。占地面积3万平方米，建筑面积1.16万平方米，可容纳观众2 000人。综合体育馆由主、副馆构成。主馆长44米、宽34米，网架跨度66米。馆内场地为复合地板，安装有电子计时、计分、显示系统。设有1 400个固定座椅，600个移动座位。副馆配置辅助练习设施，可以满足训练所用。

博乐市百怡圆保龄球馆 内设有保龄球道6条。另附设有乒乓球、台球、棋类等活动室。

二、体育彩票

1995年，开始销售即开型体育彩票。是年，体育彩票销售150多万元。2003年转为电脑型体育彩票销售，是年，电脑彩票销售180多万元。2003年2月，博州体育彩票管理部成立，加强对体育彩票销售管理。2006年，体育彩票销售2 168万元。

第九章 档 案

第一节 档案馆藏与设备

一、收集馆藏

1981年开始，博乐县对历年积存文件进行清理和归档。到1984年末，县接收进馆档案1 242卷，其中永久625卷，长期617卷。1985年末，市档案馆藏有文书档案36个全宗3 539卷（永久2 658卷，长期881卷），科技档案12盒，矿藏资料5盒，照片档案5册，录音带115盒。

2006年末，博乐市档案馆共保存67个全宗文书档案8 330卷，其中永久4 257卷、长期3 915卷、短期158卷；按件整理的档案31盒2 543件，其中永久122件，长期176件，短期2 245件。科技档案12盒，矿藏资料5盒，照片档案40册932张，印模档案68枚，录音带115盒。

二、设备

1981年，博乐县馆库面积60平方米。1986年5月，市档案馆面积60平方米，办公室面积40平方米。1992年，市档案馆临时库房面积60平方米，办公室4间，资料室1间。

2005年，博乐市档案馆临时库房和办公室面积150平方米。

第二节 档案利用

博乐市档案馆先后编写《博乐市档案馆指南》《博乐市党委工作大事记（1989—1999年）》《博乐市大事记（1994—1999年）》《博乐市人民政府工作大事记（1989—1999年）》《博乐市人代会简介（1954—1998年）》《博乐市党代会简介（1956—2001年）》。

博乐市档案馆协助编写出版《博乐市行政区划文件汇编》《博乐市土地草场文件汇编》《博尔塔拉蒙古自治州行政区划、土地草场界线文件续编（1985—2002 年）》。

1984—1985 年，博乐市（县）档案馆为编写《博乐市志》提供大量档案资料。2003 年 4 月至 2005 年 3 月，为编写《中共博乐市简史》提供档案 1 729 卷。

第三节　档案管理

一、编研制度

1980—1985 年，博乐市（县）先后制定《博乐县文书处理和档案工作暂行办法》《博乐县保密工作规定》《文书档案资料管理工作制度》《档案资料借阅制度》《科技档案资料管理制度》《档案库房管理制度》《档案库房管理制度》《档案接收入馆制度》。乡镇场、县直机关。1990 年，制定《博乐市教学档案归档范围和保管期限表》。1998 年，制定《博乐市行政村档案管理暂行办法》《博乐市行政村文书档案保管期限表》《行政村档案管理规章制度》。2003—2006 年，制定《博乐市重大事项档案管理意见》《博乐市社区档案工作意见》《社区文件材料归档范围与保管期限表》《社区建档合格标准》《博乐市宗教档案归档范围及保管期限表》《宗教档案收集、整理、归档、利用、销毁制度》，规范全市各乡镇各单位的档案管理。

二、培训与交流

1979—2006 年底，博乐市（县）档案局有 7 人考入自治区党校档案大专班、博州电大档案大专班学习。选派 64 人分别参加国家档案局、自治区档案局、博州档案局举办的业务培训班。市直机关、乡（镇、场）档案工作人员 120 人参加州级以上档案业务班。1981—2006 年，市（县）档案局每年举办 1 ~ 2 期业务培训班，共举办文书处理培训班 3 期，文书档案培训班 6 期，文书、科技、会计、声像档案综合业务培训班 6 期，村级建档培训班 7 期，全宗卷技能培训班 3 期，教学档案整理培训班 1 期，文书立卷改革培训班 3 期，社区建档培训班 4 期，档案目标管理培训班 1 期，共计 2 400 余人次。

三、指导检查

1990 年，博乐市档案局对机关文书档案、科技档案进行检查指导。1997 年，对乡镇、市直各单位进行档案全面检查，对档案整理不规范的单位进行业务指导。2005—2006 年，指导博兰水泥厂、赛里木酒业建档工作。其中，赛里木酒业共整理 1972—2005 年文书档案 269 卷。

1998 年 11 月，贝林哈日莫墩乡决肯村建立第一个村级档案室。至 2006 年，除边远牧业队外，各村均建起档案室，建档率 87%，建档合格率 70%；村级建档数量 8 857 卷，其中永久 2 682 卷，定期 6 175 卷。

2005 年，博乐市建立档案执法队伍。

四、等级评定

1993 年开始，依据《新疆维吾尔自治区档案管理工作等级评定办法》，博乐市档案局开展档案目标管理升级达标工作。本着各单位升级自愿原则，博乐市升入到档案达标单位，从档案的收集、分类、整理、编研、上架等方面指导档案目标管理。至 2006 年末，博乐市档案管理达到自治区一级标准的单位有市房产局、国税局、地税局、工商局、法院 5 个；达到自治区二级标准的单位有市土管局、公安局、公路段、财政局、检察院 5 个。

第三十五编

BOLE SHIZHI

医疗卫生

中共十一届三中全会后，博乐市医疗卫生体制改革推动医疗卫生事业快速发展，取得显著成就。市、乡（镇、街道）、村（社区）医疗卫生服务网络逐步健全，医疗卫生设备逐步完善，医疗卫生服务技能逐步提高。疾病防治、妇幼保健工作成效显著。传染病、地方病得到有效控制。食品、药品监督逐步加强。城镇职工医疗保险制度和新型农村合作医疗制度全面实施，人民群众健康水平进一步提高。

至2006年，博乐市先后获自治区“改厕先进市”“农村环境卫生先进市”“计划生育先进市”“无烟广告城市”“卫生红旗城市”和全国“食品卫生示范市”。1995—2000年，市连续三届获“自治区最佳卫生城市”。

第一章 机 构

第一节 行政机构

一、博乐市卫生局

1979年，博乐县卫生局编制3名。2002年，博乐市卫生局行政编制7名，其中领导职数3个；后勤事业编制1名。2004年5月，成立博乐市新型农牧区合作医疗管理委员会办公室，事业单位，隶属市卫生局。2006年，博乐市卫生局所属事业单位有卫生监督所、疾病预防控制中心、妇幼保健站、维吾尔医院及各乡镇卫生院。

二、博乐市人口和计划生育委员会

1979年，博乐县成立计划生育领导小组，与县卫生局合署办公。县计划生育领导小组下设办公室。1984年11月，博乐县成立计划生育委员会，编制3名，其中领导职数1个。1985年9月，博乐市乡（镇、场、街道）设立计划生育办公室。2002年11月，市计划生育委员会设科室2个，办公室和计划统计办公室，行政编制7名，其中领导职数3个，后勤事业编制1名。

2006年11月，博乐市计划生育委员会改称为博乐市人口和计划生育委员会。所属事业单位有博乐市计划生育宣传指导站、流动人口计划生育管理站、计划生育协会及各乡（镇、场）、街道计划生育办公室。

第二节 事业单位

一、博乐市疾病预防控制中心

1975年，恢复博乐县卫生防疫妇幼保健站。1987年4月，博乐市卫生防疫妇幼保健站改制成立博乐市卫生防疫站和博乐市妇幼保健站。2002年11月，市卫生防疫站改设为博乐市疾病预防控制中心。编制39名，其中领导职数2个。

二、博乐市妇幼保健站

1987年4月，成立博乐市妇幼保健站，正科级。2002年，市妇幼保健站事业编制25名，其中领导职数2个。

三、博乐市卫生监督所

1996年6月，成立博乐市卫生局公共卫生监督所。2004年，升为副科级，编制16名，其中领导职数2个，内设办公室、卫生监督一科、卫生监督二科、审证科。

四、博乐市爱国卫生运动委员会办公室

1978年，恢复博乐县爱国卫生运动委员会。1985年，博乐市爱国卫生运动委员会下设办公室，编制3名，挂靠市卫生局。1994年12月，升为正科级。2002年，博乐市爱国卫生运动委员会办公室编制4名，其中领导职数1个。

五、博乐市计划生育宣传指导站

1989年1月，成立博乐市计划生育宣传指导站，隶属博乐市计划生育委员会，副科级，编制7名。1999年，市相继在小营盘镇、达勒特镇和乌图布拉格镇建立计划生育技术服务站，编制各2名，隶属市计划生育宣传指导站。

六、博乐市计划生育协会

1992年，成立博乐市计划生育协会理事会。1997年7月，成立博乐市计划生育协会，副科级，编制2名，其中领导职数1个。

七、博乐市维吾尔医院

1995年10月，成立博乐市维吾尔专科门诊部，工作人员6人，隶属市卫生局。2002年，市维吾尔专科门诊部与青得里乡卫生院合并，编制16名，并保留青得里乡卫生院牌子。2006年，成立博乐市维吾尔医院，副科级，编制50名。

八、博乐市人民医院

1979年，博乐县医院有门诊用房1栋、病房2栋、家属住宅1栋，工作人员42人。1985年，全院工作人员117人，其中卫生技术人员94人。2002年1月，市人民医院并入博州人民医院。

九、乡（镇、场）卫生院

1979年，博乐县有燎原公社、红旗公社、星火公社、胜利公社、红泉公社和前进牧场等6个基层卫生院，隶属公社管理。1989年，博乐市为各乡（镇、场）卫生院核定事业编制共176名和住院部床位。1997年，各乡（镇、场）卫生院划归市卫生局管理。2006年，全市有小营盘镇、达勒特镇、乌图布拉格镇、青得里乡、贝林哈日莫墩乡、阿热勒托哈牧场等6个基层卫生院，共有编制207名。卫生院分门诊组、病房组、防保组，开设内科、外科、妇科、儿科、中医科、五官科、肛肠科等科室；医疗设备有B超诊断仪、X光机、心电图。管理124个村卫生所（3个牧区流动诊所）、135名村医。

第二章　医药卫生体制改革

第一节　管理体制改革

一、院（站）长负责制

1985年，博乐市卫生局在卫生系统试行院（站）长负责制，确定院（站）长为单位法人代表。1986年，博乐市医疗单位推行院（站）长负责制，党政分开。各单位党总支（支部）书记，主要负责党建和职工思想政治工作，协助院（站）长做好管理工作，对贯彻执行党的方针政策起主导和监督作用。到2006年，院（站）长负责制在医药卫生体制改革中得到补充和完善。

二、岗位聘任制

1985 年，博乐市医院、防疫站和妇幼保健站试行院（站）长负责制，对医护人员实行岗位聘任制。科室主任、护士长由院长聘任，报市卫生局备案，聘期 2 ~ 3 年；科室医生（护士）由科室主任聘任，并报院长会议审批，聘期 2 ~ 3 年；行政工勤人员实行合同制；招聘单位以外人员须报业务主管部门批准后，由科室招聘，并报院长会议审批。未被聘用和落聘人员由单位自行消化。1986 年，博乐市直医疗卫生单位全面实行岗位聘任制。乡（镇）卫生院院长实行招聘制。

2000 年 9 月，博乐市对医疗卫生单位实行院（站）长目标管理。各乡镇卫生院开展院长竞争上岗和全员岗位聘任制试点，实行减员增效和成本核算，使医院的经济效益和工作效率得到提升。至 2004 年，全市相继完成卫生医务人员竞争上岗综合考核。所采取笔试、面试、民主测评、综合评定等，公开择优录用 16 名工作人员。2005 年，博乐市妇幼保健站通过演讲、答辩、民意测评、考核 4 个环节，实现中层领导干部竞聘上岗。

2006 年，全市有卫生技术人员 559 人，其中聘任 81 人。

三、开放医药市场

20 世纪 80 年代，博乐市贯彻国家有关政策，允许一部分经考核合格的医务人员开办个体诊所。1985 年，全市有 80 个村合作医疗站（村卫生所），其中个体承包 30 个。承包的卫生所在市、乡（镇、场）业务部门的指导下，实行“单独核算、自负盈亏”，承担本地医疗防疫、计划免疫、爱国卫生、妇幼保健、计划生育等任务。1990 年后，国家逐步开放医药市场，个体诊所和私营药店逐年增加。至 2006 年，全市有个体诊所 67 个，民营药店 18 个，基本形成以国家、集体医药机构为主体、民营医药机构为补充、相互促进的医疗卫生新格局。

第二节　医疗制度改革

一、职工公费医疗

1979 年，博乐县机关事业单位、国家企业和部分集体企业实施公费医疗，由县公费医疗管理委员会（简称公管会）管理。按享受范围凭证医疗，记账收费，统一结算。1984 年，博乐县享受公费医疗人数 2 784 人，公费医疗支出 17.4 万元，平均每人 62.50 元，超支 9 万元，人均超支 40%。博乐县财政补助 5 万元，剩余 4 万元转下年度列支。

1985 年，根据中央两部通知和外地进行改革的经验，改革现行公费医疗吃大锅饭的弊端，实行“定额包干，单位核算，合理分担，节余留用”的办法，把医药费同个人的经济利益挂钩。每人全年合计医疗费开支不超过 40 元的国家全部报销。超过 40 元的按不同条件，由国家、单位、本人合理负担。1986 年，博乐市 51 个单位 2 884 人享受公费医疗。医疗费开支按每人每年 40 元医疗费标准。国家拨医疗费 11.54 万元，实际开支医疗费 15.95 万元，超支 4.41 万元，超支部分占 38.23%，平均每人开支医疗费 55.29 元，平均每人超支 15.29%。

1989 年，博乐市根据国家《公费医疗管理办法》规定，在预算内开支工资的各级国家机关、事业单位在编的在职职工和离退休人员，在指定医疗单位就诊及用药范围内的医疗费用，由财政统一安排资金予以报销。职工医疗保障制度包括公费医疗和劳保医疗。

2000 年，博乐市根据博州《城镇职工医疗保险制度改革办法》，实施医疗保障制度改革，将公费医疗和劳保医疗统一改为基本医疗保险制度。基本医疗保险费由用人单位和职工个人共同缴纳，基本医疗保险补助的封顶线和启封线分别为 2.5 万元和 625 元。同年，建立大疾病医疗救助基金，参保职工缴费标准为每人每年 60 元，其中在职职工个人每人每年缴纳 36 元，用人单位从福利费中补助 24 元。离退休职工缴费纳入财政预算，由单位统一缴纳，基金收缴及报销业务由人寿保险公司办理。

2005 年，博乐市将基本医疗保险补助的封顶线和起付线调整为 3.5 万元和 700 元。将大病医疗救助基金缴费标准调整为每人每年 84 元，其中在职职工每人每年缴纳 48 元，单位从福利费中补助 36 元。基本医疗保障实现“低水平、广覆盖”。

2006 年，博乐市城镇职工基本医疗保险参保人数 1.9 万人次，基本医疗保险费收入 2 139 万元，基本医疗保险待遇支出 2 058 万元。

二、农村合作医疗

1979 年，博乐县实行农村合作医疗制度，公社有医院、大队有医疗所、小队有赤脚医生。到 1985 年，市农村合作医疗停办。1996 年 10 月，在贝林哈日莫墩乡试行“乡办乡管、合医合药，国家、集体、个人共同筹集”的合作医疗办法。

1999 年，市政府制定印发《关于进一步做好农村合作医疗工作的实施意见》，全市 6 个乡镇场中有 47 个村队启动合作医疗工作，完成任务的 60.3%。到 2000 年 9 月，市农牧区合作医疗停办。

2004 年 6 月，博乐市被自治区列为新型农牧区合作医疗试点市，启动“新型农牧区合作医疗制度”。参加新型农牧区合作医疗的个人交纳 20 元，国家、自治区分别补贴 10 元。同年底，参加新型农牧区合作医疗 6.59 万人，占农牧民总数的 79%。全市筹集农牧民个人基金 197.8 万元。住院统筹基金 93.9 万元，其中自治区 12 万元，博乐市 31 万元，农牧民 50.9 万元，结余 33.7 万元。参加合作医疗的农牧民门诊量 24 681 人次，支出 48.3 万元；住院治疗 1 603 人次，累计为农牧民补助医疗费用 113.1 万元。市级及以上医院各项检查费优惠 10%，乡镇（场）卫生院检查优惠 5%，检查身体费用共让利 20.9 万元。

2005 年，博乐市被纳入国家新增新型农牧区合作医疗试点市。

2006 年，国家和自治区提高对农牧区合作医疗基金的财政补助标准，从人均年 10 元提高到 20 元。至 2006 年末，全市农牧民 6.520 7 万人参加新农合，占应参合农牧民总数的 87%。筹集资金 395.06 万元，其中中央财政补助 57.45 万元；自治区财政补助 57.45 万元，博州财政补助 19.56 万元，市财政补助 65 万元，农牧民自筹基金为 195.6 万元。年结余 18.1 万元。农牧区基本医疗保障体系初步形成。

第三节　工资制度改革

1981 年 1 月始，博乐县医院实行“四定”（定任务、定质量、定技术指标、定经济开支）、“两管”（管药品及卫生材料）、“一改革”（改奖金制度）技术经济岗位责任制。年底按基础奖 33.8%、出勤奖 28.4%、任务奖 33.2% 的标准，为职工发放奖金。

1983 年，博乐县卫生医疗单位实施“三浮动、一提成”。所谓“三浮动”即浮动国家卫生事业费的补助，浮动职工部分工资（10% ~ 20%），浮动年终奖金；“一提成”即在完成各项任务的同时提取少量的劳务费，在县医院和小营盘区卫生院进行试点，实行岗位责任补助。以完成医疗、防疫、妇幼保健、计划生育技术指导和开展爱国卫生等工作情况，年底按岗位工作量核发补助金额。

1986 年，博乐市小营盘区卫生院在明确岗位责任制的基础上，使任务指标与经济效益直接挂钩，半年兑现一次奖罚。青得里乡卫生院，乌图布拉格乡卫生院，达勒特乡卫生院实施“定岗、定任务、定质量、定时间，定奖惩”，取得初步成效。

1987 年始，博乐市卫生系统全面开展技术职称评定工作。1988 年，全市卫生系统在职专业人员 317 人，经评审获得专业职称资格的有 248 人，其中高级 1 人、中级 19 人、初级 228 人。经市批准任命和评聘的216人，其中高级1人、中级17人、初级197人。

1993年后，博乐市卫生系统专业技术人员、管理人员分别实行专业技术职务等级工资和职员职务等级工资制。

2001—2006年，博乐市卫生系统把岗位聘任、职称评定、岗位考核结合起来，实行档案工资和按劳分配相结合的分配制度，体现多劳多得，优劳优酬和公平合理。

第三章　卫生防疫

第一节　公共卫生监督

1986年，博乐市对城乡环境卫生开展调研，对城市12个集中供水点进行4次消毒监测；城乡7个河、泉供水点进行监测。1987年，博乐市贯彻《公共场所卫生管理条例》，配备卫生监督员，对全市公共卫生场所进行监督检查和卫生指标监测。1996年，成立卫生监督所，依法管理全市公共场所卫生、学校卫生、食品卫生等；组织实施食品、化妆品、保健品等健康产品质量管理工作，整顿和规范市场秩序。

一、卫生监督

场所监督　1989年，公共卫生场所监测139户，占应测户数的67.8%；“两证”（卫生许可证、从业人员健康持有证）审发，占应发户数的74.7%。至2002年，博乐市公共场所经营单位469户，年度审证217户。卫生监督469户；公共场所卫生监测469户次3 514项次，合格率为93.3%，卫生监测合格率逐年提高。健康体检527人，合格515人，“五病”调离人员12人，调离率100%。行政处罚6户次，其中罚款3户，金额1 270元。

2005年，博乐市对452家公共场所室内环境卫生状况、“两证”进行监督检查，符合公共场所国家卫生标准66.8%，行政处罚3户、金额800元。化妆品检查65户，共查处不合格化妆品48种58.13千克，警告9户；同年11月，市投资649.83万元，建8 000平方米的医疗垃圾处理厂，日处理垃圾0.25 ~ 0.35千克。2006年，博乐市公共场所室内环境卫生现场监测50家，共监测样品66件，合格样品49件，合格率69.7%；行政处罚1户，罚款金额800.00元。

饮用水监测　1989年，博乐市监测生活用水21个点，其中大口井细菌含量超标，自来水抽样7个供水点全部合格。1991年，博乐市饮用水进行96份抽样调查，其中毒理指标合格率为95.8%，病菌学指标合格率为33.3%。1998年，生活饮用水监测合格率为69.3%，农区为67.6%。2002年，全年完成饮用水卫生监测68件，合格率为100%。2004饮用水监测水样28份317项，合格率82.1%。2005水质抽检分析2件，检测36项次，合格率100%。

消毒监测　1988年，对饮食服务单位进行餐具消毒效果抽查，城镇85个单位合格率71.4%，乡镇39个单位合格率53.7%。1990年，博乐市城区及乡镇卫生医疗单位开展医疗质量消毒监测。1992年，博乐市医疗卫生单位引进生产消毒液设备，为饮食行业和公共场所提供专用的消毒液。博乐市传染病防治科对全市各级卫生机构开展消毒工作和托幼机构消毒监测。2004年，博乐市设立消毒监测工作科，先后累计抽样监测消毒剂、空气、物样品2 914项次。对全市16家大中型宾馆饭店开展卫生学调查，室内可吸入性颗粒合格率为64.4%，空气细菌总数合格率为39.4%，温度、湿度、风速基本合格，茶杯大肠菌检出率为16.25%。

二、学校卫生

1985年，博乐市学校有保健医生19名，其中中学占78.9%，小学占8.5%。1996年，博乐市开展学生健康体检单位资格审查工作，在全疆推广使用。1997 年，博乐市成立“市学生常见病综合防治领导小组”。2002 年，博乐市中、小学校 67 所，其中有 17 所学校配备医务室和专职保健医生。对市区、农区学校学生因病缺课进行调查，因病缺课率 0.21%。

1980—2005 年，博乐市（县）开展市区、农区学生体检工作。

学生视力　1980 年，博乐县学生 2 284 人，其中城市学生 1 028 人，视力减退 44 人，占 4.28%；农村学生 1 256 人，视力减退 46 人，占 3.66%。1989 年，博乐市 429 名学生体检中，视力降低的占 5.36%、沙眼占 33.8%。2003 年，博乐市区中、小学校学生 3 635 人进行体检，学生沙眼患病率 14.3%。学生视力减退人数增加，学生沙眼患病率降低。

生长发育　1988 年，博乐市对学生发育情况进行调查，贫血患病率为 21.14%。1992 年，博乐市学生营养不良率为 27.53%，贫血患病率 16.48%。2002 年，贫血患病率 13.78%。学生贫血率降低。

常见病调查　1987 年，对博乐市在校学生常见病（龋齿、沙眼、脊柱侧弯）进行调查，龋齿患病率为 86.78%，沙眼患病率为 8.29%，脊柱侧弯为阳性率为 0.59%。

肠道调查　1997 年，博乐市分别对学前儿童、青少年肠道寄生虫进行调查和驱虫复查，共调查 2 180 人，寄生虫感染者 607 人，感染率为 27.84%。查见人体寄生虫 10 种，以蛲虫感染率为最高 16.24%，依次为蓝氏贾第鞭毛虫 7.29%。驱虫后寄生虫感染率为 13.60%；1 次集体驱虫后，寄生虫总感染率下降了 51.15%。

2006 年，博乐市对（含乡镇场）中、小学校及托幼园食堂共计 56 所进行监督检查，卫生监督覆盖率 100%，卫生监督合格率 85.71% 。学校生活饮用水监督检测合格率 100% ，学校食品卫生合格率 75%，学校宿舍合格率 71.43% 。学校体检 46 所，学校体检率 82.14%；学生人数共计 2.75 万人，体检学生数 1.92 万名，学生体检率 70% 。

第二节　计划免疫

一、“四苗”接种（脊灰糖丸、麻疹疫苗、卡介苗、百白破）

20 世纪 70 年代末，博乐县 3 岁以下儿童免疫接种牛豆疫苗、麻疹疫苗、脊髓灰质炎疫苗、百日破三联疫苗、伤寒（副伤寒）甲乙三联疫苗、卡介苗等。1982 年，博乐县将计划免疫列入中心工作，实施“四苗”接种。

预防接种卡制　1982 年，博乐县 7 岁以下儿童全部建立预防接种记录卡。同年，建卡 1.57 万人，建卡率 81.6%。1983 年，全县 36 个点 7 岁以下儿童进行建卡、补卡工作。1985 年，博乐市推行儿童“四苗”接种建卡证，属地管理制度。7 岁以下儿童建卡 1.35 万人，建卡率 89%。1987 年，农村和城镇新生儿建卡率分别为 82% 和 95%。1988 年 10 月，自治区计划免疫工作检查团抽查博乐市建卡率 96.5%。1996 年，儿童“四苗”建卡率达 100%。

脊髓灰质炎　1983 年，博乐县 7 岁以下儿童投服小儿麻痹糖丸（I 型）1.46 万人份。1986 年，小儿麻痹糖丸投服率为 96.2%。1991 年 1 月，博乐市范围内建立脊髓灰质炎疑似病例的快速报告系统和“零”病例报告制度。1993 年起，按国家卫生部的要求，每年对 0—47 月龄儿童进行两轮脊髓灰质炎苗强化免疫。1995 年，开展“第三次全国消灭脊髓灰质炎强化免疫日”活动，两轮共服糖丸 1.69 万人，投服率 97.82%。1999 年，“扫荡式脊灰强化免疫”两轮接种率均为 100%。2004—2005 年 3 月和 4 月，根据脊髓灰质炎强化免疫活动的安排，博乐市两年相继开展两轮强化免疫活动，服糖丸儿童达 6.6 万人次，接种率达 100%。2006 年，博乐市小儿麻痹糖丸接种率为 98.03%。

麻疹疫苗 1983年，博乐县农村和城镇补种麻疹疫苗5 448人。1984年，补种麻疹疫苗3 424人次，牧区发放麻疹疫苗1515人份。1986年，接种率为95.2%。2004年11月至12月，博乐市开展儿童麻疹强化免疫活动，共接种儿童2.77万人，麻疹疫苗接种率97.16%。2006麻疹疫苗接种率为95.51%。

卡介苗 1983年，博乐县城乡接种卡介苗2.6万人。1986年，卡介苗接种率为99.0%；2005年，博乐市卡介苗接种率100%；2006年，博乐市儿童卡介苗99.48%。

百白破三联 1984年，博乐县初种百白破7 000人份，抽查接种率为93.3%。1986年，百白破接种率97.1%。2006年，博乐市百白破三联疫苗接种率为97.3%。

"四苗"覆盖率 1987年，博乐市儿童"四苗"覆盖率（12月龄基础免疫）达到90.1%，均超过自治区规定的接种率85%的规定要求。接种卡簿管理（18月份龄）、填卡完整率99.5%，剔续卡率98.3%。1988年，自治区计划免疫工作检查团抽查博乐市"四苗"覆盖率为64%。2004年，经自治区督导员抽查90名接种范围内的儿童评估，"四苗"覆盖率100%。博乐市（县）开展"四苗"接种工作20多年未发现百日咳、白喉、脊髓灰质炎病例。

2006年，博乐辖区各综合医院进行AFP、麻疹、新生儿破伤风监测，未发现病例。

二、乙肝疫苗接种

1991年，博乐市按照《全国实施乙型肝炎疫苗接种管理规程》在市区开展乙肝疫苗接种试点。1998—2002年，博乐市儿童乙肝疫苗接种率在80%以上，未达标。

2003年，博乐市将儿童乙肝疫苗纳入计划免疫管理。当年，市乙肝疫苗接种率达94.9%。同年，市启动GAVI项目，是全球疫苗联盟和儿童基金会合作项目，主要是对适龄儿童进行乙肝疫苗全程免费接种和安全注射。

2005年6月至12月，博乐市对2002年1月1日以后出生的儿童进行乙肝疫苗查漏补种，共查出需补种儿童78名。全年市儿童乙肝疫苗接种率93.8%。

2006年，博乐市儿童乙肝疫苗97.66%，首针及时接种率88.04%。

三、卫VII项目

"卫VII项目"是国家利用世界银行贷款，在部分省市尤其是贫困地区实施计划免疫的工程。1996年10月，"卫VII项目"在博乐市实施。配发"卫VII项目"设备有投影仪1台、录像机1台、彩电1台、冷藏包125个、冷藏箱1个、医用高压消毒锅125个、冰箱9台、213越野车一辆。

1997年，博乐市将"卫VII项目"配套资金纳入市财政预算。全市装备低温冰箱4台，普通冰箱13台，冷藏箱275台，冷藏背包3个，高压消毒锅130个，疫苗运输车1辆，计算机、打印机、电视机、投影仪各1台。

第三节 传染病防治

1979—2006年，据普查资料数据，博乐市（县）主要传染病有头癣、流脑、传染性肝炎、麻疹、百日咳、伤寒副伤寒、细菌性痢疾、脊髓灰质炎、狂犬病、结核等。

一、肝炎防治

1981年，博乐县对幼儿园儿童进行肝炎流行病学调查，共查出肝炎患儿34例，全部及时进行隔离治疗。1983年10月，在局部地区出现爆发流行肝炎，至12月底达799例，全部进行隔离治疗。肝炎疫情发生后，召开肝炎防治紧急会议，要求在肝炎流行期间请客聚会，婚、丧等活动暂停。县编印防治肝炎宣传材料4 590份，板报2期，录制磁带2盘，宣传车9次，电视台播放3次，电影普及肝炎知识3次。肝炎疫情得到控制。1984年，对治愈肝炎者随访103例。医学观察330人次。1988年11月，共发现146例肝炎病例，其中非甲非乙型肝炎7例。

1989年，博乐市对肝炎实行“升级管理”，发现病人后必须在24小时内汇报，由防疫站迅速派人进行流调和现场综合处理；对病人和可疑者，接触者进行监测（验血查、肝功）。2005年，病毒性肝炎226例。

二、结核病防治

1985年，博乐市经调查掌握肺结核病17例，建卡管理14例，均住院治疗。

1986年10月，博乐市开展结核流调1 913人，青少年感染率2.67%，居民患病率0.78%，涂阳率1.57%。全市发现各种类型结核病人90例。

1993年，由世界银行贷款实施的结核病控制项目工作在博乐市启动。1995年，结核涂阳病人41例，均获免费治疗。在结核病体检中首次发现HIV感染者。2000年，结核病共接诊421人次，胸透421人，发现活痰性结核病人103例，查痰率54%，治疗覆盖率100%。2005年，结核病管理上报纳入计算机管理系统，全年共发现活动性肺结核病人90例，治疗覆盖率100%，接轨率93%。

2006年，全市涂阳病人83例，免费治疗涂阴病人71例，自费涂阴38例。

三、性病防控

1988年，博乐市性病监测317人。2001年始，博乐市在开展预防艾滋病知识宣传教育的基础上，对重点人群进行HIV检测，加强采供血管理重点人群，性病监测758人，未检出病人。2002年，全市医疗机构开展性病监测174例，其中有淋病、梅毒、尖锐湿疣、非淋病性尿道炎、生殖器疱疹；对重点人群性病监测干预147例，检出梅毒病3例。2005年，重点人群性病监测149人，未检出病人。

四、麻疹病防治

1983年，博乐县对2个公社的3个大队共66例麻疹病例进行抽样调查。1988年，麻疹发病率5.5/10万，较上年明显（26/10万）下降。1989年，博乐市对麻疹疾病实行“升级管理”。1991年4月，博乐市局部地区麻疹暴发流行，涉及市区和2个乡镇，疫情得到有效控制。2005年，麻疹4例。

五、皮肤病查治

1988年，对15岁以下儿童1 809人进行头癣普查。1995年，对重点皮肤病人群监测309人，检出疥疮15例。1997年，博乐市皮肤病监测303人，检出疥疮3人。

六、非典型肺炎防控

2003年4月，博乐市按照博州人民政府统一部署，成立“非典防治工作领导小组”，设立非典疫情发生现场应急指挥部，建立非典疫情救治信息网络。疫情每日零报告。投入专项资金32.47万元，用于“非典”预防的医疗设备及预防性药品、消毒试剂、隔离服、口罩及相关物资的采购与储备。市卫生局党总支被自治区党委评为“自治区防治非典型肺炎工作先进党组织”。同年底未发生“非典”感染病例。

七、传染病法定报告

1983年，博乐县小营盘区三牧场伤寒流行，县防疫站查治病人43例，发病率3%。1987年启用传染病法定报告制。至2006年，全市报告法定传染病17种6 028例，总发病率未超过700/10万的标准，无甲类传染病发生。其中1988年，肠道传染病高于上年。发病率为531.7/10万。1991年，全市传染病漏报率为53.7%。1993年，乌图布拉格乡、小营盘镇、青得里乡发生炭疽病爆发流行30例(其中死亡1例），疫情为内源性传播，发病率为23.8/10万。1995年，肠道传染病（肝炎和痢疾）发病率大幅度回升。无死亡病例，相应传染病个案调查处理率100%。2002年始，博乐市防疫部门每月定期召开防疫会议，通报疫情。2005 年，博乐市法定报告传染病 866 例（含丙类传染病），其中有病毒性肝炎、麻疹、细菌性痢疾、肺结核、猩红热、布鲁氏病、淋病、梅毒、流行性腮腺炎、风疹、包虫病及其他感染性腹泻。

2006 年 4 月 11—25 日，博乐市达勒特镇部分学校流感暴发，共发生 92 例。博乐市立即启动传染病应急处理预案，针对性地采取防控措施，及时控制疫情蔓延。同年，法定报告传染病 885 例，与上年同期相比上升 7.0%，其中乙类传染病报告 621 例，丙类传染病报告 264 例。

第四节　地方病防治

博乐市（县）地方病主要有地方性甲状腺肿大、布鲁氏杆菌病、地方性氟中毒、包虫病。

一、地方性甲状腺肿大防治（简称地甲病）

1980—1984 年，博乐县有计划地进行地方性甲状腺肿大防治。全县共查治 3.17 万人，占全县人口 31.5%；碘油预防和治疗 1.77 万人，普种服率 46.6%。在普查普治的同时，逐步转向监测。1985 年，对 4 个乡（场）农区抽查 5 574 人。肿大率为 18.94%，患病率为 8.77%；碘油治疗 489 人，治疗率 100%。牧区重点普查 7 个牧场（队）共 1 903 人；肿大率为 22%，患病率为 6.7%，全部进行补典。1986 年，全市共补碘 2.5 万人。水碘检测 194 份，尿碘 240 份。

1989 年，博乐市在 5 个乡镇 5 452 名青少年中进行地方性甲状腺肿大普查；甲状腺肿大率为 29.6%，患病率为 8.4%；查食盐 319 份，含碘量合格率为 1.25%，博乐市辖区人群摄碘量偏低。

1991—1992 年，博乐市地甲病监测 7 130 人，患病率 0.55% ~ 5.73%。1996—1998 年，博乐市缺碘性疾病监测 3 168 人，患病率 22.54%。

2000—2002 年，博乐市碘盐监测 999 份，合格率 90.58%。2005 年，开展“控制碘缺乏，保护母婴健康”宣传活动。2006 年，博乐市共监测居民食用盐 289 份，其中合格食用盐 277 份，合格率 98.23%，合格碘盐食用率 95.85%。

二、氟中毒防治

1980 年，博乐县开始氟中毒检测工作。全县超标高氟水点村队 30 个，其中最高点为江巴斯边防站，水氟含量为 7.40 毫克 / 升。

1986 年，博乐市开展水氟调查，200 份水样中 72 个为高氟水点，饮水人数 3.54 万人；人群调查 10 475 人，氟牙患病率 10.91%。

1989 年，博乐市对 3 个乡镇 8 ~ 15 岁 1 122 人体检，发现氟斑牙 218 例，占 18.9%；在 395 例 16 岁以下摄片中发现氟骨症 14 例，检出率为 3.5%。

1991—2001 年，博乐市地氟监测 10 798 人次，患病率 20.09%。

1990 年，市投资 300 万元，完成市区自来水二期工程。1995 年，全市 61 个村 4.32 万人饮用自来水，至 2003 年，全市农牧区 7.77 万人饮用卫生自来水，占农牧区总人口的 93.2%。2006 年，全市安全饮用卫生水普及率 93%。

三、布鲁氏菌病防治

人畜共患疾病。1979—1983 年，博乐县在牧区和农区牧场进行布鲁氏菌病调查，共查 7 656 人，感染率 5,72%，患病率 1.57%；病人全部用抗菌素进行治疗。1991 年，博乐市布鲁氏菌病监测 1 181 人，感染率 1.86%，慢性病人检出率 0.17%，通过自治州布鲁氏菌病考核验收，达到稳定控制县标准。

1992—2004 年，博乐市布鲁氏菌病监测监测 306 人，感染率为 0.63%，未检出病人。

四、包虫病防治

人畜共患，畜牧区多见的疾病。1981—1985年，博乐市（县）调查农、牧区2 694人，其中阳性333人，感染率11.55%。在屠宰场检测羊2 012只，阳性1 970只，感染率98%。

1991年，博乐市棘球蚴病本地血清学监测2 579人，感染率15.6%，表明博乐市为重病区。同年末，博乐市制定《博乐市包虫病防治规划》。1992年，博乐市印发《博乐市家犬管理条例》《家禽管理办法》。同年，包虫病血清学监测1 953人，阳性359人，感染率为18.38%，畜间检测总感染率55.37%，其中牛感染率91.3%、羊62.5%。

1996年，博乐市棘球蚴病血清学监测1 103人，患病率23.93%；全市中小学监测2 180人，患病率30.96%，药物驱虫2.25万人，驱虫率98.33%。服药三个月后复查2 117人，患病率下降至15.26%。1998年，博乐市寄生虫监测驱虫率为69.2%，较1997年上升8.7%。

2002年，博乐市棘球蚴病血清监测1 025人，阳性116人，感染率11.32%。

第四章　爱国卫生运动

第一节　组织管理

1979年，博乐县设有爱国卫生运动委员会，公社设相应机构。1985年，博乐市设置爱国卫生运动委员会办公室。1997年3月，博乐市爱国卫生运动委员会第一次全体会议召开，市政府与各乡镇（场）、街道办事处签订《1997年爱国卫生工作目标管理责任书》。

2002—2006年，博乐市爱委会成员单位31个，委员39人。全市7个乡镇场、3个街道办事处、21个居委会均建立爱卫办，配备专（兼）职爱卫干部68人，市容监督员1 500人。

1984年起，市（县）每年开展大规模爱国卫生运动。1989年始，开展“爱国卫生月“活动。

1990—1991年，博乐市爱卫会连续被评为自治区级“爱国卫生先进单位”。

1995年，博乐市将爱国卫生运动、创建“全国卫生城市”工作纳入城市、社会发展和精神文明建设的总体规划，并印发《博乐市爱国卫生管理规定》。

第二节　农村卫生

1979—1984年，农村爱国卫生以管水、管粪、改厕所、改柴灶、改环境为目标开展工作，开展农村卫生大检查2次。

健康教育　1985—1990年，博乐市农村卫生以计划生育、传染病预防教育和基础卫生设施检查等为主要内容。1995年，农村卫生室81个，覆盖率92%，甲级卫生室占25%。2000年，博乐市农牧区健康教育普及率100%。

防病改水　1995年，全市61个村4.32万人饮用自来水，占农村总人口的48.72%以上。1996年，博乐市农牧区完成防病改水工程81处，有118个村7.65万人，20.96万头牲畜饮上卫生自来水；2003年，博乐市投资315万元实施农村防病改水工程。全市农牧区7.77万人饮用卫生自来水，占农牧区总人口的93.2%。

改厕管粪　1992年，博乐市成立农村改厕领导小组，制定《博乐市改厕计划与实施细则》。1998年，博乐市农牧区累计完成改厕14 121户，占市农牧区总人口的84.7%。同年，被评为“自治区农村改厕先进市”。

2002年，博乐市进行40套双瓮式卫生改厕试点。全市农村建成卫生厕所1.33万座，改厕率82%，位居全疆前列。博乐市被评为“全国农村卫生厕所普及先进城市”。2006年，自治区将博乐市卫生改厕列入项目，给予每户250元的改厕补助。

第三节 城镇卫生

城、区、乡以搞好环境和饮食卫生为重点，突出解决脏、乱、差问题。

健康教育 1981年，博乐县爱国卫生宣传以妇幼保健、计划生育等内容为主，出版各种宣传栏50期。2005年3月，为2 450名学生建立口腔健康档案，发放口腔健康知识宣传册8 000份，并派医师到学校为学生讲授口腔健康知识2 200人次。2006年，在“爱国卫生月”“世界卫生日”“世界无烟日”和“世界环境日”，开展多种形式的宣传活动，发放宣传教育材料1万余份，接受健康教育人员6万人次。

卫生活动 1983年，博乐县城镇开展爱国卫生流动红旗竞赛活动。1984年，博乐县开展城镇卫生大检查5次，授奖单位33个，批评或罚款单位23个。1987年，在自治区十六城市“三优一学”总结表彰会上，10个单位被评为自治区级“卫生先进单位”。博乐市被授予良好级第一名。

2001—2006年，博乐市开展“爱国卫生月”活动，集中整治环境卫生20次，治理背街小巷8条，清理卫生死角533个，清运垃圾5 117吨，疏通沟渠44.22千米，清拣白色污染物11.8吨，对城镇学校、车站、商场、饭店、宾馆、集贸市场、文化娱乐场所等重点区域和行业加强消毒监控。各族群众、干部职工、学生、武警官兵参加活动16.28万次。

“四害”工作 1990年，博乐市防疫中心引进消毒产品“凯素灵”灭蝇药。同年，在市区食品饮食行业进行灭蝇试点。

1985年，博乐市成立灭鼠领导小组，市防疫站在国家仓库安装电猫灭鼠。全年出售磷化锌25千克。1989年，博乐市首次在市区12.3平方千米范围内开展“一役达标”灭鼠。对近300个机关单位4.95万间房屋开展突击性灭鼠活动，共投毒饵3吨。1991年，博乐市城区鼠密度由两年前的42.11%降至0.06%。被自治区爱卫会授予“自治区灭鼠先进单位”。2002—2005年，博乐市开展春秋两季灭鼠工作，共发放鼠药9.3吨；

2005年，开展集中灭蟑活动3次，灭蟑10次。同年11月，自治区除“四害”复核调研组对市除“四害”工作进行考核复验，并给予肯定。

第五章 卫生保健

第一节 妇女保健

一、普查普治

1981年，博乐县对城乡妇女1 092人进行妇女病普查，对患病373人免费治疗。1983年，对牧区60岁以下已婚妇女1 176人进行普查，诊治妇女病80例，其中4人进行子宫上托治疗。1984年，博乐县对农区妇女“两病”（宫颈、乳腺疾病）患者进行随访和复查。

1985—2006年，博乐市妇女病普查6 683人，治疗妇女病6 358人。其中1986年，博乐市在妇女中开展以防癌为主的普查。

二、生育保健

新法接生 1979 年，博乐县加强新法接生培训。1984 年，博乐县妇幼站举办 1 期新法接生学习班，培训 13 人。1985 年，博乐市新法接生 92.4%；全市农牧区有接生员 555 人，全部配备接生包。1988—2006 年，新法接生率在 89.5% ~ 99.7%，住院分娩率 50% ~ 97%。

孕产妇系统保健 1987 年，博乐市建立孕产妇保健“八本帐”，开展城乡孕妇保健试点，同年，829 名孕妇建立系统保健卡。1988 年，博乐市孕产妇系统保健覆盖率 98.2%。产前和产后检查访视率分别为 98.7% 和 98.2%。1989—2006 年，全市孕产妇保健覆盖率在 85.08% ~ 99.40% 之间；产妇建卡率 99.2% ~ 99.86%；高危妊娠住院率 95% ~ 100%；高危妊娠住院分娩率 88.7%。破伤风类毒素接种率孕妇 100%，二胎接种率 94%。

孕产妇有偿保险 1988 年建立孕产妇有偿系统管理试点 5 个，自愿投保者 190 人，人均收费农村 3.5 元、城市 6 元。1989 年，参加保偿率达 40%；1996 年孕妇保偿 1 254 人，保偿率为 87.80%；孕妇参加有偿保险率逐年提高，至 2004 年，保偿 886 人，保偿率 100%。

婚前检查 1989 年，博乐市妇幼站开展市区婚前检查 246 人；1995 年，博乐市开展婚前健康检查，共检查 568 人次，查出疾病 23 人，占总婚检人数的 4.05%。

1996—2004 年，博乐市孕产妇 10 612 人次，产妇 6 868 人；孕产妇死亡率 72.62 ~ 36.28/10 万。博乐市在孕产妇中提倡住院接生及碘油、破伤风接种；宣传妇女增补叶酸、孕产期保健、预防艾滋病、婚前医学检查等健康知识。

第二节 儿童保健

1979 年，博乐县城镇学龄前儿童健康检查，50% 以上的儿童患有各种不同程度的常见病，对其治疗。1981 年，博乐县对城镇儿童 420 人健康检查，全部建立健康卡片。

1982—1987 年，博乐市对 5 040 名儿童健康体检“两病”，营养不良性贫血患儿由 71.8% 下降至 59.7%，小儿佝偻病患病率由 60.65% 下降至 22.9%；检查独生子女 139 人，患佝偻病 40 人，占 28.77%。博乐市对“两病”患儿进行膳食营养指导和药物治疗。其中 1985 年，治疗小儿贫血 800 人，佝偻病 874 人。对 534 人给予肠道驱虫，对查出上呼吸道感染、中耳炎、沙眼等疾病给予免费治疗。

1988 年，博乐市体检 0 ~ 7 岁儿童 3 171 人，发现贫血率 35.73%，佝偻病率 14.3%。小儿肺炎 4.2%、腹泻 5.7%。

1992 年，博乐市区共体检儿童 8 054 人，体检率 65.4%。开展小儿肺炎、腹泻病病例管理，对 5 岁以下腹泻儿童进行口服补液，口服补液率 85.2%；肺炎管理率 94.3%。

1996—2002 年，博乐市抓婴幼儿两级管理。全市 0 ~ 6 岁儿童体检 36 448 人（次），查出佝偻病 2 323 人，患病率 17.64%，治疗率 100%，贫血 3 158 人；患病率 8.8%，治疗率 99%。1999—2001 年，全市 0 ~ 6 岁入园（托）儿童体检 3 128 人。2003—2006 年，全市 5 岁以下儿童 12 576 人次，重度营养不良患病率 0.75% ~ 0.35%。其中 2005 年，博乐市体检儿童 1 857 人，患病率 41%，龋齿、视力方面疾病比例较重，分别达 18.6%、29%。

母婴喂养 1992 年对新生儿从 28 天开始监测，监测率 65.35%。全市母乳喂养 871 人，6 个月以内母乳喂养率 81.5%，按时断奶 70%。1996 年母乳喂养 4 053 人，喂养率 96.3% ~ 96.485%。2006 年，0 ~ 4 个月婴儿母乳喂养率 78.2%。

有偿保健　1988年，博乐市开展儿童有偿系统保健试点，参加儿童653人，人均收费1～3元。1996年，全市0～6岁儿童保偿7 439人，保偿率76.65%；至2002年，博乐市0～6岁儿童9 119人，保偿率92.18%，有偿保健呈增长趋势。2006年，7岁以下儿童保健管理率86.59%。

系统管理　1997年，博乐市0～6岁儿童总数9 459人，儿童系统管理8 486人，管理率89.7%；至2002年，博乐市0～6岁儿童9 119名，系统管理率91.3%。

2003年，博乐市0～3岁儿童总数为3 315人，系统管理2 251人，系统管理率67.9%。2006年3岁以下儿童系统管理率88.7%。

1989—2004年，博乐市婴儿死亡率由62.6‰下降至11.27‰。2006年，博乐市婴儿死亡率8.7‰。1～4岁儿童死亡率2.2‰。低出生体重儿童发生率2.25%。

第三节　妇幼合作项目

1989年，博乐市实施中国政府与联合国“基层妇幼卫生/人口与计划生育”合作项目。1990年2月，博乐市按照《自治区项目实施方案》的要求，成立“博乐市妇幼卫生项目协调领导小组”，印发《博乐市1990—2000年妇幼卫生保健合作项目规划》，以县为单位消除新生儿破伤风和小儿麻痹症。市相关单位层层签订目标责任书，承诺举措。

1991年，博乐市孕产妇保健覆盖率95.7%，保偿率82.3%，孕产妇系统管理率91.4%，住院分娩率67.9%，新法接生率89.7%，孕产妇死亡率147.3/10万，围产儿死亡率9.6‰。

1994年，博乐市孕妇系统管理人数1 473人，孕妇系统管理率98%；孕妇、产妇检查率97.3%；住院分娩率79.51%；新法接生率97%；产后访视率97.3%；孕妇高危妊娠管理率100%；孕产妇死亡率87.9/10万；0～6岁儿童系统管理率76.2%；低出生体重儿出生率0.88%；婴儿死亡率25.5‰；小儿腹泻使用口服补液率87.5%；计划生育节育率87.1%；母乳喂养率93.2%。1995年，博乐市通过国家卫生部卫生保健合作项目达标验收。

1996年，博乐市被国家项目领导小组命名为“全国基层妇幼卫生先进市”。

1989—2000年，博乐市妇幼卫生合作项目三轮培训专业人员249人，覆盖率94.9%。

2006年，博乐市孕产妇1 896人，产妇人数1 510人，保偿人数1 450人，产后访视人数1 411人。系统管理人数1 354人，管理率89.4%；新法接生人数1 480人，旧法接生人数30人；孕产妇死亡数66人，孕产妇率34/10万；围产儿死亡率12.43‰；婴儿死亡率7.92‰；5岁以下儿童死亡10‰。

第四节　初级卫生保健

1988年，国家实施到2000年“实现人人享有卫生保健”的目标任务。1989年，博乐市被自治区确定为“初级卫生保健示范县（市）”，成立博乐市初级卫生保健示范市领导小组；乡镇场相应成立初级卫生保健机构。落实初级卫生保健示范县（市）基本措施。

1990年，博乐市根据国家和自治区初级卫生保健目标规划，印发《博乐市初级卫生保健工作概略规划（1990—1994年）》，随后乡镇场也相继制定初级卫生保健《规划》《年度计划》。同年，博乐市市确定达勒特镇为初级卫生保健试点镇。1991年起，博乐市将初级卫生保健工作纳入政府目标管理，建立“双轨式”监督、考评机制，即初级卫生保健年度目标任务由乡镇场和卫生院（防保站）分别承担，年中和年底由市政府分别进行检查考评。

1990—2000年，博乐市卫生事业费占财政总支出比例4.44% ~ 5.9%；行政村卫生室覆盖率80.2%上升至100%，甲级卫生室比例17.7%上升至91.46%；安全卫生水普及率3.6%上升至93%；集资医疗保健覆盖率12.77%上升至51.06%；居民户卫生厕所普及率从0到82%；食品卫生合格率76.9% ~ 94.1%，婴儿死亡率57.79‰下降至15.07‰；孕妇死亡率21.14/万 ~ 0；法定报告传染病率326.2% ~ 476.2/10万；卡介苗接种率98.6% ~ 100%，糖丸接种率95.9% ~ 98.9%；三联接种率95.3% ~ 99.6%；麻苗接种率96.6% ~ 99.5%，布氏病患病率0，地甲肿大率6.13% ~ 35.31%；地氟患病40.39% ~ 12.45%；包虫病感染率18.95% ~ 15.63%。

至2000年末，博乐市基本完成国家和自治区规定的初级卫生保健目标任务。

第六章　医疗技术

第一节　西　医

一、手术

20世纪70年代末，博乐县医院主要开展胃切除、甲状腺肿瘤摘除、破腹产、白内障、鼻息肉摘除、斜颈矫正、髁上骨折复位、股骨骨折闭合复位、胆囊摘除、卵巢囊肿摘除、肠切除吻合、宫外孕等手术。

1979年，县医院首次成功实施子宫全切术，并进行阴道后壁修补术、雷佛奴尔引产术。1983年，博乐县医院外科利用酒精封闭疗法治疗血管瘤；五官科实施眼球摘除、上颌窦根治术等手术。1985年，博乐市医院外科成功抢救颅骨开发性、凹陷性骨折并有活动性出血的垂危颅脑外伤病人，首次施行颅脑减压术。

1992年，博乐市医院外科施行开颅、肾结石、甲状腺瘤手术各1例；五官科施行青光眼虹膜嵌顿术、自体损肌筋膜鼓膜修补术、乳突根治术、上颚三度裂伤修补术及鼻成形术等。1997年，市医院外科施行肾切除、颅脑手术等新项目；肛肠专科施行痔疮治疗新技术。

2000年，博乐市医院在上海专家的指导下，外科施行“膝关节置换术”；内科施行“Ⅲ度房室传导阻滞患者安装永久性心脏起搏器”；口腔科施行“根尖坏死及囊肿组织刮治术”“牙槽嵴修复术”等。2001年，达勒特镇、贝林哈日莫墩乡卫生院在对口援博医生的指导下，成功施行下腹部手术。

2006年，博乐市妇幼院施行第一例无痛人流术。

二、诊疗

20世纪70年代末，县医院临床诊断由过去视、触、叩、听方法，逐步开展腰穿、胸穿、骨穿、腰动脉穿刺、肾囊封闭等诊疗项目。同时，市医院还相继配备心电图机、心向量图机等设备，促进内科诊疗技术的提高。对各种心衰、脑血管意外、急性心肌梗塞、心脏骤停、呼吸肌麻痹、肝昏迷、肾衰、大出血休克等危重患者均能有效地组织抢救。

1981年，博乐县共诊治病人10.27万人次，其中县医院3.3万人次；住院病人3 717人。县医院全年成功抢救危重病人65例；公社卫生院抢救治疗重危病人26例。

1982年，博乐县医院成功抢救1例煤气中毒70小时的危重病人。

1983—1985年，博乐市（县）、乡（区）门诊病人39.6万人次，住院人数10 706人。市（县）乡（区）卫生院成功抢救危重病人152例。其中，1985年，乡（区）卫生院门诊9.77万人次。收治住院病人　1 319人次。

1997—2006年，博乐市医院门诊21.66万人次，收治患者10 547人次，社会满意程度87.5% ~ 89%。

第二节 中 医

20世纪70年代末，博乐县医院中医科开展中西结合治疗慢性肾小球炎、肾盂肾炎、肾病综合征等。1981年，县医院中医科药房配制小儿肺炎散、小儿止泻散、牙痛定等制剂。1982—1984年，县医院中医科药房加工中草药147种。

1986年，博乐市医院中医门诊每天门诊量平均36.2人次。6—12月共诊治病人6 586人次。

1988年4月，市医院中医科，开设病房，收住病人59人，全年门诊9 000人次。

2002年，博乐市香班哈日根牧场建立牧区中医诊所，有中成药158种，中草药900余种，工作人员4名。

第三节 蒙 医

1984年，在博州人民医院蒙医科基础上成立蒙医医院。蒙西医结合，成立外妇科、五官科、肛肠科、小针刀专科、中医专科门诊。蒙西医结合治疗四肢骨折、外法固定治疗和蒙医火（艾）灸治疗有特效。2006年，门诊就诊人数38 014人次。

蒙药　1993年，蒙医药制剂103种，至2006年，加工生产搽、丸、胶囊、散、软膏五个剂型，150多个品种成品蒙药。

蒙医术疗　蒙医术疗俗称“五疗法”，是蒙医治疗疾病的外治疗法，是“内病外治”的施治手段，有放血术、火灸术、火针术、药浴、拔罐穿刺法、敷法、按摩、正骨术、震脑术、马奶治疗术和食疗术。

第四节 维吾尔医

1994年10月，博乐市维吾尔医专科门诊部成立；2002年，维吾尔医专科门诊与青得里乡卫生院合并成立博乐市维吾尔医院。内设维医内科、维医药浴、维医骨科、维医药房。2005年，通过农村卫生服务系统建设项目，博乐市投资255万元在友谊路建筑面积为2 160平方米的综合业务楼。

医院开展维吾尔医药适宜技术，推拿、针刺、拔罐、刮痧、坐浴、蜡疗、红盐治疗等项目，发挥维吾尔医“治未病”的特点。2006年，门诊就诊人数1.2万人次。

第七章 医疗卫生设施

第一节 基础设施建设

1979—1985年，博乐市医疗卫生建筑面积（不含住宅）2.05万平方米，其中楼房1.15万平方米，含州人民医院住院楼、门诊楼7 760平方米，州蒙医院住院、门诊综合楼2 100平方米；土木结构房8 440平方米，含乡镇场5 540平方米；4个牧业点建有砖木结构房600平方米。全市病床438张，其中市区161张。

1989年，市人民医院住院楼主体工程完工。同年，市投入28万元建成小营盘卫生院住院楼。

1994 年，博乐市乡（镇、场）卫生院实施“一无三配套”建设工程，1995 年，乡（镇、场）卫生院全面完成基础设施建设工程。建设改造面积 2 500.8 平方米，总造价 142.96 万元，其中，自治区下拨 33 万元，市乡投入 75.72 万元，卫生院自筹 34.24 万元。

1996 年，博乐市医院投资 56.87 万元，建占地 2 138 平方米的门诊大楼。2003 年，青得里乡卫生院利用项目资金在城郊建 2 个标准化诊所。2004 年，博乐市投资 130 万元，建疾控中心实验楼。2005 年，博乐市建成维吾尔医综合业务门诊楼，建筑面积 2 160 平方米。

2006 年，博乐市投入 369 万元，为 5 个乡镇卫生院新建占地 4 286.42 平方米的业务用房；投资 211 万元，完成疾病预防控制中心办公楼建设；投入 50 万元，新建 3 个牧区固定医疗点。至 2006 年末，市区住院床位 740 张。

第二节　医疗器械

1979—1981 年，博乐县医院有 200 毫安 X 光、简易产床、冰箱、显微镜、九孔无影灯、万能手术床、心电图机、超声波诊断仪、理疗仪器等。4 个公社医院配备显微镜和常用外科器械。大队卫生所多数配有简易医疗器械设备。

1984 年，博乐县医院相继购进 18 万元医疗设备，如心向量图机、脑电图机等。1989—1992 年，博乐市医院有中风预报仪、体外反搏器和制剂室净化工作台；达勒特乡卫生院购置心电图机。市贝林哈日莫墩乡卫生院购置 1 台肝功能生化设备。

1994 年，博乐市乡（镇、场）卫生院实施 “一无三配套”建设工程。至 1995 年，乡镇场卫生院购置医疗器械 22 台（件），其中，B 超 6 台，心电图 6 台，X 光机 4 台，显微镜 2 台，有冰箱、理疗灯、针灸仪、血红蛋白仪等设备。

1996 年，博乐市医院有血球计数仪、动态心电图机、多参数心电监护仪、中文分析心电图机等医疗设备。

2001 年，博乐市医院上划州人民医院，其基础设施、医疗设备归其所有。

2003 年，博乐市 5 个乡镇卫生院利用项目资金购置 11 万元的医疗设备。

2004 年，市疾控中心结核病项目配备价值 12 万元的 500mAX 光机 1 台；价值 26 万元的农牧区巡回医疗车 1 辆。市妇幼院有全自动血球分析仪 1 台、半自动生化分析仪 1 台、B 超机、红外乳腺诊断仪、儿童智商测试仪等设备。

2006 年，博乐市投入 75 万元，对 5 个乡镇卫生院的医疗设备进行更新。至 2006 年末，乡镇场卫生院综合服务设施面积 1 万多平方米；设门诊、病房、防保和内、儿、妇、外、中医等科室。配备电脑、B 超诊断仪、X 光机、心电图、半自动生化仪、血糖检测仪、妇科治疗仪、电刀、氧气雾化吸入器、尿液分析仪、胎心监护仪等设备。部分乡镇还开展基本外科手术和无菌操作规程，包括腋嗅、包皮环切、阑尾炎切除、卵巢囊肿、取钢板、妇科结扎术等手术。

第八章　医政管理

第一节　医疗机构管理

1979 年，博乐县县直医疗机构 2 个，公社（牧场）卫生院 6 个，大队卫生所 33 个，牧业队卫生所 18 个。

1988 年，博乐市取缔违法开业的个体诊所 2 个。1989 年，博乐市乡镇卫生院人财物由卫生局下放至各乡镇管理。

1994—1996 年，《博乐市个体行医暂行管理办法》实施。博乐市对 36 家个体诊所、村队卫生室检查 2 次，限期整改 3 个诊所；取缔非法行医点 8 个；审批个体诊所 18 个；查处医疗纠纷 3 起。1998 年，按照《国家医疗机构管理条例实施细则》及《博乐市村级卫生所（室）检查验收标准》，对全市 89 个村卫生验收达标，甲级卫生院率达 51%。

1999 年，博乐市个体诊所 47 个，甲级率达 70%。同年，取缔不合格个体诊所 3 个；审核发放卫生许可证 2 481 本、健康证 4 816 人；行政处罚 185 户次，其中：警告 72 户次，罚款 85 户次，停业整顿 6 户次。

2001 年，博乐市人民医院上划博州人民医院。2004 年 1 月，博乐市乡镇卫生院收归市卫生局管理。同年，核定医疗机构分类城镇非营利性医疗机构 20 个、营利性医疗机构 65 个。

2002—2005 年，博乐市对个体诊所、企事业单位门诊进行清理整顿，重点对个体诊所超范围诊疗、违规操作等行为进行查处，共检查医疗卫生市场 1 019 户次，取缔非法、挂靠行医点 9 处；审发医疗机构执业许可证 94 本，其中依法注销 5 本；医疗行政处罚 82 户次，其中责令停业整改 43 户次，行政罚款 28 户次；撤销带有“中心”字样的社区医疗服务点 2 个；停止执业活动、没收药品、医疗器械 4 户次；受理医疗纠纷 14 起。

2005 年，实施《博乐市医疗质量管理年活动实施方案》，对 54 所医疗机构补办登记手续，建立处方定期抽查工作制度和医疗执业活动义务制度、医德规范制度。同年末，全市医疗机构 237 个，其中市直医疗机构 5 个，乡镇场卫生院 6 个（乡镇卫生院下设门诊、诊所共 12 所），市区各综合医院下设门诊部、诊所 21 所，计划生育服务站 4 个，村队卫生所 120 个，企事业单位医务室 3 个，个体诊所 66 个。

2006 年，博乐市完善医疗机构管理制度。全年受理医疗纠纷 10 起，协商解决 6 起。

第二节 医疗卫生人员管理

1981 年，博乐县医疗卫生人员 391 人，其中，县医院 115 人，县防疫站 17 人、公社卫生院 114 人（集体 25 人），农牧区赤脚医生 145 人。县举办中专标准的赤脚医生培训班 2 期，共培训赤脚医生 47 人。1987 年始，博乐市卫生系统开展技术职称评定工作。1988 年，全市卫生系统专业人员 317 人，经评审获得专业职称资格的 248 人，其中高级 1 人、中级 19 人、初级 228 人。经市批准任命和评聘的 216 人。1993 年后，卫生系统专业技术人员、管理人员工资分别实行专业技术职务等级工资和职员职务等级制。

1983—1999 年，博乐市（县）医疗卫生系统选送 175 名医务人员赴内地、自治区、博州医院进修学习。各类成人大中专学校、各类短期学习班共 240 人次。其中为期半年的牧区医生培训 21 人、对口支援专业培训班 2 期 29 人。取缔违章无证行医者 31 人次。

2000 年，博乐市有医疗卫生人员 475 人，其中各类专业技术人员 418 人（副高级职称 7 人，中级职称 82 人）。同年，《博乐市卫生专业技术人员岗位考试考核办法》实施，对全市卫生专业技术人员进行岗位考试考核，对考试考核不及格 37 人作出相应处理决定。2004 年，实行医疗人员持证上岗制度。同年，全市完成卫生医务人员竞争上岗综合考核，采取笔试、面试、民主测评、综合评定等形式，公开择优录用 16 名医务人员。2005 年，博乐市建立处方定期抽查制度和医德规范制度。妇幼保健站通过演讲、答辩、民意测评、考核 4 个环节实行中层领导干部竞聘上岗。2006 年，博乐市卫生系统把岗位聘任、职称评定、岗位考核结合起来，优化专业技术人员配置，优劳优酬，公平合理。

2001—2006年，博乐市医疗卫生系统派到内地、自治区医院参加各类专业技能培训197人。全市医疗卫生系统医务人员参加各类培训2 634人次。其中有州级以上医疗机构、继续医学教育的医务人员、公共卫生执法监督员、医疗救护、鼠疫防治、突发公共事件应急、现代肺结核病控制策略、乡村医生《疫苗流通与预防接种管理条例》、农牧区卫生服务能力和新型农牧区合作医疗管理能力建设项目工作等等培训。取缔非法行医者4人。至2006年末，博乐市卫生系统专业技术人员559人，其中副高技术职称10人，中级西医医师18人，中医医师9人，主管护师4人，主管药剂师5人；其他21人。初级西医师60人，中医师12人，护师35人，药剂11人、其他44人；初级西医士25人，中医士13人，护士27人，其他22人。

第三节　医疗学术研究

1987年10月，博乐市成立中国医学会新疆博乐市分会，推选理事会理事18人，制定《新疆博乐市中华医学会章程》。1988年，医学分会邀请州、市及农五师医学专家开展专题学术报告7项；邀请石河子医学分会主任医师专家来博讲学、会诊和示范手术。1995年7月，博乐市举办西北五省区“医学理论实践”学术研讨会。1999年，博乐市医学分会年审非法人社会团体登记证书，发展新会员167人。2000—2006年，博乐市医疗学会会员389人。

1987—2006年，博乐市医疗学会会员先后在国家杂志发表论文37篇，省级杂志发表论文31篇。获州科协优秀论文奖3篇。

第九章　人口控制

第一节　机　构

一、博乐市人口和计划生育委员会

1979年，博乐县成立计划生育领导小组，与县卫生局合署办公。1980年，县计划生育领导小组下设办公室；县所属乡镇场、城镇（后改设为街道办事处）分别成立计划生育办公室，并配备专职计划生育干部。1984年11月，博乐县成立计划生育委员会，行政编制3名，其中领导职数1个。2002年11月，市计划生育委员会设科室2个，办公室和计划统计办公室，行政编制7名，其中领导职数3名，后勤事业编制1名。

2006年11月，博乐市计划生育委员会改称为博乐市人口和计划生育委员会。所属事业单位有博乐市计划生育宣传指导站、流动人口计划生育管理站、计划生育协会及各乡（镇、场）、街道计划生育办公室。

二、博乐市计划生育宣传指导站

1989年1月，成立博乐市计划生育宣传指导站，隶属博乐市计划生育委员会，副科级事业单位，编制7名。1999年，相继在小营盘镇、达勒特镇和乌图布拉格镇建立计划生育技术服务站，编制各2名，隶属市计划生育宣传指导站。

三、博乐市计划生育协会

1992年，成立博乐市计划生育协会理事会，1997年7月，成立博乐市计划生育协会，副科级事业单位，编制 2 名，其中领导职数 1 个。

第二节 落实人口与计划生育政策

博乐市（县）计划生育工作列入市（县）委、市（县）政府的重要议事日程。1980 年，博乐县在汉族干部群众中全面推行计划生育工作。1989 年 1 月，博乐市贯彻《新疆维吾尔自治区少数民族计划生育暂行规定》，在少数民族干部群众中全面推行计划生育工作。1997 年起，市委、市政府倡导晚婚晚育、少生优生，坚持“三不变”（计划生育政策不变，既定的人口控制目标不变、党政一把手亲自抓、负总责不变），落实“三为主”（宣传教育为主、避孕为主、经常性工作为主），推广“三结合”（把计划生育工作与发展经济、帮助农民勤劳致富奔小康、建设文明幸福家庭相结合），实施计划生育目标管理责任制和一票否决制度。

2003 年，博乐市依据国家相关法规，相继建立基本养老保险、基本医疗保险、生育保险和社会福利等社会保障制度。通过政府引导、农民自愿的方式，在农村实行多种形式的养老保障办法。贯彻《新疆维吾尔自治区人口与计划生育条例》，制定计划生育优惠政策。

第三节 宣传教育

20 世纪 90 年代，博乐市、乡镇（街道）设人口学校，开设人口理论专题讲座。全市科级以上领导干部每年接受 6 小时以上的计划生育相关知识的教育培训，培训面 97%以上。人口学校对育龄群众定期开展人口与计划生育政策、法规，晚婚晚育、避孕节育和生殖保健知识的宣传教育，倡导科学文明进步的婚育观念。采取层层举办培训班的方式，对乡镇场、街道社区计划生育干部以及村队计生宣传员、街道辖区单位计生干部进行培训，每人每年参加培训 3 ~ 4 次，培训面达 100%。以“5.29”中国计划生育协会成立周年纪念日、“7.11”世界人口日、“9.25”《关于控制人口增长问题致全体共产党员、共青团员的公开信》纪念日为契机，利用广播电视和“科技之冬”、“三下乡”活动，开展多种形式宣传，营造人口与计划生育工作良好社会环境。

1999 年，博乐市开展“婚育新风进万家”活动。乡镇（街道）设生殖保健咨询“悄悄话室”，宣传优生优育、生殖健康知识。2003 年，实施创建“婚育新风进万家示范市”活动，印发《关于广泛深入开展“婚育新风进万家”活动的实施方案》，全市 156 个村队均配有电视机、DVD 等宣教设备，在乡镇、村队两级设宣传栏、阅报栏，报道婚育新风和计划生育先进典型。至 2006 年，博乐市计生委与市广播电视新闻制作中心联办“婚育新风进万家”专题节目累计 329 期。全市举办演讲比赛 2 场，知识竞赛 3 场；悬挂计划生育横幅 150 多条，张贴宣传标语 1 200 多条；建成博乐市“婚育文化一条街”7 条，设立大型人口与计划生育宣传牌 300 多块、制作喷绘板面 323 块。印制《自治区人口与计划生育条例》《育龄妇女生殖保健卡》《生殖健康知识手册》各 3 万册，购置计划生育宣传挂图 200 套（每套 15 张）、计生知识宣传袋 160 个。对“婚育新风进万家”活动中涌现出的 137 个先进集体和 68 名先进个人进行表彰。每年邀请博州计生指导所、药具站专家用汉族语言和少数民族语言巡回乡镇（街道）开展人口理论和计划生育政策、法规培训，累计举办知识讲座 83 场次，受教育人员 2.6 万人次。在中学开设生理卫生、人口国情和青春期性健康教育课。

1983—2006 年，博乐市通过广播、电视开展计划生育宣传活动 25 次。举办大型计划生育展览 47 次，参观人数 40 多万人次。举办各类计划生育培训班 32 次，培训人员 6 万多人次。举办计划生育演讲会、知识竞赛 11 次。

第四节　计划生育服务与依法行政

一、服务组织

1980 年，博乐县各公社计划生育技术办公室在公社卫生院挂牌；1999 年，乡镇成立计划生育服务站。计划生育服务基本实现避孕、药具发放不出村。

1992—2006 年，全市计划生育协会组织由 52 个增加到 186 个，其中市（县）级 1 个、乡级（街道）10 个、村级（居委会）175 个。创建会员之家 400 个，创建计划生育合格协会 130 个。全市协会会员由 1992 年 1 167 人增加到 11 544 人，占全市总人口的 8.07%。全市建立和完善计划生育服务网络。

二、服务设施

1996—2006 年，博乐市计划生育服务主要设备有全数字化凸阵 B 超、便携式凸阵 B 超、红外乳腺诊断治疗仪、输卵管通液仪、微波治疗仪、医用保健制氧机、尿十项机、尿液分析仪、血常规机、心电图机、半自动生化分析仪等。2002 年 12 月，配备计划生育流动服务车 1 辆。

二、服务技术

1981—2000 年，博乐市（县）加强孕前服务，开展对育龄妇女定期走访、查环、查孕工作。开展免费“三查一治”（查环、查孕、查病、治疗）服务，年平均“三查一治”及妇女病普查 2.1 万人次。2000—2006 年，博乐市加强避孕药具市场管理，开展避孕节育措施知情权选择工作。对已婚育龄妇女建生殖保健服务手册，生殖健康服务覆盖率 100%。对实行手术的已婚育龄妇女及时进行随访，术后随访率在 95% 以上；群众生殖健康知识知晓率在 95% 以上；长效节育率 71%，药具应用率 100%，有效率 98%。

1984—2006 年博乐市（县）计划生育技术服务情况统计表

表 35-1

年份	计划生育率 %	已婚育龄妇女人数	采取各种避孕措施人数	男性绝育	女性绝育	宫内节育器	皮埋人数	使用各种药具人数	综合避孕率	长效避孕率	领两证人数	其中农村领证人数	领证率	其中农牧民领证率
1984	84.33	8 945	7 365	25	1 691	1 140	–	2 245	82.34	34.29	653	137	7.3	2
1985	72.52	17 277	11 855	40	2 609	2 088	–	7 118	68.62	27.42	770	120	4.46	0.69
1986	78.52	16 017	9 901	39	2 647	2 107	–	5 108	61.82	29.92	758	107	4.73	0.67
1987	78.3	15 819	10 482	34	2 818	1 782	–	5 848	66.26	29.92	859	87	5.43	0.55
1988	80.9	16 777	12 148	33	2 820	2 167	–	7 128	72.4	29.92	1 007	71	6	0.6
1989	79.7	17 809	12 952	36	3 071	2 701	–	7 144	72.73	32.61	1 469	141	8.25	0.79
1990	81.6	18 349	13 682	37	3 104	3 651	–	6 890	74.57	37.02	1 625	220	8.86	1.2
1991	88.7	19 300	16 225	41	3 298	5 616	–	7 270	84.1	46.4	1 885	260	9.77	1.6
1992	84.69	20 123	16 873	36	3 407	6 825	–	6 605	83.85	51.03	2 281	363	11.34	1.8
1993	90.77	21 788	18 536	44	3 698	8 163	456	6 175	85.07	56.73	2 563	422	11.76	1.94
1994	95.38	23 795	19 536	71	3 824	8 918	1 527	5 196	82.1	60.26	2 883	516	12.12	2.17

续表 35-1

年份	计划生育率 %	已婚育龄妇女人数	采取各种避孕措施人数	男性绝育	女性绝育	宫内节育器	皮埋人数	使用各种药具人数	综合避孕率	长效避孕率	领两证人数	其中农村领证人数	领证率	其中农牧民领证率
1995	97.19	24 012	20 305	53	3 753	9 865	1 583	5 051	84.56	63.53	3 052	533	12.71	2.22
1996	97.52	25 058	21 522	75	3 733	11 358	1 401	4 955	85.89	66.11	3 477	613	13.88	2.45
1997	97.9	25 786	22 024	70	3 629	12 231	1 182	4 912	85.4	66.36	4 312	752	16.72	2.92
1998	98.38	26 275	22 613	139	3 513	13 388	1 038	4 535	86.06	68.8	4 336	806	16.5	3.07
1999	98.59	27 046	23 095	103	3 411	15 482	786	3 313	85.39	73.14	4 585	913	16.95	3.38
2000	99.13	26 883	23 094	92	3 090	16 012	688	3 212	85.91	73.96	4 757	942	17.7	3.5
2001	99.41	28 209	24 252	123	3 182	16 812	647	3 488	85.97	70.06	4 997	957	17.71	3.39
2002	99.34	28 142	24 165	121	2 913	16 462	613	4 056	85.87	71.46	5 218	1 042	18.54	3.7
2003	99.26	28 513	24 601	128	2 889	16 706	655	4 223	86.28	71.47	6 089	1 357	21.36	4.76
2004	99.35	28 391	24 732	120	2 648	16 709	656	4 549	87.11	71.09	6 942	1 838	24.45	6.47
2005	99.12	29 737	25 894	126	2 571	17 834	625	4 738	87.08	71.14	8 241	2 060	27.71	6.93
2006	99.49	30 613	26 670	127	2 562	18 478	590	4 913	87.2	71.07	9 240	2 504	30.18	8.18

两证：独生子女父母光荣证，计划生育父母光荣证。

三、流动人口计划生育管理与服务

1989年末，博乐市有流动人口528人。为流动人口、育龄夫妇登记造册，健全流动人口档案。1997年，博乐市依据《新疆维吾尔自治区人口与计划生育条例》规定，结合本地实际情况把流动人口计划生育管理与服务纳入目标管理考核工作当中。同年10月，设立博乐市流动人口计划生育管理站，对全市年流动人口8 071人生育、节育、孕情情况登记、建卡，为育龄妇女提供技术服务。到2006年，为全市流动人口10 289人提供查环、查孕、查病服务和优生优育、生殖健康、避孕节育技术服务，计划生育政策有效实施。

四、节育效果

1979—2006年，博乐市（县）人口总体发展趋势由高出生、高增长向低出生、低增长转变。人口流动呈现由市境内向市境外、由农村向城镇流动态势。城镇化进程稳步推进。市（县）人口出生率从29.8‰下降到10.69‰，人口自然增长率从19.88‰下降到9.27‰。晚婚人数累计13 148人次，少出生人口2.2万人，节约社会抚养费2.82亿元。2006年，全市总人口254 256人，晚婚育78.23%。

五、依法行政

1997年，博乐市计划生育委员会设置计划生育行政执法员。1998年，全市有计划生育行政执法员20人，持行政执法证上岗，持证上岗率100%。行政执法证每年审验1次，3年一换证。2001年，全市计划生育系统实行计划生育行政执法责任制和行政执法过错责任追究制，规范执法人员行为。2001—2006年，全市共有19人持行政执法证，未发生1起计划生育违法行政行为。

第三十六编

BOLE SHIZHI

精神文明建设

中共十一届三中全会后，中共博乐市（县）委员会在改革开放和社会主义现代化建设进程中，加强精神文明建设。先后开展“全民性主题教育”“文明城市创建”“文明村镇创建”“文明单位、行业、社区创建”等活动，弘扬以爱国主义为核心的民族精神和以改革创新为核心的时代精神，倡导爱国守法、明礼诚信、团结友善、勤俭自强、敬业奉献精神，为博乐市经济发展、社会进步和社会稳定提供了思想保证、精神动力和智力支持。

2006 年，博乐市创建文明村镇活动中乌图布拉格镇乌图布拉格村被评为自治区级文明村队；全市培育四级文明单位 489 个，其中国家级 1 个、区级 77 个、州级 151 个、市级 260 个；自治区级文明社区 1 个，届满复验自治区级文明单位 4 个、自治区级单位文明示范窗口 6 个。文明单位的覆盖率 89%。

第一章 机 构

第一节 中共博乐市（县）委员会精神文明建设工作委员会

1984 年 3 月，博乐县“五讲四美三热爱”委员会成立。1989 年 6 月，博乐市“五讲四美三热爱”活动委员会更名为博乐市精神文明建设委员会。

2000 年，博乐市精神文明建设委员会更名为市精神文明建设工作委员会。先后由市委副书记（市长）、市委书记任主任。

第二节 中共博乐市（县）精神文明建设工作委员会办公室

1985 年，博乐县“五讲四美三热爱”活动委员会办公室成立，副科级，与县宣传部合署办公。1987 年 3 月，博乐市“五讲四美三热爱”活动委员会办公室从市宣传部分出独立办公，设专职副主任 1 人。1997 年 6 月，博乐市精神文明建设工作委员会办公室由副科级事业单位升格为正科级事业单位。2002 年 11 月，市文明办事业编制 6 名，其中领导职数 1 个。

第二章 文明创建

第一节 文明城市建设

一、“双拥模范城”建设

1983 年，博乐县被自治区评为拥军优属先进集体。1987 年，市被博州评为拥军优属先进集体。1988 年，被中华人民共和国民政部、中国人民解放军总政治评为全国拥军优属先进集体。1989 年，被博州命名为民族团结、军民团结模范市。

1992年8月，博乐市成立创建“自治区双拥模范城”领导小组，乡镇场、单位、部队均建立相应机构。市创建自治区“双拥模范城”领导小组办公室，制定“军地联席会”“军地互访”“节日慰问”等制度，订立“双拥公约”“军民共建公约”。同年12月，博乐市召开创建“双拥模范城”表彰大会，表彰“双拥”工作先进集体23个，先进工作者36人。1993年，博乐市被自治区人民政府、新疆军区政治部命名为“双拥”模范城。

1993—1997年，博乐市先后制定和完善《联席会议制度》《军地互访制度》《节日慰问制度》《军民共建制度》《双拥活动公约》《双拥活动计划》《汇报总结制度》等制度，形成良好的运行机制。实施《博乐市创建“全国双拥模范城”活动方案》。创建活动的组织领导是以市委为中心，党、政、军主要领导挂帅，其他部门配合，乡镇街道分片分区管理，将各级任务纳入目标管理，层层分解，具体落实到单位，保证“双拥”工作层层有人管，事事有人抓。印发《关于开展“双拥”宣传月的安排意见》。博乐市有线电视台开辟“军人风采”特别栏目，对驻博部队和军民共建活动中涌现出的模范单位、模范人物及其先进事迹予以宣传报道。

博州、市财政、军分区共投入18万元，架通从小营盘到边防五连的高压线。博乐市财政投资124万元，修通驻博部队门前公路，帮助边防支队建设11个标准化派出所；先后投资107.5万元资助部队兴建办公楼、住宅楼。市财政补贴130万元向驻地部队供应优质面粉726吨、玉米343吨、大米525吨、清油520吨。

博乐市、乡两级政府多方协调给部队划出耕地、草场5 956公顷；为驻军划拨菜地34公顷。市乡（镇）两级政府为子弟兵赠送洗衣机、电风扇、书籍等物品42 100件（本），折合人民币15万元；各办事处组织妇女为战士拆洗衣被，共青团、妇联等组织学生给一线战士写慰问信，组织各类文艺演出35场（次）；市、乡（镇）250个共建单位在节假日期间与部队共建单位开展联谊活动。

博乐市安置复转军人570人、部队干部家属56人、随军家属、子女就业398人；解决城市户口167人；优先解决部队子女入托入学1 663人。为优抚对象解决生产资料25万元、生产贷款60万元，维修房屋108间。为军属帮工2万余个工日，折款4.2万元；优待义务兵家属1 570户，兑现优待金137万元，兑现率100%。兑现三等功以上的奖励金0.6万元；开发使用军地两用人才120人。

1997年7月，博乐市召开“双拥”表彰大会，会议表彰“双拥”工作先进集体19个，先进个人23人。

1993—1997年，人民解放军驻博部队和武警驻博部队参加城市社会公益事业投入5万个劳动力、4.5万个劳动日，动用机械车辆3 000多台次，义务修路11.5千米，拓宽路面3千米，植树造林120万余株。支援博乐—阿拉山口光缆建设投入450人次；组织扶贫小组51个投入6万元；参加各种抢险救灾1.4万人次，挽回经济损失652万元。为群众看病1万多人次；助学助残捐款3万余元。军分区农场投资1.38万元为小营盘镇博格其格尔墩村建文化室，购买彩电、科普书籍，帮助村民打井2口。驻阿拉山口边防连出动官兵1 500人次，参加口岸铁路建设，挖电缆沟10千米，架设电线12千米，边防连官兵在口岸装卸物资70多车皮，化肥280万千克，卸砖78万块。

1998—2003年，博乐市先后制定和实施《博乐市创建全国双拥模范城活动方案》《博乐市创建全国双拥模范城总体规划》等10多部“双拥”规范性文件。在开展双拥工作中，博乐市把创建双拥模范城活动和创建文明城市、文明街道、文明社区、文明村镇、文明行业结合起来。博乐市被民政部命名为“民政工作先进市”；被自治区命名为“拥军优属先进集体”“双拥工作先进单位”，被评为“民政工作先进市”。顾力木图街道办事处被自治区人民政府评为“双拥模范先进单位”“民政工作全优街道”。杨莉被自治区人民政府评为“民政工作先进个人”“双拥工作先进个人”。

博乐市在创建“全国双拥模范城”的过程中，形成“时时关心双拥，事事不忘双拥，人人参与双拥，处处支持双拥”的良好局面，建立“同呼吸、共命运、心连心”的新型军政军民鱼水关系。2006年5月，市委、市政府决定深入开展“双拥”创建活动，继续争创全国“双拥”模范城。

二、“精神文明先进市”建设

1981年3月，博乐县按照博州党委《关于开展“全民文明礼貌月”活动的安排意见》要求，号召全民开展以“五讲四美”（讲文明、讲礼貌、讲卫生、讲秩序、讲道德和心灵美、语言美、行为美、环境美）为内容的活动。1982年3月，县委召开上千人参加的“全民礼貌月活动”动员大会，动员全县各族人民治理“脏、乱、差”为主要内容的“五讲四美”活动。1984年3月，县委成立“博乐县五讲四美三热爱”（三热爱即热爱祖国、热爱社会主义、热爱中国共产党）活动委员会，印发《关于1984年“五讲四美三热爱”活动的安排意见》。

1985年，博乐市实施《关于在全县进一步开展建设文明村、文明单位活动的通知》，市委设立“五讲四美三热爱”委员会办公室，与乡（镇、场）街道签订责任书，建立分级分工责任制。

1986年9—10月，中共博乐市委员会印发《关于在市区范围内开展“三优一学”创建文明城市的竞赛活动的决定》《关于认真学习〈中共中央关于社会主义精神文明建设指导方针的决议〉的通知》（优质服务、优良秩序、优美环境，学英模、树新风），全面推动“两个文明”（物质文明、精神文明）全面发展。1989年5月，博乐市抽查州级文明单位10个、市级5个、军民共建文明村1个，复查进行中。1992年7月，市文明委印发《关于在全市创办文明市民学校的安排意见》；同年9月，全市有145个单位开办文明市民学校。1995年，博乐市被自治区文明委授予“精神文明建设先进市”称号。

1996年，博乐市文明委印发《博乐市学习张家港实施方案》《博乐市文明市民守则》《博乐市文明单位台帐资料管理办法》《精神文明建设系列评选标准》推进全市精神文明建设制度化、规范化。先后开展“边疆万里文化长廊建设”“文化下乡进厂活动”“全民健身活动”“九亿农民健康教育活动”“万村书库建设”“百城万店无假货活动”“推广文明用语活动”“工商形象建设年活动”“公平交易执法年活动”“学济南交警活动”“学习朱军活动”“学习部群林活动”“妇女三学三比活动”等活动。开展评选“文明市民”“十星级文明户”“最佳服务员”“文明工商、个体户”“新风户”“文明楼栋”“文明示范区”等系列活动。同年底，博乐市建成自治区级文明单位16个，州级文明单位56个，市级文明单位87个，文明单位覆盖率65.2%；全市建成州级文明村21个，市级文明村63个，文明村队覆盖率61.5%。全市评出文明市民9 174人，“三好”学生688人，新风户1 000余户，文明工商户72户，先进个体工商户90户。6个乡镇场评选出十星级文明户13 796户，其中：十星级占44%，参评率91.7%。博乐市被文化部命名为“全国文化先进市”“计划生育服务项目先进市”。

1997—1999年，博乐市印发《中共博乐市委员会关于贯彻党的十四届六中全会精神的实施意见》《精神文明建设“210”工程》《文明单位（村、队）管理办法》《精神文明建设台账资料分类办法》《博乐市关于开展“百万家庭告别不文明行为”承诺活动和“党员领导干部双带头”活动的通知》，开展“向不文明行为告别万人签字”活动，州、市、农五师、分区党政领导及市区400多个单位1.5万余人参加签字；开展党员领导干部“文明用语50句”“服务忌语50句”活动；开展“学雷锋、树新风”“讲文明、树新风”主题板报展、文明礼仪知识竞赛等。博乐市被自治区文明委命名为精神文明建设先进市；被中华人民共和国民政部命名为民政工作先进市，农村社会养老保险先进单位。

2000年，博乐市精神文明建设围绕一个中心（以经济建设为中心）；找准两个入口（群众反映突出的问题和群众普遍关心的问题）；突破三条主线（贯彻落实中央17号文件精神；迎接西部大开发，唱响主旋律；继续深入开展“讲文明、树新风”活动）、拓宽四项工作（深入开展“三观”“三义”“三德”教育；“讲文明、树新风”楷模工程；“百城万店无假货”“满意服务”等系列活动评选工作；“三大战役”“十大专项治理”活动）；落实五大任务（对申报的四级文明单位实行命名前公示制；对届满的文明单位实行复查；加快城市基础设施建设，培育文明小区 9 个，文明社区 3 个，推出 3 条“百城万店无假货”示范街；建成 15 个高质量文明单位，培育一个自治区“十佳”文明乡镇）；推出四类典型（创建文明城市、文明行业、文明村镇的先进典型；在精神文明建设中有突出贡献的先进典型；“1010”工程行业标兵与“百优十佳文明市民”先进典型；民族团结先进典型）；抓三大创建（创建文明城市、文明村镇、文明行业）；搞好两大活动（“三下乡”活动、“四进家”活动）；把握一个关键（加强领导和管理，加大投入），概括为“123454321”工程。

2002 年，博乐市文明城市创建活动，以“公民道德建设月”为契机，开展“五下乡”活动，发放各类宣传资料 1.5 万余份，文艺演出 9 场次，3 万多农牧民受到教育。同年 4 月，在全市开展“百万家庭承诺，做遵守公民道德模范”活动，各乡镇场组织每户家庭签订承诺书。

2004 年 9 月，博乐市精神文明创建工作通过自治区精神文明建设检查团检查验收，被授予自治区“文明城市”称号。

第二节　文明村镇（社区）建设

1981—1982 年，博乐县公社队“五讲四美”活动以治理“脏、乱、差”为主要内容。1984 年，县“五讲四美三热爱”活动委员会在农牧区开展建设文明村活动。乡村开展抓思想，治旧变新教育，“一坚持”（坚持社会主义道路），“两不变”（公有制、家庭联产承包责任制长期不变），“三兼顾”（兼顾国家、集体、个人三者利益）教育，“三观”“三义”“三德”教育，民族政策和民族团结教育，移风易俗、婚事新办、丧事简办教育，开展“五下乡”活动等。

1985 年，博乐市实施《关于在全县进一步开展建设文明村、文明单位活动的通知》，“五讲四美三热爱”委员会办公室与乡（镇、场）建立分级分工责任制。1989 年 4 月，博乐市委表彰“三优一学”活动“文明村队”15 个。

1992 年，博乐市启动农牧区“十星级文明户”评选活动，并制定评选标准，在全市 21 个村队进行试点，共评出星级文明户 2 259 个。1996 年，博乐市在城镇开展“新风户”评选活动，新风户 1 000 余户，6 个乡（镇、场）评选出十星级文明户 13 796 户。同年 7 月，博乐市开展文明社区评选活动。

1985—1996 年，全市建成州级文明村 21 个，市级文明村队 63 个，文明村队覆盖率 61.5%。

1997—2003 年，博乐市文明委转发《新疆维吾尔自治区创建文明村镇标准及管理办法》，转发《自治州农村精神文明建设“四六八”行动实施细则》《关于加强农牧区精神文明建设的意见》，印发《博乐市文明单位（村队）管理细则》。博乐市开展“百万家庭承诺，做遵守公民道德模范”活动，乡（镇、场）社区单位组织家庭签订承诺书。博州文明委在博乐市召开农村精神文明建设现场会，到小营盘镇粮站、青得里乡顾力木图二村、乌图布拉格镇乌图布拉格村、贝林哈日莫墩乡决肯村进行实地观摩。

2005—2006 年，博乐市文明委印发《关于进一步规范“十星级文明户”“十花文明户”创建评选活动的实施意见》。贝林哈日莫墩乡决肯村被中央精神文明建设委员会命名为全国文明村（镇）；小营盘镇乌拉斯塔布拉格村、贝林哈日莫墩乡玛尼乡村、乌图布拉格镇乌图布拉格村被自治区文明委命名为自治区文明村镇。至 2006 年末，全市 4 个街道有区级文明社区 1 个、文明小区 6 个，州级文明社区 1 个。市级文明社区 1 个、文明小区 7 个；全市 6 个乡（镇、场）中，四级文明村镇 131 个，其中国家级 1 个、自治区级 6 个、自治州级 42 个、市级 82 个。“十星”“十花”文明户 2.1 万多户。博乐市第一幼儿园于健获全国“五好文明家庭”。

第三节 文明行业（示范窗口）建设

1984 年，博乐县在城镇重点开展创建文明工厂、文明商店、文明医院、文明学校、文明街道活动。1986 年，博乐市宾馆、商场等行业参与“三优一学”创建文明城市评比活动。

1987 年 5 月，博乐市召开商业系统服务行业开展创建文明城市、优质服务竞赛活动动员大会。小营盘集贸市场和东风集贸市场在创建“五好”文明市场竞赛活动中获得“五好”文明市场称号。同年，市文明委印发《关于“优质服务”标准化守则、评比条件和评比办法的通知》《“优质服务”标准化（试行）守则》，对仪容、仪表、服务态度、柜台纪律、商品陈列、卫生与安全、商业道德、罚则等方面作 40 条规定，其中涉及仪容仪表 3 条、服务态度 9 条、柜台纪律 5 条、商品陈列 2 条、卫生与安全 8 条、商业道德 5 条、其他 3 条、罚则 5 条。

博乐市在开展优质服务竞赛活动中，对组织领导、规划实施、活动效果均订立具体的评分标准和评比条件，同时还建立联络员、义务监督制度。活动围绕“创三优”（优质服务、优良秩序、优美环境）、“三服务”（为经济建设服务、为基层服务、为群众服务）、“达三好”（管理质量好、服务质量好、环境质量好）全面展开。市文明办印发《博乐市开展“百城万店无假货”活动的实施方案》，市十大商场联发《关于深入开展“百城万店无假货”活动的倡议书》，全市启动“百城万店无假货”活动。1993 年，市文明委命名团结商场、艾比湖商场、华联商场、博州宾馆、阿拉山口宾馆为“树行业文明新风标兵单位”，进行表彰 。1994 年，对艾比湖、博州宾馆等十大宾馆，团结、博乐、华联等十大商场进行评比检查，为各宾馆、商场挂流动红旗。

1996—2005 年，博乐市文明委印发《关于印发“博乐市文明市民守则”“博乐市精神文明建设系列评选标准”的通知》，开展十佳公仆、十佳执法员、十佳金融标兵、十佳服务员、十佳营业员、十佳个体户等评选表彰活动（简称 1010 工程，即选择 10 个行业，每个行业树 10 个标兵）。1998 年、1999 年、2004 年，市文明委分别对 100 名“1010”工程行业标兵进行表彰。

至 2006 年末，市有国家级文明行业 2 个、区级文明行业 8 个、州级文明行业 4 个。区级“文明窗口”2 个，市级“文明示范窗口”4 个。

第四节 文明单位建设

1984 年始，博乐县各单位、各部门按照县“五讲四美三热爱”活动委员会提出的环境整洁优美、讲究卫生好，安定团结、社会秩序好，礼貌热情周到、服务态度好，重视文化科学知识教育、计划生育好，加强思想教育、道德风尚好，生产持续发展、工作成绩好的标准，开展创建文明单位活动。

1985 年，中共博乐市委员会印发《关于在全县进一步开展建设文明村、文明单位活动的通知》。同年底，全市 7 个单位经“五讲四美三热爱”活动委员会验收，达到文明单位标准。

1986 年，博乐市成立文明单位建设组，专项负责文明单位创建工作。同年底，市文明委命名文明单位 11 个，表彰“三优一学”先进集体 43 个。到 1996 年，全市区级文明单位 16 个、州级文明单位 56 个、市级文明单位 87 个。

1997 年，博乐市执行《新疆维吾尔自治区文明单位建设管理办法》，对文明单实行届时制、四个一票否决等制度。2006 年，全市培育四级文明单位 489 个，国家级 1 个，区级 77 个，州级 151 个，市级 260 个，文明单位的覆盖率达 89%。

第五节　文明共建

1985 年，博乐市把共建文明单位活动纳入精神文明建设重要内容，与“三优一学”创建文明城市竞赛活动相结合。1991 年 2 月，博乐市召开区、州、市三级文明单位代表座谈会，探索文明共建单位创建途径，交流创建经验。《博乐市一九九二年开展精神文明建设活动的安排意见》《关于开展共建文明区域活动的安排意见》中要求每个单位都要开展与友邻单位和行业对口单位的结对共建工作。以“思想工作联做，共建‘四有’新人”等 8 项内容为基础，按照地理位置，环境条件，以主要企事业单位为骨干，明确“共建”项目，各单位平等协商、互相监督、互相促进，在“提高、自建、共建、创新”上下功夫，共建文明区域。

1995 年 6 月，为增进了解，加深友谊，共同发展，市文明办、“双拥”办和农五师统战处、宣传处联合组成检查小组，用 6 月 21 日至 24 日三天时间对市、师的三个乡镇场、三个团场的 10 个共建单位进行走访检查，并在北京路插牌标名为“军警兵民共建一条街”，以推动兵地两个文明建设的健康发展。

1995—2006 年，博乐市开展结对共建活动，通过城乡互动，推动城乡文明建设，实现城乡经济社会协调发展。确定 52 个村队、单位、社区及居委会建立 26 对联动创建关系。活动以城区各级文明单位为示范带动方，坚持“活动经常、双向互动”的原则，筛选正在申报创建的文明村队、单位，进行结对帮扶和指导，推进其文明村（单位）的创建。由文明单位主动和结对村队、单位联系，建立结对共建联席会议制度，共同分析研究村队、单位创建工作中存在的主要难点问题，提出具体帮扶措施，协调、帮助解决实际困难和具体问题；指导村队、单位制定创建工作计划和目标，做好创建资料的收集、规范工作；共同开展文体比赛、文艺联欢会等文体活动和“一对一”扶贫帮困助学、扶贫活动。在总结经验的基础上，将共建文明单位创建活动在全市推广。

第三章　思想道德教育

第一节　爱国主义教育

1982—1983 年，博乐县开展马克思主义民族理论和党的民族宗教政策教育，各民族的平等、团结教育，爱国主义传统教育。

1983—1986 年，博乐市（县）开展“一坚持”（坚持社会主义道路），“两不变”（公有制、家庭联产承包责任制长期不变），“三兼顾”（兼顾国家、集体、个人三者利益）教育演讲会、座谈会 50 余次。举办“五四青年节”诗歌朗诵会 1 次。

1987—1992 年，博乐市开展“爱祖国、爱人民、爱劳动、爱科学、爱社会主义”“热爱新疆、热爱博乐、热爱本职工作”和“振兴中华读书”及“没有共产党就没有新中国”有奖竞赛活动。

1995—1996 年，博乐市举办庆祝中国共产党成立 75 周年、纪念红军长征胜利 60 周年歌咏比赛。在干部群众学习贯彻中央件、自治区党委和自治州党委文件精神。在学校开展党的基本路线教育，近代史、现代史和国情教育。

1997—2006年，博乐市举行博乐解放50周年、建市30周年文艺晚会、庆祝新中国成立50周年“祖国颂”歌咏大赛、升挂国旗仪式和“庆澳门回归、迎新千年到来”文艺晚会；组织干部群众、师生在“博尔塔拉纪念园”进行爱国主义教育；开展“42311”系列工程，即每年观看4部爱国主义影片，读两本爱国主义书籍，学唱3首爱国主义歌曲，参加1次爱国主义演讲和1次参观活动；举办“辉煌50年”书画展、摄影展、集邮展；组织国庆50周年专题读书知识竞赛等活动。

第二节 公民道德教育

1982年，博乐县开展“全民文明礼貌月”活动。县共青团结合学雷锋、树新风，做好人好事。县妇联在城乡开展“五好家庭”活动。县工会开展“三德”（社会道德、职业道德、家庭美德）、“一反”（反腐蚀）、“一门”（新职工入门教育）为内容的思想教育。同年5月，县委宣传部编印《博乐县文明礼貌三字经》。

1987—1996年，博乐市开展“四有”“五爱”教育。同时，开展“热爱新疆、热爱博乐、热爱本职工作”教育；在青年学生中开展振兴中华读书活动和“学雷锋、树理想、做好事”和“小五爱”活动（即爱师长、爱同学、爱家乡、爱公物、爱清洁）。开展学习张家港精神，评选“新风户”“文明职工”“文明公务员”“文明服务员”等。

1997—1998年，博乐市主要开展“每月主题教育”“1010行业标兵”和“百优十佳文明市民”等系列创建评树活动；以《社会主义道德与文明规范》为教材，以文明市民学校为平台，对市民进行“三观”“三义”“三德”“五爱”文明市民守则教育。市党政机关组织实施“讲文明，树新风”楷模工程。

1999—2004年，博乐市继续开展“三观、三义、三德”教育和“讲文明，树新风”楷模工程。推出“百城万店无假货”示范街3条。表彰“十佳市民”和“行业标兵”330人。同时，在全市广泛开展“学雷锋、树新风”“讲文明、树新风”主题板报展、文明礼仪知识竞赛。2002年，博兰水泥有限责任公司、达勒特镇乌兰苏木村被博州党委、政府授予“公民道德实践与民族团结进步模范单位”。赛别克、迪里拜尔、夏米西丁、李春会等被博州党委、政府授予“公民道德实践与民族团结进步模范”。2003年，市消防中队被自治区党委宣传部、文明办、新疆军区政治部等授予“学习雷锋志愿者服务先进集体”。

2006年3月，博乐市结合实际，以“践行‘八荣八耻’，建设和谐博乐”为主题，在全市党员干部中开展“八荣八耻”（以热爱祖国为荣、以危害祖国为耻，以服务人民为荣、以背离人民为耻，以崇尚科学为荣、以愚昧无知为耻，以辛勤劳动为荣、以好逸恶劳为耻，以团结互助为荣、以损人利己为耻，以诚实守信为荣、以见利忘义为耻，以遵纪守法为荣、以违法乱纪为耻，以艰苦奋斗为荣、以骄奢淫逸为耻）教育活动。同年4月，博州、市在农五师电视台演播室录制“荣辱观与道德建设”电视访谈；在全市中、小学校启动“八荣八耻”现身说法巡回教育活动，巡回演讲20余场，受教育中、小学生万余名。

第四章 民族团结教育活动

第一节 民族团结教育活动

1979—2006年，博乐市党委始终重视党的民族理论与民族政策学习，重视民族团结宣传教育工作。

1982年6—7月，中共博乐县委、县政府落实《关于在全疆进行贯彻党的民族政策，增强民族团结的通知》精神，掀起集中开展民族政策和民族团结教育活动。全县干部群众专题学习党的民族理论和政策，街道、房屋和办公室张贴宣传民族政策标语、口号；民族政策宣传教育和民族政策落实执行情况与是否解决实际问题结合，做到各族党员、干部、群众受到民族团结教育，互相尊重各民族生活习惯。

1983 年 3 月，中共博乐市委员会印发《关于开展民族团结教育月活动的安排意见》，决定每年 5 月为博乐县“民族团结教育月”，坚持各民族的平等、团结，牢固树立“两个离不开”的思想（即汉族离不开少数民族，少数民族离不开汉族）。成立博乐市民族团结教育月活动领导小组。1983—1986 年，博乐市（县）开展多种形式“民族团结教育月”活动，组织干部群众学习马克思主义民族理论和党的民族宗教政策，学习《民族区域自治法》《坚持马列主义民族观》；各单位召开座谈会，组织青年和有特长的干部职工用汉语、蒙古语、维吾尔语、哈萨克语朗诵和歌唱，组织民族团结演讲会 78 次、联谊会 248 次，30 所学校，建立民族团结友谊班级 77 个。党小组抓民族团结“五好”家庭建设，贝林哈日莫墩乡博恩塔拉村张德兰，1983 年，被命名为全国“五好家庭”。各民族加强协作，联合办企业发展经济。青得里乡阿里翁新白村坚持民族团结和精神文明一起抓保证经济发展。

1988 年 5 月，博乐市在开展第六个“民族团结教育月”活动中，认真组织传达和学习“全国民族团结进步表彰大会”精神和“自治区第二次民族团结表彰大会”精神，开展维护民族团结，发对民族分裂为主要内容的教育活动。在青得里乡召开“博乐市民族团结工作现场会”，市党委书记在现场会上作《坚决贯彻执行全国民族团结进步表彰大会精神，为建设民族团结模范市而努力奋斗》讲话。

1992 年，博乐市开展第十个民族团结教育月活动，宣传民主法治建设，维护祖国统一，增强民族团结。

1995 年，中共博乐市委员会印发《博乐市教育系统加强民族团结、安定团结工作的实施意见》，牢固树立“三个离不开”（即汉族离不开少数民族，少数民族离不开汉族，各少数民族之间也互相离不开）的思想；维护民族团结，保持社会政治稳定，促进博乐市经济的发展和社会各项事业的进步。

2005 年 5 月，博乐市开展第 23 个民族团结教育月活动，深入宣传党的方针政策，结合自治区成立 50 周年，唱响“共产党好、社会主义好、祖国大家庭好、民族团结好”主旋律，组织全市干部群众重点学习《反分裂国家法》《民族区域自治法》《宗教事务条例》《“四个认同”读本》；在城区出动宣传车并发放宣传材料上万份；各单位出宣传板报在乡（镇、场）、街道展览。乡（镇、场）、街道举办座谈会、报告会、讲演赛等形式宣传身边民族团结事迹，使“三个离不开”的思想深入人心。同年 12 月，博乐市召开第八次民族团结进步表彰大会。

第二节　民族团结进步模范市创建活动

1983 年 5 月，博乐县党委、县政府在博乐镇召开“五讲四美三热爱”暨民族团结表彰大会。大会表彰民族团结先进集体 16 个，民族团结先进个人 58 名；县委书记周荣作《继续抓好民族团结教育，深入开展“五讲四美三热爱”活动，努力开创博乐县精神文明建设的新局面》的动员报告。

1987 年 6 月，市党委、市政府召开博乐市民族团结进步表彰大会。大会表彰民族团结模范集体 23 个，民族团结先进个人 81 名。大会评选出席自治州民族团结进步表彰大会的民族团结模范集体 10 个，民族团结先进个人 18 名。会上宣读了市委《关于创建民族团结模范市活动的决定》。

1988 年 4 月，博乐市青得里乡被评为“全国民族团结进步模范集体”。同年 5 月，在青得里乡召开“博乐市民族团结工作现场会”，命名青得里乡为博乐市“民族团结模范乡”。市党委书记在现场会上作《坚决贯彻执行全国民族团结进步表彰大会精神，为建设民族团结模范市而努力奋斗》的讲话。同年6月，市党委、市政府制定《关于争创民族团结进步模范市的规划》，要求1988—1989年，70%以上的单位（包括驻市区的州直、军分区、农五师等机关单位）要建成民族团结模范单位。

1989年2月，博乐市调整创建民族团结进步模范市领导小组，市党委书记任组长。市民族团结办公室编写下发《民族团结模范单位条件》《民族团结先进个人条件》等。同年7月，市党委、市政府在市红旗饭店召开博乐市第二次民族团结进步表彰大会。大会表彰民族团结先进集体51个，民族团结先进个人102名。会上宣读市党委、市政府向全市各族人民发出的《为在今年建成民族团结进步模范市》的倡议书。市党委书记作《在党的十三届四中全会精神指引下，为把博乐市建成民族团结进步模范市而努力奋斗》的报告。同年12月21日，博乐市被博州命名为“民族团结进步和军民团结模范市”。

1994年6月，市党委、市政府召开第三次民族团结进步表彰大会。大会表彰民族团结先进集体45个，民族团结先进个人61名。

1996年，博乐市印发《关于在全市各民族干部群众中开展互相学习语言文字活动的通知》，市党校举办2期（半年）科级干部学习班。

至2005年12月，全市（县）共召开八次民族团结进步表彰大会，表彰民族团结进步先进集体203个（次）、先进个人169人（次），其中，1988年4月，青得里乡被中华人民共和国民族委员会授予“全国民族团结进步先进集体”；2005年5月，贝林哈日莫墩乡决肯村被国务院授予“全国民族团结进步模范集体”；都古 、肖努、李春会等人被评为“全国民族团结进步模范个人”。

第三十七编

BOLE SHIZHI

新疆生产建设兵团农五师

新疆生产建设兵团农五师是党政军企合一、农林牧副、工交建商、公检法司门类齐全的政治、经济和社会组织，肩负着屯垦戍边，执行生产队、工作队、战斗队的使命。改革开放后，农五师在推进城镇化、新型工业化和农业现代化建设的同时，支援地方建设；在反恐维稳斗争中，发挥特殊作用，为博乐发展、民族团结、社会稳定作出了历史性贡献。

第一章 机构沿革及驻博乐市各团场

第一节 机构沿革

一、博尔塔拉蒙古自治州农垦局

1960年2月23日，农五师在博乐设立博乐农场管理处，隶属新疆军区生产建设兵团。同年，农五师哈密各农场抽调干部职工3 000余人陆续到博乐，沿中苏边境建立边防农场。当年建立6个农场和1个工程支队。1963年2月，农五师师部由哈密迁至博乐同时，撤销博乐农场管理处，成立哈密农场管理处。1975年3月25日，中共中央、国务院、中央军委决定撤销新疆军区生产建设兵团。同年6月，撤销农五师建制，并入博尔塔拉蒙古自治州，成立博州农垦局，管理原农五师所属11个农牧团场。原农五师企、事业单位分别对口移交博州有关部门。

二、新疆生产建设兵团农五师

1981年12月3日，中共中央、国务院、中央军委作出《关于恢复新疆生产建设兵团的决定。1982年4月，博州农垦局撤销，农五师建制恢复，原农牧团场及企、事业单位复归其管理，辖11个农牧团场，6个工业企业，人口72 248人，隶属新疆生产建设兵团。至2006年，农五师辖9个农牧团场（其中5个团场驻博乐市），48个工业企业，26个商贸企业，3个交通、建筑单位，12个文教卫生单位，总人口109 820人，地方生产总值13.23亿元。师部位于博乐市红星路。

（一）农五师机关

1982年4月，农五师恢复建制，重建司令部，司令部下设农业处、基建处、劳资处、计财处、水管处、科学技术委员会。中共农五师委员会工作机构有办公室、政治部、政法委员会、师直党委等。政治部下设组织处、宣传处、教育处、群工处。

1984年增设卫生处。1985年增设计划生育委员会办公室、审计处。1986年增设外资办公室。1987年增设行政办公室、工交处。1988年增设土地管理局。1989年增设乡镇企业处、教育处。1992年增设对外经济贸易委员会。

从1993年起，设总工程师、总农艺师、总会计师3个。

1995年，师机关处室改为部、局、委、办。

同年9月，农五师机构改革，设立编委办公室，撤销司令部编制，处改为局，同时对部分机构的编制和职能进行了调整：党委办公室与行政办公室合并，下设7个科室，属行政办公室管理的有档案室、信访室、通讯科，并挂外事办公室牌子，机关事务管理局为二级局。计财处改为计划委员会、财务局合署办公，新成立的统计局、国有资产管理局为二级局，归计委管理。工交处改为经济委员会，挂工业局和交通局牌子。基建处改为水利电力建设局，水利局挂水电局牌子，建设局挂环境保护局牌子。

农业处改为农业局，挂林业局、畜牧局、农机局牌子。审计处改为审计局，劳资处改为劳动局，乡镇企业处改为乡镇企业局，卫生处改为卫生局，土地管理处改为土地管理局，教育处改为教育委员会。成立的贸易局挂粮食局牌子。撤销外资（经协）办公室。

至2003年末，农五师处级行政工作机构16个：行政办公室，农业局，水利水电建设局，计委、财务局，科学技术委员会，土地管理局，贸易局，编委办公室，对外经济贸易委员会。

2004年机构改革，根据《关于印发〈农五师机关机构改革方案〉的通知》，部分机构的编制和职能进行了调整，师行政领导职数为7个，总师3个。

行政机构18个是：发展和改革委员会、教育局、科学技术局、民政局、司法局、财务局、劳动和社会保障局、国土资源局、建设局、水利局、农业局、商务局、卫生局、人口和计划生育委员会、审计局、统计局、国有资产监督管理委员会、公安局等。

2006年1月，农五师成立工业局。与师发展和改革委员会一个机构，两块牌子。

（二）中共农五师委员会工作机构

1978年6月，农垦局党委工作机构设办公室、组干科、宣教科及纪律检查委员会。

1982年4月，党委工作机构有办公室、政治部、政法委员会、师直党委等。政治部下设组织处、宣传处、教育处、群工处。

1990年设立综合治理办公室，负责社会治安、综合治理工作。

1995年机构改革，党委办公室与行政办公室合并，下设有机要局、保密局、史志办、档案科、信访科、机关事务管理局是党委办事机构。组织处更名为组织部，宣传科改称为宣传部，与文化局、广播电视局合署办公。群工科处更名为统战部，与民政局合署办公。

1997年，组织部、人事局合署办公。主管党务工作，以及党员干部的培养教育，选拔调配，考察任用。

2004年，兵团编委批准农五师机关机构改革方案，其中设置党委机构9个，是纪律检查委员会机关、办公室、组织部、宣传部、统战部、政法委、政策研究室、直属机关工作委员会、编委办公室。另外有5个部门管理的机构。师办公室和党委办公室一个机构两块牌子，侨务办公室、信息化工作办公室在办公室挂牌。旅游事业管理局、外事办公室分别更名为旅游局、外事局，在师办公室挂牌；人事局与组织部一个机构两块牌子；宣传部挂文化广播电视局、新闻出版局、精神文明建设指导委员会办公室的牌子；统战部挂台湾事务办公室的牌子，民政局从统战部分出列入行政机构序列，民族宗教事务局与统战部合署办公；社会治安综合治理委员会办公室与政法委机关合署办公；保密委员会办公室暨师国家保密局、机要局、信访局、机关事务管理局为办公室管理的机构，老干部局为组织部管理的机构。

至2006年，农五师党政机构设置27个，其中党委机构9个，行政机构18个。部门管理机构有5个。群众团体机关6个，有工会、团委、文联、残联、工商联、科协等。师机关部门管理的机构为副处级。

第二节　驻博乐市各团场

一、八十一团

八十一团团场前身为1960年成立的农五师工程支队。1969年4月，工程支队改称农五师一二二团。同年7月，一二二团统编为农五师八十一团。

农五师八十一团团场东西长18千米，南北宽7千米，总面积124.56平方千米，其中牧草地6.06平方千米。地理坐标为北纬44°　42′，东经82°　30′。团部驻霍热，位于博乐市区东41千米处。

20世纪80年代，农五师八十一团团场辖21个建制单位。2003年，八十一团团场辖12个农业连队，以及畜牧、良种、园林、水电、学校、医院等单位。总人口12 129人，在岗职工4 263人。农作物播种面积 5 930 公顷，生产粮食 2 216 吨、棉花 8 248 吨、甜菜 5 326 吨。有园林 560 公顷，生产果品 1 144 吨。年末牲畜存栏 23 400 头（只）。水产养殖面积 16 公顷，捕鱼 56 吨。有农业机械总动力 18 942 千瓦，大、中型拖拉机 65 台，小型拖拉机 248 台。年生产总值 12 328 万元。

2006 年末，农五师八十一团团场总人口 11 263 人。辖 23 个行政建制单位。全团耕地面积 6 667 公顷。全团住房面积 335 538 平方米，居民人均居住面积 29.9 平方米。年生产总值 14 166 万元。

二、八十四团

1963 年 4 月，农四师第三牧场移交农五师，改称红星三牧场。1965 年 10 月，红星十一场并入红星三牧场。1969 年 4 月，红星三牧场改称农五师一二四团。同年 7 月，一二四团统编为农五师八十四团。

农五师八十四团团场东西长 24 千米，南北宽约 17 千米，总面积 888.07 平方千米。地理坐标为北纬 44° 55′，东经 81° 56′。团部驻托里，位于博乐市区北 10 千米处。

20 世纪 80 年代，农五师八十四团团场辖 11 个农牧连队。2003 年，八十四团团场辖 14 个农牧连队，以及畜牧、农业技术、棉花加工、水电、学校、医院等单位。总人口 8 262 人，在岗职工 2 378 人。农作物播种面积 6 720 公顷，生产粮食 15 776 吨、棉花 1 640 吨、甜菜 30 240 吨、油料 801 吨、打瓜子 48 吨。年末牲畜存栏 5.27 万头（只）。有农业机械总动力 13 732 千瓦，大、中型拖拉机 82 台，小型拖拉机 214 台。年生产总值 5 221 万元。

2006 年末，农五师八十四团团场总人口 8 512 人。辖 20 个建制单位。农作物播种面积 6 680 公顷，固定资产投资 2 865 万元。年生产总值 7 145 万元。

三、八十五团

1950 年 2 月，中国人民解放军一兵团工兵团进驻博乐地区。1952 年 2 月，二十二兵团骑兵八师二十二团在下博乐成立后勤生产大队。1953 年 5 月，由工兵团、二十二团、二十四团部分组建工一师博乐牧场。1955 年 5 月，工一师博乐牧场划归农七师，改称红旗牧场。1958 年 9 月，红旗牧场改称精博总场红旗牧场。1961 年 8 月，精博总场红旗牧场改称红旗一牧场。1962 年 8 月，红旗一牧场改称红旗二农场。1964 年 12 月，红旗二农场移交农五师，改称红星五场。1969 年 4 月，红星五场改称农五师一二五团。同年 7 月，一二五团统编为农五师八十五团。2006 年初，八十五团并入农五师八十六团中心团场。

农五师八十五团团场东西宽 25 千米，南北长 27 千米，总面积 357.86 平方千米。地理坐标为北纬 44° 21′，东经 82° 07′。团部驻蒙古庙，位于博乐市区东南 15 千米处。

20 世纪 80 年代，农五师八十五团团场辖 4 个农业连队和 1 个种子站。2003 年，八十五团团场辖 7 个农业连队、2 个园艺连队，以及畜牧、农业技术、棉花加工、水管、学校、医院等单位。总人口 4 814 人，在岗职工 2 000 人。农作物播种面积 2 240 公顷，生产粮食 1 603 吨、棉花 2 197 吨、甜菜 13 541 吨。有园林 353 公顷，生产葡萄 191 吨。年末牲畜存栏 2.72 万头（只）。水产养殖面积 15 公顷，捕鱼 40 吨。有农业机械总动力 6 726 千瓦，大、中型拖拉机 63 台，小型拖拉机 115 台。年生产总值 3 995 万元。

四、八十六团

1960 年 2 月，农五师哈密垦区巴里坤军马场和红星一场抽调人员西迁博乐，组建红星十六场。1963 年 10 月，红星十六场改称农五师红星六场。1969 年 4 月，红星六场改称农五师一二六团。同年 7 月，一二六团统编为农五师八十六团。2006 年初，八十六团接收农五师八十五团。

农五师八十六团团场东西长 15 千米，南北宽 5.6 千米，总面积 326.13 平方千米。地理坐标为北纬 44° 50′，东经 82° 03′。团部驻青达拉，位于博乐市区东 8 千米处。

20 世纪 80 年代，农五师八十六团团场辖 9 个农业连队。2003 年，八十六团团场辖 8 个农业连队，以及棉花加工、棉种加工、油料加工、建筑、供销、水管、学校、医院等单位。总人口 8 415 人，在岗职工 2 753 人。农作物播种面积 2 950 公顷，生产粮食 712 吨、棉花 4 820 吨。有园林 423 公顷，生产葡萄 810 吨。年末牲畜存栏 17 200 头（只）。有农业机械总动力 12 090 千瓦，大、中型拖拉机 66 台，小型拖拉机 353 台。年生产总值 6 558 万元。

2006 年末，农五师八十六团团场总人口 13 895 人。辖 41 个建制单位。耕地面积 6 773.3 公顷，固定资产投资 2 800 万元。年生产总值 14 100 万元。

五、八十九团

1962 年 12 月，原博州地方国有友谊农场移交农五师。1966 年，农五师友谊农场改称红星九场。1969 年 4 月，农五师红星九场改称一二九团。同年 7 月，农五师一二九团统编为八十九团。

农五师八十九团团场总面积 234.67 平方千米，其中牧草地 91.06 平方千米。地理坐标为北纬 44° 46′，东经 82° 15′。团部驻塔斯尔海，位于博乐市区东 27 千米处。

20 世纪 80 年代，农五师八十九团团场辖 12 个农业连队和 1 个原种场、1 个园艺连。2003 年，八十九团团场辖 14 个农业连队，以及畜牧、棉花加工、油料加工、建筑、供销、学校、医院等单位。总人口 13 021 人，在岗职工 4 947 人。农作物播种面积 7 480 公顷，生产粮食 3 316 吨、棉花 10 780 吨。果园面 547 公顷，果品产量 692 吨。年末牲畜存栏 3.69 万头（只）。农业机械总动力 26 510 千瓦，大、中型拖拉机 123 台，小型拖拉机 688 台。年生产总值 14 158 万元。

2006 年，农五师八十九团团场总人口 13 701 人。辖基层单位 34 个，其中农林业单位 16 个，工业单位 3 个，建筑单位 1 个，服务业单位 6 个，文教卫生单位 5 个，农科站 1 个。耕地面积 8 200 公顷。年生产总值 1.65 亿元，职工平均年收入 14 264 元，人均年收入 6 320 元。

六、九十团

1960 年 2 月，由哈密青年园艺场抽调 480 余名官兵西迁博乐乌什卡拉苏，组建农五师红星十五场。1963 年 12 月，农五师红星十五场更名为红星十场。1969 年 4 月，农五师红星十场更名为一三零团。同年 9 月，农五师一三零团统编为九十团。

农五师九十团团场东西长 24 千米，南北宽 17 千米，总面积 447.73 平方千米，其中牧草地 207 平方千米。地理坐标为北纬 44° 49′，东经 82° 35′。团部驻塔格特，位于博乐市区以东 43 千米处。

20 世纪 80 年代，农五师九十团团场辖 9 个农业连队。2003 年，九十团团场辖 11 个农业连队，以及水电、畜牧、棉花加工、油料加工、建筑、供销、学校、医院等单位。总人口 9 761 人，在岗职工 3 826 人。农作物播种面积 6 260 公顷，生产粮食 2 088 吨、棉花 9 000 吨。果园面积 370 公顷，果品产量 865 吨。年末牲畜存栏 2.73 万头（只）。农业机械总动力 19 663 千瓦，大、中型拖拉机 85 台，小型拖拉机 356 台。年生产总值 10 712 万元。

2006 年，农五师九十团团场总人口 9 573 人。辖独立核算单位 23 个，其中农业连队 11 个。耕地面积 5 940 公顷，固定资产投资 4 209 万元。年生产总值 13 881 万元，职工平均年收入 17 502 元，人均年收入 8 009 元。

第二章　经　济

第一节　农牧业

一、农业改革

从 1979 年开始，农五师农场改变统收统支的管理制度，开始实行财务包干制度。在一些单位试行

“三定一奖罚”经济责任制，年初定产量、定成本、定上缴利润，年终结算，超额分成提奖，完不成指标按比例受罚，按重奖轻罚原则，分成提奖较高，按比例罚款较少，初步将国家、团场、职工个人三者利益结合起来。

1980年，农五师推行“定、包、奖”经济责任制，即“任务到连，包产到班（组），责任到人，联产计酬，超利分成”。农业生产连队有各种形式的责任制：大组（综合）承包，联产计酬（罚）制度；单项承包，联产计酬（罚）制度；全连统包、定额计工，以工计奖（罚）制度；包产到班组，综合承包，联产计奖（罚）责任制；作业工资与“定、包、奖”相结合的责任制；瓜菜包产到户；季节性计件工资等。畜牧业实行包群到户，包群到组。其他工种也都分别实行责任制。

1983年5月，农五师贯彻中发文件和湛江农垦工作会议精神，印发《解放思想，放宽政策，完善联产承包责任制的几项决定》：凡大包干的单位和个人，土地、机械设备等基本生产资料实行5～10年不变；农牧团场耕畜和小型农机具作价卖给承包户和私营专业户；根据生产需要，允许职工请临时工或互相换工；大包干单位和承包户完成上缴后，多余产品由团场议价收购，除棉花外，允许进入市场自行销售。也就是交足团场的，留够集体的，剩余是自己的。到同年7月，全师有17 968名职工实行各种形式的联产承包责任制，占团场职工总数的86%。承包土地2.3万公顷，占团场总播面积的80%。在承包职工中，大包干4 236人，联产计酬（包括产量工资）3 551人，联产计奖（4 ∶ 2 ∶ 4分成）8 898人，其他形式1 283人。全师有专业户402个，占总户数的3%，划给职工自用地333.3公顷，自留畜发展到3.4万头（只）。全师有87人办停薪留职手续。职工个人买汽车30辆，大中型拖拉机43台，小型拖拉机35台。同年11月，农五师印发《关于畜牧业家庭承包、家庭牧场暂行办法》，实行“公有畜禽保值保本，公有户养、产品分成，交够国家的，留足企业的，剩下全是自己的”大包干办法。同年，全师承包各类牲畜463群，畜牧业专业户达297个。同年，农五师粮棉生产获得大丰收，实现利润105万元，农业摘掉长达22年之久的亏损帽子。

1984年3月，农五师印发《家庭农场管理试行条例》，职工家庭农（林、牧、副、渔）场在国营农场计划指导下，以户（联户）为单位，自主经营，定额上缴，自负盈亏。所承包的土地、林地及其他基本生产资料为全民所有。在所有制不变情况下，经营权归家庭农场。家庭农场不得出卖、抵押、破坏一切国有资产。家庭农场可以拥有生产资料和生产资金，承包土地面积不受限制。同年，农场主要有两种类型：一种是按劳力组合，分为独户家庭、联户、协作农场，以及由单身职工组成的合作农场；另一种是按生产经营项目分，以种植业、养殖业、运输业、林业为主的专业家庭农场，也有几业兼营的家庭农场，其中以经营种植业和养殖业为主的家庭农场较多。具有职工身份的家庭农场成员的工资、副食品补助、取暖费、探亲假、产假等费用全部自理，医疗及其他方面待遇与正式职工相同，并颁发家庭农场证书。

1985年，农五师贯彻兵团关于“先让职工富起来”的指示精神，对联产承包责任制执行“四不”（不搞鞭打快牛，不搞水涨船高，不搞层层加码，不搞年年递增）政策，承包土地固定15年，承包指标固定5年。同年，家庭农场发展到3 099个，其中农业2 202个，林业270个，牧业148个，渔业50个，副业28个，开发性农场401个。自此，农牧团场形成“大农场套小农场”的双层经营管理体制，形成团场、连队、职工共同投入，共担风险的经营格局。团场、连队、承包户均有较大的自主权。

农业体制改革不断深化，“团场垫资、职工种田、盈利归己、亏损挂团”负盈不负亏的问题逐步暴露出来，形成贷款垫资—亏损挂账—再贷款垫资—再亏损挂账的恶性循环。加之从1991年开始，连续三年遭受严重自然灾害，农五师经济跌入低谷。此时，师党委把改革作为恢复经济的动力，把八十四团作为“两费自理”（生活资料费、生产资料费）的试点。1994年1月，农五师在八十四团召开农牧团场职工承包责任制经验交流会。由八十四团介绍实行“一团两制”，推行两种承包的经验：

一种是实行两费自理，一包到底；一种是由团垫付生产资料和生活费用，实行班组承包。随后，全师推广八十四团两费自理经验。

1995年，农五师印发《关于进一步加强农业工作的决定》，继续推行租赁承包、两费自理、半自理和风险抵押的承包形式。在推行两费自理过程中，坚持宜租则租、宜自理则自理、宜包则包，全师可分成5种形式：租赁经营（亦称三费自理，即承包前一次性交清应该缴的利费，生产资料和生活资料费用自理），两费自理（应缴利费以产品抵扣，生产资料和生活资料费用自理），半自理（承包利费以产品抵扣，生产资料自理一半团场垫付一半，生活费用自理），抵押承包（承包前以财产抵押或请担保人，生产资料由团场垫付，生活费用自理，产量工资（对无力自理新职工，生产资料全由团场垫付，联产计酬，基本生活资料由团计划供应，年终分配时扣回。对确无自理能力的个别职工，发动党员、干部扶贫帮困，将个人储蓄存折押在银行，银行给予“存一贷二”，为贫困户筹集两费自理资金）。

1997年，农五师提出“两费自理制度不变，利费指标不变，承包地块不变”的三不变原则，继续巩固两费自理和“四到户”（承包到户、核算到户、土地固定到户、风险到户）。两费自理从种植业扩展到农机、园林、牧业、小型商贸流通和交通运输等行业。同年，两费自理土地面积27 093公顷，占总播面积的68%，两费自理人数15 725人，占承包土地劳动力的78%。这不仅解决了承包职工“负盈不负亏”的难题，还有效地缓和团场流动资金紧张的问题。从1997年开始，农五师农业体制改革逐步向适应市场经济的租赁和股份合作制方向发展。个别团场对农机具实行股份合作制，对水土开发采取投资多元化的股份合作制。

1999年12月22日，由新疆艾比湖农工商联合企业总公司为主发起人，联合农五师农业生产资料公司、博尔塔拉蒙古自治州国资经营有限公司、新疆金融租赁有限公司、农五师农机公司4家发起人，共同发起成立新疆赛里木现代农业股份有限公司。下设霍热、塔斯尔海、塔格特3家分公司和1个农业科学研究所。2003年12月19日，公司向社会首次公开发行5 000万A股股票，在上海证券交易所挂牌上市。

2001年5月，农五师党委印发《关于认真学习、全面贯彻兵团党委“1+3”文件的实施意见》。同年12月，师党委印发《关于贯彻兵团深化农牧团场改革“1+3”文件精神的决定》，印发师党发文件，简称《“1+9”文件》，包括《关于农牧团场推行农业股份合作制实施细则（试行）》《关于农业技术推广服务体系建设试行办法》《关于进一步完善农资供应服务的办法》《关于进一步完善棉花收购加工销售体系的实施办法（试行）》《关于加强农牧团场财务管理的暂行规定》《关于深化农牧团场农机管理机制改革的试行办法》《关于加强林业管理实施办法（试行）》《关于农牧团场连队建立职工产业化经营协会的实施办法〈试行〉》《关于加强和改进农牧团场基层（连队）思想政治工作和精神文明建设的意见》。主要措施有坚持土地长期固定政策，30年不变；扩大职工经营自主权；健全社会化服务体系；划足用好宅基地和自留地；鼓励、引导职工发展自营经济。

2002年1月1日，农五师召开深化农牧团场改革现场会，全面贯彻落实兵团“1+3”文件和师“1+9”文件精神。同年，全师土地长期固定面积45 133公顷，其中固定10年以上37 533公顷，5年以上8 933公顷。向农牧职工发放“三证”（土地使用证、两用地使用证、股份合作制股权证）、“四约”（土地承包合同、生产物资供应合同、产品订单、技术服务合同）、“一卡”（职工收支明白卡）率100%。参加农业股份合作制的职工1 505人，面积3 267公顷。建立各种社会服务组织57个。同年，农业劳力平均收入9 767元。

2003年1月，农五师印发《农牧团场承包土地职工生产资料全费自理实施办法（试行）》，各农牧团场生产连队职工实行生产资料费用自理，采取团场扶持一点、小额贷款争取一点、职工为主多拿一点的办法，引导和鼓励承包土地职工全费自理，职工自理刚性物化成本最低不得少于三分之二。同年，全师自理比例达 95.4%，其中职工上年预留资金 10 600 万元，联户担保取得银行小额贷款 3 246 万元，团场配套资金约 7 000 万元。团场垫资、职工种田不担风险的传统管理模式开始从根本上转变。同年，全师承包土地固定 10 年以上的 60%，固定 5 年以上 40%。全师承包户数 11 100 户，承包职工人数 14 225 人。职工家庭承包户 8 569 户，租赁联营户 1 802 户，开发性家庭小农场 137 个，股份合作制小农场 592 个。

师、团、连建立健全了农业社会化服务体系，各团成立农机、农资、科技、水电、财会、购销管理服务中心，并逐步成为经济实体，向市场化过渡。全师建立团级产业协会 17 个，连级产业协会 141 个，会员达 14 146 人，占农业承包职工总数的 98.9%，成为市场经济条件下团场、职工进行生产经营的一种有效组织形式。

2006 年，农五师完成农业总产值 14.64 亿元，同比增长 9%，其中种植业 12.4 亿元，增长 14.4%；林业 0.17 亿元，下降 9.3%；牧业 1.26 亿元，增长 19.9%；渔业 0.04 亿元，增长 5.7%；农林牧渔服务业 0.77 亿元，下降 3.7%。

二、棉花种植业

1981 年，农五师试种地膜覆盖棉花 0.8 公顷，总产皮棉 960 千克，皮棉公顷单产 1 200 千克。地膜覆盖植棉是棉花栽培技术的重大改革，种植地膜棉有利于棉田保墒，提高地温，消灭杂草，促进棉苗迅速生长。1983 年，全师种植地膜棉 2 967 公顷，占棉花播种面积的 43%，公顷单产 744 千克，比常规棉增产 94%，初步显示地膜棉的高产优势。

1985 年，农五师地膜棉播种面积 3 607 公顷，占棉花播种面积的 65.66%，公顷产量 1 058 千克。土质最差的八十六团场种植地膜棉 560 公顷，单产 2 251.5 千克，取得戈壁地上创优质高产棉的好经验。同年，农五师棉花产值占全师总产值的 20%。1985 年，全师皮棉单产比 1980 年增长 83.3%。1985 年，全师皮棉总产比 1980 年增长 866.7%，总产平均增长 57.4%。棉花质量居博州前列，成为自治区的棉花出口基地之一。

1985 年 7 月，经中国科学院新疆资源开发综合考察队棉花基地组在垦区考察后认定，农五师垦区棉花纤维品质好、产量高、内销出口形势好。1986—1987 年，师对棉花生产实行提高单产和扩大种植面积的方针，采取两项措施：在农作物布局上确定稳粮压油增棉的措施，扩大棉花的种植面积 3 400 公顷，使棉田面积占总播面积的比例由 19.4%提高到 30.9%，仅此一项，就增产棉花 3 730.3 吨，占增产总量的 79.1%；地膜棉种植扩大到 4 200 公顷，使棉田地膜覆盖率由 66.5%提高到 88.1%。1990 年，农五师播种面积扩大到 1.08 万公顷，总产 1.56 万吨。出口棉合格率 99.8%，出口创汇 220 多万美元。此时，棉花已成为农五师打入国际市场具有竞争力的产品，成为新疆优质棉生产垦区。同年，由于棉花总产和公顷单产的提高，棉花产值 6 453 万元，占种植业产值的 70%，占农业总产值的 62%，占工农业总产值的 19%。

从 20 世纪 90 年代开始，农五师在推广地膜棉的同时，逐步推行品种选育、精量点播、高密度植棉、膜下滴灌、种子包衣（即拌药后的种子）、综合植保等模式化栽培技术，棉花总产、单产大幅度提高。

1998 年，农五师在大面积推广棉花模式栽培的同时，全面推广早、密、矮的栽培方法，落实了化控、化除、航空作业、病虫害防治、测土配方施肥、机械改装配套、良种繁育、实行科技扶贫等措施。1999 年，师扩大宽膜、超宽膜植棉面积，发展喷滴灌节水技术，进一步推广种子包衣技术。同时，试行“上密度、降高度、整齐度、精灌溉、降成本、升品级、重效益”的管理模式。

在此基础上，农五师结合喷滴灌技术和精准农业等 6 大措施，种植方式实现四个改变：改变播种方式、改变保苗株数、改变品种搭配、改变水肥运。2000 年，对全师的农机具进行大规模改造，全部采用超高密度植棉技术，实行精量播种、半精量播种；全师滴灌面积 2 万公顷，占棉花总播面积的

70%以上；9456D、新陆早12、辽棉12等高抗枯黄萎病、抗逆性品种面积占80%。新技术、新措施的运用使棉花单产、总产呈现出超常规增产趋势，密度增加了三分之一，单产产量提高四分之一。平均公顷单产1 663千克，总产皮棉4.5万吨。

2005年，精量播种全师推广面积2.3万公顷，节水灌溉面积2.4万公顷，测土平衡施肥面积4.3万公顷，专用肥推广100%。栽培模式形成专业化生产+棉花产业协会组织+产业联社经营=棉花产业化经营模式。独特的生产经营模式使棉花单产产量、质量一步步提高，“北疆”牌棉花连续两次在全国质量评比中获第一名，成为国家出口免检产品。同年。师平均皮棉单产2 187千克，条田最高单产3 619.5千克，创北疆皮棉单产最高纪录，实现棉花总产6 500万千克。“十五”期间，棉花总产平均增长7.1%，单产增速5.6%。

2006年，农五师推广棉花精量播种面积10 933公顷，出苗率82% ~ 92%；推广节水灌溉面积29 907公顷；推广测土配方施肥26 667公顷，计算机决策施肥15 973公顷，杂交棉推广面积2 040公顷，平均公顷单产3 034.5千克，最高公顷单产3 960千克。杂交制种1.9公顷，公顷产籽棉1 714.5千克。全师棉花总产71 518吨。

三、耕地开发

1983年12月，兵团向国家申请世界银行（简称世行）贷款，上报《农垦开发综合项目建议书》，将农五师列为重点。1987年9月，国家正式批准兵团《新疆农业发展项目》。1988年6月15日，农五师与兵团签订《兵团农业开发项目信贷转贷款协议书》。

农业综合开发与配套工程总投资2.08亿元，其中世行贷款3 555.5万美元，折合人民币1.32亿元。国内配套资金7 621.09万元。这个项目占国家对兵团项目投资的47.6%。工程规划全师农业开荒造田1.7万公顷；建立人工草场2 667公顷；建设围栏草场2 667公顷；配套建设1座油脂化工厂，年生产能力为（榨棉籽）2万吨，其中加工外购毛棉油6 400吨，精炼棉籽油6 000吨，硬脂酸3 000吨，甘油315吨；建设一座肉类联合加工厂，年生产能力为（屠宰生猪）3万头，其中生产分割肉700吨，西式灌肠700吨，高级动物食用油400吨，卤制品200吨，肉骨粉100吨；建设1座2×6 000千瓦热电厂。

农五师农牧业开发从1987年实施到1992年完成。其间，完成开荒造田1.77万公顷），为计划的106.4%；完成人工草场2 771公顷，为计划的104%；完成围栏草场4 400公顷，为计划的165%；完成基础设施配套建设，打灌溉井402眼，防渗渠道468.3千米，挖排渠540.3千米，小型水工建筑物2 237座，架设高压线381.2千米，架设通信线路374.3千米；建房和建畜牧棚舍24.03万平方米；购进农机具及工程机械879台（架）。运输车辆140辆，农机维修及储油设备98台，检测仪器144台（套）。购进种畜645头（只）；在八十四团场、八十五团场、八十六团场、八十九团场、九十团场等新建连队25个，扩建连队35个。实施农业综合开发累计造林2 500公顷，新增果园232公顷。

四、畜牧业

（一）畜牧业的发展与改革

20世纪80年代至90年代初，农五师的畜牧业仍是以传统畜牧业为主。经营方式是公有私养，承包经营，羊群饲养以草场自然放牧为主。畜牧业发展缓慢。

1998年1月，农五师党委印发《关于加快发展畜牧业的决定》，师与团场签订畜牧业发展责任书。团场实施畜牧业改革主要措施，包括整群作价转卖；分户饲养，定额上缴羔羊，期满承包羊群归己；实行两费自理、租赁经营。1999年，全师私养和两费自理羊只14.18万只，占全师羊只总数的58.4%。

从2000年开始，农五师推进羊肉产业化生产、瘦肉型猪产业化、优质杂交鸡产业化，实施肉牛生产基地建设，饲草基地建设，细毛羊基地建设。到2000年末，全师各类牲畜存栏头数28.01万头（只）。

2003年，农五师八十四团利用澳大利亚美利奴羊与中国美利奴羊进行纯种选种选配，培育出的31号种公羊体重147千克，毛长17.5公分，毛密、毛细度在80支以上，被中国工程院院士刘守仁称为“中国第一羊”。农五师利用“中国第一羊”培育出一大批中国美利奴细毛型和超细型羊核心群。八十九团、九十团养殖小区及八十四团、八十五团一亩田、一头牛、一群羊基地建设形成规模。5年间，全师畜牧业每年以10%以上的速度递增，牲畜存栏达37.5万头（只），逐步实现由天然草场放牧到农区圈养的转变。

2006年，农五师牲畜存栏38.02万头（只），增长1.4%；肉类总产量9 515吨，增长15.8%，奶类产量3 142吨，增长6.9%；禽蛋总产2 545吨，增长62.9%；羊毛总产730吨，增长4.6%。

（二）草场建设

1980—1981年，农五师投资50万元，建成人工草场233公顷，饲料基地133公顷，围栏草场253公顷，修建渠道17千米，打水井8眼。

1985年11月18—22日，农五师在八十四团乌图布拉格草场和二干渠南利用飞机播草1 420公顷。1986年4月25日至5月2日，飞播500公顷。同年11月14—15日，飞播1 072公顷，草种有伏地肤、蒿子、苜蓿等。据1986年底统计，经飞播的牧草地每公顷产鲜草3 180 ~ 3 378千克，为未改良草场的6 ~ 7倍，优良牧草比重提高到68% ~ 74%。1988年，农五师利用外资在八十四团山区建围栏草场3 333公顷，八十五团山区建围栏草场1 667公顷。

1994—1997年，农五师投资60万元，在保尔德、米尔其克、乌图布拉格等山区草场修建水渠13千米，打水井3眼。

2001年，农五师八十四团利用国家天然草原恢复与人工草地建设项目争取到国家预算内西部专项资金400万元，团场自筹244万元，建设草场1 327公顷，其中建设自压喷灌草场479公顷，淹灌草场848公顷，天然草场恢复建设2 690公顷（围栏草场）。2003年，八十五团利用国家牧区水利建设项目，争取到国债资金200万元，团场自筹107万元，建设自压喷灌草场400公顷。

五、自营经济

改革开放后，农五师引导职工发展庭院经济。至1984年，全师庭院经济创产值515万元，占农业总产值的11.4%，户均收入315.7元。1985年全师给职工划宅基地、自留地1 186.7公顷，户均1 000平方米，自建住房1.19万平方米，占全师建房面积的37.5%。

自2000年起，每年由师、团两级各投入扶助资金200万元，帮助贫困户开展以养羊为主、猪牛为辅的家庭养殖。至2002年，全师11个团场共扶持贫困户2 993户，师团共投入资金860万元。2006年，全师职工自营经济总产值3.199亿元。

第二节 林 业

一、“三北”防护林

20世纪70年代末，农五师林业生产得到恢复，到1981年累计造林507公顷，育苗203公顷。1984年，师根据兵团总体规划，投资200万元，开始“三北”防护林工程建设，造林373公顷，林宽50 ~ 300米。到1986年，建家庭林场63个，设护林点23个，第一期工程结束。在此期间，林业生产实行“三改”：把春季植树改成春、夏、秋三季植树；推行容器育苗；购进42A-60植树机30余台，改人工植树为机器植树，成活率95%以上。1995年，师“三北”防护林体系二期工程建设结束，共完成防护林11 867公顷，其中林地5 333公顷，种草4 667公顷，保护改造次生林1 867公顷，并配备机井、混凝土水泥渠道。八十九团被国家林业部命名为“50佳植树造林单位”。1996年，八十二团利用兵团外资，启动“三带一体”（铁路线一带、公路线一带、团北部东西向主干林迎风带）工程建设。1997年，师推广沙生灌木造林技术、“一沟两行”或“两林夹一渠”节水造林技术、ABT生根粉应用技术，造林699公顷，育苗19公顷。年末保留林地6 888公顷。八十九团被全国绿化委员会命名为“造林绿化400佳”单位。

1998年起，农五师造林工作的重点是新增农田林网配套、老林网的补充完善、道路林建设。同年，师所有团场全部实现林网化。1999年，师在碱地和荒地造林采取深挖林床，开沟栽植，林床深0.6 ~ 1米。选择抗性强的树种，栽植混交林。

从2000年起，农五师造林重点为葡萄基地、防风沙基干林、道路林、连队绿化。2003年，师提出用3年时间使连队绿化达标，当年完成30%的连队。退耕还林完成造林1 069.8公顷，其中防护林453.4公顷、经济林616.4公顷，完成计划的64.2%。育苗81.9公顷，其中新育48.3公顷、留床33.6公顷，树种主要为沙枣、榆树、杨树、胡杨和绿化苗木。至2006年末，农五师有人工林面积8 266.7公顷。其中，生态林面积5 313.3公顷，经济林2 953.3公顷，森林覆被率10.3%，较“九五”时期提高4.9个百分点。全师管护胡杨次生林及荒漠林3 000公顷，团场基本实现农田林网化，80%的农田得到林网的有效保护。

二、家庭林场

1984年，农五师提倡“一亩地、百棵树、千斤草、一只羊”立体生产经营方式。九十团三连原副连长芦明锡主动辞去职务，带上妻子、儿女到艾比湖畔开荒0.7公顷，植树1.3万株，办起九十团第一个家庭林场。1985年，师全面推行家庭林场。1986年12月，家庭林场发展到304个。1988年12月，家庭林场稳定在208个。家庭林场承包方式有两种：一种以林为主，林牧结合，长期承包，（不少于一个轮采期），子女有继承权，免交管理费和土地费，团场垫付生产费用、借支生活费；采伐期实行三、七或四、六分成，职工拿大头；团场扣除垫支费后，林木收益全部归职工。一种是部分团场实行以林为主，林牧结合，兼搞农业，林场承包生产母羊，每只母羊年上缴1千克羊毛和30%羊羔，余下归已。林场种牧草，两年保苗率达80%以上，团场核销机械作业费、种子费和水费。林场承包或开垦一块荒地，种植经济作物。1990年，农五师1 208个家庭林场承包经营林地1 680公顷，占师林地面积的27%，占农五师用材林面积的95%。九十团40户家庭林场，形成“一户人、一口井、一片林、一块草、一群羊”经营格局。

三、退耕还林

2001年，农五师进行退耕还林项目试点，面积666.7公顷，其中退耕地造林400公顷，宜林荒地造林266.7公顷。

2002年，农五师实施退耕还林项目，总面积1 466.7公顷，其中退耕地造林800公顷、宜林荒地造林666.7公顷。

2003年，农五师退耕还林总面积7 466.7公顷，其中退耕地造林3 733.3公顷、宜林荒地造林3 733.3公顷。

退耕造林树种有枸杞、柠条、沙枣、榆树、红柳、葡萄等。柠条直播造林，每公顷播种量为12 ~ 18千克。其余采用宽窄行或等株行距栽植，一般为1米（或1.2 ~ 4米或5米）×1米。每公顷乔木株数1 800株，灌木株数2 550株。行间间种苜蓿、甘草等。宜林荒地造林主要采取封育、机械播种和植苗等措施，以提高覆盖度。经过兵团林业调查规划设计院的复查，师连续三年完成年度工程任务。

2003年，农五师印发《退耕还林实施办法》，成立退耕还林领导小组，并与退耕还林项目单位签定《退耕还林责任书》，团场成立相应机构，具体负责退耕还林项目的实施。团场与承包户签订长期（30年）承包合同和承包管护责任制，人均承包面积2 ~ 10公顷，管护成活率（70%以上）、保存率（65%以上）达到标准发放国家补助。团场按照兵团《关于退耕还林档案管理办法》建立退耕还林专项档案。做到一户一卡一档案。至2006年，师退耕还林总面积7 466.7公顷，其中退耕地造林3 733.3公顷、宜林荒地造林 3 733.3 公顷。

四、林业项目

1979—1999 年，农五师林业项目重点是实施国家“三北”防护林项目建设，2000 年以后，师重点实施“退耕还林”项目建设。

2001 年，农五师九十团实施生态县建设项目（2001—2002 年），使用国债资金 500 万元，完成防风基干林 80 公顷、退耕还林 213.3 公顷、农田防护林 253.3 公顷、封育天然林 2 666.6 公顷、建设苗圃 2 公顷，打井 4 眼及配套、架输电线 5 000 米，埋设 PVC 管 1.1 万米，建护林房 8 座，完成土石方 42.8 万立方米。同年，八十六团等申请林业治沙贴息贷款 2 900 万元。

2002 年，农五师重点实施防护林项目，造林 1 666.7 公顷，使用国债资金 100 万元。实施防沙治沙项目，采用机械治沙，栽芦苇沙障 350 千米，在沙障中种红柳 25 万株，完成 71.7 公顷，使用国债资金 100 万元。实施示范苗圃基地建设项目（2001—2003 年），使用国债资金 260 万元。同年，师八十六团、八十九团等申请林业治沙贴息贷款 2 500 万元，用于发展葡萄产业。

2003 年，农五师项目有退耕还林、重点防护林、生态县建设等，共计 3 733.3 公顷。

2004 年，农五师治沙 100 公顷，使用国债 50 万元；建防风基干林 100 公顷，使用国债 50 万元

2005 年，农五师完成三北防护林四期造林 251 公顷，九十团等纳入中央森林生态效益补偿基金团场，管护面积 7 713.3 公顷。

2006 年，农五师完成兵团下达重点防护林治沙项目 180 公顷。

五、林果生产

20 世纪 80 年代前期，农五师果树种类主要有：苹果、葡萄、杏、桃、梨及其他果树。引进的苹果主要有国光、元帅、金帅、红玉、倭锦、祝光等品种，均采取冬季埋土越冬。职工个人开荒种枸杞，面积增加到 69 公顷。引进山楂树栽植，主要品种有大旺、金星、叶赫等。20 年代 80 年代后期，居民庭院栽植少量李树，品种有黄李、早丰、奎丰、大红袍等；栽植海棠果、樱桃、草莓等。引进红提葡萄 30 万株，分别定植在八十六团、九十团等团场。果树面积达 328 公顷，果品总产 1 405 吨。

20 世纪 90 年代，农五师以名、特、新优质果品为主。苹果主要有国光、红元帅、黄元帅、印度青、青香蕉、祝光、红星、金冠、新冠、新红、红富士等。葡萄主要引进莎巴珍珠、马奶子、玫瑰香、巨峰、塔伊菲、白翼、卡拉斯、沙比拉维等新品种。进入 21 世纪，农五师培育果品企业，经营拓宽销售市场。2003 年，师红提葡萄分别通过国际质量管理体系、国际环境管理体系的认证。同时注册“北疆红提”品牌。红提葡萄在国内主要销售到深圳、杭州、成都、福州，计 1 600 余吨；国外销售到俄罗斯、哈萨克斯坦、新加坡、越南、马来西亚，计 400 余吨。同年底，师红提公司被兵团农业产业化领导小组评为重点龙头企业，并取得边境小额外贸出口权。2006 年，师果树面积 2 360 公顷，果品总产 21 791 吨，其中红提葡萄 19 102 吨。

第三节 水 利

一、渠道

2006 年，农五师灌渠总长度 3 697 千米，其中干渠 288 千米，已防渗 250 千米；支渠 480 千米，已防渗 400 千米；斗渠 909 千米，已防渗 758 千米；农渠 2 128 千米；排渠总长度 1 428.6 千米，其中干排 89.2 千米，支排 430 千米，斗排 516.5 千米，农排 392.8 千米。渠系有效系数 82%，闸门、渡槽、桥涵等各种建筑物 4 763 座。

二、机井

1979 年前，农五师打机井 480 眼，配套 310 眼，其中 278 眼安装柴油机，32 眼安装电动机。20 世纪 80 年代，师开凿喷灌井，深度在 100 ~ 200 米。20 世纪 90 年代，师开凿机井。

2003 年，农五师机井数 945 眼，配套 945 眼，全部用电动机，电动机装机总容量 4.96 万千瓦，其中：喷、滴灌机井 422 眼，装机容量 3.04 万千瓦。到 2006 年，师有农用机井 910 眼，电动机总容量 57 330 千瓦，机井控制灌溉面积 4.4 万公顷。

三、水库

1981 年，农五师九十团修建三道坝水库，库容 7 万立方米。

1984 年，农五师八十四团修建乌图布拉格水库，施工中发现地质结构不适宜蓄水，中途停工。

1990 年，农五师八十九团在原冰库上游修建塔斯尔海水库，库容 220 万立方米。

1992 年，农五师八十四团启动保尔德高山水库工程设计，库容 1 040 万立方米，经水利部、兵团水利局批准立项，后因资金不到位而停建。到 2006 年，全师有容量 100 万立方米以上小型水库 4 座，总库容 1 265 万立方米。另有九十团一道坝水库、二道坝水库、三道坝水库、四道坝水库，均为拦蓄莫合泉水，合计库容 64 万立方米。

四、喷灌滴灌设备

1987 年，农五师灌溉科在九十团进行机井喷灌（洗盐）试验，取得成功。

1988 年，农五师九十团建设固定管道式机井加压喷灌面积 618 公顷。同年，八十四团建设自压喷灌面积 268 公顷，因管道破裂不能使用。

1991—2000 年，农五师八十四团、八十五团、八十六团、八十九团、九十团等相继建设机井实施喷灌。

2003 年，农五师有固定管道式喷滴灌设备 422 套，控制面积约 3 万公顷，此外还有若干用于小面积作业的小型移动式喷灌机。到 2006 年，全师喷、滴灌面积 4.4 万公顷。

第四节　工　业

一、工业经济发展

1982 年，农五师建制恢复，部分工业企业回归农五师。1983 年，农五师各团相继兴建轧花厂、榨油厂、食品加工厂。

1985 年，农五师贯彻“无农不稳、无工不富”方针，新建工业项目 38 个，完成 21 个；改造项目 20 个，完成 18 个。工业产品形成 16 种类 290 种。水泥厂 325 号普通水泥、八十五团古庙白酒、大修厂水泥电杆列入自治区“七五”工业产品升级创优规划项目。全师完成工业总产值 7 019 万元（1990 年可比价）。

1989 年 5 月 1 日，农五师油脂化工厂破土动工，建设期 4 年。竣工后，完成建筑面积 2.75 万平方米，安装各型机械设备 764 台（件），安装水汽及工艺管线 2.25 万米，敷设电缆 7 980 米，制作分交设备 75 台（件），制作 500 立方米油罐 4 只、300 立方米 2 只。同年 9 月 25 日，师肉类联合加工厂开始动工，于 1991 年 10 月投入试生产。完成建筑面积 1.12 万平方米，安装各型机械设备 354 台（件），安装供热管道 750 米，排水管道 1 310.8 米，给水管道 660 米，敷设电缆 660 米。

1990 年 5 月 4 日，农五师热电厂开始动工，于 1991 年 6 月 8 日投产运行。完成建筑面积 2.81 万平方米，设备安装为三台 35 吨链条锅炉及 6 000 千瓦抽凝式和凝冷机组各一套。

1996 年，农五师兴建年生产能力为 3.5 万锭的棉纺厂，于 1997 年建成投入生产。

2000 年以后，农五师陆续建赛里木节水设备公司、新赛钢木制品公司、赛里木肥料公司、金博种业中心等一批围绕农业和外贸出口深加工工业项目。原有企业陆续进行技术改造，扩大生产能力和产品结构，如赛里木电业公司实施二期农网改造项目，实施供热工程项目；博赛建材公司实施立窑改造项目和环保改造项目；博赛油脂公司并购农一师艾森油脂厂及农九师额敏油脂厂等企业；赛里木肥料公司新增复合肥生产线等。2006 年，师主要工业产品产量：发电 24 029 万千瓦时，增长 8.4%；供热量 12.57 万千焦；水泥 13.46 万吨；棉纱 5 252 吨，增长 26.6%；食用植物油 25 389 吨，增长 32.9%；小麦粉 4 665 吨，下降 37.4%；农用薄膜 3 650 吨，下降 13.8%；白酒（折 65 度）193 千立方分米，下降 31.6%；塑料管子及附件 7 602 吨，增长 13.7%。全年完成工业增加值 1.56 亿元，其中独立核算工业完成 0.86 亿元，增长 19.8%，团场工业完成 0.56 亿元，增长 8.5%。全年完成工业总产值 5.56 亿元，增长 11.6%，其中独立核算工业企业总产值 3.57 亿元。在工业总产值中，轻工业产值 2.66 亿元，重工业产值 2.9 亿元。

二、工业改革

1987 年 9 月，农五师机械厂、水泥厂、工程团、商业处、运输公司、外贸公司、面粉厂、电力公司、红星电站、印刷厂等 10 个直属企业签订第一轮承包经营合同，承包期 3 年。到 1990 年，师与工、交、建、商企业签订续包合同，第一轮承包延续到 1992 年底。

1992 年，农五师企业实行三项（劳动人事、工资分配、社会保障）制度改革，砸烂“三铁一大”（铁饭碗、铁交椅、铁工资、大锅饭），并在师水泥厂、运输公司、工程团、艾比湖商场等单位进行试点。

1993 年 2 月，农五师成立工、交、建、商第二轮承包工作领导小组，并印发《关于搞好工、交、建、商第二期承包工作的通知》，与 11 个工、交、建、商企业签订第二轮承包经营合同，承包期为 1993—1995 年。承包形式有“上缴利润递增包干”“上缴利润基数包干”等。

从 1994 年开始，农五师水泥、食用植物油、面粉加工等企业出现负增长，师党委于 1995 年印发《关于加强工业工作决定》和《工业企业经营者考核试行办法》，把承包经营改为年度经营目标考核制，指标 1 年一定，考核 1 年 1 次，重点考核经营成果。同时，组织实施以“产权清晰、权责明确、政企分开、管理科学”为目标的现代企业制度试点，对阿卡尔四级电站、棉纺厂、肉类加工集团公司股份合作制的试点进行摸底和测算，草拟章程和协议。同年底，全师实现工业总产值 16 154 万元。

1996 年，农五师党委六届二次全委扩大会议提出“以企业改革为中心，重点突破，全面推进、点面结合、综合配套、区别情况、分类指导”的方针，按照抓大放小，一厂一策的思路，加大工业企业改革力度。师热电厂和受益团场建立利益共同体，解决社会效益高，经济效益低的矛盾，实现利益共沾，风险共担；师肉联厂在开发“好伙伴”系列产品之后，引进东北“沟帮子”系列产品新技术，扩大市场占有率；水泥厂实施“一体两翼”战略，与精河县联手共建股份制粉磨站后，又同温泉县合资改造、改组粉磨站有限责任公司，兵地融资，共同开发；师机械厂一业为主，多元经营，开发以轧花锯片为龙头的轧花机械配件系列产品。同时，对团办企业实行放开搞活，对有原料、有产品、有市场的企业，实行全员风险抵押承包；对有产品、有市场而无资金的企业实行财产租赁承包；对无产品、无市场、无资金、扭亏无望的企业，实行关、停、并、转。兵团《关于国有工、交、建、商企业推行经营责任制的意见》下发后，农五师着手组建国有资产管理委员会和国资公司，经营国有资产，并进行资本承包经营责任制试点工作。

1997 年，农五师以转换企业经营机制为核心，以“三改一加强”为主要内容，对资不抵债，巨额亏损的企业，实行主体分离，资产重组。同年 9 月，师对艾比湖油脂化工厂实施优化资本结构，把制油生产线从油脂化工厂分离出来，组建艾比湖油脂厂。以油脂厂、八十九团等为主体，实行股份制改造，筹建艾比湖农业发展有限公司。师对棉纺厂实行资产剥离，分枝嫁接，把 3 万锭气流纺车间实施单列，与陕西省宝鸡纺织材料公司组建了农五师第一家跨省级有限责任公司，实现贸工农一体化。到1998年底，师企业资产负债率达97%，其中17个工、交、建、商企业资产负债率达117%。针对工、交、建、商企业存在的体制不顺、管理混乱、亏损严重、资不抵债等情况，师提出“破产重组一批，做大做强一批，积极发展一批，主动退出一批”的发展思路，按照有进有退，有所为有所不为的原则，开始筹备对企业依法破产。1999年5月，师全面启动以“减债减负、资产重组和建立现代企业制度”为中心的脱困计划，紧紧抓住国家国有大中型企业三年脱困的最后一年的政策机遇，对艾比湖油脂化工厂、棉纺厂、师水泥厂、热电厂实施重组，在没有享受国家对企业破产优惠政策的情况下，一举甩掉4.6亿元企业债务。同年，全师工、交、建、商企业实现扭亏增盈320万元。

2001年，农五师工业按照“改革、改组、改制和加强企业管理为重点”，积极推进国有企业创建企业集团。到年底，有电力公司、热电厂、艾比湖油脂化工厂、棉纺厂、水泥厂等5家企业重组后走上了集团化经营之路，资源配置得以优化。同年，全师工业实现利润312万元，较上年减亏增盈2 440万元。

2002年，农五师国有工、交、建、商企业的行政级别全部取消，师国有资产经营公司依据《公司法》对国有企业全面进行规范运作，企业的法人财产权得到全面落实，改制企业的法人实体和市场竞争主体地位得到确立，建立一整套国有资产投资运营管理办法。实行了会计委派制，集中核算报账制，建立了会计核算中心。并实行了模拟政府采购、完善政务公开、专项审计、集中招标等管理方式的改革。同年，全师国有优良资产由3年前的1.46亿元增加到6亿多元。

2003年，农五师国有工、交、建、商企业以建立现代企业制度为目标，以深化产权制度改革为突破口，以完善和规范法人治理结构为核心，着力推进“1+8”文件的落实。培育油脂、棉纺、种业、红提、木业等一批龙头企业，加快产业化进程；完善“百分考核末位淘汰制”“工龄工资与绩效工资”“基本工资＋计件工资”“劳动工资＋股份红利”等分配管理机制，所有企业经营者年收入严格控制在一般职工年收入的3～5倍；加强师国有资产经营公司的管理，积极探索管资产与管人、管事相结合的国资管理体制新模式，理顺与21个权属托管企业间的管理机制；对外资外贸企业进行改组整合，精简机构，强化管理，增强市场竞争能力。与此同时，认真做好新赛股份公司上市前的准备工作，理顺公司与团场的关系，按照上市公司的要求，规范管理，终于在2003年12月成功上市，使之成为五师和兵团农业产业化经营的龙头企业，对师资源优势转换，加快工业化进程，起到积极的示范带头作用。同年，工业企业实现“企企有盈利”。

农五师按照“搭建平台、招商引资、资源转换、形成特色、依托创新、搞活存量、协调发展”的基本思路，以市场为导向，以城镇为载体，以重大项目为突破口，加快结构优化升级和优势资源转换，集中力量发展农副产品加工、电力和热力、节水器材、纺织、建材、食品、木材加工、滴灌专用肥等产业，提高了农五师工业经济总量、工业经济质量和效益。

第五节　商业与物资经营

一、国营商业

1984年，农五师贯彻《中共中央关于建立社会主义市场经济体制若干问题的决定》，按照“流通上搞活，经营上承包，素质上提高，设施上加强”的要求，农五师试行经理负责制，实行经营承包责任制，行政部门分别将干部聘任、职工调动、商品进销、流动资金调用、职工奖惩、费用开支等权力下放给企业，把工作重点转移到搞好行政管理和宏观指导上来，使企业逐步成为自主经营、自负盈亏、独立核算的经济实体。同时，引入竞争机制，推行“三定一奖”（定岗、定员、定责与奖罚）份额工资。对销售人员采取考评、上等级、发合格证等管理办法，能者上庸者下。商业部门变坐商为行商，变坐店等客上门为肩挑、车推、走街串巷、送货上门、摆摊叫卖。是年，商品销售达 851.68 万元。

1987 年，农五师商业实行“包死基数、确保上缴、超收多留、歉收自补”的经营承包责任制。同年 8 月，师与商业处签订第一轮经营承包合同。商业处内部对批发企业实行基数内二、八分成，超基数倒三、七分成；对零售企业实行基数内三、七分成，超基数倒二、八分成；对饮服企业、微利企业实行基数内五、五分成，超基数全留。

1988 年 10 月，农五师推行“滚动式”承包经营，基本形成四种形式：“三保一挂”，保上缴利税，保发展后劲，保合理库存，工资总额与效益挂钩；以饮服业为主，实行大包干，包死上缴基数，超收归己；以团场商业为主，包上缴基数，超收按比例分成；对经营条件差、效益不佳的小企业采取租赁经营。是年，师直企业完成销售额 5 403 万元，实现利润 185 万元，相当于承包前经营利润的总和，企业留利 85 万元，上缴 56 万元，职工平均收入比往年增长 26%。

1991 年，农五师先后组建师石油公司、供销总公司、进出口公司、外贸、边贸公司，工作重点转移到团场产前、产中、产后服务上来，并开展与独联体等周边国家的贸易业务。

1992 年，农五师对国营商业实行“四放开”（经营、价格、用工、分配）试点，彻底打破“三铁一大”。从此，个体商业经济异军突起。同年，个体商、饮、服务网点达 219 个，占全师网点 68%，个体零售总额 1 022 万元，占全社会商品零售总额 13%，形成全民、集体、个体竞争格局。同年，完成商品销售额 2 849.4 万元。

1993 年，农五师商业采取“国有资产及设备租赁、自筹资金、个体经营”为主要内容的“国有民营”改革措施，农牧团场国有商业有的实行租赁，有的采取联营，有的将连队商店一次性卖给个人，自行进货，自由销售。师直地区大商场全部实行柜组、柜台租赁承包经营。同年，完成商品销售额 2 829 万元。

1994 年，农五师商贸领域改革向纵深发展，部分企业采取联购分销、分购联销、统购分销、连锁经营等形式。打破了所有制界限、批零界限、地区界限、部门界限，形成全方位改革开放的新格局。同年，实现商品销售额 3 676.2 万元。

1997 年，农五师面对个体商业“红火”走俏、大商场亏损的现实，商业总公司采取盘活存量，剥离债务，资产重组，减员增效的办法，对百货公司、糖烟酒公司、五金公司进行改组，组建“三和有限责任公司”。将华联商场一、二楼柜台交给下岗职工无偿使用 3 年。并将商场大院及库房改建成批发市场。同年，农五师国有零售商业网点 115 个，从业人数 1 084 人，亏损点 89 个，年销售额 4 346 万元。艾比湖商场亏损 28 万元，星光宾馆亏损 98 万元，艾比湖宾馆亏损 169 万元，实行停业整顿。

2005 年 3 月，农五师成立招商中心。“十五”期间，农五师通过招商吸引国内资金 4.42 亿元，项目有图木舒克新赛油脂厂、兴乐商贸城、家和超市、色素菊花深加工、马铃薯淀粉厂、钢铁、矿粉生产加工等。

2006 年，农五师重点加强怪石峪风景区建设，投入 70 万元。引资 50 万元修建“怪石山庄”服务区，招商引资 100 多万元建成怪石峪乐陶陶国际滑雪场一期工程。艾比湖大酒店通过三星级复核，赛里木大酒店批准为三星级酒店。赛里木旅行社导游队伍逐步增大，旅游线路增多。同年，全师批发零售贸易完成增加值 0.8 亿元，增长 13.6%。全年完成商品销售总额 15.99 亿元，增长 8.2%，其中商品批发 13.21 亿元，增长 9.1%，占销售总额的 82.6%。限额以上企业销售 11.78 亿元，增长 12.4%。全师完成社会消费品零售总额 3.62 亿元，增长 8.1%。

二、个体商业

1978年以前，农五师商业以国营商业为主。此后，以全民所有制经济为主，允许多种所有制形式并存。

1979年12月，农五师八十九团副业连家属周淑琴开办个体商店。从1980年开始，贯彻中共十一届三中全会精神，逐步实行改革开放，各团场相继出现个体商业。1981年，贯彻国务院《关于城镇非农业个体经济的若干规定》，个体商贩和饮食服务业首先发展。到1983年12月，有城乡个体户98个，从业人员157人，个体经济经营额占农五师商品批发零售消费品和餐饮额0.6%。

1985年，农五师允许职工停薪留职，个体户发展到149户，占农五师商业网点36%，从业人员占农五师国有商业16%，销售额248万元，占农五师商业销售额17%。

1990年，农五师团场开始城镇化建设，团部周围划出商业区域和集贸市场，允许职工和外地客商建房经商，摆摊设店。个体商业发展到209户，从业人员248人，销售额255万元。在商业批发零售贸易业零售额中，个体经济占6%；在饮食业零售额中，个体经济占23%；在其他行业零售额中，个体经济占33%。

1995年，农五师个体商店、饮食店、理发美容店、照相馆、加工修理铺、缝纫部、诊所、服装店、干洗店、果品店、肉店、蔬菜店、粮油店、书店等相继开办。个体商业销售额增加到957万元，个体及其他行业零售额1 329万元。在批发零售贸易业零售额中，个体经济占17%；在餐饮业零售额中，个体经济占67%；在其他行业零售额中，个体经济占26%。

自1997年以后，农五师商业全面放开，实行国退民进、国有民营、个体经济稳步增长。原有小型国营商业、饮食业、服务业以及劳务为主要收入来源的修配、理发、照相、澡堂等店铺交由个人经营，多数成为“夫妻店”“家庭店”，从业人员扩大到2 045人，占农五师从业人员4%，实现国内生产总值1 793.7万元，占整个国内生产总值6%，其中：商品销售额2 577万元，餐饮业营业收入593万元。在社会消费品零售中按行业和经济类型分：批发零售贸易业零售额中，个体经济占37%；餐饮业零售额中，个体经济占85%；制造业零售额中，个体经济占4%；其他行业零售额中，个体经济占30%。形成以公有制为主体，多种经营形式公平竞争，共同发展的新经济格局。

2000年，农五师个体商业网点发展到1 154个，零售额达12 276万元，餐饮业个体网点发展到220个，餐饮营业额达1 593万元。到2006年，全师个体商业网点发展到1 570个，零售额达27 902万元；餐饮业个体网点361个，餐饮业额达6 288万元。

三、外贸经营

20世纪80年代，农五师外贸公司与团场10个收购站形成外贸经济体系，统一收购土产品、废旧物资，通过新疆农垦进出口公司进行销售，以后经营项目扩大到油脂、棉花、牛皮、红花籽、大芸、麻袋、铁丝等，经营业务扩展到上海、长沙等地，以及销售到国外。1993年，外贸出口以砂糖、俄得克酒为主，进口以钢材、推土机、翻斗车、卡玛斯汽车为主，进出口额达703万美元。1994年，“口岸热”降温，有13家边贸公司转做内贸生意，大部分边贸公司资金不足，难以还贷。1995年，由于哈萨克斯坦国贷款拖欠不断增加，致使农五师外贸资金周转紧张。由于高价定购、低价转手，导致经营效益滑坡。当年出口产品品种增加到18个，油脂厂的高级烹调油和肉联厂的香肠出口到独联体和欧洲等国家，是年完成进出口总值938万美元。1998年，由于受欠款难以回收的影响，外贸处于低谷，只有2家外贸公司开展进出口业务。2000年，对外贸易额完成2 005.6万美元。

2003年，农五师外经委为34家民营企业申请了边境小额贸易经营权，归农五师管理的民营企业41家。

2006年，农五师完成外贸进出口总额1.77亿美元，比上年减少28.2%，其中出口额0.59亿美元，增长33.2%；进口额1.18亿美元，下降41.8%。

四、物资经营

1979年，农五师农用物资恢复直供后，农药化肥的供应量有所增加，化肥总用量2 833标吨。

1982年，农五师成立物资处，团场成立供应站（供销科）。1986年，师对生产性物资供销实行简政放权。在政策允许范围内，适时调整物资价格，对物资耗用大户采取调拨价让利办法，资金暂时有困难给予赊销，同年，师团场欠款180余万元，为此，物资总公司支付银行货款利息15万元。

1991年，农五师组建供销公司。生产资料公司移交给供销公司，负责棉花等大宗农产品的销售和化肥农药等生产资料的供应。到1993年的3年中，师供销公司累计盈余达598万元。

1994年，农五师物资供应基本取消指令性分配指标，实行价格并轨。在经营结构、营销决策、促销手段、服务方式上冲破计划经济束缚，从单项经营向多业发展方向转变；从单一依靠团场供应站向市区扩大批零经销点；从办商店向兴办生产资料市场发展；对内扩大横向联系，对外开展边贸交易，不断扩大资源渠道和经营范围。

1997年，农五师物资公司全面实行租赁承包，对盈利公司采取委托委任租赁，对亏损公司除委任外，还采取个人牵头承租或合伙承租。同时，面向社会实行公开招标租赁。

2000年3月，由农五师国有资产经营公司投资78万元，职工入股30.7万元，在原农机公司基础上，组建博乐赛里木物资有限责任公司。经营农机及配件、大型机械、金属材料、轻化建材、喷灌材料等。同年7月，物资总公司下属的轻化建材公司、机电设备公司、汽配公司、金属公司实行依法破产。

2001年，农五师成立农资产业联社。2002年，师农资产业联社在地方乡镇设立农资销售门市部。

2004—2006年，农五师博赛物资公司开展总代理和总代销制的经营模式，与洛阳拖拉机厂、新疆天山拖拉机厂、福田汽车、八一钢铁厂等企业合作取得博州地区唯一代理权；在精河、博州农行达成“消费信贷”协议，为农户贷款和销售农用车辆及各种农机具5台（套）；年均销售收入2 000万元，利润40余万元。

2006年，农五师农资产业联社实现利润200万元，被国家商业部确定为“万村千乡”市场工程优选试点企业。

第六节　交通　通信

一、交通运输

1983年，农五师运输企业推行经济承包责任制，实行独立核算，自负盈亏，工资、福利待遇与经济效益挂钩。

1985年，农五师组建运输公司，继续实行各种形式的承包责任制。1991年，单车承包责任制日趋完善，当年实现利润115万元。

1992年，农五师道路运输形成专业运输企业、团场及附属运输企业、个体运输业三足鼎立的局面。1997年，师运输公司提出“收缩货运，扩张客运，拓展房地产”经营思路，从产权改革入手，以资产经营为核心，盘活存量资产为突破口，将车辆作价卖给个人，实行民有民营。在合同期内，车主自筹资金，自主经营，自行纳税，自负盈亏，承担债权、债务等民事责任。车主能履行合同，遵纪守法，并向单位交足管理费、养老统筹金，将保留职工身份，享受调资增资权，增资额计入本人档案工资。同时相应按增资额增缴统筹金、管理费。并制定《货运信息配载中心管理办法》和《垦区客运市场管理办法》，大力扶持和发展个体运输业。同年 11 月，运输公司改制为“新运股份有限责任公司”，本着自愿原则吸纳职工入股，企业税后利润 10% 提取公积金，以利润 5% 提取公益金，把 85% 用于股东分红。同年 12 月 20 日，召开股东代表大会，选举产生董事长、经理。

2001 年 11 月，农五师成立运输产业联社，货物信息配载中心设在新运股份有限责任公司。运输产业联社成立后，加大物流配送向多方位发展，同农五师的龙头企业建立长期的伙伴关系，同师棉花产业联社、红提联社、油脂集团、博赛建材、各农牧团场建立货运关系，重点开发阿拉山口市场。并建立租赁网络，在乌市、石河子、伊犁、阿拉山口设立分站点。同年，完成货运周转量 3 500 万吨千米，实现利润 36 万元。2002 年，师对商业总公司与运输公司实行改组整合。

2003—2004 年，农五师新运公司年均客运量 20 万人，旅客周转量 5 000 人千米，货运量 4 万吨，周转量约 1 000 万吨千米。

2005 年，农五师打破地域界限，师中心客运站管理团场客运站，团场客运站管理连队客运站（点），新运公司在 7 个团场建立了客运分站，3 个团场实行公交化试运行，全师有大小运营班车 168 辆，团、连客运线路 36 条，通达率 60%。重组了运输产业联社，分别在阿拉山口、八十三团、八十一团、精河、乌鲁木齐市北站设立货运信息部，建成了师物流园区，全年实现货运量 652 吨，周转 8 840 万吨千米，客运量 144 万人，周转 9 174 万人千米。

2006 年，农五师新运有限责任公司营业收入 1 706 万元，比上年增长 27.6%。完成增加值 950 万元，比上年增长 3%。实现利润 56 万元，完成师计划的 224%，完成兵团交通局计划的 280%，比上年增长 124%。被兵团评为“兵团交通管理”第一名。职均年收入 8 739 元，同比增长 10.2%。公司投资 390 万元，购置 3 辆大型高二级客车，投入博乐—乌鲁木齐市客运线路，打响“西线快车”的品牌，完成营业收入 246 万元，实现利润 64.49 万元。

二、个体运输业

1985 年，农五师贯彻改革开放政策，个体运输开始发展，私人购买客、货汽车，轮胎式拖拉机、小三轮、小四轮等交通工具，涌进运输市场，从师部到各团场均有私人购置的中巴、面的等出租车经营。个体运输发展到 278 户，运输车 308 辆，其中货车 46 辆，货运量达 43 063 吨，运营收入 223 万元，运输纯收入 102 万元。1990 年，由于市场疲软，货源不足，导致运输业不景气，师个体运输货车只保留 25 辆。

1995 年，农五师拥有私人客车 52 辆，普通载货汽车 70 辆，专用载货汽车 5 辆，其他专用汽车 5 辆，载货挂车 24 辆，轮胎式拖拉机 27 辆，个体运输发展到 304 户，客运量 49 万人，占农五师客运量 76%，旅客周转量占全师旅客周转量 29%。货运量 10 万吨，占全师货运量 20%，占全师货物周转量 9%。个体运输纯收入是国有企业 3 倍。

1997 年，农五师私有汽车 347 辆，其中载客汽车 145 辆，普通载货汽车 172 辆，专用载货汽车 2 辆，其他专用汽车 28 辆。完成货运周转量 2 571 万吨 / 千米，占农五师货运周转量 31%；完成货运量 14 万吨，占全师货运量 42%；完成客运量 74 万人，占全师客运量 78%。个体运输纯收入是国有企业 4 倍。

2000 年，全师私人拥有汽车 678 辆，完成客运量 108.9 万人、旅客周转量 5 721 万人千米、货运量 35 万吨、货运周转量 7 147 万吨千米，营运业务收入 3 146 万元，运输纯收入 1 060 万元。2003 年，师私人拥有车辆发展到 1 326 辆，农用运输车发展到 2 001 辆，拖拉机发展到 1 277 辆。同年，完成营运业务收入 3 727 万元，个体运输纯收入 1 264 万元。

2006 年，农五师民用汽车拥有量 3 347 辆。个体运输户（包括联户）1 405 户；营运人员 1 429 人。全年完成货运量 72 万吨，同比增长 10.4%。完成客运量 175 万人，增长 21.7%。货物周转量 10 224 万吨千米，增长 15.7%。旅客周转量 10 641 万人千米，增长 16%。

三、公路交通网络

1979—2005 年，农五师基本建成“一纵三横”主干公路。“十五”期间，农五师继续建设和完善“一横三纵”为主骨架的公路网格局，相继建成垦区博精、沙塔、托五、塔黄及八十五团、九十团等团场干线公路和小城镇道路 1 350 千米，其中沥青路面 588 千米，沙石路面 762 千米。

2003 年，农五师投资 4 577 万元，修建通连公路 134 千米。2005 年，投资 5 970 万元，建成连队内部沥青或水泥路 338 千米；投资 2 200 万元，建成通连公路 55 千米。2006 年，全师所有团场和 60% 的连队通沥青及水泥路。在通团、通连公路建设的基础上，新建中心连队五级客运站 8 座，连队招呼站 26 个，与原有的二级客运站 1 座（师级），三级客运站 3 座（团级），货运站 3 座，形成客、货运输网。6 个团场建立公路养护所，师购置 1 台公路巡查车。实行专业养护和社会养护相结合的办法对公路进行养护。

2006 年，农五师公路在册里程 1 533 千米，其中沥青水泥路面 976 千米，100% 的团场、70% 的营、连通沥青、水泥路。采取统一管理、分级负责的方式，建立“责任到团，分工到连，任务到人，有路必养”的养护管理体系。省道好路率达 90% 以上，县道好路率上升至 80% 以上，两项指标均超过兵团交通管理年制定的考核标准。

四、通信

20 世纪 70 年代末，经博州党委批准，将原农五师通往各团的中继线路和部分通信设备、器材、交通工具移交给农垦局，农垦局重新组成有线通信队伍，通信工作归武装部管辖。安装 1 台 100 门磁石交换机，恢复八十四团、八十五团、八十六团、八十九团、九十团等团场的有线通信。同时新装农垦局机关部分电话。

1982 年，农五师有线通信工作由唐昭贵负责，设话务员 5 人，收发员 3 人，线路维护 11 人。由于农垦局时期拆除部分通往团场通信线路，故投资 40 万元，重新架通九十一团等团场电话线路 28 千米。1983 年 6 月，师整修垦区西部主线路 67 千米。恢复全师内部有线通信联络。1984 年，全师共有磁石交换机 16 台，其中 100 门两台，50 门 10 台，30 门 3 台，10 门 1 台。总装机 800 门，用户 600 个，师、团两级通信人员 67 名。拥有交通汽车 1 辆，三轮摩托车 1 辆，团场配有自行车。全师通信干线 313 千米，619 对线千米。

1986 年 5 月，农五师机关 100 门磁石交换机更新为 200 门。同年，师各团场将原 50 门磁石交换机更新为 100 门。各团场设通信人员 3 ~ 5 人，全师共有通信人员 57 人。

1988 年，农五师投资 15 万元，引进 HJ–905 型 400 门纵横制自动交换机，安装调试成功，1989 年 3 月 6 日正式启用，师形成独立的市话网络。1990 年，架通师部到火电厂、油化厂、肉联厂的 7 千米线路，开通与上述单位的电话联系。同年，师机关开始安装使用传真机，收发兵团文件。29 世纪 90 年代初，师各团场都安装传真机，形成全师传真系统。

1991 年末，农五师电话总装机容量 2 050 门，其中磁石 1 250 门，供电式 100 门，自动电话 680 门。全师安装电话 1426 户，磁石 969 户，供电式 104 户，自动 380 户。通信线路总长 1 083 千米，对线 1 937 千米，单线 393 千米，装机单位达 99%。

1992 年 3 月，农五师购置一套 J2D–16A 双功无线电话通信设备，在汽车二连，农五师司法局劳改队安装投入使用。同年 9 月，师购进 6 套 WTG20 型 4 路特高频通信设备，在八十九团、九十团等团场安装使用。1995 年 7 月 16 日，师投资 11 万元，建成微波塔，提高原有特高频设备通话质量。

1995 年 10 月，农五师投资 66 万元，购进一套 ZKJ2000A 型 656 门数字程控电话交换机，实现数字自动交换。1996 年 10 月，全师各级通信人员大多数获得工人技术等级证书，其中高级工 5 人。2001 年，由师机要局牵头，建立党政信息局域网。以后局域网范围扩大到师机关各处室。

2002 年，农五师与铁通公司达成协议，铺设光缆、拆除原有线路，师部及各团场的电话通信全部纳入铁通电话通信系统，原有交换设备及高频超高频无线电话通信设备停止使用。

2006 年，农五师固定电话总数 20 277 部，其中办公用电话 4 551 部。

第三章　科教文卫

第一节　科　技

一、科技队伍

国家恢复高考后，陆续有大中专毕业生分配到农五师，并通过函授等教育培养大批技术人员。到 1993 年，农五师科技队伍中有高级职称 2 人，中级职称 144 人，初级职称 1 172 人。

1999 年，全师有各类技术人员 5 484 人，平均每万人拥有科技人员 538 人，基本达到兵团水平。农业、医疗卫生、教学等行业科技人员新老交替过程基本完成，一批中青年科技人员成为技术骨干，并有一批既有专业知识、又有管理经验的中青年科技人员走上领导岗位，成为各学科带头人。在连队、学校、医疗卫生第一线的科技人员中，大专文化程度占 60% 以上，刘宗尧等 8 位享受政府特殊津贴。

2006 年，农五师有专业技术人员 4 261 人，其中高级职称 137 人，占总数的 3.52%；中级职称 1 214 人，占总数的 28.8%；初级职称 2 792 人，占总数的 66.2%。工交建商企业有专业技术人员 903 人，占工交建商企业总人数的 20.2%。

二、科技服务

（一）新品种引进和推广

20 世纪 70 年代末 20 世纪 80 年代末，农五师推广新品种、新技术，农业上先后推广秋耕冬灌，小麦分段收获，密植作物畦播、平沟播，中耕作物方形窝播、横向中耕、苗期耙地、带种肥、伏播绿肥、秸秆粉碎还田；在林业上推广快速育苗、机械植树造林；在畜牧业上推广疫病疫苗、冷冻精液受精、暖棚饲养、农区养畜、饲料配制、秸秆微贮；在水利建设上，推广渠道塑膜防渗。

1994 年，农五师从农七师引进棉花 85-174、85-172、85-57 等系列新品种，播种面积 4 000 公顷。试种辽棉 10 号，种植面积 400 公顷，使棉花黄萎病得到了有效控制。从宁夏引进春麦新品种“宁春 16”“宁春 17”“新春 16 ”。从山东引进玉米“掖单 12”“掖单 13”“伊单 4 号”。从唐山引进冬麦新品种“6898”。新品种种植使棉花、小麦、玉米产量有所提高。1995 年，师大面积推广棉花辽宁 10 号、85-57、9001 新品种，推广面积 8 693.3 公顷，占棉花播种面积的 48.3%，增产幅度在 10% ~ 20%以上；推广小麦“宁春 16”“博春 1 号”新品种，推广面积占小麦播种面积的 12.7%，公顷增产 1 500 千克以上；推广新葵杂 2 号、4 号、G101 等新品种，公顷增产 302% ~ 378%。1996 年，积极引进、选育、推广早熟、高产、优质、多抗的棉花新品种，继续扩大优质高产粮食作物品种和杂交油葵优良品种的种植面积。1996 年，全师种植新品种 14 633.3 公顷，占种植面积的 79.63%，全师种植 13 个棉花新品种，有 9 个新品种单产超过 69-1 品种（69-1 品种降至 16.1%），有 4 个品种公顷单产超过 1 500 千克。小麦新品种覆盖面达 90%。玉米新品种 SC704 种植面积达 90.7%，实现了吨粮田。油葵全部实现良种化。1997 年，师每个团场确定两个棉花主栽品种，良种覆盖面达 90%以上，小麦、玉米、油葵良种种植率达 100%。1998 年，更新推广新品种，全师五大作物新品种覆盖率达 100%。2000 年，为解决植棉区严重的黄萎病问题，在重病团场推广种植以辽棉为主的抗（耐）黄萎病新品种。

2001 年，农五师与中国农科院植保所合作完成的棉花新品系 9456D 抗枯黄萎鉴定合作项目中，皮棉单产、籽棉单产和抗病性 3 项获自治区第十轮区试第一。当年，棉花高密度栽培配套技术研究与推广应用，在北疆师局棉花大幅度减产的情况下，农五师 5 000 公顷单产超 2 250 千克。

2003 年，农五师棉花新品种 81–3 推广应用 3 800 公顷，超过 2 250 千克面积达 1 733.3 公顷。“玉米科技示范基地建设”项目种植制种玉米 1 000 公顷。“十五”期间，师农科所引育并命名的新陆早 12 号棉花新品种，改变师没有自育品种的历史。

2005 年，农五师推广种植棉花标杂 A1 品种 1 093.3 公顷。

（二）新技术引进和推广

1981 年，农五师开始试验和推广地膜覆盖植棉技术，随后面积不断扩大并在玉米和其他作物种植中推广。20 世纪 80 年代，师在田间作业还引进和推广化除、化控及航空作业。

1993 年，农五师农科所从青海购进 40 吨钾肥，经大面积施用，皮棉单产提高 45 千克，增产 19.48%。同时，推广小麦施根际固氨菌，小麦、玉米、棉花施络合微肥，小麦、棉花施叶面宝，棉花施生花剂，小麦、棉花使用增产菌，并实施了测土施肥等新技术。1994 年，师试行土壤全层施肥技术。同时，推广化肥深施、施厩肥、种压绿肥和配方施肥。1995 年，师重点推广四项实用新技术：推广喷灌技术，喷灌面积达 6 693.3 公顷，洗盐、改土、抗旱、节水增产效果明显；改装大型棉花铺膜机 72 台，新制 38 台，购置 25 台，达到千亩棉花有 1 台铺膜机。大面积推广棉花宽膜覆盖技术，并实现 100% 地膜覆盖；玉米、甜菜实施地膜覆盖种植，均收到显著增产效果。1996 年，师主要推广全程施肥、养分平衡施肥、测土施肥、膜上灌、棉花喷灌。增产幅度在 2% ~ 5%。

1996 年，农五师投入 526 万元，建羊圈 37 个，实行农业和牧业、山区和农区的有机结合。把母羊和育成羊转移到农区越冬度春，产仔育幼，并继续推广冬季舍饲、饲草青贮、黄贮、微贮、粉碎饲料技术；公羔当年育肥技术；在养猪生产上推广规模化、工厂化饲养新技术。

1997 年，农五师推广膜下点播技术，加快推广喷灌、膜上灌等节水设施。

1998 年，农五师在大面积推广棉花模式栽培的同时，全面推广早、密、矮栽培方法，落实化控、化除、航空作业、病虫害防治、测土配方施肥、机械改装配套、实行科技扶贫等措施。普遍推广了以棉养棉，实施秸秆、油渣还田的培肥措施。

1999 年，农五师扩大宽膜、超宽膜植棉面积，发展喷滴灌节水技术，进一步推广种子包衣技术。同时又试行“上密度、降高度、整齐度、精灌溉、降成本、升品级、重效益”的管理模式。2000 年，全师农机具进行大规模改造，全部采用超高密度植棉技术，实行精量播种、半精量播种；全师滴灌面积 2 万公顷，占棉花总播面积的 70% 以上；9456D、新陆早 12、辽棉 12 等高抗枯黄萎病、抗逆性品种面积占 80%。

2003 年，农五师开展作物平衡施肥面积 23 106.7 公顷，其中微机决策平衡施肥面积 6 666.7 公顷。

2005 年，农五师推广精准播种面积 23 333 公顷，其中半精量点播 100%，棉花精量点播示范成功。开展棉花初花期植物营养平衡诊断。高密度栽培和棉花“六大精准技术”在制种玉米、番茄等作物上推广。

（三）开展科技示范工作

20 世纪 80、90 年代，农五师群众性科技活动比较活跃，师成立科协，农业、林业、畜牧业、工程、医学等行业成立专业学会，经常开展学术活动。1992 年，兵团开展科技示范团创建工作后，农五师八十九团等被列为首批试点团场。师印发《农五师科技示范连达标考核验收办法》，把科技示范连创建与小康连队建设有机结合起来。到 1999 年，师科技示范团 5 个，科技示范连 65 个，科技示范户

4 128 个户，科技示范面积 1 113.3 公顷。2000 年 8 月，师召开科技创新大会，表彰奖励 5 名师级有突出贡献的科技人才和 57 名优秀科技工作者，重奖中国美利奴羊育种单位，聘请 10 名科技顾问和经济顾问。出台农五师党委关于加强科技创新工作的决定和科技工作奖励办法。

2001 年，农五师八十九团通过兵团科技进步示范团和农业标准化示范团两项达标验收。2002 年，师各团场建立由团长、政委为组长的科技领导小组，设有兼职科技干事，农业连队成立攻关小组和科技示范领导小组。科技示范连和科技示范户不断扩大，科技示范面积发展到 5 200 公顷。2005 年，师八十四团、八十六团、八十七团、八十九团等通过科技部 2003—2004 年度科技进步考核，其中八十六团等获全国科技进步先进团场，杜平、赵学亮、尤义伟、麻林获全国科技进步先进个人。

（四）课题研究与科技成果

农五师建制恢复后，科技工作者开展“三河”下游地区土地开发、喷灌洗盐、地膜植棉丰产栽培及其他农作物高产栽培技术研究。1993 年，师开展“智慧杯”青年职工“五小”科技创新活动，评选出优秀成果 68 项，其中 24 项被生产单位采用。1995 年，师参加兵团“U”品系细毛羊繁育基地建设，与兵团农科院、石河子大学等单位合作，采用胚胎移植等先进技术，使羊毛品质进一步提高，培育出主体细度达 70 支的超细型。1998 年，全师承担师以上科研课题 17 项，团场自选课题 166 项。由农科所和石河子大学共同完成的利用 DNA 基因导入技术培育棉花新品种项目通过兵团鉴定，达到全国同类先进水平和自治区领先水平。开展《氯化钾对棉花增产效果研究与推广》《人畜共患包虫病的控制》《西门塔尔牛高产性能和杂交优势生产技术的研究》。2000 年，师安排各类科研课题 167 项次，其中兵团课题 6 项，师课题 36 项，团场自选课题 125 项。棉花品种通过自治区品种委员会审定，被命名为“新陆早 12 号”，两个玉米品种通过博尔塔拉蒙古自治州品种委员会审定，命名为“博单 4 号”“博单 5 号”。生物育种技术取得突破性进展，利 DNA 基因导入培育的“9456D”棉花品系被认为集抗病、高产、优质于一体的优良品种。至 2000 年，师获兵团科技成果奖 27 项，师评出科技成果一、二、三等奖 143 项。2002 年，师博赛建材公司在除尘项目研究中，取得国家环保部门 ISO9000、ISO14001、OHSA18001 三项认证。

2003 年，农五师下达 51 个科研项目，21 个农业科技成果推广计划项目。执行较好的项目有“棉花单产 150 千克综合配套技术研究”“杂交棉（标杂 A1）栽培技术研究与推广”“线路动态无功补偿”和“恶性肿瘤的介入治疗”等。《棉花地下滴灌技术试验与示范》项目获兵团科技进步三等奖。师进行 2003 年度科技进步评奖工作，19 个项目分获一、二、三等奖。杨青云获“第二届中国科协西部开发突出贡献奖”。举办农林牧三个技术研讨会，79 篇论文分获论文一、二、三等奖。2006 年，师组织申报国家及兵团项目 20 个，批准到位 7 项，其中：科技攻关计划项目有《棉花大面积超高产综合配套技术研究与示范》；高新技术研究发展计划项目有《新赛油脂视频会议协作系统》；科技基础条件平台建设有《青少年科普与科技创新教育实践基地建设项目》；工业贷款贴息（专项）有《废旧塑料回收加工技术的研究与应用》；科技扶贫开发计划项目有《农五师玉米制种、马铃薯栽培新技术示范与推广》等。全师下达各类科研项目 29 项，其中农业类 13 项、工程类 7 项、畜牧类 4 项、果蔬类 3 项、医疗卫生类 1 项、社科类 1 项。在八十九团承担的《公顷皮棉单产 3 000 千克综合栽培技术示范与推广》项目中，十四连种植的 720 公顷，棉花平均单产 3 015 千克，创造兵团大面积高产连队的典范；由农科所承担的《杂交棉新品种系的引育与筛选》项目选定一些有希望的品系。师在兵团师级科技进步工作考核中获第四名。棉花新品种“新陆早 29 号”“新陆早 30 号”“新陆早 37 号”、分别通过自治区品种委员会审定。由农科所等单位完成的《红地球葡萄优质高效栽培技术推广》项目，获兵团科技进步三等奖。

第二节 教 育

一、幼儿教育

1979年，全国托幼工作会议之后，各单位重视幼儿园的软件和硬件建设，重点解决师资、教材、课程等亟待解决的问题，使保教、管理、卫生等工作走上正轨。从1982年后，农五师幼儿教育发展迅速。1985年，全师有幼儿园15所，幼儿班35个，在园儿童809人，教职工49人。从1986年起，幼儿园业务归教育行政部门领导，明确了幼儿教育是农五师教育工作的组成部分，为各幼儿园配备了有专业知识、又有工作能力的领导干部，按照《幼儿管理条例》配备教抚人员。根据幼儿教学大纲开设语言、计算、常识、画画、体育、思想品德等幼儿教学课程。贯彻“爱祖国、爱人民、爱社会主义”的“三热爱”教育内容。

自1990年以后，农五师出现第二个生育高峰期。又从1993年起，内地大批劳务工进入农五师，入园儿童不断增加，为此，各单位相应加大幼儿教育的投入，保证儿童入托、入园。师教师进修学校开设幼师专业，培养幼教专业人员，同时选送部分热爱幼教工作的青年，赴外地培训学习，毕业后分配到基层幼儿园。1997年，全师幼儿教师增至167人。八十九团、八十六团和师直等幼儿园管理规范，设备齐全，保教质量高，在全师有较高知名度。

2004年12月，农五师举办幼儿教育培训班，聘请北京专家授课。2006年，全师拥有幼儿园12所。

二、小学教育

1980年，国务院《关于普及小学教育若干问题的决定》下达后，农五师所属小学逐步向六年制过渡。从1980年起，师使用国家统编教材。1982年，师小学教学引进先进教育方法，如“愉快教学法”“尝试教学法”“整体拼读”等先进教育方法。自1986年《义务教育法》颁布后，师小学使用全国统编“九年义务教育”教材，执行“九年义务教育”教学计划。

1997年，农五师小学低段开设语文、数学、思想品德、自然、劳动、音乐、美术、体育、活动、卫生等课，小学高段开设语文、数学、思想品德、社会、自然、作文、劳动、音乐、美术、体育、活动、卫生等课，个别有条件的学校开设外语和微机课。小学1～4年级，每周课程28～32节，5～6年级每周开设课程30～34节，每课时45分钟，每学年时间42周以上。

进入20世纪90年代后，农五师小学在运用传统教学手段的同时，应用电化教学、录音、录像、幻灯、投影等现代教学手段，注重课堂实效，保证一堂课“45分钟”教学质量。严格控制家庭作业量，减轻学生课余负担。

2001年，按照教育部的部署，农五师小学进行基础教育课程改革实验工作，确定7所学校进行课程改革实验，用民文教学的学校全部进行实验，用汉文教学进入实验的一年级学生1 208人，占全师同年级学生总数的56%。

2003年，农五师小学每周学课时：一年级23节，二、三年级24节，四、五、六年级25节，开设思想品德、语文、数学、外语、自然、体育、音乐、美术、微机、劳动等课，另有每天晨会（早读）10分钟，团队活动1节，体育锻炼、科技文体活动4节。

三、中学教育

1979年前，农五师普通中学执行五年制学制，初、高中教学时间每学年为30周。1979年，师初中恢复动物、植物和生理卫生课，并开设英语。自1982年兵团恢复后，师各级党委加大对教育投资力度，注重改善办学条件。从1983年起，师实行“三·二”学制的完全中学逐步向“三·三”学制过渡。1985年师中学实行“三·三”学制。初、高中按“三·三”学制安排课程，初中开设有语文、数学、外语、物理、化学、历史、地理、政治、音乐、体育、美术、生物、生理卫生；高中开设课程有语文、数学、外语、物理、化学、历史、地理、政治、生物、体育、人口。高二开始文、理分科开设课程，公共课有语文、数学、外语、政治。分设课程理科有：物理、化学、生物；文科有历史、地理。1990 年，全师有中学 17 所，其中完全中学 13 所，初中 127 个班，在校学生 8 912 人，高中 78 个班，在校学生 3 499 人。初中专任教师 387 人，高中专任教师 269 人。

从 1994 年以后，按照国家教育委员会规定设置课程、课时。并着力于实验室建设和实行集中办学。1999 年，师高中办学点确立为八十九团、师高级中学、师民族中学等。将八十六团、八十五团、八十四团等高中并入师高级中学；师民族高中集中到师民族中学。同年 8 月，师中学高中部与初中部分离，与技工学校、八十六团等五个团场中学高中部组建为农五师高级中学。有 9 个团场学校通过兵团“普及实验教学”评估验收。

从 2001 年开始，农五师初中一年级、高中一年级执行新课程改革方案。2002 年 2 月，师贯彻兵团党委基础教育工作会精神，出台基础教育改革“1+6”配套文件，基础教育改革工作全面启动。2003 年，师开展新课程改革工作，出台《农五师基础教育课程改革工作实施方案》和《农五师基础教育新课程师资培训工作规划和实施方案》。同年 5 月，师在八十九团召开农五师中小学基础教育课程改革现场会，交流课改经验。同年 8 月，兵团“教育系统学习贯彻“三个代表”重要思想研讨会暨兵团基础教育管理体制改革现场会”在农五师召开。

2003 年 10 月，农五师各团场全部实现“两基”达标，2003—2004 年，师加强“两基”实施后的巩固提高工作。2006 年，师加大对“两基”工作的指导、督促力度，同年 6 月，师对 6 个团场进行复查。同年，全师拥有高级中学 1 所，完全中学 3 所，九年一贯制学校 11 所。在校中小学生 26 254 人，其中小学生 13 548 人，初中生 8 256 人，高中生 4 441 人。

四、职业教育

职业高中　1982 年 9 月，农五师八十九团中学首先开设职业高中班（职高班），开设农业机械、工业民用建筑、农学、会计、农林、植物保护、园林、机械维修等专业。此后，各团场中学相继开办职高班，开设护理、水利、缝纫、畜牧、兽医、家电、服装裁剪、棉花检验、电器维修等 10 多个专业。1984 年 6 月，八十一团成立职业中学，开设六个班，教职工 18 人。1989 年，师各团职业高中又增设工艺美术班，开设剪纸、壁画、壁挂、麦墙画、瓜子贴画、刺绣、编织等美术工艺课。从 1990 年后，由于职高毕业生就业困难，生源严重不足，师各团场学校同时承办农广校开班任务，所招学员既是职高班学生，又是农广校学员，毕业时两校均发毕业证书。1997 年，师第一中学开设两个职高班（工艺美术班、音乐班各 1 个），团场职高班均停办。1999 年后，全师停办职高班。

技工学校　1988 年，农五师成立技工学校。1990 年 7 月，师技工学校纳入自治区技工学校序列，由师劳动局负责业务指导。先后开设维修电工、内外线电工、热电、机电、电器维修、建筑、电焊、钳工、锅炉、汽修、机械维修、汽驾、棉纺保全、纺织、棉花检验与加工、水利工程、水暖安装、幼师等 18 个专业、共 34 个班。1997 年，师技工学校有实习工厂、校办工厂各 1 座，在校学生 101 人。1999 年，师中学高中部与师技工学校合并。技工学校在生源锐减的情况下，确立以“汽车驾驶”为培训重点。2002 年，师技工学校为博州和五师培训 500 余名合格汽车驾驶员。另招收 100 名“微机运用”专业学生，开办“双学历”职业班。2006 年，师技工学校开办 4 个“计算机运用”专业班，有学员 200 人。2006 年，师技工学校把培训工作重点放在“双学历”培训、汽车驾驶员培训、在职职工的技术培训上。全年在校学生 220 人。农五师技工学校被兵团授予交通系统“文明驾校”称号。

中央农业广播电视学校农五师分校　1982 年 2 月，中央农业广播电视学校农五师工作站成立，由师教育处负责日常业务指导。1986 年，开设农学、林业、畜牧兽医、淡水养鱼、农机、农田水利、工业民用建筑、农业新技术推广、财会等25个专业，招收大中专学历生4 666人，毕业2 326人。获省以上科技成果9项，部级先进集体2个，先进工作者6人，优秀学员2人，科技兴农先进个人2人。1997年，师农广校下设3所分校、8个工作站、5个直属教学班。1998—2002年，师农广校先后投资20余万元，配备各种教学仪器。2001—2003年，师农广校坚持依托中专、重心下沉、向两头延伸的办学方针，下到办农业生产技术培训和绿色证书班，上到同大专院校联手办大专、本科班。为2万余名农场职工实施科技培训。全师2个农广校获国家级示范校，4个农广校获省级示范校。2006年，师农广校在各团分校加挂“农民科技教育培训中心”牌子，各团开办种植大棚、科学养殖及二、三产业深加工新知识培训班。开展“阳光工程”领导力转移培训，继续开展“绿色证书”培训教育。

兵团广播电视师范大学农五师分校 1984年，兵团广播电视师范大学农五师分校（简称农五师电大分校）成立。1986年，师电大分校、师党校、师教师进修学校实行联合办学。1994年，师电大分校升格团级建制。负责全国成人考试前的升学指导、培训等工作。以成人大专教育为主，开设普通大专班、成人中专班、普通中专班及一年制岗位培训班。1997年，师电大分校升格为农五师广播电视大学。1999年，在兵团教委组织的电大系统教育评估中，师电大分校被评为“教育工作先进学校”。2000年，师电大分校参加中央广播电视大学“人才培训班模式改革和开放教育试点”项目研究工作，开设教育本科6个专业，学员391人。2001年，师电大分校被中央广播电视大学授予“全国电大信得过考区”。2002年，师电大分校通过中央广播电视大学“人才培训模式改革和开放教育试点”的中期评估。至2003年，农五师电大分校举办各类干部培训班45期，培训各级党员干部和各类管理人员2 258人次，开办本科、专科学历班12个专业，招收学员693人。开办非学历教育班4个专业，招收学员118人。与区内高等院校联合办学，开办专业29个，招收学员2 483人。同年，师电大分校有各类在校生963人。

2006年，农五师电大分校招生332名，举办各类培训班14期，培训1 085人次，农五师电大分校荣获兵团电大系统先进科研单位。

五、教学设施

（一）危房改造

20世纪80年代初，农五师各学校普遍出现危房现象。1984—1988年，师投入83.6万元进行危房改造。1991年，经兵团检查，确认农五师中小学危房总面积14 600平方米。至1994年，师投入2 071.84万元，建设新校舍39 854平方米，修缮校舍17 458平方米。全师中小学危房占校舍总面积的比例由16.5%下降到10%。至1995年，师八十五团、八十六团、九十团、师小学相继兴建教学楼，建筑面积达1 430平方米，计投资1 060万元。全师中小学危房面积下降到2%。1995—1999年，师为学校基础建设投资4 100万元，新建教学楼24幢。2000—2002年，师教育基础建设投入2 439.6万元，用930.8万元改造危房。2006年，全师危改工程16 356.1平方米，投入资金1 569.97万元。

（二）仪器设备

1985—1987年，农五师投入资金72.5万元，配备教学仪器和电教设备。1988年，全师各团场自筹资金为学校购置录像机、电视机。1990年，全师各学校实验室具备仪器室、实验室、准备室各1间。1992年，全师有实验室、仪器室38个，理化实验演示实验开出率92%，分组实验可达54%。1993年，师自筹资金9.3万元，购置地面卫星接收设备12套，全师中心小学实验室建设达50%。八十九团等团场被兵团检查验收为普及实验达标单位。1995年，师投资643万元，为6个团场学校、师直各类学校配备体育器材。各学校相应增添图书设备资料，配备音体美器材，各类器材配备完善。1997年，师各学校有实验室面积为28 264平方米，图书室面积910平方米，语音室9座，微机202台。有5个团场实验室通过兵团验收。师教学仪器站被评为先进工作站。到2003年，师中小学有计算机855台，其中服务器14台、教师用机173台、学生用机668台，有标准语音室14个，有教师电子备课室11个，兵团成套宽带卫星远程教育接收系统9套。教育部李嘉诚基金会西部中小学现代远程教育项目14套，百兆校园一套，多功能电教厅6套，小学简易多功能电教室4个，图书28.9万册。2006年，接受“农村中小学远程教育工程设备190套，总价值57万元。

六、教师队伍

20世纪80年代，农五师团场中学高中生教高中成为普遍现象。1984—1989年，师教师有1 054人参加兵团、师组织的中小学、幼儿教材教法过关考试、考核，取得教材教法合格证968人，占中小学、幼儿教师91.8%。师先后举办4期教师进修培训班，受培训教师486人。自20世纪90年代后，师团场学生猛增，部分团场招聘一些学历不合格的待业青年上岗，使全师小学教师学历合格率处下降趋势。此时中学教师队伍也不够稳定，常有流失现象。1991—1994年，师教委先后选送8名教师到上海第二教育学院进修本科，28名青年教师到兵团教育学院进修大专，300余名教师在农五师教师进修学校进修，有755名中小学教师在职参加广播师大、“三沟通”专科、本科学习，共报考734科次。师教委先后派192名教师赴北京、上海等地大专院校学习培训，利用假期组织教师400余人到乌市、石河子、库尔勒、哈密、吐鲁番等地学习、观摩，并进行九年义务教育教材培训及新教师上岗培训。1997年，师贯彻实施《中华人民共和国教师法》认真执行国家教委制定的“教师资格证书”认定工作，顺利完成教师资格认定和证书发放工作。同年，师认定小学教师资格478人，合格率80%；初中教师资格253人，合格率82%；高中教师资格284人，合格率100%。

自1998年后，农五师加强中小学教师继续教育和全员岗位培训工作，开展中小学教师学历补偿教育，举办中小学教师继续教育培训班，新教材学习班。至2003年，中小学教师参加全员岗位培训3 900人次，培训面80%；培训符合学历但未具备师范院校毕业资格的新任小学教师579人，培训面98%。培训中小学新进教师300余人；举办中小学教育管理培训班4期，并赴内地学习考察。培训中小学校长68人，培训面75%。2004年，市开展为期1个月的小学教师继续教育培训；选送4名教师赴武汉华中师范大学一附中“跟教跟学”。举办“农村中小学现代化远程教育工程试点工作项目培训班”，有24位项目学校的信息技术教师参加了设备培训。2006年，师选送18名教育科长和学校领导参加各级各类培训学习。组织1 400多位中小学教师参加新课程校本培训。分两批组织10位教师参加华中师大一附中的“跟教跟学”活动。组织55位教师参加兵团“中小学教师教育学心理学培训班”。组织150名小学教师参加“英特尔”未来教育师资培训。组织242人教师参加教师继续教育培训。同年，全师有中小学教职工1 930人，其中专任教师1 620人。

第三节　文　化

一、文学艺术

（一）文艺创作

文学20世纪80年代中期，农五师文联举办文学讲习班10期，邀请疆内外杂志社的26位作家、主编、编辑前来讲学，培训百余名文学骨干，由此发表一大批文学作品，师陆续出版《开拓者的足迹》《足音》《艾比湖》《地火》等小说、诗歌、报告文学集。20世纪90年代后期，师出版报告文学集4部。21世纪初，师又出版《绿色的田野》《雄风、细雨、阳光和我》《生活的一幕》等诗歌、小说及报告文学集。《猎人别克》《西部传说》等一批小说、诗歌和散文也相继在区内外各种刊物上发表。2001年，师文联《文苑》杂志创刊，为文学爱好者提供习作园地，同时一批小说、散文、诗歌相继在区内外杂志上发表。2002年，蔡志新的歌词作品《西部骏马》获得全国民歌大赛金奖，2003年，《西出阳关》获银奖。2004年，20多位文学爱好者的小说、散文、诗歌在省级刊物发表，2006年，《文苑》杂志出刊3期，实施农五师文艺“双优计划”，推荐10名作者作为培养对象。

美术书法 1981—1984年，农五师举办6次创作学习班，6次美术、书法展览，展出作品600幅，其中：参加兵团展出50幅、自治区展出25幅、全国展出10幅，获全国奖励作品6件。1986年10月及1990年春节期间，金仁香分别在博乐市和浙江临海市举办个人油画、版画、水彩画展览，展出作品220幅，新疆电视台和浙江电视台均作专题报道。1993年6月，金仁香创作的金属版画《古道新姿》获全国学术奖。同年，其套色木刻《荒原》获自治区一等奖。

1995年9月，农五师文联举行为期15天的“天山行”采风活动，文联各协会会员18人参加，拍照片360幅，画速写250幅，创作歌曲3首，写游记和报告文学5篇。1999—2003年，12人作者的美术、书法作品先后参加兵团、自治区、全国展览，有多件作品入选作品集并获奖。2003年，师文联举办庆祝农五师成立50周年、西迁博乐40周年美术、书法、摄影展览。2004年，师文联举办美术骨干培训班，选出31幅作品参加“庆祝兵团成立50周年”美术作品展览。2005年，薛荣明的美术作品《高原平湖绿满山》在自治区美术作品展览中获奖。2006年8月，师文联组织美术协会骨干前往赛里木湖、夏尔西里采风写生。

摄影 1982年，金仁香拍摄的《丰收曲》，参加全国农垦摄影展，被《云南日报》发表。同年7月，农五师举办摄影学习班，展出作品122幅。1988年，程大生拍摄的《追风踏燕》获全国DS杯摄影赛优秀奖。1989年，金仁香拍摄的《赛里木湖》在《中国摄影》第六期上发表。同年国庆节，师举办建国40周年摄影展，展出作品271幅。1990年10月，兵团工会《摄影画册》选用程大生《荒原铁流》等3幅作品，其中《荒原铁流》被《新疆旅游》画册选用。1997年，金仁香、梁斌、程大生拍摄的《晨雾》《粮山》《赛里木湖》《上海知青马自正》等10幅摄影作品参加兵团在上海美术馆举办的“艰难与辉煌”影展。1998年，梁斌拍摄的《请勿打扰》获全国幽默摄影三等奖，《牧归》获全国农垦摄影大赛三等奖。

2004年，农五师文联完成全国第五次青少年摄影师预备资格等级考试工作，26名摄影工作者获得5级摄影师资格证书，11名摄影工作者获得4级摄影师资格证书。农五师建立摄影师资格考试分站和培训基地。布置宣传、文化橱窗4期、32个版面。举办“北疆杯”摄影大赛活动。2005年，有7名作者20多幅作品在省级以上报刊发表。有7幅作品入选兵团、自治区参展并获奖。电视协会创作、摄制专题片7部。举办程大生个人摄影作品展。

（二）群众文化

20世纪80年代以后，农五师各级领导重视文化队伍、文化阵地、文化设施三项工程建设。团场文化中心有一支稳定的业余群众文化骨干队伍，坚持平时务工、务农，农闲集中进行文艺创作和排练演出活动。1984年1月，举办第一届曲艺会演，参加单位有11个，演员60人，表演相声、快板、单弦、双簧、山东柳琴等50余个节目。同年2月，师举办首届元宵节彩灯比赛，有14个单位展出彩灯125盏。同年9月，农五师组建文艺代表队参加兵团第三届职工业余文艺会演。1991年2月，师举办小品会演，演出节目30个。1996年2月，举办师第二届职工文艺会演，有18个单位760名演员参赛，演出节目260个。1999年2月，师直单位80多人组成红星业余合唱团。同年5月，由师老干中心60多名离退休人员组成夕阳红艺术团。2000年7月，师中学130多名学生组成红星少儿艺术团。2001年1月12—18日，师举办第三届职工业余文艺会演，有14个代表队参加，演员达800多人，演出节目290个。2002年4月，师举办第六届“赛电杯”青年歌手大赛，参赛选手68人。2003年7月，师“新赛股份杯”第三届广场文化节暨师第四届职工业余文艺会演在博乐举办，全师有11支代表队参加演出。期间，兵团歌舞剧团、中国联通博州分公司艺术团及解放军总政治部文工团著名男高音歌唱家王宏伟也回到家乡前来祝贺演出。此次演出演职人员达千人，演出文艺节目310个，观众达8万余人次。同年5月，师举办“兵团农行杯”首届青年歌手大赛。同年，在“全国城市青年职工歌手大赛”新疆赛区比赛中，师参赛选手分别获得一、二、三等奖 8 项，选派 6 位歌手参加全国在西安举办的“第十届全国城市职工歌手大赛”，师参赛选手荣获两个银奖、两个铜奖和优秀组织奖。2005 年 7 月，师举办了第五届广场文化节，组织文艺节目参加兵团 2006 年春节联欢晚会、博州迎新春电视文艺晚会、博州新年音乐会文艺演出。2006 年 7 月，开展庆祝建党 85 周年，长征胜利 70 周年庆祝活动，举办以“永远跟党走”为主题的大型文艺晚会。

二、电视与电影放映

（一）电视

1987 年，农五师电大工作站建起第一座卫星地面接收站，到 1989 年，八十四团、八十九团、师直等相继建成卫星地面接收站，基本用于有线电视及电视教学。1989 年，师与八十九团共同投资 32 万元，在八十九团建成第一个电视录制转播台，发射功率 300 瓦，发射频率为 32 频。1994 年，师建成有线电视站。1995 年，经自治区广电厅和兵团广电局批准将有线电视站升格为有线电视台，下设办公室，总编室、新闻广告部等，有工作人员 12 名，传输电视节目 20 多套，光纤传输线路 25 千米。与八十五团、八十六团、博州有线电视台联网，用户达 5 000 余户。1997 年，师建有线电视台 1 座，有线电视站 12 座，用户达 1.2 万余户。卫星地面接收设施 69 套，电视覆盖率 85%。

2001 年，农五师筹集资金 1 000 余万元实施“三网合一”（电视、电话、计算机）工程，师与 10 个农牧团场、师直企事业单位实现电视光纤联网。同年 8 月，师电视台投资 300 万元，修建电视台综合办公楼。2003 年，全师有电视台 1 座，电视站 11 个，卫星地面接收设施 8 个，电视摄像机 28 台，线型编辑机 7 套，非线型编辑机 12 套，前端设备接收机 196 台，调制器 187 台。全师光缆长度为 565 千米，电缆长度为 265.5 千米，线路光放大器 59 台，光接收机 65 台，干线放大器 661 台。拥有电视户数 32 500 户，电视覆盖率 95%。2006 年，城区有线电视网络新安装用户 834 户，使城区总用户数超过 9 000 户。师电视台设置《五师新闻》《垦区视窗》《走进演播室》《健康门诊》《少儿乐园》《农情信息》等栏目，制作各类电视专题片 20 余部。是年，组织实施“十大民心工程”，向 1 万户少数民族及汉族特困户赠送电视机活动，开展有线电视数字化、网络化建设。

（二）电影放映

20 世纪 80 年代，电视业的发展，电影业受到冲击。到 1987 年，放映人员只剩 12 人。1997 年，师仅剩 3 个放映队，放映人员 3 人，放映电影 55 场。2003 年，全师放电影 105 场，观众 2.3 万人次。2006 年，师举办“庆祝建党 80 周年、长征胜利 70 周年”爱国主义电影展播活动。组织实施“西新工程”、广播电视“连连通”工程、“2131”连队电影放映工程和电视进万家工程。

三、新闻

（一）报纸

1983 年 8 月 1 日，农五师党委决定恢复师党委机关报，报名仍称《战旗报》，刊号续接 1967 年的 1 531 期，1983 年 10 月 1 日正式出版，每周 2 刊，每月增出文艺副刊 1 期，4 开 4 版，自办发行，每期发 5 000 份，发至团场、连队、车间。1984 年 10 月，自治区文化厅批准《战旗报》内部发行，报刊登记代号 520。1995 年 7 月，《战旗报》更名《博乐农垦报》，批准公开发行，国内统一刊号 CN65-0031/，代号：57-42。2003 年 1 月，《博乐农垦报》由 4 开 4 版小报改为对开周三大报。2004 年，《博乐农垦报》更名为《北疆开发报》。全师有通讯站 15 个，通讯员 230 多人。2006 年，全师在省级以上报刊（台、网）刊稿 13 600 余篇，其中国家级 2 186 篇，省级 11 410 余篇，网络 8 020 篇，兵团日报 615 篇。电视新闻稿在兵团电视台刊稿 740 条，名列兵团第三。在新华网兵团频道刊稿 2 402 篇，连续两年名列兵团榜首。在各类好新闻评选中，全师共有 29 件作品获奖。

（二）广播

1979年前，农五师有广播站12个。1983年，师开展小喇叭入户工程，到1985年，师广播站增加到15个，小喇叭入户达1 058户。1997年，师有广播站15个，其中调频广播站3座。2003年，师拥有11个调频广播站，在国家“西新工程”的支持下，为11个团场配置了调频广播设备。2006年，全师102个连队有95个连队通了广播，广播综合覆盖率达98%。团场转播中央和自治区广播节目，并有自办节目。

四、体育

20世纪80年代，农五师羽毛球、台球等在群众中广泛开展。1984年5月，师举办首届中学生田径运动会，有27个学校324名运动员参加。从1984年以后，师群众体育活动的形式又有新的发展，足球、长跑、自行车、武术、气功等在部分单位开展，各类棋牌活动也逐渐普及。1986—1992年，师参加兵团中学生足球赛、青少年乒乓球赛、中学生排球赛、中学生田径运动会，均取得好成绩。1992年6月，师成立体育运动委员会（简称体委），体委与工会一套机构两块牌子，体委领导由工会领导兼任，下设办公室，负责日常工作。1992年、1994年，师分别举办第三届中学生田径运动会、第四届中学生篮球运动会。1995年，师成立实施全民健身计划领导委员会。同年，师老年体育协会成立。师、团定期举办各类体育竞赛，中、小学每年春季举行各种运动会。到1997年，师举办大型运动会6次，先后7次组织体育代表队参加兵团和地州各类体育竞技活动。1998—1999年，师举办中学生足球赛、小学生乒乓球赛；中学生第五届排球赛。 2000年8月，师体委组成体育代表团参加兵团第二届体育运动会，125名运动员参加拔河、田径、棋牌类、门球、足球、武术、跆拳道等八个项目的比赛。夺得9枚金牌、17枚银牌、7枚铜牌。2001年5月，师举办第五届中小学生田径运动会。2002年12月，师业余体校在师高级中学挂牌成立。同年，师纪念毛泽东“发展体育运动，增强人民体质”题词50周年，师体委组织“健身周活动”。2003年1月，师举办象棋、围棋竞赛，来自全师100余名选手参加比赛。同年8月，师举办“赛电杯”第八届职工篮球赛，有16支男队、5支女队参加比赛。2004年5月，师举办农五师第六届中小学生田径运动会，16支代表队、518名运动员参加76个项目的比赛。同月，师组队参加兵团中学生田径锦标赛，取得团体总分第六名。2005年5月，师举办第六届中小学生篮球、乒乓球运动会，25支代表队、340名运动员参加了比赛。同年，师组队参加博州“那达慕”草原节体育竞赛，师代表队获最佳体育道德风尚奖。

2006年4月，农五师举办第八届中学生排球和第七届小学乒乓球比赛，全师325名中小学生参加比赛。同年8月，市组织中学生田径队参加兵团首届青少年田径锦标赛，取得了3金、3银、4铜的好成绩。同年，由兵团组队以五师名义参加“新疆第六届少数民族传统体育运动会”，参加马术、武术、摔跤3项比赛，获银牌2枚、铜牌2枚，总分66分，并获“体育道德风尚”奖。同年，师召开老年体育协会第一届代表大会。

第四节 卫 生

一、医疗机构与队伍

（一）医疗机构

1983年4月，农五师卫生科升格卫生处，内设医政、药政、卫生防疫三个科，编制5名。1995年6月，师卫生处更名卫生局，编制3名，其中领导职数1个。1996年5月，增设公共卫生监督所。1997年，师及各团均设卫生防疫站。至1998年，卫生防疫站与团场医院合署办公。2003年，防“非典”期间，师卫生防疫站改称疾病控制、妇幼保健中心，同年，市团场卫生防疫站改称团场疾病预防控制中心。

2006年，全师有卫生机构198个，

（二）队伍

至1979年，农五师和农垦局先后举办医士班、护理班、医学基础理论班、拉丁语班，选拔300多名送外地进修。从1980年起，原则上不再招收无学历人员进医疗卫生系统。1986—1996年，农五师举办连队卫生员、护士、基层幼儿园校医、初级卫生保健、医院分级管理、药剂、外妇科医师、卫生行政、食品卫生执法等10余期培训班。并选拔105名卫生技术人员到兵团、自治区和内地省区大医院深造。1998—2003年，先后选送39名管理干部到内地医学院校学习、培训。先后举办了卫生保健、医院分级管理、卫生防疫及食品卫生监督、整体化护理、医院健康教育、药品管理法、食品卫生法、医疗纠纷剖析、社区卫生服务、“非典”防治等15期培训班，共培训管理和医务人员554人。2006年，师选派48人参加兵团举办的短期免费培训班。师对卫生技术人员免费脱产培训33人次。2006年，全师拥有卫生技术人员1 093人。

二、卫生防疫与保健

（一）爱国卫生运动

1982年，农五师重点抓好企事业单位（包括农场驻博乐招待所）爱国卫生活动，以清洁卫生为突破口，大力治理“脏、乱、差”。1983—1989年，结合“文明礼貌月”活动，制定以“三优一学”为中心内容的爱国卫生计划。在日常卫生工作中，划分卫生区域，挂牌管理，实行门前“三包”责任制，各级爱卫会按照冬、春、秋三季开展卫生活动，组织检查评比，奖优罚劣，形成制度。20世纪90年代，师围绕初级卫生保健目标，进行改水改厕、健康教育、环境保护和小康连队建设。1997年3月，师召开爱国卫生表彰大会。1998—2002年，师爱卫会每年春季要在全师开展1次爱国卫生运动，检查评比，表彰奖励。2003年，师爱卫委把防“非典”工作与开展爱国卫生运动紧密结合起来。2005年，师开展创建卫生团场、卫生连队活动，各单位开展环境卫生、改水改厕、室内卫生及健康教育工作。2006年，师开展“营造清洁环境、消灭‘四害’”活动、创建“无烟医院”和“无烟学校”活动。

（二）初级卫生保健

1990年，农五师各团场全面启动初级卫生保健（简称初保）达标工作，师、团、连队成立初保领导小组，分别制定初保规划目标和实施方案，1995年，师组织检查验收，垦区团场全部合格。1997年，师初级卫生保健达标工作通过兵团复查验收，提前实现“人人享有卫生保健”目标。为保持和巩固“初保”达标成果，又积极响应国家第二步2010年新“初保”实施计划。2002年，师在兵团率先制定《农牧团场初级卫生保健发展规划》，师与各团场党委签订工作目标责任书，使初级卫生保健工作横到边、纵到底。到2005年，师有63.3%的团场率先达标，其中八项指标的单项达标率达65%以上。

（三）疾病防治

1985年，农五师组成布氏杆菌病检查小组，对704名牧民进行布氏杆菌病检查，检查结果布氏菌素试验阳性109人，感染率15.5%，血清凝集试验≥1 ：80以上阳性者35人，阳性率5%，结合临床症状诊断为布氏杆菌病者30人，患病率4.3%。至1997年，师调查4 905人，感染人数163人，感染率3.3%。患病人数19人，患病率0.4%，治愈19人。

1993年，农五师八十四团等开展包虫感染调查，查1 608人，HZA试验阳性21人，阳性率1.3%。ELISA试验阳性158人，阳性率9.8%，一种或两种方法阳性168人，阳性率10.4%，通过B超或X线检出包囊虫病4人，患病率0.02%。

1995年，农五师成立结核防治控制办公室，分批启动团场结核病控制项目。至1997年，痰检320人，痰检阳性17人，接受胸透216人，肺部异常27人。初治病人12人，复治患者21人。1998年发生38例。2003年发生肺结核51例。

1998—2003 年，农五师防疫站按照《传染病防治法》规定，每年对传染病监督员进行上岗培训，发现传染病按照程序及时上报，杜绝漏报、错报和不报现象发生。在此 6 年中，农五师发生各类传染病 1 026 例，其中乙类传染病 613 例，丙类传染病 413 例，未发现甲类传染病，主要病种为肝炎、痢疾、伤寒、麻疹、结核、性病和猩红热等 12 种，各种传染病年均发病率 175/10 万，且呈下降趋势。2003 年，师启动 2003—2009 年结核病防治项目。开展性病和艾滋病防治知识宣传。

2005 年，农五师把卫生监督所从防疫的职能中分离出来，卫生监督所由卫生局直接领导。卫生监督所分别对食品卫生、传染病防治、饮用水安全、学校、幼儿园集体供餐等进行专项检查，保障重大节日市场的食品卫生安全。秋收期间，卫生监督所对外来民工的就餐情况进行严格细致的监督管理。全年实施 4 起卫生行政处罚，罚款 1 000 元。

2006 年，农五师组织 3 次专业知识及法律法规培训。开展计划免疫工作，五苗接种率分别为：卡介苗 98.2%；百白破 98.12%；麻疹 99.2%；脊髓灰质炎服用率 98.5%；乙肝 98.82%。服脊髓灰质炎糖丸人数 10 888 人次，接种率 100%。加强结核病管理，开展“3・24”世界结核病防治日、“4・25”计划免疫日、“5・15”全国防治碘缺乏病日宣传活动，进行电视宣传和公益广告。印发《职工群众艾滋病宣传读本》5 000 册。

（四）妇幼保健

1984 年，农五师直地区 50 岁以下已婚妇女妇检 687 人，发现患妇科病 270 人，患病率 39.3%。同年，各团场妇检 618 人，发现患妇科病 512 人，患病率 82.8%。1985 年，师开展新生儿接生调查。1986 年，师选派妇幼保健工作人员，参加兵团举办的围产期保健学习班。1987 年，师举办第一期妇幼保健学习班，在妇幼卫生、孕妇与环境、婴幼儿保健、“两病”（贫血、佝偻病）预防和产前检查、围产期保健、妇女妊娠图谱应用、高危妊娠管理和产后访视等方面进行培训。

1990 年，农五师防疫站在儿童中调查“五病”（佝偻病、营养不良性贫血、小儿肺炎、小儿腹泻、小儿结核）6 196 人。同期，对儿童建卡体检 320 人，孕妇建卡体检 140 人。1991 年，师开展孕产妇和围产儿死亡调查，妇幼保健各项指标均控制在兵团要求之内。

1992—1996 年，农五师各级卫生防疫部门购置设备仪器，加强妇幼保健“两系”管理，定期为已婚妇女进行健康体检。1995 年，师举办第二期“妇幼保健学习班”。至 1997 年，累计为儿童建卡体检 41 460 人次。累计为孕检建卡管理 4 453 人。1998 年后，师根据兵团对妇幼保健工作的要求，每年对妇幼保健人员上岗培训。在孕产妇保健工作中，师、团防疫站及时做好孕产妇建卡工作，提高检查率，严格筛查高危妊娠发生。至 2003 年，孕产妇住院分娩率每年达 84% 以上。在儿童保健工作中，师团防疫站开展 7 岁以下儿童成长健康监测工作，及时指导危害影响儿童各种健康因素发生，儿童保健健卡率在 80% 以上，5 岁以下儿童死亡率 8.01‰。2005 年，师制定《产科与爱婴医院考核标准》，建立手术及疑重、危重、死亡病例及时讨论制。2006 年，垦区所有医院均达到“爱婴”医院标准。

三、医疗

（一）基本设施

基础设施　1985 年，农五师有病床 694 张，每 1 000 人拥有床位 9.6 张。1992 年，师医院 4 800 平方米综合医院楼投入使用，多数团场先后建成医院楼。1997 年，师有医疗用房 23 831 平方米，基本消灭危房。病床 737 张，病床与医务人员比为 1 ： 1.6，平均每千人拥有床位 7.3 张。自 1998 年后，师、团加大对医疗基础设施建设的投资。

2006 年，农五师利用国债项目资金，用于传染病区项目建设，并于同年 8 月，通过国家项目验收。师、团均建起综合医院楼和门诊楼。

设备　从 1978 年以后，农五师采取个人集资、上级拨付和银行贷款等筹资方式，医疗设备不断更新。

到1997年，农五师共投资800多万元，共配备200～400毫安X光机23台，半自动生化分析仪12台，全自动离子分析仪5台，血球计数仪2台，心电图机19台，动态心电图机2台，B型超声诊断仪13台，显微镜25台，多功能麻醉机12台，心电监护仪2台，纤维胃镜6台（件），脑电图及脑地形图机4台，万分之一分析天平15台，全自动尿八项分析仪7台。农五师医院投资近千万元，引进日本东芝300S全身CT机1台、美国产全自动血气分析仪、全自动血球计数仪、日产岛津800毫安自控X光机、美国产惠普彩色影像设备以及动态心电监护仪、远程会诊系统等大型精密设备。

1998—2003年，农五师医院投入资金800万元，购置彩色B超、全自动生化分析仪、多功能麻醉机、自动X光机、腹腔镜、前列腺治疗仪、体外碎石机、纤维内窥镜等一批先进医疗设备。农五师利用以工代赈资金480万元用于团场职工医院设备更新。2006年，争取以工代赈款80万元，更新了部分团场的部分设备及师医院和师疾病预防控制中心的实验室建设。农五师医院多方争取资金300多万元，购置电动手术床、耳鼻喉工作台、纤维喉镜、病理快速冷冻切片及各种心电监护设备。

（二）中医

1979年，农五师医院设推拿室，盲人医师马自正主诊，年平均推拿患者1.6万人次。80年代初，农五师兴起针灸热，除传统毫针继续应用外，推广火针、电针、梅花针、小针刀等。割治、放血、组织埋藏术、埋线疗法、拔罐等新技术新方法不断应用于临床，取得满意疗效。隔物灸等各种灸法使坐骨神经痛、腰椎间盘突出症、各种运动神经痛、脑血管意外后遗症、术后肠梗阻、腹泻、哮喘、颈椎综合征、肩周炎、面瘫等治愈率达80%以上。从20世纪90年代以后，中医基本满足垦区职工和社区群众看中医的要求。

（三）西医

外科　1982年，农五师医院分设外一、外二科，分别开展胸腹部和骨科各种手术。1984年，开展显微外科手术，获得成功。1986年，八十九团医院为14岁哈萨克族姑娘巴格达尔古丽成功切除11千克早期恶性卵巢腺瘤。1987年，师医院骨科开展“胎儿骨内固定术”15例，均获成功，荣获兵团科技进步三等奖。1990年，师医院开展新手术有前列腺摘除术、先天性肛门闭锁修复、人工肛门成形术、冠状动脉搭桥术、直肠阴道瘘修复、先天性尿道下裂修复术、中心静脉压测定、肝叶切除术、胆管空肠吻合术、乳癌根治术、肾上腺嗜铬细胞瘤切除术、腹腔镜胆囊切除术、腹腔镜肝包内囊切除术、甲状腺腺瘤切除术、全髋置换术、人工股骨头置换术、断指再植术、肺包虫内囊完全剥离术、小儿麻痹后遗症矫形术、椎间盘摘除术、脊柱脱位复位、肢（指）体离断再植拇指再造术、椎体减压术、椎体病灶清除植骨术、各类皮瓣转移修复、股骨头缺血性坏死髂骨带肌肉血管移植修复术、肺段切除术，其中大脑肿瘤切除术、小脑肿瘤切除术、颅骨钻孔颅内抽吸术、人工全髋关节置换术、断肢再植、X线监视经皮肝穿刺造影术等高难手术，填补自治州和农五师技术空白。1996年，师医院成立外三科，主要进行颅脑、心胸外科手术。

1998—2003年，农五师外一科（骨科）开展的新技术新项目：先天性髋关节脱位手术矫形术、脊柱骨Dick steFF、脊柱侧弯矫形术、肢（指）体离断再植拇指造术、颈椎骨折截瘫和全瘫板减压术、四肢骨折外固定架固定术；外三科开展的新技术、新疗法：全肺切除术、纵隔肿瘤切除术、胸廓畸形矫正术、颅脑损伤规范化救活、颅骨缺损钛板个性化修复术、胸腔镜肺大疱切除术。

2005年，农五师开展新技术、新项目近30项。师医院开展受体阻滞在慢性充血性心力衰竭中的应用、ACE1在大量蛋白尿患者中的应用、溃疡性结肠炎的灌肠治疗、结肠息肉内镜下电切术、复杂性疼痛治疗（脑血管病并发症）、支气管肿瘤切除术、简易人工受精治疗不孕等。2006年，师各医疗机构推广了新技术新项目。农五师医院开展了胰岛素泵的推广应用、苦参素加促肝细胞生长素抗肝细胞纤维化治疗观察、增长抑制素治疗肝硬化上消化道出血的观察、静脉置管等12项新技术。

内科　1980年，农五师医院用白芨粉加大黄粉治疗胃出血成功。1982年，抢救一例重度D860中毒病人，经25天救治脱险。从20世纪90年代以后，师医院开展的新技术、新疗法：运用中药渗稳律汤治疗心律失常、腹水回收，大剂量乙胺碘呋酮在心电监护下转复房颤，地塞米松局部治疗甲亢，大剂量654-2加环磷先胺治疗再生障碍性贫血，蝮蛇抗栓酶治疗肺心病、脑栓塞，雷公藤治疗类风湿性疾病，尿激酶治疗脑梗。顽固性心衰用多巴胺、多巴酚丁胺、硝酸甘油联合治疗，食道心房调搏，安置人工心脏起搏器，重症肌无力危象抢救，高压氧治疗脑梗塞等。

1998—2006年，农五师医院内一科开展的新技术革新新疗法：B—变体阻滞剂在充血性心襄中的临床应用、超声单向正气穿刺治疗、急性心肌梗塞的创新治疗；内二科开展的新技术新疗法：怠慢性白血病的治疗、针灸治疗神经源性膀胱尿潴留的观察、大剂量异烟肼中毒的救治、氯氮平生度毒的救治、矮壮素中毒的救治、重度一氧化碳中毒长期昏迷的救治、神经肌肉仪治疗颈椎病和脑血管病、针灸治疗颈固性的呃逆、非即要治疗顽固性呃逆、三腔二囊压迫治疗食管胃底曲张静脉裂出血、肉毒中毒病人的救治、格林巴利综合症病人的诊治；内三科开展了呼吸机用于急慢性呼吸衰竭治疗方法；内四科开展的新技术、新疗法：华蟾素辅助治疗肺结核观察、干扰素+胸腺肽对慢性乙肝治疗、免疫增强剂和胸腺肽或转移因子辅助治疗肺结核、抗肝纤维化治疗应用于肝硬化、肿瘤内科治疗。

儿科　至1997年，农五师医院儿科开展的医疗新项目有甲硝唑治疗口腔炎，654-2治疗小儿腹泻，酚妥拉明加阿拉明联合治疗心衰、重症肺炎、中毒性肠麻痹、肺喘、休克等。抗生素加利福定联合治疗小儿鼠伤寒，复方丹参静脉滴注治疗肾病综合征。团场医院能够熟练诊治儿科常见多发病和重症肺炎、中毒性痢疾、休克及新生儿、早产儿复苏等。1998—2006年，师医院小儿科开展的新技术新疗法：脑瘫诊治和康复训练的指导；儿童心理疾病的诊治和多动症、弱智、智力测定、抽动症情绪障碍；康复儿免疫调节剂的治疗；休克肾功能衰竭的抢救；白血病的诊治。

妇产科　至1997年，农五师医院妇产科开展的新项目有腹膜外剖宫手术、宫颈环扎术、治疗习惯性流产、阴道前后壁修复加阴道闭锁、卵巢癌根治术、尿瘘修补术、子宫全（次）切除术、大网膜扫荡术、阴道闭锁成形术、子宫肌瘤切除术、胎位内、外倒转术等。各团场职工医院都能诊治妇科常见病，开展输卵管结扎、卵巢切除、子宫全（次）切除术、剖宫产手术及新生儿、早产儿复苏。

1998—2006年，农五师医院妇产科开展的新技术新疗法有：米非司酮在未破裂异位妊娠中的应用、皮内缝合术在妇产科的应用、卵巢癌根治术加化疗。

五官科　至1997年，农五师医院五官科开展的新技术项目有组织缺损皮瓣移植修复、眼球摘除真皮脂肪植入术、冷冻摘除白内障、歪鼻矫形术、喉腔重建术、鼻腔重建术、耳郭缺损皮瓣转移修复术、畸形牙矫治、种植牙修复等。少数团场职工医院设牙科和五官科，处理常见多发病。1998—2003年，师医院五官科开展的新技术、新项目：喉腔整形重建、面部复杂外伤、鼻骨骨折和鼻腔重建、左耳廓皮缺损和皮瓣转移。

急诊　1993年3月，农五师医院设急诊科。1994年5月，师医院急诊科改称急救中心，开通“120”专线，开展成批（5人以上）抢救、院前急救、“120”专线医疗咨询、急重症病人监护，抢救成功率91%以上。1998年1月，师医院急救中心与师医院ICU合作，实现急危垂症病人抢救一条龙。2000年，师医院急救电话改为“2222120”。至2006年，抢救博州地区成批病人130余次，院前急救数200次，抢救成功率85%以上。

（四）护理

1978年，农五师医院开展“四勤”“四轻”“四心”“五包”（眼勤、腿勤、口勤、手勤；走路轻、说话轻、关门轻、操作轻；接待病人热心、观察病情细心、说明解释耐心、听取意见虚心；包喂水、喂饭、口腔护理、洗脸、梳头、剪手（趾）甲）活动，对危重病人进行特殊护理。

1982年，农五师贯彻国家卫生部《医院工作条例》和兵团《护理常识及护理操作常规》，制定《医嘱执行制度》《查房制度》《护理文件书写规则》《注射室工作制度》《病房管理制度》和《护理工作制度》，初步实现管理规范化。1988 年，师医院推行护理责任制试点工作。

从 1990 年起，农五师开展“红旗护理组”检查评比活动，设 10 个项目（护理文件、无菌操作、消毒滴离、生活护理、病房管理、治疗、差错及业务学习、遵章守制、病危、重病人护理病历和一般护理病历每月 2 份）。实行 1 000 分考核，年终逐项检查评分。1994 年，师医院开展责任制病区护理。1997 年 9 月，师医院在外一科设试点病房，推行整体护理。同年，师医院设 13 个护理组，由院护理部统管。大多数团场医院设综合性护理组。

从 1998 年起，农五师各级医院推行整体护理，护理工作者以病人为中心，在注重患者康复需求的同时，更注重病人在康复过程中的心理需求。护士在病人护理过程中，做到“百问不厌、百听不烦、微笑解释、微笑劝慰、微笑问候和微笑迎送”。选派部分护理人员到艾比湖宾馆实践学习 3 天。

第四章　人民武装

第一节　兵　役

1983 年，农五师人武部恢复征兵工作。

1998 年，农五师人武部严格执行自治区和兵团关于征兵工作的指示，做到思想统一、提前部署，实行“五阶段”（宣传教育、报名目测、政审体检、定兵交接和起运），“三查清”（查清社会关系、政治面貌、现实表现），严把“四关”（报名、体检、政审、定兵），坚持“三榜定兵”达到“五满意”（领导满意、家庭满意、单位满意、本人满意、接兵干部满意）。

1983—2006 年，农五师人武部完成征兵任务。除征兵外，师人武部还按国家兵役法规定对符合预备役条件的人员进行登记。

第二节　民　兵

1983 年 9 月，农五师人武部根据乌鲁木齐军区文件精神，接管民兵工作。1986 年，农五师贯彻中央“减少数量、提高质量、抓住重点、打好基础”的方针，民兵数量有所减少。1990 年，农五师组建民兵团、民兵快速机动营和防暴分队，并建成民兵训练基地，民兵人数增加。

1995 年，农五师按照“三便于”（便于生产、便于管理、便于开展活动）原则，对民兵进行整顿，重点是基干民兵，达到精干、可靠、管用。

1997 年，农五师贯彻兵团《关于进一步深化民兵工作调整改制的意见》以民兵应急分队和民兵专业技术分队为重点，按照“五统一”（统一组织编制、统一组建范围、统一编组方法、统一教育训练、统一武器装备）要求，落实调整改制措施。

2000 年，农五师人武部正式组建重点民兵应急营。

2002 年，农五师人武部组织了一期重点民兵应急连骨干参加的集训，重点学习新装备的基本操作。

2003 年，农五师人武部重点民兵应急连骨干到边防连队与官兵同吃、同住、同训练。还组织应急分队民兵进行射击能手、侦察能手、擒拿格斗和攀登能手、车辆驾驶能手、排爆能手等训练。

2006 年，农五师人武部按民兵整组十三步法，完成年度民兵整组、训练、教育等任务，组织专武干部及民兵骨干到边防连进行联防联训，组织民兵进行大练兵活动，组织民兵应急分队，在边境重点控制区进行潜伏设卡、守点。

第三十八编

BOLE SHIZHI

人民生活

中共十一届三中全会以后，博乐市国民经济持续快速发展，城乡面貌日新月异，各族人民安居乐业，各项事业欣欣向荣。随着社会经济不断发展，城乡居民就业观念发生变化，国有和集体企业从行业比重下降，个体和私营业比重上升，城乡居民增收渠道日益拓宽。1978年，博乐县职工年平均工资554.6元，到2006年，博乐市在岗职工年平均工资12 312元。1978年，县农牧民人均纯收入159.6元，到2006年，博乐市农牧民人均纯收入4 907元。2001—2005年，博乐市农村人均住房面积由25平方米提高到30.13平方米，城镇人均住房面积19.43平方米。2004年，启动城乡抗震安居工程。医疗卫生条件继续改善，医疗保障制度逐步健全。城乡居民最低生活保障制度和国有企业下岗职工基本生活保障制度基本健全。2005年，博乐市通往各乡镇场的公路等级为三级路，乡镇场通往村队，村队互通公路为四级公路。全市各族人民消费结构发生重大变化，城乡居民生活摆脱以温饱为特征的消费模式，涉及衣、食、住、行、娱等方面消费，质量和品位发生变化，人们追逐时尚潮流，与时俱进。2006年，电视、电脑、冰箱、洗衣机、互联网走进城乡百姓家庭，各民族聚居、交往、融合，综合素质明显提高，生活质量明显改善，社会面貌焕然一新。

第一章 居民收入与消费

第一节 职工收入与消费

一、职工收入

1979年前，博乐县各类经济类型从业人员5 663名，工资总额310.61万元，平均每人年工资549元。

中共十一届三中全会后，国家推进分配制度改革，职工工资总额增长较快。1983年，县恢复边疆地区补贴，在新疆工作满1年以上不满5年，每月2元，满5年每月3元，以后每满5年递增3元。实行知识分子补贴，每月15元，知识分子书报费每年40元。在新疆工作满25年，工资上浮一级，浮动工资8年后固定，干部离、退休时，其浮动工资一并计算为离退休金。大学毕业生在新疆工作满1年、中专毕业生在新疆工作满3年，上浮一级工资，6年固定后还可上浮（上述待遇仅限于行政、事业单位）。

1985年，全国实行工资改革。新工资的主要内容包括基础工资、职务工资、工龄津贴、奖励工资。建立新的工龄津贴、教龄津贴、护龄津贴制度。改革后，博乐市机关、事业单位，平均每人每月增加工资17.56元，企业单位平均每人每月增加工资13.28元。同年（六五计划末），全市各种经济类型从业人员7 225人，工资总额799.60元，平均每人年工资1 107元。从业人员比1978年增加1 562人，增长21.62%；工资总额增加488.99万元，增长157.43%；平均每人年工资增加558元，101.64%。

1990年（七五计划末），博乐市各种经济类型从业人员8 826人，工资总额1 715.36万元，平均每人年工资1 987元。从业人员比1985年增加1 601名，增长22.16%，平均每年增长4.43%；工资总额增加915.76万元，增长114.53%，平均每年增长22.91%；平均每人年工资增加880元，增长126.07%，平均每年增长25.21%。

1995年（八五计划末），博乐市各种经济类型从业人员15 226人，工资总额6 130.40万元，平均每人年工资 4 110 元。从业人员比 1990 年增加 6 400 人，增长 72.51%，平均每年增长 14.5%；工资总额增加 357.38%，平均每年增长 71.48%；平均每人年工资增加 2 123 元，增长 106.84%，平均每年增长 21.37%。

2000 年（九五计划末），博乐市各种经济类型从业人员 14 888 人，工资总额 10 237.9 万元，平均每人年工资 6 785 元。从业人员比 1995 年减少 338 人；工资总额增加 4 107.5 万元，增长 67%，平均每年增长 13.4%；平均每人年工资增加 2 675 元，增长 65.09%，平均每年增长 13.02%。到 2006 年，全市各种经济类型从业人员 13 920 人，工资总额 17 138.9 万元，平均每人年工资 12 312 元。从业人员与 2000 年相比减少 968 名，减少 6.5%；工资总额增加 6 901 万元，增长 67.41%，平均每年增长 13.48 %；平均每人年工资增加 5 527 元，增长 81.46%，平均每年增长 16.29%。

1979—2006 年博乐市（县）各类型职工平均工资统计表

表 38-1　　单位：人、元、万元

年份	从业人员	年平均工资	年工资总额
1979	5 863	605	354.58
1980	6 243	734	458.37
1981	6 517	747	486.56
1982	6 885	748	514.92
1983	7 496	782	585.80
1984	6 948	884	614.41
1985	7 225	1 107	799.60
1986	7 676	1 295	984.62
1987	8 287	1 410	1 131.08
1988	8 418	1 679	1 378.20
1989	8 669	1 757	1 456.70
1990	8 826	1 987	1 715.36
1991	9 302	2 180	1 954.23
1992	9 683	2 471	2 299.44
1993	12 439	2 529	305.63
1994	14 244	3 292	4 591.40
1995	15 226	4 110	6 130.40
1996	15 723	4 651	7 215.80
1997	16 911	4 383	8 442.80
1998	15 627	5 296	8 848.60
1999	15 071	6 205	9 494.30

续表 38-1

年份	从业人员	年平均工资	年工资总额
2000	14 888	6 785	10 237.90
2001	14 256	8 512	12 458.40
2002	13 938	9 527	13 350.11
2003	14 248	10 415	14 839.40
2004	13 946	11 329	15 798.80
2005	13 952	12 108	16 893.60
2006	13 920	12 312	17 138.90

注：①本表基本数字来源于《博乐市统计年鉴》《跨世纪的博乐》。

②从业人员、工资总额、年平均工资包括各种经济类型的平均数。

二、职工消费

1979 年，博乐县职工消费 2 652 万元；占居民消费 55.03%，年消费水平每人为 901 元。

1985 年，博乐市职工消费 4 648 万元，比 1978 年增加 2 313 万元，增长 99.06%，平均每年增长 12.38%，年消费水平每人为 1 120 元，环比指数为 114.4，定基指数为 118.7。

1994 年，博乐市职工消费 13 718 万元，比 1985 年增加 9 070 万元，增长 195.14%，平均每年增长 19.51%，年消费水平每人为 2 287 元，环比消费指数为 121.6，定基消费指数为 102.8。

2004 年，博乐市职工消费 68 668 万元，比 1994 年增加 54 950 万元，增长 400.57%，平均每年增长 40.06%。年消费水平每人为 4 825 元，环比消费指数为 106.4，定基消费指数为 358.9。

1979—2004 年博乐市职工消费统计表

表 38-2　　单位：元、%

年份	总消费	社会消费	居民消费（包含农牧民消费）（按 1990 年不变价计）			
			–	其中：职工消费	占总消费比	占居民消费
1979	6 078	1 259	4 819	2 652	43.63	55.03
1980	5 716	1 065	4 651	2 623	45.89	56.40
1981	7 245	1 283	5 962	3 344	46.16	56.09
1982	7 891	1 466	6 425	3 495	44.29	54.40
1983	8 953	1 763	7 190	3 768	42.09	52.41
1984	9 524	1 999	7 525	3 922	41.18	52.12
1985	11 067	2 369	8 698	4 648	42.00	53.44
1986	15 359	3 374	11 985	6 530	42.52	54.48
1987	16 233	3 651	12 582	6 843	42.15	54.39

续表 38-2

年份	总消费	社会消费	居民消费（包含农牧民消费）（按 1990 年不变价计）			
			–	其中：职工消费	占总消费比	占居民消费
1988	18 369	4 162	14 207	7 555	41.13	53.18
1989	17 713	4 170	13 543	7 170	40.48	52.94
1990	23 064	7 914	15 150	8 446	36.62	55.75
1991	24 413	9 069	15 344	10 135	41.51	66.05
1992	23 977	8 174	15 803	10 649	44.41	67.39
1993	23 344	7 022	16 322	11 099	47.55	68.00
1994	30 577	8 418	22 159	13 718	44.86	61.91
1995	29 033	9 644	19 389	11 608	39.98	59.87
1996	30 655	10 976	19 679	11 611	37.88	59.00
1997	33 082	11 856	21 226	11 996	36.26	56.52
1998	35 185	13 654	21 531	12 232	34.76	56.81
1999	40 892	17 638	23 254	13 937	34.08	59.93
2000	44 021	18 972	25 049	15 626	35.50	62.38
2001	104 671	47 291	57 380	37 119	35.46	64.69
2002	111 739	46 895	64 844	42 436	37.98	65.44
2003	126 939	40 154	86 785	62 350	49.12	71.84
2004	146 179	50 213	95 966	68 668	46.98	71.55

第二节　农牧民收入与消费

一、农牧民收入

（一）农民收入

1979 年，博乐县农民人均收入 209 元。1983 年，县农民人均收入 310.96 元。

1985 年，博乐市农民人均纯收入 486 元。1990 年，市农民人均纯收入 757 元，较 1985 年增长 55.76%。1995 年，市农民人均纯收入 1 662 元，较 1990 年增长 1.2 倍。2000 年，市农民人均纯收入 3 064 元，较 1995 年增长 84.36%。2006 年，市农民人均纯收入 4 855 元，较 2000 年增长 58.45%。

1979—2006 年博乐市（县）农村收入分配情况统计表

表 38-3 单位：万元、元

年份	总收入	净收入	国家税金	集体提留	分 配	人均收入
1979	2 437.96	1 650.76	44.76	321.26	1 284.45	209
1980	2 101.71	1 391.27	43.83	222.61	1 122.83	211.16
1981	2 168.43	1 416.22	38.31	226.59	1 151.32	197.90
1982	2 416.53	1 572.05	37.72	251.23	1 283.09	219.92
1983	2 725.92	20 407.02	34.31	184.46	1 830.68	310.96
1984	3 473.92	2 583.38	38.30	182.56	2 362.52	393.50
1985	4 952.13	3 342.02	103.62	223.98	3 014.42	486.0
1986	6 586．58	4 228.80	93.52	231.13	3 904.15	587.88
1987	715.65	4 726.00	94.87	320.44	4 310.69	642
1988	8 734.15	2 969.83	115.12	349.74	4 504.97	685.7
1989	9 713.14	5 342.15	174.31	415.43	4 752.41	683.9
1990	11 667.99	6 092.10	253.75	511	5 327.35	757
1991	12 049.17	6 294.95	258.10	525.58	5 511.27	778
1992	13 202.46	6 589.62	279.36	701.56	5 608.40	771
1993	16 176.2	7 148.90	281.30	303.9	6 563.70	893
1994	26 486.8	10 603.20	599.3	259.2	9 744.70	1 295
1995	34 565.04	13 939.00	817.14	402.54	12 719.32	1 662
1996	41 238	17 813.00	986.00	676	16 151	2 092
1997	51 520	22 686.00	1 920	885	19 881.00	2 563
1998	54 660	23 393.40	2 283.84	917.17	20 192.39	2 755
1999	51 982	22 664.00	1 790	766	20 108.00	2 582
2000	60 053	26 768.00	2 207	764	23 797.00	3 064
2001	64 004	28 199.00	2 330	867	25 002.00	3 210
2002	71 626	30 674.00	3 170	742	26 762.00	3 437
2003	85 100	34 164.00	3 674	421	30 069	3 820
2004	92 054	37 154.00	4 359	659	32 136	4 266
2005	85 588	37 566.00	3 465	348	33 753	4 454
2006	95 567	41 264.00	3 685	379	37 200	4 855

注：本表数据根据农经局历年统计报表汇总

（二）牧民收入

1985年，博乐市牧民人均纯收入431元。1990年，市牧民人均纯收入611元。1995年，市牧民人均纯收入1 353元。2000年，市牧民人均纯收入2 639元。2006年，市牧民人均纯收入4 907元。

1983—2006年博乐市（县）畜牧业产值及牧民人均收入统计表

表38-4　　单位：万元、元

年份	牧业总产值	牧民人均收入	年份	牧业总产值	牧民人均收入
1983	735	–	1995	9 357	1 353
1984	801	–	1996	10 748	1 758
1985	1 143	431	1997	10 443	1 989
1986	1 324	541	1998	9 711	2 153
1987	1 782	577	1999	10 214	2 169
1988	5 006	642	2000	12 842	2 639
1989	4 636	610	2001	17 240	2 677
1990	3 976	611	2002	19 562	2 979
1991	4 001	635	2003	23 984	3 384
1992	4 757	627	2004	26 222	3 667
1993	5 668	822	2005	21 727	3 817
1994	7 397	1 008	2006	20 837	4 907

二、农牧民消费

1979年，博乐县农牧民消费水平209元，环比指数111.2，定基指数111.2。1980年，县农牧民消费水平206元，环比指数98.6，定基指数109.6。

1985年，博乐市农牧民消费水平408元，环比指数111.2，定基指数217。1990年，市农牧民消费水平651元，环比指数103，定基指数346.3。1995年，市农牧民消费水平835元，环比指数80.3，定基指数444.1。2000年，市农牧民消费水平1 015元，环比指数100.2，定基指数539.9。2004年，市农牧民消费水平2 768元，环比指数111.3，定基指数1 472.3。

1979—2004年博乐市（县）农牧民消费水平、指数统计表

表38-5

年份	农牧民消费水平（元/人）		农牧民消费水平指数	
	当年价计算	1990年可比价计算	环比指数（以上年=100）	定基指数（以1978年=100）
1979	124	209	111.2	111.2

续表 38-5

年份	农牧民消费水平（元 / 人）		农牧民消费水平指数	
	当年价计算	1990 年可比价计算	环比指数（以上年 =100）	定基指数（以 1978 年 =100）
1980	127	206	98.6	109.6
1981	174	268	130.1	142.6
1982	181	268	100.0	142.6
1983	238	342	127.6	181.9
1984	260	367	107.3	195.2
1985	290	408	111.2	217.0
1986	395	537	131.6	285.6
1987	436	548	102.0	291.5
1988	559	654	119.3	347.9
1989	594	632	96.6	336.2
1990	651	651	103.0	346.3
1991	759	726	111.5	386.2
1992	852	693	95.5	368.6
1993	973	699	100.9	371.8
1994	1 745	1 040	148.8	553.2
1995	1 884	835	80.3	444.1
1996	2 037	946	113.3	503.2
1997	2 206	993	105.0	528.2
1998	2 149	965	97.2	513.3
1999	2 097	1 013	105.0	538.8
2000	2 103	1 015	100.2	539.9
2001	2 225	2 188	104.0	1 163.8
2002	2 627	2 681	122.5	1 426.1
2003	2 538	2 488	92.8	1 323.4
2004	2 829	2 768	111.3	1 472.3

第三节 居民储蓄

1979 年，博乐县居民储蓄存款 2 902 万元。1985 年末，博乐市城乡居民银行储蓄存款余额 10 118 万元，增长 547.55%。全市人均存款 736.73 元，户均存款 3 254.63 元。1990 年末，市城乡居民银行储蓄存款余额 42 089 万元，比 1985 年增加 31 971 万元，增长 315.98%，年平均增长 63.20%。全市人均存款 2 721.58 元，户均存款 11 026.15 元。1995 年末，市城乡居民银行储蓄存款余额 134 668 万元，比

1990年增加92 579万元，增长219.96%，年平均增长43.99%。全市人均存款7 136.73元，户均存款25 733.89元。2000年末，市城乡居民银行储蓄存款余额220 652万元，比1995年增加85 984万元，增长63.85%，年平均增长12.77%。全市人均存款10 006.58元，户均存款32 933.63元。

2006年末，博乐市城乡居民银行储蓄存款余额350 400万元，比2000年增加129 792万元，增长58.82%，年平均增长9.80%。全市城乡居民人均存款13 779元，户均存款余额38 976.64元。

1979—2006年博乐市（县）居民储蓄存款统计表

表38-6 单位：万元

年份	居民储蓄存款数	年份	居民储蓄存款数
1979	2 902	1993	73 693
1980	2 532	1994	95 736
1981	3 651	1995	134 668
1982	4 523	1996	167 422
1983	5 840	1997	188 863
1984	7 823	1998	194 759
1985	10 118	1999	197 870
1986	12 602	2000	220 652
1987	17 320	2001	229 369
1988	21 550	2002	264 448
1989	27 096	2003	315 557
1990	42 089	2004	349 846
1991	51 821	2005	292 415
1992	60 537	2006	350 400

注：本表数字来源于博乐市统计局编印的《跨世纪的博乐》年鉴。

2006年数字来源于《博乐市2006年国民经济和社会发展统计公报》。

第二章　衣食住行和生活用品

第一节　服　饰

随着经济社会的不断发展，博乐市城乡居民衣着发生较大变化，追求衣着服饰品牌化、多样化、时尚化，衣着装扮紧跟市场潮流。

20世纪80年代中期，衣着款式多样，除农牧区老人仍基本保持原来的服饰外，博乐市居民服饰随着市场变化而变化。90年代，各族群众服饰开始追随时尚潮流，向品牌化、高档化、时尚化发展。博乐服装以年龄、款式、品牌档次的细分运作，服饰市场出现专卖店。进入21世纪，衣着朝着休闲、舒适、美观、时尚方面发展。男女衣着个性化需求与时尚化日益突显。服装分为正装、休闲款，各族群众注重在不同场合穿不同衣着，一年四季衣着款式变化很快。年轻人着装多注重新潮、时髦、名牌、个性；中老年人多注重服装质地、款式及舒适度。

博乐市各民族穿衣戴帽都是购买成品，自制的传统、特色服装制衣店，结合流行趋势，融入现代元素，主营私人订制礼服和便服。各族人民在服饰装扮追逐流行、时尚、自然、健康，讲质量，看款式，享受物质丰富、社会进步带来的美好生活。

一、帽子

礼帽毡帽 棉帽（皮帽） 多为中老年男人戴的帽子。20世纪90年代，少数民族妇女戴帽子是貂皮毛在外的欧式时尚款。

鸭舌帽 也叫砍头曼帽子，城镇中老年男人戴。

绣花小帽 喜庆节日及重大活动，维吾尔族男女、回族男性戴绣工精致、四棱的小花帽；哈族姑娘戴平顶花帽，帽顶秀有花纹，插有鹰的羽毛。

蒙古族帽子 蒙古族男女在穿着礼服时佩戴帽子。帽子缝制配有珠子、亮片及吉祥图案；女士帽子还有不同颜色、造型的链珠装饰；随着时代发展，蒙古儿童帽还配有卡通图案。

围巾（头巾） 博乐各族妇女都有自己的喜好方式在头上披（系）各种花色的纱巾（方巾）。各族中老年妇女有系头巾（纱巾、绸巾）习惯，主要是棉或丝质方巾；汉族、蒙古族、维吾尔族老年妇女习惯在头上系头巾，维吾尔族老年妇女还用大方巾披在肩上；中、青年的维吾尔族、回族妇女在朋友、家庭聚会时喜爱披飘逸的、五彩缤纷的纱巾（丝巾）装扮，一般规格为60×160厘米。

中老年男士佩戴围巾，穿风衣、大衣时有装扮和保暖功效。

各族妇女青年一般戴各式装饰帽、毛线帽。

二、发式

男子发式 80年代后部分青年人、艺术工作者有留长发或染流行色头发，部分中老年男人则将白发染黑。

女子发饰 80年代后，博乐市城乡各族妇女发型呈多样化发展趋势，青年妇女开始烫发，逐步兴起了披肩发、波浪发、卷发拉直、盘头等，并将黑发染成黄、板栗等颜色，老年妇女则将白发染黑发。焗油，营养头发。各民族姑娘用造型各异的发卡装饰发辫，妇女戴头饰不胜枚举。

三、美容养生

20世纪90年代后，美容、养生业逐渐兴起，各族妇女为追求美和健康而去美容院美容、养生。美容院有祛斑、祛痣、祛皱、割双眼皮、漂唇、纹眉等项目；进入21世纪，微整形的人数渐渐增多，日常护理是眼霜眼膜、紧致精华、保湿防晒、戴假睫毛、化淡妆。妇女夏天打遮阳伞。

养生业有汗蒸、洗脚修脚、精油推背、艾灸等项目。

20世纪80年代的公共淋浴澡堂发展为洗浴业。

四、配饰

博乐各族妇女佩戴首饰多为金、银、玉、翡翠、蜜蜡等，妇女喜爱耳环、项链、手镯、戒指等装饰物。80年代后，男女婚嫁均要置办三金（金戒指、金项链、金耳环），有的还配置金耳钉、金手链儿、金手镯等。90年代后兴起了佩戴玉石，有玉石手镯、玉石吊坠，21世纪又开始了流行戴文玩、翡翠、蜜蜡等。

蒙古族妇女喜欢佩戴金、银、玉、蜜蜡、绿松石等耳环、戒指、手镯等饰品，维吾尔族妇女佩戴的项链、耳环、手镯、戒指，嵌金镶玉，珠光宝气。哈萨克族妇女喜欢戴耳环，手镯、戒指。汉族婴儿有长命锁、手镯、银铃等饰品。

五、上衣

80年代后，长短袖衬衫、毛衣、绣花衬衫、袷袢（维吾尔族男子传统服装，长外衣）等还在穿着，城乡男女衣着逐渐出现了针织衫、羊绒衫、蝙蝠衫、风衣、羽绒服、呢子大衣、T恤、夹克衫、皮衣、运动服、休闲服等，以及睡衣、睡袍、保暖内衣、塑身衣、打底衫、短外套、羊绒大衣（上衣）等上衣。衣服的布料逐渐由棉纺、混纺，向化纤制品、毛制品、丝制品、竹纤制品等发展。

80年代后，男女青年流行穿喇叭裤、直筒裤、西装裤、老板裤、休闲裤等，女子穿从筒裤到牛仔裤、西裤，健美裤、紧身裤、灯笼裤、微喇叭、铅笔裤、皮裤、靴裤、九分/七分裤以及百褶裙、一步裙、超短裙等，受到多数青年男女青睐，一些年轻女子为追求时髦，冬季穿打底裤，或靴裤、套超短裙。

六、鞋

80年代后，鞋的款式不断增多，除传统布鞋、棉鞋、胶鞋、“卡拉式”（哈萨克族、维吾尔族套在鞋子上的胶皮鞋套）外，又增加了运动鞋、旅游鞋、皮鞋、高跟鞋、凉鞋、拖鞋、帆布鞋、高帮鞋、马丁靴、高筒靴、短靴、雪地靴等鞋类。

第二节　饮　食

各族人民在长期互相交往、交融中，彼此了解更多，饮食习惯形成你中有我，我中有你，多元融合的特点。部分蒙古族、维吾尔族、哈萨克族群众吃炒菜、火锅、海鲜。部分汉族家庭喜欢吃馕、拌面、抓饭、汤饭等。

党的十一届三中全会以后，各民族之间饮食习惯的融合和对外交流，使传统的饮食结构发生较大变化，主食消费比重逐渐下降，副食消费比重日渐上升，更加注重饮食质量提高，注重合理调整膳食结构。

进入21世纪，随着人们生活水平提高，经常三五成群请客下馆子，有时还向乡镇去，吃点“土”的，到草场毡房或农家乐吃绿色健康食材，人们由单纯吃饱转为讲究吃的好，吃的精细、新奇、营养、绿色，讲究吃的环境及吃的艺术与文化。

面食、米饭

人们主餐主要有面食和米饭。全国各地的特色饮食及各种饮食连锁店，如湘菜、川菜、品牌火锅，麻辣烫、牛肉面、水煎包、“呼啦汤”，面皮米皮、小笼包、过桥米线等等都融入博乐百姓日常生活；博乐地区的回族兼收其他各民族特色饮食形成自己特有的美食，有夹沙、粉汤、牛骨髓丸子汤、“九碗三行”传统宴席菜等。饮食文化，海纳百川，架起了一个各民族沟通的桥梁，加速了各民族文化相互交流、融合。

20世纪80年代，城乡居民以白面、大米为主食。博乐居民的面食通常为小麦面馍馍、饼子，及馕，21世纪以后，配合玉米面、荞麦面、南瓜做杂粮面食。早餐，一般以粥和奶茶、牛奶居多，大米粥、杂粮粥、小米粥、玉米糊糊等，还有牛奶、奶茶、豆浆；煮鸡蛋蒸红薯、南瓜、山药，配凉拌菜、或炒素菜，花样较多，五花八门。中午吃硬餐，拌面，抓饭、米饭、馍馍、饼子炒菜，一般菜里都有肉，牛羊猪鸡鱼是家常便饭。晚饭吃的简单，汤饭、粥、奶茶居多。

一、面食

馍馍（馒头）　发面，有白面、玉米面、其他杂粮馍馍。20世纪80年代用发面酵头发面，90年代后，发酵粉取代传统发面方式。还有多种口味花卷，油塔子、油糕等等。

饼子　发面，有白面、玉米面、南瓜、葱花饼等，一般以白面饼为主。在和白面时再添加玉米、品牌饼子有锡伯大饼；另有发面烤饼、卷饼、死面煎饼等。传统炕饼子在生铁平锅中翻炕或烘烤，21世纪后在电饼铛中炕饼子。

馕 发面，用小麦面或玉米面在馕坑里烘烤而成。蒙古族、维吾尔族、哈萨克族家庭中制作的馕，各民族各个家庭有各自特点，味道也不同。家庭制作和面时（可以放一半水，一半牛奶）一次用 12 千克左右的面，发酵后揉成光滑的 17 个左右的面团，取面团擀成一张张面坯，用馕扎（也叫馕针，打馕的章子）在饼坯上压出均匀的花纹，均匀摆放，待用。这边开始在馕坑里添加柴火，柴火燃到无烟，把馕坑烤热后，（可以把有花纹的一面压（贴）在碎洋葱、麻芝上，使芝麻或洋葱均匀的粘在馕坯上，此工序根据需要而定，也可省略），把醒好的馕坯放在“盖子那”上，手再抻入到“盖子那”里，手借助“盖子那”把一个一个馕坯贴到馕坑里烤制。烤制的时间以馕的大小来定。（烤包子在馕坑里烤制）。家庭制作的馕种类很多，有日常常见的薄饼馕，维吾尔语叫“海依来克”；有厚的窝窝馕，也叫“格尔旦”；有加油、蛋、糖做的“吐阿奇”小馕等；卖馕的馕房有多种口味的馕，洋葱、白芝麻、孜然味等，有玫瑰馅、肉馅（也叫肉馕，肉馕在锅里翻炕）。馕已融入博乐各民族人民日常生活中，成为最主要的面食之一。

拌面（拉条子） 拌面是博乐各族人民非常喜爱的主要日常饭食之一，也是新疆人的传统美食之一。无论是自己家中做饭、街上就餐乃至设宴招待外地来宾，都可以见到到拌面的身影。

炒面 有炒揪片、丁丁炒面（也叫二节子）。

手抓面 也叫那仁（蒙语称纳仁布达）。走入博乐各民族家庭。制作手抓面有三个步骤：煮肉、煮面、调汁。

蒸面 基本用料有面条（手擀面或鲜挂面）、豆角，配牛肉或羊肉或猪肉，也可以做素蒸面，冬天可以用干豇豆及其他配菜做蒸面。

汤饭 由小麦面制作。形式多样，有面条、揪片子、揪二节子、疙瘩汤等。面条有手擀面、挂面；揪片子和二节子的面同炒面制法。

包子 菜、面结合的面食。有蒸包子、烤包子、水煎包子、小笼包子、薄皮包子等。包子皮有发面和死面之分，蒸包子、水煎包子、小笼包子皮是发面；烤包子和薄皮包子皮是死面。

饺子 汉族、蒙古族过春节吃饺子最为讲究，具体制作分和面、调馅、擀皮、包馅、下饺子五步骤。饺子的制作通常是家庭自作自食。20 世纪 90 年代后期，出现商业化冻饺子。

二、米饭

20 世纪 80 年代后，做米饭用电饭锅。博乐境内的米主要是红泉大米和小营盘大米。

抓饭 是过节、待客及日常生活的必备食品之一。主要食材是羊肉（牛肉、鸡肉，素抓饭），胡萝卜，洋葱（皮芽子），大米。基本做法：大米淘洗干净，放入冷水盆中浸泡半小时以上，见米粒稍涨，捞出控水。胡萝卜刮皮洗净，切成 0.5 厘米左右的条。泡好的大米和切成条的胡萝卜大致比例为 1:1；洋葱适量切块。葡萄干洗净。羊肉带骨头切块，煮至九成熟捞出备用。锅置火上，放入植物油，烧至八成热，下胡萝卜和洋葱，煸炒至胡萝卜变软，放盐，倒入羊肉汤同煮 3 分钟左右；将泡好的大米下锅并压实。羊肉汤的水不能多，收净后，刚好覆盖米。把煮好的肉摆放在大米上，盖上锅盖用小火焖 20 分钟以上。维吾尔人在待客、节日、喜庆、婚丧或“乃孜尔”时，以大锅做抓饭，可供几十人、甚至上百人食用。

抓饭馆里有各种抓饭，碎肉抓饭、羊蝎子抓饭、羊腿抓饭、羊排抓饭、牛肉抓饭、鸡肉抓饭、素抓饭等等，同时配有凉拌小菜；根据需要搭配酸奶、奶茶。

炒米粉 炒米粉的过程和炒面相似，只是食材和口感不同。米粉由大米加工成粉制成，一般在超市购买，在家煮熟后备用；根据个人喜好选择蔬菜配菜，选择鸡肉和牛肉味得更多。餐馆常用干辣皮子和郫县豆瓣做辅料炒制蔬菜。菜炒好后放煮好的米粉，翻炒匀后可以出锅。

炒年糕 一般在超市购买，在家煮蒸后备用；根据个人喜好选择蔬菜配菜，选择鸡肉和猪肉味的更多。

米线　一种汤饭，和牛肉面相似，主要是猪肉、鸡肉、牛肉口味，搭配葱花。

三、副食

狭义所称副食为一日三餐下饭的菜及糕点，广义副食则为肉鱼蛋禽、烧烤烹炸过的咸甜食品及酒水。

肉类　以牛、羊、猪肉为主，辅有鸡、鸭、鹅、马、牦牛、兔、驴、狗肉，以及由此经过加工形成的熟食和杂碎食品。以肉类为原料制成的食品，蒙古语称“乌兰伊得”，意为“红食”。

水产类　种类。博乐本地的水产品有高白鲑、鲤鱼、草鱼、鲫鱼、鲢鱼等，外地鱼有黑鱼、鲶鱼、带鱼、黄花鱼、武昌鱼、青鱼等，贝类有蜗牛，海产品都是外地运进博乐的，软体类有鱿鱼、海蜇、海参等，虾蟹类有对虾、螃蟹、虾米虾皮等，2006年前后，博乐有了地产螃蟹。海生植物有海带、紫菜。

禽蛋　博乐农牧区所食禽蛋一般自养自食为主，饲养家禽主要有鸡，辅以鸭、鹅、鹌鹑。20世纪80年代后，规模化养殖兴起，博乐市的城镇居民主要食用博乐市小营盘镇的鸡蛋供应，人们食用禽蛋多到市场购买。

咸菜　夏初，博乐城乡居民喜欢腌制糖醋蒜、黄瓜、笋子等；深秋，腌制酱菜，有伽蓝、芥菜疙瘩等；腌制大白菜、红辣子、青辣子、胡萝卜、青萝卜、芹菜、韭菜等，泡酸白菜和油辣子；常年做四川泡菜。21世纪以后，腌制各种咸菜商业化。城乡部分居民因喜好和方便原因，仍保有腌咸菜的习惯。

糕点零食　糕点有各种口味饼干、桃酥、月饼、各种油炸麻花、馓子、油果子(哈萨克语叫“包尔沙克”，一种用油炸制的小块面食)；回族的油香添加香豆子，别有风味，颇负盛名。零食有各种干果和炒货，葡萄干、杏干、核桃、红枣、巴旦木、无花果、炒葵花子、打瓜子、南瓜子、花生、豌豆、酸奶疙瘩、烤红薯等。蒙古族哈萨克族更加喜爱牛奶酿制的乳制品。蒙古族、维吾尔族、哈萨克族、回族人民擅作馓子和点心。馓子用油、花椒水、蛋清、牛奶和面油炸制成，其特点是香、脆、酥，敞开放置干燥处，泡到奶茶中，立即软松。各民族制作麻花各有特色。随着时代发展，零食品种逐渐丰富，糕点点心、蛋糕、各式面包应有尽有，品牌糕点坊及个人糕点房遍布城乡。

四、佐餐

（一）酒

白酒　博乐地产白酒主要是赛里木系列白酒，用玉米、小麦、高粱酿造，自制发酵酒曲，酒精度38%至52vol%。党的十一届三中全会后，百姓餐桌上的白酒品牌多起来，疆内外白酒琳琅满目。

卡瓦斯　博乐居民以各自的方法酿制，用大麦(也有采用黑麦或荞麦的)、山花蜜、啤酒花为原料发酵而成，其酒精含量仅有0.3%至0.5%，类似啤酒。

啤酒　主要喝乌苏啤酒和青岛啤酒。

葡萄酒　有干红、干白，主要产地是吐鲁番、石河子、焉耆。

黄酒　饮用较少，也做料酒用。

马奶酒、骆驼奶酒　牧民家庭用牛奶、马奶、骆驼奶发酵自酿的奶酒、马奶子酒、骆驼奶酒，微喷酒香，清凉适口，沁人心肺；哈萨克族酿制荞麦酒。自酿奶酒酒精度在10%以上。马奶酒和奶酒，是蒙古族人民喜爱的饮料，多在夏季酿制。

（二）饮料、水

20世纪80年代，博乐境内以饮用井水为主，有自流井，有各家个户自行打井叫压井，还有一个村共用一口水井，牧区牧民饮用山泉水，博乐县城小部分居民用饮用自来水。20世纪90年代，乡镇开始铺设自来水管道，部分村队开始喝上自来水；2000年，纯净水、矿泉水成桶成瓶地供应城乡居民。2006年，直饮机开始进入市区居民家庭。

（三）茶

改革开放后，人们开始烧水泡茶，以茉莉花茶为主，自饮与待客。20世纪90年代后，饮用绿茶、红茶成为时尚，街面出现茶馆。蒙古族、哈萨克族、维吾尔族日常自饮与待客仍保持饮用奶茶、茯茶、红茶的习惯。蒙古族有“宁可三日无粮，不可一日无茶”的俗语。以喝奶茶为主，喝奶茶时喜欢在奶茶里放炒米、酥油、奶皮子，味道香醇，搭配饼干、麻花、馓子、包子、馅饼等食品，回味无穷。哈萨克族传统习惯每餐必需喝奶茶。喝茶时先分别将烧好的浓茶汁、开水、牛奶兑制，用小茶碗慢饮，温热醇香，提神解乏。回族人民尤其喜爱喝盖碗茶，一般用绿茶或茉莉花茶、冰糖、红枣、桂圆、枸杞等配成盖碗茶，也有配置成品的“三泡台”。

（四）奶制品

博乐本地各民族有喝鲜牛奶、奶茶、自制酸奶的习惯。奶制品主要来自境内养牛专业户。博乐当地奶制品没有规模。以奶为原料制成的食品，蒙古语称“查干伊得”，即“白食”。乳品有酸奶、奶酪、奶疙瘩、奶皮子、奶酒、酥油等。

（五）果酱

冬季常使用海棠果酱、苹果酱、草莓酱、杏子酱、黑加仑酱等。

（六）食油

城乡居民所食用油大部分为葵花籽油，有少量的油菜籽油、胡麻油，20世纪90年代前后曾食用过棉籽油。农村多为小油坊榨油；进入21世纪，食用油大部分由市场购买，农村油坊逐渐减少，但仍有零星存在。

（七）调味品

博乐民间常用调味品有大葱、洋葱、花椒、生姜、大蒜、干辣皮子、八角、胡椒、孜然等，有时胡萝卜、西红柿也算配置调味；液体调味品有各种品牌酱油（生抽、老抽、海鲜酱油、凉拌酱油等）、醋、料酒、蚝油等。有品牌香油、花椒油、辣子油、芥末油等。

五、家常菜肴

（一）凉拌菜

凉拌菜肴既简单，又实惠，就地取材，随着季节的变化有所不同，应季节的菜大都都可以凉拌，如，凉拌茄子（长茄子）、苦瓜、菠菜面筋、海蜇大白菜、白（青、水）萝卜、野焯菜等，深受博乐百姓喜爱。最典型的有：

皮辣红　原料是洋葱（皮芽子），辣椒，西红柿、黄瓜，全部切丝，放适量精盐。家常菜。

拌三丝　原料是胡萝卜丝、粉条、海带丝、干豇豆、金针菇、菠菜等等。粉条、海带、干豇豆泡软后，开水锅里焯熟，金针菇、菠菜焯熟并在凉水中“激”过捞出，热油泼干辣皮子、葱花、蒜泥、加酱油、醋、盐，搅拌均匀。根据个人爱好挑选几样凉拌，博乐百姓过年和招待客人的常菜。

热凉拌　先把牛肉、牛头肉、猪头肉、熏马肉、熏马肠、香肠等用白水煮好，卤制各种牛肉（牛杂）、鸡肉（鸡爪、鸡翅、鸡杂）、猪肉（猪耳朵、猪蹄、猪杂），上桌时再切好摆放，可调汁沾着吃。

椒麻鸡　主要调味品有大葱、生姜、花椒，辣子及干辣皮子。先把鸡煮熟后，切块或手撕成条带鸡骨头待用，用热油爆小米椒、花椒，加酱油、精盐、大葱、青辣子等调汁，与切好的鸡搅拌均匀。回族人民的代表菜。

凉粉、凉面（黄面）、凉皮子、凉拌米皮等风味小吃

（二）炒炖菜肴

博乐民间家常炒炖菜肴，一般随着季节菜成熟，适时烹制。

博乐人喜欢在家人、朋友团聚或过节聚会时，吃大盘、点大盘。大盘系列，吃肉渐少，吃菜渐多；如大盘鸡在烧制时添加洋芋或青萝卜或瓠子一起炖，起锅前再放青、红辣子、小葱（大葱也行）、大蒜。大盘羊肉和牛肉（手抓肉面中已记）可以添加胡萝卜、洋芋、恰玛古等，配其他的不影响口感的菜，如玉米棒剁节、红薯一起炖也有。大盘鱼有麻辣鱼、酸菜鱼、干锅鱼，配豆腐、豆芽、粉皮、魔芋、绿色菜等。

大盘鸡、大盘羊肉、大盘牛肉的制法基本一致，葱、姜、洋葱、花椒等调料略有不同；大盘鱼有成品配料。

红烧系列　有红烧猪肉、猪排可添加干豇豆、或豆腐皮或青萝卜。红烧牛肉可添加胡萝卜、洋芋。红烧系列菜肴，肥甘味重。

烧烤系列　有烤羊肉串、烤羊排、烤鱼等，用少许盐水、洋葱、鸡蛋腌制后，放烤箱烤制；烤鱼根据个人喜好放作料腌制。

爆炒系列　有炒烤肉，炒碎肉，炒羊杂。

炒烤肉　放盐就行，根据爱好可放孜然、辣子面。炒碎肉有两种吃法，与洋葱、辣皮子、蒿椒、芫荽、辣椒配搭，和卷饼、奶茶、糊糊、稀饭在一起，或和拌面一起吃，都是博乐居民的特色饭菜。

爆炒羊杂　杂碎系列有爆羊杂牛杂、胡辣羊蹄、灌面肺和灌米肠等都是博乐人民喜爱的传统饮食。回族人民做的特别好。爆羊杂的做法：购买一套羊杂或专买羊肚、羊头，羊杂、羊头、羊肚等，可分开炒也可混合炒；配料有花椒 15 克，朝天椒辣皮子 15 克，葱姜蒜各 50 克，青椒皮芽子各 100 克切块，羊杂 350 克，盐，鸡精，老抽各 15 ～ 20 克。做法是起锅烧油油温略高些，倒入葱姜蒜（注：蒜多些）辣皮子、花椒炝锅，倒入羊杂翻炒 1 ～ 2 分钟，然后倒入老抽、盐、鸡精翻炒一下，随后倒入洋葱（皮芽子）、青辣子和葱段翻炒 1 ～ 2 分钟，待皮芽子稍软后出锅，时间自己把握，不要炒得时间太长，放点孜然更好。

灌面肺软嫩，灌米肠糯鲜。进入 21 世纪，家庭制作越来越少，在街头小饭馆和夜市小摊上都能吃到。面肺子一般都是和米肠子、面筋等，从一个大锅里捞出来，然后切成小块，盛在碗里一起吃。汉族人家灌血肠的制法在 21 世纪渐渐消失。

火锅、砂锅、粉汤。火锅，在 21 世纪前，用煤炭火涮着吃，之后各种口味火锅用电磁炉煮着吃。21 世纪之后砂锅主要到砂锅店去吃。粉汤主要是回族家庭待客、过节的典型汤饭，搭配金黄油亮的油香，“香乍咧”（香极了）！

六、果蔬

（一）瓜果

21 世纪 80 年代后，新品不断上市，本地产瓜果为西瓜、各种甜瓜、苹果、蟠桃、大白桃、油桃、杏子、李子、梨子、葡萄、红枣、草莓等，外地运来的瓜果有香梨、香蕉、橘子、柚子、橙子、荔枝、桂圆、芒果、菠萝、板栗、甘蔗、火龙果等。

（二）蔬菜

农民以自留地种植蔬菜，露天、季节性种植。城镇居民以市场购买为主，随着大棚技术推广发季节蔬菜大量出现，一年四季，老百姓都能吃上各色新鲜蔬菜，家常菜大白菜、韭菜、芹菜、洋芋、萝卜、瓠子、丝瓜及绿叶菜，在原有小白菜基础上，引进了空心菜、油麦菜等，各种菜应有尽有。

七、饮食禁忌

博乐的各民族生活习惯是蒙古人、锡伯族不吃狗肉，维吾尔族、哈萨克族、回族等民族不食猪肉，21 世纪后，随着时代变迁都在发生着改变。

第三节 居 住

一、住房

博乐各族农民百姓多年居住土打墙房子，垒土院墙，墙厚窗户小，冬暖夏凉。房顶铺芦苇、麦草和土，草泥抹平。泥牧区牧民主要住毡房，零散半定居房是夯土结构、土块结构。20世纪80年代后，村镇居民及村民多以自己建房为主，住土木结构、砖木结构、砖混结构的平房。90年代后，蒙古族、哈萨克族牧民实行定居半定居，政府在春秋草场或冬草场为其建土木结构、砖木结构平房。至2006年，农牧民建房为砖混结构的抗震安居房为主。农牧民先拆夯垒土墙、土块房，修砖木结构房，再修砖混结构抗震安居房。

城镇居民多以租住单位公房（平房）、统建楼为主，统建楼多为四、五层，面积在50～75平方米之间，知识分子有条件住大面积的房子。1993年，住房制度改革后，职工开始购买公房和商品住房，单位集资、个人出资盖楼房，层出不穷。有条件的居民迁住自修私房，有楼房、院落；至2006年，博乐市居民住上80～100平方米的楼房，个别职工有2套楼房，人均住房面积达20平方米以上。全市各族居民逐步过渡到楼房居住。农牧民进城购买商品房。住房面积越来越大，装修越来越精细豪华。

传统的使用连灶土炕，用来取暖做饭都已消失，在农村个别维吾尔族和回族仍保留睡土炕的习惯。进入21世纪，土炕改为板床、席梦思。家具从橱柜到餐桌、沙发、茶几、衣柜、电视及其他家用电器俱全，水、电、暖、天然气的应用设备齐全。“土气”“原始”的生活方式被时尚、整齐、干净、舒适的现代化生活环境代替。

二、院落

院落由住房、院墙、大门组合而成，院落内设有平房和院墙。农牧民的院墙有土块和砖混合结构，也有土块结构、夯土结构。农民院内多栽培葡萄、果树，种植蔬菜；牧民统一定居点院内有饲养牛羊功能区，另外在半定居点有木头棍搭建的栅栏是用来圈牲畜的。在乡镇驻地或沿公路村庄路旁有平房带院落，多为个体私营业户所建。蒙古族和维吾尔族的院落一般坐北朝南，院墙喜欢粉刷成天蓝色、乳白色。

三、蒙古包（毡房）

蒙古族、哈萨克族牧民转场放牧居住和使用的一种易于搬迁的房子。博乐市实施牧民定居工程，定居牧民住进抗震安居房，草场放牧时仍住蒙古包。蒙古包主要由架木、苫毡、绳带三大部分组成。

蒙古包的陈设是西北面放佛桌，上面放佛像和佛龛。西、西南方都放男人用的东西，从正北，东北、东、东南半边都放女人用的东西。这种安排，与蒙古人男右女左的座次和男女分工不同有关。毡包的东墙是放碗架的地方。水桶放在地上或碗架的南头。南面有门。门槛的东边不远，放狗食桶。

哈萨克族的毡房是有天窗的，而蒙古包没有天窗；哈萨克族毡房的门一般向东南开。毡房里布置有一定特色，中间是火塘，右半部摆放食物、炊具，右上方是床铺，毡墙上有各种图案的挂毯，地上铺着地毯，毡房正上方摆放箱子等，左侧毡墙处放置垫桌，垫桌上放被褥、枕头。

四、照明

20世纪80年代后，过去的罩子灯、马灯逐渐淘汰，城镇、乡村、牧场普遍使用电灯照明，灯具有白炽灯、荧光灯、节能灯等。

五、取暖

博乐冬季取暖，村民多以煤炭为燃料，用生铁炉子烧煤炭，在炉子与火墙之间接一节铁皮烟筒连接炉子与火墙，火墙是土块坯垒打的，散热面积大、保温。牧民就地取材，多以木材为燃料，用生铁炉子加烟筒取暖。20世纪80年代，城市居民及集体单位开始用水暖集中供热；90年代后，乡村、牧场、城镇除了生炉子取暖，有的家庭用“土暖气”取暖。21世纪后，城市、乡镇居民逐步实现集中供热。

第四节 出 行

20 世纪 80 年代后，随着铁路、公路交通发展，出行方便，出行工具多样。

一、自行车

20 世纪 80 年代，博乐城乡居民出行的主要交通工具。城乡居民主要以自行车代步，上班，购物，进城、赶集、走亲访友、下地干活等，多骑车前往。90 年代，自行车不仅数量、车型品种急剧增加，档次也在不断提高，各种彩车、助力车开始遍布大街小巷，原来的“凤凰”“永久”“飞鸽”“红旗”牌自行车，逐渐消失，出现“三枪”“捷安特”等品牌及山地自行车。

二、骑马

牧区牧民出行，进乡镇、邻里交往多骑马；牲畜转（赶）场主要靠骑马。

三、电动三轮车

20 世纪 90 年代，农村机动三轮车逐步兴起，不仅从事种庄稼，运送肥料、收割秸秆，也能载人出入田间地头。

四、摩托车

20 世纪 80 年代中期，摩托车开始进入城乡居民家中，成为青年人喜爱的交通工具。随着生活水平的提高，摩托车方便快捷，大量涌现乡镇包村干部和牧民家中，年轻人拥有摩托车，牧民骑着摩托车放牧。进入 21 世纪，随着私家车日渐增多，骑摩托车出行的人大为减少。

五、出租车

20 世纪 90 年代，博乐市开始出现用于载人的脚蹬三轮车。90 年代末，被以夏丽、捷达、桑塔纳轿车为主体的出租车代替。

六、电动车

进入 21 世纪，以蓄电池为动力的电动自行车和电动摩托车开始进入博乐市场，并以其省力、快捷得到城乡居民普遍喜爱，尤其是上下班青年妇女青睐。

七、公交车

20 世纪 90 年代，博乐市开通 1 路、3 路、7 路市内公交，为市民出行提供方便。票价 1 元，至 2006 年。

八、中巴车

主要营运短途旅客。20 世纪 80 年代，通到各乡镇（场），车车爆满，人们蜂拥而上，是那个年代交通状况的写照。90 年代后，变成县、乡之间主要交通工具。

长途出行有快客大巴、火车、私家汽车等。进入 21 世纪，轿车作为营运工具开始进入寻常百姓家，成为方便百姓出行工具。长途安达线路车，提前预约。

第五节 生活用品

20 世纪 80 年代，农牧民家庭设备主要有自行车、手表、缝纫机、收音机，黑白电视、部分家庭有彩色电视、冰箱、洗衣机、收录机，不少家庭已开始使用电饭锅、电烤箱。城镇居民时兴大衣柜、高低柜、八仙桌、包头床、布沙发、茶几；20 世纪 90 年代后，各种组合家具、酒柜、角柜、碗柜、食品柜，彩色电视机逐步进入家庭。厨房餐具由过去的粗瓷碗盘、搪瓷铁碗盘换成精致细瓷花碗盘，搪瓷盆、铝壶、钢锅等，玻璃磨花茶杯酒杯家庭必备。炊具由过去的鼓风机烧煤灶换成干净卫生的煤气灶。固定电话开始进入部分居民家庭。普通电话线可以上网。

21 世纪，博乐市经济社会快速发展，居民生活面貌发生重大变化，高档、豪华和时尚成为这一时期的特征。城镇居民室内装修开始流行，一家一风格，有中式、欧式、东南亚风格家装，各种高档、时尚家具进入家庭。客厅不断升档；彩色电视由 14 英寸电视到 28 英寸的，再到大屏幕的液晶彩电；由白炽电灯到荧光节能灯；博乐各族居民喜欢装饰房间，汉族人民挂山水、字画，蒙古族人民喜欢挂人物、动物挂毯，维吾尔族、哈萨克族家庭铺地毯，挂壁毯。维吾尔族居民喜欢摆放大的瓷盘靠墙而立，花纹朝外，即可使用，又起到装饰作用，哈萨克族房间布置喜欢色彩鲜艳的饰物，各族人民保留着各自传统生活文化和喜好。

博乐居民由固定电话到多功能手机和智能手机；家家有冰箱，开始消费品牌。牧民实行定居半定居后，家家用上风力发电机，坐在毡房内看上电视，收录机、VCD、DVD、组合音响、冰箱、手机基本普及，年轻牧民骑摩托车放牧。有的富裕牧民家庭在城内买楼房，购置私家汽车。

全自动半自动洗衣机、彩色电视机、液晶平板彩色电视机、VCD、DVD、组合音响俱全。餐具有电饭煲、电磁炉、电水壶、电冰箱，冰箱冰柜成为食品冷藏的方式。固定电话、移动电话普及，手机代替 BP 机，家中安上宽带光纤；智能手机、电脑、钢琴、空调等进入农区、农民城镇居民家庭，部分家庭开始拥有私家轿车。

博乐居民流行逢年过节电话拜年问安，祝寿点歌，生日蛋糕，礼品精装；招待亲朋，酒店饭店摆桌，结婚典礼，司仪主持，婚车迎送，宾朋满座；过春节居民贴“福”字、挂“福”件，挂挂历，爆竹烟花响彻夜空；旅游观光，照全家福，补拍结婚照；中老年人跳迪斯科、麦西来甫和广场舞；大街小巷小商品琳琅满目，早市、夜市、超市、连锁店，酒吧、舞厅、健身房随处可见。进入 21 世纪，博乐各族群众享受现代科技化生活乐趣，人民生活从丰富中呈现出社会生活的巨大变化。

第三章 居民通信

第一节 城镇通信

20 世纪 80 年代，城镇居民对外信息交流，主要靠书信往来，特殊、紧急事情多亲自到邮电局发电报，或借助单位电话进行联系。20 世纪 90 年代初，部分富裕家庭开始安装电话，部分年轻人开始使用 BB 机（传呼机），大款个体户、个别领导开始使用移动电话—大哥大。20 世纪 90 年代中后期，家庭固定电话、手机得到普及，城区 90% 以上的家庭安装电话，80% 以上的上班族年轻人都拥有手机。进入 21 世纪，手机得到普及，不论男女老少，几乎人手一部，甚至上小学、初中的学生、走街串巷拾荒人员都用上手机，同时，电脑也得到普及，大部分家庭购置电脑，上网成为人们休闲时，娱乐、游戏、看电影、连续剧、了解国内外大事必做功课。人们对外交流，有多种选择，电话、互联网已成为主要的交流平台，书信交流已成为历史。

第二节 农区通信

20 世纪 80 年代初，农区农民对外信息交流完全靠书信、电报，使用电话的很少。由于交通不便，邮路长，转投递环节多，从内地寄出的书信到博乐农区需时 8 ~ 10 天，有的甚至达半月之久，书信丢失时有发生。据邮电资料统计，市辖区内农村共有邮电支局 3 个，邮电所 10 个，分布在全市农牧区（含兵团农五师），到 1985 年底，全市有乡村邮路 31 条，其中：自行车邮路 27 条，马班 3 条，摩托车邮路 1 条，邮路总长 679.85 千米；农话干路 193 千米，架空明线 337 对千米，农话交换机总 260 门，实占 90 门。全市基本上实现队队通邮路，但转投递环节多，速度慢。20 世纪 90 年代后期，大部分农家开始安装家庭电话，年轻人也开始佩带 BB（传呼）机。进入 21 世纪，移动电话、手机得到普及，年轻人几乎人手一部，很大一部分老年人为方便与在外工作的子女、亲朋好友沟通交流，口袋里也装上老年手机。年轻家庭大部分购置电脑。上网已成农村年轻人、甚至部分老人的时尚。除了包裹，通过邮政用书信对外交流已成过去。

第四章 民风民俗

第一节 日常礼俗

博乐地区的各族居民在日常的劳动和生活中相互尊重彼此生活习惯，在各族人民相互交往、借鉴、交融中形成共同待人接物礼俗——热情、关怀、讲礼貌、尊辈长。尊老爱幼的社会风尚随处可见。平时年轻人遇到长辈、熟人要问好，年轻人要欠身。家里来客人或岁数大的长辈或老人，要起身迎上去问候。客人及长辈要走时，要送出门外。同辈相见后要问好或握手。晚辈与长辈相遇时或父母、长辈迎送晚辈时，晚辈要向长辈施礼问好。无论走路、上车、骑马相遇，还是进门就座，都让老人和长辈在先。献茶敬酒以长辈和老人为先；一同走路时，让长者先行；谈话时，让长者先说；进门时让长者先进；入座时，让长者坐上位。晚辈一般不能在长辈面前抽烟、喝酒（老人给酒另说）、说粗话；吃饭时，先给长辈盛饭；不论哪里，都要从长辈或其他人后面穿过。接受父母或长辈的红包或礼品时，伸出双手或右手接受，以示尊敬。

第二节 婚姻礼俗

博乐各民族男女青年自由恋爱，婚姻自主。城镇和农村青年男女经亲戚、朋友、同事间介绍相识后成婚的也很多。婚俗因时代变化繁简有别，婚俗的基本程序相似，一般经过提亲（提话）、订婚（定亲）、彩礼、迎娶、婚礼（成亲）等环节，婚礼当天12点以前，新郎将新娘婚接到家中，婚宴多有男方主办，结婚前女方家举办。成家后一般分出居住。

20世纪80年代，汉族群众结婚仪式由有威望的村干部或单位领导主持，在祝贺喜结连理的时候，宣读结婚证姓名、颁发日期，宣传贯彻好计划生育政策。宴席是邻里、同事、亲朋好友聚在一起提前准备的，在家里用烟、糖、茶、婚宴招待客人。新郎、新娘穿流行款的衣服或裙子。有的青年男女领取结婚证后旅行结婚、不办婚礼的，有的办完婚礼旅行度蜜月。

20世纪90年代后，随着生活条件的改善，汉族群众结婚仪式、程序日渐丰富、热闹、喜庆。接亲用小轿车，请朋友帮助拍照和录像，聘请司仪主持婚礼；新郎着毛布西装，新娘穿裙子，戴头花，有伴娘陪伴；宴请宾朋在宾馆、酒店、宴会厅和家里举行。新婚青年在婚前大多拍摄婚纱照，婚纱照片放大置于新房。

2000年后，社会服务业的发展由婚庆公司逐渐承担婚庆事宜，婚庆全过程由婚庆公司操办，在酒店、宴会厅装扮婚礼舞台场景，有歌手、专业乐队、善歌的亲朋好友助兴。婚礼前婚纱照追求个性化、多样化，到市区景点和赛里木湖、哈拉吐鲁克景区等地拍摄外景照片，有的在婚庆现场播放。婚礼服饰与时尚同行，新郎新娘请化妆师化妆，新郎着西装、新娘穿婚纱（白纱、红纱）成为主流，新娘新郎由伴娘、伴郎陪伴；新郎新娘敬酒时着礼服、礼裙。传统习俗有男女各自主办的婚宴开始出现有男女双方在婚礼当天共同宴请亲朋好友的场面。

各民族婚俗程序略有不同。

汉族婚俗是12点以前将新娘接到婚房，中午2点举行婚庆典礼，晚上年轻的男女朋友闹新房。

蒙古族保持重视娘舅礼仪，定亲礼前，男方主事人要拜见女方娘舅。结婚前夕，女方举行欢送女儿的宴会，亲朋好友赴宴庆贺；晚宴上用歌唱的形式倾诉对父母恩德和亲人依恋。第二天早晨太阳出来后新娘被新郎接到家中举行婚礼仪式。男方婚庆待客在晚上举办，宾客载歌载舞。

维吾尔族通常上午迎亲，打扮好新郎新娘，和邀请都塔尔、手鼓、热瓦普等乐手祝贺、迎宾；一般下午举办婚宴，晚上在家举行婚礼仪式，除了新娘的父母外，其他亲戚朋友一起祝福、欢庆成婚典礼，参加婚庆的女宾一般身穿长裙礼服，新人和宾客一起歌舞庆祝。

哈萨克族出嫁之前2日，女方请宾客，请有声望老人为新娘致祝词；婚礼当天在12点以前新郎将新娘接到家中，欢聚一堂，尽情歌舞。20世纪80年代迎娶之日，有赛马、摔跤、阿肯弹唱等娱乐活动。

回族在婚礼前2～3天男方为女方送催妆礼。

第三节　丧葬礼俗

博乐各民族丧葬礼俗相通的地方很多，实行土葬，亡者葬于墓地；逝者家属、子女穿素服。人逝世后，亡者家人立即到亲朋好友家报丧，亲友们闻讯赶来参加葬礼都有随礼的礼行；对于参加出殡安葬仪式的亲朋故友，逝者家属都要招待。少数群众在宴会厅或自己的院子举办葬礼。各民族丧葬礼俗和“3天”“7天”都有关系。

汉族披麻戴孝，孙子辈佩戴红花，在农村有的携带黄表纸点燃。民间把丧事谓之“白事”，年过80以上老人（以前70岁）故去谓之“喜丧”。一般人死后在殡仪馆或家里停放到第3天下葬。子女在左臂戴黑纱或别黑色章白字“孝”。逝者家属拿酒、菜招待参加出殡的亲朋故友及同事、邻居。下葬后3天，到墓地添新土、烧香、磕头、洒酒悼念，过“7期”49天为丧期。年内不能儿女婚嫁；三年后，在清明节或周年祭日立碑。

蒙古族参加葬礼携带慰问物品以示对逝者家属的安抚慰问。亡者一般3天内必须下葬。逝者家属为参加葬礼的人安排送别饭（老人为“吃福饭”）；临别时逝者家属替逝者给参加葬礼的亲朋故友、同事送毛巾一条、女性长辈砖茶一块。安葬3天后，家人、亲属不分男女到墓地烧香、磕头悼念。

维吾尔族葬礼是直系儿女男系白腰带，女系白头（方）巾。亡人的亲属站在门口迎送吊丧。一般是24小时以内发葬，如，晚亡次晨下葬。子女可以到墓地送葬。逝者安葬完毕后第二天，家属不论男女到墓地作一次祷告。家属3天内不动炊烟，亲戚邻居给丧家送饭食。亡人有3天、7天、40天及一周年的祭日。家属在每个祭日过“乃孜尔”，吃抓饭，表示对亡人的悼念。

哈萨克族逝者的孩子和舅舅家的孩子腰间系白腰带，手持木棍站在门口迎送吊丧者，第3天发葬，由男人们送去安葬，女人第二天上坟。坟丘上插一块写有死者姓名及逝世日期的木牌。墓地四周用木材或是土块修建围墙。死者去世后第3天、7天、40天和1周年各进行一次祭礼，对死进行悼念。一周年时，重修墓地。

回族丧礼是逝者家属给参加葬礼的人随礼。人去世后，一般晚上亡故的凌晨出葬，停亡人不得超过3天。葬后7天（头七）、40日、周年祭奠亡者。

第四节　传统节日

中华人民共和国成立后，博乐人民同全国人民一起欢庆“元旦”“五一”“十一”等节日。

一、春节

春节是汉族、蒙古族最为隆重的节日。从腊月23就开始清扫擦洗、打扫房屋，拆洗被褥，置备各种节日食品，单位召开座谈会、茶话会、团拜，慰问五保户、困难户等。除夕上坟、祭祖敬酒，贴春联、挂红灯，除夕夜户户燃放鞭炮，全家共进年夜饭，晚辈向长辈敬酒拜年，下饺子，手扒肉，通宵灯火不灭。逐渐有汉族人家在酒店吃年夜饭。年初一清晨穿新衣拜灶神，子女向父母、长辈行拜年礼，长辈给小孩压岁钱；初一之后邻居乡里、亲友间开始相互拜年祝福，节日一直持续到正月十五元宵节。

20世纪80年代中期开始，博乐各族居民过春节，家人一起围坐在电视机前观看中央电视台春节联欢晚会成为年三十的文化盛宴。到2006年，朋友之间互寄明信片送祝福贺卡。2000年以后逐渐采用电话、手机短信、网络等方式互致祝福。博乐市燃放爆竹的习惯渐渐淡化。蒙古族称“查干尼巴雅尔”或“查干”。“查干”意为“白”。并把整个正月称作“查干萨拉”，即“白月”。

二、元宵节

元宵节在农历正月十五。博乐市每年元宵节有小营盘镇的社火来博乐市主要街道耍龙灯、舞狮子、踩高跷、划旱船、扭秧歌，在西部文化广场举办灯展，家家户户坐在一起煮元宵，吃团圆饭，表达欢悦之情，彩灯闪烁，欢闹不散。这天是蒙古族群众的传统节日——麦德尔节。又称“麦德尔经会”，最初是祭弥勒佛，“麦德尔”即弥勒佛，后来逐渐演变成节日。每年这一天，各族人民向蒙古族同胞致以美好的祝愿和问候，蒙古族群众以各种民族文娱、体育活动欢庆佳节，麦得尔节变成了一个民族团结的节日。

三、清明节

清明节又称寒食节。是祭祖和扫墓的日子，这天要上坟添新土、烧纸、祭献供品、告慰祖先。中华人民共和国成立后，机关团体、学校、企业单位组织群众到烈士陵园扫墓，进行革命传统教育，清明节期间，民间有踏青习惯，全家扶老携幼，外出郊游，观赏自然风光。

四、端午节

端午节又称端阳节，为农历五月初五，博乐市居民用芦苇叶包粽子，有各种口味粽子，甜的红豆、绿豆、红枣、葡萄干、蜜枣馅等，咸的口味有牛肉馅、猪肉馅。有的人家采集艾蒿挂在门头有的互送香囊佩戴，端午节成为各民族在一起包粽子、送粽子、全民健身防疫祛病、避瘟驱毒、祈求健康的民俗佳节。

五、 中秋节

中秋节为农历八月十五日。这天家家晚上摆各种水果、月饼、西瓜和甜瓜，全家围坐品尝月饼和水果，观赏圆月，家庭团圆，2000年以后家家设宴赏月盛行，把酒问青天，祝贺美好生活。

六、重阳节

重阳节为农历九月初九日。1989年重阳节被定为老人节，单位在这一天看望、宴请离退休老人，并组织老年人登山秋游，交流感情，锻炼身体。随着社会文明程度提高，重阳节越来越重视，问候老人、关爱老人风气渐浓。

七、肉孜节

每年伊斯兰教历九月为斋月，十月初一为肉孜节，又称开斋节。是回族人民的大年，走亲访友3天，节前要清扫房屋，家家炸馓子，做点心，购买糖果等食品，赶制新衣。节日这天清晨上坟后探亲、访友、待客，走家串户互相祝福，做粉汤、吃油香及点心。

八、古尔邦节

又称宰牲节，即宰牲献祭的节日，时间是伊斯兰教十二月十日。节日是维吾尔族、哈萨克族等民族的最大节日。节前打扫房舍，粉刷墙壁，炸馓子，制作节日糕点。节日清晨宰羊煮肉，烤肉馕、家家户户热气腾腾。节日这天，男女老少均着节日盛装，互相拜亲，访友。汉族等各民族群众给维吾尔族、哈萨克族、回族等同事、邻居拜年，每一家用奶茶或干果糖茶、羊肉汤热情款待，各种干果、羊肉、凉拌菜、炒菜招待宾客，喝过酒后，最后上羊肉汤饭。一般多在节日举行“麦西来甫”，刁羊，赛马等各种娱乐文艺体育活动，共同庆祝。

九、祖鲁节

又叫“千灯节”，是“酥油灯”“佛灯”之意，每年农历10月25日，蒙古族的祖鲁节是蒙古族的降生节，当天点灯烧香，请邻里吃祖鲁茶，祝愿大家长命百岁。

第三十九编

BOLE SHIZHI

人　　物

在改革开放和社会主义现代化建设进程中，博乐市一大批先进模范人物、各类拔尖人才在发展经济、民族团结、维护稳定、振兴博乐的伟大事业中脱颖而出；他们来自五湖四海，用智慧与汗水推动博乐市各项事业蓬勃发展；他们自强不息，呕心沥血，甘于奉献，坚守在平凡的工作岗位上释放正能量，谱写感人颂歌，为博乐市各行行业发展和进步做出突出贡献。人物编涉载的各族干部群众有较大影响的党政干部、自治区部级以上荣誉获得者、革命烈士、和乡土人才。人物传共收录12位逝世人物，按照人物卒年排序；人物简介按生年排序。以简明形式记录自治州级荣誉获得者和享受副地级以上待遇的离退休人员姓名。

第一章 人物传

马木提·买买提依明

马木提·买买提依明(1908—1980)，男，维吾尔族，新疆阿图什人。1932年从阿图什县迁居到博乐县，给地主当长工。1954年加入中国共产党，1955年任一区二乡夏布尔塔农业合作主任。1962年出席自治区农业先进集体代表大会。1964年评为“全国先进工作者”，受到毛主席的亲切接见。1966年担任金星一大队党支部书记。1980年10月，因车祸不幸身亡，终年72岁。

买买提·艾买提

买买提·艾买提（1910—1980），男，维吾尔族，阿图什人。1938年11月，买买提·艾买提随同乡到博乐，定居青得里乡克尔根卓村。1950年12月12日，买买提·艾买提加入中国共产党，为博乐县第一个农民党员。翌年春，担任一区四乡社会治保小组组长。1952年4月，买买提·艾买提第一个报名参加全县第一个互助组。1954年11月，担任一区四乡乡长和四、五乡的党支部书记，被评为县、伊犁区先进工作者。1956年底，调博乐县粮食局工作，任运输队长兼管粮食加工工作，被评为全县粮食系统先进工作者。1963年，买买提·艾买提任军草站站长，骑马下乡催办军草工作，两次昏倒在戈壁滩上，保质保量完成军草供应任务，为军队守卫边防做出了贡献。1980年11月10日，买买提·艾买提因患重病，长期医治无效逝世，终年70岁。

孔得空

孔得空（1914—1983），女，蒙古族，博乐市青得里乡人。1953年，在互助合作化运动中，孔得空联合9户贫苦农民，组织起全乡第一个互助组。1954年，孔得空第一个报名参加合作社。在夏收劳动中，她和割麦老将比赛，她一天割麦7亩地，老将一天一夜才赶上她。寒冬腊月修水库，孔得空不怕冻土硬，一天挖土4.5立方米，成了工地上的标兵。从合作社到人民公社，孔得空连续9年被评为劳动模范。1958年，参加全国妇女社会主义建设积极分子代表大会。1960年春天，草原遭受空前的旱灾。母羊没草吃，她翻山越沟去驮料；羊羔没奶吃，她就把自己吃的牛奶、面粉省下来，烧成汤，用奶瓶喂。这一年，孔得空用全产全活的优异成绩，战胜严重的自然灾害。1962年，孔得空被评为自治区劳动模范。1964年，被评为自治区活学活用毛泽东著作积极分子。

1965年，牧业队调来3户维吾尔族牧民。当她得知3户新牧民的家当暂时还没搬来时，就主动请他们先住在自己家中。白天给他们做饭，晚上为他们守夜，还擀制15条毡子，帮他们搭起毡房。草原上谁家有困难，孔得空都乐意帮助，她经常为群众驮粮、运粮、擀毡、背柴、担水、搓绳、缝衣服，但自己有困难从不叫一声苦。1965年夏，牧区剪毛缺劳力，孔得空积极参加剪毛小组，别人一天剪几十只羊，她一天只剪十几只，她刻苦学习，终于达到1天剪60只，超过一般男劳力，牧民称赞她是草原上第一个剪毛的女英雄。

1966年8月25日，孔得空加入中国共产党。1968年，被推荐担任自治区革命委员会常委、博州革命委员会常委。1973年，出席自治州第三届妇女代表大会，当选为自治州妇联副主任（不脱产）。1975年1月，孔得空出席第四届全国人民代表大会。1983年9月19日，孔得空因患高血压医治无效逝世，终年69岁。

罗德馨

罗德馨（1929—1983），男，汉族，原名罗树芳，生于山东省沾化县沾化乡罗家场村。1949年1月，所在的国民党部队在北平和平起义，编入中国人民解放军。1950年2月，加入中国共产党。在部队历任战士、文书、文化教员、政治指导员等职。1951年，随部队进疆后曾先后在土改工作组、中共精河县委中共博州委工交部、中共博乐县委、博乐县农业银行、博州农业机械厂、博州农牧机械管理局工作。1951年，随部队进疆后服从党的分配，顺利完成减租反霸、土地改革等任务。1978年3月，罗德馨任博州农业机械厂厂长。农机厂正处在上级取消下达指令性计划，工厂面临关闭的危难之际，他千方百计广开生产门路，组织试制当地有销路的新产品，先后试制出铁皮文件柜、民族式铅包床、民用小鼓风机等十几种产销对路的新产品。恢复、整顿、扩大汽车修理业务，建立健全各项规章制度，积极开展社会主义劳动竞赛，使工厂度过难关。他关心职工生活，建立太阳能澡堂、整修职工俱乐部、在主要道路安装路灯、在生产车间安装暖气等十件实事。80年代，他任博州城建办主任后，整天奔波在博乐城镇建设工地上，因过度劳累突发脑溢血，1983年8月14日病逝，终年54岁。

米加

米加（1933—1985），男，蒙古族，新疆尼勒克县呼和浩特呼尔乡人。1951年5月参加工作，先后在察布查尔、伊宁、博乐等地参加减租反霸、土地改革和普选工作。1955年2月，在博乐县参加农村合作化运动。同年7月，加入中国共产党；同年9月，被保送去自治区党校学习。1956年11月，党校毕业后分配到博州党校工作。1958年1月至1962年5月，任博州文工团团长。1960年，到北京出席全国文艺工作者第三次代表大会，受到毛泽东主席的接见。1962年6月至1966年8月，在博州党委审干办公室工作，同时，担任博州贫协副主任。1966年9月至1977年2月，任博乐县副县长、革委会副主任和主任、县委书记。在“文化大革命”期间，米加坚守岗位，积极工作。1977年3月以后，历任博州革委会副主任、州党委副书记、州革委会主任、州长、州政府党组书记。中共新疆维吾尔自治区第三次、第五、六届人民代表大会代表。1977年，米加任博州革委会主任期间，得知博乐县胜利公社孤儿吐尔买买提到州第二中学上初中，解决不了粮户关系，他亲自指示有关部门破例办城镇户口，使吐尔买买提顺利上完中学，升入大学。1985年4月2日，米加因患胃癌在乌鲁木齐去世，安葬在自治区革命烈士陵园，终年52岁。

陈兆东

陈兆东（1915—1985），男，汉族，山东胶县（胶州）人。民国29年，在日本人经营的瑞丰染印厂做工时，参加工人要求增加工资的罢工运动，遭受反动当局的关押。1944年7月，参加革命工作。

1945年7月至1947年7月，任南海工商局胶商武装经工队小队长；其间，因同地主还乡团斗争坚决，立一等功。1948—1953年，任青岛市税务局检查股长。1950年6月，加入中国共产党。1953年3月，党组织送他到上海财经学院培训2年，之后任青岛市税务局台东分局副局长。1956年4月，来新疆博州任博州人委财政科副科长。1958年3月至1964年5月，先后担任精河县大河沿子公社和博乐县前进牧场党委书记。1964年后，历任博乐县委副书记、博州贸易公司革委会主任、博州商业局顾问等职。陈兆东担任领导多年，作风民主，对一些重大原则问题，他都要提交党委集体讨论决定，而后付诸实行。他在工作中注意搞好民族团结，起模范带头作用。他长期在牧区带病坚持工作，“文化大革命”中，陈兆东受到冲击，挨过批斗。中共十一届三中全会以后，他更是努力工作，维护民族团结，安心边疆建设事业。在担任州商业局顾问期间，虽然重病在身，仍然尽力协助局领导做好商业工作。1985年11月25日，陈兆东因病在博乐逝世，终年70岁。

朱军

朱军（1982—1995），男，汉族，祖籍山西朔州，生于新疆博乐市。生前系博乐市第四中学初一四班学生。1995年8月19日，博乐市珍珠岩矿砂厂职工子女马某和贾某在“七一”水库戏水时不慎滑入深水中，正在附近游泳的朱军毫不犹豫地潜入水中，奋不顾身地救出两名比自己年长的落水少女之后，因体力不支，沉入水底牺牲，献出了年仅13岁的宝贵生命。朱军同学见义勇为、舍己救人的献身精神在社会上引起了强烈反响，全州广大人民群众采取多种形式开展向朱军学习的活动。1995年12月27日，博乐市党委、市政府决定授予朱军同学“舍己救人好少年”荣誉称号。1996年6月12日，博尔塔拉蒙古自治州党委、州人民政府在博尔塔拉影剧院隆重召开朱军烈士命名大会。会上，宣读了自治区人民政府批准朱军为“革命烈士”的决定。同时，博尔塔拉蒙古自治州人民政府授予朱军“舍己救人好少年”称号。

郜群林

郜群林（1949—1996），男，汉族，祖籍江苏泰县（今泰州市姜堰区）。1966年，不满18岁的郜群林中学毕业，从江苏省泰县支边来到新疆，在博乐市达勒特镇务农，从事农村财务工作。1972年，郜群林被吸收到农村信用社工作。1988年，郜群林由达勒特信用社调入达勒特营业所任主任。当时，达勒特营业所贷款呆滞问题严重。他加班加点整理账目，骑着自行车四处奔波，核对每一笔贷款，其中纠正账据不符的贷款13笔，金额3万多元。在他的努力下，1988年以前的11万余元逾期贷款基本收回；33.4万元呆滞呆账贷款下降至10多万元；在他任营业所主任的8年间发放的贷款4 028万元，到期收息率100%，并且无一笔沉淀贷款。到1995年底，达勒特营业所储蓄存款余额达到2 144万元，列博乐市农行12个网点之首，较1988年增加2 010万元。1989—1994年，郜群林先后被评为自治区农业银行“优秀资金组织员”、自治区金融系统“信贷工作先进个人”、全国农行系统“学雷锋、学二兰”先进个人、自治区农金系统“岗位学雷锋、行业树新风”先进个人。1996年4月4日，郜群林在红波村开完奔小康现场会，骑车返回途中，跌入水流湍急的干渠中，献出年轻的生命。1996年6月19日，中共博乐市委员会、博乐市人民政府为表彰郜群林勤政为民、廉洁奉公、公而忘私、无私奉献的高尚品德，弘扬其崇高的精神，授予他“孔繁森式优秀基层干部”和“优秀共产党员”称号。

普尔布加甫

普尔布加甫（1921—1997年），男，蒙古族，出生在温泉县呼和托哈种畜场，民间艺人，文盲。20世纪30年代，跟随新营的“江格尔齐”曹霍尔·斌巴学唱《江格尔》。1954年7月，他从呼和托哈种畜场迁到博乐做厨师，1957年2月在博州第二中学（蒙古初级中学）做饭。1980年转到博乐县小营盘公社五大队（巴尔托哈村）放牧。1981 年，普尔布加甫参加首届北疆片在温泉县米尔其克举办的蒙古族英雄史诗《江格尔》演唱会；1986 年，他参加博乐市首次蒙古族民间文艺会演。普尔布加甫传唱《江格尔》共 3 章 7 000 多行诗。他善于根据《江格尔》不同情节呈现或幽默诙谐或如泣如诉或欢快明朗风格，独特的开场表演方式和创作的曲调自成一派，鲜活生动，贴近人心，在新疆多个地区广为流传。多次被请到民间文艺集会和学术研讨会上说唱《江格尔》。他是博尔塔拉蒙古自治州政协委员、中国民间文艺作家协会和新疆分会会员，搜集、整理《江格尔》十四个篇章的内容。1989 年 8 月，普尔布加甫被邀请到北京说唱《江格尔》，获“搜集整理蒙古族英雄史诗《江格尔》成果展览一等奖”。终年 76 岁。

肖努

肖努（1934 年 11 月—2013 年），男，蒙古族，出生于博乐县二区。1989 年当选为小营盘镇贝德布拉格村民委员会主任。1990 年，为村里通上自来水；1992 年，修 2 千米防渗渠；1993 年，全村实现农田林网化。1994 年，更新村里照明线路。他带领各民族群众脱贫致富。1991 年底“五统一”调整土地中，用民汉交叉法分地，使各民族在劳动中互帮互学。1993 年，在实施水稻高产高效攻关项目中，亩产由过去 600 ~ 700 斤变为过千斤；粮食作物、经济作物、饲草种植比例由过去 7 ∶ 2 ∶ 1 调整为 5 ∶ 3 ∶ 2，养羊专业户 8 家，养牛专业户 11 家，养鸡专业户 7 家；人均收入由 1989 年 700 元提高到 9 000 元。

肖努一心一意维护民族团结。他组织各方力量为贫困户捐款捐物，出资出力。用自家财产作抵押，为困难户购买生产资料；出自家拖拉机帮贫困户免费收割庄稼。坚持群治群防，开展村民公德教育。用自己言行影响、带领全村各民族践行村民公约。1994 年 9 月，国务院授予肖努“全国民族团结进步模范个人”荣誉称号。

阿布力孜·牙生

阿布力孜·牙生（1940 年 12 月 8 日—2011 年 10 月 28 日），男，维吾尔族，1959—1983 年从事伊犁马、新疆褐牛培育工作；1984 年开始新疆细毛羊中国美利奴羊培育工作；1988—1994 年，主持家畜节病防治研究，牛肺结核课题研究；开展口蹄疫防疫、家畜寄生虫病防治工作，1990 年，获农业部证章。

李春会

李春会（1945 年 1 月 18 日—2014 年 4 月 13 日），女，民汉互助对子，让汉族学习少数民族的牛羊育肥技术，让少数民族学习汉族的科学种田和大棚蔬菜技术。她发动少数民族帮助汉族砍玉米秆、油葵秆、割黄豆等，汉族将这些作物秸秆送给少数民族，这样既解决少数民族的养殖饲草，又降低汉族的秋收成本，实现“民汉互助、种养双赢”。全村民汉互助蔚然成风，关系融洽亲如一家。小营盘镇塔翁萨拉村在李春会的带领下，争取资金共计 30 多万元，修路、修渠，建防洪坝、自来水塔，使村基础设施建设得到较大改善。基层党组织建设、综合治理、民族团结等各项工作都取得优异成绩。顾大家丢小家，她无怨无悔。塔翁萨拉村多次被评为自治州、博乐市民族团结进步模范村、先进党支部等荣誉称号。她个人也多次获得州、市表彰。2000 年 5 月，自治区授予李春会“自治区民族团结进步模范个人”称号。2005 年 5 月，国务院授予李春会“全国民族团结进步模范个人”荣誉称号。

第二章　人物简介

司马义·依不拉义

司马义·依不拉义，男，维吾尔族，1934 年 10 月出生。1954 年 7 月，毕业于新疆民族学院畜牧兽医专业，本科学历。1981 年 2 月，取得助理兽医师资格；1982 年 2 月，取得兽医师资格；1987 年 8 月，取得高级兽医师资格。1954 年 8 月至 1963 年 12 月，在博州兽医站工作；1964 年 1 月至 1970 年 12 月，在博乐县兽医站工作；1971 年 1 月至 1980 年 12 月，在博乐县青得里乡兽医站工作；1981 年 1 月至 1983 年 1 月，任博乐市畜牧兽医工作站副站长；1983 年 1 月至 1991 年 2 月，任博乐市畜牧兽医工作站站长。1991 年 3 月，退休。1983 年，获农牧渔业部“农业技术推广工作者”和国家民委“少数民族地区科技工作者”；1991 年，被博州科技成果评审委员会聘请为“1991 年科技进步奖评审委员会委员”。

玛利亚

玛利亚，女，乌孜别克族，1937 年出生，伊犁人，1982 年加入中国共产党：1963 年新疆医学院毕业，大学学历：当年 11 月分配到博乐县防疫保健站从事防疫保健工作。1972 年，任博乐县医院的妇产科医师，1980 年，取得主治医师职称任博乐县医院副院长。

二十世纪六十年代，博乐县农牧区缺医少药，保健站的任务很重，玛利亚除肩负城镇的妇幼工作外，还要经常下乡，巡回在农村牧区，她克服种种困难完成任务，并为博乐县培养了一批的卫生员和接生员。1972 年她参加博乐县医院的筹备工作，成为县医院的一名妇产科医师，玛利亚把心血倾注在妇女保健和计划生育工作上，在自己平凡岗位上，为博乐县的医疗卫生事业的发展做出贡献，她相继被选为县政协委员、州人大代表等。1983 年 7 月，国家民委、劳动人事部、中国科协授予“全国少数民族地区先进科技工作者”荣誉称号。

阿米娜·毛拉洪

阿米娜·毛拉洪，女，维吾尔族，1940 年 11 月出生在博乐县，1956 年初中毕业，1956 年 9 月至 1996 年 1 月，在博乐市一中小学部任教、退休。1986 年 4 月，加入中国共产党；1987 年 12 月，为小学高级教师。从参加工作开始，她连续担任班主任 25 年；身体力行，尽职尽责。1983 年 9 月，被评为全国“三八”红旗手称号；1989 年 9 月，被国家教委、人事部、中国教育工会评为全国优秀教师。

都古尔加甫

都古尔加甫，男，蒙古族，1940 年出生，初中毕业。博乐市青得里乡顾力木图村牧场人。1981—1983 年，他每年承包生产母羊 300 只，3 年共向集体交羔羊 861 只。1984—1988 年，他向国家交售商品羊 1 070 只，优质羊毛 8.7 吨，粗羊毛 500 千克，马鬃 160 千克，山羊绒 115 千克，羊皮 340 张，牛皮 22 张。1988 年总收入 5.8 万多元，纯收入 4.8 万元。1975—1987 年连续 13 年被州、市评为“先进牧民”。1988 年获自治区农牧业连续十年丰收劳动模范称号。1989 年 10 月被评为“全国劳动模范”称号。勤劳致富的都古尔加普，成为远近闻名的致富能手，但他致富不忘乡亲，十几年，他捐款 8 000 元资助牧区寄宿学校建设，500 元给帮助贫困家庭治病，受到农牧民的赞扬。

徐荣华（徐耘）

徐荣华（徐耘），女，汉族，1942 年 12 月出生。1967 年 7 月，毕业于北京农业大学（中国农业大学）植物保护植物病理专业，本科学历；1967 年 8 月，参加工作。1992 年 12 月，取得高级农艺师资质。1997 年 12 月，在博乐市农业技术推广中心退休。1990—1996 年，“小麦综合丰产技术”“杂交玉米综合增产技术”和“棉花综合丰收技术”分别获自治区“农业丰收二等奖”；1997 年，“玉米综合丰产技术”获农业部“农牧渔业丰收三等奖”。

刘新江

刘新江，男，汉族，1946 年 12 月出生。1968 年 9 月，大专毕业并参加工作。1988 年 10 月，在博州第四中学取得中学一级教师任职资格；1994年6月，在博乐市第四中学取得中学高级教师任职资格。1993年6月，论文《关于天象可控说》获联合国教科文组织颁发的“进取精神”奖；1998年1月，论文《人口西迁形式必然分析》获中科院颁发的“创新”奖；1996年、2002年、2012年分别出版专著《刘难白论文集》三部；2006年，出版专著《生态物理学》。1990年11月，获自治区人民政府“有突出贡献优秀专家”；1995年7月，获国务院“特殊政府津贴”；2002年8月，获教育部“中国英特尔优秀教师”奖。

那庆

那庆，男，蒙古族，1950年5月出生。1966年3月，参加工作；1989年7月，毕业于新疆巴州党校，中专学历。1991年1月，取得初级（助理）记者资格；1997年7月，取得中级记者资格；2006年12月，取得主任记者资格。1966年3月至1985年1月，任教师；1985年1月至2006年12月，在博乐市广播局任记者。1988年7月—2000年7月，其作品《农村改革中德示图乡坚持定居牧业经济发展迅速》《园丁汗水》《博乐开满文明之花》分别获全国蒙语广播优秀二等奖、全国蒙语广播优秀社教二等奖；2001年4月，《新兴的塔木哈尔村》获新疆广播电视新闻三等奖；2001年8月，《新兴发展的塔吾恩木尔村》获全国蒙语广播优秀社教三等奖。

高根金

高根金，男，汉族，1951年3月出生，江苏苏州吴县人。1966年，八十九团学习初中毕业，1967年5月在团部工作，1969年8月至1975年3月，在伊犁部队服役；1972年3月，加入中国共产党。1975年5月，到博乐县公安工作局，1991年9月至1993年7月，在新疆警察学校学习；1993年任红星派出所指导员，2004年12月，在博乐市公安局退休。

高根金始终奋战在公安工作第一线。1986年2月，博乐市红星派出所辖区博州外贸收购站被盗，高根金内查外调，走访群众，搜集各方面线索，料峭寒冬蹲点守候，抓着线索连夜出击将罪犯抓获追回赃物，为国家挽回损失2 000余元；1987年3月，荣立三等功。1991年9月，博州供销社茶蓄公司羊毛被乌鲁木齐市某公司拉到乌鲁木齐火车北站丢失，事不迟疑，跟踪追击，在当地公安部门的配合下，从报案到结案奋战7天，挽回经济损失30万元。1992年1月，自治区公安厅授予他二等功。高根金始终战斗在基层派出所处理管区的大事小事，有破获重大盗窃团伙的大案要案，也有帮助步履蹒跚的外地老人找到亲人的小事，还有急救哈萨克族老人送往医院等事迹；作为管区民警他对本辖区的邻里纠纷、家庭矛盾进行调解。1992年3月和1996年3月，两次被评为1991年度和1995年度“全疆优秀人民警察”。1992年3月，被评为“全疆公安派出所优秀民警”；1997年4月，被评为1996年度“全国优秀人民警察”。

刘远

刘远，男，汉族，1952年10月在山东昌邑县出生；1966—1969年，在博州四中学习，初中毕业；1970年8月至1971年2月，在红泉接收再教育；1971年3月，招进博州农机厂工作，1984年4月，调州城建工程队工作；1987年1月至2012年，在市城建局市政维护队、城建监察大队、客管办、城建办工作并退休。1990年12月，为驾驶5级工；1993年9月至1994年8月，在新疆经济干部学院经济管理专业学习；2001年3月为主任科员。1992年7月，加入中国共产党。他在城建系统自己维修专业车辆；采用新技术加固排水井盖，采用人工清洗疏通排水管道，为国家节约资金3万元。1994年10月，他被中国建设建材工会全国委员会授予“建设系统劳动模范”称号。

加克斯勒克

加克斯勒克，男，哈萨克族，1953年3月出生。1976年8月至1984年2月，在精河县第一中学任教；1984年2月，调入博乐市第五中学任教师。1992年7月，毕业于乌鲁木齐教育学院政治专业；同年7月，加入中国共产党。1996年12月，取得中学一级教师任职资格；2002年12月，取得中学高级教师任职资格。1992年7月，任博乐市第五中学教务主任（正科）；1996年6月，任博乐市第五中学书记、校长；2003年，调博乐市教育局教育教学研究室工作。

在多年的教育和教学管理工作中，以教学工作为重点，参与教学活动，改善教学环境，解决教职工的住房困难问题，市五中被评州级文明单位，市级“勤工俭学”学先进单位，市级“民族团结”先进单位。1988年，加克斯勒克获全国总工会“五一”劳动模范；1993年，被评为自治区优秀党员；1996年，被评为博州优秀教育工作者。

贾国强

贾国强，男，汉族，1953年6月，生于甘肃省酒泉市；1960年9月投亲到博乐县；1971年3月至1973年9月，初中毕业后，在小营盘公社接受贫下中农再教育；1973年9月至1975年7月，在伊犁师范学院音美班就读；1975年7月至1985年10月，分配到博乐县中学任教；1985年10月至1994年11月，调入市文化体育局工作，先后任副局长、局长；1987年11月，加入中国共产党。1994年11月至2001年2月，任市总工会主席（期间曾兼任市就业再就业办公室主任）；2001年2月至2013年6月，在市人大常委会工作，先后任党组成员、副书记、书记、副主任。他在普及三级文化网、文化市场管理、对外文化交流等方面工作卓有成效，1995年4月，被文化部和人事部授予“全国文化系统先进工作者”称号。在实施送温暖工程、促进就业和再就业工作中成绩突出，2001年7月，被自治区评为先进个人。

周淑英

周淑英，女，汉族，1953年出生于河南扶沟县。1974年3月，扶沟县汴岗乡高中毕业后；1974年3月至1976年，回乡接受再教育；1976年9月至1980年3月，在博乐县阿热勒托哈牧场牧场场部任教，1980年9月至1984年2月，在县水泥厂学校任教；1984年2月至2008年4月，在市法院工作至退休；期间，1988年9月至1991年7月，在全国法院干部业余法律大学学习；1988年2月，加入中国共产党。1998年，被最高人民法院评为“全国优秀法官”“全国优秀女法官”；2000年，被自治区人民政府授予自治区“先进工作者”荣誉称号；2002年，被自治区授予“三八红旗手”“十行百佳”妇女称号。周淑英每天热情地把当事人让进办公室，习惯地说“进屋来，慢慢说”。基层法院案子多，讲得口干舌燥，她往嘴里塞一颗话梅糖。假休在家，她也热心接待，听清楚事情的原委，告知当事人要靠法律来保护自己。她总是不停地讲，不停地交待，“遇事要冷静，想不通随时就来大姐这儿”。她办理离婚案子，常开导、教育妇女姐妹：“咱们女人得坚强，不能自己放弃生活”。周淑英的咨询工作，年复一年，日复一日，不停地解释、讲解二十多年，审结各类案件数千件无一错案。

李建钧

李建钧，男，汉族，1954年1月出生。2000年，取得农业技术推广研究员专业技术职称。1969年3月至1976年10月，在博乐县燎原公社良种场接受再教育；1976年10月至1979年8月，在奎屯农学院（石河子大学农学院）农学系学习；1979年9月至1990年，先后任博州农林科学研究所技术员、农艺师；1989年初至2006年12月，先后在博乐市农业系统工作。

1981—1998年，参与“棉花塑料薄膜覆盖栽培技术的引进推广”“博州春小麦‘高、稳、低、优’研究”“棉花栽培技术综合研究及推广应用”。1997年，参与农业部“玉米综合丰产技术研究”项目，获国家1997年农牧渔业丰收奖三等奖；参与“博州宽膜植棉配套栽培技术的引进与研究”“新疆宽膜植棉综合配套栽培技术推广”项目。1989年，参与编写《博州种植业区划》，获自治区科学技术进步奖集体一等奖。1996年，获自治区农业厅授予的“农技推广先进个人”；2000年，获自治区农业厅授予的“优秀农技推广员”。

拉·李加

拉·李加，男，蒙古族，1955年4月出生，博乐市贝林哈日莫墩乡人。1970年，博乐县红旗公社中学初中毕业；1970—1973年，博乐县红旗公社红卫大队红卫一队务农；1973—1977年，部队服役（1976年加入中国共产党）；1977—1983年，博乐县红泉公社红卫大队任民兵连长、团支部书记。1984年，拉·李加当选博乐县贝林哈日莫墩乡决肯村村委会主任。同年，他带领村民改造中低产田，调整种植业结构，发展棉花和水稻产业。1989年起，全村推广水稻盘育机播、旱育稀植、地膜棉栽培、化学除草等20多项农业新技术。1990年，决肯村被评为博州“文明村”“民族团结先进单位”。1992年，决肯村投资10万元建文化科技中心，内设幼儿园、卫生室、娱乐室、图书室、广播室，占地面积270平方米。1993年，决肯村农业总产值120万元，人均纯收入1 393元，被博州命名为“科技示范奔小康村”。1994年起，决肯村建设新居民点，房、路、林带统一规划、统一设计、统一施工。总投资242万元盖砖混结构住房73户，全村汉族、蒙古族、维吾尔族共81户298人，人均住房面积31.2平方米，占全村总户数的96%。自来水入户率、防病改厕率、闭路电视入户率、学龄儿童入学率均达到100%。同年，决肯村农业总产值193.2万元，人均纯收入2 400元。1995年，拉·李加被评为自治区劳动模范，同年获全国劳动模范。2006年，决肯村棉花亩均产籽棉370千克，推广实施加压滴灌项目，人均收入6 072元。同年，拉·李加被评为自治区优秀共产党员。

努尔·艾克木

努尔·艾克木，男，维吾尔族，1959年5月出生在博乐县；1979年，博州第一中学高中毕业；1979年9月至1982年6月，在博州技工学校学习汽车修理；1982年7月至1988年，在博乐市水泥厂工作；1988年至1993年8月，任市公共汽车公司司机；1993年8月至2019年5月，在博乐市环卫处工作。2003年12月，通过自治区技师资格考试。1982年，努尔分配到博乐县水泥厂车队从事汽车维修工作；6年里，他培养3名技术全面的徒弟，加班加点保证车队完成繁忙的运输任务。1988年，他调到市公共汽车公司驾驶公交车，每天工作9～10小时，以他的吃苦耐劳赢得大家尊重。1993年8月，努尔调市城建局环卫处驾驶密封车。这辆垃圾清运车在他手里正常行驶13年，没有耽误一天清运垃圾；他仔细维护、检修，每年节约近万元车辆维护费和材料费。他负责市区7个社区160个垃圾箱清运工作，没有节假日和星期天。北京路工作条件差，任务重，他主动承担，早出车，晚收工，并创建垃圾清运“日产日清”制度，率先做到车走站净。2004年10月，自治区城市“天山杯”竞赛奖励博乐市解放141翻斗车1辆，此车卸车容易装车难。努尔凭借自己的技术，经过一个月努力，将141翻斗车改装成适合装卸的自动摆臂车，为单位节省改装费4万余元。2006年5月，他获得“全国五一劳动奖章”。

毛红

毛红，女，蒙古族，1962年9月出生于博乐市（县）达勒特镇（新生公社）。1983年6月，红旗公社中学高中毕业（哈萨克语）；1988 年 5 月，招工进博乐市棉纺厂；1993 年加入中国共产党。2007 年，在博棉纺织（集团）有限公司退休。她在精纺车间挡车，每 23 ～ 24 秒钟接 10 个断线头，获自治区级操作能手、断头接线第一名等称号。1993 年，被评为自治区“六赛六比创一流”活动先进个人。任落纱长后改集体落纱为逐步落纱工作方式，提高了工作效率和产品质量。1995 年 9 月，被授予新疆维吾尔自治区劳动模范称号。1998 年 10 月，毛红出席中国工会第十三次代表大会，受到江泽民、李鹏等党和国家领导人的接见。

甫・巴达

甫・巴达，男，蒙古族，1962 年 11 月出生在博乐县燎原公社，其祖父和父亲都是深受民众欢迎的江格尔齐。他自幼在父亲普尔布加甫耳濡目染熏陶下，在接受邻里间各种活动邀请中，继承父亲的表演说唱风格，根据表现场景不同，有时哭着唱，有时笑着唱，拉大劲慷慨激昂地唱，小声又如窃窃私语说唱，极富有感情张力。他学习演唱十四个篇章的《江格尔》。1986 年 6 月，在小营盘哈日图热格举办博乐市首次蒙古族民间文艺会演中他领唱《江格尔》第一部《献祝词》。多年来不断为疆内外客人、观众演说《江格尔》。巴达的《江格尔》演述曲调优美，节奏明快，语言生动幽默，风格独树一帜。2006 年 5 月，巴达在博州蒙古中学、小营盘镇小学创办“江格尔”传习所，向 30 余名学员传授《江格尔》演述技能。

潘凤珍

潘凤珍，女，汉族，1964 年 1 月出生在农五师八十九团；1979 年 9 月至 1982 年 7 月，在博州师范中师班学习；1982 年 8 月，分配到八十九团中心校任教；1983 年 9 月至 1992 年 3 月，在农五师师直第一小学任教；1992 年 3 月至 2009 年，在博乐市第一小学担任教师、副校长、校长。1995 年 12 月，博州教育局授予小学高级教师职称。1996 年 11 月，加入中国共产党。1989 年 10 月，被评为全国优秀教师。她承担《结构教学法》教改实验和义务教材岗位培训授课任务，多次在校内外上公开课，准确把握教学要求，恰当运用教学方法示教。2005 年，主持编写《博乐市第一小学养成教育序列》读本，获自治区教本课程开发一等奖。先后发表《浅谈小学应用题》《小数的初步认识》《数学教学中创新意识培养》《汉族、维吾尔族 9 ～ 12 岁数学能力的比较与分析》等论文；1996 年 7 月，被中国数学会奥林匹克委员会授予“中国数学奥林匹克贰级教练员”称号。

吴润莲

吴润莲，女，汉，1970 年 11 月在博乐县星火公社出生。1985 年 9 月至 1988 年 7 月，在博州师范中师班学习；1988 年 9 月至 1989 年 2 月，在博乐市贝林哈日莫墩乡红泉中学任教；1989 年 3 月至 1995 年 4 月，在贝林哈日莫墩乡政府工作；1995 年 5 月至 2000 年 11 月，在市计划生育委员会工作；2000 年 12 月至 2004 年 4 月，在克尔根卓街道红星路社区挂职任党支部书记；2004 年 5 月至 2009 年 2 月，在博乐市人口和计划生育委员会工作。1995 年 6 月加入中国共产党。2001 年，吴润莲在红星路社区率先创建党建联席会制度，建立社区党建工作向辖区党组织、单位党员、在职党员、新经济组织、新社会组织党员延伸工作机制，构建社区党建工作新格局，做到社区党建共商、事务共管、文明共创、资源共享。2002 年，建立军民、警民、兵地共建对子 45 个、拥军优属服务组织 38 个。创建安全文明单位、小区 34 个；三级文明单位、小区、示范窗口 35 个，“双模”（民族团结模范单位、军民团结模范单位）单位 14 个；花园式、绿化合格单位 10 个，卫生红旗单位 8 个。2003 年 9 月，她被中共中央组织部、民政部授予“全国优秀社区工作者”称号。

第三章 人物表

第一节 先进人物

一、国家级先进人物

1988—2006 年博乐市（县）获得全国劳动模范和“五一”劳动奖章者一览表

表 39-1

姓名	工作单位	表彰时间	荣誉称号	授予单位
加克斯勒克	市第五中学	1988	劳动模范	中共中央、国务院
都古尔加甫	青得里乡顾力木村牧场	1989		
肖努	小营盘镇贝德布拉格村	1994	民族团结模范	
拉·李加	贝林哈日莫墩乡决肯村	1995	劳动模范	
查格那	达勒特镇俄罗森布拉格村	1999	民族团结模范	
李春慧	小营盘镇塔翁萨拉村	2005	民族团结模范	
努尔·艾克木	市城建局环卫处	2006	“五一”劳动奖章	全国总工会

1979—2002 年博乐市（县）获全国“三八”红旗手和“五好”家庭一览表

表 39-2

姓名	工作单位	表彰时间	荣誉称号	授予单位
依里木汗·巴扎尔拉	阿热勒托哈牧场先锋队	1979	“三八”红旗手	全国妇联
尼沙汗·亚生	青得里公社胜利大队学校			
张德兰	贝林哈日莫墩公社新塔拉大队	1983	“五好”家庭、“三八”红旗手	
昆哈	青得里公社二牧场牧工			
杨进贤	达勒特公社红旗大队		“三八”红旗手	
阿米娜·毛拉洪	市第一中学			
依里木汗·巴扎尔拉	阿热勒托哈牧场先锋队		“五好”家庭	
于健	市第一幼儿园	2002	“五好”文明家庭	

1983—2006年博乐市（县）获得全国各系统先进工作者一览表

表39-3

姓名	工作单位	表彰时间	荣誉称号	授予单位
西湖	乌图布拉格公社兽医站	1983	少数民族地区先进科技工作者	国家民委、劳动人事部、中国科协
玛丽亚·哈力提	县医院			
熊塔	县农机局			
哈布勒海·阿万	第五中学			
赛买提·托呼塔尔	博乐市第五中学			
司马义·依不拉义	市畜牧兽医站			
那庆	市广播电视局	1988	全国蒙语广播优秀二等奖	国家广播电视局
潘凤珍	市第一小学	1989	全国优秀教师	教育部
阿米娜·毛拉宏	市一中			
鲁克亚·艾达洪	市计生委		优秀调查指导员	全国生育节育抽样调查领导小组
阿不都克热木·买买提	博乐市一中	1990	全国优秀教师园丁之家	教育部
杨建华	市计划生育宣传技术指导站	1991	先进工作者	国家计生委
吕维彦	市计生委	1992	全国城市计划生育工作优秀工作者	
胡达尹别尔干	市第五中学		全国会计先进工作者	教育部
阿吉·沙吾提	乌图布拉格乡政府民政办	1994	民政系统先进工作者	民政部
刘远	市城建局		建设系统劳动模范	中国建设建材工会委员会
周希智	市水泥厂	1995	优秀工会积极分子	全国总工会系统
贾国强	市文化体育局		全国文化系统先进工作者	国家文化部、人事部
李春香	市第一小学		全国优秀教师	教育部
高根金	市公安局	1996	全国优秀人民警察	公安部
徐荣华	市农业技术推广中心	1997	农牧渔业丰收三等奖	农业部
李建钧				

续表 39-3

姓名	工作单位	表彰时间	荣誉称号	授予单位
周淑英	市法院	1998	全国优秀法官	最高人民法院
魏渤	市第二中学		全国优秀教师	教育部
刘新江	市第四中学教师	2002	“英特尔”全国优秀教师奖	教育部
吴润莲	克尔根卓街道红星社区	2003	全国优秀社区工作者	中共中央组织部、民政部
余捷	市发改委		价格认证工作先进个人	国家发改委
卓娅	市个协		先进工作者	全国个协私协
祁忠远	市委	2005	市（县、区）科技进步工作先进个人	国家科学技术部
周育民	市科技			
陈宝强	市第二幼儿园	2006	全国艺教先进个人	教育部
苗忠利	市司法局		全国“四五”普法先进个人	全国“四五”普法领导小组
刘丽	市工商局个协		全国个私协先进工作者	全国个协私协
张春玲	市发改委		全国农产品成本调查工作优秀个人	全国农产品调查工作领导小组

二、自治区级先进人物

1982—2006 年博乐市（县）获得自治区级先进人物一览表

表 39-4

姓名	工作单位	表彰时间	荣誉称号	授予单位
崔小会	青得里公社	1982	民族团结模范	自治区党委、人民政府
都卡	青得里公社供销社			
马木提·托呼提	县手工业联社修配社			
热木扎·阿西里巴依	阿勒热托哈牧场			
秀尔娜	团结商场	1984	劳动模范	
何海清	贝林哈日莫墩乡供销社	1985		
赵新亚	市第二中学	1986	优秀专业技术工作者	自治区科技干部局

续表 39-4

姓名	工作单位	表彰时间	荣誉称号	授予单位
张少美	达勒特乡乌兰布呼村	1987	优秀共产党员	自治区党委
阿不都热西提	市第一中学			
潘钊获	中共达勒特乡党委	1989	优秀党务工作者	
周俊诗	市纪检委			
阿尔巴克·吉闫巴依	小营盘镇多尔巴尔托哈村	1990	劳动模范	自治区党委、人民政府
冯小祥	乌图布拉格乡跃进东村			
李祥云	贝林哈日莫墩乡		致富能手	自治区人民政府
陈宣文				
居良春	阿热勒托哈牧场			
李富荣				
买买提包力	青得里乡二村			
葛凤兰	乌图布拉格乡红星东村			
其格加甫	小营盘镇哈日莫墩村		优秀共产党员	自治区党委
靳发德	市农业技术推广中心	1992	科学进步奖	自治区人民政府
顾建南	市畜牧局草原站			
马正录	市水泥厂	1993	开发建设新疆奖章	自治区总工会
阿不都克木	乌图布拉格乡团结西村	1994	优秀共产党员	自治区党委
谢友传	贝林哈日莫墩乡	1995		
李杨新	市水泥厂		职工技术革新能手	自治区总工会
高军	市棉纺厂			
冯宠义	市供销社		先进劳动保护监督检查员	
丁广祥	达勒特镇乌兰布呼村		劳动模范	自治区党委、人民政府
吐尔逊·艾山	青得里乡	1997	优秀共产党员	自治区党委

续表 39-4

姓名	工作单位	表彰时间	荣誉称号	授予单位
陈培旭	市供销社青达拉轧花厂	1996	开发建设新疆奖章	自治区总工会
乔刚	市供销社青达拉轧花厂	1998	开发建设新疆奖章	自治区总工会
钱龙兴	贝林哈日莫墩乡	1998	优秀党务工作者	自治区党委
查格那	达勒特镇俄罗森布拉格村	1998	优秀党务工作者	自治区党委
新代	市棉纺厂	1998	先进个人	自治区总工会
吐尔逊	达勒特镇乌兰苏木村	1998	劳动模范	自治区党委、人民政府
贾国强	市总工会	1998	实施送温暖工程、促进就业再就业先进个人	自治区总工会
图新巴特	达勒特镇乌兰苏木村	2000	劳动模范	自治区党委、人民政府
阿依古丽	博兰水泥有限责任公司	2000	劳动模范	自治区党委、人民政府
查格那	达勒特镇俄罗森布拉格村	2001	优秀共产党员	自治区党委
胡占荣	市博源肉联加工有限公司	2004	双爱双评先进个人	自治区总工会
孙金文	市房产管理局	2005	劳动模范	自治区党委、人民政府
吐尔洪·买买提	青得里乡	2005	劳动模范	自治区党委、人民政府
艾尔肯	市环卫处	2005	劳动模范	自治区党委、人民政府
拉·李加	贝林哈日莫墩乡决肯村	2006	优秀共产党员	自治区党委
孙忠锋	夏吾尔台六村	2006	农村青年转移就业先进个人	自治区人民政府

1979—2002 年博乐市（县）获自治区级“三八”红旗手、“五好家庭”一览表

表 39-5

姓名	工作单位	表彰时间	荣誉称号	授予单位
关菊英	乌图布拉格公社团结二队	1979	“三八”红旗手	自治区妇联
阿米娜·木拉洪	县中学	1979	“三八”红旗手	自治区妇联
吐鲁逊汗	小营盘公社二牧场	1979	“三八”红旗手	自治区妇联
艾里木汗	阿热勒托哈牧场先锋队	1979	“三八”红旗手	自治区妇联
尼沙汗·亚生	青得里公社胜利大队	1979	“三八”红旗手	自治区妇联
周淑秀	红旗公社红光大队	1979	“三八”红旗手	自治区妇联
巴桃花	博乐镇第一居委会	1979	“三八”红旗手	自治区妇联

续表 39-5

姓名	工作单位	表彰时间	荣誉称号	授予单位
吐尼沙·古鲁班	青得里公社新路三队	1983	“三八”红旗手	自治区妇联
刘新华	阿热勒托哈牧场			
袁兴芝	乌图布拉格公社基建队			
艾里木汗	阿热勒托哈牧场先锋队			
吐鲁逊汗	小营盘区二牧场			
阿米娜·木拉洪	博乐县中学			
托乎提·阿肯巴依	乌图布拉格公社二牧场		“五好”家庭	
翟开凤	小营盘区砖瓦厂	1985	扫盲模范工作者	
廖贤倩	博乐城镇第二居委会			
沙达提克孜	乌图布拉格乡乌图布拉格村			
俄勒也特	青得里乡良种场学校			
陈火根	阿热勒托哈牧场农四队			
王桂兰	贝林哈日莫墩乡托森哈夏西村			
郝秀琴	阿热勒托哈牧场农七队			
蔡声吟	市二中		改革者	
于润莲	乌图布拉格乡		维权先进个人	
刘爱民	达勒特镇喇嘛敖博村	1997	“三学三比”女能手	
热依曼	小营盘镇妇联主席		先进工作者	
茹先古丽	市妇联干部	1997	“五好”家庭	
屈秀荣	博乐市一小	1999		
日孜万古丽	博乐市七中	2005		
帕夏古丽	青得里乡		“三学三比”女能手	

1983—2005年博乐市（县）获自治区级各系统先进工作者一览表

表39-6

姓名	工作单位	表彰时间	荣誉称号	授予单位
买合木提·玉素甫	市检察院	1983	先进个人	自治区检察院
张旭辉	贝林哈日莫墩公社		计生先进工作者	自治区计划生育委员会
张福寰	博乐县人民政府	1984	先进科技工作者	自治区民委、劳动人事厅、自治区科协
托乎达洪·买买提	博乐县科协		先进科技工作者	自治区民委、自治区劳动人事厅、自治区科协
依孜木江	市工商局	1986	先进工作者	自治区工商行政管理局
赵庆平	市检察院	1990	优秀公诉人	自治区检察院
夏保良	达勒特镇		先进个人	自治区农村科普工作领导小组
杨春华	乌图布拉格乡			
陈维江	阿热勒托哈牧场			
关福平	工商局		先进个人	自治区工商行政管理局
杨建华	市计生宣传技术指导站	1993	先进工作者	自治区党委宣传部、计生委牧区科普宣传月活动小组
刘燕	市计生委			自治区计划生育委员会
牛建新	市计生宣传技术指导站			
陈晓兰	达勒特镇			
王利军		1994		自治区检察院
阿不来提	博乐市检察院			
满尔民				
刘宗仁	市消费者协会	1995		自治区消费者协会
张志刚	市工商局			
阿布都热西提·热依木				
库旺汗·哈西木			优秀通讯员	自治区工商行政管理
徐虹			优秀商标代办员	
李长文			打假”先进个人	

续表 39-6

姓名	工作单位	表彰时间	荣誉称号	授予单位
徐虹	市工商局	1995	企业经济法规培训先进工作者	自治区工商局、自治区经委、自治区法制局
王旭华	市工商局		全疆优秀商标信息代办员	自治区工商局
徐敬轩	市总工会		自治区优秀工会工作者	
张铁	博乐市计生宣传技术指导站		计划生育宣传教育先进个人	自治区计生委
王志武	人行博州中心支行	1999	先进工作者	人行西安分行
吕维彦	博乐市计生委		优秀工作者	自治区计生委
阿依努尔·阿布都克里木	博乐市计生宣传技术指导站			自治区计生委
高健	市工商行政管理局		先进个人	自治区工商行政管理局
张志刚			控烟先进人	
王俊	市党委委		科技兴新贡献奖	自治区科技兴新领导小组
尤力瓦斯·巴图尔汗	市人民政府			
孟宪儒	市科学技术局			
钱龙兴	贝林哈日莫墩乡			
于强	达勒特镇			
王军	市科学技术协会			
贾国强	市总工会	2000	职工物价监督调解工作先进个人	自治区工会系统
陶荣	市自来水公司		劳动争议优秀调解员	
冯雪萍	市总工会		工会先进财务工作者	
马正林	达镇喇嘛哈乌苏村		先进志愿者	自治区计划生育协会
张淑芳	市科协		青少年科技活动优秀组织者	自治区科协

续表 39-6

姓名	工作单位	表彰时间	荣誉称号	授予单位
赵有友	市博兰水泥有限责任公司	2000	先进个人	自治区千项技术活动工作小组
刘念	博棉纺织集团公司	2000	先进个人	自治区千项技术活动工作小组
徐洪福	博棉纺织集团公司	2000	先进个人	自治区千项技术活动工作小组
王占栋	乌图布拉格镇	2000	支持关心计生工作好领导	自治区生计划生育委员会
邹惠琴	阿热勒托哈牧场	2000	优秀工作者	自治区生计划生育委员会
帕提曼	乌图布拉格镇红星中南村	2000	优秀宣传员	自治区生计划生育委员会
热依汗	青得里乡顾力木图五村	2000	优秀宣传员	自治区生计划生育委员会
廖自唤	达勒特镇哈日莫墩后村	2000	优秀宣传员	自治区生计划生育委员会
曲振荣	小营盘镇铁日木布拉格村	2000	优秀宣传员	自治区生计划生育委员会
郭春风	市检察院	2000	人民满意的检察干警	自治区检察院
尹宏英	达勒特镇	2000	婚育新风进万家活动先进个人	自治区计生委、宣传部
孙玉英	市工商局	2000	先进个人	自治区第五次全国人口普查领导小组
苗忠利	市司法局	2000	先进个人	自治区“三五”普法领导小组
暴新玉	市科学技术局	2002	1997—2001 年科普工作先进个人	自治区科技技术厅、党委宣传部、科学技术协会
任进贤	贝林哈日莫墩乡	2002	科技兴新贡献奖	自治区科技兴新领导小组
刘新兰	市政府	2002	科技兴新贡献奖	自治区科技兴新领导小组
韩咏香	贝林哈日莫墩乡	2002	科技兴新贡献奖	自治区科技兴新领导小组
施军	-	2002	科技兴新贡献奖	自治区科技兴新领导小组
陈志	-	2002	科技兴新贡献奖	自治区科技兴新领导小组
骆海生	小营盘镇	2002	科技兴新贡献奖	自治区科技兴新领导小组
张淑芳	市科协	2002	青少年科技教育工作优秀组织工作者	自治区科协
尹琪彬	-	2002	青少年科技教育工作优秀组织工作者	自治区科协
于爱秀	-	2002	青少年科技教育工作优秀组织工作者	自治区科协
耿伟	-	2002	青少年科技教育工作优秀组织工作者	自治区科协

续表 39-6

姓名	工作单位	表彰时间	荣誉称号	授予单位
巴哈提	–	2002	青少年科技教育工作优秀组织工作者	自治区科协
乌斯格林	–			
古力娜尔	–			
巴登	市检察院	2003	优秀接待员	自治区检察院
吴润莲	顾力木图街道红星路社区		优秀社区工作者	自治区社区建设工作领导小组
居来提	青得里乡	2004	支持关心计生工作好领导称号	自治区计生委
李燕	市计生委		先进工作者	
周秀兰	达勒特镇			
李顺莲	青得里乡			
唐启银	市档案局		档案系统先进个人	自治区人事厅、档案局
洪渊萍	市科学技术局		十佳科技特派员	自治区科学技术厅
艾尔青·亚森				
胡占荣	博源肉类联合加工有限责任公司		优秀职工之友	自治区工会系统
解立霞	市妇联	2005	巾帼建功标兵	自治区妇联系统
张淑芳	市科协		青少年科技教育优秀组织工作者	自治区科协
巴哈提	市二中			
邢萍	市教育局			
奥努力特	市委		好领导	自治区第五届春蕾计划工作领导小组
鲁克亚	市妇联			
赵彩虹	市工商局		先进个人	自治区第一次全国经济普查领导小组
张晓勇	市公证处		先进公证员	自治区司法厅
赛里木江.玉山	青得里乡		先进个人	“四五”普法领导小组
巴音希	市发展计划委员会		先进个人	自治区价格认证工作领导小组
古丽米拉			价格监测工作先进个人	自治区价格监测工作领导小组

续表 39-6

姓名	工作单位	表彰时间	荣誉称号	授予单位
朱新平	达勒特镇	2005	科技兴新贡献奖	自治区科技厅
青剑林				
高远涛	贝林哈日莫墩乡			
刘贵林				
王晓雷	市检察院		先进个人	自治区检察院
王军	市广播电视局		科技进步奖	自治区广播影视局

三、自治州级先进人物

1988—2006 年博乐市（县）获得自治州级先进个人一览表

表 39-7

姓名	工作单位	表彰时间	荣誉称号	授予单位
艾力·艾力木	–	1988	优秀共产党员	博州党委
张 勇	–			
焦德成	–			
代丽	–			
吴玉兰	–			
安玉林	市统计局			
薛 中	市教育局			
王永臣	市公安局			
韩砚义	市防疫站			
李志明	–			
溪龙山	–			
郁德化	–			
吴传臣	市卫生局			
曾元成	市史志办			
阿不都热西提	–			
关菊英	乌图布拉格乡			
冯小祥				
阿布都克里木				

续表 39-7

姓名	工作单位	表彰时间	荣誉称号	授予单位
侯新民	–	1988	优秀共产党员	博州党委
普兆迎	市公安局			
鲁尔买买提	–			
吴何云	–			
邓明培	–			
韩永文	–			
居 坎	–			
库拉西汗	–			
柳长贵	–			
阿依巴洪	–			
于义胜	–			
唐宗瑞	–			
阿不力米提阿鲁甫	–			
阿不都热合曼哈斯木	–			
施玉兴	–			
马木提·塔力甫	–			
夏尔格	–			
阿不都热西提·马木提	–			
雷守礼	–			
彭再阳	–			
张少美	–			
施贵民	–			
吾布力卡生	–			
默罕莫德哈里	–			
蒋跃生	–			
田家芳	–			
巴依木汗	–			
如斯买地	–			

续表 39-7

姓名	工作单位	表彰时间	荣誉称号	授予单位
代里格	–	1990	科技之冬科普培训先进个人	博州政府
夏保良	–			
张存义	–			
朝冬坦	–			
卡米	–			
陈维江	–			
马占元	–			
吴国林	–			
景发明	–			
伊登	–			
薛忠	市教育局	1991	优秀共产党员	博州党委
古丽巴哈	市粮食局			
霍卡	市三中			
赵庆平	市检察院			
李广斌	市修造厂			
中华	市供销社茶蓄公司			
马木提·塔里瓦甫	青得里乡阿里翁白新村			
邢雁鸣	青得里乡			
田家勤	–			
沙坎	小营盘镇一牧场			
郭木苏仁	小营盘镇贝德布拉克村			
查格那·巴特尔加甫	达勒特镇俄罗森布拉格			
郭玉芝	达勒特镇哈日莫墩前村			
王富祥	贝林哈日莫墩乡乔龙嘎拉村			
杨建萍	乌图布拉格乡			

续表 39-7

姓名	工作单位	表彰时间	荣誉称号	授予单位
木哈买提·哈力	阿热勒托哈牧场	1991	优秀共产党员	博州党委
田永生	市粮食局		双拥先进个人	自治州党委、政府、军分区
魏平	市民政局			
阿吉·沙吾提	乌图布拉格乡			
潘钊	达勒特镇	1993	优秀党务工作者	博州党委
任世金	市直机关党委			
卡盼	阿热勒托哈牧场贸工农总公司			
谢更生	乌图布拉格乡乌图布拉格南村			
阿布都卡德·阿布里兹	青得里乡夏吾尔台七村			
郭玉芝	达勒特镇哈日木墩前村			
阿布都克里木	乌图布拉格乡呼和浩特呼尔东村			
姚士杰	小营盘镇呼和布热村			
罗永胜	市供销社乌图布拉格乡扎花厂			
苏兆斌	市珍珠岩厂			
亚森·买买提	市劳动人事局			
郭 虎	贝林哈日莫墩乡			
吐鲁孟克	达勒特镇乌兰苏木村			
阿不都热合曼·哈斯木	青得里乡农经站			
阿不都克里木	乌图布拉格乡团结西村	1994		
任世金	市直机关党委			
阿孜古丽	青得里乡政府	1996	农村科普工作先进个人	博州政府
暴新玉	小营盘镇政府			
陈进福	乌图布拉格乡政府			
刘新兰	贝林哈日莫墩乡政府			

续表 39-7

姓名	工作单位	表彰时间	荣誉称号	授予单位
窦银喜	阿热勒托哈牧场	1996	农村科普工作先进个人	博州政府
李玉枝	市粮油公司		优秀党务工作者	博州党委
周银林	贝林哈日木墩乡决肯村			
阿布拉汗·卡斯木	市第七中学			
察格那	达勒特镇二牧场			
张秀丽	贝林哈日莫墩乡乔龙嘎拉村	1998		
巴图尔	青得里街道办事处			
解利涛	阿热勒托哈牧场农三队			
阿不都·黑力力	市博兰水泥有限公司机修车间			
李春惠	小营盘镇塔翁萨拉村			
钟宏金	市直机关党工委			
王裕民	市棉纺厂			
沙克·马木提	青得里乡顾力木图一村	2000		
李清明	贝林哈日莫墩乡决肯村			
毛红	博棉纺织（集团）有限责任公司			
郝青杰	达勒特镇			
关菊英	乌图布拉格镇团结中村			
王金兰	市供销社			
吴润莲	市计生系统		社区先进工作者	博州党委、政府
赵有友		2001	劳动模范	
孙成文				
曹志强				

续表 39-7

姓名	工作单位	表彰时间	荣誉称号	授予单位
迪里拜尔	市计生系统	2001	劳动模范	博州党委、政府
冯玉辉				
吐尔洪				
韩用兵				
关菊英				
孙连喜				
艾山·买南				
党建荣	博兰水泥有限责任公司	2002	优秀党务工作者	博州党委
巴德玛拉	市党委			
米尔格亚孜	青得里乡夏吾尔台七村	2005		
陶俊雄	小营盘镇党委			
那·兵巴	达勒特镇夏拉兰布拉格村			
阿布都·外力	博兰水泥有限责任公司			
米尔格亚孜·亚森	青得里乡夏吾尔台七村			
那·才仁巴特	青得里街道北京中路社区			
翟耀新	市质量技术监督局	2006		
丁盛				
居来提	青得里乡党委			
图娅	市环保局			
朱永红	乌图布拉格镇党委		优秀共产党员	
桑娜	小营盘镇纪检			
塔玛霞	市供销社贝林哈日莫墩乡轧花厂			
白俊芝	博乐市第三中学			
陈冬红	贝林哈日莫墩乡党委			

续表 39-7

姓名	工作单位	表彰时间	荣誉称号	授予单位
廖红霞	青得里街道团结北路社区	2006	优秀共产党员	博州党委
李玉萍	市高级中学			
吐新巴特	达勒特镇乌兰苏木村			
徐恒坤	青得里乡基建队			
居来提·阿不都克里木	青得里乡党委			
张子国	达勒特镇阿德格浩希村			

第二节　离休干部

1980—1994 年博乐市离休干部一览表

表 39-8

姓名	性别	族别	出生年月	籍贯	单位	参加工作时间	离休时间
余劲	女	汉	1929	陕西	贸易公司	1946.3	1980.3
孙建发	男	汉	1922.10	河北	市政协	1938．6	1982.12
阿不都力米提	男	维吾尔	1923.	新疆博乐	–	1946.	1983.5
阿不都力米提·塔力甫	男	维吾尔	1923	博乐	乌图布拉格乡	1945.3	1983.5
徐德友	男	汉	1924.	北京	市农业局	1945．7	1983.7
何文庆	男	汉	1929.10	山东	贸易公司	1946.8	1983.7
解忠富	男	汉	1923.6	河北	市贫协	1938.9	1983.8
翟永德	男	汉	1924.5	河南	市民政局	1942.7	1983.8
国殿栋	男	汉	1922.	山东	市供销社	1946.5	1983.8
买买提·海依尔	男	维吾尔	1911.	新疆伊宁	–	1944.	1983.9
阿布都卡德尔·买买提	男	维吾尔	1921.3	新疆博乐	市供销社	1944.10	1983.9
玉素甫江·艾则孜	男	维吾尔	1924.	新疆	市法院	1944.	1983.9
张邦俊	男	汉	1919.	甘肃	市外贸	1949.9	1983.9
艾买提江·玉素甫	男	维吾尔	1922.	新疆博乐	市农机站	1945.4	1983.9
加拉科夫	男	哈萨克	1920.5	新疆博乐	市医院	1947.	1983.9
张振邦	男	汉	1927.7.	辽宁	农机修造厂	1948.3	1984.6

续表 39-8

姓名	性别	族别	出生年月	籍贯	单位	参加工作时间	离休时间
热依木·比拉里	男	维吾尔	1925.	新疆博乐	市粮食局	1948.3	1984.6
李乃文	男	汉	1920.8	辽宁	市科委	1949.9	1984.7
桑古鲁甫	男	蒙古	1925.12．12	新疆博乐	小营盘区	1947.8	1984.7
艾德尔汉	男	哈萨克	1918.6	新疆博乐	市粮食局	1949.8	1984.7
居努斯巴依	男	哈萨克	1924.	新疆博乐	阿热勒托哈牧场粮站	1945.3	1984.7
沈云强	男	汉	1922.	新疆博乐	青得里乡	1949.9	1984.12
木沙·哈里	男	维吾尔	1918.	新疆奇台	粮站	1946.6	1984.12
沙地克·肉孜	男	维吾尔	1923.	新疆博乐	财政局	1945.1	1984.12
刘金发	男	汉	1924.5	河南	东方红影院	1949.3.	1984.12.
艾斯代买斯	男	哈萨克	1925.	新疆博乐	香班哈日根牧场	1947.9.	1985.1.
艾比尔·巴札尔别克	男	哈萨克	1925.1	新疆伊宁	县人民政府	1946.	1985.4.
艾沙汉·斯马义	男	维吾尔	1929.	新疆喀什	博乐镇	1946.10.	1985.5.
买买提·斯德克	男	维吾尔	1925.	新疆博乐	乌图布拉格乡供销社	1947.7.	1985.5
吐尔逊·阿合买提	男	维吾尔	1925.9	新疆伊宁	县公安局	1948.6	1985.5
马银录	男	汉	1930.	河南	市政府办公室	1949.1	1985.5
托乎提·赛依提	男	维吾尔	1925.	新疆绥定	市粮食局	1944.10	1985.5
牙生江	男	维吾尔	1929.	新疆博乐	市粮食局	1946.1	1985.5
张鹤年	男	汉	1923.	新疆霍城	市水泥厂	1949.9	1985.5
买买提·阿不都热依木	男	维吾尔	1923.	新疆阿图什	市粮食局	1946.8	1985.5
周建标	男	汉	1925.7	江苏	食品公司	1949.4	1985.6
库加	男	蒙古	1924.	新疆乌苏	市人大常委会	1945.8	1985.7
牛一平	男	汉	1925.5	河北	机关党委	1943.9	1985.7
再那尔	男	哈萨克	1925.	新疆博乐	达勒特乡	1946.9	1985.7
张福合	男	汉	1922.	陕西	市乡镇企业局	1949.5	1985.7

续表 39-8

姓名	性别	族别	出生年月	籍贯	单位	参加工作时间	离休时间
买买提·乌斯曼	男	维吾尔	1924.	新疆喀什	市镇常委	1949.9	1985.7
毛拉木沙	男	维吾尔	1927.	新疆喀什	市粮食局	1945.2	1985.7
柯克	男	蒙古	1924.	新疆博乐	市水电局	1946.10	1985.7
西里甫·依力木	男	维吾尔	1926.	新疆伊犁	市法院	1944.11	1985.7
马健伦	男	回	1932.	甘肃	干部	1949.9	1985.7
田家兴	男	汉	1925.1	江苏	市公安局	1944.8	1985.11
布来	男	蒙古	1926.10	新疆博乐	市供销社	1946.10	1985.11
赵风塘	男	汉	1925.4	河北	市粮食局	1939.4	1985.12
钱志伟	男	汉	1928.10	四川	–	1948.10	1985.12
奴尔杜克	男	蒙古	1926.	新疆温泉	市供销社	1948.10	1985.12
刘金玉	男	汉	1929.10	山西	市种子站	1948.2	1985.12
马栓达	男	汉	1925.2	山西	市公交局	1944.4	1985.12
阿不都克热木·买买提	男	维吾尔	1929.10	塔城	乌乡供销社	1947.4	1986.10
吾玛	男	蒙古	1928.7	乌兰浩特市	小营盘镇政府	1946.10	1986.10
王遂安	男	汉	1928.6	四川	市公安局	1949.9	1986.10
李茂德	男	汉	1925.12	河北	市供销社	1949.9	1987.4
库尔班·阿西木	男	维吾尔	1926	新疆博乐	东风办事处	1945.4	1987.6
张家鼎	男	汉	1927.11	天津	市政协	1949.9	1987.12
高林夫	男	汉	1929	山西	影剧院	1947	1988.3
霍荣光	男	汉	1928	河南	纺织公司	1947	1988.9
王性初	男	汉	1931.9	河南	达勒特镇	1947.4	1989
刘跃新	男	汉	1927.1	河南	小营盘镇二中	1948.10	1989.3
赵自先	男	汉	1930.8	山西	市人大	1949.5	1989.6
郭陆昌	男	汉	1929.12	伊宁县	市城建局	1947.10	1991.1

续表 39-8

姓名	性别	族别	出生年月	籍贯	单位	参加工作时间	离休时间
任玉民	男	汉	1931.6	山西	达勒特镇	1948.7	1991.1
卡其克·吐尔逊汗	男	哈萨克	1927.5	新疆博乐	市统计局	1946.1	1991.3
龚世荣	男	汉	1931.5	山东	市供销社	1948.5	1991.4
阿不都克里木	男	维吾尔	1934	阿图什	二轻局	1949.7	1991.10
褚学文	男	汉	1931.1	甘肃	市文化局	1949.5	1992.3
保仁	男	蒙古	1931.12	内蒙	农业局	1946.1	1992.3
阿扎提·吾玛尔	男	维吾尔	1933	伊犁	市畜牧局	1949.8	1992.8
杨瑞生	男	汉	1933.6	山西	市政协	1948.10	1992.9
加帕尔·斯德克	男	维吾尔	1932.10	新疆博乐	市人大	1948.8	1992.10
艾仁其	男	蒙古	1933.4	新疆精河	市人大	1948.8	1993.5
阿不都克里木·达乌提	男	维吾尔	1936.8	博乐	红星办事处	1949.8	1993.5
臧庆菊	女	汉	1931.8	山东	星火卫生院	1948.8	1994.3
吐尔逊汗·帕孜勒汗	男	哈萨克	1930.8	博乐	阿热勒托哈牧场	1946.1	1994.9
张兆鑫	男	汉	1934.8	湖北	卫生局	1948.1	1994.9
吴传宦	男	汉	1935.10	湖北	卫生局	1949.6	1994.11

说明：表内人员按离休时间排序。

附　录

BOLE SHIZHI

一、博乐市 2007—2020 年大事记

2007 年

1 月 9—13 日　博乐市文体局、卫生局、科技局、农业局、司法局等部门，开展“三下乡”（科技、文化、卫生）活动，为群众义诊 1 830 余人次，咨询 3 000 余人次，发放各类宣传资料 8 000 余份。

2 月 2 日　博乐市举办中国妇女发展基金会小额循环金扶贫项目启动仪式。

2 月　博乐市乡镇全面推行“乡财县管乡用”财政管理体制。

3 月 8 日　博乐市通过自治区“两纲”中期评估验收，被评为自治区“两纲”示范县市。

3 月 14 日　博乐市销毁一批假冒伪劣商品，共 12 个大类、56 个品种，标值 65 万元。

5 月 20 日　博乐市行政事业单位国有资产清查工作完成。总计为 37 908 万元，总负债为 13 472 万元，净资产总额为 24 456 万元，待处理资产盘盈 272 万元，待处理财产损失 1 980 万元。

6 月 1 日　博乐市启动财政国库管理制度改革试点工作，印发《博乐市财政国库管理制度改革实施方案》。

6 月 15 日　新疆博乐互益纺织公司成立（香港独资企业）。

6 月 16 日　中国新疆第一届环赛里木湖公路自行车赛在博乐市开幕。

7 月 4—16 日　新疆 GEF 项目（全球环境基金赠款项目）草地监测培训班在博乐市举办，全疆 10 个 GEF 项目县（市）共 40 余人参加培训。

7 月　博乐市启动农村最低生活保障工作，首批享受农村低保 1 349 户 2 439 人，发放农村低保金 42 万元。

8 月 9—14 日　国家医疗队为博乐市 39 名白内障患者实施复明手术。项目由韩国三星集团资助。

8 月 16 日　新疆卫视在博乐市达勒特古城遗址拍摄纪录片《孛乐城风云》，共 5 集。

8 月 31 日　农业部副部长一行考察博乐市达勒特镇、乌图布拉格镇活畜交易、畜牧兽医情况。

9 月 5 日　博乐市进行乡镇公车改革。

9 月 18 日　博乐市青得里乡青得里中村发生高致病性猪蓝耳病疫情。市启动《博乐市重大动物疫病应急预案》进行有序防控。

9 月 26 日　博乐市“电视进万家”工程，共向乡镇、街道贫困户发放 21 英寸彩色电视机 335 台。

10 月 18 日　博乐市三台至呼苏木奇 60 千米牧道建设项目竣工。

10 月 18—21 日　政协博乐市第七届委员会第一次会议在博乐中亚大酒店召开。参加会议的政协委员 90 人。沙依劳·哈布达西（哈萨克族）当选主席。

10 月 19—22 日　博乐市第七届人民代表大会第一次会议召开。出席会议的正式代表 167 人。大会选举产生市第七届人民政府，巴图（蒙古族）当选市长。

11 月 5 日　博乐市党政联合办公大楼启用。

11 月 13—14 日　世界银行贷款新疆牧业发展项目检查团在博乐市检查世行项目执行情况。

11月15—16日　新疆人民广播电台在博乐市小营盘镇举行“走进特色之乡”—小营盘里谱新篇直播活动。

12月21日　博乐市召开“魅力家园·和谐博乐”2008新春灯会新闻发布会。

2008年

1月1日至3月6日　自治区医疗服务队博乐市计生站在全市开展生殖健康基线普查及科普宣传教育活动。为育龄妇女进行免费B超检查8 937人，阴道镜检查2 419例、红外线扫描检查2 419例，诊治宫颈糜烂1 623例、阴道炎1 103例、宫颈息肉46例、宫颈肥大816例。

1月7日　博乐市被中华人民共和国科技部评为“2005—2006年度科技进步先进市”。

1月11日　博乐市召开创建“中国优秀旅游城市”表彰大会。表彰突出贡献单位3个、优秀单位7个、先进单位13个。

1月　博乐市被全国双拥工作领导小组授予“双拥模范城”称号。

4月11日　博乐市举行千部电影进农村（社区）启动仪式。

4月15日　博乐市第十九届“科技之冬”共举办培训班729期，培训人员54 060人次，其中提高班117期9 911人次。

4月15日　博州某矿业有限公司所属的5座窑炉，违反《中华人民共和国大气污染防治法》，市环保局送达《环境保护责令改正通知书》《环境保护行政处罚告知书》，罚款金额2万元。

4月18日　博乐市文学艺术界联合会第一次代表大会在博尔塔拉宾馆举行。

4月19日　博州移动数字校园样板学校启动仪式在博乐市第一小学举行。

5月7日　博乐市为1 033户第二批计划生育“少生快富”工程项目户发放奖励金232.4万元。

5月13日　全市开展汶川特大地震救灾爱心捐助活动，捐款金额181.54万元，按要求汇往灾区。

5月22日　博乐市团委选派10名农村青年参与“青年星火计划”，赴山东寿光参加设施农业第一批培训。

5月29日　博乐市统战界向地震灾区捐款53.69万元，其中宗教界捐款36 676元，工商界捐款49.62万元，台、侨属界捐款700元。

6月3日　新疆人民广播电台“改革开放三十年，千乡万村谈发展，喜看博乐新变化”广播节目在博乐市达勒特镇喇嘛敖博北村现场直播。

6月6日　博乐市妇联在青得里乡夏吾尔台三村、七村为150余名农村妇女举行巾帼劳务创收出征仪式。

6月28日　博乐市开展2008年“科普大篷车”进牧区活动。

8月25日　博乐市小营盘镇、乌图布拉格镇被自治区科技兴新办公室命名为科技进步先进乡镇。

▲　《博乐市城区旧城改造实施管理办法（暂行）规定》实施。

9月24日　华中师大一附中博乐分校（博乐市高级中学）举行奠基仪式。

9月 博乐市免除城市义务教育阶段学生学杂费。

▲　博乐市环境保护局监测站对全市二氧化硫、氮氧化物进行全自动监测。

10月16日　博乐市完成农村公路质量认证工作。

10月21日　博乐市编制完成《博乐市城市总体规划纲要（2007—2025）》。

10月30日　博乐市综合社会福利院五保户供养楼工程竣工，占地面积941.27平方米，总建筑面积 2 823.81 平方米。

11 月 4 日 中国科协授予博乐市全国科普示范市（2008—2009 年）称号。

11 月 12 日 博乐市 2008 年国家农机购置补贴项目共落实国家、州、市地方补贴项目各 1 个，共计 295.98 万元，有 170 户农机户受益，购置各类农机具 218 台（架）。

是年 博乐市地方财政收入完成 23 061 万元，较上年增长 40.93%。

▲ 市委书记大接访活动共接待上访群众 217 批 476 人，办结率 99%。

▲ 博乐市家禽养殖示范基地建设项目被列入自治区科技富民强县项目。

2009 年

1 月 12—24 日 博乐市安监、公安、工商等部门对全市 36 家烟花爆竹经营单位及乡镇场集贸市场进行检查。

2 月 8 日 博乐市完成空气质量（SO_2、NO_2）自动监测系统建设。

2 月 12 日 博乐市小营盘镇董坤书、熊良超研发生产的专利产品“9WFE-11 型”家禽自动喂料清粪机获自治区农机财政补贴推广项目。养殖户在购买时每台可获 10 500 元的国家农机补贴。

2 月 13 日 湖北武汉市派 14 名离退休教师到博乐市高级中学援教。

3 月 5 日 博乐市环境卫生管理处被全国妇联评为全国“三八”红旗集体；乌图布拉格镇妇联巴哈努尔被评为全国农村妇女“双学双比”活动先进工作者；乌图布拉格镇东方红四队茹克亚木被评为全国农村妇女“双学双比”活动女能手。

3 月 27 日 博乐市在乌图布拉格镇、小营盘镇举行国家大型农机具补贴发车仪式现场会，34 户农机户享受补贴。

4 月 3 日 自治区党委组织部在博乐市调研和田挂职干部工作情况和市党校基础设施建设情况。

4 月 26 日 博乐市第二次土地调查数据库成果质量通过自治区国土资源厅验收。

5 月 1 日 博乐市启动城镇居民基本医疗保险试点工作。

5 月 7 日 博乐市为 2 169 户第三批计划生育“少生快富”工程项目户发放奖励 419.25 万元。

5 月 13 日 下午 5 时许，博乐市贝林哈日莫墩乡遭受大风暴雨灾害，最大风力 8 级以上，局部地区出现冰雹，全乡农作物受灾面积 800 公顷。

5 月 22 日 博乐市召开第九次民族团结进步“双模”表彰大会，表彰民族团结进步模范单位 16 个和民族团结进步模范个人 66 人。

5 月 24 日 自治区地方志编纂委员会党组书记、副主任崔书杰一行在博乐市检查指导第二轮修志工作。

6 月 2 日 博乐市青得里街道办事处街心社区获自治区城市体育先进社区。

7 月 11 日 博乐市境草地蝗虫发生面积 4.67 万公顷，主要发生在赛里木湖区域夏草场、小营盘镇乌尔哈那区域春秋草场、青得里乡亚麻滩区域春秋草场。

7 月 20 日 博乐市南城区砂岩矿地质环境治理项目通过自治区国土资源厅验收，被评为优质工程。

7 月 21 日 博乐民用机场举行开工建设，占地面积 170 公顷，按 4C 飞行等级建设，总投资概算 3.2 亿元。

7 月 30 日 博州党委、博州人民政府在博乐市小营盘镇青得里浩特呼尔村召开优质肉羊杂交改良现场观摩会。

8月5—6日 武汉市挂职华华中师范大学—附属中学博乐分校38名教师抵博。

8月19日 博乐市贝林哈日莫墩乡决肯村获“全国巾帼示范村”。

9月1日 华中师范大学附属中学博乐举行落成典礼，市高级中学（华中师范大学附属中学博乐分校）由文化路搬迁至南城赛里木湖路。

9月12日 博乐市第二中学获自治区教育系统先进单位。

9月23日 博乐市新洁医疗废弃物集中处置中心试运行。

10月14日 博乐市在鸿盛苑小区举行廉租房住宅楼入住仪式。

11月9日 中央调研组在博乐市调研新疆博乐互益纺织有限公司、博州甜源糖业有限责任公司生产情况。

11月13日 中央组织与政权建设调研组在博乐市青得里街道向阳社区、顾力木图街道街心社区调研。

11月23日 自治区人民检察院职务犯罪预防处检查组深入到村队实地调研检察预防职务犯罪。

11月 博乐市被国务院新型农村养老保险试点工作领导小组确定为实施新型农村社会养老保险（简称新农保）试点县市。

12月2日 博乐市第二次农村土地调查数据库成果通过自治区质量检查验收。

12月16日 博乐市被自治区党委、人民政府授予“2007—2008年度县市区党政领导科技进步目标责任制先进单位”称号。

12月23日 博乐市被评为全国“2007—2008年度科技进步先进县（市）”，市委书记潘君庆被评为全国先进个人。

是年 博乐市地方财政收入突破3亿元，同比增长30.55%。

2010年

1月15日 博乐市在青得里乡举行新型农村社会养老保险金发放仪式。

2月8日 博乐市达勒特镇套特三村党支部书记周秀兰被评为全国民族团结先进个人。

2月24日 博乐市中国全球基金艾滋病项目博乐市项目管理办公室成立。

3月4日 博乐市高级中学被全国妇联授予全国三八红旗单位称号。

3月15日 博乐市环保局被评为全国污染源普查先进集体。

3月18日 博乐市畜牧兽医站首次开展液相阻断ELISA试验，并取得成功。

4月2日 博乐市启动建立农村居民健康档案工作。

4月8日 博乐市棚户区改造工程全面启动。

4月10日 博乐市贝林哈日莫敦乡发生狼害，损失羊100余只。

4月19日 新疆康源番茄制品有限公司落户达勒特镇，累计投资5 000万元。

4月22日 博乐市第一中学少先队被自治区团委、教育厅、少工委授予民族团结手拉手红旗大队称号。

4月29日 中共湖北省委书记一行到博乐市考察华中师大一附中博乐分校二期工程及农牧民定居工程等情况。

5月12日 博乐市城乡规划领导小组第七次会议批准实施《太湖春天规划建设性详细规划方案》。

5 月 30 日　博乐市政策性农业保险面积 2.1 万公顷，保险费总额 938.4 万元，其中市财政补贴比例为 15%，保险费补贴资金总额 140.8 万元。

5 月　博乐市乌图布拉格轧花厂团支部书记陆俊吉被共青团中央、全国青联授予中国青年五四奖章。

6 月 5 日　博乐市农村公路建设项目动工，建设总里程 18.267 千米，投资 199.15 万元。

6 月 26 日　湖北省人民政府省长一行到博乐市考察华中师大一附中博乐分校二期工程项目、17 号棚户小区建设情况。

6 月 30 日　博乐市境发现早期鹿石墓。

7 月 10 日　博乐机场首航。

7 月 10 日　小营盘镇种植的大白菜、马铃薯被农业部农产品质量安全中心审定为无公害农产品。

7 月 11 日　农业部副部长一行在小营盘镇青得里浩特呼尔村牧民定居点、饲草料基地及家禽养殖示范基地调研。

7 月 22 日　中国工程院院士、重庆第三军医大学野战外科研究所所长王正国一行前往夏尔西里自然保护区考察物种多样性与保护。

7 月 24 日　新疆华宝钙业有限公司 20 万吨氧化钙、5 万吨轻质碳酸钙项目开工。

7 月 28 日　中哈两国治蝗专家在博乐市开展为期两天的边境地区草原蝗虫发生情况联合调查与防治经验技术交流。

8 月 5 日　博乐市推广复播多熟制种植，累计完成复播种植 1 139.13 公顷。

8 月 30 日　博乐市全面实施“良种工程”。推广良种 4 万余公顷，占总播面积的 97% 以上。

9 月 1 日　博乐市落实中央、自治区农作物良种补贴政策，推广农作物良种补贴面积 3.77 万公顷，补贴金额 717.77 万元。

9 月 17 日　博乐市第一中学举行百年校庆。

10 月 1 日　博乐市开始实施农村孕产妇住院分娩补助项目。

10 月 21 日　博乐市文化馆蒙古族歌手冬花获全国第三届盲人歌手及器乐独奏大赛通俗组一等奖。

10 月　博乐市乌图布拉格镇巴亚尔布拉格村村医安永霞被自治区党委、人民政府授予民族团结进步模范个人称号。

12 月 1 日　博乐市村级卫生室实施国家基本药物制度。

12 月 10 日　博乐市贝林哈日莫墩乡敖博恩塔拉村被自治区精神文明建设指导委员会命名为文明村。

12 月 20 日　博乐市农村经济总收入 13.79 亿元，较 2009 年增加 1.79 亿元。全市农牧民人均纯收入 6 912 元，比上年增加 515 元。

是年　博乐市乡镇企业完成增加值 42 542 万元，同比增长 12.15%。其中，工业增加值 25 580 万元，同比增长 13.03%；利润总额 3 808 万元，同比增长 11.90%；上缴税金 3 607 万元，增长 5.13%。

▲　博乐市全年采购资金 2 677 万元，节约资金 245 万元。

▲　博乐市累计实现招商引资项目到位资金 48 590 万元，完成博州下达的 2.75 亿元招商引资任务的 143%，其中新建项目 22 个，到位资金 32 710 万元；续（扩）建项目 13 个，到位资金 15 880 万元。

2011 年

1 月 1 日　博乐市位于博乐市东工业园区东兴路 15 号福林殡仪馆使用。

1月6日　博乐市“12338”妇女维权热线开通。

1月27日　博乐市少数民族普通高校毕业生赴对口武汉市培养计划启动。

2月17日　博乐市举办焰火晚会。

2月18日　博乐市工商局举办中小企业融资洽谈会暨贷款签约仪式，共签订贷款协议3 000万元。

2月20—22日　博乐市结核病控制项目通过自治区审计厅审计。

2月22日　博乐市第七届人民政府第三十五次常务会议批准达勒特10个村合并成5个村。

2月23日　博乐市紧急接种免疫猪28 413头，免疫率100%。

3月3日　博乐市地方税务局办税服务厅被自治区总工会授予女职工建功立业标兵岗。

3月9日　博乐市阿热勒托哈牧场牧业一队牧户饲养的羊群遭狼群袭击，损失羊79只。

3月24日　博乐市首次为77名城镇无固定职业的计划生育领证居民发放奖励金22.7万元。

4月24日　自治区农村水利建设和改革问题专题调研组在博乐市贝林哈日莫墩乡调研夏尔津防洪坝建设情况。

4月　博乐市农机局引进机采棉模式精量播种机132台。

6月10日　博乐市达勒特镇生猪养殖协会获全国科普惠农兴村先进单位称号。

6月26日　博乐市达勒特镇人民政府被自治区宣传部、依法治区领导小组办公室、司法厅授予“五五”普法先进集体。

6月29日　博乐市5个乡镇场51村队遭受洪涝和冰雹灾害。受灾人口19 379人，农作物受灾面积4 918公顷，倒塌房屋17间，损坏房屋137间，直接经济损失3 266.8万元，其中农业经济损失2 993.18万元。

7月2日　博乐市达勒特镇阿德格浩西村、哈日乌苏村等17个村遭受直径1厘米冰雹袭击，持续15分钟。受灾人口1 431户1.12万人；棉花受灾面积2 840公顷，其中666.67公顷棉花绝收。

8月15—18日　政协博乐市第八届委员会第一次会议召开。参加会议的政协委员90人。吐尔地别克·阿西木汗（哈萨克族）当选主席。

8月16—18日　博乐市第八届人民代表大会第一次会议召开。出席大会的正式代表167人。肖开提·热合木（维吾尔族）当选主任。大会选举产生第八届博乐市人民政府，巴图（蒙古族）当选市长。大会选举市人民法院院长，市人民检察院检察长各1人。

8月25日　自治区人口计生委调研组在博乐市爱贝尔亲子早教中心、乌图布拉格镇人口和计划生育生殖健康服务站和小营盘镇计划生育协会“幸福工程”项目基地调研。

9月1—4日　博乐市贝林哈日莫墩乡萨尔巴斯套夏草场发生多起狼害。受狼害牧户10户，损失羊133只，直接经济损失10万余元。

10月10—15日　自治区“两基”工作验收组通过博乐市“两基”工作。

10月18日　博乐市开始发放80岁以上老人生活津贴。

10月20日　博乐市达勒特镇7个村队遭受暴雨袭击。倒塌房屋17户37间，经济损失51万元。

10月30日　博乐市开始为80岁以上老人免费体检。

10月31日　博乐市2011年农村公路“畅通富民”16个工程项目竣工，总里程74.931千米，总投资1 893.10万元。

11月2日　博乐市发放计划生育奖励金907.68万元，其中为37户城镇居民发放计划生育奖励金9.9万元，为570个自治区计划生育“少生快富”工程项目户发放奖励金119.05万元；为524个国家计划生育“少生快富”工程项目户发放奖励金157.2万元；为255户农村计划生育奖励对象发放奖励扶助金 18.36 万元；为 27 人发放国家特别奖励扶助金 3.048 万元；为 2 人发放自治区特别奖励扶助金 0.24 万元；为符合边贫县扩面政策 4 999 人发放奖励金 599.88 万元。

11 月 18 日 博乐市引进新疆种公牛 40 头、种公猪 80 头、种公羊 407 只。

11 月 23 日 博乐市疾病预防控制中心通过自治区质量技术监督局实验室资质认定。

12 月 29 日 自治区党委基层办督察指导博乐市村“两委”换届工作。

是年 博乐市累计实现招商引资新（续、扩）建项目到位资金 96 590 万元，完成博州下达 6.5 亿元招商引资任务的 148.6%，同比增长 98%。

2012 年

1 月 5 日 博乐市水域滩涂养殖使用证核发工作领导小组成立。

是月 博乐市国家税务局被新疆维吾尔自治区人民政府纠风办授予政风行风建设示范窗口。

2 月 18 日 新疆博圣酒业酿造有限责任公司生产的“博谷圣醇”食用酒精通过 2011 年度新疆名牌战略推进委员会评审，获“新疆名牌产品”。

2 月 29 日 博乐市民政局克德尔别克被评为全国先进民政工作者。

3 月 1 日 博乐市公证处办理首例人体器官捐赠公证。

3 月 24 日 博乐市在青得里乡顾力木图牧业村（二牧场）举行 2011 年度首批草原生态保护补助奖励资金发放仪式，共发放补助奖励资金 89.74 万元。

4 月 20 日 博乐市八届人大常委会第五次会议审议通过《博乐市人民政府关于提请审议博乐市环境综合治理—供排水改扩建工程项目贷款本息列入财政预算的议案》等。

5 月 12—18 日 博乐市举办民营企业招聘周活动。31 家民营企业提供岗位 973 个，签订就业意向书 265 人。

6 月 14 日 自治区畜牧总站高级畜牧师贾旭升、乌兰一行在博乐市小营盘镇一牧场鉴定黑头萨福克种公羊 50 只，合格种公羊 47 只（特级 3 只、一级 44 只），种畜合格率 94%。

7 月 17 日 博乐九州方园 30 兆瓦光伏电站项目奠基。

8 月 24—26 日 湖北省地方志办公室党组书记、主任文坤斗，自治区地方志编纂委员会副主任刘星及专家一行在博乐市指导第二轮修志工作，并进行座谈。

8 月 30 日 博乐市在自治区立项批准实施的第一批农村公路 6 个通油项目工程竣工，建设里程 27.5 千米，投资 839.3 万元。

9 月 3 日 博乐市人民政府印发《关于公布自治区级文物保护单位萨尔巴斯托墓群保护范围及建设控制地带的通知》。

9 月 16 日 博乐市出租车实行公司化营运。

9 月 17 日 博乐市 2010—2011 年农村饮水安全项目通过自治区验收。

9 月 17—19 日 纪念察哈尔西迁 250 周年暨 2012 博尔塔拉“那达慕”草原节在博乐市举行。

10 月 12 日 博乐市青得里街道办事处被评为自治区民政工作先进街道。

10 月 15 日 在自治区立项批准实施的第二批农村公路 3 个通油项目工程竣工，建设里程 13.9 千米，投资 299.8 万元。

10 月 23 日 博乐市被评为自治区村务公开民主管理先进市。

11 月 2 日 博乐市发放 2011 年度城市公交和出租车油价补贴资金，共发放 92 辆公交车燃油补助款 4 66.26 万元、508 辆出租车燃油补助款 666.64 万元。

11 月 28 日　博乐市水利建设总投资 15 600 万元，其中国家投资 3 932 万元，自治区补助资金 1 500 万元，市财政自筹资金 6 383 万元，农民自筹资金 2 074.76 万元，其他 1 670 万元。全市高效节水面积 4 713 公顷、新建改造防渗渠道 30.1 千米、新修防洪坝 36.62 千米、新建饮水安全工程 3 处。

11 月 30 日　博乐市 1 路公交车线延伸至青得里乡。

12 月 17 日　经国务院批准阿拉山口口岸从博乐市析出，设立阿拉山口市，隶属博尔塔拉蒙古自治州。

▲　博乐市八届人民政府第五次常务会议追授欧提库尔为“博乐市见义勇为先进个人”。

12 月 19 日　博乐市阿热勒托哈牧场牧业一队牧民的羊群遭受狼袭，咬死生产母羊 56 只，咬伤生产母羊 30 多只。

是年　博乐市地方财政收入累计完成 85 087 万元，完成预算的 101.65%，同比增长 40.11%，其中公共预算收入累计完成 53 848 万元，完成预算的 100.26%，同比增长 34.35%；基金预算收入累计完成 31 239 万元，完成预算的 104.13%，同比增长 51.28%。

2013 年

1 月 1 日　博乐市电视台 24 小时播放电视节目。

▲　博乐市举行牧区贫困残疾人“光明工程”仪式，为达勒特镇、小营盘镇等 30 户贫困残疾牧民配备价值 7 500 元的太阳能移动电源。

3 月 19 日　博乐市争取项目资金 30 万元，为 22 个村、社区发放全民健身体育器材 19 套 114 件，篮球架 3 套，乒乓球桌 5 张。

3 月　文化部公布第四批非物质文化遗产项目代表性传承人名单，博乐市甫·巴达为民间文学类《江格尔》项目的传承人之一。

4 月 1 日　博乐市举行 2013 年“春天启航——实干兴博”项目集中开工仪式。实施新建、续建工业项目 30 个，总投资 114 亿元，年内预计完成投资 24 亿元。

▲　从 4 月 1 日起，博乐往返乌鲁木齐航班实行“一日两班”。

4 月 4 日　中共中央政治局委员、自治区党委书记张春贤在博乐市调研民生、基层党建、城建、工业经济、教育以及湖北省援博等工作情况。

4 月 22 日　博乐市 5 371 名公职人员参加学法考试。

4 月 28 日　博乐市达勒特古城遗址，赛里木湖古墓群被国务院公布为第七批全国重点文物保护单位。

5 月 30 日　博乐市与中国建设银行博州分行签订推动新型城镇化建设战略合作协议。

6 月 8 日　博乐市被列入第四批全国小型农田水利重点县。

7 月 4 日　博乐市阿热勒托哈牧场、小营盘镇、青得里乡、乌图布拉格镇遭受冰雹、大风、暴雨灾害。农作物受灾面积 178 平方千米，成灾面积 127 平方千米，绝收面积 40 平方千米；受灾群众 9 313 户 36 708 人；直接经济损失 19 660 万元。

7 月 10 日　博州党委书记、人大常委会主任赵青在博乐市调研城市建设情况。

7 月 20 日　“博州行风监督热线县市领导接待日——走进博乐市”广播直播活动在博乐市步行街北门广场举行。

7月29日　湖北省政协经济委员会、湖北省工商联、湖北省援疆办和自治州人民政府共同举办博州招商引资项目推介会，博乐市人民政府与6家企业签订7份投资协议，签约金额15.42亿元。

9月22—23日　农业部发展计划司副司长一行在博乐市考察农业发展相关工作。

10月8日　博乐市城镇低保保障标准由人均每月237元调整为人均每月267元；农村低保保障标准由人均每年1 320元调整为人均每年1 512元。

10月10日　自治区残疾人康复中心免费为博乐市16名贫困听力残疾人配备助听器。

10月11日　博乐市农业机械GPS自动导航精准作业现场演示会在贝林哈日莫墩乡举行。

10月21日　博乐市青少年射箭队在2013年自治区青少年射箭比赛中获金牌3枚、银牌4枚、铜牌2枚。

10月31日至11月4日　博州党委常委、组织部部长赵天杰在博乐市乌图布拉格镇、达勒特镇、贝林哈日莫墩乡调研基层组织建设工作。

▲　博乐市被确定为自治区新型职业农民培育六个试点县之一。

12月16日　博乐市行政服务中心搬迁至南城区新办公楼，入驻市直行政服务单位35个，州直行政服务单位26个，开设服务窗口110个。

▲　博乐市电视台主创的《劳动的后面跟着幸福》在全国新闻传媒发展实践学术成果交流中被评为金牌节目。

12月19—20日　自治区副主席一行在博乐市调研民政、残联工作。

2014年

1月24日　博乐市被命名为自治区安全生产监管示范市。

1月25日　经国务院批准博乐市境设立双河市，由兵团农五师管理，隶属新疆维吾尔自治区。

1月26日　博乐市启动机动车环保标志核发与管理工作。

2月24日　博州道路交通事故民事损害赔偿人民调解工作现场推进会在博乐市召开。

2月26日　博乐市在博尔塔拉宾馆召开各级干部转变作风服务群众活动总结表彰暨深入基层“访民情、惠民生、聚民心”活动动员会。

3月11日　自治区副主席在博乐市调研城市建设等工作情况。

6月1日　博乐市举办民族手工艺展览，展出民族服装、手工刺绣、民族乐器、银饰等500余件。

6月10日　博乐市举办“民族团结好少年”颁奖仪式，授予10名学生为“民族团结好少年”。

6月16—19日　博乐市举办达勒特古城学术研讨会，北京大学、中国人民大学、中国社会科学院、中央民族大学、北京师范大学、上海博物馆、新疆博物馆等20名专家学者应邀参加学术研讨会。

6月21日　博乐市交通运输局阳光公交公司开通博乐市城区至赛里木湖公交旅游专线。

7月7日　博乐市人民政府印发《关于授予张广勤“博乐市见义勇为先进个人”荣誉称号的决定》。

7月23—25日　博乐市阳光公司安全生产标准化建设通过国家三级安全生产标准化考评。

8月6日　自治区政协督察组在博乐市督察水利资源“三条红线”落实情况。

8月6—8日　湖北省地方志办公室副主任陈章华及专家一行在博乐市指导第二轮修志工作，并进行座谈，就博乐市二轮志稿、篇目进行交流。

8月7日　自治区人大常委会副主任、天山环保行组委会主任一行在博乐市视察农村环境连片整治工作。

8 月 18 日　湖北省委常委、纪检委书记在博乐市双湖社区调研。

8 月 27 日　自治区两纲督导组在博乐市督导检查《中国妇女发展纲要（2010—2020 年）》《中国儿童发展纲要（2010—2020 年）》贯彻实施情况。

9 月 1—5 日　博乐市在第四届中国亚欧博览会上签约项目 14 个，总金额 52.3 亿元。

9 月 10—11 日　博州 60 年大庆暨 2014 年“那达慕”草原节在博乐市举行，举办大型活动 6 场次，参与群众 10 万余人次。

9 月 10—15 日　博乐市举办首届家用车展，参展企业 6 家，家用车 60 辆 17 类。

9 月 12—14 日　新疆棉花生产机械化种植模式对比试验示范项目总结会议在博乐市召开。

9 月 14 日　农业部玉米种植指导组在博乐市玉米高产创建田实地测产，测定平均每亩产量 1 232 千克，属高产品种。

9 月 17 日　博乐市完成 215 件可移动馆藏文物的认定工作，其中石器石刻类 37 件、钱币类 129 件、陶器 27 件、铜器 6 件等。

10 月 20—24 日　自治区义务教育均衡发展督导检查组在博乐市检查义务教育学校标准化建设和义务教育均衡发展情况。

11 月 8 日　内蒙古自治区在博乐市考察城市建设工作。

11 月 15 日　博乐市科协与博州科协在市体育馆联合举办“体验・创新・梦想・成长”为主题的第 18 届青少年科技创新大赛，博乐市 16 所学校参赛作品 500 余件。

2015 年

1 月 13 日　博乐市发生麻疹疫情，启动麻疹疫情应急处置预案。

1 月 14 日　农业部、自治区畜牧厅等单位专家一行 5 人在博乐市验收农业标准化实施示范项目。

1 月 16 日　博乐市八届人大常委会第二十三次会议审议通过《博乐市人民政府贯彻实施〈中华人民共和国婚姻法〉整改情况的报告》等。

1 月 19—21 日　博乐市第八届人民代表大会第五次会议审议通过《博乐市人民政府工作报告》《博乐市 2014 年国民经济和社会发展计划执行及 2015 年发展计划（草案）的报告》《博乐市 2014 年财政预算执行及 2015 年财政预算（草案）的报告》等。大会选举博乐市人民法院院长 1 人。

1 月 22 日　博乐市被列入第三批国家现代农业示范区。

1 月 27 日　博乐市获自治区人民政府 2010—2014 年农田水利基本建设“天山杯”竞赛综合奖。

▲　自治区残疾人辅助资源中心主任一行为博乐市就学、就业年龄段听障人员配发助听器 34 人，价值 10 万元。

4 月 17 日　博乐市中小学、幼儿园聘任法制副校长 23 人。

5 月 19 日　博乐市举行中西医结合医院建设项目开工仪式，综合楼建筑面积 7 440 平方米，规划用地面积 5.67 公顷，项目总投资 3 000 万元。资金来源为国家项目建设资金、湖北援助资金及地方配套资金等。

5 月 21 日　国家棉花工程技术中心、自治区科技厅农村处在博乐市贝林哈日莫墩乡决肯村考察国家星火计划项目“新疆博乐市贝林哈日莫墩乡万亩棉花膜下承压滴灌推广应用”执行情况。

6 月 28 日　博乐市人民政府与成都安平房地产开发有限公司签订 20 万锭棉纺加工厂项目。该项目总投资 10 亿元，用地 66.67 公顷，分两期建设。

7月3—4日　中国社科院刘正寅教授在博乐市考察赛里木湖古墓群、达勒特古城和青得里古城。

7月7日　国家农业技术推广服务中心在博乐市举办随水施药技术培训班。全国8省（自治区）植保站人员80人参加培训，现场观摩博乐市随水施药技术。

7月8日　博乐市电商创业孵化基地正式落成，并举行揭牌仪式。

▲　博乐市卫生局与博州人民医院签署博乐市人民医院交接协议。

7月18日　农业部草原监理中心在博乐市举办2015年西北七省区草原执法联系会议。

7月26日　博乐市举办建市三十周年桥牌邀请赛，邀请疆内16支代表队、武汉市代表队共96名运动员参赛。

▲　自治区政协副主席一行在博乐市慰问驻地部队、武警博州边防支队、青得里边防派出所及复员军人、抗战老战士。

8月7—9日　住房城乡建设部稽查办考查验收组在博乐市考查验收国家园林城市创建工作。

8月13日　博乐市举办2015年"在祖国的怀抱中茁壮成长"夏令营闭营仪式暨少儿民族团结服装秀比赛，乡镇场、街道9支代表队200名小营员参加比赛。

8月14日　在2015年亚欧商品贸易博览会上，博乐市签约5个项目，总金额54.5亿元。

8月16日　博乐市在金三角工业园区举行新疆斯立达纺织股份有限公司40万锭棉纺厂项目开工奠基仪式。

8月18日　博乐市第一届残疾人运动会在市第八中学开幕。

8月19—21日　博乐市召开第二轮《博乐市志》评审会，自治区地方志编纂委员会、湖北省地方志办公室、武汉地方志办公室、州县地方志办公室等60多名专家学者参会，并通过专家评审。

8月31日　中央民族乐团、新疆艺术剧院民族乐团在博乐市举办庆祝新疆维吾尔自治区成立60周年慰问演出。

9月1日　博乐市实施自治区太阳能照明工程，向6个乡镇场24户牧区残疾人家庭提供每套5 000元的太阳能发电设备。

9月2日　博乐市党委教育教师工作会议暨教师节表彰大会召开。大会授予100名教师为"博乐市新疆特色'四好'老师"，命名40名教师为市级学科带头人，命名60名教师为市级骨干教师。

9月17日　博乐市2014年实施的"20万亩机械化采棉综合配套栽培技术示范推广""棉花高效节水自动化灌溉技术应用""优质温室无公害食用菌示范基地建设""棉花化学打顶技术示范与推广""蔬菜标准种植技术推广""滴灌肥料高效施用机械系统研发推广"6个自治区科技特派员项目通过验收。

10月13—14日　自治区残联辅具中心在博乐市开展"国家彩票公益金"康复项目助视器验配工作，为220人提供验配服务。

11月11—13日　国家体质健康监测专家组在博乐市开展中小学学生体质健康测试活动。

11月20日　创维集团"公益万里行惠民工程"在博乐市的启动，为4 000余名残疾人每人赠送两张价值500元的惠民补贴卡。

▲　博州党委书记、人大常委会主任邱树华在博乐市调研经济建设、民生工程、维稳工作等。

2016年

2月4日　博乐市被中国科协命名为2016—2020年度科普示范市。

2月15日　博州党委、政府将金三角工业园区移交博乐市，并将博乐边境经济合作区并入金三角工业园区，实行一套人马两块牌子。

2月16日　博乐市规划展示馆、博乐市图书馆、博乐市高级中学被自治区科协命名为2016—2020年度科普示范单位。

3月15日　博乐市人民医院成立，核定差额事业编制90名，其中领导职数4个，经费实行差额预算。

4月7日　博乐市委、市政府印发《关于贯彻落实〈博乐市深入推进精准扶贫全力打赢脱贫攻坚战的实施方案〉政策措施分工方案》。

4月14日　博乐市与中国海螺创业控股有限公司签署垃圾焚烧发电项目。

5月13日　博乐市第八届人大常委会第三十一次会议审议通过《博乐市、乡（镇）人民代表大会换届选举工作实施方案（草案）》。

6月16—19日　博乐市持续强降雨，青得里乡、达勒特镇部分村队遭受洪灾。受灾人口696户1 466人；农作物受灾面积311公顷，成灾面积197.76公顷；倒塌房屋2户5间，损坏房屋80户135间；冲毁防洪坝1 300米，滴灌带300米；直接经济损失413.944万元。

6月19日　博乐市乡镇场遭受大风暴雨冰雹灾害。受灾人口3 356户11 876人；农作物受灾面积1.47万公顷，成灾面积1.15万公顷，绝收面积3 866.67公顷；倒塌房屋2户4间，损坏房屋33户70间；倒塌羊圈1个，死亡牲畜32只（羊）；毁坏防洪坝130米；直接经济损失22 156.8万元。

6月25—29日　自治区在博乐市小营盘镇举办乡镇人大、政府换届示范观摩会。全疆地州代表观摩小营盘镇第九届人大常委会第一次会议。

6月28日　博乐市青得里乡、小营盘镇、乌图布拉格镇遭受大风暴雨冰雹灾害。受灾人口1 197户5 465人；农作物受灾面积2 056.2公顷，成灾面积1 436.6公顷，绝收面积90.2公顷；损坏房屋17户26间、围墙50米，死亡家禽（鸡）60只；直接经济损失3 086.3万元。

7月29日　博乐市被命名为全国“双拥”模范城。

8月6—9日　中共博乐市第七次代表大会在博尔塔拉宾馆会议中心召开。

8月9日　中共博乐市第七届委员会在博尔塔拉宾馆会议中心召开第一次会议，会议选举产生中共博乐市第七届委员会常务委员会委员11人，聂壮当选书记。中共博乐市第七届纪律检查委员会第一次会议选举产生常务委员会委员7人，纪检书记1人。

8月5日　博乐市八届人大常委会第三十三次会议审议通过《博乐市人大常委会工作报告》《博乐市人民政府工作报告》《博乐市人大常委会代表资格审查委员会关于第九届人民代表大会代表资格审查报告》等。任命阿西克特（女，蒙古族）为博乐市人民政府副市长、代理市长。

8月20—22日　政协博乐市第九届委员会第一次会议召开。应到委员90人，实到委员88人。

8月21—24日　博乐市第九届人民代表大会第一次会议召开。应出席大会代表167人，实际出席大会代表162人。

8月　博乐市赛里木酒业年产3 000吨高澄清度葡萄浓缩汁项目正式投产。

10月6日　博州党委书记、人大常委会在博乐市调研便民警务服务站建设和边防管控工作。

10月11日　自治区人民政府在金三角工业园区调研。

10月30日　博乐市通村油路建设项目竣工，总里程100千米，总投资2 355万元。

12月10日　博乐市承办博州冬季旅游启动仪式暨博乐市“民族团结一家亲”冬季那达慕开幕式在博乐赛马场举行。

12月16日　博乐市9路公交线路开通，24辆纯电动公交车上线运营。

2017年

1月1日　博乐市103名“访惠聚”工作队队长 驻村对接工作，成为2016年工作队编外人员，确保2017年“访惠聚”驻村工作高起点起步，高标准开局。

▲ 改建后兴博市场更名为兴博惠民市场，有铺面202家，商户190户。

1月10日　贝林哈日莫墩乡敖博恩塔拉村氮气冷库建成使用。

1月15日　“2016—2017年度自治区青少年冰上运动体育项目学校速度滑冰比赛”在博乐市格格冰场 完赛，来自博州、伊犁、克拉玛依等地168名中小学生参加比赛。

1月21日　以“天空之镜·蓝冰之约”为主题的首届冰雪节在赛里木湖景区东门月亮湾景点开幕。

▲“中国好老师”公益行动在博乐市第九中学举行启动仪式，10所博州基地学校共同体校获证书。

1月24日　博乐市500余名各族干部群众在博乐市党政联合办公大楼多功能厅参加自治州优秀共产党员高庆江先进事迹报告会。

▲ 博乐市“民族团结一家亲”冰雪那达慕系列活动在博乐市赛马场开幕，全市128名运动员参 加，有刁羊、射箭、斗鸡等比赛项目，吸引500余名观众观看比赛。

1月25日　“博乐市培育和践行社会主义核心价值观全民公益活动”在启动，每月25日为博乐市公益活动日。

是月　博乐市18个软弱涣散党组织全部重新调整经济发展思路“摘帽”。

2月11日　自治州首届冰雪汽车挑战赛暨元宵节社火民俗表演活动在赛里木湖举办。150多位疆内外选手参赛，参赛选手乌鲁木齐的谭海涛获得冰面 漂移表演一等奖，石河子的柴文强获冰面直线绕桶赛（轿车组）、冰面短道拉力赛（轿车组）一等奖，博乐张建龙获冰面直线绕桶赛（越野车组）、冰面短道 拉力赛（越野车组）一等奖。

2月16日　“自治区全民意外伤害保险”理赔兑现会在博乐市行政服务大厅举行。

▲ 博乐市建设新能源电动汽车充电站2个，位于南城区公交停车场和西线客运站，各配置14台750伏120千瓦直流双枪式快充一体机，可满足28辆纯电公交车充电。

▲ 博乐市开展“我为亲戚订党报”活动，即每位干部为自己的结对亲戚订阅1份《博尔塔拉报》。

▲ 博乐市增加60辆出租车，车身颜色蓝白相间，全部装配计价器和GPS定位系统，监控设备。博乐市投入运营出租车共有658辆。

▲ 博乐市把博尔塔拉军分区农场工作的23户82人分别迁置到小营盘镇明格陶勒村、青得里浩特呼尔村、乌兰克日木东村和乌兰克日木西村。

3月3日　博乐市举行“访惠聚”驻村工作总结表彰动员会，表彰63名驻村工作先进个人、26个先进 工作队、9个优秀组织单位，对2017年“访惠聚”工 作进行再动员、再部署。

3月6日　自治州2017年文化、科技、卫生、法律、爱国爱教宗教服务“五下乡”集中服务示范暨春季 大宣讲活动启动仪式在博乐市青得里镇夏布尔塔村举行。

3月22日　“博乐水滴公益”微信号建立。开设“益新闻”“善心榜”“求帮助”三大主题原创栏目。

▲ 博乐市阿勒热托哈牧场职工组建“雷锋车队”，由25辆车私家车组成，车身系有绿丝带，穿梭在阿勒热托哈牧场各村队巷道，方便职工出行。

3月25日　博乐市2017年首批重大项目在金三角工业园区集中开工项目110个，年度投资118.05亿元。

▲ 生前任博州公安局综合情报研判支队支 队长高庆江荣登“中国好人榜”敬业奉献榜。

4月7日 2017年博尔塔拉蒙古自治州“抓开工、 促投资、保增长”重大项目集中开工活动博乐市会场开工仪式在博乐市综合游泳馆现场举行。

▲ 博乐市综合游泳馆项目破土动工，项目总投资2 000万元，建筑面积4 000平方米，内设游泳池、冲浪池、健身房，一天能容纳600人休闲娱乐。

▲ 博乐市开工项目126个、投资124.09亿元， 涉及博州支线铁路、机场大道、南城万亩生态园

▲ 博乐市以友谊路南为界，从原青得里街道拆分成立青达拉街道，拆分后青达拉街道辖区面积15.145平方千米，下辖8个社区。

4月14日 自治区自然科学基金项目“新疆哈萨克族青少年错颌畸形患病率调查”在博乐市第五中学开展。

4月15日 南城五一路3号综合福利院福利院指导中心竣工。

4月18日 博乐市人社局首次面向社会公布2016年拖欠劳动者报酬典型案件6件。

4月22日 在达勒特镇都图敖博村召开博州农耕技术推进现场会，现场实践演示“北斗”导航春耕技 术，州长带领“两县一市”的农机分管领导进行现场观摩和指导。

▲ 新疆美术协会会员、博乐市美术书法家协会、书画院专职画家张文斌在博乐市文化体育中心举办画展，展出84幅油画作品，以人物、风景画为主。

是月 博乐市通过调整农业产业结构，流转土 地13 340公顷，培育龙头企业26家，农民专业合作社53家，农民流转土地收入1 000多万元，带动 近6 000人在家门口打工创收。

▲ 博尔塔拉河流域水污染防治工程12个，其中有日处理污水2万吨的博乐市南城区污水循环利用项目3亿元、日填埋处理垃圾4万千克的博乐市小营盘镇垃圾场建设项目1 000万元。

▲ 博乐市安心助养对象每人每月发放补助资金300元，4—12月份，为全市285人安心助 养对象发放补助资金76.95万元。

▲ 阿热勒托哈牧场16个村队建2.1万平方米村级阵地（含办事大厅、村民服务中心、村级周转 房、村卫生室、村史馆）及配套设施建设，警务室（含便民超市），新建一座警务室。

▲ 阿热勒托哈牧场2017年开展扶持村级集体经济发展试点工作，确定在阿都呼尔都格村等7个村队进行，包括高效节水滴灌项目、农产品加工、 土地流转，休闲旅游农业基础设施建设等项目。

▲ 博州人民医院骨科临床首次使用3D打印技术成功救治患者。

▲ 博乐市启动“争做中国好网民”网络公益活动，全市5 000多名网民参与。

5月4日 由博乐至乌鲁木齐增设航班，每天执行3班乌鲁木齐到博乐。

5月10日 博乐市启动“食品流通许可证”与“餐饮服务许可证”“两证合一”工作，博乐市市场监督管理局为博乐市21家单位颁发博乐市首批“食品经营许可证”。

5月13日 五台工业园区（湖北工业园）管委会与甘肃鸿威顺达商贸有限公司签订排水管道生产项 目投资合作协议，项目总投资21亿元，填补博乐管材领域产业的空白。

5月18—21日 “青色草原——博尔塔拉民俗文物展”在四川博物院展出。

18日 傍晚，强对流天气，博乐强降雨。

5月20日 博乐市启动2017年全民健康体检工作。2016年9月底，自治区全民健康体检工程启动，新疆籍城乡居民每年可享受1次免费健康体检。

5月23—29日 第一届自治州文明家庭评选表彰候选名单公示，其中有博乐市小营盘镇当合尔特

布拉格村张美英家庭、青得里镇郭林布呼村段博水家庭、小营盘镇达布呼尔特布呼村衣扎特·哈力曼家庭。

5月25日 博乐市地表水及地下水资源监控管理PPP项目签约，总投资3 950.21万元，建设1个总监控中心、6个乡镇场分监测中心，1 400眼地下水灌溉机井监测站和30个地表水灌溉渠道监测站。

5月26日 博乐市在党政联合办公楼前举行村队、社区党群服务车发放仪式，为全市135个村队、25个社区配备160辆党群服务车，全市有党群服务车183辆，实现全市党群服务车全覆盖。

5月30—31日 中国新疆第十一届环赛里木湖公路自行车赛以“丝路新韵最美博州——骑行·超越·快乐”为主题，赛事全程145千米，共2个赛段，来自疆内外31支车队、171名运动员，23名领队、教练员参赛。中国RTB脉腾车队车手图克获得赛 段冠军。

6月10日 2017年博州非物质文化遗产宣传活动暨“博州2017年少儿江格尔齐说唱比赛”在博乐市体育馆广场举行，博乐市梅丽曼获第一名。

6月21日 “民族团结一家亲，争做文明博乐人”博乐市第三届文化能人才艺大赛在达勒特镇乌兰托哈社区举行。全市11个乡镇（场）街道的基层文化能人25名选手参加比赛。比赛分声乐、乐器、舞蹈、语言类、手工艺品5个组，吸引200多人观看比赛盛况。

6月23日 位于赛里木湖路博尔塔拉职业技术学院揭牌（是一所全日制普通高等职业学院）。

是月 金三角工业园区220千伏莫合泉变电站是博乐首个220千伏智能变电站，可根据实际需要实现电网实时自动控制、智能调节、在线分析决策、协同互动等功能。

▲ 博乐市小营盘镇区惠民工程从2014年6月动工建设，至2015年开始，镇区各小区1 500多名居民用上天然气。

7月1日 全市提高城乡低保标准补助，城市低保平均标准为每月397元，农村低保平均标准为年3 342元。

▲ 自治区统一下调全疆城乡居民生活用电价格至每度电价0.39元，每度电降低0.15元，博乐同网同价同步实行。

▲ 以“灵秀博州·天山圣湖”为主题的“丝绸之路”世界超模大赛全球总决赛在博州赛里木湖举办，来自全球30个国家的50位超模参加比赛。

7月10日 博乐市小营盘镇达布呼尔特村党总支在村委会举行“共产党员家庭”集中授牌活动，全村46名党员家庭获得“共产党员家庭”标志牌，党员家庭亮出身份，接受群众监督，当好表率。

7月14日 博乐市被全国爱国卫生运动委员会命名为“国家卫生城市”。

▲ 博乐市精准培训107名村“第一书记”。

7月18日 新疆日报社记者站成立揭牌仪式在博尔塔拉报社三楼会议室举行。这是新疆报社在地、州设立第二个记者站。2017“丝路信使”自行车赛事途径博乐。自行车赛事从江苏泰州出发，终点为新疆昭苏县，全长5 171千米。

7月24日 博乐市环卫局配置雾化除尘车2辆，主要使用在城区主干道的扬尘雾霾严重区域。

7月29日 克拉玛依至博乐的短途飞行航线开通。

是月 博乐市阿热勒托哈牧场乌兰布河、多尼吉尔联合村241户牧工搬进安居富民房。

▲ 智能充电桩进博乐市小区。居民在物业或社区办理充电卡，之后可直接在车棚刷卡给电动车充电，每次1元，可充电6小时。

▲ 博乐市城市低保保障标准在原标准376元基础上每月提高20元，提标后城市低保月保障标准

每人每月 396 元。

8 月 1 日　博乐市首个水幕电影与市民见面。光影水秀湖面喷泉设计高压水泵 29 台，低压水泵 88 台，湖面喷泉全长 258 米，中心喷高 108 米。

▲　上午 12：00，博乐公路管理局所辖五台匝道、博乐岔口、五台收费站进行全封闭联网计重收费。

8 月 13 日　首趟“鄂博号”援疆旅游专列到达博乐。载有 830 多名旅客，行驶里程 9 800 千米，6 日从武昌站出发，行程 15 天，在博乐市游览赛里木湖风景名胜区和怪石峪。

8 月 20 日　博乐市 59 所农村幼儿园全部完工投入使用。

8 月 30 日　博乐市第一例造血干细胞捐献者石龙龙在博乐市红十字会人员的陪同下从博乐市赴京为 1 名天津市白血病患者无偿捐献造血干细胞。

是月 博乐市试行共营制土地合作推进棉花供给侧结构性改革，试点面积 6 236.45 公顷，涉及 2 个乡镇、8 个村队、1 个农业公司、5 个合作社、4 个轧花企业、690 户。

▲　万亩生态园（海棠生态园）计划面积 4 202 公顷，3 年完成，2016 年实施第一期 667 公顷，2017 年实施 1 334 公顷。

9 月 11 日　“国家级非物质文化遗产项目·托布秀尔音乐传习基地”在博乐市小营盘镇明格陶勒哈村揭牌成立。

9 月 13 日　博乐市 2017 年“神华爱心书屋”图书捐赠仪式在博乐市第二小学举行，神华公益基金会联合中国光华科技基金会、新疆维吾尔自治区青少年发展基金会向博乐市 10 所中小学共捐 23 类 18 913 册图书。

9 月 29 日　博乐市人社局举办首届农牧民创业致富能手大赛创业大赛。参赛项目 64 个，涵盖种植、养殖、民俗特色类和互联网 + 农业等诸多领域，市团委推荐的 2BMJ 系列机械式玉米精量铺膜播种机项目获得冠军。

▲　博乐市邦尼公司被评为自治区 2016 年度出租汽车行业服务质量信誉考核 AAA 级。

▲　博乐市实施边民暖心工程，把边境村纳入“美丽乡村”建设，落实每个村 50 万元惠民生项目和 1 个农业水利建设项目。

▲　2017 年，博乐市有 11 个村队开展美丽乡村建设。

▲　博乐市引进新疆金三和集团在乌图布拉格镇、小营盘镇、青得里镇、阿热勒托哈牧场建成 6 家卫星工厂，吸纳 260 多名贫困人口就业，通过产业扶贫，人均年收入超 2 万元。

▲　博乐市国、地税联合办税服务窗口为全市 3 869 户企业、15 523 户个体户和近 2 万户纳税人提供国、地税通办“一人一窗一机”联合办税服务模式。

10 月 1 日　全市各村委会、社区院内举行升国旗仪式，庆祝新中国成立 68 周年。

10 月 6 日　博乐市 26 013 公顷棉花进入采收高峰期。

10 月 28 日　杜尔伯特蒙古族历史文化展在博尔塔拉博物馆展出 112 件文物。

▲　全疆首个水计量远程管控 PPP 项目博乐市地表水及地下水资源监控管理 PPP 项目建成投入使用。

10 月 30 日　博乐市通村油路建设项目完工，总里程 242 千米。

11 月 12 日　博州首次参加 2017 年上海线上马拉松比赛，比赛环博乐市开屏湖开跑，15 名选手参加。

11 月 14 日　博乐市城建档案馆通过自治区一级馆复查验收。

11 月 16 日　博乐市学习宣传贯彻党的十九大精神专题轮训班第一期培训班在市委党校开班，135

名（含虚职）科级干部参加培训。市委党校对全市 500 多名科级干部分三批进行轮训。

▲ 绿赛管业、新疆金宏祥高科农业股份有限公司 2 家公司被科技部全国高新技术企业认定管 理工作领导小组办公室认定为高新技术企业。

11 月 28—29 日 博乐市大雾天气，能见度不足 100 米。

▲ 博乐市出行困难的 10 个贫困村、抵边村开通农村客运路线 8 条，实行定时定点发车，统一服务标准，统一车辆标识。

▲ 医保转诊转院，由转出定点医疗机构出具转诊转院证明，医疗机构直接录入系统办理备案，实现定点医院一站式办理。

▲ 博乐市全覆盖立体式学习宣传贯彻党的十九大精神，先后召开各级党委（党组）理论学习中心组会议 160 多次，700 多名副科级以上干部分三期集中轮训，9 143 名党员干部和各行各业干部职工通过集中学、自学和召开会议等形式进行学习。

▲ 博乐市组织和培训“田秀才”“土演员”“夕阳红”“草根名嘴”“巾帼美”等草根宣讲队向市民、村民宣讲党的十九大精神。

▲ 博乐市掀起学习党的十九大精神热潮，组建乡村名嘴、乡村致富带头人和道德模范组成草根宣讲队 505 人，深入基层宣讲党的十九大精神。

12 月 1 日 新疆水上通用航空项目现场会暨赛里木湖水上通航项目签约仪式在博尔塔拉宾馆会议中心举行。

▲ 喜迎十九大——灵秀博州·天山圣湖首届“赛里木湖”杯全国摄影大赛博州巡回展在博尔塔拉会议中心举办。

12 月 7 日 博乐市在乌鲁木齐市博尔塔拉大酒店开启 2017 年新疆·博乐“那达慕”冰雪旅游节暨博乐礼物创意创业大赛的活动，为期半年。

12 月 13 日 博乐市青得里镇夏布尔塔村 101 公交站台安装 1 座彩板房。

12 月 20 日 博乐市 2 号路线公交车更新 20 辆新能源电动公交车，车身长 10.5 米，由红、橙、白三色组成，存储电量为 199 度电。博乐市共有 44 辆新能源电动公交车，约占全市公交车的 30%。

12 月 22 日 博乐市通过自治区义务段均衡发展复查验收。

▲ 博乐市 2017—2018 年那达慕冰雪旅游节在博乐赛马场启动。

12 月 28 日 湖北武汉市委副书记、常务副市长率武汉市代表团一行 7 人来博乐市考察对口援疆工作，召开对口支援工作座谈会并走访慰问“双结双促”结对亲戚。

是月 博乐市公安局车辆管理所开展“互联网 + 交管服务”，使车主使用“12123”平台，便利于民。

2 月至 12 月 博乐市选派张建国、王亮、江大海、范浩中、金晓雷、依布拉依、何勇、徐全军、童巴依尔、于春荣分批赴南疆工作。

是年 博乐市累计投入 2.15 亿元改造老旧小区 75 个，整合 9 个小区，维修楼房 239 栋，惠及 5 260 户居民。

▲ 博乐市完成农牧区无害化卫生厕所改造 18 165 户，普及率 51.7%。其中全下水道式 5 801 户、三格化粪池式 100 户、三联沼气池式 2 142 户、双翁漏斗式 10 122 户。

▲ 博乐市国家税务局搭建网上办税服务体验厅，以实体办税、自助办税、网络办税、移动办税为一体的办税服务平台建成。

▲ 电采暖走进博乐市百姓家。

▲ 博乐市综合福利院投入使用，全市130多名孤儿集中供养。

▲ 博乐市认领自治区级惠民生项目125个，资金6 300万元，涉及畜牧养殖、农田水利、道路硬化、村容村貌改善、就业培训等方面，解决农牧民行路难、吃水难等热点问题。

▲ 博乐市第四批“访惠聚”工作队抽派522名干部组成105个工作队进驻各村，慰问救助困难群众3 099户，办好事事实6 060件，帮助就业3 500人次。

▲ 博乐市贝林哈日莫墩乡田园综合体有决肯村田园综合体、阳光农业公司13.33公顷特色果园产业园基地、新塔拉村13.34公顷牡丹观光园、吉翁村13.34公顷枸杞采摘观光园、夏热勒津村26.68公顷荷花现代农业观光园、敖博恩塔拉村26.68公顷葡萄种植示范园6个田园综合体项目组成，以农民合作社为载体，集蔬菜生产、科技育苗、观光采摘、特色餐饮、电商销售等功能为一体，助推乡村振兴。

▲ 博乐市为11 987名城市低保对象发放10月份价格补贴，每人发放24元，发放资金287 688元；为7 427名农村低保对象发放10月份价格补贴，每人发放16元，发放资金118 832元。

▲ 博乐市“五保老人”集中供养任务138人、孤儿收养任务80人全面完成，各完成率100%。

▲ 博乐市有重度残疾人1 510人，困难残疾人1 821人，合计3 331人，共支出两项补贴资金321.94万元。

▲ 博乐市有日光温室1 106座，“春提早”种植温室1 034座，种植率93%；有拱棚94座，占地面积4.74公顷，生产面积4公顷，种植率100%o

▲ 博乐市完成棉花供给侧结构性改革试点6 243公顷，改革试点区域棉田皮棉单产174.7千克，比全市棉田皮棉亩均单产提高34.7千克。

2018年

1月1日 博乐城市自来水供水价格和污水处理费，执行的最终到户水价是居民生活用水3.13元/米^3、非居民生活用水4.32元/米^3、特种用水11.33元/米^{3}其他用水1.28元/米^3。博乐市登记注册的企业（含农民专业合作社）使用加载“统一社会信用代码证”的营业执照，原发证件不再有效。

1月2日 博州塑料制品行业协会成立大会在博乐市金坛大酒店举行，103家塑料制品类企业代表200多人参加。

1月8日 博州人民医院与武汉协和医院通过远程会诊系统，成功实施混合现实技术三地远程会诊手术。

1月11日 博乐市公安局交通管理大队车辆运输管理所小型汽车科目考场投入使用。

1月11日 博乐市监察委员会成立。

1月20日 250名南疆贫困人员在博乐市实现就业，全部安排在金三角工业园区新疆金鑫昱纺织有限公司从事操作工、维修工、挡车工等。

▲ 博乐市设立烟花爆竹销售点4个。

1月 博乐市成立第一家畜牧兽医技术社会化服务专业合作社，由阿勒热托哈牧场17名村级防疫员加入。

2月23日 博乐至克拉玛依民航客运航线成功首航。

▲ 博乐市土地确权催生备耕资金5亿元，土地抵押贷款约占30%。

3月15日—4月15日 博乐市在各乡镇（街道）村队（社区）开展“学习宣传贯彻党的十九大精神”

巡回演出。

3月16日 博乐市公安局推进学习教育常态化夜学活动启动，夜学活动为期1年。

▲ 博乐市自来水公司在锦绣小区作为试点更换智能水表，推进“智慧水务”建设。

▲ 博乐市妇幼保健计划生育服务中心（博乐市妇幼保健院）为全市1 500名35岁至65岁的农村妇女开展宫颈癌免费筛查服务。

4月1日 博州人民医院骨一科运用3D打印技术完成一位先天性髋关节脱位患者的髋臼再造、臼顶重建、全髋关节置换手术。

4月9日 博乐—库尔勒客运航线首航。

4月15日 博乐市人民政府及市教育系统相关单位负责人一行33人赴武汉市召开教育援博推进会，签订手拉手学校间协议20份。确定三年援博工作方向。

4月17日 “电子图书馆”走进贝林哈日莫墩乡哈夏则格德村文化室。

4月19日 武汉市卫计委与博乐市卫计委签订对口支援工作框架协议，武汉市30多家市、区医疗卫生单位组团援建博乐市13家医疗卫生单位。

4月21日 博州人民医院邀请国内结直肠外科专家、武汉大学附属中南医院钱群教授主持手术，联合州人民医院骨科共同完成一列复杂盆地肿瘤手术。

4月22日 新疆电视台“虎鱼宝贝六一文艺晚会”全疆优秀节目选拔赛在博乐市青少年宫进行，全州21支代表队200多名选手参加选拔，19个节目入选总决赛。

4月25日 博乐市妇联首个“妇代会改建妇联工作”现场会在小营盘镇塔翁萨拉村召开。“会改联”工作有58名妇女代表参加。产生执行委员19人，其中主席1人，兼职副主席4人。打通联系、服务妇女的“最后一公里”。博乐市6月底全面完成所有村队（社区）妇代会改建妇联工作，实现“上面千条线，下面一张网，身边一个家”的基层妇联组织建设新格局。

5月9日 全国首例新农合跨省就医微信自助转诊联网结算报销的患者、博州第一例实现新农合跨省异地就医即时结算的患者安徽将农民韩女士在州人民医院做完手术康复出院当日完成微信自助转诊联网结算报销。

5月29—6月2日 湖北省武汉协和医院党委副书记一行带领协和医院心内科、麻醉科及普通外科的15名医疗专家来博开展“对口帮扶博州活动”。

5月31日 博乐市检察院开展“关爱祖国未来，擦亮未检品牌”主题教育开放日活动，邀请博乐市人大代表、博乐市政协委员和市团委、司法局、教育局、关工委、各学校以及部分学生代表30多人，参观全州首个未检专门办案机构和帮教工作室——“向日葵姐姐工作室”。

▲ 博乐市阿勒热托哈牧场呼和脱力尕村种植53余公顷红缨高粱是茅台镇酒厂设在新疆首个高粱种植基地。

▲ 赛里木湖景区40辆“赛湖号”绿色环保区间车进入运行阶段，每辆车可载游客43人。

6月1日 托布秀尔传习基地在博州蒙古中学挂牌。

6月20日 湖北首趟旅游包机抵达博乐，包机行程是双飞8日游。

6月22日 博尔塔拉蒙古自治州党委书记、人大常委会主任，农五师党委第一书记、第一政委邱树华、州党委副书记、州长巴德玛拉实地调研博乐市城市断头路、居民生活环境改善工作。

6月22—25日 中国自主教育第九届高峰论坛暨“中国好老师”博州基地校观摩会在博乐市第九中学举办。

6 月 25 日　“讯飞杯”自治区 2018 年“小手拉大手”青少年双语大赛学前组和小学低年级组博州赛区复赛在博乐市锦绣小学落幕，全州共有 16 117 名儿童参加选拔赛。

6 月　自治区 2018 年中央专项彩票公益金支持乡村学校少年宫建设项目培训班及观摩会在博乐市举办。全疆 35 所乡村学校少年宫建设项目的校长及各地文明办、财政、教育系统有关部门的代表参加培训。

▲　博乐市贝林哈日莫墩乡夏热勒津村探索“稻蟹共生”立体种养模式，从黑龙江省购买 3 万只蟹苗月底投放稻田，实现一地两用，一地双收。

▲　博乐新设立登记以及所有存量企业均可以通过手机小程序下载并使用电子营业执照。

7 月 1 日　博乐市城市居民低保月平均标准由 377 元提高至 429 元，农村居民最低生活保障年平均标准由 3 860 元提高至 4 156 元。

7 月 2 日　中央广播电视总台少儿频道“远方的童谣”系列纪录片蒙古族专辑在博乐市小营盘镇多尔巴托哈村牧民定居点开拍。

▲　湖北省委副书记、省长王晓东率领湖北省党政代表团一行来到新疆金鑫昱纺织有限责任公司、乌图布拉格镇呼和浩特呼尔村政务服务中心考察，看望落户留疆工作湖北援疆老师，开展“双结双促”活动。

7 月 14 日　中国新疆第十二届环赛里木湖公路自行车赛在博州文化体育管理中心开幕，来自疆内外 32 支车队 169 名选手参赛，博乐市体彩车队获得团体第三名。

7 月 20—21 日　2018 年“太平洋农险杯”新疆桥牌博州站积分团体赛在博乐市赛完。比赛共有湖北省武汉市、襄阳市及全疆 7 个地州 16 个代表队 100 余人参赛新疆桥牌博州站积分团体收牌。

7 月 22 日　零时 22 分，国网博尔塔拉供电公司 110 千伏博乐中心变电站 1 号、2 号主变冲击送电完成，博州首座全室内 GIS 变电站竣工投产，填补博州电网无 GIS 设备空白。

7 月 29 日　新疆博州大众跆拳道选拔赛在博乐市南城综合体育馆开赛。

8 月 2 日　2018 年首趟“鄂博号”专列抵达博乐，“鄂博号”实现常态化开行。

8 月 6 日　武汉市中西医结合医院博乐分院揭牌。

8 月 11 日　2018 赛里木湖半程马拉松在赛里木湖月亮湾景区开赛，为期半天，乌鲁木齐参赛选手伊不那音木・木斯以 1 小时 11 分 55 秒成绩获得半程马拉松赛男子组冠军，乌鲁木齐参赛选手李霞以 1 小时 44 分 02 秒成绩获得半程马拉松赛女子组冠军。

8 月 16 日　湖北省团委、湖北省青联委员、青企协会会员代表、少年儿童代表与博州各族青少年相聚在博乐市青得里镇中心学校共同开展“鄂疆手拉手・团结一家亲”捐赠结对暨鄂疆少年融情交流活动。

8 月 24 日　湖北青砖茶“新疆行”推介会在博乐举行，向湖北援疆工作队捐赠价值 300 万元共计 100 件砖茶，并与博州客户签订米砖茶购销协议。

▲　2018“丝路信使”自行车骑行挑战赛抵达博乐市，总行程 6 199 千米。

▲　博乐市推广“稻田 +N”生态综合种植模式，发展“稻 + 鱼、稻 + 鸭、稻 + 螃蟹”等生态工程共计 206.77 公顷，水稻种植户户均增收 3 000 元左右。

9 月 2 日　博乐市达勒特镇阿得格浩希村九鑫合作社购买一台采棉机，每小时可以采棉 4 公顷，实现田间采棉和机载打包一次完成。

9 月 12 日　武汉市人大常委会党组书记、常务副主任一行率武汉市旅游发展投资集团和部分民营企业代表组成代表团在怪石峪、夏尔西里景区及博乐市贝林哈日莫墩乡“小荷农家乐”进行调研。

9月19日 博乐市召开市党委统一战线工作领导小组、市宗教工作领导小组会议。详细解读自治州宗教工作自查方案14项内容。听取各乡（镇、场、街道）统战民宗工作开展情况汇报。会议就做好宗教工作自查作出安排部署。

是月 博乐市小营盘镇明格陶勒哈村刺绣协会成立，有汉族、蒙古族、哈萨克族等会员50余名。

10月6日 博乐市投放近200个垃圾分类回收箱。

10月8日 博乐市阳光公交交通有限责任公司开始为户籍（或暂住）在博乐市城区范围内、年满65周岁及以上老人办理公交爱心卡。

10月10日 博州首届地产品（建材类）展销会在五台工业园（湖北工业园）小微企业园开幕，有24家参展商56个品种。

▲ 博乐市印发《博乐市群团改革方案》。

▲ 博乐市创建绿色高质量高效示范市300万元、废旧地膜回收利用整市试点445万元、健全基层农技推广体系、建立健全稳定农业科技示范基地、推广应用5种农业绿色高效技术模式资金71万元助农资金到位。

10月20日 博乐市北外环路建成通车。道路全长10.1千米，投资约1.6亿元。起点在省道304线第3千米854米处，终点止于博乐机场大道互通式立交桥。

10月26日 博乐市检察院微博图文直播的《现实版光头强未经审批砍伐公益林木触刑又补种》公益诉讼案件获全国网友点击30多万次，被自治区人民检察院推荐为精品案例。

10月29日 博乐市旅游商品开发动员会在博州电子商务公共服务中心召开，博乐市辖区50多家旅游商品企业、合作社负责人参加会议。

10月29日—12月13日 在武汉中商平价超市举办新疆农副产品节，博州农副产品“疆义伍”羊肉和“赛里木第一坛”白酒深受消费者好评。

▲ 博乐机场大道正式通车，机场大道是博州自行实施的第一条高等级公路，建设总里程约28千米，含互通式立交桥一座，总投资5.1亿元，道路宽24米。

▲ 博乐市日处理8万立方米的新建水厂投入使用。总投资3.86亿元。

11月11日 博乐—喀什航线客运首航。

11月21日 博乐市检察院与市纪委监委、法院、公安部门联合会签全州首份《关于建立公益诉讼协作配合机制的意见》，为公益诉讼工作提供制度保障。

11月28日 博乐市在风帆广场启动那达慕冰雪旅游节，时间为2018年11月至2019年3月，以“相约魅力博乐 体验冰雪之旅”为主题，开展博乐礼物评选、冬季旅游、体育竞赛、冰雪“真爱游”、美丽乡村游等相关系列活动。

12月5日 博州“两县一市”60多人考察博乐市公安局东风派出所民族团结进步创建“八进”示范点打造情况。

12月6日 博乐市检察院召开“监督促民生，公益映天山”公益诉讼新闻发布会。博乐市纪委监委、法院、公安局等12家单位及新闻媒体、人大代表、政协委员、律师代表共同参加会议。

12月30日 博州“全民健身·活力博州”迷你马拉松赛开赛，起点、终点都设在博尔塔拉全民健身中心、艺术文化中心门口，比赛全程6.4千米，1 500多名选手参加比赛，温泉参赛选手努尔艾力·爱地力、肯巴提·阿可提分别获得男子组、女子组冠军。

▲ 博州消防救援支队机关全体指战员、大（中）队主官基层指战员代表40多名消防救援人员参加博州消防救援支队迎旗、授衔、换装仪式。

12月31日 湖北省援疆工作前方指挥部举办“庆祝改革开放四十年”暨“民族团结一家亲庆元旦迎新年”联谊活动，博州州直和农五师师直援疆干部及其“亲戚”260多人参加活动。

2019年

1月8日 博州“我们的中国梦”——文化进万家活动在博乐市小营盘镇贝德布拉格村文化室拉开序幕。

1月10日 博乐市145辆公交车驾驶室全部安装隔离护栏

1月16日 博乐市市场监督管理局向个体户颁发博乐市第一张微商网店营业执照，博乐市代购、微商、网店经营规范管理。

1月19日 赛里木湖2019年“冰雪神韵·蓝冰之约”首届冰雪马拉松赛在湖边鸣枪开赛，600多名选手参加。

1月21日 博乐市公安交警大队车辆管理所组织博州运管局、博乐市安监局、博乐市客货运企业代表、各驾校学员代表及博乐市公安局交警大队民警140多人参加“平安春运·交警同行”2019年春运启动仪式，春运合计40天。

1月27—28日 博乐市举办迎新春“博靓冬之韵·乐享中国年”2019年迎春灯会和冰雪嘉年华活动。

1月28日 博尔塔拉火车站占地8 322平方米，建筑面积9 859平方米，为二层建筑。

2月19日 以“奋进新时代、共筑中国梦、幸福中国年”为主题的自治州2019年元宵节社火展演分别在博乐市区和赛里木湖风景名胜区举办。晚上，在开屏湖公园举办2019年新春灯会活动。

2月28日 博乐市创建全国民族团结进步示范市系列活动——民族团结微行动“最美博乐人”（第一季）颁奖典礼在博尔塔拉艺术剧院举行，来自各单位、乡镇场（街道）的1 000多名各族干部群众和210名受表彰的道德模范参加颁奖典礼。

2月28日—3月9日 由博乐市委宣传部和武汉市文化局联合举办的“新时代大武汉”武汉市群众文化美术书法摄影作品展在博尔塔拉艺术剧院开展，展出美术、书法、摄影三大门类作品140件，参观展览总人数8 500人次。

是月 截至2月底，博乐市农村电采暖面积达到37.3万平方米。

▲ 博乐市车管所推行“互联网＋交管业务”，在交管“12123”手机APP上，更好地服务群众。互联网交通安全综合服务管理平台提供驾考和车检预约、办牌办证、违法处理和罚款缴纳、出行信息、信息查询、告知提示、信息公开、重点对象管理、交通安全宣传、业务咨询等十大类130多项服务。

3月1日 博乐市市场监管部门为准予设立登记、变更登记以及补发营业执照的各类主体统一启用和换发新版营业执照。

3月14日 国网博尔塔拉供电公司“互联网＋”缴费渠道上线，用户通过“掌上电力”或“电e宝”APP、支付宝、微信等多种渠道购电，企业用户可以通过“电费网银”缴费平台进行线上购电。

3月20日 博乐市“春风行动”专场招聘会在红星美凯龙商场开幕，1 300多人前来应聘，现场达成就业意向并登记简历信息的求职人员240多人。

3月25日 博乐市2019年农村妇女免费宫颈癌检查项目在小营盘镇启动。

3月28日　博乐市2019年第一批“补短板、强基础”项目集中开工仪式在博乐市公铁衔接型综合客运枢纽建设项目工地举行。第一批集中开工项目有43项，总投资53.61亿元，年度计划投资40.74亿元，涉及铁路、公路、城市道路、房产开发等多个领域。

3月29日—4月1日　博州首届地产品展销会在州全民健身中心·文化艺术中心举办，展区面积3 000平方米，104家博州地产品企业参展，展销产品涉及建材、纺织、化工、机械设备、农产品、食品、民族手工艺品、旅游纪念品、办公家具九大类1 000多种产品，以产品推介、展销订货、工商对接等为主要形式。开幕当日销售额突破15万元，现场签订采购协议23笔。

3月30—31日　博乐市“万马杯”春季那达慕赛马会在博乐赛马场举行，全疆96匹赛马参加比赛。

3月31日　博乐—吐鲁番航线正式开通。此航线每周4班往返航班，分别为周一、三、五、七各1班。

4月7日　绿城中国西南区域公司与博乐市签订旅游产业、养老等协议，在博乐市温泉路启动房地产合作项目。

4月17日　青得里镇定吉格村和博乐市梦里小镇文化发展有限公司联营的博乐市定吉格（渡清湖）食品工程有限公司在定吉格村委会举行签约仪式，全州首个村、企联营的集体企业正式成立。

4月23日　博乐市“绿书签行动”集中宣传周暨“全民阅读·书香天山”启动仪式在博乐市第七中学举行，倡导全民阅读。

4月30日—5月3日　博乐市举办海棠文化旅游节书画作品展，展出作品80多幅，累计参观人数1 800人次。

是月　博乐市春季完成防护林建设80公顷，万亩生态林二期完成造林40公顷，栽植苗木1.78万株，主要树种为香妃海棠和蜜脆苹果。

▲ 博乐市在风帆广场设“扫黑除恶”主题公园，展出灯箱20个，灯箱上绘制扫黑除恶漫画、书法、应知应会试题。

5月1日　博乐市电子税务局上线。为纳税人提供更加方便、快捷、安全的电子化服务，主要包括电子报税、电子稽查、税收电子化服务等形式。

5月1—4日　博乐市在开屏湖广场举办首届海棠文化旅游节活动。有自驾游博州——千人露营音乐节、中小学生研学活动、“我带亲戚来赏花”民族团结微行动、全民健身走、五四青年节“我爱你中国”宣誓仪式、绘画摄影作品展、民俗婚庆活动等13项活动。

5月6日　博乐市城乡居民“两险”缴费方式由“社保核定、税务征收”模式转变为“税务自主申报”模式。

5月19日　博乐旅游集散中心启动仪式在博乐市汇嘉广场举行。博乐旅游集散中心总建筑面积约560平方米，按照国家二级城市旅游集散中心规划设计，集散中心主要由当地旅游商品展销区、外贸商品展销区、奇石（玉石）展销区、游客休憩区等8部分组成，具有旅游中介服务、旅游活动策划和组织、旅游品牌和产品的营销推广、区域旅游交通枢纽、统一游客服务等功能，为游客提供“一站式、零距离”服务。

5月28日　博乐市举行退役军人服务中心揭牌仪式，11个乡镇（街道）、185个村队（社区）退役军人服务站相继挂牌。

5月30日　武汉教育援疆“百校结对”现场推进会在博乐市召开。汉博两地就援疆人员交流、教研对接、课堂连线、项目实施、结对效果等方面进行深入研讨，武汉市教育系统援助博乐市教育系统资金400多万元。

是月　建于1999年的博乐市青得里大街原嘉利市场拆除，在原址上改建成公共停车场，解决“停车难”问题。

6月1日　中共中央政治局委员、自治区党委书记陈全国到青得里镇定吉格村幼儿园调研，为孩子们送上六一国际儿童节礼物。

6月10日　博乐—喀纳斯航线正式开航。

6月15日　博乐市青得里大街西延改造路段竣工通车，改造长度3千米，两侧各加宽3.5米，路段变成双向六车道。

6月20日—7月19日　博乐市举行“建设美丽家园，共圆祖国梦想——新疆‘四史’”主题流动展巡展宣传活动。活动为期23天，举办47场次，观展8 800多人次。

6月24日　中国新疆第十三届环赛里木湖公路自行车赛第二段比赛由阿拉山口市中心发车至博乐市，终点设在州全民健身中心·文化艺术中心西门前，赛段全程80千米，迈金朝盟体育车队选手夏威以1小时47分04秒的骑行时间夺得第二赛段冠军。26日，第四段比赛从温泉县出发至赛里木湖月亮湾博乐市，总里程80千米，赛段全程80千米，博乐市山猫自行车联队选手胡甜甜获得第二名。27日，中国新疆第十三届环赛里木湖公路自行车赛闭幕暨颁奖典礼在赛里木湖月亮湾举行。

6月25日　中国人民银行博州中心支行联合中国银联新疆分公司、博乐市阳光公交公司举办博乐市移动支付便民示范工程公交项目启动仪式。博乐市阳光公交公司运营的7条公交线路135辆公交车实现移动支付。

▲　博乐市妇幼保健计划生育服务中心通过超声预约，为第一例产后42天的年轻妈妈进行盆底超声检查，这是博州地区首次开展盆底超声检查新项目。

6月29日　博乐市国家科技富民强县项目“机采棉高产高效技术集成与示范推广”通过自治区科学技术厅验收。

是月　博乐市提高城乡低保标准，城市低保从每人每月428元提高到456元；农村低保从每人每年3 492元提高到3 780元。

7月1日　博乐市书画院举办主题为“壮丽70年·奋斗新时代”的流动美术馆农民画作品下乡巡回展在贝林哈日莫墩乡哈夏则格德村开展，展出农民画30多幅，展览覆盖15个村队，巡回展出2个月。

7月12日　博乐—西安往返客运航线正式开通。

7月16日　华夏航空那拉提—博乐航线，开通每天1班。

▲　博乐市人民医院（博乐市中西医结合医院）成功实施首例远程会诊指导的骨科手术。

7月18日　博乐市201路城乡公交线路开通发车。201路公交车从博州车管所始发，途经青得里镇的6个村队及博乐市9所学校，终点至天祥国际建材城，线路单程29.4千米，有41个站点。

7月20日　博乐市北外环路（省道205线K74岔口至省道304线K3+850连接线）建成通车。北外环项目起点位于博乐市青得里镇省道304线第三千米854米处，终点接机场大道预留的互通式立体交叉，属于博乐机场大道延长线。项目设计采用城市道路断面二级公路标准，道路全长约10.1千米，投资约1.6亿元。

7月26日　博乐市红十字会开展2019年造血干细胞采集活动，300多名志愿者报名并进行血样采集。

7月27日　博乐公交开通博尔塔拉火车站至博乐市乌图布拉格镇格尼登新村摆渡专线，专线全长3千米，一天4趟。

▲　2019年湖北首趟对口援疆旅游专列——武铁旅游“鄂博号”抵达博乐火车站，来自湖北及周边多个省份的760多名游客将开启10多天的“大美新疆之旅”。专列途经多个省份，来到阿拉山口、

赛里木湖等博州景区景点。

7月30日 博乐市在州全民健身中心、文化艺术中心举行民族团结微行动第二季“最美博乐人”颁奖典礼活动，1 000多人参加活动。有155人获得第二季“最美博乐人”称号。

▲ 博乐市首家混合所有制企业博乐市聚鑫棉业有限责任公司及其党支部同时揭牌，博乐市19个建制村参股成为股东，持公司36%的股份。

▲ 博乐机场推行“无纸化”城际服务。乘客通过下载‘航旅纵横’APP或在微信中打开‘天缘e行’小程序,填写个人信息并完成购票即可用生成的二维码电子登机牌,凭二维码和身份证直接安检后登机。

8月4日 湖北省联合调研组到新疆天莱牧业有限公司、博乐市赛里木酒业酿造有限公司、小营盘镇明格陶勒哈村民族团结进步示范大院进行调研，实地了解博乐市万亩生态园建设项目和博乐市党委党校迁址建设项目。

8月5日 博乐市行政服务中心全面启用自治区一体化在线政务服务平台，发布农业、住建、公安、工商、税务、民政等各类事项2 510项，实现“一网通办”。

8月9日 湖北省委常委、襄阳市委书记李乐成率领襄阳党政代表团和企业家前往博乐市万亩（海棠）生态园、新疆汗庭牧元牧业科技发展有限责任公司进行实地考察。

▲ 武汉市第八医院（武汉市肛肠医院）与博乐市人民医院（博乐市中西医结合医院）举行肛肠专科联盟揭牌仪式。

是月 新疆果业集团与博乐市联合成立博乐市新果小镇文化旅游公司，注册资金5 000万元，对万亩生态园二期、三期进行规划及种植区域作业设计。

▲ 博乐市有公交车辆178辆（新能源公交44辆），运营线路8条，按时按点发车，实现智能刷卡消费，年客运量2 000万人次。

▲ 博州金融系统推出线上ETC申请业务，陆续打造线下ETC示范网点工程。

9月1日 博乐市第六幼儿园开园。位于长江路34—2号，占地面积6 900平方米，建筑面积3 989.57平方米，设12个班，辐射南城各小区。

9月12日 博乐市召开“不忘初心、牢记使命”主题教育会议。

9月14日 博州首座生活垃圾发电项目海创博乐发电站在金三角工业园区投入运营。日处理垃圾30万千克，每1 000千克垃圾可发电360度，每日发电量10万度。

9月20日 博尔塔拉火车站通车，博州支线铁路开通运营。新疆铁路部门每日开行旅客列车5对，其中“复兴号”动车组列车3对、普速快速列车2对。

▲ 博州邮政分公司订制2 000枚“博尔塔拉火车站落成通车”纪念封。纪念封限量发行，售价5元1枚。以博尔塔拉站正面照为主要图案，配以展示中国高铁发展成就的纪念邮票。

9月25日 新疆兵团农五师美协副主席杨素明的油画作品《原生态往事》和国画《远处有毡房》入选自治区庆祝中华人民共和国成立70周年“丹青颂中华”美术展览，在自治区文联展厅展出。

▲ 博乐市在自治州首个实现不动产抵押登记进银行。

▲ 博乐市阿热勒托哈牧场租用297.28公顷草场，建立饲养防疫配种站，对全场516头牛进行统一改良。

10月1日 博州党委党校、博乐市委党校迁址赛里木湖路共建项目启用，总投资47亿元，建筑总面积27 116.8平方米。

▲ 以“我和我的祖国”为主题的博乐市庆祝中华人民共和国成立70周年文艺会演在博乐市风帆

广场举办。

10月1—10日　博乐市“我和我的祖国——大美博乐”书画摄影作品展在州全民健身中心·文化艺术中心一楼大厅展出。

10月14日　博乐市实施棚户区改造工程，新建安居富民房4 216套。

10月15日　博乐市推广的玉米免耕保护性耕作技术玉米平均单产1 097.3千克，较全市平均单产亩增产135.3千克，亩节本增效453元，从根本上解决了玉米农田“白色污染”问题。

10月25日　自治州第二届地产品展销会暨第六届蒙古国商品展在博乐市会展中心开幕。展销会展出面积近6 000平方米，有136家博州企业及42家蒙古国企业参展。展销产品涉及建材、纺织、机械设备、农副产品、民族手工艺品、旅游纪念品、化妆品等，有参展产品近800种，其中蒙古国参展产品130多种。展会为期5天，销售额1 120.9万元，达成签约采购协议23个，签约额3 427.3万元，展会总成交额4 548.2万元。

▲　博州首个农村交通安全劝导站在青得里镇运营。

10月26日　来自全州各地的30名基层医疗卫生机构主要负责人，在博乐市人民医院（博乐市中西医结合医院）、博乐市小营盘中心卫生院参观学习“互联网+医疗健康”基层医疗信息化建设。

10月27日　博乐—阿克苏、博乐—阿勒泰客运航线开通。

是月　博乐市投资300万元，建设博乐市旅游公厕5座。

11月6日　博乐市南城区首家公立幼儿园博乐市第七幼儿园位于精河路19号中央公园一期院内，占地面积0.47公顷，建筑面积4 000平方米，设12个班，辐射南城周边各小区，投入使用。

11月8日　博乐市垃圾分类环卫一体化项目在博乐市工业园区正式启动。博乐市环卫局与扬州地平线新能源环境技术有限公司签订环卫一体化的项目合作协议。

11月22日　小营盘镇乌图布拉格村争取专项扶贫资金93万元建设牛羊交易市场，占地5.34公顷，牛羊栅栏54座，门面房13间。

11月27日　《博州礼物评选方案》通过专家组评定，博乐市9家企业的14种商品被评定为“博州礼物”。

是月　博乐市乌图布拉格镇格尼登新村、达勒特镇依肯浩希村入选全国“千村万寨展新颜”展示活动村庄名单。

▲　全疆首个有机肥加工企业蓝士环保科技有限公司落户博乐。公司位于新疆州博乐市南城区土尔扈特路。

▲　博乐市北京路82号海西国际商业广场负一层更名为“海西国际新嘉利商城”，占地5 000平方米，原嘉利市场101家商户统一入驻。

▲　博乐市重点防护林项目完成。项目面积466.67公顷、封育466.67公顷，主要树种为蜜脆苹果、鸡心海棠等。完成退化林面积调查1 440公顷，低效林改造333.33公顷，森林抚育266.67公顷，天山北坡植树533.33公顷。

▲　博乐市提高全市安心助养补贴标准由310元/人/月提高到330元/人/月，全市安心助养对象累计发放3 944人次130.2万元。

12月8日　博乐市市场监督管理局将原工商、质检、食品药品、物价、知识产权等5条投诉举报热线电话12315、12365、12331、12358、12330统一整合为12315一条热线，以12315一个号码对外提供市场监管投诉举报服务。

12 月 11 日　国网博尔塔拉供电公司 220 千伏皇宫变电站首台智能巡检机器人开展巡视工作，变电站巡检开启“人巡 + 机巡”新模式。

12 月 21 日　博乐市冬季那达慕冰雪旅游节赛马会在博乐赛马场举行，疆内外游客 500 多人共同参与。

是月　博乐市提高农村五保老人供养基本生活保障金，集中供养由原来的 520 元 / 月提高到 700 元 / 月，分散供养由 350 元 / 月提高到 500 元 / 月。

2020 年

1 月 12 日　博乐市第一届冰雪旅游节在博乐市贝林哈日莫墩乡决肯村举办。

1 月 26 日　博乐市因受新型冠状病毒感染的肺炎疫情影响封闭全城至 3 月 11 日。

是月　博乐市提高城乡低保标准（城市低保从 456 元提高到 500 元；农村低保从 3 780 元提高到 4 800 元）。全市城乡低保对象 87 948 人，城乡低保资金发放 3 811.24 万元，其中价格补贴 306.47 万元。

▲　博乐市提高全市安心助养补贴标准由 330 元 / 人・月提高到 350 元 / 人・月。为全市安心助养对象发放 3 264 人次 114.24 万元。

▲　博乐市提高全市残疾人两项补贴标准由 80 元 / 人・月提高到 100 元 / 人・月。全市有残疾两补对象 20 596 人次，其中享受困难残疾生活补贴 9 254 人次，发放资金 158.9 万元。重度残疾护理补贴 11 342 人次，发放资金 194.4 万元。累计发放 1—12 月残疾人两项补贴资金 353.3 万元。

2 月 3 日　博乐市依托电子税务局、手机 APP、微信公众号、邮寄等“非接触式”服务通道办税缴费，采用“网上办”“预约办”“延期办”等有效措施，确保纳税人安全、高效、便捷地完成各项涉税事项办理，切实降低疫情传播风险。

2 月 20 日　博乐市为辖区 1 248 家企业减免各项社会保险费 9 384.39 万元，减免基本养老保险费 8 397.62 万元，减免失业保险费 277.19 万元，减免工伤保险费 708.58 万元。

是月　博乐市第九中学雷优秀老师发明的“小孔成像直观可调演示器”获国家知识产权局实用新型专利认证。

3 月 21 日　自治州 2020 年首批“促投资稳增长”项目集中开工仪式在博尔塔拉蒙古自治州主会场——博乐市南城中水调节池二期项目现场举行。全州首批集中开工 39 个项目，总投资 34.85 亿元。

3 月 24 日　首趟“复工・回家”专列抵达博乐市。跨越 3 591 千米历经 42 个小时，由成都北站启程的“复工・回家”专列搭载着 859 名博州返乡复工旅客驶入博尔塔拉站。

3 月 25 日　博乐市推行使用电子居住证和电子居住使用凭证。发挥“互联网 + 政务服务”平台作用，简化群众办事流程。

▲　博乐市政府下发《关于在博乐市开展第七次全国人口普查的通知》。

3 月 28 日　博尔塔拉蒙古自治州 2020 年第二批“促投资稳增长”项目集中开工仪式在博乐市金光大道城区道路畅通工程项目现场举行。

4 月 9 日　博尔塔拉蒙古自治州 2020 年第三批“促投资稳增长”项目集中开工仪式在自治州主会场——博乐市小营盘镇农村公路建设项目现场举行。

4 月 19 日　博乐市科技局申报自治区创新环境（人才、基地）建设专项——天山创新团队计划项目《复合型智能化喷雾机研发创新团队》立项。

▲ 博乐市的车辆年审按照公安部门推广机动车检验标志电子化，为机动车所有人、驾驶人以及相关行业和管理部门提供电子证照服务。

5 月 1—5 日　为期 5 天的博乐市第三届地产品展销会暨“喜迎五一·乐享生活”汽车购物节在博乐市会展中心开幕。展销会有 1 300 多种特色商品参展，5 天实现销售额 1 548 万元。

5 月 10 日　博乐市万国星光夜市正式开业迎客。

5 月 12 日　博乐市在市党校举办博乐市民族团结微行动“最美博乐人”“最美医护人员”暨“5·12 国际护士节”表彰大会，会议对 129 位先进工作者、62 位优秀护士授予荣誉称号。

5 月 15—17 日　“灵壤博乐·和谐宜居”2020 年博乐市夏季房地产交易会在博乐市会展中心开幕。交易会上 45 家企业携精品项目、经典户型、优惠价格亮相，8 家州市金融机构、政策咨询单位参与。交易销售达 7.11 亿元。

5 月 18 日　博乐市妇幼保健院公共卫生楼 3 500 平方米的项目动工，11 月 30 日完工。

5 月 19 日　博乐市 2020 年“5·19 中国旅游日”系列文化旅游活动在开屏湖广场启动，“中国旅游日”博乐市开展 8 项文旅活动，推出 9 项惠民措施。

5 月 20 日　博乐市在开屏湖举办民族团结“微行动”——爱国卫生月主题表彰活动，对在爱国卫生月活动中涌现出的先进集体和先进个人予以表彰奖励。共表彰全市最美志愿者、最美环卫工、最美村庄、最美庭院、最美农贸市场等 10 个类别，112 个先进集体和个人。

5 月 24 日　博尔塔拉蒙古自治州第一期干部教育“云课堂”首次开讲，中国科学院管理学博士、清华大学继续教育学院主讲教师、中国科学院大学教授、资深企业管理专家李帆作“‘一带一路’倡议与丝绸之路核心经济带建设”专题讲座，博乐市 1 100 多名干部在 40 个教学点参加学习。

5 月 25 日　2020 年博乐市首届奇石书画展暨网红美食节在博乐市会展中心拉开序幕，分奇石精品展和书画展两大展区。奇石精品展共展出 120 个商家带来的 300 多立方米奇石珍品，有天山青、彩石、矿石等数十个赏石品种。

5 月 26 日　博乐市在南城区市民广场召开自治区第十八届环卫工人节暨表彰大会，会上共表彰 10 名“最美环卫工人”和 50 名先进工作者。

是月　博乐市达勒特镇 14 个村队合并为 6 个村队。

6 月 15 日　博乐市人民法院建立法院与乡镇对接机制，会同博乐市司法局分别在 6 个乡（镇、场）挂牌成立法官工作室，实现司法调解与基层人民调解有效对接，将司法职能延伸到基层一线。

6 月 26 日—7 月 17 日　博乐市在各乡（镇、场、街道）开展为期 13 天的“我们的中国梦——文化进万家”——新疆“四史”展，共巡展 27 场，参观群众 2 500 多人。

6 月 30 日　博乐农商银行存款余额首次突破 60 亿元大关。

6 月　博乐市拆除因历史原因侵占青得里古城用地违建房屋。2020 年 6 月对断裂的 3 块区保标志牌更换；新埋设 9 块市级保护标志牌，并对 2008 年埋设的 12 块标志牌进行维修。

7 月 1 日　新疆维吾尔自治区税务税收执法信息存储管理平台在博乐市正式上线。

7 月 3 日　博乐市水利局组织博乐市防汛抗旱指挥部 19 个相关单位近 200 人在市水库管理站开展防汛抢险应急联合演练。

7 月 6 日　博乐市人民法院在赛里木湖景区设立旅游巡回法庭，建立“110”司法服务新模式、靠前解纷，助力打造“大美博乐”名片。

7 月 9 日—10 月 8 日　博乐市开展流动美术馆书画展览活动，在全市 5 个乡镇、村队和 3 个街道、社区展出美术书法作品 102 幅，3 000 多人参观。

7 月　博乐市廖月铭检察官参加第七届全疆十佳公诉人暨全疆优秀公诉人业务竞赛活动，获“全疆十佳公诉人”称号。

8 月 17 日—9 月 17 日　博乐市对全市 2016—2020 年 58 项民生政策、固定资产清理、工程项目程序、债务四本台账落实情况开展检查。

8 月 20 日　博乐市通过网上评审，博乐市天山青石业有限责任公司获博尔塔拉蒙古自治州创新创业大赛一等奖。

8 月　博乐市在北京路街心公园、建国路北侧公园建设法治文化公园 2 座；在前程路、金光大道、博温公路建设法治文化街 3 条。

9 月 9 日　博乐市人民法院公开审理乌图布拉格 1 号墓群被盗案。以盗掘古墓葬罪追究被告人谢某某、杨某某等刑事责任。同时附带民事诉讼支付修复费用及在国家级媒体上赔礼道歉。

9 月 12 日　博乐市被新疆维吾尔自治区民族事务委员会评为“新疆维吾尔自治区民族团结进步示范区”。

9 月 21 日　2020 年湖北援疆旅游包机首批游客抵达博乐机场，来自湖北省的 85 名游客将在新疆开启为期 8 天的观光之旅，尽情领略新疆的人文和自然美景。

9 月 29 日　博乐市人民法院驻赛里木湖景区旅游巡回法庭首次开庭审理一起发生在景区的牧民借贷案件。

是月　博乐市通过博尔塔拉蒙古自治州、新疆维吾尔自治区“七五”普法终期评估验收。

10 月 1 日　由博州党委、人民政府主办，博乐市人民政府承办的博州第三届地产品展销会暨汽车展销会在博乐市会展中心开幕。

▲ 2020 年中国博乐“畅享丝路品美食·最美博乐逍遥行”旅游文化美食节在博乐市万国天街开幕。开展烹饪技能大赛、名菜名店名小吃评选活动、接待游客 6.76 万人次。

▲ 博乐市镶文化产业园在博乐市商业步行街正式开园，再次构建文旅融合发展，打造博乐旅游产业新高地，为加快推进经济高质量发展赋能加油、续航加力。

10 月 2 日　“秋韵绽放纸鸢情”赛里木湖首届风筝文化艺术节开幕。邀请 20 多名自治区体育总会风筝专项委员会成员和风筝爱好者，放飞 100 多只造型各异、色彩斑斓的风筝。

10 月 20 日　博乐市被命名为“全国双拥模范城”，实现争创“四连冠”奋斗目标。

10 月 25 日　博乐市生活垃圾中转站、餐厨垃圾处理站投产，日处理厨余垃圾 20 吨。项目的运营填补博乐市厨余垃圾处理空白。

是月　达勒特镇青秀鹏获全国民族团结进步模范个人称号。

▲ 博乐市制定《自治区一体化政务服务平台事项、公共服务事项统一进驻博乐市行政服务中心管理审批和延伸至乡镇、街道受理方案》。

▲ 博乐市开展农村扶贫对象动态管理工作，建档立卡贫困户规模核定录入，年末博乐市建档立卡贫困户规模 3 061 户 7 697 人。有符合低保条件的 1 684 户 2 548 人纳入最低生活保障。

▲ 博乐市总工会完成 4 个户外劳动者服务站建设，投入 8 万多元购买服务站设施配置。

▲ 博乐市建成集医疗中心、实验检测中心、健康教育中心、卫生科教实训中心、健康大数据中心为一体的公共卫生防控救治中心，投资 1.33 亿元，占地面积 20 公顷，总建筑面积 5.3 万平方米。

11 月 1 日　博乐市企业和灵活就业人员社会保险费征收职责划转至税务部门。

11 月 13—14 日　哈密市代表新疆维吾尔自治区完成脱贫攻坚成效交叉考核验收，博乐市 2020 年脱贫攻坚成效被自治区评定为“好”。

11 月 15 日　博乐市农村饮水安全供水总站在乌图布拉格镇启动农村自来水表 NB 物联网水表卡安装试点工作。

11 月 20 日　博乐市被中央文明委授予“全国文明城市”称号。

11 月 25 日　博乐市造血干细胞捐献者周广超和苏州一名患者配对成功。

11 月 28 日　19 时 30 分，博州范围普降暴雪，造成博乐分局管养路段省道 205 线 K89—K107，国道 219 线 K1042+762—K1067+762，省道 304 线 K0—K25 路面积雪，平均厚度达 25 厘米。

11 月 30 日　博乐市建成博乐边合区生活服务中心。投资 1 亿元，占地面积 21 公顷，含单身务工宿舍 3 000 间，综合服务用房 3 处，食堂 1 座，配套完善水、电、路、通信等相关附属设施，特殊时期用于各类突发事件人员安置。

12 月 1 日　中共博乐市第七届委员会第 348 次常委（扩大）会议审议通过《全国重点文物保护单位达勒特古城遗址保护展示和利用工作方案》，成立博乐市达勒特古城遗址保护管理中心，归口市文旅局管理。

12 月 5 日　博尔塔拉蒙古自治州赛里木湖风景名胜区整体划转博乐市管理，但赛里木湖景区为自治州人民政府派出单位的体制机制不变。

12 月 28 日　博乐市开展为期一个月的博乐市书画院（美术馆）首届年度书画作品汇报展，展出书画作品 75 幅，参观人数 1 200 多人次。

是月　博乐市人民检察院办理的全疆首例文物古迹保护刑事附带民事公益诉讼案件入选最高人民检察院公益诉讼保护典型案例，系全国第一起文物古迹保护刑事附带民事公益诉讼案例。

是年　博乐市完成 4 条旅游公路修建（其中：Y030 线 K3—达莲湖荒漠次生林—X200 线 K36+760 长度 8.74 千米；乌图布拉格镇嘎格茨根介格得村 X201 线岔口—G219 线岔口 4 千米；博乐市 X200 线—青达拉林场 3.5 千米；小营盘镇 X212 线道路改扩建项目 7 千米及配套设施）；完成乌镇至夏尔西里电力项目；新建 7 座旅游公厕、2 处停车场、充电桩 8 座、新建 5 座通信基站。

▲ 第二殡仪馆建成，建筑面积 2 076.9 平方米，其中绿化 6 000 平方米，硬化及停车场可容纳 150 辆，投资 1 053 万元。

▲ 博乐市 19 名纪念抗美援朝出国作战 70 周年老战士颁发纪念章。

二、重要文献辑存

中华人民共和国国务院
国务院关于新疆维吾尔自治区撤销博乐县设立博乐市的批复

新疆维吾尔自治区人民政府：

你区1985年4月25日《关于撤销博乐县设立博乐市的报告》收悉，同意撤销博乐县，设立博乐市（县级），以原博乐县的行政区域为博乐市的行政区域。

中华人民共和国国务院
一九八五年六月五日

中共博乐市委员会　博乐市人民政府
关于进一步深化农村改革加快农村经济发展的若干具体措施
（1994年1月27日）

为全面贯彻中共中央十四届三中全会《关于建立社会主义市场经济体制若干问题的决定》，全面落实中央和自治区农村工作会议精神，推动农村社会主义市场经济体制的建立，促进农村经济持续、快速、健康地向前发展，增加农牧民收入，保证1994年博乐市农业和农村工作再上一个新的台阶，现对进一步深化农村改革，加快农村经济发展提出如下措施。

一、增强奔小康的紧迫感，加快农村经济发展

在全面发展农村经济的基础上，使广大农牧民的生活由温饱达到小康，逐步实现物质生活比较富裕，精神生活比较充实，居住环境改善，健康水平提高，公益事业发展，社会治安良好，这是90年代农业和农村工作的总目标。用这一总目标来衡量还存在很大差距，到本世纪末只有7年时间，博乐市农牧民要与全国全区同步进入小康，任务相当艰巨。如遇自然灾害，与全国同步进入小康就更加艰难。因此，各乡镇场党委、政府（管委）市直各部门和各农牧业村（队）党支部、村委会，必须增强农村社会主义市场经济意识，增强奔小康紧迫感和责任感，把不断增加农牧民收入，作为农村工作的根本出发点和落脚点，以小康建设为中心，统揽农牧区各项工作，千方百计加快奔小康步伐。增强社会主义市场经济意识、积极调整农村产业结构和种植业结构，树立效益农业观念，大力发展“两高一优”农业，力争农牧民人均纯收入每年增加100元。树立致富路子千万条，条条道路通小康的指导思想，因地制宜，从实际出发，选择多种途径和办法，各打各的优势仗，选好主导产业和优势产品，选择奔小康的路子。积极组建和兴办各类专业协会（研究会）和经济实体，建立农村社会化服务体系，逐渐壮大集体经济。大力发展以乡镇企业为主的农村二、三产业，积极发展多种经营，多渠道、多途径地增加农牧民收入。加强组织领导，进一步完善和修订乡、村、户小康规划，分解小康指标，有计划，分步骤地实施。要有计划地抓好小康示范乡、示范村、示范户的建设，带动整体发展。各乡镇（场）1993年已经有多少村、多少户到达了小康标准，从1994年起每年要有多少村、多少户实现小康目标，要详细计划、分类、排队、逐年实现，每个乡镇（场）都要按博乐市小康规划的时间实现小康。

二、稳定和完善以家庭联产承包为主的责任制和统分结合的双层经营体制

以家庭联产承包为主的责任制和统分结合的双层经营体制，是在农村的改革实践中形成的搞活和发展农村经济的一项基本政策。要以建立农村社会主义市场经济为目标，使之不断完善和发展。家庭承包是双层经营的基础，农民是农村市场的主体，各乡镇(场)和农牧业村（队），要充分尊重农民的经营自主权、稳定土地草场承包关系，进一步完善承包办法，避免承包土地的频繁调整，在原定土地草场承包到期后，再延长30年不变。从事荒地、荒滩以及营造林地等开发性生产的，承包期可以更长。在土地开发技术指导下，鼓励农民继续开发荒滩荒地，新开荒滩荒地可根据具体情况，在3 ~ 5年内免收一切税费。在土地承包期内，经发包方同意，在自愿互利的原则下，土地使用权允许依法有偿转让。要继续实行在承包期内增人不增地，减人不减地的办法。从1994年开始，严格核准土地面积，确定土地级差，结合土地级差，按实际亩数收取提留，改变“折合亩”的提留办法，按自然亩实行土地级差收费管理。农村机动地的承包要吸引竞争机制，不允许照顾性承包。要采取招标承包的方式，其收入全部作为村（队）积累，包期不宜太长，一般以3年为限。

三、进一步完善和强化农村社会化服务体系，加快建立农村经济协作组织

从1994年起，各乡镇（场）要以乡村集体经济组织内部的综合服务为基础，以国家经济技术服务部门为依托，以农村各类民办技术协会（研究会）为补充，要建立和完善农村社会化服务体系。通过服务体系联结千家万户，使分散的小规模经营与日益发展的市场紧密联系起来，促进博乐市农业向商品化、专业化、现代化发展。其服务的方面和主要形式是：村级集体经济组织开展以统一机耕、排灌、植保、收割、运输为主要内容的服务；乡镇场农技站、水管站、林管站、畜牧兽医站、农经站等提供的以良种供应、技术推广和科学管理为重点的服务；供销合作社和商业、物资、外贸、金融等部门开展的以供应生产生活资料、收购、加工、运销、出口产品及保险为重点的服务；科研教育单位开展的技术咨询指导、人员、培训、集团承包为重点的服务；农民自办的各类专业技术协会（研究会）和专业户开展的专项服务。要强化农村社会化服务体系功能，不断扩大服务领域，提高服务水平，并逐步从某些生产环节的服务发展到产前信息、产中技术、产后销售全过程服务。

要鼓励农民兴建种植、养殖、加工、运输等各类专业技术协会和研究会，并形成经济实体，走自我经营、自我服务、自我发展、自我完善的道路。积极引导推行贸工农一体化，产加销一条龙的经营形式，融生产、经营和服务为一体，把生产、加工和流通紧密结合起来，使家庭经营向社会化、产业化、专业化发展，不断增强博乐市农村经济的生机和活力。各乡镇（场）要把兴办各类民办专业协会和各类经济实体，作为深化农村改革，增加农村经济活力的一件大事抓紧抓好，利用联户、股份合作制等形式，大力兴办各类专业协会。1994年每个农牧业村（队）尤其是专业重点村不少于一个专业经济组织，村委会主任或支部书记要在这一组织中交叉兼职，其工资直接与该组织的经济效益挂钩。工资的30%作为浮动，若组织经济效益好，完成预定指标，除拿全部工资外，再从该组织盈利全额中提取5%作为奖励工资。也可成立农工贸公司、与村委会实行一套人马，两块牌子，既是一个农村基层组织，又是一个经济实体，把贸工农有机结合起来，实现贸工农并举，在为农民提供服务的过程中，快速发展农村经济，逐步增强集体经济实力，切实解决“空壳村”的问题，力争在近三年内，小村积累达到5万元，大村积累达到10万元，乡镇（场）积累达到30 ~ 50万元。

四、大力发展以乡镇企业为主的农村二、三产业，多渠道、多途径增加农牧民收入

要打破传统的单一农业结构，积极发展多种经营，大力发展以农副产品为原料的加工业和运销业，实现农产品的多次增值。博乐市目前农村经济不活，农牧民人均收入增长缓慢的主要原因之一，就是农村二、三产业滞后，生财之路不多。在今后一个时期内，各级领导干部，尤其是乡村级领导干部，要积极引导、扶持农牧民群众从事二、三产业，搞好多种经营，把农民从对土地的依附中解放出来，鼓励农牧民离土不离乡从事二、三产业，为农民从事加工，运输、养殖、育肥和从事工商业、服务业创造条件，多渠道、多途径地增加农民收入。要按照“谁投资，谁受益”的原则，加快农村集贸市场的建设，形成区域性经济中心，促进农村二、三产业的发展。要打破村与村的界限，可以跨村、甚至跨地区，通过股份合作制的形式，集中资金、物资和人才联合办项目。要进一步搞活乡镇企业的经营机制，采取“请进来、走出去”的办法，加强与发达地区乡镇企业的技术交流，学习和引进外地乡镇企业先进的管理经验和经营办法，努力提高乡镇企业的经济效益。1994 年，博乐市乡镇企业总产值要达到 1.4 亿元，比 1993 年的 1 亿元增长 40%。

五、加大农业结构调整力度，大力发展多种经营

1994 年，博乐市农村产业结构调整的基本思路是：全面贯彻十四届三中全会决定，以市场经济为导向，以小康建设为中心，以科技兴农为动力，以“两高一优”农业为基础，以乡镇企业为主的农村二、三产业为支柱，以优化结构，发展多种经营为突破口，以突出发挥各自的优势为启动点。种植业结构调整的重点是：在适当压缩粮食面积，提高单产，稳定总产的前提下，适当增加水稻、棉花、甜菜和杂粮的面积，大力发展蔬菜、瓜果、园艺、油料、药材等各种经济作物和名、优、特、稀新产品。1994 年，博乐市计划总播面积 2.4 万公顷，比 1993 年的 2.35 万公顷增加 2.3%，其中粮食作物种植面积 1.01 万公顷，占总播面积的 42.2%，比 1993 年的 1.17 万公顷减少 13.5%，总产量 5 401 万千克。其中小麦面积 5 866.67 公顷，平均单产 250 千克；玉米面积 2 833.33 公顷，平均单产 520 千克；水稻面积 800 公顷，平均单产 528.6 千克；黄豆、高粱等小杂粮面积 633.33 公顷。经济作物种植面积 1.19 万公顷，占总播面积的 49.4%，比 1993 年的 1.06 万公顷增加 11.7%；瓜果、蔬菜等其他经济作物种植面积 2 000 公顷。要加强菜篮子工程建设，1994 年把育苗温室发展到 50 个，蔬菜大棚发展到 100 个，加快万亩园艺等基地建设。1994 年全市农业总产值达到 1.57 亿元（1990 年不变价）。农牧民人均纯收入达到 960 元。要突出发展畜牧业。坚持草原畜牧业、农区畜牧业和城郊畜牧业并举，草食家禽和猪禽全面发展的方针。牧区畜牧业要注重于加快以水利为中心的草原基本建设和草场开发基地建设，积极推进定居半定居，努力提高草场的载畜量。各乡（镇、场）要成立牧民定居领导小组，制定切实可行的牧民定居规划和措施，动员全体牧民，特别是富裕户带头实行定居。力争到“八五”末全市牧民基本实现定居半定居。计划 1994 年开发牧民定居点基地 580 公顷，完成牧民定居 87 户。具体指标落实分解是：小营盘镇完成定居半定居 34 户，开发牧民定居点基地 226.67 公顷；阿热勒托哈牧场 5 户 33.33 公顷；青得里乡 10 户 66.67 公顷；乌图布拉格乡 4 户 26.67 公顷；达勒特镇 20 户 133.33 公顷；贝林哈日莫墩乡 10 户 66.67 公顷；香班牧场 4 户 26.67 公顷。要积极优化畜种、品种结构，引进优良品种，搞好品种改良，力争在 1994 年把全市的细毛羊和粗毛羊之比调整为 7 ∶ 3。继续实施两亩地一头畜和秸秆过腹还田计划，积极采取牧区繁殖、农区育肥的办法，狠抓养殖、育肥重点村、重点户和专业户建设，在巩固和加强 1993 年 5 个养殖、育肥点的基础上，1994 年再增 5 个。1994 年全市计划育肥羊 7 万只，牛 1 万头，猪 7 000 头。有关部门要把这些指标进行分解，落实到村、户，把农区养殖、育肥业作为快速增加农民收入的一件大事来抓。此项工作的完成情况，将作为考核干部政绩的主要依据之一。博乐市林业生产的重点是农田防护林建设，1994 年博乐市指导性植树造林计划任务 300 公顷，其中农防林 200 公顷，具体指标落实分解是：阿热勒托哈牧场造林 46.67 公顷，其中农防林 36.67 公顷；小营盘镇造林 60 公顷，其中农防林 46.67 公顷；青得里乡造林 16.67 公顷，其中农防林 3.33 公顷；乌图布拉格乡造林 46.67 公顷，其中农防林 36.67 公顷；达勒特镇造林 66.67 公顷，其中农防林 53.33 公顷；贝林哈日莫敦乡造林 26.67 公顷，其中农防林 29.17 公顷；二阶台造林 30 公顷；香班牧场造林 6.67 公顷。小营盘镇、阿热勒托哈牧场、乌图布拉格乡、贝林哈日莫敦乡 1994 年要全部实现农田林网化。要结合产业结构的调整，积极引进、试种部分见效快、经济效益好的新树种，大力种植经济林，走以林养林的路子。1994 年先试种桑树 3.33 公顷，优质山楂树 2 公顷，试种成功后，再逐步扩大规模。要加大经济林种植比重，1994 年计划新增果园面积 133.33 公顷，新增枸杞面积 76 公顷，使之成为增加农民收入的重要产业。

六、认真实施科技兴农计划，不断增加科技对农业的贡献份额

1994 年科技兴农主要抓好以下项目：1. 玉米吨粮田工程 0.1 公顷；2. 水稻旱育稀植、盘育机插先进栽培技术 600 公顷；3. 万亩小麦亩产 400 千克高产攻关工程；4. 棉花“双百斤”攻关田 2 000 公顷；5. 百亩水稻吨粮田建设工程；6. 千户庭院经济人均纯收入 100 元示范工程；7. “双千田” 146.67 公顷（即亩收入千元田）。畜牧业实施 1 万只良种绒山羊，2 万只优质细毛羊，3 万只良种肉羊，1 000 头优质肉牛发展工程。渔业完成 6.67 公顷优良鱼种繁育和商品基地配套设施建设，力争产鱼 25 ~ 30 吨。同时要积极搞好科技示范乡、示范村、示范户建设，实施农业大面积丰收。1994 年，全市安排“丰收计划” 1.33 万公顷，占总播面积的 56%，其中小麦丰收计划 4 000 公顷，平均单产在 1993 年 241 千克的基础上提高 8%，达到 260 千克；玉米丰收计划 1 666.67 公顷，平均单产在 1993 年 480 千克的基础上提高 15%，达到 552 千克；棉花丰收计划 5 333.33 公顷，平均单产皮棉在 1993 年 74.1 千克的基础上提高 10%，达到 81.4 千克；甜菜丰收计划 666.67 公顷，平均单产在 1993 年 2 800 千克的基础上提高 12%，达到 3 140 千克；油料丰收计划 1 333.33 公顷，平均单产在 1993 年 135 千克的基础上提高 12%，达到 151 千克；水稻丰收计划 400 公顷平均单产在 1993 年 524 千克的基础上提高 10%，达到 576 千克。农业科技推广，要建立项目责任制，使每个项目从立项实施到验收都有人负责，年初实行市与乡、乡与村、村与户层层签订合同，并建立奖惩制度。从 1994 年起，市上每年安排的农业技术推广、示范和攻关项目不少于 10 项，乡镇（场）不少于 5 项，示范村不少于 3 项，一般村不少于 2 项，每个示范户不少于 1 项，以点带面，点面结合，全面推动博乐市科技兴农工作，使农业科技对农业的贡献份额达到 40%，市财政要逐年增加科技三项经费用于农业的部分。农行要积极支持科技兴农工作，每年争取划拨 100 万元作为农科项目贷款专项资金，并积极争取上级有关专项经费。要重视农牧民科技文化素质的提高，积极开展“科技之冬”培训活动，每年要有 90% 以上的农村基层干部，50% 以上的农村劳动力接受普及性和实用性科技培训，有 10% 的青壮年接受乡镇以上培训，其中 5% 达到农民技术员资格。要充分发挥博乐市农科人员的作用，提倡和鼓励科技人员下乡，直接服务于农业第一线。

七、多渠道增加农牧业收入，加强农牧业基础设施建设

加强农牧业基础设施建设，改善农牧业生产条件，增强农牧业综合生产能力，是关系农牧业稳定增长，增强农牧业发展后劲的一个重要问题。要进一步完善国家、集体个人相结合的农业投入体系，多渠道、多层次地筹集农业基础设施建设资金。认真贯彻执行《农业法》关于农田水利基本建设应当由农业生产经营组织和农业劳动者投入资金和劳动积累的规定，正确认识加强农田草场水利基础设施建设，改善农业生产条件与减轻农牧业负担的关系，积极动员，组织农村集体经济和广大农牧民增加资金投入和劳务积累，调动农牧民兴修水利的积极性。水利是农业的命脉，各乡镇（场）要坚持不懈地狠抓以农田草场水利为中心的农牧业基础设施建设，不断增强农牧业抗御自然灾害的能力。确保农牧业稳产高产。1994 年，全市计划完成农牧区防渗渠 90 千米，小口深井 8 眼，小口浅程井 32 眼，其中阿热勒托哈牧场新修防渗渠 14.4 千米，打井 8 眼；小营盘镇新修防渗渠 12.3 千米，打井 10 眼；青得里乡新修防渗渠 12.5 千米，打井 6 眼；乌图布拉格乡新修防渗渠 12.2 千米，打井 2 眼；达勒特镇新修防渗渠 24.9 千米，打井 6 眼；贝林哈日莫敦乡新修防渗渠 12 千米，打井 8 眼。完成贝林哈日莫敦乡水土开发区三工区 1 333.33 公顷喷灌示范工程，改水工程 8 个村。1994 年除切块小农补助费 27.5 万元之外，再安排农发资金 10 万元，信贷资金 100 万元，用于农田草原水利基本建设。要进一步加强农业综合开发和利用工作、搞好水、土、林、路、草综合治理，农林牧副渔全面发展。农业综合开发的重点是改造中低产田，努力把低产田改造成中产田，中产田改造成高产田。明年计划开垦荒地 333.3 公顷，改造中低产田 400 公顷，完成牧业草料基地 133.33 公顷的水利配套设施建设。进一步加强土地管理工作，努力提高土地利用率，严格控制非农业用地，处理好经济发展与保护耕地的关系，使土地使用做到依法、有偿、有期、合理流动，搞好农村土地承包期延长的签证管理和基本农田保护工作。

要继续加强农业机械化、提高农业机械的利用率，不断提高服务质量，搞好农机监察管理，合理收取服务费用走农机管理、服务、经营一体化的路子。市乡农机部门要完善和改进农机装备，积极配合博乐市科技兴农项目的实施。

八、加强农牧民负担的监督管理，切实减轻农牧民负担

农牧民负担问题，既是经济问题，又是政治问题，各乡镇（场）党委、政府（管委），要积极配合和支持农业行政主管部门做好农牧民负担的监督管理工作。以《中华人民共和国农业法》和《农民承担费用和劳务管理条例》为依据，按照法定程序，严格审核涉及农牧民负担的收费、罚款、集资、基金等文件和项目，中央和自治区已经命令废止和取消的涉农集资、基金和收费项目，在农村的达标升级活动，需要纠正的错误收费以及暂缓执行的项目等，各乡（镇.场）要不折不扣地贯彻执行。对村提留、乡统筹费实行预决算制度和民主管理制度。市乡农村经营管理部门应尽快建立健全农牧民负担费用和劳务的专项审计制度，切实把农牧民负担费用控制在上年人均纯收入的5%以内，把农牧民承担的义务工和累积工控制在自治区《实施办法》规定的限额以内。

要加强农村财务管理工作，提高农村财务工作的民主性和透明度，发挥群众的监督作用。各级干部都要提高保护农民利益的自觉性，任何单位和个人到基层工作，一律吃工作餐，禁止用公款大吃大喝和变相索取。

当前，博乐市农业和农村工作正面临着一个新的形势和任务，各级领导要切实转变作风，深入实际，调查研究，切实解决农业和农村工作中出现的新情况、新问题，用社会主义市场经济理论武装头脑，开创性地开展工作，把不断增加农牧民收入作为农村工作的根本出发点和落脚点，千方百计增加农牧民收入，为使博乐市广大农牧民在本世纪末与全国全区同步进入小康而努力奋斗。

中共博乐市委员会　博乐市人民政府
关于贯彻自治区加快发展畜牧业若干问题决定的实施意见
（1996年8月20日）

畜牧业是博乐市的支柱产业之一，在博乐市国民经济中占有重要的地位，因此，加快畜牧业的发展，对全市农业经济乃至国民经济和社会发展具有重要意义。为贯彻落实自治区《关于加快发展畜牧业若干问题的决定》，推动博乐市农牧民脱贫致富奔小康的进程，使全市畜牧业向“优质、高产、低耗、高效”的方向发展，结合博乐市实际，对畜牧业今后的发展提出如下意见：

一、加快发展博乐市畜牧业的指导思想

贯彻落实自治区畜牧业工作会议精神；以增加农民收入、实现奔小康为目标；以增加畜产品量和商品率，提高经济效益为中心；立足现有条件，发挥资源优势，运用先进的实用科学技术；以农区畜牧业发展为重点，稳步和巩固发展草原畜牧业，加快城郊畜牧业的改造，建立农牧区市场经济体制；实现畜牧业从粗放经营向集约经营的转变，使博乐市畜牧业向“高产、优质、低耗、高效”迅速发展。

二、今后畜牧业的发展方向

（一）改变传统的生产经营方式

草原畜牧业长期以来沿袭传统游牧的生产方式，很难适应市场经济的发展，制约畜牧业向现代化、科学化、集约化进程。要使牧区经济有大的发展，就必须走牧农结合的路子，改变传统的生产经营方式，带动牧民进行以定居半定居为中心的畜牧业基本建设，合理开发利用天然草场，加大饲草饲料基地、饲料加工业和牲畜棚圈建设的力度，改善生产条件，逐步实现牧民口粮、草料基本自给。同时教育牧民消除等、靠、要的思想，对草场承包实行谁承包、谁建设、谁改造、谁受益，从而调动牧民生产经营的积极性。“九五”期间，完成462户牧民定居工程建设及其他配套工程建设，建设暖棚1 000座，牧区60%的牲畜实现冷季舍饲和补饲，建立人工草场9 166.67公顷，改良草场1.33万公顷，每年储备冬春饲草畜均250千克，饲料30千克。加大农区畜牧业的比重，坚持农牧并举，以农养牧，以牧促农，农牧结合。依托农业高产，加大粮食转化力度，充分利用饲料资源转化，发展自繁自育的规模养殖业。过去由于农牧结合不够，农区畜牧业的发展速度缓慢，跟不上农村经济的发展需要，影响了全市大农业的发展。因此，只有走农牧业结合之路，才能使农区畜牧业步入粮多—畜多—肥多—粮多的良性循环，到本世纪末农区畜牧业总产值占到整个畜牧业的70%。

（二）合理优化畜群、畜种结构，加快品种改良步伐

努力扩大繁殖母畜在畜群中的比重，提高适龄母畜的比例，以缩短生产周期，提高产出率，增加产肉量，加速畜群周转。“九五”期间，繁殖母畜比例绵山羊达到65%，牛达到45%。在积极发展牛羊猪禽的同时鼓励发展珍、稀、特畜禽。

加快品种改良，下大力气引进适合博乐市发展的优良品种。“九五”期间要推广中国美利奴羊（新疆型）品种，加快优质细毛羊的生产速度，完成博乐市“21万只细毛羊优质高产”工程；加强肉用型绵羊和绒山羊的繁育改良工作；在农区大力引进和繁育小尾寒羊；牧区养牛以新疆褐牛为主，农区以中国荷斯坦尔牛和西门塔尔牛为主；做好瘦肉型猪繁育改良和家禽良种化工作。对种畜的引进、管理工作，要做到一抓到底，常抓不懈，保证全市品种的改良工作保质、保量完成。

（三）加快畜牧业机械化的发展

随着牧民定居半定居工程的进展，畜牧业机械化的发展显得尤其重要。“九五”期间，80%的牧户打草、饲草、饲料加工、剪毛实现机械化。此项工作不仅能使“长草短喂，短草精喂”，提高农作物秸秆利用率，而且对减轻劳动力强度具有积极作用，也是畜牧业发展的方向。

三、加强对农牧民的科技文化教育和畜牧业科学技术研究与培训，提高农牧民科技素质和畜牧业整体科技水平

实施“科教兴牧”战略，关键是要提高农牧民科技素质，增强其接受新技术的意识，畜牧教育要结合博乐市实际，因材施教，有针对性地开展多种形式的畜牧业技术培训，技术人员要本着务实的态度，深入基层，真抓实干，真正培养造就一代懂科学养畜技术、有市场经济意识的新型农牧民，涌现出一批科学养畜的带头人，起示范带头作用，使博乐市的畜牧业在一种科学的氛围中快速发展。要大力普及“长草短喂”等简单实用技术，积极推广畜禽改良、冻精和常温配种、快速育肥、暖棚圈养、疫病防治等实用技术。切实抓好秸秆利用率要达到90%，青贮、黄贮、氨化每年增长率要达到50%。重视抓好畜产品加工、保鲜、储藏等转化增值实用技术，最大限度地夸大畜牧业生产中的科技含量，使博乐市本世纪末科技进步在畜牧业经济发展中的贡献份额达到50%左右。

四、加速推进博乐市畜牧业产业化的进程

畜牧业向产业化发展，是市场经济的必然趋势。用长远的发展眼光看，应把畜牧业生产经营模式提高到通过抓产业集团，推行市场牵龙头，龙头带基地，基地连农牧户，产加销一条龙，贸工牧一体化的发展模式。积极创造条件，在牧区发展集约化农场，在农区发展专业养殖大户、示范区、示范基地建设，形成养殖规模，并加强他们同博乐市现有农牧产品加工企业间的联系，贸工牧一起发展，并以此带动其他相关联行业的发展。

五、完善管理体制，搞活国有牧场

（一）推进和完善经营管理体制改革

国有牧场要稳定现有的生产经营形式，进一步完善“铁畜制”、折价归户承包以及“公有联营，保本增值，收入分成，超收归己”等各种形式的生产责任制，充分调动广大职工的生产经营积极性；要实行场长任期责任制，确定任期内的管理指标、效益指标和发展指标，并定期进行考核；牧场办的

工商企业经营状况和效益好的要稳定现有经营形式，经营管理不善的也可实行租赁、联营和股份合作经营；要减轻国有牧场的社会负担，精兵减政，减少层次，减少场部供养人员，全面推进职工养老保险、医疗保险和住房自建自用等制度，有条件的可采取一次性拨给部分牲畜解决退休职工的养老问题。

（二）落实国有牧场有关优惠政策

国有牧场教职工和医务人员与乡镇教师、医务人员享受同等待遇。国家干部、教师、技术人员和统一分配大、中专毕业生及军队转业干部，按城镇户粮关系供应商品粮，已改用自产粮的要恢复城镇户粮关系，其配偶和子女参照有关文件办理。对地方国有牧场实行税收优惠政策，属于“地税”这一块在扣除各项政策性、社会性支出后纳税，并以 1995 年政策性、社会性支出为扣除基数一定 5 年不变。地方国有牧场的牧工定居、综合开发、扶贫济困、水利建设、通电通路、抗灾救灾、场办企业等，要和乡（镇）同等对待。

六、“九五”期间和 2010 年畜牧业发展的主要任务

（一）“九五”期间，博乐市牲畜存栏头数达到 44.31 万头（只），年平均递增 5%，其中农区牲畜存栏 20 万头（只），达到每 2 亩地一头畜的目标；家禽类达 45 万羽，年均增长 15.4%；肉类总产量达到 11 100 吨，年均增长 22%；羊毛产量 1 200 吨，年均增长 8.8%；奶类产量 10 000 吨，年均增长 9%；禽蛋产量 1 358 吨，年均增长 13%。本世纪末，建立养殖示范区和养殖基地各 10 个，建立年产肉千吨乡（镇）4 个，百吨村 30 个，十吨户 150 个；奶类千吨乡（镇）4 个，百吨村 50 个，十吨村 150 个；蛋类百吨乡（镇）6 个，十吨村 60 个，一吨户 200 个。通过示范乡、村、户带头作用，推动全市养殖业的发展。“九五”期间牧业总产值（按 1990 年不变价）达到 5 004.5 万元，年递增 4.5%，牧民人均收入达到 2 450 元，年递增 12.6%；牧区基本解决牲畜温饱问题，力争建成比较健全的畜牧产业体系、服务体系和市场体系，基本实现小康生活水平。

（二）到 2010 年，博乐市畜牧业总产值达到 8 608.1 万元，年均增长 5.2%；牧民收入达到 5 000 元，年均增长 9.1%；牲畜年末存栏头数达到 68 万头（只），年均增长 4.6%，其中农区牲畜存栏 40 万头（只），达到每亩地 1 头畜的目标；奶类产量 20 000 吨，年均递增 7.8%；产毛量达 2 100 吨，年增长 6.8%；肉类产量 22 000 吨，年均增长 12%。

（三）确保“九五”期间和 2010 年畜牧业发展目标、任务的实现和完成，必须认真贯彻落实“牲畜联产承包责任制”“牲畜铁畜制”的精神，严格控制牲畜折价归户后数量的减少，对牧区不善于经营的牧户，责令其在 3 年内达到折价归户时的牲畜数和按比例增加的牲畜总数。凡在 3 年内仍恢复不到牲畜总数的牧户，收回牲畜和草场，划分一定的口粮地从事种植业生产，并赔偿所损失的牲畜款（现行价）。对收回的牲畜可以合同形式承包给有放牧能力的牧户。各乡镇（场）结合实际情况制定具体的实施办法。继续收取牲畜作价款项，作为今后畜牧业发展资金。

七、多渠道筹集资金增加对畜牧业的投入

在社会主义市场经济条件下，博乐市畜牧业的发展主要依靠畜牧业自身的积累。要制定各项优惠政策，调动农牧业发展畜牧业的积极性，引导广大农牧民增加对畜牧业的投入，树立谁建设、谁受益意识，引导牧民在不断扩大劳动积累的基础上，把更多的自有生产性资金投入到大搞草料地、棚圈、青贮窖、牧道等小型畜牧业基础设施建设中去。把补饲喂料作为正常的生产投入，变被动抗灾为主动防灾，不断增强抗御自然灾害的能力。

畜牧业重大基础设施建设，如连接牧区定居点的水、电、路、通信、草场保护等投资期限大，跨乡、跨流域的项目，财政支农资金中用于畜牧业支出的比重应逐步力争达到 25% 以上；在原有各类畜牧业资金数额不减和渠道不变的基础上，博乐市综合开发资金用于畜牧业的部分应在 25% 以上；积极争取自治区水利基本建设资金、上级财政每年给博乐市安排畜禽品种改良费、畜禽防疫费、乡（镇）站补助费；市财政每年安排畜禽发展建设费 10 万元；农业技术推广项目资金用于畜牧业重大技术推广项目的部分提高到20%以上；农业综合开发办每年安排秸秆养畜示范项目资金30万元；大规模的牧区道路建设要争取列入国家的统一规划，力争交通厅每年从养路费用于市乡公路建设费中划拨一定数额的资金用于博乐市发展畜牧业；市农业银行每年安排500万元的专项畜牧业贷款，贷款期限3年（由市财政局贴息），重点扶持农区养猪业、牧区草原开发、牧区定居和棚圈建设。

建立博乐市畜牧业发展基金。资金来源：市财政安排一部分；以1995年为基数依法征收的牧业税、屠宰税、各类草场补偿费的一定比例；乡村收取的草场管理费等。同时每年从棉花组织费内拿出一定比例资金作为畜牧业发展基金。用于畜牧业科技项目引进、推广、奖励和重大建设项目补助或贴息。继续抓好博乐市牧民定居半定居工作。坚持统一规划，合理布局，相对集中，以有利于生产、方便生活的原则，各乡镇（场）和水管部门要保证牧区种植业灌溉一定比例的用水，大搞牧民定居半定居，加强定居点配套设施的建设，在原有“三通”“四有”的基础上，努力做到“五配套”（即技术服务体系、卫生所、商店、学校和文化室配套），加快并确保完成博乐市牧区防病改水任务。

八、加强畜牧业工作的领导

博乐市畜牧业的发展直接关系到国民经济和社会发展，是推进博乐市改革开放、维护社会稳定的重要因素，是带有战略性的问题。因此，各级领导一定要高度重视，带头转变观念，确立目标，制定措施，协调关系，真抓实干，把畜牧业的主要经济指标，关键性的技术指标纳入各级党政领导干部目标管理责任制的考核范围，同时各级畜牧干部也要加强自身建设，不断提高干部的政治思想和业务技术水平。畜牧执法管理工作要认真执行《草原法》《家畜家禽防疫条例》和《种畜禽管理条例》等有关政策法规。

建立健博乐市畜牧业社会化服务体系，加强畜牧兽医站内部管理。“九五”期间实行“条块管理，双重领导”。市畜牧主管部门负责业务、财务、人事管理，乡（镇）政府主要负责行政管理。畜牧三站经费由各级财政全额拨款，足额到位。认真贯彻落实“三个统一”（即统一防疫改良、统一药械供应、统一收费）。基层各级部门要相互协调，相互支持。基层“三站”要从自身抓起，稳定科技人员，提高科技水平，健全服务功能，提高服务质量，有效地控制炭疽、气肿疽、羊痘等疫病的发生，家禽防、检、驱、治综合密度达到90%，城乡定点屠宰检疫达到95%以上。

加强牧区基层组织建设和精神文明建设，按照中央和自治区的总体部署和“五个好”的要求，按从牧区的特点出发，搞好以党支部为核心的基层组织建设。坚持两手抓，两手都要硬的方针，加强牧区精神文明建设。大力发展牧区教育、文化、合作医疗事业，有针对性地对牧民进行培训，广泛开展牧民喜闻乐见的文化活动，倡导健康、文明、科学的生活方式。

有关执行“实施意见”的细则，由市畜牧局拟定后，报请市委、市政府批准下发。

博乐市畜牧业发展的方向和措施已经明确。我们要进一步解放思想，转变观念，真抓实干，开拓进取，为博乐市畜牧业腾飞而努力奋斗。

中共博乐市委员会　博乐市人民政府
关于加快非公有制经济发展的实施意见
（1998年1月13日）

党的十一届三中全会以来，博乐市非公有制经济虽取得了较快的发展，但在经济规模、经济质量上还与博乐市进一步深入经济体制改革，大力发展社会主义市场经济、全面振兴市域经济不相适应。为认真贯彻十五大精神，以“三个有利于”为标准，加快博乐市非公有制经济发展步伐，促进博乐市国民经济持续、快速、健康发展，根据《自治区党委、政府关于加快个体私营经济发展意见》，结合博乐市实际，提出如下实施意见：

一、进一步解放思想，提高认识，加快发展非公有制经济的步伐

党的十五大明确指出：“非公有制经济是社会主义市场经济的重要组成部分”。放手发展非公有制经济是博乐国社会主义生产力的客观需要。博乐市非公有制经济发展的事实证明，非公有制经济对繁荣市场、稳定物价、方便人民生活、减轻就业压力、加快农村脱贫致富步伐、增加地方财政收入等方面发挥了重要作用，有力地促进了博乐市经济建设和社会发展。加快非公有制经济组织的发展，是博乐市实现“两个根本性转变”，促进市域经济快速发展的重要途径和有利保证。针对博乐市生产力水平较低、非公有制经济比重偏低、档次不高的客观实际，应当大力发展与博乐市生产力水平相适应的非公有制经济，把非公有制经济作为博乐市经济发展新的增长点大力培植。加快发展非公有制经济做到五到位：即思想认识到位、宣传教育到位、领导力量到位、政策措施到位、优质服务到位。着力营造一个有利于非公有制经济快速发展的宽松环境，把博乐市非公有制经济推上一个新台阶。

二、加快发展非公有制经济的指导思想和奋斗目标

当前及今后一个时期，博乐市发展非公有制经济总的指导思想是：认真贯彻落实党的十五大精神，以邓小平理论为指导，以“三个有利于”为标准，坚持“先发展、后规范、先予后取、积极扶持”的原则，按照“不论归谁所有，交税就行；不论哪种形式，搞好就行”的发展方针，解放思想，放宽政策，“放水养鱼”，积极引导，不限发展速度，不限经营方式，不限经营范围（除国家规定外），不限经营规模，加速发展，力争非公有制经济有一个大的发展。根据博乐市国民经济和社会发展“九五”计划的要求，结合博乐市非公有制经济“八五”期间的发展情况，博乐市非公有制经济工作奋斗目标是：非公有制经济占整个国民经济比重由 1996 年的 11.02% 提高到本世纪末 25%。各地要结合各自优势，发展一批贸工农、产供销一条龙的有一定规模的个体、私营骨干企业。重点扶持农副产品加工、矿产开发、水土开发等私营企业的发展。

三、放宽政策、大力扶持非公有制经济的发展

各地、各部门要认真贯彻落实中央、自治区扶持非公有制经济发展的各项政策，对不利于非公有制经济发展的规定要清理取消。坚持私营企业同国营企业同等对待的原则，按照“放开、放活人、放手”的方针，做到政策给到位，工作做到位，宽度放到位，不断增加非公有制经济对博乐市经济增长的贡献。

1. 放宽从业条件。除了党政机关和国家公务员不准经商外，其他身份的城乡居民、下岗职工、毕业学生、机关分流人员、复转军人、离退休人员等都可以从事个体私营经营。对到私营企业就业的大中专毕业生、复转军人和下岗干部职工的工龄、社会保险等都与国有企业单位同等对待。企事业单位在职人员在做好本职工作的前提下，经本单位同意，允许利用业余时间到个体私营企业兼职，或者从事技术咨询服务。

2. 放宽登记注册条件。除法律、法规和国务院、自治区人民政府明文规定的行业需要生产经营许可证和专项审批外，可直接由工商部门登记注册。在边远乡村从事个体私营的，实行“先经营，后注册”，做到急事急办，特事特办。

3. 放宽经营范围。除国家明文规定外，凡是公有制经济可以经营的行为，非公有制都可以从事经营。通过计划部门下达的建设项目，要向非公有制经济全面放开，鼓励其进入更广泛的领域。

4. 放宽经营方式。鼓励个体私营企业参与公有制企业的改革、改组、改造；鼓励跨地区、跨行业和跨所有制联合经营和承包、租赁、兼并，购买国有、集体企业及向国有、集体企业参股，并可享受有关优惠政策；鼓励创办股份制及合伙企业。

5. 放宽财政政策。新办生产性私营企业可享受乡镇企业税收优惠政策，减免税期满后对私营企业的税收在征收管理上可按《税收征管法》的规定继续适当扶持。对新办从事其他行业非公有制经济组织的，其税收优惠政策由财税部门从宽制定。

6. 放宽信贷政策。对国有、集体和个体私营经济一视同仁，实行同一利率。金融部门要扩大国有

商业银行的服务范围，应量化分配，在全年贷款规模中划出一定比例的贷款专项用于扶持个体工商户和私营企业的发展，要简化办贷程序，切实解决非公有制经济贷款难的问题。

7. 放宽土地使用政策。私营企业在土地使用上与国有企业享有同等优惠政策。对非公有制经济组织使用土地，征收国有土地使用费用，按《自治区土地使用权出让规定》中博乐市的宗地地价再优惠10% 向私营企业收取。对于新建私营企业土地使用费前3年予以减免，在减免期满后，若企业确有困难，可向当地人民政府申请，经批准后，可减半征收。

8. 放宽收费标准。工商、税务、卫生、防疫、物价、安全、城建、房产、技术监督、土管、文件等行政管理部门，对非公有制经济组织的行政性收费项目和收费标准按国有集体企业收费项目和收费标准执行。国有企业下岗职工从事个体私营的，享受"再就业工程"的各项优惠政策。物价部门对各项收费进行全面清理，上级部门已命令停止取消的收费，必须坚决停收。收费标准就低不就高。对外地来博乐市从事经营活动的非公有制经济组织，在经济活动中各项手续的办理和行政性收费与本地非公有制经济组织实行统一政策。

四、加大工作力度，确保非公有制经济健康发展

各地、各部门要以社会主义初级阶段的理论为标准，确立多种所有制经济共同发展的观念，彻底破除旧的所有制观念的束缚，消除对非公有制经济的偏见，为非公有制经济的发展创造一个宽松有序的外部环境。

1. 加强对非公有制经济的领导。各级党委、政府要切实把发展非公有制经济纳入到经济发展的重要议事日程，纳入到当地国民经济发展总体规划，认真研究个体私营经济的发展和具体实施措施，扶持其发展。要在规模较大的私营企业建立党组织及配套组织，要通知规模较大的非公有制企业参加各种经济会议，并将其纳入公文发放范围，增强非公有制经济组织的参政议政能力，不断提高非公有制经济组织的社会地位和政治待遇。今后、市委、市政府每年召开一次个体私营经济表彰大会，对优秀个体私营企业进行表彰。市委、市政府成立由工商、工商联、计委、经委、体改委、科委、财政、国税、人行、各专业银行、物价、技术监督、政法、劳动人事、城建、卫生、土管、乡企、政府法制办等有关部门组织的发展非公有制经济协调领导小组，报经上级批准后，成立非公有制经济发展局，由市委或市政府一名领导兼任局长。

2. 加强对非公有制经济组织合法权益的保护，彻底清理"三乱"。凡涉及到对非公有制经济组织进行收费的部门、单位和行业，要尽快列出本部门、本单位、本行业对非公有制经济进行收费的项目、标准及依据，并会同物价部门本着就低不就高或者减免的原则重新审核。收费部门在收费时必须持物价部门颁发的收费许可证，使用财税部门印刷的统一单据，填写收费卡。坚决制止超标准收费、超范围收费、重复收费及乱罚款、乱摊派等行为。对违反规定乱收费的要追究有关领导和当事人的责任，依法保护个体私营经济的财产和权益、维护他们平等参与市场竞争的权力。

3. 加强对非公有制经济行政执法行为的监督。各地、各部门，特别是行政执法和监督管理部门要加强职业道德教育、切实加强廉政建设，增强行政执法人员的自律意识和服务意识，认真贯彻执行《行政处罚法》，完善对非公有制的执法监督制度，防止行政行为干预非公有制经济的正常经营活动，不断提高执法和管理水平。杜绝行政执法中对非公有制的管理粗暴和"吃、拿、卡、要"行为，对索贿受贿者，要依法严肃查处。各级纪检、监察部门要切实履行职责，为发展非公有制经济保驾护航，一方面要对一些重点个体私营企业进行挂牌保护，一方面要加强对行政执法部门进行监督检查，切实端正行业作风。

4. 加强对非公有制经济的管理。工商联和个人私营企业协会是党和政府联系广大个体劳动者和私营企业主及其从业人员的桥梁和纽带，应当发挥"自博乐教育、自博乐服务、自博乐管理"的作用，加强对个体工商户、私营企业主政治思想、法治观念、职业道德等方面的教育，使他们树立正确的经营思想和经营作风，不但要“文明经商，优质服务”，而且还要“依法经营、照章纳税、爱国守法、诚实守信”。公安、工商、技术监督、税务等有关行政执法部门要充分履行职责，对制假售假、走私贩私、欺行霸市、偷税漏税、贩毒贩黄以及损害消费者权益的各种违反行为要坚决予以打击，以促进个体私营经济健康有序地发展。全市各级党政、各部门以社会各界要积极行动起来，进一步解放思想，更新观念，抓住机遇，开拓奋进，加快非公有制经济的发展步伐，促进市委三届四次全委（扩大）会议确定的各项任务目标的顺利实现。

中共博乐市委员会　博乐市人民政府
关于认真做好延长农村土地承包期工作的通知
（1998 年 1 月 4 日）

博乐市绝大多数村（队）在 1983 年实行了家庭联产承包责任制，到 1997 年底，第一轮承包时间 15 年已到期。为保持党的农村政策的稳定性和连续性，充分调动和保护农民的生产积极性，根据中办《关于进一步稳定和完善农村土地承包关系的通知》和自治区新政《印发关于做好延长农村土地承包期工作意见的通知》，以及博州党办《关于做好延长农村土地承包期工作的通知》文件精神，结合博乐市实际，现将做好全市农村土地承包期延长工作的有关问题通知如下：

一、充分认识稳定农村土地承包关系的重要性

以家庭联产承包为主的责任制和充分结合的双层经营体制，是中国农村经济的一项基本制度。稳定土地承包关系，是党的农村政策的核心内容。做好延长土地承包期的工作，直接关系到博乐市各族农牧民的生产积极性和切身利益，特别是在博乐市二、三产业还不发达，在相当长的时期内，土地不仅是农民的基本生产资料，而且是农民最主要的生活来源，延长土地承包期的工作能否做好更是关系到农村经济的发展和农村社会的稳定。各级领导必须充分认识到稳定土地承包关系的重要意义，加强领导，切实做好这项工作，进一步发展博乐市农村的大好形势。

二、认真落实土地承包期延长 30 年和草场 50 年不变的政策规定，做好土地承包期的延长工作

1. 延长土地承包期，是在原来第一轮承包合同的基础上，农户原承包土地继续保持稳定，承包期再续订 30 年。不能将原来的承包地打乱重新发包，更不能随意打破原生产队（组）土地所有权的界限，在全村范围内平均承包。博乐市 1983 年 91% 的生产队实行了联产承包责任制，第二轮承包实行到期一批，续订一批。

2. 继续实行“增人不增地、减人不减地”政策，稳定农村土地承包关系。第一轮土地承包后，博乐市于 1990 年进一步深化农村改革、加强双层经营、推行了农业生产“五统一”，在这次延长土地承包期 30 年续订合同过程中，应维护 1990 年农业生产“五统一”的结果。除此之外，在承包期内，不能随人口的变化而随意增减土地。对个别人、地矛盾特别突出的村(队)和农户，有条件的由集体经济组织在本行政区域范围内或异地开发宜农荒地、荒滩和优化承包机动地的办法帮助解决，也可以按照“大稳定、小调整”的原则进行调整。

3. 承包土地“大稳定、小调整”的前提是稳定。“大稳定、小调整”是在坚持前面第一条的前提下，根据各村（队）的实际需要，在个别农户之间小范围适当调整。“小调整”必须坚持以下原则：“小调整”只限于人、地矛盾突出的参加第一轮承包的个别农户之间，不能对所有农户进行普遍调整；在个别农户之间小范围内适当调整，是指从农转非户口收回的土地中调剂解决；不得利用“小调整”的时机，提高承包费，增加农民负担；“小调整”要经村民大会三分之二以上成员同意，并由乡（镇、场）政府审核，再报市人民政府审批后方可实施。

4. 严禁借延长土地承包期之机，大幅度、大范围内调整土地，多留机动地。机动地面积一般不得超过第一轮承包的集体土地面积的5%，原来未达到5%的不能再扩大；超过的视各村（队）集体情况由村（队）集体研究决定，也可作为“小调整”承包给人多地少的少地户。1983年以后集体和村民再开发的土地，按《土地法》和自治州有关规定管理，遵照“谁投资、谁收益”的原则，由投资者自主决定经营方式，不计入机动地5%的比例之内。

5. 将第一轮承包时的折合亩改为自然亩。博乐市在1983年土地承包时，部分村（队）将相对较差的土地承包给农村时采用折合亩计算，这次在续签合同时，要将原来的折合亩面积改为实际自然亩面积。承包费维持原折合亩总水平，可将折合亩标准折算为自然亩标准。

6. 不实行“两田制”。严禁收回农民承包的集体土地搞两田制。不得随意提高土地承包费或收回部分承包地高价发包。今后发展集体经济，解决人、地矛盾，主要通过组织新的水土资源开发，发展多种经营和二、三产业来解决。

7. 对1983年以来外迁户（不包括婚嫁外迁户和上学未参加工作的）、农转非户的承包地（包括“五统一”时期未收回的），这次全部由村（队）收回，作为集体的机动地。

8. 逐步建立土地承包经营权流转机制。农村集体土地承包经营权应纳入合同管理。在坚持土地集体所有和不改变土地农业用途的前提下，发包方同意，并签订转包合同，允许承包方在承包期内，对承包的土地依法有偿转让、转包、互换、入股，其合法权益受法律保护，但严禁将耕地转为非耕地和非农用途，严禁在承包地内取土、建房、建坟等。对未经发包方同意、连续三年转营他业，擅自将承包地转给他人的，集体将地收回作为机动地，如今后重返村（队），可再从机动地中予以解决。

9. 全面推行草、畜双承包到户，进一步完善牲畜承包责任制。保持草场有偿承包50年不变。草场承包合同中，应包括草场保护、开发、利用等内容。牧民承包的草场，按统一规划、鼓励和引导牧民建立饲草、饲料基地。建立饲草、饲料基地的草场，承包费仍执行草场承包费标准。进一步加强草场管理，保持草畜平衡，防止草原退化，注重畜牧业的可持续发展。

10. 完善林、果、渔业承包。果园、林带、鱼塘等承包要尽量保持稳定性和连续性。实行专业承包，招标承包、规范合同管理。果园、林带、鱼塘等要优先承包给有经营能力的农户，不再打乱平均分包。果园、林带承包期可再长一些。对宜林荒地经营林业、开发性造林可延长到50年。

11. 保护继承人的合法权益。以个人名义承包的土地（包括耕地、荒地、果园、林带、草场、水面及集体所有的畜、禽、水利设施、农机具等），如承包人在承包期内死亡，该承包人的继承人可以继续承包，承包合同由继承人继续履行，直至合同期满。

12. 加强土地开发利用管理。水利资源开发要坚持社会效益，生态效益和经济效益相统一的原则，新开垦的土地中应保证有不少于10%的比例用于营造防护林。水土开发要注意农牧结合，促进畜牧业的发展，要遵照有关法规，严格办理审批手续。由乡、村集体统一组织，并主要由农民群众投工投劳，使用农业综合开发和棉花基地建设资金等开发的土地，应优先承包给集体经济组织内部有经营能力的贫困户、少地户耕种。

13. 延长土地承包期和进行必要的“小调整”不得随意提高承包费，变相加重农民负担。除工副业、果园、鱼塘、“四荒”等实行专业承包和招标承包的项目外，其他土地的承包费都必须纳入农民上交的村提留、乡统筹费的范围，按中央关于减轻农民负担的有关规定严格管理。

14. 延长土地承包期后，各乡（镇、场）人民政府（管委）的农村合同主管部门，要及时向农户颁发州人民政府统一印制的土地承包经营权证书（按1983年第一轮承包时分地人口数量颁发）。同时要认真贯彻《新疆维吾尔自治区农村合作经济组织土地承包合同管理办法》，把续订土地承包合同和加强土地承包合同管理的工作紧密结合起来。坚持维护承包合同的严肃性。土地和其他农牧业承包合同一律采用规范书面合同形式，明确承包者的具体责任、权利和义务。合同一经签订，即具有法律效力，承包方和发包方都必须严格按规定办事。

三、切实加强对延长土地承包期工作的领导

延长土地承包期是稳定家庭联产承包责任制的重大政策，涉及到千家万户，关系到农牧民改革发展和社会稳定的大局。各级基层领导要广泛深入地向广大干部和农牧民群众宣传讲解中央和自治区延长土地承包期30年的政策，做到家喻户晓。各乡镇场要高度重视这项工作，尽快成立由主要领导挂帅的延长土地承包工作领导小组，并安排具体人员专抓此项工作。在延长土地承包期工作中要注意调查研究，及时发现新问题，研究新情况，总结新经验。要正确处理稳定土地承包与发展壮大集体经济的关系，正确处理延长土地承包期工作与农业生产和农田基本建设的关系，正确处理农户承包经营与发展适度规模经营的关系。各乡镇场务必于2月20日前完成博乐市第二轮土地承包的合同续签工作。国有牧场可参照此通知执行。此办法由博乐市延长农村土地承包期工作指导小组办公室负责解释。

中共博乐市委员会　博乐市人民政府
关于加快推进新型工业化建设的决定
（2005年8月18日）

为加快推进新型工业化建设，促进博乐市国民经济持续快速健康发展，实现与全州、全疆同步实现全面建设小康社会的宏伟目标，特作出博乐市加快推进新型工业化建设的决定。

一、加快推进新型工业化建设的重要意义

工业化是实现现代化不可逾越的阶段，是衡量一个国家和地区经济社会发展水平的重要标志。加快新型工业化进程,是促进博乐市经济社会全面发展的必然选择,是实施优势资源转换战略的迫切需要,是当前和今后一个时期的一项重要而紧迫的战略任务。改革开放二十多年来发展实践证明，没有工业经济的大发展，就没有农业的现代化，就没有发达的第三产业，要加快博乐市经济的发展，潜力在工业、出路在工业、希望也在工业。博乐们要清醒地认识国内外发展大势，深刻理解走新型工业化道路、加快博乐市工业化步伐的巨大意义，使加快新型工业化建设成为全市的共识。要进一步增强加快新型工业化进程的使命感、责任感和紧迫感，牢固树立大开放、大市场、大招商的发展理念，以科学的发展观总揽全局，切实把加快新型工业化进程作为经济发展的第一要务，创造性地走出一条符合博乐市实际的新型工业化道路。

二、加快推进新型工业化建设面临的形势

加快新型工业化进程，必须充分认识和把握工业发展面临的形势。博乐市加快新型工业化进程具备诸多有利条件：好的政策环境。近年来，中央相继下发32号文件、11号文件、15号文件，为促进全疆经济社会发展和社会稳定提供了重要的政策保障，自治区、自治州召开了加快新型工业化建设工作会议，指明了全面发展工业化道路的总方向。具备一定的工业发展基础。博乐市工业经过几十年的发展，形成了以棉纺、制糖、粮油、酿酒、建材、乳制品等为主的工业体系，建成了一批具有一定竞争力的龙头企业。2005年，博乐市启动了工业园区规划建设，其功能效应的释放，必将为博乐市发展工业化起到积极的推进作用。独特的区位优势。2004年，阿拉山口岸过货量达940万吨、贸易额28亿美元，过货量和贸易额分别居全国陆路口岸的第二和第一，这为博乐市依托口岸优势大力发展工业经济提供了较好的边贸优势。为博乐市发展“两头在外“落地加工企业，培育一批以农副产品和进出口加工为主的龙头企业创造了良好机遇。较丰富的矿产资源。博乐市境内拥有石灰石、大理石、珍珠岩、白云岩、花岗岩、铁、铜、石墨等矿产资源，其中石灰石矿分布广、储量大、品质好，储量达1.57亿吨，花岗岩储量3 000万立方米，开发潜力大，为加快工业的发展创造了有利条件。具有丰富的农产品资源。

博乐市种有粮、棉、甜菜、黄豆等10余种农作物，大宗作物中棉花年产近60万担、玉米10万吨、甜菜8万吨，是新疆优质棉生产基地；有丰富的畜产品，其中年产肉1.2万吨，蛋1.3万吨，奶1.7万吨，这些都为发展农产品加工业提供了丰富的原料资源。完善的城市功能。博乐市是博州的政治、经济、文化中心，供水、供电、供热、道路等城市基础设施建设较为完善。加之近两年博乐市启动了供水、垃圾填埋处理、污水处理等城市配套工程，并已开始投入运行，有效释放了城市功能，2004年启动了新城区规划建设，这些都将为博乐市工业经济发展提供良好的生产生活环境。此外，博乐市还具有充沛的人力资源、独特的人文和旅游资源以及良好的社会稳定环境，为博乐市加快推进新型工业化建设奠定了良好的社会基础。

发展新型工业化博乐们有优势，但也存在一些突出的困难和问题：工业基础薄弱，工业经济比重低，对全市经济的支撑作用不明显，贡献率不高；企业规模小，产业聚集度低、链条短，深加工程度和产品附加值低，产业关联度和外向度低，企业整体素质不高，经济效益相对较差；融资渠道单一，投入严重不足，贷款难的问题仍比较突出，融资渠道不畅，财政引导性投资有限，民间资本投入明显不足，制约着工业的快速增长；发展观念相对滞后，思想解放不够。这在一定程度上制约工业经济快速发展。

三、加快推进新型工业化建设的指导思想、主要目标

加快新型工业化的指导思想是：坚持以邓小平理论和“三个代表”重要思想为指导，全面贯彻落实自治区加快新型工业化建设会议精神，紧紧抓住西部大开发和本世纪头20年的重要战略机遇期，以推进新型工业化建设总揽全市经济社会发展全局，树立科学发展观和正确的政绩观，立足博乐市实际，进一步解放思想，转变观念，大力实施优势资源转换战略，积极鼓励支持和引导非公有制经济发展，面向三个市场，突出四个重点，强化五种意识，创优五大环境，依托四大资源，培育八大产业，推动工业经济持续快速健康发展。加快新型工业化的发展目标：在“十一五”期间，引进一批企业集团，创建一批名优品牌，全市工业发展速度年均增长20%以上，工业经济占博乐市地方生产总值的比重年均递增2个百分点，努力实现与自治州同步进入全面小康社会的宏伟目标。

四、围绕加快推进新型工业化建设，着力培育八大产业

（一）石灰石加工业

充分利用博乐市石灰岩资源优势和国家产业政策，积极开发石灰石资源，大力推进石灰石系列产品的精深加工，拉伸产业链条，提升产品附加值，支持企业通过技术创新做大做强。坚持“谁勘探、谁开发、谁收益”的原则，吸引疆内外高水平勘查队伍在博乐市进行矿业勘探，摸清博乐市矿产“家底”；打破行业垄断，降低门槛，放宽准入限制，拿出探明储量的富矿，吸引疆内外有实力的大企业大集团参与特色矿业的开发。

（二）棉花加工业

充分利用博乐市棉花品质优势，面向区内外市场，积极争取国家政策支持，做好博棉集团的改制和重组工作，盘活企业资产，整合现有轧花、纺织、织布企业，提升技术装备水平，优化产品结构，提高产品档次和质量，增强企业市场竞争力。加大招商引资力度，吸引企业投资建厂，进行以棉花为原料的精纺、印染、织布等深加工，提升棉花产业整体水平。

（三）糖料加工业

积极推进制糖业农业产业化进程。加强在政策、资金、人力和基地建设上的协调和服务，支持制糖企业加大技术创新力度，做大做强主导产品，鼓励企业研发新产品，提高产品附加值，创优产品品牌，提升产品市场竞争力，延伸产业链。

（四）塑料制品加工业

支持有实力的塑料制品企业做大做强。鼓励引导企业加大技术创新投入力度，加快研制开发新型特色产品，增加产品品种，在名优产品和进出口产品货物外包装上做文章，打品牌、创名牌，拓展产品市场占有率。

（五）建材加工业

按照高强、轻质、多功能、低能耗的新型建材的发展要求，支持建材加工企业推进技术改造和产品升级，开发系列产品，进行精深加工，大力开发新型墙体材料、装饰装修材料、商品混凝土及商标号水泥制品等系列产品，培育博乐市新的经济增长点。

（六）食用油加工业

充分利用博乐市丰富的加工原料和现有的加工基础，整合提升粮油产业。支持现有企业在油料的精、深、细加工和技术含量高、产业链长的项目上下功夫，一方面增加主要产品的品种，做好主要产品的精细加工，促进食用油加工向小包装、高等级方向延伸，提高产品档次；另一方面做好副产品的深加工，提高附加值，增加企业经济效益。

（七）乳制品加工业

紧紧围绕博乐市奶牛业的发展，积极培育奶源基地，支持乳制品企业加大技术改造力度和新产品开发，做大做强乳制品加工业。

（八）口岸进出口产品加工业

借助阿拉山口区位优势，建立进出口产品原料加工基地，走“两头在外”路子。一方面，利用进口的原木、铜材、废钢、矿砂和塑料等货物，重点发展家具制造、金属制品、塑料、棉纺、食品等生产加工业；另一方面，立足本地的蔬菜、食品、建材等优势特色产品，发展相关的加工业，不断开拓中亚市场。同时，继续加大对酿酒、食品加工、造纸、印刷等其他企业的支持力度。

五、加快推进新型工业化建设的主要措施

（一）扩大对外开放

充分利用州内、州外和中亚三个市场，优化资源配置，拓展发展空间，积极引进区内外知名企业和名牌产品到博乐发展，推动招商引资与结构调整良性互动。通过资源换资金、项目引人才、人才带技术，来扩大区域生产力和提升产业层次。加大与周边地区的贸易往来，鼓励有竞争优势的企业和公司到境外特别是周边国家开拓市场、承揽工程、开展境外加工贸易。积极拓展国内外大市场，着力扩大大宗农副产品、棉纺织产品、特色优势产品出口。

（二）加大招商引资工作力度

着力抓好招商引资工作，进一步改善投融资软硬环境，完善《博乐市招商引资优惠政策》和招商引资责任、评估、考核和激励机制，建立良好的引资大环境。全面开展诚信单位、诚信企业、诚信个人创建活动，倾力打造“诚信博乐”，培育最适合客商投资创业的发展环境。加大对外宣传力度，多渠道、全方位、立体式地发布招商信息。实施“走出去”战略，积极参加区内、国内招商引资会议、论坛，做好“节会招商”“委托招商”，抓好“以商招商”和“环境招商”。做好项目储备工作，建立科学、规范、完备的招商引资项目库，形成“储备一批，洽谈一批，跟踪一批，建设一批，投产一批”的梯次结构和良性发展格局。努力做好招商服务，实行招商引资领导责任制，加强跟踪、协调和服务工作，全面提高招商服务水平。

（三）加快进出口贸易加工区建设

按照“高起点规划，高标准建设，高效率管理”的要求，加强进出口贸易加工区总体规划、详细规划编制和实施工作，不断完善加工区基础设施和配套设施建设，搞好绿化、亮化、美化，提高园区基础设施档次，增强对投资者的吸引力。把“筑巢引凤”与“引凤筑巢”有机结合起来，充分利用本地资源、口岸、项目、湖北对口援博等有利条件，吸纳上规模、有实力的大企业和污染小、发展前景好的小企业落户园区，尽快使加工区上规模、上档次，发挥其要素集聚和辐射带动作用。理顺管理体制，制定出台《博乐市进出口贸易加工区管理暂行办法》等政策措施，保证加工区向规范化、专业化、市场化方向健康发展。

（四）鼓励、支持和引导非公有制经济发展

认真落实国家、自治区、自治州关于鼓励支持和引导非公有制经济发展的各项政策措施，全面放开市场准入限制，在投资核准，融资服务、财税政策、土地使用、对外贸易、经济技术合作等方面与其他所有制企业、外资企业实行同等待遇。在非公有制企业审批、核准、备案事项的受理上，与其他所有制企业一视同仁。支持和鼓励民间资本进入法律法规未禁止的一切行业和领域。鼓励民营资本参与国有企业改组改造，支持非公有制企业参与工业调整改造项目建设。引导个体、私营等非公有制企业加强制度创新、科技创新和管理创新。积极发展就业型、科技型、外向型、农产品加工型非公有制企业，重点培育非农经济中的大户，支持其做大做强，发挥带动辐射作用。

（五）推进企业技术进步

加大政策扶持力度，促进重点企业重点项目上水平。继续用足用好国家有关鼓励企业技术进步的政策和措施，积极争取国家、自治区技术改造资金，利用好自治州和博乐市支持工业发展的政策措施，支持重点工业企业、重大项目的技术改造，促进支柱产业做大做强，重大项目尽快发挥效益。鼓励企业加大投入，促进企业技术中心建设，鼓励企业增提技术开发经费。推动多种形式的产学研联合。鼓励企业实施品牌战略，培育和发展一批技术含量、附加值高，品牌信誉好，市场竞争力强的拳头产品，提高博乐市工业产品品牌的知名度和市场占有份额。

（六）发挥人才智力支撑保障作用

牢固树立人才资源是第一资源的观念，把握培养、吸引、用好人才三个环节，建立健全人才投入、创业、评价、激励四大机制，搞好经营管理人才、专业技术人才、高技能人才和农村实用人才队伍建设。建立有利于优秀人才脱颖而出的选拔任用机制，拓宽干部选拔渠道，通过公开选拔，把懂工业经济的干部充实到各级领导班子。着力培养一批懂现代企业经营管理、具有较高素质企业经营管理人才和有较强技术创新能力、能推进技术产业化的专业技术人才，选派一批懂企业管理的干部到企业锻炼，加强企业经营管理者队伍建设。通过各种方式，积极吸纳专业人才到博乐市就业。发挥人力资源市场、职高等职能作用，启动实施“职工素质提升工程”，加强职业技术教育、培训，培养造就更多、高素质的劳动者。

（七）加强政策支持与引导，优化工业发展环境

牢固树立“服务就是生产力、服务就是竞争力”的观念，坚持依法行政，规范行政行为，简化办事程序，提高办事效率，为工业经济发展提供高效、优质的服务。进一步落实国家支持西部大开发、工业园区的各项政策，贯彻落实《自治区党委、自治区人民政府关于加快推进新型工业化建设的意见》精神，继续执行鼓励新产品开发的政策。按照自治区、自治州有关加快新型工业化进程的扶持政策，出台博乐市关于支持工业经济发展重点项目、进出口贸易加工区建设、农业产业化龙头企业、企业技术改造的相关扶持政策。鼓励资源综合开发利用，对开发利用共生伴生资源和再生资源回收利用的企业实行激励性政策。整顿规范市场经营秩序，为企业发展创造良好的市场环境。

（八）促进经济自然的和谐发展

坚持“在开发中保护、在保护中开发”的方针，把工业经济发展与生态环境保护有机结合起来。建立和完善责任追究制、防止重特大污染事故的发生。遵循生态规律，科学组织经济活动，促进增长方式的转变。全面推行清洁生产，从生产和服务的源头减少污染物的产生。大力推进节能降耗和资源的综合利用，最大限度地利用各种废弃物，最大限度地提高资源的利用效率，尽快形成合理开采、低消耗、达标排放、再利用的循环经济，努力建立节约型政府、节约型社会。积极发展环保产业和技术服务中介机构，为资源高效利用和循环利用提供物质技术保证。（九）加强组织领导博乐市加快推进新型工业化建设工作领导小组，负责研究，制定有关加快推进新型工业化建设的政策措施，协调解决

有关加快工业发展的重大问题，确保各项工作落到实处。各乡镇场，各有关部门要把加快推进新型工业化建设摆在十分重要的位置，明确工作任务和目标，制定切实可行的工作方案，定责任、定标准、定时限，一级抓一级，层层抓落实，确保“工业强市”战略目标顺利实施。

三、勘 误

《博乐市志》（1992 年 4 月版）勘误表

页码	行	误	正
22	27	竞赛	竞赛
30	30	大鸣大放	大鸣大放
79	7	呼苏木奇根山	呼苏木奇山
79	17	沙拉套山	阿拉套山
81	6	-22.4℃，极端最低气温 -36.2℃	-22.4℃，极端最低气温 -36.2℃
111	25	代胜	戴胜
112	9	MGO	MgO
112	10	S10$_2$ALO	SiO_2 Al_2O_3
112	11	FEO	Fe_2O_3
112	29	SIO ALO FEO	SiO_2 Al_2O_3 Fe_2O_3
112	30	CAO MGO HGO KO HO	CaO MgO HgO K_2O H_2O
113	15	SIO	SiO_2
127	16	荀	荀
190	14	1870 年	1970 年
193	2	荀	荀

编后记

博乐市第二轮志《博乐市志（1979—2006）》编写工作由党委领导，政府主持，史志办公室具体组织实施，历时 15 载，数易其稿，即将出版发行。

2007 年，博乐市调整地方志编纂委员会组成人员，128 个第二轮志承编单位成立编写小组；完成《博乐市志（1979—2006）》目录大纲编写。同年 8 月 22 日，博乐市召开第二轮地方志编修工作会议，部署修志工作，印发《博乐市第二轮修志工作方案》。同年 9 月，市史志办组织第二轮志承编人员参加自治区地方志编纂委员会举办的地方志理论知识培训班。

2008 年 1 月，博乐市境各承编单位按照《博乐市第二轮修志工作方案》要求收集整理资料。市地方志编纂委员会办公室定期对第二轮志承编单位进行督促检查和业务指导。2009 年 5 月，自治区地方志编纂委员会党组书记、副主任崔书杰一行到博乐市检查指导第二轮修志工作。2011 年 12 月，各承编单位上报资料长编 1 000 余万字，基本完成二轮志资料征集工作。2012 年 1 月，毛思成进行第二轮修志总纂。同年 8 月，湖北省地方志办公室党组书记、主任文坤斗和自治区地方志编纂委员会副主任刘星及方志专家一行到博乐市指导二轮修志工作。2013 年 8 月，市第二轮志编修人员在湖北省进行为期 1 周的方志理论知识培训。同年 10 月，完成《博乐市志（1979—2006）》征求意见稿（350 多万字）。2014—2015 年，自治区地方志编纂委员会党组书记、副主任廖运建，副巡视员黄建安多次听取博乐市第二轮修志情况汇报，并审阅志稿，提出指导意见。湖北省地方志办公室副主任陈章华一行到博乐市指导第二轮修志工作，组织方志专家审阅志稿，提出修改意见。2015 年 7 月，完成《博乐市志（1979—2006）》评审稿（280 多万字），设 38 编、220 章、803 节。同年 8 月 19—21 日，博乐市召开《博乐市志（1979—2006）》评审会，自治区地方志编纂委员会、湖北省地方志办公室、武汉市地方志编纂委员会办公室、区内州县地方志办公室等 60 多名专家学者参会，志书通过专家评审。毛思成依据专家学者对《博乐市志（1979—2006）》提出的评审意见进行修改。2017 年 1 月，完成《博乐市志（1979—2006）》终审稿，设 38 编、226 章、825 节；同年 3 月，上报自治区地方志编纂委员会进行终审。2018 年 1 月，《博乐市志（1979—2006）》通过终审。为了进一步提高志书质量，2019—2022 年，王永霞依据自治区地方志编委会对《博乐市志（1979—2006）》提出的终审意见进行修改，查漏补缺，打磨雕琢。2022 年 12 月初，党云亭完善志稿资料，并报送博乐市地方志编纂委员会、自治州党委宣传部和州史志办审读。同年，依据审读单位提出的意见，全面完成志书审读修定工作。全志最终设置 39 编、217 章、714 节，共计近 190 万字。

博乐市第二轮志在编写过程中得到周荣、白庆文、贾国强、曾元成（女）、韩雪昆、刘怀龙、梁俊山等老领导的悉心指导，得到自治州史志办、市委办公室、政府办公室、州市档案局、农五师史志办公室等单位的大力支持，得到武汉市地方志办公室王筱武、程鹏、吴明堂、张俭、高青、陈迟、张响的关心和援助，得到青岛鸿博开元文化传媒有限公司曹万标的协助，在此一并表示感谢和敬意。由于编者水平有限，书中难免有遗漏和欠妥之处，热忱欢迎读者批评指正。

2022 年 12 月